日本蜡烛图技术实

孟红敏　王飞霏　沙宁宁　著

地震出版社
Seismological Press

图书在版编目（CIP）数据

日本蜡烛图技术实战精髓/孟红敏，王飞霏，沙宁宁著．—北京：
地震出版社，2013.12（2016.11 重印）
ISBN 978-7-5028-4340-3

Ⅰ.①日…　Ⅱ.①孟…②王…③沙…　Ⅲ.①股票投资—基本知识
Ⅳ.①F830.91

中国版本图书馆 CIP 数据核字（2013）第 216215 号

地震版　XM3899

日本蜡烛图技术实战精髓
孟红敏　王飞霏　沙宁宁　著
责任编辑：薛广盈
责任校对：孔景宽

出版发行：地震出版社
北京市海淀区民族大学南路 9 号　　邮编：100081
发行部：68423031　68467993　　传真：88421706
门市部：68467991　　传真：68467991
总编室：68462709　68423029　　传真：68455221
证券图书事业部：68426052　68470332
http：//www.dzpress.com.cn
E-mail：zqbj68426052@163.com
经销：全国各地新华书店
印刷：廊坊市华北石油华星印务有限公司

版（印）次：2013 年 12 月第一版　2016 年 11 月第四次印刷
开本：787×1092　1/16
字数：342 千字
印张：20.5
书号：ISBN 978-7-5028-4340-3/F（5029）
定价：55.00 元

前　言

日本蜡烛图技术是几个世纪以来，一直被投资者广泛使用的市场分析方法。近年来在西方世界也逐渐受到重视。尽管日本蜡烛图技术在许多方面和传统技术分析方法相似，但它能更多地提供市场交易的心理状态和信息。所以说，日本蜡烛图技术是职业投资者必须掌握的分析工具，也是普通投资者要学习和了解的看盘大法，掌握日本蜡烛图技术原理，悟出涨跌之道，在交易中会达到一种行云流水的状态，根本用不着去猜测后市的发展，也用不着去赌上涨或下跌，可以说做交易就变成了一件身心愉快的事情。

本书主要讲述相同的日本蜡烛图形态由于所出现的位置不同，会引发涨跌两个方向。本书用了600多幅图，采用相同的K线形态，双页对比的形式系统讲解K线及其所出现的位置，在K线形态位置处用一两句话说明技术要点，加上统一格式的两项提示——“技术分析”和“操盘精髓”，充分体现了简单、明确、易懂、实用原则。对久经沙场的老手来说，是一种系统的归纳；对刚入市的新手来说，是一种辩证思维的引导。

世界万事万物相生相克、相辅相成，证券市场也是有涨有跌，没有一直上涨的股市，也没有一直下跌的股市。相同的K线形态，由于其所出现的位置不同，后市的上涨或下跌也会不同。简单地说，十字星出现后有可能上涨也有可能下跌，关键还是要看出现的位置。以此类推，其他的K线形态出现后，也要辩证地看待，不可以认为出现阳线就要上涨，出现阴线就要下跌。也许有不少投资者朋友看了很多关于股票投资的书，技术分析手法了解了很多。但是，最终发现很多技术在书中讲得很灵，而自己用起来就不灵了。这主要是因为大家只是学习了这些方法怎么用，而没有理解为什么要这么用，什么时候用成功率才最高。想在股市中赚钱，必须要知其然，还要知其所以然。

一个人想要在一个领域有所斩获，就必须要总结出该领域中的一些普遍规律。掌握规律，顺势而为，才能取得事半功倍的效果。本书从最典型的K线入手，让你真正理解股价为何涨跌，在股价实际走势中寻找符合条件的交易时机。

市场上讲同类K线形态的书大多数是只讲形态而不讲位置，只讲上涨或只讲下跌。同类形态出现时，有时会涨，有时会跌，这使得我们投资者无所适从。本书与众不同地讲出了同类K线形态，由于所出现的位置不同，引发两个方向发展的内在规律。

K线形态所处位置决定市场运行方向，K线大小决定市场强弱，正确运用技术可以让你在投资市场（股市）赚到钱，但是科学的投资理念和高胜算模型可以让你赚到大钱。如果你没有理解到这句话的内在本质，对于股市你就永远是一个看热闹的门外汉。

无数事实、经验和教训证明，一本好书可以影响到人的一生，在证券市场，更是如此。投资的路途是漫长的，也是短暂的，紧要处往往只有几步，特别是对那些关键位置的把握与理解上。

希望这本书对大家有所启迪，特别是对没有站到赢家行列的投资朋友们。

相邻两根K线开盘价和收盘价小幅度重叠的线口
相邻两根K线收盘价与开盘价重叠的线口
相邻两根K线实体之间的缺口作为线口

本著作专业术语详解 I

高档整理区
推动波前高点
支撑阳线
反弹阳线
推动波整理区
发力阳线
下跌中继阳线
启动阳线

目　录

第一章　一字线 …… 1

第二章　十字线 …… 11

第三章　阳螺旋体 …… 21

第四章　阴螺旋体 …… 73

第五章　长上影阳线 …… 135

第六章　长上影阴线 …… 187

第七章　长下影阳线 …… 245

第八章　长下影阴线 …… 265

第一章 一字线

一字线：开盘价与收盘价在同一价位上，是市场过激出现单向行情，它的出现并不代表后市延续这个方向发展，决定后市是否延续的技术依据是：①一字线出现的位置；②启动初期K线区域组合的多空力度；③一字K线攻击的位置。

本章涨跌双页对比讲解同形一字线，在不同位置引发两个方向技术特征，从中可以认识到，是什么理由主导同形K线运行方向的，使读者知道同形K线决定方向的内在根源。致使从两个方向中理解它即将向单一方向发展的定律，从而掌握先知先觉方向的交易依据。

阅读本章首先观察一字线是在什么技术条件下上升和下跌的，是在何种技术背景下引发上升和下跌的。其次是总结出同形趋势同形K线决定方向的共性，分清一字K线所处强势区域和弱势区域的不同之处，掌握核心要领，悟出技术精髓，使自己成为一名走在行情涨跌曲线上的领先者。

操盘精髓

推动波整理区，脉冲阳线上影和攻击阳线长上影压迫一字线，伴随长上影阳线收盘价，弱势特性成立，做空。

一字线伴随长上影阳线收盘价，低于推动波脉冲阳线和攻击阳线上影线，做空。

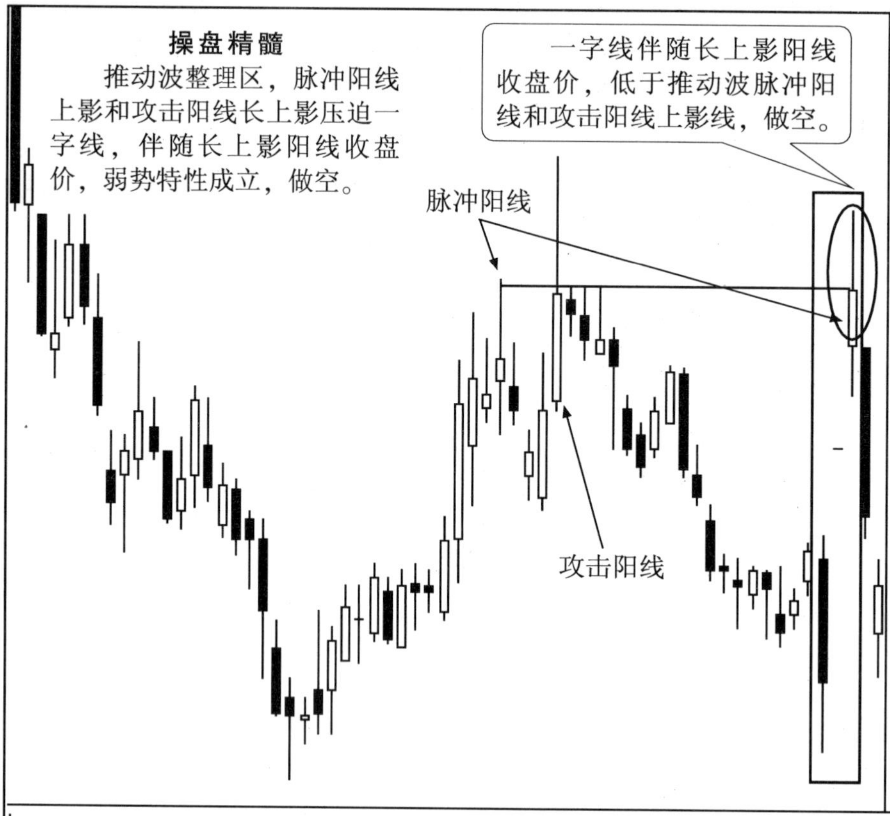

技术分析

一字线伴随长上影阳线收盘价，低于推动波整理区脉冲阳线和攻击阳线上影高点，弱势特性成立，技术含义表示多头上攻乏力，受制于高点空头压力反压，由此技术因素引发市场向下发展。

技术分析

一字线伴随长上影阴线收盘价，低于下跌途中整理区发力阳线和推动启始波阳线高点，弱势特征成立，技术含义表示，多头上攻受阻于空头技术压力区，由此技术因素引发市场向下发展。

一字线伴随长上影阴线收盘价，低于下跌途中整理区发力阳线和推动波启始阳线高点，做空。

操盘精髓

下跌整理区发力阳线口和推动波启始阳线高点，压迫一字线，伴随长上影阴线收盘价，弱势特征成立，做空。

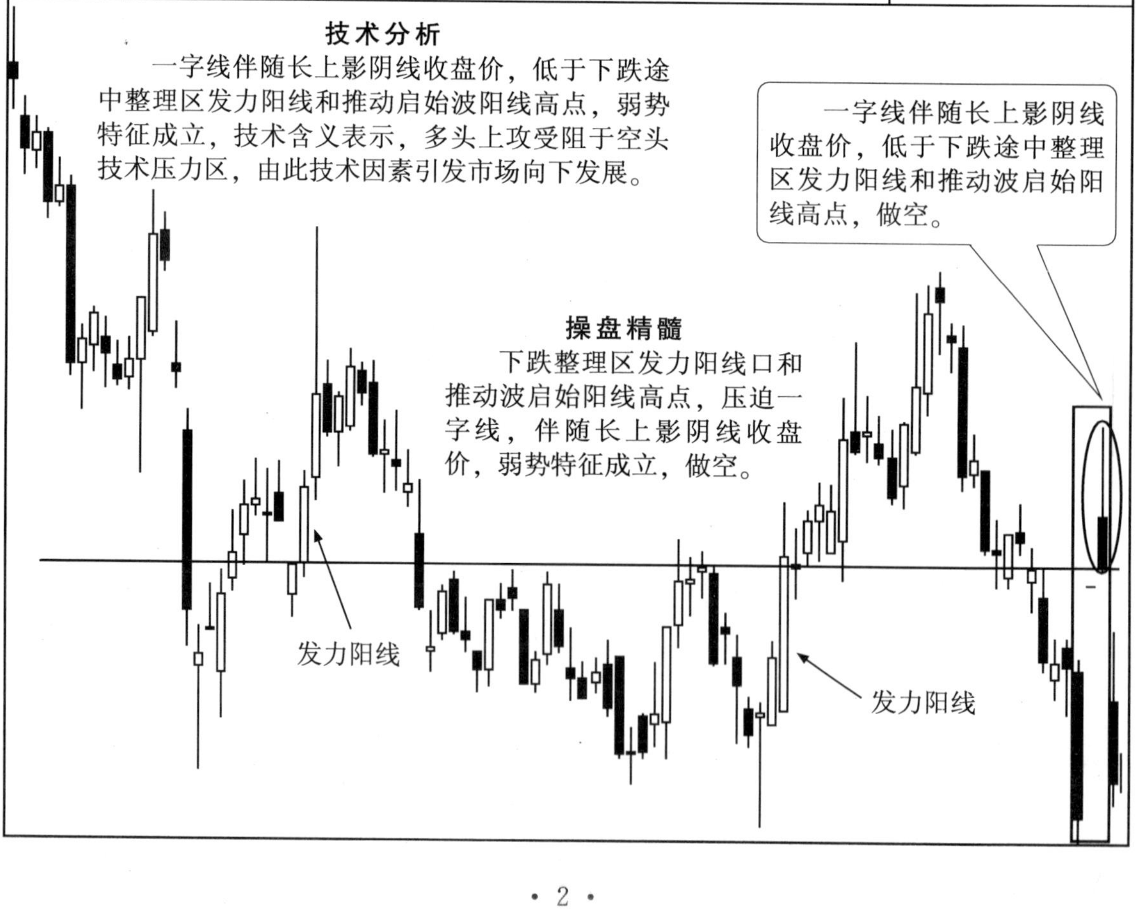

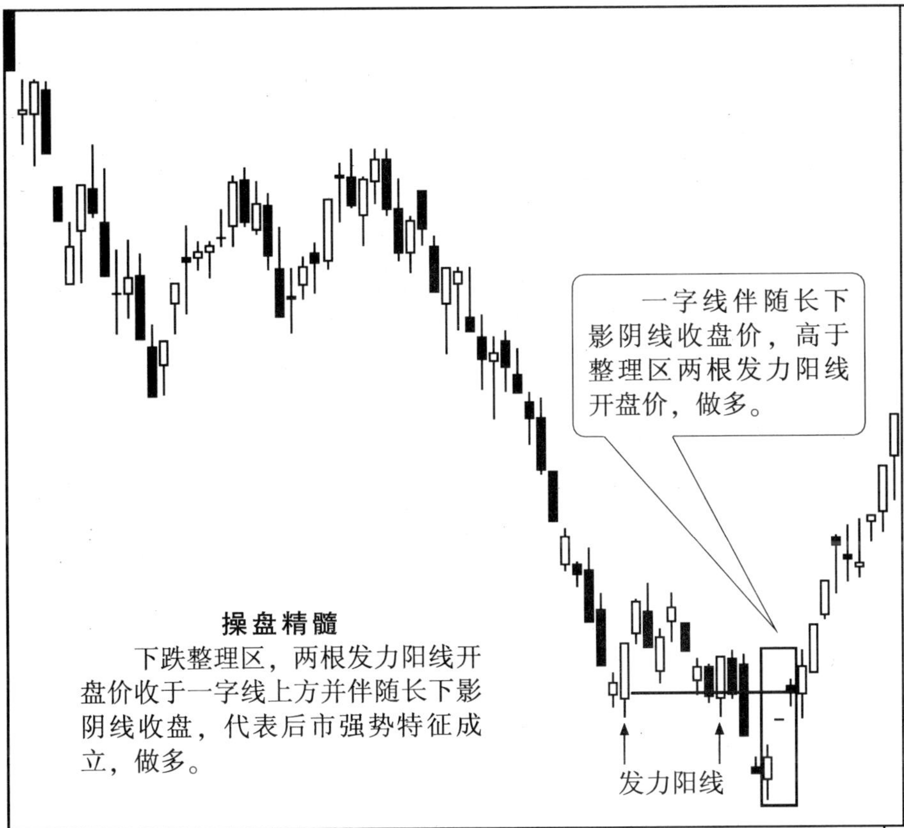

操盘精髓

下跌整理区，两根发力阳线开盘价收于一字线上方并伴随长下影阴线收盘，代表后市强势特征成立，做多。

技术分析

一个完整的下跌循环，一字线收盘封闭阴线口，说明空头防线失守，预示后市多头占据市场优势。

一字线伴随高开阴线下影长证明低档买盘强。

阳线吞吃高开下影阴线，多头成功制服空头，由此技术因素引发市场上涨。

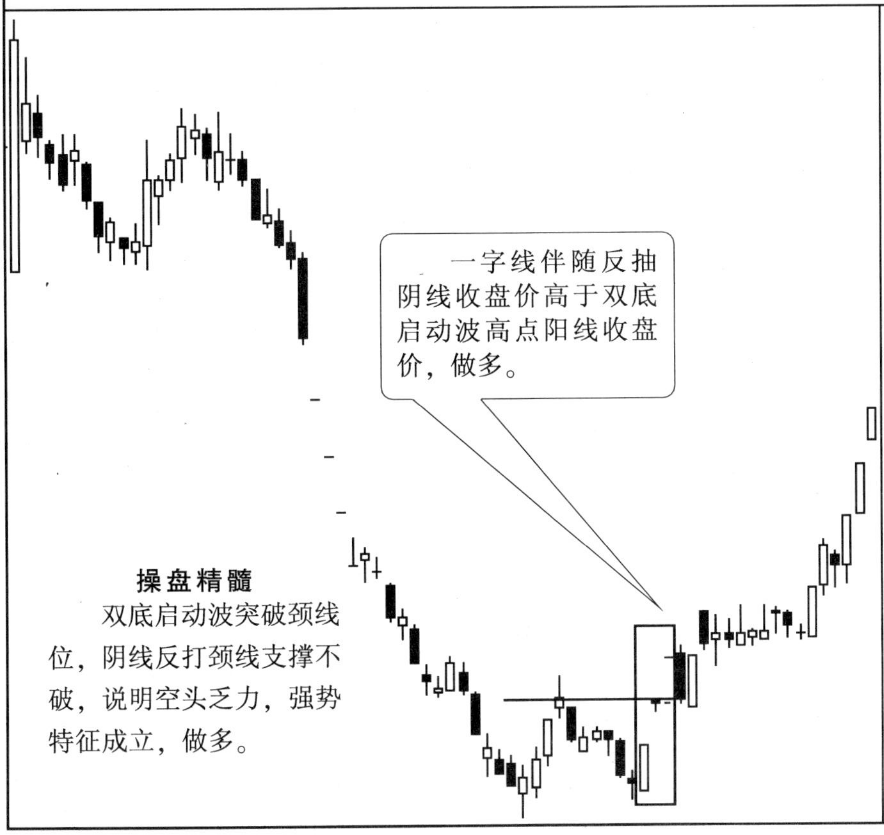

操盘精髓

双底启动波突破颈线位，阴线反打颈线支撑不破，说明空头乏力，强势特征成立，做多。

技术分析

一字线超越前高点收盘，说明多头势力强，成功冲破了空头防线，是即将上攻的信号。

一字线后阴线回抽启动缺口，显示缺口支撑强。

对比阳线吞吃反抽阴线，且在一字线上部整理，是强势特征，逢低买入。

操盘精髓

一字线攻击三个高点形成的压力位，并伴随长上影阴线收盘，弱势特征成立，做空。

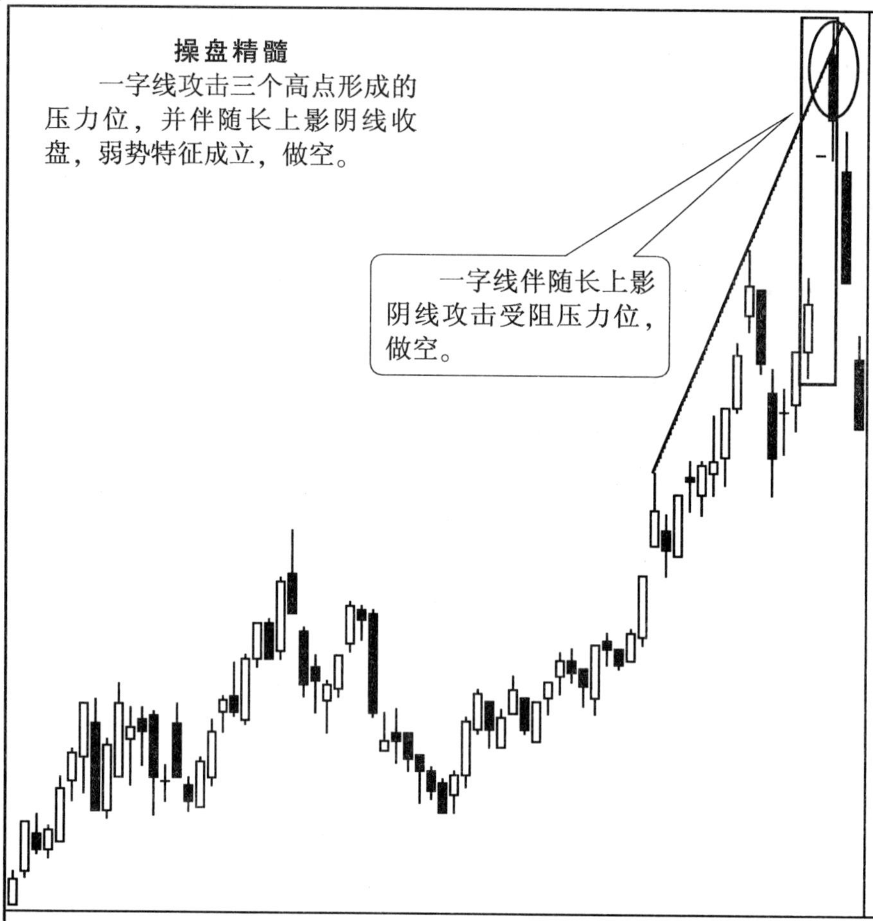

技术分析

推动波三个高点在一条直线上，说明多头上攻受压，一字线伴随平衡阴线收盘价低于上升趋势线，弱势特征成立，技术含义表示多头高点遇阻转空成功，由此技术因素引发市场向下发展，顺势做空。

操盘精髓

一字线伴随长上影阳线攻击三高点形成的压力位，收盘受阻于压力线下方，说明多头上攻乏力，弱势特征成立，做空。

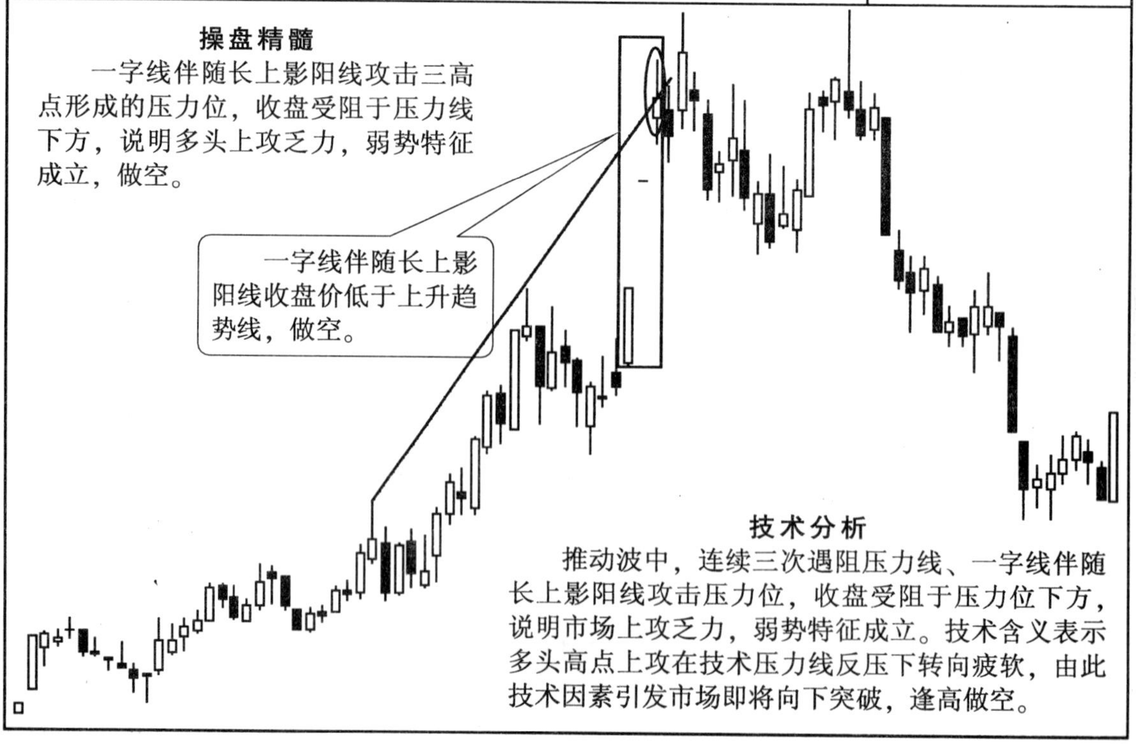

技术分析

推动波中，连续三次遇阻压力线、一字线伴随长上影阳线攻击压力位，收盘受阻于压力位下方，说明市场上攻乏力，弱势特征成立。技术含义表示多头高点上攻在技术压力线反压下转向疲软，由此技术因素引发市场即将向下突破，逢高做空。

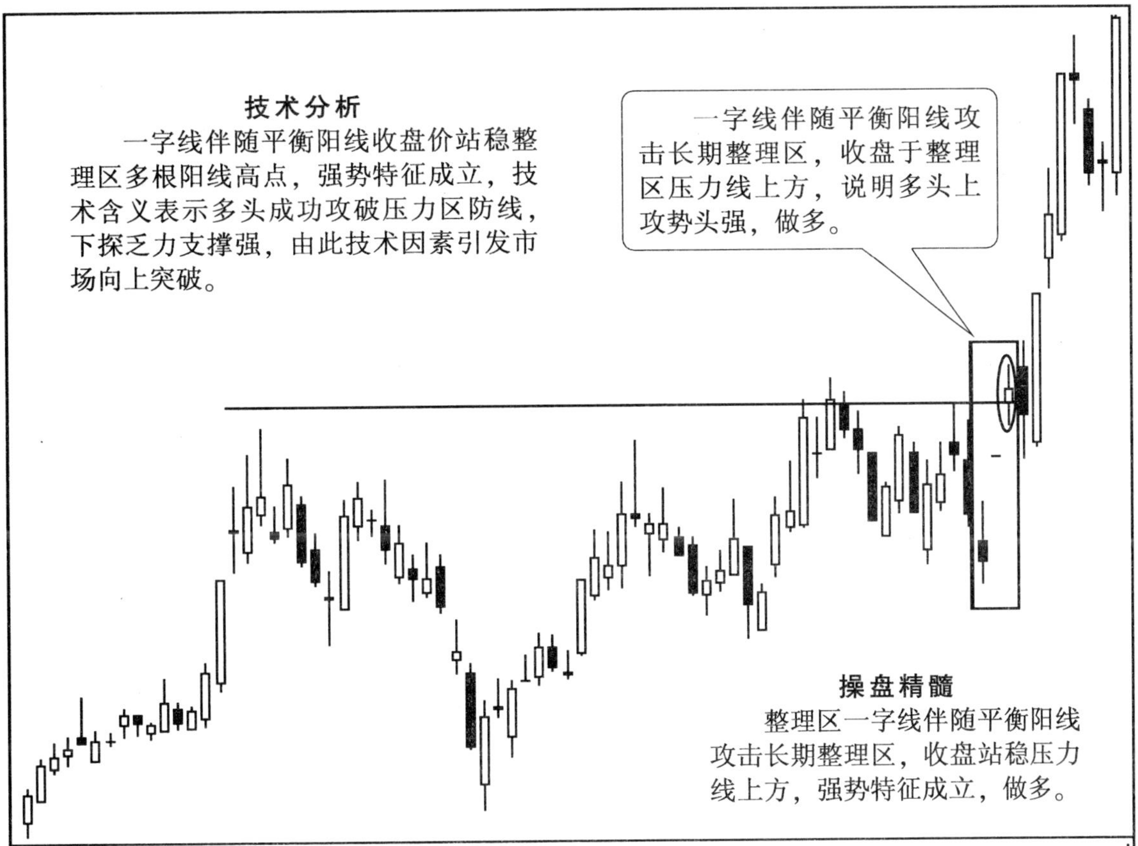
技术分析
一字线伴随平衡阳线收盘价站稳整理区多根阳线高点，强势特征成立，技术含义表示多头成功攻破压力区防线，下探乏力支撑强，由此技术因素引发市场向上突破。
一字线伴随平衡阳线攻击长期整理区，收盘于整理区压力线上方，说明多头上攻势头强，做多。
操盘精髓
整理区一字线伴随平衡阳线攻击长期整理区，收盘站稳压力线上方，强势特征成立，做多。

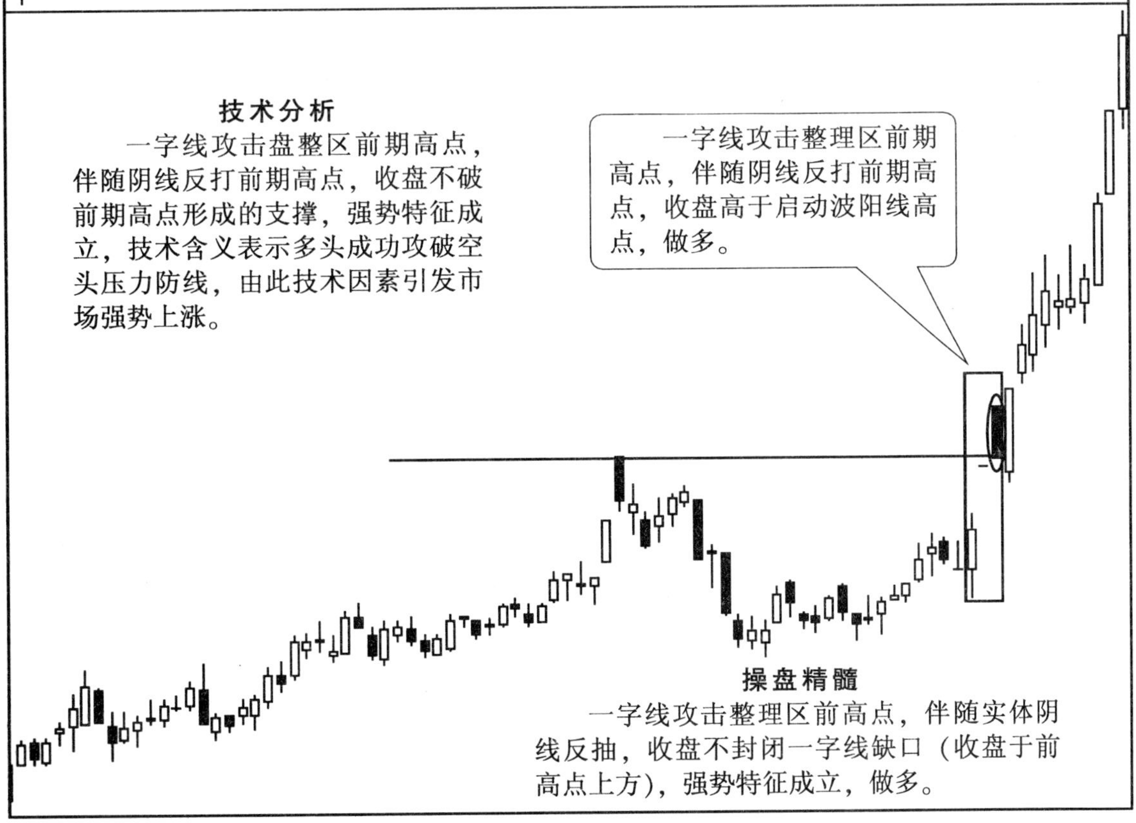
技术分析
一字线攻击盘整区前期高点，伴随阴线反打前期高点，收盘不破前期高点形成的支撑，强势特征成立，技术含义表示多头成功攻破空头压力防线，由此技术因素引发市场强势上涨。
一字线攻击整理区前期高点，伴随阴线反打前期高点，收盘高于启动波阳线高点，做多。
操盘精髓
一字线攻击整理区前高点，伴随实体阴线反抽，收盘不封闭一字线缺口（收盘于前高点上方），强势特征成立，做多。

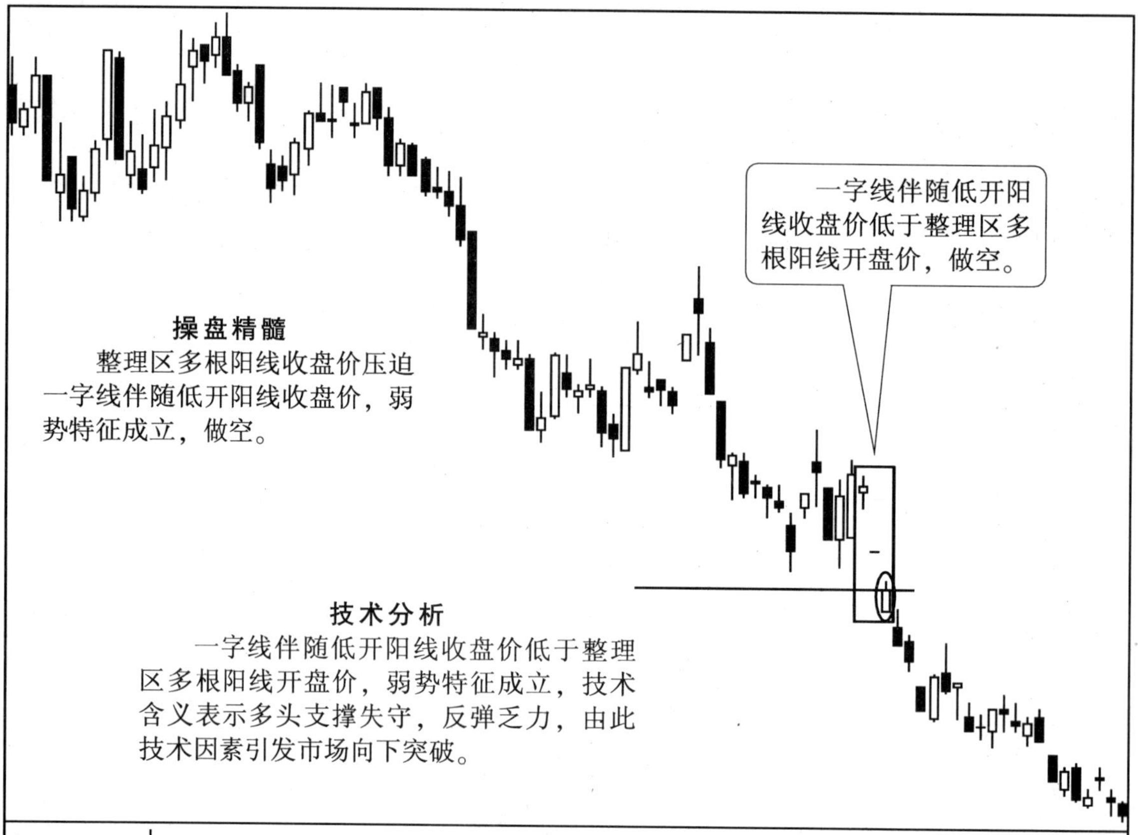

操盘精髓

整理区多根阳线收盘价压迫一字线伴随低开阳线收盘价，弱势特征成立，做空。

技术分析

一字线伴随低开阳线收盘价低于整理区多根阳线开盘价，弱势特征成立，技术含义表示多头支撑失守，反弹乏力，由此技术因素引发市场向下突破。

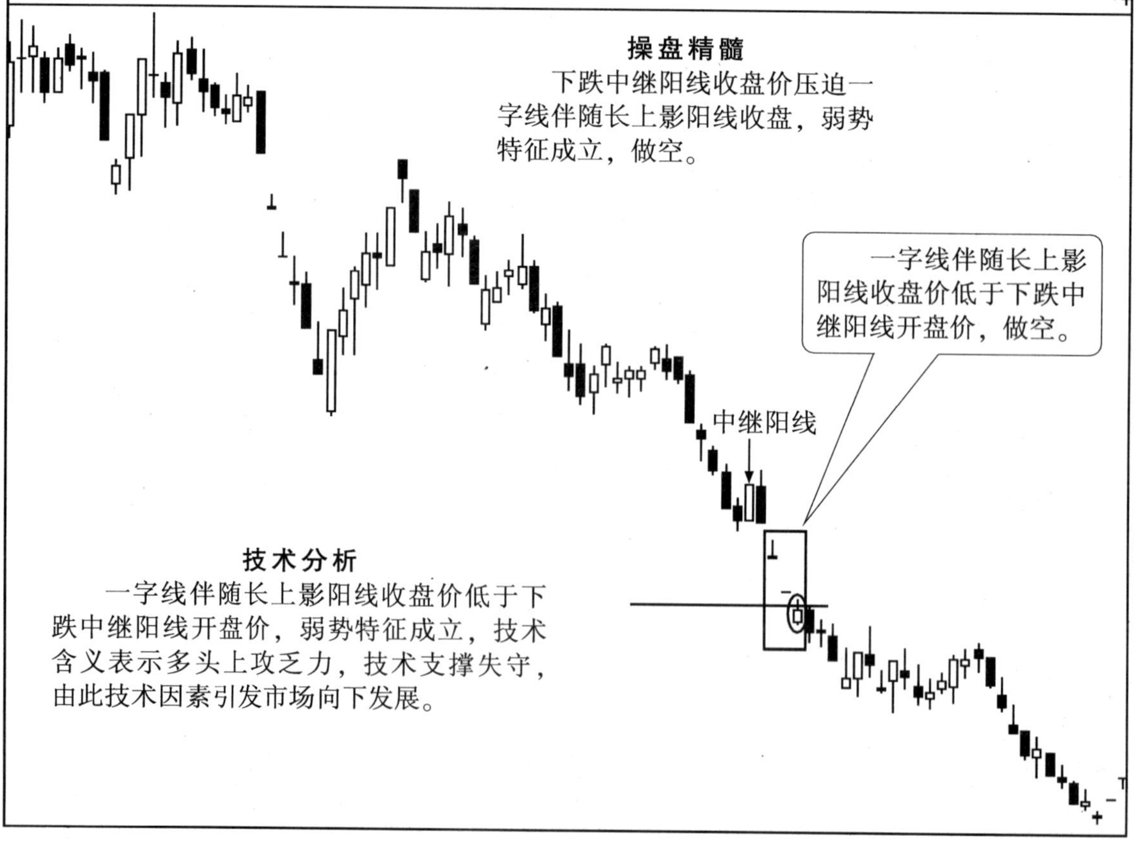

操盘精髓

下跌中继阳线收盘价压迫一字线伴随长上影阳线收盘，弱势特征成立，做空。

技术分析

一字线伴随长上影阳线收盘价低于下跌中继阳线开盘价，弱势特征成立，技术含义表示多头上攻乏力，技术支撑失守，由此技术因素引发市场向下发展。

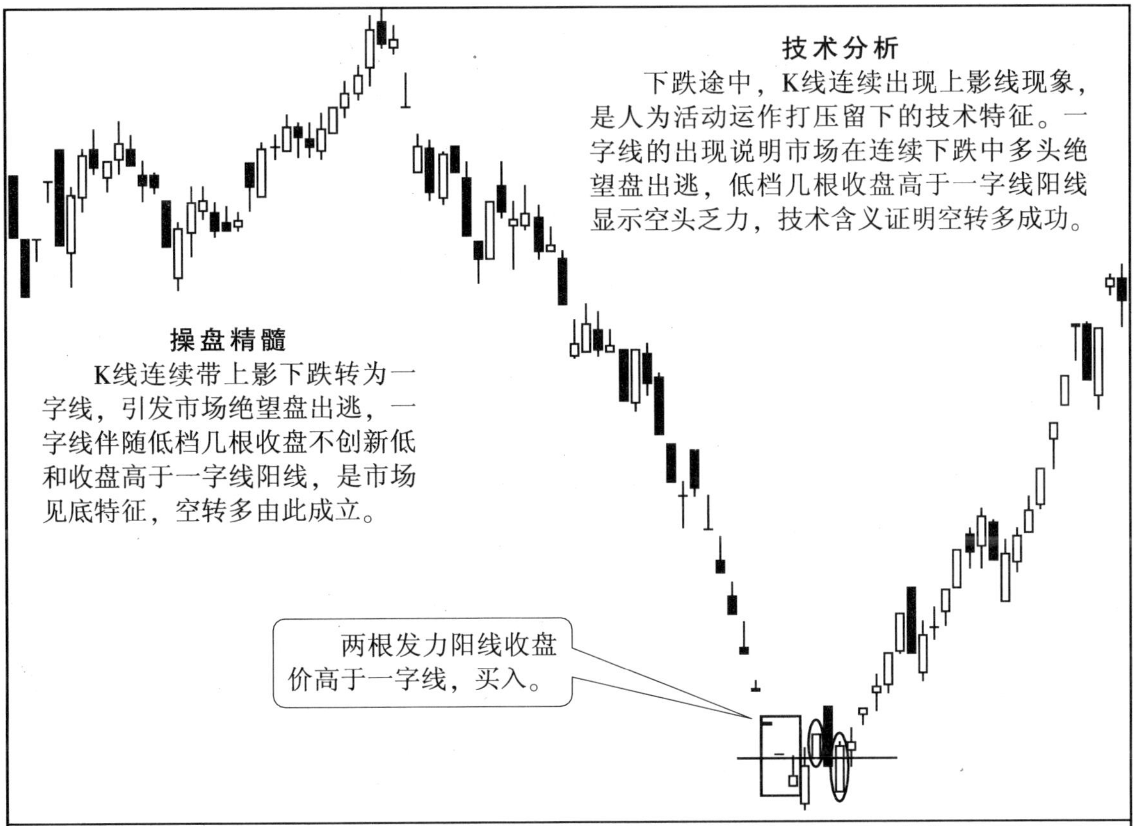

技术分析

下跌途中，K线连续出现上影线现象，是人为活动运作打压留下的技术特征。一字线的出现说明市场在连续下跌中多头绝望盘出逃，低档几根收盘高于一字线阳线显示空头乏力，技术含义证明空转多成功。

操盘精髓

K线连续带上影下跌转为一字线，引发市场绝望盘出逃，一字线伴随低档几根收盘不创新低和收盘高于一字线阳线，是市场见底特征，空转多由此成立。

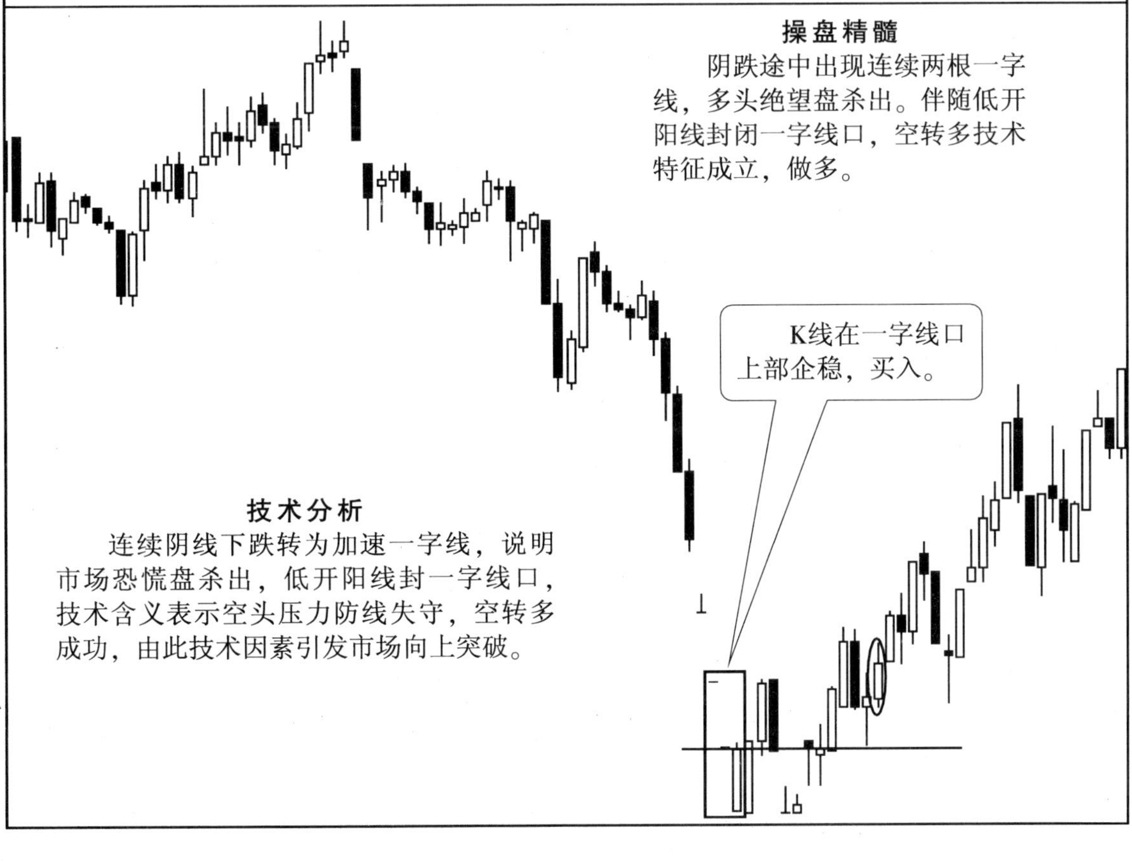

操盘精髓

阴跌途中出现连续两根一字线，多头绝望盘杀出。伴随低开阳线封闭一字线口，空转多技术特征成立，做多。

技术分析

连续阴线下跌转为加速一字线，说明市场恐慌盘杀出，低开阳线封一字线口，技术含义表示空头压力防线失守，空转多成功，由此技术因素引发市场向上突破。

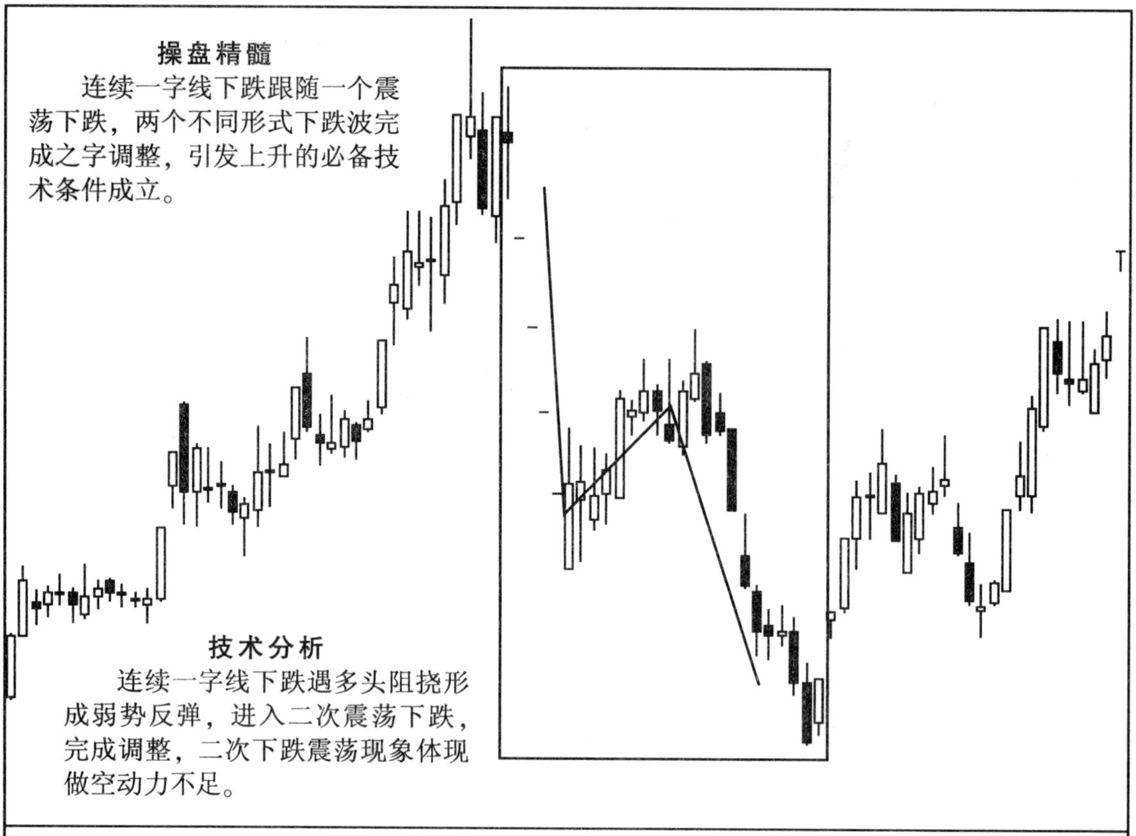
操盘精髓
连续一字线下跌跟随一个震荡下跌，两个不同形式下跌波完成之字调整，引发上升的必备技术条件成立。
技术分析
连续一字线下跌遇多头阻挠形成弱势反弹，进入二次震荡下跌，完成调整，二次下跌震荡现象体现做空动力不足。

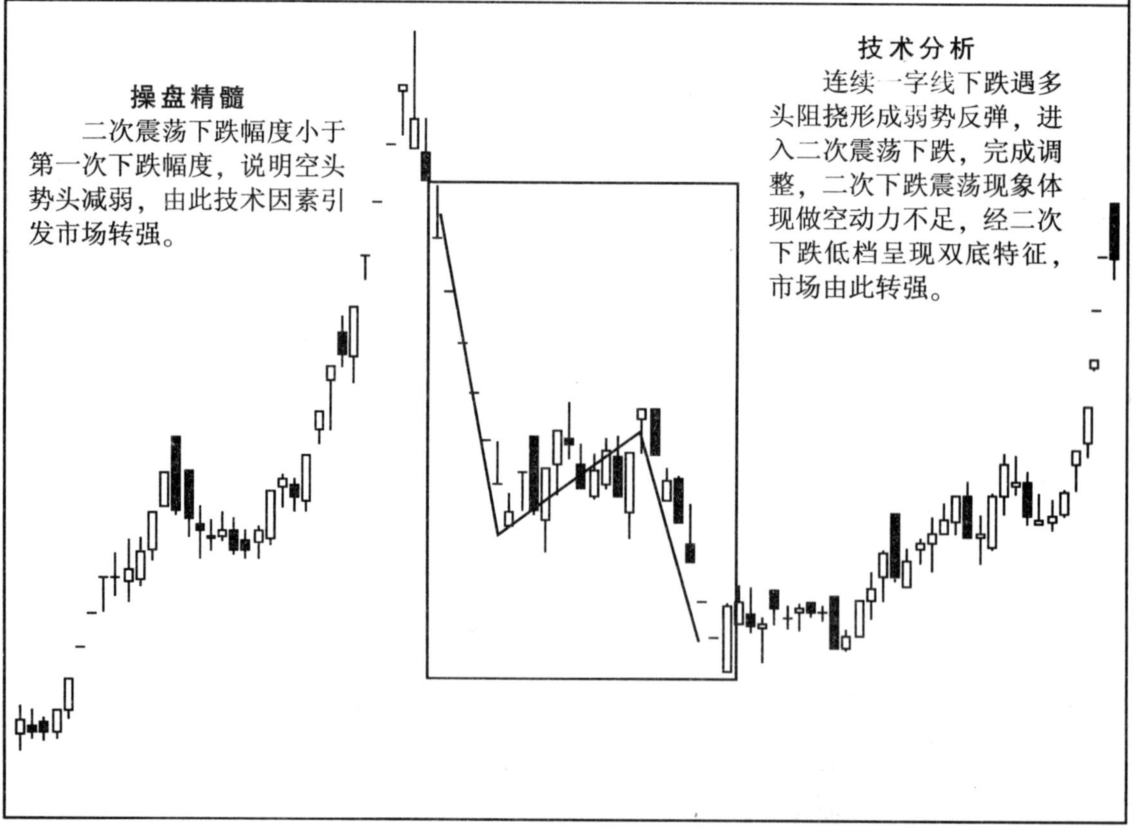
操盘精髓
二次震荡下跌幅度小于第一次下跌幅度，说明空头势头减弱，由此技术因素引发市场转强。
技术分析
连续一字线下跌遇多头阻挠形成弱势反弹，进入二次震荡下跌，完成调整，二次下跌震荡现象体现做空动力不足，经二次下跌低档呈现双底特征，市场由此转强。

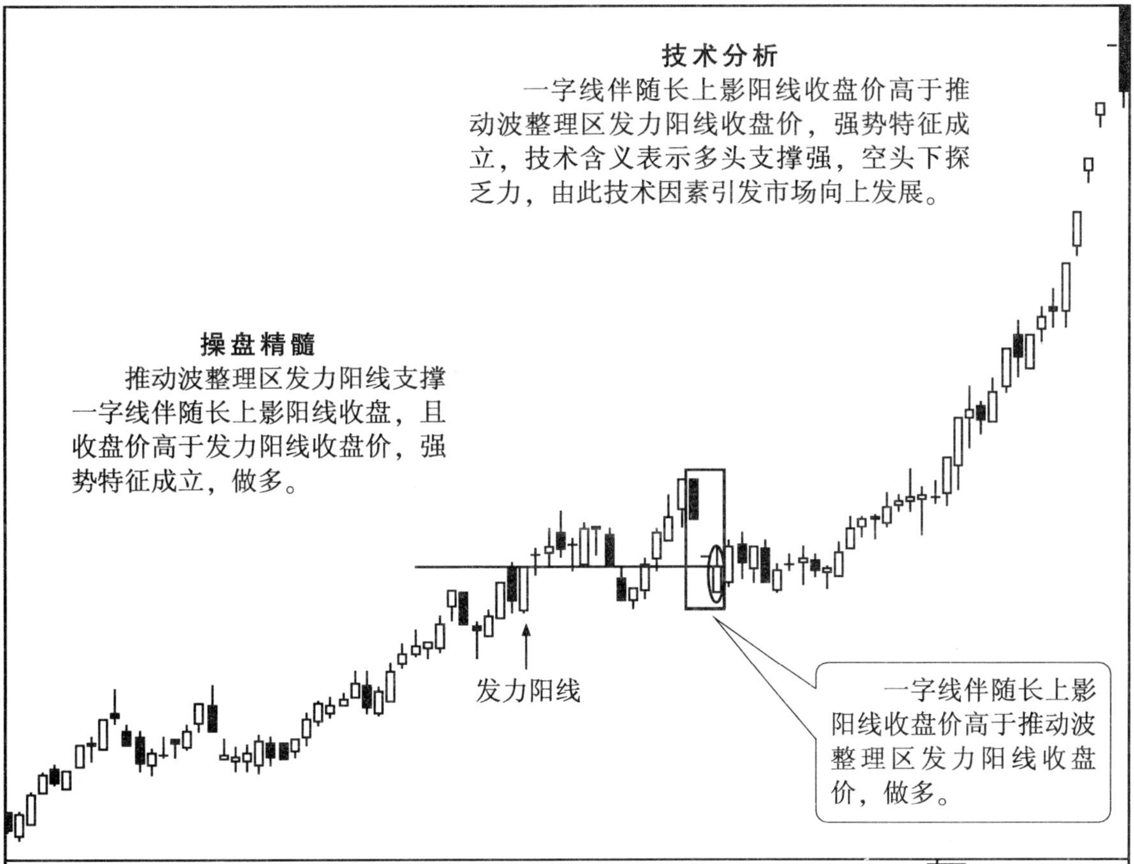

技术分析

一字线伴随长上影阳线收盘价高于推动波整理区发力阳线收盘价，强势特征成立，技术含义表示多头支撑强，空头下探乏力，由此技术因素引发市场向上发展。

操盘精髓

推动波整理区发力阳线支撑一字线伴随长上影阳线收盘，且收盘价高于发力阳线收盘价，强势特征成立，做多。

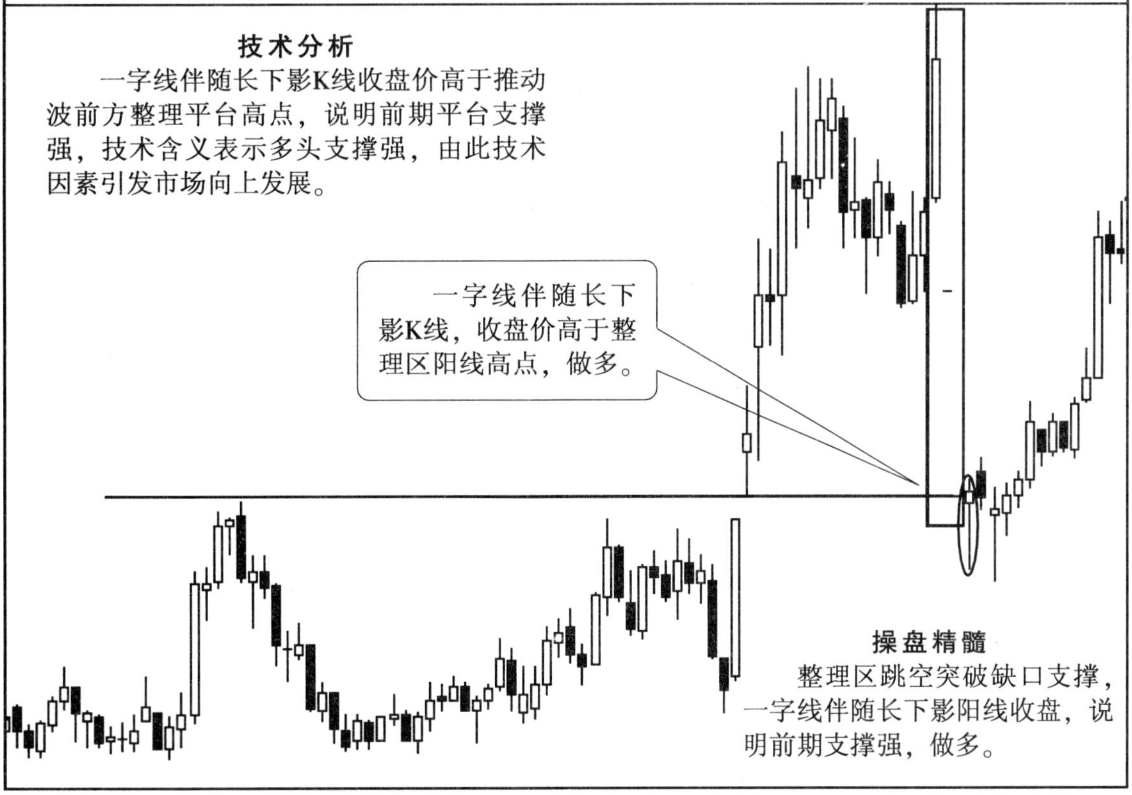

技术分析

一字线伴随长下影K线收盘价高于推动波前方整理平台高点，说明前期平台支撑强，技术含义表示多头支撑强，由此技术因素引发市场向上发展。

操盘精髓

整理区跳空突破缺口支撑，一字线伴随长下影阳线收盘，说明前期支撑强，做多。

第二章 十字线

十字线含义：多空双方一定时间段内买卖力度达到平衡且开盘价与收盘价收于同一价位。十字线的出现并不能确定市场发展的方向，决定未来市场涨跌的关键在于十字线出现的位置和区域。

本章重点介绍十字线因所处位置不同而代表的不同的技术含义。

通过分析强势特征和弱势特征的区别，并采用涨跌双页对比的方式，简单明了地讲解十字线决定未来市场发展的决定因素，感悟K线“一叶知秋”的深意，从中找出决定市场发展方向的根本原因。

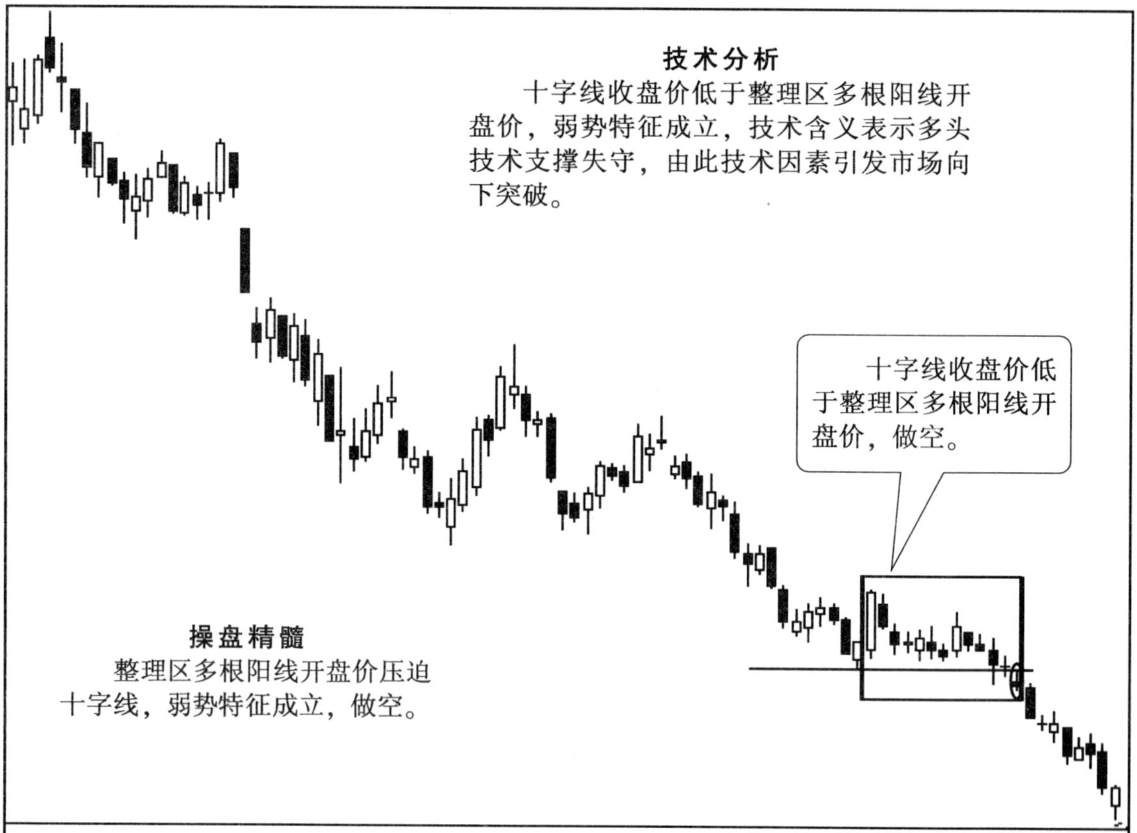

技术分析

十字线收盘价低于整理区多根阳线开盘价，弱势特征成立，技术含义表示多头技术支撑失守，由此技术因素引发市场向下突破。

操盘精髓

整理区多根阳线开盘价压迫十字线，弱势特征成立，做空。

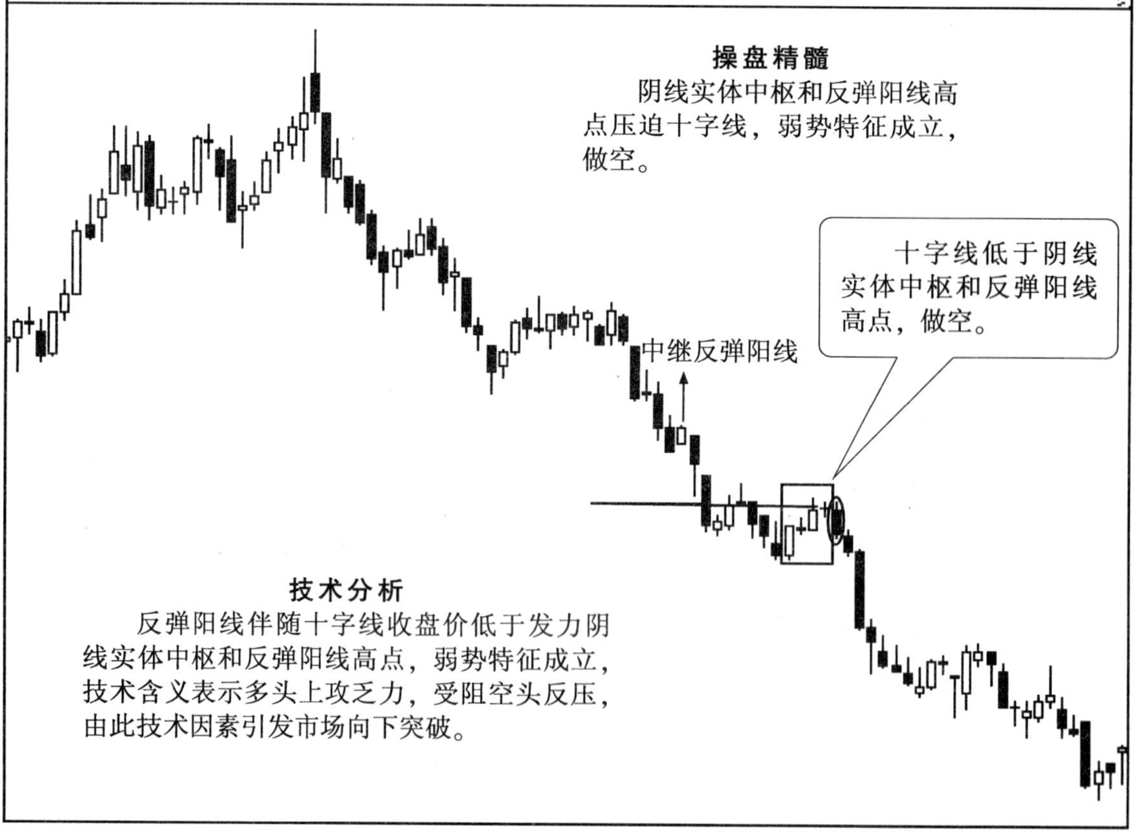

操盘精髓

阴线实体中枢和反弹阳线高点压迫十字线，弱势特征成立，做空。

技术分析

反弹阳线伴随十字线收盘价低于发力阴线实体中枢和反弹阳线高点，弱势特征成立，技术含义表示多头上攻乏力，受阻空头反压，由此技术因素引发市场向下突破。

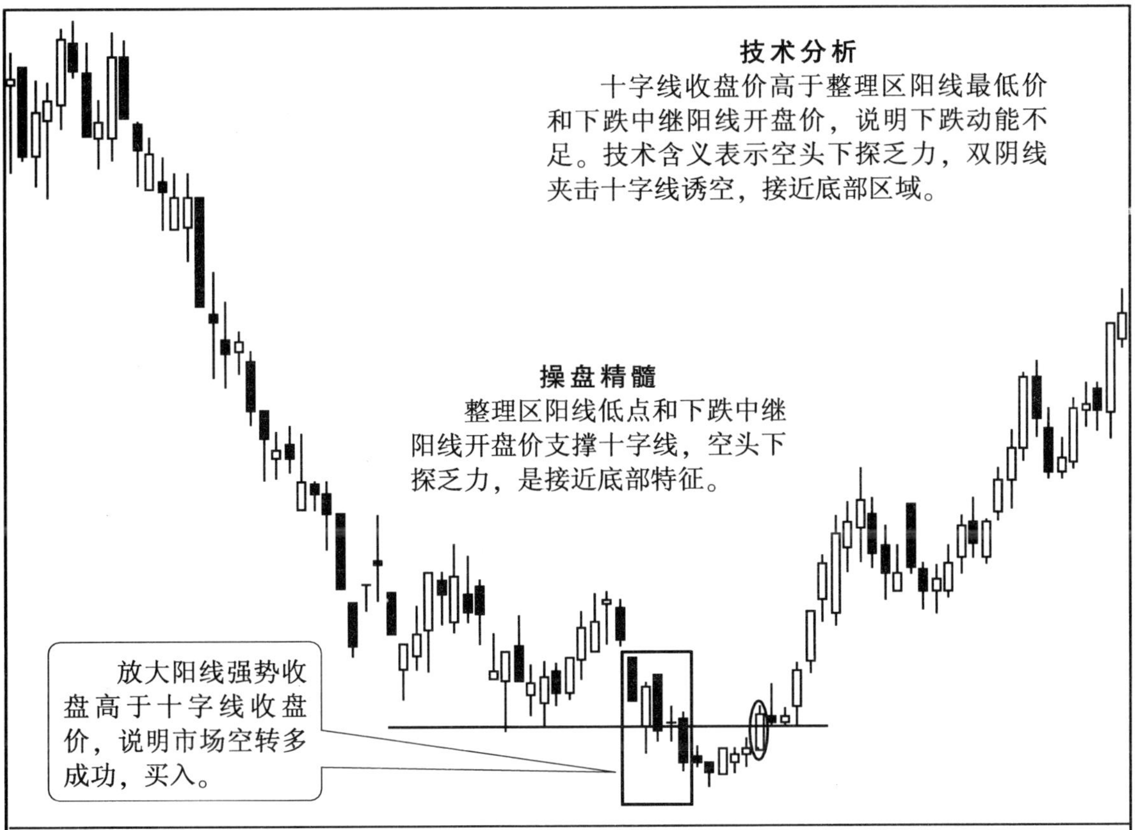
技术分析
十字线收盘价高于整理区阳线最低价和下跌中继阳线开盘价，说明下跌动能不足。技术含义表示空头下探乏力，双阴线夹击十字线诱空，接近底部区域。
操盘精髓
整理区阳线低点和下跌中继阳线开盘价支撑十字线，空头下探乏力，是接近底部特征。
放大阳线强势收盘高于十字线收盘价，说明市场空转多成功，买入。

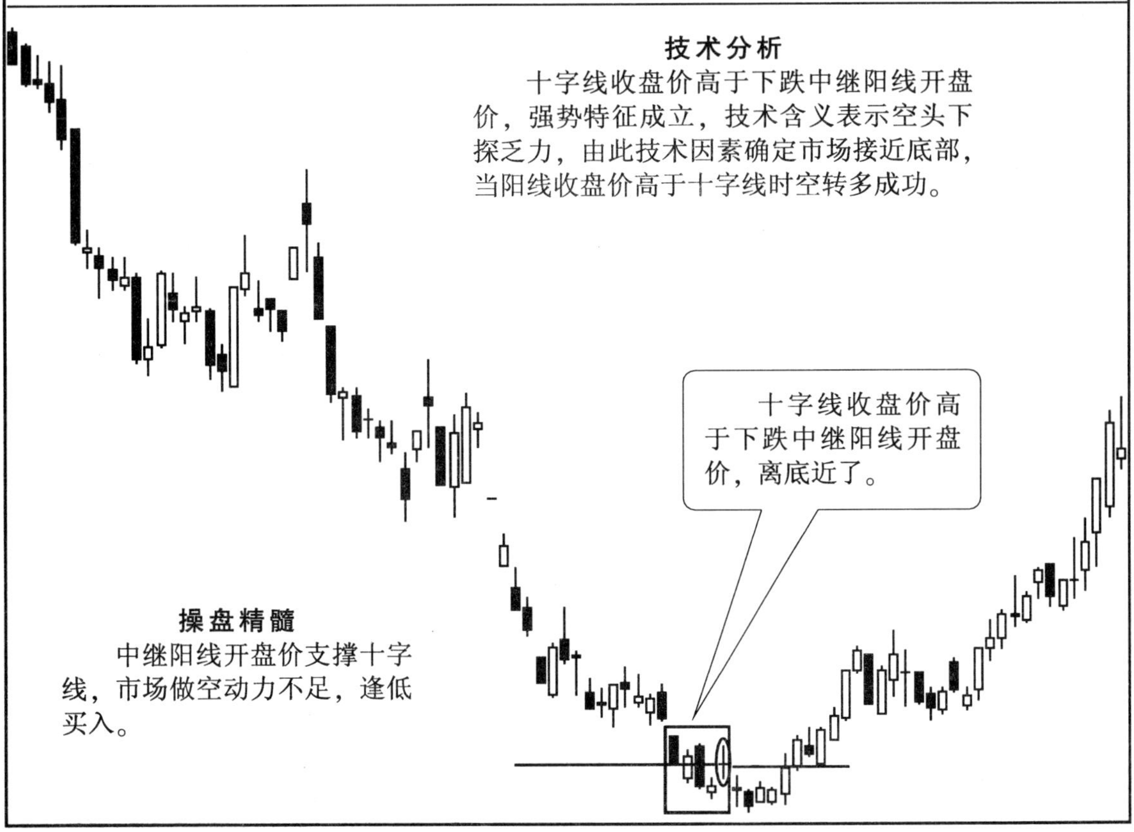
技术分析
十字线收盘价高于下跌中继阳线开盘价，强势特征成立，技术含义表示空头下探乏力，由此技术因素确定市场接近底部，当阳线收盘价高于十字线时空转多成功。
十字线收盘价高于下跌中继阳线开盘价，离底近了。
操盘精髓
中继阳线开盘价支撑十字线，市场做空动力不足，逢低买入。

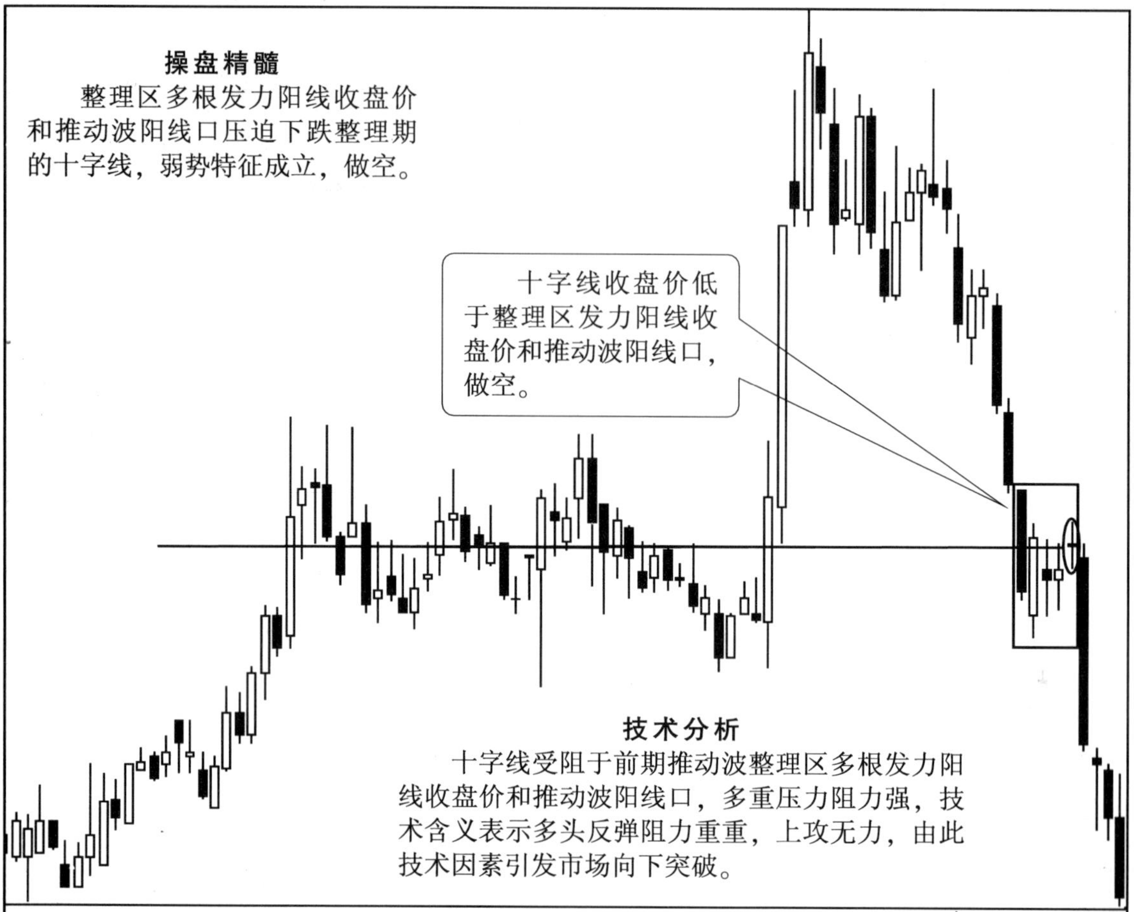
操盘精髓
整理区多根发力阳线收盘价和推动波阳线口压迫下跌整理期的十字线，弱势特征成立，做空。
十字线收盘价低于整理区发力阳线收盘价和推动波阳线口，做空。
技术分析
十字线受阻于前期推动波整理区多根发力阳线收盘价和推动波阳线口，多重压力阻力强，技术含义表示多头反弹阻力重重，上攻无力，由此技术因素引发市场向下突破。

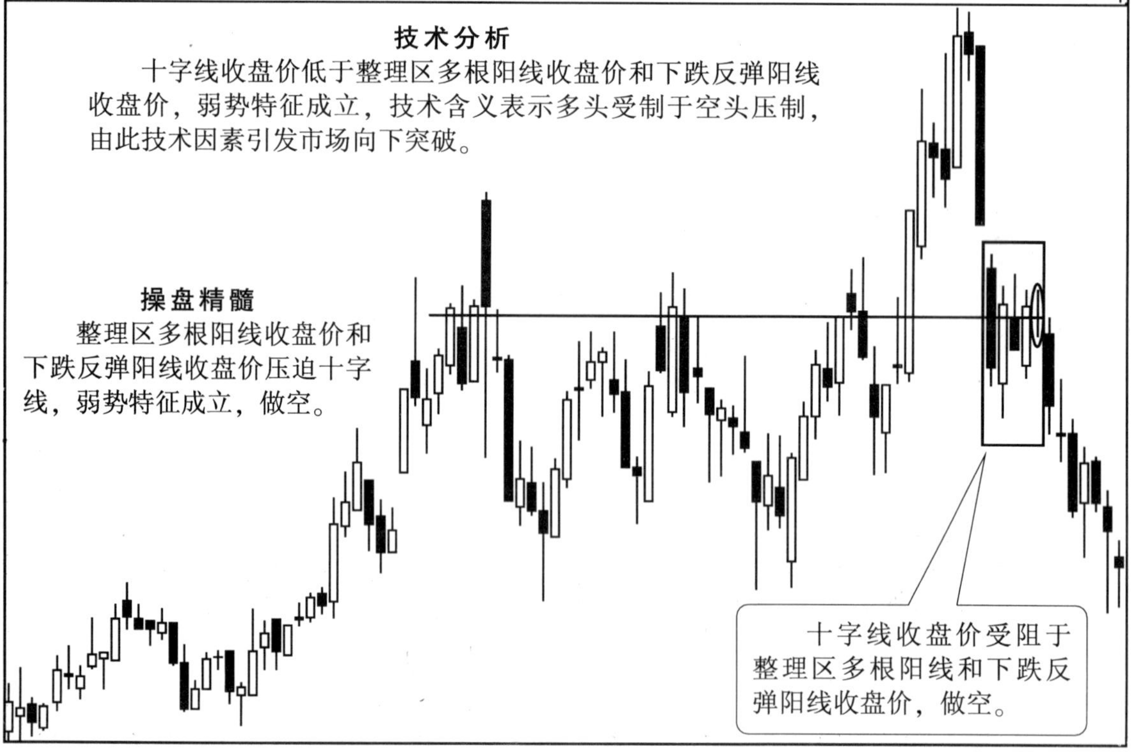
技术分析
十字线收盘价低于整理区多根阳线收盘价和下跌反弹阳线收盘价，弱势特征成立，技术含义表示多头受制于空头压制，由此技术因素引发市场向下突破。
操盘精髓
整理区多根阳线收盘价和下跌反弹阳线收盘价压迫十字线，弱势特征成立，做空。
十字线收盘价受阻于整理区多根阳线和下跌反弹阳线收盘价，做空。

操盘精髓

整理区多根阳线收盘价支撑回吐期十字线，强势特征成立，做多。

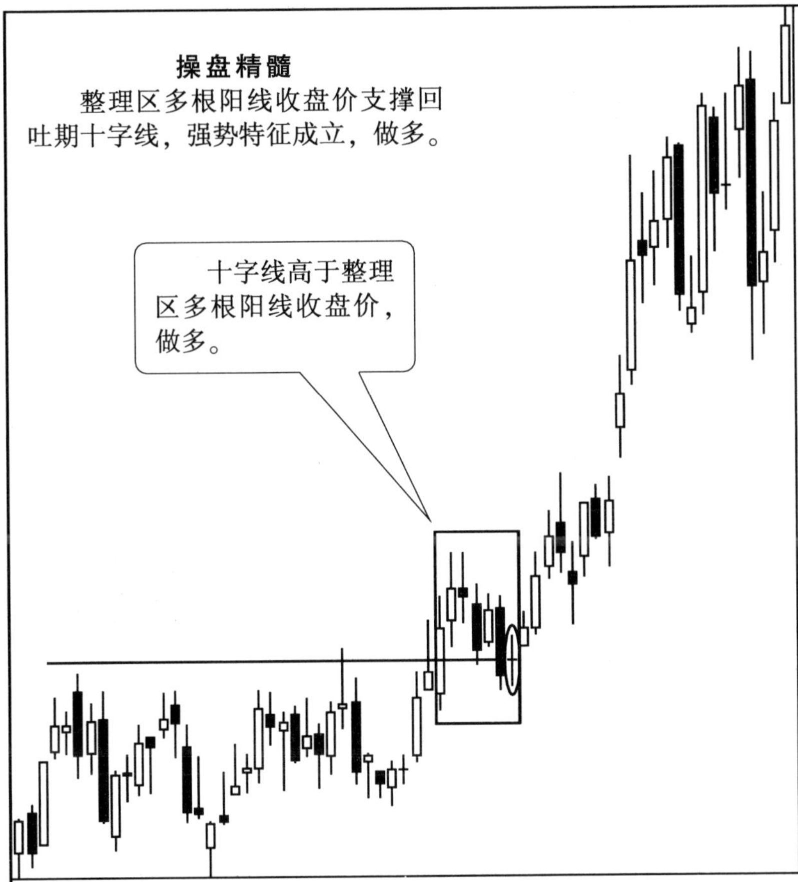

技术分析

突破整理区平台，空头回吐期十字线收盘价高于整理区多根阳线收盘价和启动发力阳线口，强势特征成立，技术含义表示多头成功攻破空头压力防线，由此技术因素引发市场向上突破。

技术分析

阳线实体内整理，十字线收盘价高于下跌整理平台和启动波发力阳线开盘价，强势特征成立，技术含义表示多头成功攻破空头压力防线，由此技术因素引发市场向上突破。

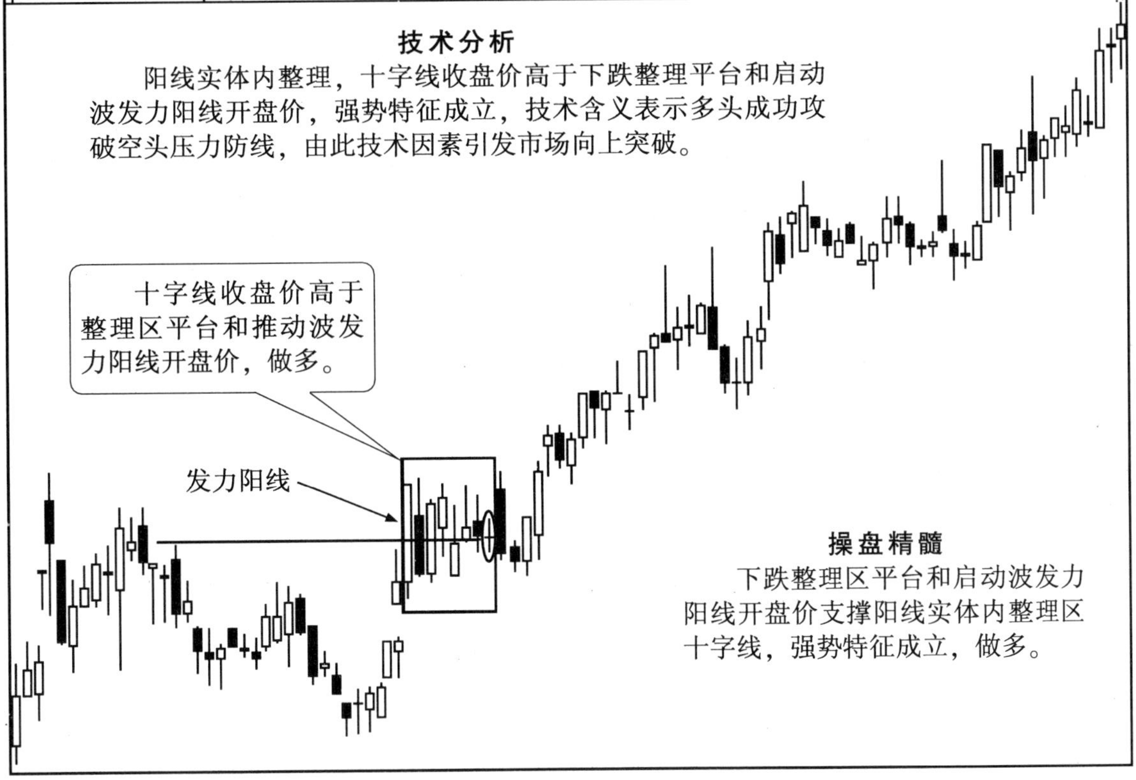

操盘精髓

下跌整理区平台和启动波发力阳线开盘价支撑阳线实体内整理区十字线，强势特征成立，做多。

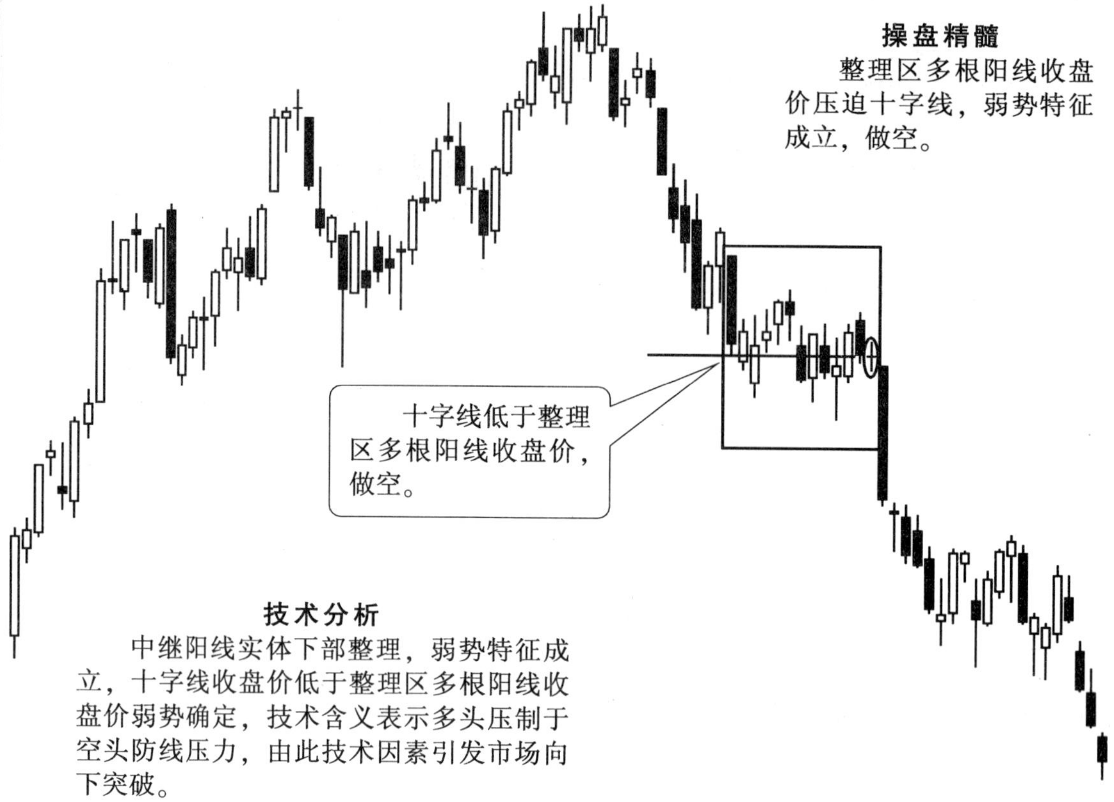

操盘精髓

整理区多根阳线收盘价压迫十字线，弱势特征成立，做空。

技术分析

中继阳线实体下部整理，弱势特征成立，十字线收盘价低于整理区多根阳线收盘价弱势确定，技术含义表示多头压制于空头防线压力，由此技术因素引发市场向下突破。

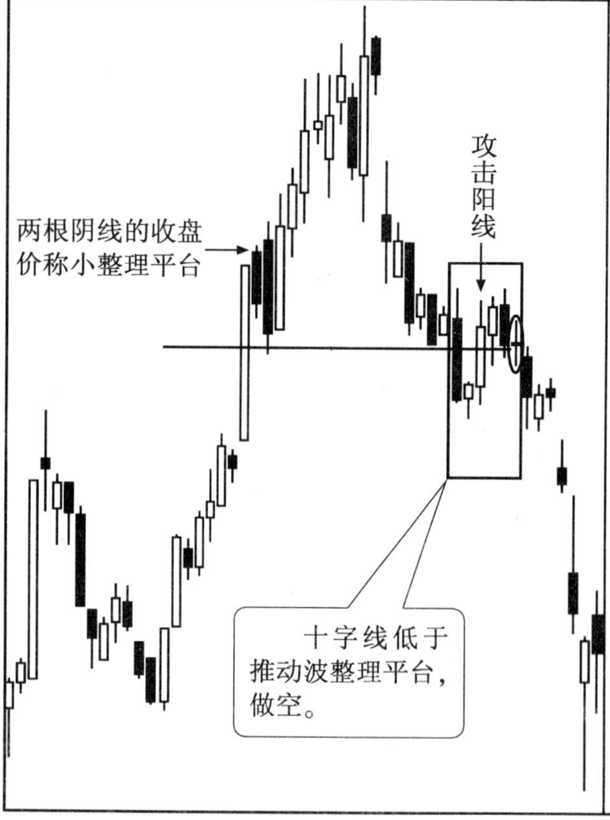

技术分析

下跌整理区，阴线伴随十字线收盘价低于推动波震荡上升途中多空交替换手整理区阴线收盘价和攻击阳线开盘价，弱势特征成立，技术含义表示多头上攻乏力，受制于空头多重压力，由此技术因素引发市场向下发展。

操盘精髓

下跌整理区阴线伴随十字线受压于推动波整理平台，弱势特征成立，做空。

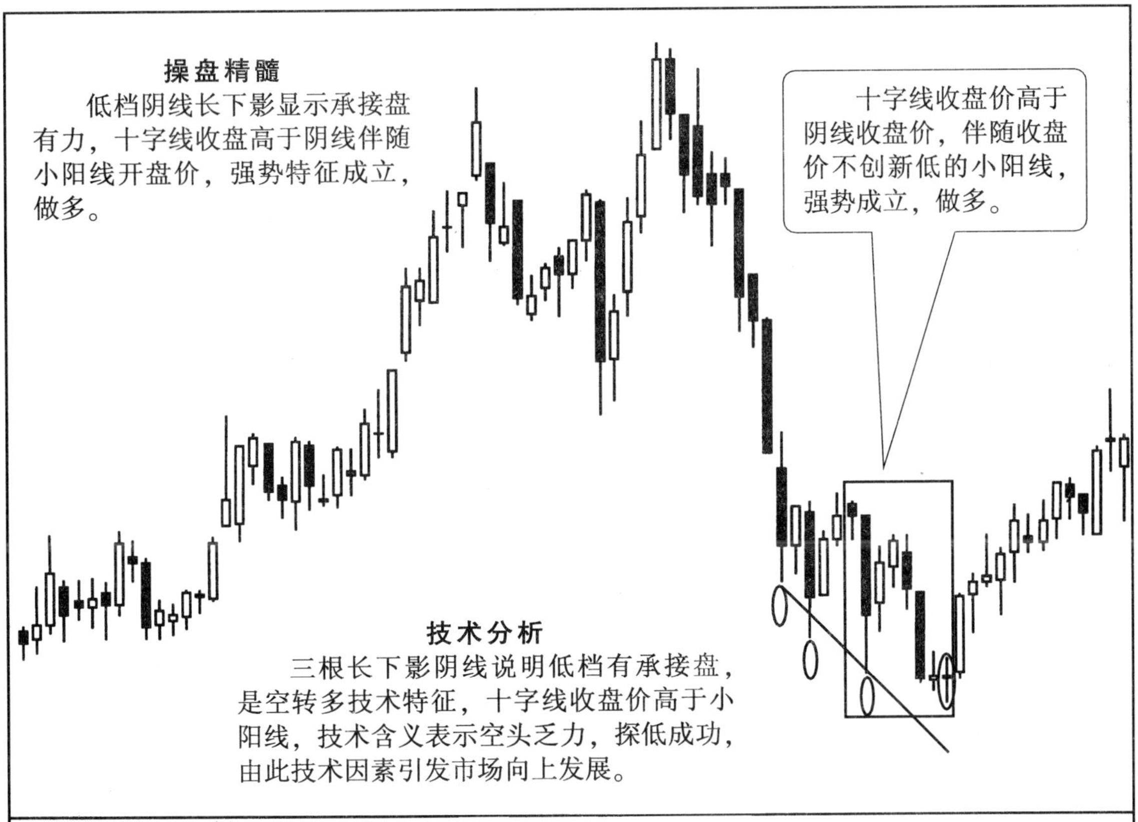
操盘精髓
低档阴线长下影显示承接盘有力，十字线收盘高于阴线伴随小阳线开盘价，强势特征成立，做多。
十字线收盘价高于阴线收盘价，伴随收盘价不创新低的小阳线，强势成立，做多。
技术分析
三根长下影阴线说明低档有承接盘，是空转多技术特征，十字线收盘价高于小阳线，技术含义表示空头乏力，探低成功，由此技术因素引发市场向上发展。

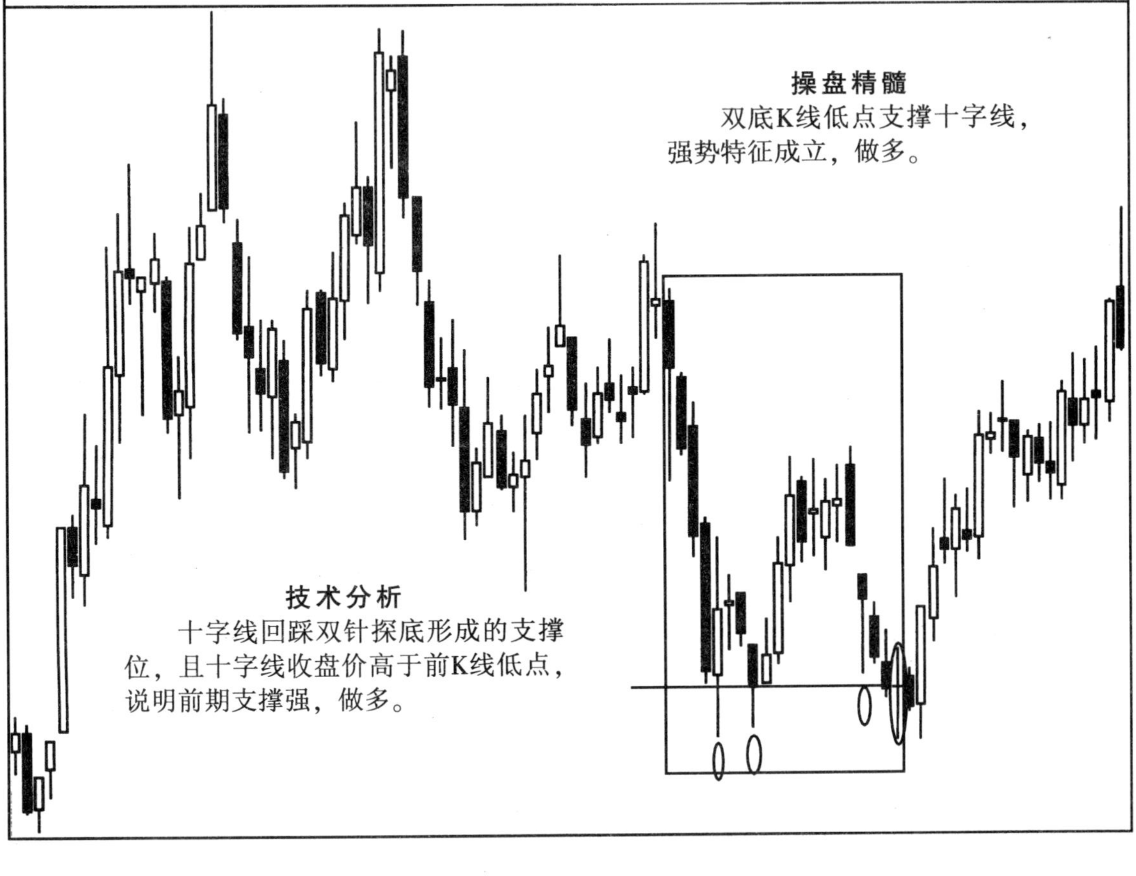
操盘精髓
双底K线低点支撑十字线，强势特征成立，做多。
技术分析
十字线回踩双针探底形成的支撑位，且十字线收盘价高于前K线低点，说明前期支撑强，做多。

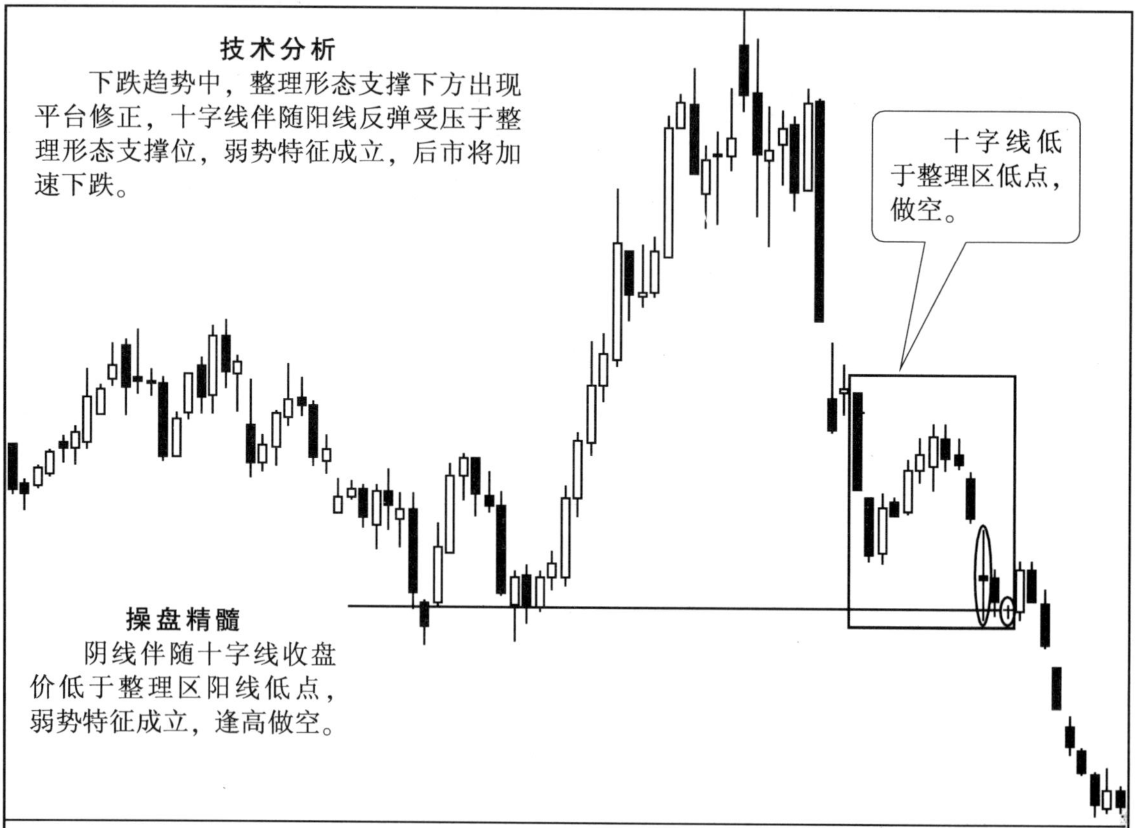
技术分析
下跌趋势中，整理形态支撑下方出现平台修正，十字线伴随阳线反弹受压于整理形态支撑位，弱势特征成立，后市将加速下跌。
十字线低于整理区低点，做空。
操盘精髓
阴线伴随十字线收盘价低于整理区阳线低点，弱势特征成立，逢高做空。

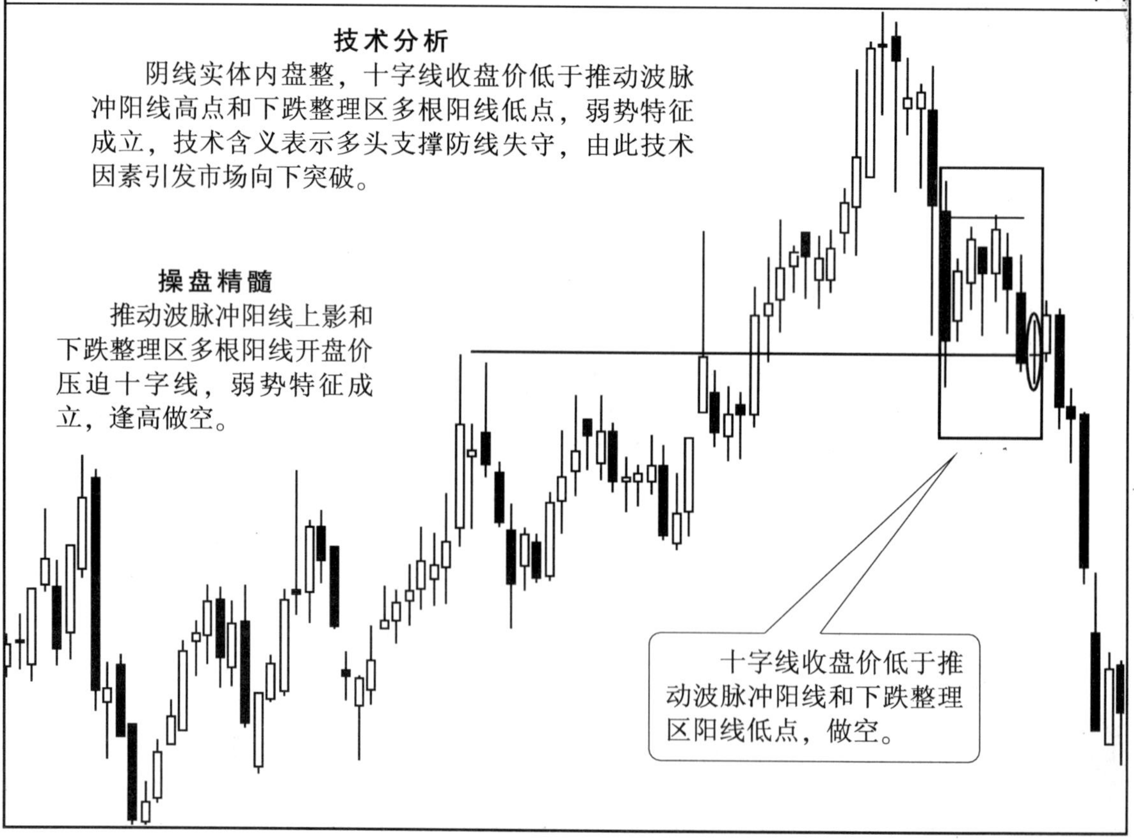
技术分析
阴线实体内盘整，十字线收盘价低于推动波脉冲阳线高点和下跌整理区多根阳线低点，弱势特征成立，技术含义表示多头支撑防线失守，由此技术因素引发市场向下突破。
操盘精髓
推动波脉冲阳线上影和下跌整理区多根阳线开盘价压迫十字线，弱势特征成立，逢高做空。
十字线收盘价低于推动波脉冲阳线和下跌整理区阳线低点，做空。

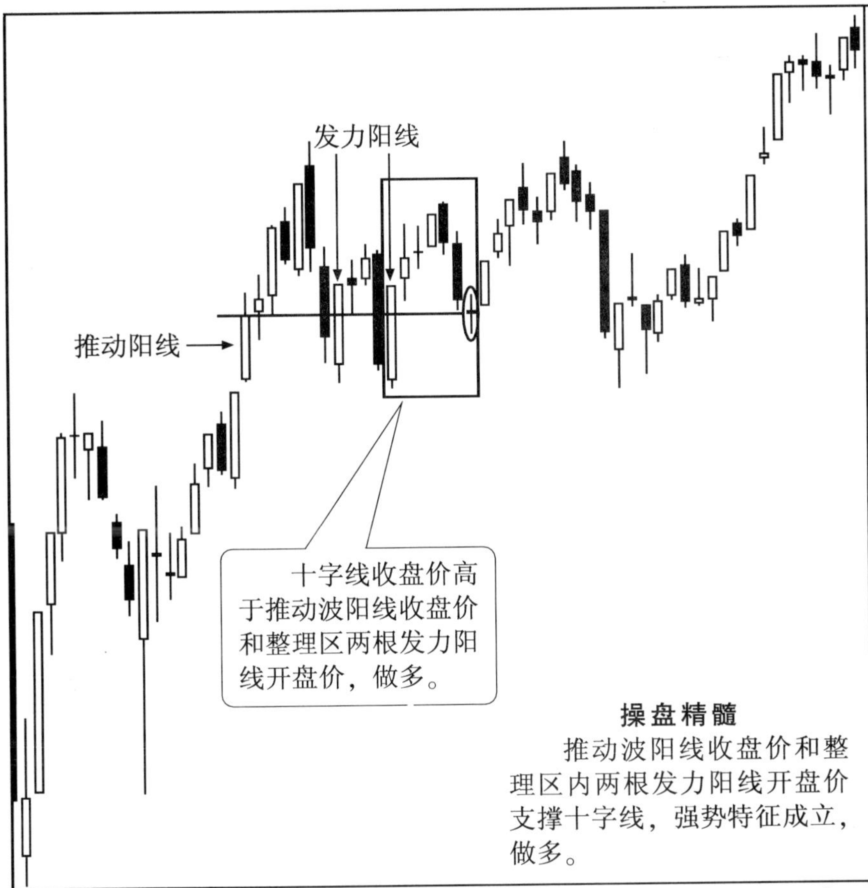

操盘精髓

推动波阳线收盘价和整理区内两根发力阳线开盘价支撑十字线，强势特征成立，做多。

技术分析

调整波十字线收盘价高于推动波阳线收盘价和整理区两根发力阳线开盘价，强势特征成立，技术含义表示空头打压无力，由此技术因素引发市场向上突破。

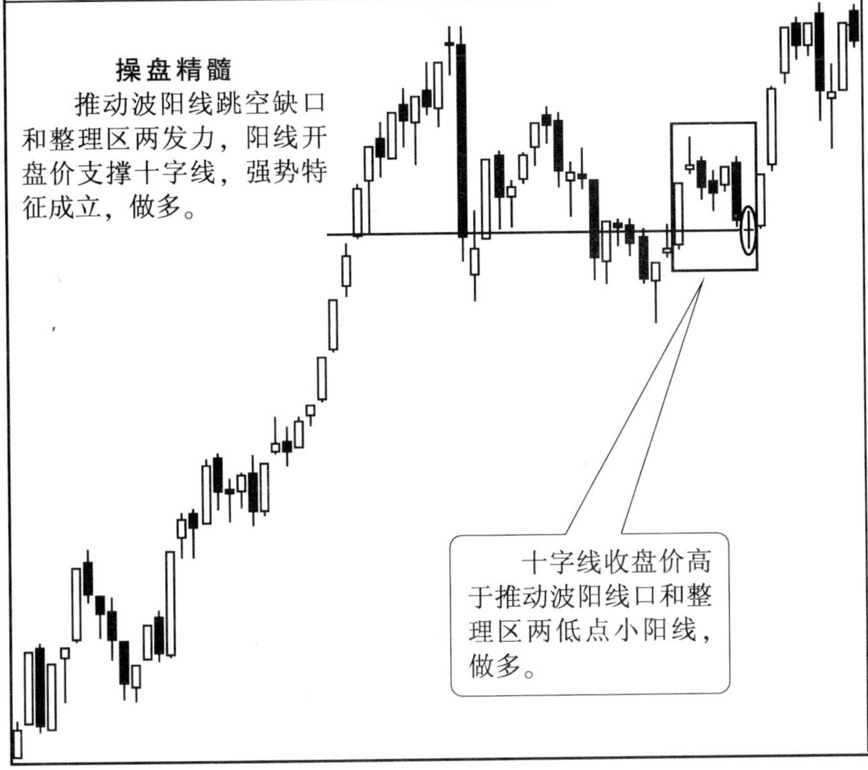

操盘精髓

推动波阳线跳空缺口和整理区两发力，阳线开盘价支撑十字线，强势特征成立，做多。

技术分析

阳线实体内整理期十字线收盘价高于推动波阳线口和整理区两低点小阳线收盘价，强势特征成立，技术含义表示多头支撑强，由此技术因素引发市场向上突破。

第三章 阳螺旋体

阳螺旋体含义：上下影线等长的阳线收盘，实体可略大或小点儿（但不能明显太大，否则就是平衡中阳线了，所谓实体可大可小是相对的大小），代表多空高点和低点卖力与买力相等，也称平衡小阳线。阳实体收盘显示多空短兵交锋中多头当日略强，但不代表由此认定是上升的开始，决定市场涨跌的因素，关键在于阳螺旋体左右伴随出现的K线力度大小和其所出现的形态位置。

本章重点从相同趋势中，阳螺旋体所处的不同位置介绍多空强弱转向的含义，关注相同趋势中不同位置角度阳螺旋体所代表的不同含义，什么条件下是强势组合，何种形态下是弱势组合，搞明白这两点就能理解和掌握同形K线引发涨跌的根本原因，也就可以避免出现同种K线这次盈利而下次亏损的现象。

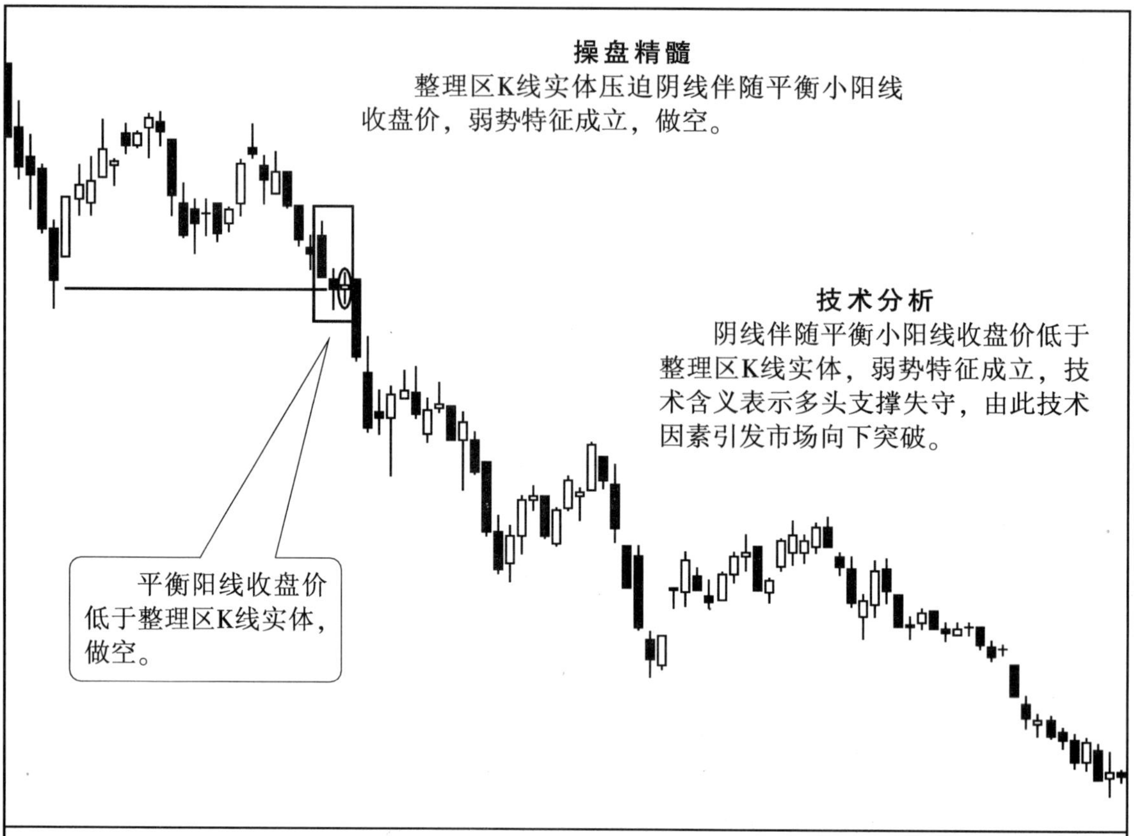
操盘精髓
整理区K线实体压迫阴线伴随平衡小阳线收盘价，弱势特征成立，做空。
技术分析
阴线伴随平衡小阳线收盘价低于整理区K线实体，弱势特征成立，技术含义表示多头支撑失守，由此技术因素引发市场向下突破。
平衡阳线收盘价低于整理区K线实体，做空。

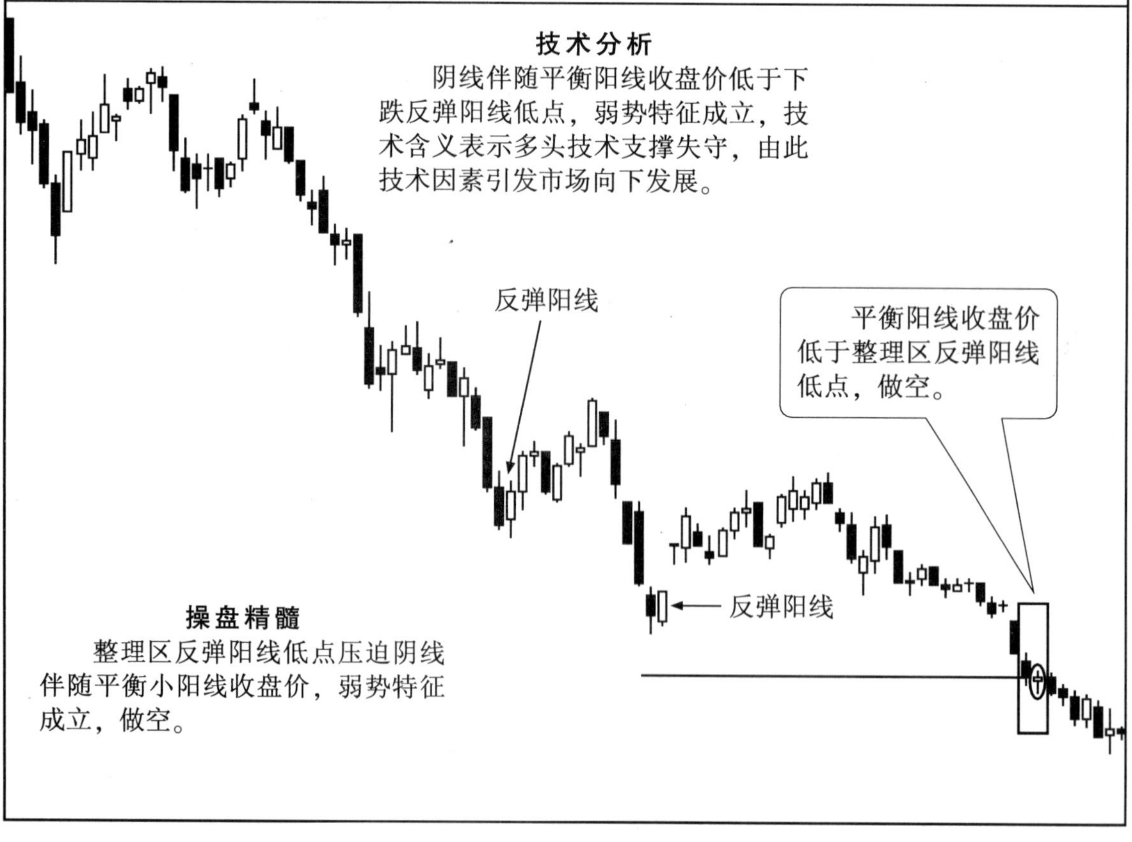
技术分析
阴线伴随平衡阳线收盘价低于下跌反弹阳线低点，弱势特征成立，技术含义表示多头技术支撑失守，由此技术因素引发市场向下发展。
反弹阳线
平衡阳线收盘价低于整理区反弹阳线低点，做空。
反弹阳线
操盘精髓
整理区反弹阳线低点压迫阴线伴随平衡小阳线收盘价，弱势特征成立，做空。

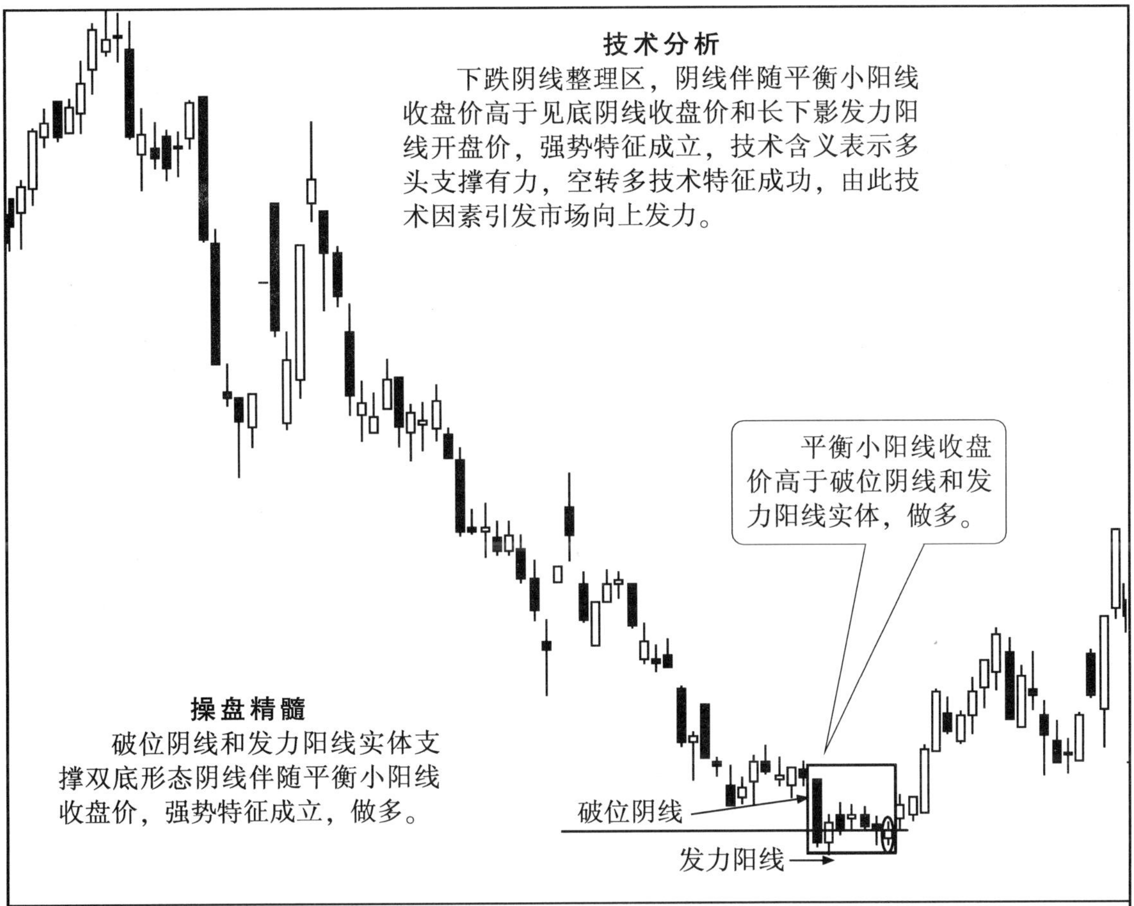

技术分析

下跌阴线整理区，阴线伴随平衡小阳线收盘价高于见底阴线收盘价和长下影发力阳线开盘价，强势特征成立，技术含义表示多头支撑有力，空转多技术特征成功，由此技术因素引发市场向上发力。

操盘精髓

破位阴线和发力阳线实体支撑双底形态阴线伴随平衡小阳线收盘价，强势特征成立，做多。

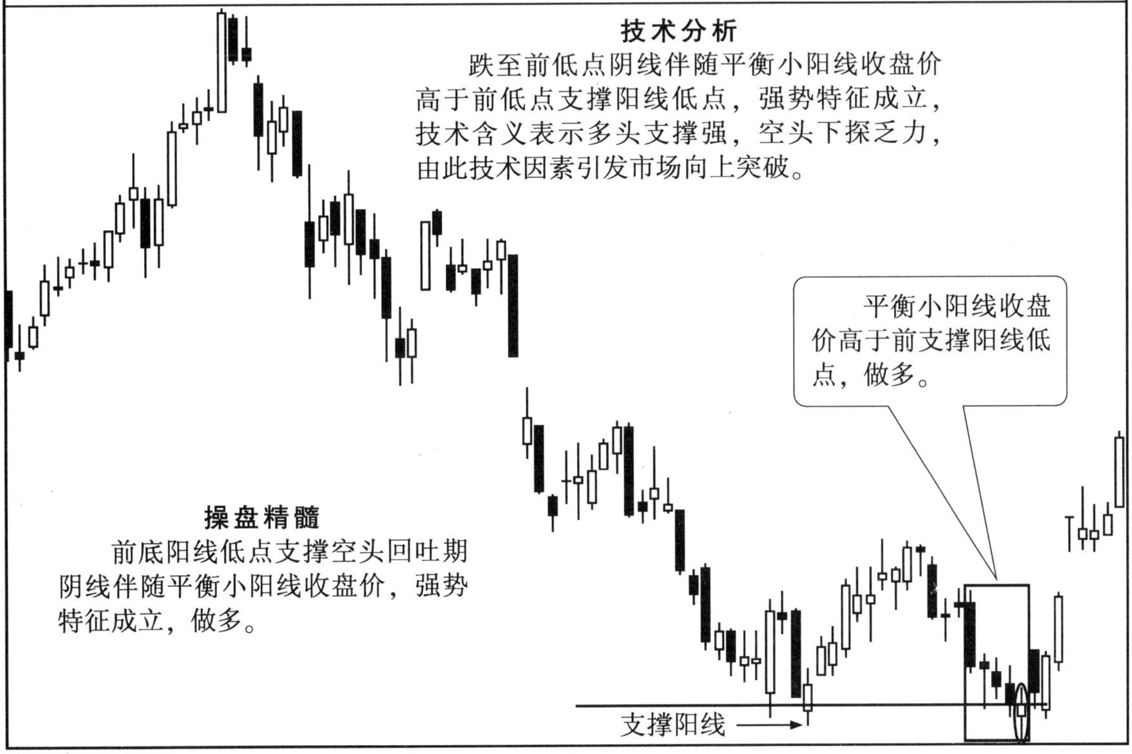

技术分析

跌至前低点阴线伴随平衡小阳线收盘价高于前低点支撑阳线低点，强势特征成立，技术含义表示多头支撑强，空头下探乏力，由此技术因素引发市场向上突破。

操盘精髓

前底阳线低点支撑空头回吐期阴线伴随平衡小阳线收盘价，强势特征成立，做多。

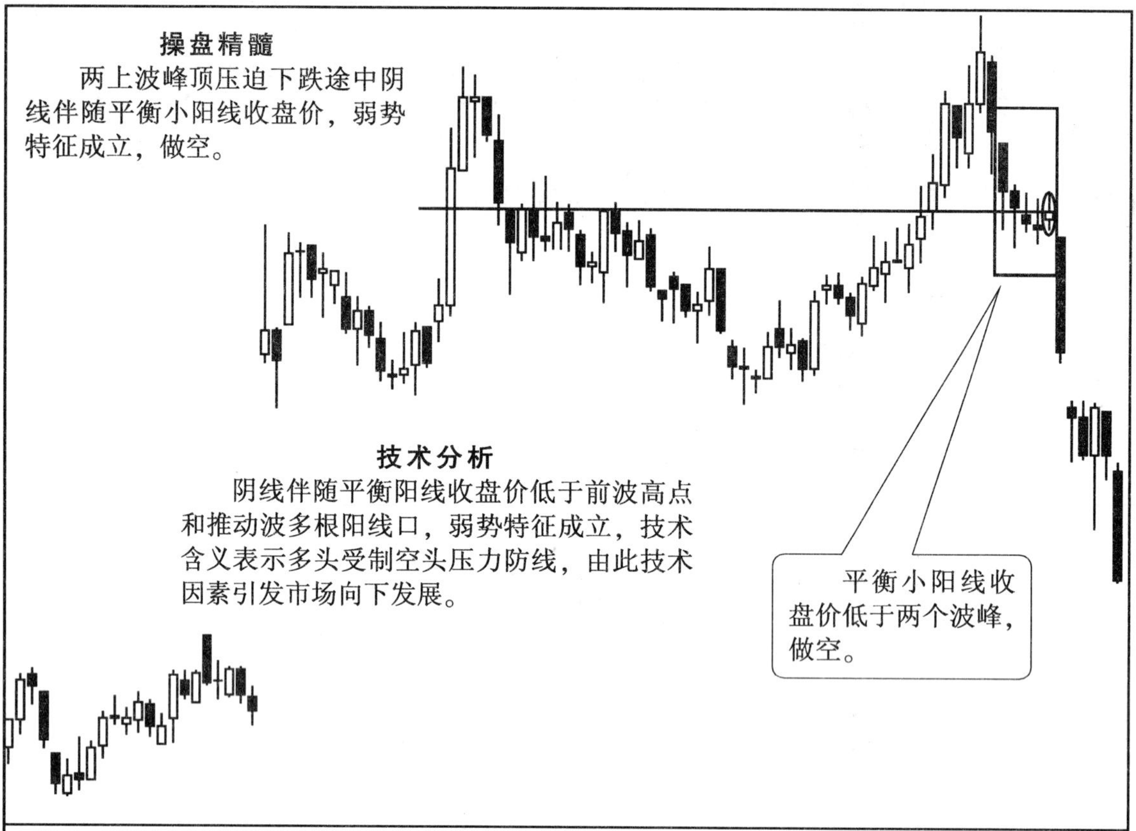
操盘精髓
两上波峰顶压迫下跌途中阴线伴随平衡小阳线收盘价，弱势特征成立，做空。
技术分析
阴线伴随平衡阳线收盘价低于前波高点和推动波多根阳线口，弱势特征成立，技术含义表示多头受制空头压力防线，由此技术因素引发市场向下发展。
平衡小阳线收盘价低于两个波峰，做空。

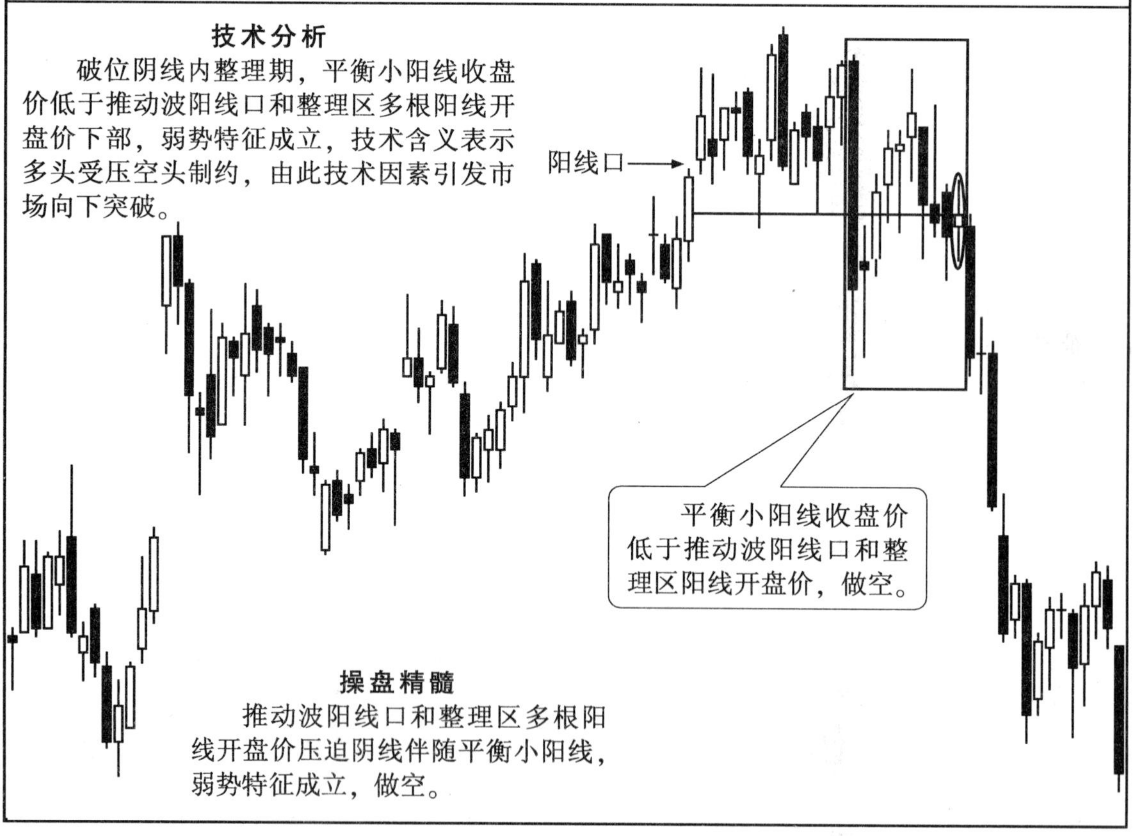
技术分析
破位阴线内整理期，平衡小阳线收盘价低于推动波阳线口和整理区多根阳线开盘价下部，弱势特征成立，技术含义表示多头受压空头制约，由此技术因素引发市场向下突破。
阳线口
平衡小阳线收盘价低于推动波阳线口和整理区阳线开盘价，做空。
操盘精髓
推动波阳线口和整理区多根阳线开盘价压迫阴线伴随平衡小阳线，弱势特征成立，做空。

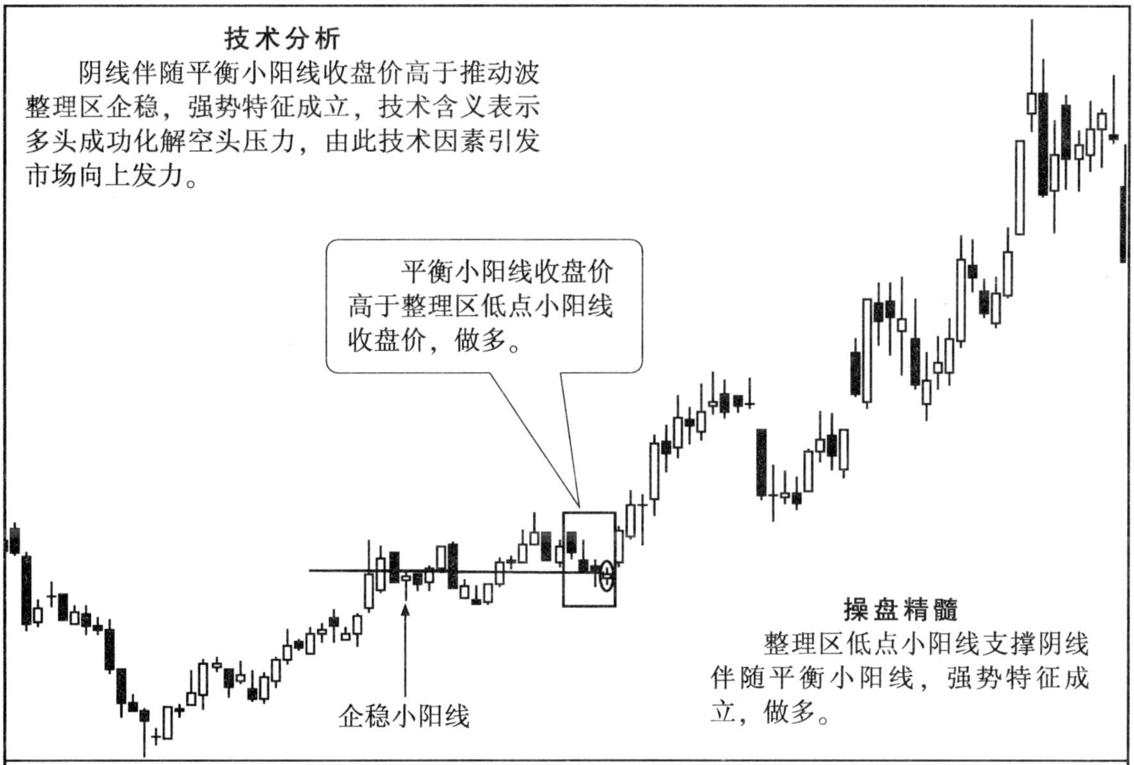
技术分析
阴线伴随平衡小阳线收盘价高于推动波整理区企稳，强势特征成立，技术含义表示多头成功化解空头压力，由此技术因素引发市场向上发力。
平衡小阳线收盘价高于整理区低点小阳线收盘价，做多。
企稳小阳线
操盘精髓
整理区低点小阳线支撑阴线伴随平衡小阳线，强势特征成立，做多。

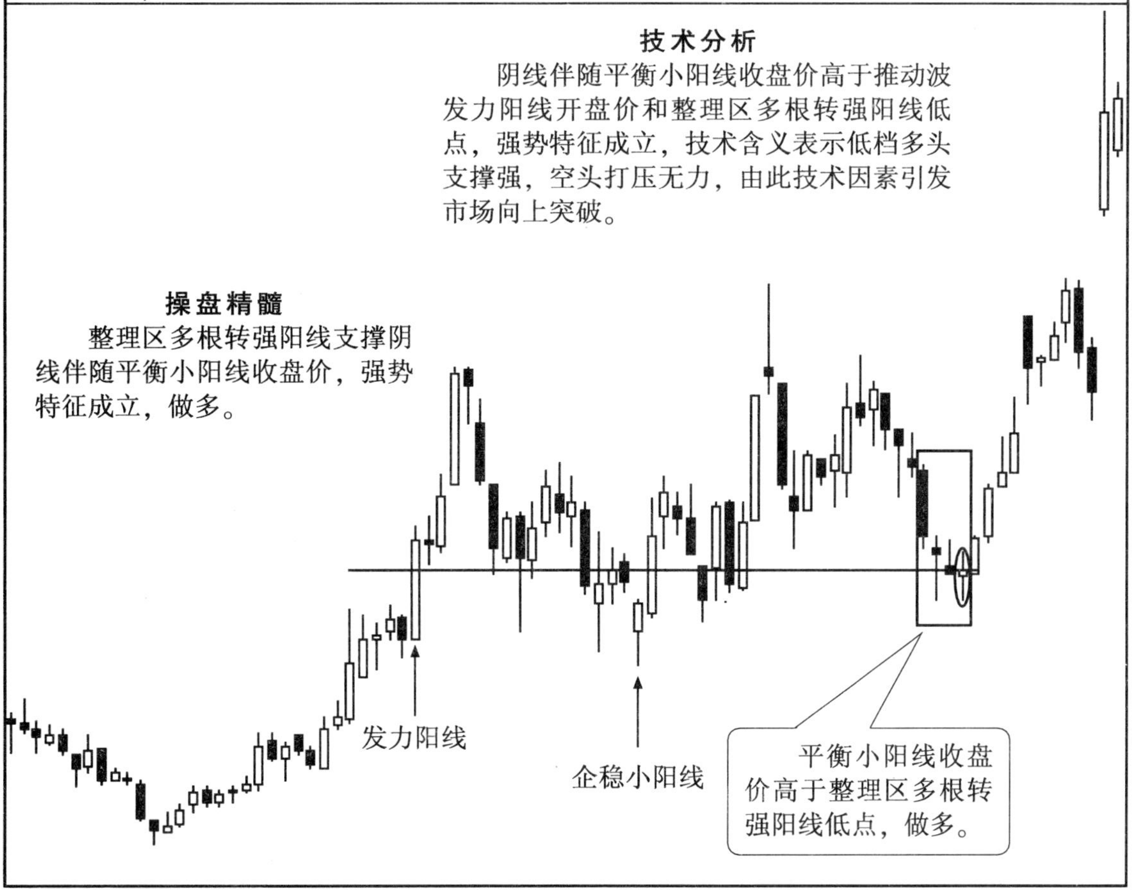
技术分析
阴线伴随平衡小阳线收盘价高于推动波发力阳线开盘价和整理区多根转强阳线低点，强势特征成立，技术含义表示低档多头支撑强，空头打压无力，由此技术因素引发市场向上突破。
操盘精髓
整理区多根转强阳线支撑阴线伴随平衡小阳线收盘价，强势特征成立，做多。
发力阳线
企稳小阳线
平衡小阳线收盘价高于整理区多根转强阳线低点，做多。

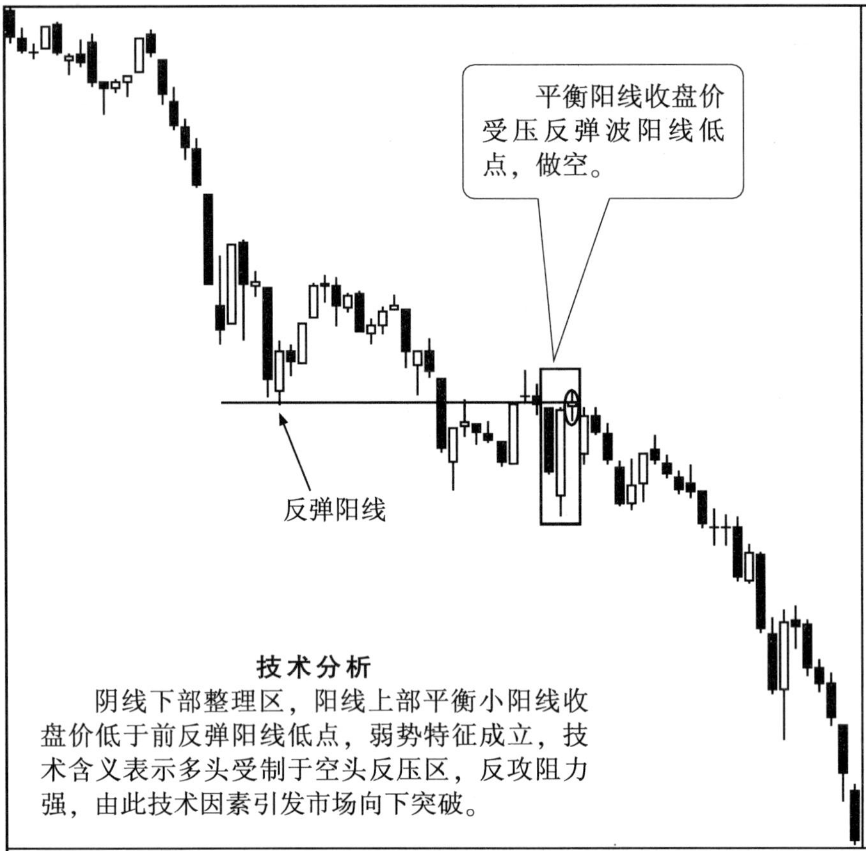

技术分析

阴线下部整理区，阳线上部平衡小阳线收盘价低于前反弹阳线低点，弱势特征成立，技术含义表示多头受制于空头反压区，反攻阻力强，由此技术因素引发市场向下突破。

操盘精髓

反弹波阳线低点压迫整理区阳线上部平衡小阳线，弱势特征成立，做空。

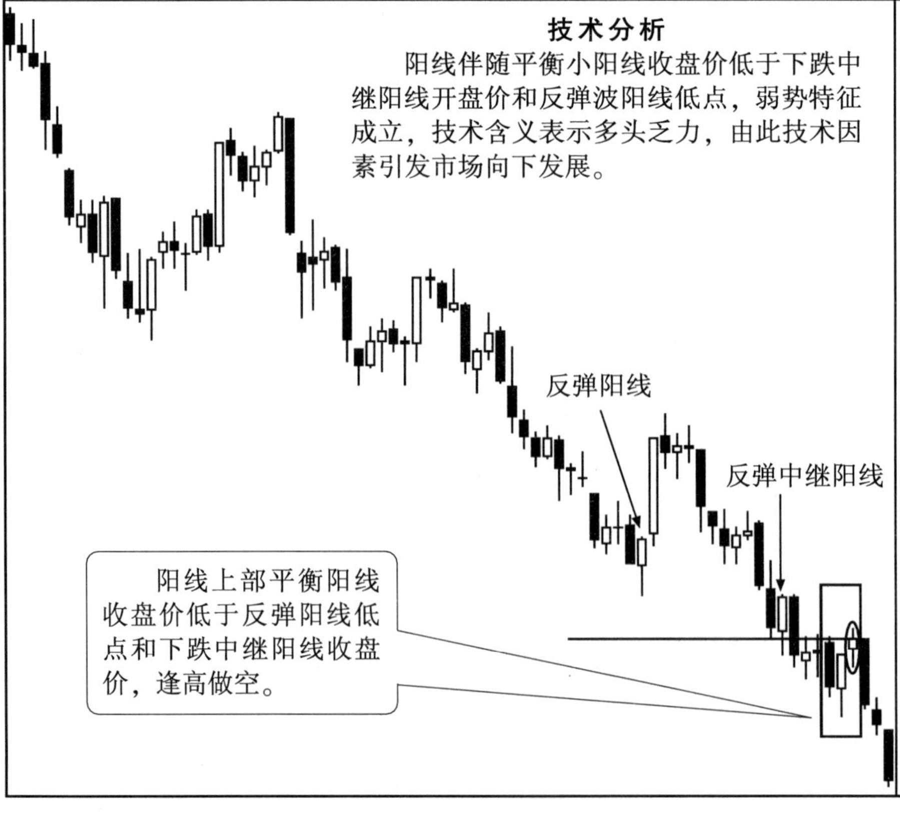

技术分析

阳线伴随平衡小阳线收盘价低于下跌中继阳线开盘价和反弹波阳线低点，弱势特征成立，技术含义表示多头乏力，由此技术因素引发市场向下发展。

操盘精髓

反弹波阳线低点和下跌整理区阳线开盘价压迫阳线伴随平衡小阳线收盘价，弱势特征成立。

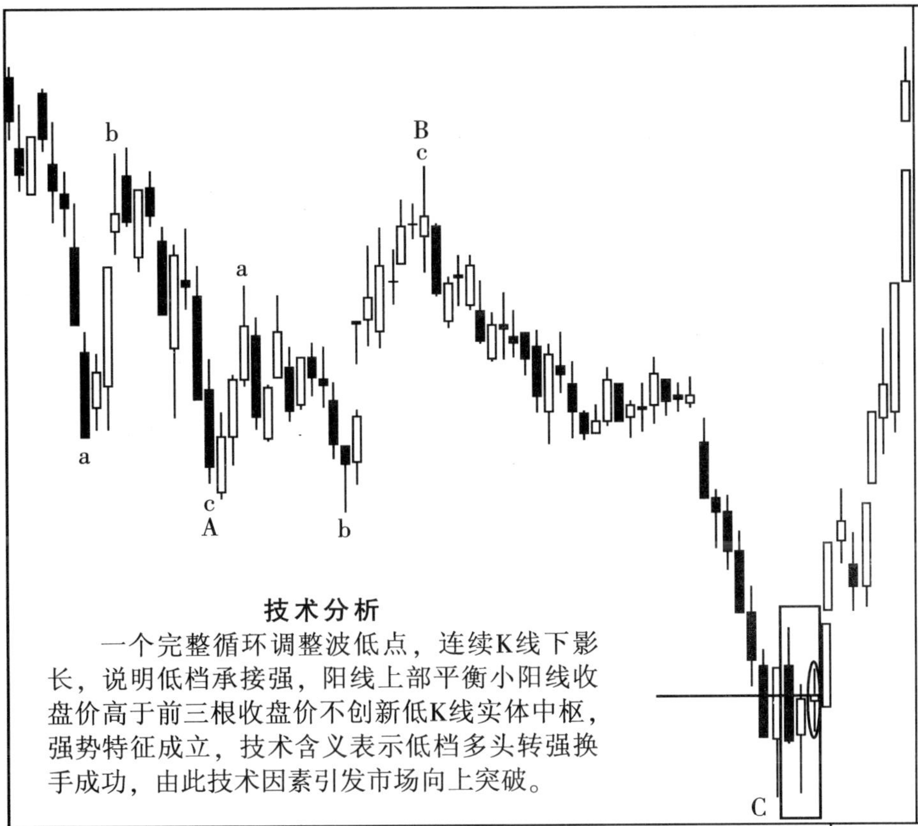

技术分析

一个完整循环调整波低点，连续K线下影长，说明低档承接强，阳线上部平衡小阳线收盘价高于前三根收盘价不创新低K线实体中枢，强势特征成立，技术含义表示低档多头转强换手成功，由此技术因素引发市场向上突破。

操盘精髓

连续几根收盘价不创新低长下影K线整理，伴随阳线上部平衡小阳线换手，强势特征成立，做多。

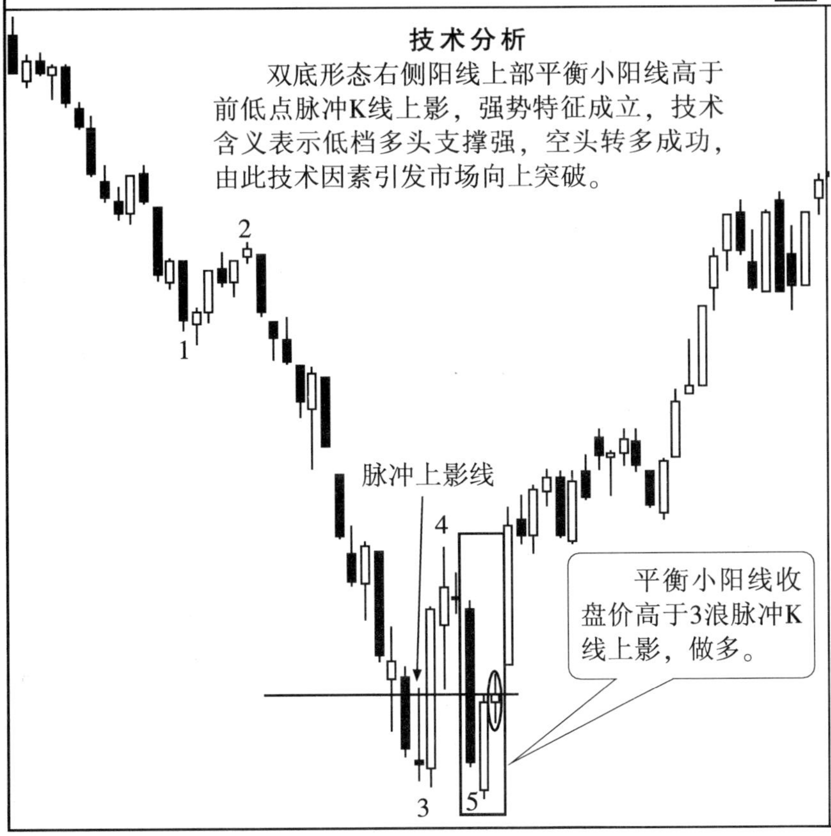

技术分析

双底形态右侧阳线上部平衡小阳线高于前低点脉冲K线上影，强势特征成立，技术含义表示低档多头支撑强，空头转多成功，由此技术因素引发市场向上突破。

操盘精髓

5浪双底阳线上部平衡小阳线在3浪脉冲K线上部换手，强势特征成立，做多。

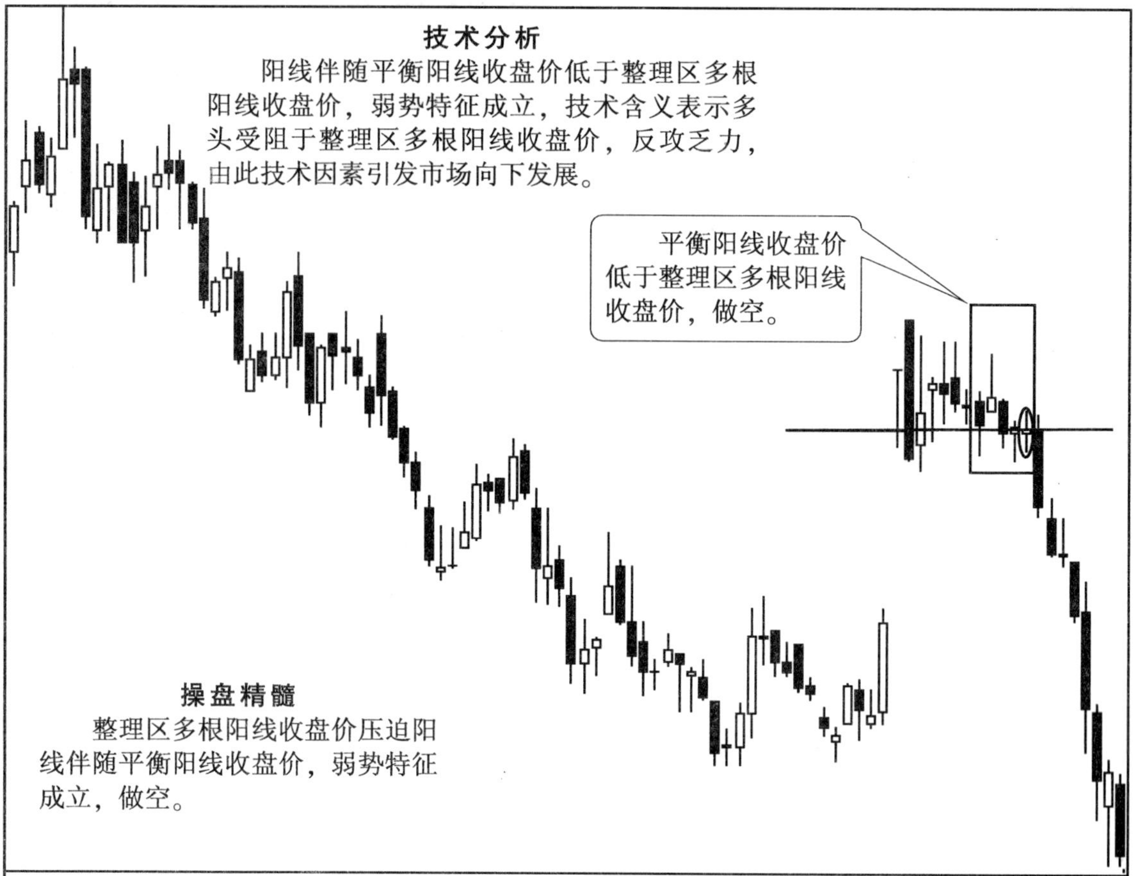

技术分析
阳线伴随平衡阳线收盘价低于整理区多根阳线收盘价，弱势特征成立，技术含义表示多头受阻于整理区多根阳线收盘价，反攻乏力，由此技术因素引发市场向下发展。
平衡阳线收盘价低于整理区多根阳线收盘价，做空。
操盘精髓
整理区多根阳线收盘价压迫阳线伴随平衡阳线收盘价，弱势特征成立，做空。

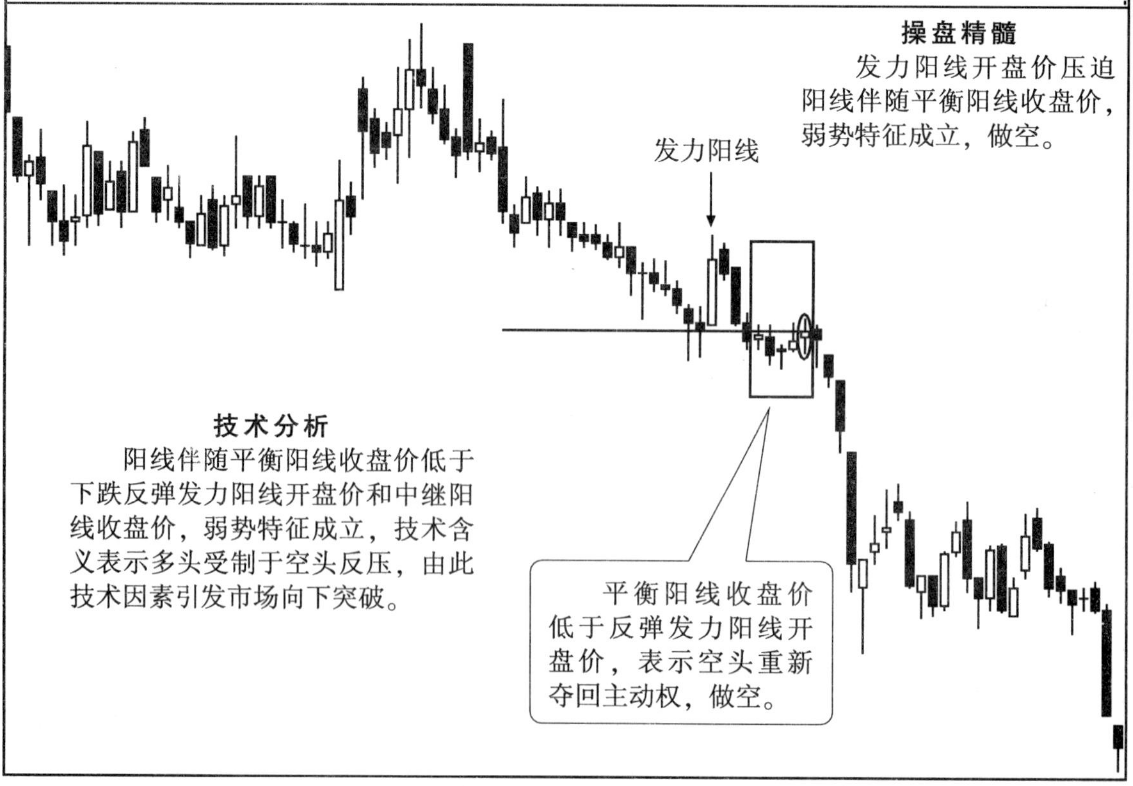

操盘精髓
发力阳线开盘价压迫阳线伴随平衡阳线收盘价，弱势特征成立，做空。
发力阳线
技术分析
阳线伴随平衡阳线收盘价低于下跌反弹发力阳线开盘价和中继阳线收盘价，弱势特征成立，技术含义表示多头受制于空头反压，由此技术因素引发市场向下突破。
平衡阳线收盘价低于反弹发力阳线开盘价，表示空头重新夺回主动权，做空。

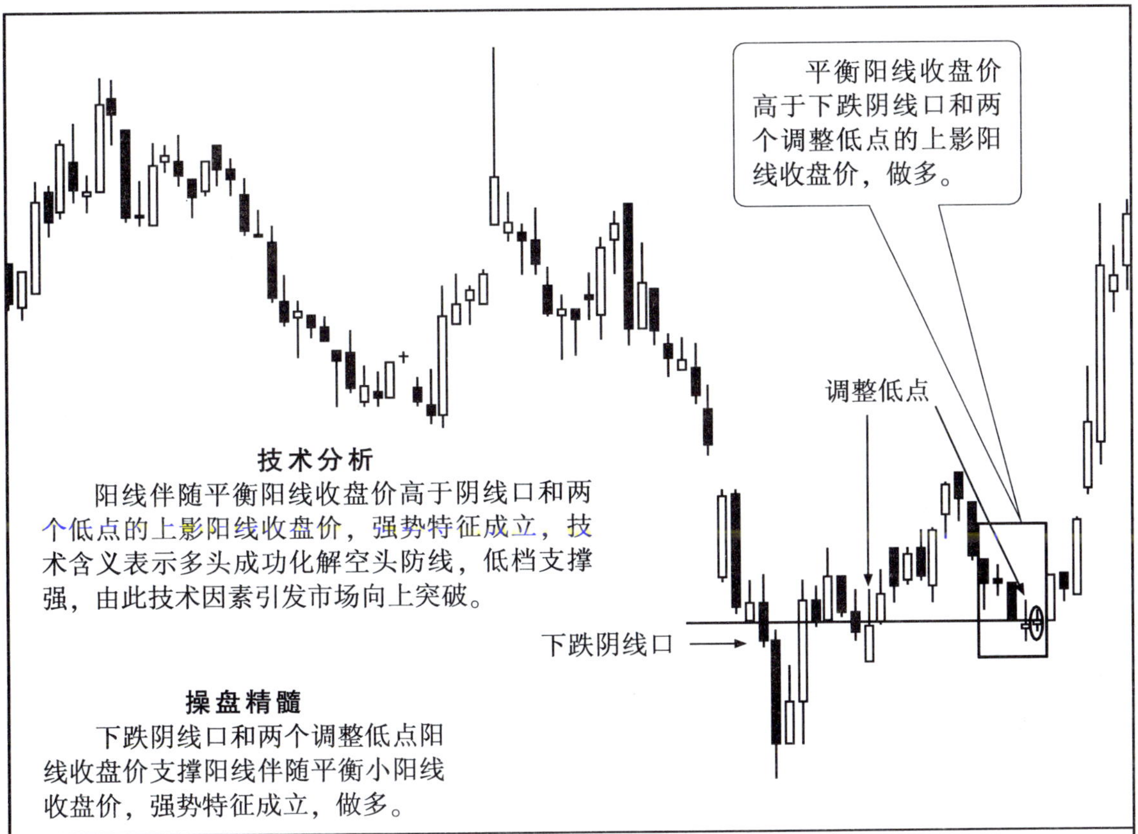

技术分析

阳线伴随平衡阳线收盘价高于阴线口和两个低点的上影阳线收盘价，强势特征成立，技术含义表示多头成功化解空头防线，低档支撑强，由此技术因素引发市场向上突破。

操盘精髓

下跌阴线口和两个调整低点阳线收盘价支撑阳线伴随平衡小阳线收盘价，强势特征成立，做多。

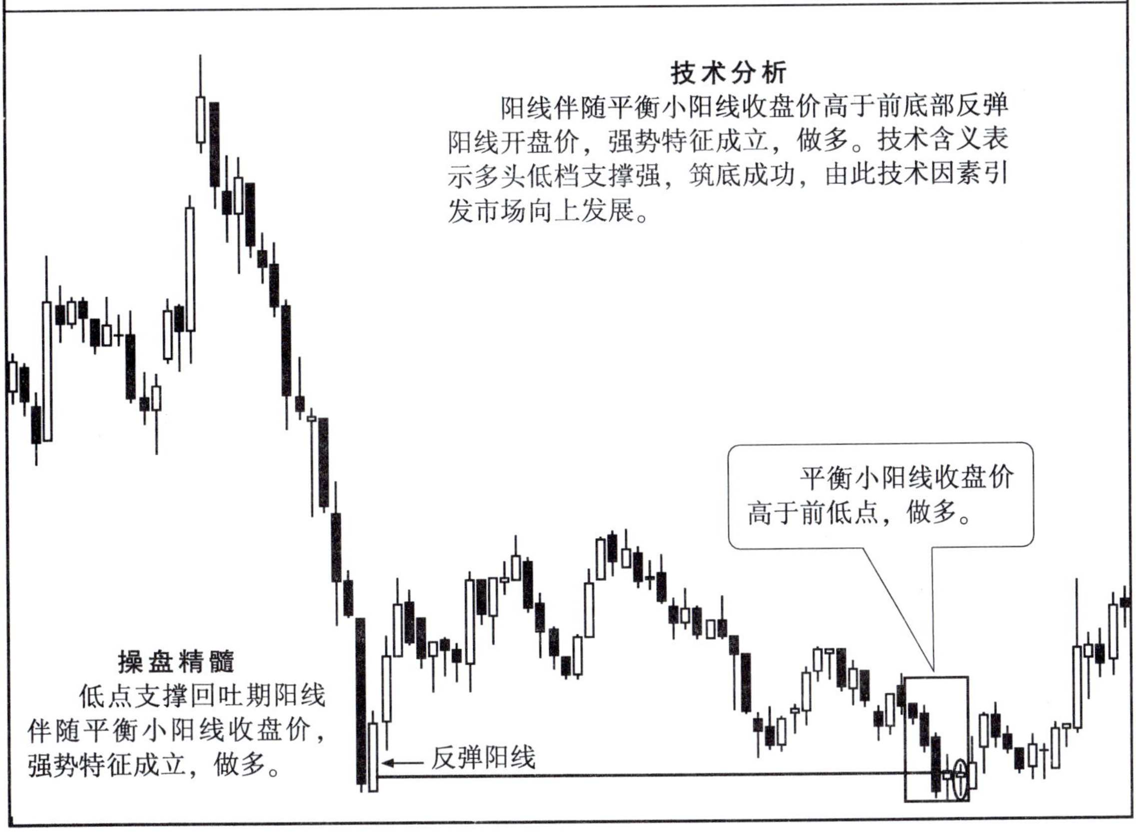

技术分析

阳线伴随平衡小阳线收盘价高于前底部反弹阳线开盘价，强势特征成立，做多。技术含义表示多头低档支撑强，筑底成功，由此技术因素引发市场向上发展。

操盘精髓

低点支撑回吐期阳线伴随平衡小阳线收盘价，强势特征成立，做多。

操盘精髓

推动波中继阴线收盘价和下跌中继阳线收盘价压迫阳线伴随平衡小阳线收盘价，弱势特征成立，做空。

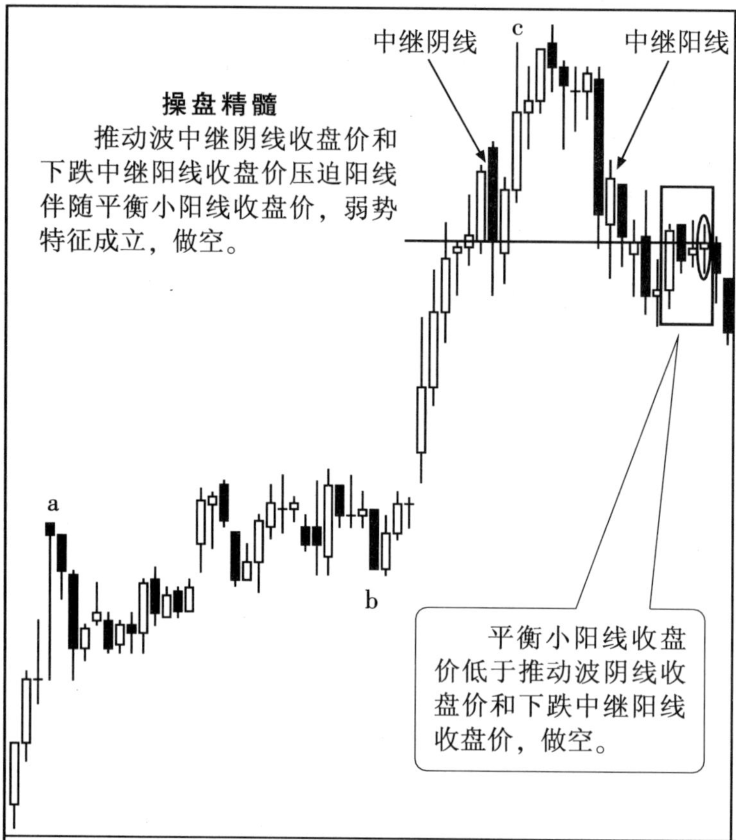

技术分析

下跌途中反弹阳线上部整理区，阳线伴随平衡小阳线收盘价低于推动波中继阴线收盘价和下跌途中中继阳线开盘价，弱势特征成立，技术含义表示多头上攻乏力受制于空头反压，由此技术因素引发市场向下突破。

操盘精髓

推动波平衡阳线收盘价和下跌反弹波高点压迫b波阳线伴随平衡小阳线收盘价，弱势特征成立，做空。

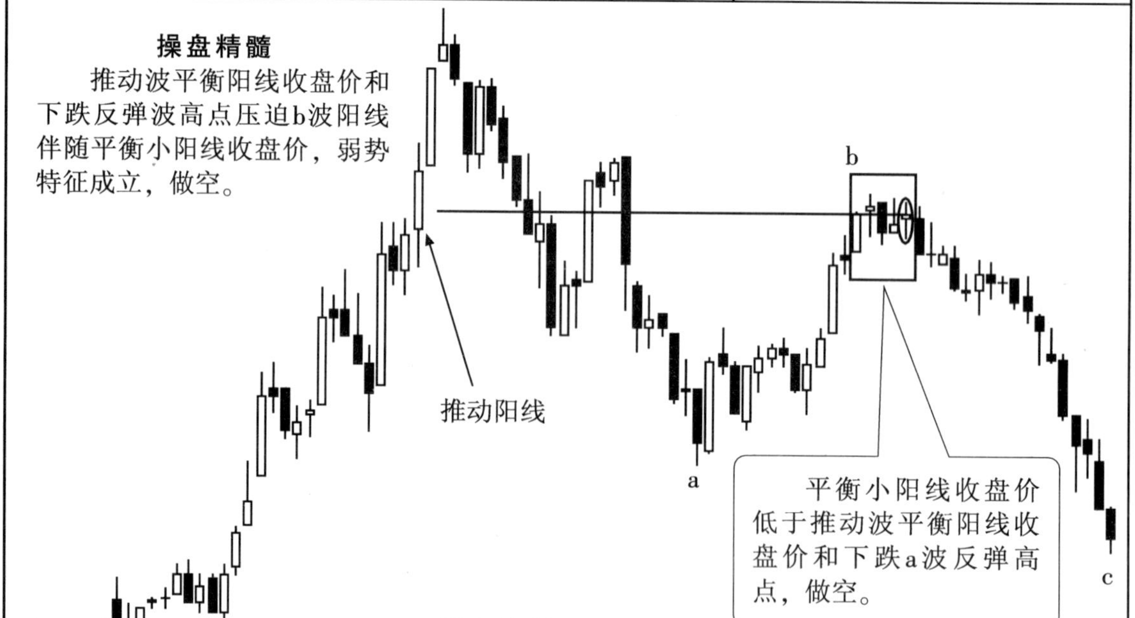

技术分析

b波高点阳线实体内整理，阳线伴随平衡小阳线收盘价低于推动波平衡阳线收盘价和下跌反弹波高点，弱势特征成立，技术含义表示多头乏力受制于空头反压，由此技术因素引发市场向下发展。

技术分析

平台上部阳线实体内整理阳线伴随平衡小阳线收盘价高于整理平台区多根阳线实体，强势特征成立，技术含义表示多头成功攻破空头压力防线，由此技术因素引发市场向上发展。

操盘精髓

上涨途中整理区，多根阳线收盘价支撑阳线伴随平衡小阳线收盘价，强势特征成立，做多。

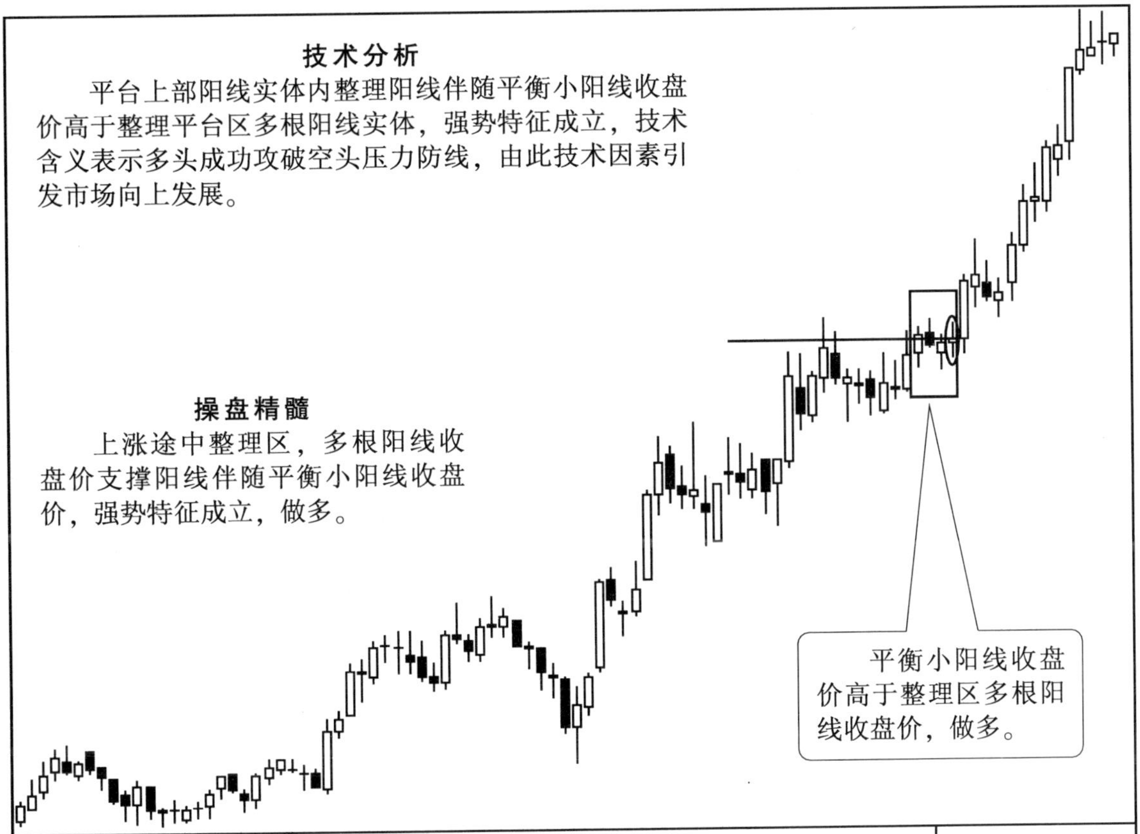

技术分析

发力阳线占据多根回吐阴K线口，随后整理区阴线后方阳线伴随平衡小阳线收盘价高于推动波整理区多根K线高点，强势特征成立，技术含义表示低档多头支撑强，由此技术因素引发市场向上突破。

操盘精髓

推动波整理区多根K线高点支撑调整c波发力阳线实体内阴线伴随阳线上部平衡阳线收盘价，强势特征成立，做多。

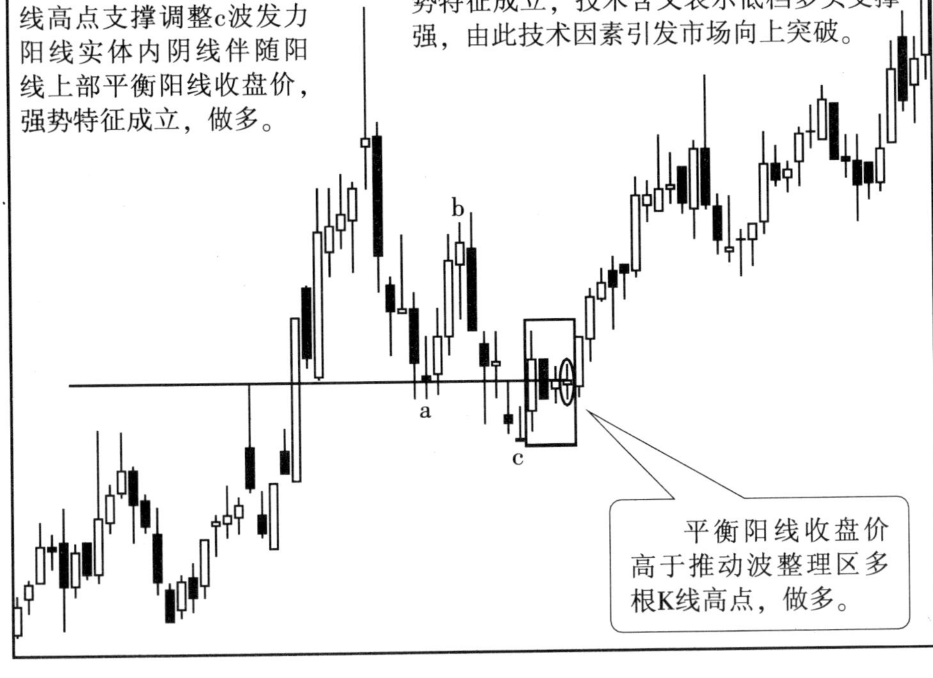

回踩前平台支撑阴线下部K线实体缩小说明市场浮筹少，体现低点空头弱，卖盘少。

一根阳线封闭三个线口收盘，确定多头成功控制空头。

空头回吐对比阴线不吃强势阳线实体，说明空头乏力。两根小K线蓄势换手，上升由此开始。

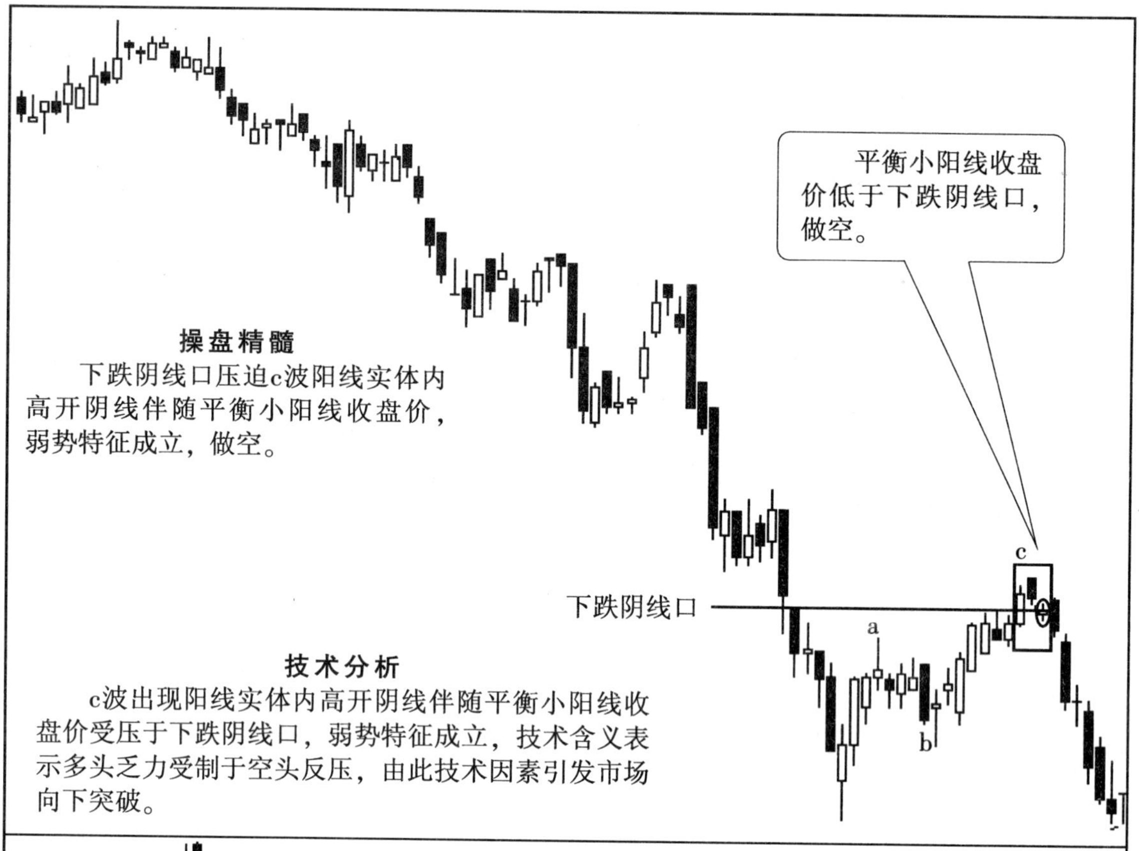

操盘精髓

下跌阴线口压迫c波阳线实体内高开阴线伴随平衡小阳线收盘价，弱势特征成立，做空。

技术分析

c波出现阳线实体内高开阴线伴随平衡小阳线收盘价受压于下跌阴线口，弱势特征成立，技术含义表示多头乏力受制于空头反压，由此技术因素引发市场向下突破。

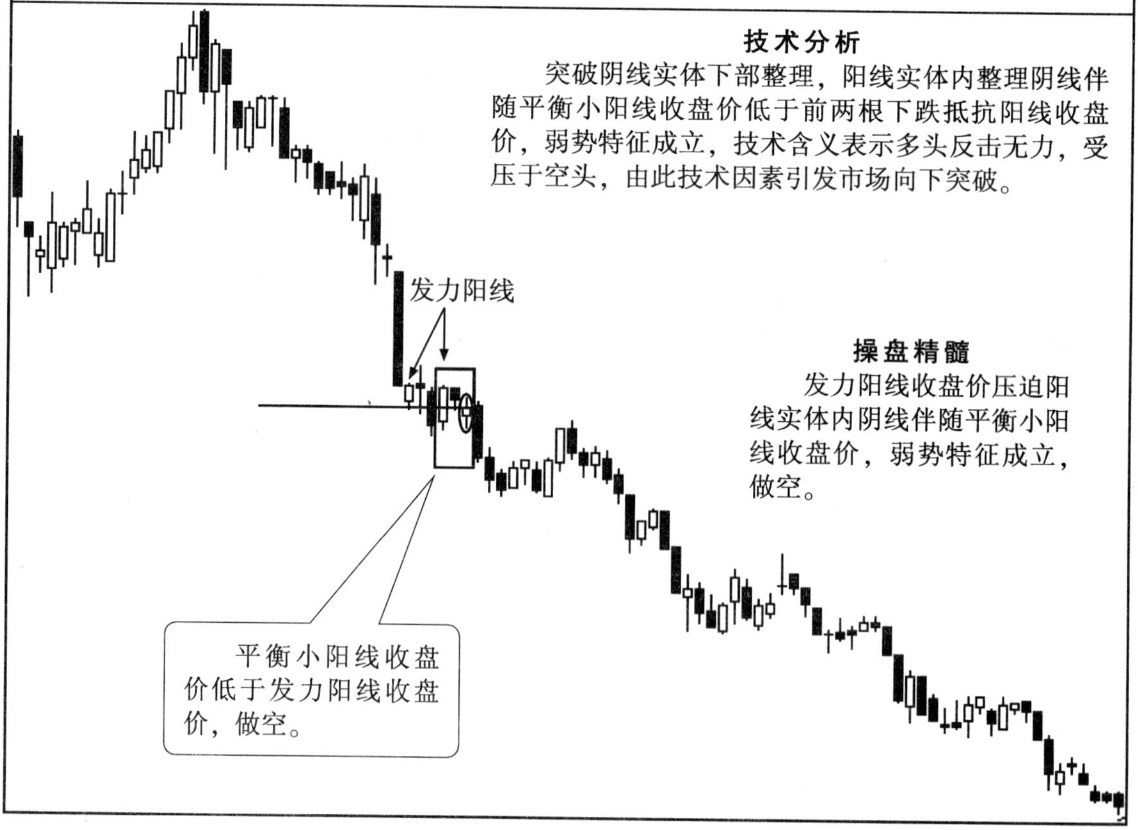

技术分析

突破阴线实体下部整理，阳线实体内整理阴线伴随平衡小阳线收盘价低于前两根下跌抵抗阳线收盘价，弱势特征成立，技术含义表示多头反击无力，受压于空头，由此技术因素引发市场向下突破。

操盘精髓

发力阳线收盘价压迫阳线实体内阴线伴随平衡小阳线收盘价，弱势特征成立，做空。

技术分析

重心上移阳线实体内整理，阴线伴随平衡小阳线收盘价高于下跌中继阳线收盘价，强势特征成立，技术含义表示多头成功化解空头压力防线，由此技术因素引发市场向上发展。

操盘精髓

下跌中继阳线收盘价支撑，阴线伴随平衡小阳线收盘，强势特征成立，做多。

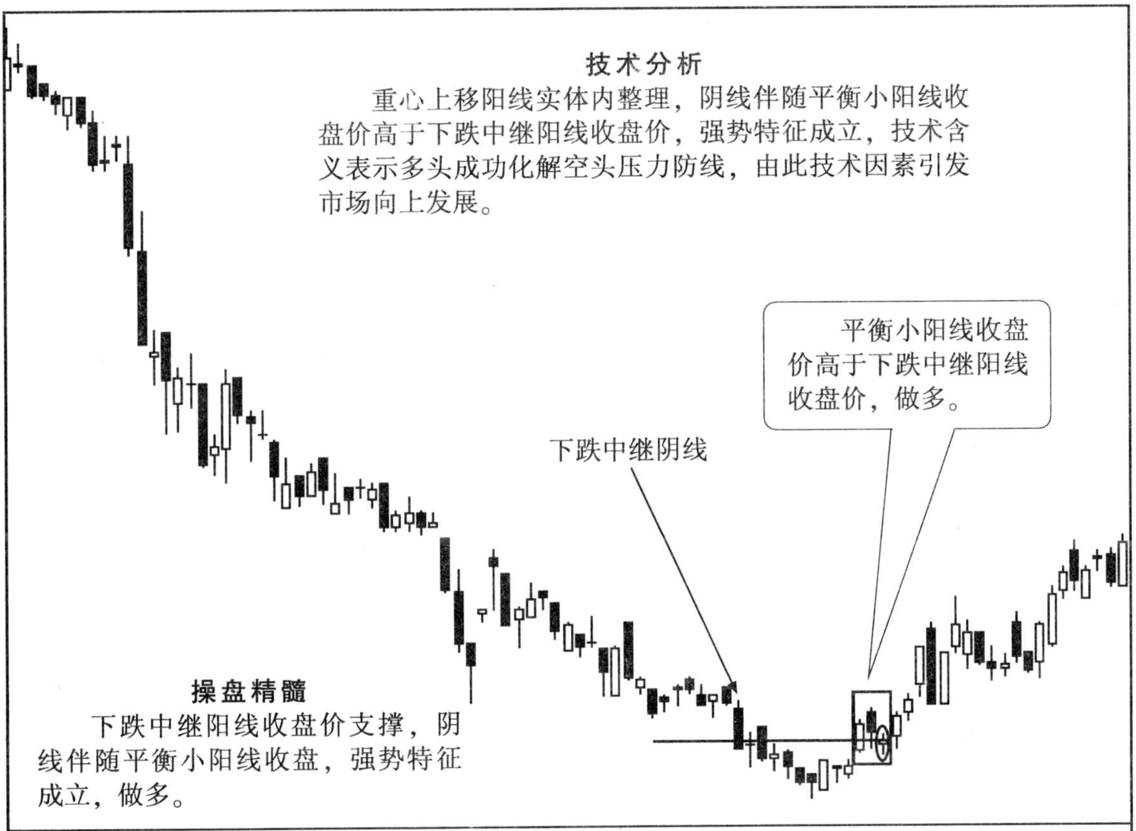

技术分析

阳线实体内整理阴线伴随平衡小阳线收盘价高于前底多根K线口，强势特征成立，技术含义表示低档多头支撑强，由此技术因素引发市场向上突破。

操盘精髓

下跌阴线口和反弹阳线口支撑回吐期阳线实体内整理阴线伴随平衡小阳线收盘价，强势特征成立，做多。

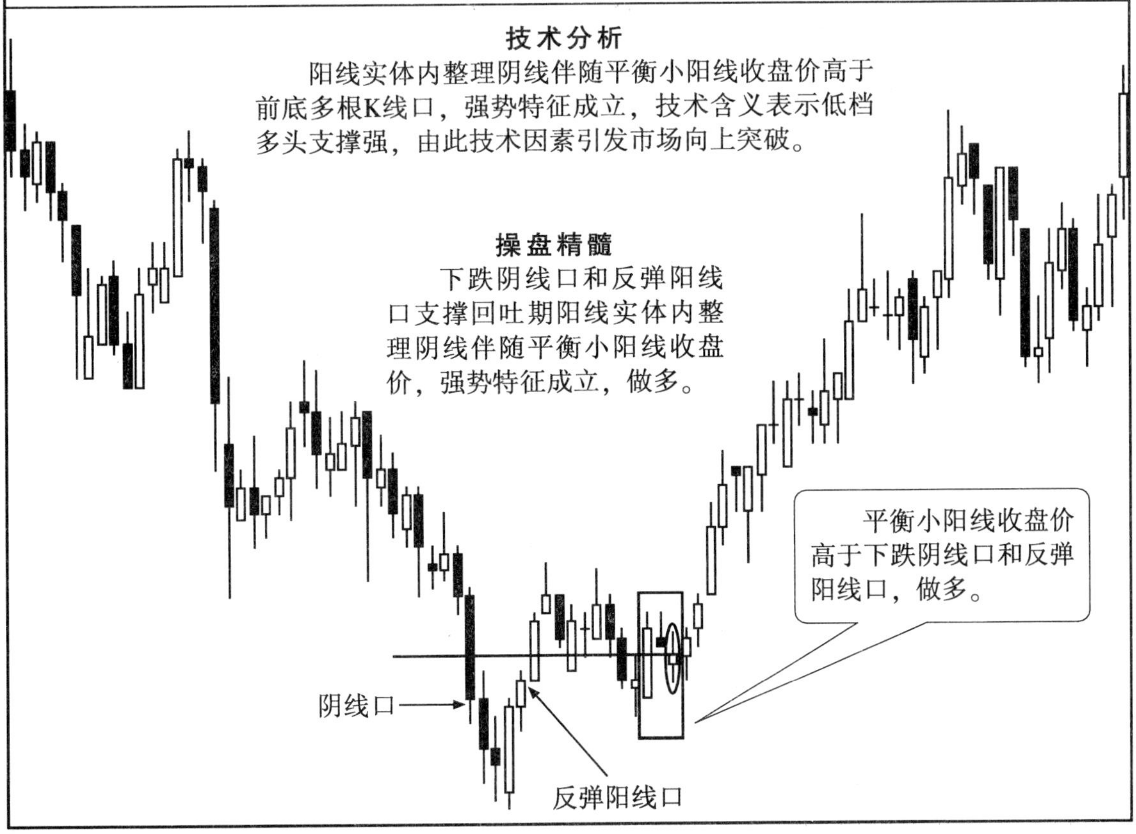

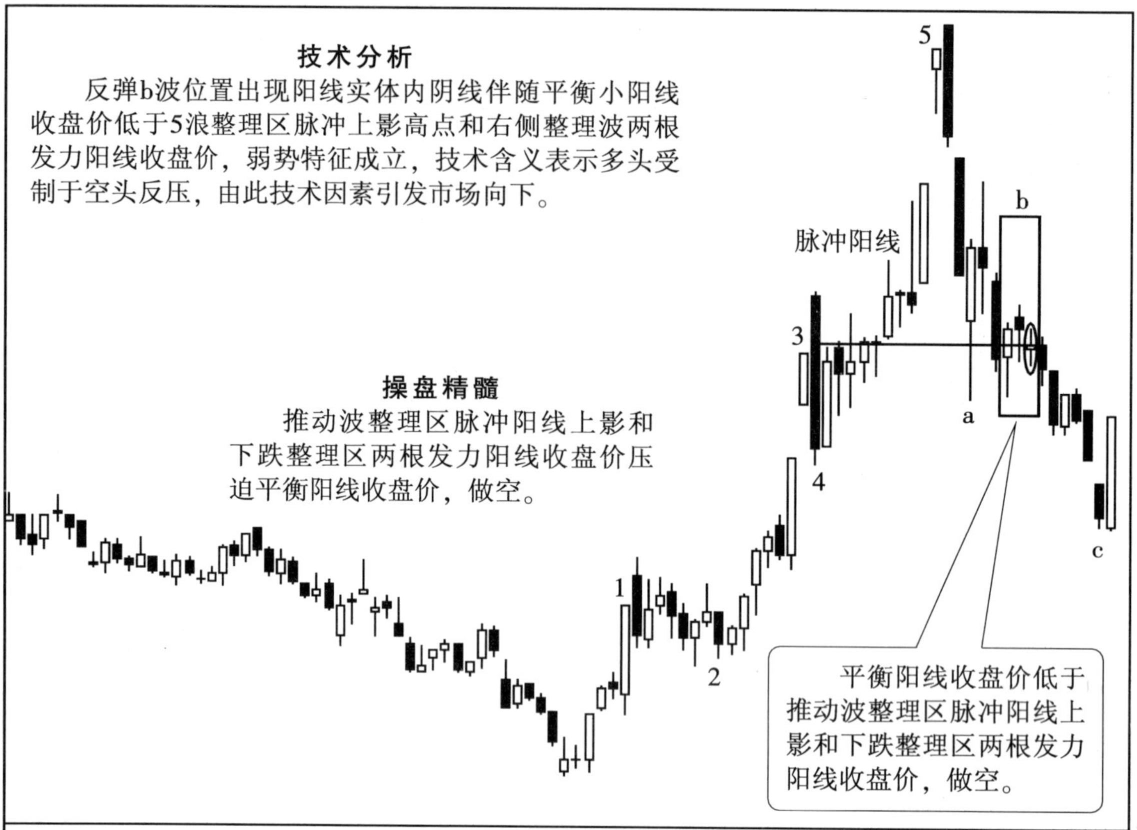

技术分析

反弹b波位置出现阳线实体内阴线伴随平衡小阳线收盘价低于5浪整理区脉冲上影高点和右侧整理波两根发力阳线收盘价，弱势特征成立，技术含义表示多头受制于空头反压，由此技术因素引发市场向下。

操盘精髓

推动波整理区脉冲阳线上影和下跌整理区两根发力阳线收盘价压迫平衡阳线收盘价，做空。

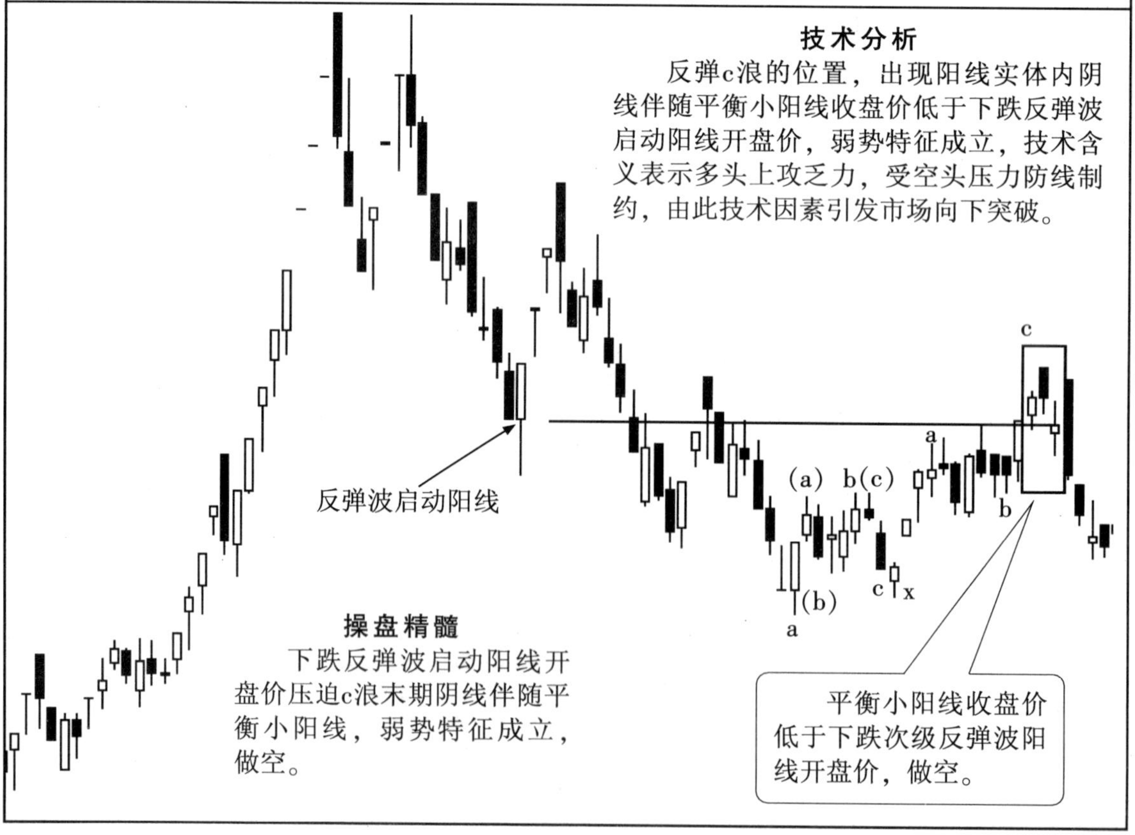

技术分析

反弹c浪的位置，出现阳线实体内阴线伴随平衡小阳线收盘价低于下跌反弹波启动阳线开盘价，弱势特征成立，技术含义表示多头上攻乏力，受空头压力防线制约，由此技术因素引发市场向下突破。

操盘精髓

下跌反弹波启动阳线开盘价压迫c浪末期阴线伴随平衡小阳线，弱势特征成立，做空。

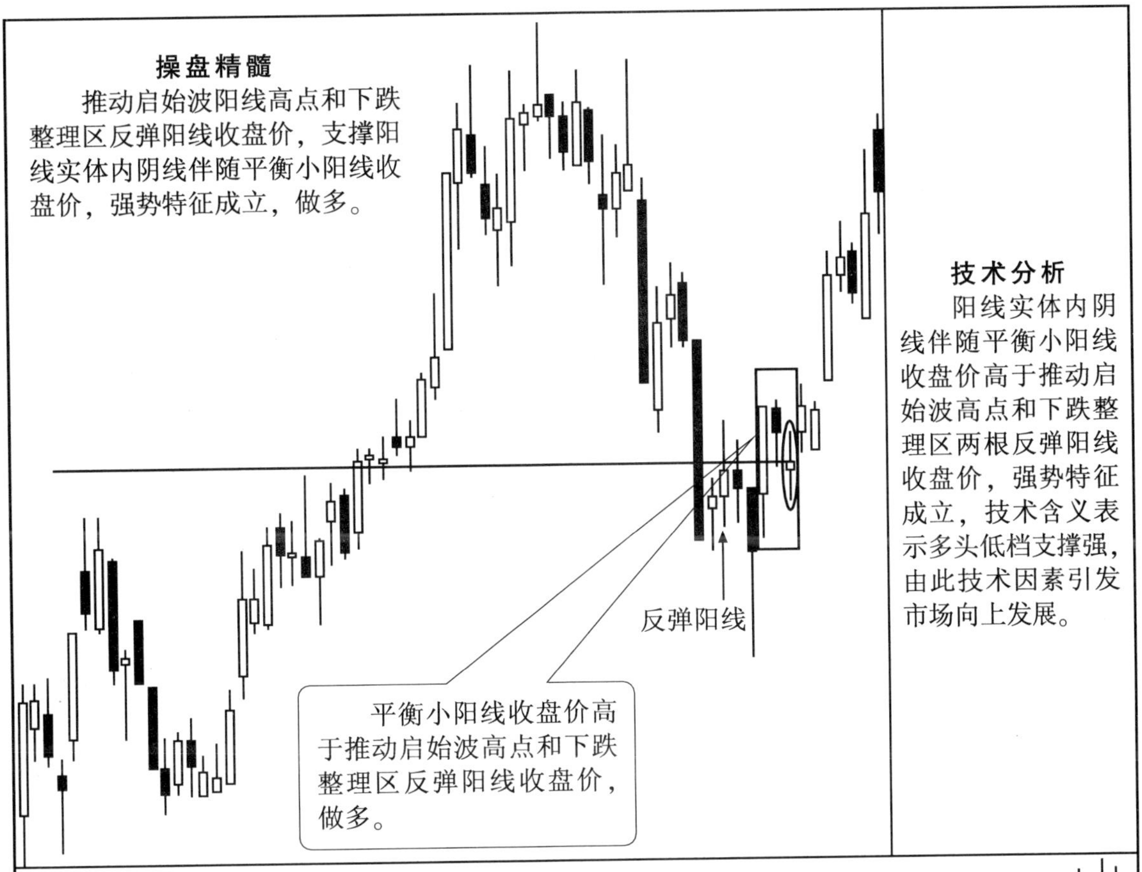
操盘精髓
推动启始波阳线高点和下跌整理区反弹阳线收盘价，支撑阳线实体内阴线伴随平衡小阳线收盘价，强势特征成立，做多。
反弹阳线
平衡小阳线收盘价高于推动启始波高点和下跌整理区反弹阳线收盘价，做多。
技术分析
阳线实体内阴线伴随平衡小阳线收盘价高于推动启始波高点和下跌整理区两根反弹阳线收盘价，强势特征成立，技术含义表示多头低档支撑强，由此技术因素引发市场向上发展。

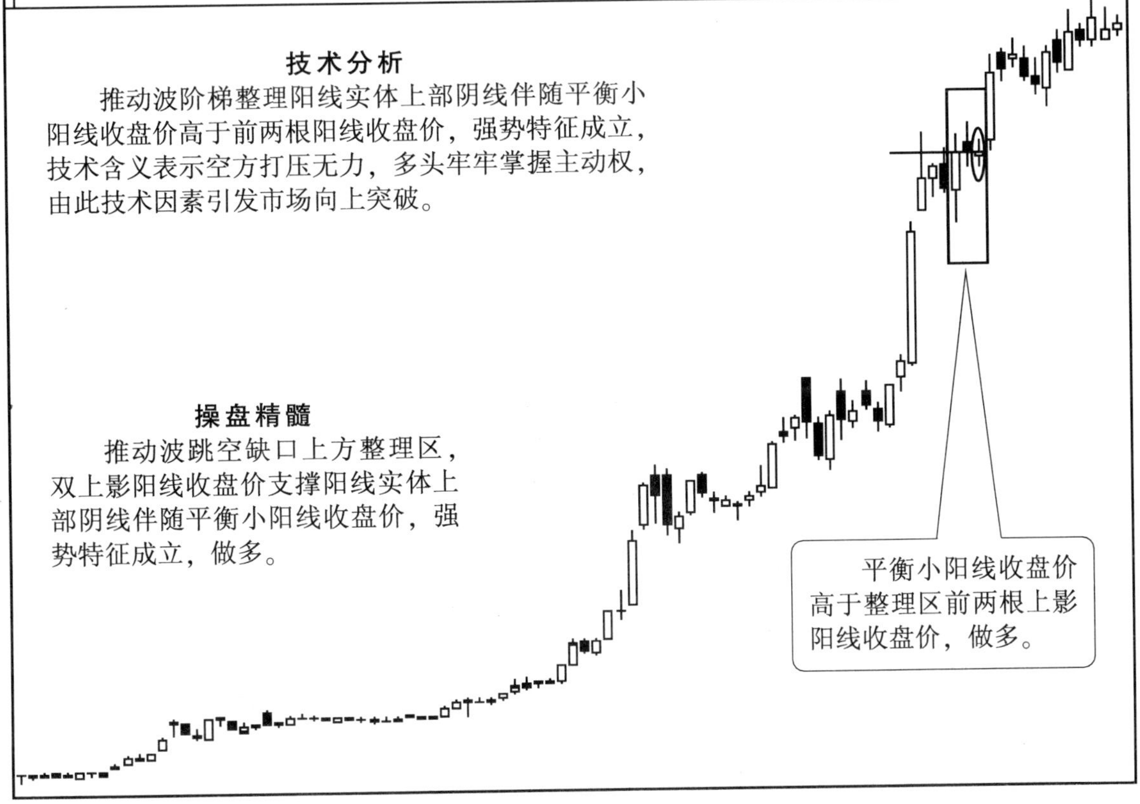
技术分析
推动波阶梯整理阳线实体上部阴线伴随平衡小阳线收盘价高于前两根阳线收盘价，强势特征成立，技术含义表示空方打压无力，多头牢牢掌握主动权，由此技术因素引发市场向上突破。
操盘精髓
推动波跳空缺口上方整理区，双上影阳线收盘价支撑阳线实体上部阴线伴随平衡小阳线收盘价，强势特征成立，做多。
平衡小阳线收盘价高于整理区前两根上影阳线收盘价，做多。

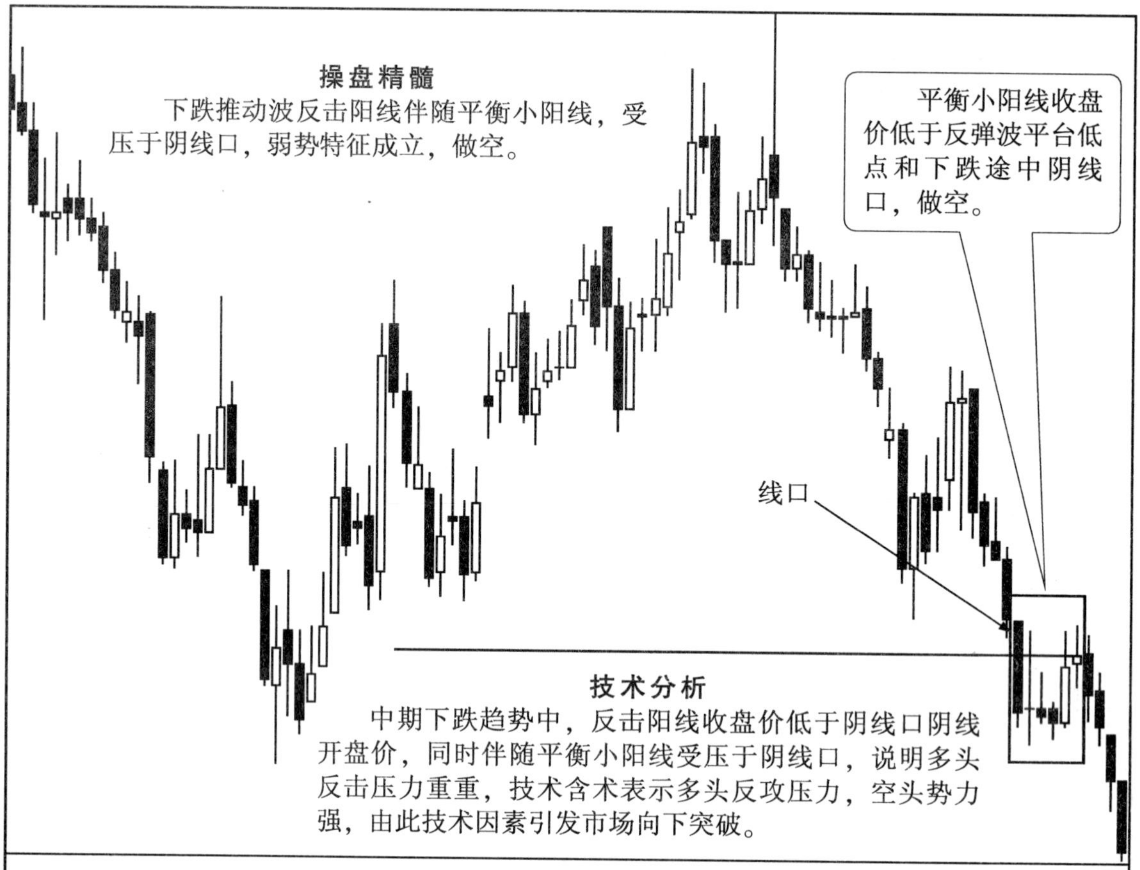
操盘精髓
下跌推动波反击阳线伴随平衡小阳线，受压于阴线口，弱势特征成立，做空。
平衡小阳线收盘价低于反弹波平台低点和下跌途中阴线口，做空。
线口
技术分析
中期下跌趋势中，反击阳线收盘价低于阴线口阴线开盘价，同时伴随平衡小阳线受压于阴线口，说明多头反击压力重重，技术含术表示多头反攻压力，空头势力强，由此技术因素引发市场向下突破。

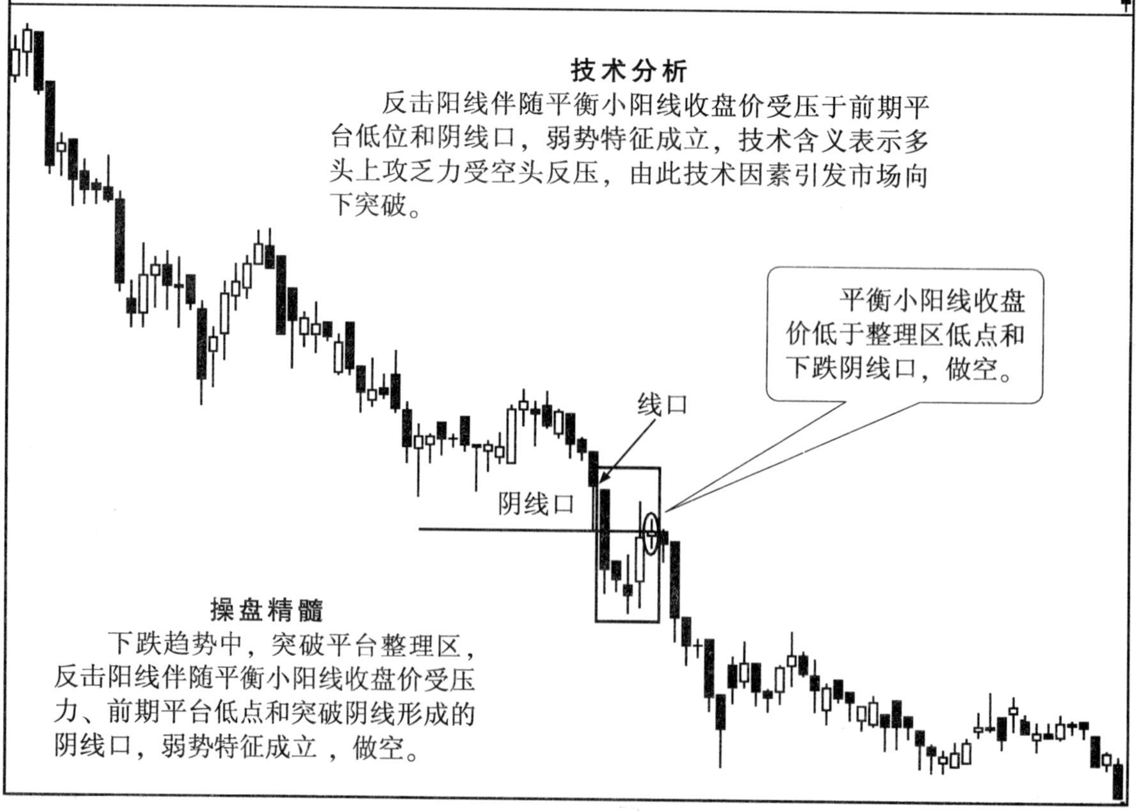
技术分析
反击阳线伴随平衡小阳线收盘价受压于前期平台低位和阴线口，弱势特征成立，技术含义表示多头上攻乏力受空头反压，由此技术因素引发市场向下突破。
平衡小阳线收盘价低于整理区低点和下跌阴线口，做空。
线口
阴线口
操盘精髓
下跌趋势中，突破平台整理区，反击阳线伴随平衡小阳线收盘价受压力、前期平台低点和突破阴线形成的阴线口，弱势特征成立，做空。

技术分析

攻击阳线伴随平衡小阳线收盘价高于修正期高点和平台上部，强势特征成立，技术含义表示多头成功突破整理区，由此技术因素引发市场向上发展。

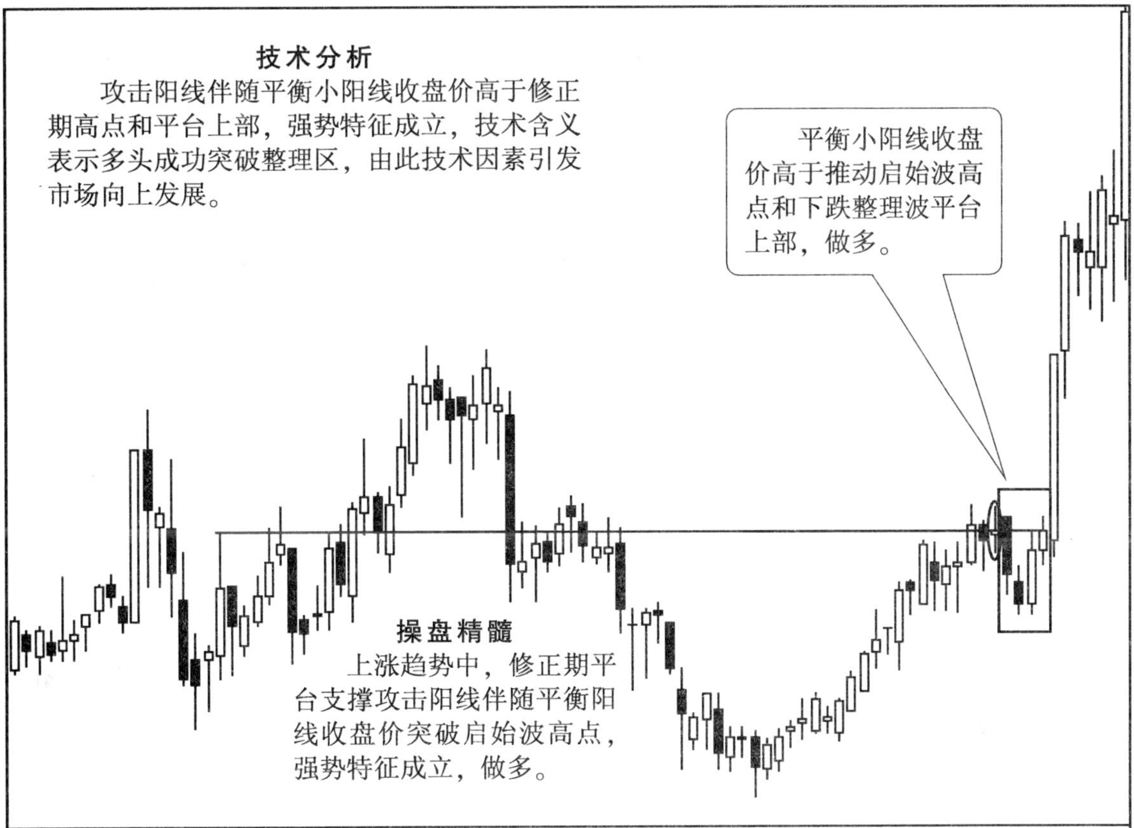

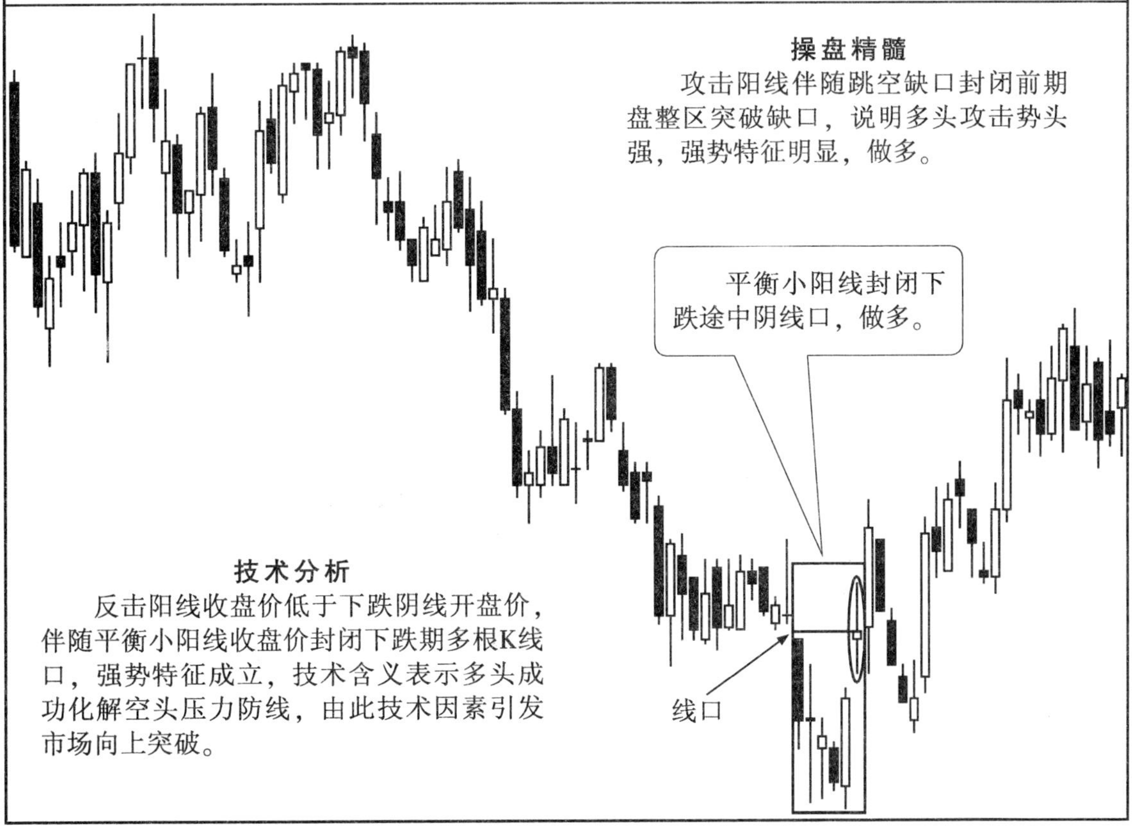

技术分析

反击阳线收盘价低于下跌阴线开盘价，伴随平衡小阳线收盘价封闭下跌期多根K线口，强势特征成立，技术含义表示多头成功化解空头压力防线，由此技术因素引发市场向上突破。

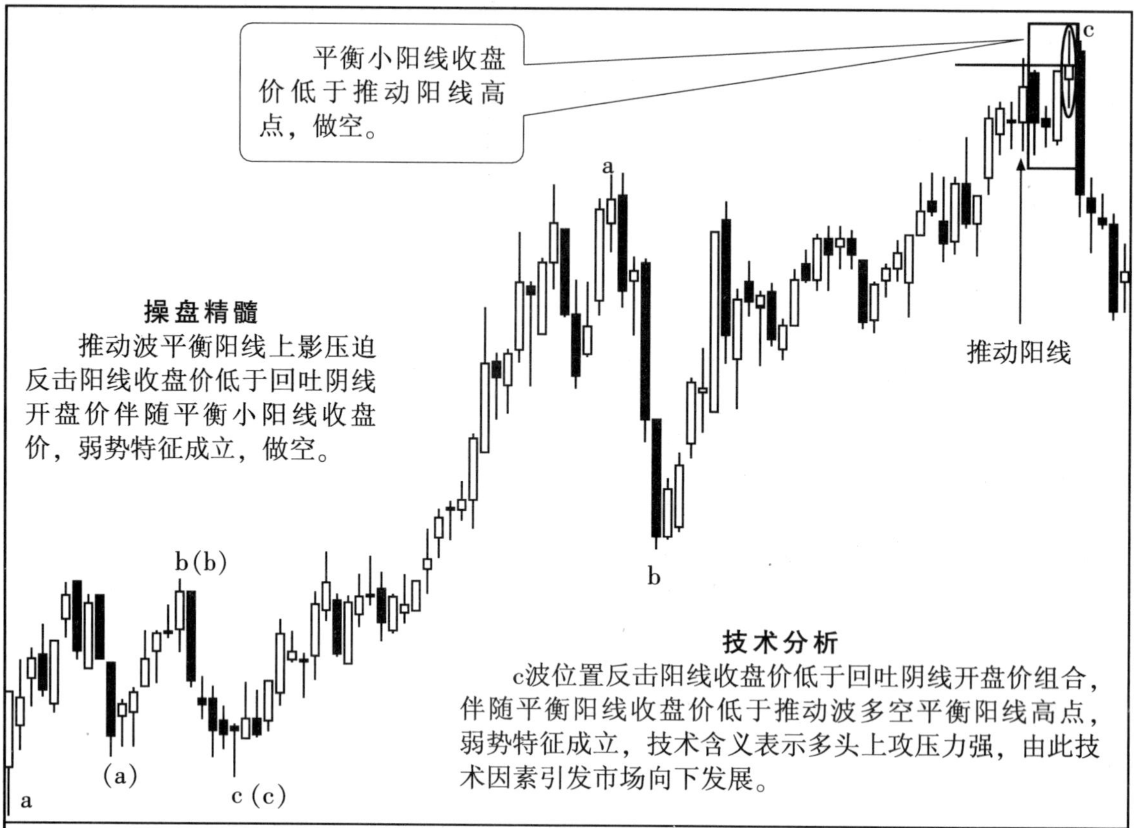

操盘精髓

推动波平衡阳线上影压迫反击阳线收盘价低于回吐阴线开盘价伴随平衡小阳线收盘价，弱势特征成立，做空。

技术分析

c波位置反击阳线收盘价低于回吐阴线开盘价组合，伴随平衡阳线收盘价低于推动波多空平衡阳线高点，弱势特征成立，技术含义表示多头上攻压力强，由此技术因素引发市场向下发展。

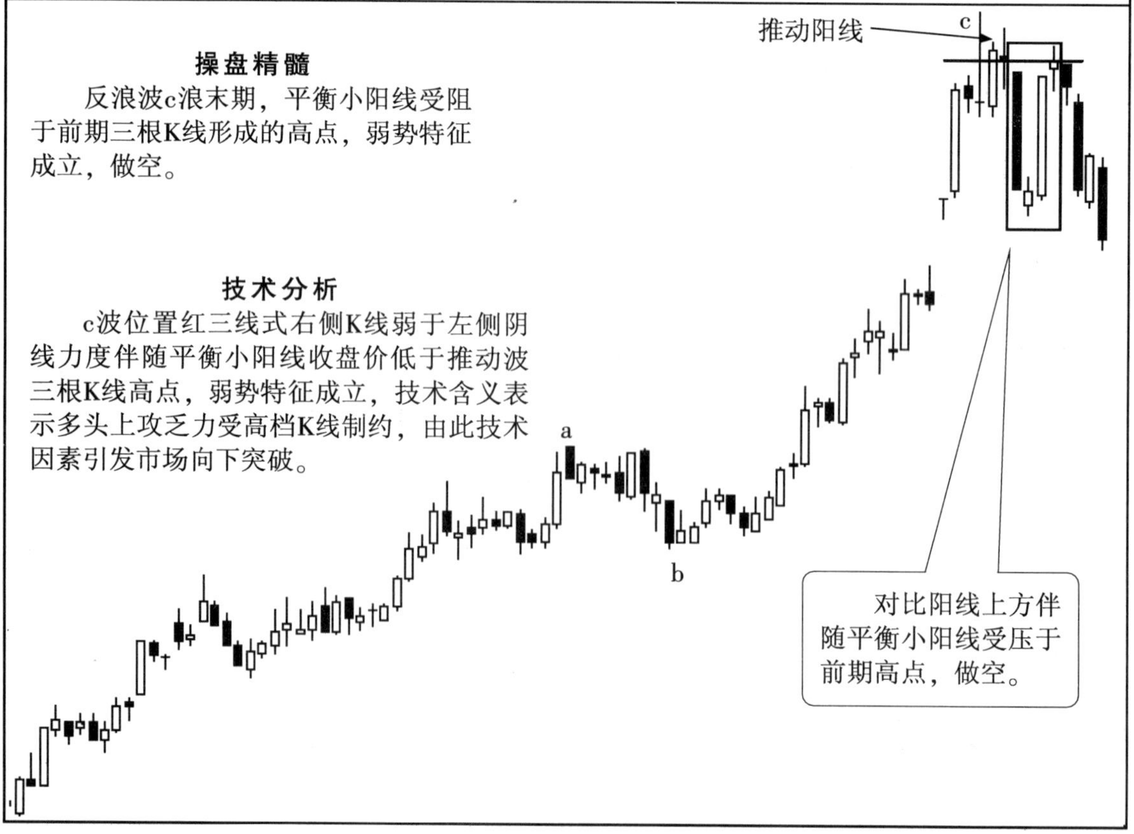

操盘精髓

反浪波c浪末期，平衡小阳线受阻于前期三根K线形成的高点，弱势特征成立，做空。

技术分析

c波位置红三线式右侧K线弱于左侧阴线力度伴随平衡小阳线收盘价低于推动波三根K线高点，弱势特征成立，技术含义表示多头上攻乏力受高档K线制约，由此技术因素引发市场向下突破。

技术分析

阶梯上移压力变支撑是强势技术特征，一根阳线封闭三根阴线口显示多头强悍，平衡小阳线在强势阳线实体和阴线口上部整理，说明低档支撑强，后市看涨。

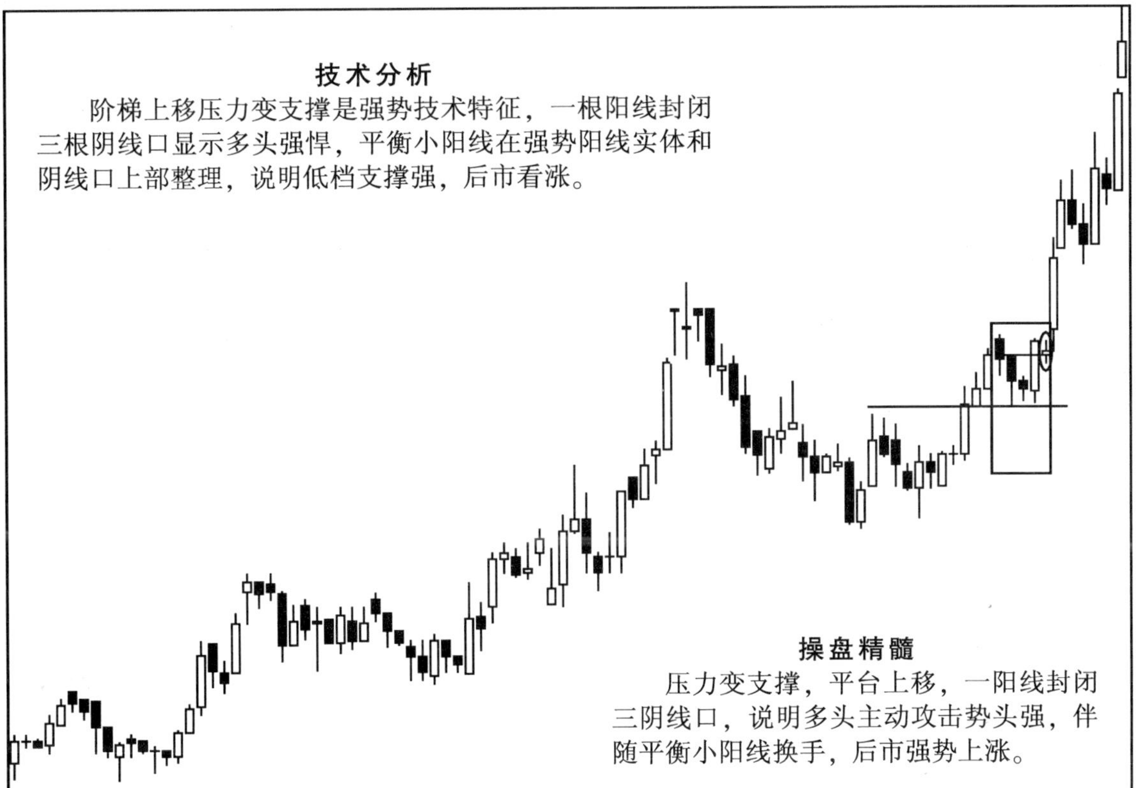

操盘精髓

压力变支撑，平台上移，一阳线封闭三阴线口，说明多头主动攻击势头强，伴随平衡小阳线换手，后市强势上涨。

技术分析

发力阳线收盘价低于下跌阴线开盘价伴随平衡小阳线收盘价高于整理区平台多根阳线高点，强势特征成立，技术含义表示多头成功化解空头压力防线，由此技术因素引发市场向上发展。

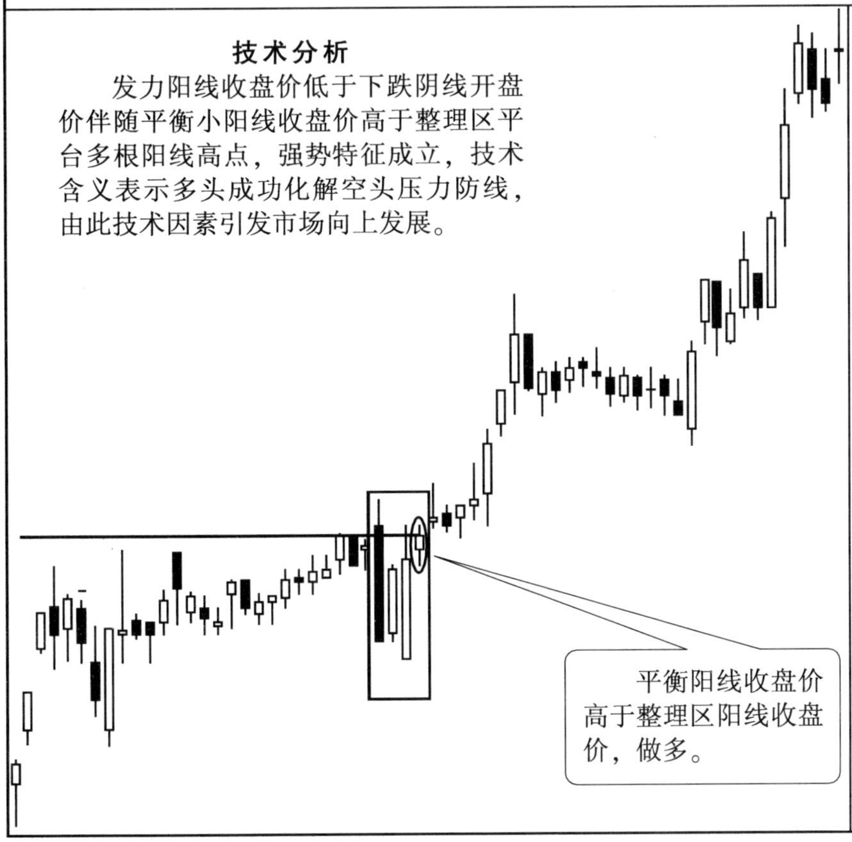

操盘精髓

整理区多根阳线高点支撑右侧反击阳线收盘价略低于左侧阴线开盘价伴随平衡小阳线收盘价，强势特征成立，做多。

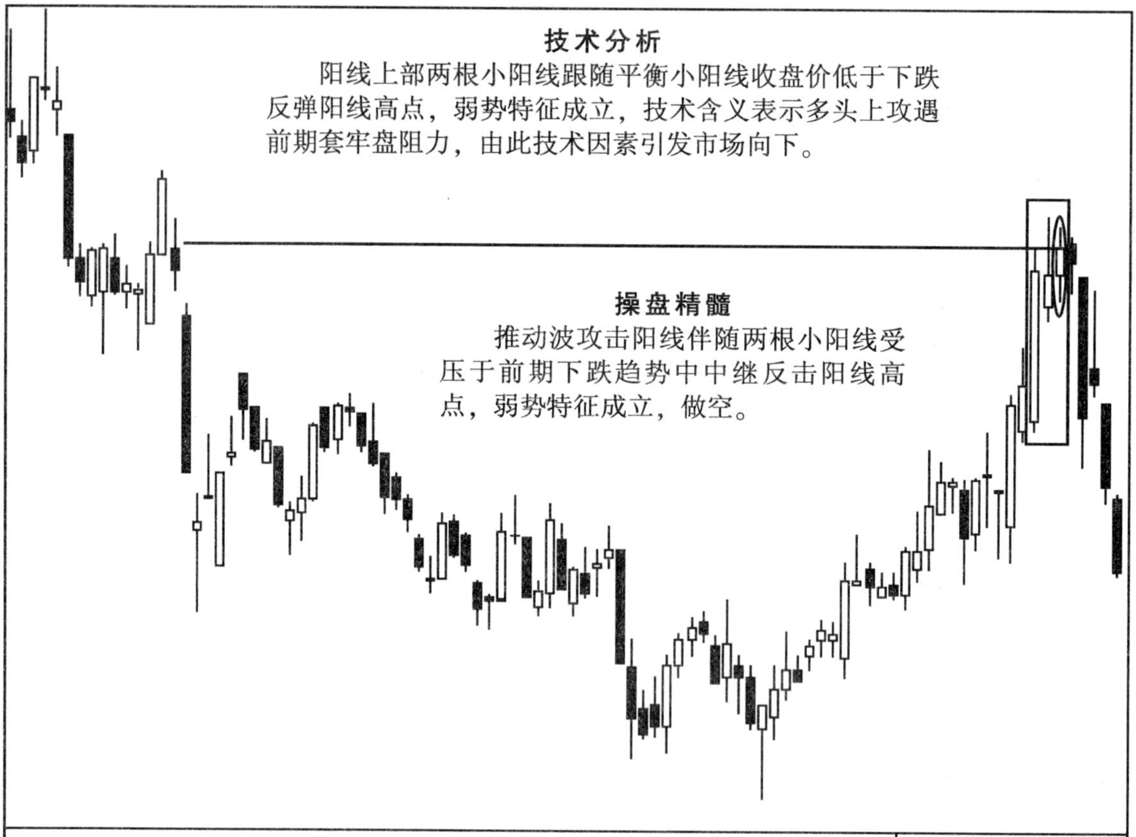
技术分析
阳线上部两根小阳线跟随平衡小阳线收盘价低于下跌反弹阳线高点，弱势特征成立，技术含义表示多头上攻遇前期套牢盘阻力，由此技术因素引发市场向下。
操盘精髓
推动波攻击阳线伴随两根小阳线受压于前期下跌趋势中中继反击阳线高点，弱势特征成立，做空。

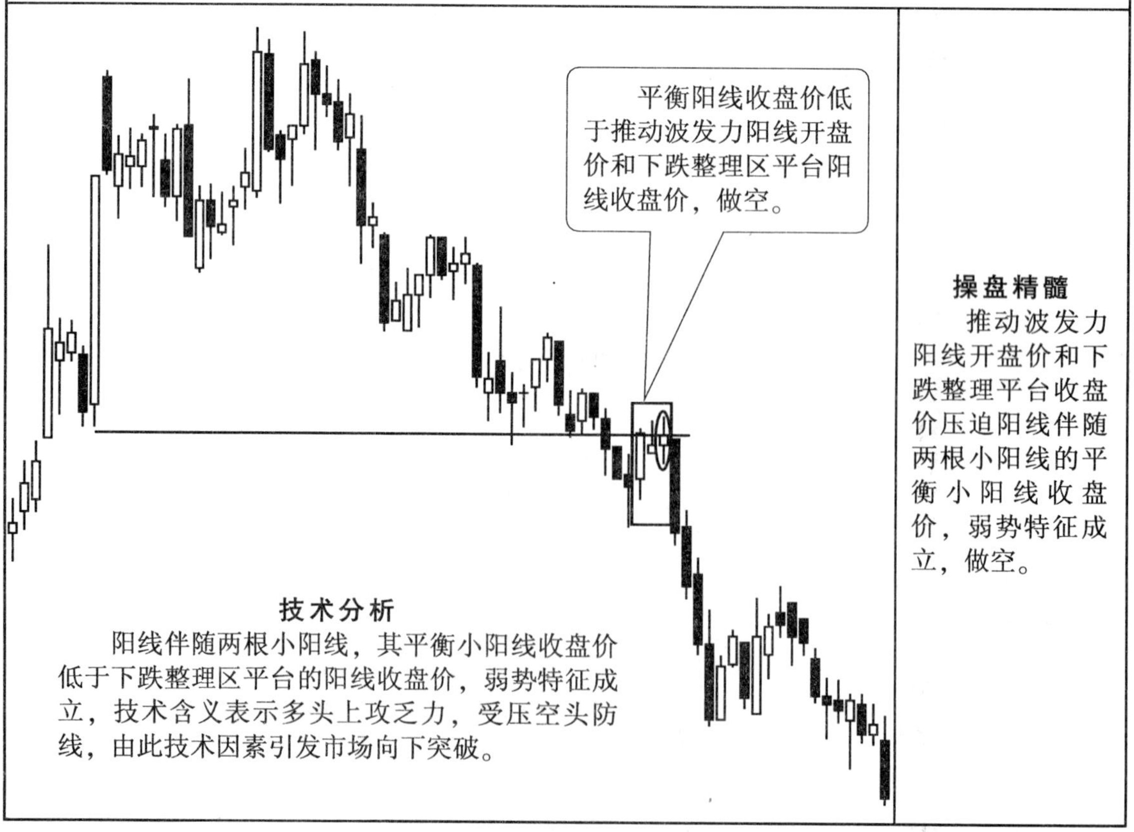
平衡阳线收盘价低于推动波发力阳线开盘价和下跌整理区平台阳线收盘价，做空。
技术分析
阳线伴随两根小阳线，其平衡小阳线收盘价低于下跌整理区平台的阳线收盘价，弱势特征成立，技术含义表示多头上攻乏力，受压空头防线，由此技术因素引发市场向下突破。
操盘精髓
推动波发力阳线开盘价和下跌整理平台收盘价压迫阳线伴随两根小阳线的平衡小阳线收盘价，弱势特征成立，做空。

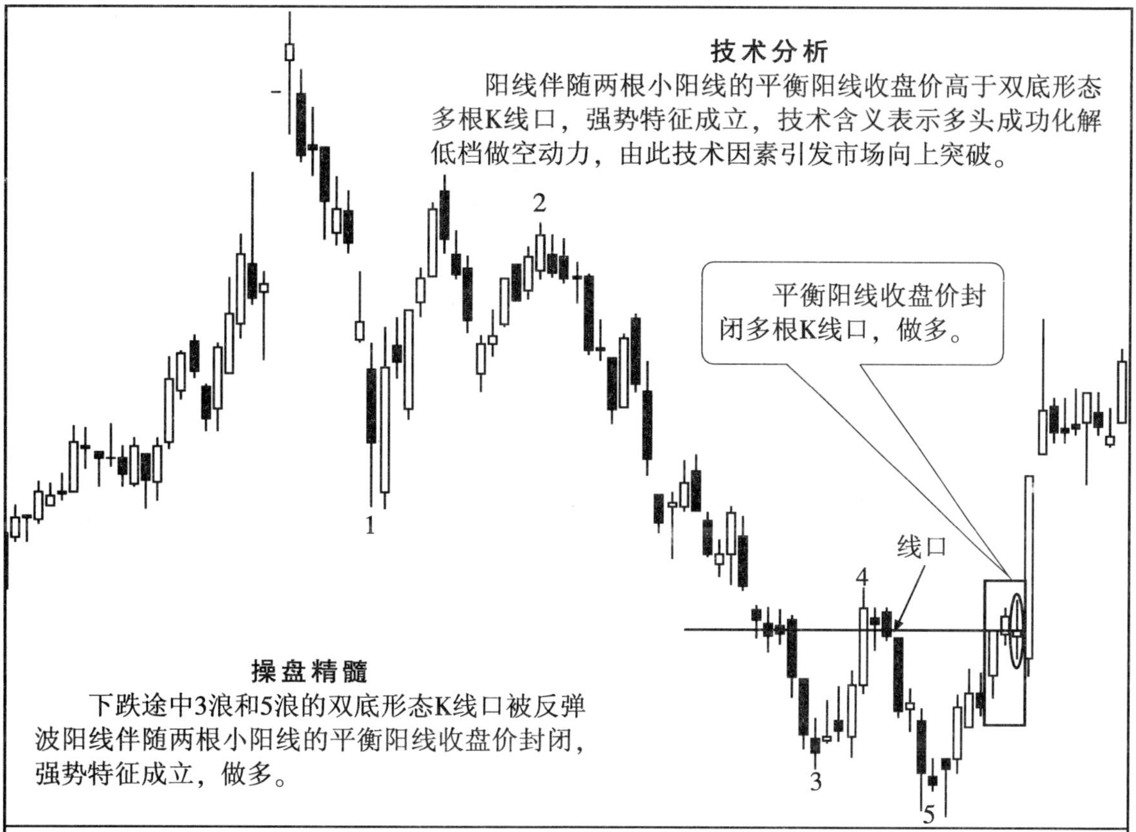

技术分析

阳线伴随两根小阳线的平衡阳线收盘价高于双底形态多根K线口，强势特征成立，技术含义表示多头成功化解低档做空动力，由此技术因素引发市场向上突破。

操盘精髓

下跌途中3浪和5浪的双底形态K线口被反弹波阳线伴随两根小阳线的平衡阳线收盘价封闭，强势特征成立，做多。

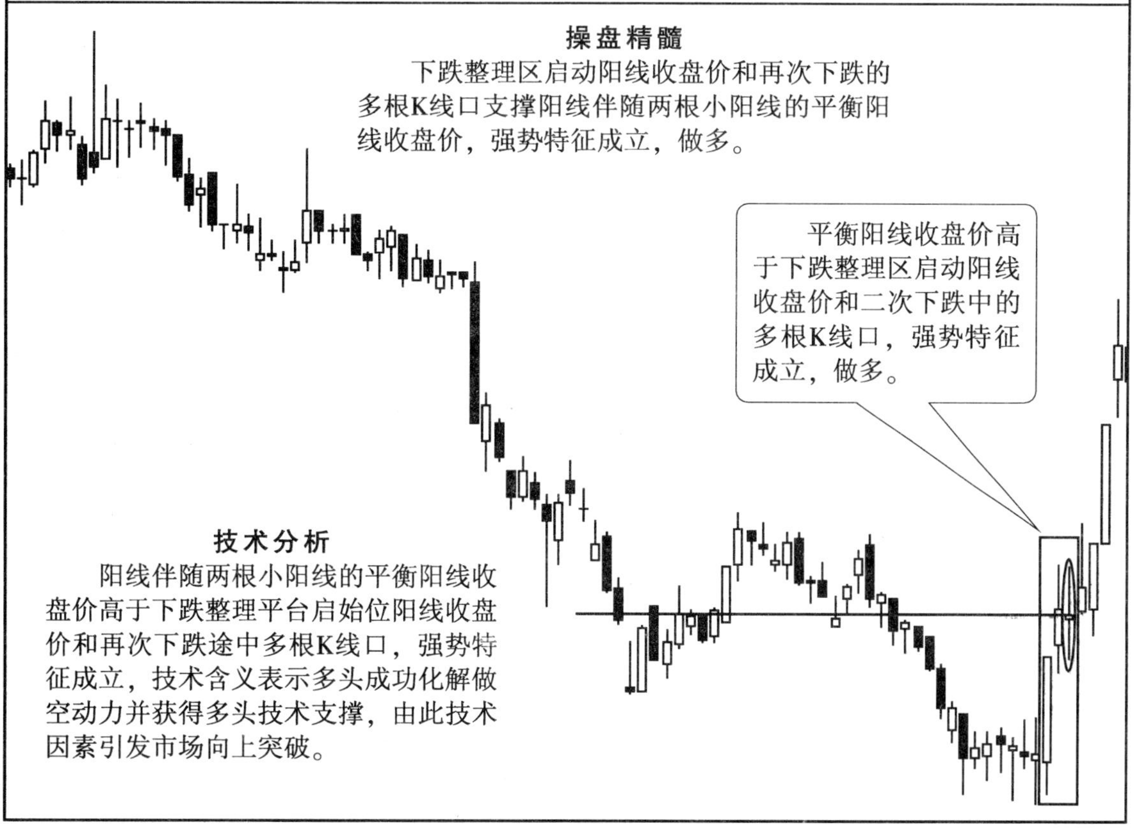

操盘精髓

下跌整理区启动阳线收盘价和再次下跌的多根K线口支撑阳线伴随两根小阳线的平衡阳线收盘价，强势特征成立，做多。

技术分析

阳线伴随两根小阳线的平衡阳线收盘价高于下跌整理平台启始位阳线收盘价和再次下跌途中多根K线口，强势特征成立，技术含义表示多头成功化解做空动力并获得多头技术支撑，由此技术因素引发市场向上突破。

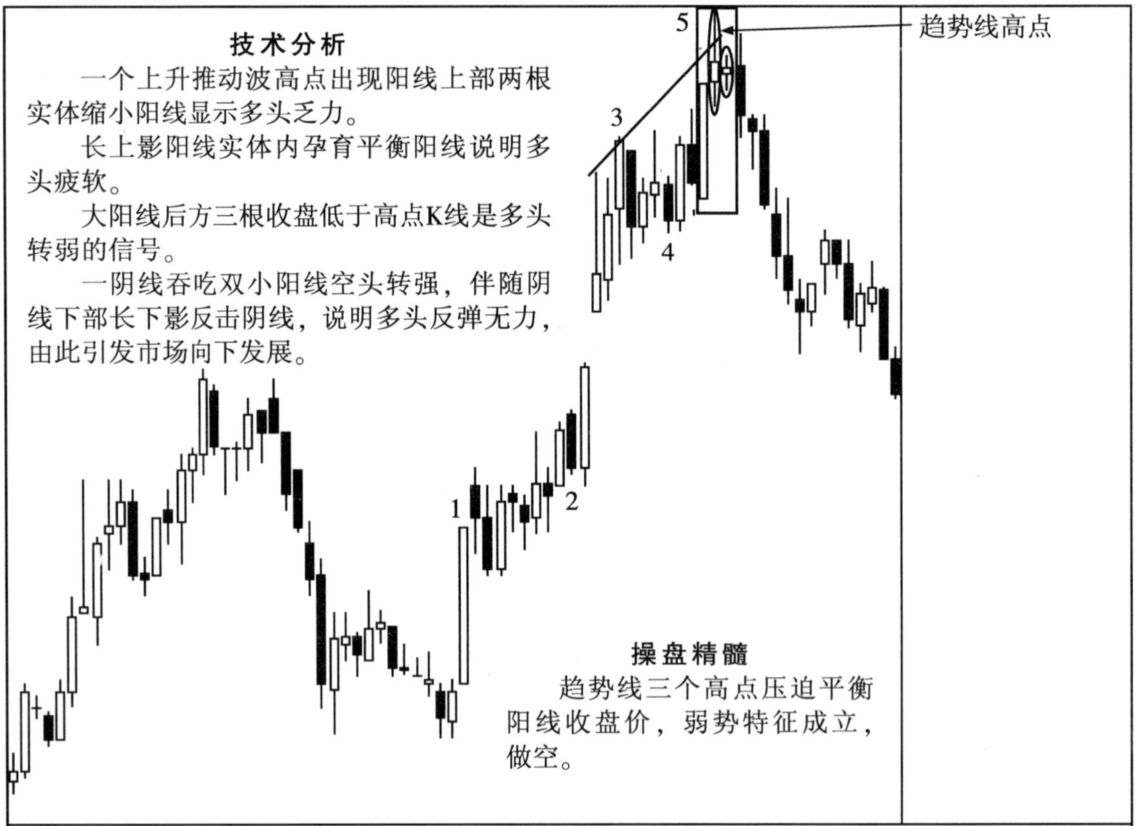

技术分析

一个上升推动波高点出现阳线上部两根实体缩小阳线显示多头乏力。

长上影阳线实体内孕育平衡阳线说明多头疲软。

大阳线后方三根收盘低于高点K线是多头转弱的信号。

一阴线吞吃双小阳线空头转强，伴随阴线下部长下影反击阴线，说明多头反弹无力，由此引发市场向下发展。

操盘精髓

趋势线三个高点压迫平衡阳线收盘价，弱势特征成立，做空。

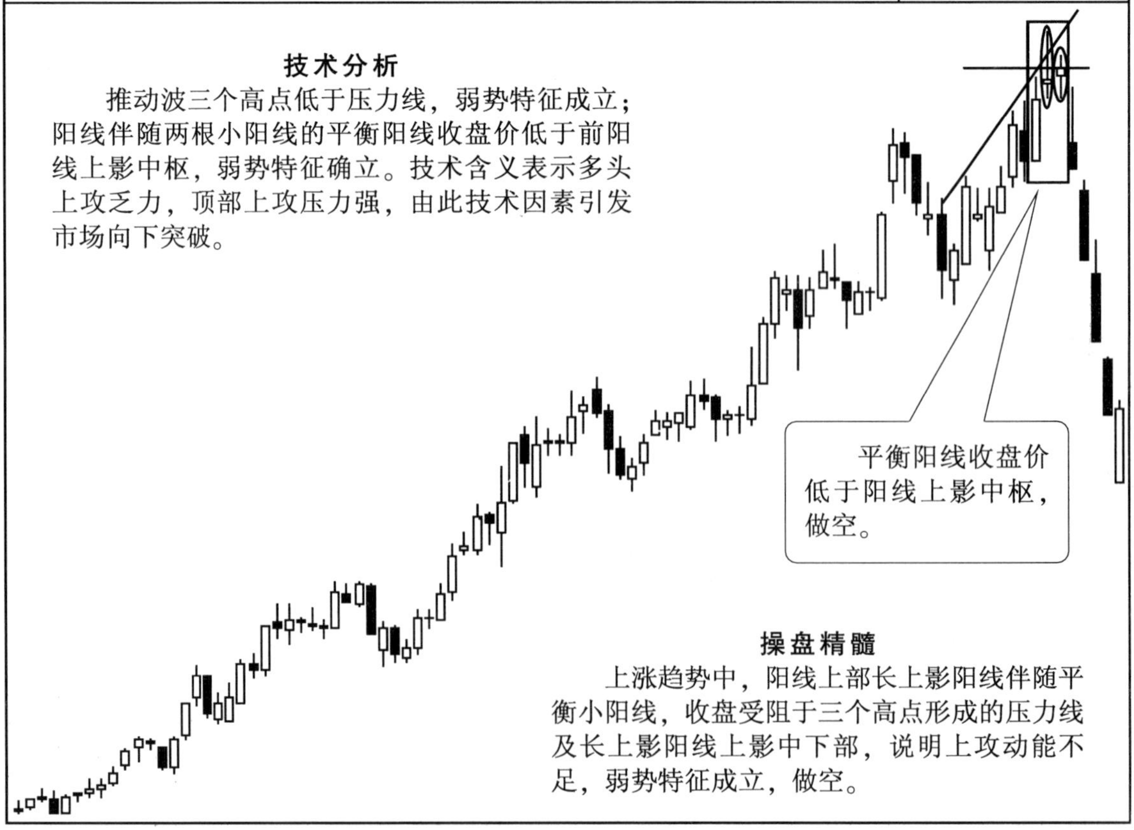

技术分析

推动波三个高点低于压力线，弱势特征成立；阳线伴随两根小阳线的平衡阳线收盘价低于前阳线上影中枢，弱势特征确立。技术含义表示多头上攻乏力，顶部上攻压力强，由此技术因素引发市场向下突破。

操盘精髓

上涨趋势中，阳线上部长上影阳线伴随平衡小阳线，收盘受阻于三个高点形成的压力线及长上影阳线上影中下部，说明上攻动能不足，弱势特征成立，做空。

技术分析

上涨趋势中，攻击阳线突破前期盘整区高点，伴随两根小阳线整理，其平衡阳线收盘高于盘整区高点，强势特征成立。技术含义表示多头主动攻击能量强，由此技术因素引发市场向上发展。

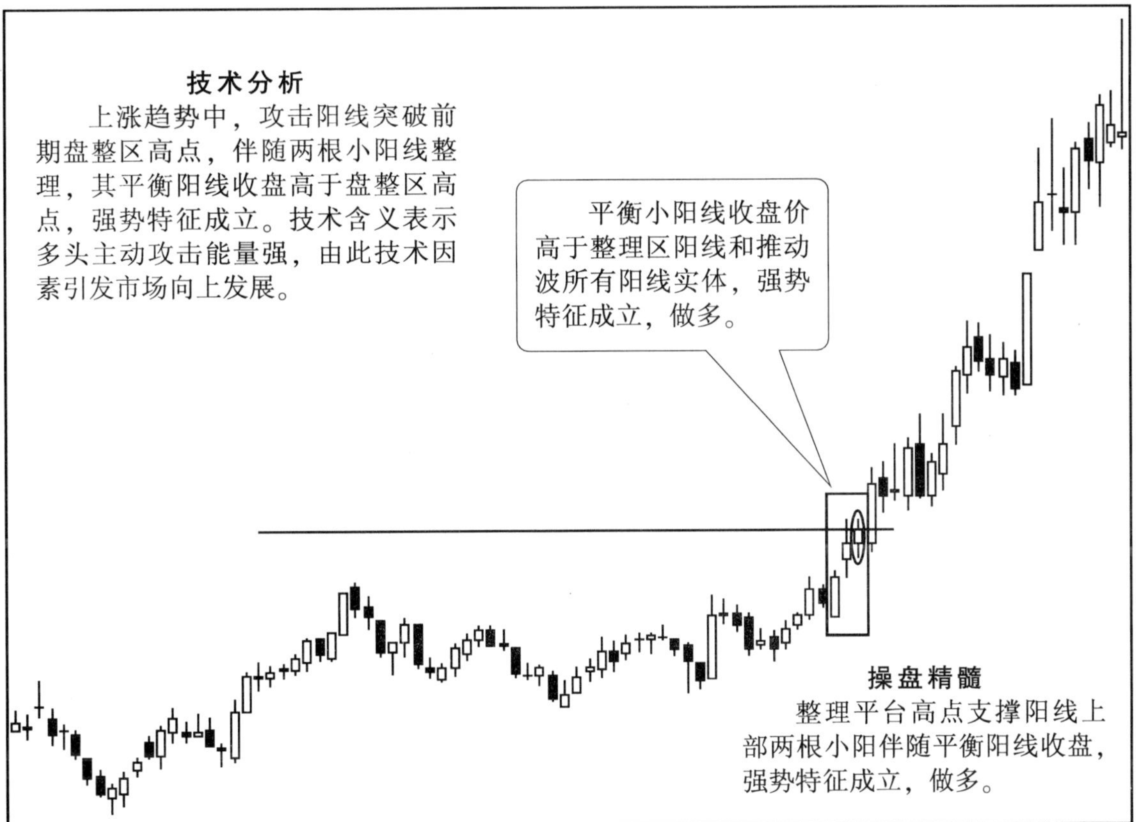

操盘精髓

整理平台高点支撑阳线上部两根小阳伴随平衡阳线收盘，强势特征成立，做多。

技术分析

推动波超越前整理高点出现阳线上部伴随两根小阳线的平衡阳线收盘价高于所有K线实体，强势特征成立。技术含义表示多头成功化解一切做空动力，由此技术因素引发市场向上突破。

操盘精髓

第一推动波高点支撑阳线伴随两根阳线的平衡小阳线收盘价，强势特征成立，做多。

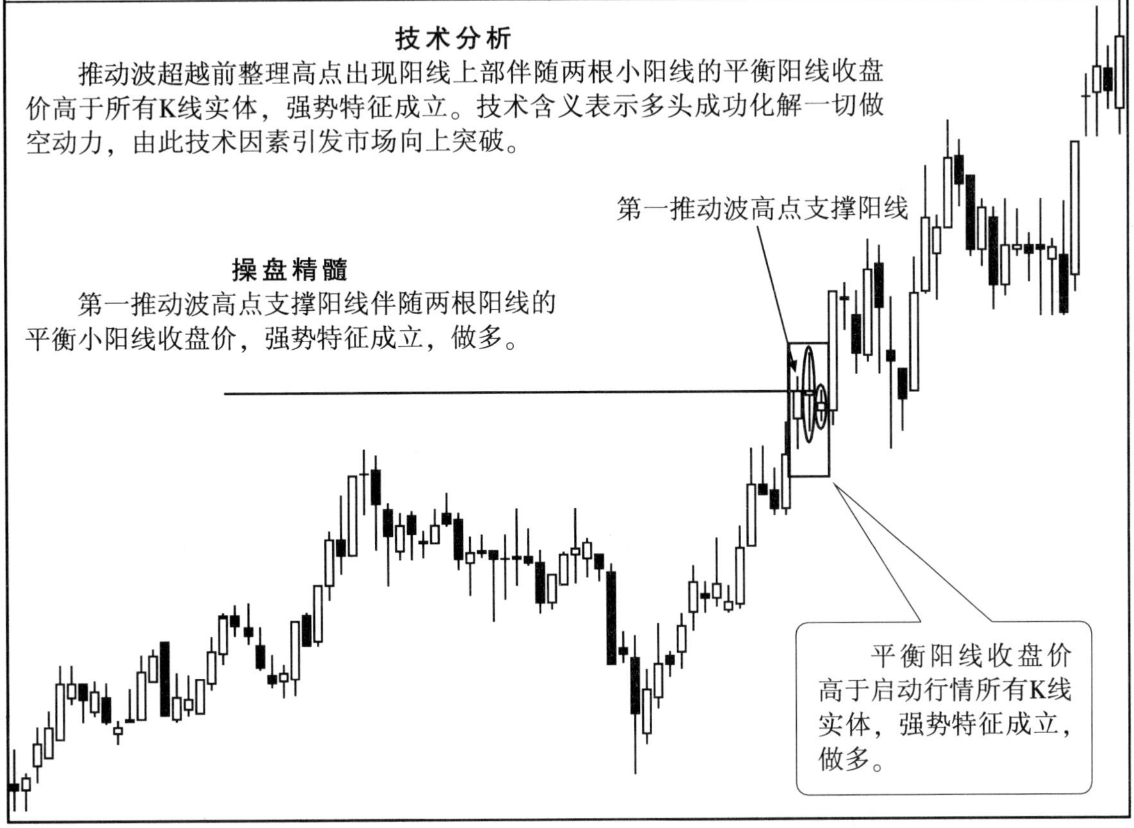

操盘精髓

下跌途中整理区，平衡小阳线攻击受压于下跌阴线口，且伴随多根阳K线上影长，说明反弹无力，弱势特征成立，做空。

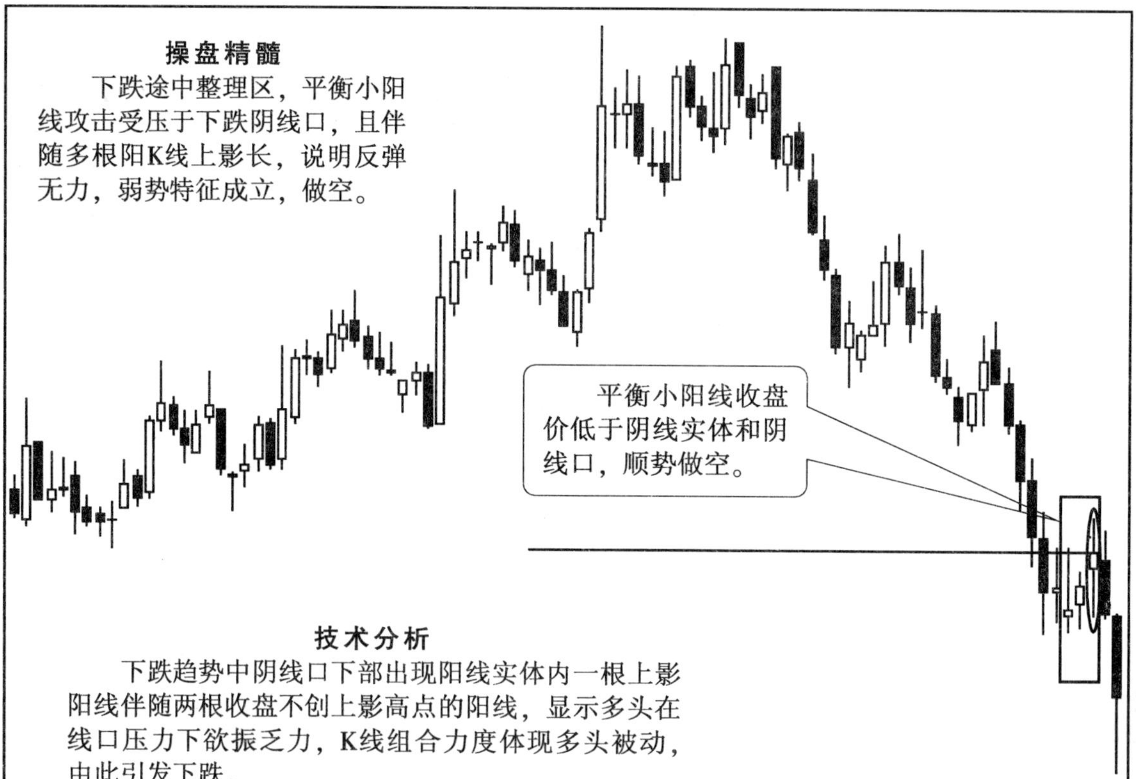

技术分析

下跌趋势中阴线口下部出现阳线实体内一根上影阳线伴随两根收盘不创上影高点的阳线，显示多头在线口压力下欲振乏力，K线组合力度体现多头被动，由此引发下跌。

技术分析

阳线实体内两根收盘低于上影的小阳线反弹受压阴线口，说明多头乏力，平衡小阳线伴随低开阴线确定空头强，引发下跌因素由此开始。

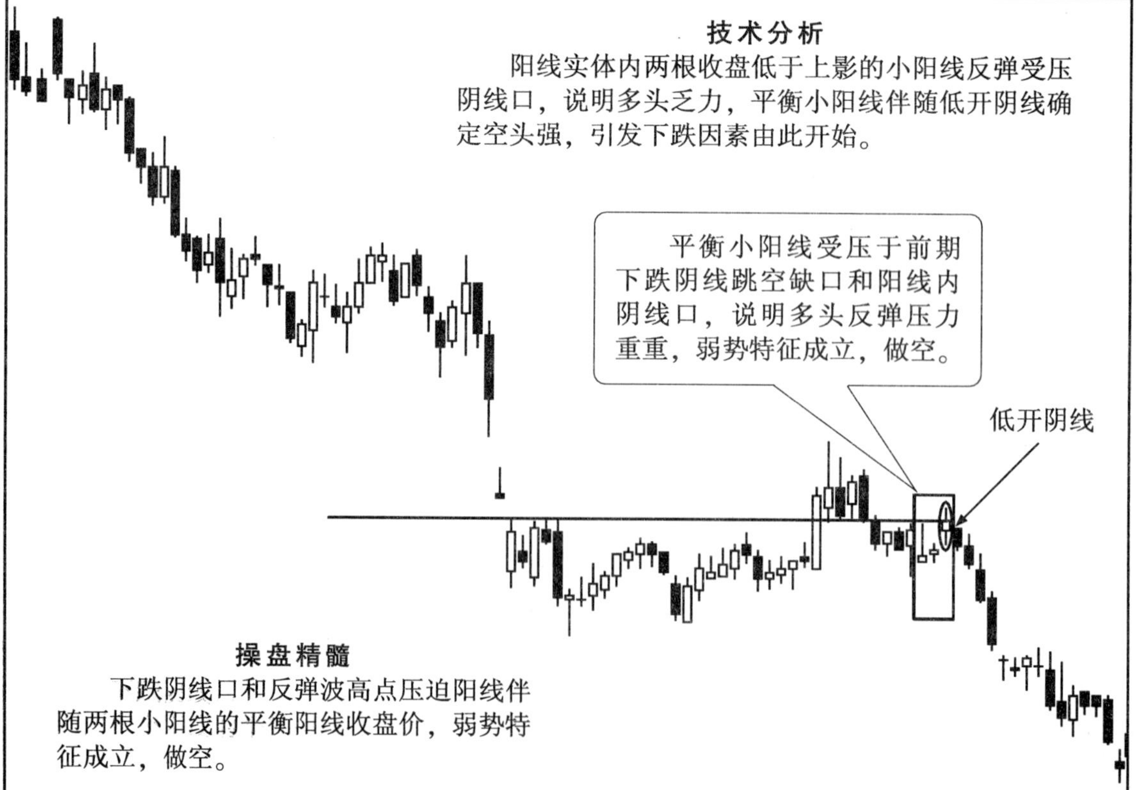

操盘精髓

下跌阴线口和反弹波高点压迫阳线伴随两根小阳线的平衡阳线收盘价，弱势特征成立，做空。

操盘精髓

两个低点阳线开盘价支撑阳线伴随两根小阳线组合的平衡小阳线收盘价，强势特征成立，做多。

技术分析

底部阳线内整理，阴线实体越来越小，说明盘整期多空势力发生转换，多头势力逐渐转强，平衡小阳线收盘高于启动阳线收盘价，强势特征成立，买入。

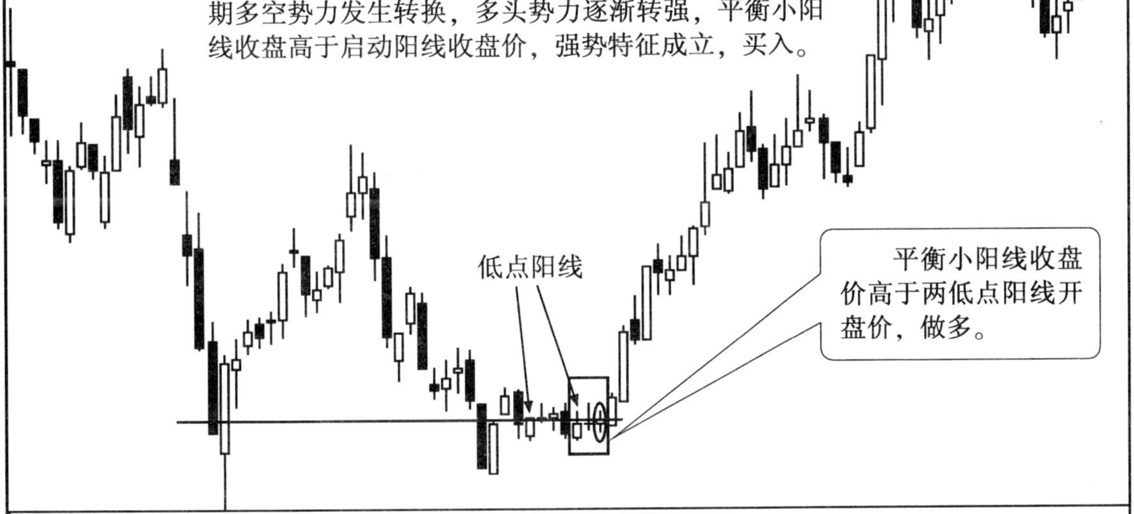

技术分析

上影阳线伴随两根小阳线的平衡阳线收盘价高于整理区多根见底小阳线收盘价和下跌中继阳线收盘价，强势特征成立，技术含义表示多头成功化解做空动力，由此技术因素引发市场向上发展。

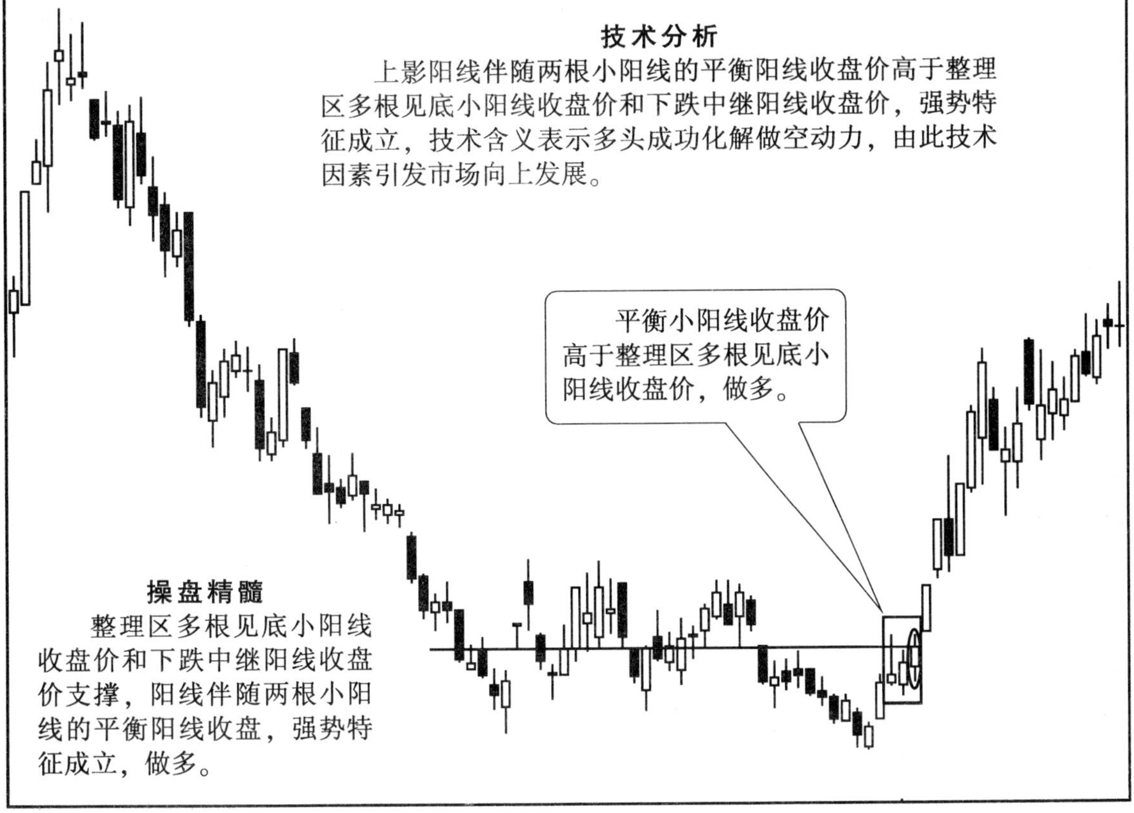

操盘精髓

整理区多根见底小阳线收盘价和下跌中继阳线收盘价支撑，阳线伴随两根小阳线的平衡阳线收盘，强势特征成立，做多。

操盘精髓

跌穿支撑出现阳线上影内两根小阳线显示多头乏力，随后的高开阴线收盘封闭阳线口，多头防线失守，下跌由此引发。

技术分析

跌穿支撑区反击阳线下方两根小阳线无力攻击反击阳线下影内区域，说明多头反弹无力，是下跌的征兆。

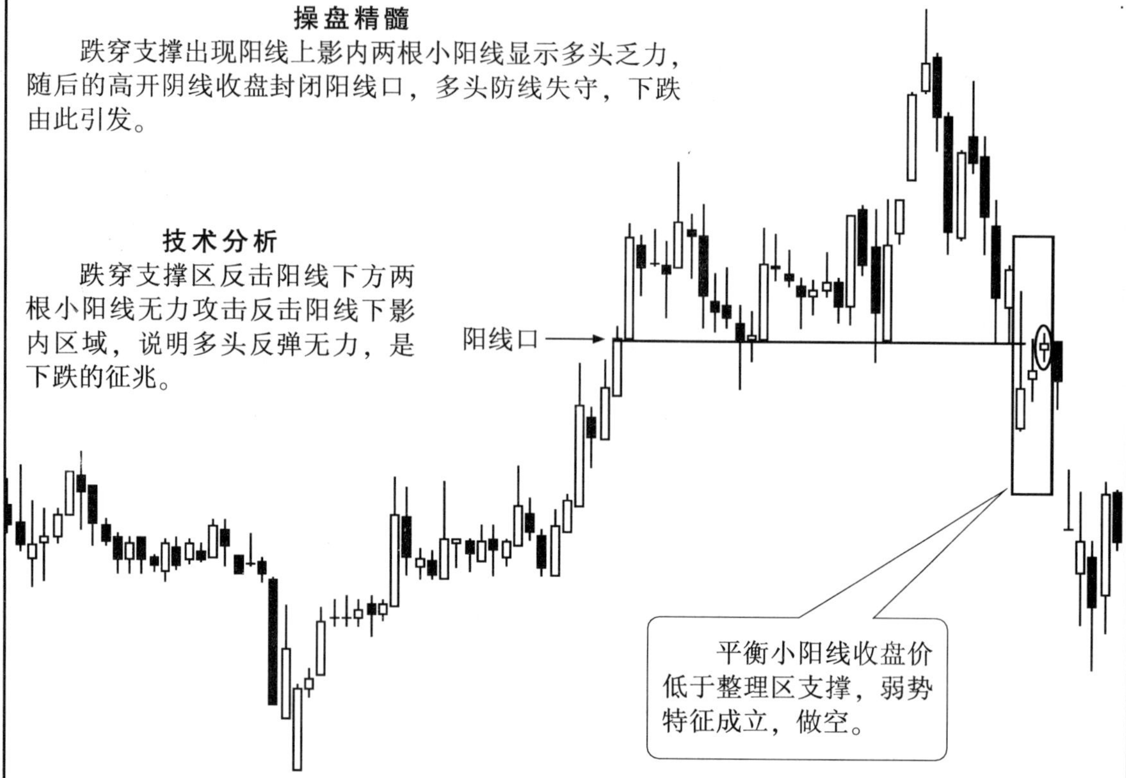

操盘精髓

急升期阳线上影线内两根不创新高小阳线显示多头上攻乏力，平衡阳线被阴线吃掉，技术含义表示多头防线失守，是下跌的开始。

技术分析

拉升波大阳线上部出现两根小阳线在前阳线上影内震荡，说明多头上攻乏力，阴线收盘吞吃平衡阳线低点多头防线失守，顺势做空。

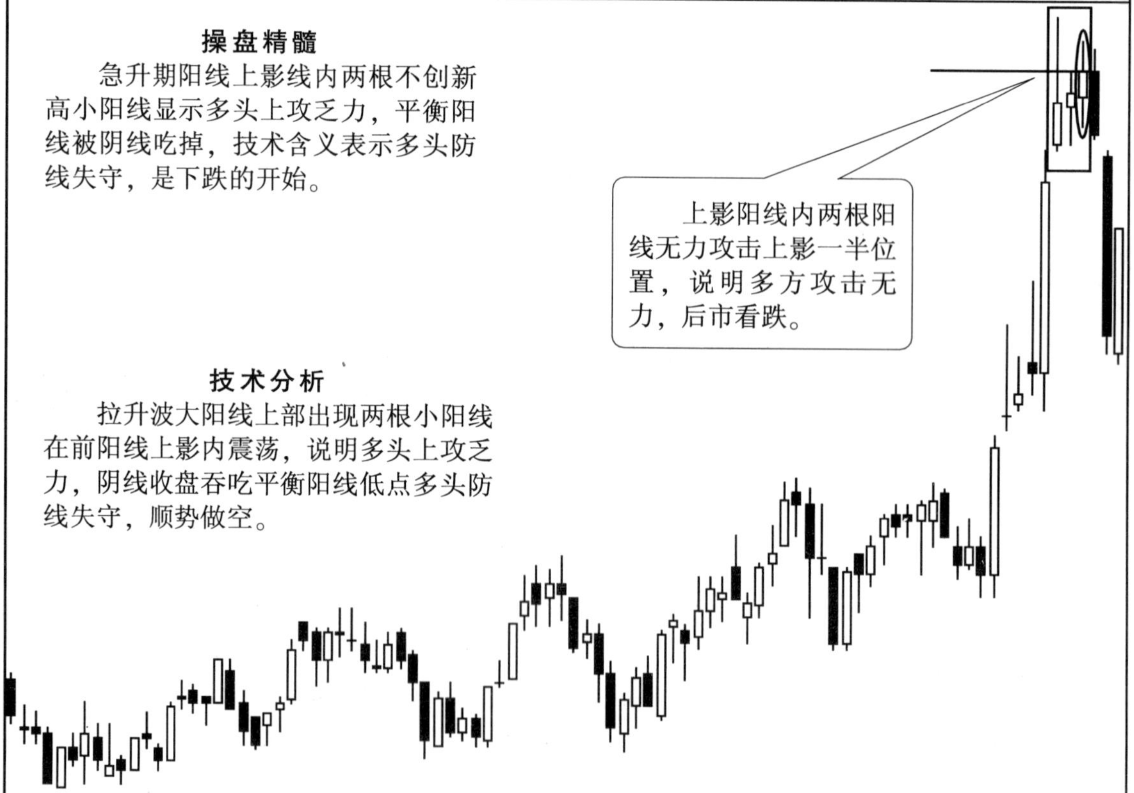

操盘精髓

强势上涨趋势中，跳空缺口上部上影阳线内两根平衡阳线攻击上影中上部，说明多头上攻动力强，上涨趋势将延续强势上涨，做多。

技术分析

阳线伴随两根小阳线的平衡阳线收盘价高于推动波所有K线实体，强势特征成立，技术含义表示多头上攻动力强，由此技术因素引发市场向上突破。

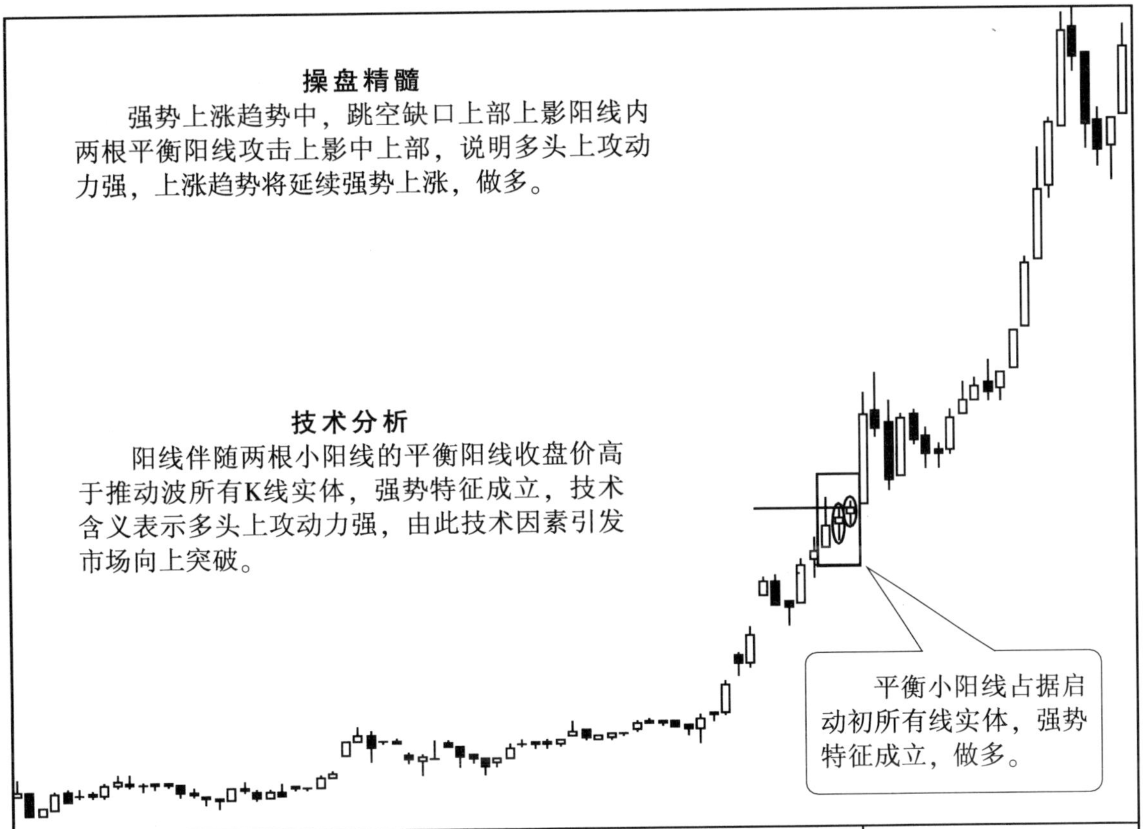

操盘精髓

阳线突破阻力位强势阳线成立，阶梯上移初形完成决定向上开始，阳线上影内两根高开小阳线内在含义说明做多欲望强。

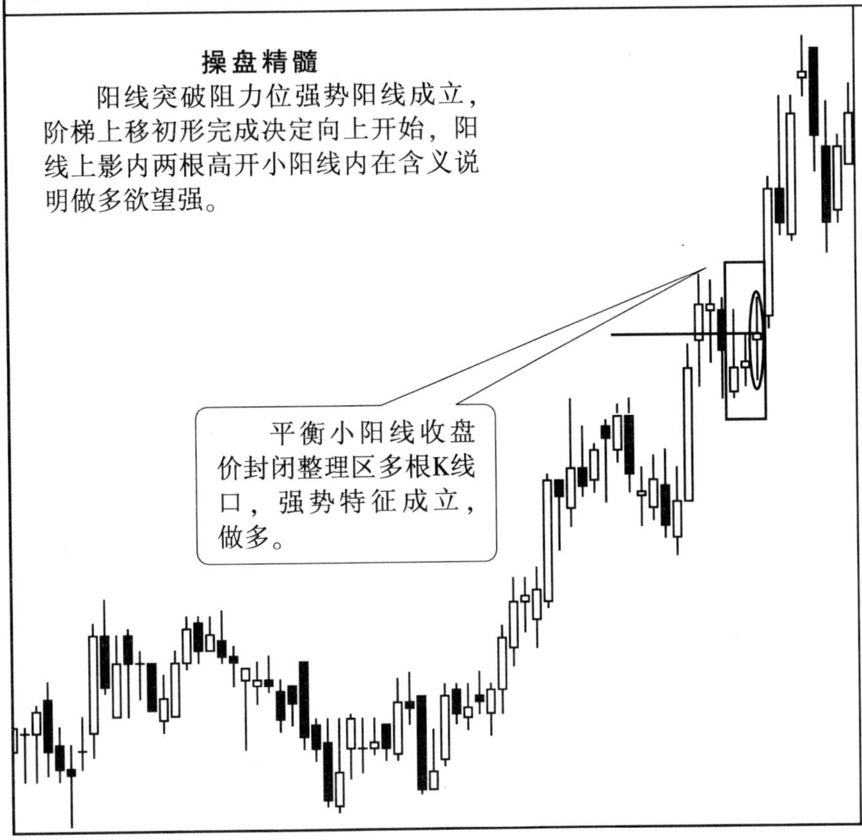

技术分析

阳线实体内整理区阳线伴随两根小阳线的平衡阳线收盘价封闭所有K线口，强势特征成立，技术含义表示多头成功化解做空势力，由此技术因素引发市场向上突破。

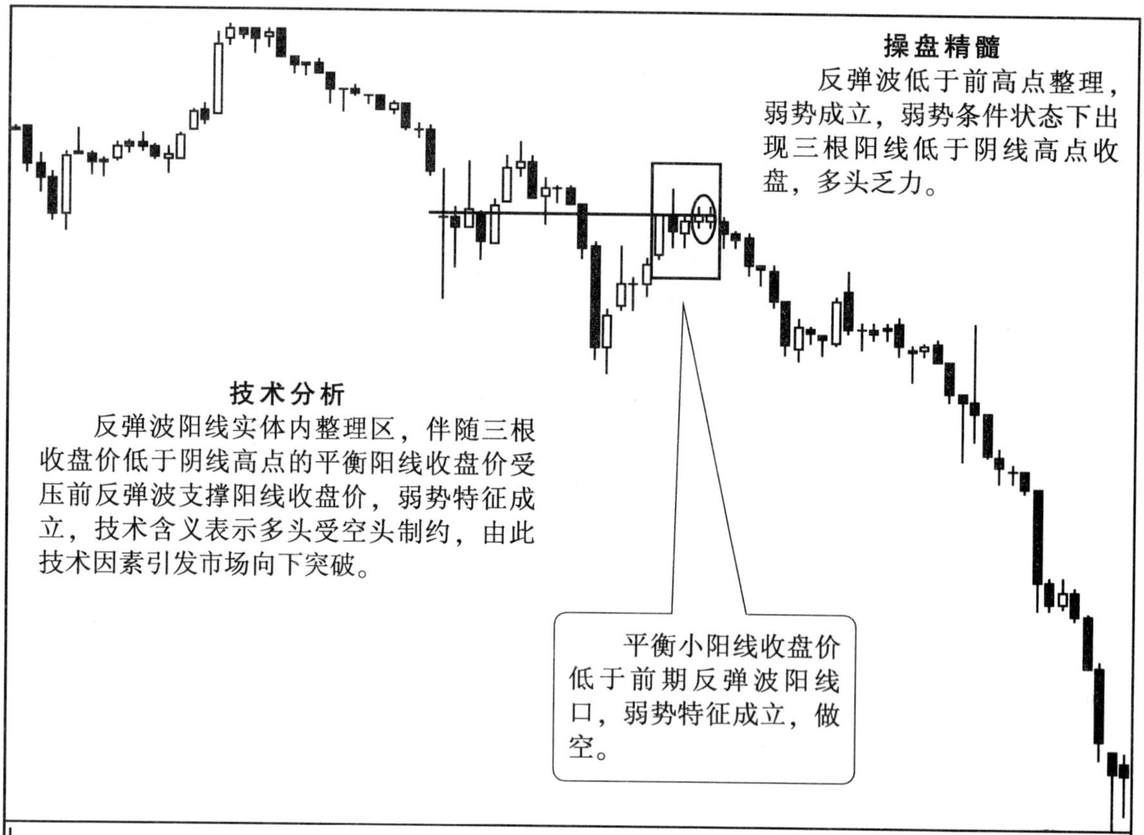
操盘精髓
反弹波低于前高点整理，弱势成立，弱势条件状态下出现三根阳线低于阴线高点收盘，多头乏力。
技术分析
反弹波阳线实体内整理区，伴随三根收盘价低于阴线高点的平衡阳线收盘价受压前反弹波支撑阳线收盘价，弱势特征成立，技术含义表示多头受空头制约，由此技术因素引发市场向下突破。
平衡小阳线收盘价低于前期反弹波阳线口，弱势特征成立，做空。

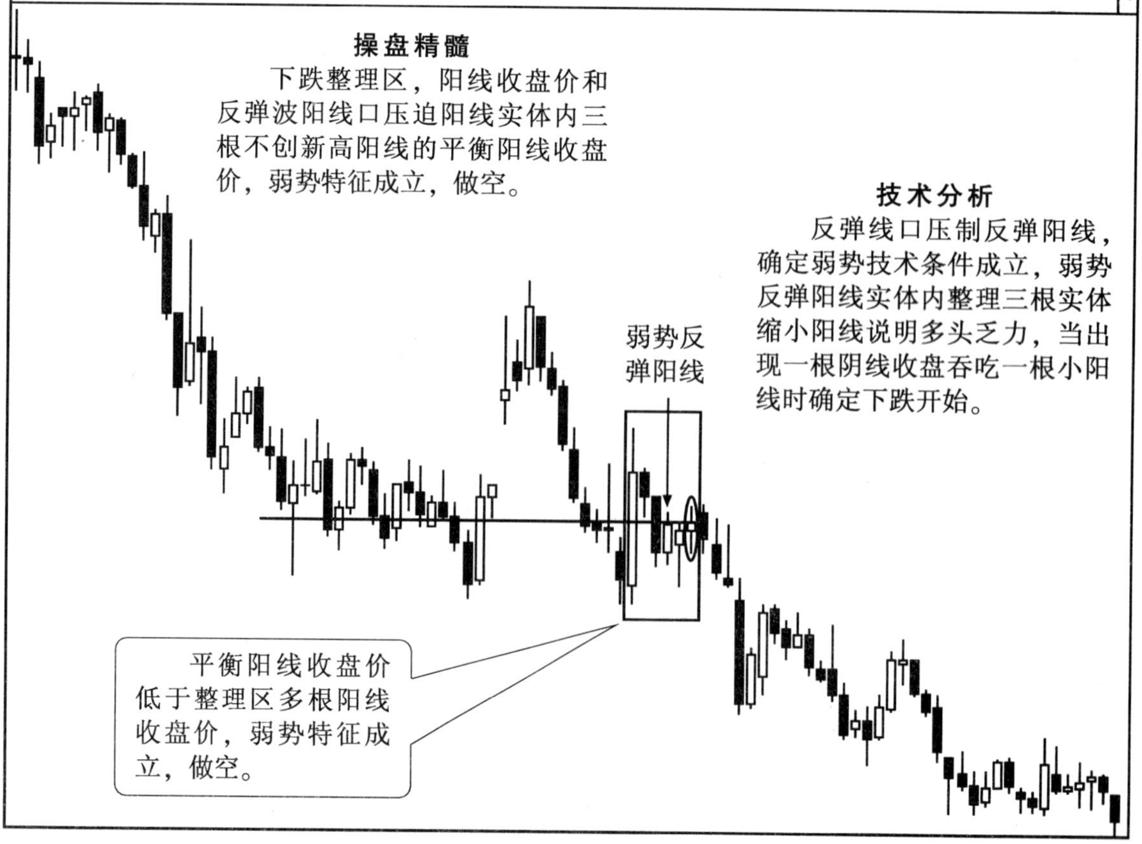
操盘精髓
下跌整理区，阳线收盘价和反弹波阳线口压迫阳线实体内三根不创新高阳线的平衡阳线收盘价，弱势特征成立，做空。
技术分析
反弹线口压制反弹阳线，确定弱势技术条件成立，弱势反弹阳线实体内整理三根实体缩小阳线说明多头乏力，当出现一根阴线收盘吞吃一根小阳线时确定下跌开始。
弱势反弹阳线
平衡阳线收盘价低于整理区多根阳线收盘价，弱势特征成立，做空。

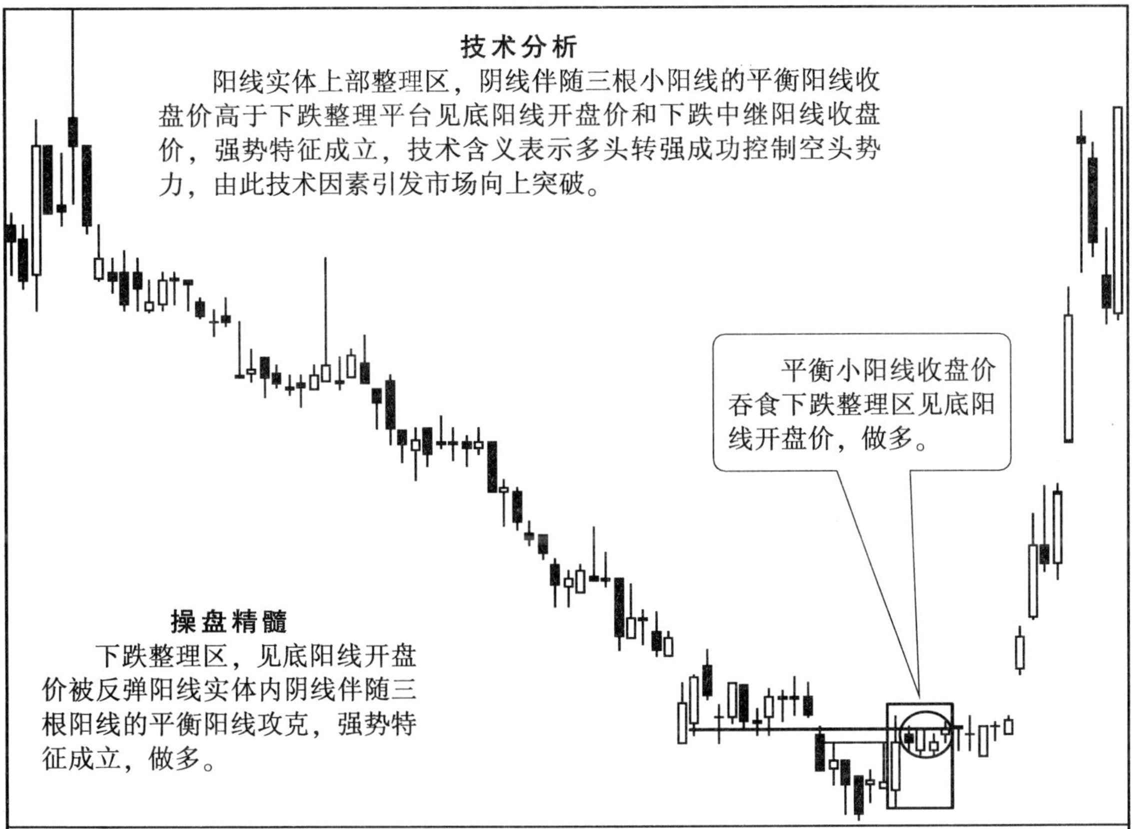
技术分析
阳线实体上部整理区，阴线伴随三根小阳线的平衡阳线收盘价高于下跌整理平台见底阳线开盘价和下跌中继阳线收盘价，强势特征成立，技术含义表示多头转强成功控制空头势力，由此技术因素引发市场向上突破。
平衡小阳线收盘价吞食下跌整理区见底阳线开盘价，做多。
操盘精髓
下跌整理区，见底阳线开盘价被反弹阳线实体内阴线伴随三根阳线的平衡阳线攻克，强势特征成立，做多。

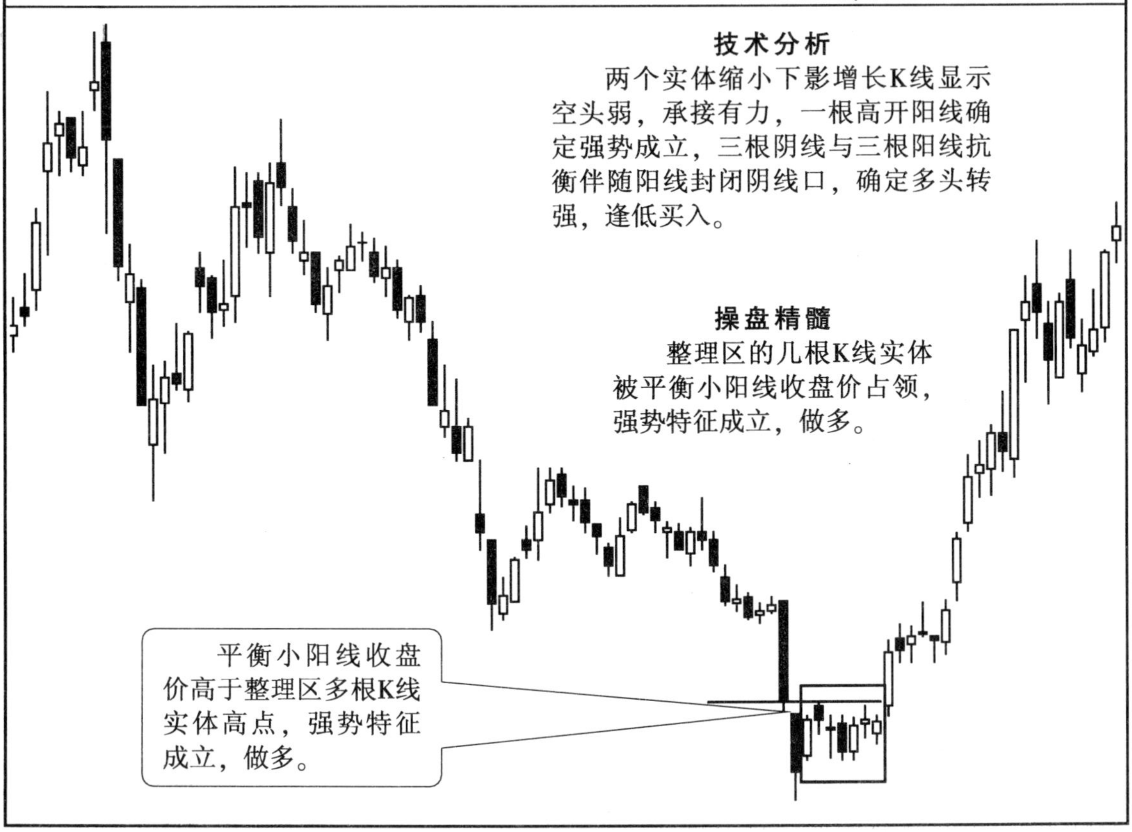
技术分析
两个实体缩小下影增长K线显示空头弱，承接有力，一根高开阳线确定强势成立，三根阴线与三根阳线抗衡伴随阳线封闭阴线口，确定多头转强，逢低买入。
操盘精髓
整理区的几根K线实体被平衡小阳线收盘价占领，强势特征成立，做多。
平衡小阳线收盘价高于整理区多根K线实体高点，强势特征成立，做多。

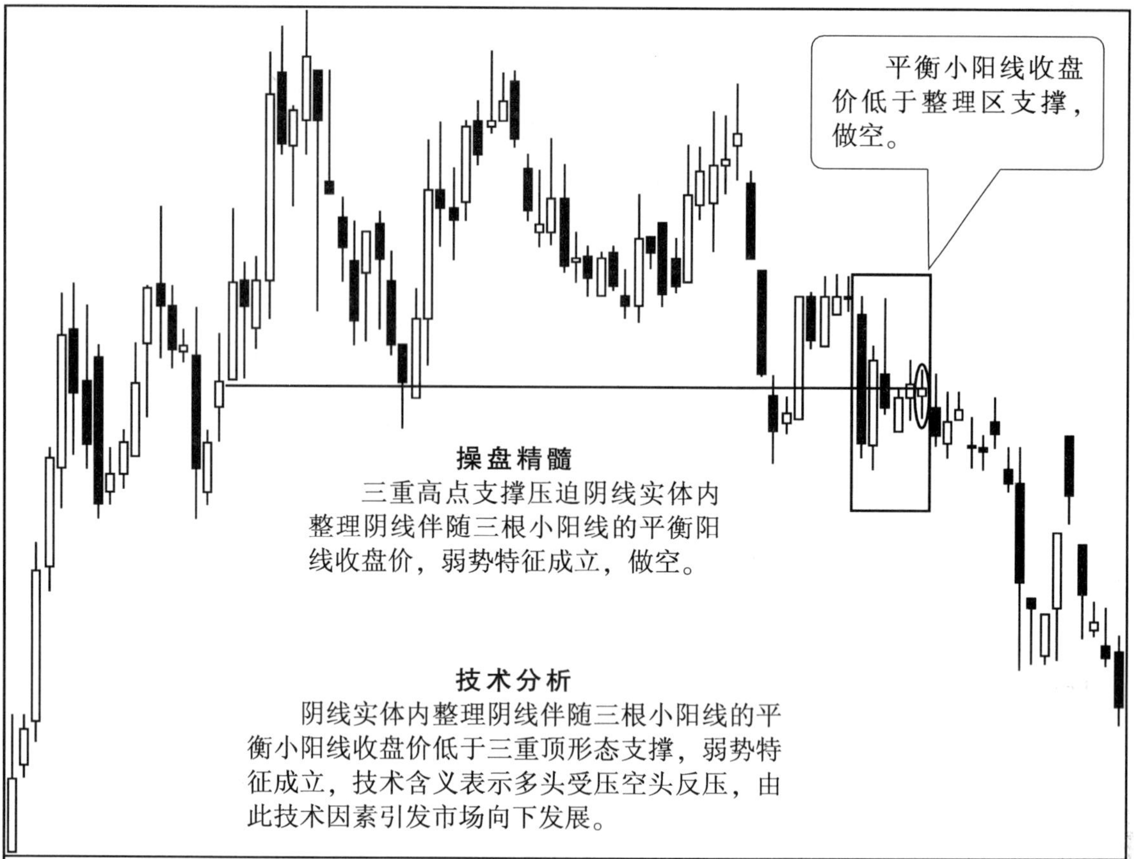

操盘精髓

三重高点支撑压迫阴线实体内整理阴线伴随三根小阳线的平衡阳线收盘价，弱势特征成立，做空。

技术分析

阴线实体内整理阴线伴随三根小阳线的平衡小阳线收盘价低于三重顶形态支撑，弱势特征成立，技术含义表示多头受压空头反压，由此技术因素引发市场向下发展。

操盘精髓

盘整区三根小阳线反弹受制于反弹阳线口盘整区跳空缺口，说明多头反击阻力重重，后市看跌，做空。

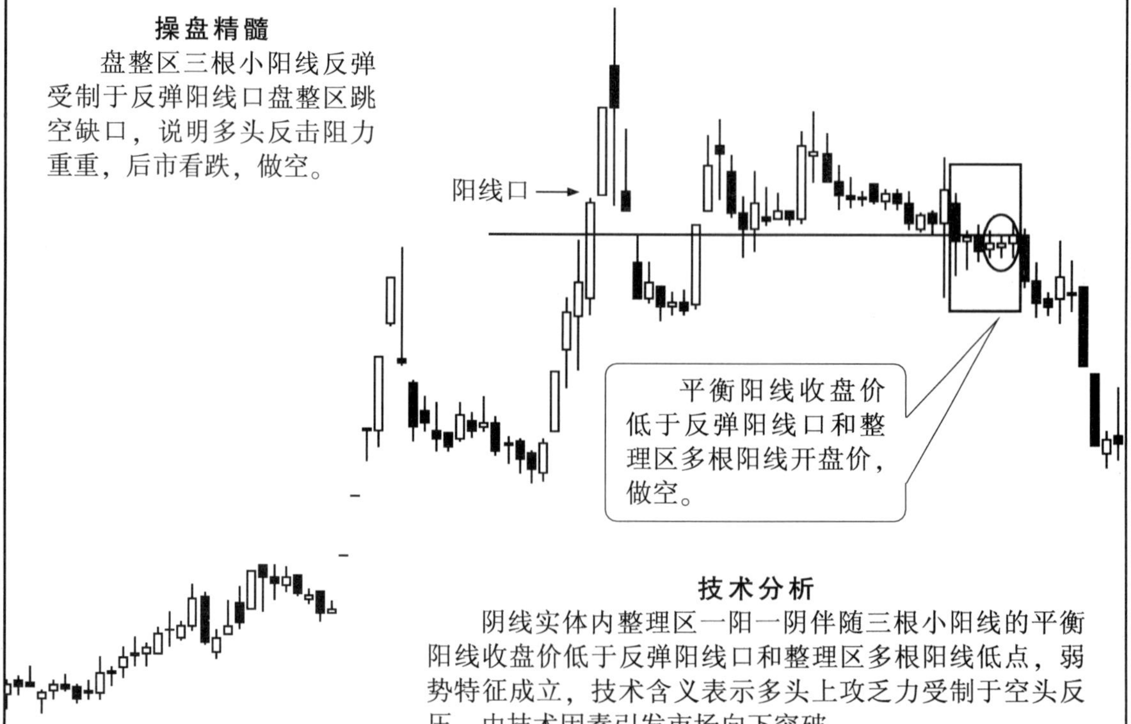

技术分析

阴线实体内整理区一阳一阴伴随三根小阳线的平衡阳线收盘价低于反弹阳线口和整理区多根阳线低点，弱势特征成立，技术含义表示多头上攻乏力受制于空头反压，由技术因素引发市场向下突破。

技术分析

阳线实体内整理，阴线伴随三个阳线的平衡阳线收盘价高于推动波攻击阳线和回吐发力阳线收盘价，强势特征成立，技术含义表示多头成功化解空头压力防线，由此技术因素引发市场向上发展。

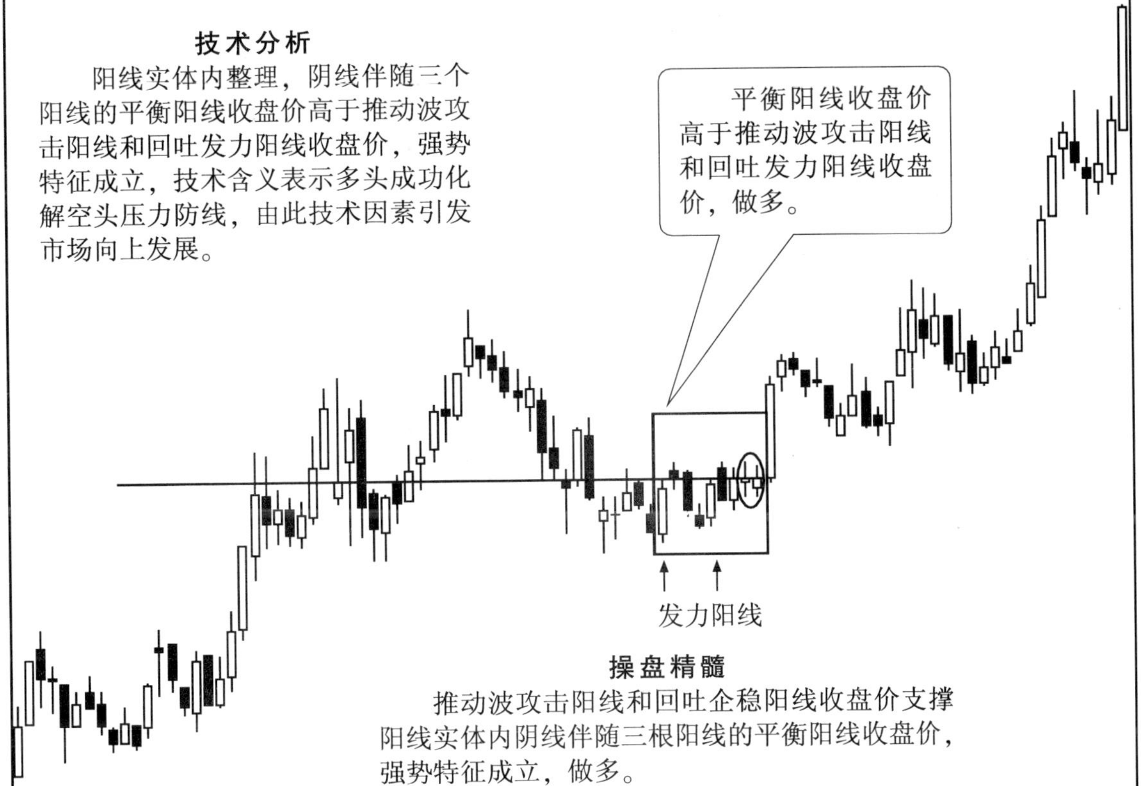

操盘精髓

推动波攻击阳线和回吐企稳阳线收盘价支撑阳线实体内阴线伴随三根阳线的平衡阳线收盘价，强势特征成立，做多。

技术分析

突破缺口上方，阴线伴随三根小阳线的平衡阳线收盘价站稳下跌整理区和推动波整理区高点，强势特征成立，技术含义表示多头成功化解空头压力，由此技术因素引发市场向上突破。

操盘精髓

下跌整理区和推动整理区支撑阴线伴随三根阳线的平衡小阳线收盘价，强势特征成立，做多。

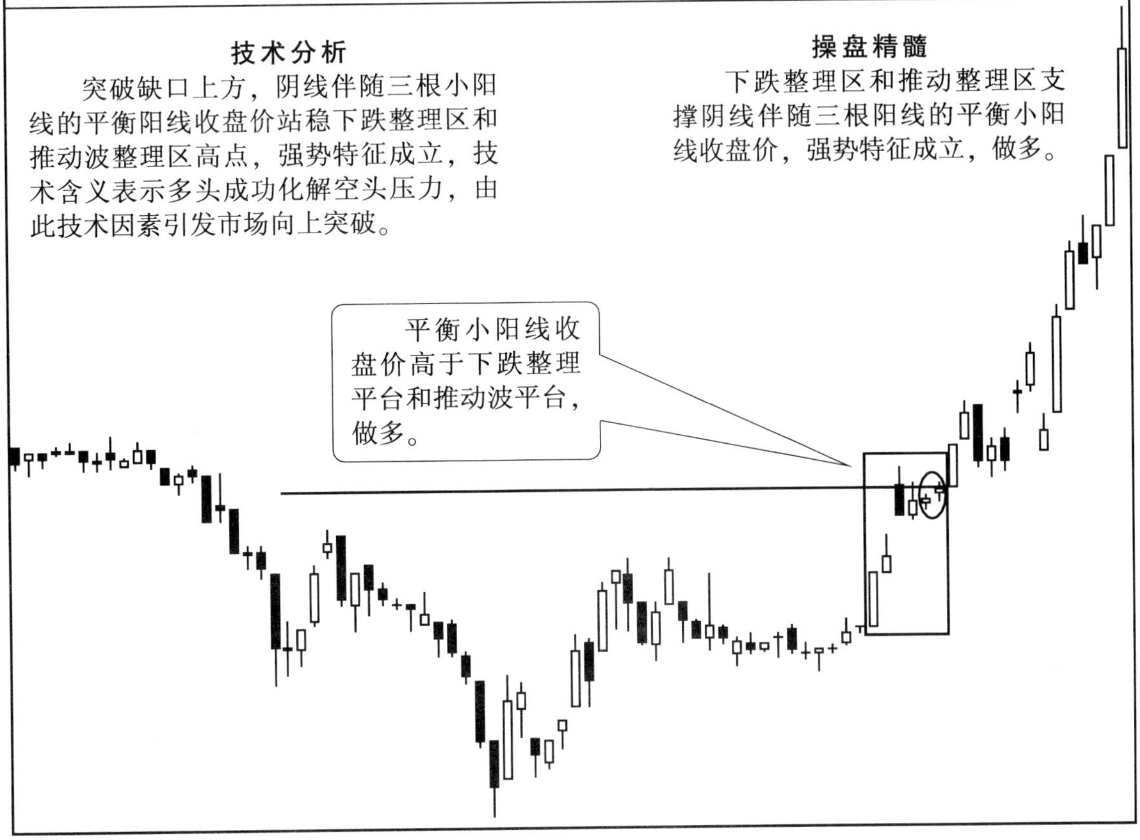

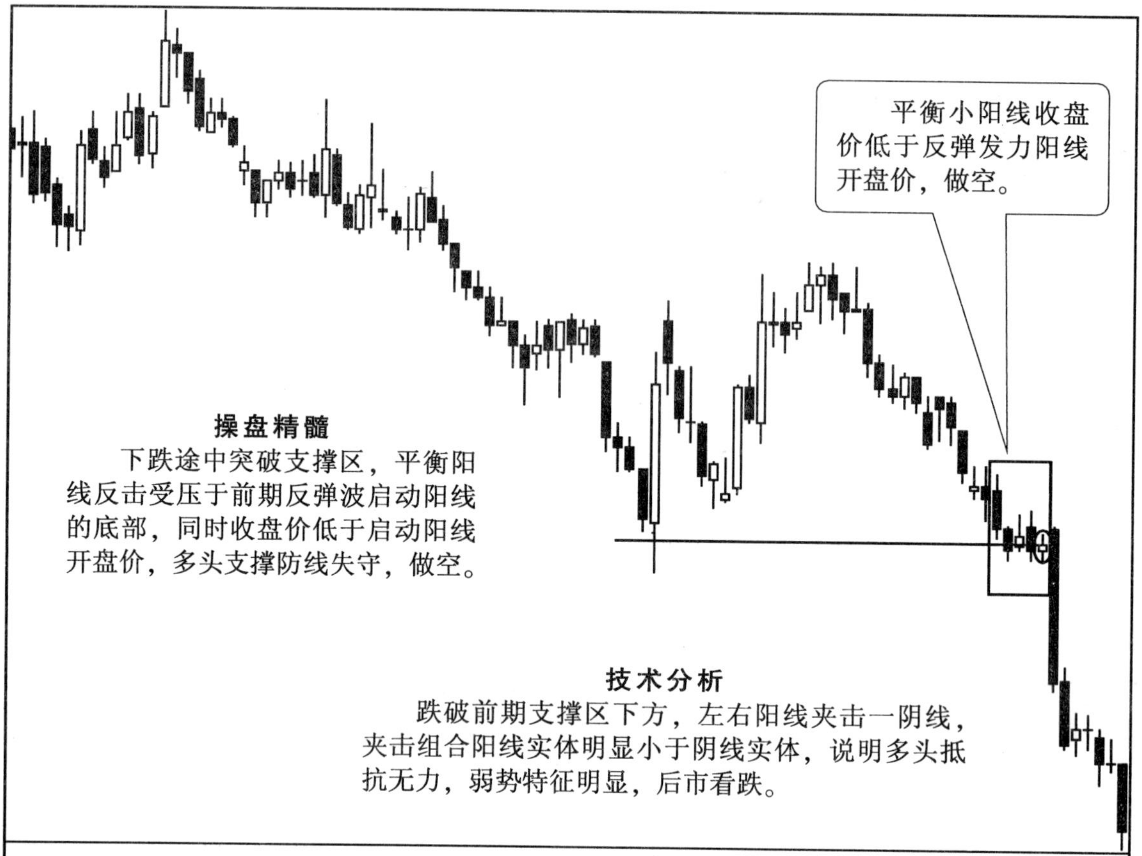
平衡小阳线收盘价低于反弹发力阳线开盘价，做空。
操盘精髓
下跌途中突破支撑区，平衡阳线反击受压于前期反弹波启动阳线的底部，同时收盘价低于启动阳线开盘价，多头支撑防线失守，做空。
技术分析
跌破前期支撑区下方，左右阳线夹击一阴线，夹击组合阳线实体明显小于阴线实体，说明多头抵抗无力，弱势特征明显，后市看跌。

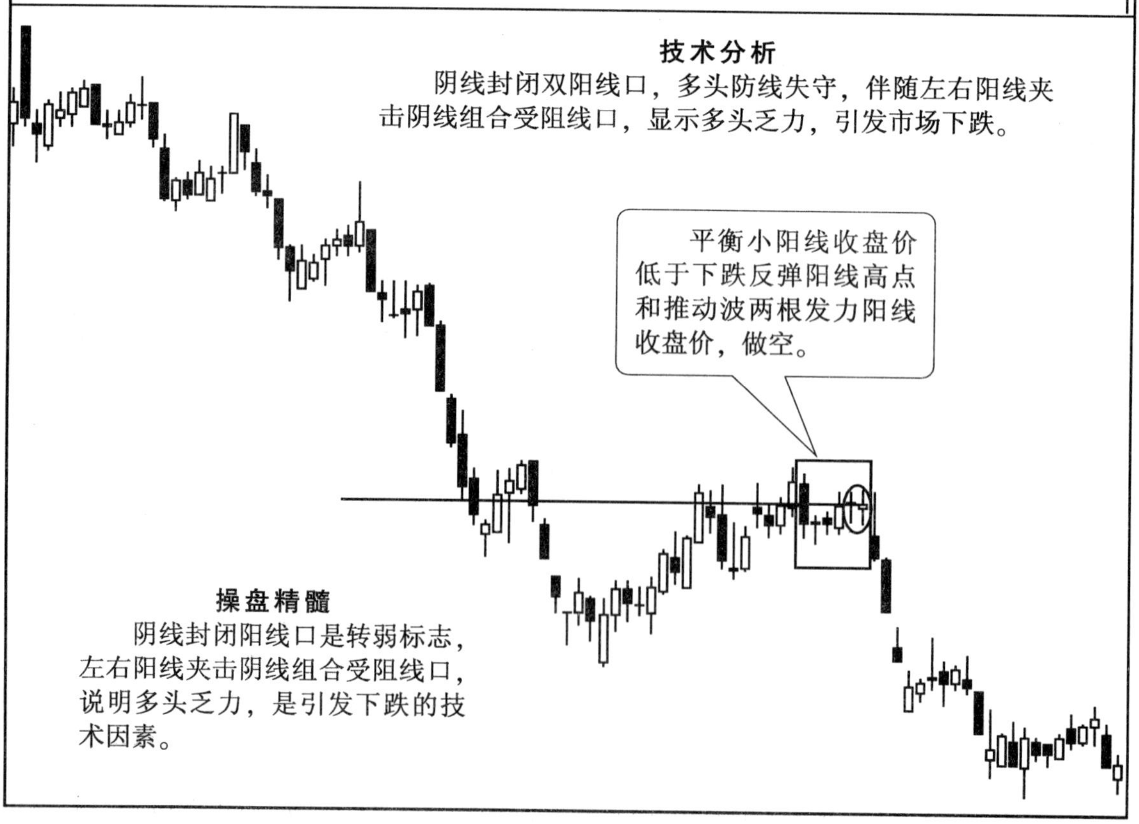
技术分析
阴线封闭双阳线口，多头防线失守，伴随左右阳线夹击阴线组合受阻线口，显示多头乏力，引发市场下跌。
平衡小阳线收盘价低于下跌反弹阳线高点和推动波两根发力阳线收盘价，做空。
操盘精髓
阴线封闭阳线口是转弱标志，左右阳线夹击阴线组合受阻线口，说明多头乏力，是引发下跌的技术因素。

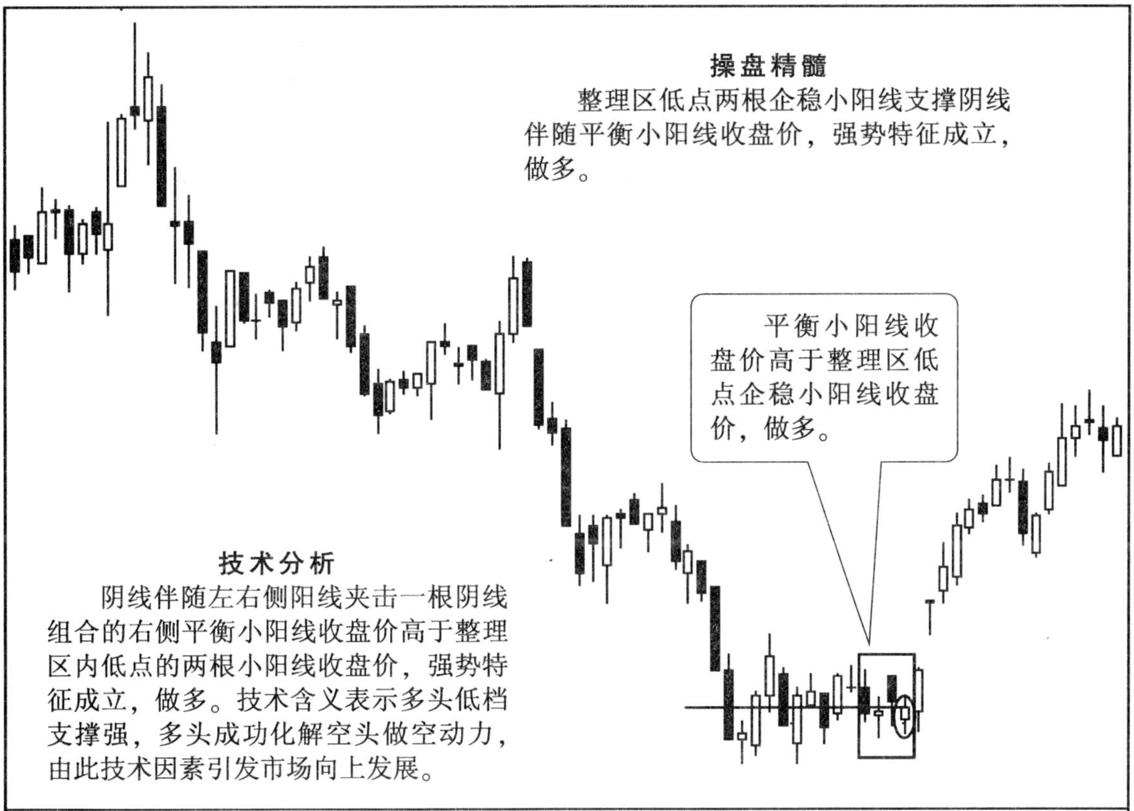

操盘精髓

整理区低点两根企稳小阳线支撑阴线伴随平衡小阳线收盘价，强势特征成立，做多。

技术分析

阴线伴随左右侧阳线夹击一根阴线组合的右侧平衡小阳线收盘价高于整理区内低点的两根小阳线收盘价，强势特征成立，做多。技术含义表示多头低档支撑强，多头成功化解空头做空动力，由此技术因素引发市场向上发展。

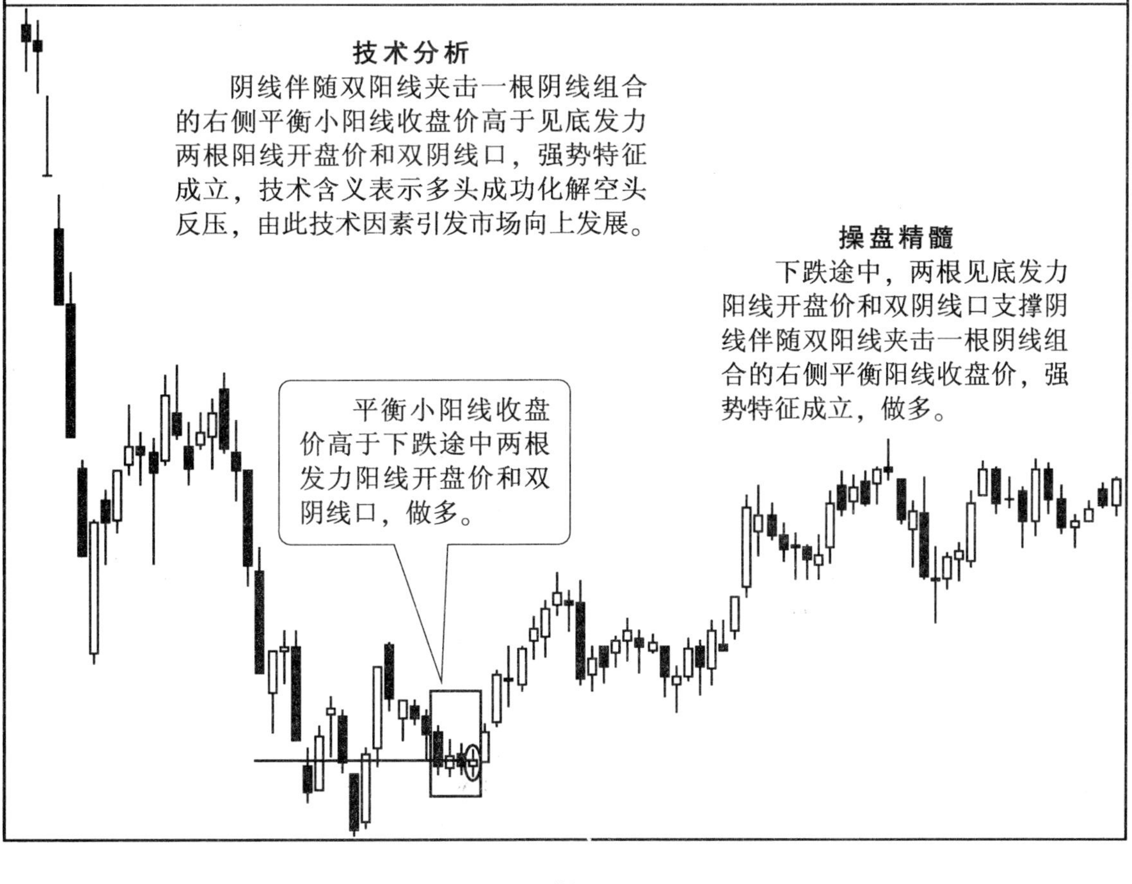

技术分析

阴线伴随双阳线夹击一根阴线组合的右侧平衡小阳线收盘价高于见底发力两根阳线开盘价和双阴线口，强势特征成立，技术含义表示多头成功化解空头反压，由此技术因素引发市场向上发展。

操盘精髓

下跌途中，两根见底发力阳线开盘价和双阴线口支撑阴线伴随双阳线夹击一根阴线组合的右侧平衡阳线收盘价，强势特征成立，做多。

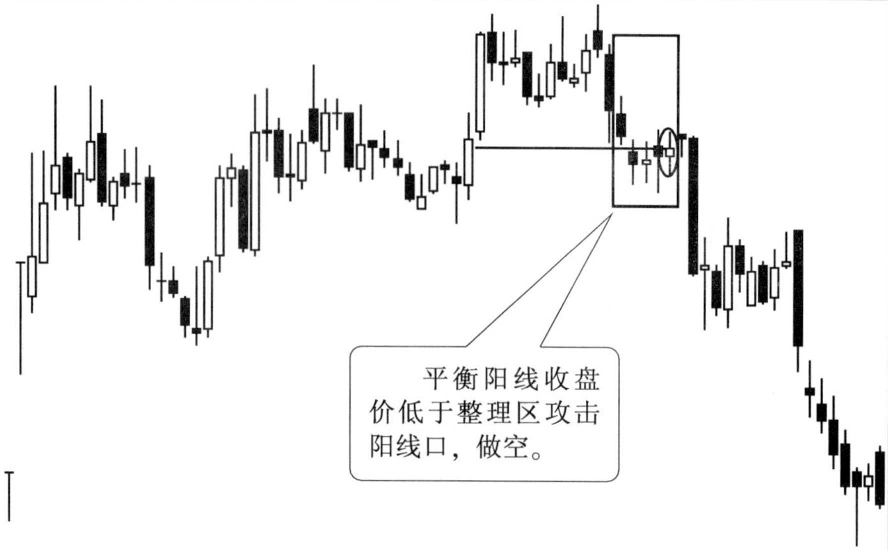

操盘精髓

整理区阳线口压迫阴线伴随双阳线夹击一根阴线组合的右侧平衡阳线收盘价，弱势特征成立，做空。

技术分析

阴线伴随双阳线夹击一根阴线组合的右侧平衡小阳线收盘价低于整理区攻击阳线口，弱势特征成立，技术含义表示多头受空头反压，由此技术因素引发市场向下突破。

操盘精髓

推动波平衡阳线开盘价和不创新高反弹波区域多根K线实体压迫阴线伴随双阳线夹击一根阳线组合的右侧平衡阳线收盘价，弱势特征成立，做空。

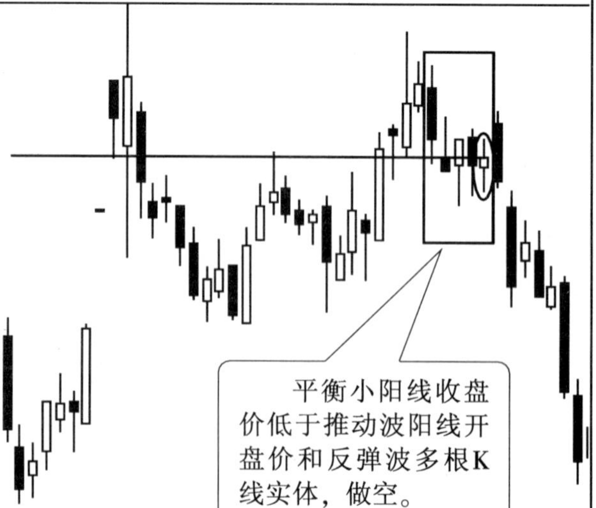

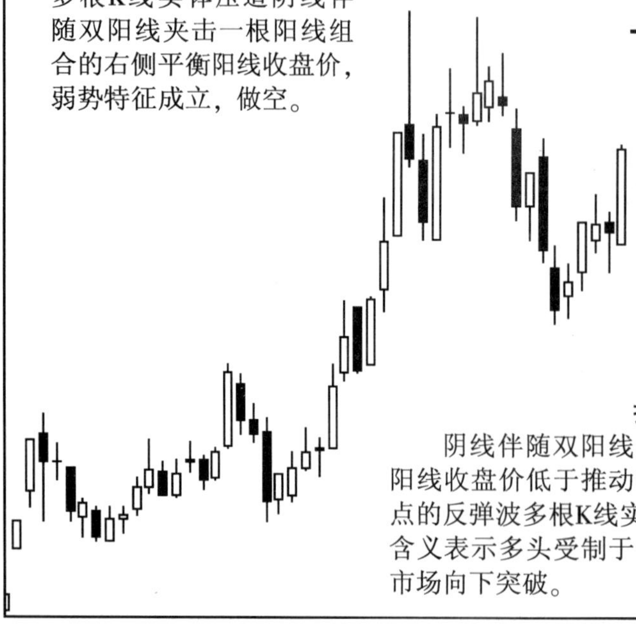

技术分析

阴线伴随双阳线夹击一根阴线组合，右侧平衡阳线收盘价低于推动波平衡阳线开盘价和不创前高点的反弹波多根K线实体低点，弱势特征成立，技术含义表示多头受制于空头反压，由此技术因素引发市场向下突破。

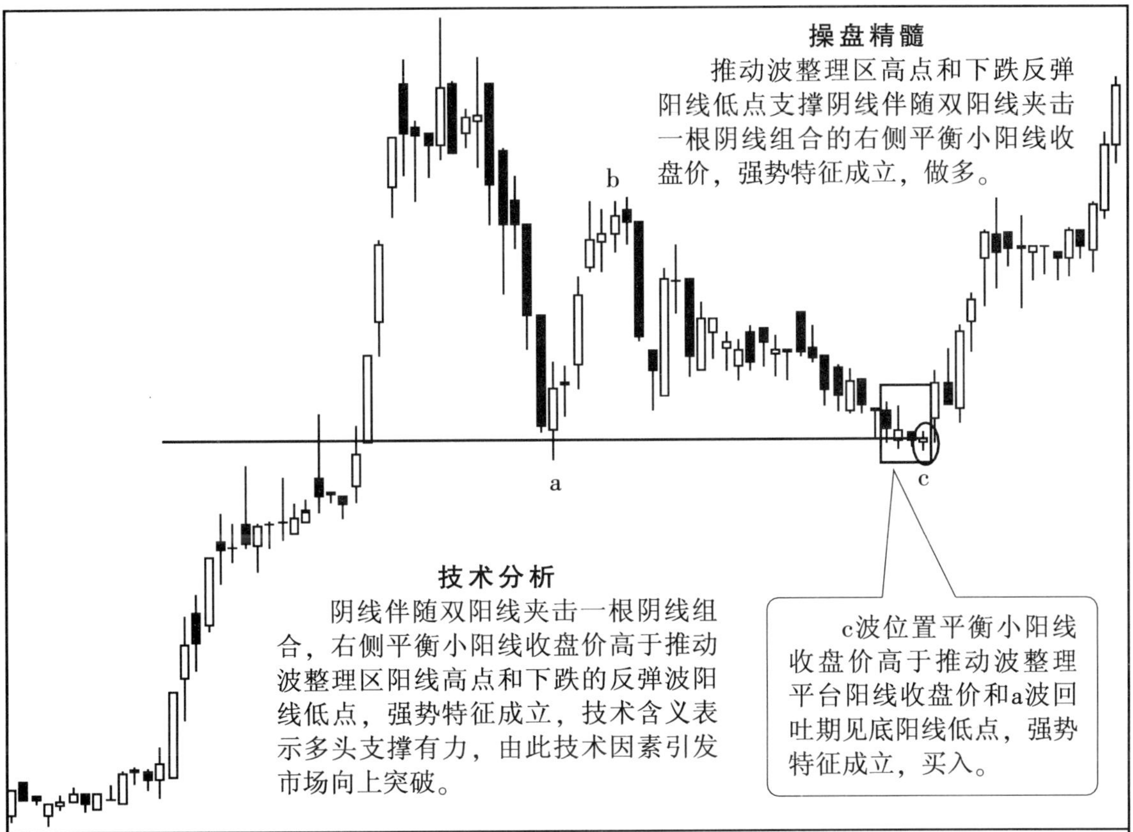

操盘精髓

推动波整理区高点和下跌反弹阳线低点支撑阴线伴随双阳线夹击一根阴线组合的右侧平衡小阳线收盘价，强势特征成立，做多。

技术分析

阴线伴随双阳线夹击一根阴线组合，右侧平衡小阳线收盘价高于推动波整理区阳线高点和下跌的反弹波阳线低点，强势特征成立，技术含义表示多头支撑有力，由此技术因素引发市场向上突破。

c波位置平衡小阳线收盘价高于推动波整理平台阳线收盘价和a波回吐期见底阳线低点，强势特征成立，买入。

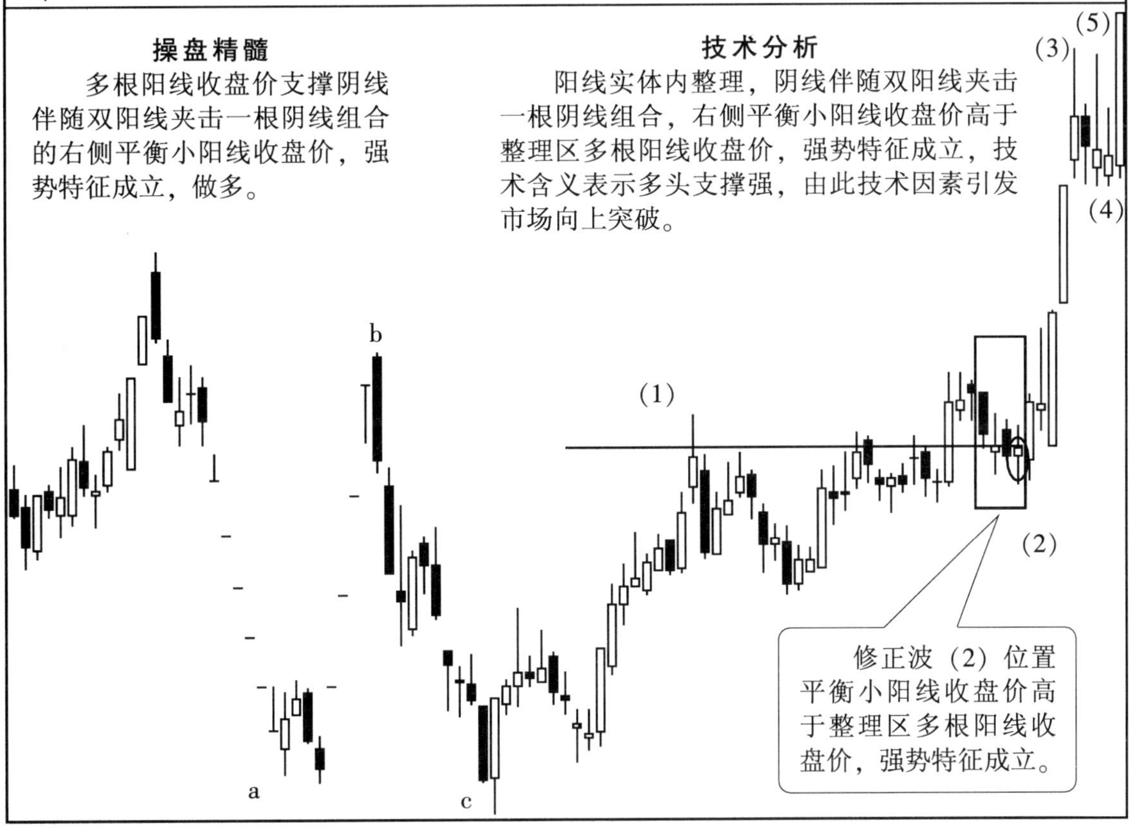

操盘精髓

多根阳线收盘价支撑阴线伴随双阳线夹击一根阴线组合的右侧平衡小阳线收盘价，强势特征成立，做多。

技术分析

阳线实体内整理，阴线伴随双阳线夹击一根阴线组合，右侧平衡小阳线收盘价高于整理区多根阳线收盘价，强势特征成立，技术含义表示多头支撑强，由此技术因素引发市场向上突破。

修正波（2）位置平衡小阳线收盘价高于整理区多根阳线收盘价，强势特征成立。

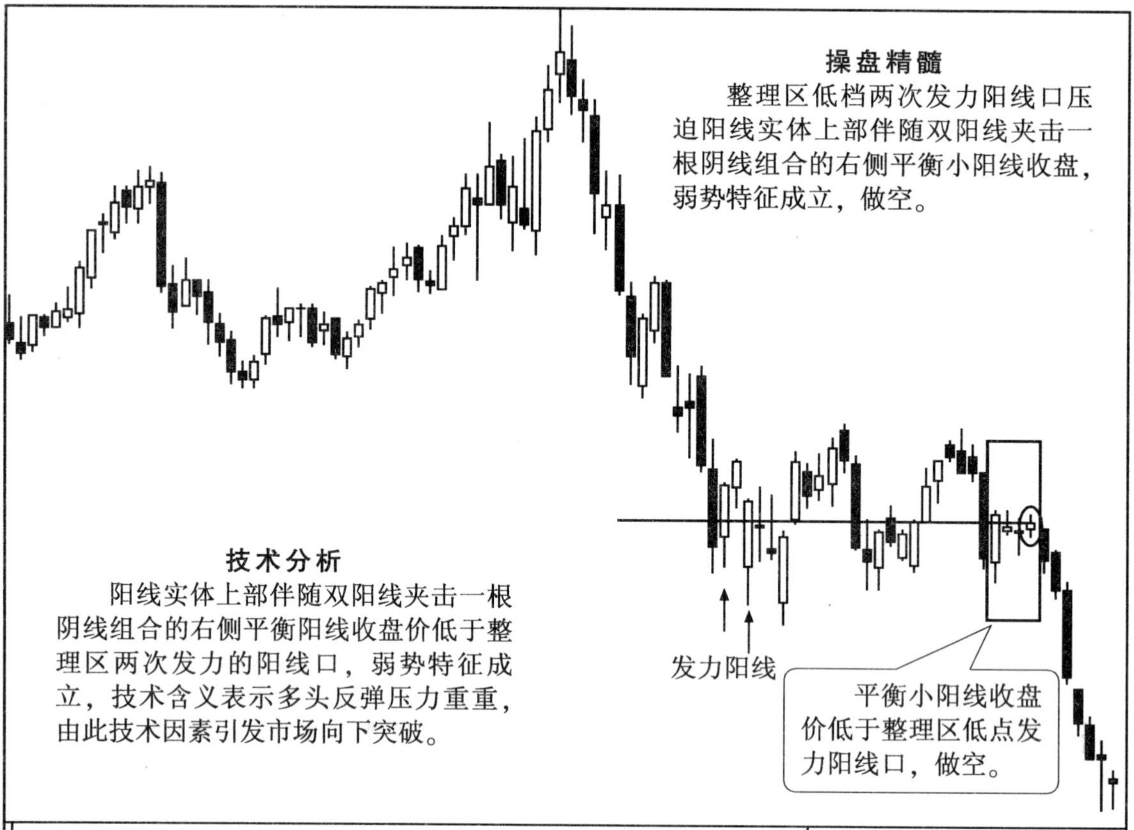

操盘精髓
整理区低档两次发力阳线口压迫阳线实体上部伴随双阳线夹击一根阴线组合的右侧平衡小阳线收盘，弱势特征成立，做空。
技术分析
阳线实体上部伴随双阳线夹击一根阴线组合的右侧平衡阳线收盘价低于整理区两次发力的阳线口，弱势特征成立，技术含义表示多头反弹压力重重，由此技术因素引发市场向下突破。
发力阳线
平衡小阳线收盘价低于整理区低点发力阳线口，做空。

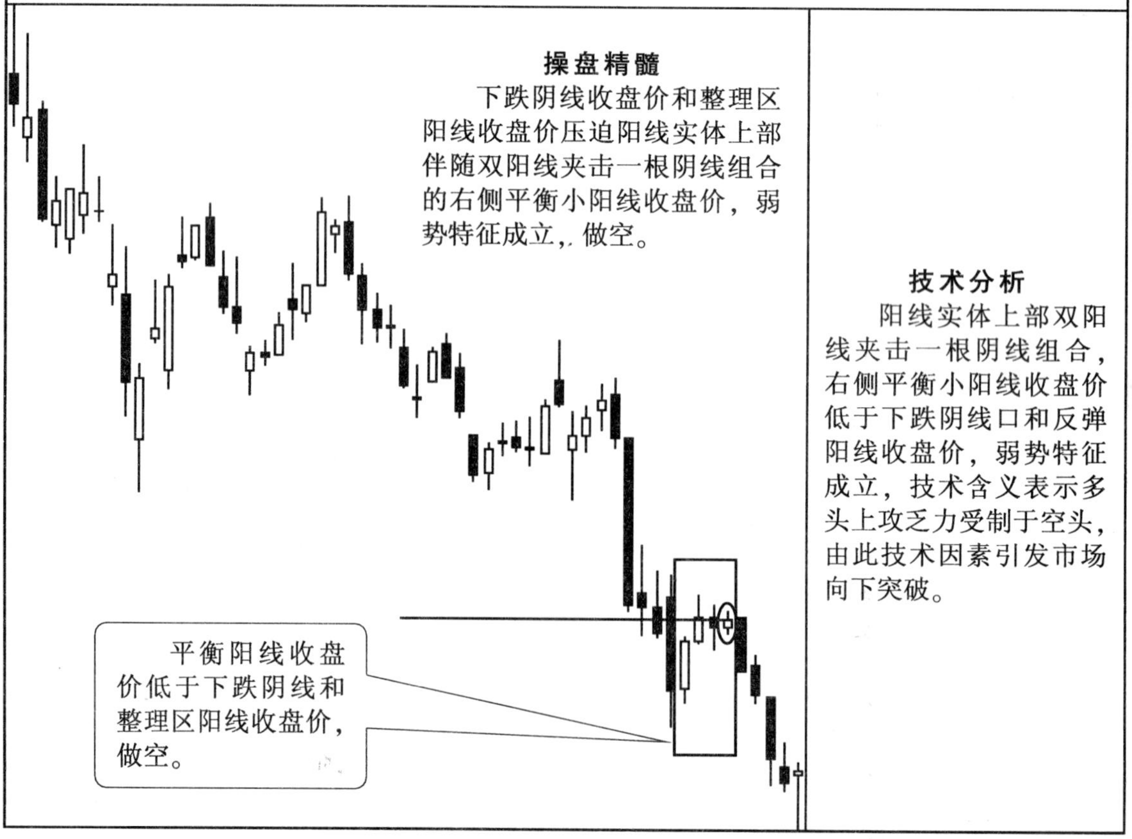

操盘精髓
下跌阴线收盘价和整理区阳线收盘价压迫阳线实体上部伴随双阳线夹击一根阴线组合的右侧平衡小阳线收盘价，弱势特征成立，做空。
平衡阳线收盘价低于下跌阴线和整理区阳线收盘价，做空。
技术分析
阳线实体上部双阳线夹击一根阴线组合，右侧平衡小阳线收盘价低于下跌阴线口和反弹阳线收盘价，弱势特征成立，技术含义表示多头上攻乏力受制于空头，由此技术因素引发市场向下突破。

操盘精髓

下跌途中，底部出现几根收盘不创新低的K线支撑平衡小阳线收盘价，强势特征成立，做多。

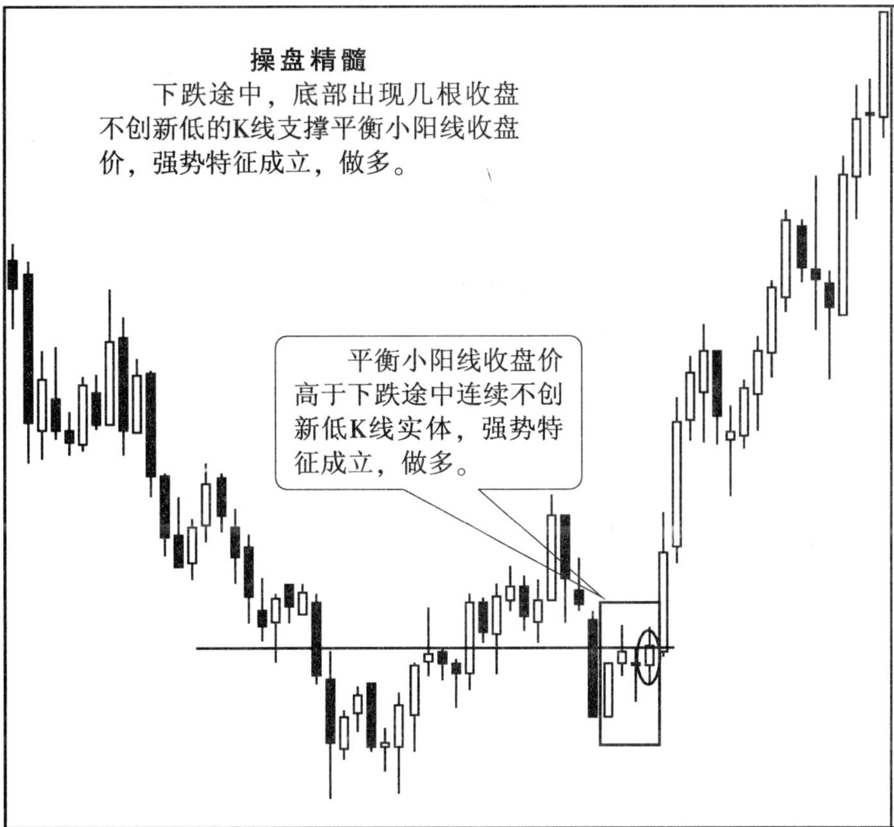

技术分析

阳线实体上部双阳线夹击一根阴线组合其右侧平衡小阳线收盘价高于前低点多根阳线收盘价，强势特征成立，技术含义表示低档支撑强，双底形态成立，由此技术因素引发市场向上突破。

操盘精髓

下跌途中，两根多头发力阳线开盘价支撑阳线伴随双阳线夹击一根阴线组合的右侧平衡阳线收盘价，空转多特征成立，做多。

技术分析

阳线实体上部双阳线夹击一根阴线组合，右侧平衡阳线收盘价高于整理区两根发力阳线开盘价，强势特征成立，技术含义表示低档支撑强，多头成功化解空头技术压力。

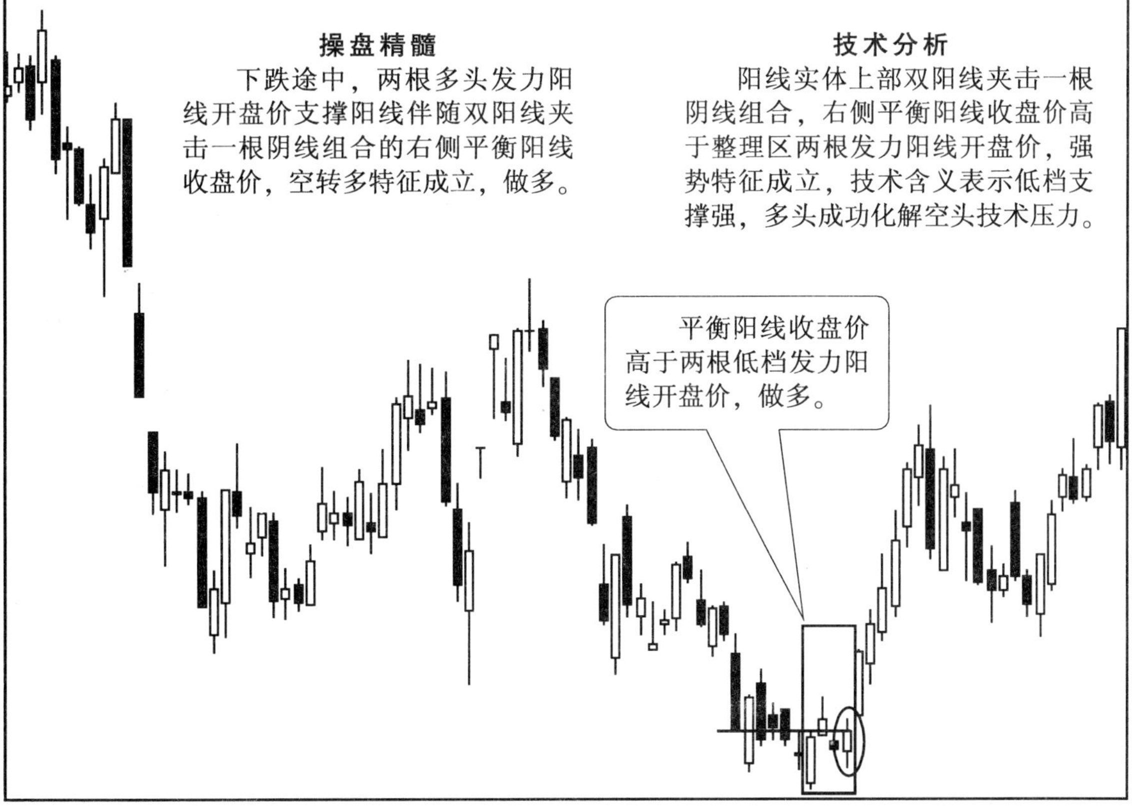

操盘精髓

碰压力线第三个高点出现阳线实体上部双阳线夹击一根阴线组合的右侧平衡小阳线收盘价低于K线上影中枢，技术含义表示多头上攻乏力，弱势特征成立，做空。

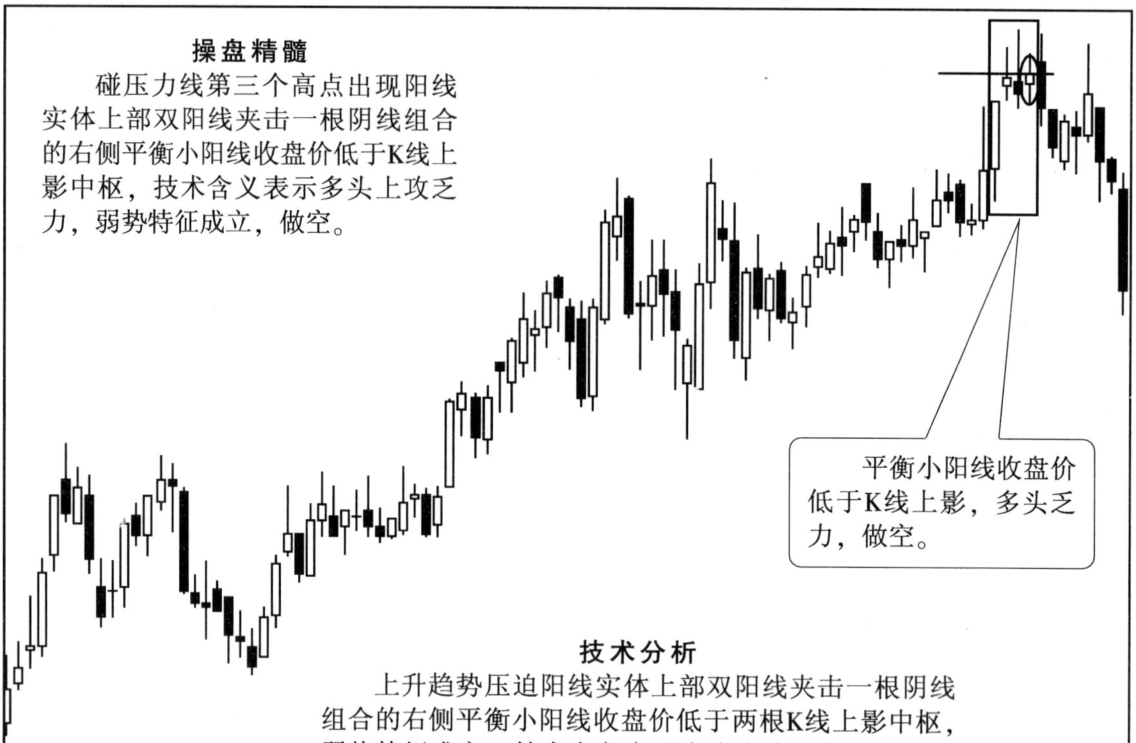

技术分析

上升趋势压迫阳线实体上部双阳线夹击一根阴线组合的右侧平衡小阳线收盘价低于两根K线上影中枢，弱势特征成立，技术含义表示多头上攻乏力，由此技术因素引发市场向下发展。

技术分析

上涨末期，阳线上部出现孕线形态且K线上影长，说明多头攻击无力，伴随平衡小阳线受阻于孕线形态，市场弱势特征成立，后市看跌。

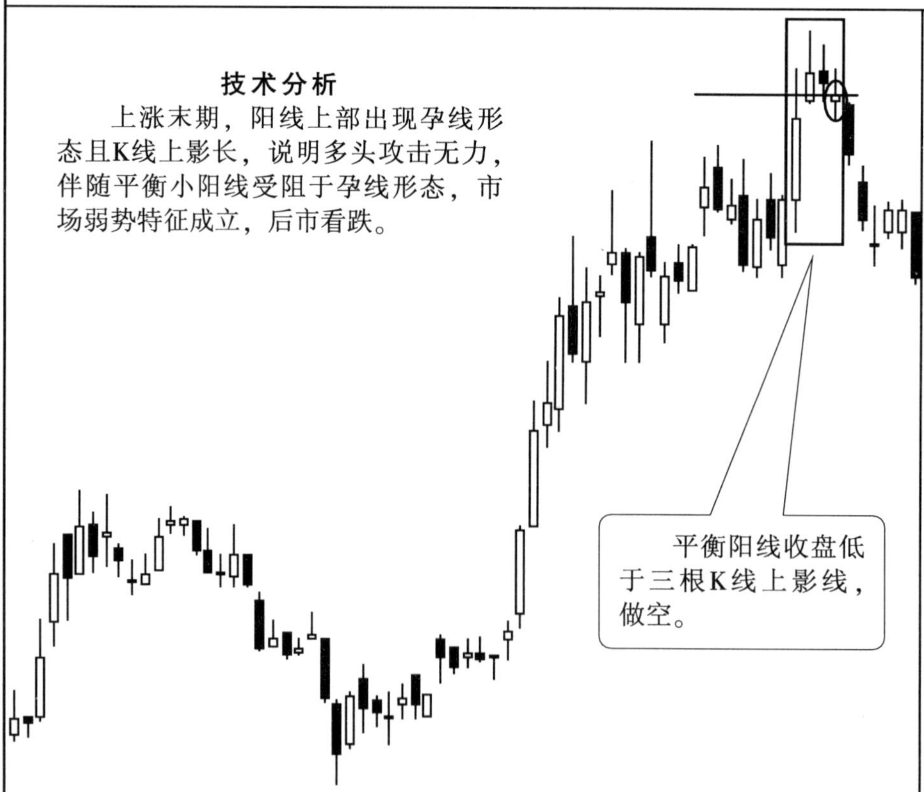

操盘精髓

三根K线上影压迫阳线伴随双阳线夹击一根阴线组合的右侧平衡阳线收盘价，弱势特征成立，做空。

操盘精髓

上升推动波整理平台上方，突破阳线上部双阳线夹击一根阴线组合伴随平衡阳线收盘，不吃突破阳线实体一半，强势特征成立。

技术分析

突破阳线实体上部双阳线夹击一阴线组合，伴随平衡阳线收盘价高于推动波平台高点，强势特征成立，技术含义表示空头打压无力，由此技术因素引发市场向上发展。

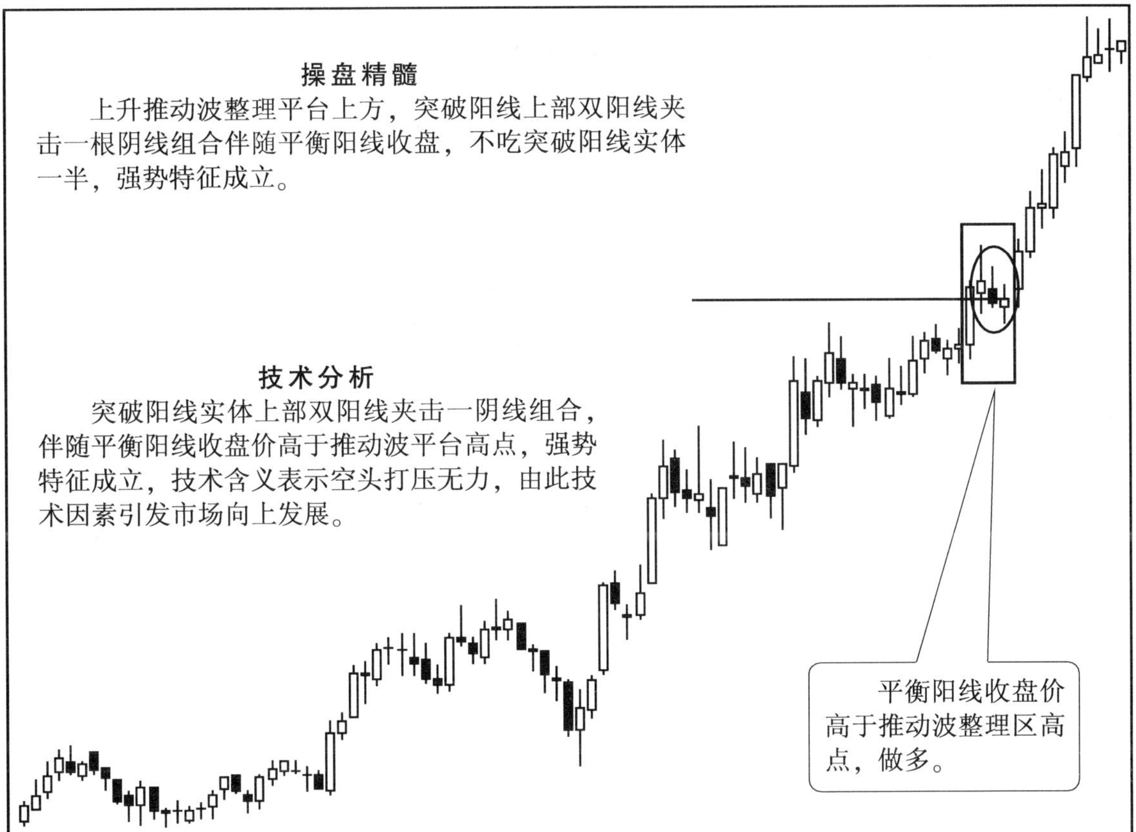

技术分析

阳线实体上部双阳线夹击一阴线组合伴随平衡阳线收盘价高于整理区阳线收盘价，强势特征成立，技术含义表示多头成功化解空头势力，由此技术因素引发市场向上。

操盘精髓

上升推动波整理区阳线支撑阳线上部双阳线夹击一根阴线组合的右侧平衡阳线收盘，强势特征成立，做多。

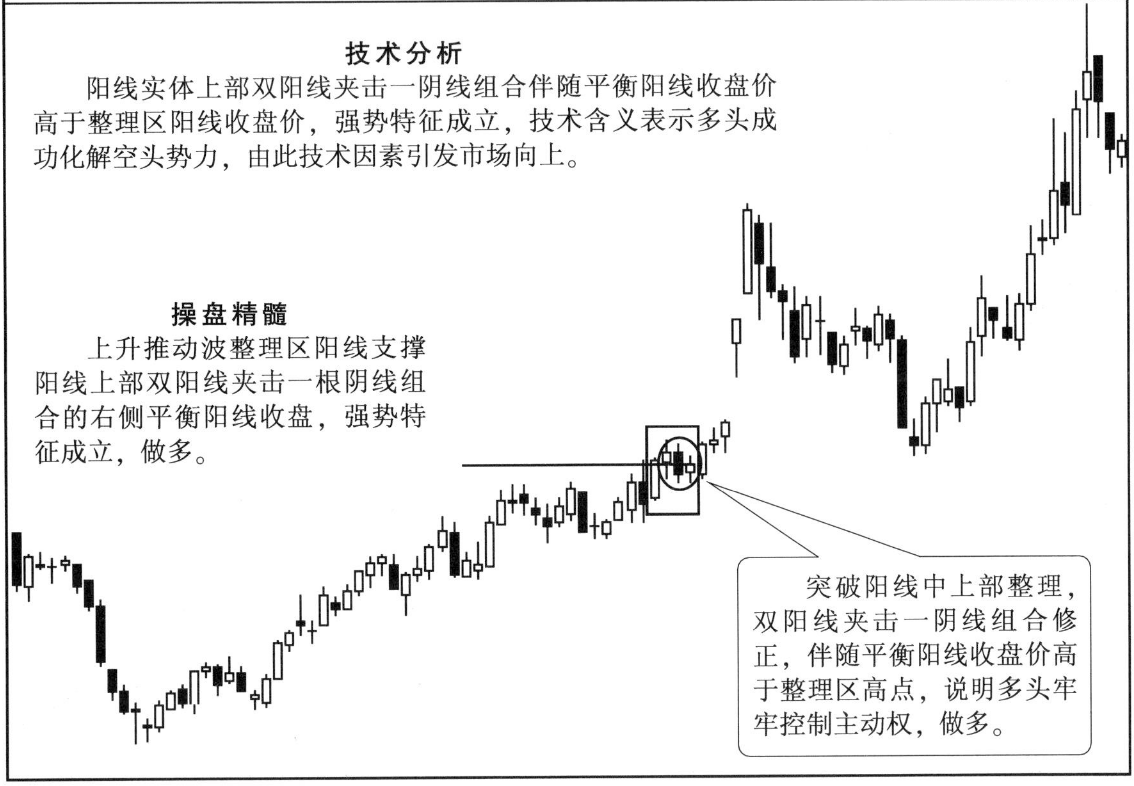

操盘精髓

双重b波整理区多根阳线收盘价压迫双阳线夹击一阴线组合伴随右侧平衡阳线收盘价，弱势特征成立，做空。

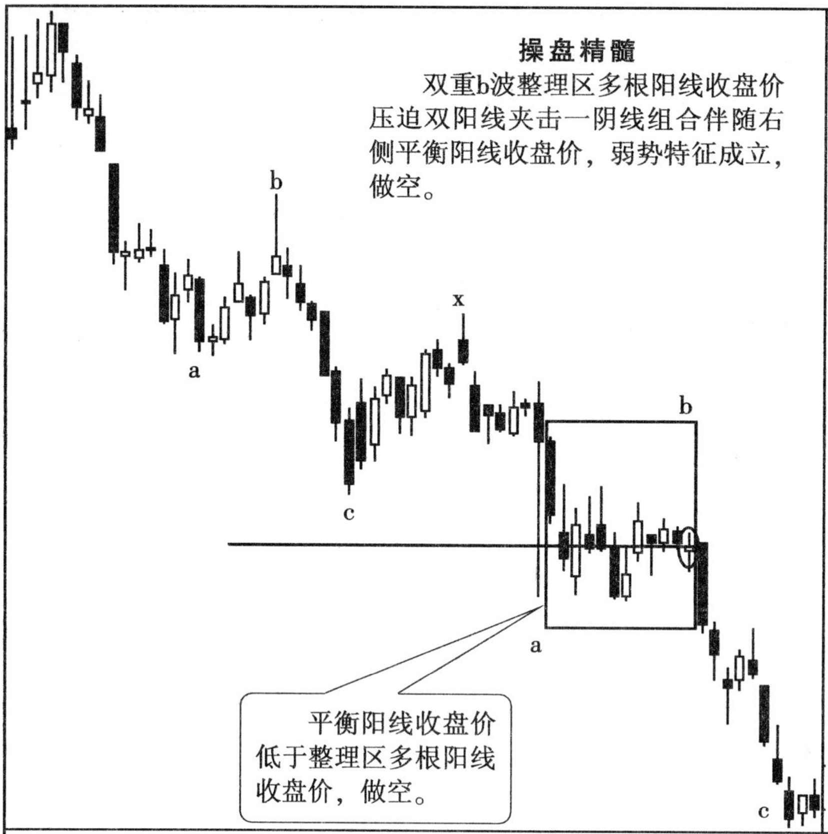

技术分析

双阳线夹击一阴线组合伴随右侧平衡阳线收盘价，低于整理区多根阴线收盘价，弱势特征成立，技术含义表示多头受压于平台整理区，反弹受阻，由此技术因素引发市场向下突破。

技术分析

阴线下方双阳线夹击一根阴线组合伴随右侧平衡阳线收盘价低于整理区多根阳线开盘价，弱势特征成立，技术含义表示多头受空头反压，由此技术因素引发市场向下突破。

操盘精髓

下跌途中，平衡阳线收盘跌破前期整理区平台及反击阳线开盘价，说明多头支撑失守，空方势力转强，做空。

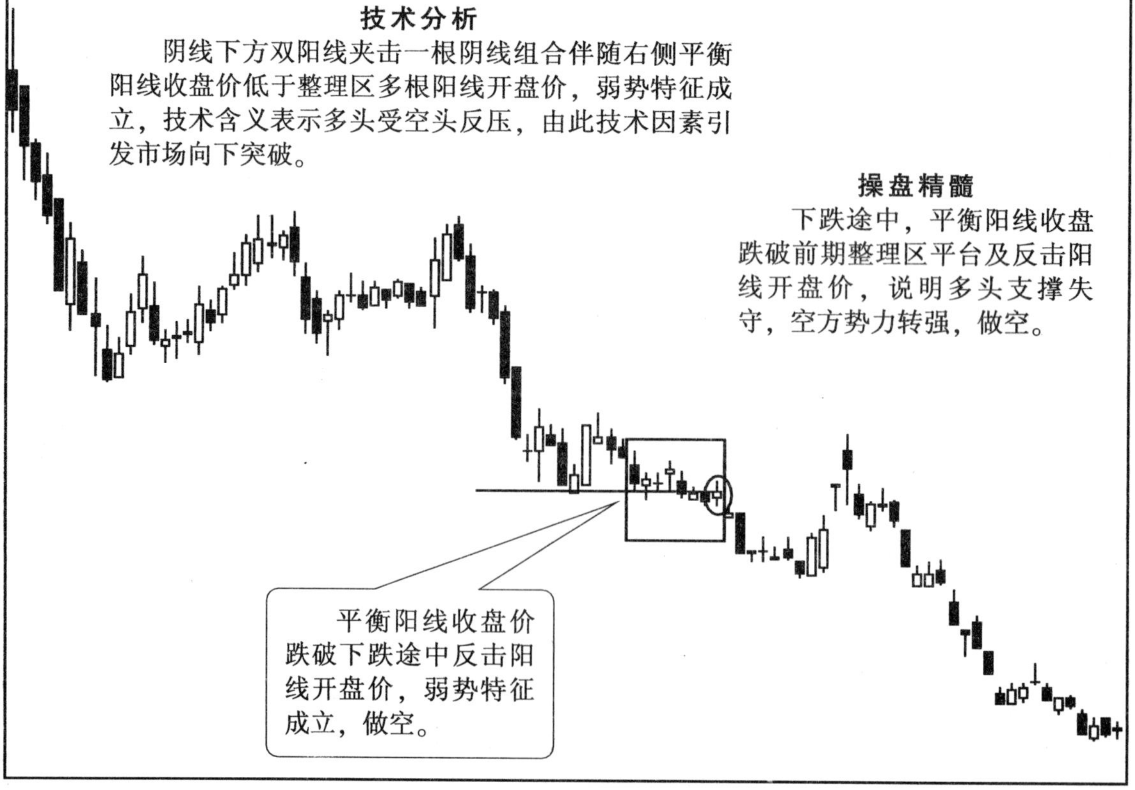

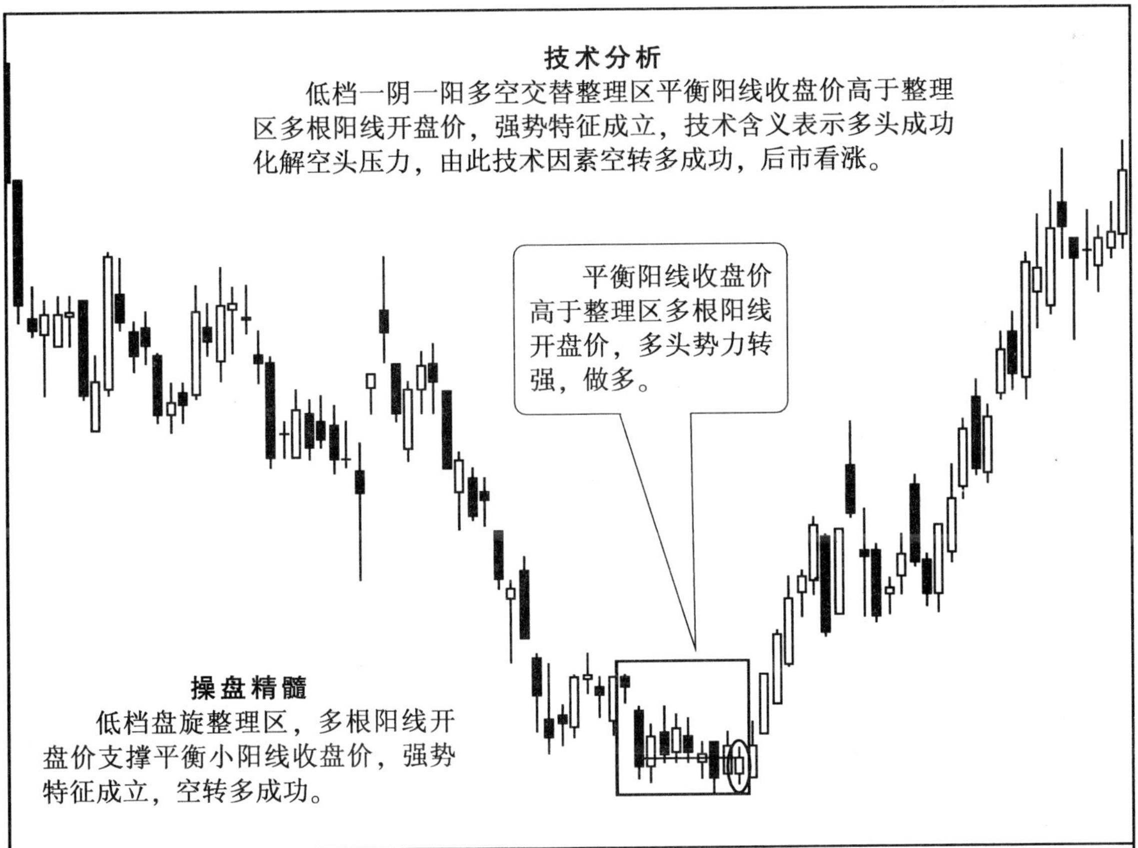

技术分析

低档一阴一阳多空交替整理区平衡阳线收盘价高于整理区多根阳线开盘价，强势特征成立，技术含义表示多头成功化解空头压力，由此技术因素空转多成功，后市看涨。

操盘精髓

低档盘旋整理区，多根阳线开盘价支撑平衡小阳线收盘价，强势特征成立，空转多成功。

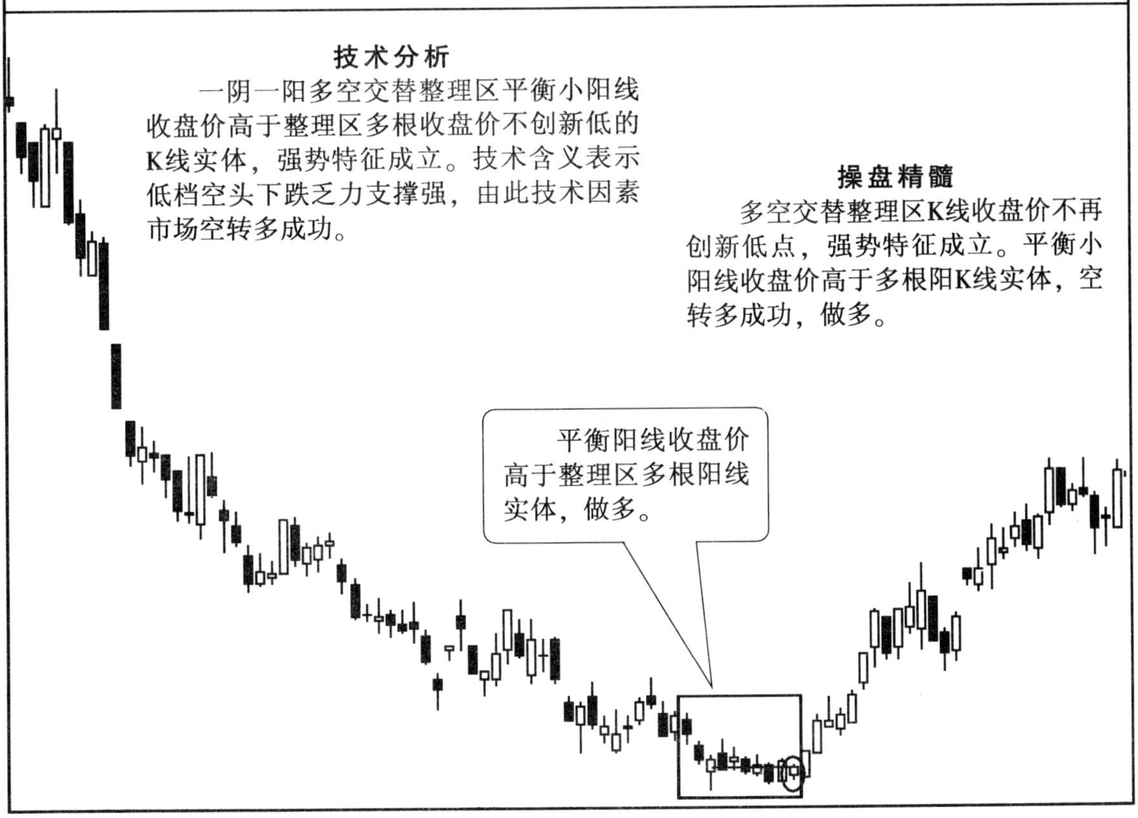

技术分析

一阴一阳多空交替整理区平衡小阳线收盘价高于整理区多根收盘价不创新低的K线实体，强势特征成立。技术含义表示低档空头下跌乏力支撑强，由此技术因素市场空转多成功。

操盘精髓

多空交替整理区K线收盘价不再创新低点，强势特征成立。平衡小阳线收盘价高于多根阳K线实体，空转多成功，做多。

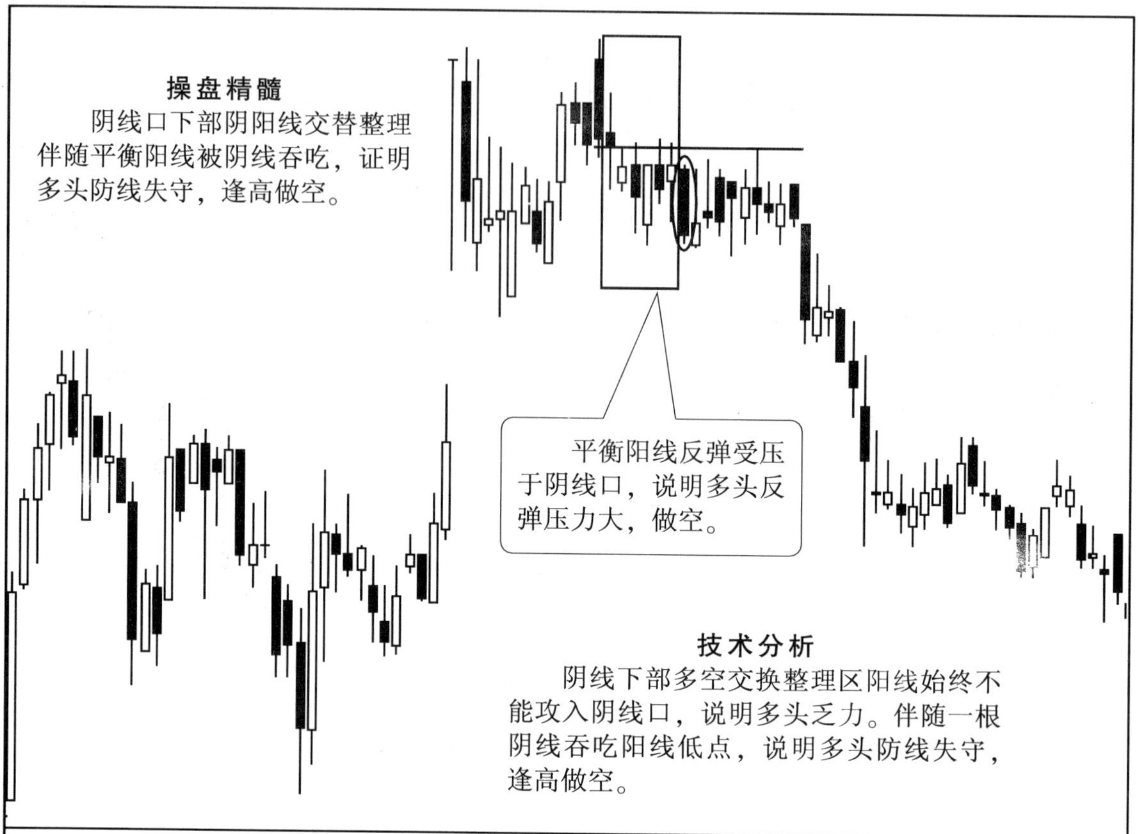

操盘精髓

阴线口下部阴阳线交替整理伴随平衡阳线被阴线吞吃，证明多头防线失守，逢高做空。

技术分析

阴线下部多空交换整理区阳线始终不能攻入阴线口，说明多头乏力。伴随一根阴线吞吃阳线低点，说明多头防线失守，逢高做空。

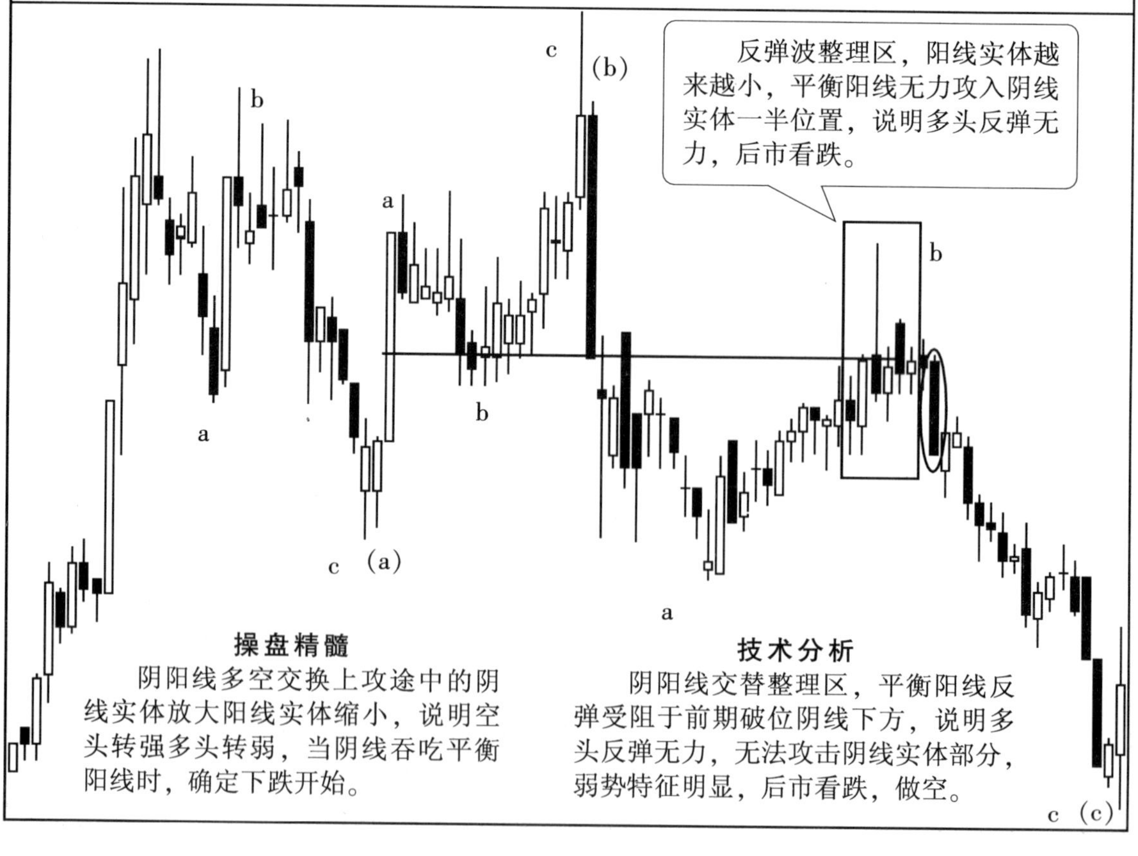

操盘精髓

阴阳线多空交换上攻途中的阴线实体放大阳线实体缩小，说明空头转强多头转弱，当阴线吞吃平衡阳线时，确定下跌开始。

技术分析

阴阳线交替整理区，平衡阳线反弹受阻于前期破位阴线下方，说明多头反弹无力，无法攻击阴线实体部分，弱势特征明显，后市看跌，做空。

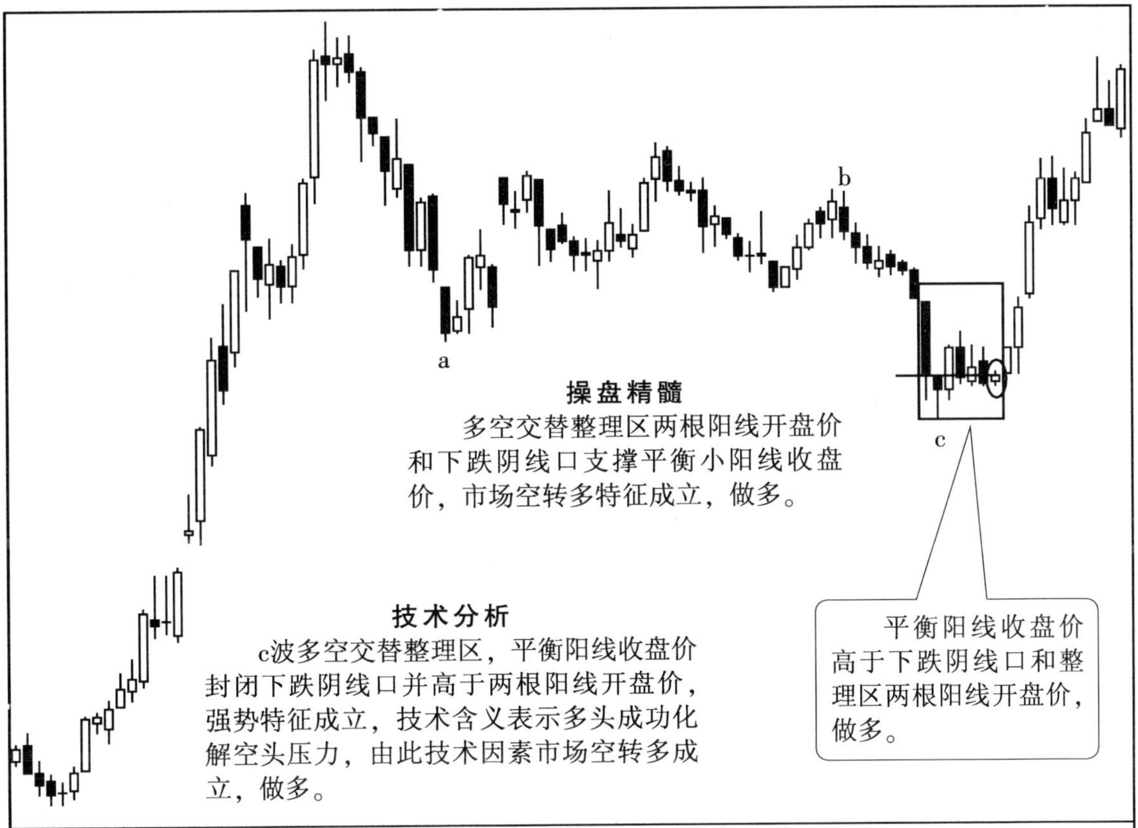

操盘精髓

多空交替整理区两根阳线开盘价和下跌阴线口支撑平衡小阳线收盘价，市场空转多特征成立，做多。

平衡阳线收盘价高于下跌阴线口和整理区两根阳线开盘价，做多。

技术分析

c波多空交替整理区，平衡阳线收盘价封闭下跌阴线口并高于两根阳线开盘价，强势特征成立，技术含义表示多头成功化解空头压力，由此技术因素市场空转多成立，做多。

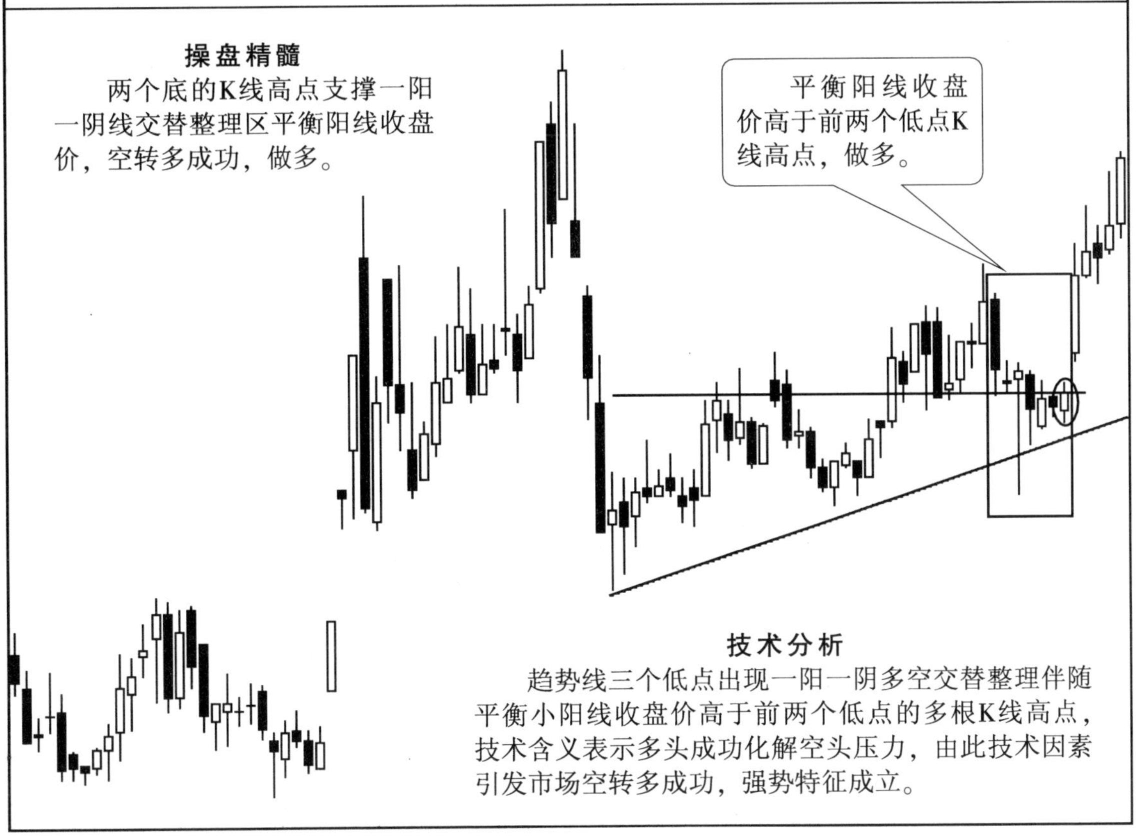

操盘精髓

两个底的K线高点支撑一阳一阴线交替整理区平衡阳线收盘价，空转多成功，做多。

平衡阳线收盘价高于前两个低点K线高点，做多。

技术分析

趋势线三个低点出现一阳一阴多空交替整理伴随平衡小阳线收盘价高于前两个低点的多根K线高点，技术含义表示多头成功化解空头压力，由此技术因素引发市场空转多成功，强势特征成立。

操盘精髓

平衡阳线收盘低于空头发力阴线的开盘价，技术含义是多头乏力征兆，是导致市场转向空头引发下跌的内在因素。

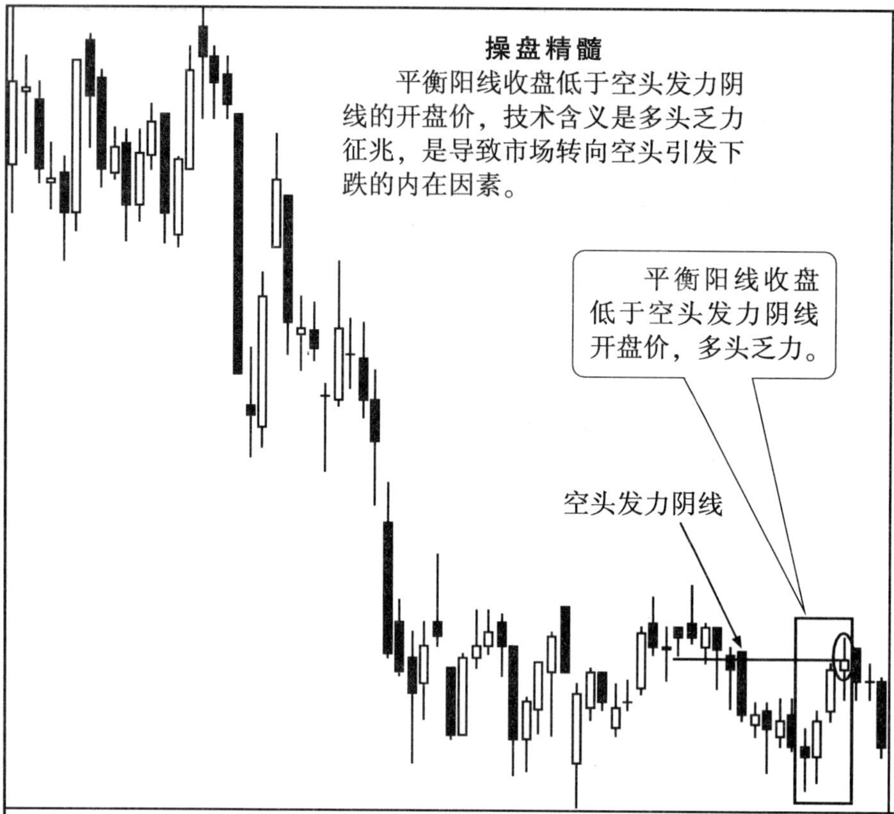

技术分析

阴线实体中下部横向整理区，三根阳线反弹低于整理区高点和空头发力的阴线开盘价，说明多头上攻乏力，平衡阳线伴随开盘不创新高阴线体现多头转弱，开盘价受阻平衡阳线高点卖压，引发市场向下发展。

操盘精髓

空头发力阴线跌穿重要技术支撑位伴随三根小阳线反弹是卖出机会，无力的反弹导致多头转向空头引发市场下跌。

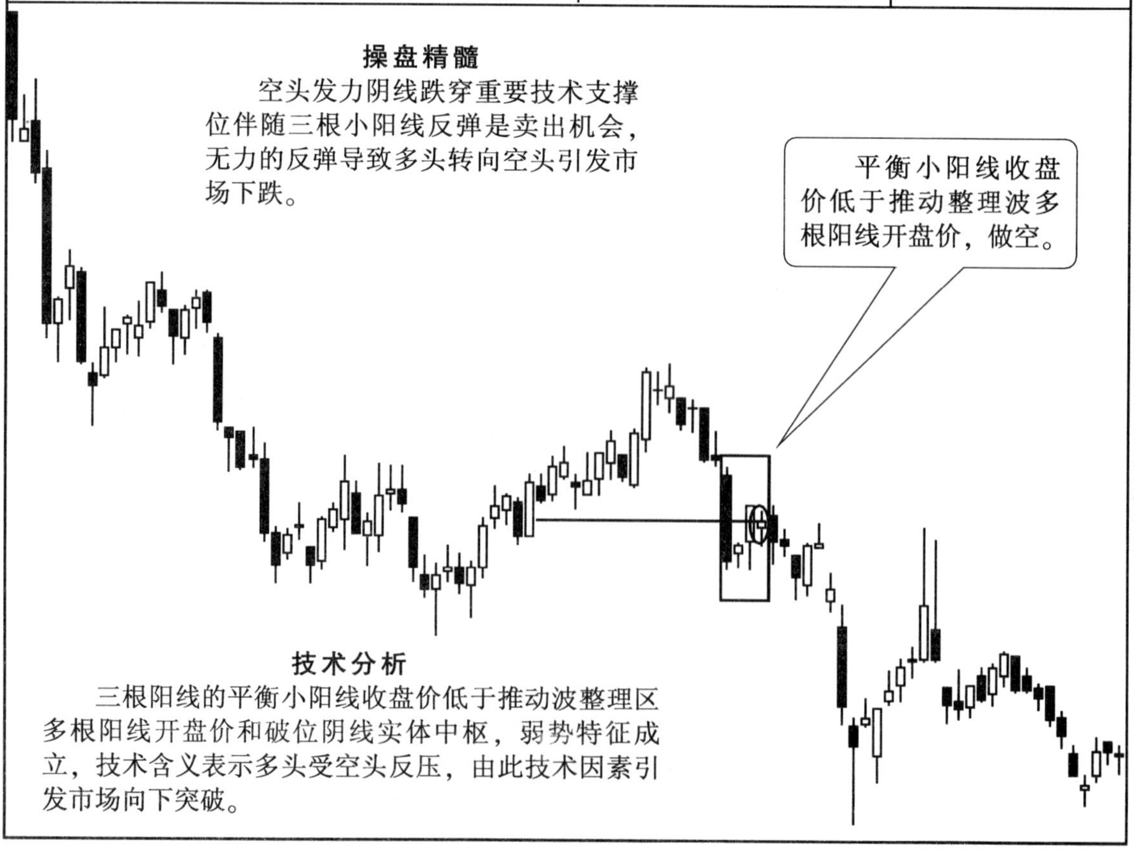

技术分析

三根阳线的平衡小阳线收盘价低于推动波整理区多根阳线开盘价和破位阴线实体中枢，弱势特征成立，技术含义表示多头受空头反压，由此技术因素引发市场向下突破。

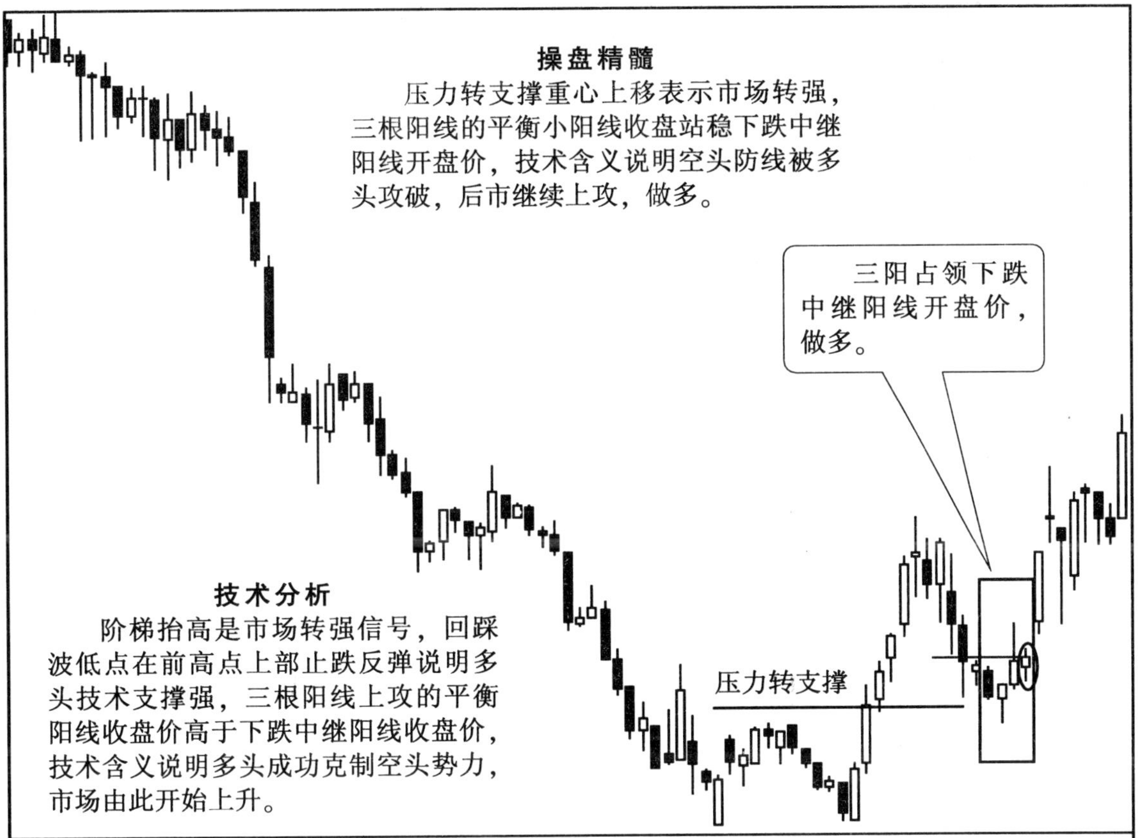

操盘精髓

压力转支撑重心上移表示市场转强，三根阳线的平衡小阳线收盘站稳下跌中继阳线开盘价，技术含义说明空头防线被多头攻破，后市继续上攻，做多。

技术分析

阶梯抬高是市场转强信号，回踩波低点在前高点上部止跌反弹说明多头技术支撑强，三根阳线上攻的平衡阳线收盘价高于下跌中继阳线收盘价，技术含义说明多头成功克制空头势力，市场由此开始上升。

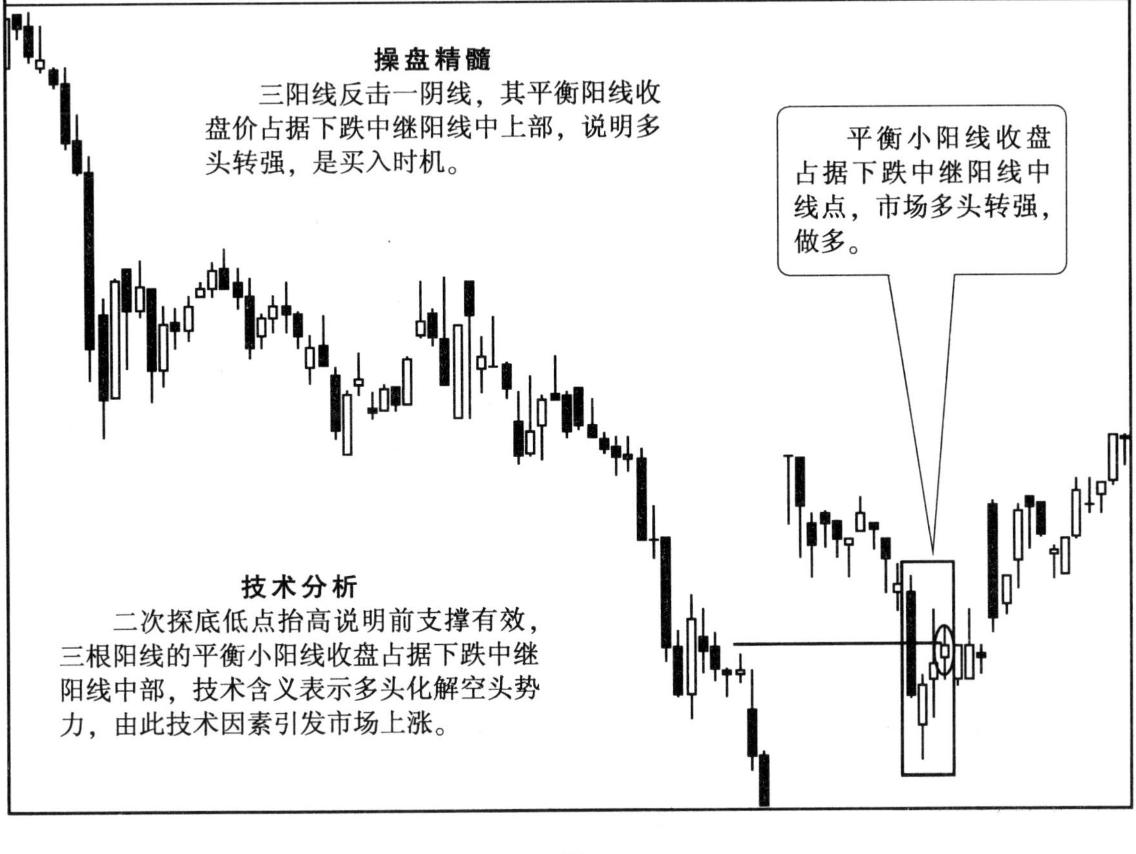

操盘精髓

三阳线反击一阴线，其平衡阳线收盘价占据下跌中继阳线中上部，说明多头转强，是买入时机。

技术分析

二次探底低点抬高说明前支撑有效，三根阳线的平衡小阳线收盘占据下跌中继阳线中部，技术含义表示多头化解空头势力，由此技术因素引发市场上涨。

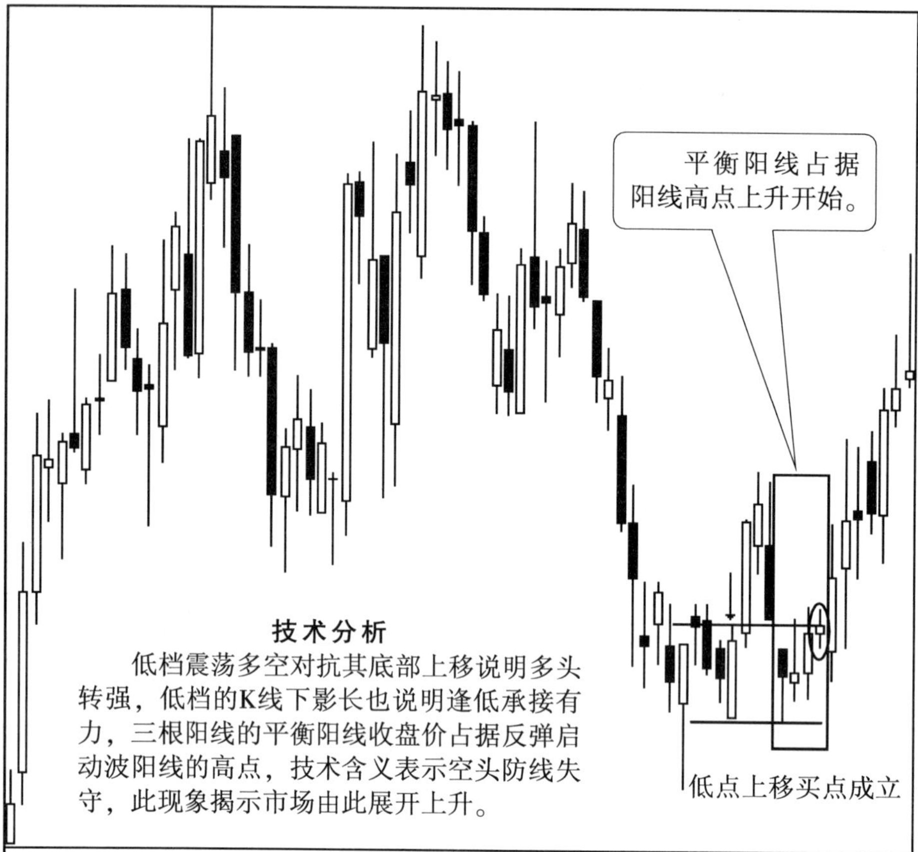

技术分析

低档震荡多空对抗其底部上移说明多头转强，低档的K线下影长也说明逢低承接有力，三根阳线的平衡阳线收盘价占据反弹启动波阳线的高点，技术含义表示空头防线失守，此现象揭示市场由此展开上升。

操盘精髓

底部抬高显示支撑强，三根阳线的平衡阳线收盘价占据反弹波阳线的高点并封闭阳线口，说明多头化解空头技术压力，逢低买入。

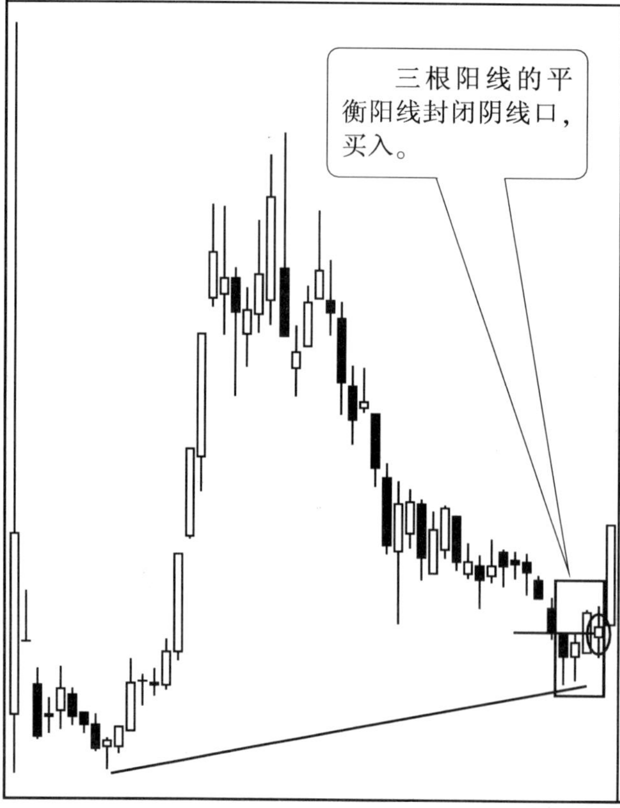

操盘精髓

回踩至前启动低点上部企稳呈现重心抬高现象显示支撑有效，三根阳线的平衡小阳线收盘封闭下跌期双阴线口，说明多头成功攻落空头防线，顺势买入。

技术分析

长上影内整理，多头攻至上影高点出现K线上影长，说明高档卖盘强，长上影出货而留下的印迹，这一技术特征代表后市看跌，应及出卖出套现。当股价从高点有回踩至前低点而出现重心抬高状态，证明前底部支撑有效，K线下影长表示低档出现承接盘，逢低可以买入。三根阳线的平衡阳线收盘封闭阴线口，说明多头成功控制空头势力，上升由此技术特征引发，稳健投资者果断顺势做多。

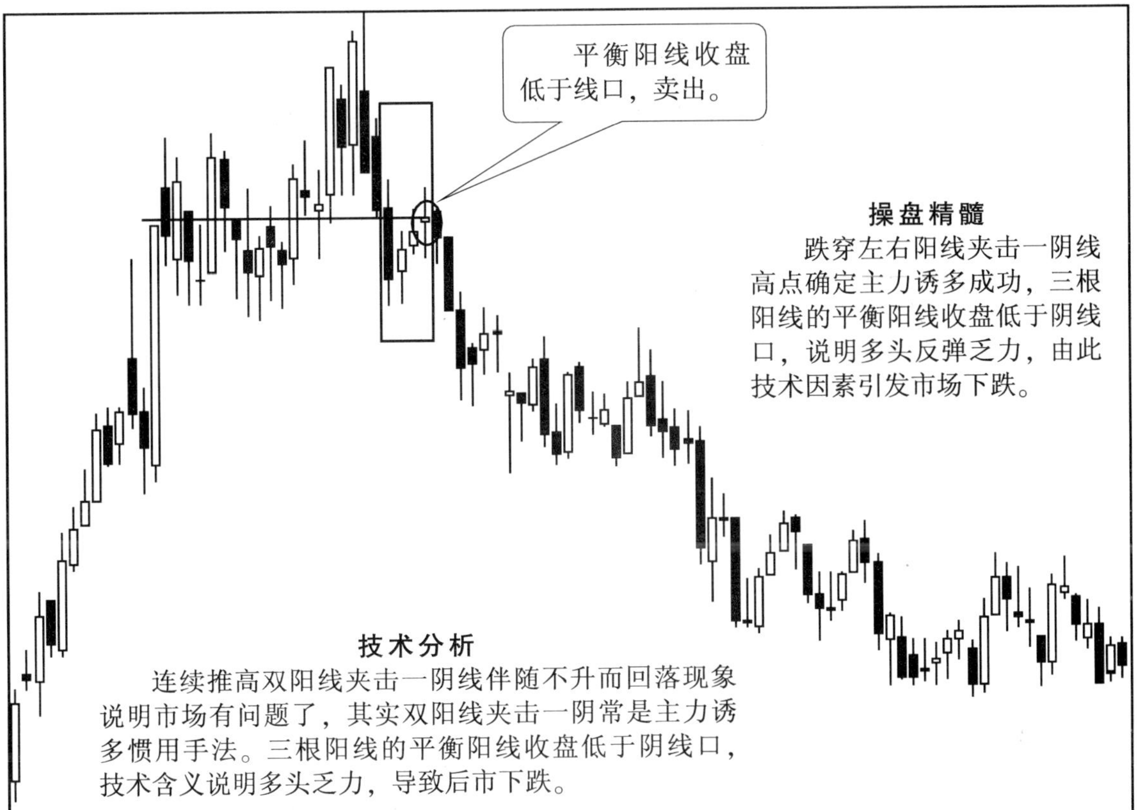

操盘精髓

跌穿左右阳线夹击一阴线高点确定主力诱多成功，三根阳线的平衡阳线收盘低于阴线口，说明多头反弹乏力，由此技术因素引发市场下跌。

技术分析

连续推高双阳线夹击一阴线伴随不升而回落现象说明市场有问题了，其实双阳线夹击一阴常是主力诱多惯用手法。三根阳线的平衡阳线收盘低于阴线口，技术含义说明多头乏力，导致后市下跌。

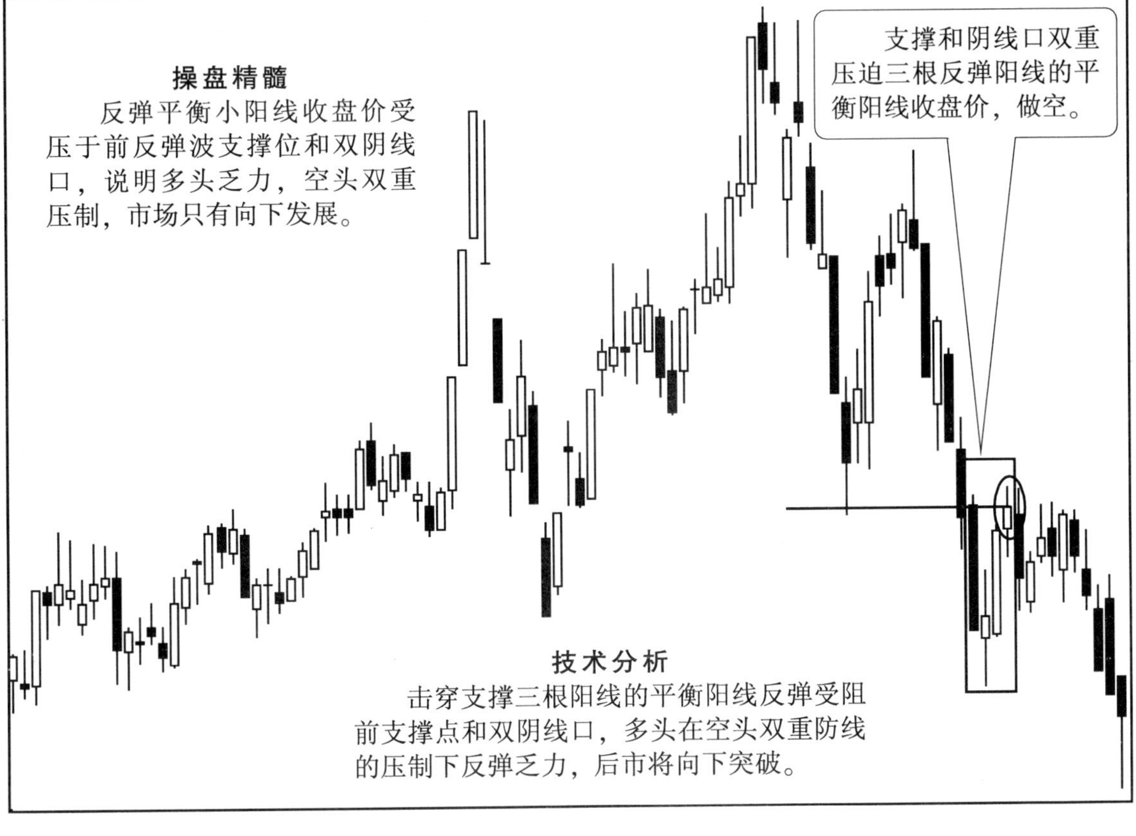

操盘精髓

反弹平衡小阳线收盘价受压于前反弹波支撑位和双阴线口，说明多头乏力，空头双重压制，市场只有向下发展。

技术分析

击穿支撑三根阳线的平衡阳线反弹受阻前支撑点和双阴线口，多头在空头双重防线的压制下反弹乏力，后市将向下突破。

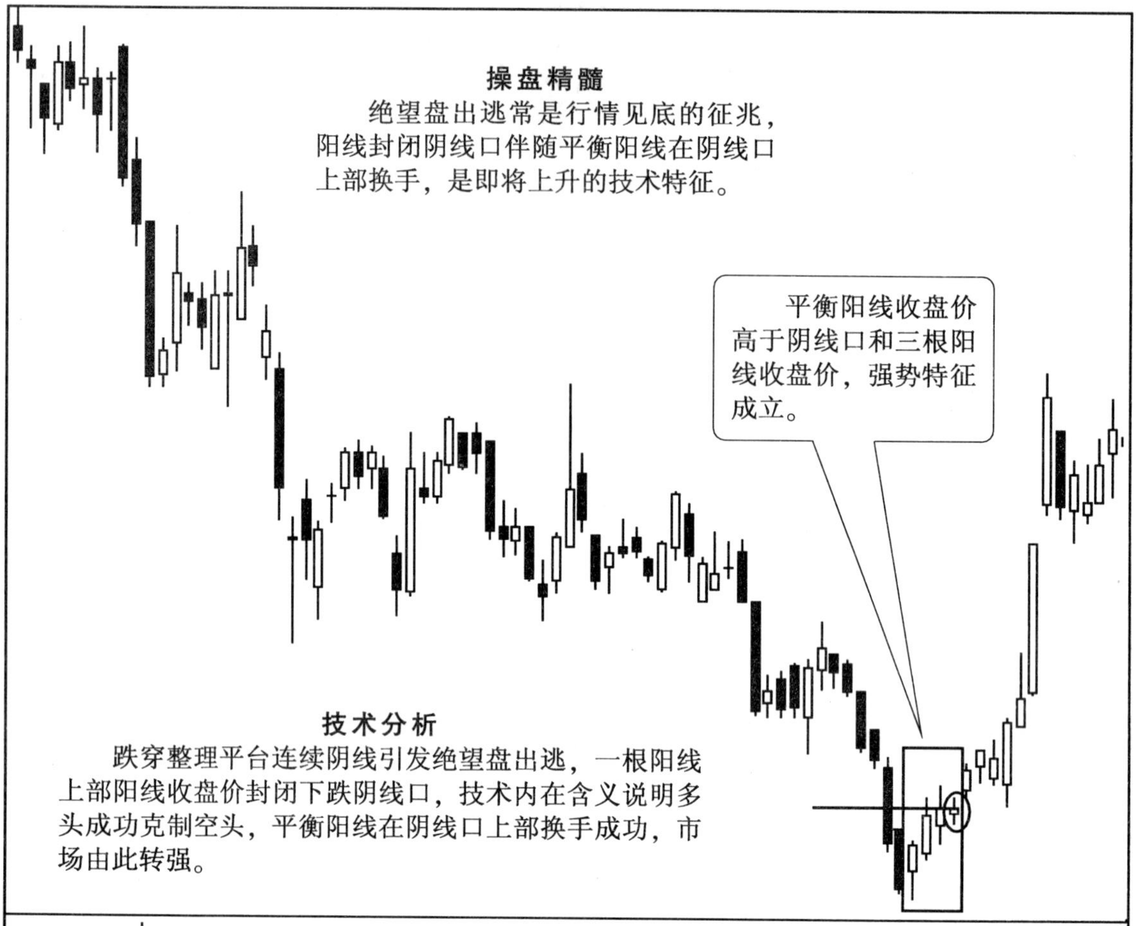
操盘精髓
绝望盘出逃常是行情见底的征兆，阳线封闭阴线口伴随平衡阳线在阴线口上部换手，是即将上升的技术特征。
平衡阳线收盘价高于阴线口和三根阳线收盘价，强势特征成立。
技术分析
跌穿整理平台连续阴线引发绝望盘出逃，一根阳线上部阳线收盘价封闭下跌阴线口，技术内在含义说明多头成功克制空头，平衡阳线在阴线口上部换手成功，市场由此转强。

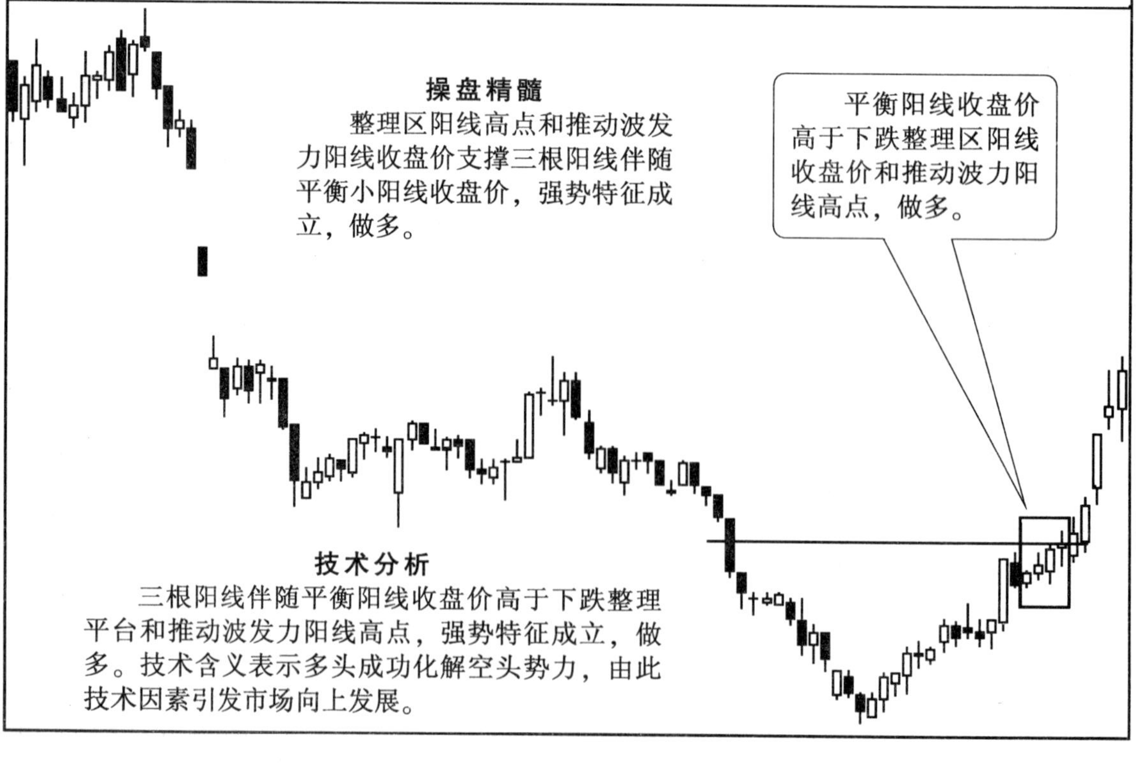
操盘精髓
整理区阳线高点和推动波发力阳线收盘价支撑三根阳线伴随平衡小阳线收盘价，强势特征成立，做多。
平衡阳线收盘价高于下跌整理区阳线收盘价和推动波力阳线高点，做多。
技术分析
三根阳线伴随平衡阳线收盘价高于下跌整理平台和推动波发力阳线高点，强势特征成立，做多。技术含义表示多头成功化解空头势力，由此技术因素引发市场向上发展。

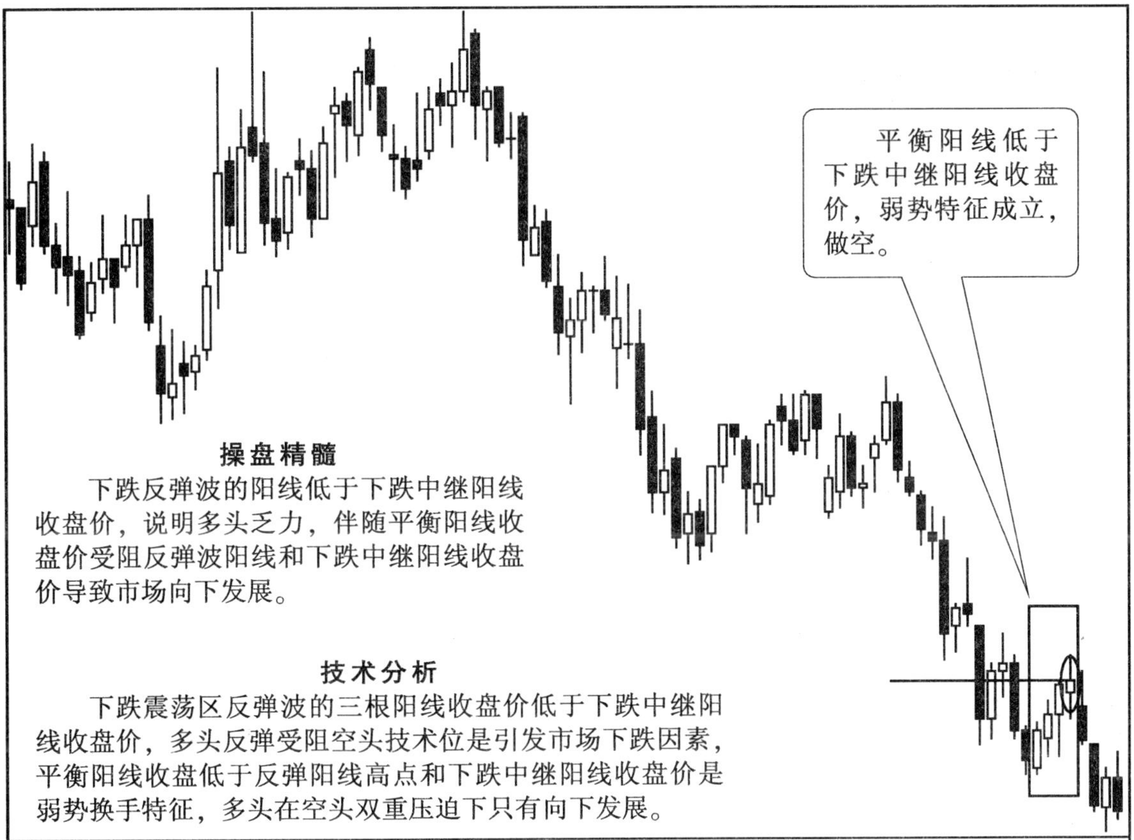

操盘精髓

下跌反弹波的阳线低于下跌中继阳线收盘价，说明多头乏力，伴随平衡阳线收盘价受阻反弹波阳线和下跌中继阳线收盘价导致市场向下发展。

技术分析

下跌震荡区反弹波的三根阳线收盘价低于下跌中继阳线收盘价，多头反弹受阻空头技术位是引发市场下跌因素，平衡阳线收盘低于反弹阳线高点和下跌中继阳线收盘价是弱势换手特征，多头在空头双重压迫下只有向下发展。

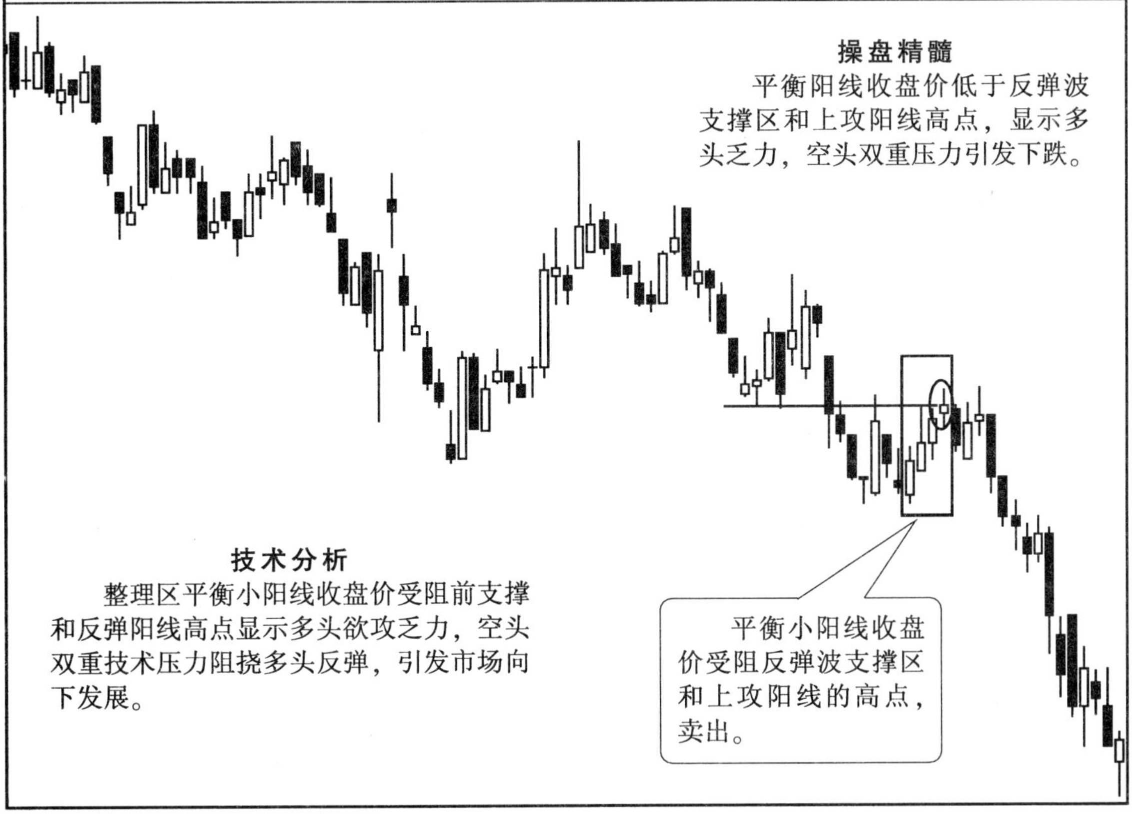

操盘精髓

平衡阳线收盘价低于反弹波支撑区和上攻阳线高点，显示多头乏力，空头双重压力引发下跌。

技术分析

整理区平衡小阳线收盘价受阻前支撑和反弹阳线高点显示多头欲攻乏力，空头双重技术压力阻挠多头反弹，引发市场向下发展。

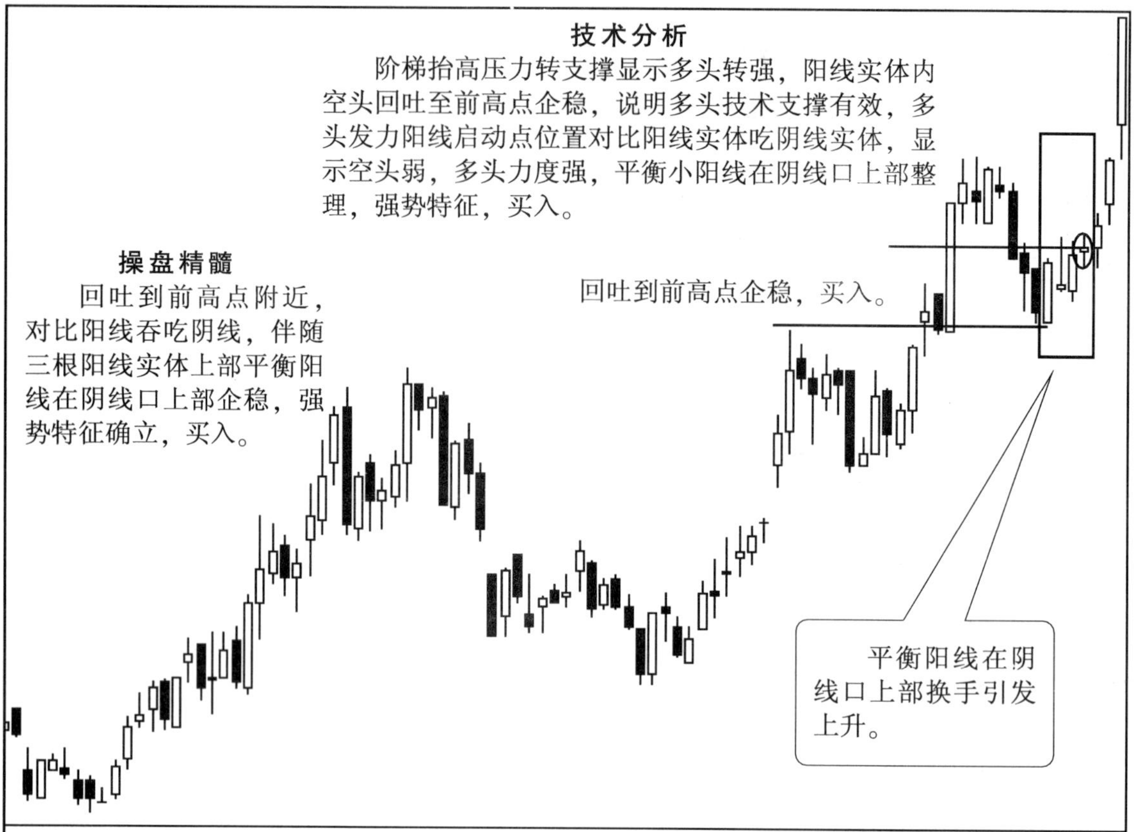

技术分析

阶梯抬高压力转支撑显示多头转强，阳线实体内空头回吐至前高点企稳，说明多头技术支撑有效，多头发力阳线启动点位置对比阳线实体吃阴线实体，显示空头弱，多头力度强，平衡小阳线在阴线口上部整理，强势特征，买入。

操盘精髓

回吐到前高点附近，对比阳线吞吃阴线，伴随三根阳线实体上部平衡阳线在阴线口上部企稳，强势特征确立，买入。

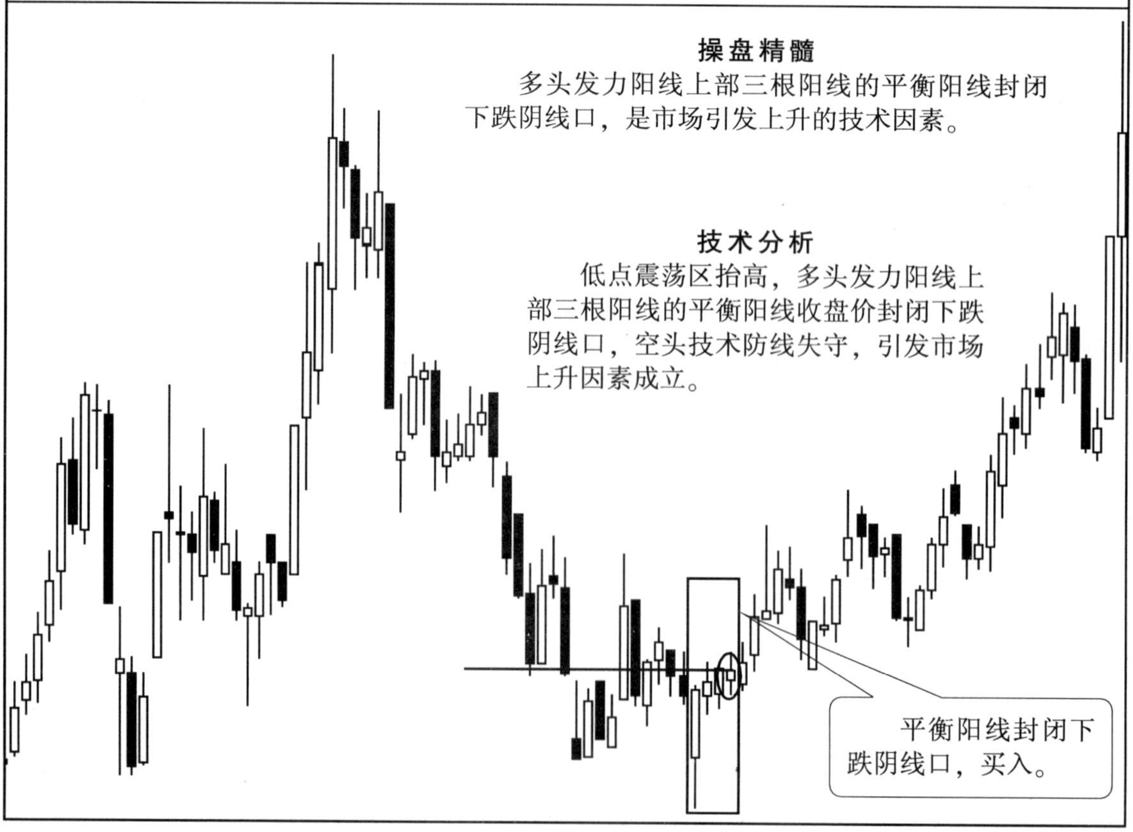

操盘精髓

多头发力阳线上部三根阳线的平衡阳线封闭下跌阴线口，是市场引发上升的技术因素。

技术分析

低点震荡区抬高，多头发力阳线上部三根阳线的平衡阳线收盘价封闭下跌阴线口，空头技术防线失守，引发市场上升因素成立。

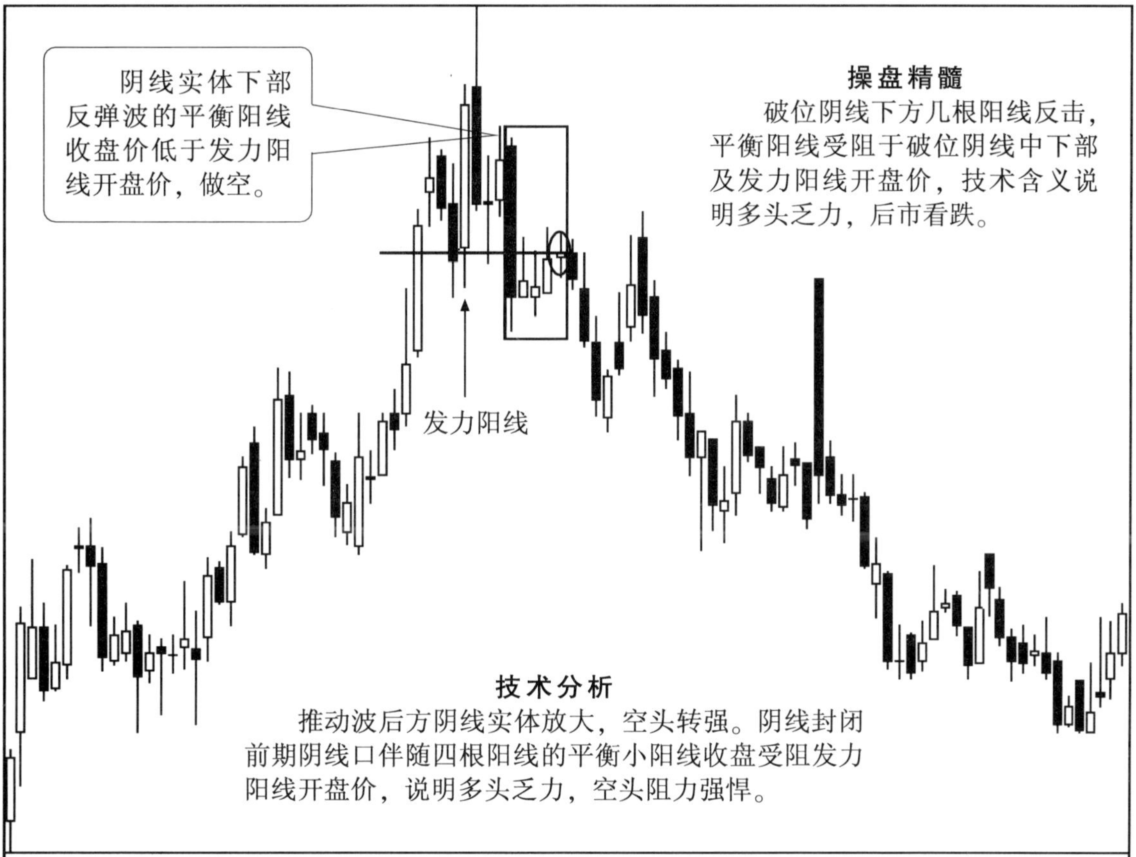

操盘精髓

破位阴线下方几根阳线反击，平衡阳线受阻于破位阴线中下部及发力阳线开盘价，技术含义说明多头乏力，后市看跌。

技术分析

推动波后方阴线实体放大，空头转强。阴线封闭前期阴线口伴随四根阳线的平衡小阳线收盘受阻发力阳线开盘价，说明多头乏力，空头阻力强悍。

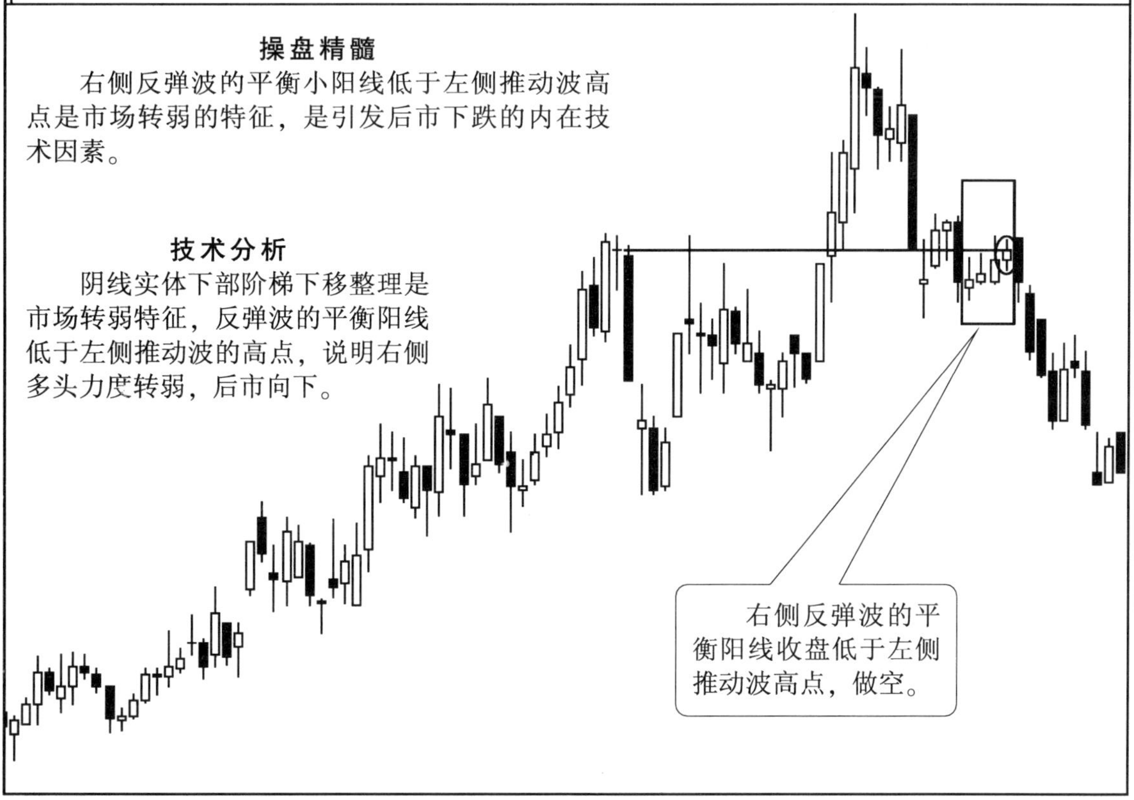

操盘精髓

右侧反弹波的平衡小阳线低于左侧推动波高点是市场转弱的特征，是引发后市下跌的内在技术因素。

技术分析

阴线实体下部阶梯下移整理是市场转弱特征，反弹波的平衡阳线低于左侧推动波的高点，说明右侧多头力度转弱，后市向下。

第四章 阴螺旋体

阴螺旋体K线的含义是，上下影线等长并以阴线实体收盘的K线。上下影线等长表示当日多空双方的实力相当，以阴线实体收盘表示最终还是空头占优势。但在实际操作中，不能仅依此判断后市的涨跌，要结合此K线所在的位置、成交量等综合分析。

阴螺旋体K线出现在趋势的顶部或底部区域时，大多情况下有一定的实际意义，能为投资者正确判断趋势方向提供依据。

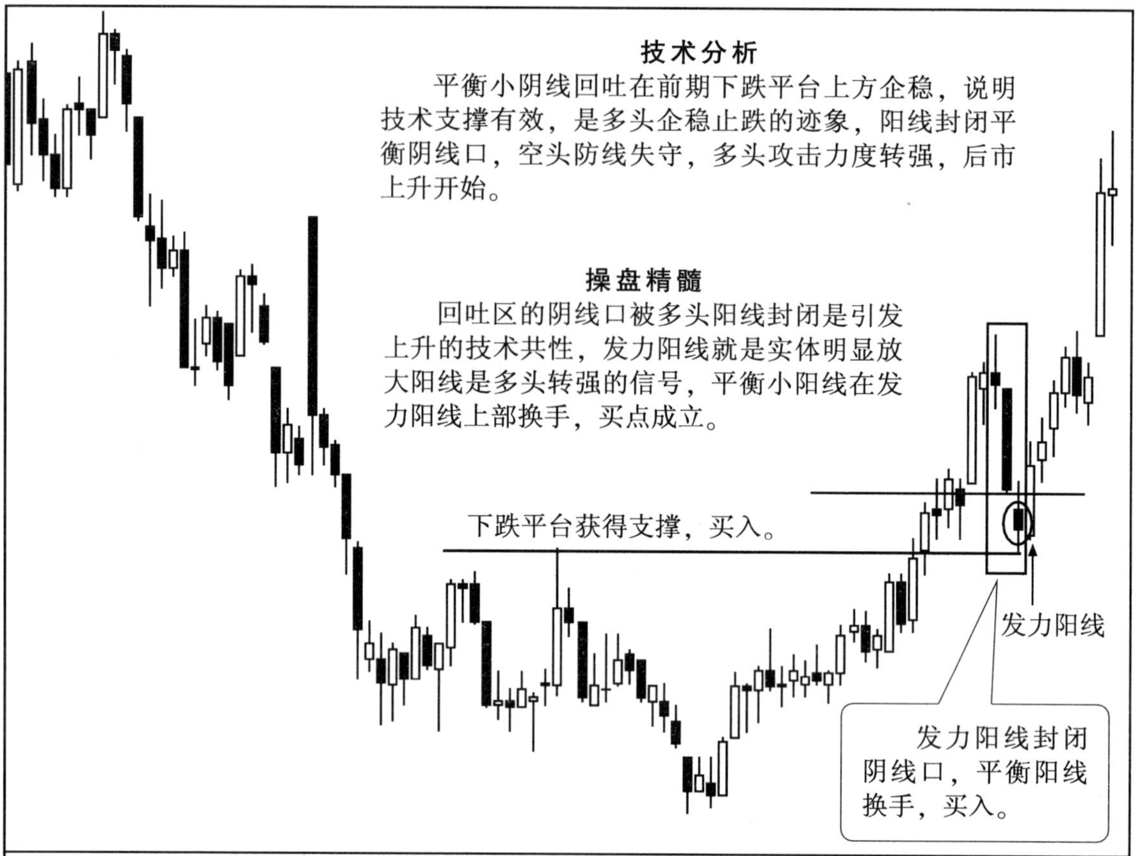
技术分析
平衡小阴线回吐在前期下跌平台上方企稳，说明技术支撑有效，是多头企稳止跌的迹象，阳线封闭平衡阴线口，空头防线失守，多头攻击力度转强，后市上升开始。
操盘精髓
回吐区的阴线口被多头阳线封闭是引发上升的技术共性，发力阳线就是实体明显放大阳线是多头转强的信号，平衡小阳线在发力阳线上部换手，买点成立。
下跌平台获得支撑，买入。
发力阳线
发力阳线封闭阴线口，平衡阳线换手，买入。

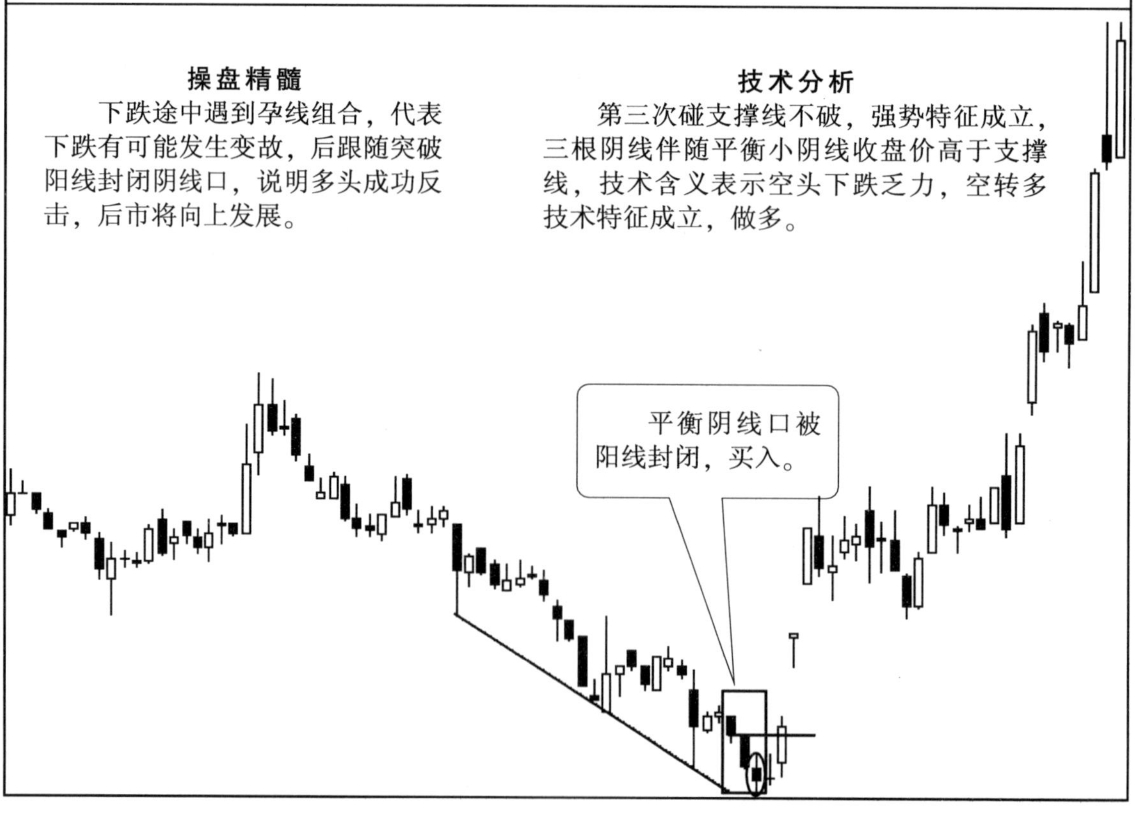
操盘精髓
下跌途中遇到孕线组合，代表下跌有可能发生变故，后跟随突破阳线封闭阴线口，说明多头成功反击，后市将向上发展。
技术分析
第三次碰支撑线不破，强势特征成立，三根阴线伴随平衡小阴线收盘价高于支撑线，技术含义表示空头下跌乏力，空转多技术特征成立，做多。
平衡阴线口被阳线封闭，买入。

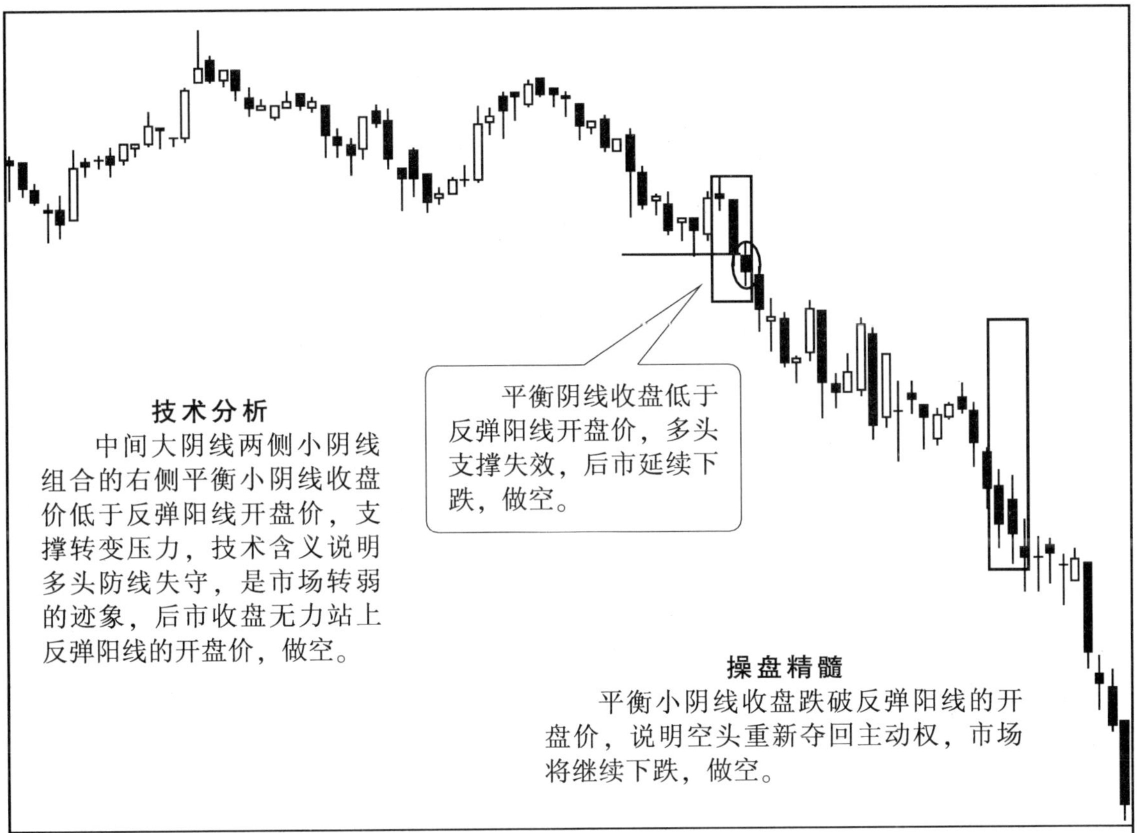

技术分析

中间大阴线两侧小阴线组合的右侧平衡小阴线收盘价低于反弹阳线开盘价，支撑转变压力，技术含义说明多头防线失守，是市场转弱的迹象，后市收盘无力站上反弹阳线的开盘价，做空。

操盘精髓

平衡小阴线收盘跌破反弹阳线的开盘价，说明空头重新夺回主动权，市场将继续下跌，做空。

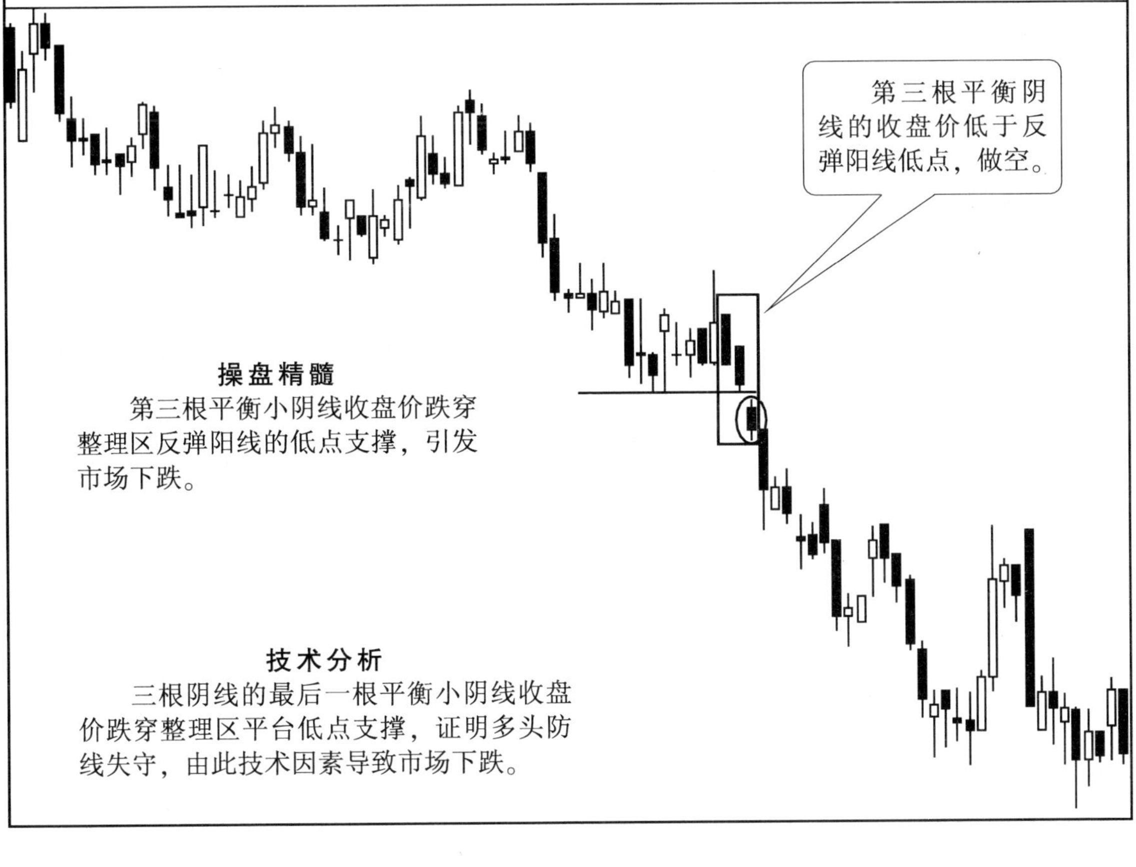

操盘精髓

第三根平衡小阴线收盘价跌穿整理区反弹阳线的低点支撑，引发市场下跌。

技术分析

三根阴线的最后一根平衡小阴线收盘价跌穿整理区平台低点支撑，证明多头防线失守，由此技术因素导致市场下跌。

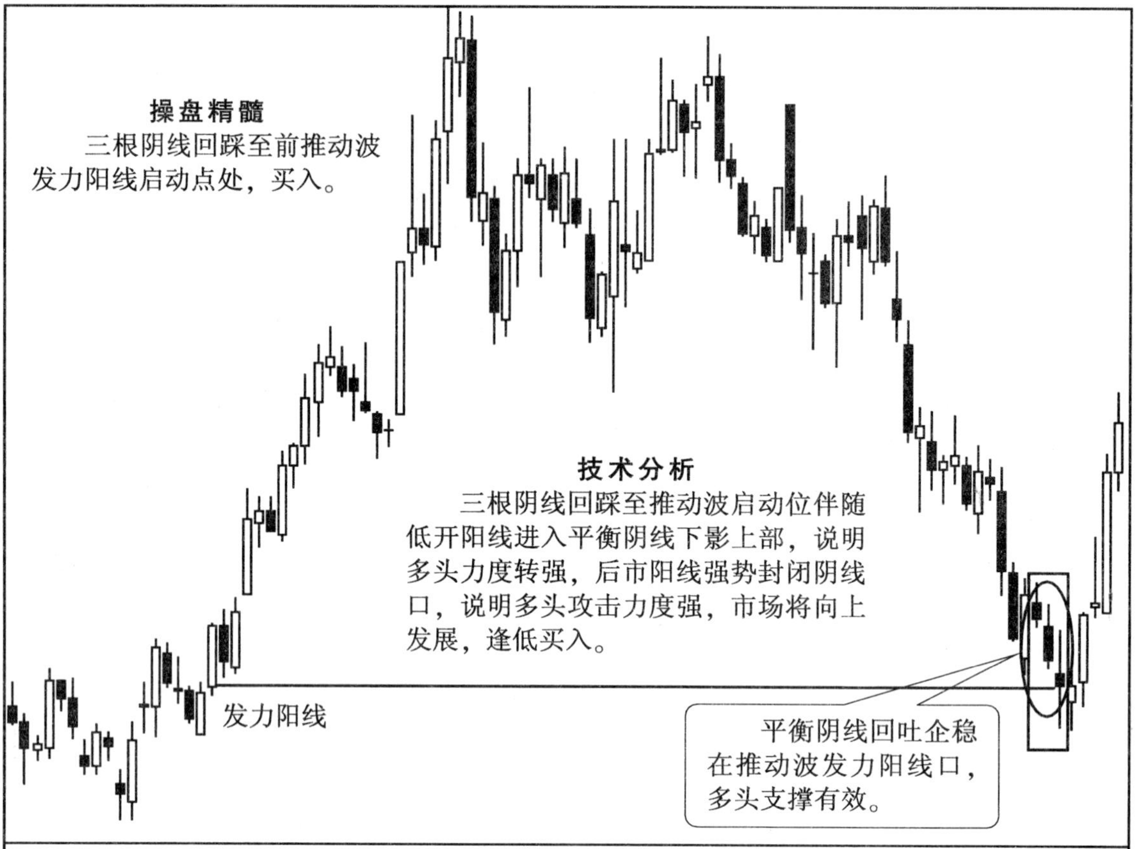
操盘精髓
三根阴线回踩至前推动波发力阳线启动点处，买入。
技术分析
三根阴线回踩至推动波启动位伴随低开阳线进入平衡阴线下影上部，说明多头力度转强，后市阳线强势封闭阴线口，说明多头攻击力度强，市场将向上发展，逢低买入。
发力阳线
平衡阴线回吐企稳在推动波发力阳线口，多头支撑有效。

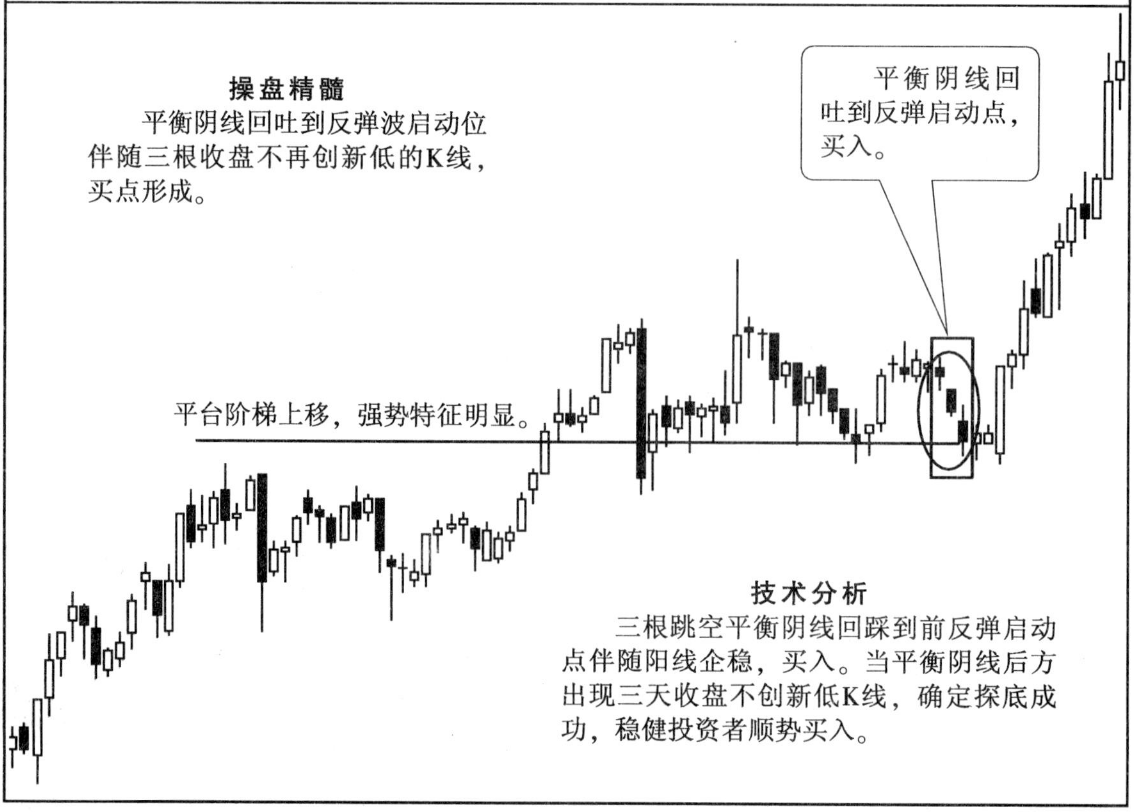
操盘精髓
平衡阴线回吐到反弹波启动位伴随三根收盘不再创新低的K线，买点形成。
平衡阴线回吐到反弹启动点，买入。
平台阶梯上移，强势特征明显。
技术分析
三根跳空平衡阴线回踩到前反弹启动点伴随阳线企稳，买入。当平衡阴线后方出现三天收盘不创新低K线，确定探底成功，稳健投资者顺势买入。

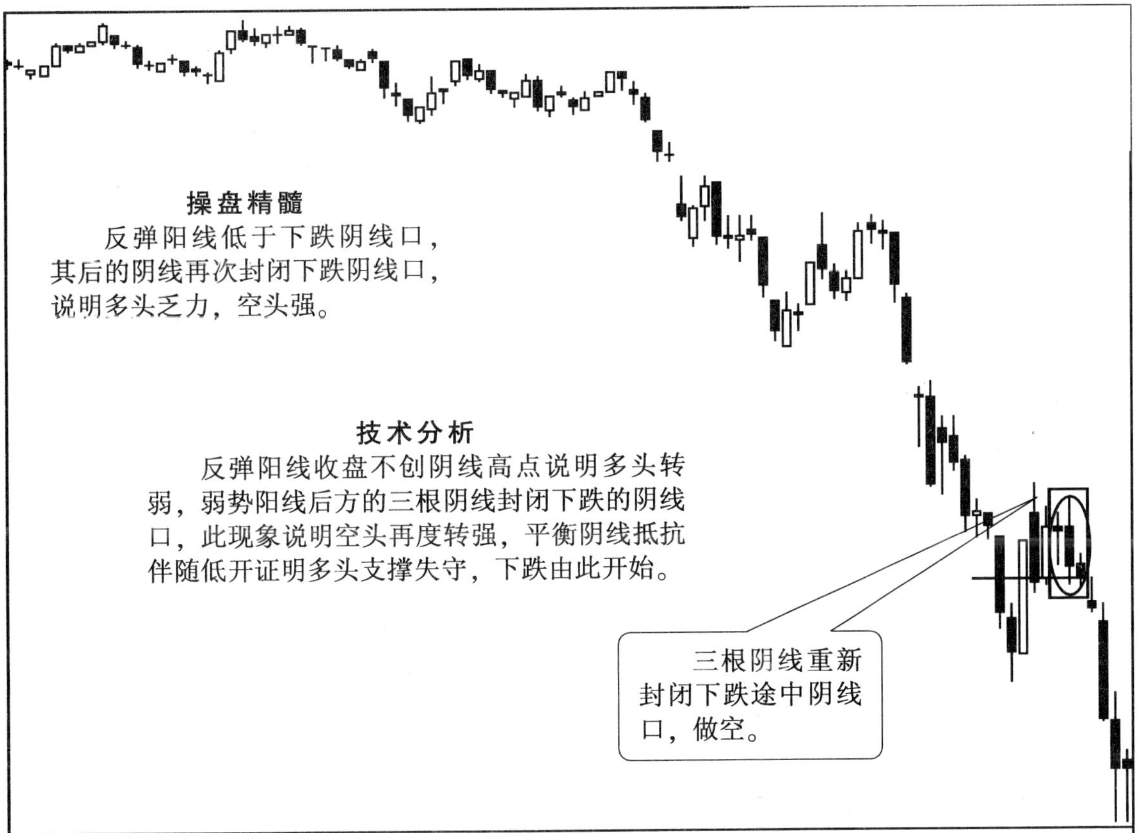

操盘精髓

反弹阳线低于下跌阴线口，其后的阴线再次封闭下跌阴线口，说明多头乏力，空头强。

技术分析

反弹阳线收盘不创阴线高点说明多头转弱，弱势阳线后方的三根阴线封闭下跌的阴线口，此现象说明空头再度转强，平衡阴线抵抗伴随低开证明多头支撑失守，下跌由此开始。

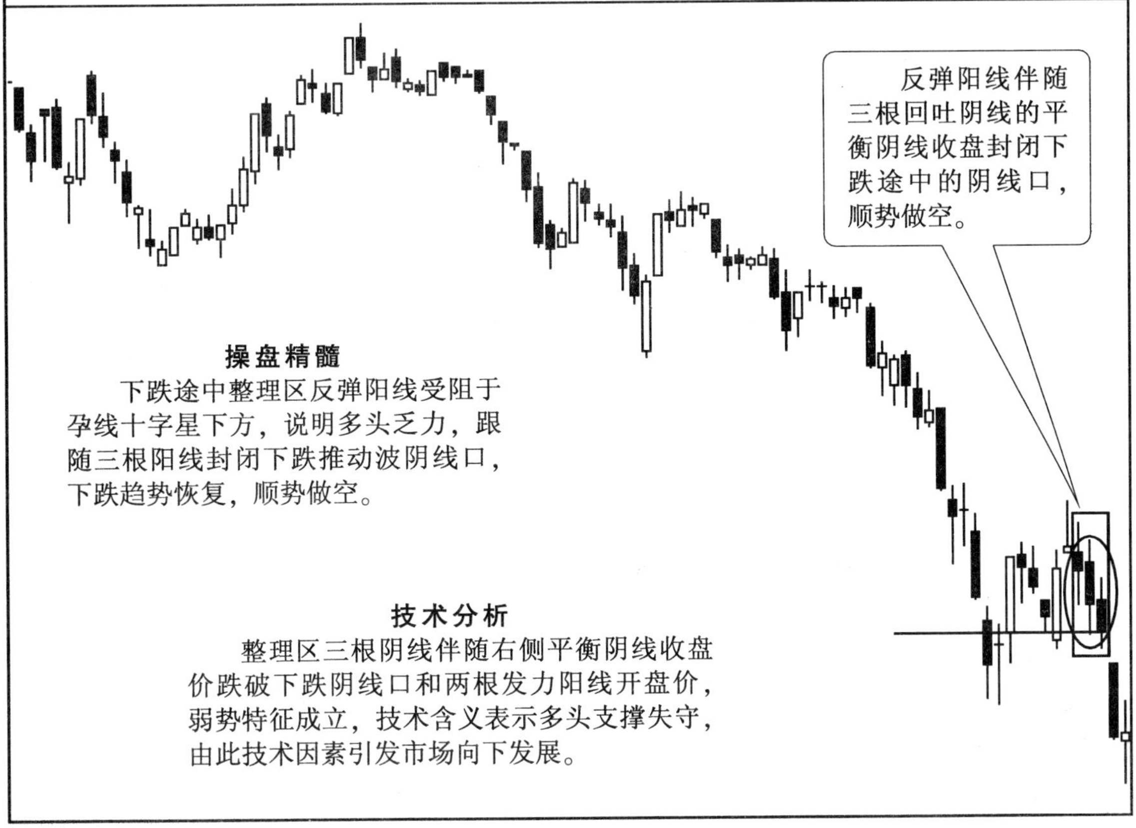

操盘精髓

下跌途中整理区反弹阳线受阻于孕线十字星下方，说明多头乏力，跟随三根阳线封闭下跌推动波阴线口，下跌趋势恢复，顺势做空。

技术分析

整理区三根阴线伴随右侧平衡阴线收盘价跌破下跌阴线口和两根发力阳线开盘价，弱势特征成立，技术含义表示多头支撑失守，由此技术因素引发市场向下发展。

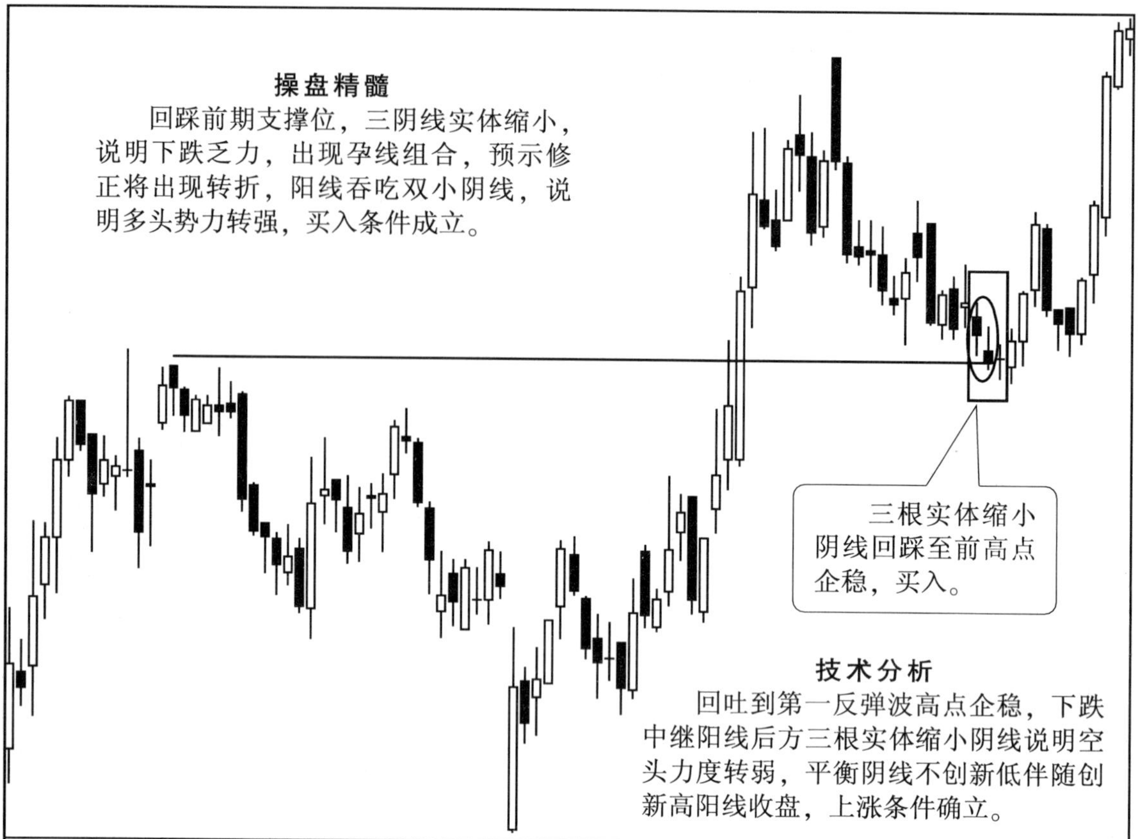

操盘精髓

回踩前期支撑位，三阴线实体缩小，说明下跌乏力，出现孕线组合，预示修正将出现转折，阳线吞吃双小阴线，说明多头势力转强，买入条件成立。

技术分析

回吐到第一反弹波高点企稳，下跌中继阳线后方三根实体缩小阴线说明空头力度转弱，平衡阴线不创新低伴随创新高阳线收盘，上涨条件确立。

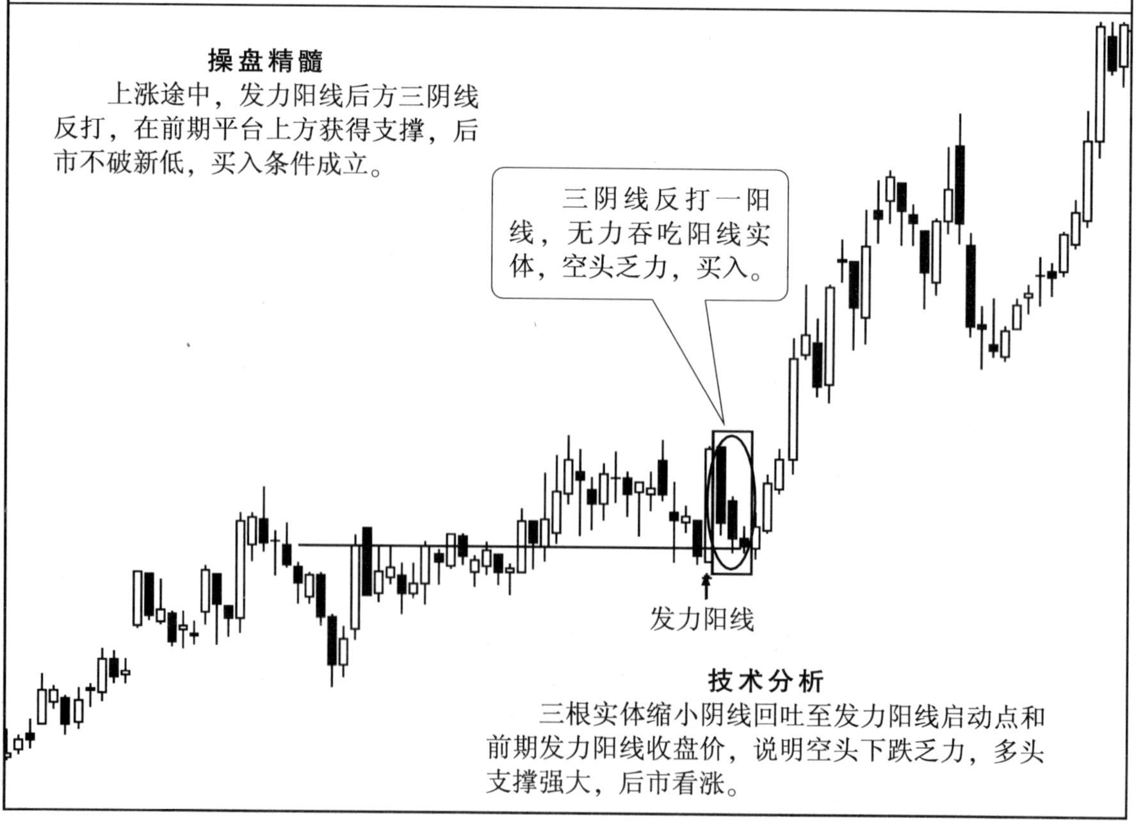

操盘精髓

上涨途中，发力阳线后方三阴线反打，在前期平台上方获得支撑，后市不破新低，买入条件成立。

技术分析

三根实体缩小阴线回吐至发力阳线启动点和前期发力阳线收盘价，说明空头下跌乏力，多头支撑强大，后市看涨。

操盘精髓

平衡阴线收盘价低于反弹阳线开盘价，标志市场转弱。

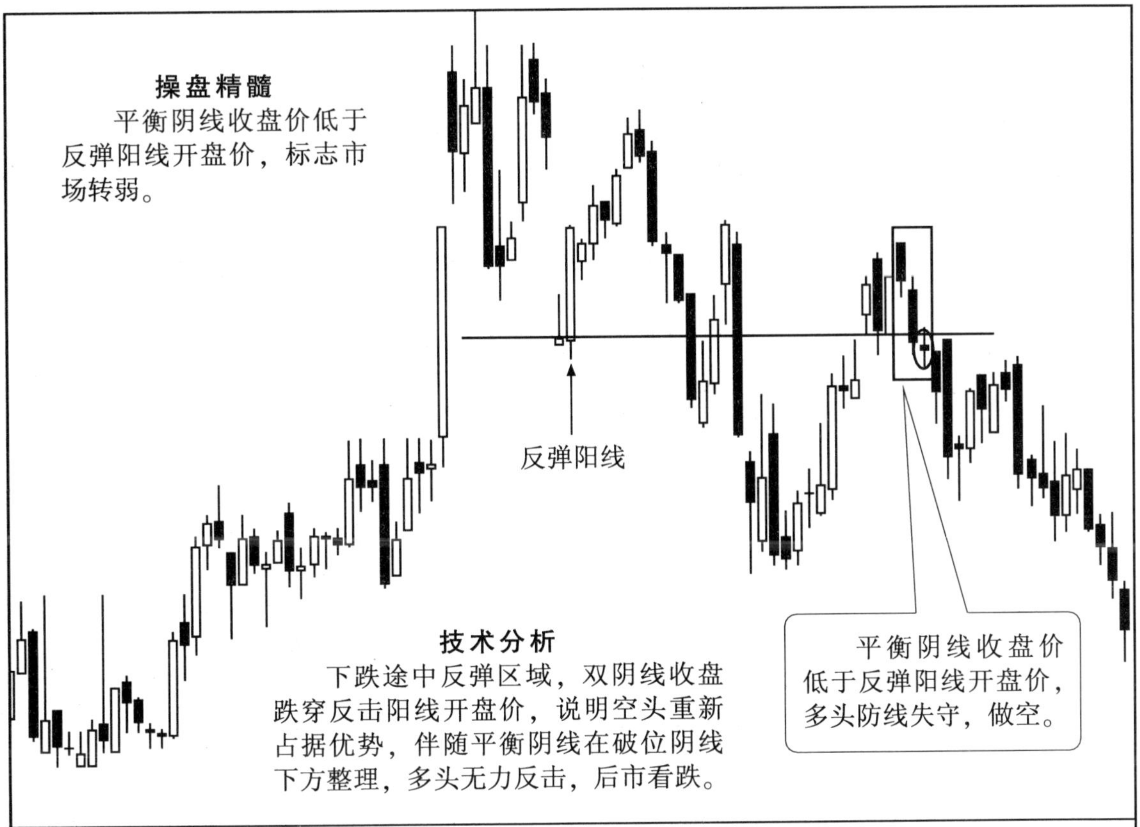

技术分析

下跌途中反弹区域，双阴线收盘跌穿反击阳线开盘价，说明空头重新占据优势，伴随平衡阴线在破位阴线下方整理，多头无力反击，后市看跌。

操盘精髓

三根阴线跌穿支撑点，确定多头防线失守，顺势做空。

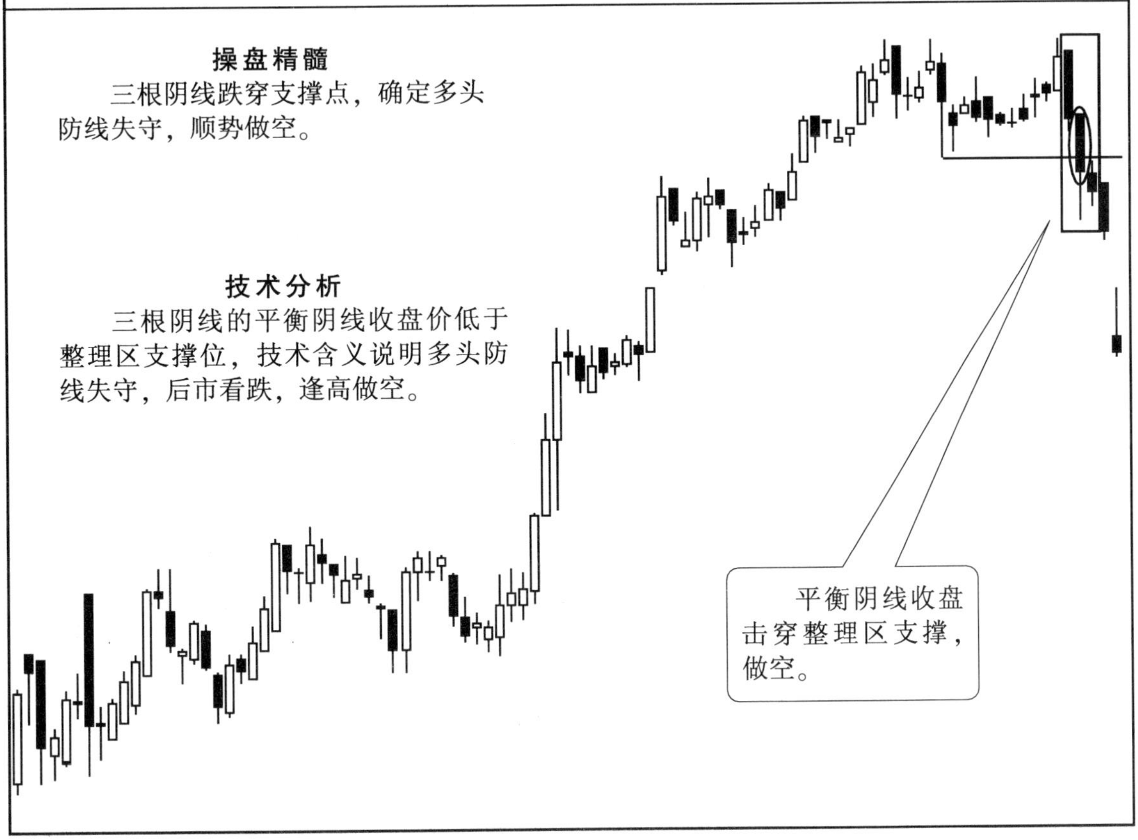

技术分析

三根阴线的平衡阴线收盘价低于整理区支撑位，技术含义说明多头防线失守，后市看跌，逢高做空。

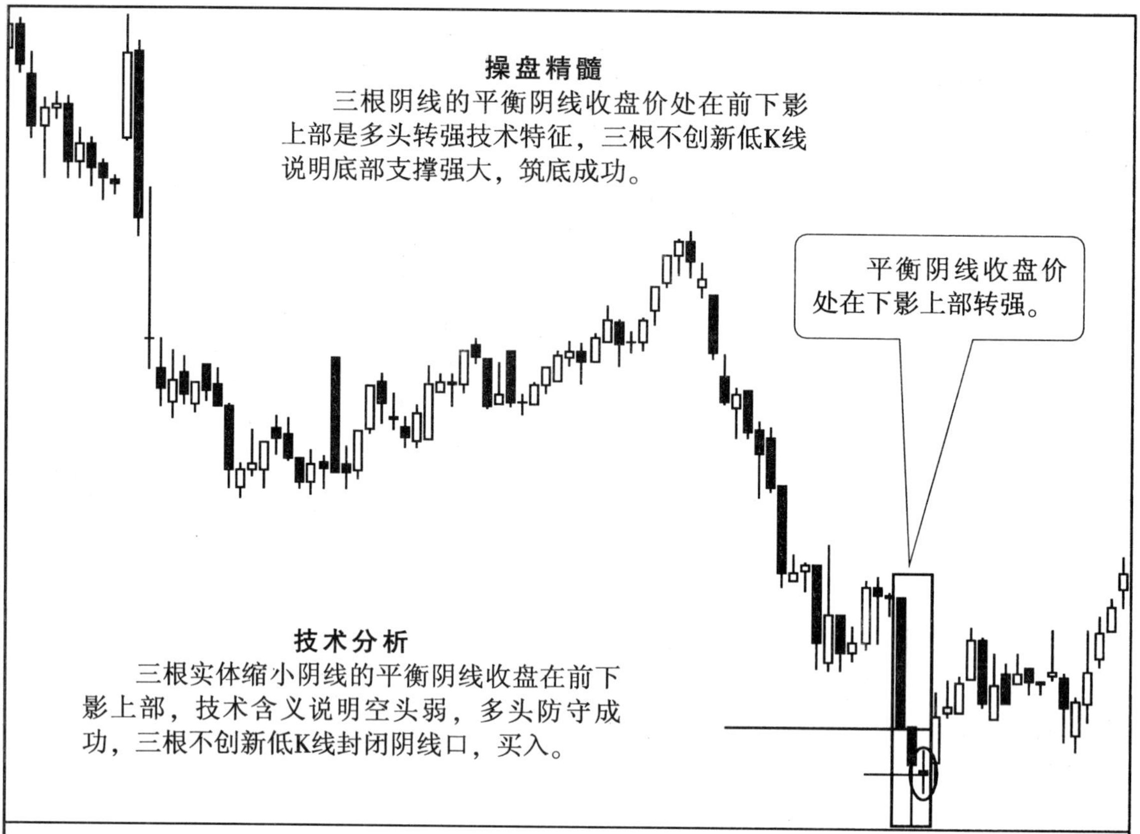
操盘精髓
三根阴线的平衡阴线收盘价处在前下影上部是多头转强技术特征，三根不创新低K线说明底部支撑强大，筑底成功。
平衡阴线收盘价处在下影上部转强。
技术分析
三根实体缩小阴线的平衡阴线收盘在前下影上部，技术含义说明空头弱，多头防守成功，三根不创新低K线封闭阴线口，买入。

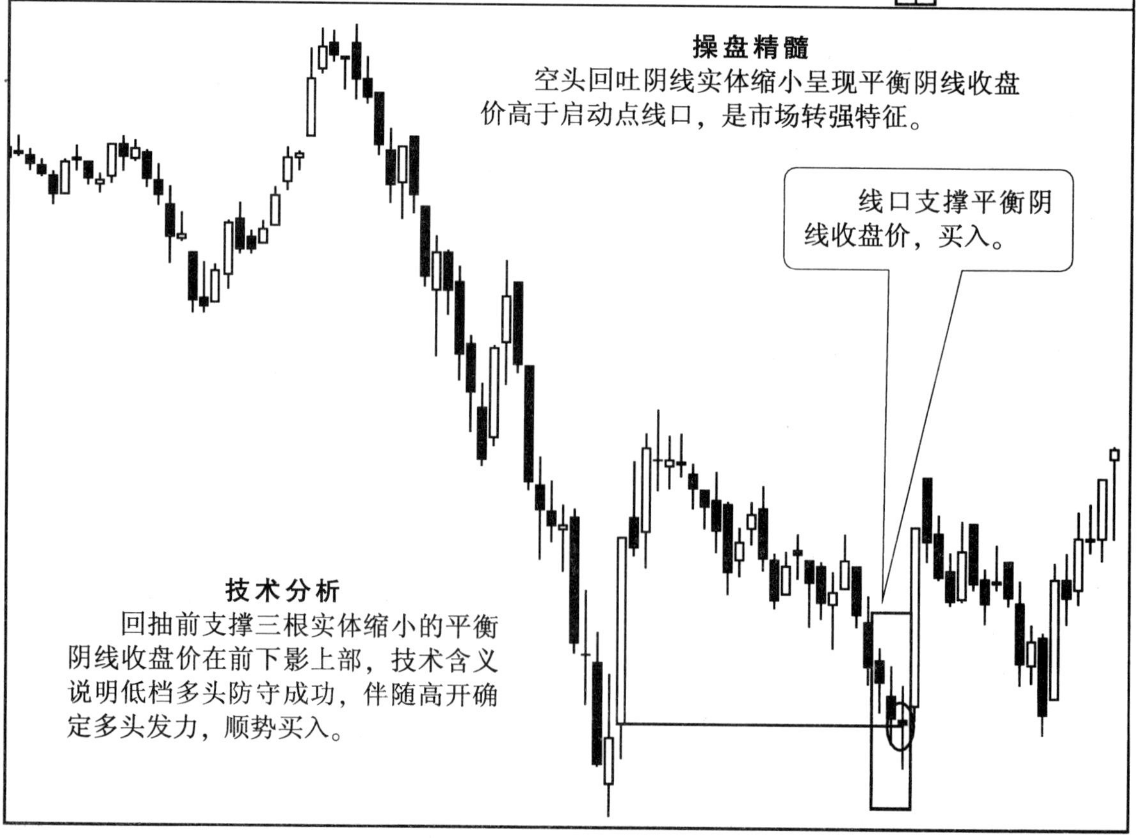
操盘精髓
空头回吐阴线实体缩小呈现平衡阴线收盘价高于启动点线口，是市场转强特征。
线口支撑平衡阴线收盘价，买入。
技术分析
回抽前支撑三根实体缩小的平衡阴线收盘价在前下影上部，技术含义说明低档多头防守成功，伴随高开确定多头发力，顺势买入。

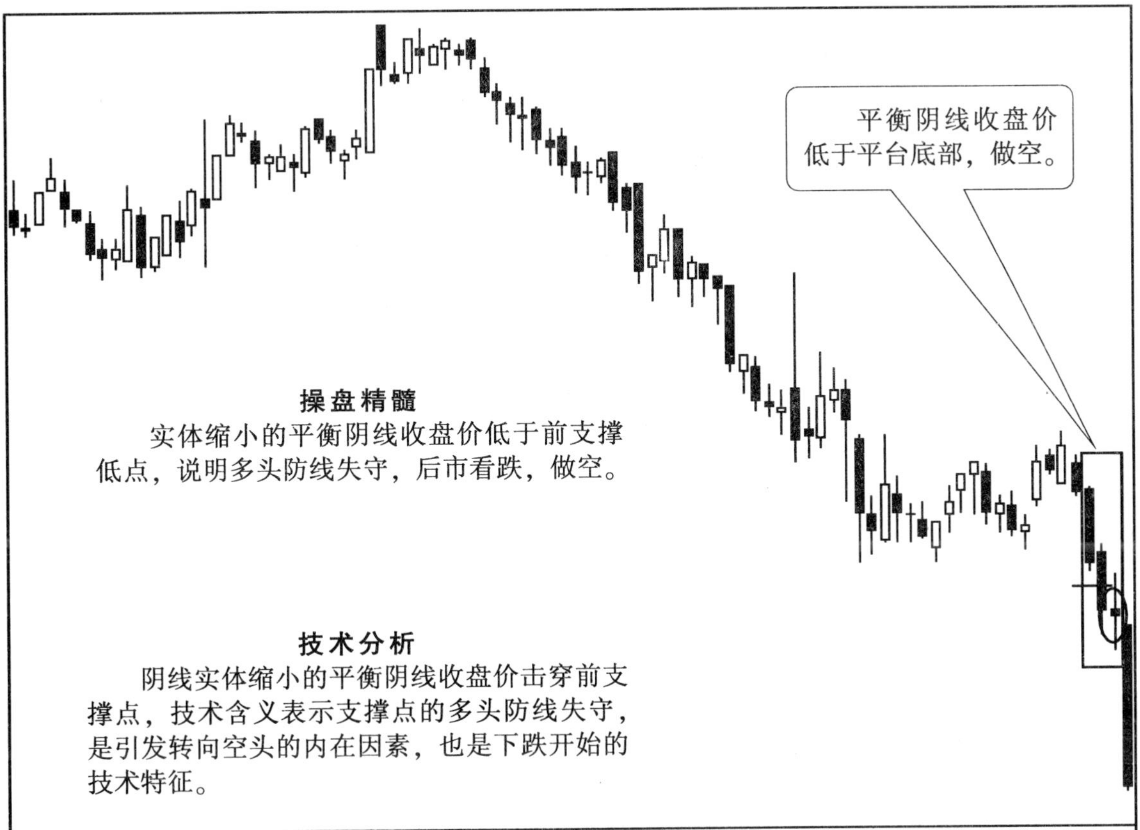

操盘精髓

实体缩小的平衡阴线收盘价低于前支撑低点，说明多头防线失守，后市看跌，做空。

技术分析

阴线实体缩小的平衡阴线收盘价击穿前支撑点，技术含义表示支撑点的多头防线失守，是引发转向空头的内在因素，也是下跌开始的技术特征。

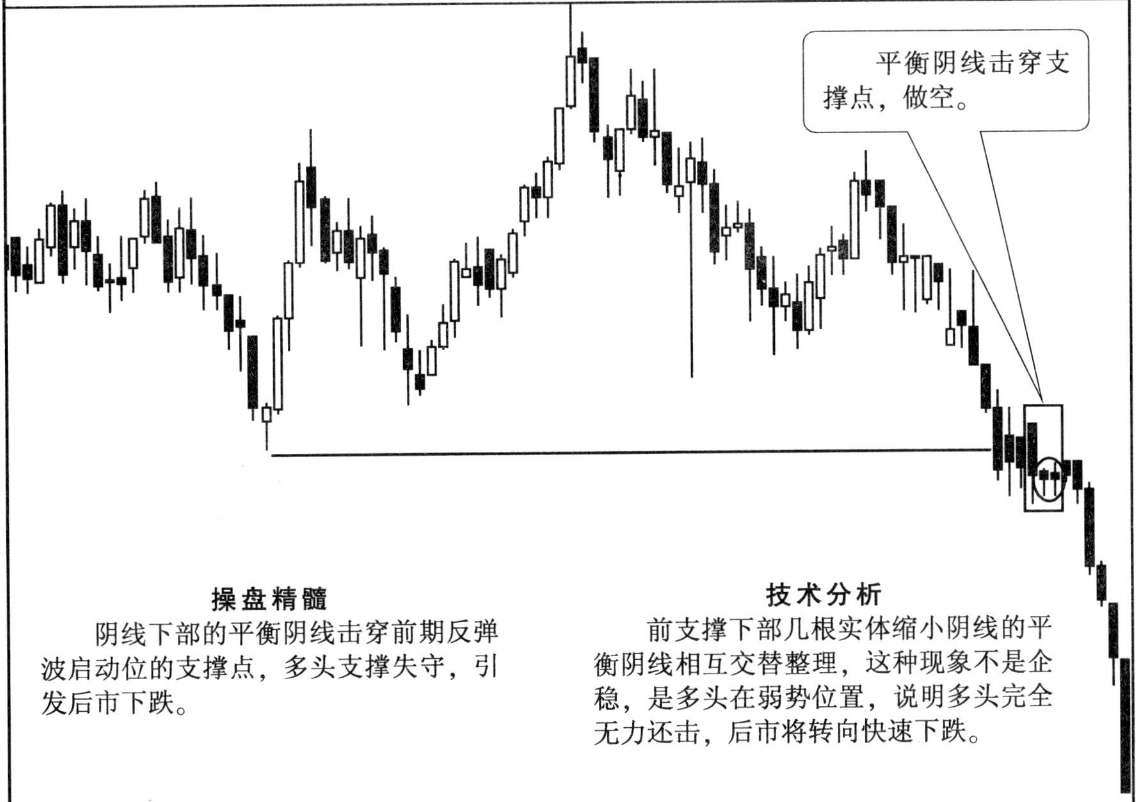

操盘精髓

阴线下部的平衡阴线击穿前期反弹波启动位的支撑点，多头支撑失守，引发后市下跌。

技术分析

前支撑下部几根实体缩小阴线的平衡阴线相互交替整理，这种现象不是企稳，是多头在弱势位置，说明多头完全无力还击，后市将转向快速下跌。

操盘精髓

三根实体缩小的平衡阴线在前发力阳线收盘价企稳，后市看涨，逢低做多。

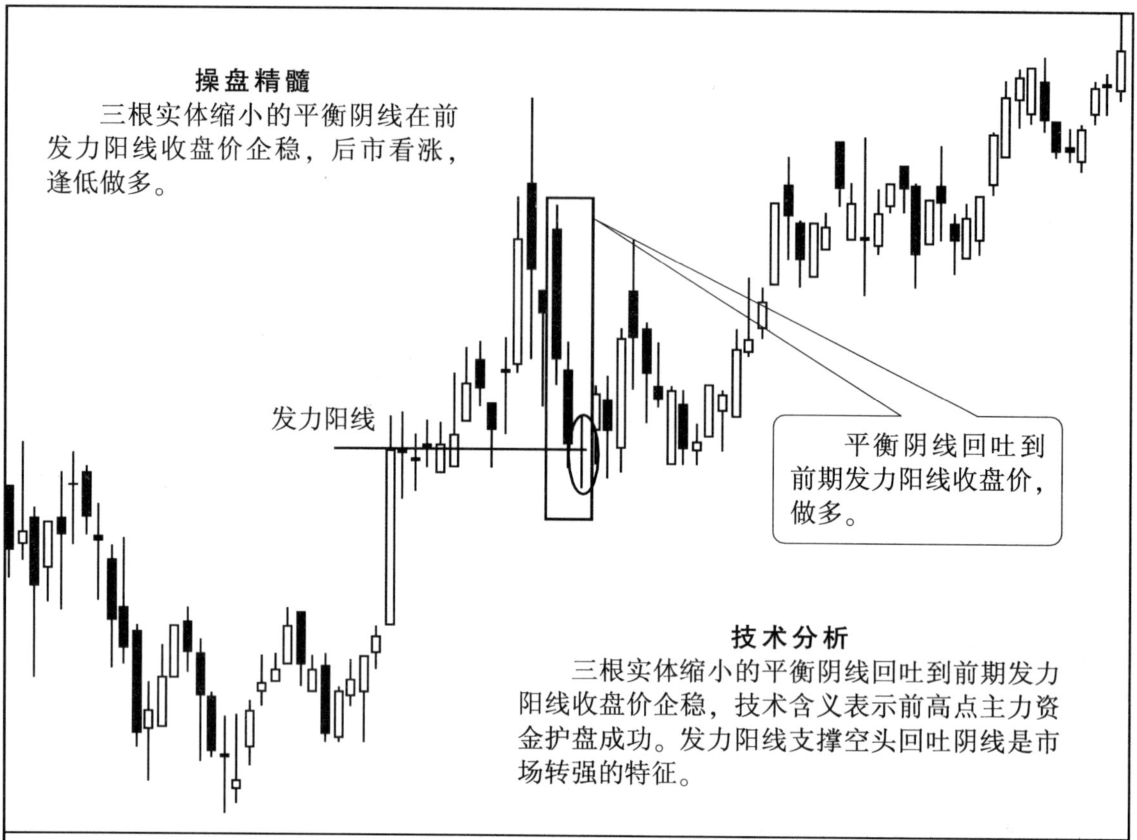

技术分析

三根实体缩小的平衡阴线回吐到前期发力阳线收盘价企稳，技术含义表示前高点主力资金护盘成功。发力阳线支撑空头回吐阴线是市场转强的特征。

操盘精髓

长下影阴线实体内孕育一根平衡小阴线伴随三根收盘不创新低阳线，是探底成功信号。

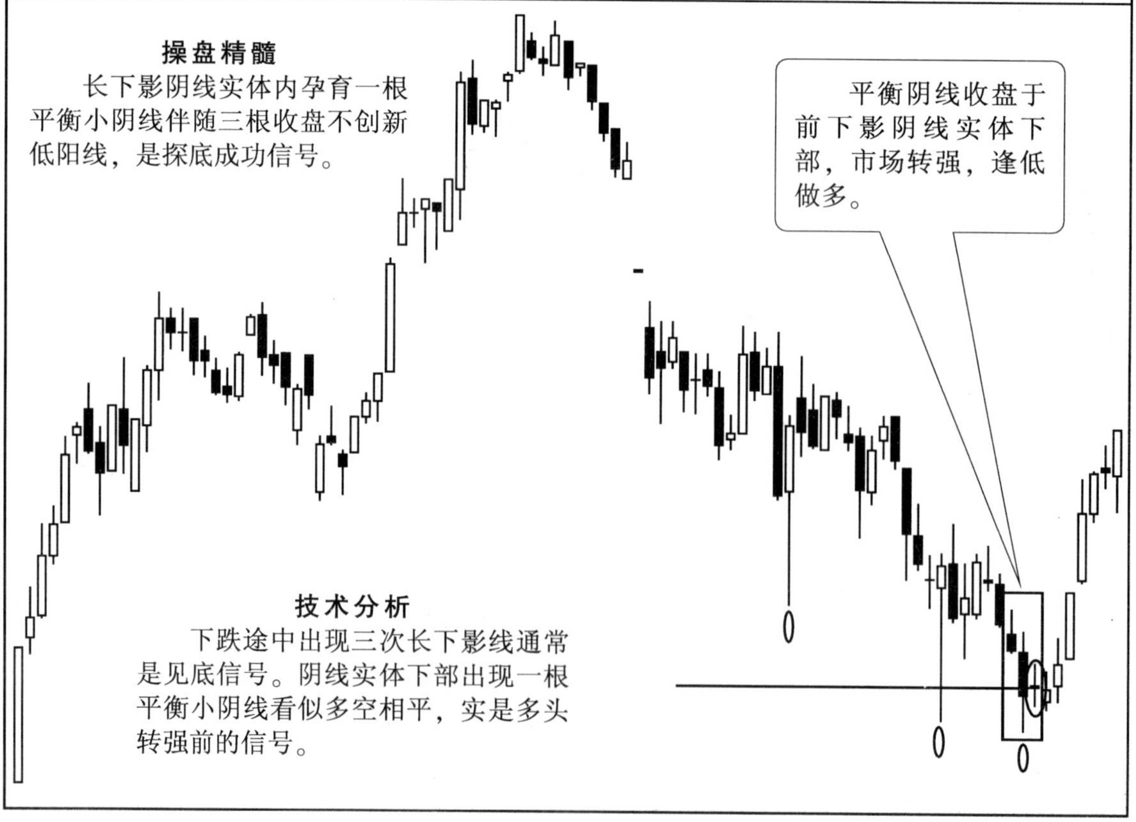

技术分析

下跌途中出现三次长下影线通常是见底信号。阴线实体下部出现一根平衡小阴线看似多空相平，实是多头转强前的信号。

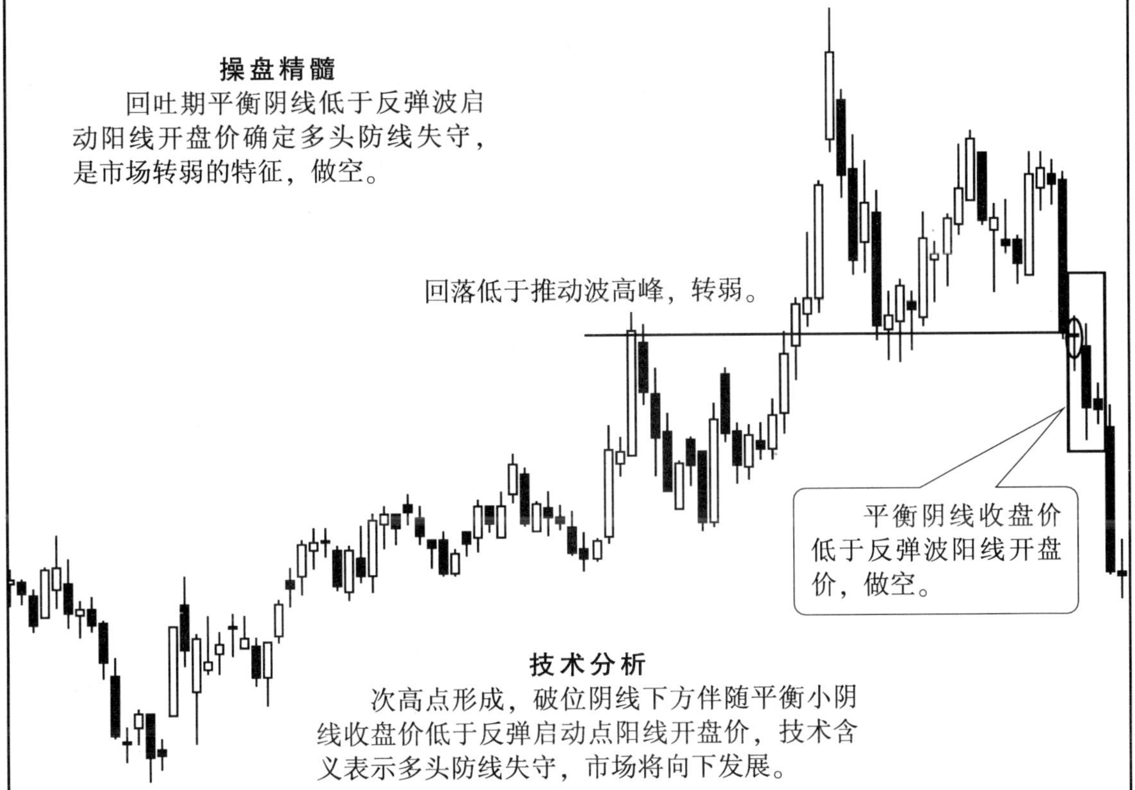

操盘精髓

回吐期平衡阴线低于反弹波启动阳线开盘价确定多头防线失守，是市场转弱的特征，做空。

技术分析

次高点形成，破位阴线下方伴随平衡小阴线收盘价低于反弹启动点阳线开盘价，技术含义表示多头防线失守，市场将向下发展。

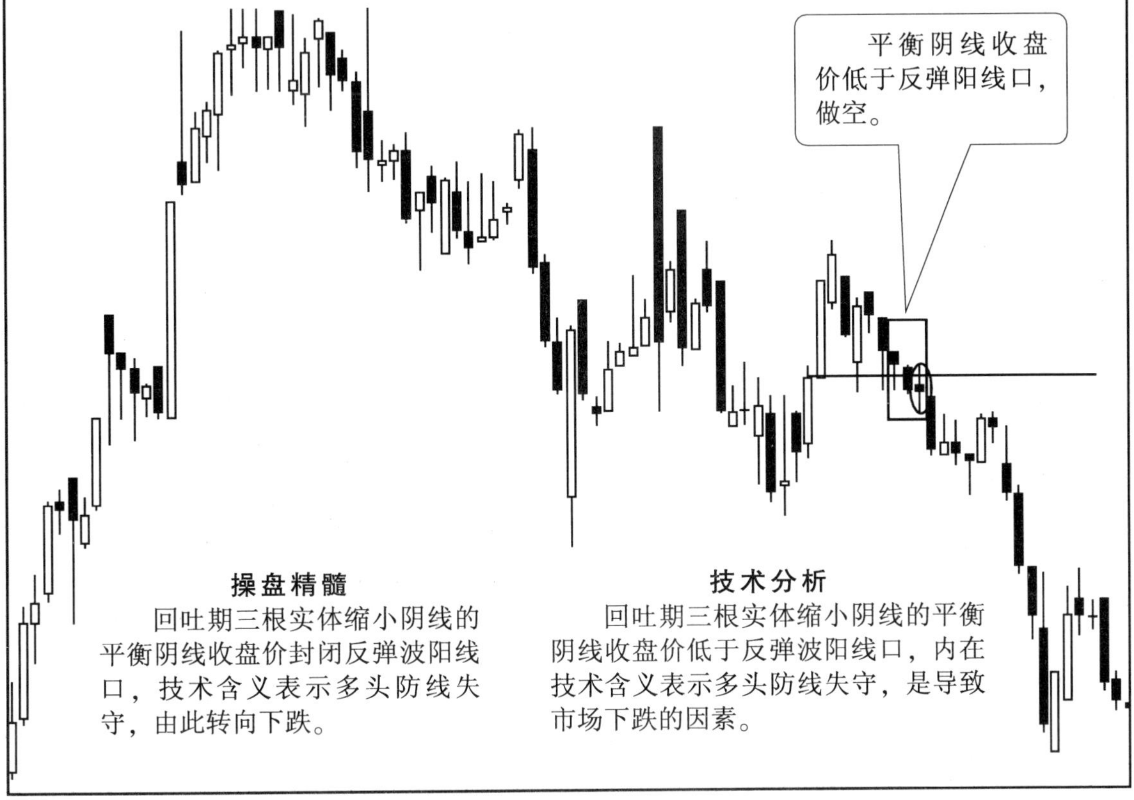

操盘精髓

回吐期三根实体缩小阴线的平衡阴线收盘价封闭反弹波阳线口，技术含义表示多头防线失守，由此转向下跌。

技术分析

回吐期三根实体缩小阴线的平衡阴线收盘价低于反弹波阳线口，内在技术含义表示多头防线失守，是导致市场下跌的因素。

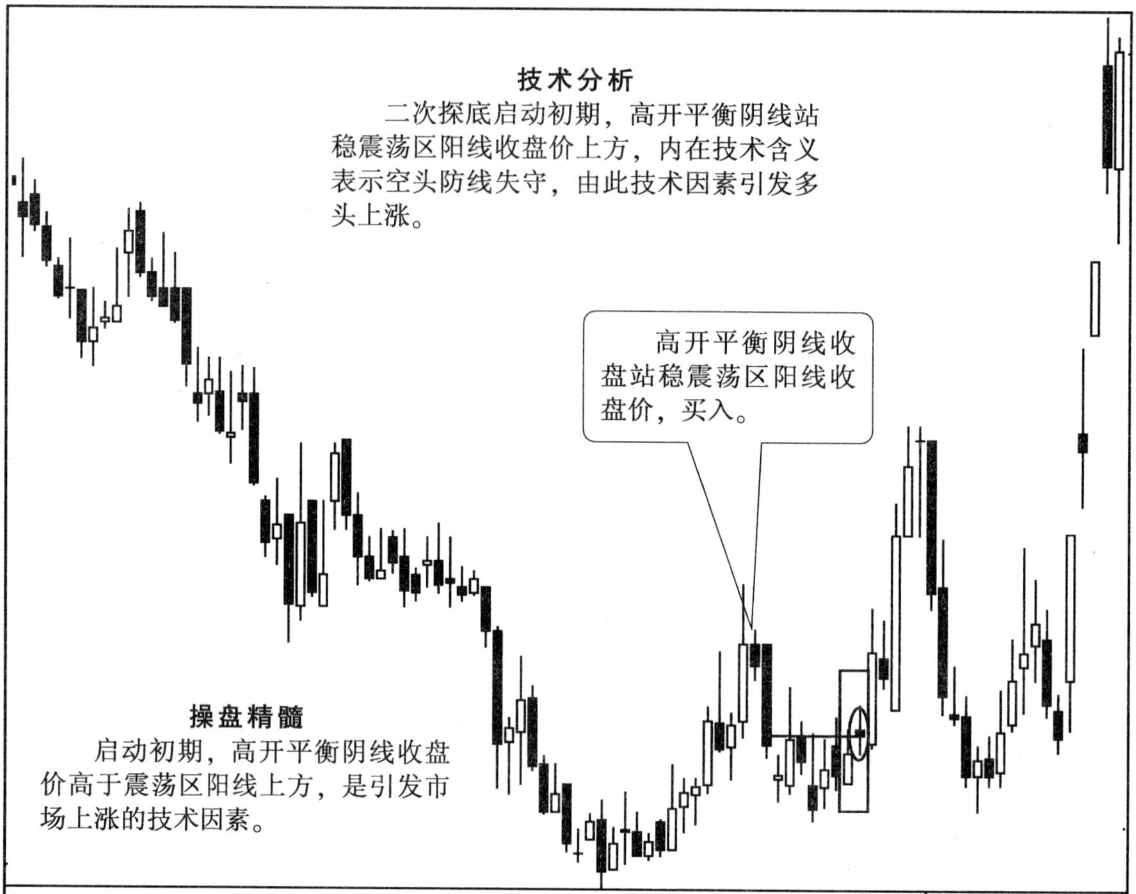
技术分析
二次探底启动初期，高开平衡阴线站稳震荡区阳线收盘价上方，内在技术含义表示空头防线失守，由此技术因素引发多头上涨。
高开平衡阴线收盘站稳震荡区阳线收盘价，买入。
操盘精髓
启动初期，高开平衡阴线收盘价高于震荡区阳线上方，是引发市场上涨的技术因素。

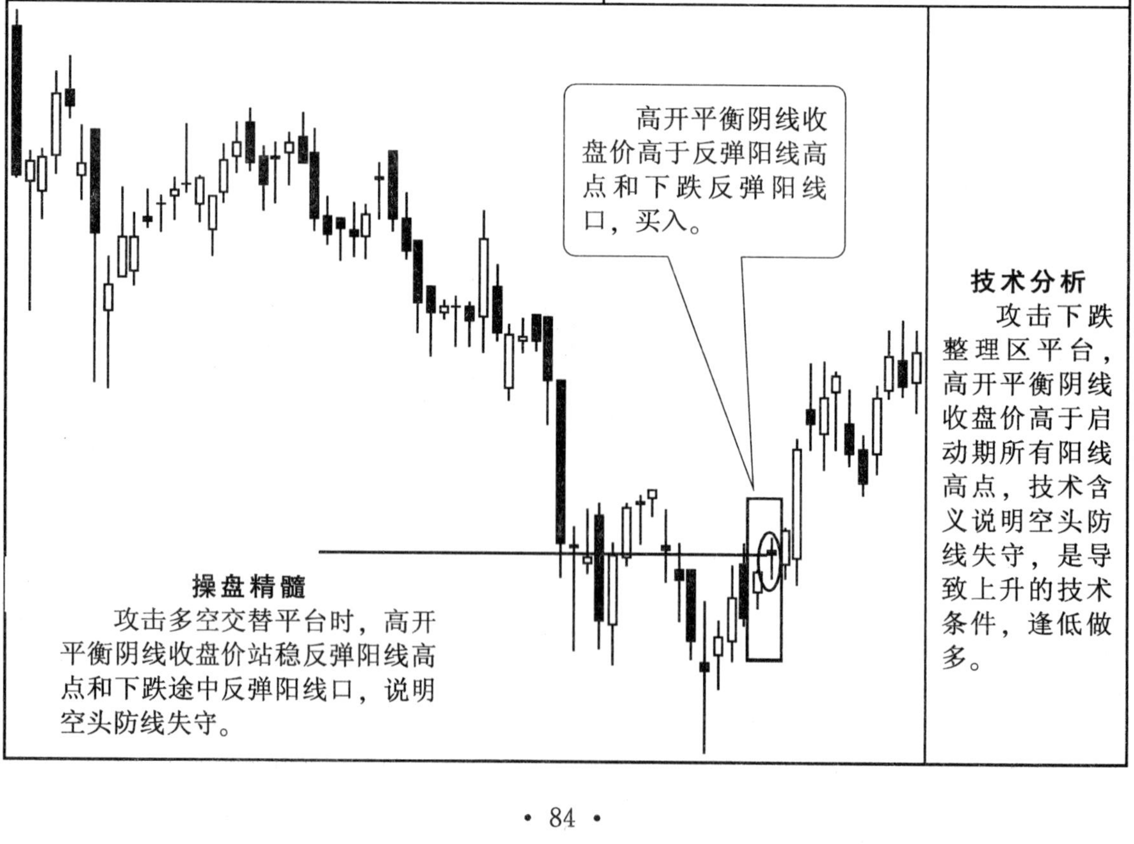
高开平衡阴线收盘价高于反弹阳线高点和下跌反弹阳线口，买入。
操盘精髓
攻击多空交替平台时，高开平衡阴线收盘价站稳反弹阳线高点和下跌途中反弹阳线口，说明空头防线失守。
技术分析
攻击下跌整理区平台，高开平衡阴线收盘价高于启动期所有阳线高点，技术含义说明空头防线失守，是导致上升的技术条件，逢低做多。

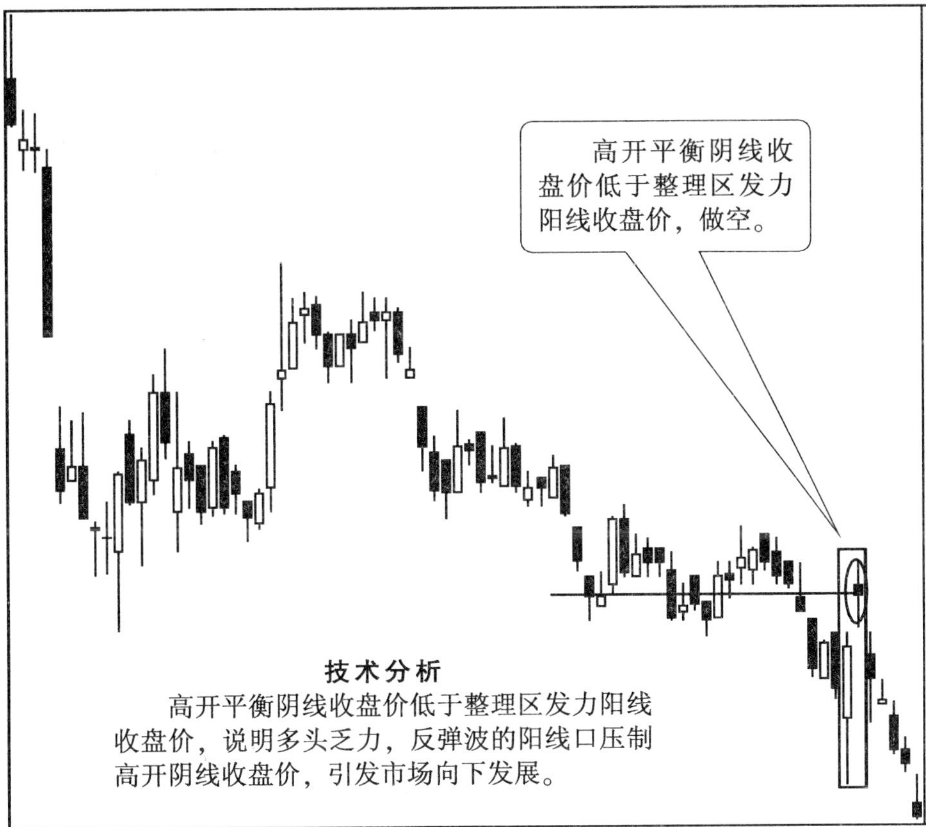

技术分析

高开平衡阴线收盘价低于整理区发力阳线收盘价，说明多头乏力，反弹波的阳线口压制高开阴线收盘价，引发市场向下发展。

操盘精髓

反弹波的高开平衡阴线收盘价低于整理区发力阳线的收盘价，说明多头反弹受压于前期整理平台，顺势做空。

操盘精髓

高开阴线收盘价和高点低于下跌反弹波阳线，表明反弹动力弱于前高点空头势力，做空。

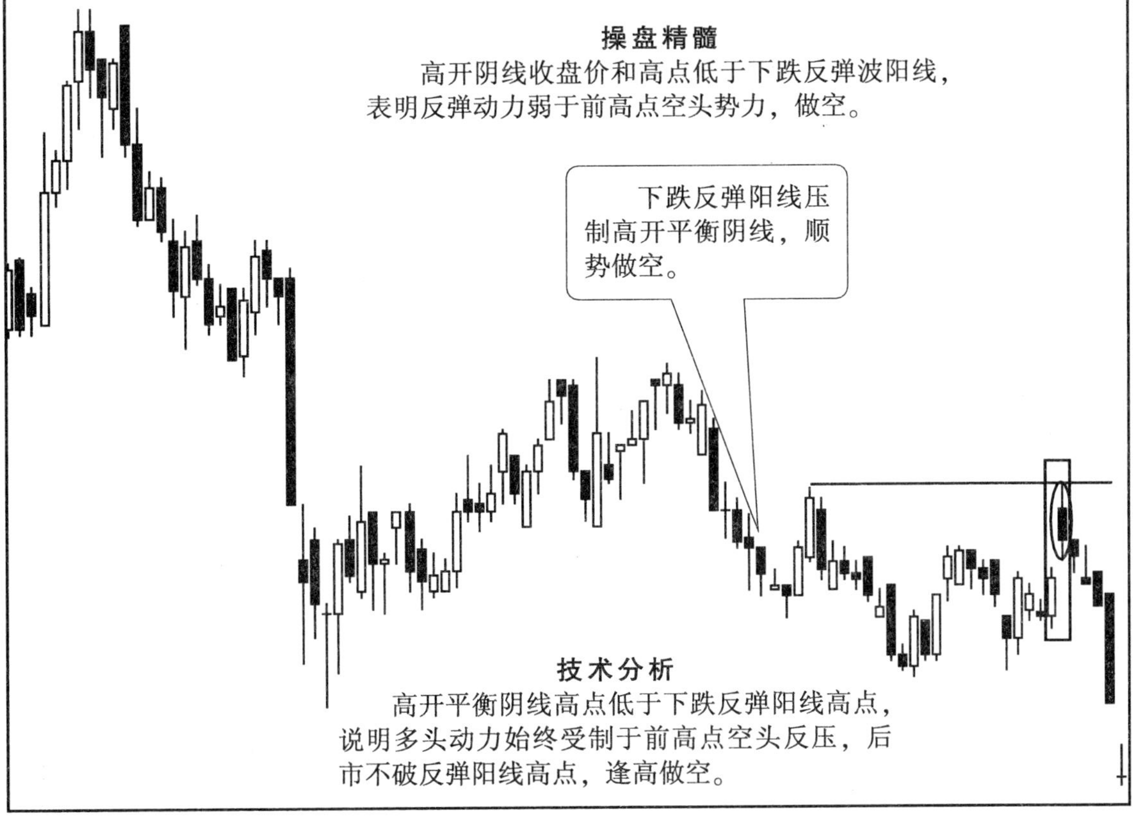

技术分析

高开平衡阴线高点低于下跌反弹阳线高点，说明多头动力始终受制于前高点空头反压，后市不破反弹阳线高点，逢高做空。

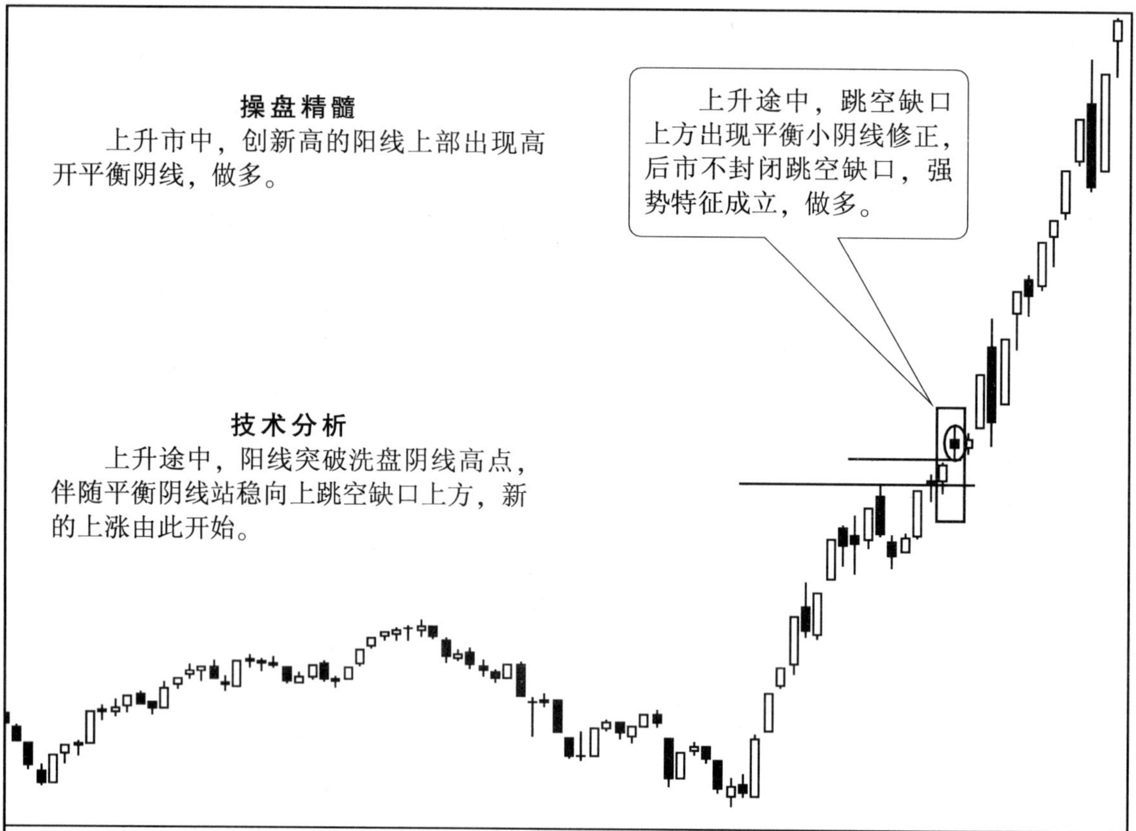
操盘精髓
上升市中，创新高的阳线上部出现高开平衡阴线，做多。
上升途中，跳空缺口上方出现平衡小阴线修正，后市不封闭跳空缺口，强势特征成立，做多。
技术分析
上升途中，阳线突破洗盘阴线高点，伴随平衡阴线站稳向上跳空缺口上方，新的上涨由此开始。

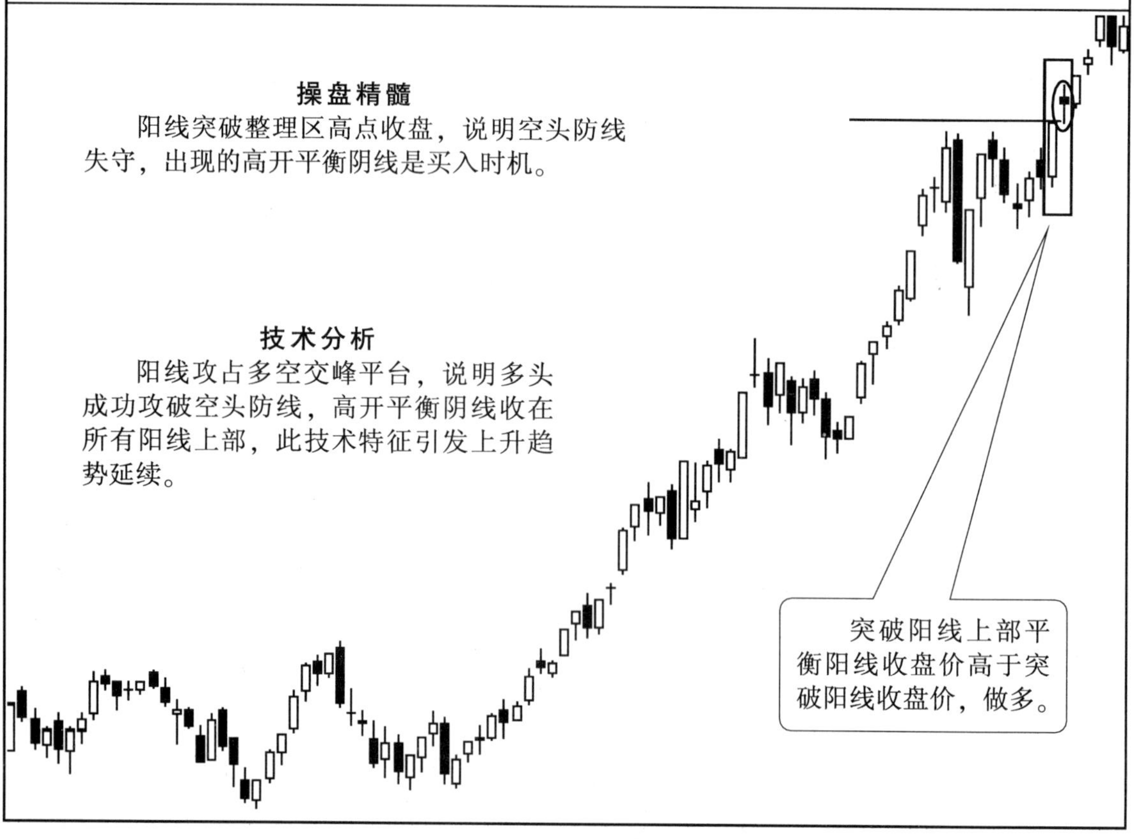
操盘精髓
阳线突破整理区高点收盘，说明空头防线失守，出现的高开平衡阴线是买入时机。
技术分析
阳线攻占多空交峰平台，说明多头成功攻破空头防线，高开平衡阴线收在所有阳线上部，此技术特征引发上升趋势延续。
突破阳线上部平衡阳线收盘价高于突破阳线收盘价，做多。

操盘精髓

次高点的高开平衡阴线受压发力阳线开盘价，表示多头乏力，引发下跌。

技术分析

次高点出现高开平衡阴线收盘价低于发力阳线开盘价，说明多头乏力，无力攻击前期压力，后市看空。

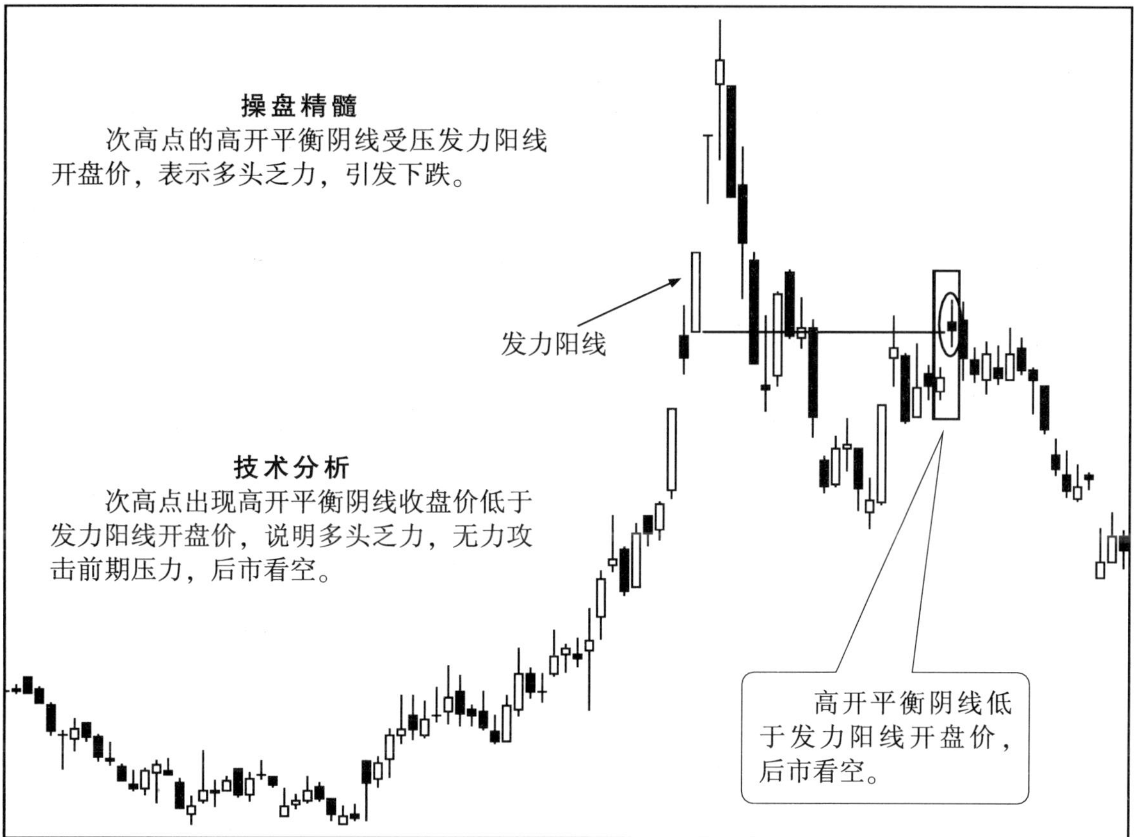

操盘精髓

反弹阳线不创新高多头转弱，高开平衡阴线换手，是主力拉高出货手法。

技术分析

攻击阳线不创新高，说明多头乏力反弹失败，伴随的平衡阴线高档换手常是主力卖出的印迹。

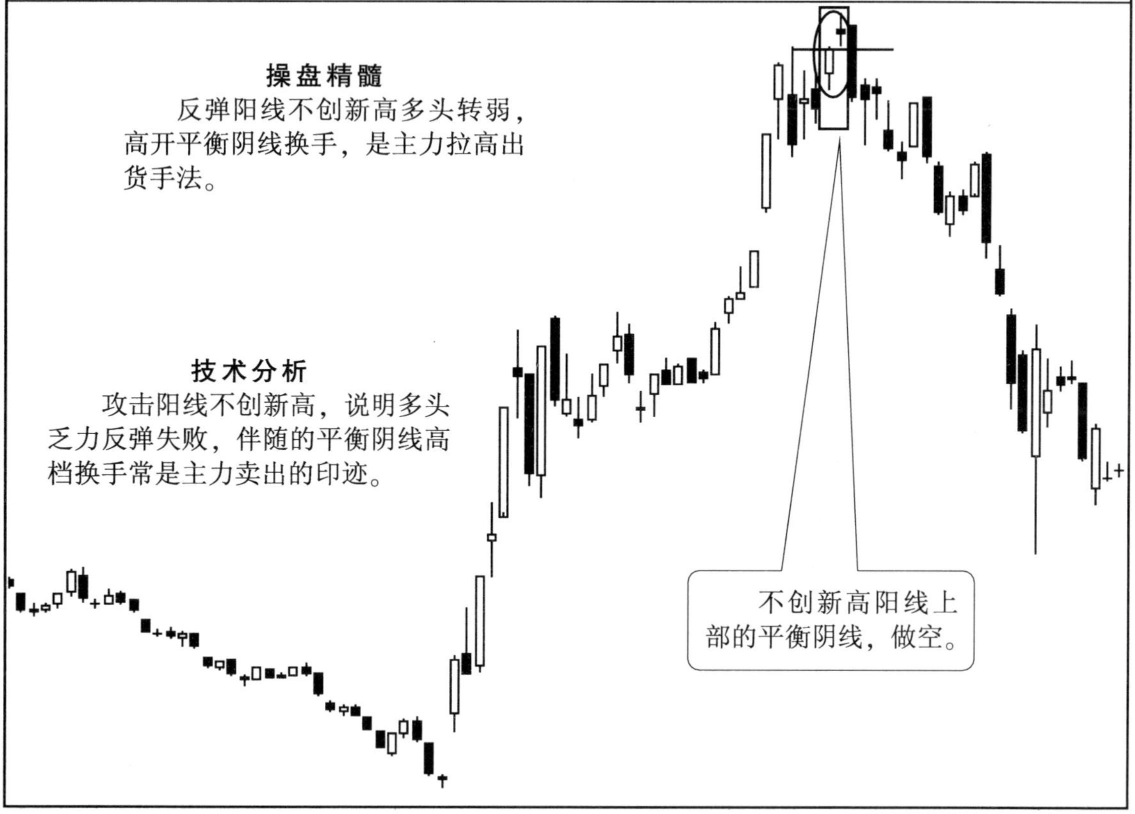

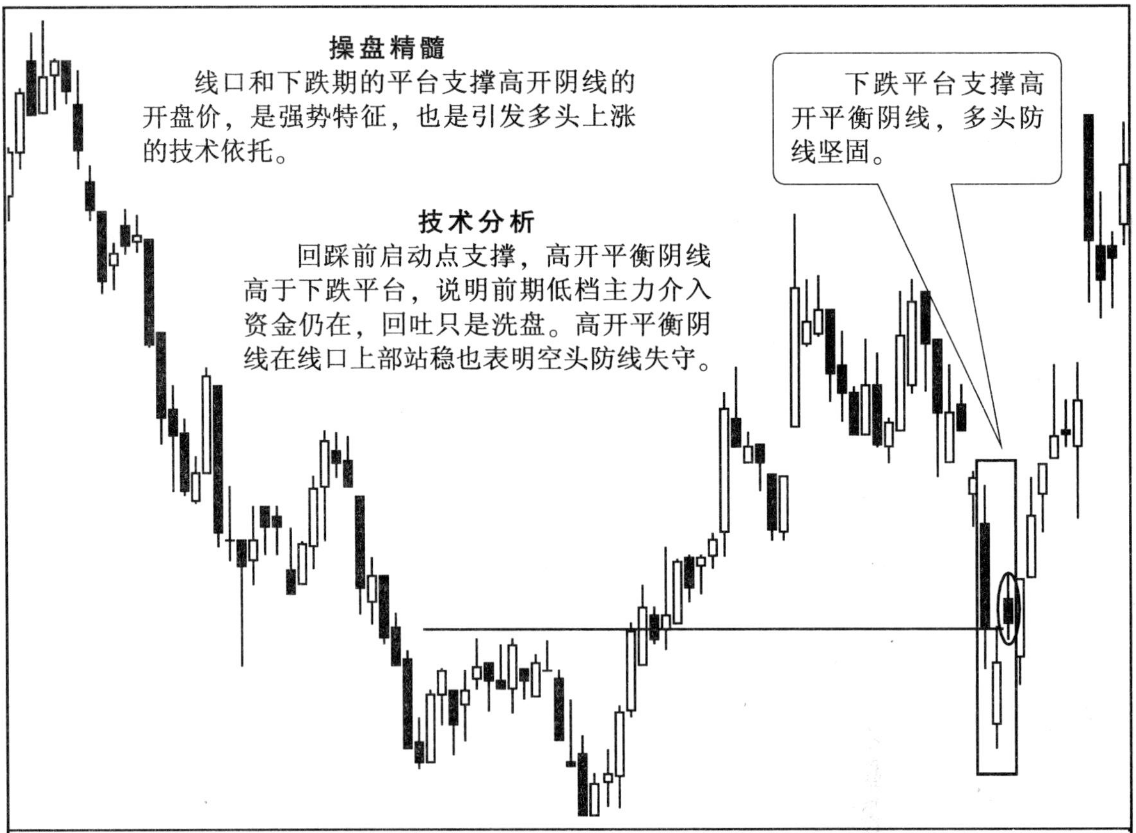
操盘精髓
线口和下跌期的平台支撑高开阴线的开盘价，是强势特征，也是引发多头上涨的技术依托。
下跌平台支撑高开平衡阴线，多头防线坚固。
技术分析
回踩前启动点支撑，高开平衡阴线高于下跌平台，说明前期低档主力介入资金仍在，回吐只是洗盘。高开平衡阴线在线口上部站稳也表明空头防线失守。

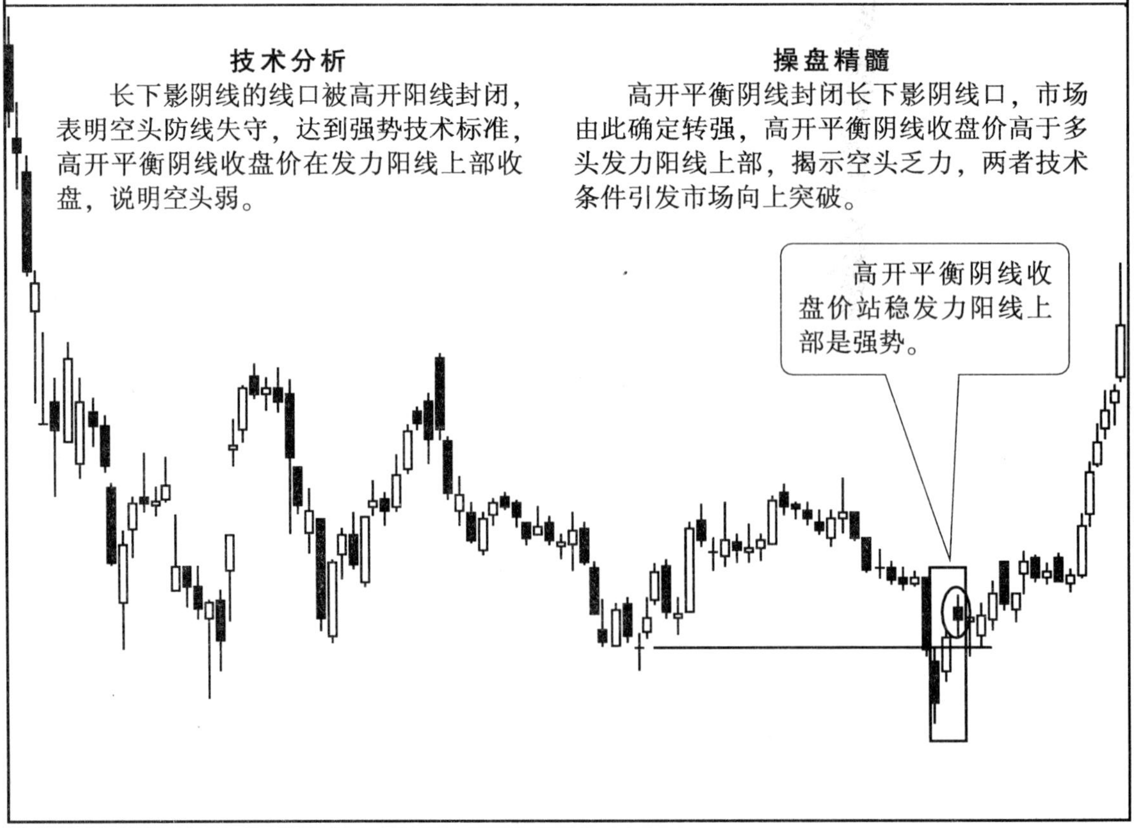
技术分析
长下影阴线的线口被高开阳线封闭，表明空头防线失守，达到强势技术标准，高开平衡阴线收盘价在发力阳线上部收盘，说明空头弱。
操盘精髓
高开平衡阴线封闭长下影阴线口，市场由此确定转强，高开平衡阴线收盘价高于多头发力阳线上部，揭示空头乏力，两者技术条件引发市场向上突破。
高开平衡阴线收盘价站稳发力阳线上部是强势。

操盘精髓

反弹波的高开平衡阴线低于震荡区阳线的开盘价，是导致后市下跌的因素。

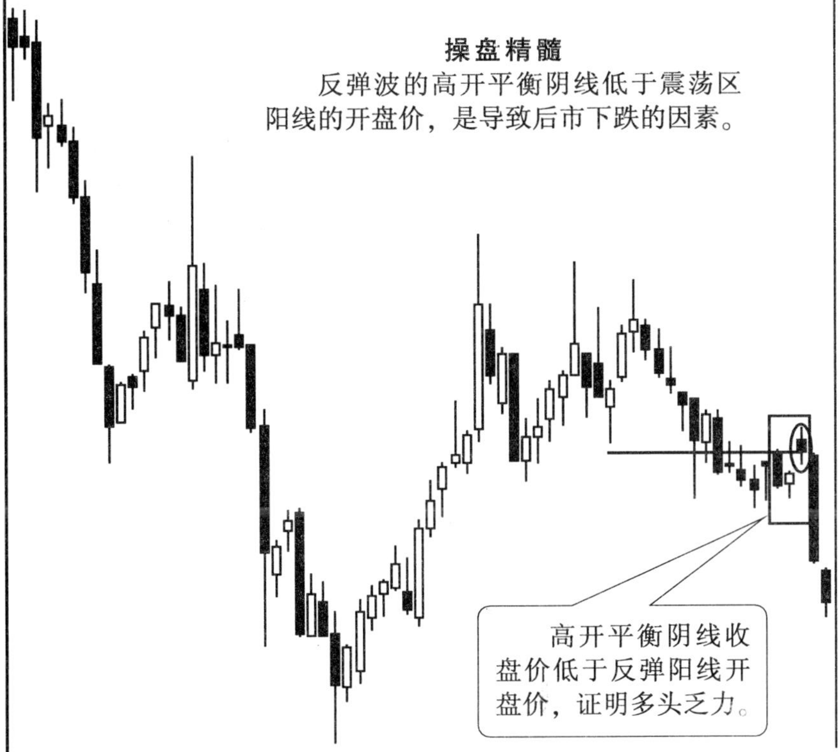

技术分析

下跌反弹波中出现一根高开异动平衡阴线看似多头上冲踊跃，而高开平衡阴线收盘价低于震荡区所有反弹阳线的收盘价，技术含义说明多头依旧受制于空头技术反压，异动的高开弱势阴线只能引发空头猛烈地打压。

操盘精髓

反击阳线低于阴线高点多头乏力，高开平衡阴线收盘价低于阴线开盘价，说明多头无力克制空头力度，后市看跌，做空。

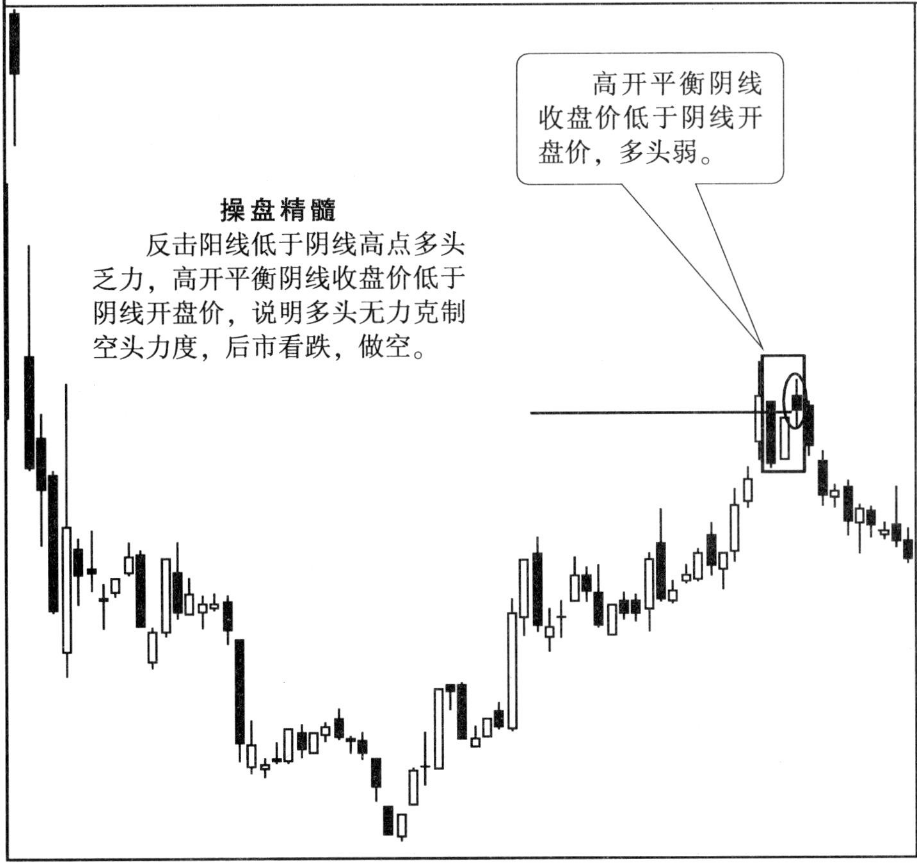

技术分析

反弹阳线低于阴线和阳线高点，确定多头乏力是弱势技术特征，高开平衡阴线的收盘价与最高价同样低于前高点阳线，K线组合呈现三天收盘不过新高的弱势特征，此技术现象是引发空头市场的因素和动力。

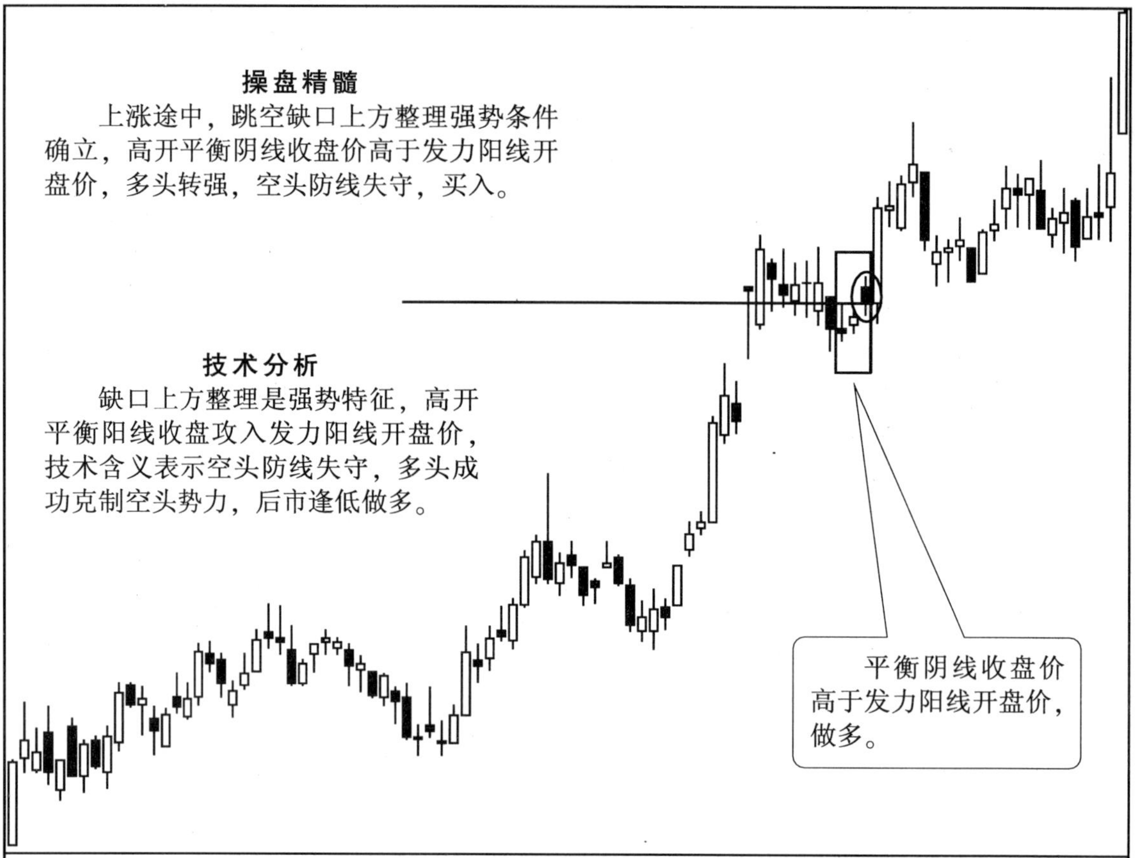
操盘精髓
上涨途中，跳空缺口上方整理强势条件确立，高开平衡阴线收盘价高于发力阳线开盘价，多头转强，空头防线失守，买入。
技术分析
缺口上方整理是强势特征，高开平衡阳线收盘攻入发力阳线开盘价，技术含义表示空头防线失守，多头成功克制空头势力，后市逢低做多。
平衡阴线收盘价高于发力阳线开盘价，做多。

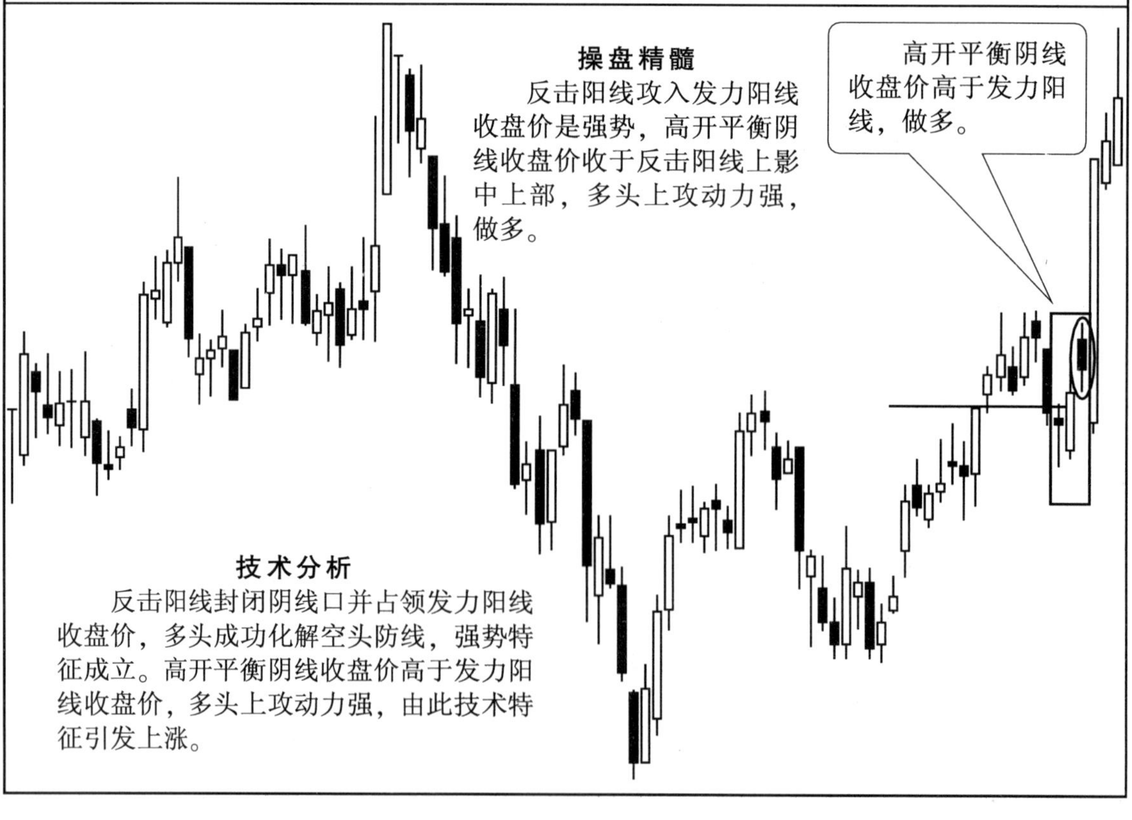
操盘精髓
反击阳线攻入发力阳线收盘价是强势，高开平衡阴线收盘价收于反击阳线上影中上部，多头上攻动力强，做多。
高开平衡阴线收盘价高于发力阳线，做多。
技术分析
反击阳线封闭阴线口并占领发力阳线收盘价，多头成功化解空头防线，强势特征成立。高开平衡阴线收盘价高于发力阳线收盘价，多头上攻动力强，由此技术特征引发上涨。

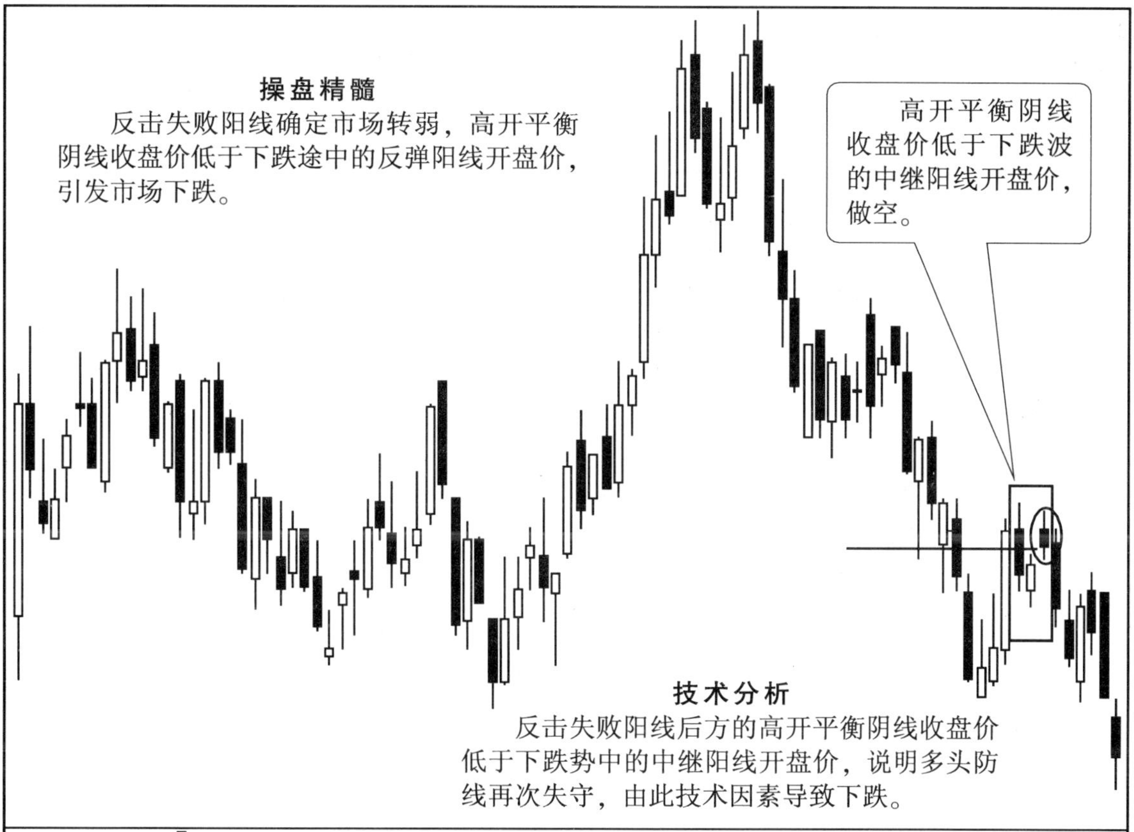
操盘精髓
反击失败阳线确定市场转弱，高开平衡阴线收盘价低于下跌途中的反弹阳线开盘价，引发市场下跌。
高开平衡阴线收盘价低于下跌波的中继阳线开盘价，做空。
技术分析
反击失败阳线后方的高开平衡阴线收盘价低于下跌势中的中继阳线开盘价，说明多头防线再次失守，由此技术因素导致下跌。

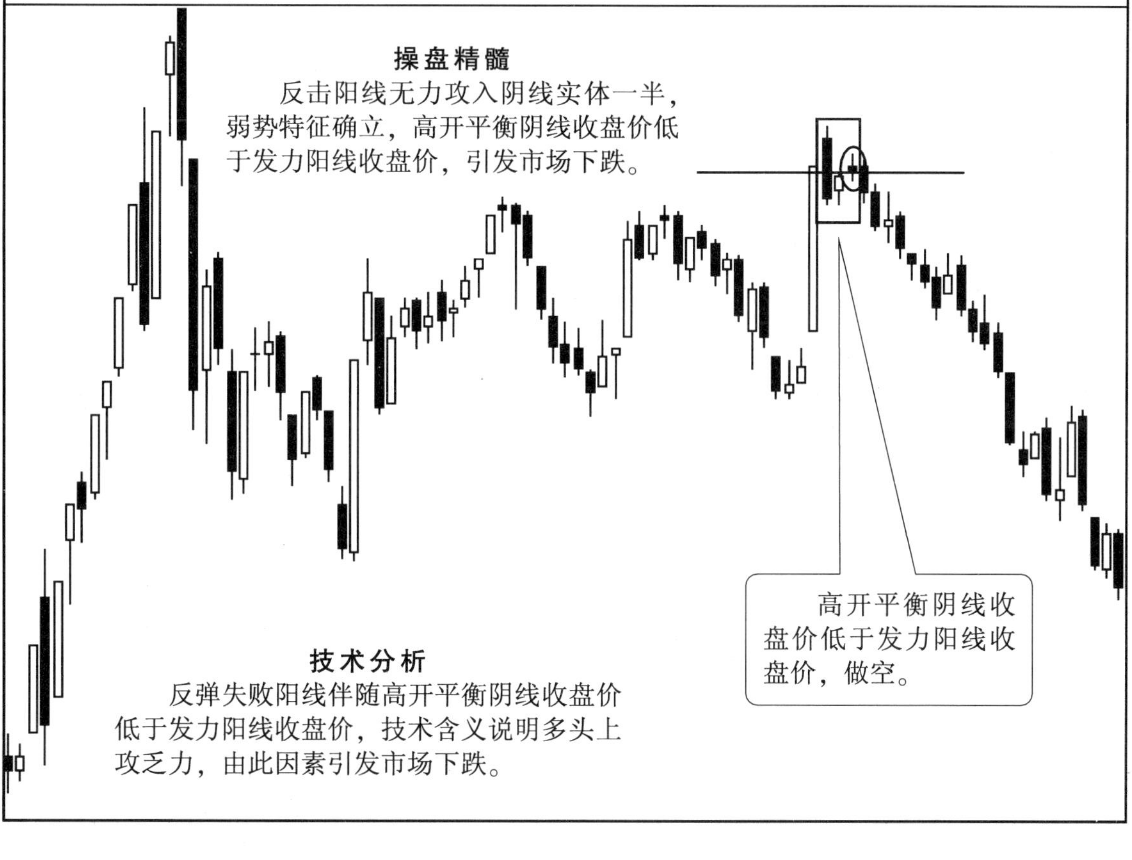
操盘精髓
反击阳线无力攻入阴线实体一半，弱势特征确立，高开平衡阴线收盘价低于发力阳线收盘价，引发市场下跌。
高开平衡阴线收盘价低于发力阳线收盘价，做空。
技术分析
反弹失败阳线伴随高开平衡阴线收盘价低于发力阳线收盘价，技术含义说明多头上攻乏力，由此因素引发市场下跌。

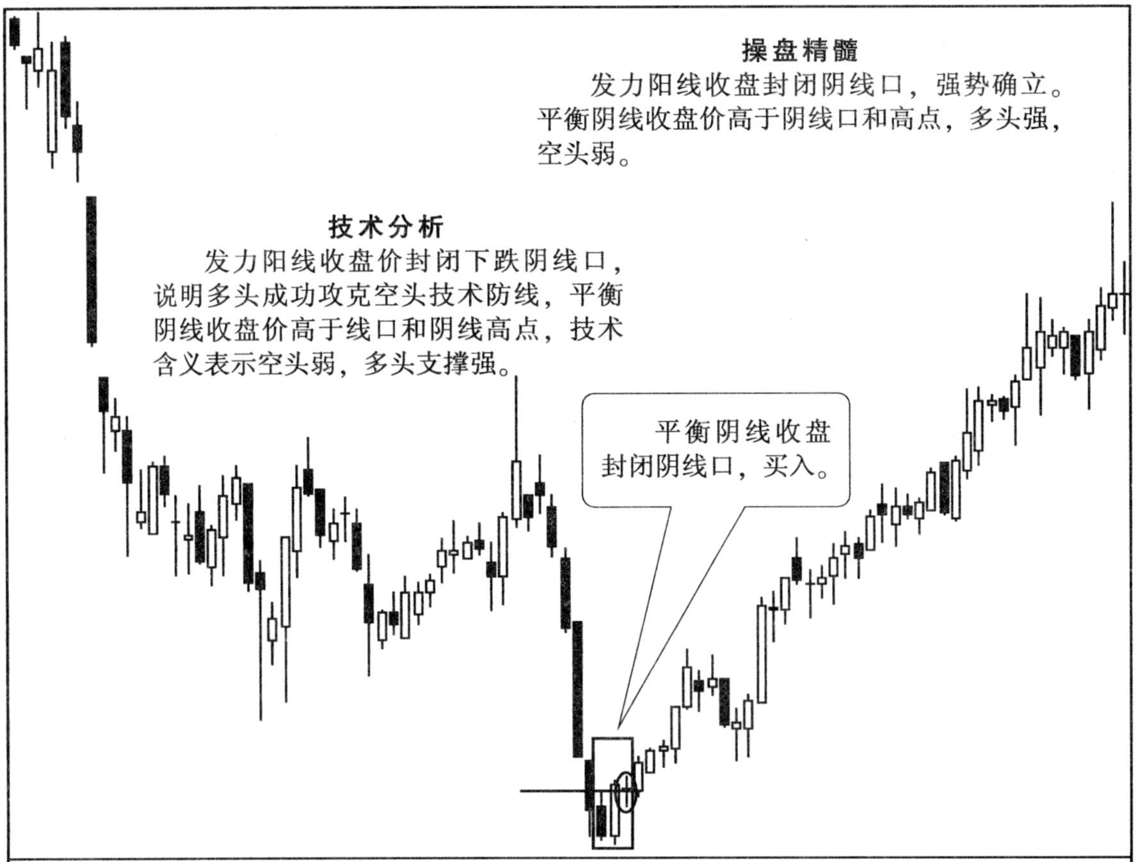
操盘精髓
发力阳线收盘封闭阴线口，强势确立。平衡阴线收盘价高于阴线口和高点，多头强，空头弱。
技术分析
发力阳线收盘价封闭下跌阴线口，说明多头成功攻克空头技术防线，平衡阴线收盘价高于线口和阴线高点，技术含义表示空头弱，多头支撑强。
平衡阴线收盘封闭阴线口，买入。

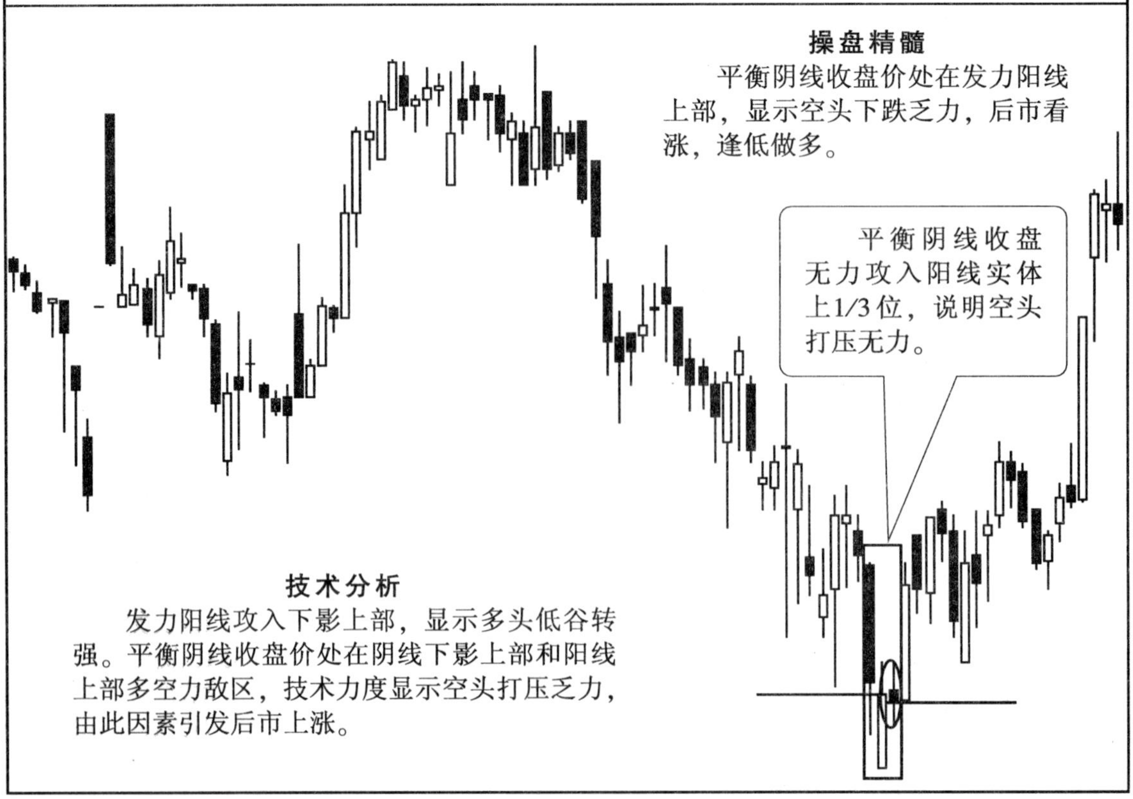
操盘精髓
平衡阴线收盘价处在发力阳线上部，显示空头下跌乏力，后市看涨，逢低做多。
平衡阴线收盘无力攻入阳线实体上1/3位，说明空头打压无力。
技术分析
发力阳线攻入下影上部，显示多头低谷转强。平衡阴线收盘价处在阴线下影上部和阳线上部多空力敌区，技术力度显示空头打压乏力，由此因素引发后市上涨。

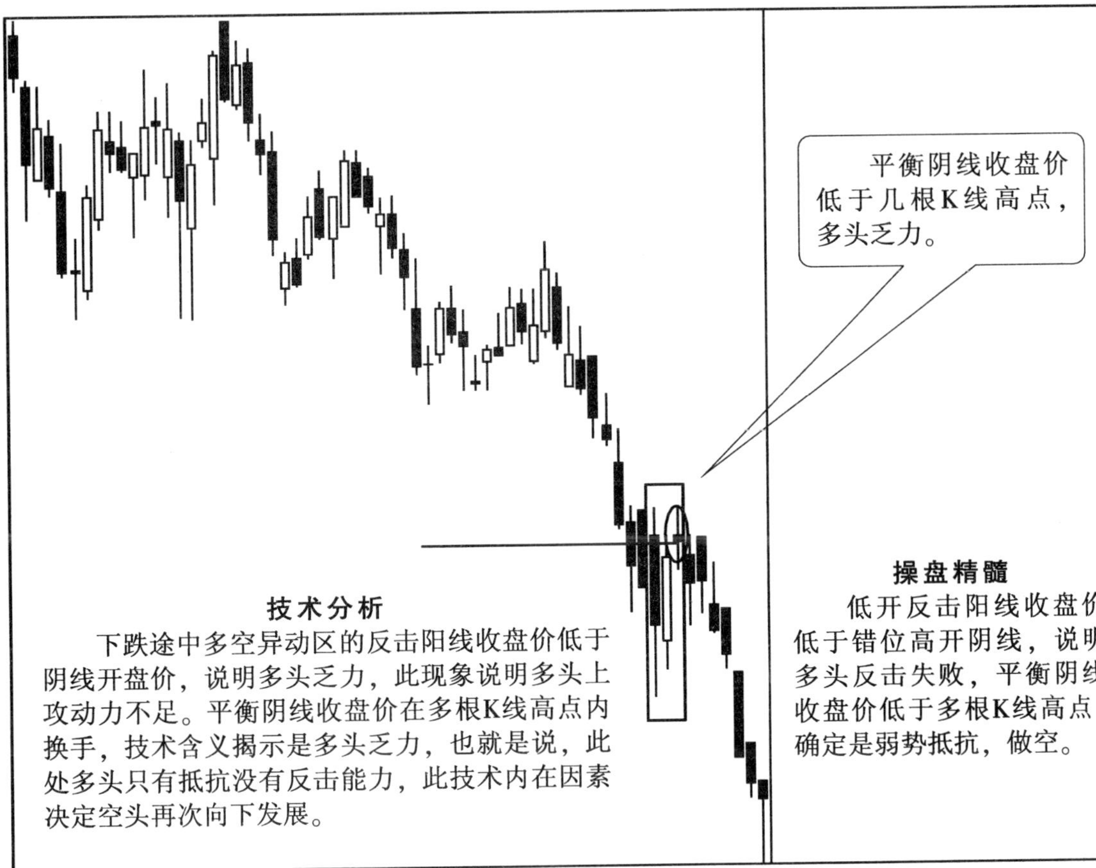

技术分析

下跌途中多空异动区的反击阳线收盘价低于阴线开盘价，说明多头乏力，此现象说明多头上攻动力不足。平衡阴线收盘价在多根K线高点内换手，技术含义揭示是多头乏力，也就是说，此处多头只有抵抗没有反击能力，此技术内在因素决定空头再次向下发展。

操盘精髓

低开反击阳线收盘价低于错位高开阴线，说明多头反击失败，平衡阴线收盘价低于多根K线高点，确定是弱势抵抗，做空。

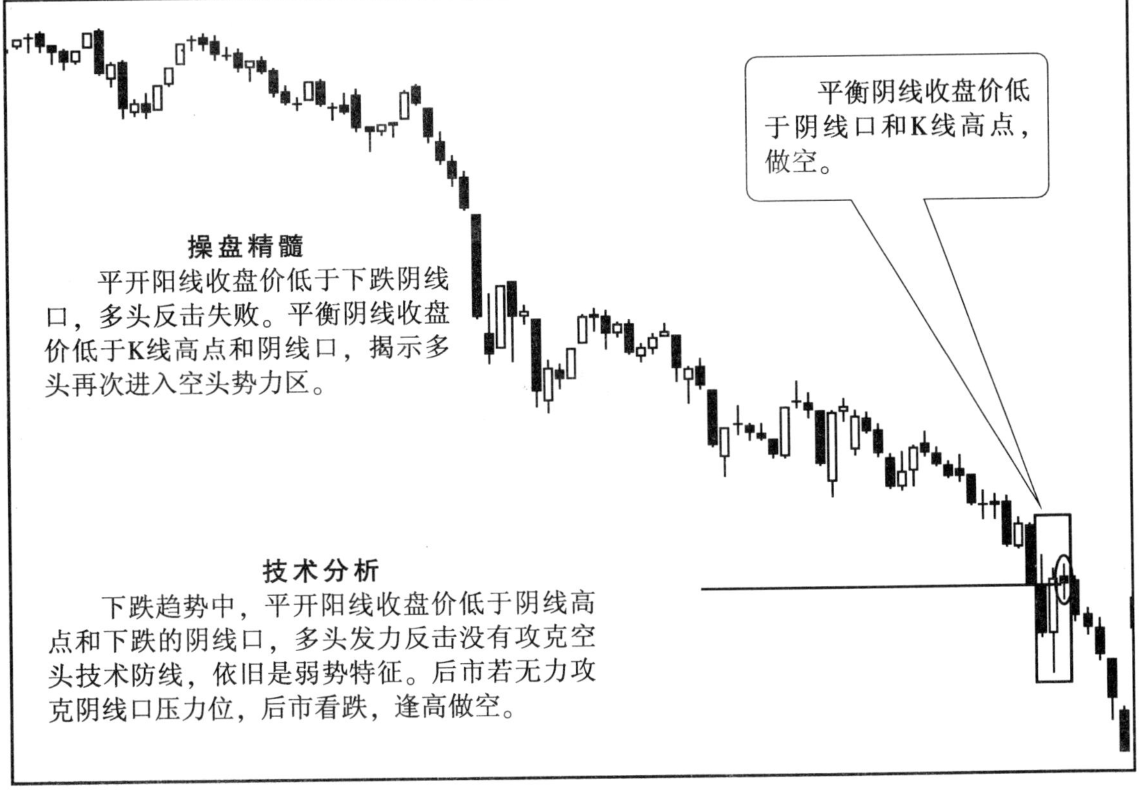

操盘精髓

平开阳线收盘价低于下跌阴线口，多头反击失败。平衡阴线收盘价低于K线高点和阴线口，揭示多头再次进入空头势力区。

技术分析

下跌趋势中，平开阳线收盘价低于阴线高点和下跌的阴线口，多头发力反击没有攻克空头技术防线，依旧是弱势特征。后市若无力攻克阴线口压力位，后市看跌，逢高做空。

操盘精髓

推动波中，前期平台突破后回踩平台支撑位，平衡阴线收盘价在发力阳线实体上部和承接盘下影上部收盘，展示空头打压无力，多头势力强。

技术分析

回吐至推动波多空争斗高点，发力阳线攻入阴K线承接盘留下的下影内，说明多头成功化解空头势力，强势特征成立。平衡阴线收盘在发力阳线实体上部和阴K线承接盘下影上部，技术含义展示空头乏力。

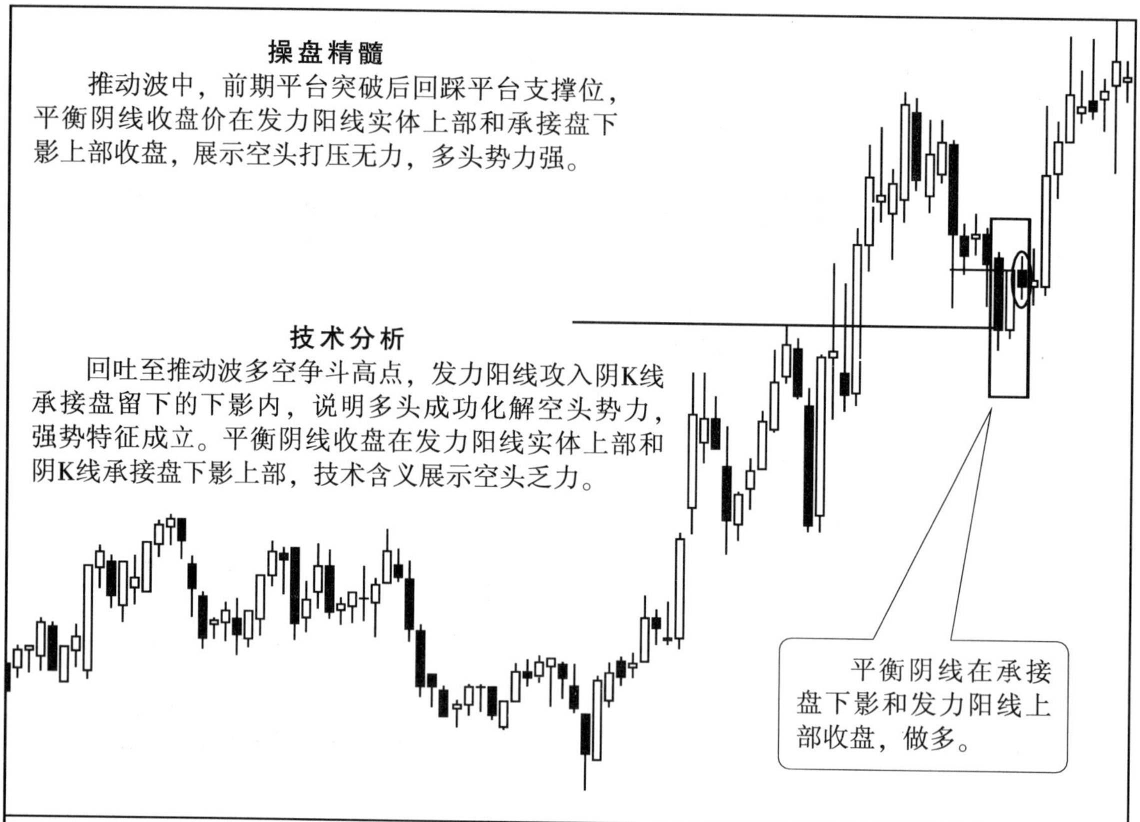

操盘精髓

高开发力阳线封阴线口，是强势特征，平衡阴线收盘价高于发力阳线实体中上部，空头下跌乏力。

技术分析

高开发力阳线封闭阴线口，空头防线失守，平衡阴线收盘价高于发力阳线实体中上部，说明空头乏力，支撑强。

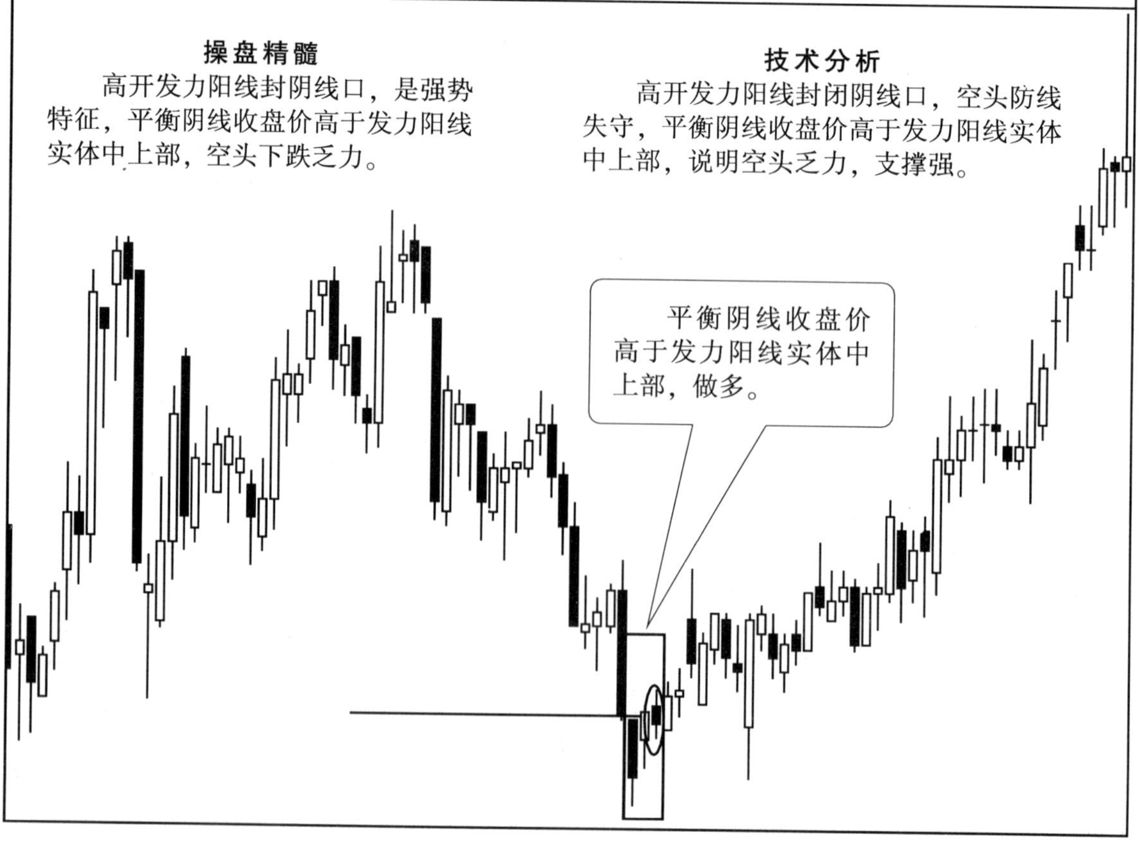

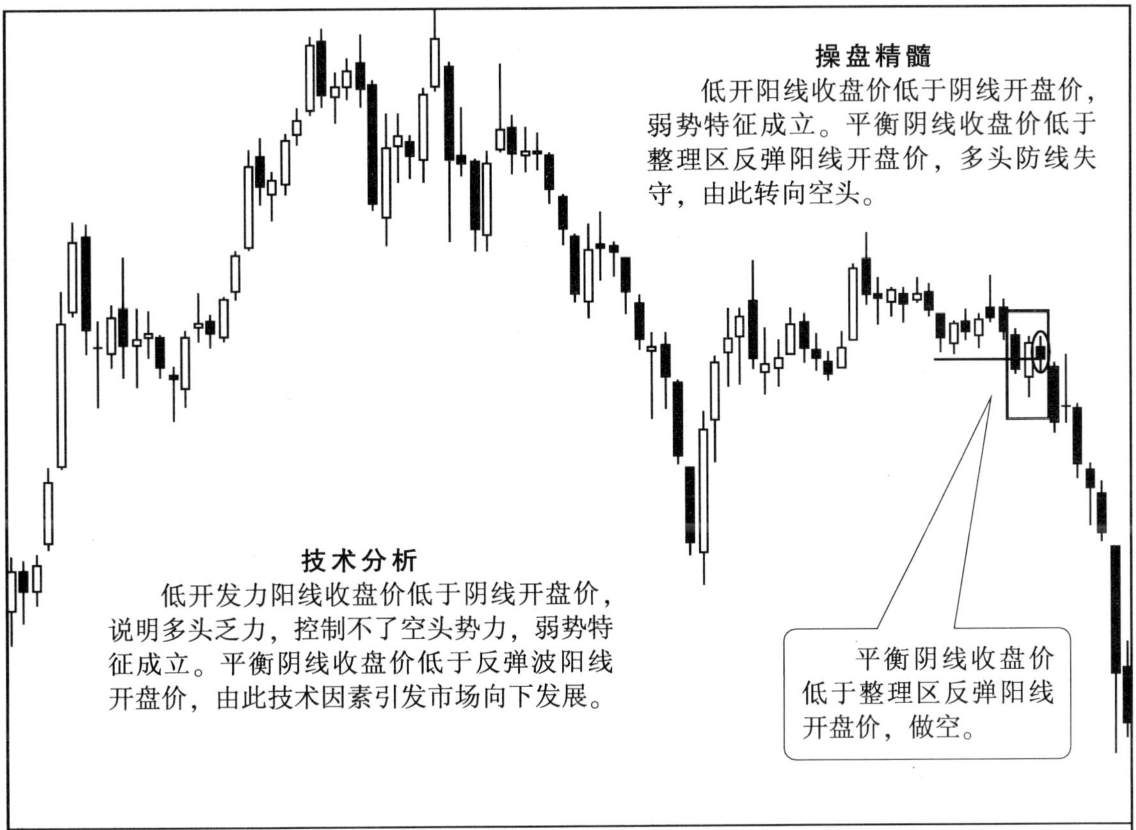

操盘精髓

低开阳线收盘价低于阴线开盘价，弱势特征成立。平衡阴线收盘价低于整理区反弹阳线开盘价，多头防线失守，由此转向空头。

技术分析

低开发力阳线收盘价低于阴线开盘价，说明多头乏力，控制不了空头势力，弱势特征成立。平衡阴线收盘价低于反弹波阳线开盘价，由此技术因素引发市场向下发展。

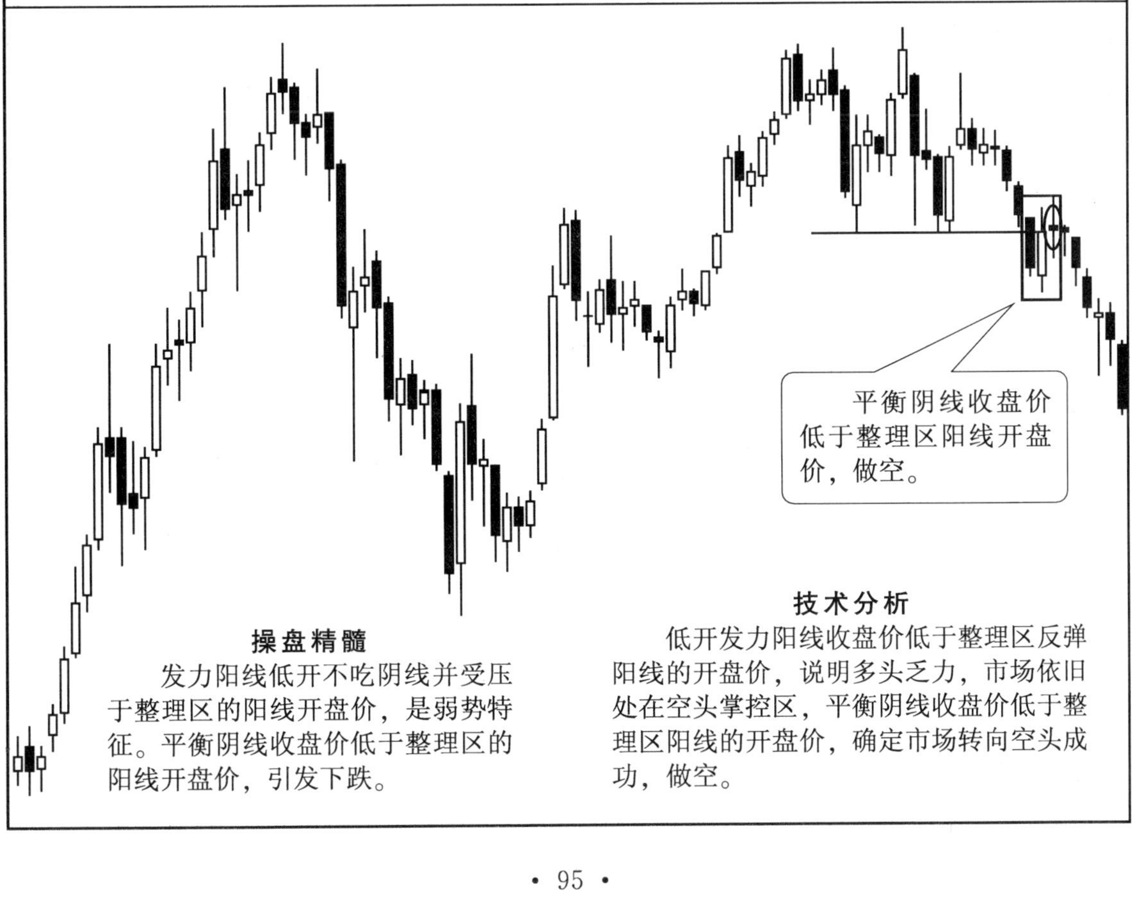

操盘精髓

发力阳线低开不吃阴线并受压于整理区的阳线开盘价，是弱势特征。平衡阴线收盘价低于整理区的阳线开盘价，引发下跌。

技术分析

低开发力阳线收盘价低于整理区反弹阳线的开盘价，说明多头乏力，市场依旧处在空头掌控区，平衡阴线收盘价低于整理区阳线的开盘价，确定市场转向空头成功，做空。

操盘精髓

左右阴线夹击一根阳线组合的右侧平衡阴线收盘价高于启动阳线收盘价，说明空头弱，多头支撑强。

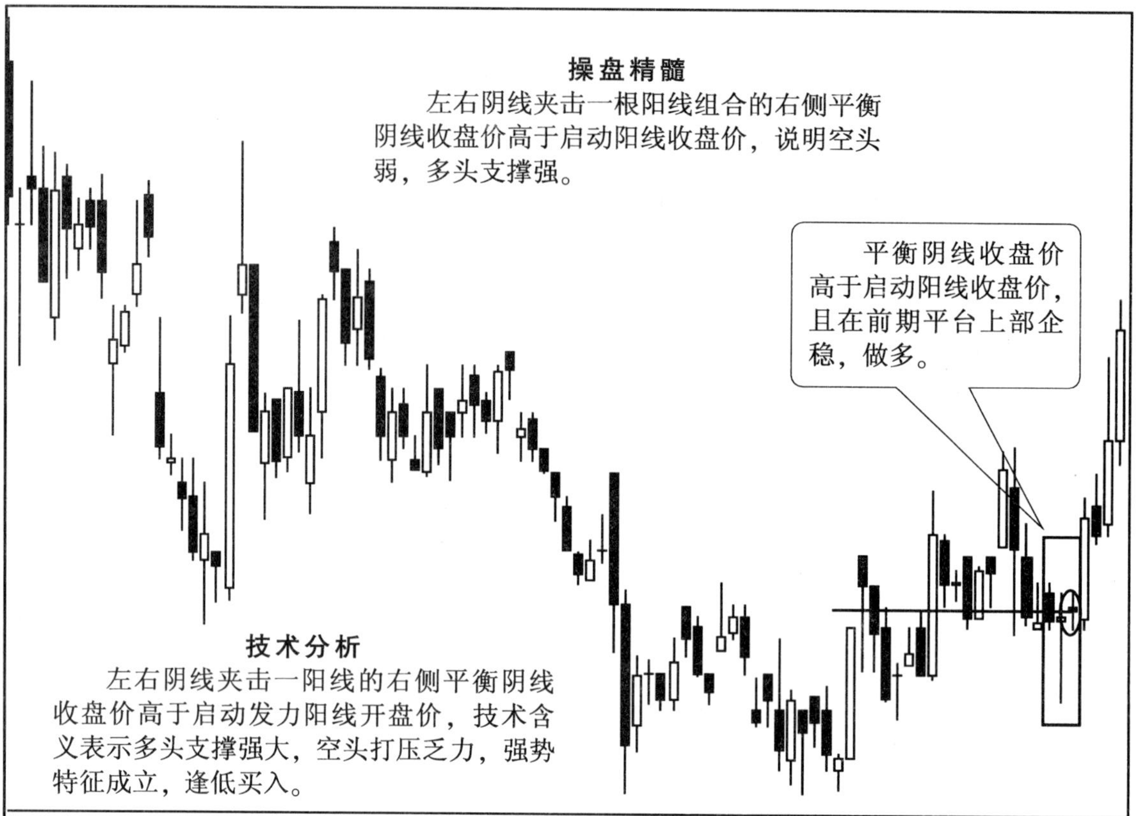

技术分析

左右阴线夹击一阳线的右侧平衡阴线收盘价高于启动发力阳线开盘价，技术含义表示多头支撑强大，空头打压乏力，强势特征成立，逢低买入。

操盘精髓

发力阳线实体上部整理，确定强势成立，左右阴线夹击一根阳线的右侧平衡阴线收盘价高于整理区阳线收盘价，买入。

技术分析

发力阳线实体上部整理是强势特征，左右阴线夹击一根阳线的右侧平衡阴线收盘价高于整理区阳线开盘价，说明空头弱，多头强。

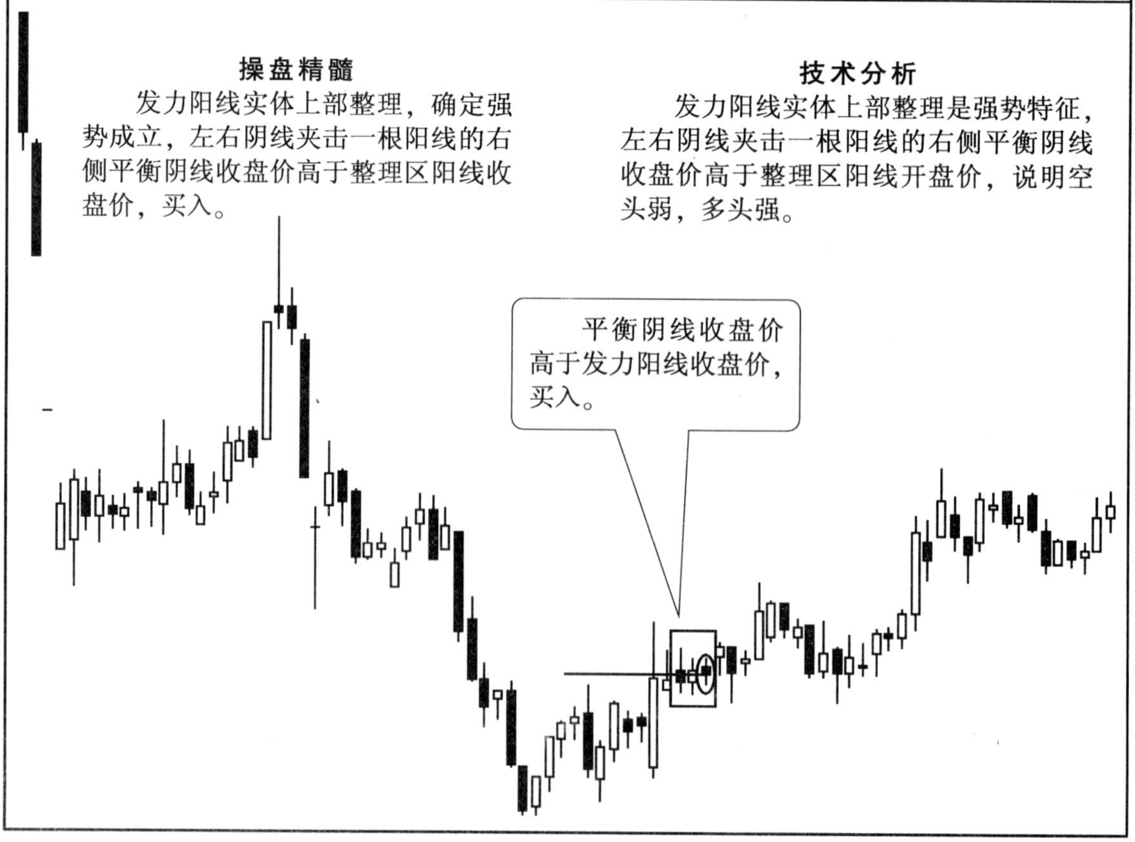

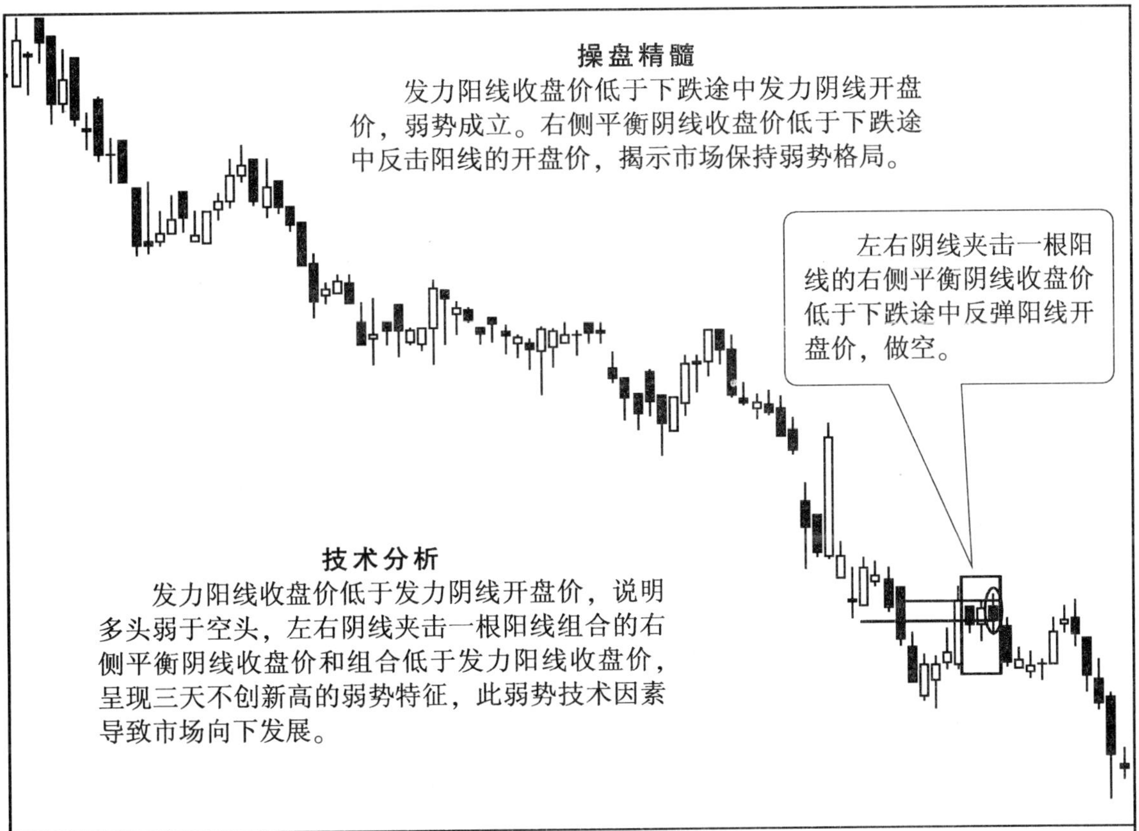

操盘精髓

发力阳线收盘价低于下跌途中发力阴线开盘价，弱势成立。右侧平衡阴线收盘价低于下跌途中反击阳线的开盘价，揭示市场保持弱势格局。

技术分析

发力阳线收盘价低于发力阴线开盘价，说明多头弱于空头，左右阴线夹击一根阳线组合的右侧平衡阴线收盘价和组合低于发力阳线收盘价，呈现三天不创新高的弱势特征，此弱势技术因素导致市场向下发展。

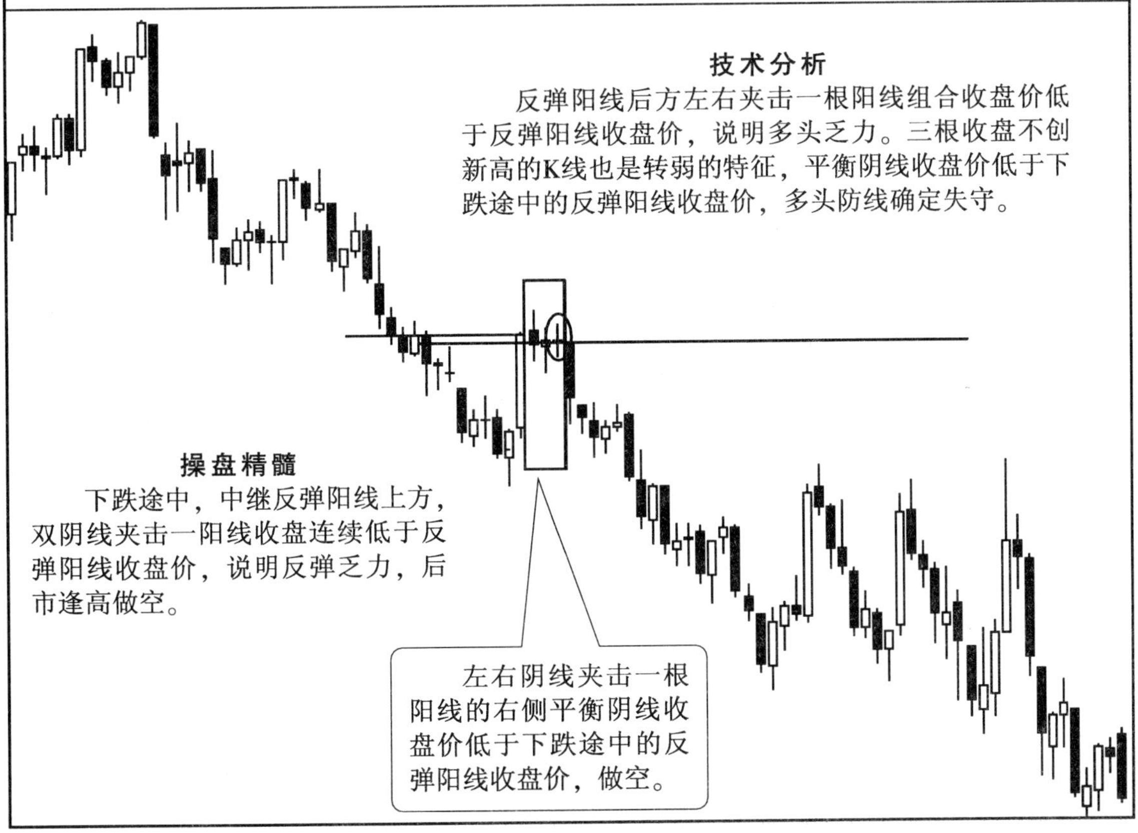

技术分析

反弹阳线后方左右夹击一根阳线组合收盘价低于反弹阳线收盘价，说明多头乏力。三根收盘不创新高的K线也是转弱的特征，平衡阴线收盘价低于下跌途中的反弹阳线收盘价，多头防线确定失守。

操盘精髓

下跌途中，中继反弹阳线上方，双阴线夹击一阳线收盘连续低于反弹阳线收盘价，说明反弹乏力，后市逢高做空。

操盘精髓

发力阳线占领整理区高点，确定强势成立，左右侧阴线夹击一根阳线组合的右侧平衡阴线收盘价高于启动所有阳线收盘价，是上涨的开始。

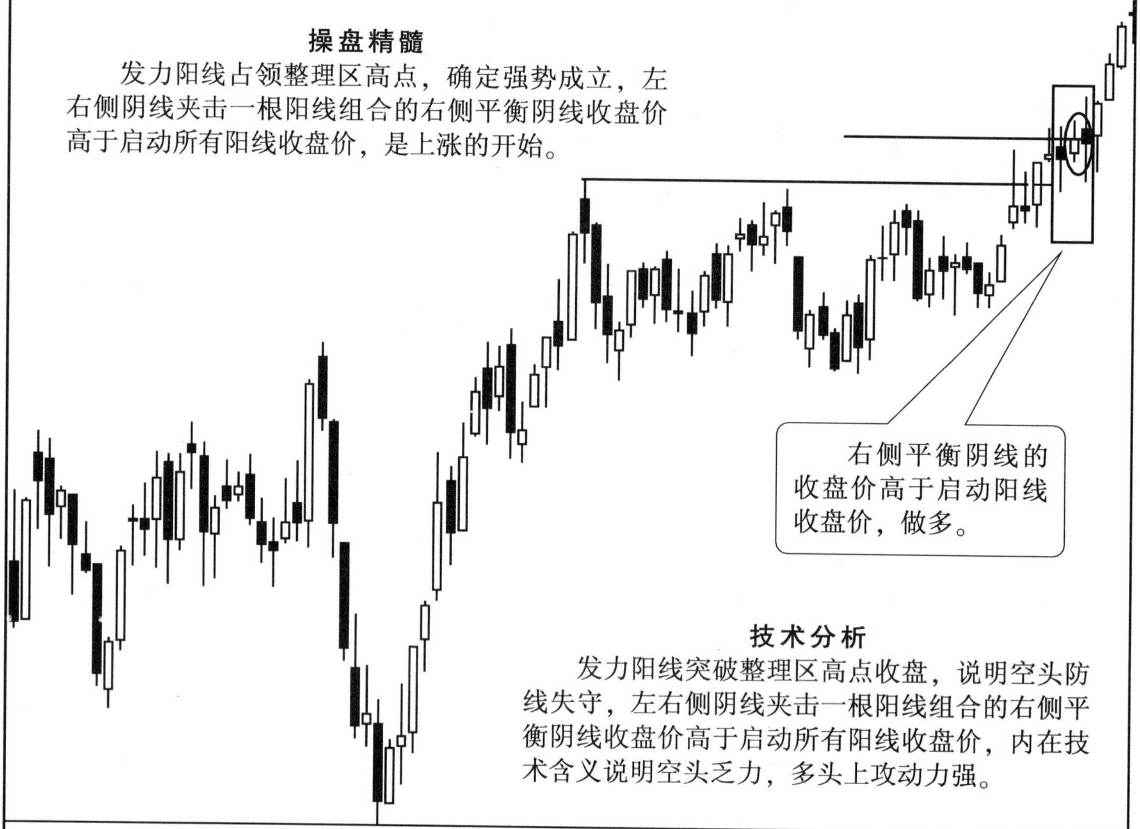

技术分析

发力阳线突破整理区高点收盘，说明空头防线失守，左右侧阴线夹击一根阳线组合的右侧平衡阴线收盘价高于启动所有阳线收盘价，内在技术含义说明空头乏力，多头上攻动力强。

技术分析

攻击波的发力阳线上部，左右阴线夹击一根阳线组合的右侧平衡阴线收盘价高于推动波线口，说明多头支撑强，后市继续看涨。

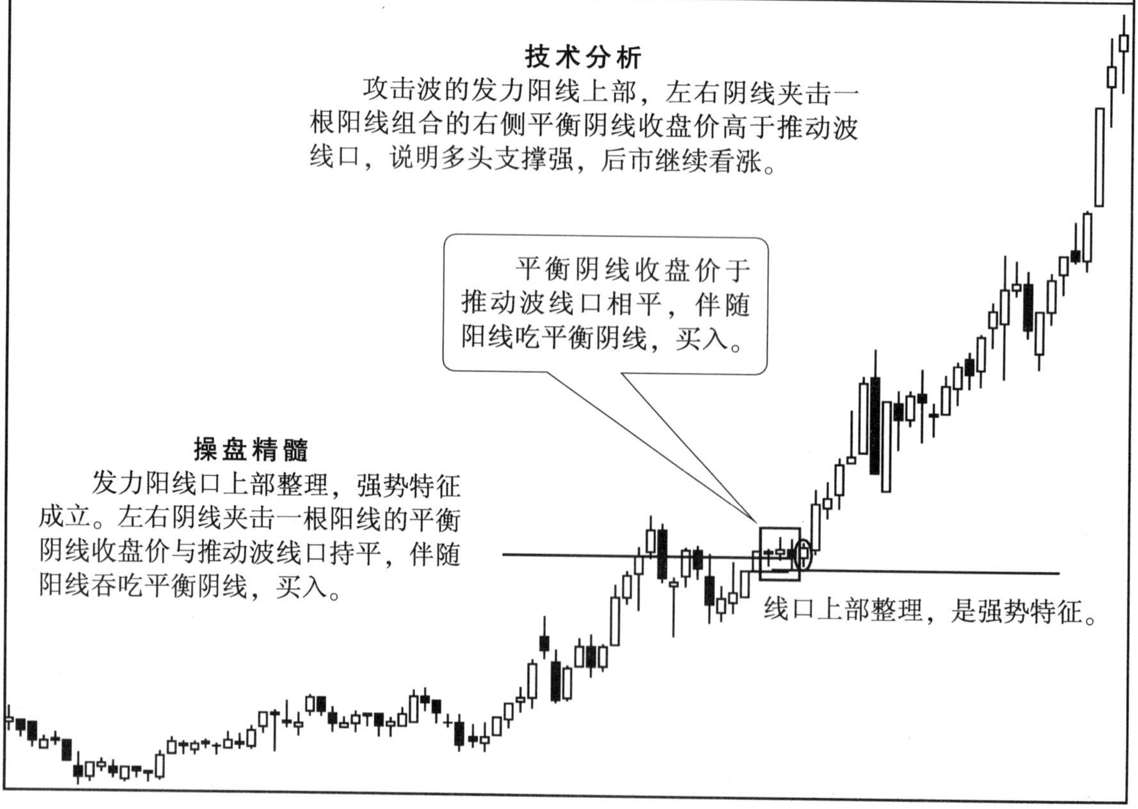

操盘精髓

发力阳线口上部整理，强势特征成立。左右阴线夹击一根阳线的平衡阴线收盘价与推动波线口持平，伴随阳线吞吃平衡阴线，买入。

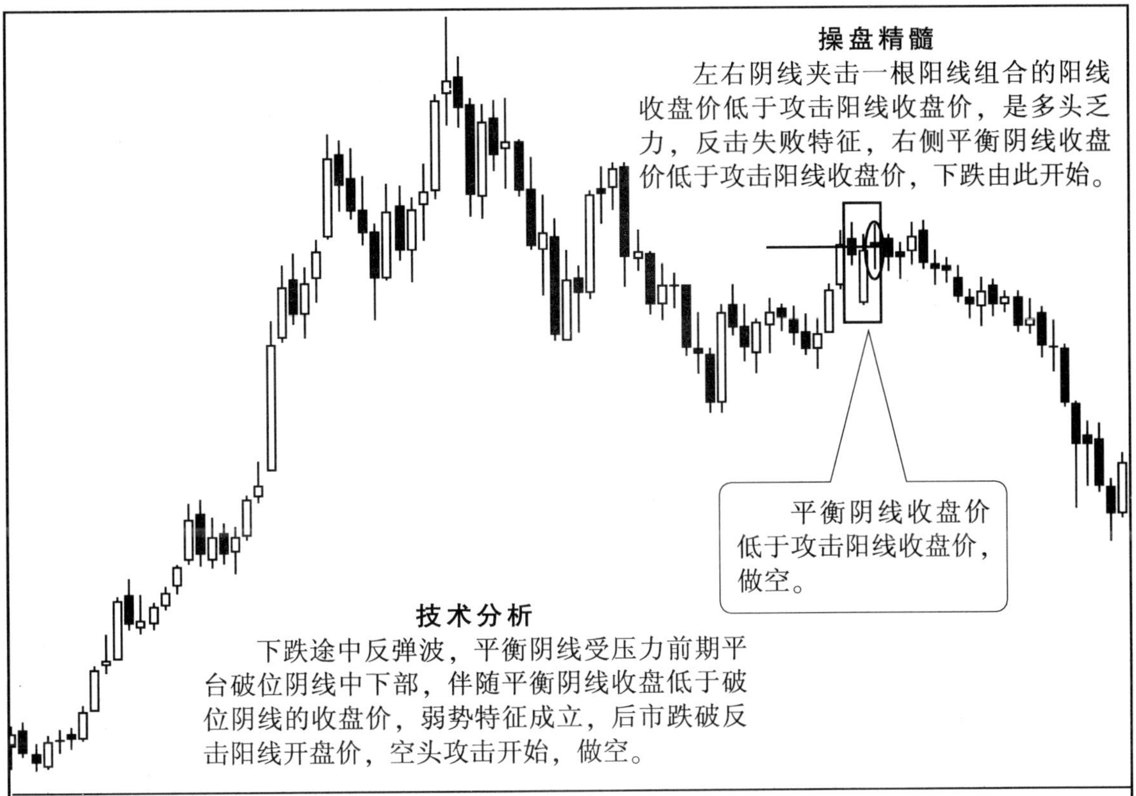
操盘精髓
左右阴线夹击一根阳线组合的阳线收盘价低于攻击阳线收盘价，是多头乏力，反击失败特征，右侧平衡阴线收盘价低于攻击阳线收盘价，下跌由此开始。
平衡阴线收盘价低于攻击阳线收盘价，做空。
技术分析
下跌途中反弹波，平衡阴线受压力前期平台破位阴线中下部，伴随平衡阴线收盘低于破位阴线的收盘价，弱势特征成立，后市跌破反击阳线开盘价，空头攻击开始，做空。

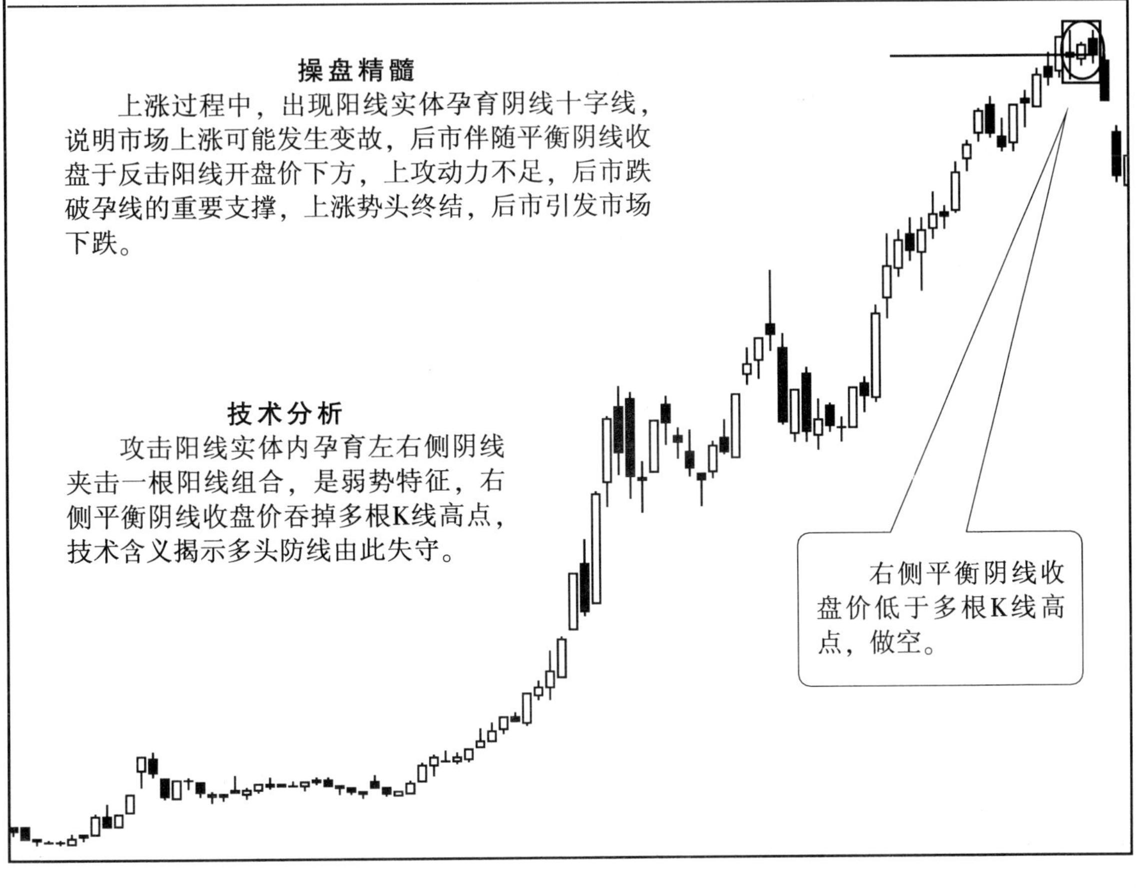
操盘精髓
上涨过程中，出现阳线实体孕育阴线十字线，说明市场上涨可能发生变故，后市伴随平衡阴线收盘于反击阳线开盘价下方，上攻动力不足，后市跌破孕线的重要支撑，上涨势头终结，后市引发市场下跌。
技术分析
攻击阳线实体内孕育左右侧阴线夹击一根阳线组合，是弱势特征，右侧平衡阴线收盘价吞掉多根K线高点，技术含义揭示多头防线由此失守。
右侧平衡阴线收盘价低于多根K线高点，做空。

技术分析

阳线实体内左右侧阴线夹击一根阳线组合的右侧平衡阴线收盘价高于双阴线口，说明空头下跌乏力，多头防线坚固，组合的中间阳线收盘价封闭阴线口，也是强势特征。

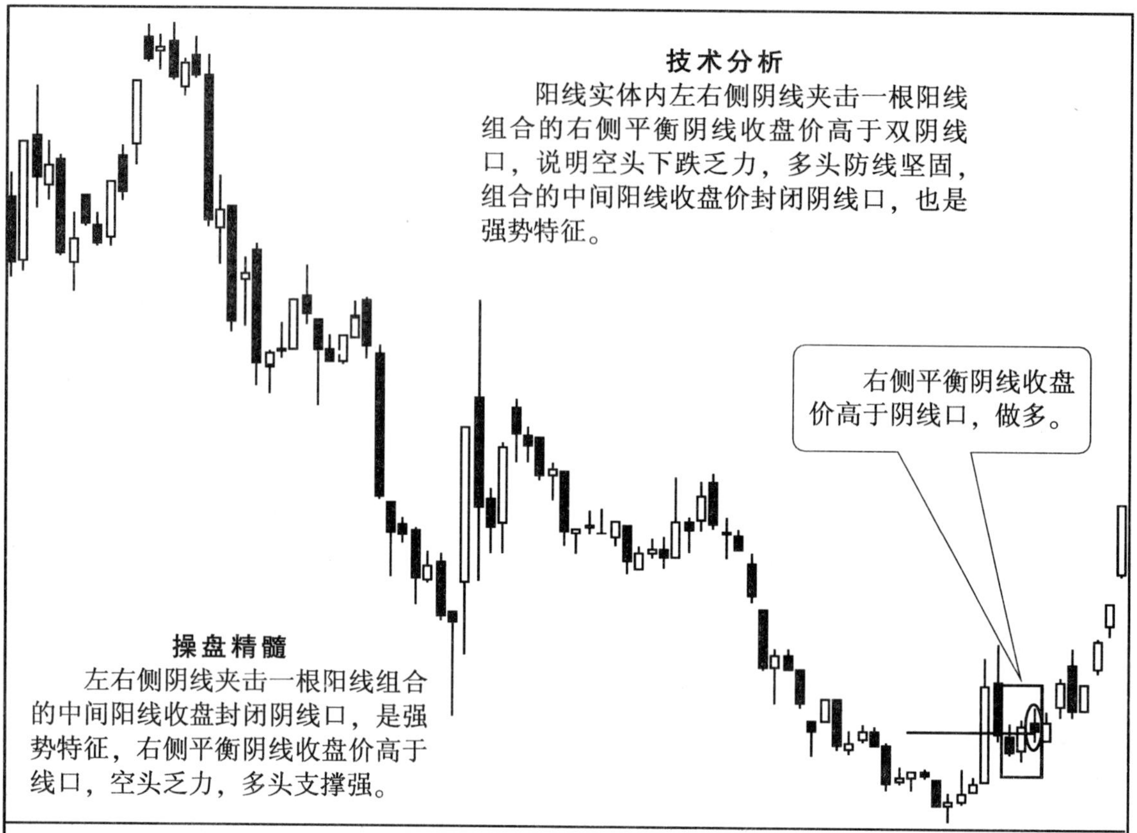

操盘精髓

左右侧阴线夹击一根阳线组合的中间阳线收盘封闭阴线口，是强势特征，右侧平衡阴线收盘价高于线口，空头乏力，多头支撑强。

操盘精髓

双底成立，出现左右侧阴线夹击一根阳线组合的右侧平衡阴线收盘价高于发力阳线收盘价，说明多头支撑强，空头乏力。

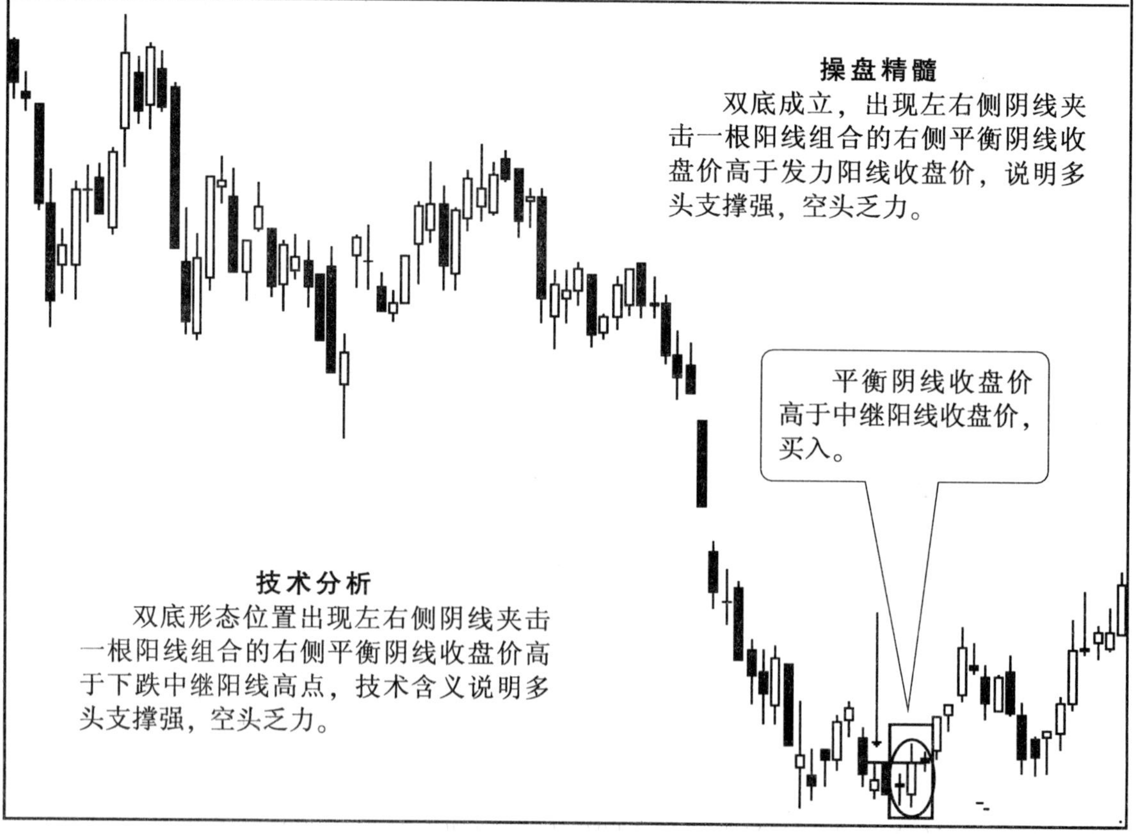

技术分析

双底形态位置出现左右侧阴线夹击一根阳线组合的右侧平衡阴线收盘价高于下跌中继阳线高点，技术含义说明多头支撑强，空头乏力。

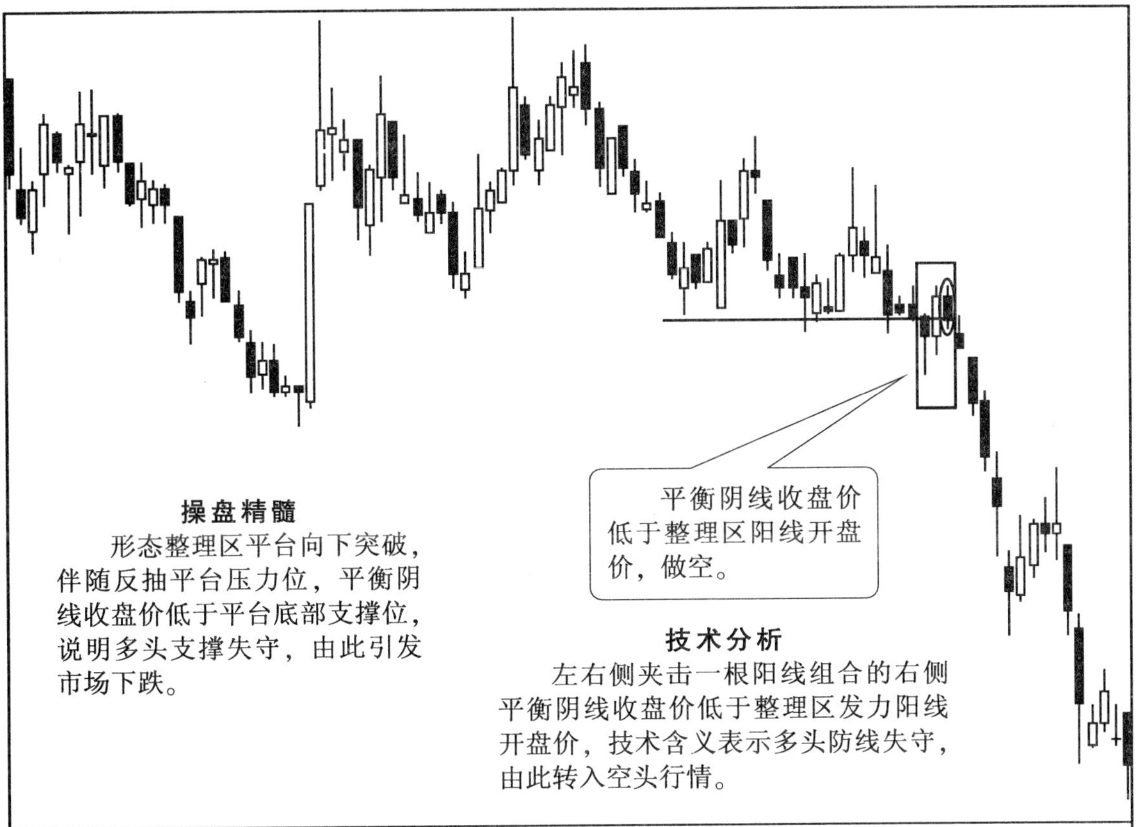

操盘精髓

形态整理区平台向下突破，伴随反抽平台压力位，平衡阴线收盘价低于平台底部支撑位，说明多头支撑失守，由此引发市场下跌。

技术分析

左右侧夹击一根阳线组合的右侧平衡阴线收盘价低于整理区发力阳线开盘价，技术含义表示多头防线失守，由此转入空头行情。

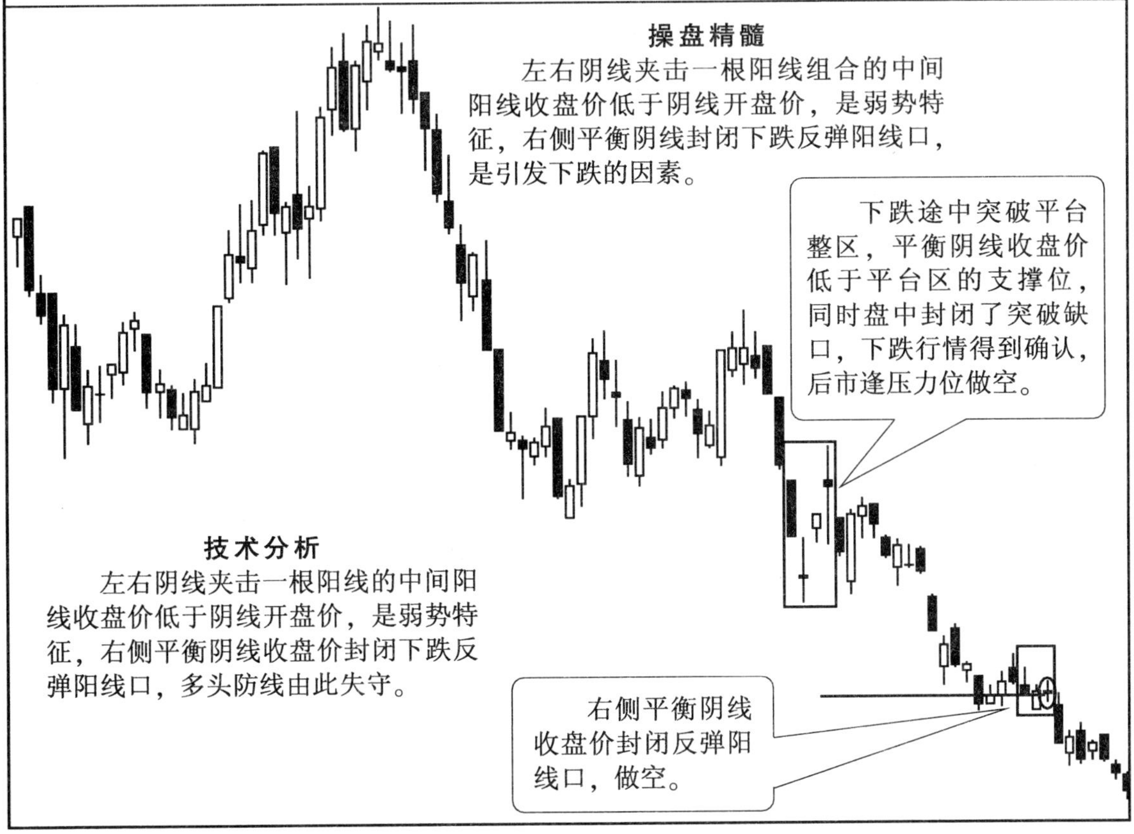

操盘精髓

左右阴线夹击一根阳线组合的中间阳线收盘价低于阴线开盘价，是弱势特征，右侧平衡阴线封闭下跌反弹阳线口，是引发下跌的因素。

技术分析

左右阴线夹击一根阳线的中间阳线收盘价低于阴线开盘价，是弱势特征，右侧平衡阴线收盘价封闭下跌反弹阳线口，多头防线由此失守。

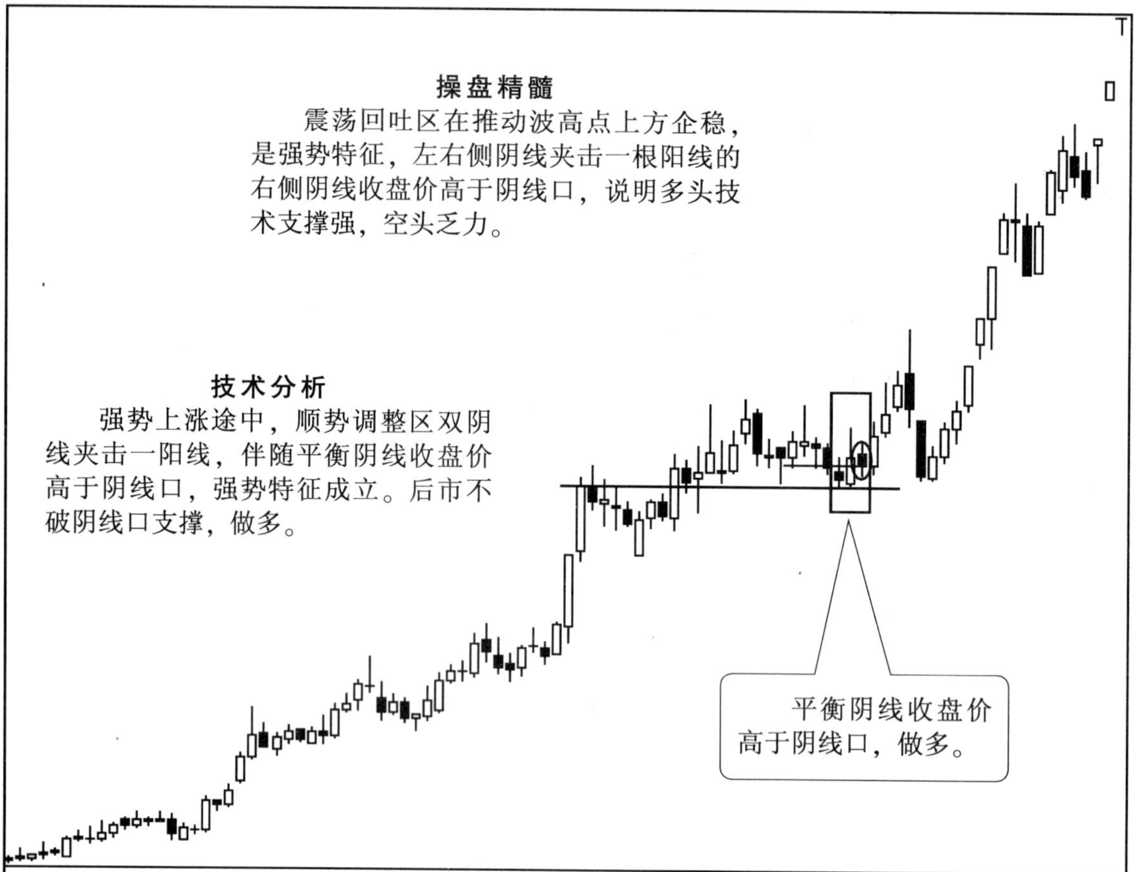

操盘精髓

震荡回吐区在推动波高点上方企稳，是强势特征，左右侧阴线夹击一根阳线的右侧阴线收盘价高于阴线口，说明多头技术支撑强，空头乏力。

技术分析

强势上涨途中，顺势调整区双阴线夹击一阳线，伴随平衡阴线收盘价高于阴线口，强势特征成立。后市不破阴线口支撑，做多。

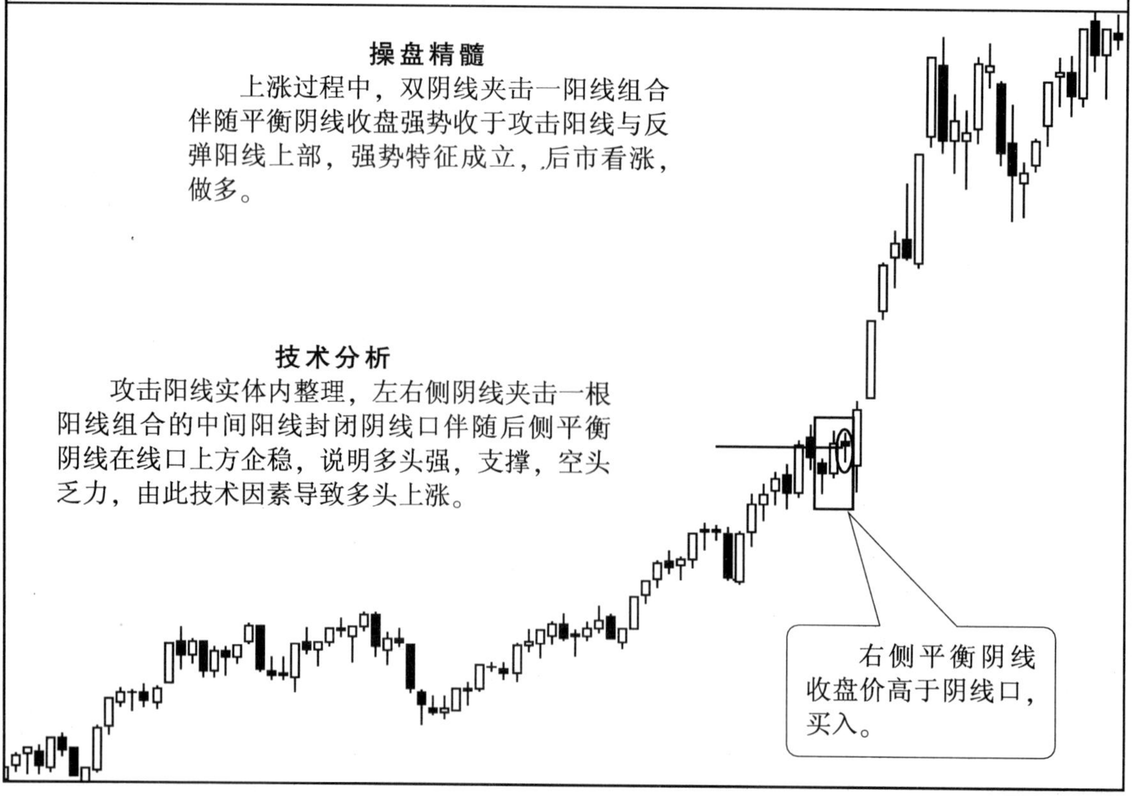

操盘精髓

上涨过程中，双阴线夹击一阳线组合伴随平衡阴线收盘强势收于攻击阳线与反弹阳线上部，强势特征成立，后市看涨，做多。

技术分析

攻击阳线实体内整理，左右侧阴线夹击一根阳线组合的中间阳线封闭阴线口伴随后侧平衡阴线在线口上方企稳，说明多头强，支撑，空头乏力，由此技术因素导致多头上涨。

操盘精髓

回吐期阴线下部左右阴线夹击一根阳线组合的右侧平衡阴线收盘价低于前反弹阳线开盘价，做空。

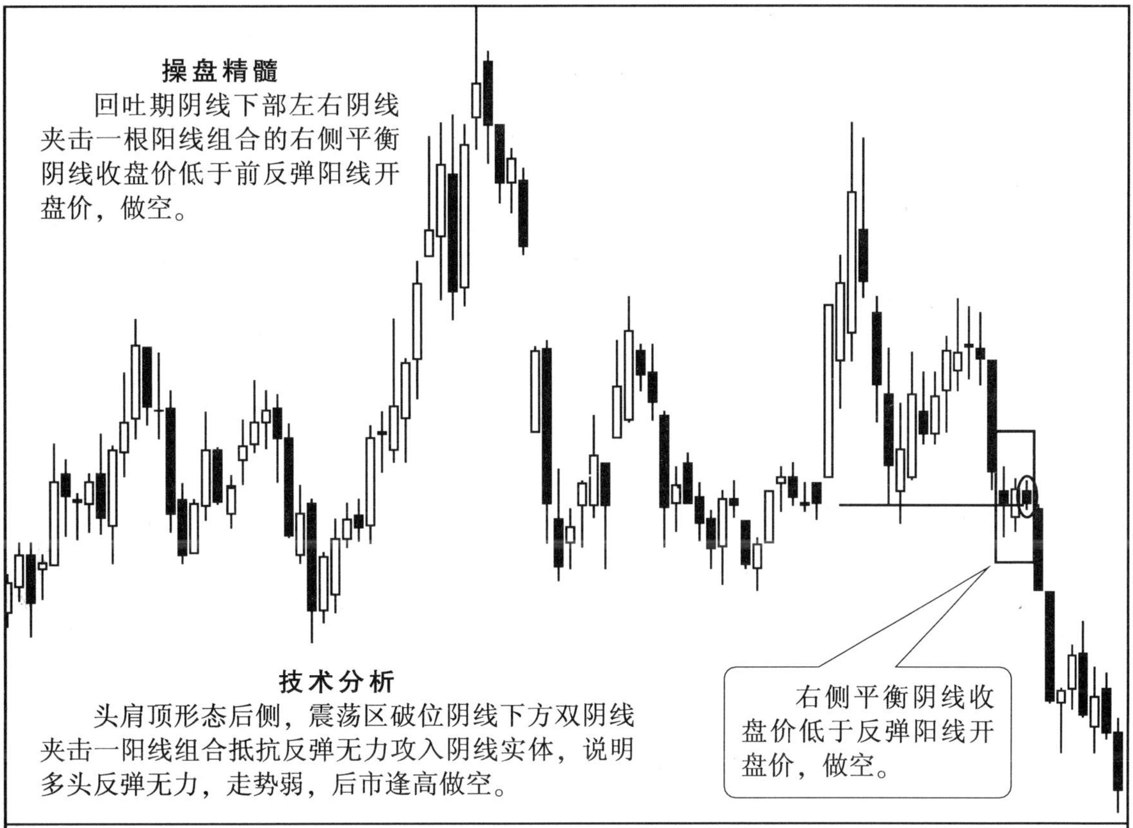

技术分析

头肩顶形态后侧，震荡区破位阴线下方双阴线夹击一阳线组合抵抗反弹无力攻入阴线实体，说明多头反弹无力，走势弱，后市逢高做空。

操盘精髓

阴线实体下部左右阴线夹击一根阳线组合的右侧阴线收盘价封闭反弹阳线前方的阴线口，做空。

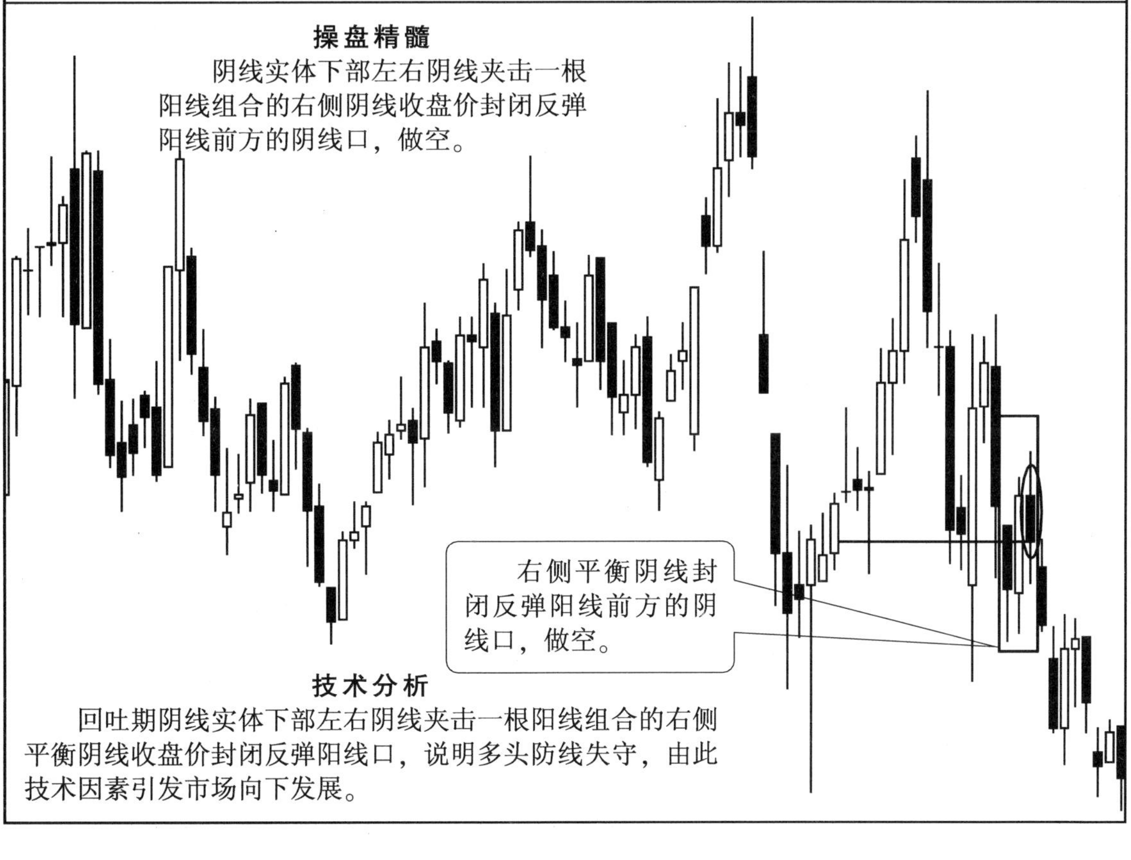

技术分析

回吐期阴线实体下部左右阴线夹击一根阳线组合的右侧平衡阴线收盘价封闭反弹阳线口，说明多头防线失守，由此技术因素引发市场向下发展。

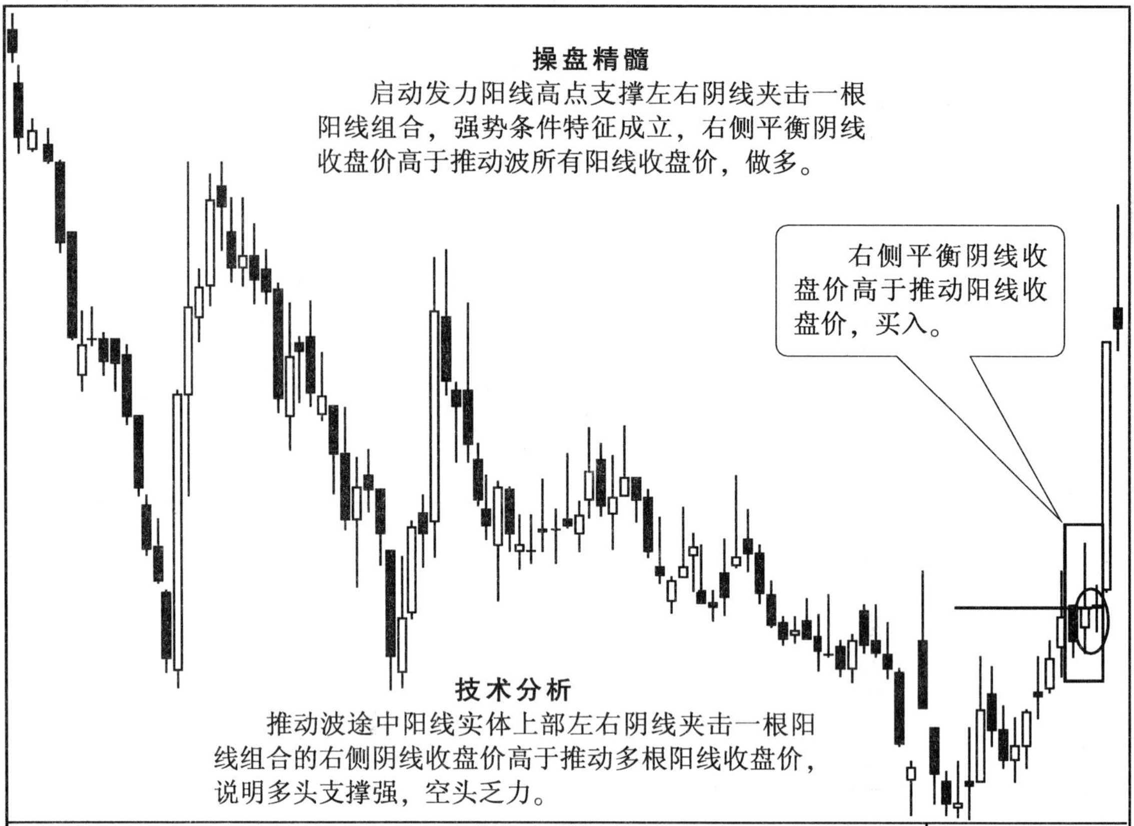

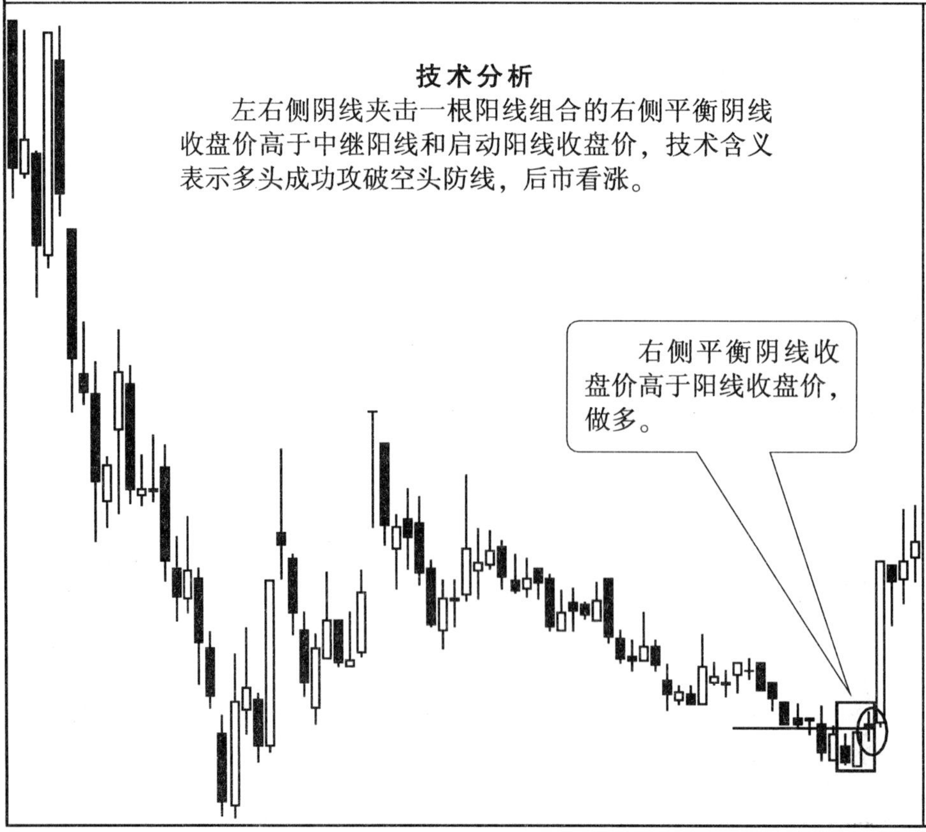

操盘精髓

右侧平衡阴线收盘价高于下跌中继阳线和启动阳线收盘价，强势特征成立，后市不破启动阳线开盘价，逢低做多。

操盘精髓

左右侧阴线夹击一根阳线组合的中间阳线收盘价低于前期高点，弱势特征成立，右侧平衡阴线收盘价低于整理区K线高点，说明高档空头强。

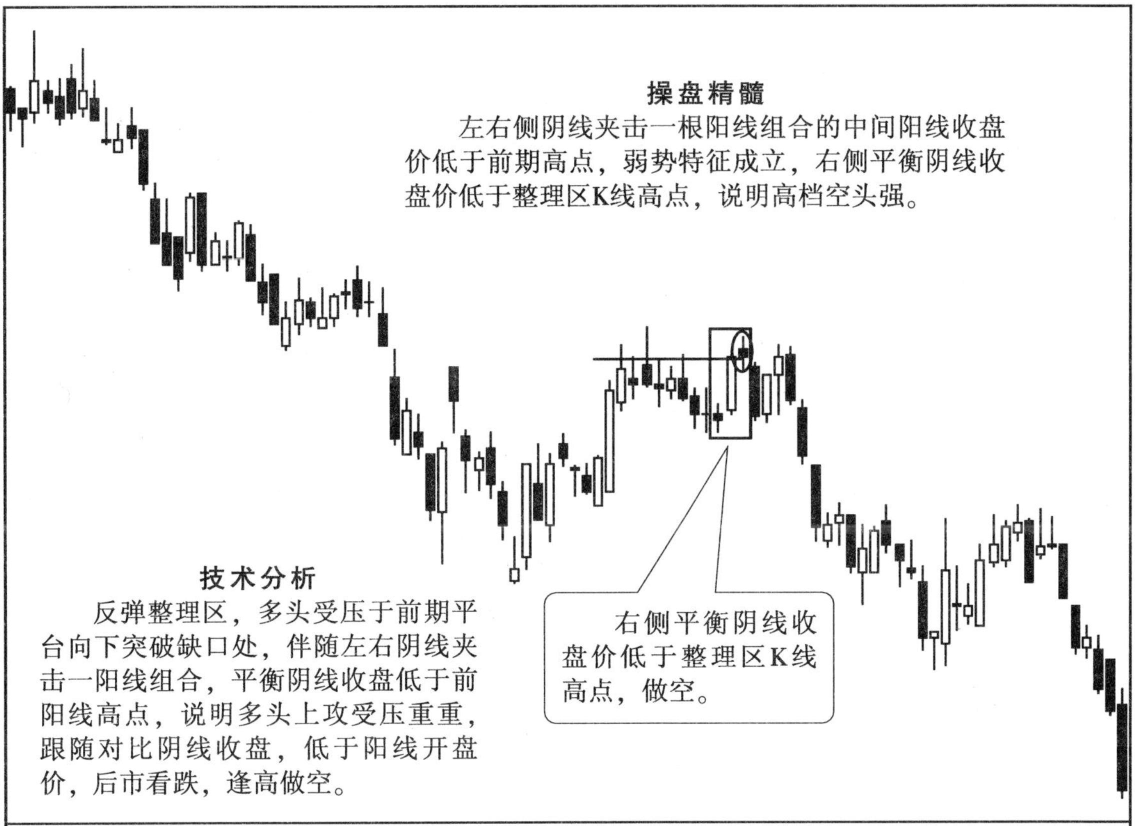

技术分析

反弹整理区，多头受压于前期平台向下突破缺口处，伴随左右阴线夹击一阳线组合，平衡阴线收盘低于前阳线高点，说明多头上攻受压重重，跟随对比阴线收盘，低于阳线开盘价，后市看跌，逢高做空。

操盘精髓

左右侧阴线夹击一根阳线组合的中间阳线收盘价低于下跌区整理平台高点，说明多头并无控制空头势力，右侧平衡阴线收盘价低于下跌区整理平台阳线开盘价，确定多头转弱，后市做空。

技术分析

左右侧阴线夹击一根阳线组合的右侧平衡阴线收盘价低于下跌平台区阳线开盘价，技术含义表明多头反弹受压，后市无力突破前期平台高点，逢高做空。

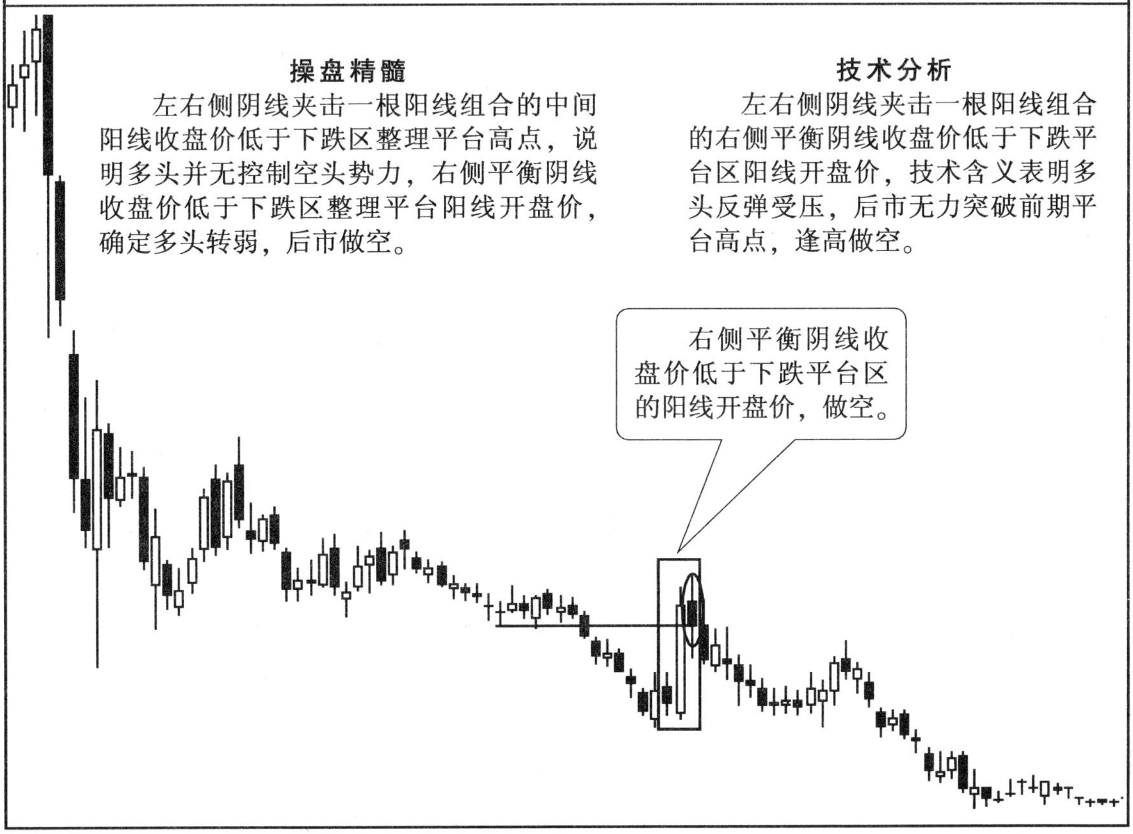

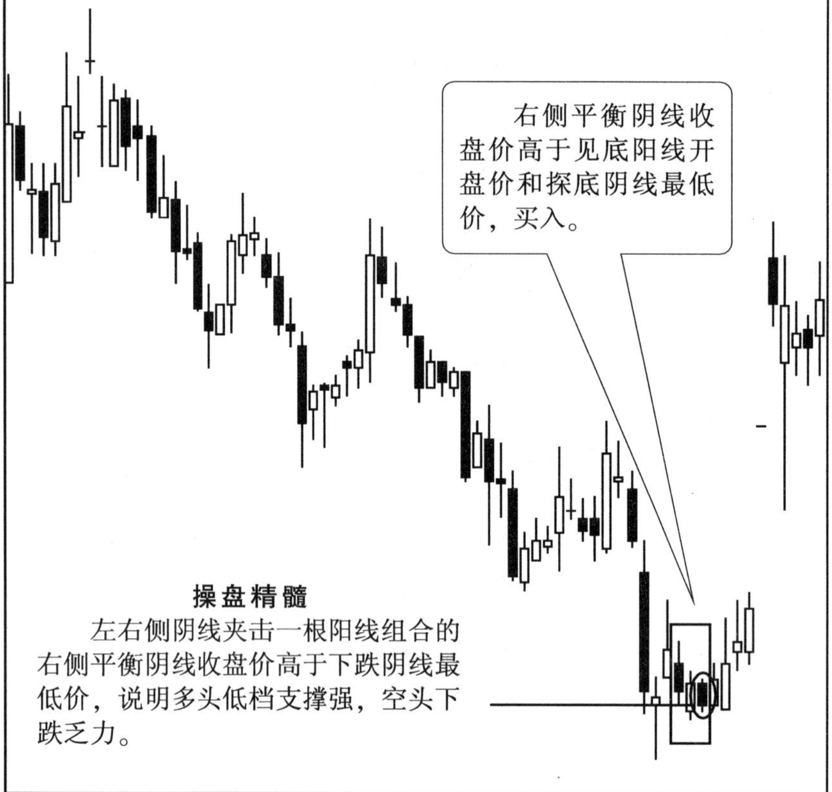

操盘精髓

左右侧阴线夹击一根阳线组合的右侧平衡阴线收盘价高于下跌阴线最低价，说明多头低档支撑强，空头下跌乏力。

技术分析

大阴线下部出现了多空交替争夺，奇迹般没有延续大阴线下跌。这样的看跌不跌反常现象，其实已告诉市场空头有问题了。

左右侧阴线夹击一根阳线组合的右侧平衡阴线收盘价高于下跌阴线低点，技术含义表明空头下跌乏力，多头防线坚固。

收盘价高于下跌趋势中的大阴线最低价，是即将转强的特征。

操盘精髓

三个底部抬高确定强势成立，双底形态呈现左右侧阴线夹击一根阳线组合的右侧阴线收盘价高于见底阳线的收盘价，说明多头势力转强，后市不破启动阳线开盘价，逢低做多。

技术分析

底部抬高市场转强，左右侧阴线夹击一根阳线组合的右侧阴线收盘价高于见底发力阳线收盘价，技术含义表示多头转强，空头下跌乏力。

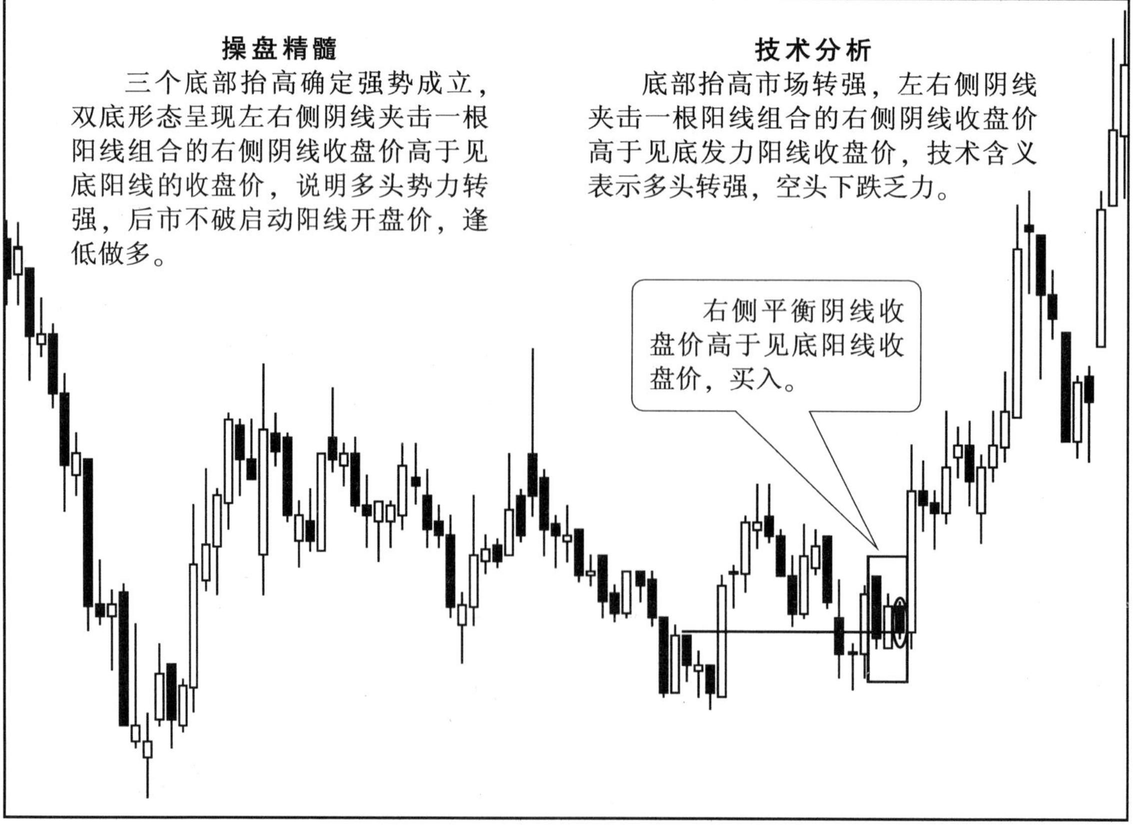

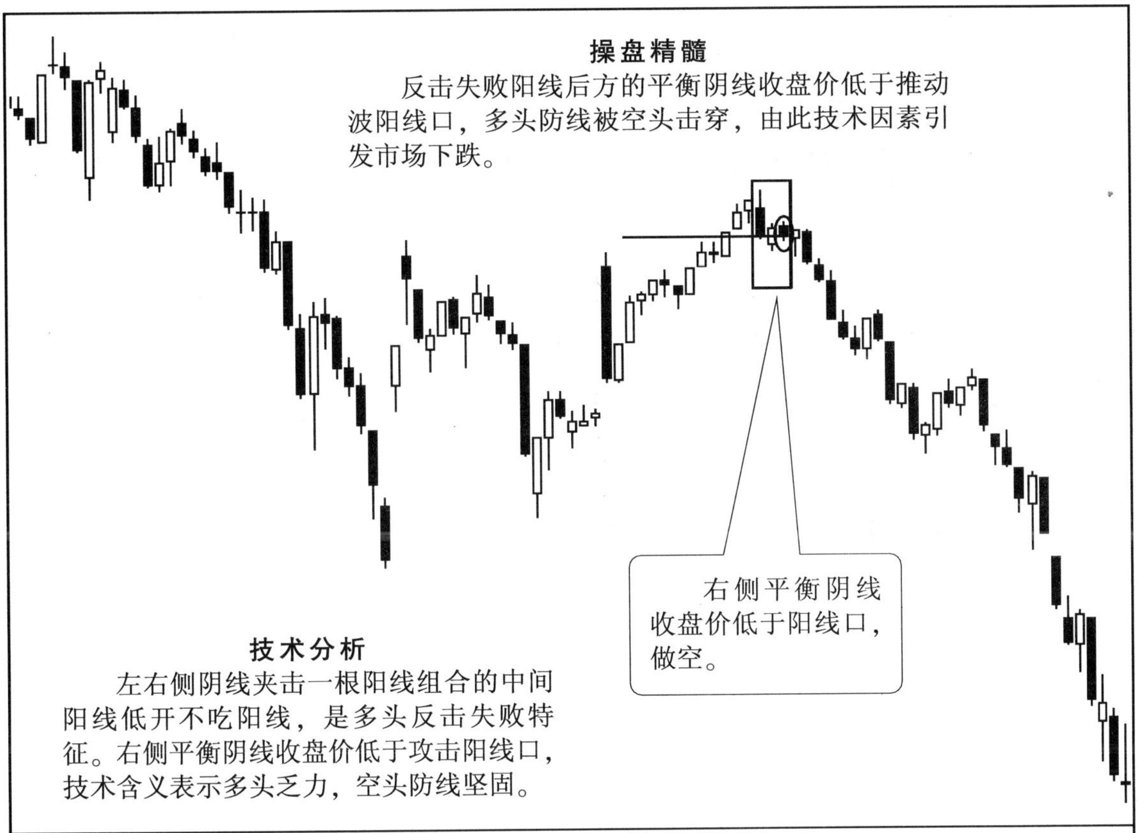

操盘精髓

反击失败阳线后方的平衡阴线收盘价低于推动波阳线口，多头防线被空头击穿，由此技术因素引发市场下跌。

技术分析

左右侧阴线夹击一根阳线组合的中间阳线低开不吃阳线，是多头反击失败特征。右侧平衡阴线收盘价低于攻击阳线口，技术含义表示多头乏力，空头防线坚固。

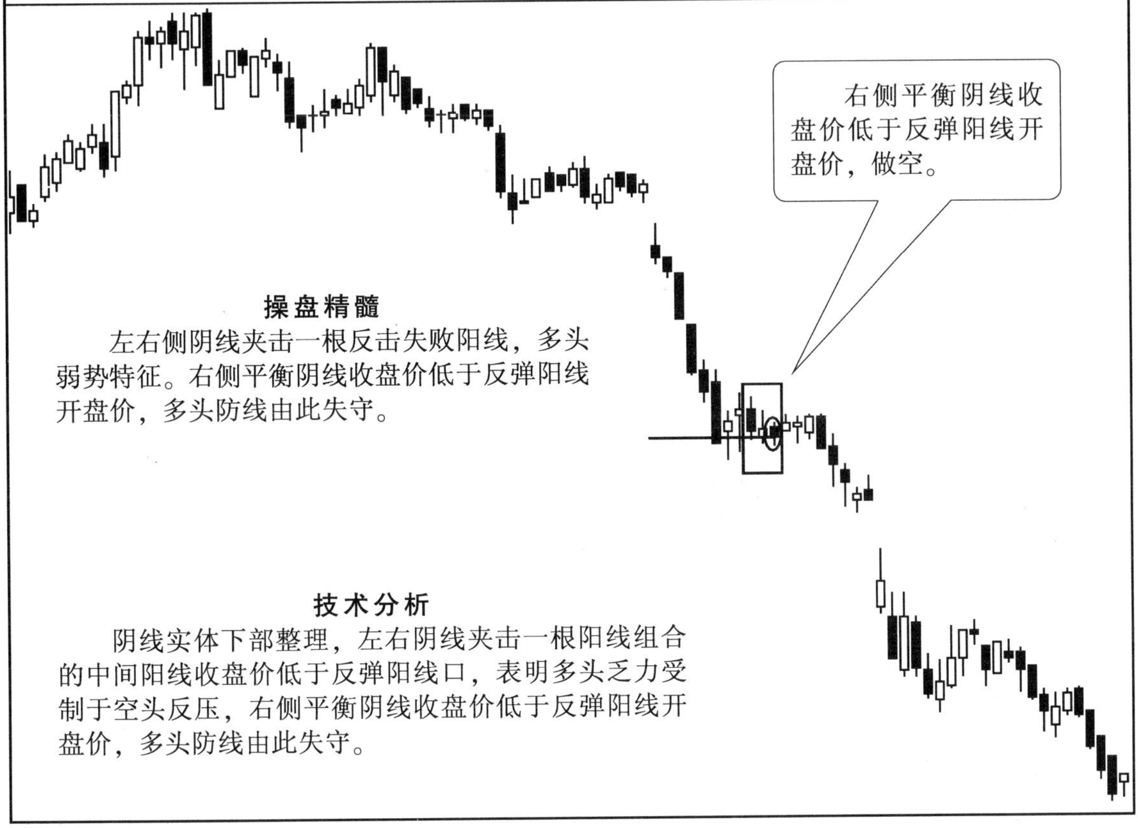

操盘精髓

左右侧阴线夹击一根反击失败阳线，多头弱势特征。右侧平衡阴线收盘价低于反弹阳线开盘价，多头防线由此失守。

技术分析

阴线实体下部整理，左右阴线夹击一根阳线组合的中间阳线收盘价低于反弹阳线口，表明多头乏力受制于空头反压，右侧平衡阴线收盘价低于反弹阳线开盘价，多头防线由此失守。

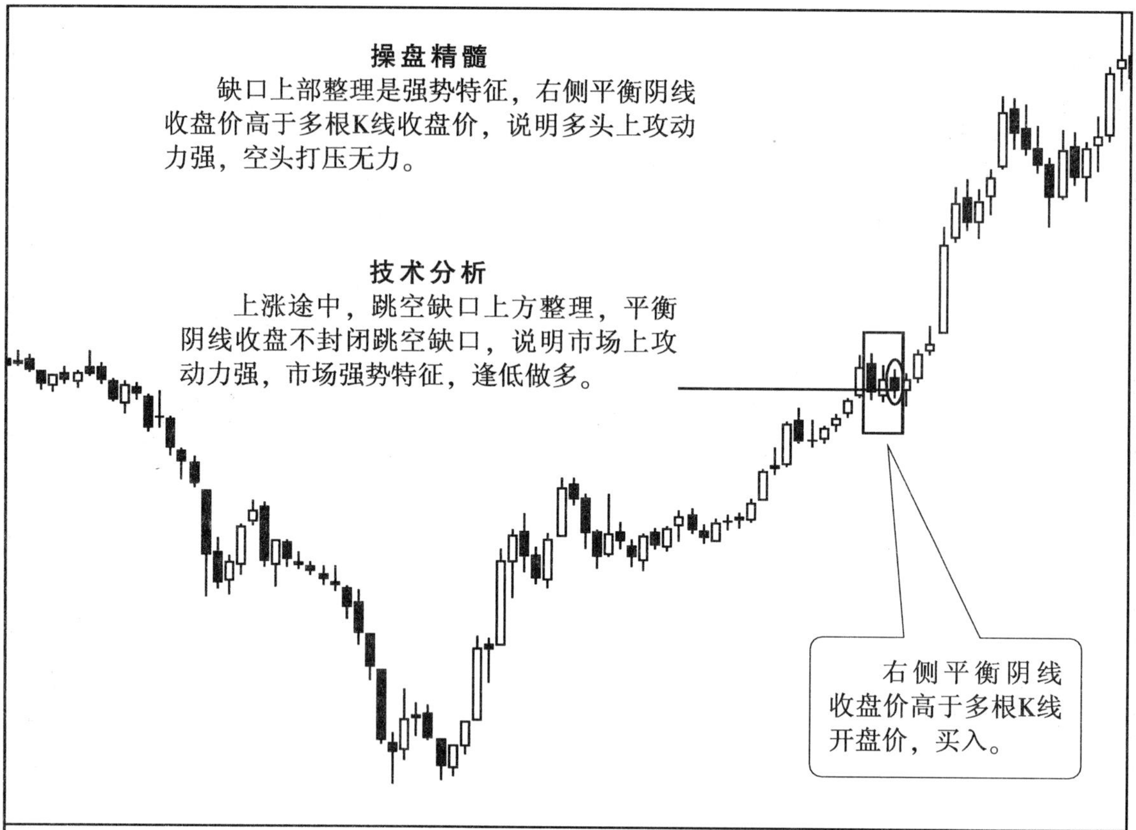
操盘精髓
缺口上部整理是强势特征，右侧平衡阴线收盘价高于多根K线收盘价，说明多头上攻动力强，空头打压无力。
技术分析
上涨途中，跳空缺口上方整理，平衡阴线收盘不封闭跳空缺口，说明市场上攻动力强，市场强势特征，逢低做多。
右侧平衡阴线收盘价高于多根K线开盘价，买入。

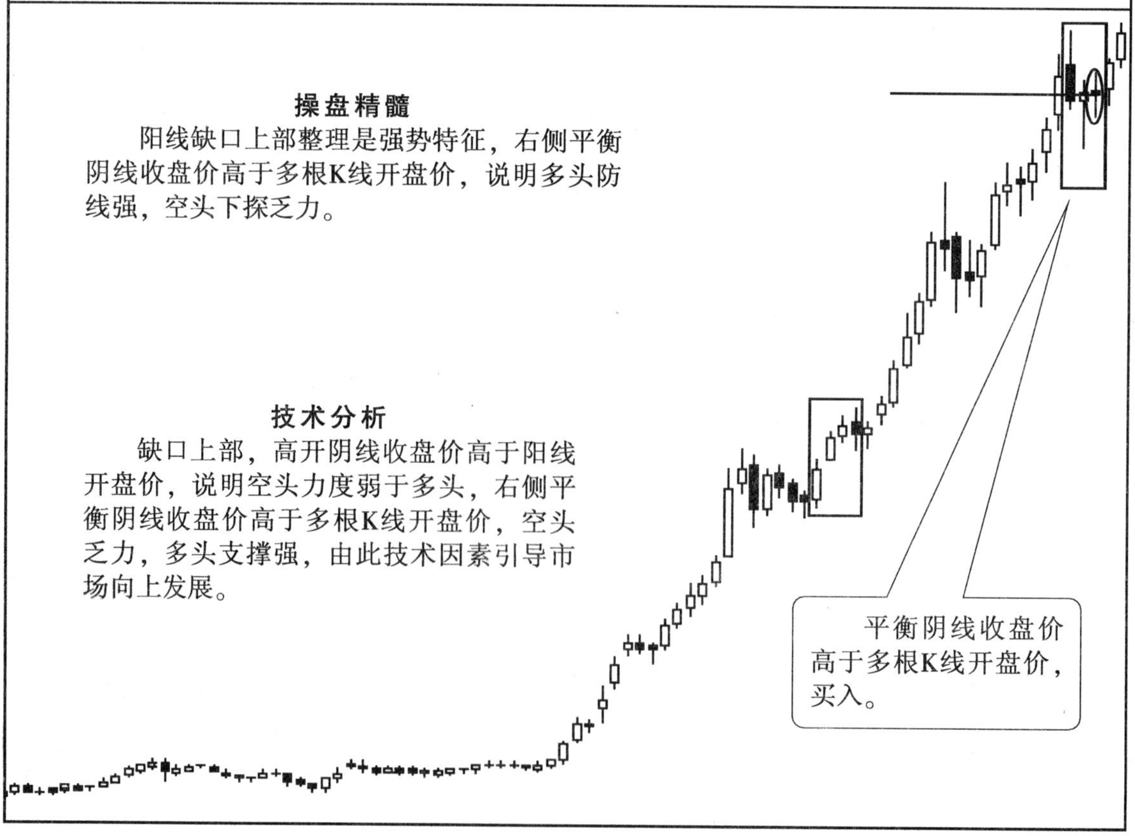
操盘精髓
阳线缺口上部整理是强势特征，右侧平衡阴线收盘价高于多根K线开盘价，说明多头防线强，空头下探乏力。
技术分析
缺口上部，高开阴线收盘价高于阳线开盘价，说明空头力度弱于多头，右侧平衡阴线收盘价高于多根K线开盘价，空头乏力，多头支撑强，由此技术因素引导市场向上发展。
平衡阴线收盘价高于多根K线开盘价，买入。

技术分析

推动波途中高开阴线收盘价封闭阳线口，多头防线因此失守。

反击阳线收盘价低于被阴线封闭的阳线口，说明多头反击乏力。

右侧平衡阴线收盘价低于多根K线开盘价，多头重要技术防线由此确认被有效击穿，顺势做空。

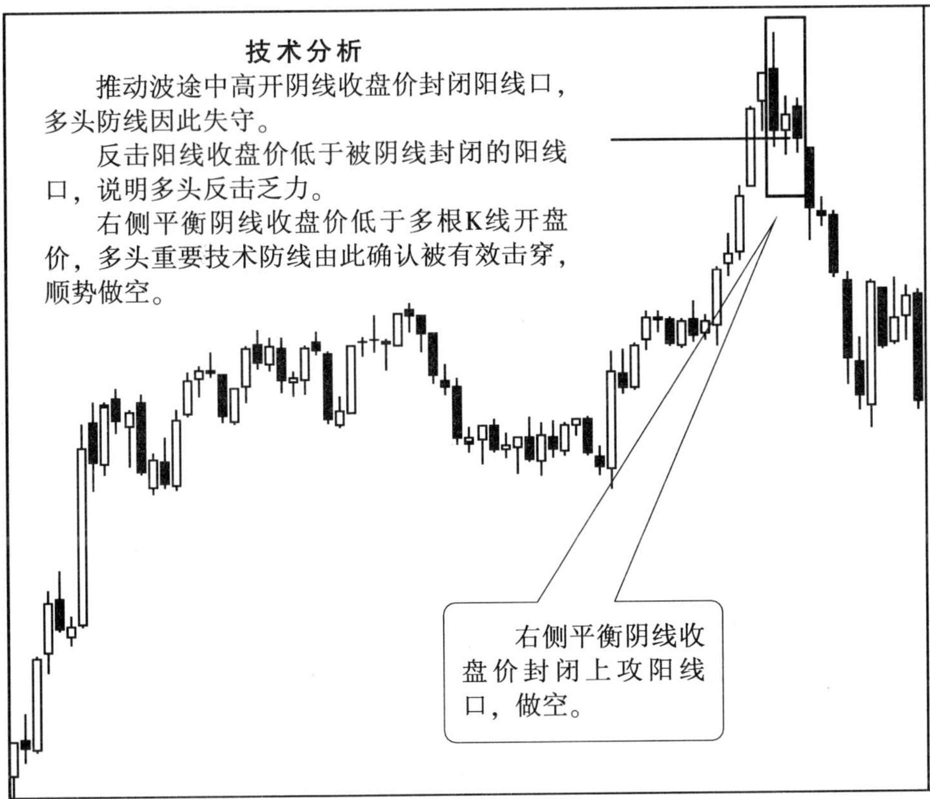

操盘精髓

攻击阳线口被阴线收盘价封闭，空头优势显现，右侧平衡阴线收盘价低于被阴线封闭的阳线口，确定多头转弱，后市看跌。

操盘精髓

一阴线吞吃多根反弹阳线，是市场转弱特征，低开反击阳线收盘价低于阴线实体一半，说明多头反弹乏力，右侧平衡阴线收盘价低于整理区阳线口，空头占据了市场主动权，后市看跌。

技术分析

三个高点弱势特征成立，一根阴线封闭多根K线口收盘，多头技术防线由此失守，反击阳线收盘价低于阴线实体中部收盘，多头乏力，右侧平衡阴线收盘价封闭整理区阳线口，确定空头击穿，多头支撑，市场由此转入下跌。

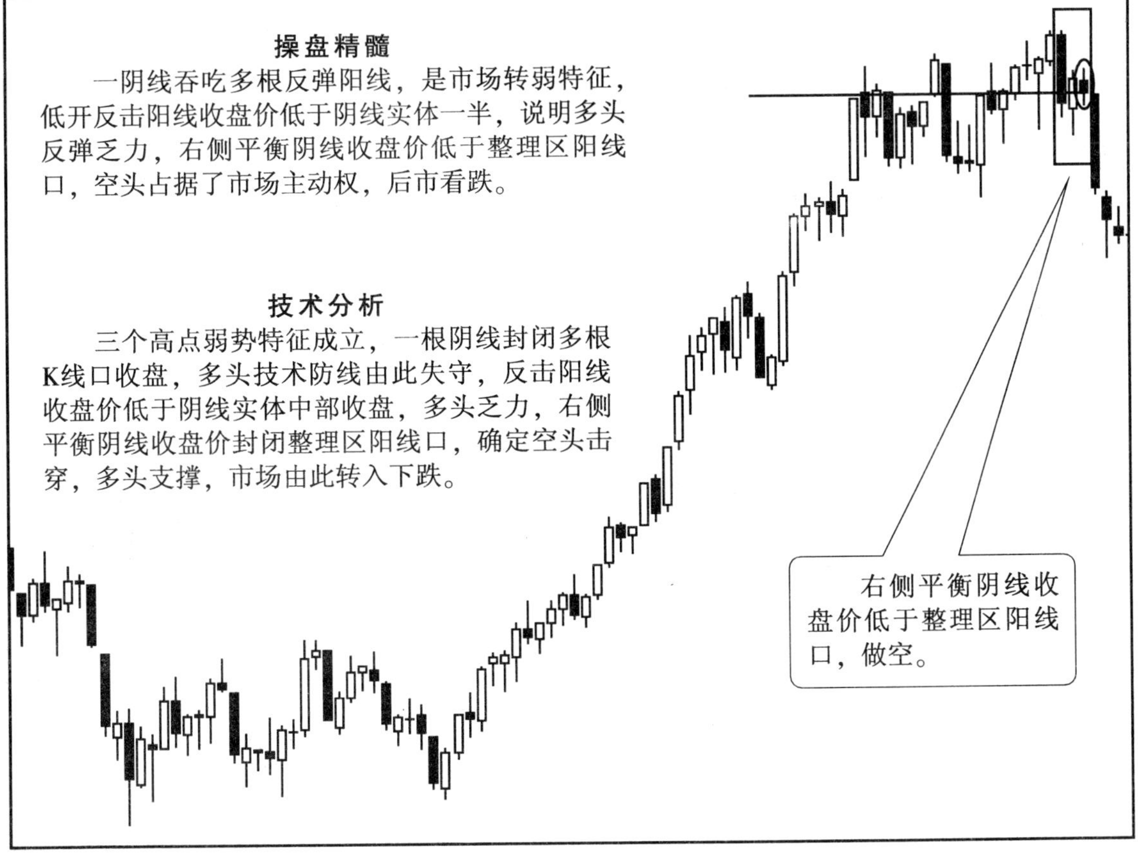

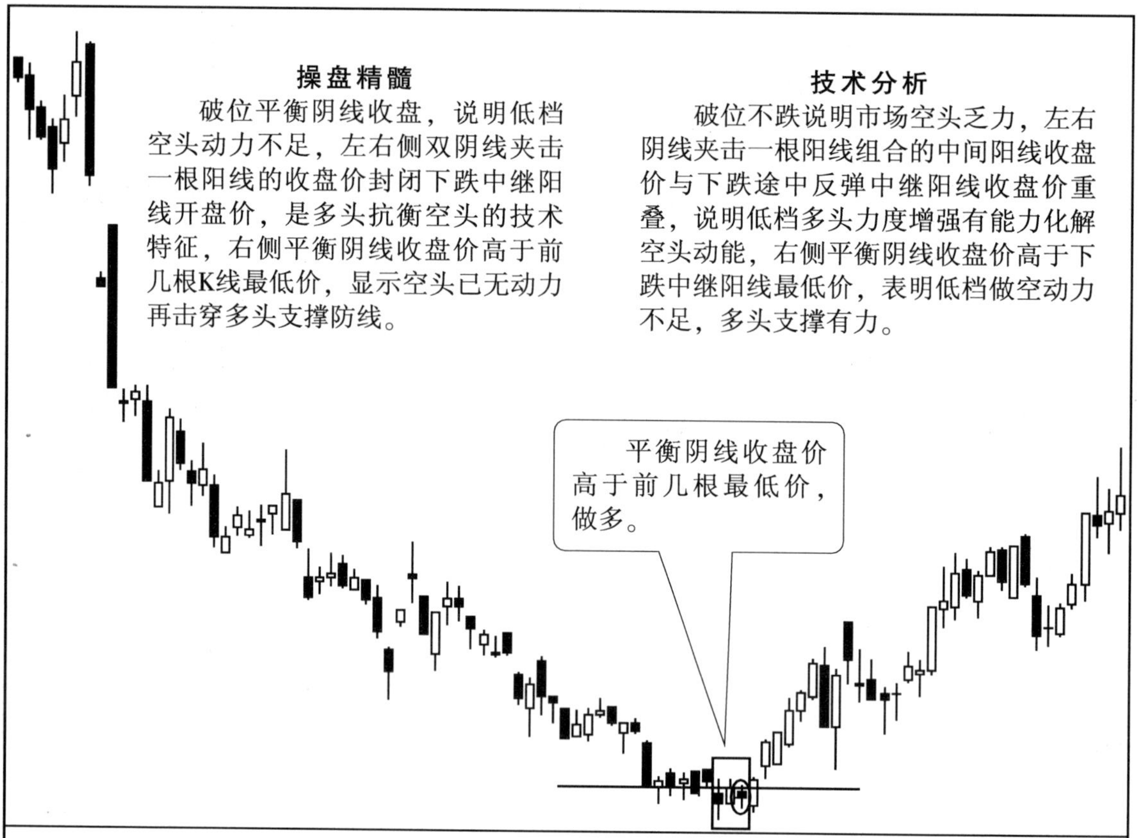

操盘精髓

破位平衡阴线收盘，说明低档空头动力不足，左右侧双阴线夹击一根阳线的收盘价封闭下跌中继阳线开盘价，是多头抗衡空头的技术特征，右侧平衡阴线收盘价高于前几根K线最低价，显示空头已无动力再击穿多头支撑防线。

技术分析

破位不跌说明市场空头乏力，左右阴线夹击一根阳线组合的中间阳线收盘价与下跌途中反弹中继阳线收盘价重叠，说明低档多头力度增强有能力化解空头动能，右侧平衡阴线收盘价高于下跌中继阳线最低价，表明低档做空动力不足，多头支撑有力。

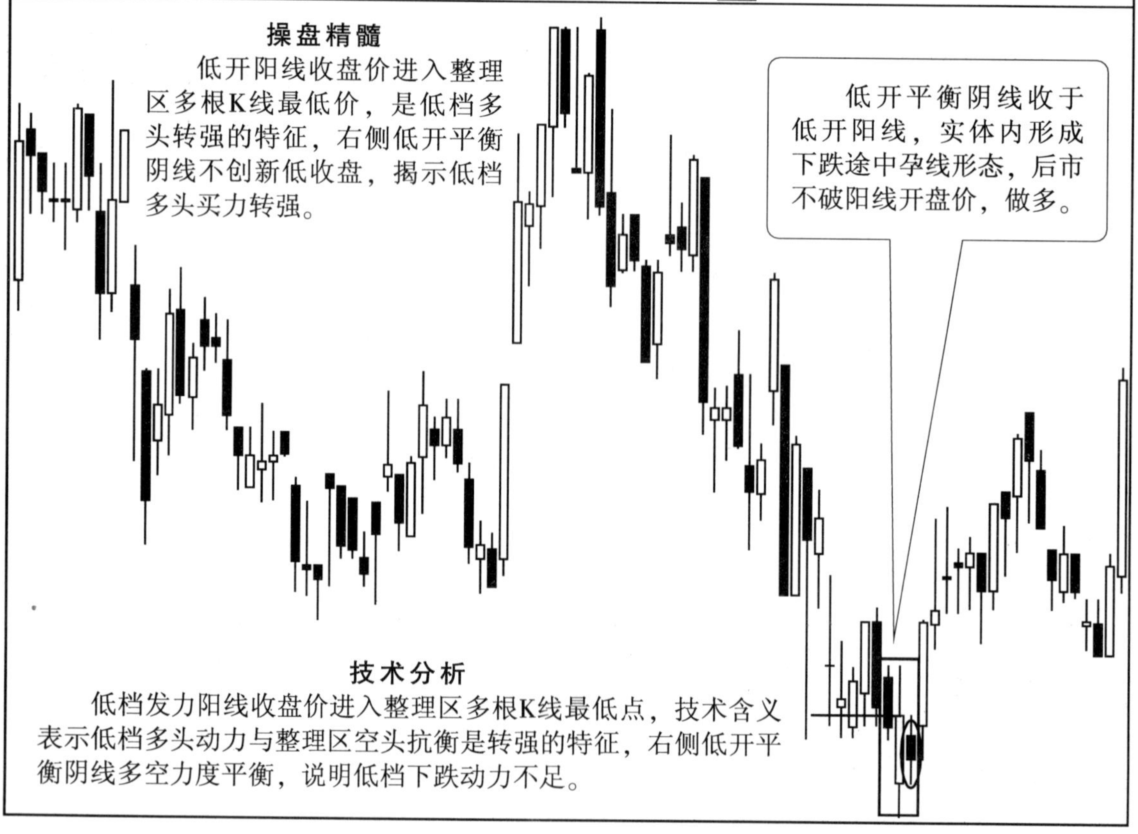

操盘精髓

低开阳线收盘价进入整理区多根K线最低价，是低档多头转强的特征，右侧低开平衡阴线不创新低收盘，揭示低档多头买力转强。

技术分析

低档发力阳线收盘价进入整理区多根K线最低点，技术含义表示低档多头动力与整理区空头抗衡是转强的特征，右侧低开平衡阴线多空力度平衡，说明低档下跌动力不足。

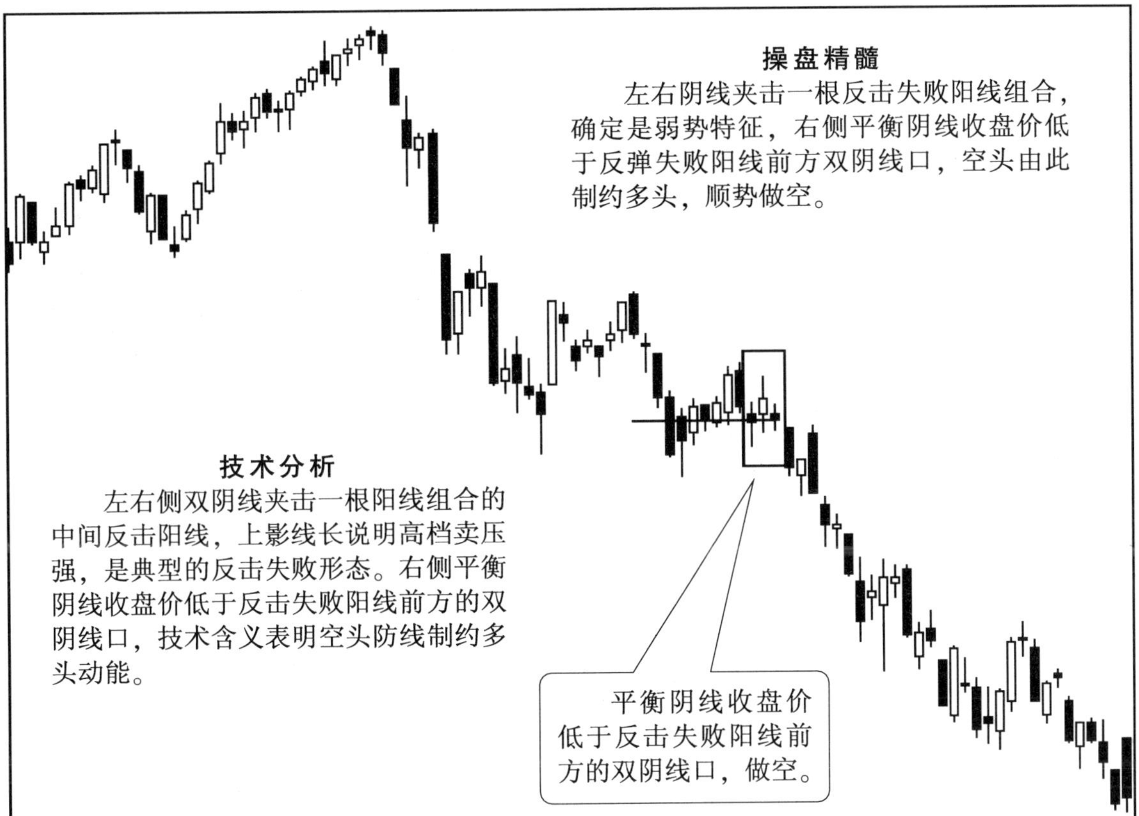

操盘精髓

左右阴线夹击一根反击失败阳线组合，确定是弱势特征，右侧平衡阴线收盘价低于反弹失败阳线前方双阴线口，空头由此制约多头，顺势做空。

技术分析

左右侧双阴线夹击一根阳线组合的中间反击阳线，上影线长说明高档卖压强，是典型的反击失败形态。右侧平衡阴线收盘价低于反击失败阳线前方的双阴线口，技术含义表明空头防线制约多头动能。

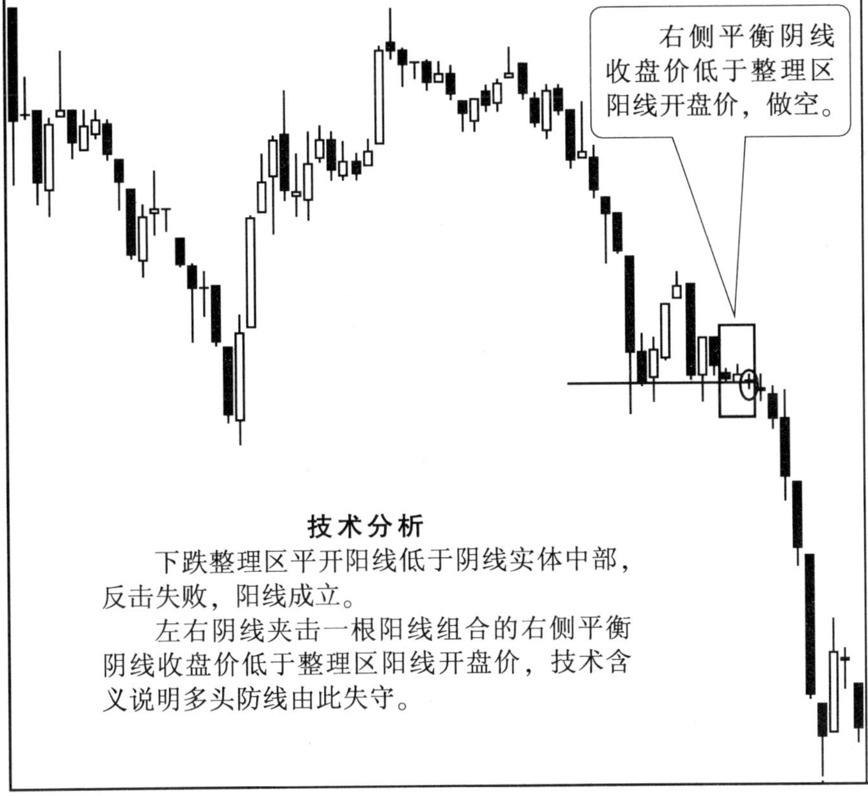

技术分析

下跌整理区平开阳线低于阴线实体中部，反击失败，阳线成立。

左右阴线夹击一根阳线组合的右侧平衡阴线收盘价低于整理区阳线开盘价，技术含义说明多头防线由此失守。

操盘精髓

平开阳线收盘价低于阴线实体中部，是弱势特征，左右阴线夹击一根阳线组合的右侧平衡阴线收盘价低于整理区阳线开盘价，由此引发市场下跌。

操盘精髓

上涨途中连续跳空缺口上方整理，回吐到缺口上方，出现平衡阴线收盘不封闭跳空缺口，强势特征成立，后市逢缺口支撑做多。

技术分析

上升空头回吐期左右阴线夹击一根阳线组合在推动波缺口上部整理，是强势特征。右侧平衡阴线收盘价高于前三根K线的最低价，说明空头下探乏力，多头支撑强。

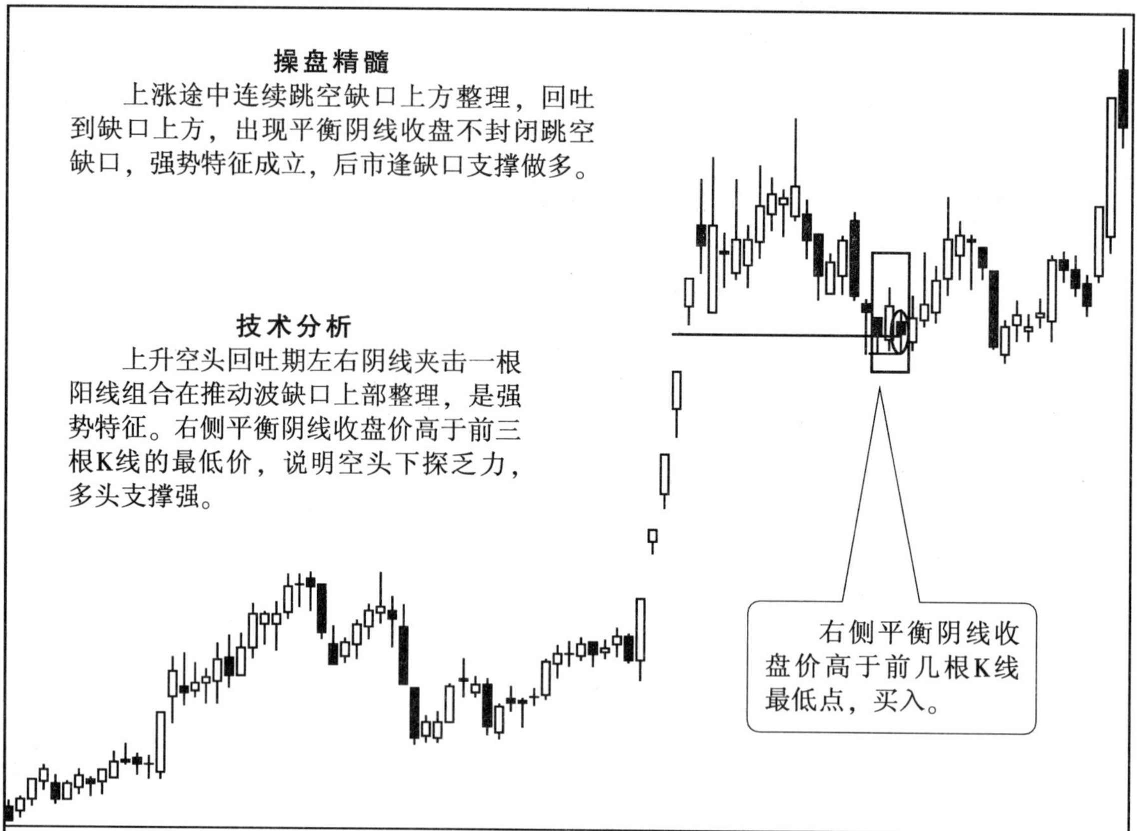

操盘精髓

左右侧阴线夹击一根阳线组合的中间阳线，高开下影长，低档接盘强，强势特征成立，右侧平衡阴线收盘价高于前方几根K线开盘价，做多。

技术分析

回吐期左右阴线夹击一根阳线组合的中间阳线，高开下影长，说明多头低档强，强势特征成立，右侧平衡阴线收盘价高于前期阳线口，说明空头下探乏力，多头低档支撑强。

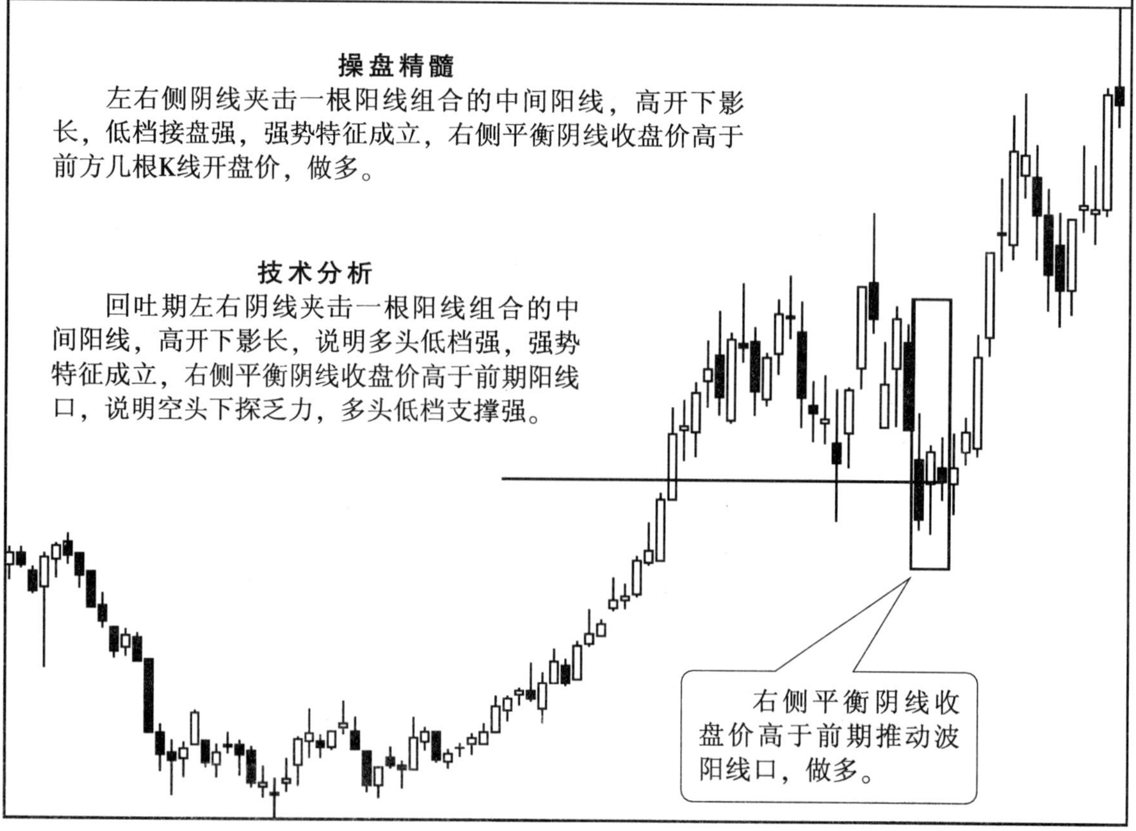

技术分析

攻击阳线收盘价低于前高点，确定多头反击失败成立，左右阴线夹击一根反击失败阳线组合的右侧平衡阴线收盘价低于反击失败阳线前方的双阴线口，技术含义表明多头受制于上方空头压力，后市无力再创新高，做空。

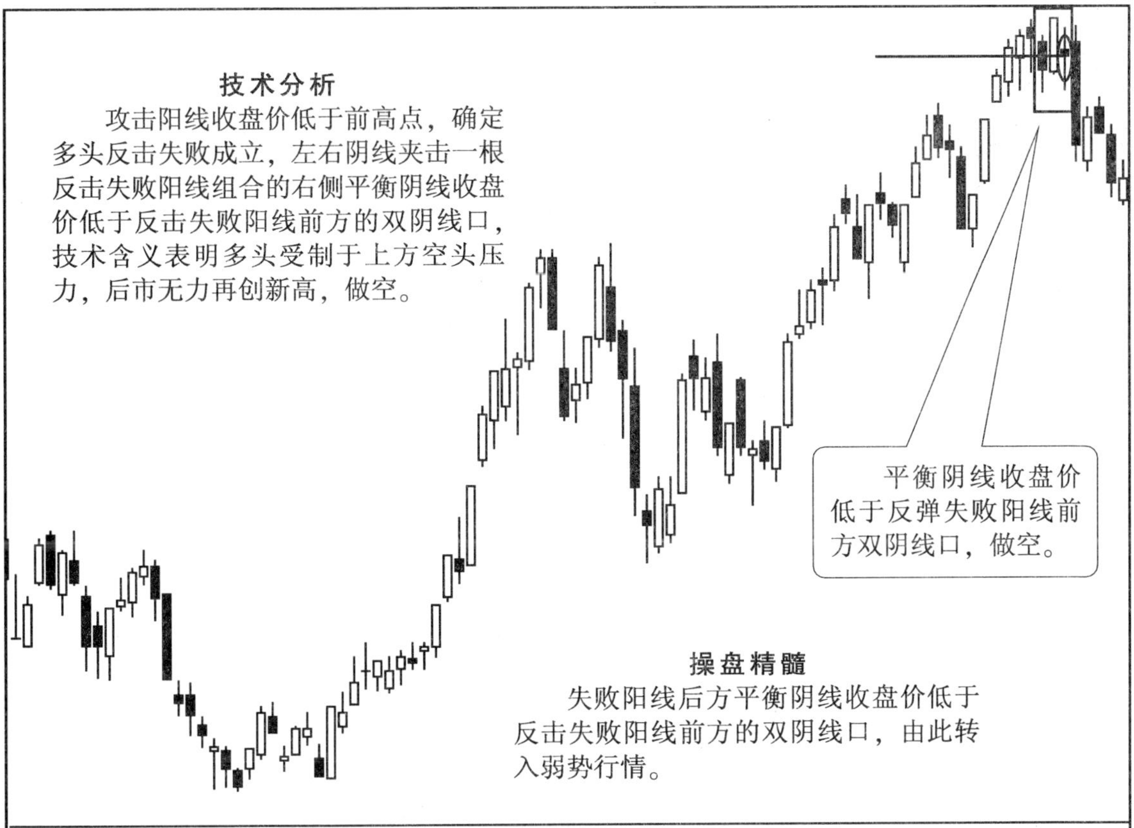

操盘精髓

失败阳线后方平衡阴线收盘价低于反击失败阳线前方的双阴线口，由此转入弱势行情。

操盘精髓

左右阴线夹击一根反击失败长上影阳线，弱势特征确立，右侧平衡阴线收盘价低于前两根阳线收盘价，说明市场由此转弱。

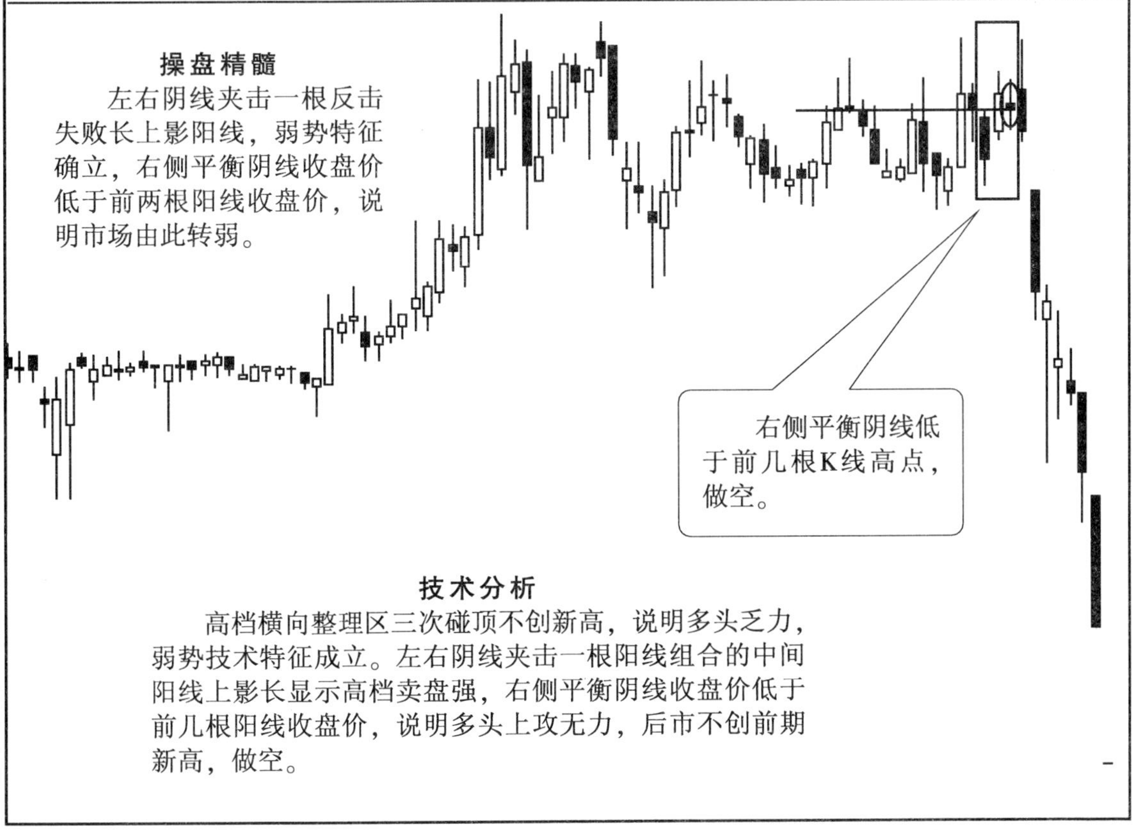

技术分析

高档横向整理区三次碰顶不创新高，说明多头乏力，弱势技术特征成立。左右阴线夹击一根阳线组合的中间阳线上影长显示高档卖盘强，右侧平衡阴线收盘价低于前几根阳线收盘价，说明多头上攻无力，后市不创前期新高，做空。

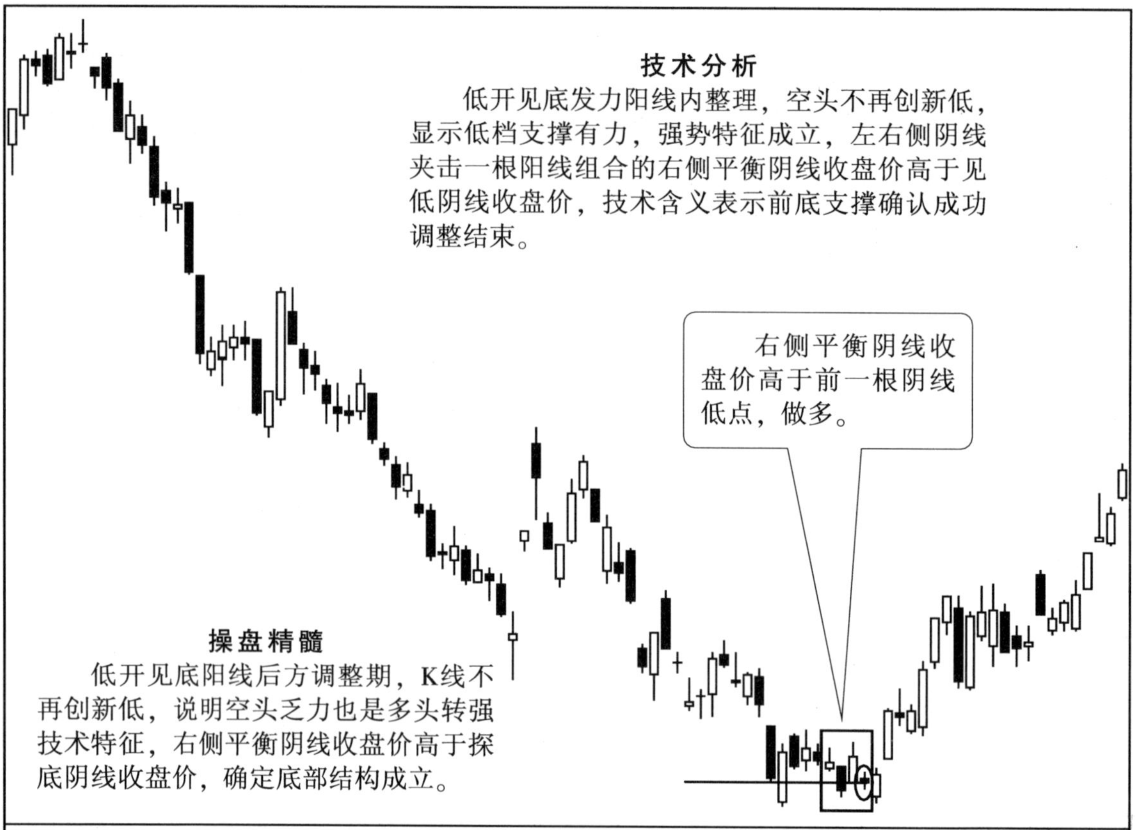

技术分析

低开见底发力阳线内整理，空头不再创新低，显示低档支撑有力，强势特征成立，左右侧阴线夹击一根阳线组合的右侧平衡阴线收盘价高于见低阴线收盘价，技术含义表示前底支撑确认成功调整结束。

操盘精髓

低开见底阳线后方调整期，K线不再创新低，说明空头乏力也是多头转强技术特征，右侧平衡阴线收盘价高于探底阴线收盘价，确定底部结构成立。

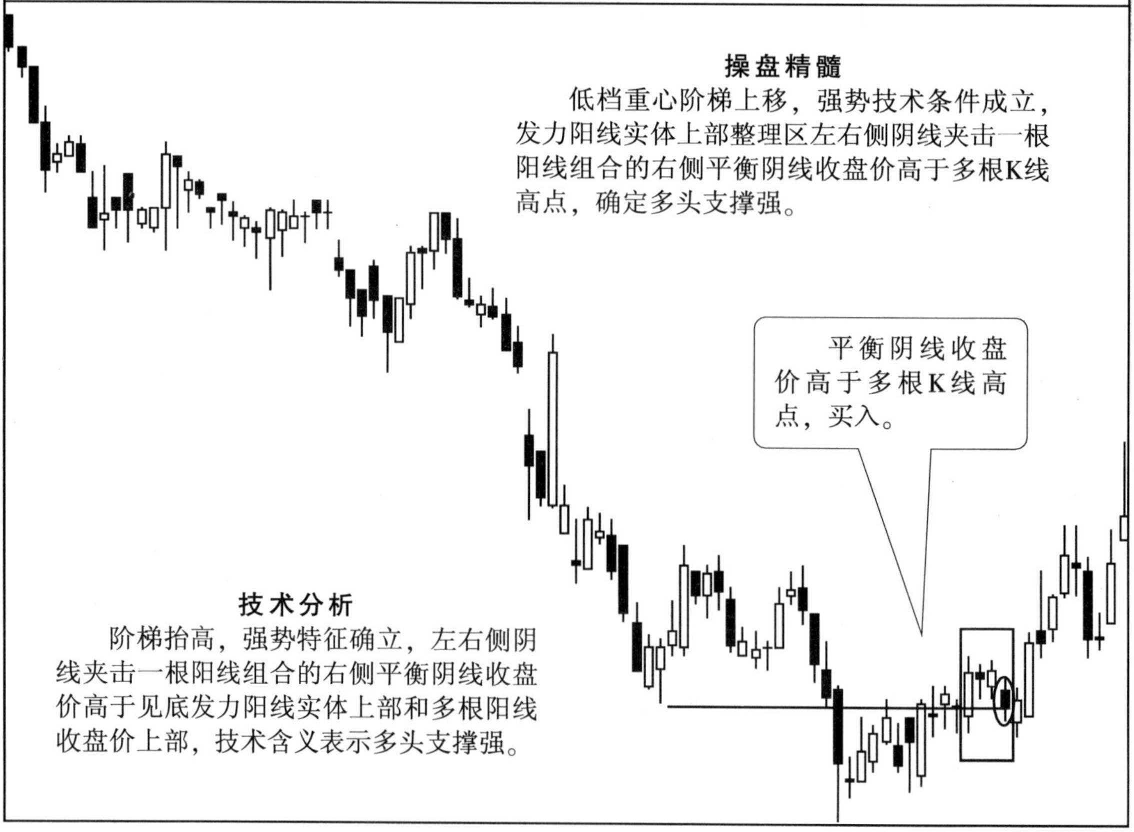

操盘精髓

低档重心阶梯上移，强势技术条件成立，发力阳线实体上部整理区左右侧阴线夹击一根阳线组合的右侧平衡阴线收盘价高于多根K线高点，确定多头支撑强。

技术分析

阶梯抬高，强势特征确立，左右侧阴线夹击一根阳线组合的右侧平衡阴线收盘价高于见底发力阳线实体上部和多根阳线收盘价上部，技术含义表示多头支撑强。

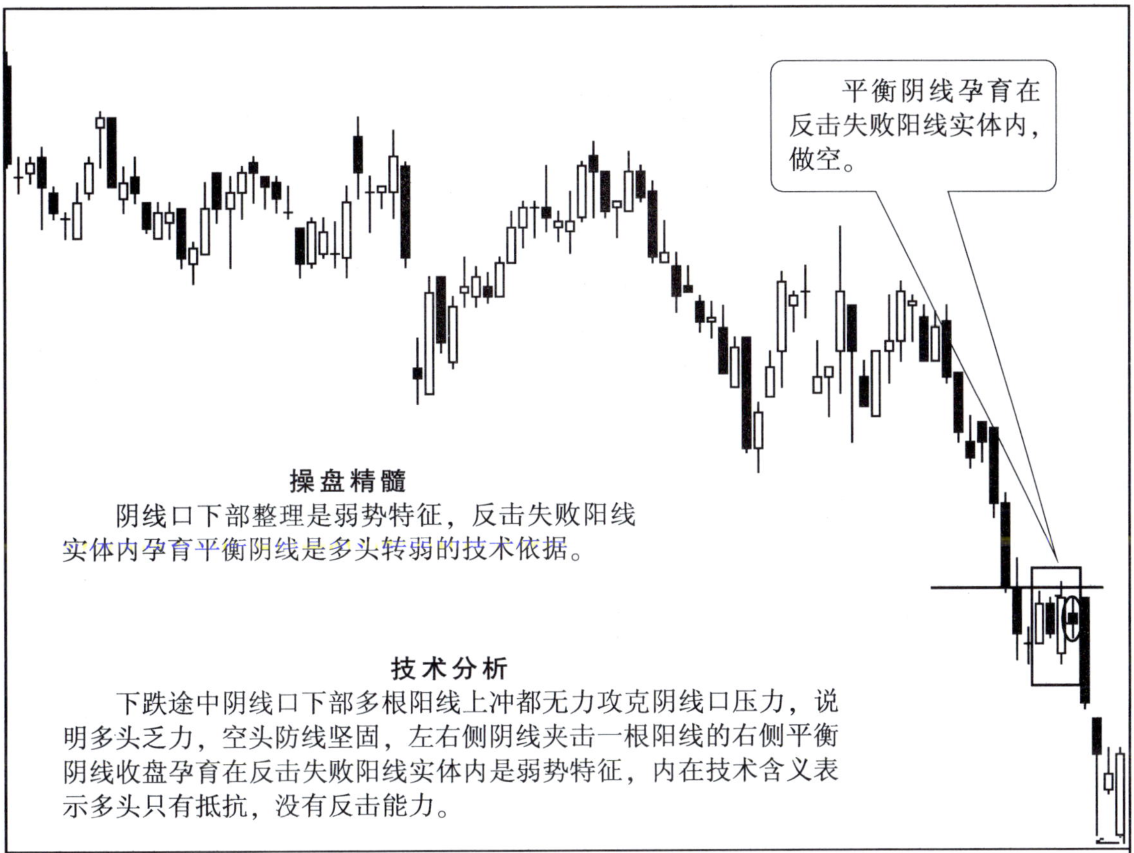

操盘精髓

阴线口下部整理是弱势特征，反击失败阳线实体内孕育平衡阴线是多头转弱的技术依据。

技术分析

下跌途中阴线口下部多根阳线上冲都无力攻克阴线口压力，说明多头乏力，空头防线坚固，左右侧阴线夹击一根阳线的右侧平衡阴线收盘孕育在反击失败阳线实体内是弱势特征，内在技术含义表示多头只有抵抗，没有反击能力。

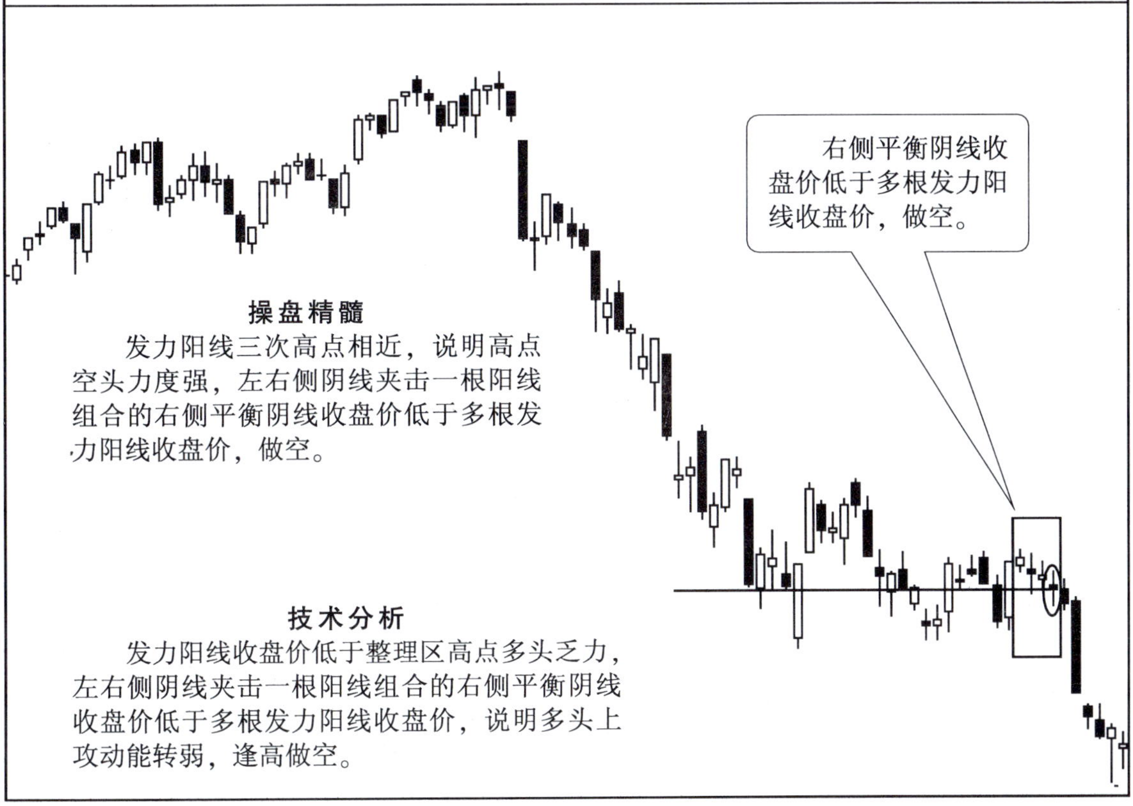

操盘精髓

发力阳线三次高点相近，说明高点空头力度强，左右侧阴线夹击一根阳线组合的右侧平衡阴线收盘价低于多根发力阳线收盘价，做空。

技术分析

发力阳线收盘价低于整理区高点多头乏力，左右侧阴线夹击一根阳线组合的右侧平衡阴线收盘价低于多根发力阳线收盘价，说明多头上攻动能转弱，逢高做空。

操盘精髓

左右侧阴线夹击一根阳线组合的右侧平衡阴线收盘价高于发力阳线收盘价，内在技术含义表示多头支撑强，空头下探乏力。

技术分析

发力阳线收盘价封闭阴线口，强势特征形成，左右侧阴线夹击一根阳线的右侧平衡阴线收盘价高于发力阳线收盘价，确定多头支撑强，后市看涨，逢低做多。

操盘精髓

左右侧阴线夹击一根阳线组合的右侧平衡阴线收盘价在双重线口上部获得支撑，强势特征形成。

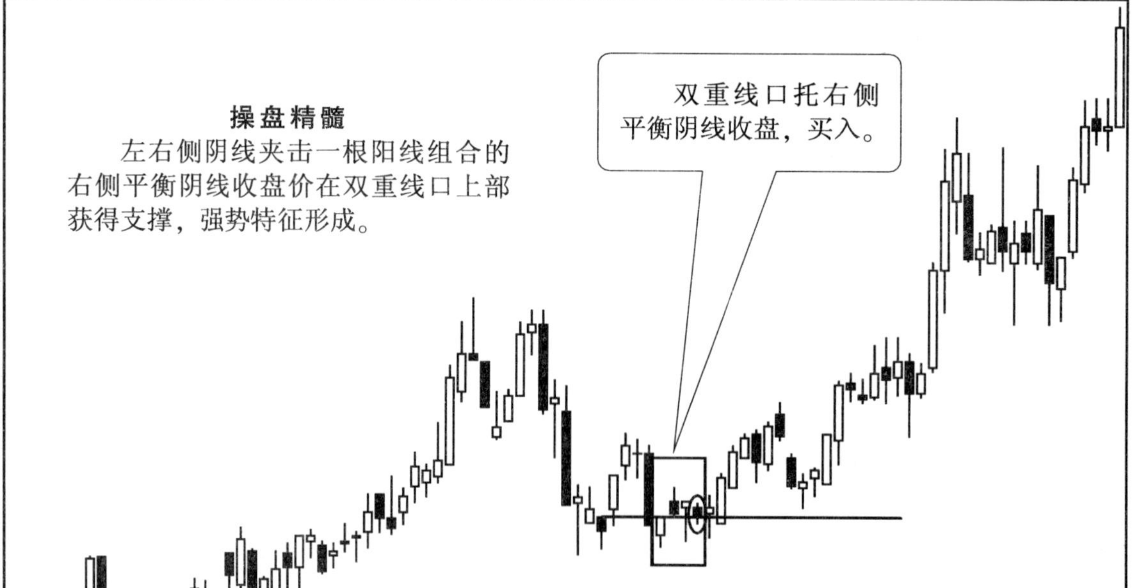

技术分析

三根实体相等的两阴夹一阳线，阴线不放大，说明空头不增多，是强势调整特征，双底形态阳线实体上部左右侧阴线夹击一根阳线组合的右侧平衡阴线收盘价在双重线口上部企稳，说明多头支撑强，空头下探乏力。

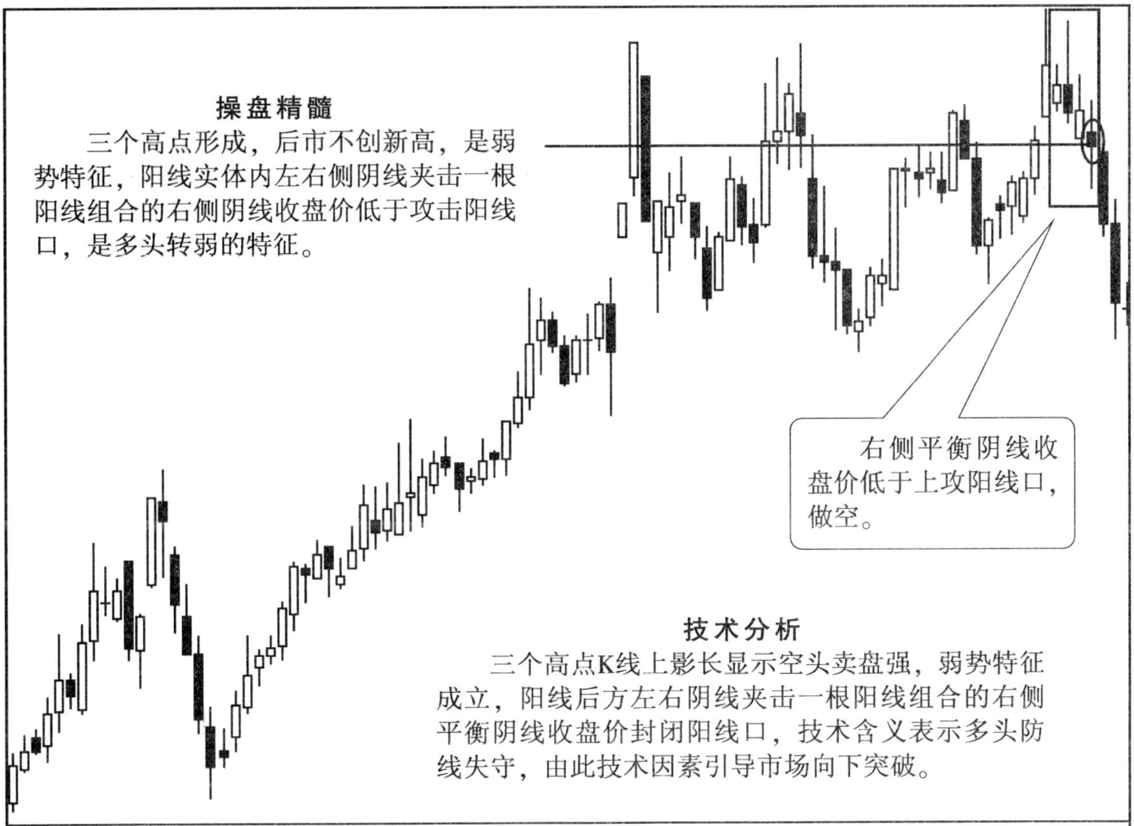

操盘精髓

三个高点形成，后市不创新高，是弱势特征，阳线实体内左右侧阴线夹击一根阳线组合的右侧阴线收盘价低于攻击阳线口，是多头转弱的特征。

技术分析

三个高点K线上影长显示空头卖盘强，弱势特征成立，阳线后方左右阴线夹击一根阳线组合的右侧平衡阴线收盘价封闭阳线口，技术含义表示多头防线失守，由此技术因素引导市场向下突破。

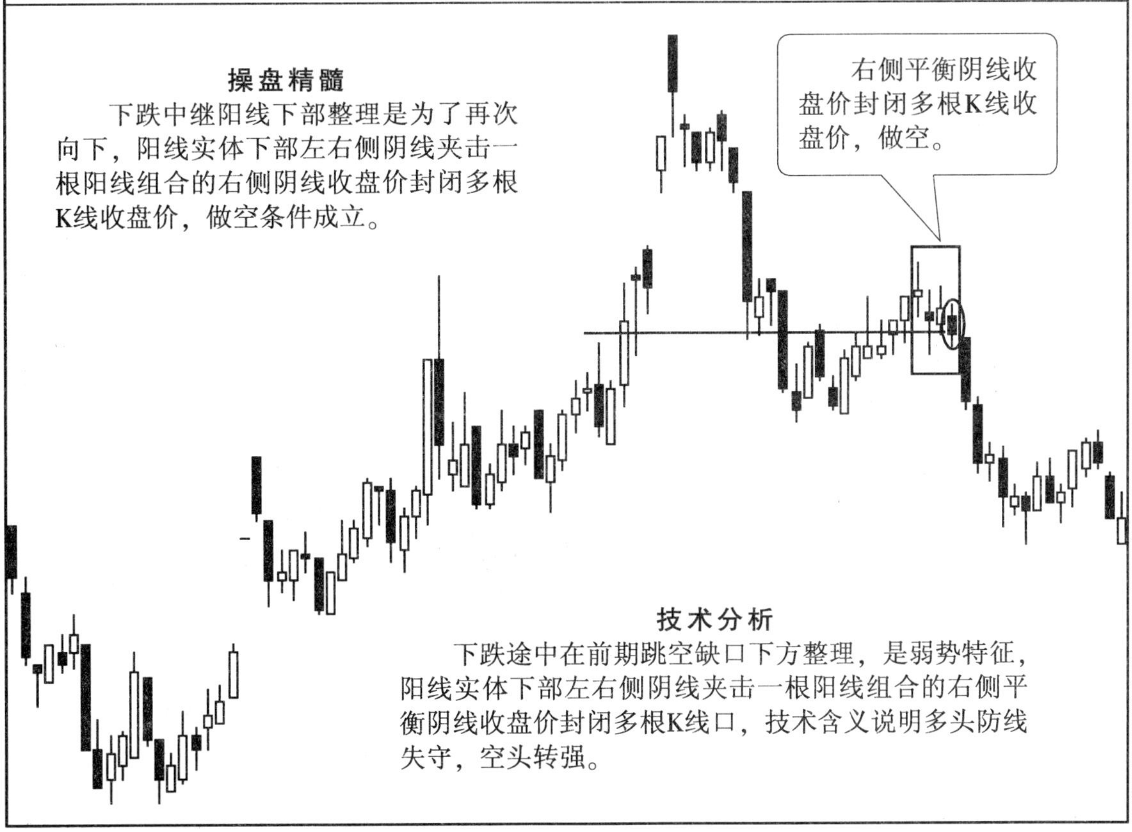

操盘精髓

下跌中继阳线下部整理是为了再次向下，阳线实体下部左右侧阴线夹击一根阳线组合的右侧阴线收盘价封闭多根K线收盘价，做空条件成立。

技术分析

下跌途中在前期跳空缺口下方整理，是弱势特征，阳线实体下部左右侧阴线夹击一根阳线组合的右侧平衡阴线收盘价封闭多根K线口，技术含义说明多头防线失守，空头转强。

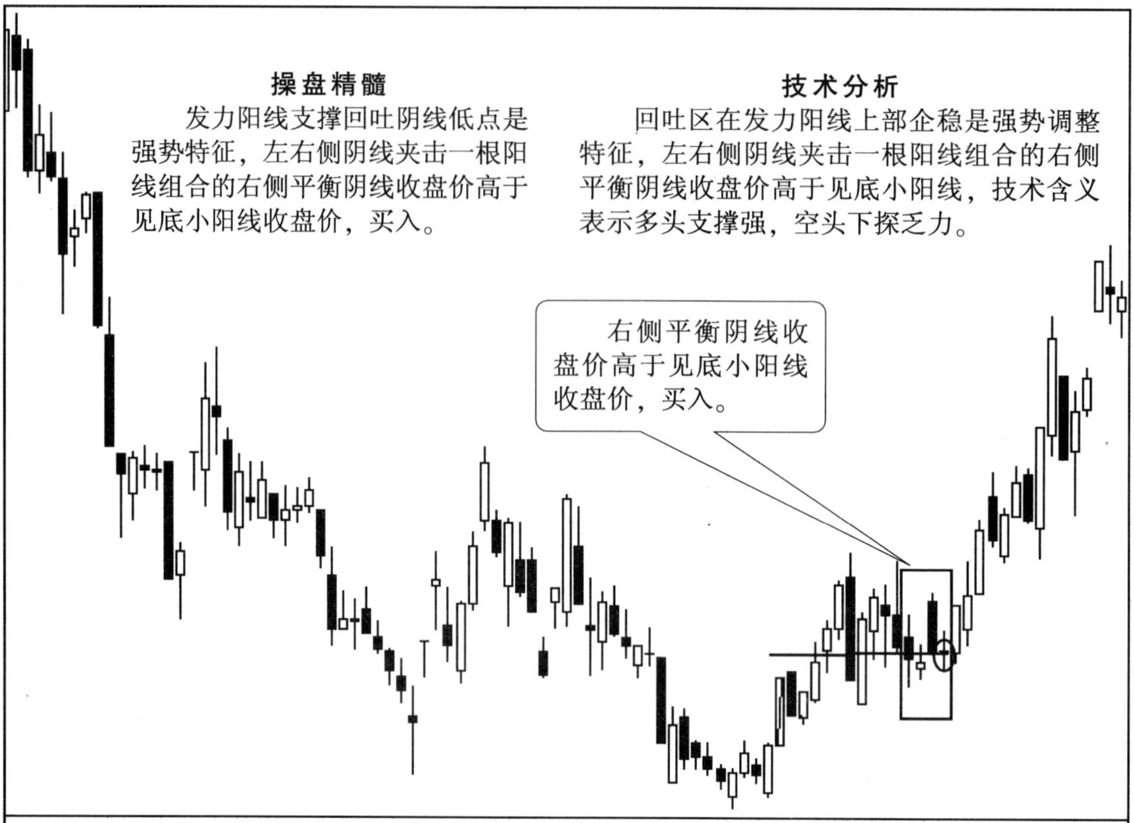
操盘精髓
发力阳线支撑回吐阴线低点是强势特征，左右侧阴线夹击一根阳线组合的右侧平衡阴线收盘价高于见底小阳线收盘价，买入。
技术分析
回吐区在发力阳线上部企稳是强势调整特征，左右侧阴线夹击一根阳线组合的右侧平衡阴线收盘价高于见底小阳线，技术含义表示多头支撑强，空头下探乏力。
右侧平衡阴线收盘价高于见底小阳线收盘价，买入。

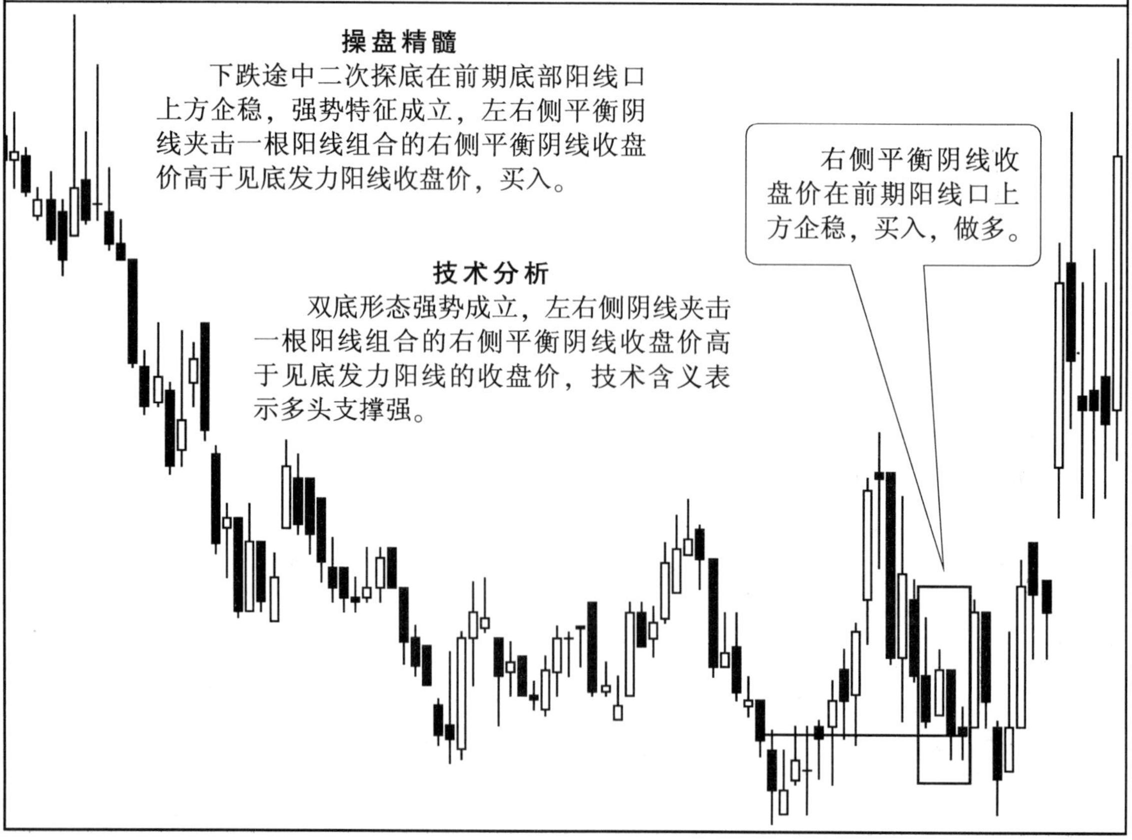
操盘精髓
下跌途中二次探底在前期底部阳线口上方企稳，强势特征成立，左右侧平衡阴线夹击一根阳线组合的右侧平衡阴线收盘价高于见底发力阳线收盘价，买入。
右侧平衡阴线收盘价在前期阳线口上方企稳，买入，做多。
技术分析
双底形态强势成立，左右侧阴线夹击一根阳线组合的右侧平衡阴线收盘价高于见底发力阳线的收盘价，技术含义表示多头支撑强。

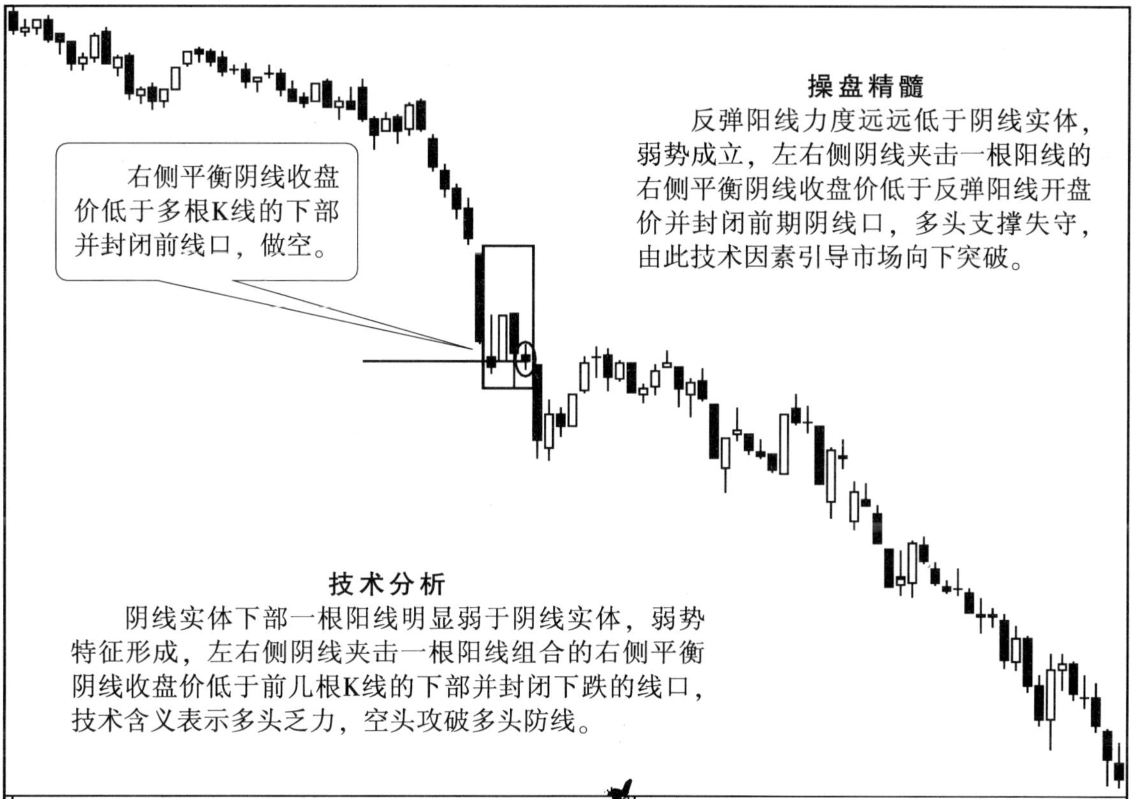

操盘精髓

反弹阳线力度远远低于阴线实体，弱势成立，左右侧阴线夹击一根阳线的右侧平衡阴线收盘价低于反弹阳线开盘价并封闭前期阴线口，多头支撑失守，由此技术因素引导市场向下突破。

技术分析

阴线实体下部一根阳线明显弱于阴线实体，弱势特征形成，左右侧阴线夹击一根阳线组合的右侧平衡阴线收盘价低于前几根K线的下部并封闭下跌的线口，技术含义表示多头乏力，空头攻破多头防线。

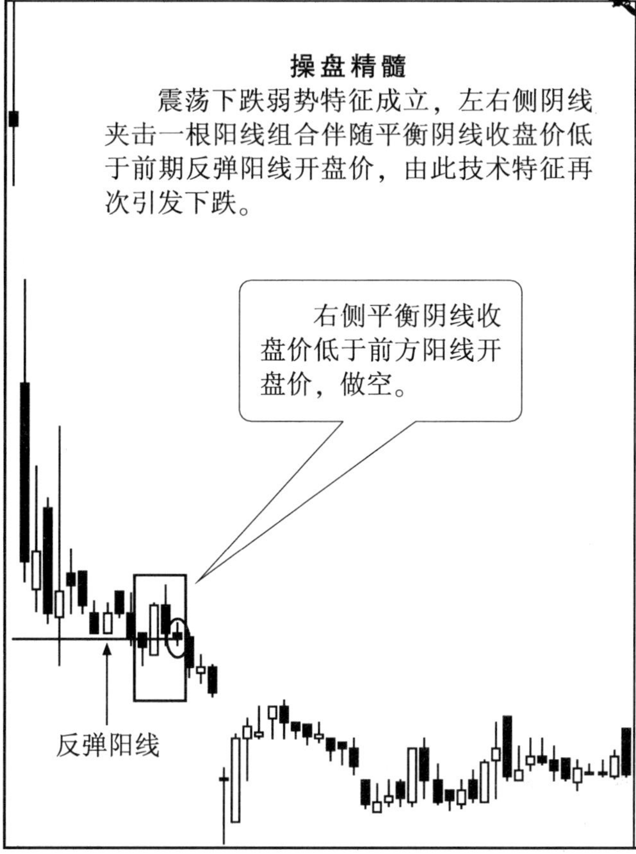

操盘精髓

震荡下跌弱势特征成立，左右侧阴线夹击一根阳线组合伴随平衡阴线收盘价低于前期反弹阳线开盘价，由此技术特征再次引发下跌。

技术分析

急剧下跌后阴线实体下部震荡下行，是弱势特征，市场震荡下跌期逢高果断做空，震荡下跌后方常伴有再次深幅下跌，这是市场自然规律。

震荡下跌区发力阳线收盘价低于前高点，说明多头乏力，是弱势反弹特征。左右侧阴线夹击一根阳线组合伴随平衡阴线收盘价低于前方阳线开盘价，技术含义表示多头防线由此失守转入下跌。

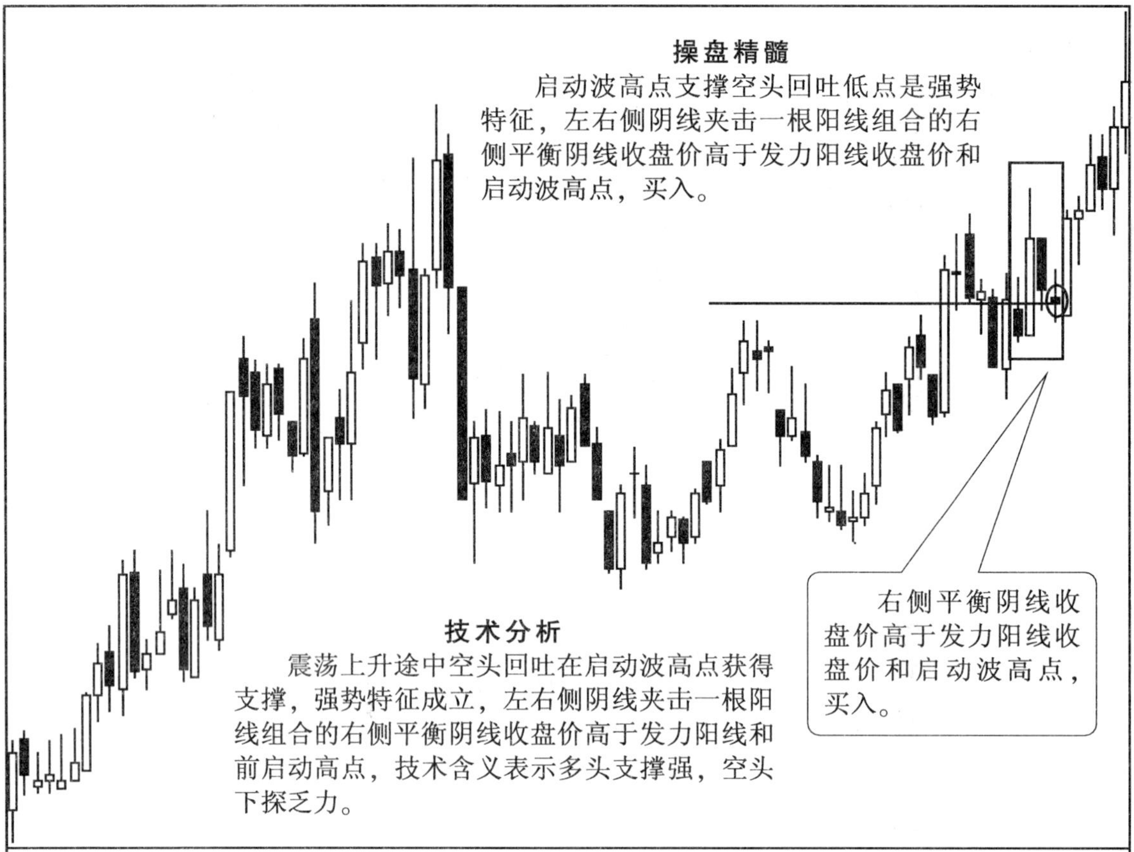
操盘精髓
启动波高点支撑空头回吐低点是强势特征，左右侧阴线夹击一根阳线组合的右侧平衡阴线收盘价高于发力阳线收盘价和启动波高点，买入。
右侧平衡阴线收盘价高于发力阳线收盘价和启动波高点，买入。
技术分析
震荡上升途中空头回吐在启动波高点获得支撑，强势特征成立，左右侧阴线夹击一根阳线组合的右侧平衡阴线收盘价高于发力阳线和前启动高点，技术含义表示多头支撑强，空头下探乏力。

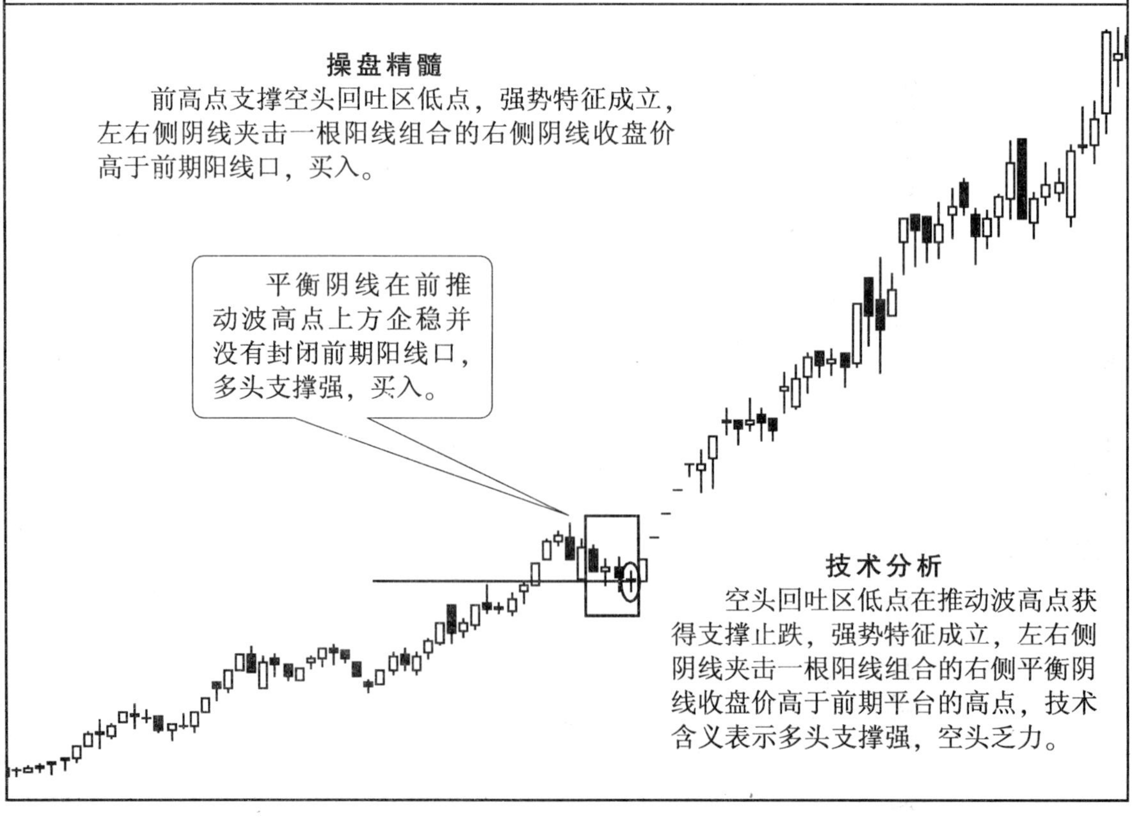
操盘精髓
前高点支撑空头回吐区低点，强势特征成立，左右侧阴线夹击一根阳线组合的右侧阴线收盘价高于前期阳线口，买入。
平衡阴线在前推动波高点上方企稳并没有封闭前期阳线口，多头支撑强，买入。
技术分析
空头回吐区低点在推动波高点获得支撑止跌，强势特征成立，左右侧阴线夹击一根阳线组合的右侧平衡阴线收盘价高于前期平台的高点，技术含义表示多头支撑强，空头乏力。

操盘精髓

急升后顶部出现阴包阳组合是见顶特征，左右侧阴线夹击一根阳线组合的中间阳线收盘价低于阴线开盘价，说明多头乏力，反击失败，右侧平衡阴线盘中封闭强势跳空缺口，说明多头势力转弱，做空。

技术分析

急升后高点呈现阴阳交替组合是头部特征，左右阴线夹击一根阳线组合的中间阳线收盘价低于阴线开盘价，说明多头乏力，反击失败，右侧平衡阴线收盘价低于上攻阳线口及上攻阳线开盘价，技术含义表示多头支撑防线失守。

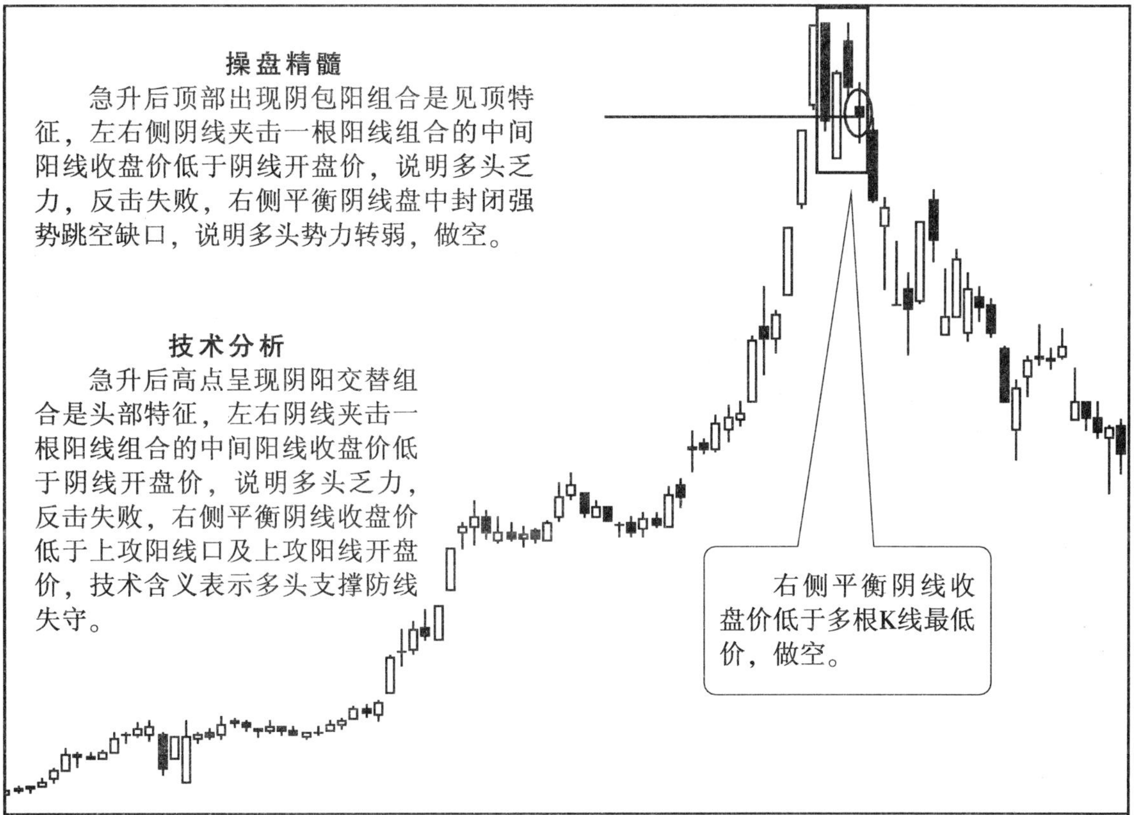

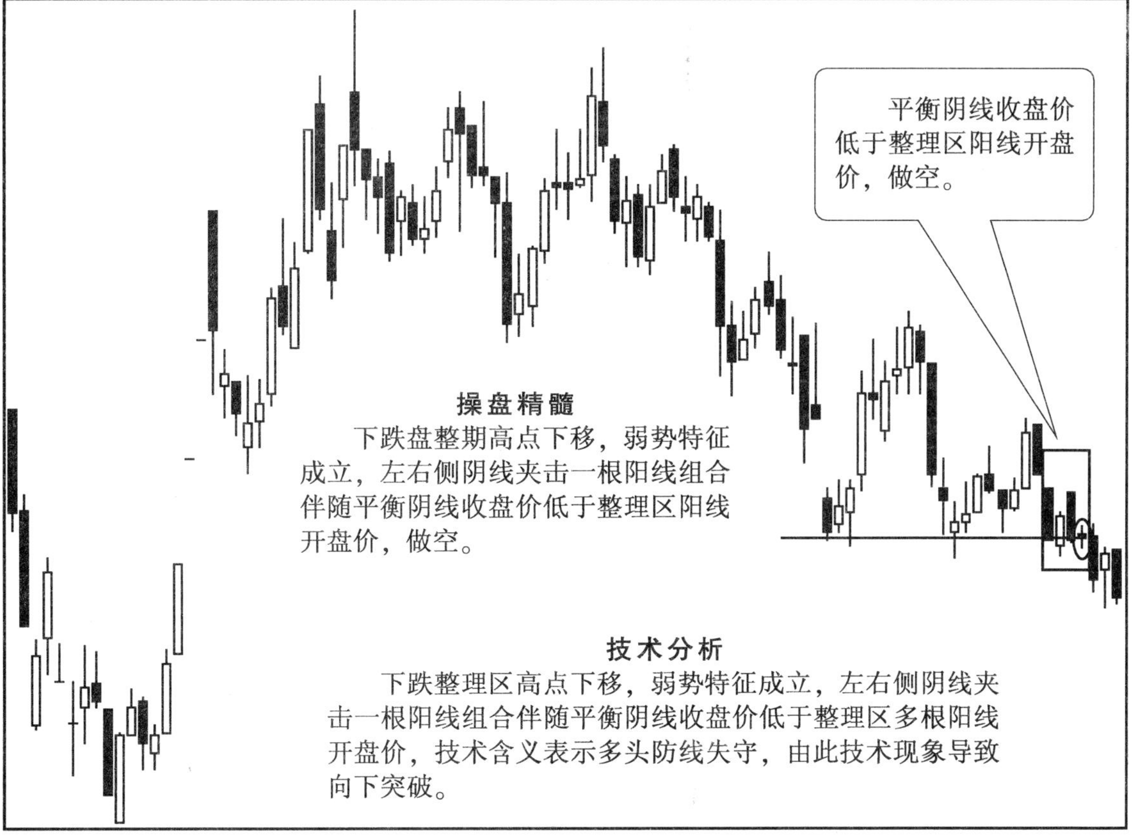

操盘精髓

下跌盘整期高点下移，弱势特征成立，左右侧阴线夹击一根阳线组合伴随平衡阴线收盘价低于整理区阳线开盘价，做空。

技术分析

下跌整理区高点下移，弱势特征成立，左右侧阴线夹击一根阳线组合伴随平衡阴线收盘价低于整理区多根阳线开盘价，技术含义表示多头防线失守，由此技术现象导致向下突破。

操盘精髓

回吐期末期，一根阳线连续封闭了下跌阴线口及前期跳空阳线口，说明多头势力强，伴随平衡阴线整理，收盘在阴线口及阳线口上方，强势特征成立，做多。

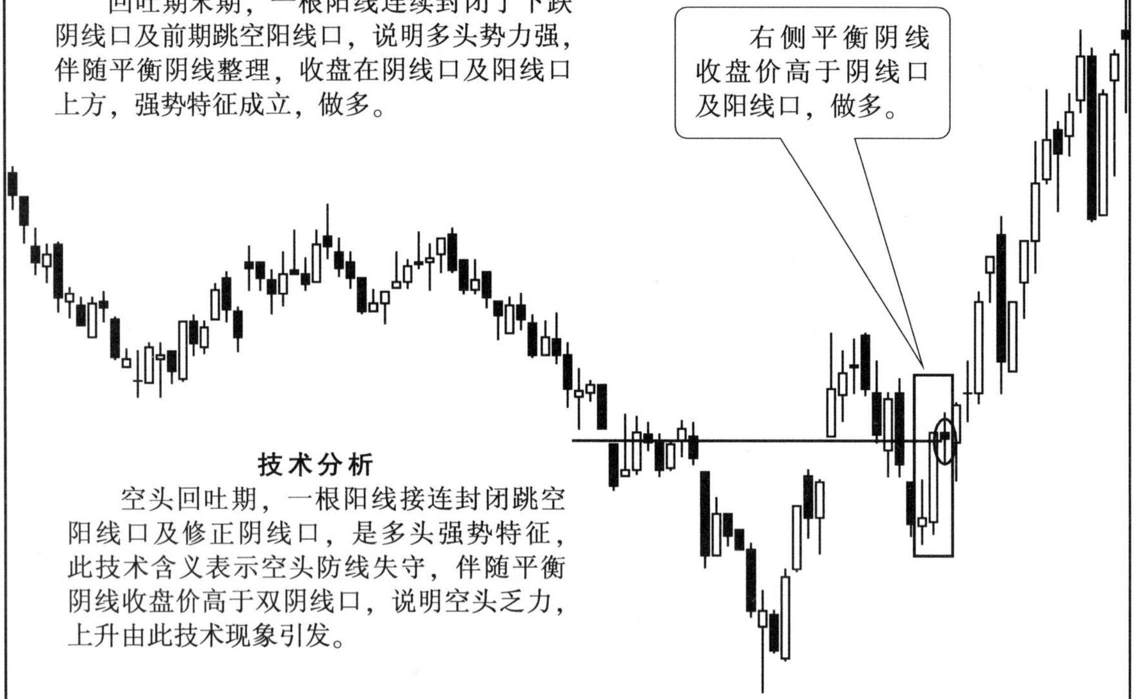

技术分析

空头回吐期，一根阳线接连封闭跳空阳线口及修正阴线口，是多头强势特征，此技术含义表示空头防线失守，伴随平衡阴线收盘价高于双阴线口，说明空头乏力，上升由此技术现象引发。

操盘精髓

高开阳线跳空突破前期平台，伴随平衡阴线整理，收盘于前期平台上部及突破阳线中上部，强势特征成立，做多。

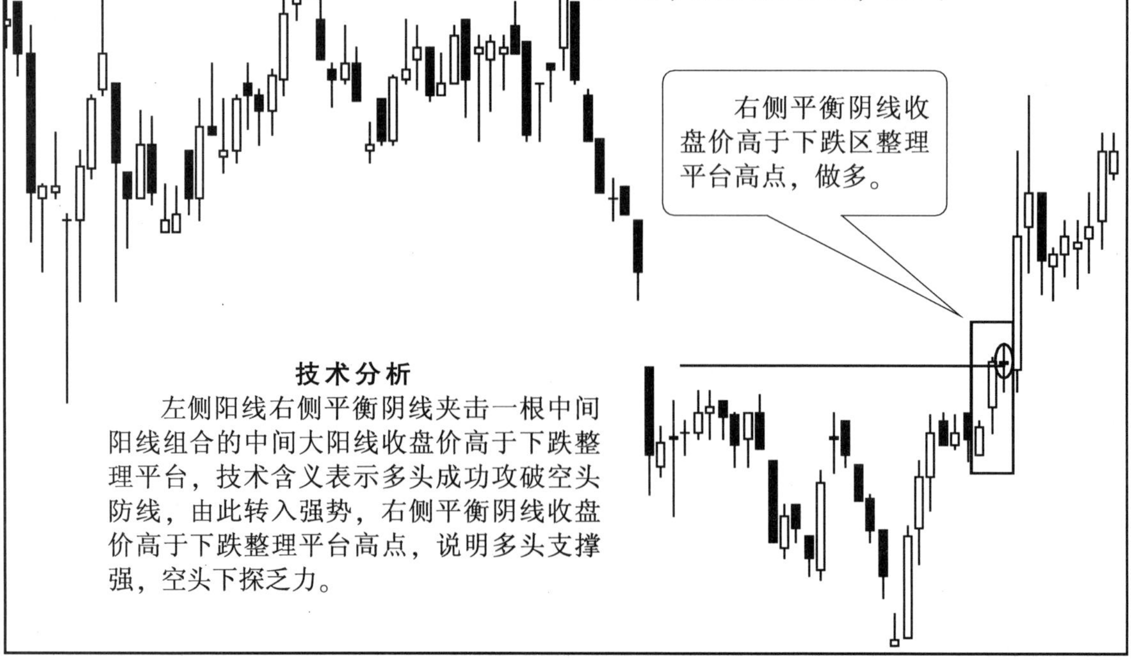

技术分析

左侧阳线右侧平衡阴线夹击一根中间阳线组合的中间大阳线收盘价高于下跌整理平台，技术含义表示多头成功攻破空头防线，由此转入强势，右侧平衡阴线收盘价高于下跌整理平台高点，说明多头支撑强，空头下探乏力。

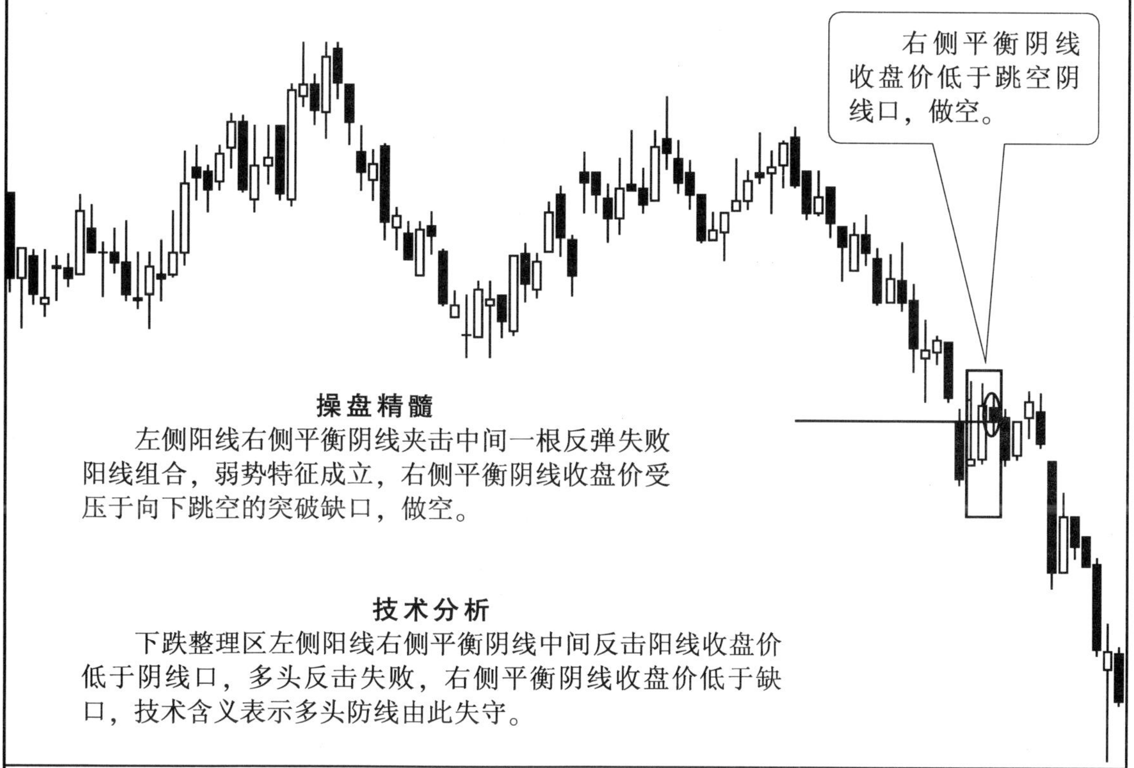

操盘精髓

左侧阳线右侧平衡阴线夹击中间一根反弹失败阳线组合，弱势特征成立，右侧平衡阴线收盘价受压于向下跳空的突破缺口，做空。

技术分析

下跌整理区左侧阳线右侧平衡阴线中间反击阳线收盘价低于阴线口，多头反击失败，右侧平衡阴线收盘价低于缺口，技术含义表示多头防线由此失守。

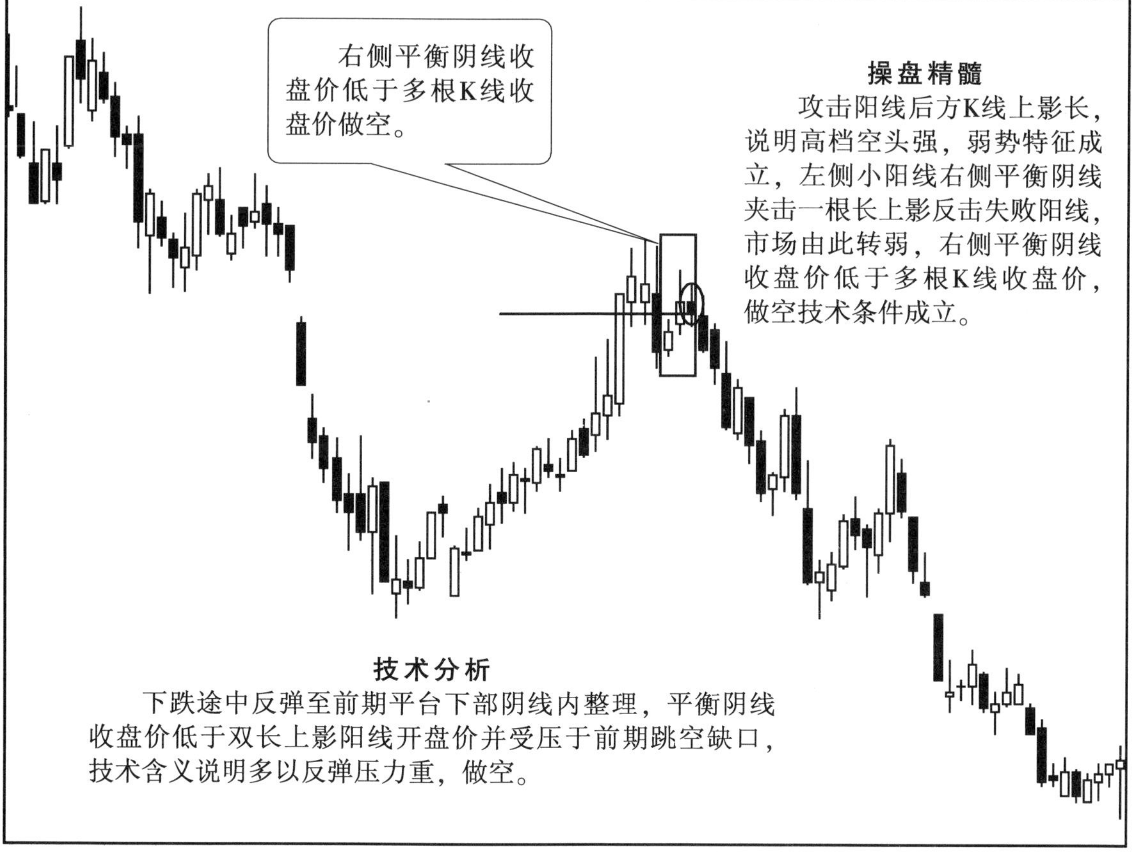

操盘精髓

攻击阳线后方K线上影长，说明高档空头强，弱势特征成立，左侧小阳线右侧平衡阴线夹击一根长上影反击失败阳线，市场由此转弱，右侧平衡阴线收盘价低于多根K线收盘价，做空技术条件成立。

技术分析

下跌途中反弹至前期平台下部阴线内整理，平衡阴线收盘价低于双长上影阳线开盘价并受压于前期跳空缺口，技术含义说明多以反弹压力重，做空。

操盘精髓

震荡上升突破启动波高点，回吐期阴线收盘价高于启动波高点，强势特征成立，左侧小阳线右侧平衡阴线夹击一根中间收盘封闭多根线口的强势阳线，市场由此转强，右侧平衡阴线收盘价高于多根K线线口，做多。

技术分析

回吐阴线高于前启动波高点，强势特征成立，左侧小阳线右侧平衡阴线夹击中间一根收盘价封闭多根线口强势特征阳线，多头由此转入强势，右侧平衡阴线收盘价站稳前期跳空阳线口，做多。

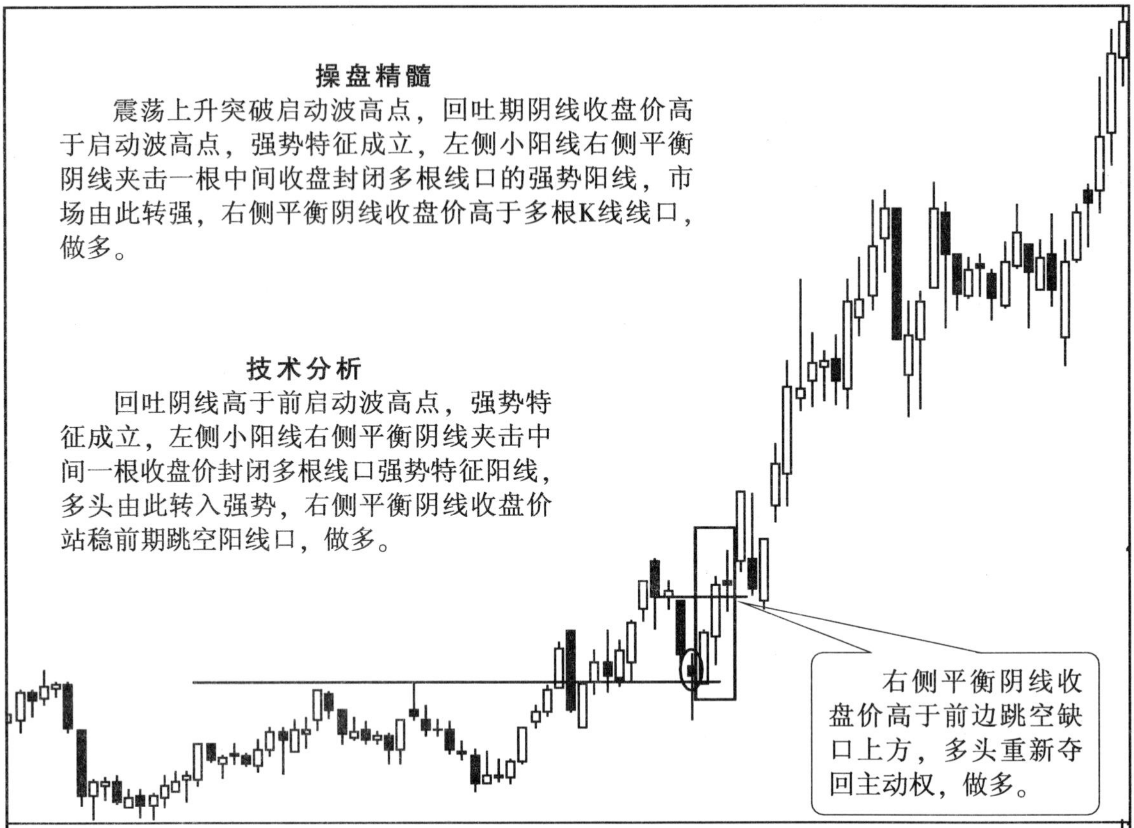

操盘精髓

发力阳线上移，强势特征成立，左侧阳线右侧平衡阴线夹击一根中间强势特征阳线组合的右侧平衡阴线，收盘价封闭阴线口及收盘于突破阳线中上部，强势特征成立，做多。

技术分析

发力阳线上台阶，强势特征成立，左侧阳线右侧平衡阴线夹击一根中间收盘价占据多根最低价的强势特征阳线，右侧平衡阴线收盘价封闭孕线后跳空缺口，做多。

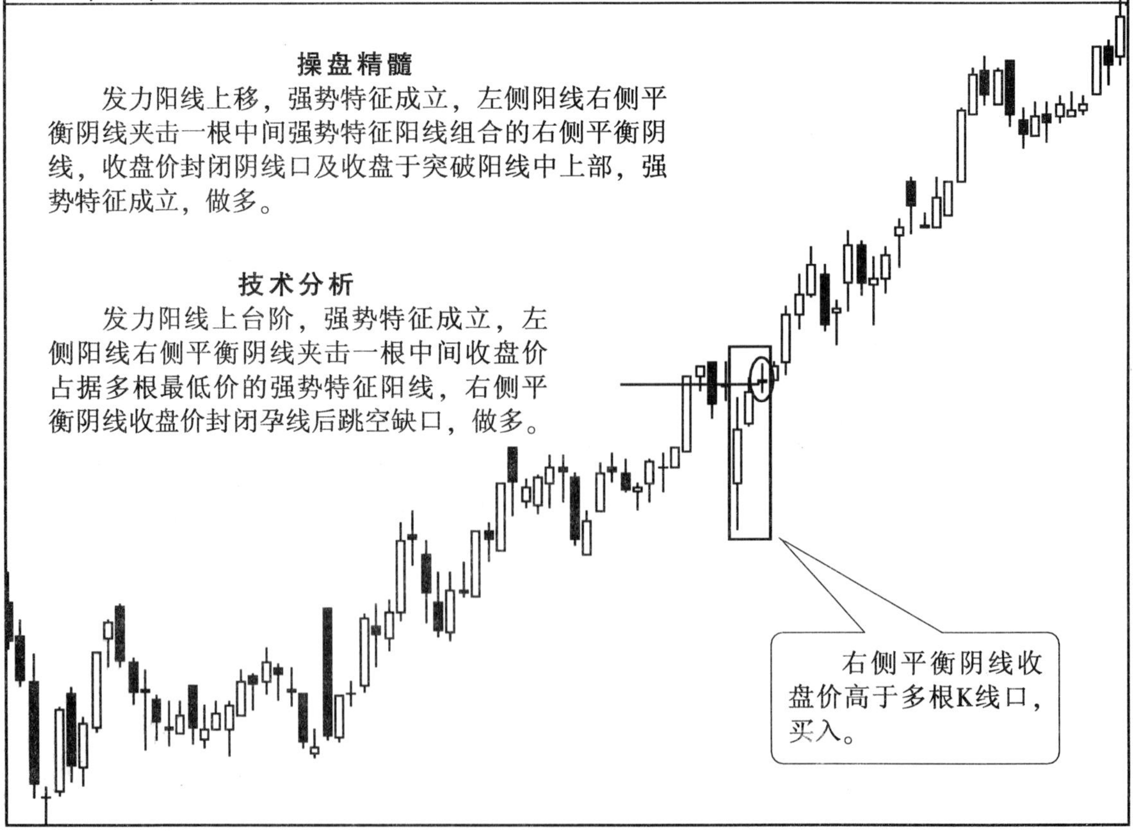

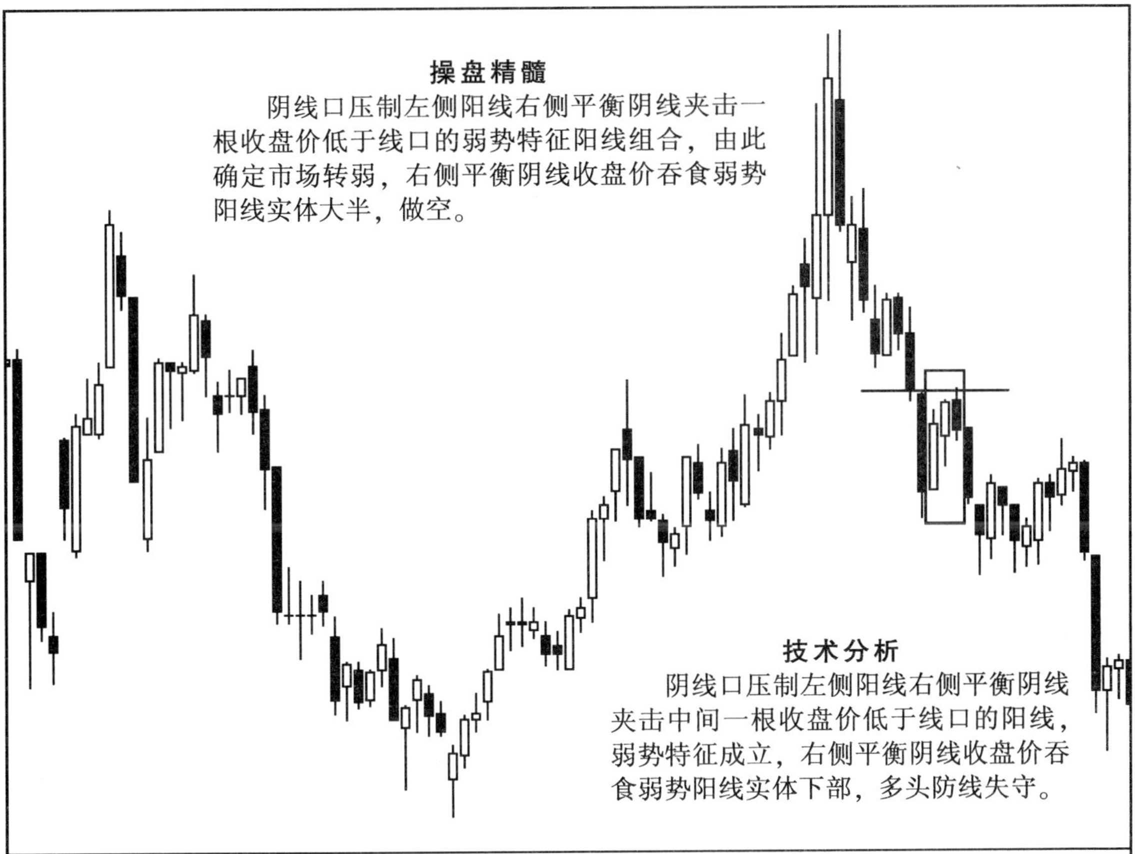

操盘精髓

阴线口压制左侧阳线右侧平衡阴线夹击一根收盘价低于线口的弱势特征阳线组合，由此确定市场转弱，右侧平衡阴线收盘价吞食弱势阳线实体大半，做空。

技术分析

阴线口压制左侧阳线右侧平衡阴线夹击中间一根收盘价低于线口的阳线，弱势特征成立，右侧平衡阴线收盘价吞食弱势阳线实体下部，多头防线失守。

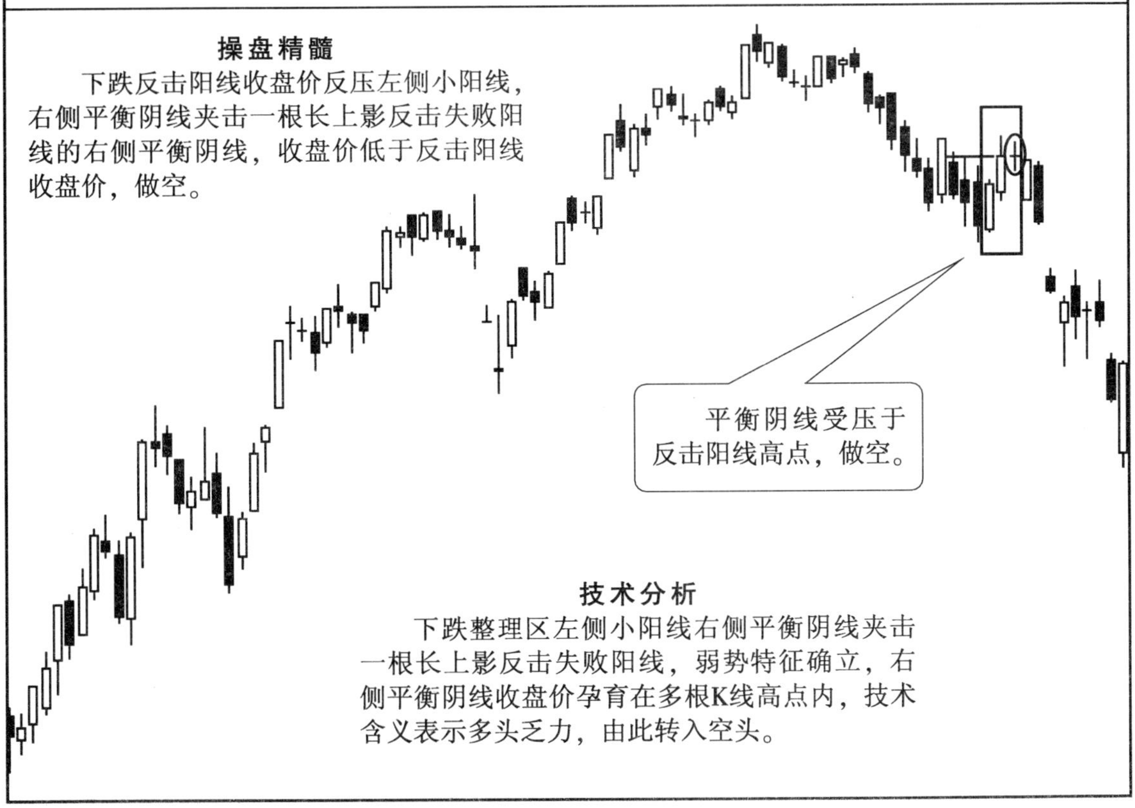

操盘精髓

下跌反击阳线收盘价反压左侧小阳线，右侧平衡阴线夹击一根长上影反击失败阳线的右侧平衡阴线，收盘价低于反击阳线收盘价，做空。

技术分析

下跌整理区左侧小阳线右侧平衡阴线夹击一根长上影反击失败阳线，弱势特征确立，右侧平衡阴线收盘价孕育在多根K线高点内，技术含义表示多头乏力，由此转入空头。

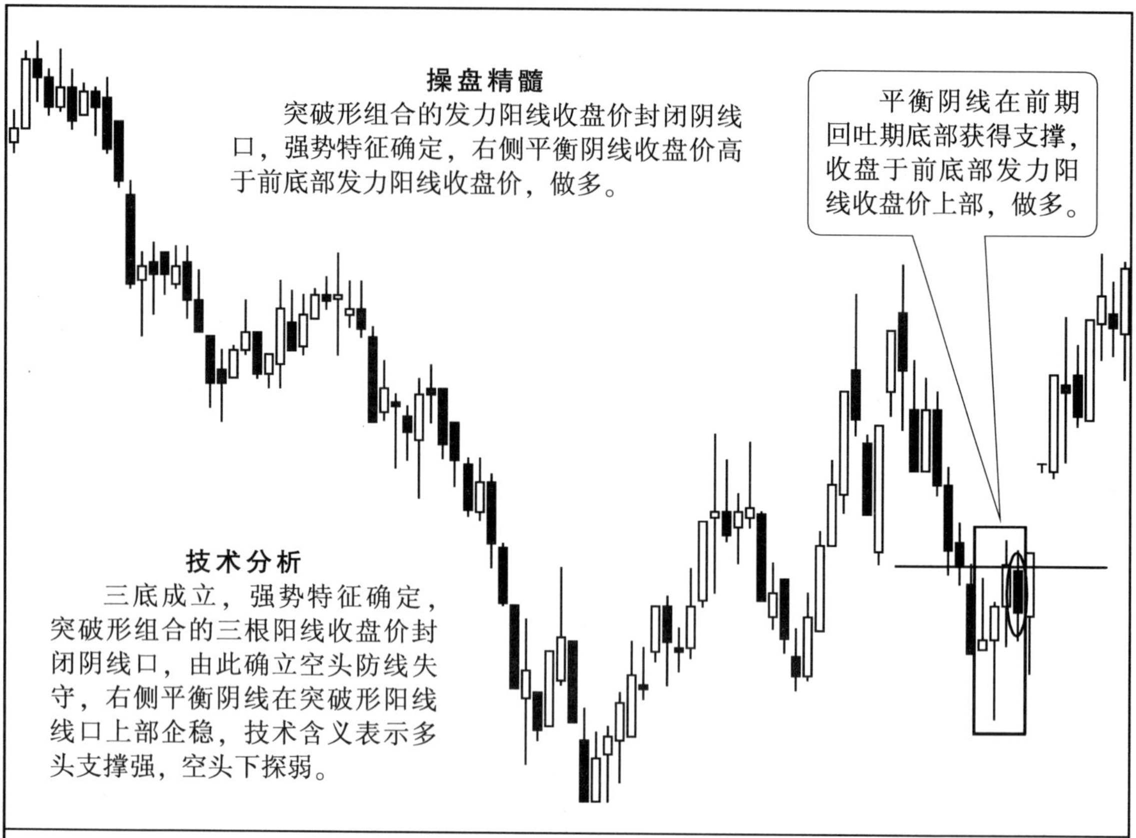
操盘精髓
突破形组合的发力阳线收盘价封闭阴线口，强势特征确定，右侧平衡阴线收盘价高于前底部发力阳线收盘价，做多。
平衡阴线在前期回吐期底部获得支撑，收盘于前底部发力阳线收盘价上部，做多。
技术分析
三底成立，强势特征确定，突破形组合的三根阳线收盘价封闭阴线口，由此确立空头防线失守，右侧平衡阴线在突破形阳线线口上部企稳，技术含义表示多头支撑强，空头下探弱。

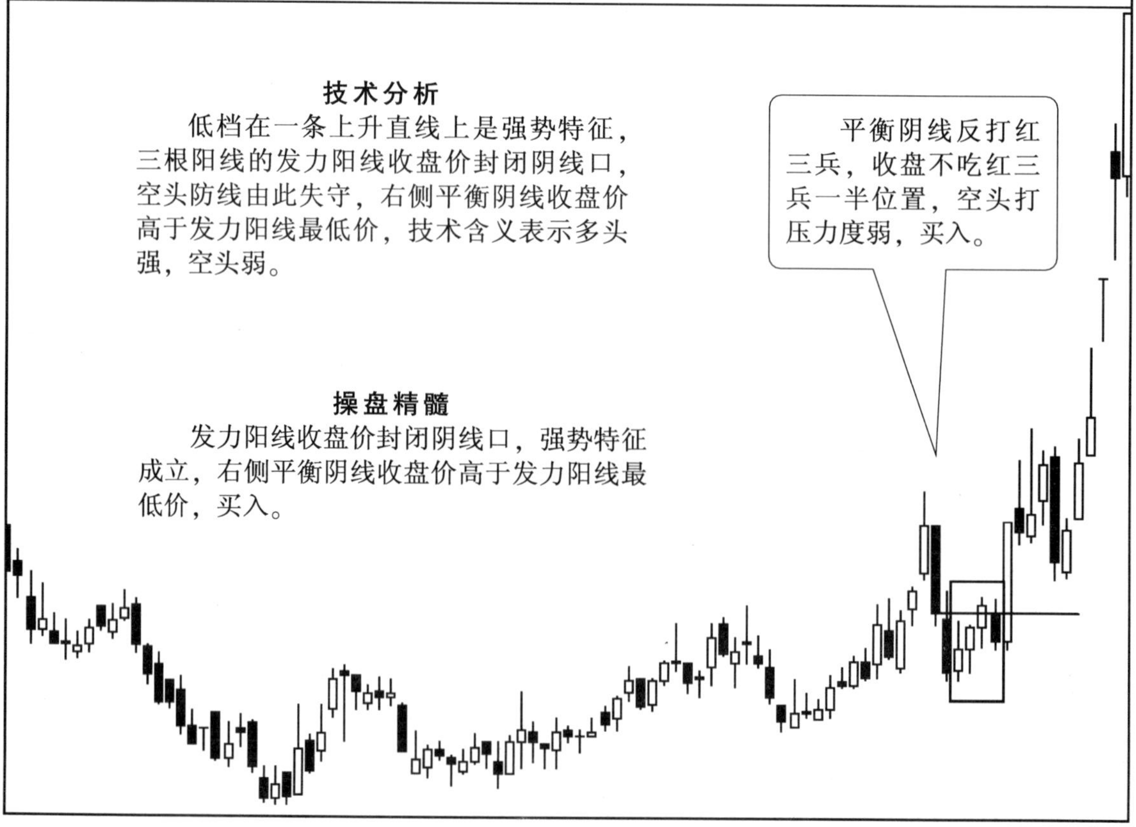
技术分析
低档在一条上升直线上是强势特征，三根阳线的发力阳线收盘价封闭阴线口，空头防线由此失守，右侧平衡阴线收盘价高于发力阳线最低价，技术含义表示多头强，空头弱。
平衡阴线反打红三兵，收盘不吃红三兵一半位置，空头打压力度弱，买入。
操盘精髓
发力阳线收盘价封闭阴线口，强势特征成立，右侧平衡阴线收盘价高于发力阳线最低价，买入。

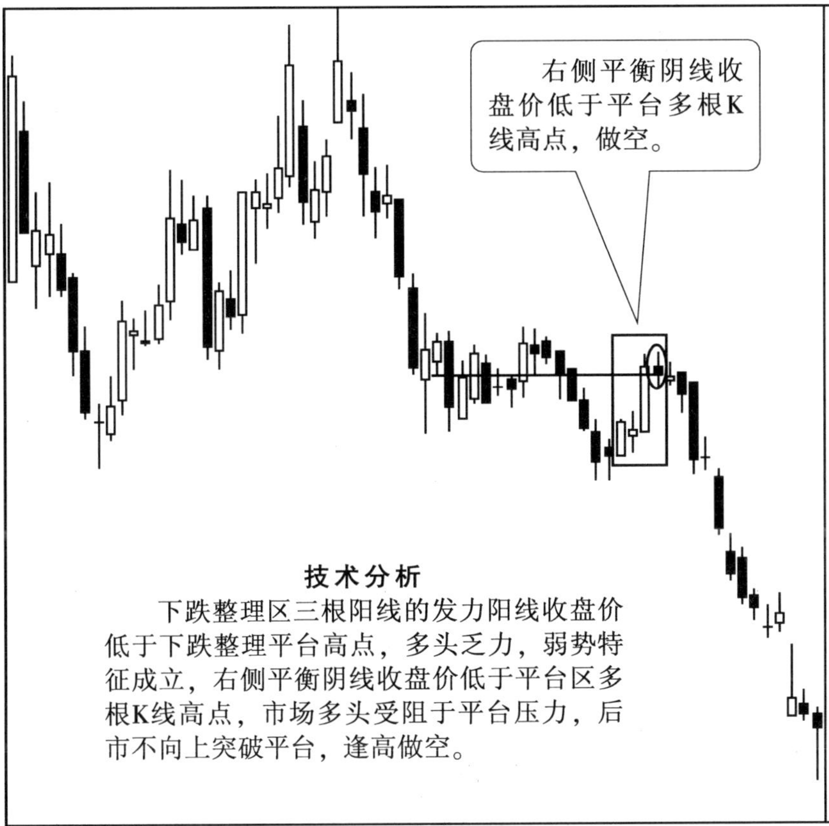

技术分析

下跌整理区三根阳线的发力阳线收盘价低于下跌整理平台高点，多头乏力，弱势特征成立，右侧平衡阴线收盘价低于平台区多根K线高点，市场多头受阻于平台压力，后市不向上突破平台，逢高做空。

操盘精髓

下跌途中平台整理区是空头短暂休息区，后市反弹受压力于平台的高点伴随平衡阴线受压力于平台的阻力区，后市无法攻破平台压力区，逢高做空。

操盘精髓

发力阳线收盘价低于下跌整理区反弹阳线开盘价，弱势特征成立，右侧平衡阴线收盘价低于反弹阳线开盘价，做空。

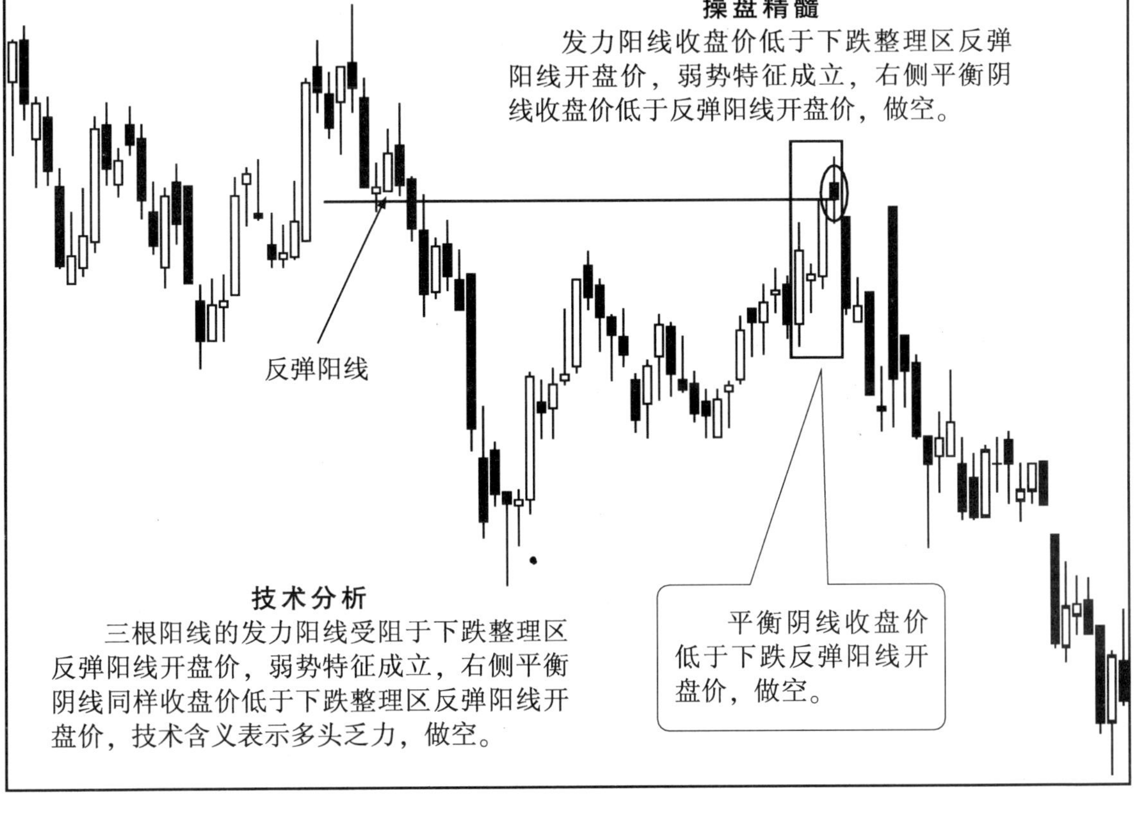

技术分析

三根阳线的发力阳线受阻于下跌整理区反弹阳线开盘价，弱势特征成立，右侧平衡阴线同样收盘价低于下跌整理区反弹阳线开盘价，技术含义表示多头乏力，做空。

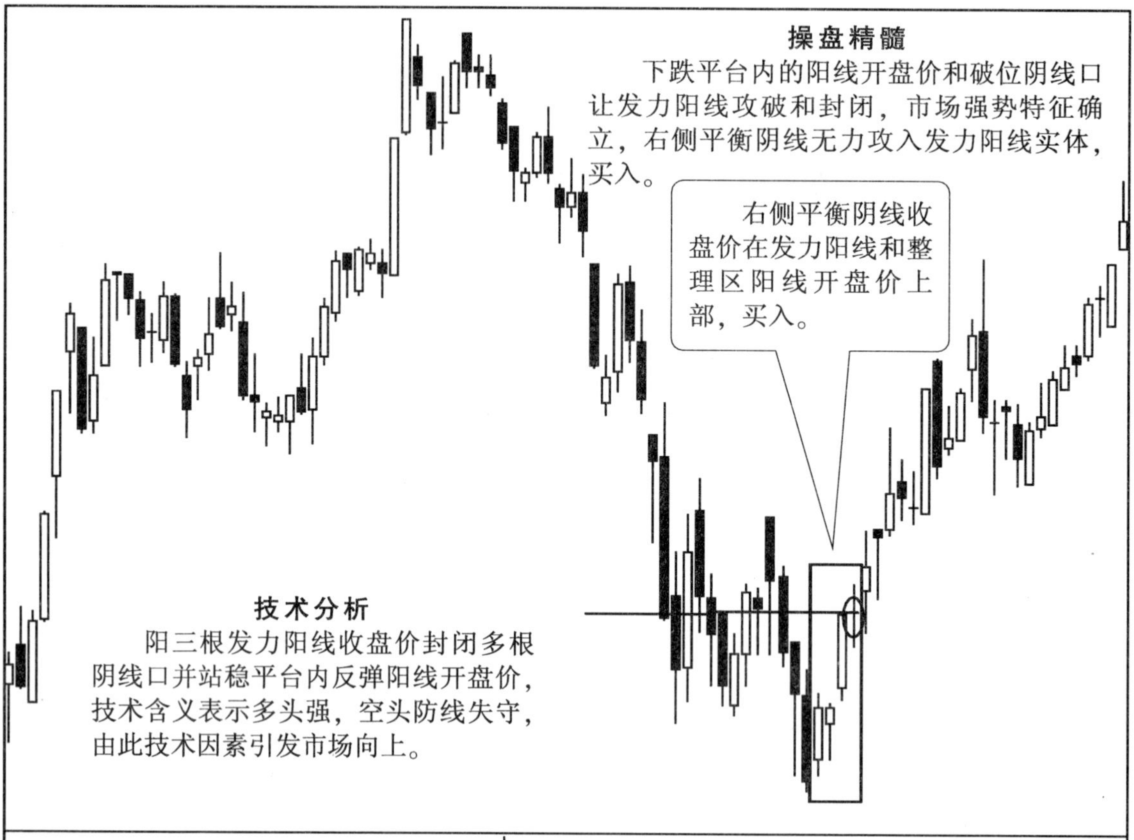
操盘精髓
下跌平台内的阳线开盘价和破位阴线口让发力阳线攻破和封闭，市场强势特征确立，右侧平衡阴线无力攻入发力阳线实体，买入。
右侧平衡阴线收盘价在发力阳线和整理区阳线开盘价上部，买入。
技术分析
阳三根发力阳线收盘价封闭多根阴线口并站稳平台内反弹阳线开盘价，技术含义表示多头强，空头防线失守，由此技术因素引发市场向上。

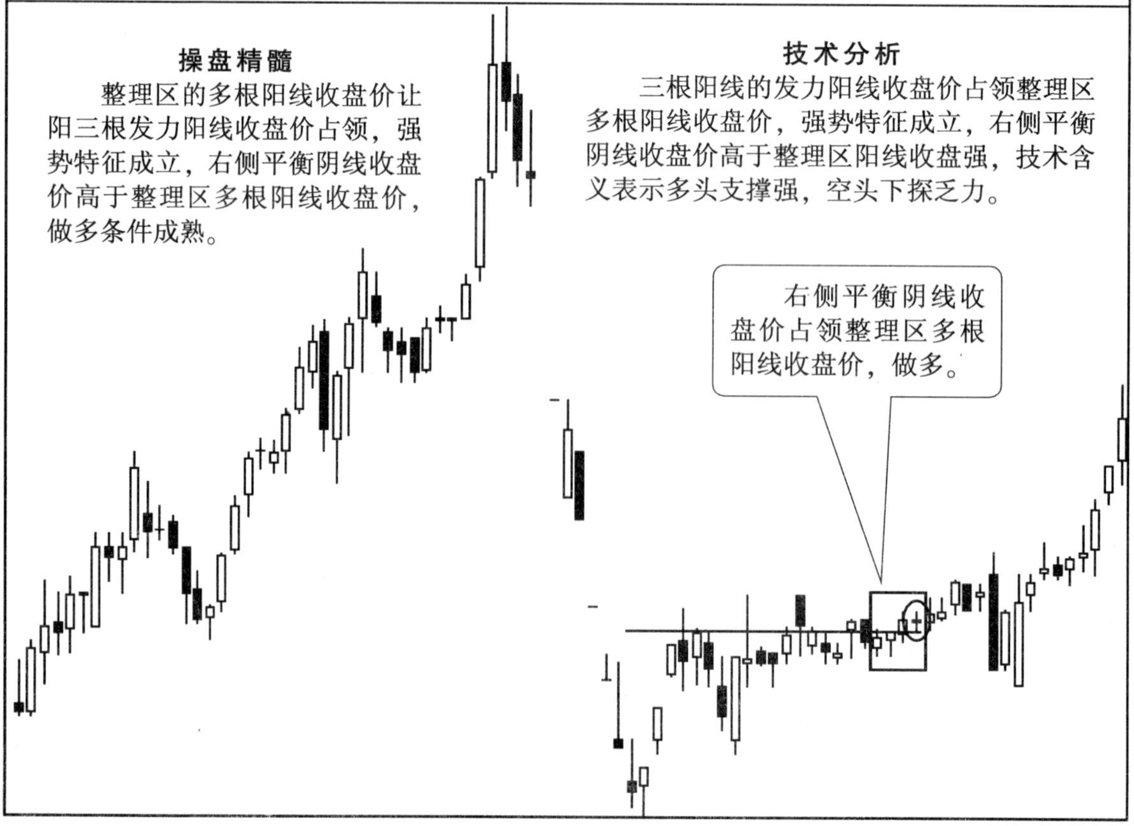
操盘精髓
整理区的多根阳线收盘价让阳三根发力阳线收盘价占领，强势特征成立，右侧平衡阴线收盘价高于整理区多根阳线收盘价，做多条件成熟。
技术分析
三根阳线的发力阳线收盘价占领整理区多根阳线收盘价，强势特征成立，右侧平衡阴线收盘价高于整理区阳线收盘强，技术含义表示多头支撑强，空头下探乏力。
右侧平衡阴线收盘价占领整理区多根阳线收盘价，做多。

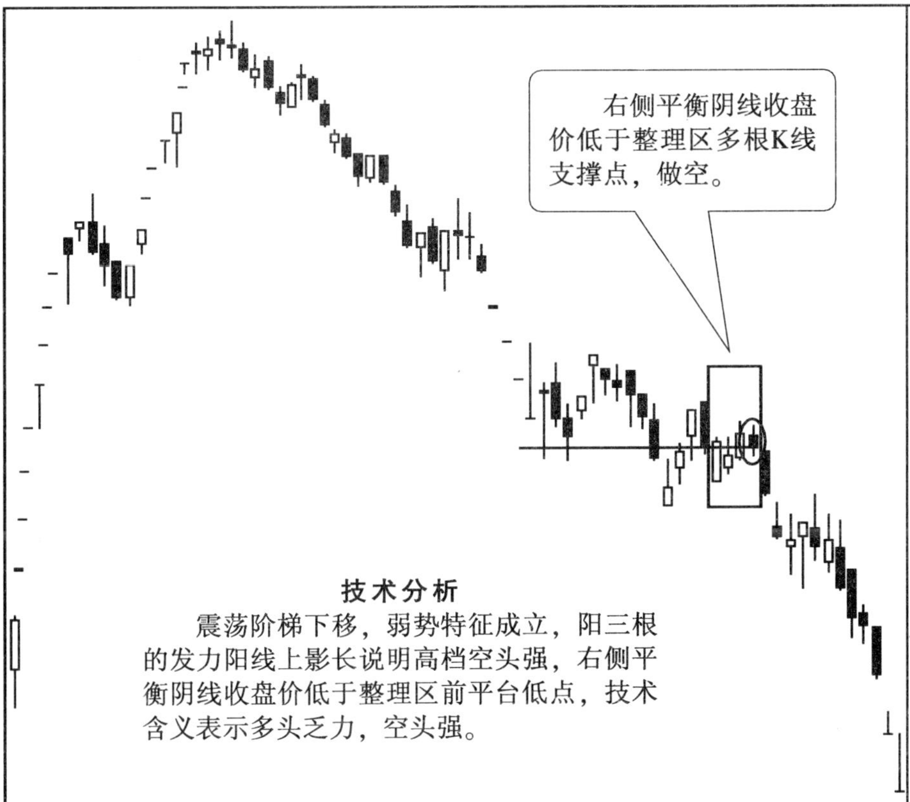

技术分析

震荡阶梯下移，弱势特征成立，阳三根的发力阳线上影长说明高档空头强，右侧平衡阴线收盘价低于整理区前平台低点，技术含义表示多头乏力，空头强。

操盘精髓

三根阳线反弹受阻于整理区平台下部，弱势特征成立，右侧平衡阴线收盘价低于整理平台多根K线开盘价支撑位，做空。

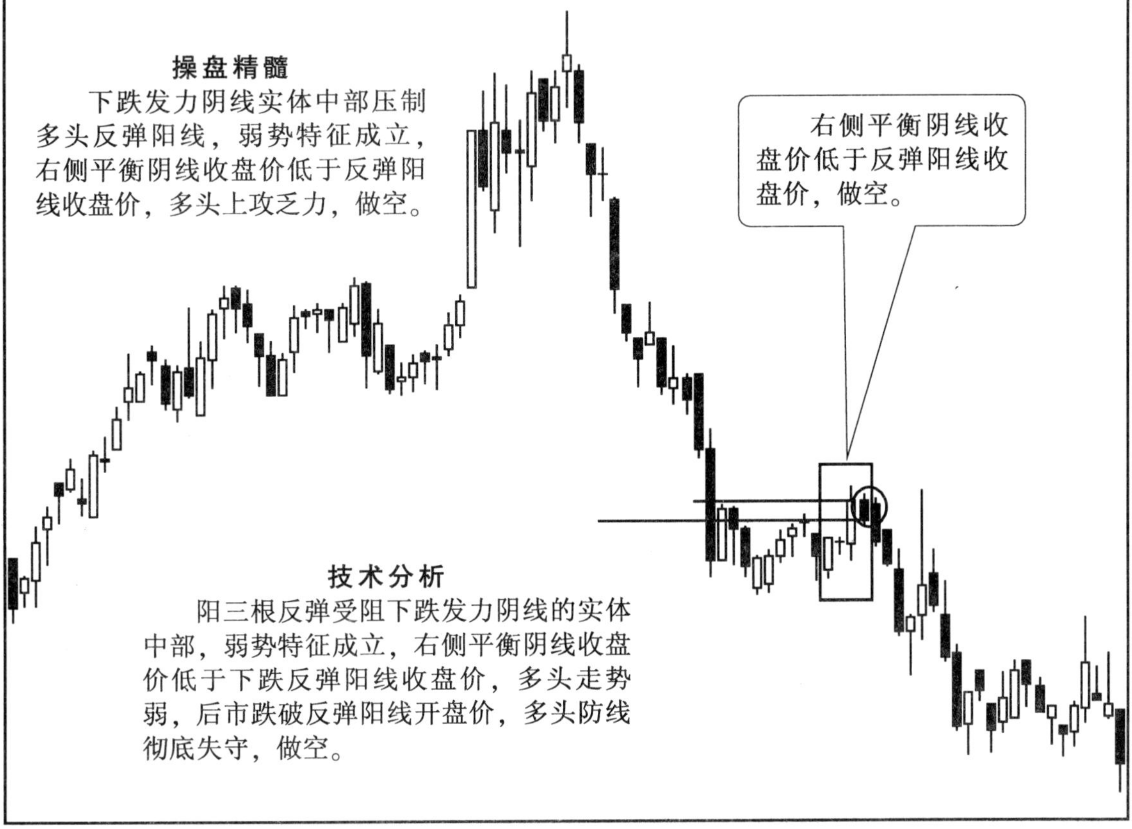

操盘精髓

下跌发力阴线实体中部压制多头反弹阳线，弱势特征成立，右侧平衡阴线收盘价低于反弹阳线收盘价，多头上攻乏力，做空。

技术分析

阳三根反弹受阻下跌发力阴线的实体中部，弱势特征成立，右侧平衡阴线收盘价低于下跌反弹阳线收盘价，多头走势弱，后市跌破反弹阳线开盘价，多头防线彻底失守，做空。

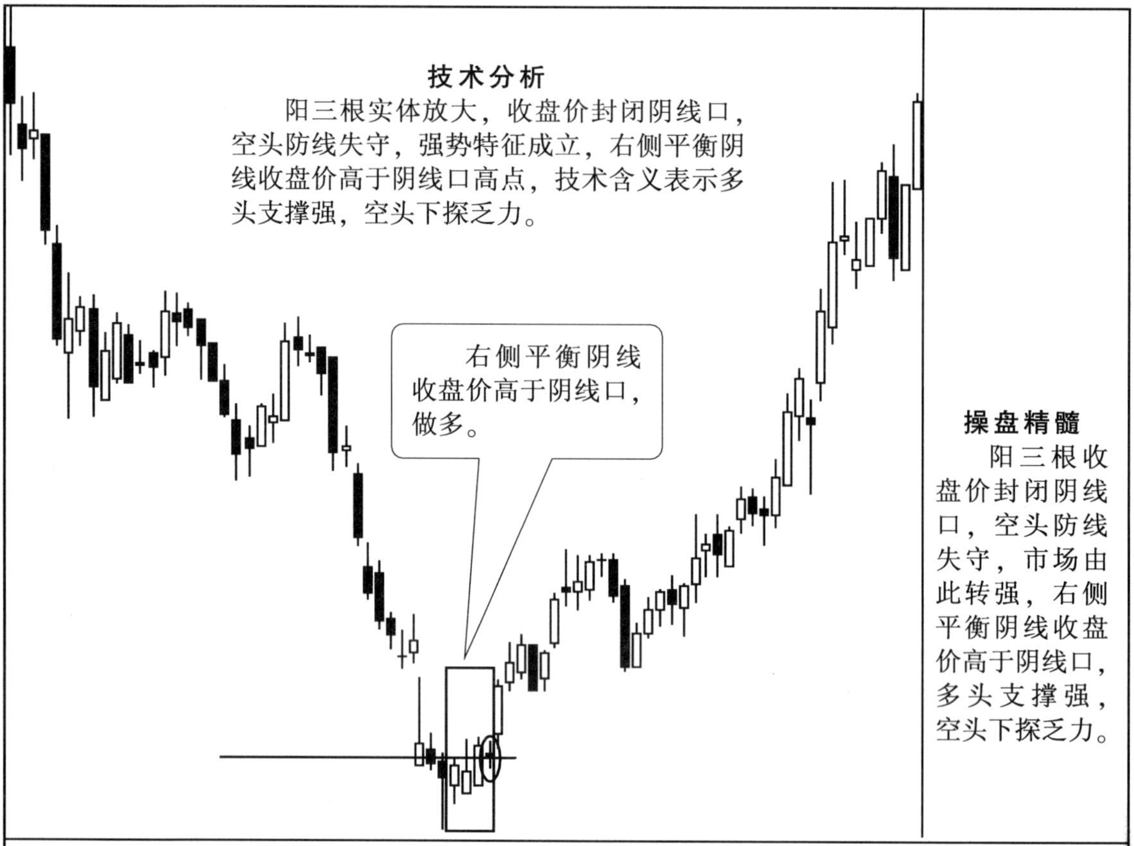
技术分析
阳三根实体放大，收盘价封闭阴线口，空头防线失守，强势特征成立，右侧平衡阴线收盘价高于阴线口高点，技术含义表示多头支撑强，空头下探乏力。
右侧平衡阴线收盘价高于阴线口，做多。
操盘精髓
阳三根收盘价封闭阴线口，空头防线失守，市场由此转强，右侧平衡阴线收盘价高于阴线口，多头支撑强，空头下探乏力。

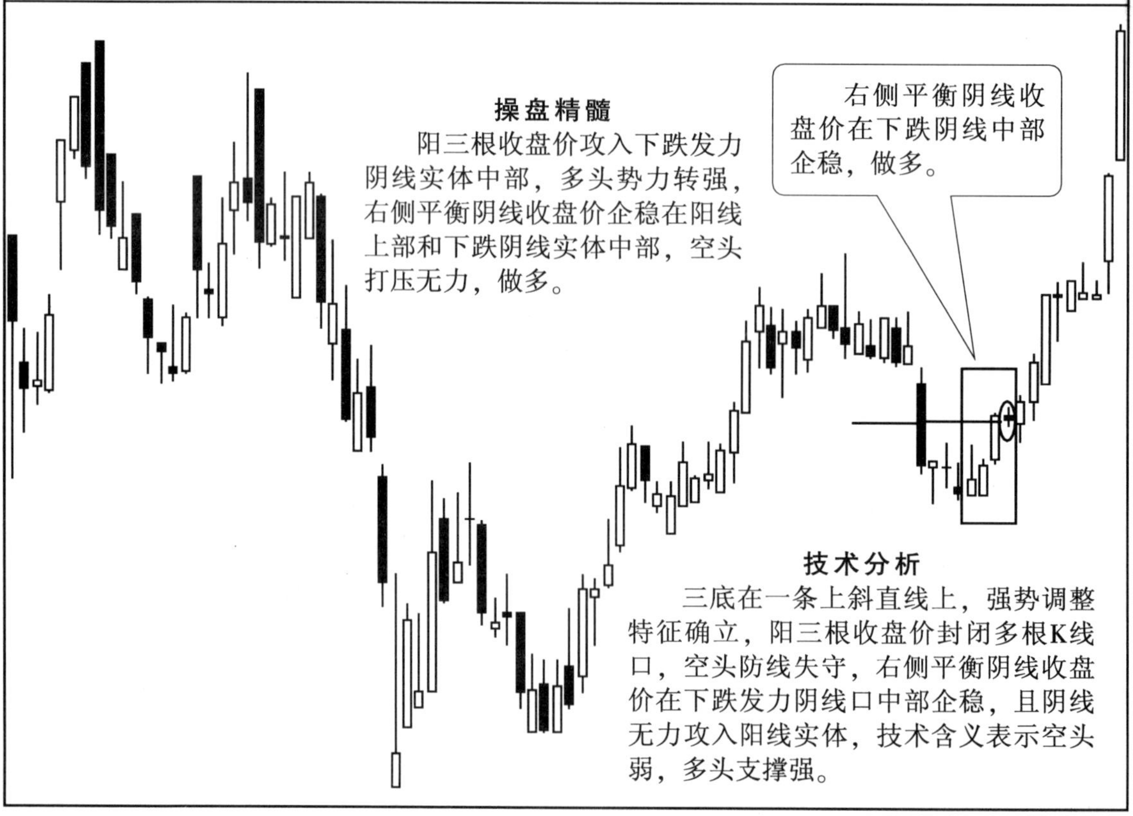
操盘精髓
阳三根收盘价攻入下跌发力阴线实体中部，多头势力转强，右侧平衡阴线收盘价企稳在阳线上部和下跌阴线实体中部，空头打压无力，做多。
右侧平衡阴线收盘价在下跌阴线中部企稳，做多。
技术分析
三底在一条上斜直线上，强势调整特征确立，阳三根收盘价封闭多根K线口，空头防线失守，右侧平衡阴线收盘价在下跌发力阴线口中部企稳，且阴线无力攻入阳线实体，技术含义表示空头弱，多头支撑强。

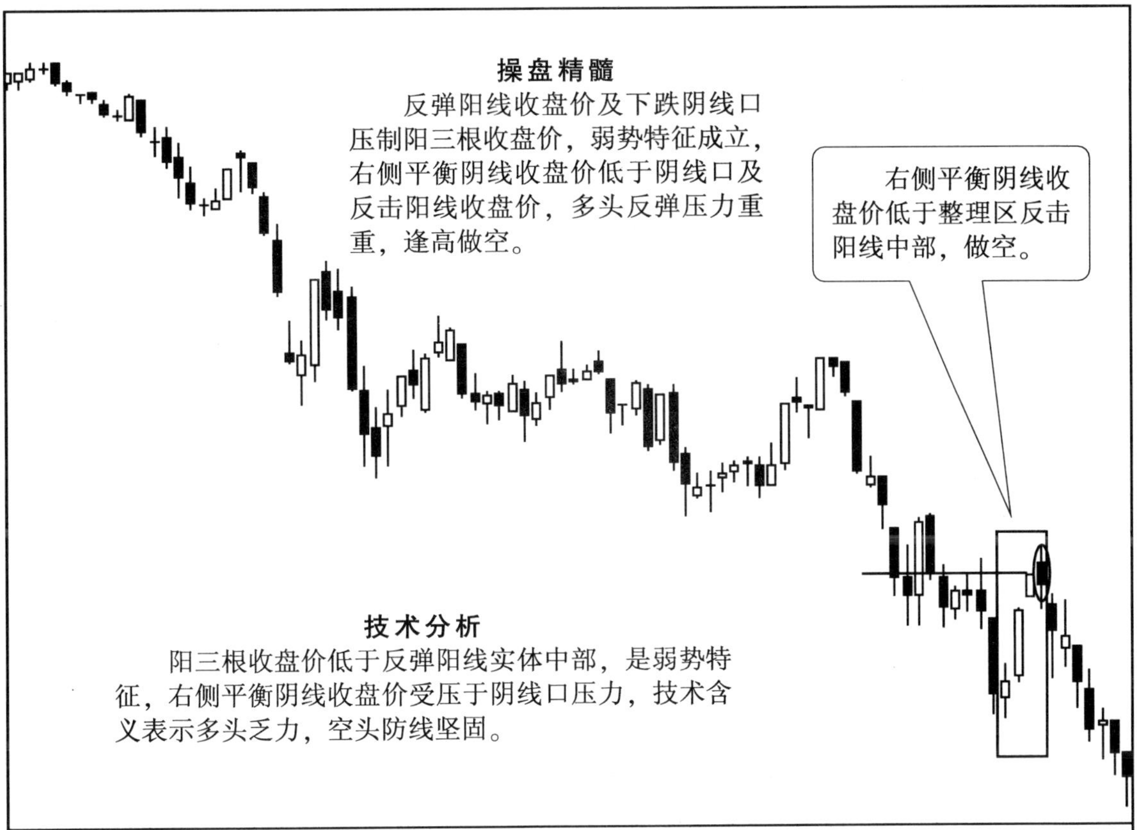

操盘精髓

反弹阳线收盘价及下跌阴线口压制阳三根收盘价，弱势特征成立，右侧平衡阴线收盘价低于阴线口及反击阳线收盘价，多头反弹压力重重，逢高做空。

技术分析

阳三根收盘价低于反弹阳线实体中部，是弱势特征，右侧平衡阴线收盘价受压于阴线口压力，技术含义表示多头乏力，空头防线坚固。

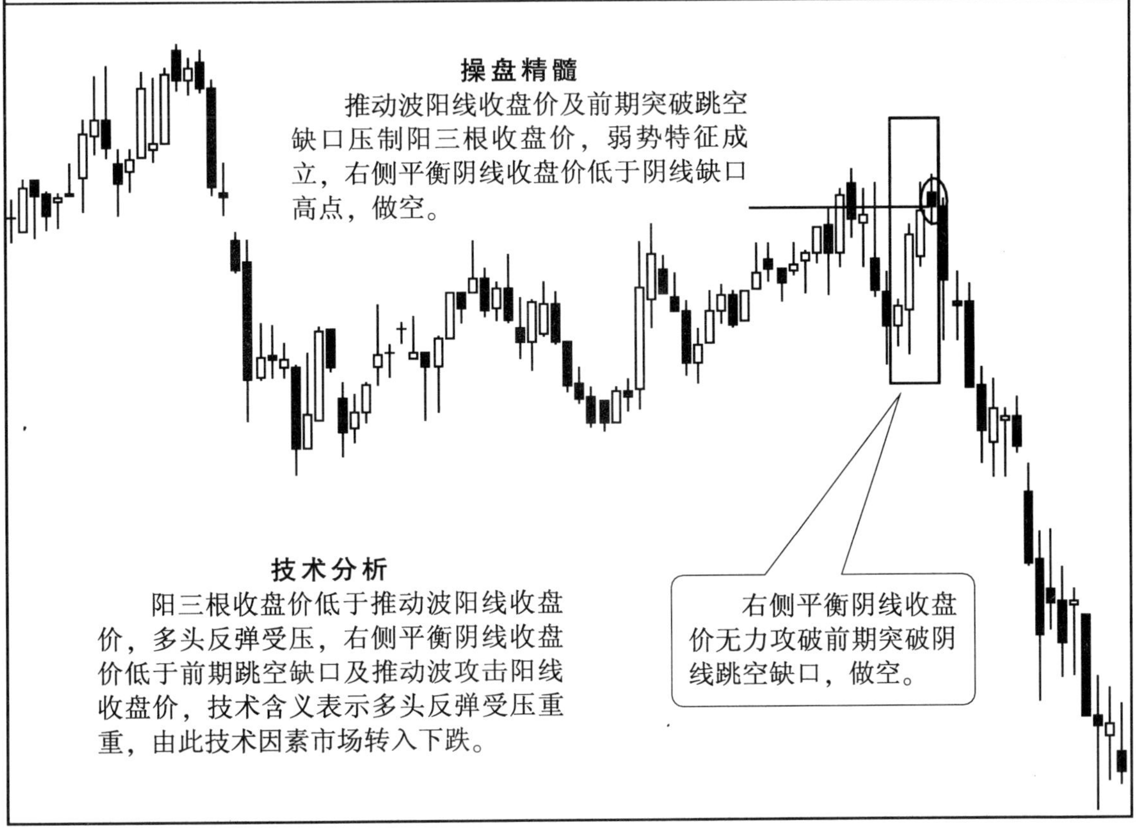

操盘精髓

推动波阳线收盘价及前期突破跳空缺口压制阳三根收盘价，弱势特征成立，右侧平衡阴线收盘价低于阴线缺口高点，做空。

技术分析

阳三根收盘价低于推动波阳线收盘价，多头反弹受压，右侧平衡阴线收盘价低于前期跳空缺口及推动波攻击阳线收盘价，技术含义表示多头反弹受压重重，由此技术因素市场转入下跌。

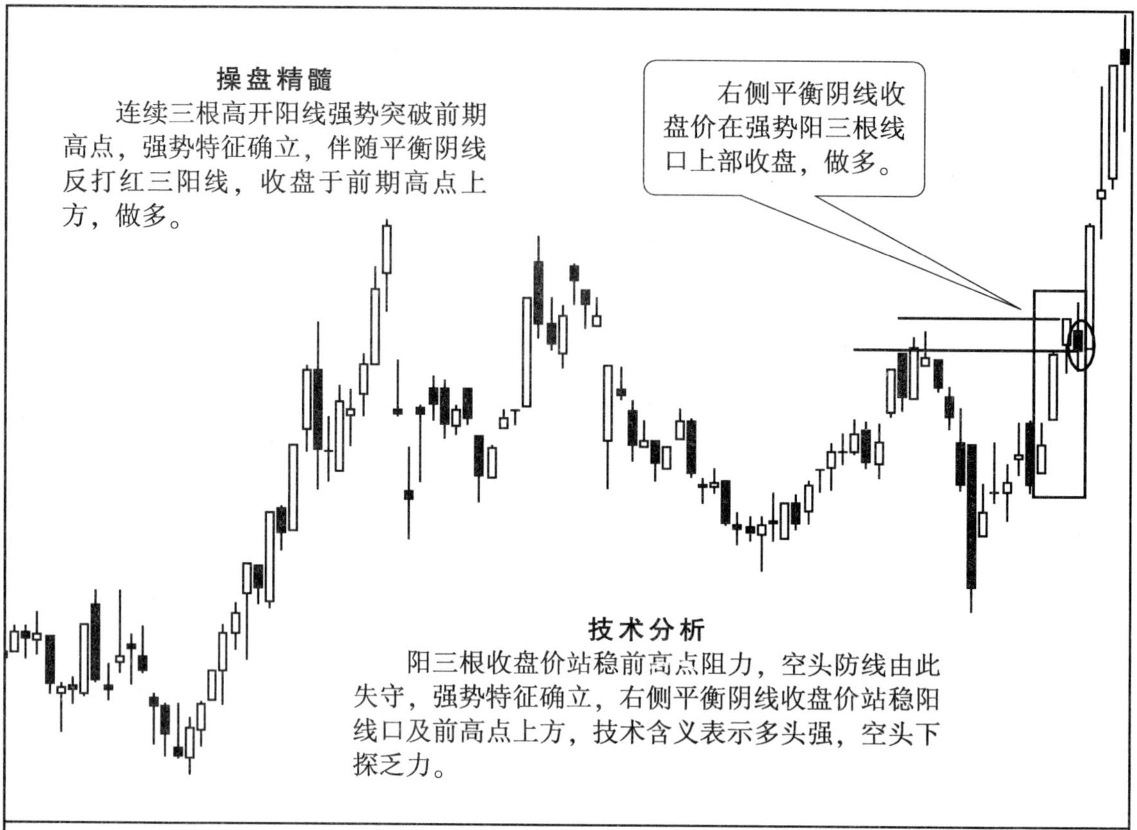

操盘精髓

连续三根高开阳线强势突破前期高点，强势特征确立，伴随平衡阴线反打红三阳线，收盘于前期高点上方，做多。

技术分析

阳三根收盘价站稳前高点阻力，空头防线由此失守，强势特征确立，右侧平衡阴线收盘价站稳阳线口及前高点上方，技术含义表示多头强，空头下探乏力。

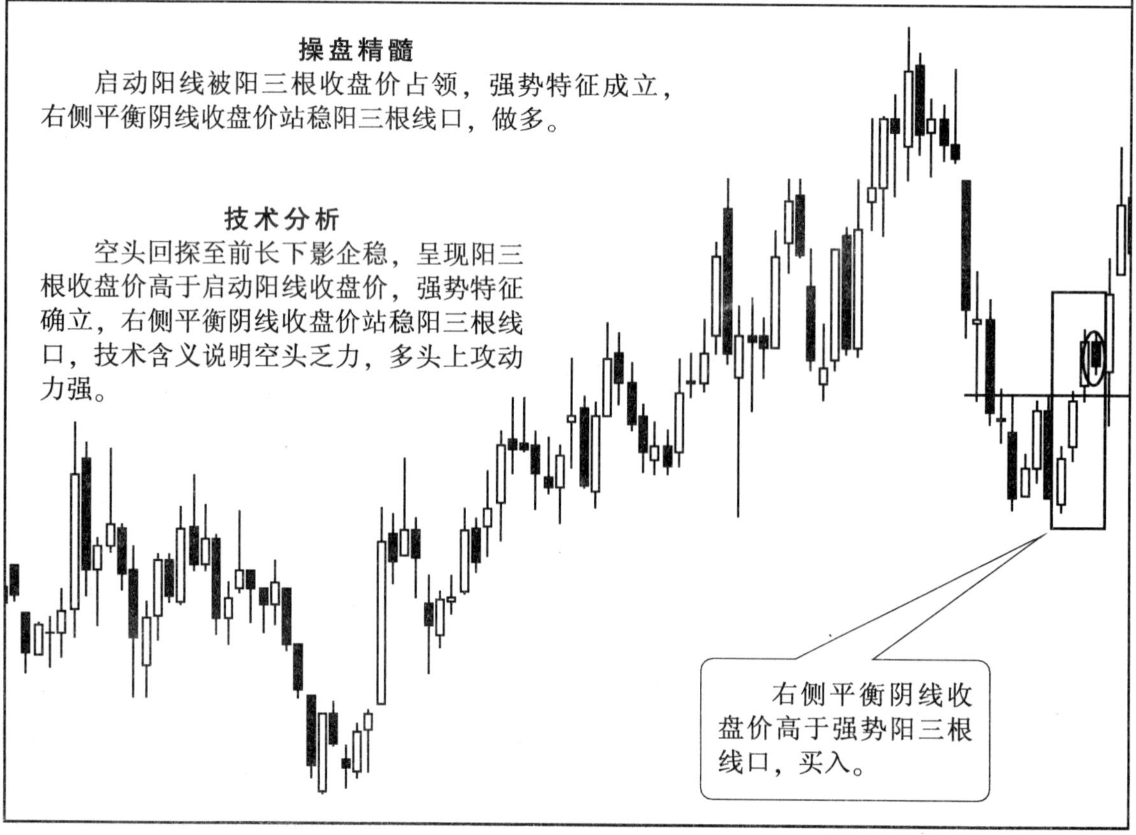

操盘精髓

启动阳线被阳三根收盘价占领，强势特征成立，右侧平衡阴线收盘价站稳阳三根线口，做多。

技术分析

空头回探至前长下影企稳，呈现阳三根收盘价高于启动阳线收盘价，强势特征确立，右侧平衡阴线收盘价站稳阳三根线口，技术含义说明空头乏力，多头上攻动力强。

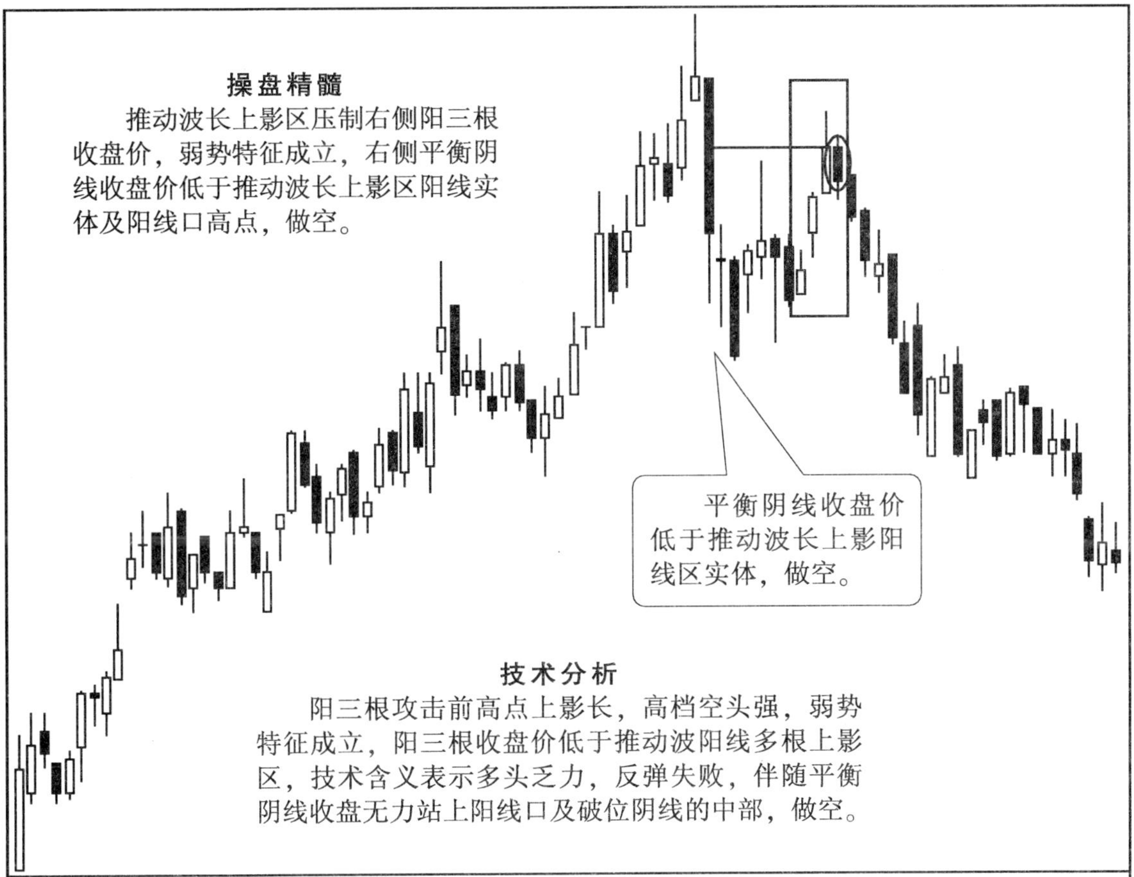

操盘精髓

推动波长上影区压制右侧阳三根收盘价，弱势特征成立，右侧平衡阴线收盘价低于推动波长上影区阳线实体及阳线口高点，做空。

技术分析

阳三根攻击前高点上影长，高档空头强，弱势特征成立，阳三根收盘价低于推动波阳线多根上影区，技术含义表示多头乏力，反弹失败，伴随平衡阴线收盘无力站上阳线口及破位阴线的中部，做空。

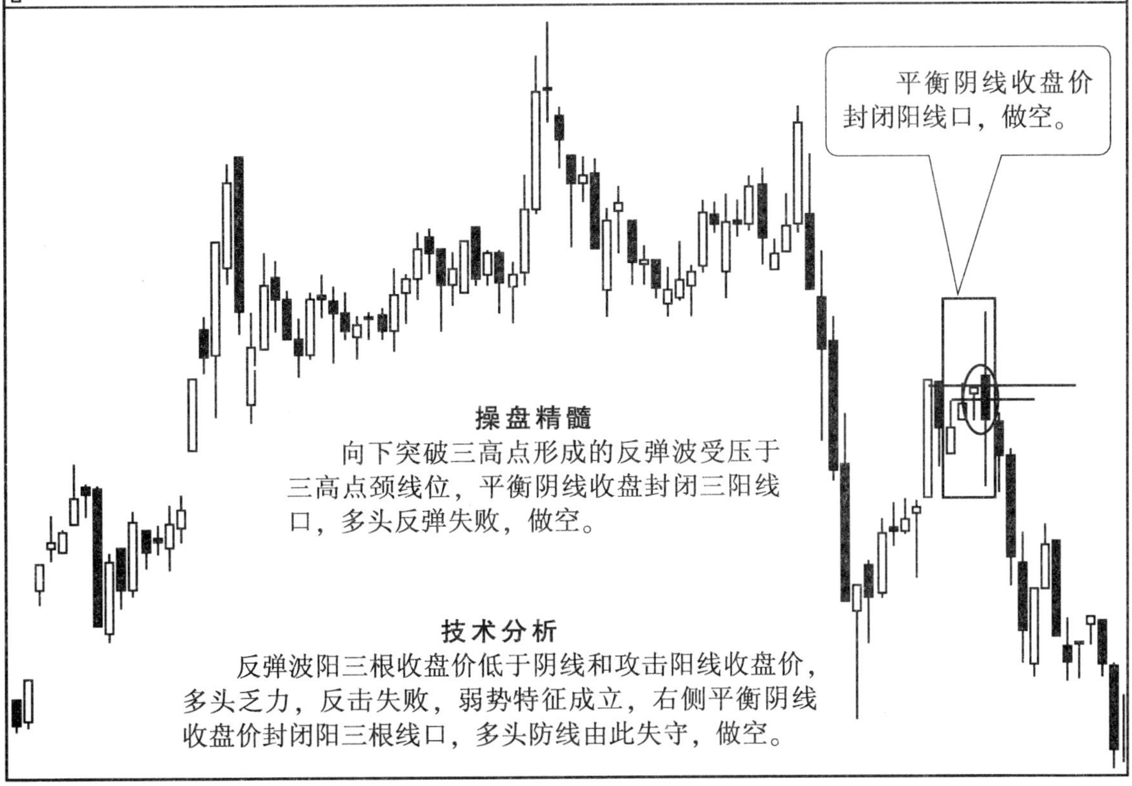

操盘精髓

向下突破三高点形成的反弹波受压于三高点颈线位，平衡阴线收盘封闭三阳线口，多头反弹失败，做空。

技术分析

反弹波阳三根收盘价低于阴线和攻击阳线收盘价，多头乏力，反击失败，弱势特征成立，右侧平衡阴线收盘价封闭阳三根线口，多头防线由此失守，做空。

第五章 长上影阳线

长上影阳线含义：多头发力上冲遇阻回落阳K线收盘价上影明显大于下影，单根K线空头高档力度占据上方但也没能力完全控制低档多头根基，此现象不排除是主力拉抬出货引发的，也可能是市场浮筹出逃引起。总体说明高档存在卖压现象，但不代表因此长上影阳线引发市场就此下跌，和其他类型K线同样道理，引发下跌或上涨是同形趋势中K线所处不同的位置。

为了让读者更易理解，作者立足不怕不识货就怕货比货，用双页涨跌对比格式，展示同形长上影阳线所处不同位置引发不同方向的发展。

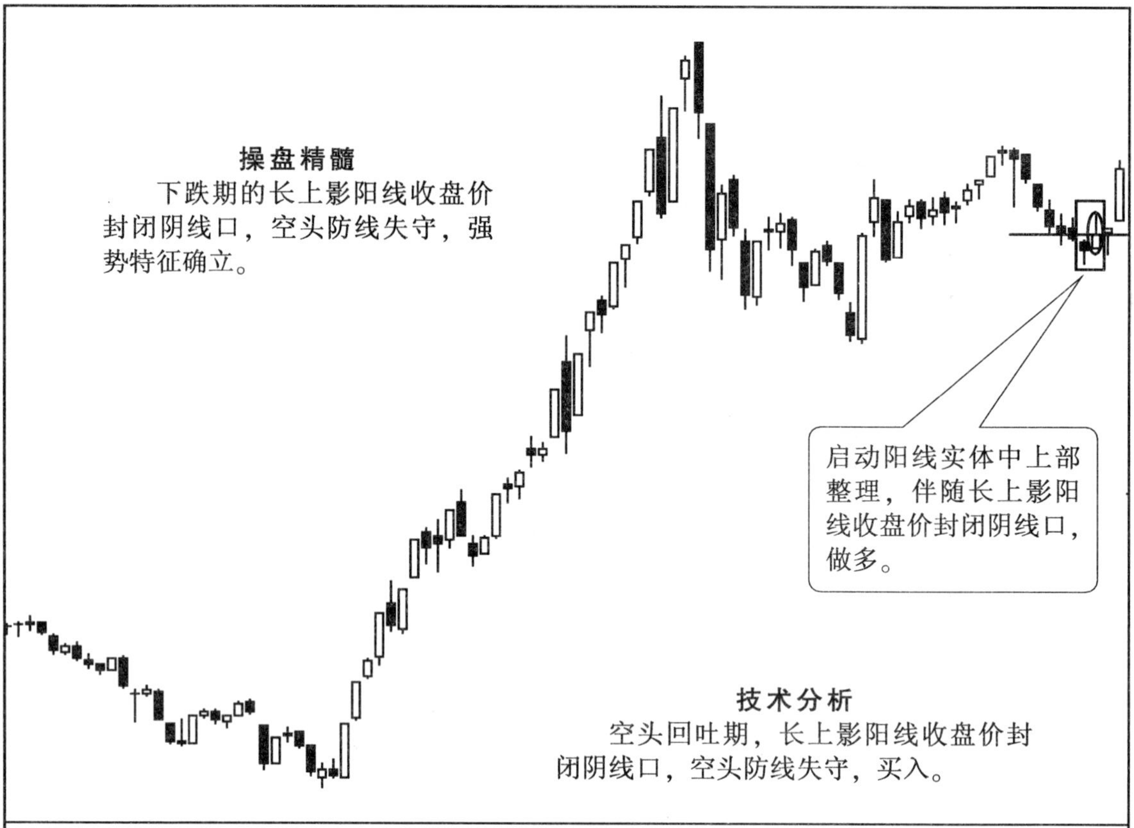
操盘精髓
下跌期的长上影阳线收盘价封闭阴线口，空头防线失守，强势特征确立。
启动阳线实体中上部整理，伴随长上影阳线收盘价封闭阴线口，做多。
技术分析
空头回吐期，长上影阳线收盘价封闭阴线口，空头防线失守，买入。

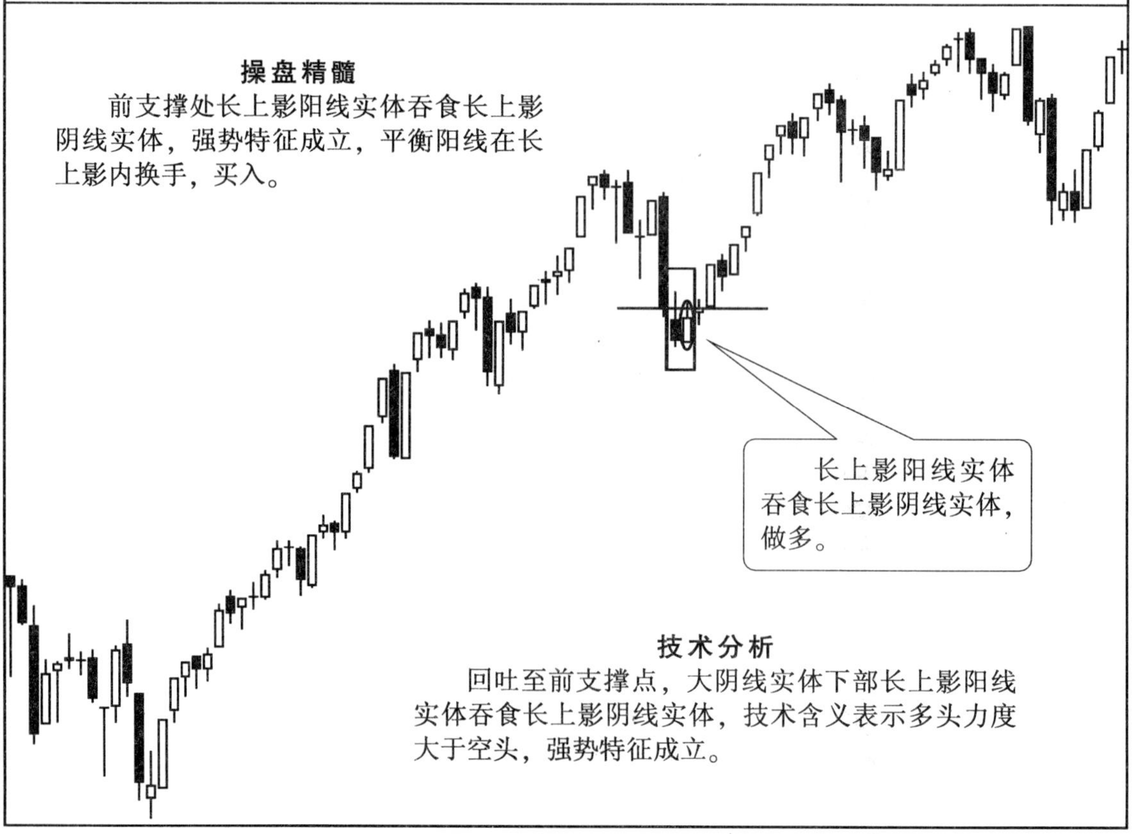
操盘精髓
前支撑处长上影阳线实体吞食长上影阴线实体，强势特征成立，平衡阳线在长上影内换手，买入。
长上影阳线实体吞食长上影阴线实体，做多。
技术分析
回吐至前支撑点，大阴线实体下部长上影阳线实体吞食长上影阴线实体，技术含义表示多头力度大于空头，强势特征成立。

操盘精髓

推动波阳线开盘价和下跌阴线口压制长上影阳线收盘价，弱势特征成立，顺势做空。

技术分析

长上影阳线收盘价低于推动波阳线开盘价和下跌阴线跳空缺口，多头反弹乏力，弱势特征成立。

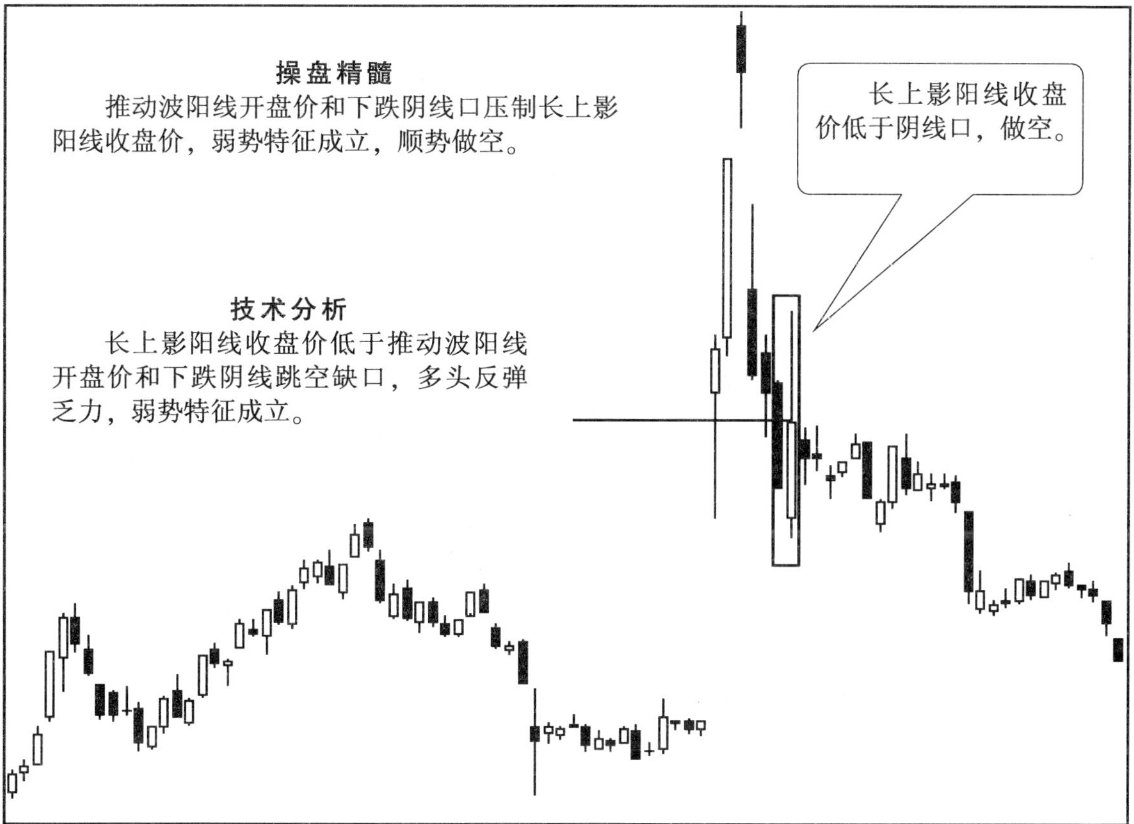

操盘精髓

前支撑点出现长上影阳线反弹，收盘价低于阴线口，弱势特征确立，逢高做空。

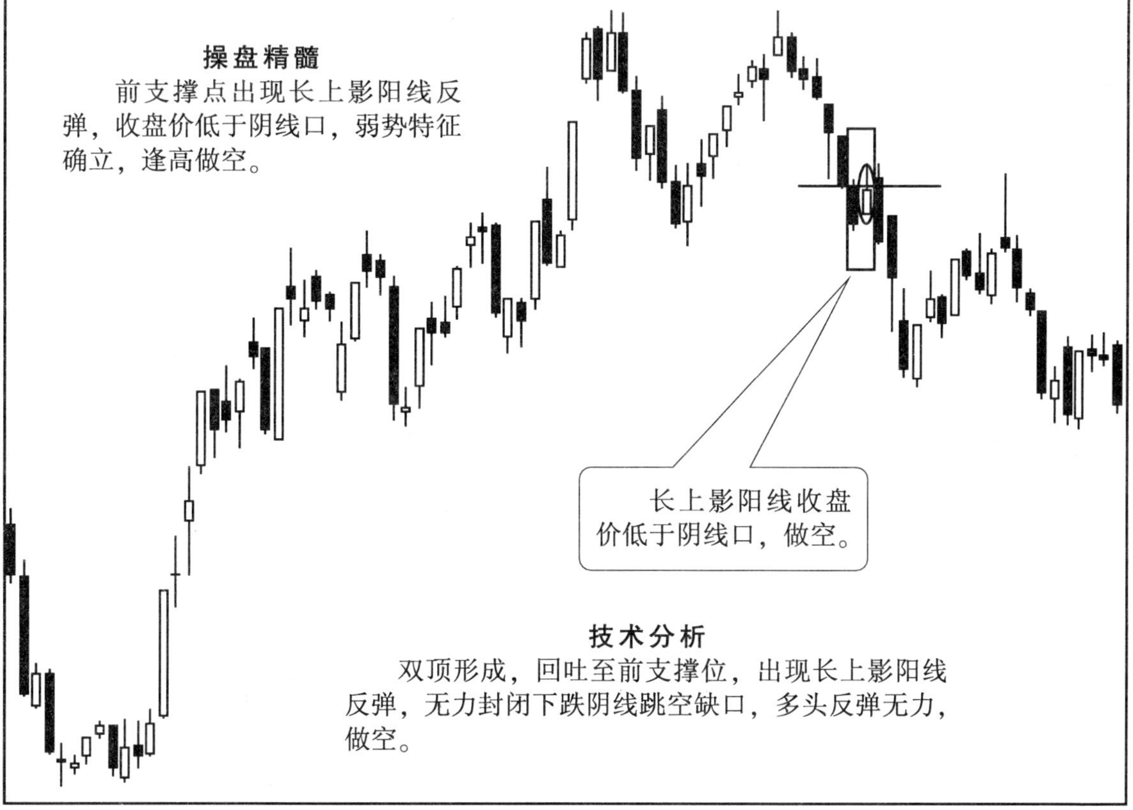

技术分析

双顶形成，回吐至前支撑位，出现长上影阳线反弹，无力封闭下跌阴线跳空缺口，多头反弹无力，做空。

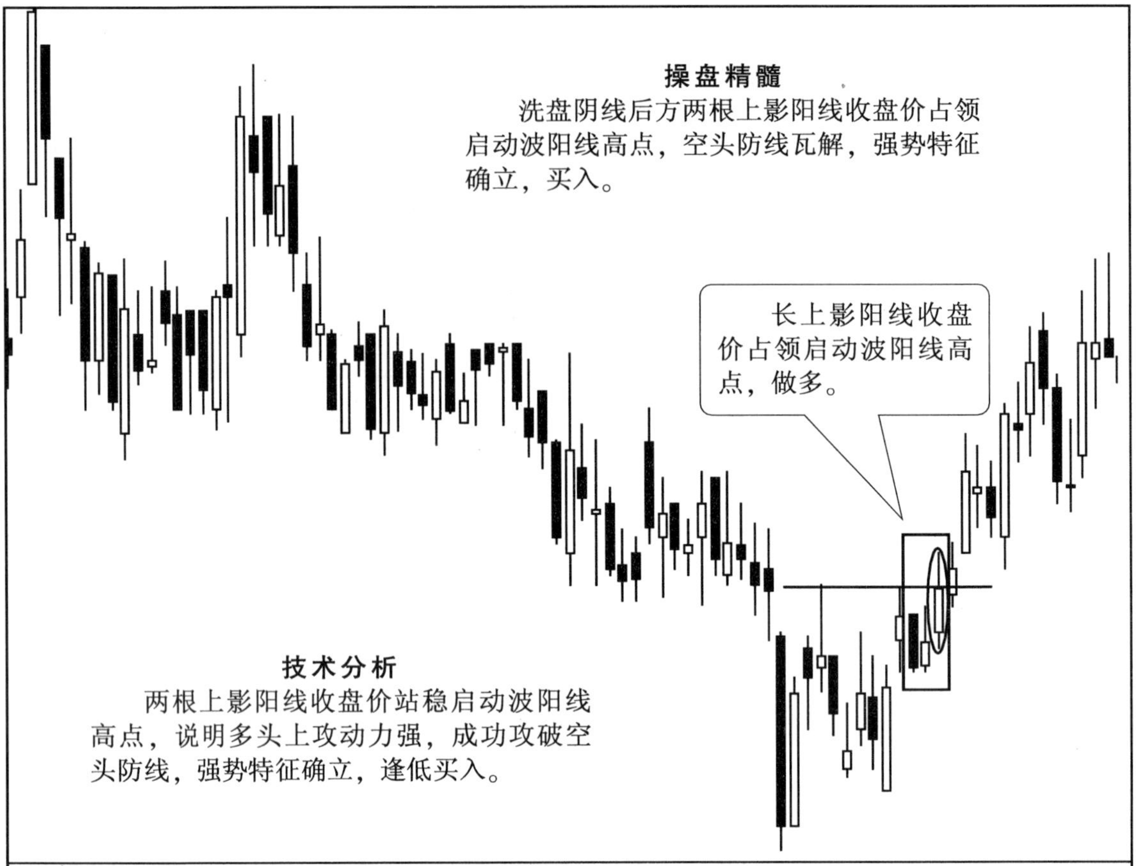

操盘精髓

洗盘阴线后方两根上影阳线收盘价占领启动波阳线高点，空头防线瓦解，强势特征确立，买入。

技术分析

两根上影阳线收盘价站稳启动波阳线高点，说明多头上攻动力强，成功攻破空头防线，强势特征确立，逢低买入。

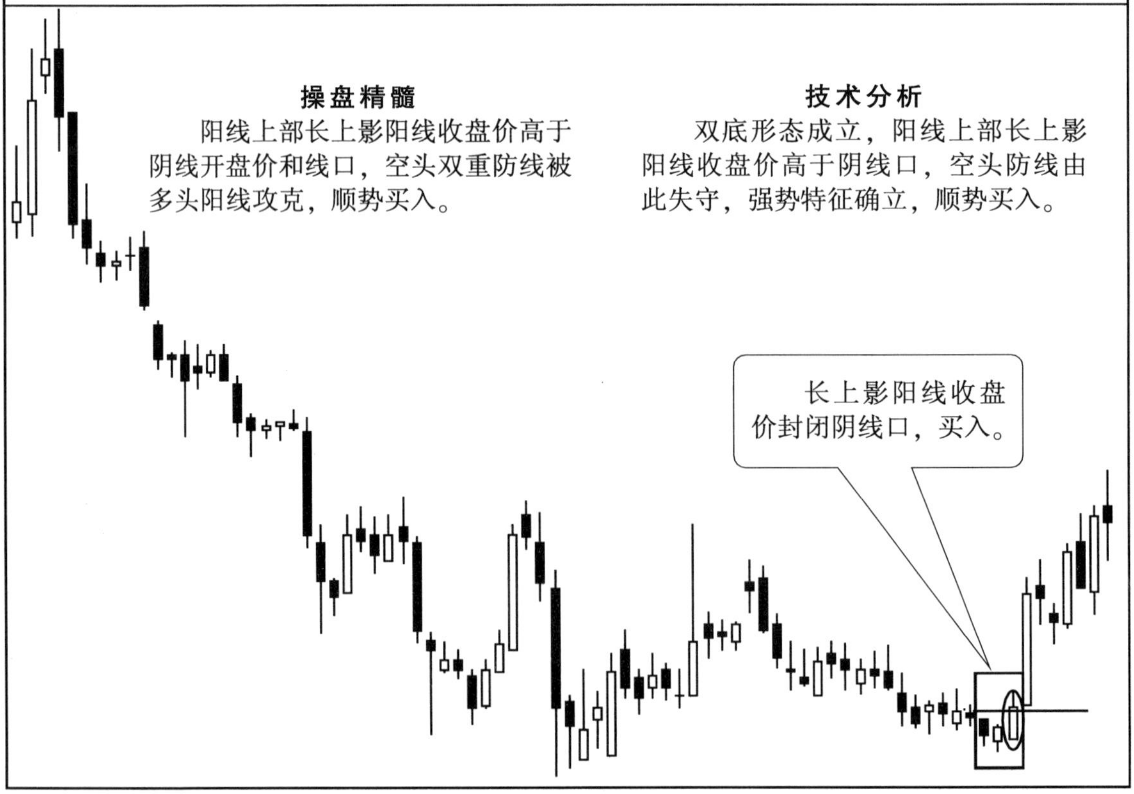

操盘精髓

阳线上部长上影阳线收盘价高于阴线开盘价和线口，空头双重防线被多头阳线攻克，顺势买入。

技术分析

双底形态成立，阳线上部长上影阳线收盘价高于阴线口，空头防线由此失守，强势特征确立，顺势买入。

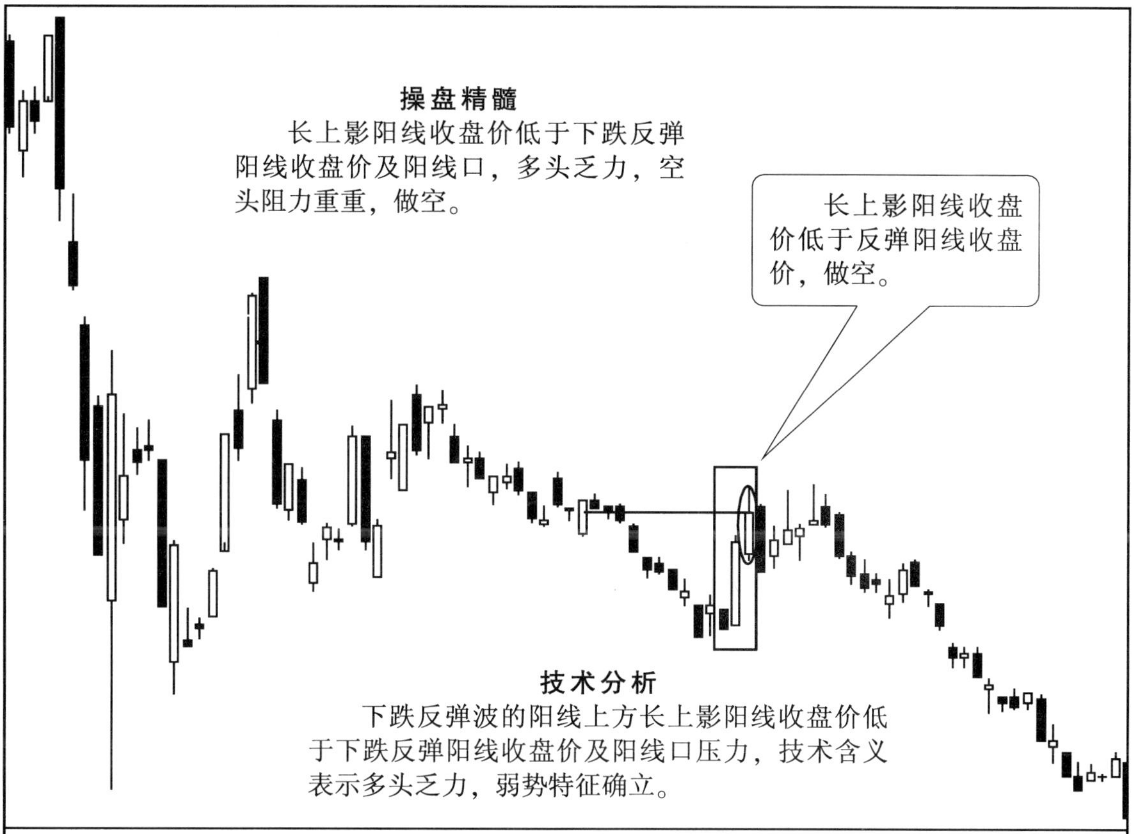
操盘精髓
长上影阳线收盘价低于下跌反弹阳线收盘价及阳线口，多头乏力，空头阻力重重，做空。
长上影阳线收盘价低于反弹阳线收盘价，做空。
技术分析
下跌反弹波的阳线上方长上影阳线收盘价低于下跌反弹阳线收盘价及阳线口压力，技术含义表示多头乏力，弱势特征确立。

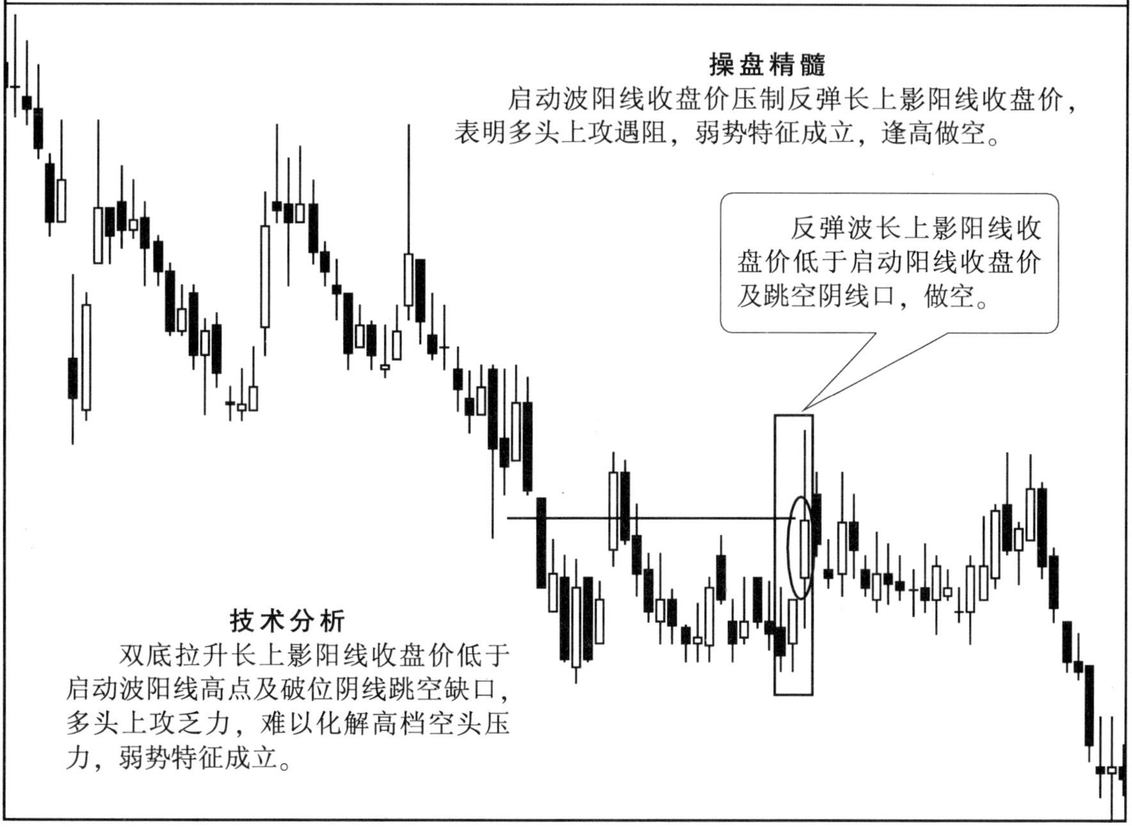
操盘精髓
启动波阳线收盘价压制反弹长上影阳线收盘价，表明多头上攻遇阻，弱势特征成立，逢高做空。
反弹波长上影阳线收盘价低于启动阳线收盘价及跳空阴线口，做空。
技术分析
双底拉升长上影阳线收盘价低于启动波阳线高点及破位阴线跳空缺口，多头上攻乏力，难以化解高档空头压力，弱势特征成立。

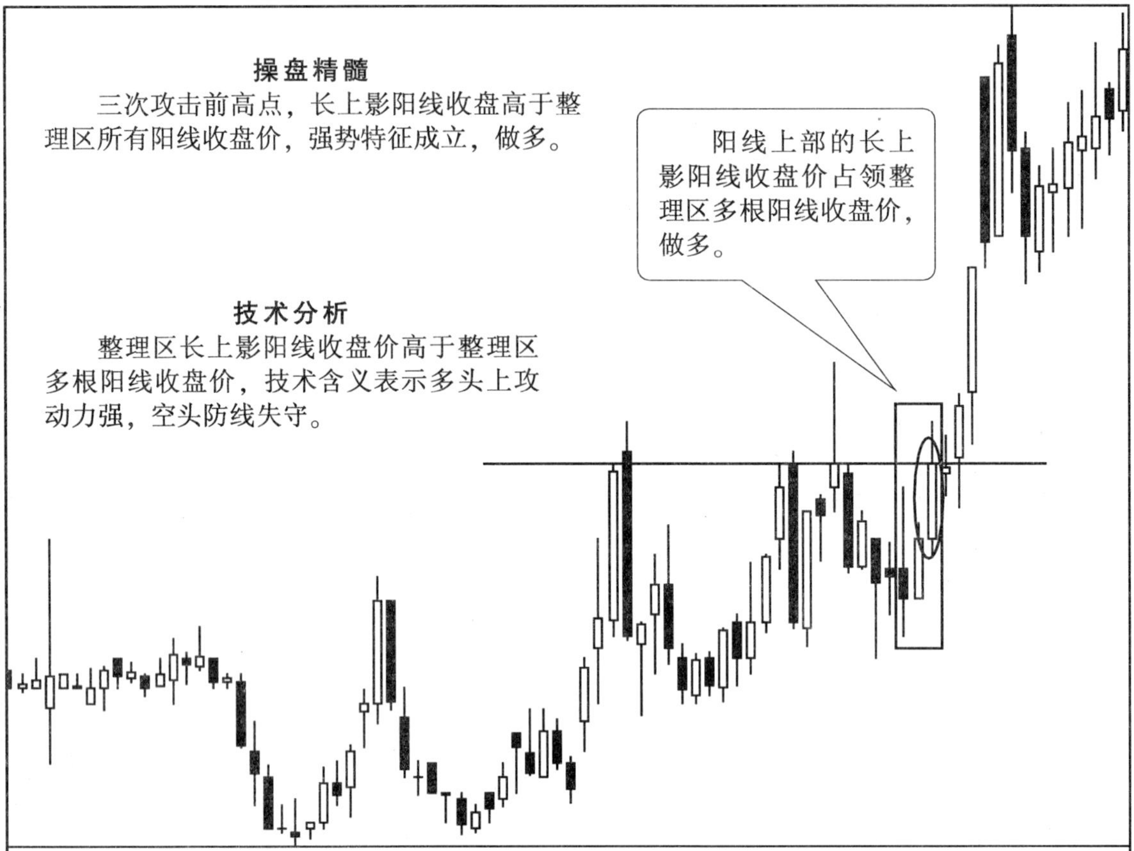
操盘精髓
三次攻击前高点，长上影阳线收盘高于整理区所有阳线收盘价，强势特征成立，做多。
阳线上部的长上影阳线收盘价占领整理区多根阳线收盘价，做多。
技术分析
整理区长上影阳线收盘价高于整理区多根阳线收盘价，技术含义表示多头上攻动力强，空头防线失守。

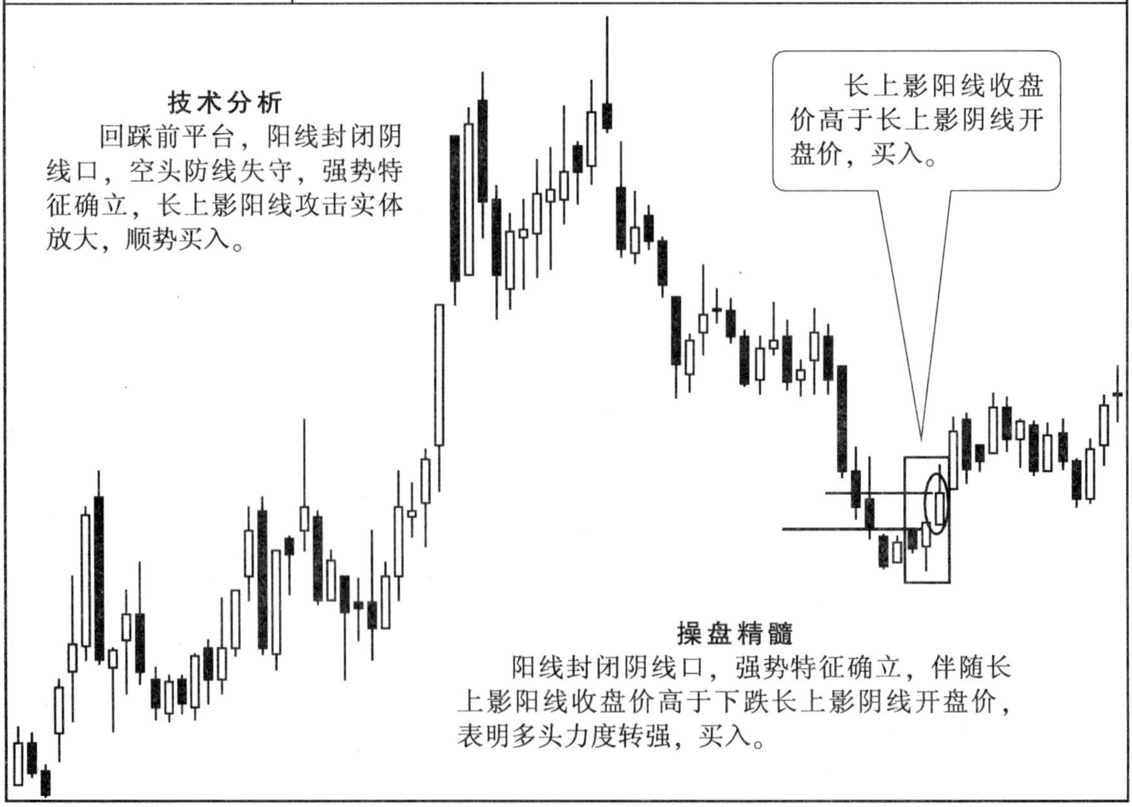
技术分析
回踩前平台，阳线封闭阴线口，空头防线失守，强势特征确立，长上影阳线攻击实体放大，顺势买入。
长上影阳线收盘价高于长上影阴线开盘价，买入。
操盘精髓
阳线封闭阴线口，强势特征确立，伴随长上影阳线收盘价高于下跌长上影阴线开盘价，表明多头力度转强，买入。

操盘精髓

下跌中继阳线收盘价压制反弹波长上影阳线收盘价，后市无力攻克中继阳线收盘价压力位，弱势特征成立，做空。

技术分析

阳线上方长上影阳线收盘价低于下跌反弹阳线收盘价，多头乏力，弱势特征成立，逢高做空。

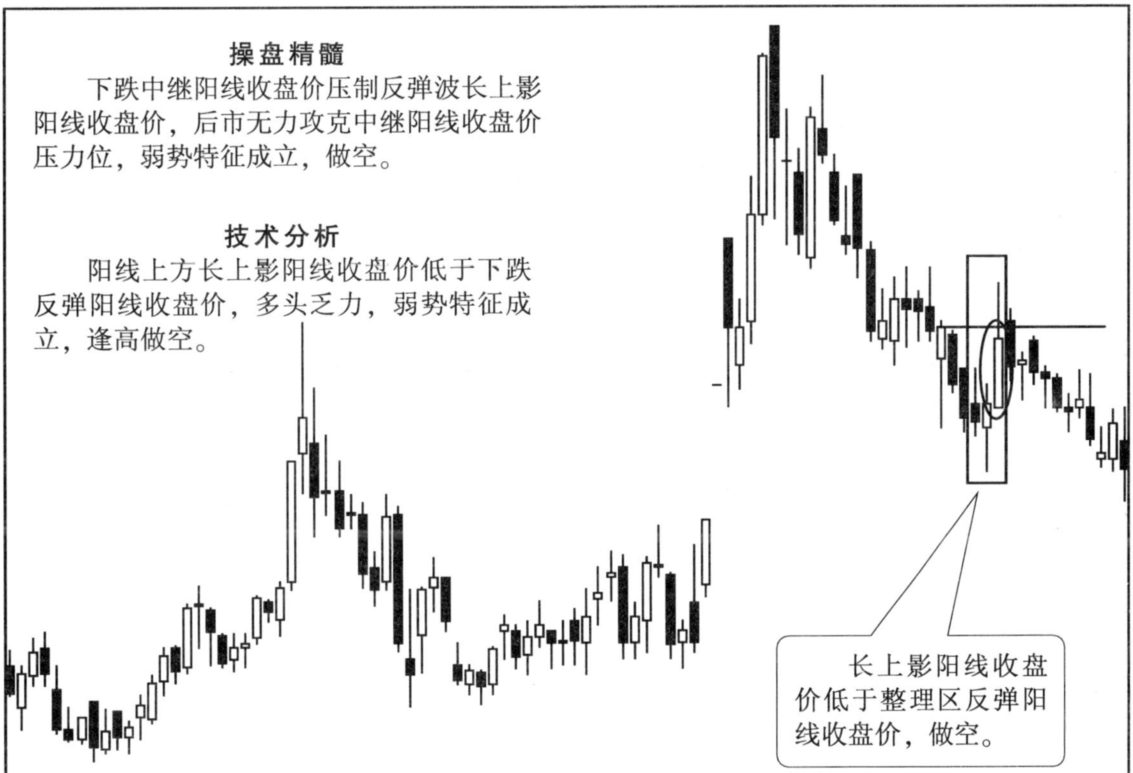

操盘精髓

下跌中继阳线收盘价压制反弹波跳空长上影阳线收盘价，多头乏力，弱势特征成立。

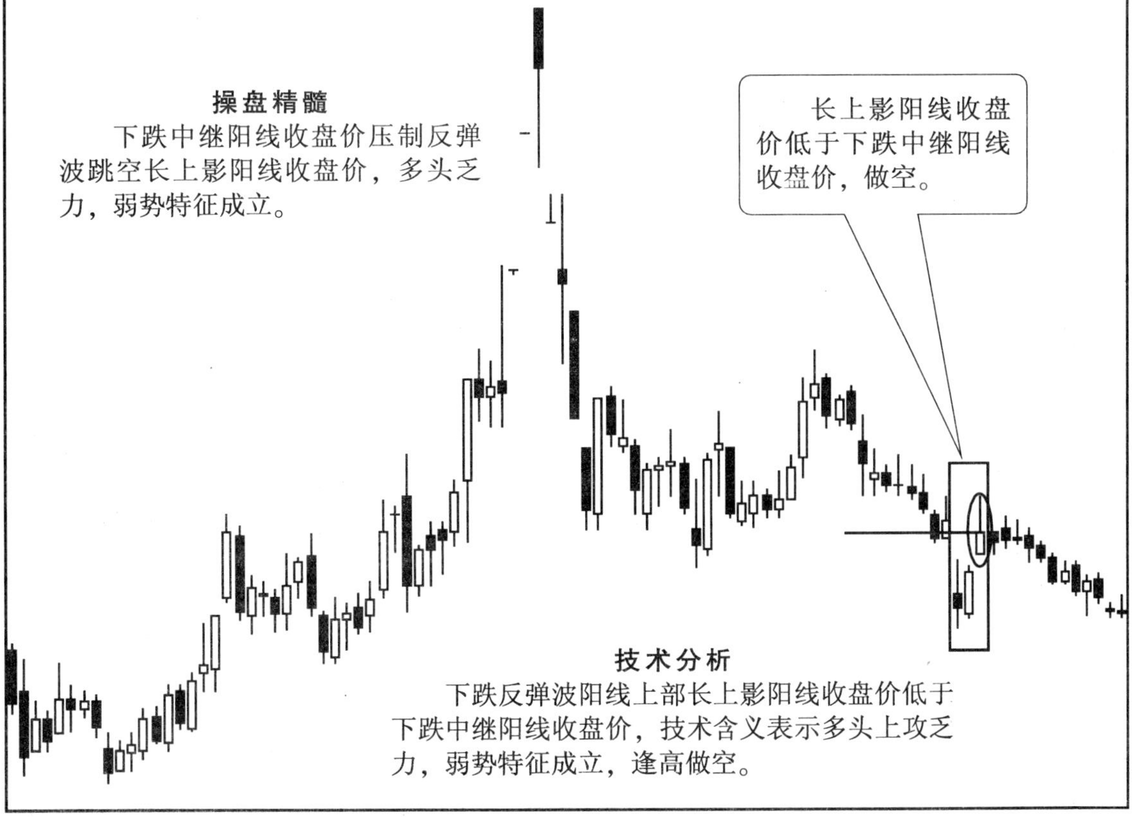

技术分析

下跌反弹波阳线上部长上影阳线收盘价低于下跌中继阳线收盘价，技术含义表示多头上攻乏力，弱势特征成立，逢高做空。

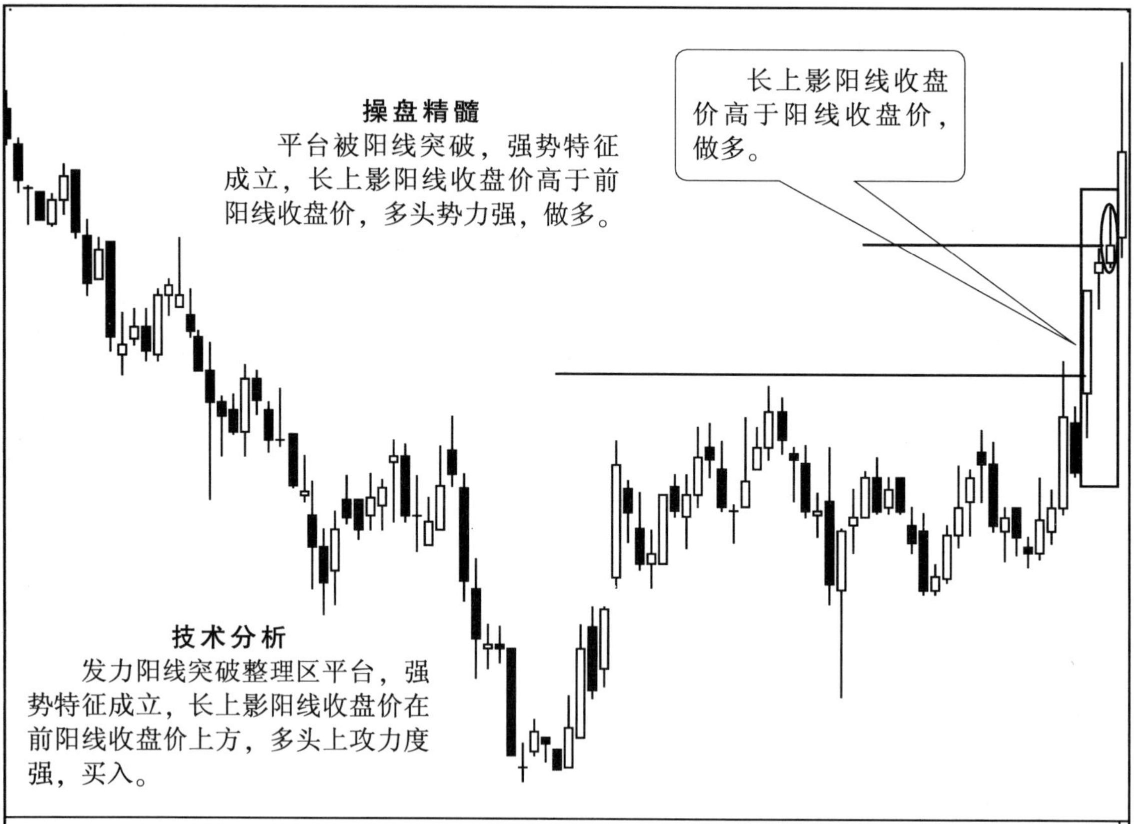
操盘精髓
平台被阳线突破，强势特征成立，长上影阳线收盘价高于前阳线收盘价，多头势力强，做多。
长上影阳线收盘价高于阳线收盘价，做多。
技术分析
发力阳线突破整理区平台，强势特征成立，长上影阳线收盘价在前阳线收盘价上方，多头上攻力度强，买入。

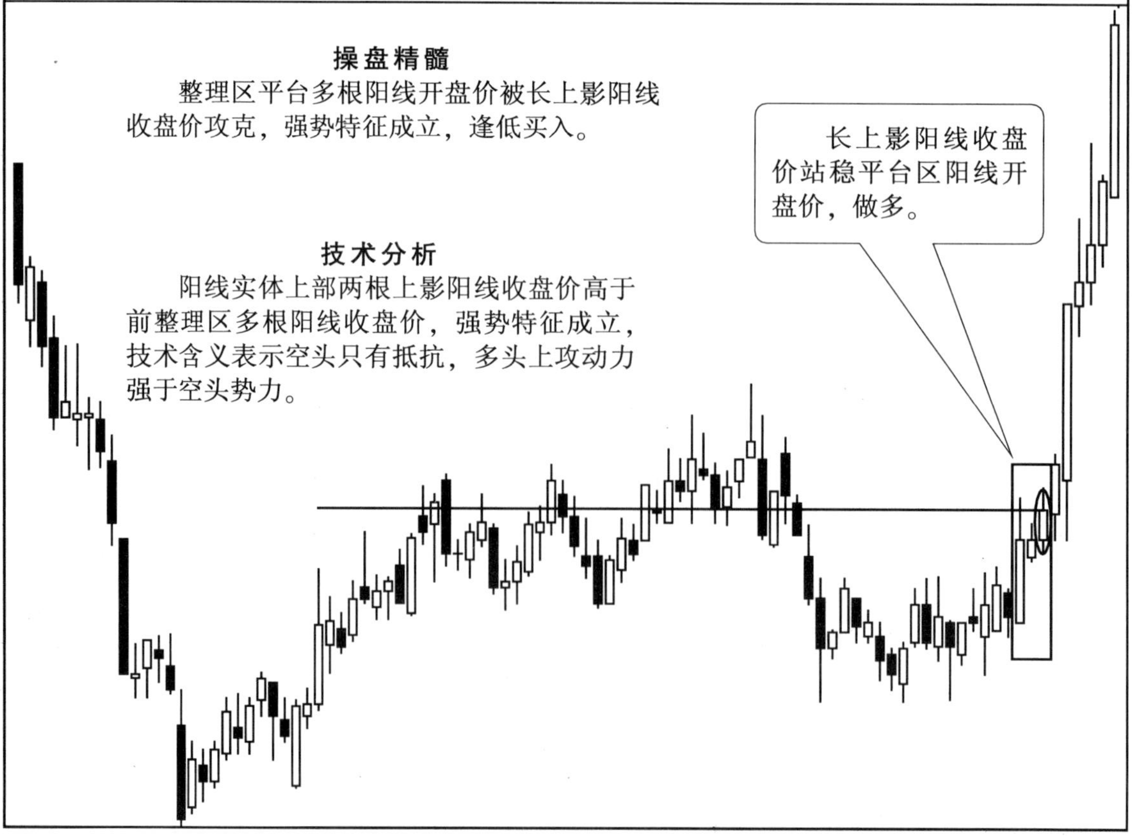
操盘精髓
整理区平台多根阳线开盘价被长上影阳线收盘价攻克，强势特征成立，逢低买入。
长上影阳线收盘价站稳平台区阳线开盘价，做多。
技术分析
阳线实体上部两根上影阳线收盘价高于前整理区多根阳线收盘价，强势特征成立，技术含义表示空头只有抵抗，多头上攻动力强于空头势力。

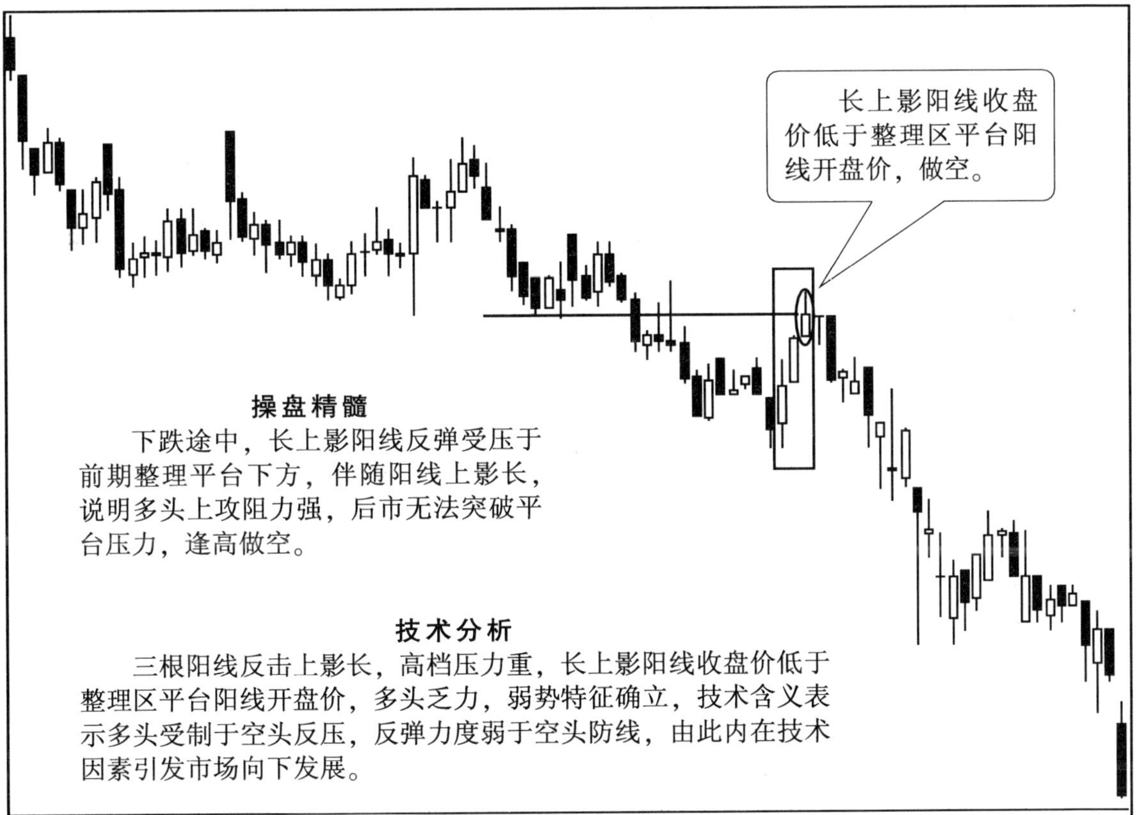

操盘精髓

下跌途中，长上影阳线反弹受压于前期整理平台下方，伴随阳线上影长，说明多头上攻阻力强，后市无法突破平台压力，逢高做空。

技术分析

三根阳线反击上影长，高档压力重，长上影阳线收盘价低于整理区平台阳线开盘价，多头乏力，弱势特征确立，技术含义表示多头受制于空头反压，反弹力度弱于空头防线，由此内在技术因素引发市场向下发展。

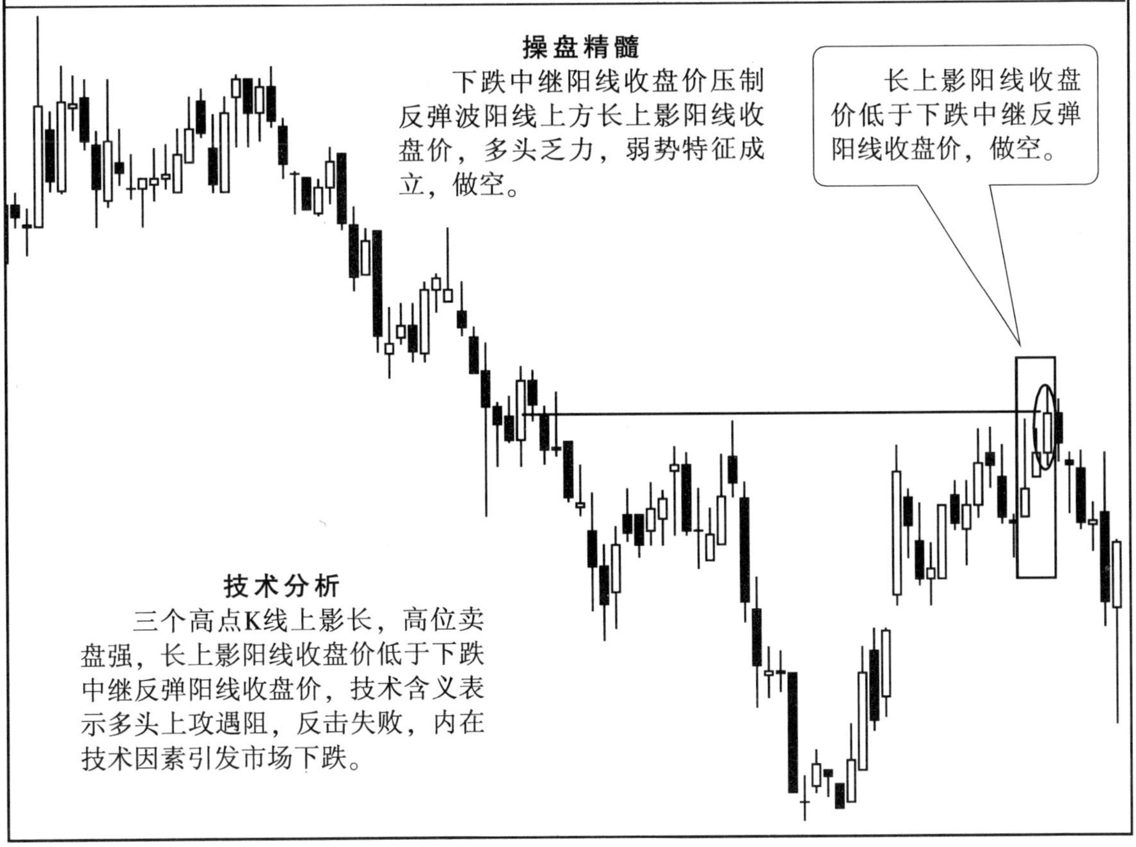

操盘精髓

下跌中继阳线收盘价压制反弹波阳线上方长上影阳线收盘价，多头乏力，弱势特征成立，做空。

技术分析

三个高点K线上影长，高位卖盘强，长上影阳线收盘价低于下跌中继反弹阳线收盘价，技术含义表示多头上攻遇阻，反击失败，内在技术因素引发市场下跌。

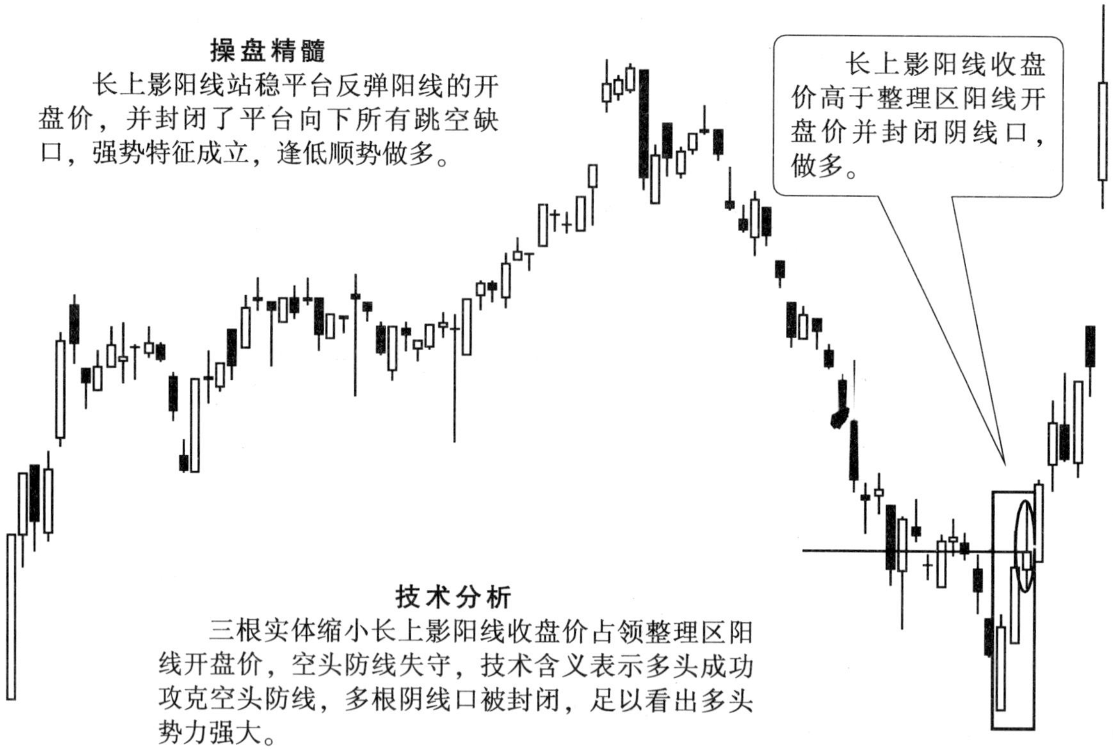

操盘精髓

长上影阳线站稳平台反弹阳线的开盘价，并封闭了平台向下所有跳空缺口，强势特征成立，逢低顺势做多。

技术分析

三根实体缩小长上影阳线收盘价占领整理区阳线开盘价，空头防线失守，技术含义表示多头成功攻克空头防线，多根阴线口被封闭，足以看出多头势力强大。

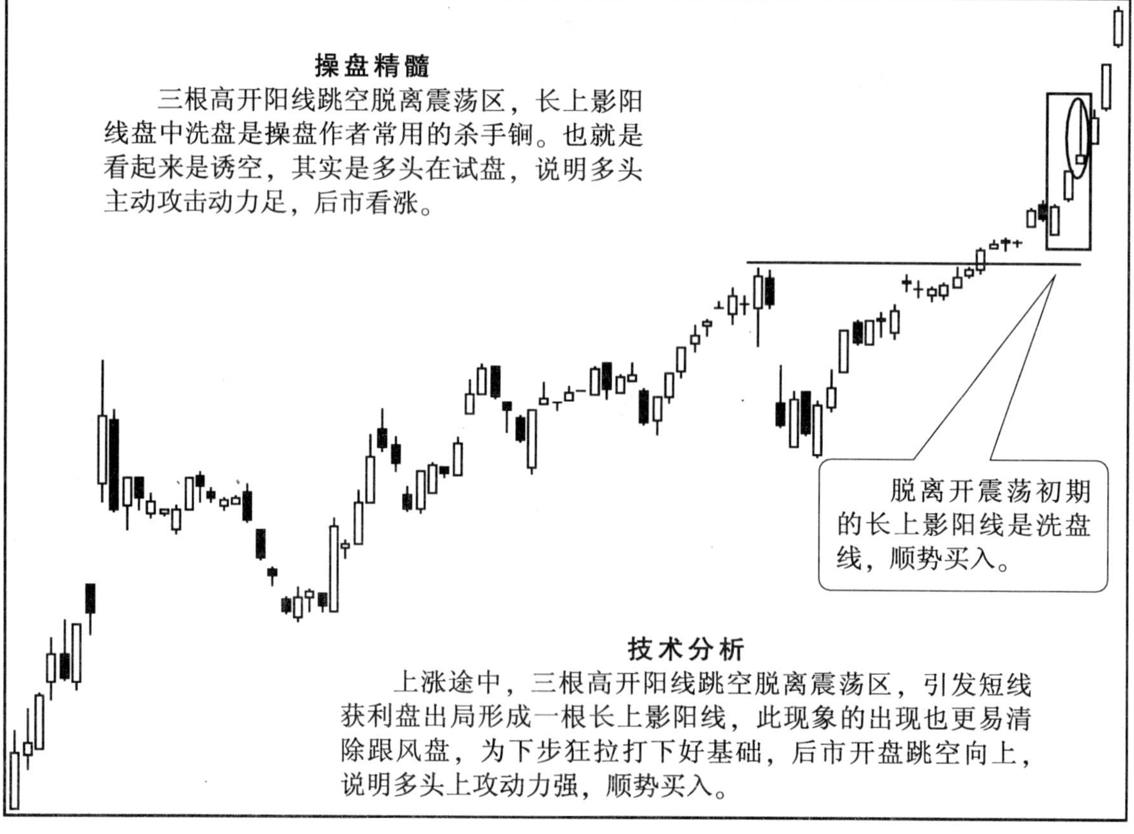

操盘精髓

三根高开阳线跳空脱离震荡区，长上影阳线盘中洗盘是操盘作者常用的杀手锏。也就是看起来是诱空，其实是多头在试盘，说明多头主动攻击动力足，后市看涨。

技术分析

上涨途中，三根高开阳线跳空脱离震荡区，引发短线获利盘出局形成一根长上影阳线，此现象的出现也更易清除跟风盘，为下步狂拉打下好基础，后市开盘跳空向上，说明多头上攻动力强，顺势买入。

操盘精髓

发力阳线收盘价压制三根长上影阳线收盘价，伴随长上影阳线受压于阴线口，多头上攻双重受压，逢高做空。

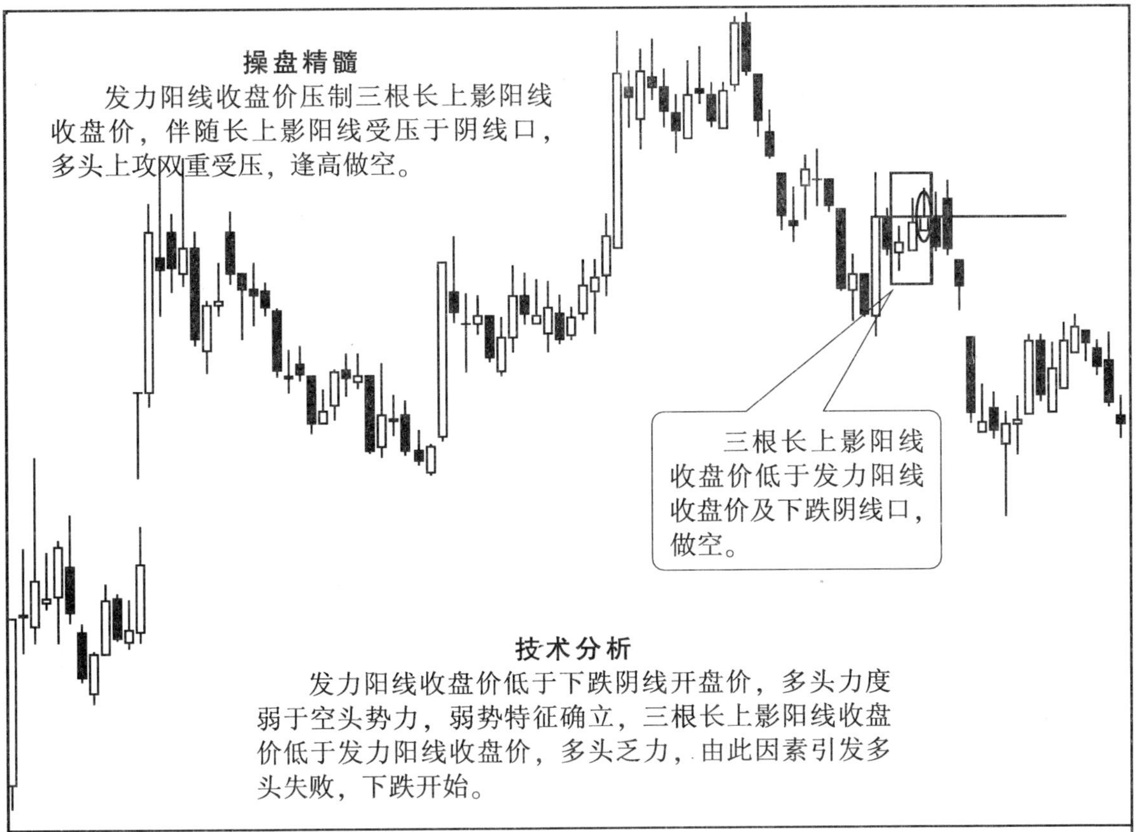

技术分析

发力阳线收盘价低于下跌阴线开盘价，多头力度弱于空头势力，弱势特征确立，三根长上影阳线收盘价低于发力阳线收盘价，多头乏力，由此因素引发多头失败，下跌开始。

操盘精髓

攻击阳线高点压制三根阳线的长上影阳线收盘价，弱势特征确立，顺势做空。

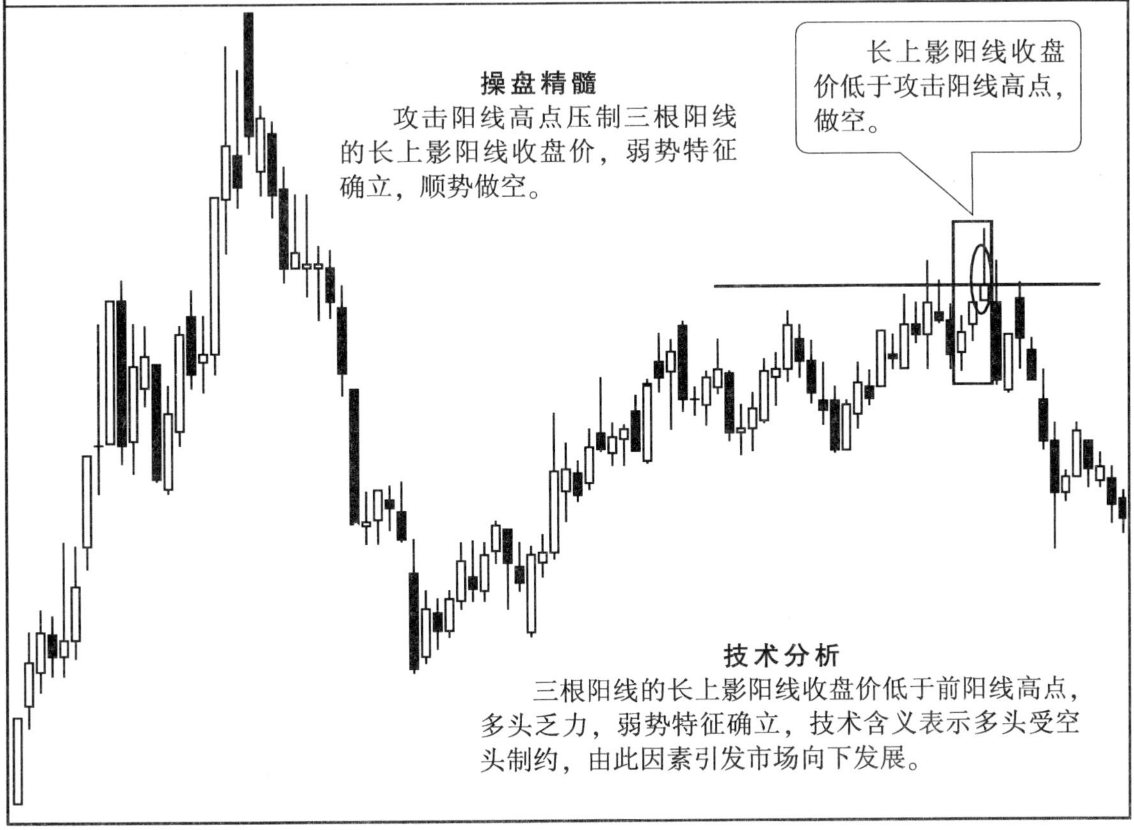

技术分析

三根阳线的长上影阳线收盘价低于前阳线高点，多头乏力，弱势特征确立，技术含义表示多头受空头制约，由此因素引发市场向下发展。

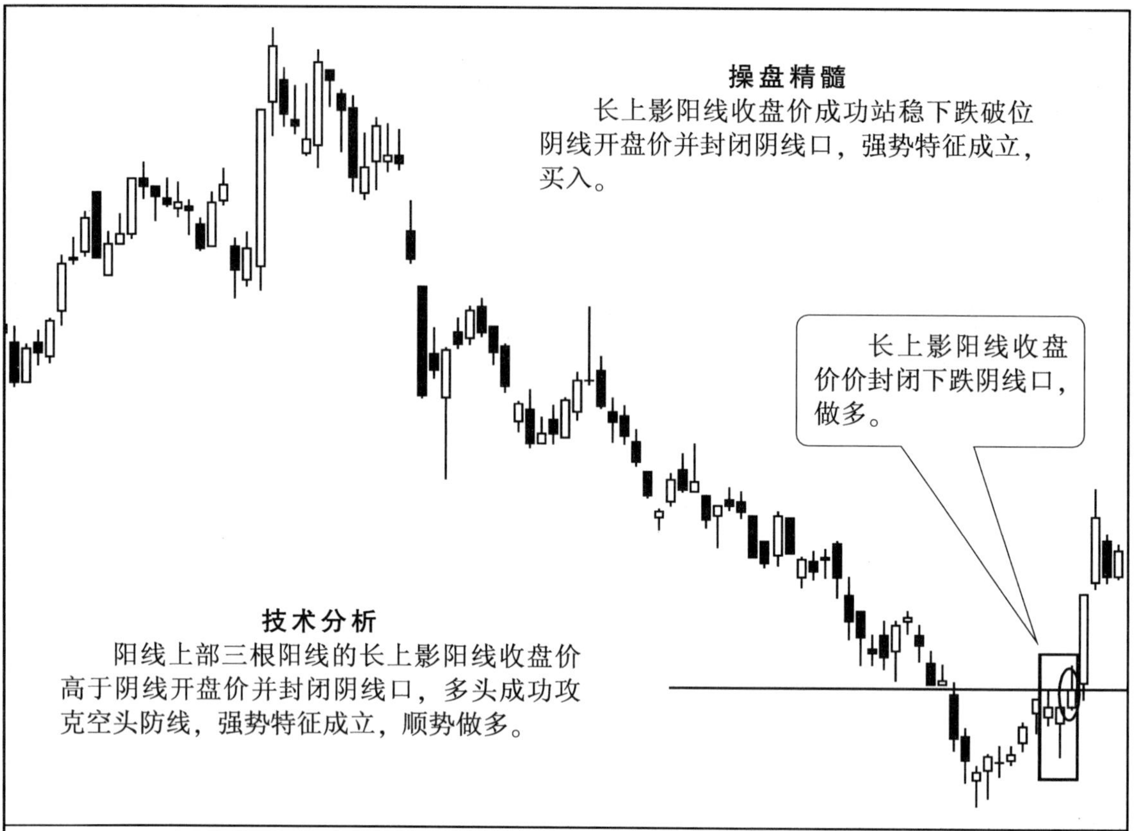
操盘精髓
长上影阳线收盘价成功站稳下跌破位阴线开盘价并封闭阴线口，强势特征成立，买入。
长上影阳线收盘价价封闭下跌阴线口，做多。
技术分析
阳线上部三根阳线的长上影阳线收盘价高于阴线开盘价并封闭阴线口，多头成功攻克空头防线，强势特征成立，顺势做多。

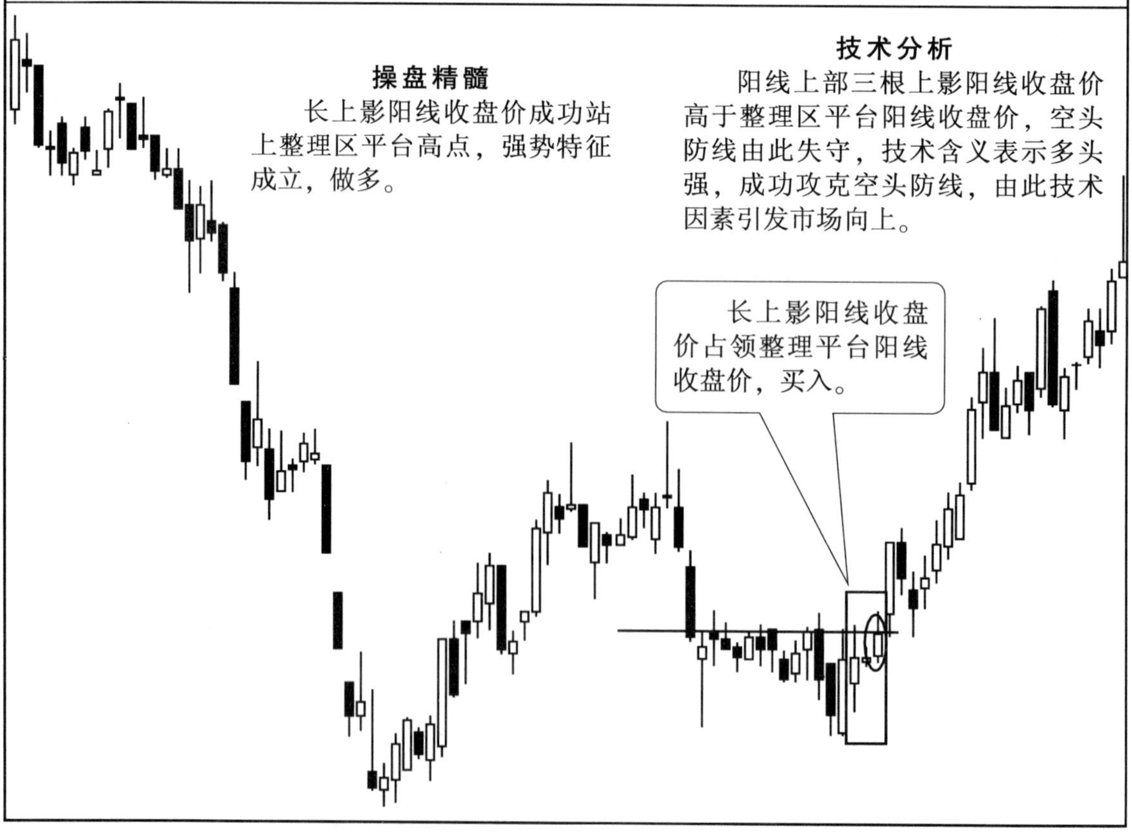
操盘精髓
长上影阳线收盘价成功站上整理区平台高点，强势特征成立，做多。
技术分析
阳线上部三根上影阳线收盘价高于整理区平台阳线收盘价，空头防线由此失守，技术含义表示多头强，成功攻克空头防线，由此技术因素引发市场向上。
长上影阳线收盘价占领整理平台阳线收盘价，买入。

操盘精髓

长上影阳线在发力阳线上部整理，受压于下跌途中平台高点，多头反弹遇阻，后市不破平台压力，逢高做空。

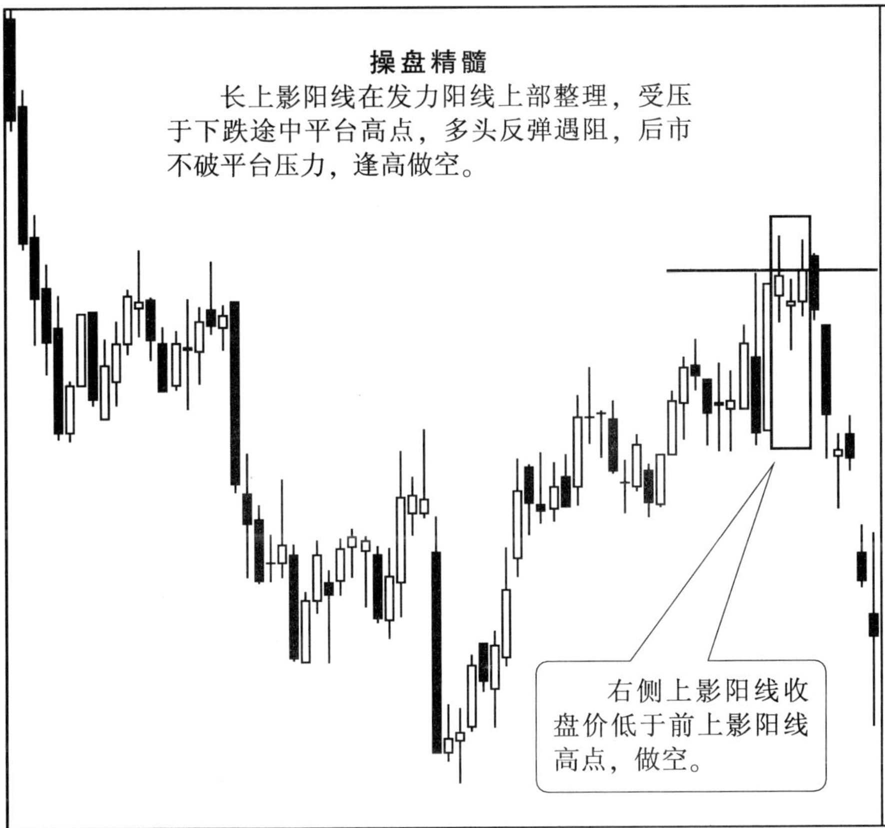

技术分析

发力阳线上部三根阳线整理右侧上影阳线收盘价低于前上影阳线高点，多头乏力，弱势特征成立，技术含义表明多头受制于高点反压，由此因素引发市场向下突破。

操盘精髓

下跌反弹阳线收盘价压制反弹波阳线上部长上影阳线收盘价，后市无力突破反弹阳线收盘价，弱势特征成立，顺势做空。

技术分析

阳线上部长上影阳线收盘价低于下跌反弹阳线收盘价及前期下跌跳空阴线口，多头乏力，弱势特征确立，技术含义表示多头力度受制于反弹阳线制约。

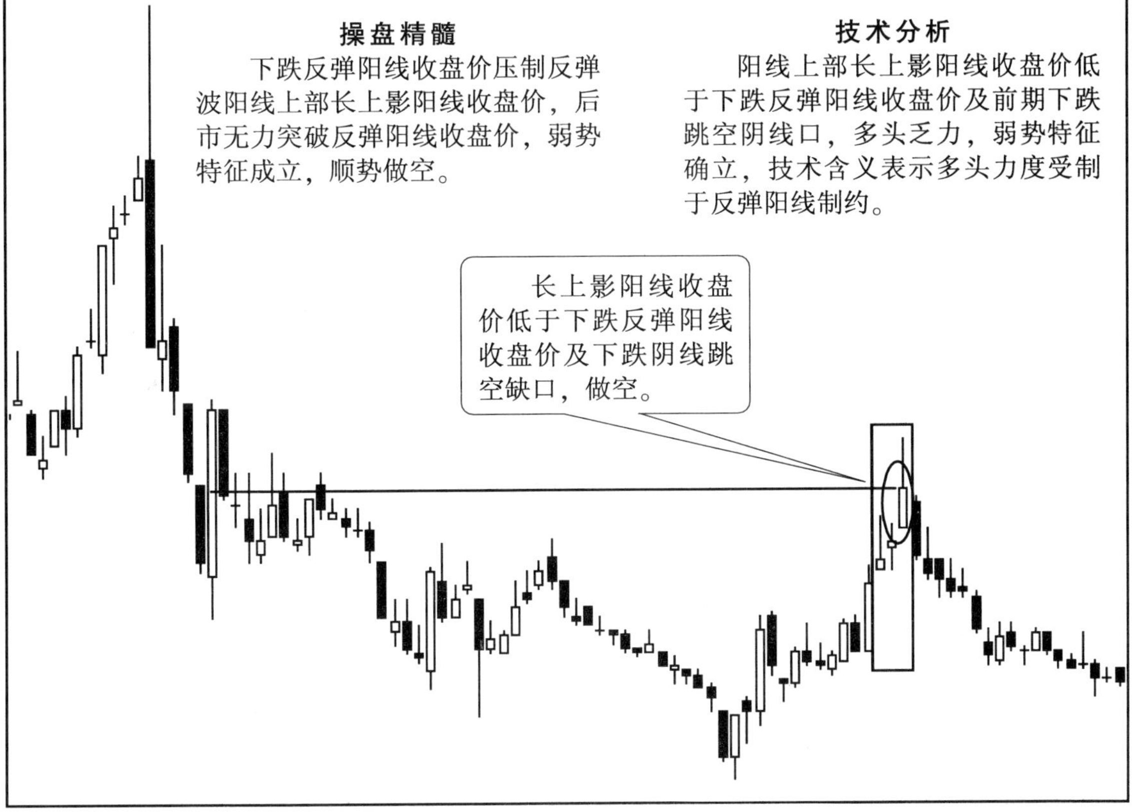

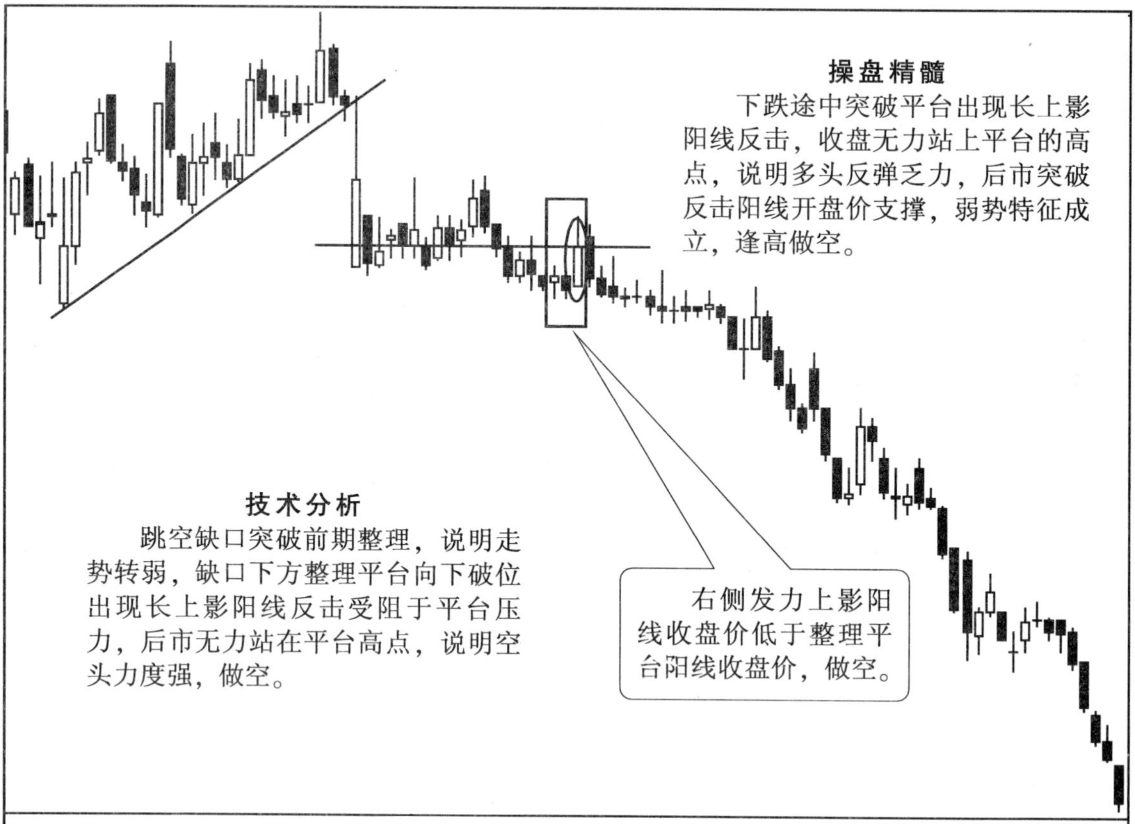
操盘精髓
下跌途中突破平台出现长上影阳线反击，收盘无力站上平台的高点，说明多头反弹乏力，后市突破反击阳线开盘价支撑，弱势特征成立，逢高做空。
技术分析
跳空缺口突破前期整理，说明走势转弱，缺口下方整理平台向下破位出现长上影阳线反击受阻于平台压力，后市无力站在平台高点，说明空头力度强，做空。
右侧发力上影阳线收盘价低于整理平台阳线收盘价，做空。

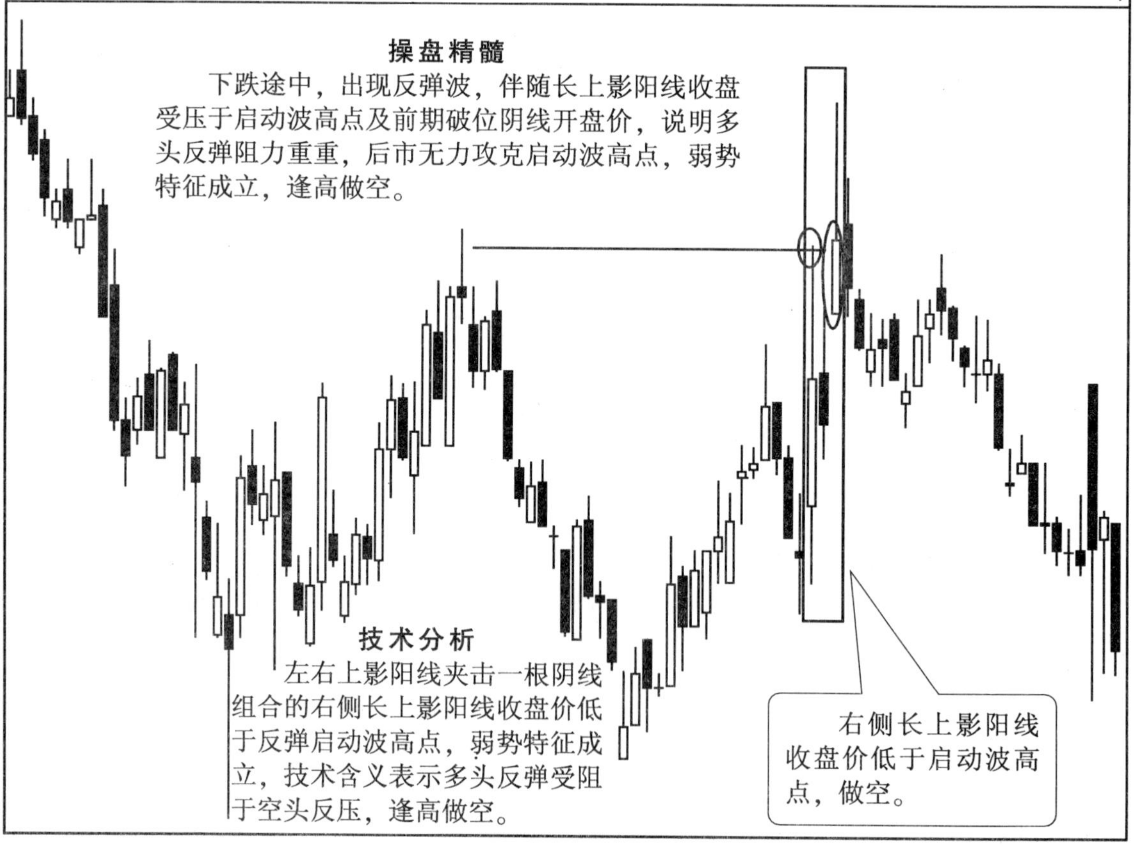
操盘精髓
下跌途中，出现反弹波，伴随长上影阳线收盘受压于启动波高点及前期破位阴线开盘价，说明多头反弹阻力重重，后市无力攻克启动波高点，弱势特征成立，逢高做空。
技术分析
左右上影阳线夹击一根阴线组合的右侧长上影阳线收盘价低于反弹启动波高点，弱势特征成立，技术含义表示多头反弹受阻于空头反压，逢高做空。
右侧长上影阳线收盘价低于启动波高点，做空。

操盘精髓

中期下跌后底部形成双底，在颈线位上方盘整区，长上影阳线收盘重新站稳前期推动波高点，说明多头主动攻击动力强，做多。

技术分析

空头回吐至双底颈线位企稳，空头乏力，多头支撑有效，左右侧阳线夹击一根阴线组合的右侧发力上影阳线收盘价高于推动波攻击阳线高点，多头成功攻克空头防线。

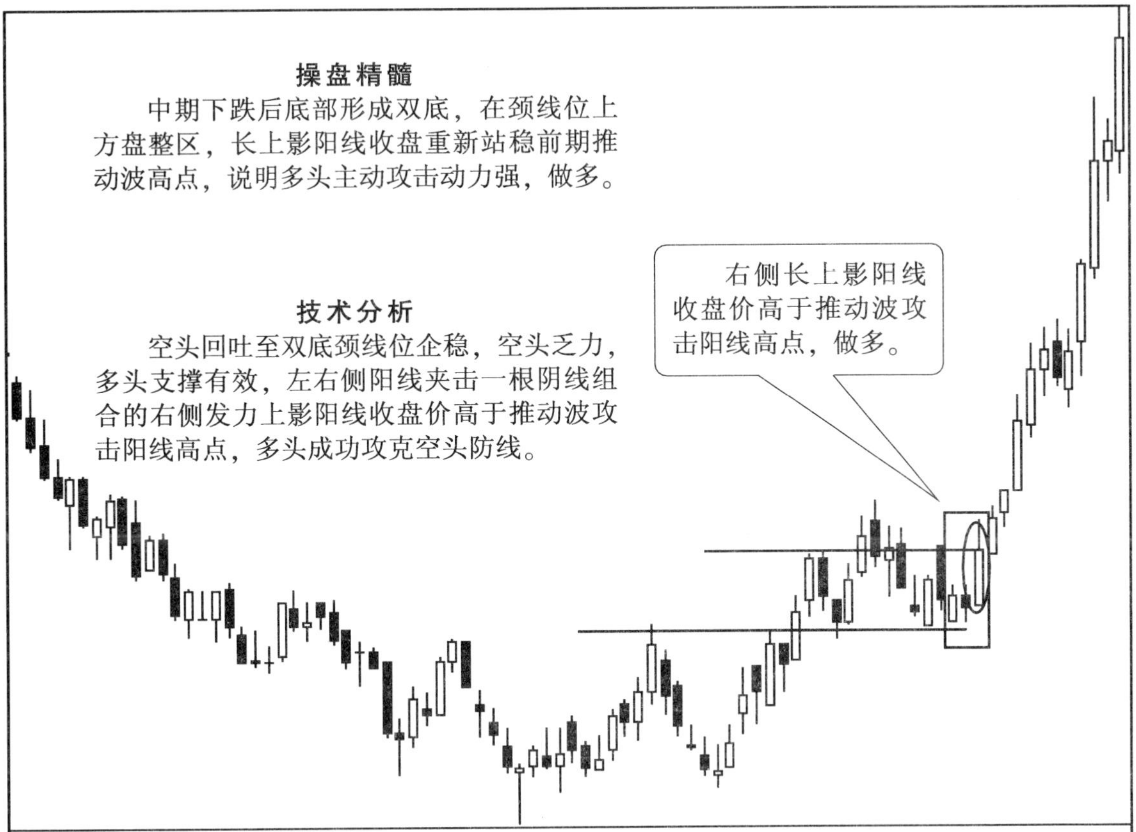

技术分析

左右侧阳线夹击一根阴线组合，右侧发力长上影阳线收盘价高于整理区多根阳线收盘价及阳线口，技术含义表示多头成功攻破空头防线，强势特征成立，顺势买入。

操盘精髓

整理区阳线收盘价线口被左右阳线夹击一根阴线组合的右侧发力阳线收盘价攻克，强势特征成立，顺势买入。

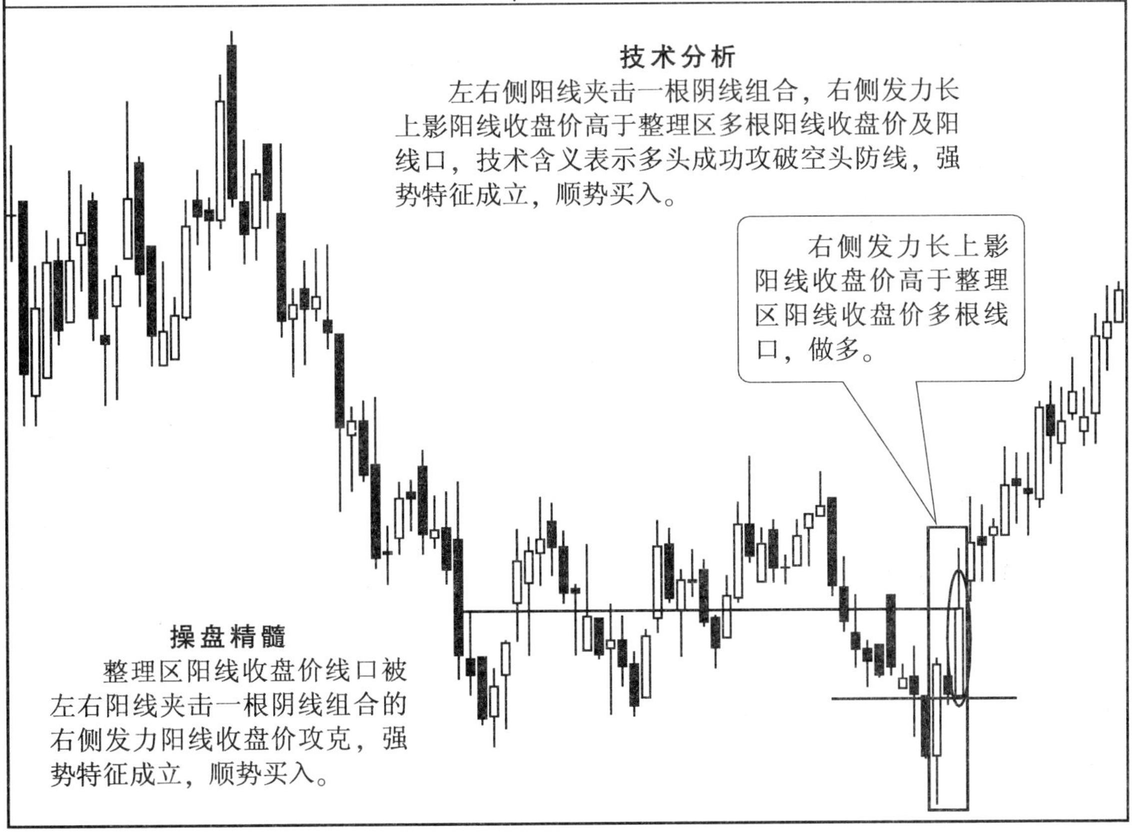

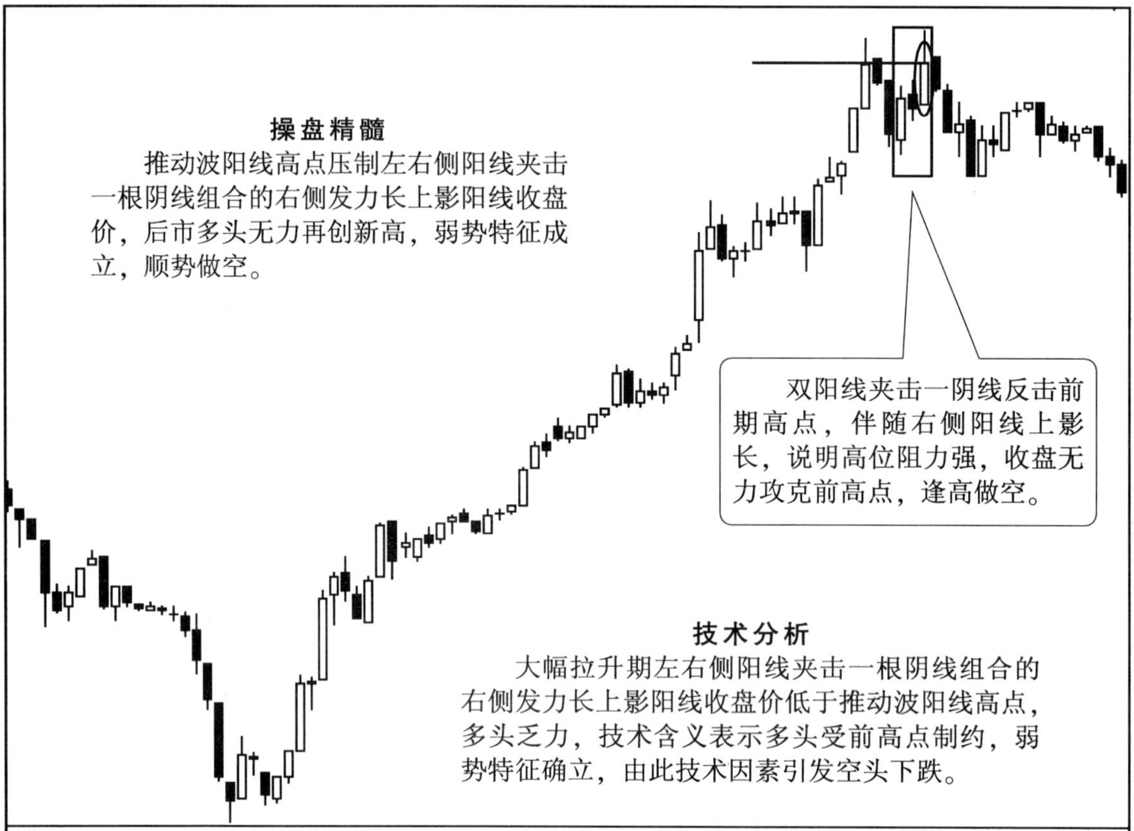

操盘精髓

推动波阳线高点压制左右侧阳线夹击一根阴线组合的右侧发力长上影阳线收盘价，后市多头无力再创新高，弱势特征成立，顺势做空。

技术分析

大幅拉升期左右侧阳线夹击一根阴线组合的右侧发力长上影阳线收盘价低于推动波阳线高点，多头乏力，技术含义表示多头受前高点制约，弱势特征确立，由此技术因素引发空头下跌。

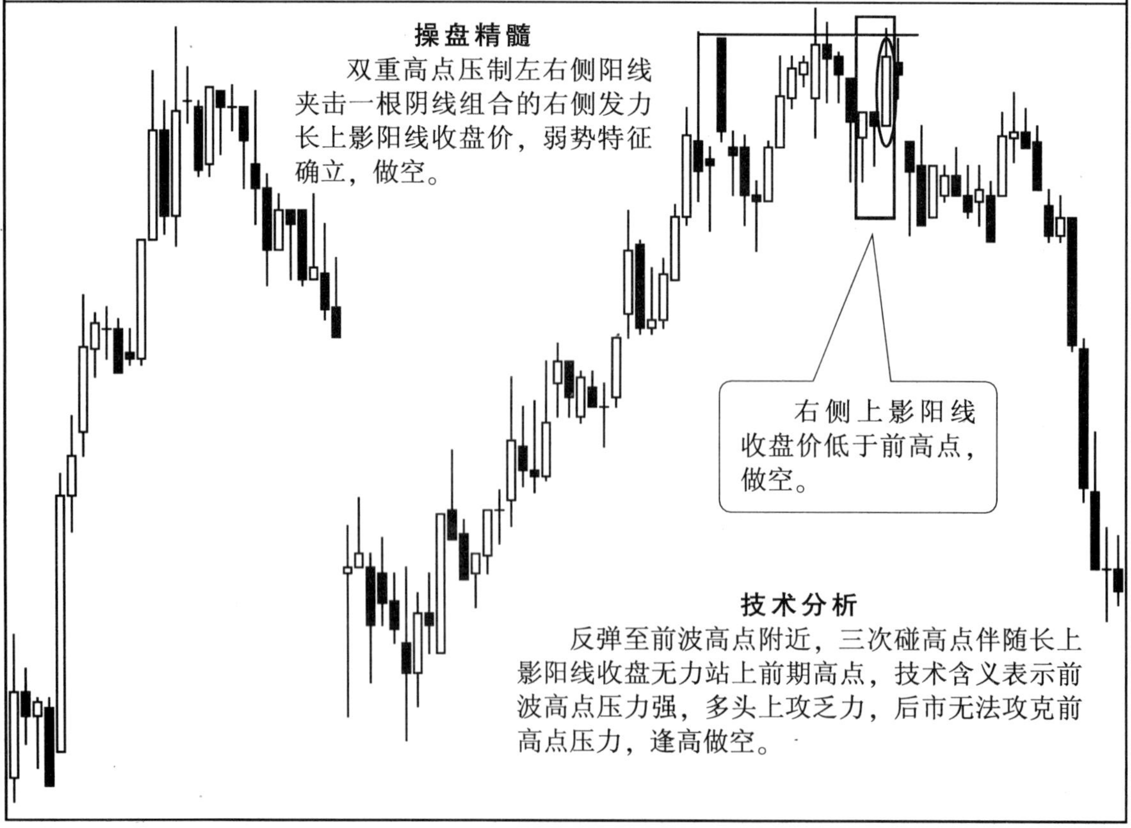

操盘精髓

双重高点压制左右侧阳线夹击一根阴线组合的右侧发力长上影阳线收盘价，弱势特征确立，做空。

技术分析

反弹至前波高点附近，三次碰高点伴随长上影阳线收盘无力站上前期高点，技术含义表示前波高点压力强，多头上攻乏力，后市无法攻克前高点压力，逢高做空。

技术分析

空头回吐期低点在前整理区阳线收盘价上部企稳，强势特征成立，左右侧阳线夹击一根阴线组合的右侧发力长上影阳线收盘价进入推动波攻击阳线实体上部，技术含义表示多头成功夺回上攻主动权，由此技术因素引发后市上涨。

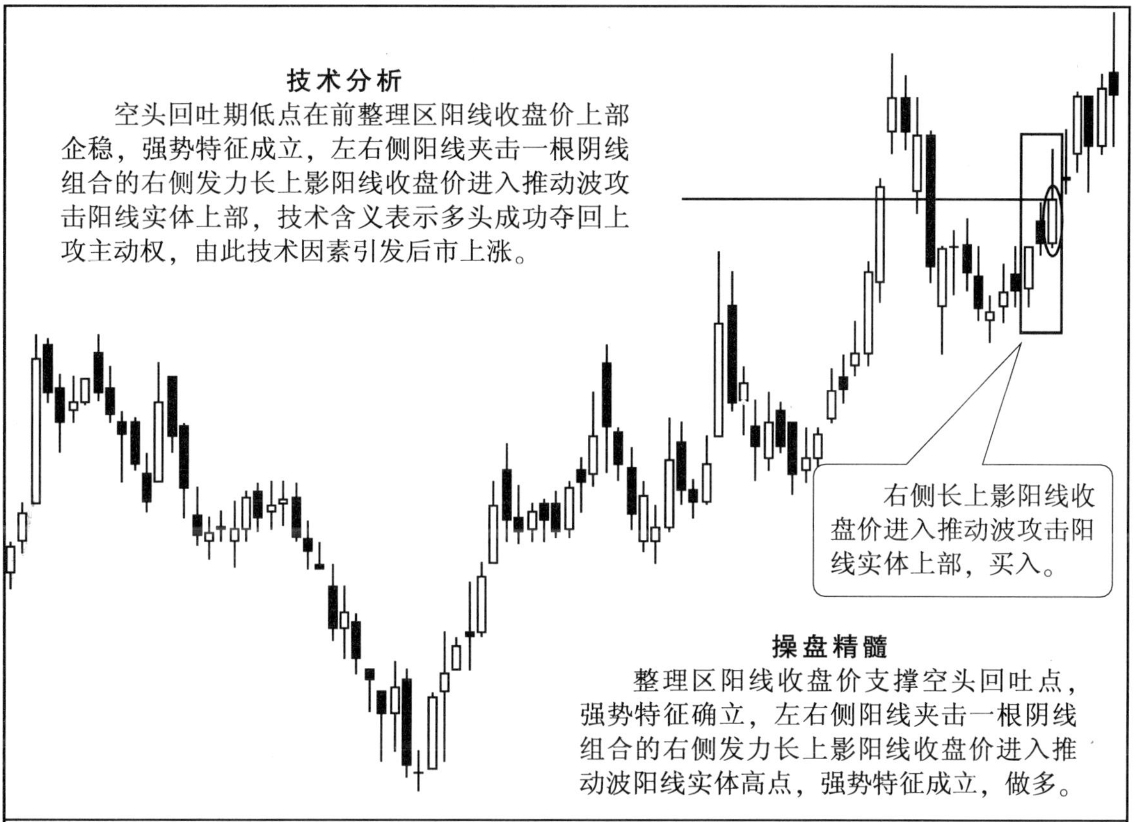

操盘精髓

整理区阳线收盘价支撑空头回吐点，强势特征确立，左右侧阳线夹击一根阴线组合的右侧发力长上影阳线收盘价进入推动波阳线实体高点，强势特征成立，做多。

操盘精髓

下跌整理区线口和阳线开盘价被反弹阳线封闭，强势特征确立，左右侧阳线夹击一根阴线组合的右侧发力长上影阳线收盘价攻入下跌整理区，空头防守线，做多。

技术分析

左右侧阳线夹击一根阴线组合的右侧长上影阳线收盘价封闭阴线口，空头防线失守，技术含义表示空头线口技术压力防线被多头成功攻克，由此技术因素引发多头上涨。

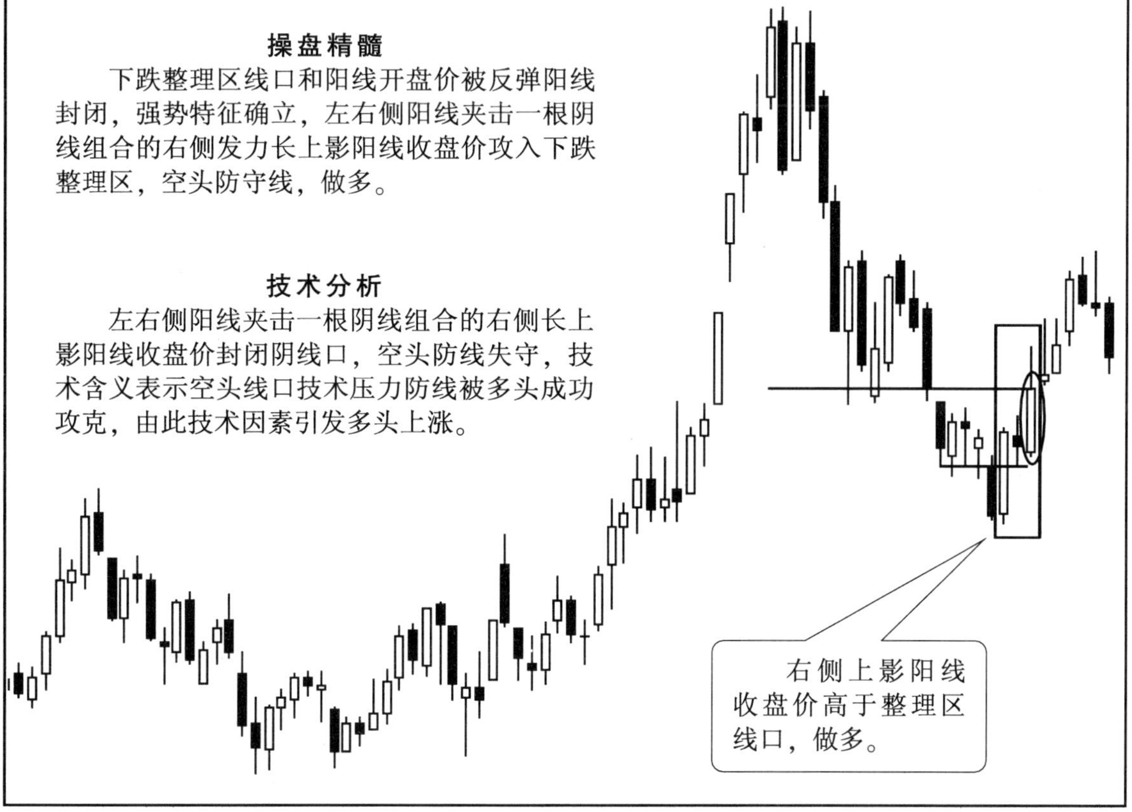

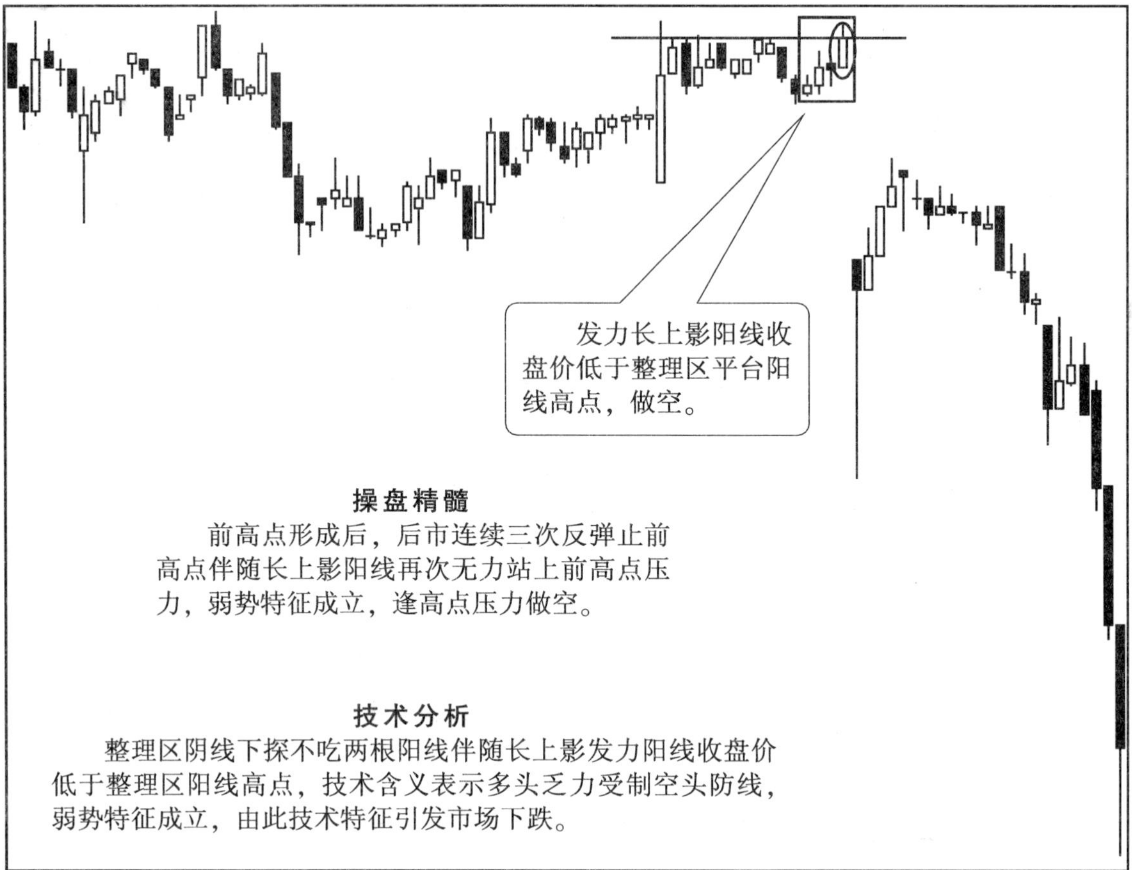

操盘精髓

前高点形成后，后市连续三次反弹止前高点伴随长上影阳线再次无力站上前高点压力，弱势特征成立，逢高点压力做空。

技术分析

整理区阴线下探不吃两根阳线伴随长上影发力阳线收盘价低于整理区阳线高点，技术含义表示多头乏力受制空头防线，弱势特征成立，由此技术特征引发市场下跌。

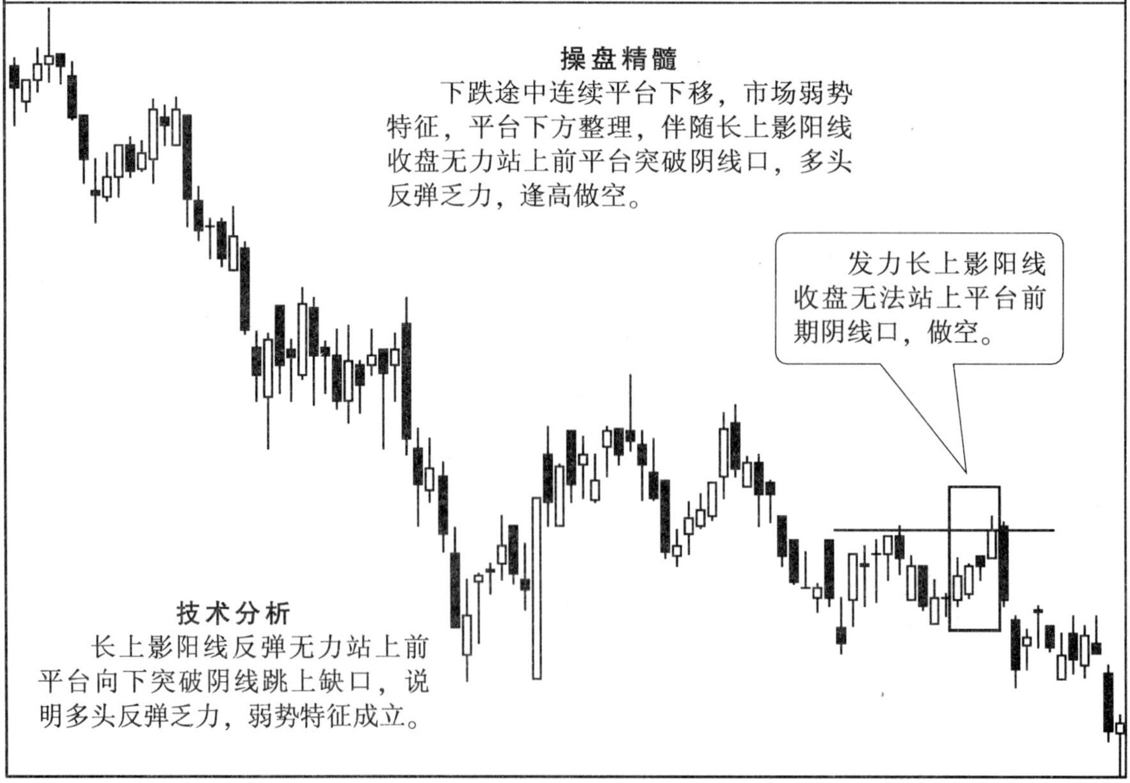

操盘精髓

下跌途中连续平台下移，市场弱势特征，平台下方整理，伴随长上影阳线收盘无力站上前平台突破阴线口，多头反弹乏力，逢高做空。

技术分析

长上影阳线反弹无力站上前平台向下突破阴线跳上缺口，说明多头反弹乏力，弱势特征成立。

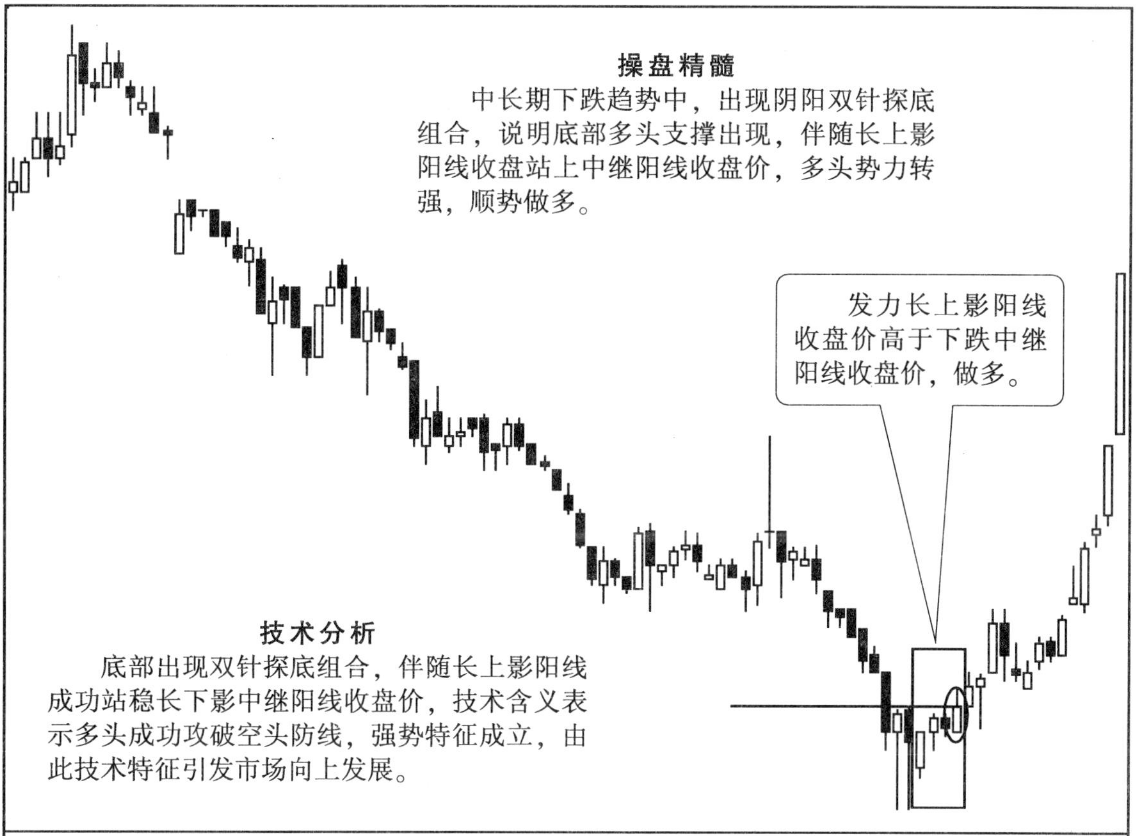

操盘精髓

中长期下跌趋势中，出现阴阳双针探底组合，说明底部多头支撑出现，伴随长上影阳线收盘站上中继阳线收盘价，多头势力转强，顺势做多。

技术分析

底部出现双针探底组合，伴随长上影阳线成功站稳长下影中继阳线收盘价，技术含义表示多头成功攻破空头防线，强势特征成立，由此技术特征引发市场向上发展。

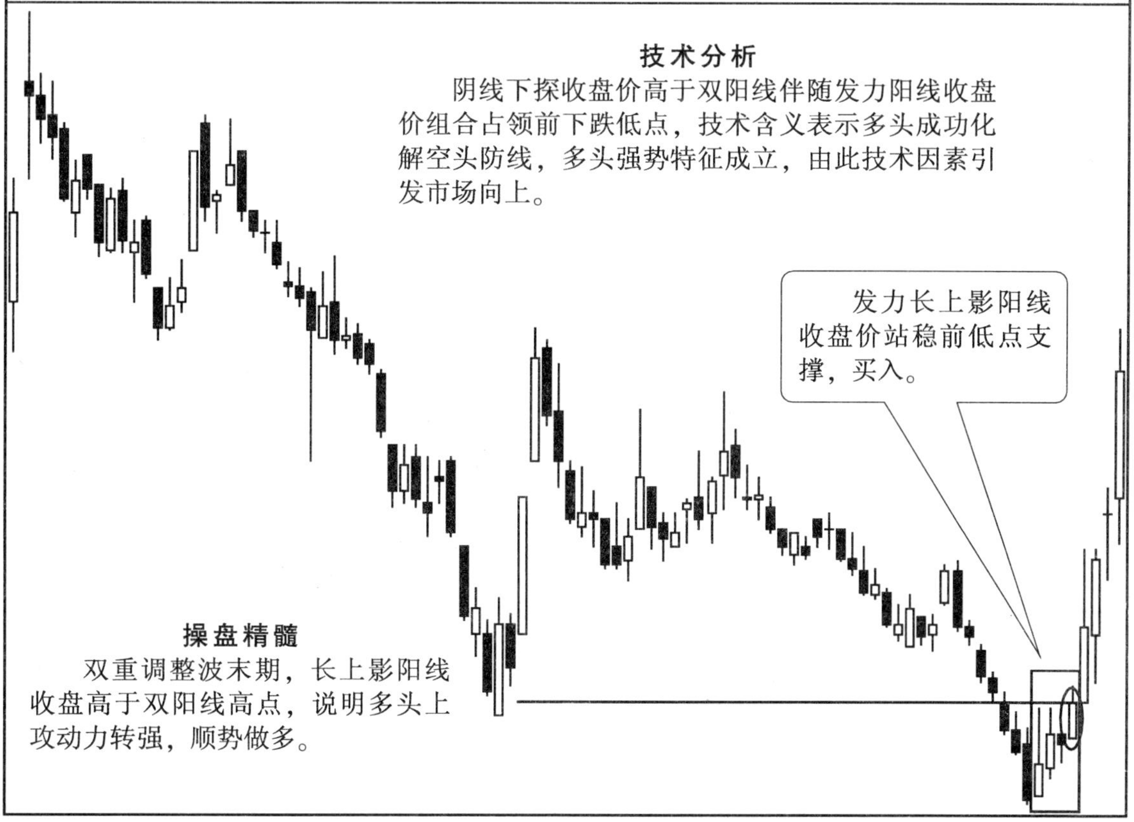

技术分析

阴线下探收盘价高于双阳线伴随发力阳线收盘价组合占领前下跌低点，技术含义表示多头成功化解空头防线，多头强势特征成立，由此技术因素引发市场向上。

操盘精髓

双重调整波末期，长上影阳线收盘高于双阳线高点，说明多头上攻动力转强，顺势做多。

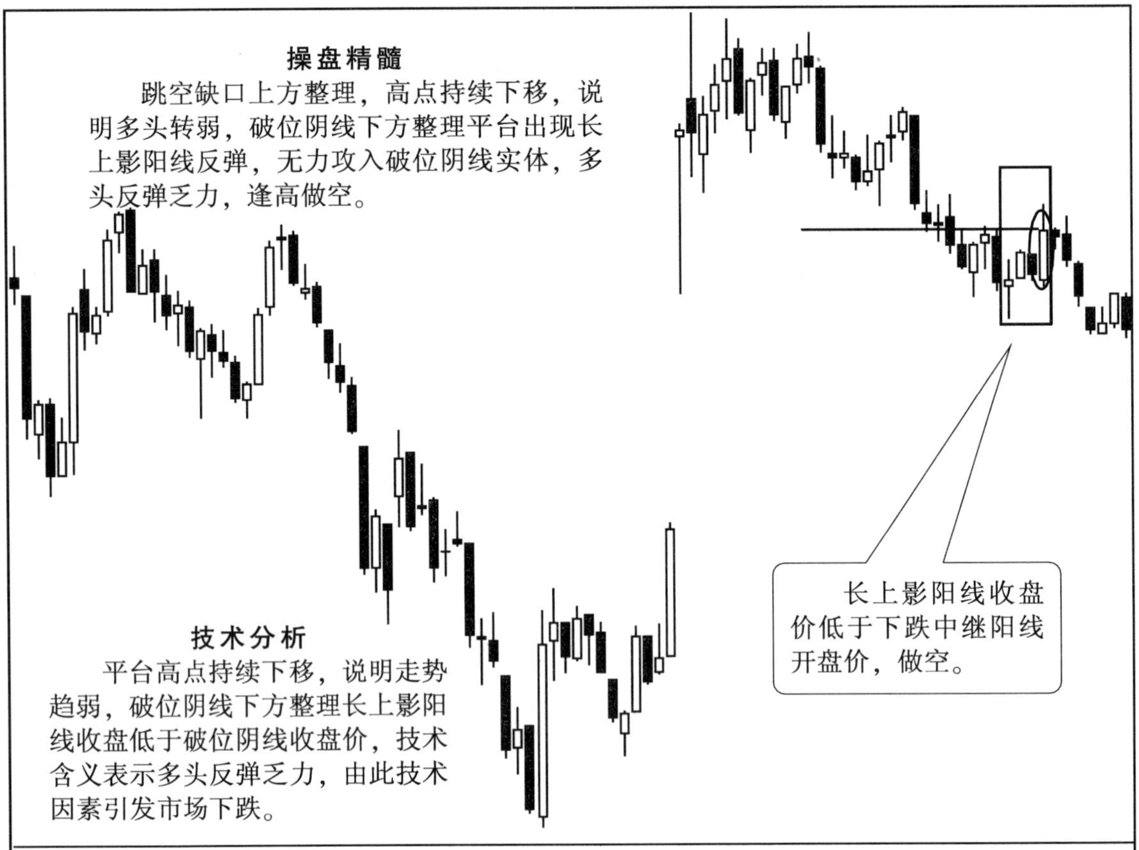
操盘精髓
跳空缺口上方整理，高点持续下移，说明多头转弱，破位阴线下方整理平台出现长上影阳线反弹，无力攻入破位阴线实体，多头反弹乏力，逢高做空。
技术分析
平台高点持续下移，说明走势趋弱，破位阴线下方整理长上影阳线收盘低于破位阴线收盘价，技术含义表示多头反弹乏力，由此技术因素引发市场下跌。
长上影阳线收盘价低于下跌中继阳线开盘价，做空。

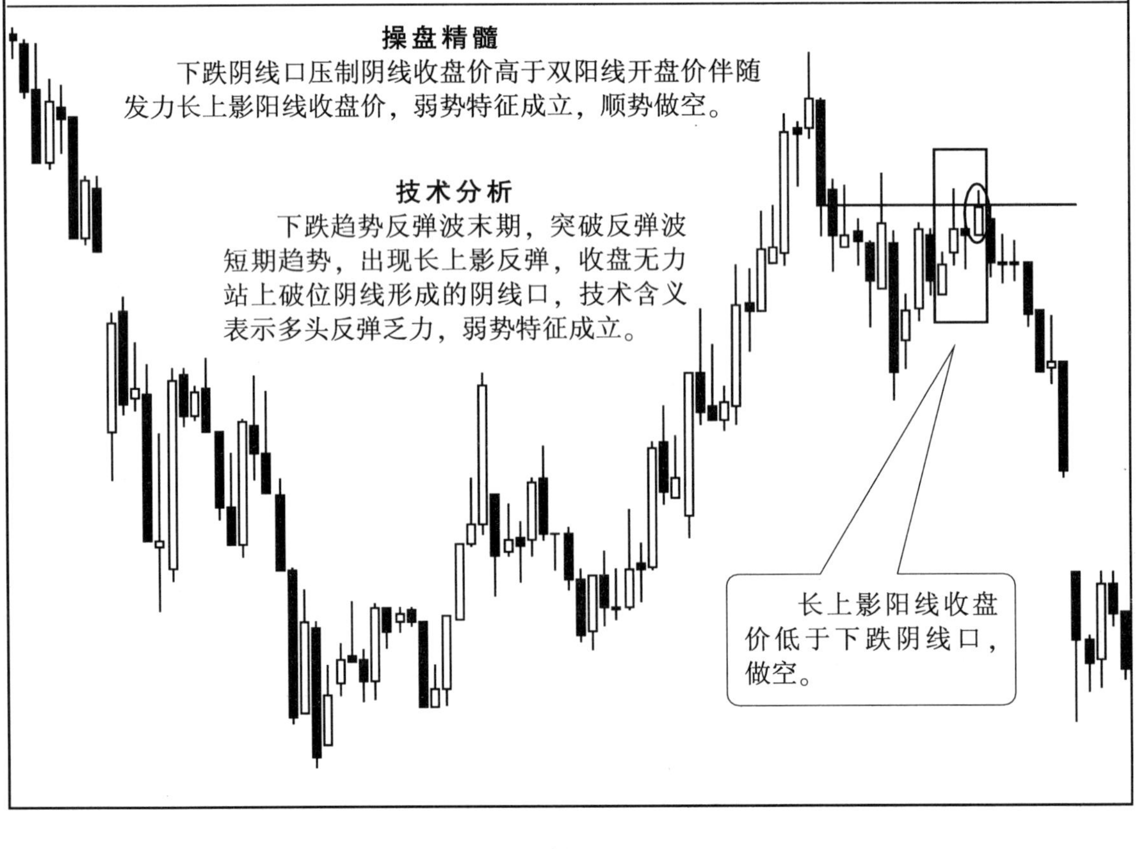
操盘精髓
下跌阴线口压制阴线收盘价高于双阳线开盘价伴随发力长上影阳线收盘价，弱势特征成立，顺势做空。
技术分析
下跌趋势反弹波末期，突破反弹波短期趋势，出现长上影反弹，收盘无力站上破位阴线形成的阴线口，技术含义表示多头反弹乏力，弱势特征成立。
长上影阳线收盘价低于下跌阴线口，做空。

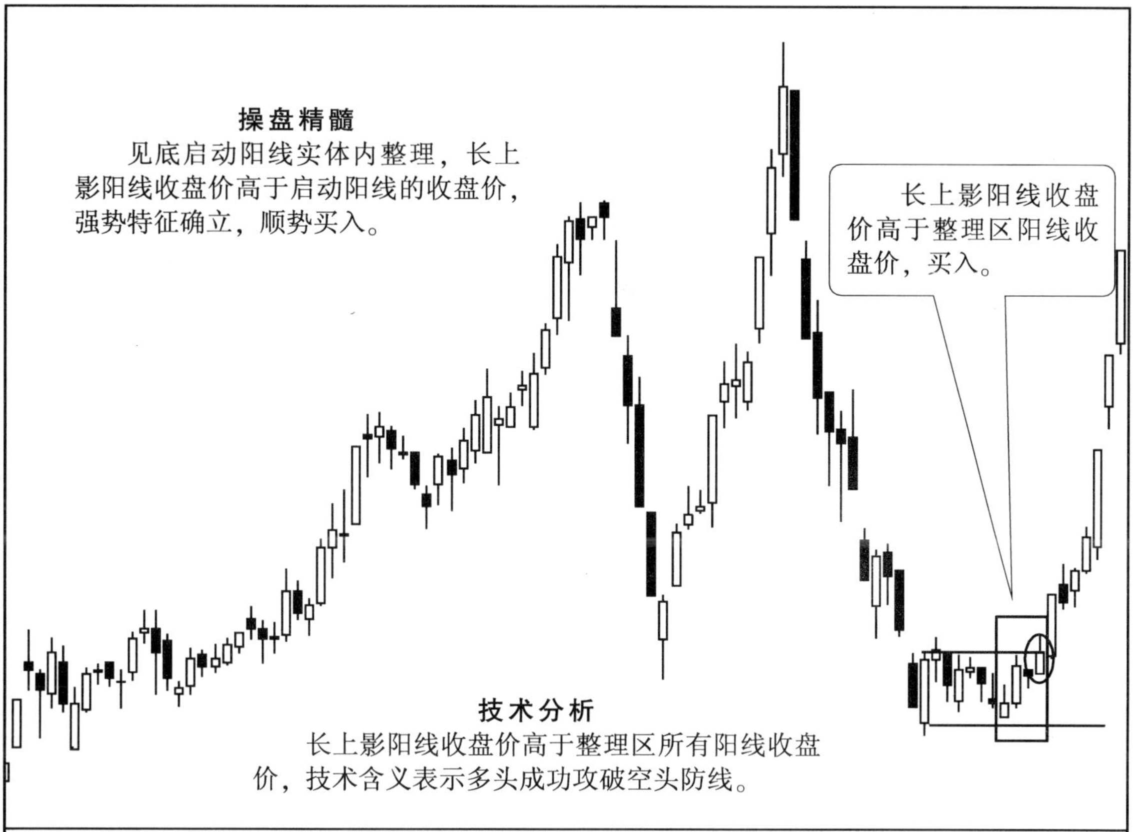
操盘精髓
见底启动阳线实体内整理，长上影阳线收盘价高于启动阳线的收盘价，强势特征确立，顺势买入。
长上影阳线收盘价高于整理区阳线收盘价，买入。
技术分析
长上影阳线收盘价高于整理区所有阳线收盘价，技术含义表示多头成功攻破空头防线。

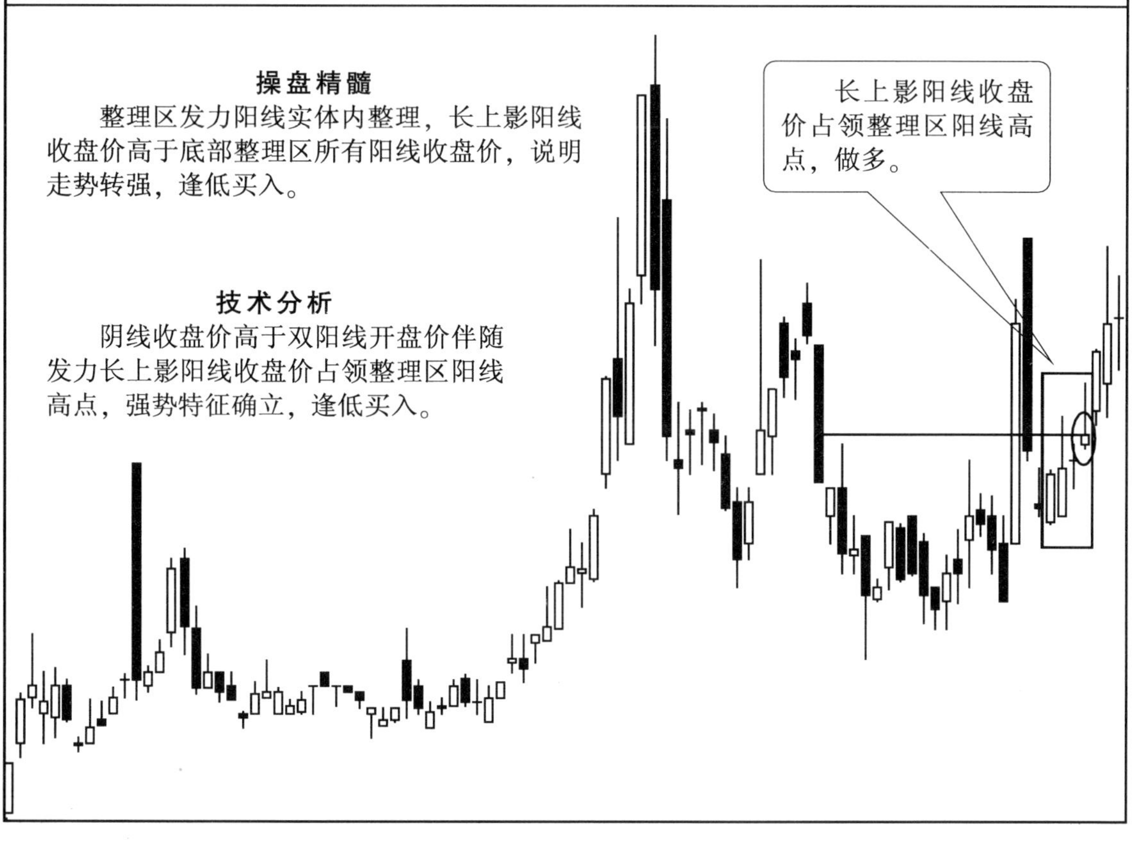
操盘精髓
整理区发力阳线实体内整理，长上影阳线收盘价高于底部整理区所有阳线收盘价，说明走势转强，逢低买入。
长上影阳线收盘价占领整理区阳线高点，做多。
技术分析
阴线收盘价高于双阳线开盘价伴随发力长上影阳线收盘价占领整理区阳线高点，强势特征确立，逢低买入。

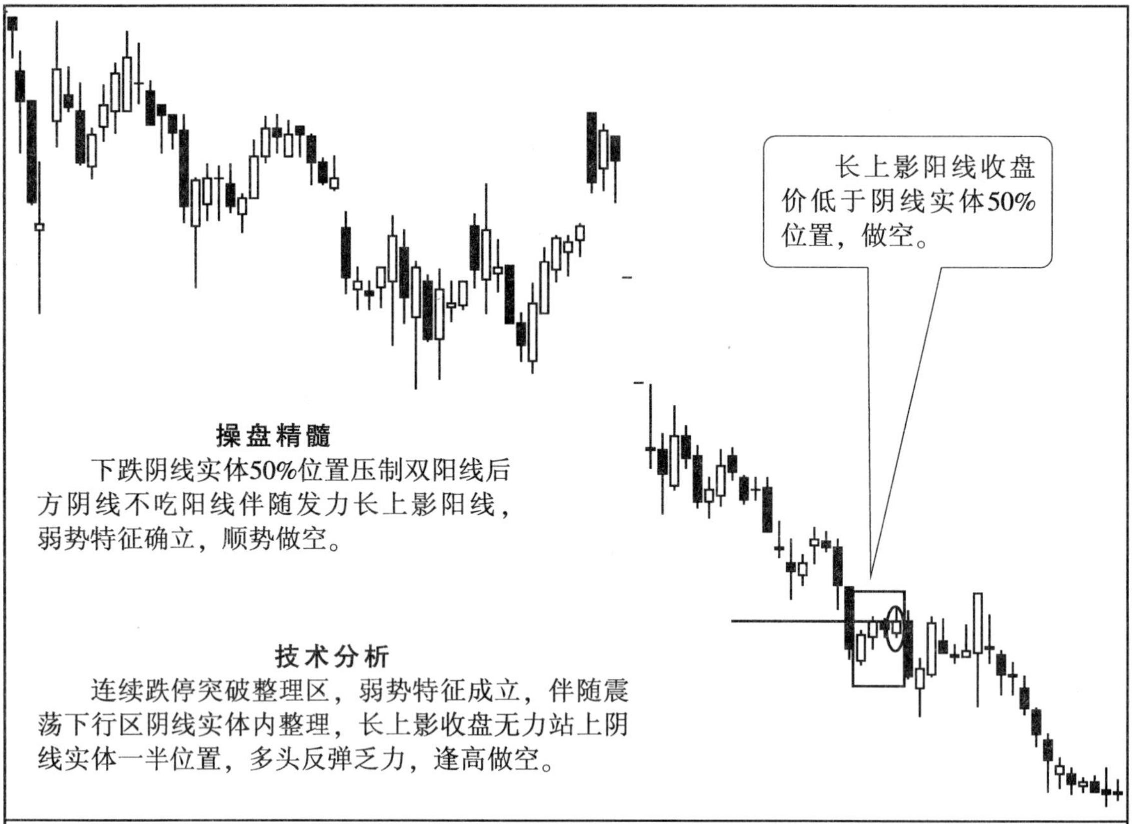

操盘精髓

下跌阴线实体50%位置压制双阳线后方阴线不吃阳线伴随发力长上影阳线，弱势特征确立，顺势做空。

技术分析

连续跌停突破整理区，弱势特征成立，伴随震荡下行区阴线实体内整理，长上影收盘无力站上阴线实体一半位置，多头反弹乏力，逢高做空。

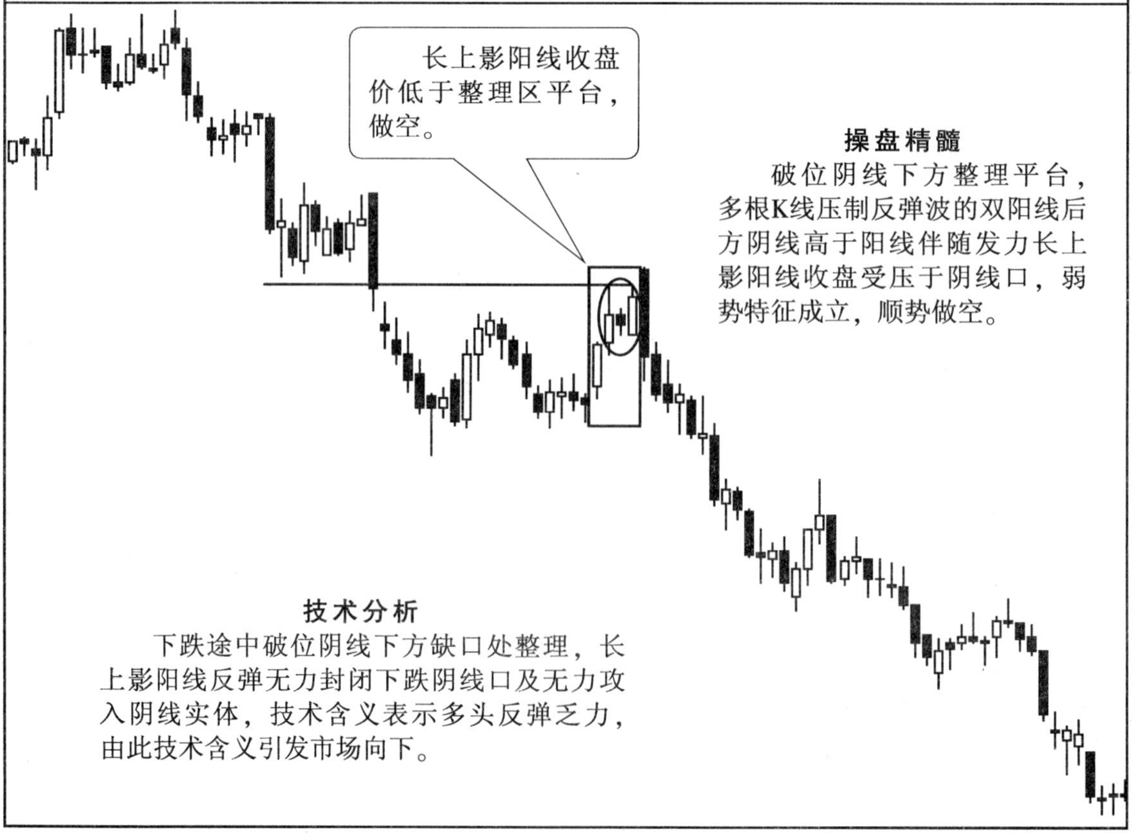

操盘精髓

破位阴线下方整理平台，多根K线压制反弹波的双阳线后方阴线高于阳线伴随发力长上影阳线收盘受压于阴线口，弱势特征成立，顺势做空。

技术分析

下跌途中破位阴线下方缺口处整理，长上影阳线反弹无力封闭下跌阴线口及无力攻入阴线实体，技术含义表示多头反弹乏力，由此技术含义引发市场向下。

操盘精髓

整理区启动发力阳线高点被双阳线后方阴线不吃阳线伴随长上影阳线收盘价，强势特征成立，做多。

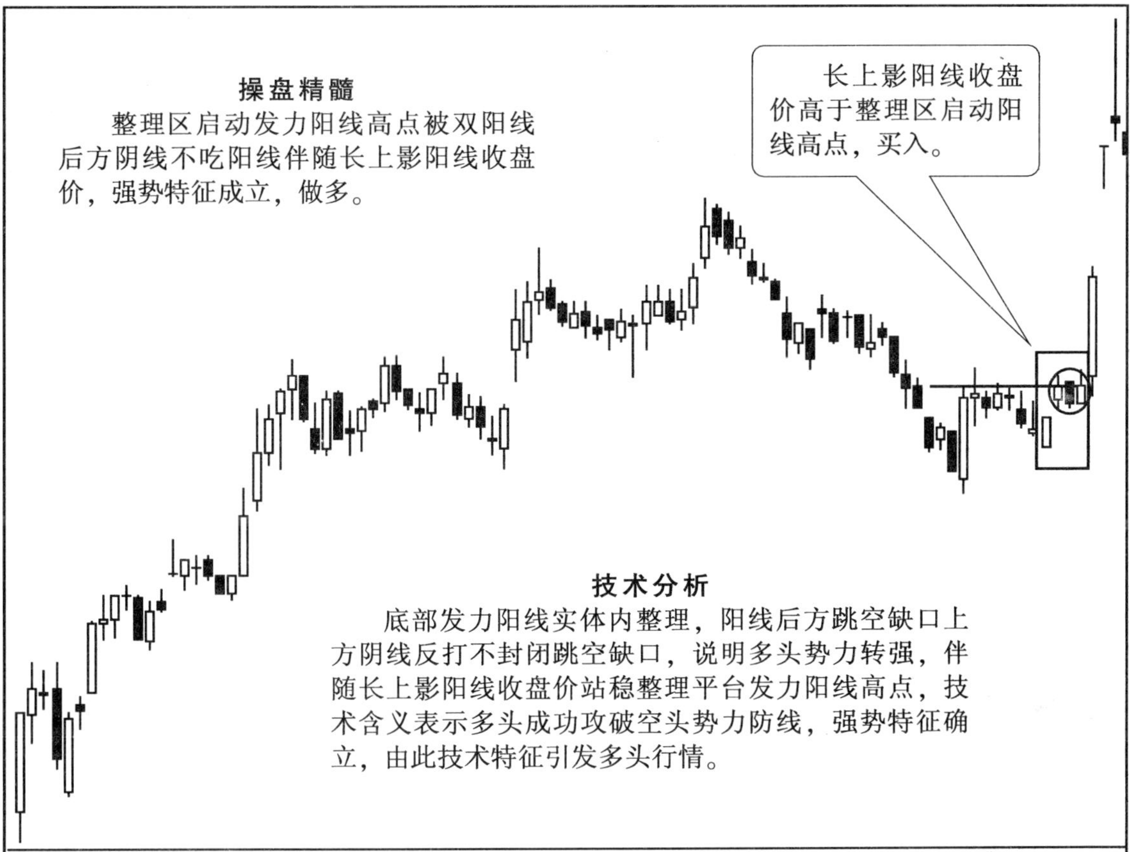

技术分析

底部发力阳线实体内整理，阳线后方跳空缺口上方阴线反打不封闭跳空缺口，说明多头势力转强，伴随长上影阳线收盘价站稳整理平台发力阳线高点，技术含义表示多头成功攻破空头势力防线，强势特征确立，由此技术特征引发多头行情。

操盘精髓

见底启动阳线内整理，三次探底后不破新低，底部支撑强，长上影阳线收盘站稳前启动阳线双高点，强势特征成立，顺势买入。

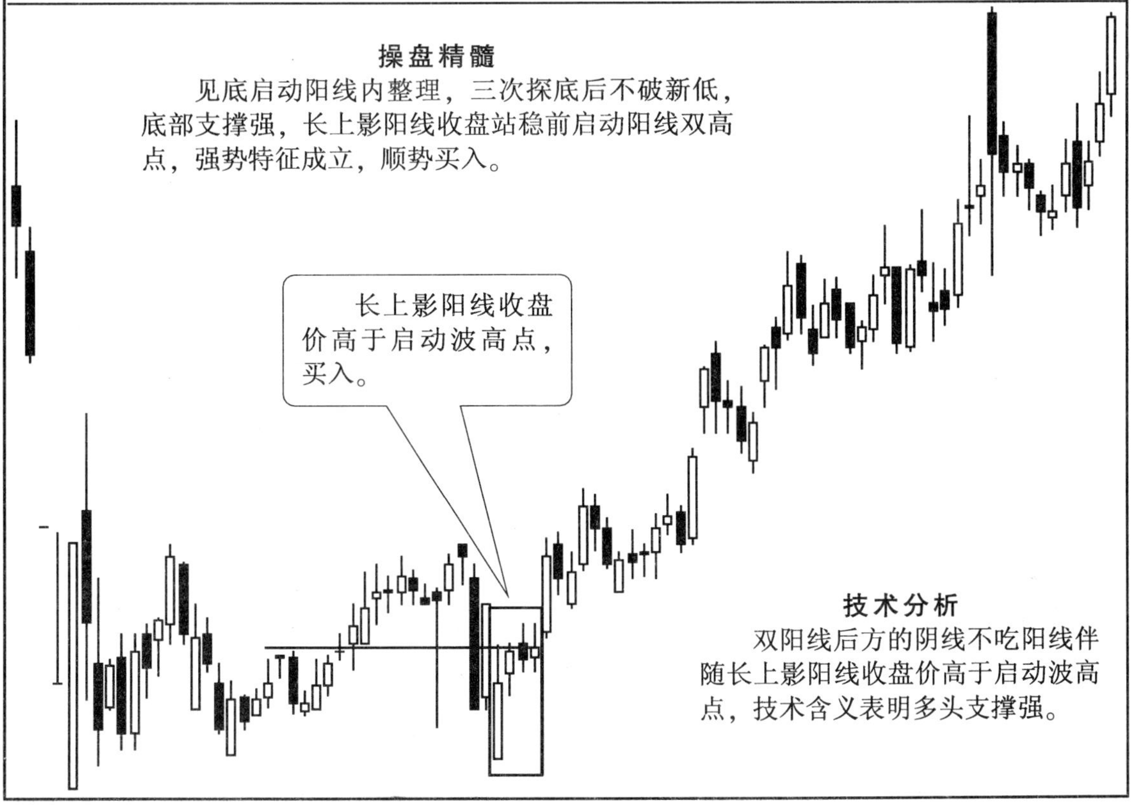

技术分析

双阳线后方的阴线不吃阳线伴随长上影阳线收盘价高于启动波高点，技术含义表明多头支撑强。

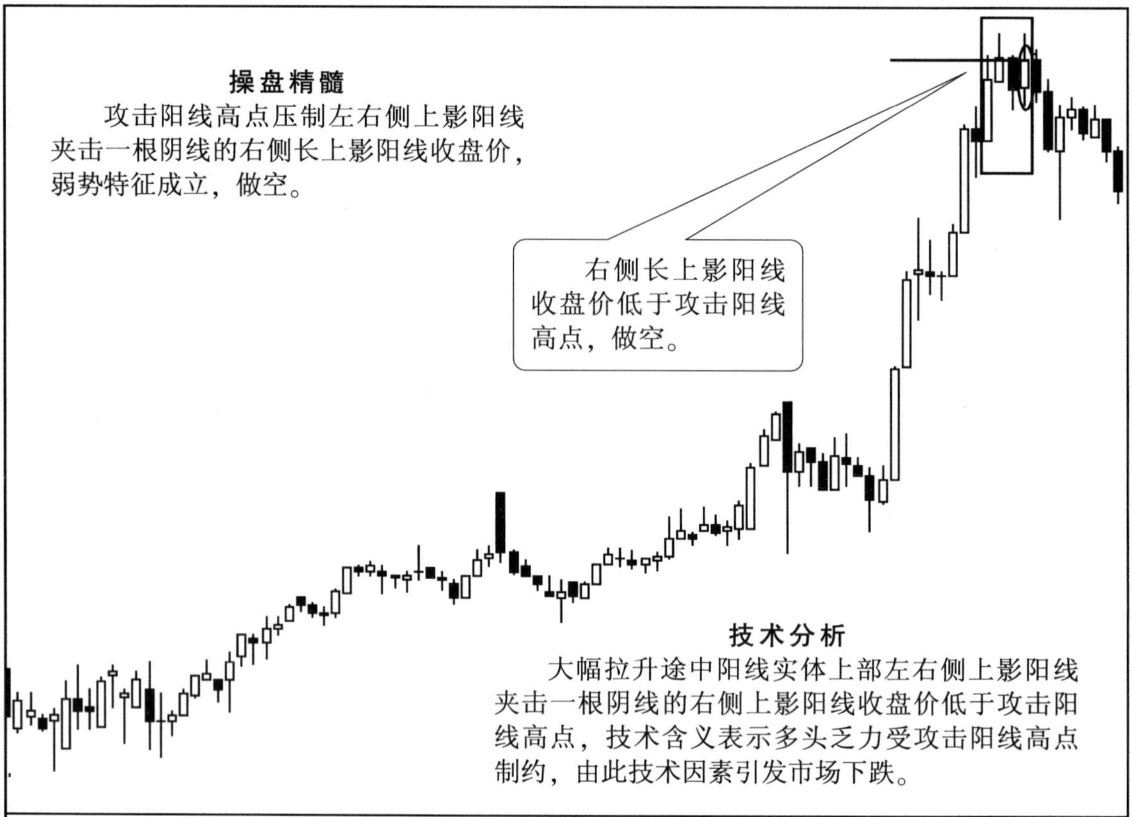

操盘精髓

攻击阳线高点压制左右侧上影阳线夹击一根阴线的右侧长上影阳线收盘价，弱势特征成立，做空。

技术分析

大幅拉升途中阳线实体上部左右侧上影阳线夹击一根阴线的右侧上影阳线收盘价低于攻击阳线高点，技术含义表示多头乏力受攻击阳线高点制约，由此技术因素引发市场下跌。

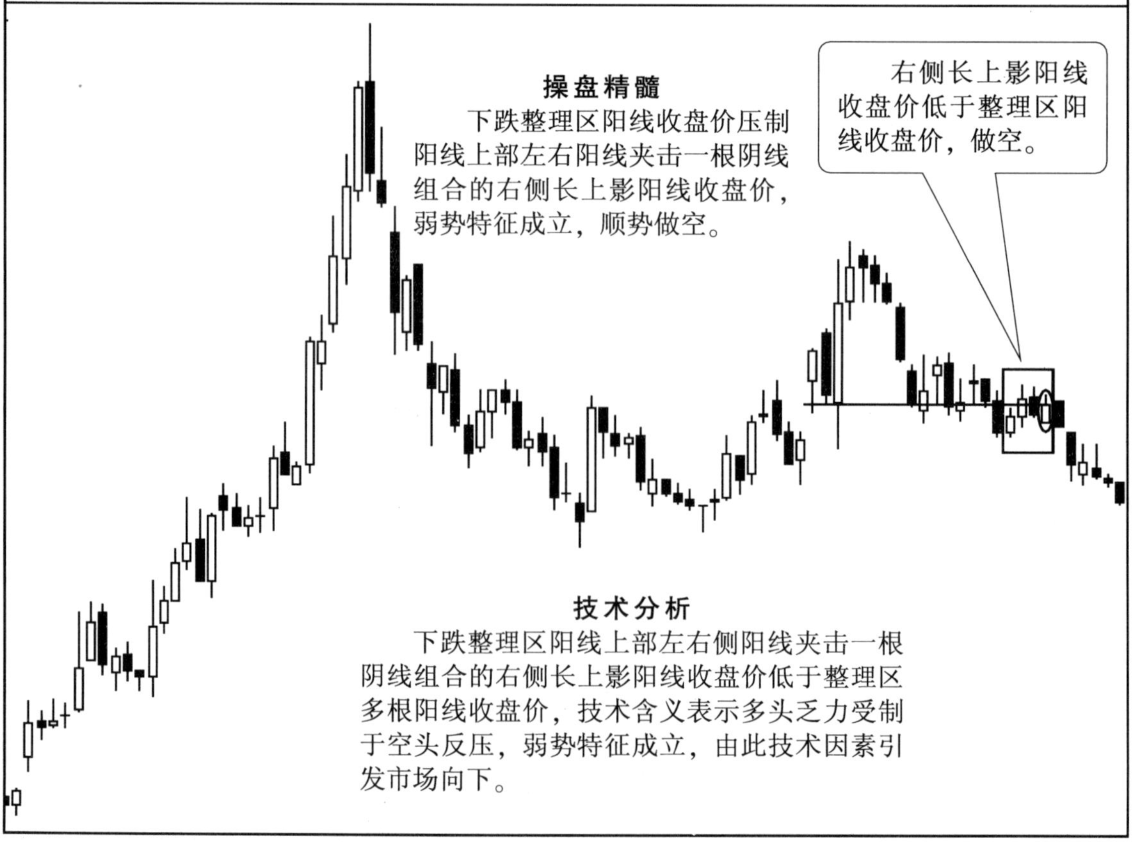

操盘精髓

下跌整理区阳线收盘价压制阳线上部左右阳线夹击一根阴线组合的右侧长上影阳线收盘价，弱势特征成立，顺势做空。

技术分析

下跌整理区阳线上部左右侧阳线夹击一根阴线组合的右侧长上影阳线收盘价低于整理区多根阳线收盘价，技术含义表示多头乏力受制于空头反压，弱势特征成立，由此技术因素引发市场向下。

操盘精髓

突破整理平台阳线上部，伴随跳空向上，强势。左右阳线夹击一阴线站稳缺口上方，多头上攻动力强，顺势买入。

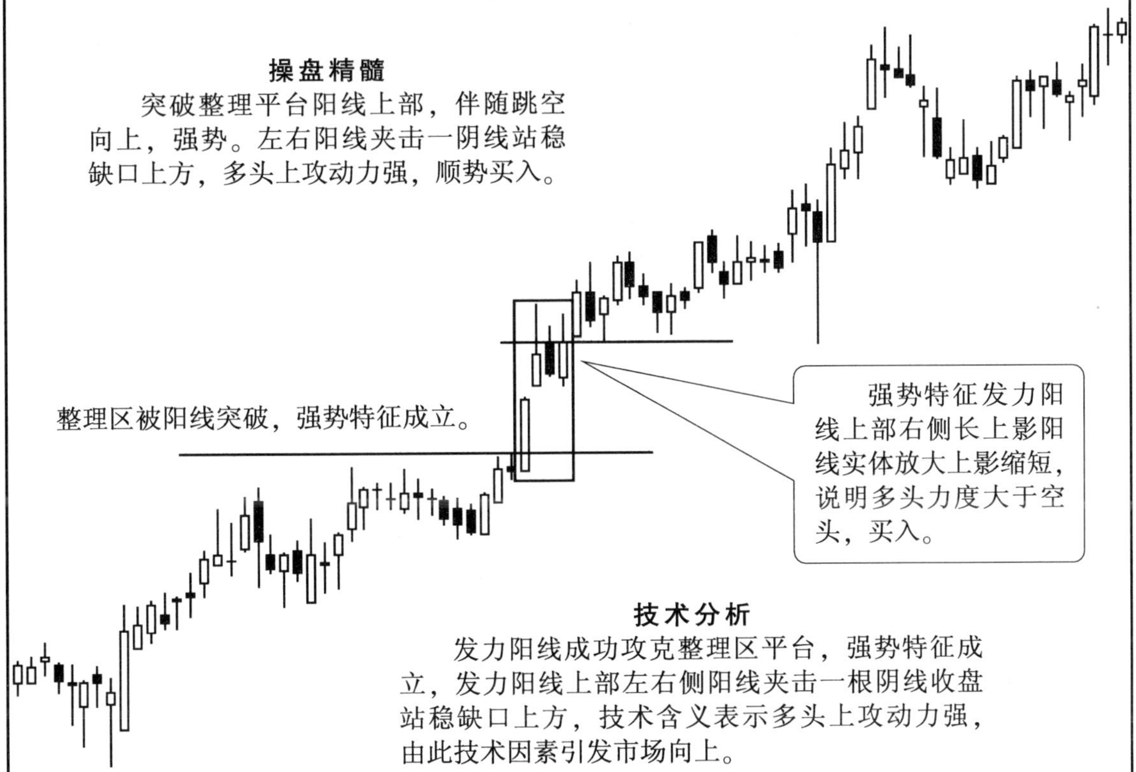

技术分析

发力阳线成功攻克整理区平台，强势特征成立，发力阳线上部左右侧阳线夹击一根阴线收盘站稳缺口上方，技术含义表示多头上攻动力强，由此技术因素引发市场向上。

操盘精髓

整理区的双重启动阳线开盘价被阳线上部左右侧阳线夹击一根阴线组合的右侧阳线攻破，强势特征成立，顺势买入。

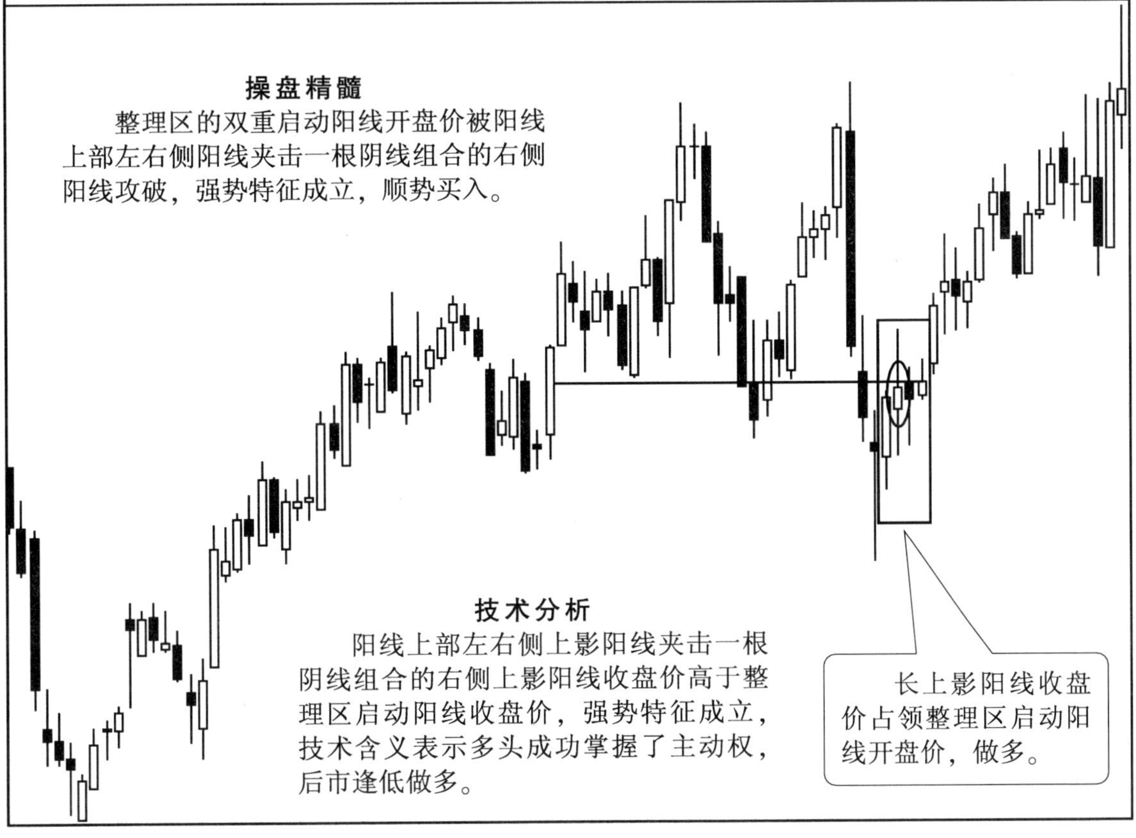

技术分析

阳线上部左右侧上影阳线夹击一根阴线组合的右侧上影阳线收盘价高于整理区启动阳线收盘价，强势特征成立，技术含义表示多头成功掌握了主动权，后市逢低做多。

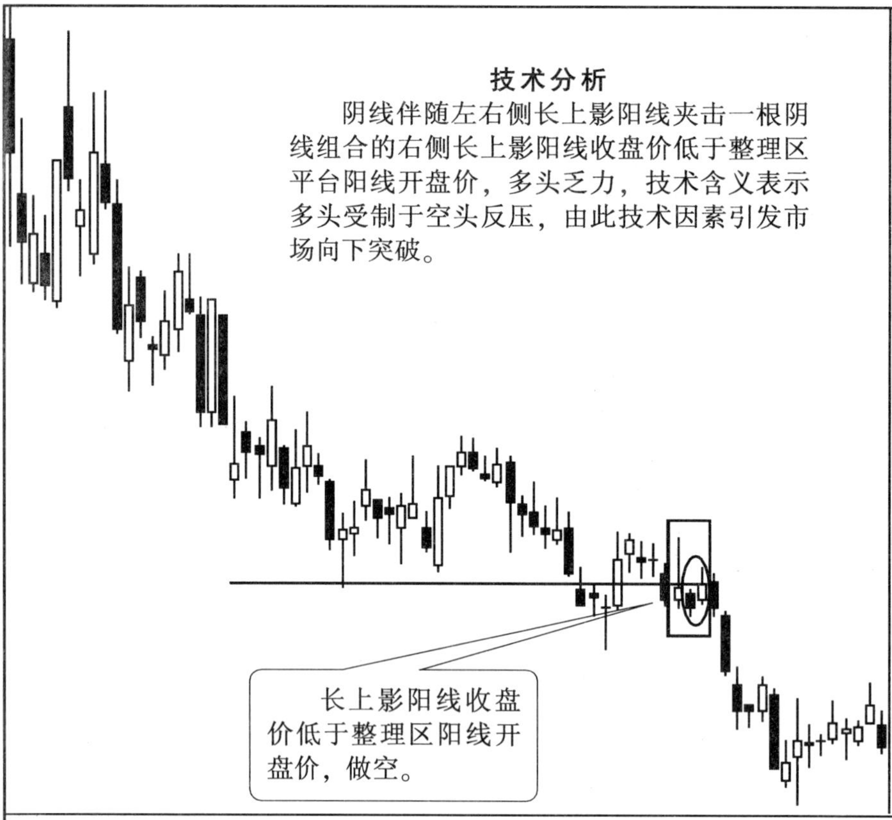

操盘精髓

整理区压制阴线伴随左右侧长上影阳线夹击一根阴线组合的右侧长上影阳线收盘价，弱势特征成立，顺势做空。

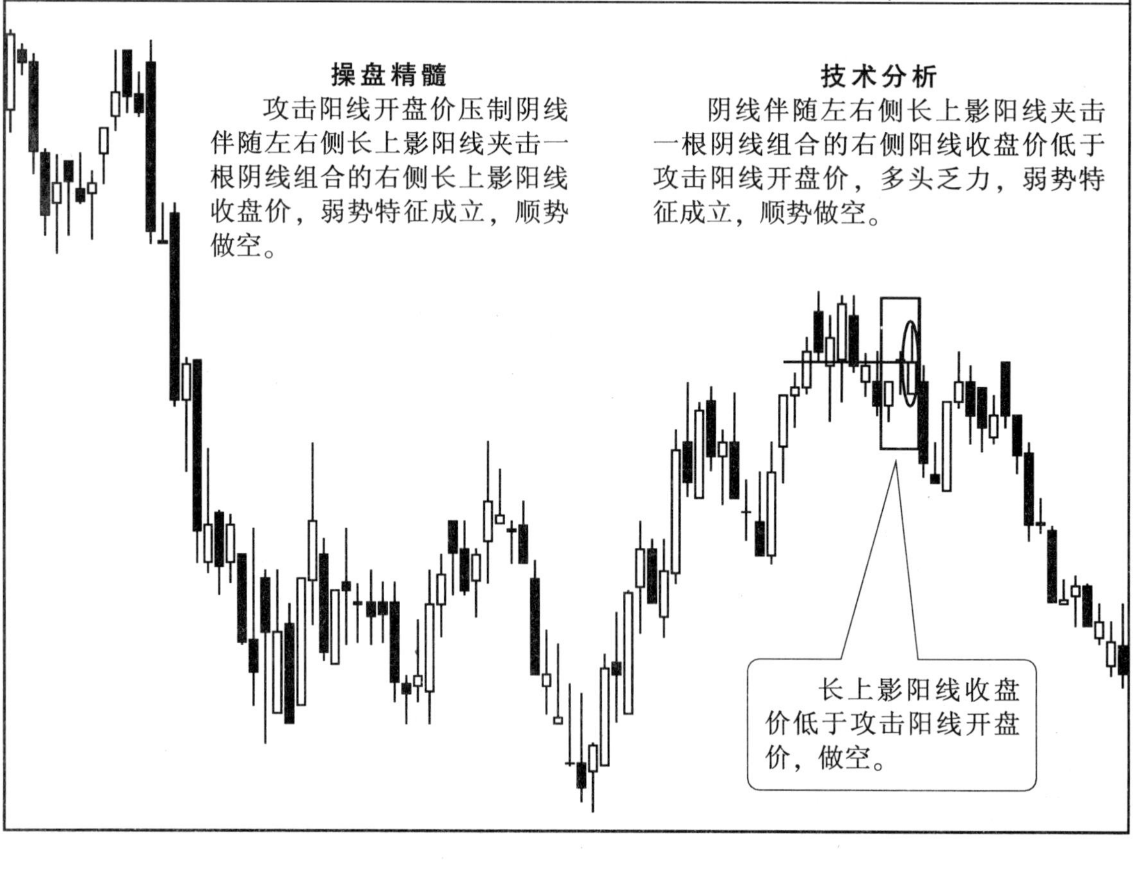

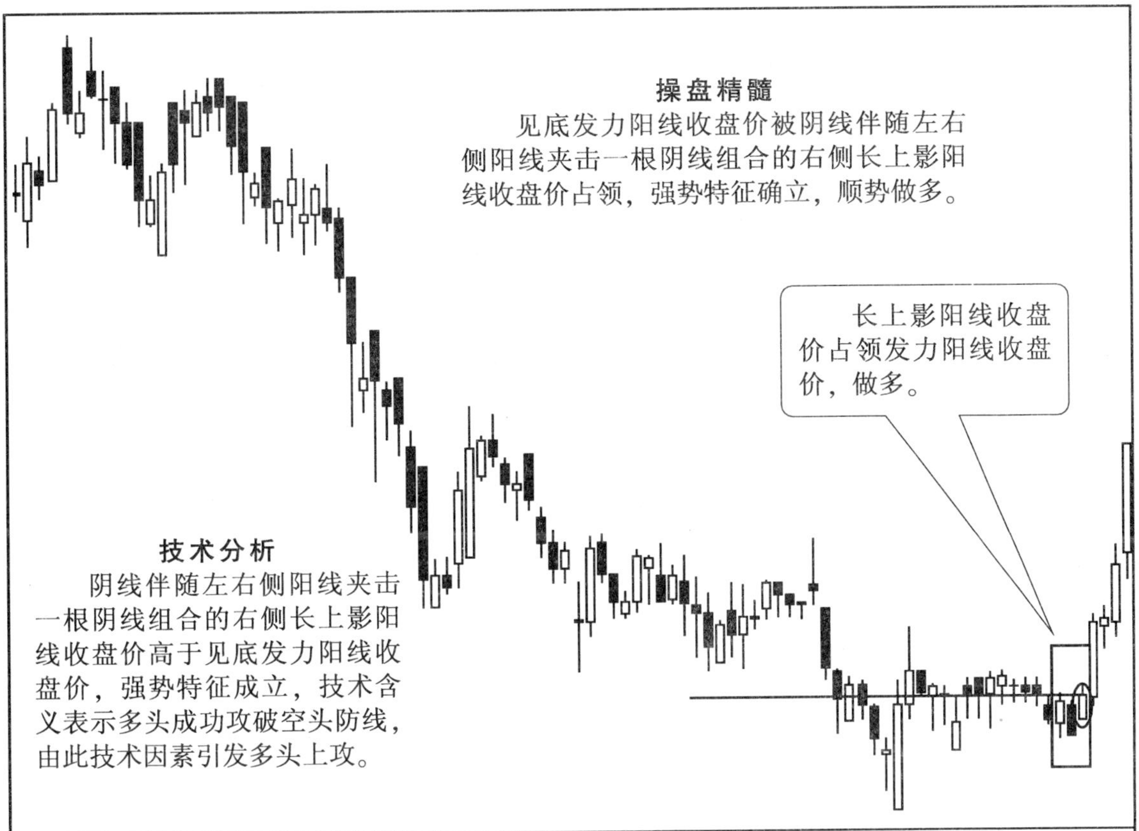
操盘精髓
见底发力阳线收盘价被阴线伴随左右侧阳线夹击一根阴线组合的右侧长上影阳线收盘价占领，强势特征确立，顺势做多。
长上影阳线收盘价占领发力阳线收盘价，做多。
技术分析
阴线伴随左右侧阳线夹击一根阴线组合的右侧长上影阳线收盘价高于见底发力阳线收盘价，强势特征成立，技术含义表示多头成功攻破空头防线，由此技术因素引发多头上攻。

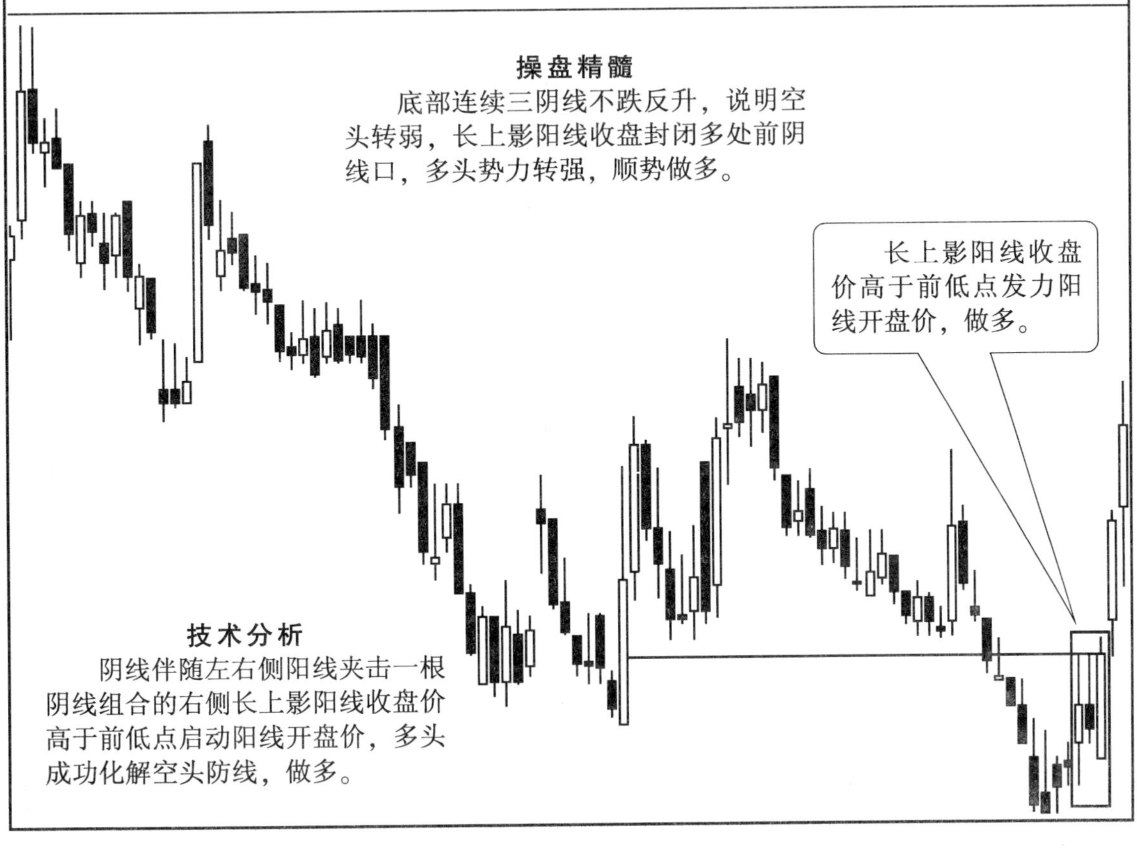
操盘精髓
底部连续三阴线不跌反升，说明空头转弱，长上影阳线收盘封闭多处前阴线口，多头势力转强，顺势做多。
长上影阳线收盘价高于前低点发力阳线开盘价，做多。
技术分析
阴线伴随左右侧阳线夹击一根阴线组合的右侧长上影阳线收盘价高于前低点启动阳线开盘价，多头成功化解空头防线，做多。

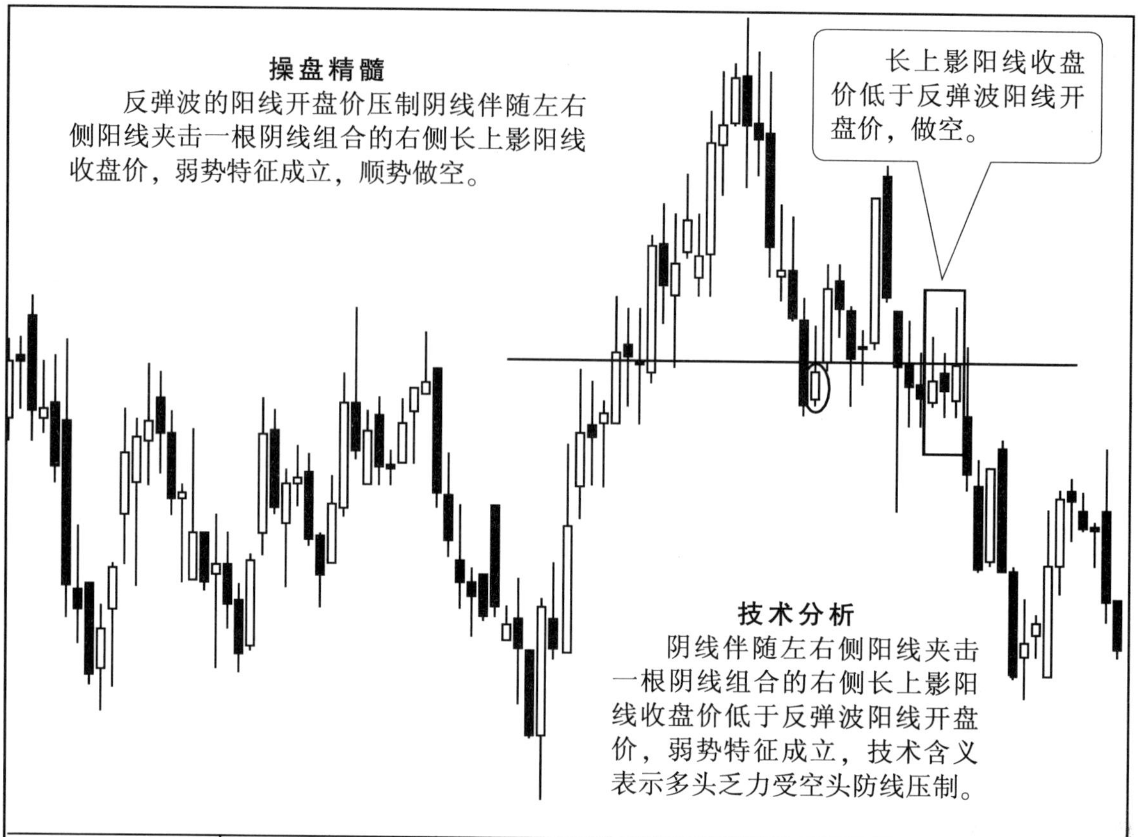

操盘精髓

反弹波的阳线开盘价压制阴线伴随左右侧阳线夹击一根阴线组合的右侧长上影阳线收盘价，弱势特征成立，顺势做空。

技术分析

阴线伴随左右侧阳线夹击一根阴线组合的右侧长上影阳线收盘价低于反弹波阳线开盘价，弱势特征成立，技术含义表示多头乏力受空头防线压制。

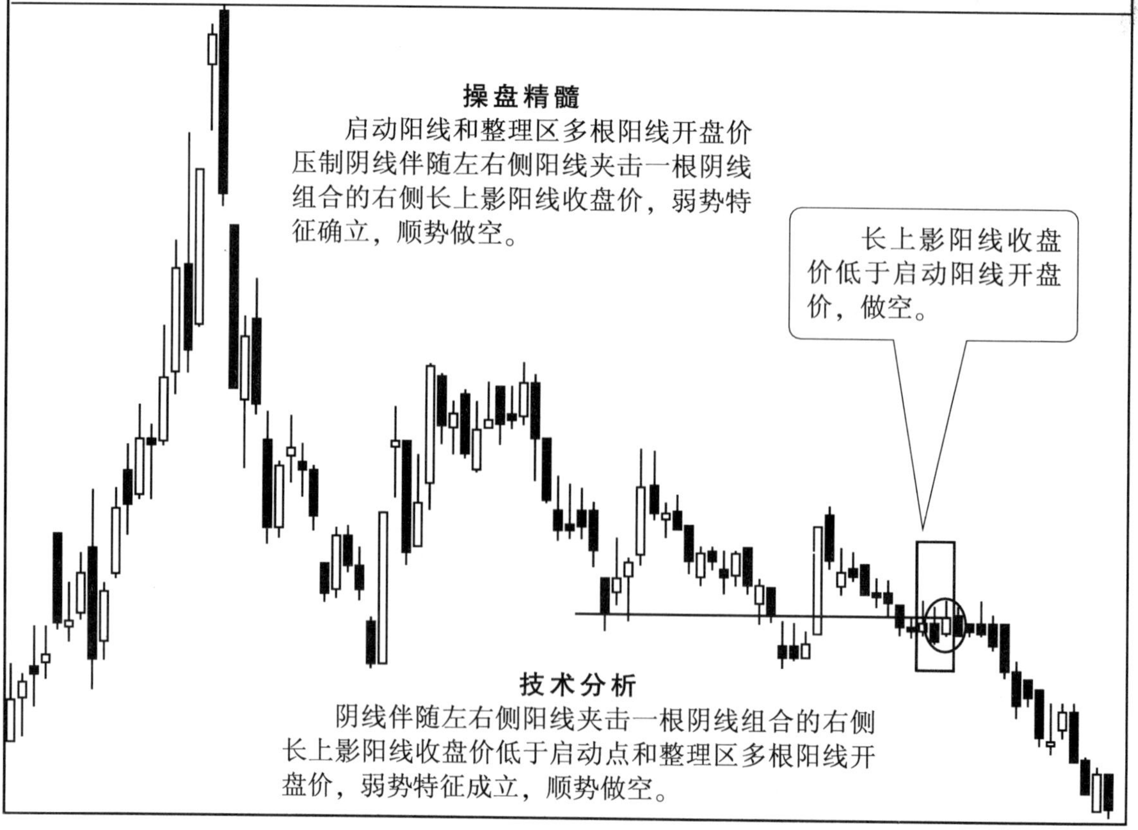

操盘精髓

启动阳线和整理区多根阳线开盘价压制阴线伴随左右侧阳线夹击一根阴线组合的右侧长上影阳线收盘价，弱势特征确立，顺势做空。

技术分析

阴线伴随左右侧阳线夹击一根阴线组合的右侧长上影阳线收盘价低于启动点和整理区多根阳线开盘价，弱势特征成立，顺势做空。

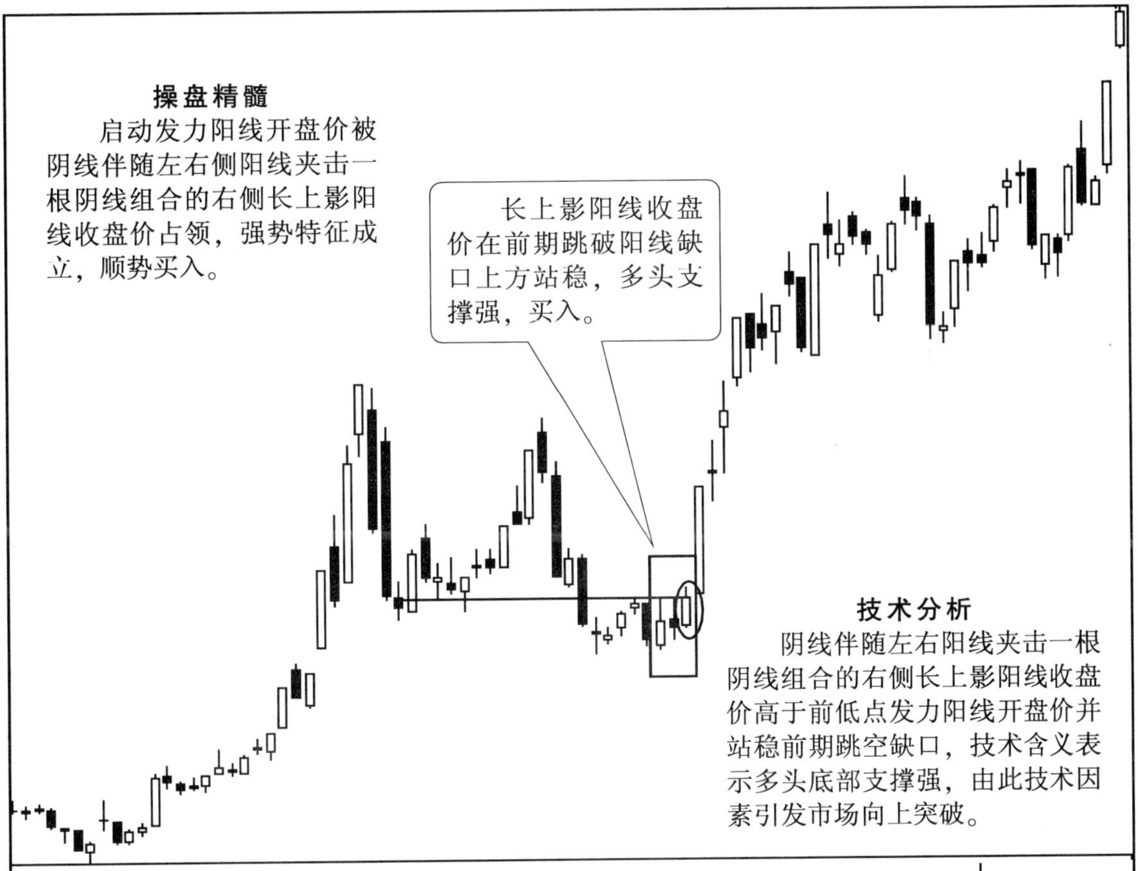

操盘精髓

启动发力阳线开盘价被阴线伴随左右侧阳线夹击一根阴线组合的右侧长上影阳线收盘价占领，强势特征成立，顺势买入。

技术分析

阴线伴随左右阳线夹击一根阴线组合的右侧长上影阳线收盘价高于前低点发力阳线开盘价并站稳前期跳空缺口，技术含义表示多头底部支撑强，由此技术因素引发市场向上突破。

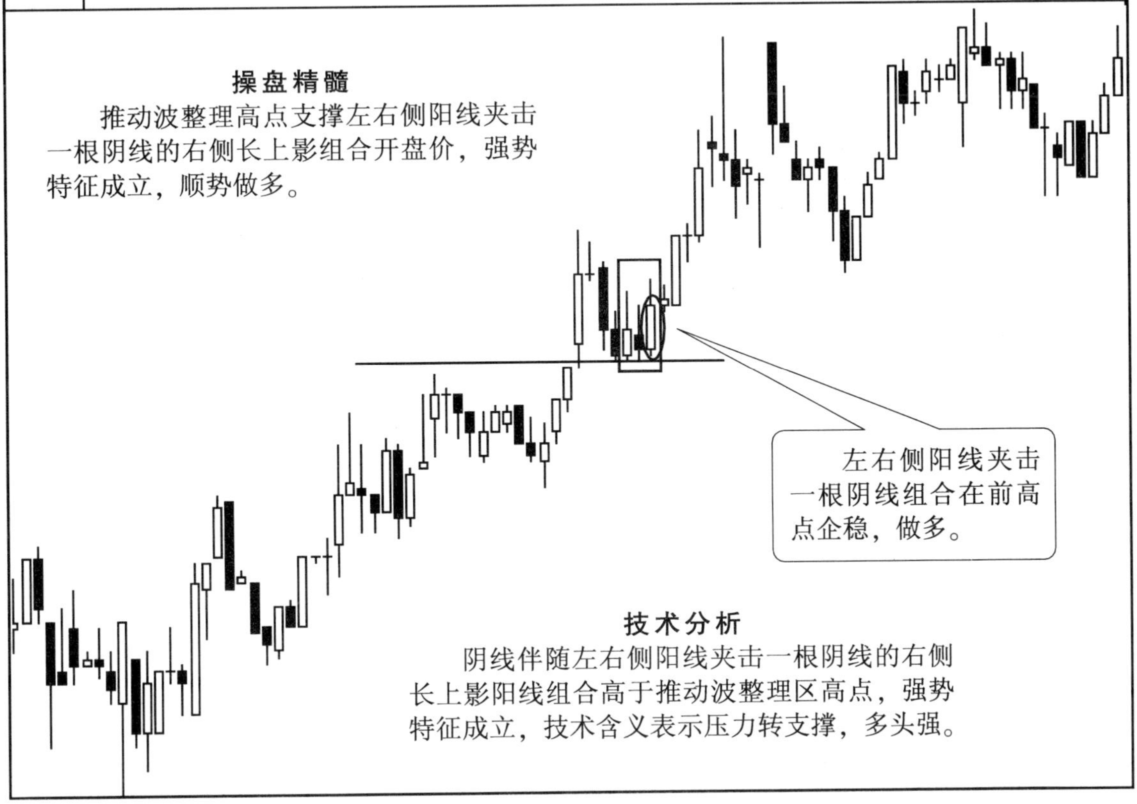

操盘精髓

推动波整理高点支撑左右侧阳线夹击一根阴线的右侧长上影组合开盘价，强势特征成立，顺势做多。

技术分析

阴线伴随左右侧阳线夹击一根阴线的右侧长上影阳线组合高于推动波整理区高点，强势特征成立，技术含义表示压力转支撑，多头强。

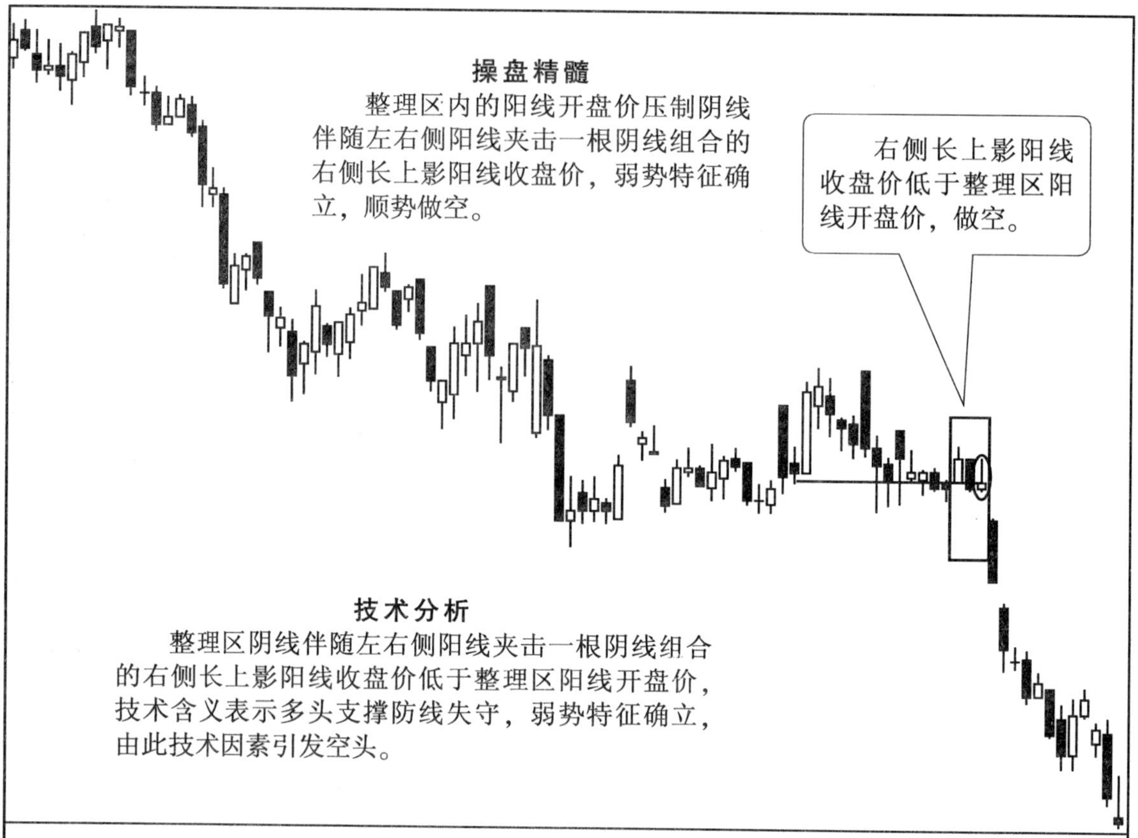
操盘精髓
整理区内的阳线开盘价压制阴线伴随左右侧阳线夹击一根阴线组合的右侧长上影阳线收盘价，弱势特征确立，顺势做空。
右侧长上影阳线收盘价低于整理区阳线开盘价，做空。
技术分析
整理区阴线伴随左右侧阳线夹击一根阴线组合的右侧长上影阳线收盘价低于整理区阳线开盘价，技术含义表示多头支撑防线失守，弱势特征确立，由此技术因素引发空头。

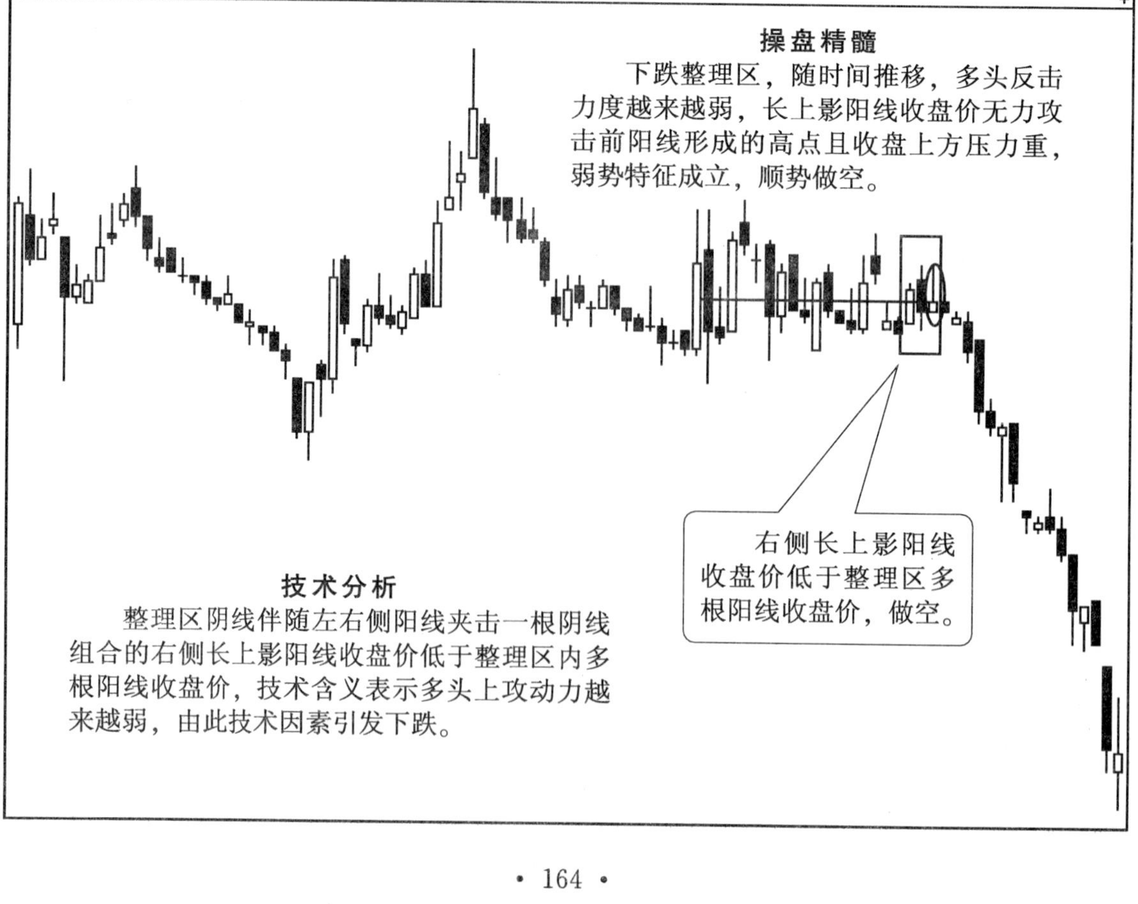
操盘精髓
下跌整理区，随时间推移，多头反击力度越来越弱，长上影阳线收盘价无力攻击前阳线形成的高点且收盘上方压力重，弱势特征成立，顺势做空。
右侧长上影阳线收盘价低于整理区多根阳线收盘价，做空。
技术分析
整理区阴线伴随左右侧阳线夹击一根阴线组合的右侧长上影阳线收盘价低于整理区内多根阳线收盘价，技术含义表示多头上攻动力越来越弱，由此技术因素引发下跌。

操盘精髓

阴线伴随左右侧阳线夹击一根阴线组合的右侧长上影阳线收盘价高于发力阴线和后方多空对抗两根K线低点，多头支撑强，空头乏力，强势特征成立，做多。

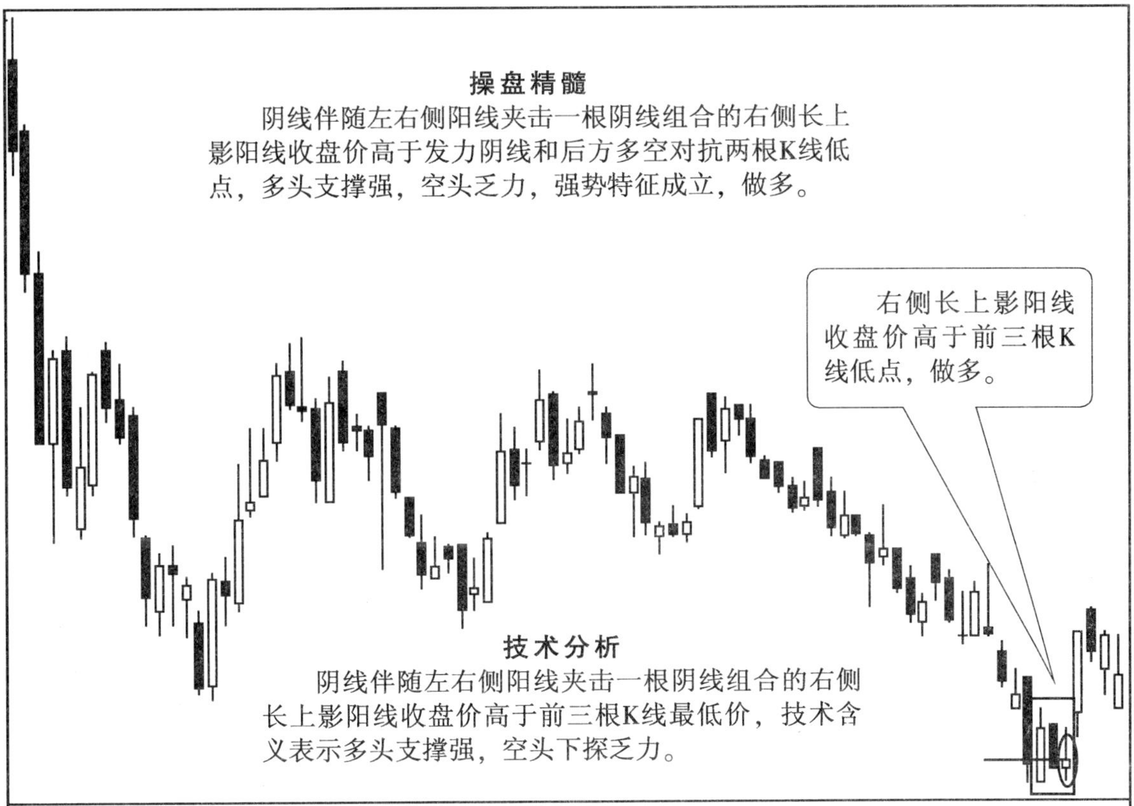

技术分析

阴线伴随左右侧阳线夹击一根阴线组合的右侧长上影阳线收盘价高于前三根K线最低价，技术含义表示多头支撑强，空头下探乏力。

操盘精髓

加速见底阴线的最低价被阴线伴随左右侧阳线夹击一根阴线组合的右侧长上影阳线收盘价占领，市场走势转强，做多。

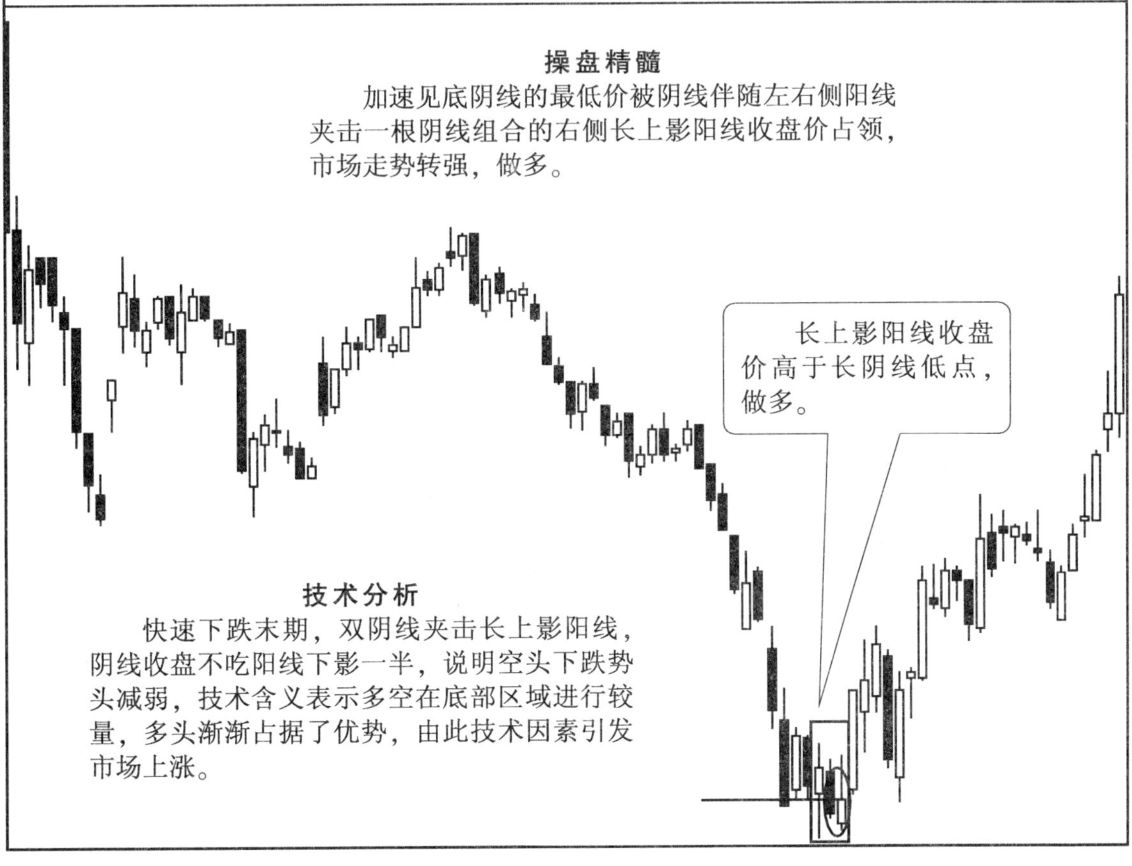

技术分析

快速下跌末期，双阴线夹击长上影阳线，阴线收盘不吃阳线下影一半，说明空头下跌势头减弱，技术含义表示多空在底部区域进行较量，多头渐渐占据了优势，由此技术因素引发市场上涨。

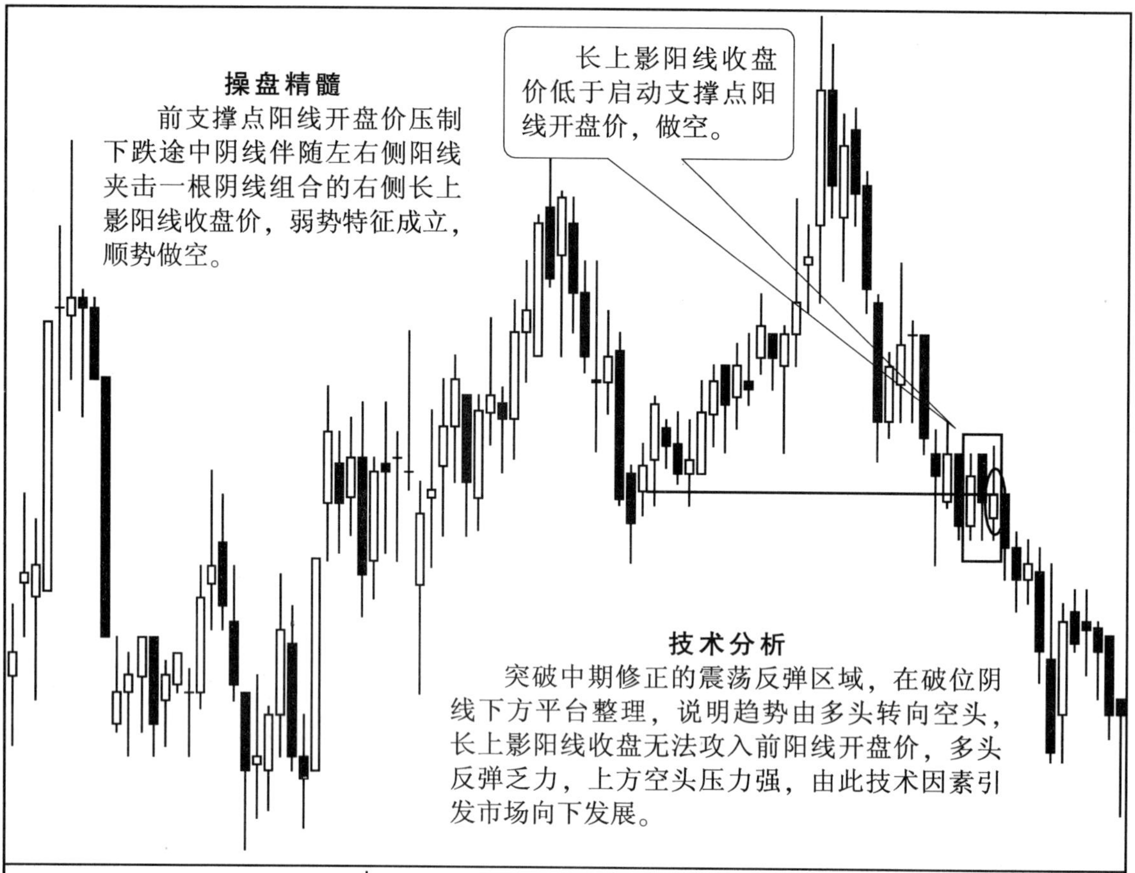

操盘精髓

前支撑点阳线开盘价压制下跌途中阴线伴随左右侧阳线夹击一根阴线组合的右侧长上影阳线收盘价，弱势特征成立，顺势做空。

技术分析

突破中期修正的震荡反弹区域，在破位阴线下方平台整理，说明趋势由多头转向空头，长上影阳线收盘无法攻入前阳线开盘价，多头反弹乏力，上方空头压力强，由此技术因素引发市场向下发展。

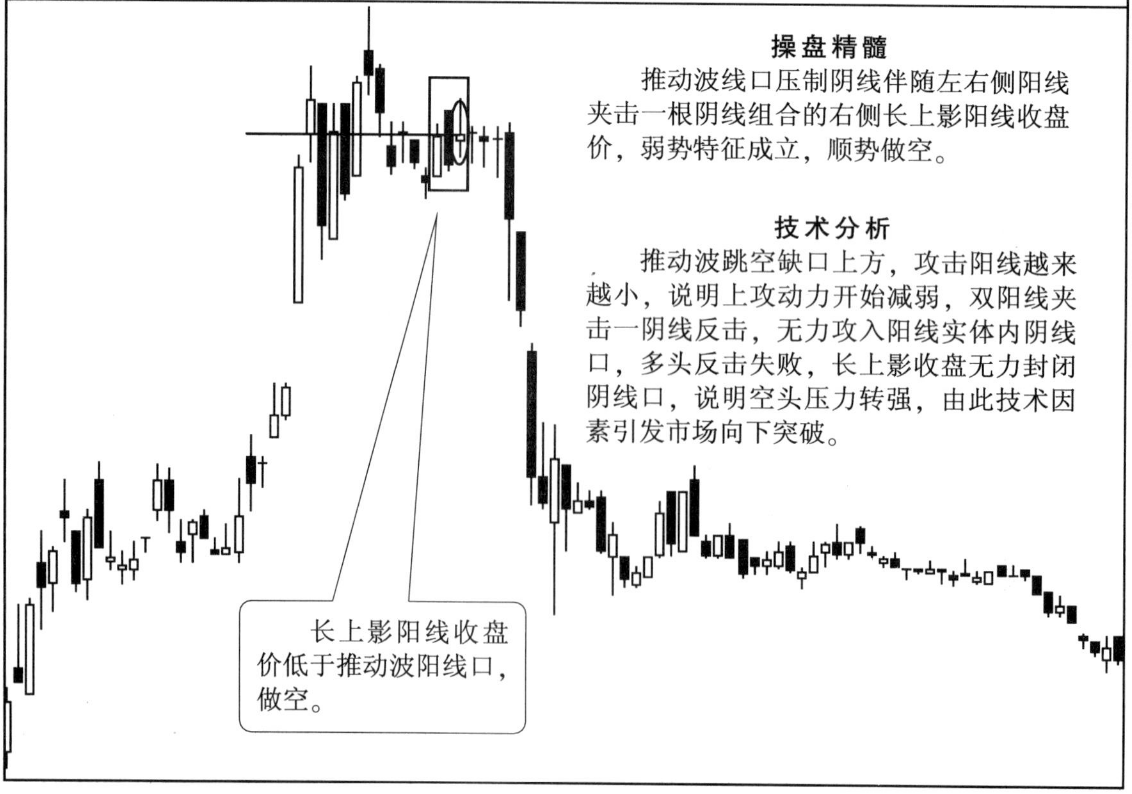

操盘精髓

推动波线口压制阴线伴随左右侧阳线夹击一根阴线组合的右侧长上影阳线收盘价，弱势特征成立，顺势做空。

技术分析

推动波跳空缺口上方，攻击阳线越来越小，说明上攻动力开始减弱，双阳线夹击一阴线反击，无力攻入阳线实体内阴线口，多头反击失败，长上影收盘无力封闭阴线口，说明空头压力转强，由此技术因素引发市场向下突破。

操盘精髓

启动阳线口被阴线伴随左右侧阳线夹击一根阴线组合的右侧长上影阳线收盘价占领，强势特征成立，顺势做多。

技术分析

顺势调整波后方，双阳线收盘封闭下跌阴线口，多头势力开始转强，长上影阳线收盘成功站稳下跌阴线口及双阳线收盘高点，强势特征成立，由此技术因素引发市场上涨。

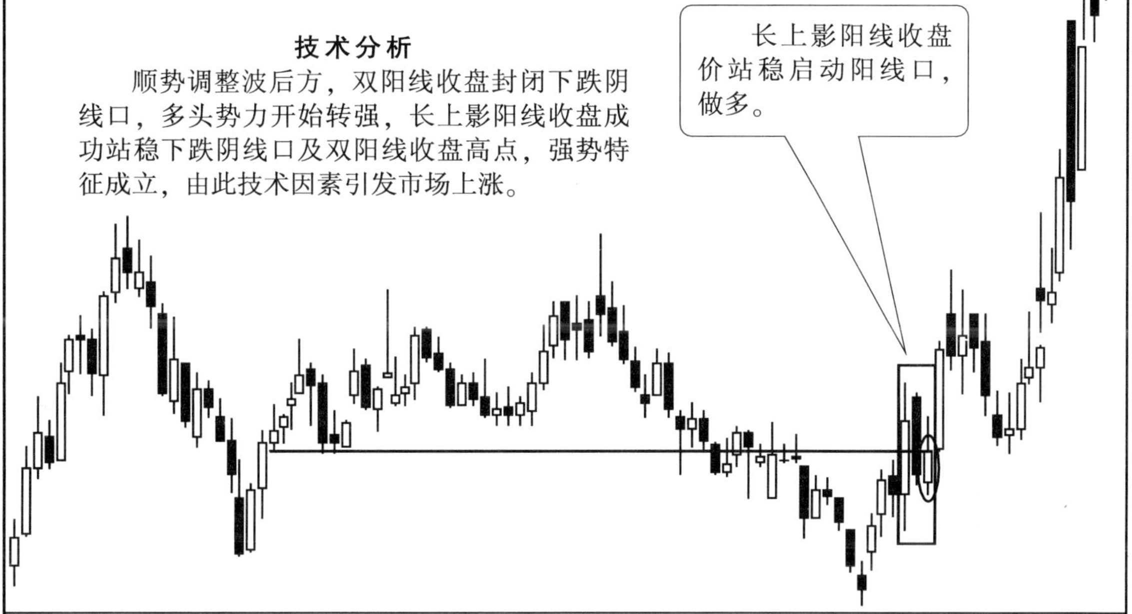

操盘精髓

两根长下影承接阳线开盘价被阴线伴随左右侧阳线夹击一根阴线组合的收盘价占领，强势特征成立，买入。

技术分析

阴线伴随左右侧阳线夹击一根阴线组合的右侧长上影阳线收盘价攻入两根长下影承接阳线实体，技术含义表示多头在前期平台支撑强，由此技术因素引发市场向上。

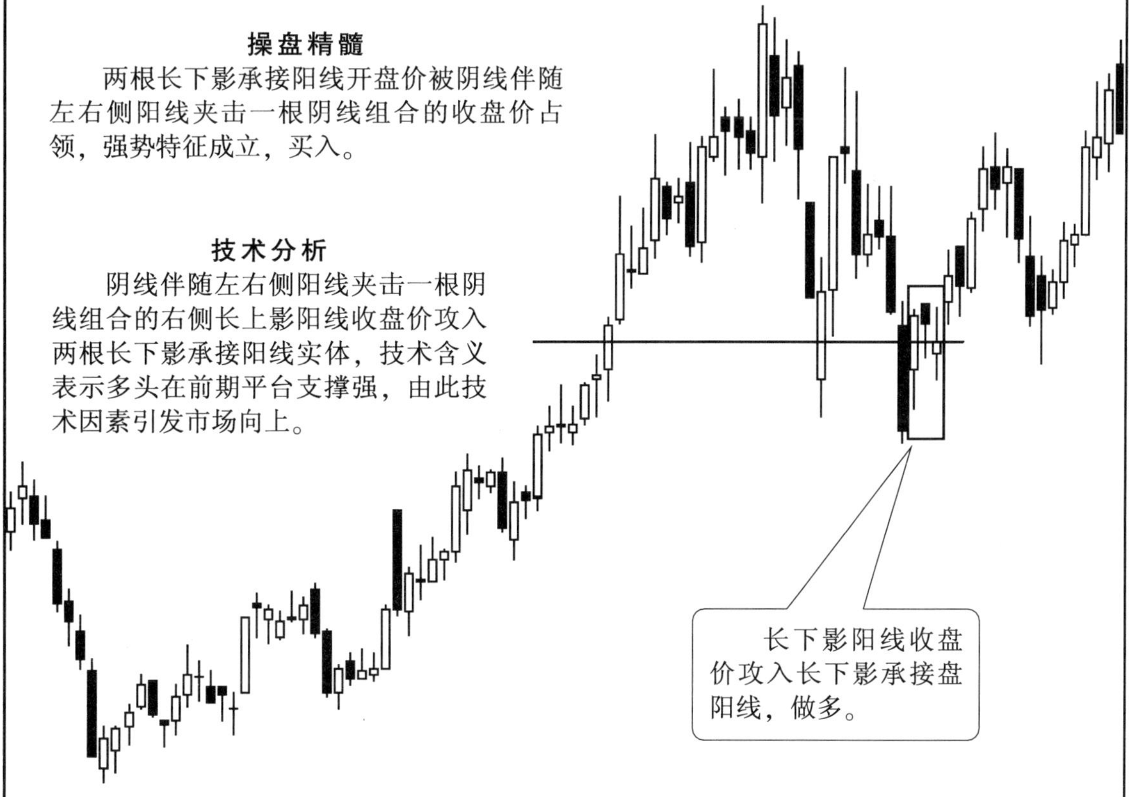

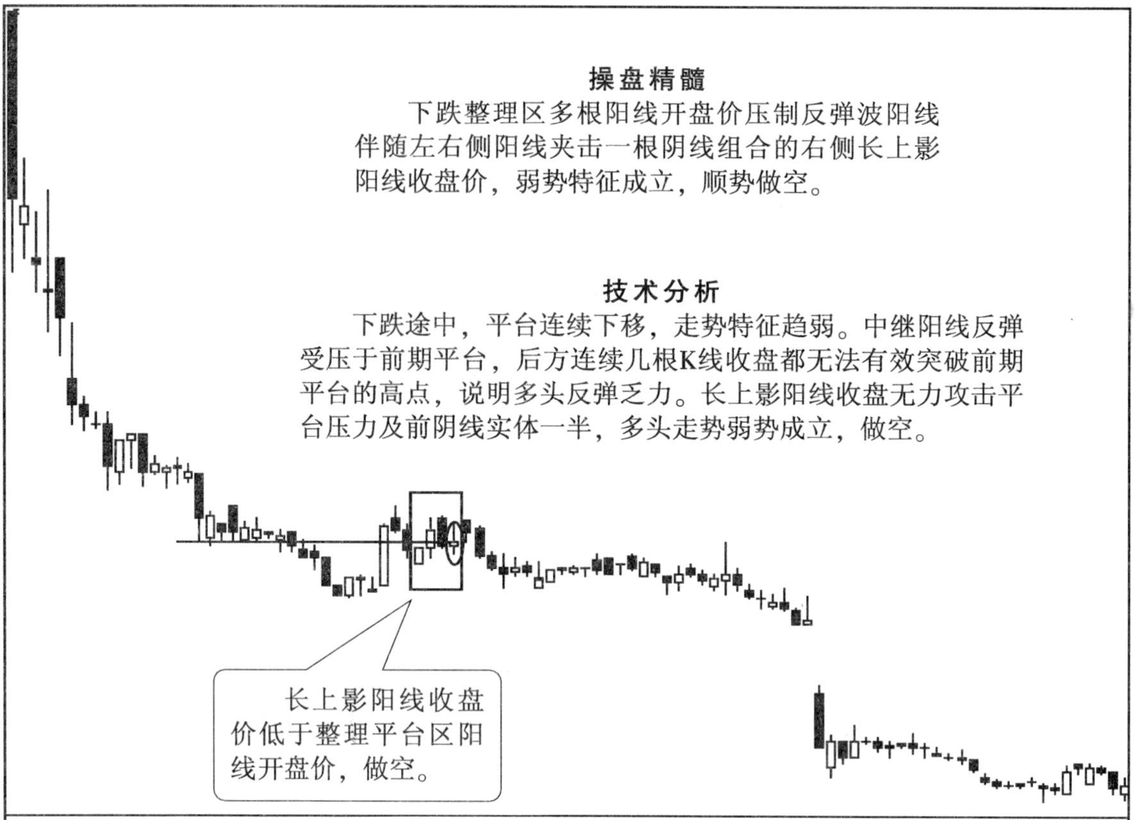

操盘精髓

下跌整理区多根阳线开盘价压制反弹波阳线伴随左右侧阳线夹击一根阴线组合的右侧长上影阳线收盘价，弱势特征成立，顺势做空。

技术分析

下跌途中，平台连续下移，走势特征趋弱。中继阳线反弹受压于前期平台，后方连续几根K线收盘都无法有效突破前期平台的高点，说明多头反弹乏力。长上影阳线收盘无力攻击平台压力及前阴线实体一半，多头走势弱势成立，做空。

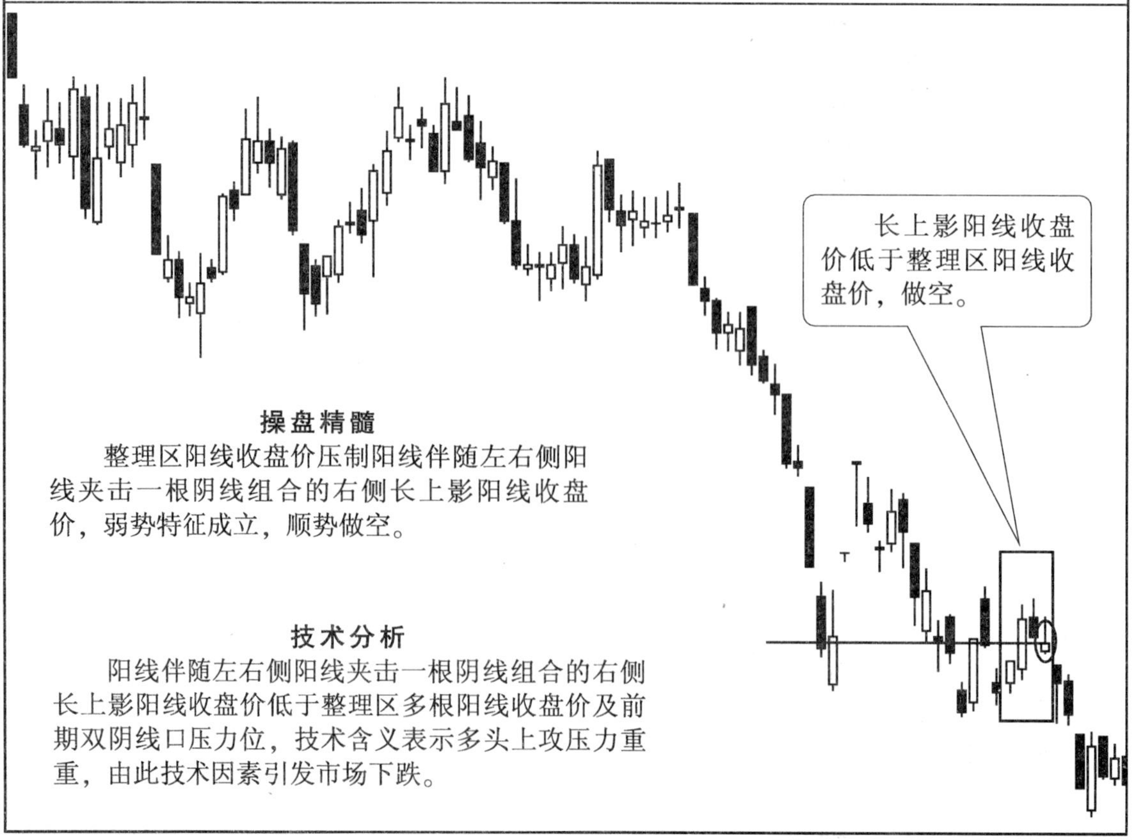

操盘精髓

整理区阳线收盘价压制阳线伴随左右侧阳线夹击一根阴线组合的右侧长上影阳线收盘价，弱势特征成立，顺势做空。

技术分析

阳线伴随左右侧阳线夹击一根阴线组合的右侧长上影阳线收盘价低于整理区多根阳线收盘价及前期双阴线口压力位，技术含义表示多头上攻压力重重，由此技术因素引发市场下跌。

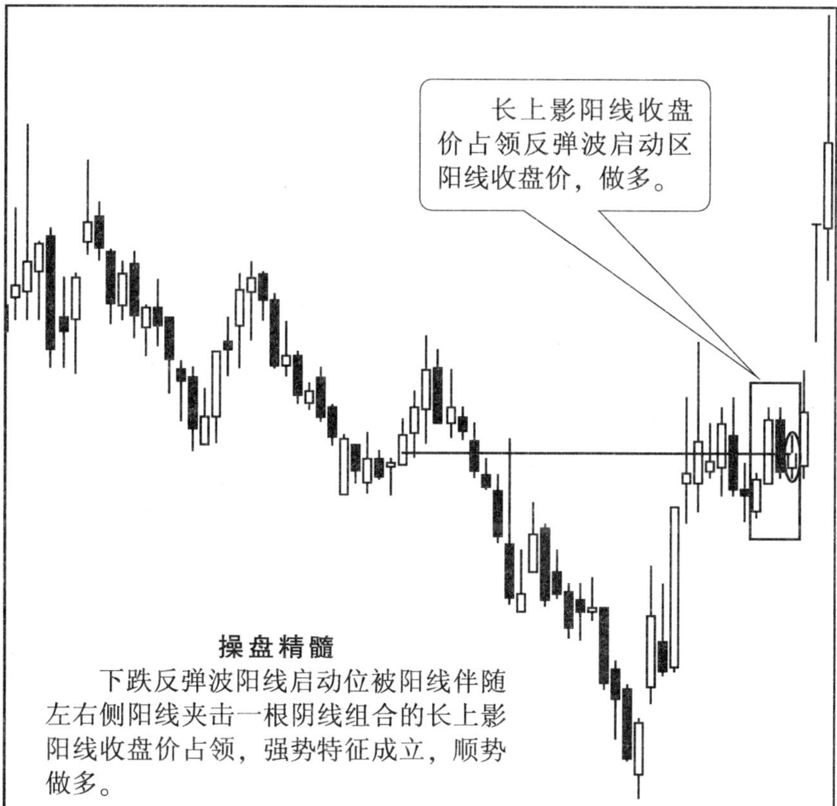

操盘精髓

下跌反弹波阳线启动位被阳线伴随左右侧阳线夹击一根阴线组合的长上影阳线收盘价占领，强势特征成立，顺势做多。

技术分析

阳线伴随左右侧阳线夹击一根阴线组合的右侧长上影阳线收盘价高于下跌反弹波启动位，技术含义表示多头成功攻破空头防线，强势特征成立，由此技术因素引发市场向上发展。

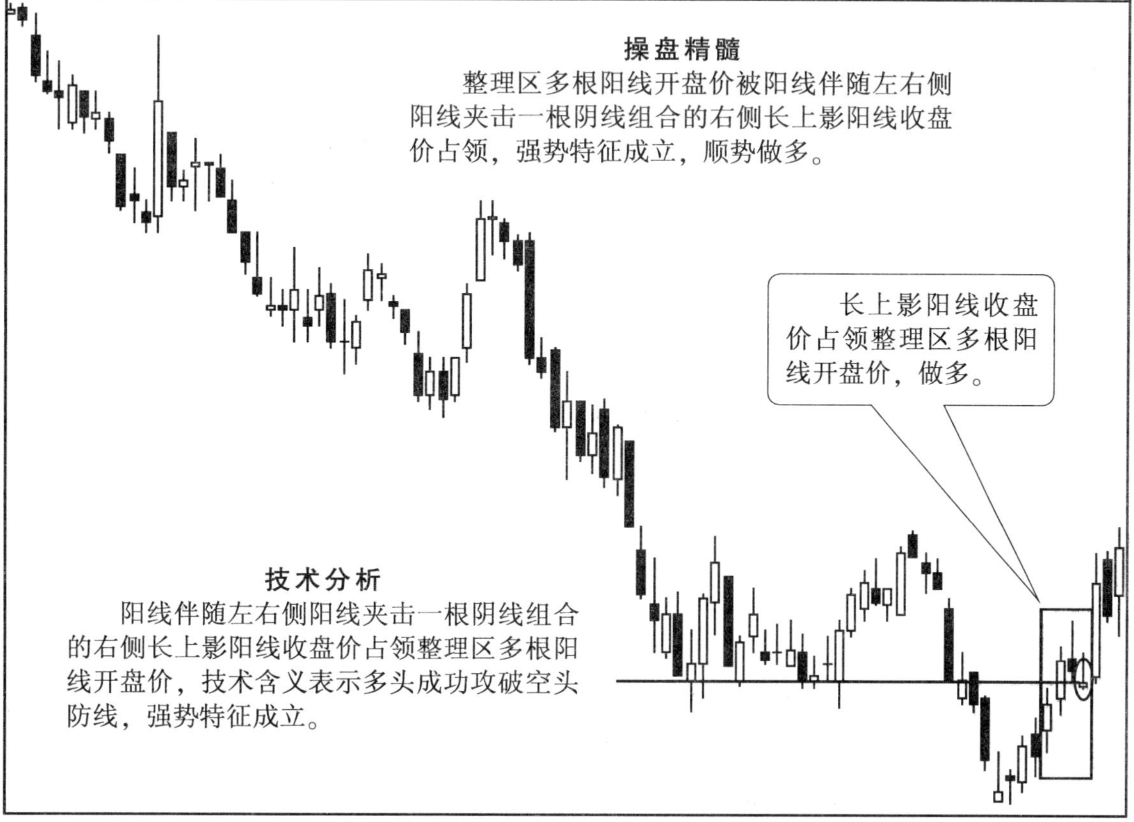

操盘精髓

整理区多根阳线开盘价被阳线伴随左右侧阳线夹击一根阴线组合的右侧长上影阳线收盘价占领，强势特征成立，顺势做多。

技术分析

阳线伴随左右侧阳线夹击一根阴线组合的右侧长上影阳线收盘价占领整理区多根阳线开盘价，技术含义表示多头成功攻破空头防线，强势特征成立。

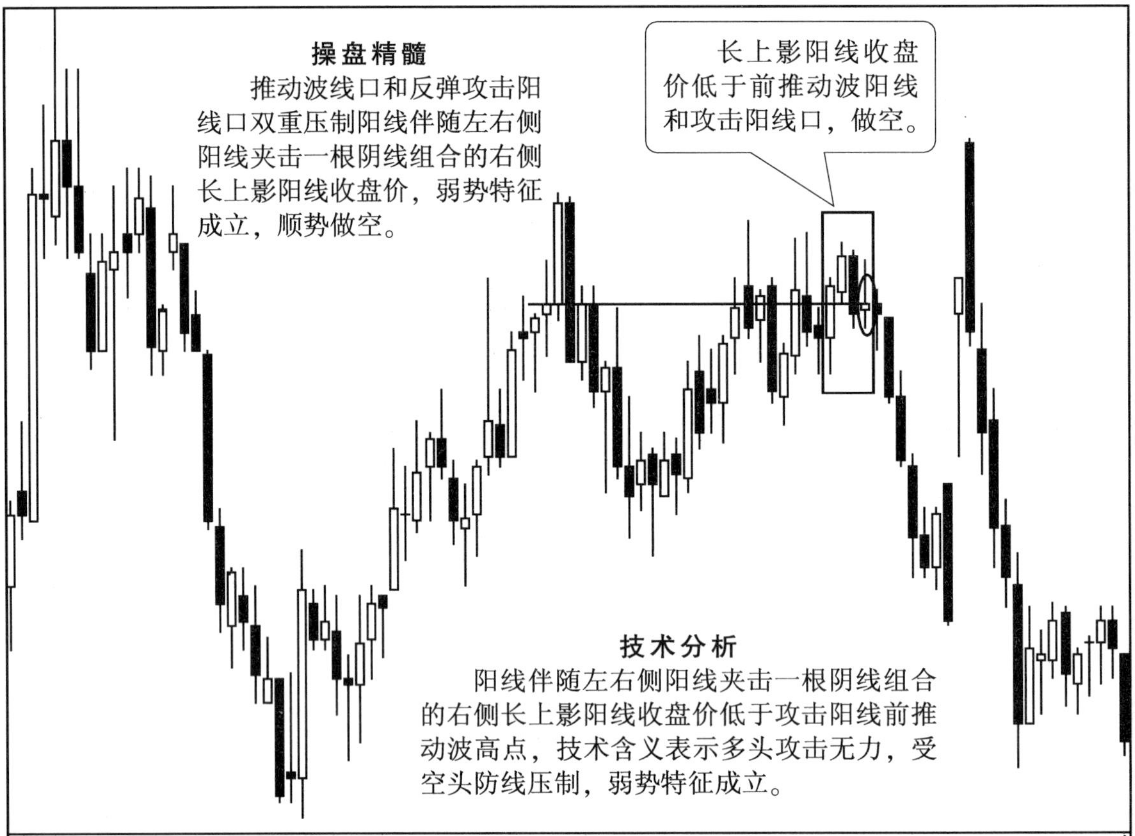
操盘精髓
推动波线口和反弹攻击阳线口双重压制阳线伴随左右侧阳线夹击一根阴线组合的右侧长上影阳线收盘价，弱势特征成立，顺势做空。
长上影阳线收盘价低于前推动波阳线和攻击阳线口，做空。
技术分析
阳线伴随左右侧阳线夹击一根阴线组合的右侧长上影阳线收盘价低于攻击阳线前推动波高点，技术含义表示多头攻击无力，受空头防线压制，弱势特征成立。

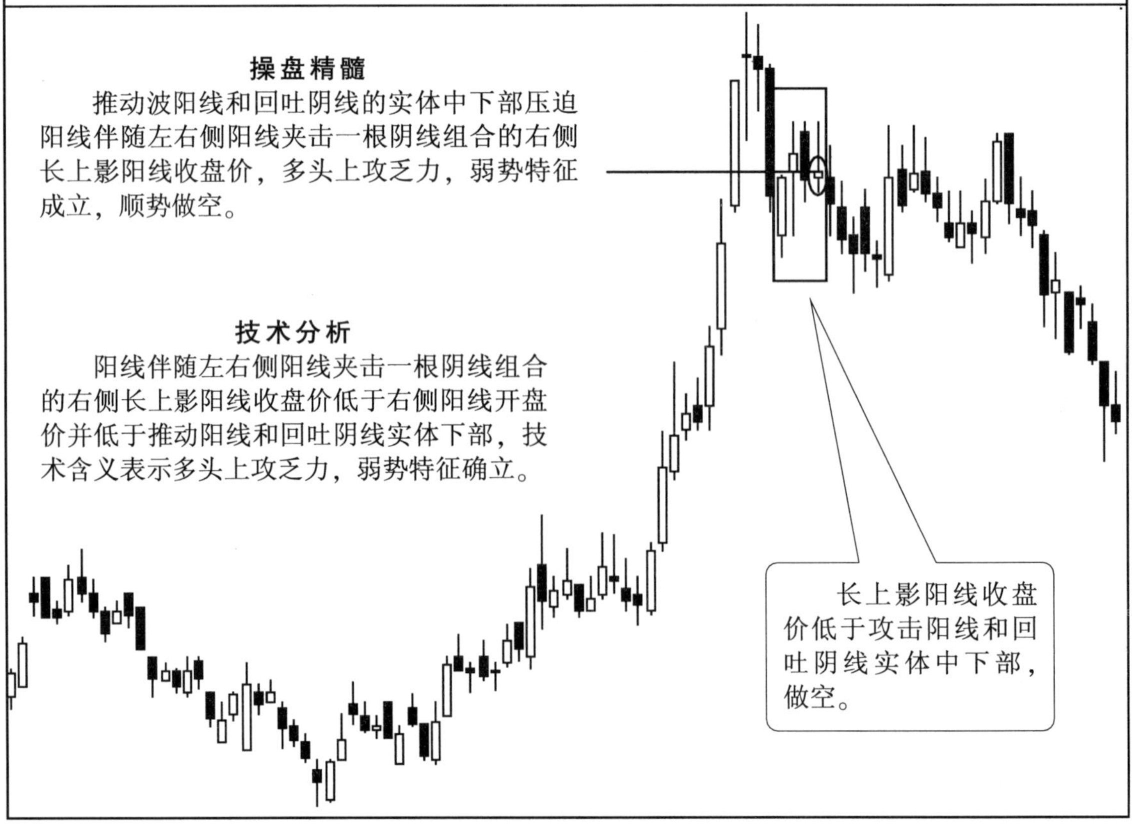
操盘精髓
推动波阳线和回吐阴线的实体中下部压迫阳线伴随左右侧阳线夹击一根阴线组合的右侧长上影阳线收盘价，多头上攻乏力，弱势特征成立，顺势做空。
技术分析
阳线伴随左右侧阳线夹击一根阴线组合的右侧长上影阳线收盘价低于右侧阳线开盘价并低于推动阳线和回吐阴线实体下部，技术含义表示多头上攻乏力，弱势特征确立。
长上影阳线收盘价低于攻击阳线和回吐阴线实体中下部，做空。

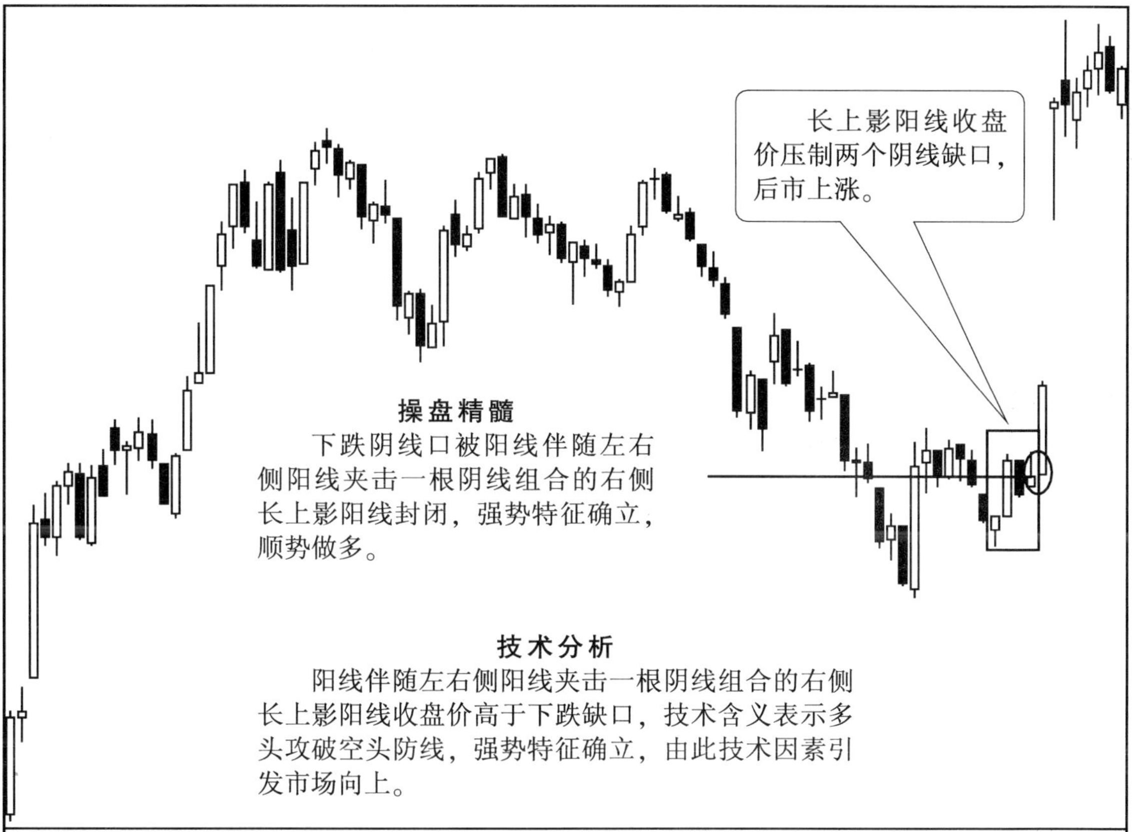

操盘精髓

下跌阴线口被阳线伴随左右侧阳线夹击一根阴线组合的右侧长上影阳线封闭，强势特征确立，顺势做多。

技术分析

阳线伴随左右侧阳线夹击一根阴线组合的右侧长上影阳线收盘价高于下跌缺口，技术含义表示多头攻破空头防线，强势特征确立，由此技术因素引发市场向上。

操盘精髓

下影阴线后方多根K线收盘价不创新低，市场走势转强，阳线伴随左右侧阳线夹击一根阴线组合的右侧长上影阳线收盘价站稳多根不创新低K线的上部，强势特征成立，顺势买入。

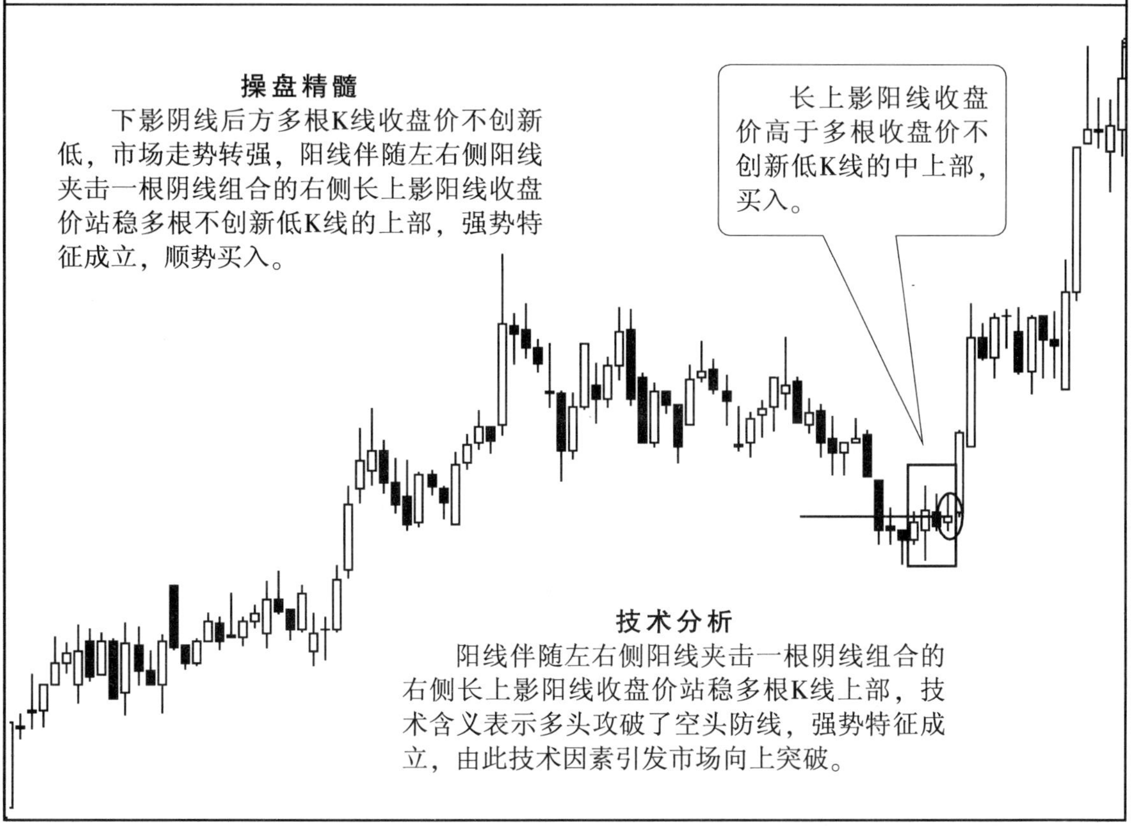

技术分析

阳线伴随左右侧阳线夹击一根阴线组合的右侧长上影阳线收盘价站稳多根K线上部，技术含义表示多头攻破了空头防线，强势特征成立，由此技术因素引发市场向上突破。

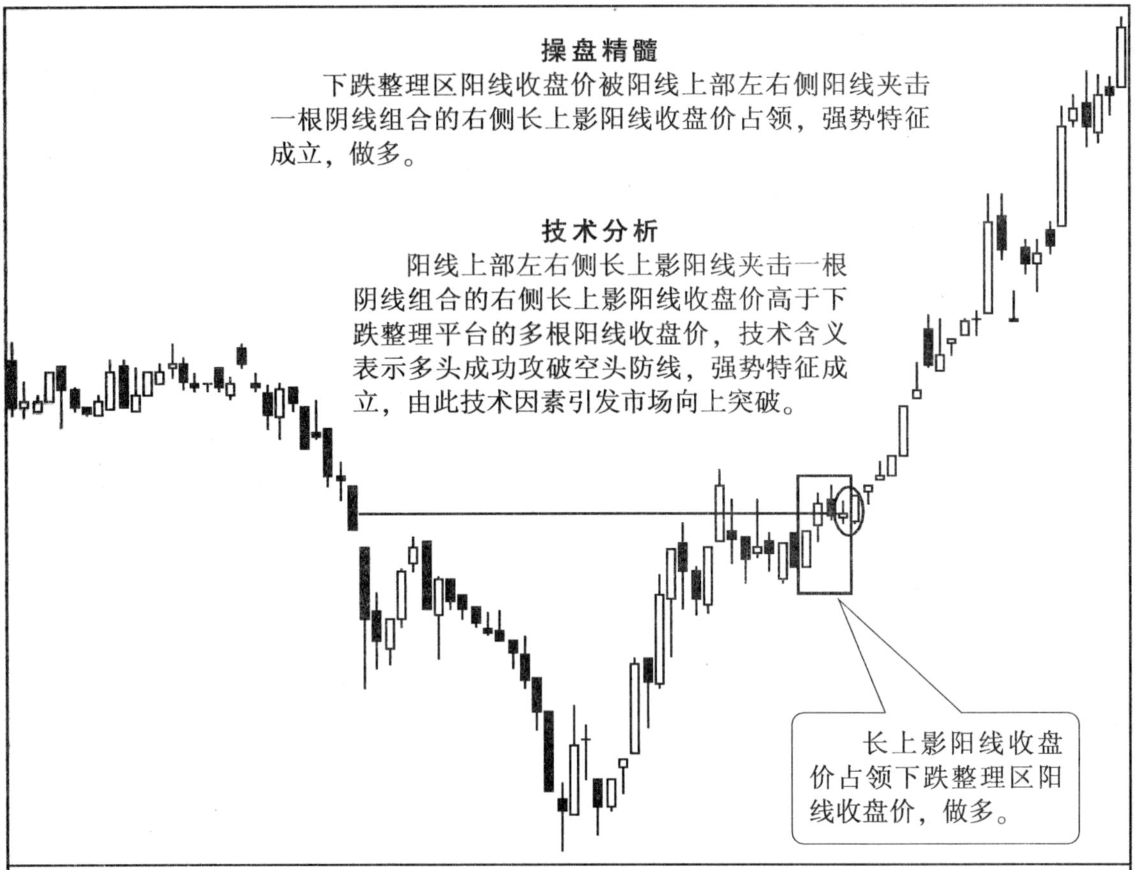
操盘精髓
下跌整理区阳线收盘价被阳线上部左右侧阳线夹击一根阴线组合的右侧长上影阳线收盘价占领，强势特征成立，做多。
技术分析
阳线上部左右侧长上影阳线夹击一根阴线组合的右侧长上影阳线收盘价高于下跌整理平台的多根阳线收盘价，技术含义表示多头成功攻破空头防线，强势特征成立，由此技术因素引发市场向上突破。
长上影阳线收盘价占领下跌整理区阳线收盘价，做多。

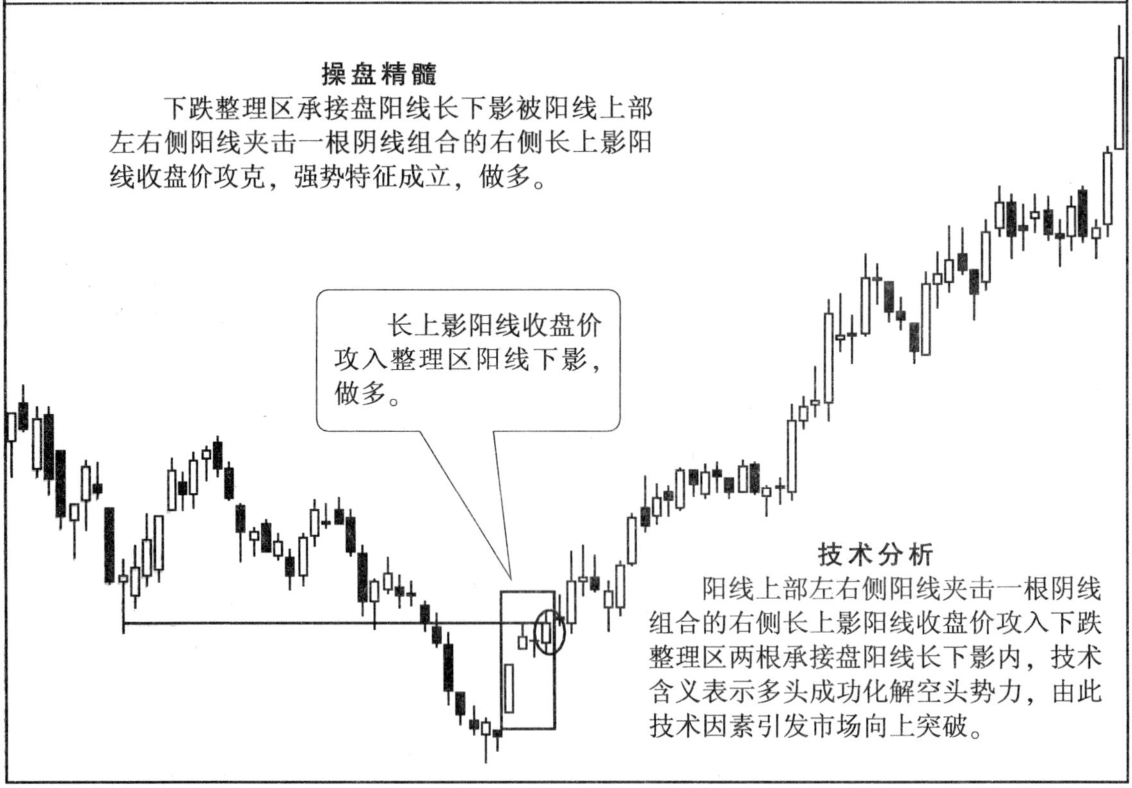
操盘精髓
下跌整理区承接盘阳线长下影被阳线上部左右侧阳线夹击一根阴线组合的右侧长上影阳线收盘价攻克，强势特征成立，做多。
长上影阳线收盘价攻入整理区阳线下影，做多。
技术分析
阳线上部左右侧阳线夹击一根阴线组合的右侧长上影阳线收盘价攻入下跌整理区两根承接盘阳线长下影内，技术含义表示多头成功化解空头势力，由此技术因素引发市场向上突破。

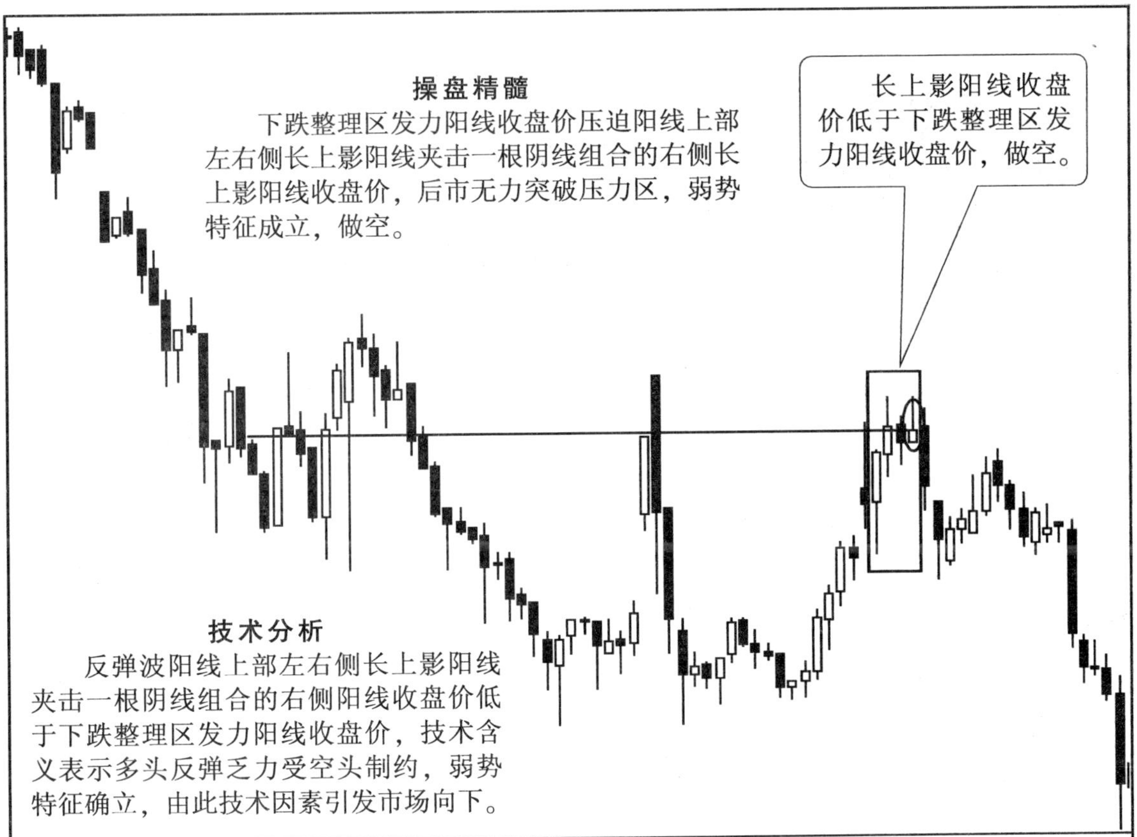

操盘精髓

下跌整理区发力阳线收盘价压迫阳线上部左右侧长上影阳线夹击一根阴线组合的右侧长上影阳线收盘价，后市无力突破压力区，弱势特征成立，做空。

技术分析

反弹波阳线上部左右侧长上影阳线夹击一根阴线组合的右侧阳线收盘价低于下跌整理区发力阳线收盘价，技术含义表示多头反弹乏力受空头制约，弱势特征确立，由此技术因素引发市场向下。

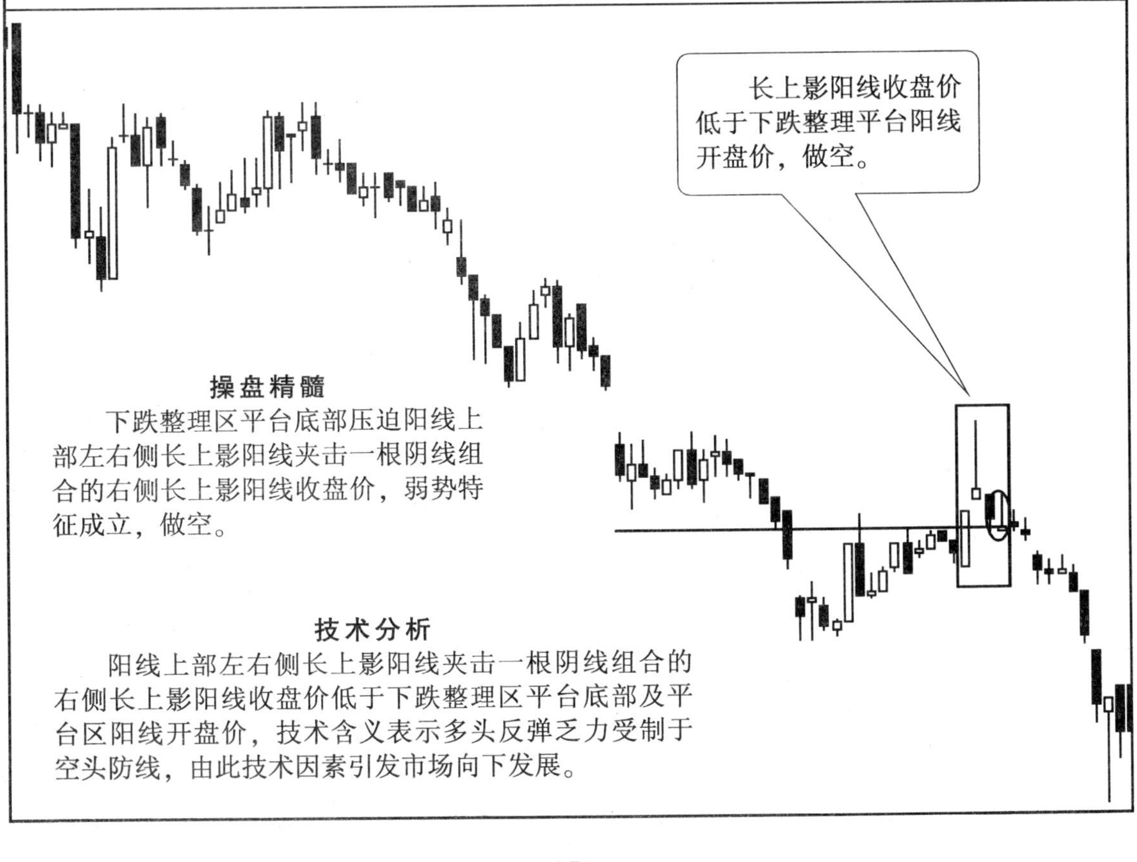

操盘精髓

下跌整理区平台底部压迫阳线上部左右侧长上影阳线夹击一根阴线组合的右侧长上影阳线收盘价，弱势特征成立，做空。

技术分析

阳线上部左右侧长上影阳线夹击一根阴线组合的右侧长上影阳线收盘价低于下跌整理区平台底部及平台区阳线开盘价，技术含义表示多头反弹乏力受制于空头防线，由此技术因素引发市场向下发展。

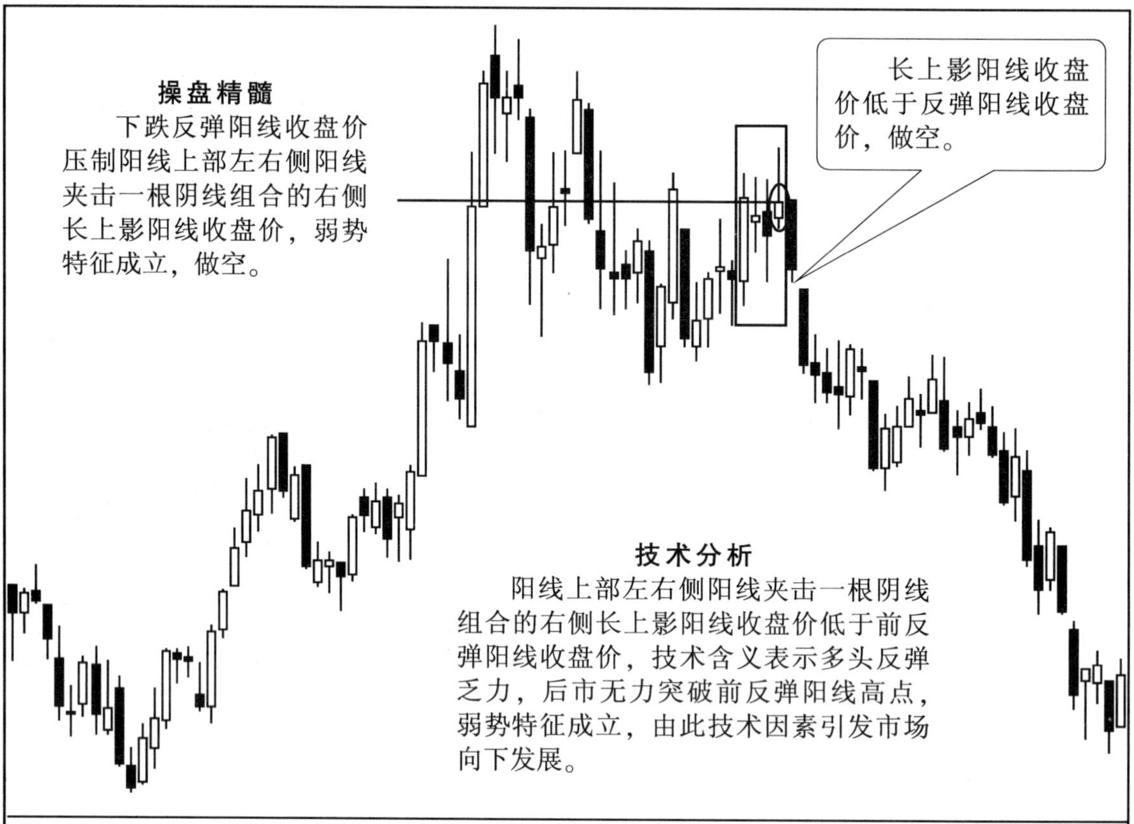
操盘精髓
下跌反弹阳线收盘价压制阳线上部左右侧阳线夹击一根阴线组合的右侧长上影阳线收盘价，弱势特征成立，做空。
长上影阳线收盘价低于反弹阳线收盘价，做空。
技术分析
阳线上部左右侧阳线夹击一根阴线组合的右侧长上影阳线收盘价低于前反弹阳线收盘价，技术含义表示多头反弹乏力，后市无力突破前反弹阳线高点，弱势特征成立，由此技术因素引发市场向下发展。

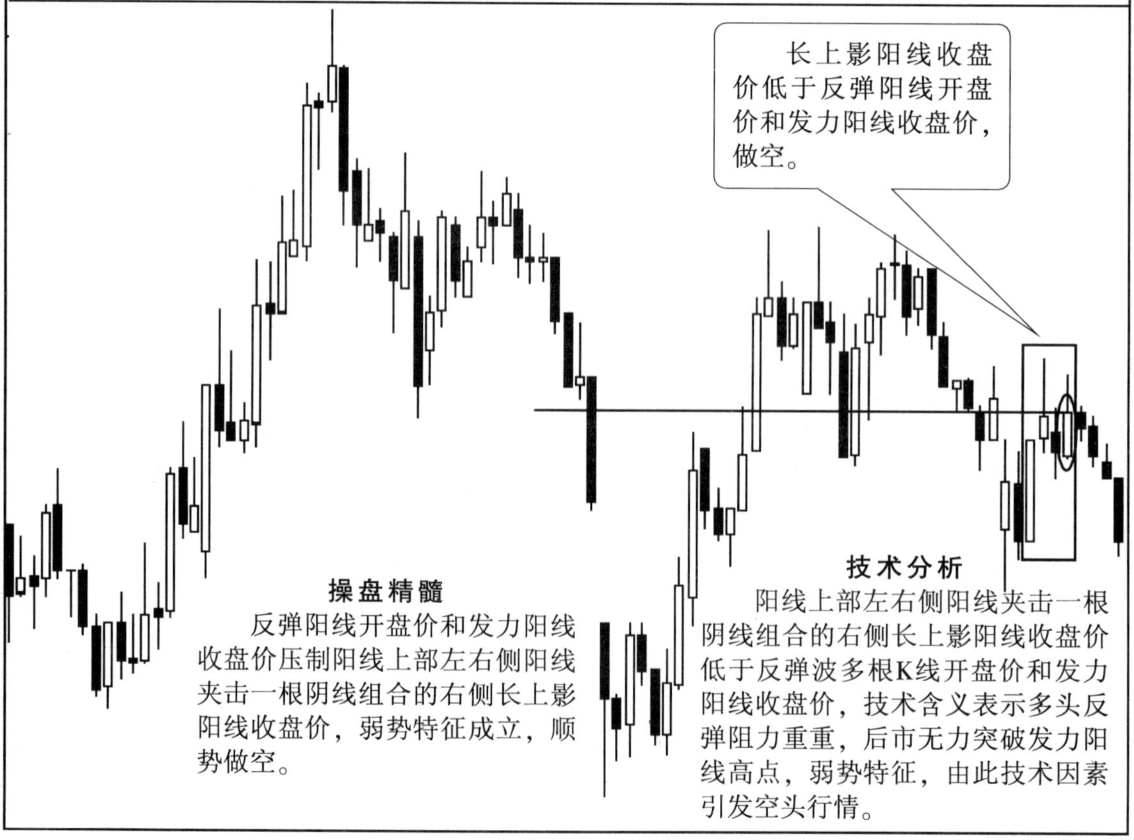
长上影阳线收盘价低于反弹阳线开盘价和发力阳线收盘价，做空。
操盘精髓
反弹阳线开盘价和发力阳线收盘价压制阳线上部左右侧阳线夹击一根阴线组合的右侧长上影阳线收盘价，弱势特征成立，顺势做空。
技术分析
阳线上部左右侧阳线夹击一根阴线组合的右侧长上影阳线收盘价低于反弹波多根K线开盘价和发力阳线收盘价，技术含义表示多头反弹阻力重重，后市无力突破发力阳线高点，弱势特征，由此技术因素引发空头行情。

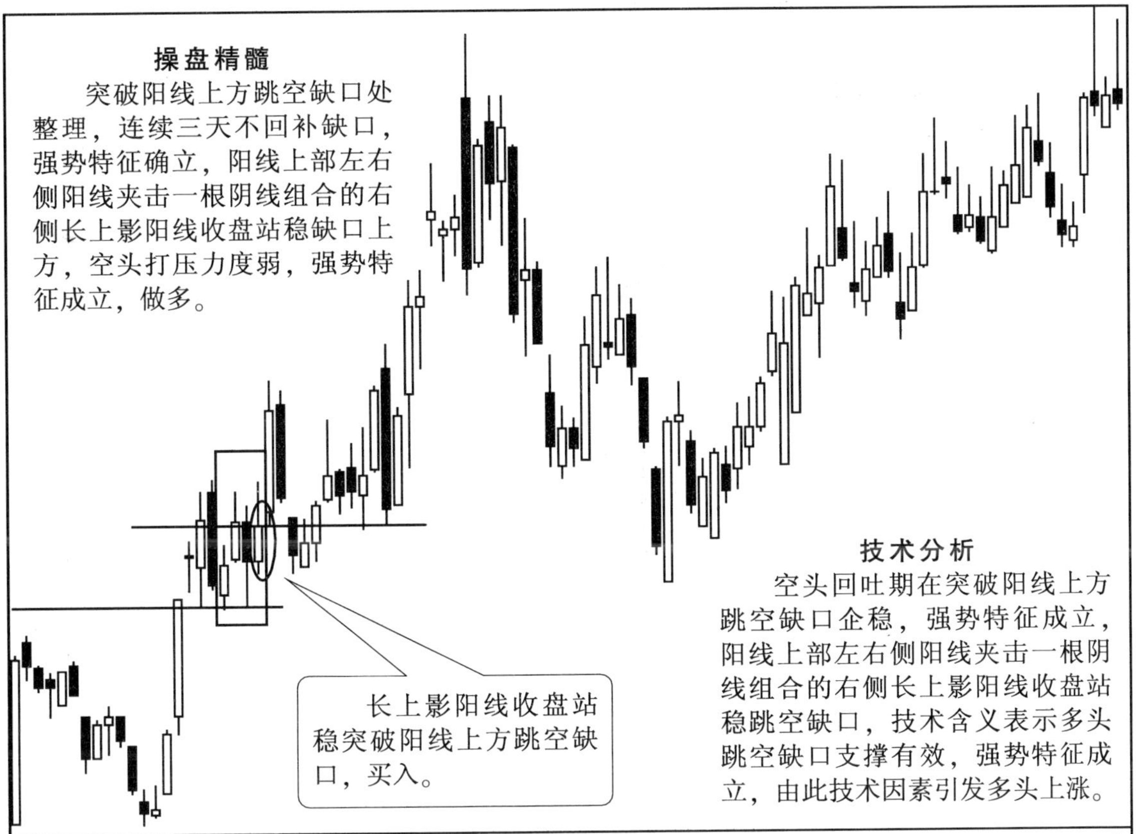

操盘精髓

突破阳线上方跳空缺口处整理，连续三天不回补缺口，强势特征确立，阳线上部左右侧阳线夹击一根阴线组合的右侧长上影阳线收盘站稳缺口上方，空头打压力度弱，强势特征成立，做多。

技术分析

空头回吐期在突破阳线上方跳空缺口企稳，强势特征成立，阳线上部左右侧阳线夹击一根阴线组合的右侧长上影阳线收盘站稳跳空缺口，技术含义表示多头跳空缺口支撑有效，强势特征成立，由此技术因素引发多头上涨。

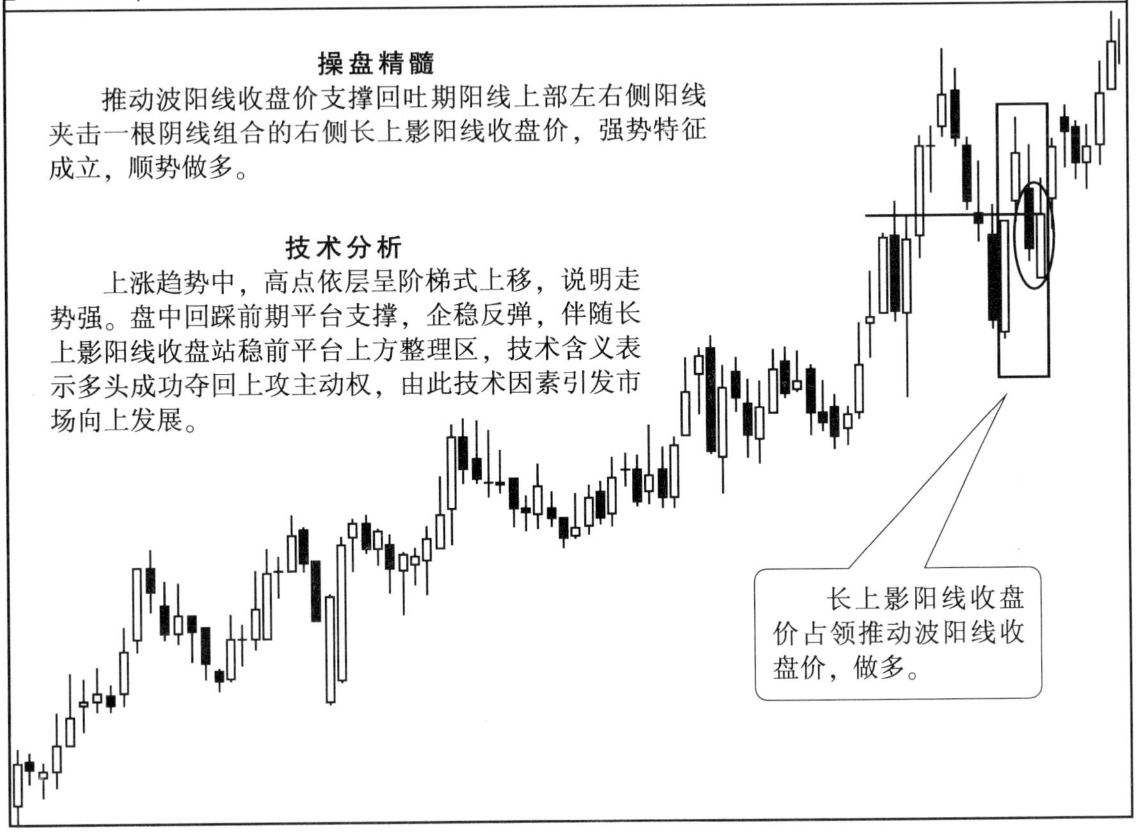

操盘精髓

推动波阳线收盘价支撑回吐期阳线上部左右侧阳线夹击一根阴线组合的右侧长上影阳线收盘价，强势特征成立，顺势做多。

技术分析

上涨趋势中，高点依层呈阶梯式上移，说明走势强。盘中回踩前期平台支撑，企稳反弹，伴随长上影阳线收盘站稳前平台上方整理区，技术含义表示多头成功夺回上攻主动权，由此技术因素引发市场向上发展。

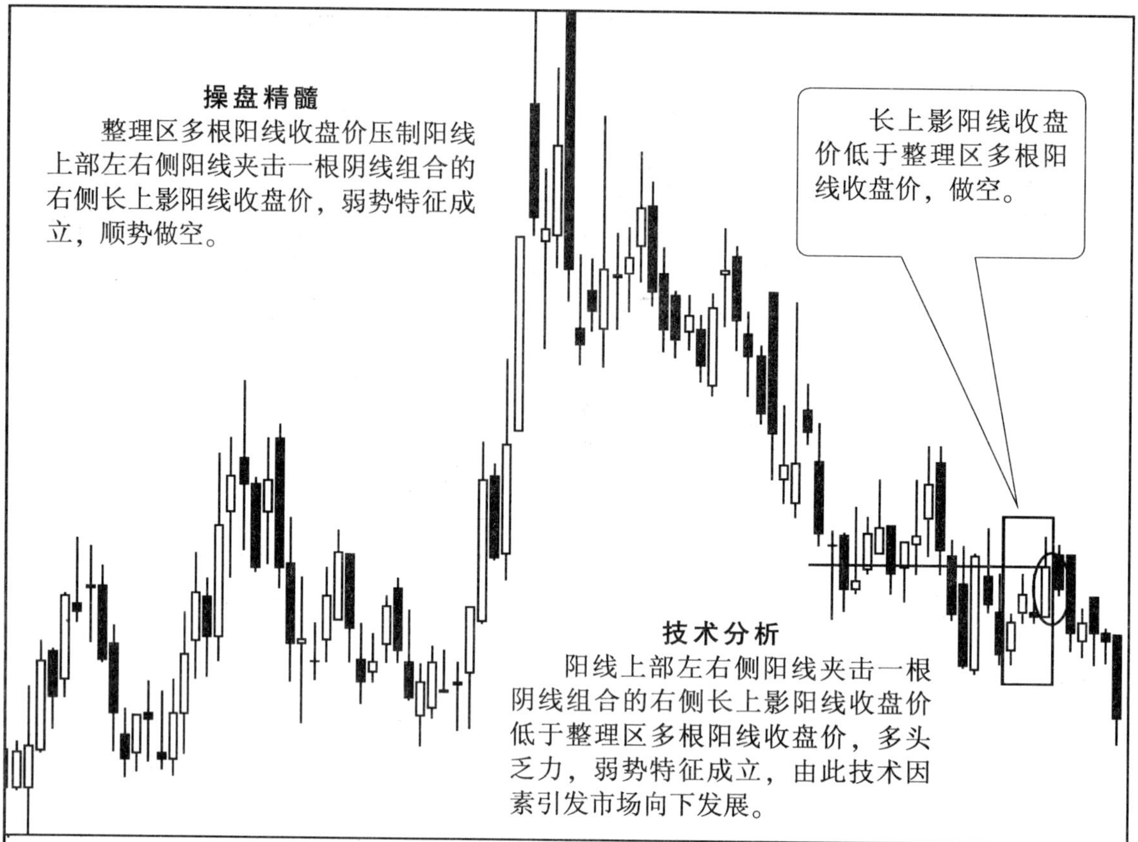
操盘精髓
整理区多根阳线收盘价压制阳线上部左右侧阳线夹击一根阴线组合的右侧长上影阳线收盘价，弱势特征成立，顺势做空。
长上影阳线收盘价低于整理区多根阳线收盘价，做空。
技术分析
阳线上部左右侧阳线夹击一根阴线组合的右侧长上影阳线收盘价低于整理区多根阳线收盘价，多头乏力，弱势特征成立，由此技术因素引发市场向下发展。

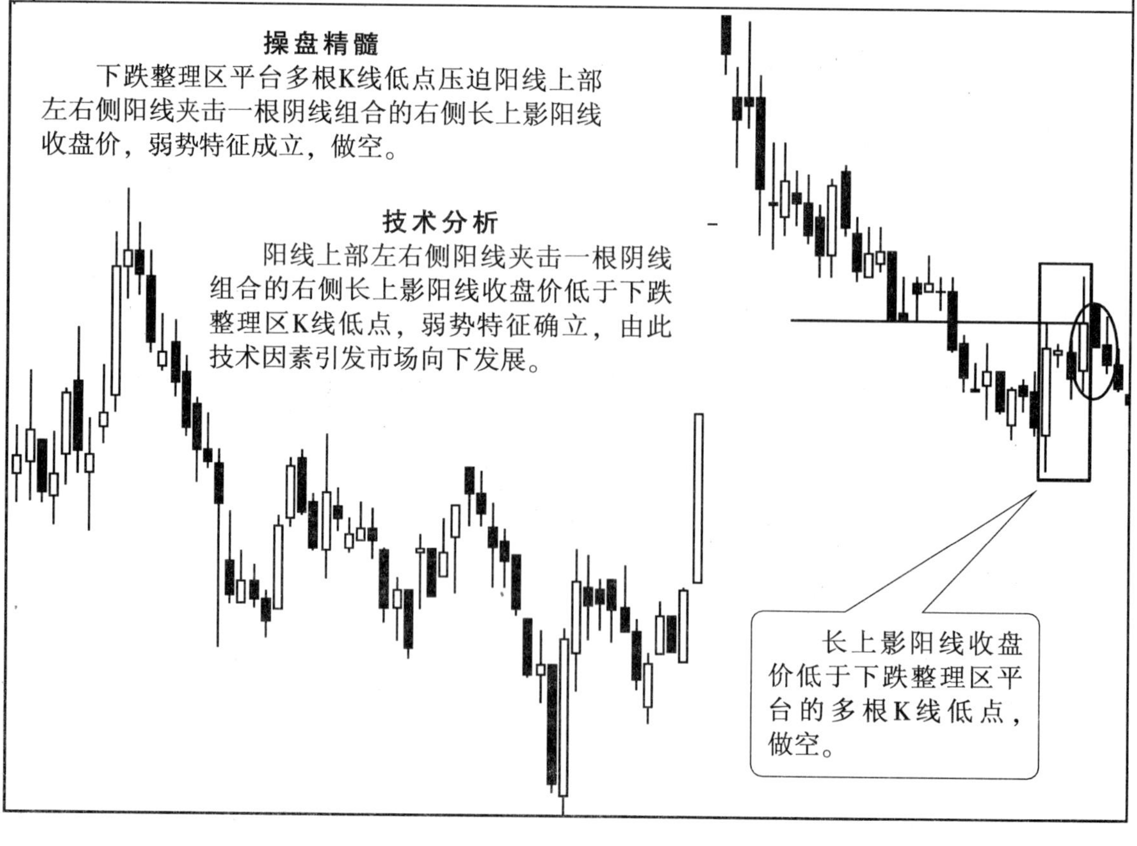
操盘精髓
下跌整理区平台多根K线低点压迫阳线上部左右侧阳线夹击一根阴线组合的右侧长上影阳线收盘价，弱势特征成立，做空。
技术分析
阳线上部左右侧阳线夹击一根阴线组合的右侧长上影阳线收盘价低于下跌整理区K线低点，弱势特征确立，由此技术因素引发市场向下发展。
长上影阳线收盘价低于下跌整理区平台的多根K线低点，做空。

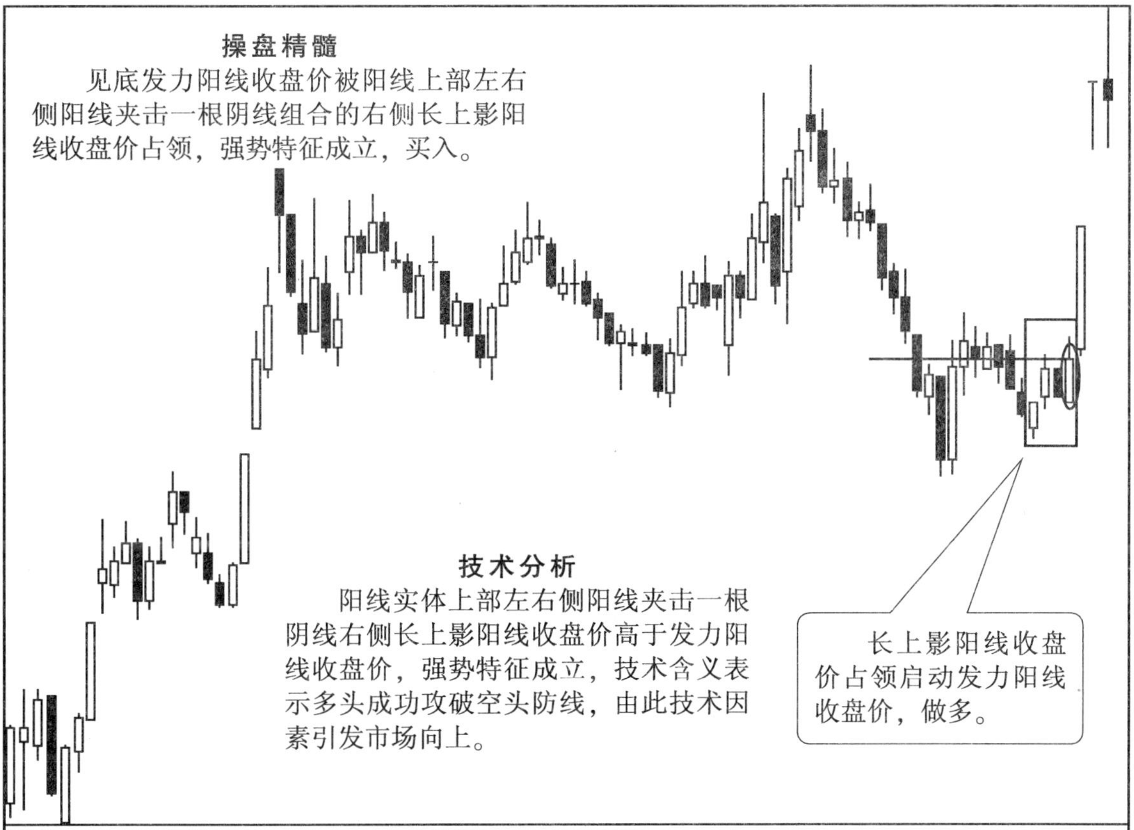
操盘精髓
见底发力阳线收盘价被阳线上部左右侧阳线夹击一根阴线组合的右侧长上影阳线收盘价占领，强势特征成立，买入。
技术分析
阳线实体上部左右侧阳线夹击一根阴线右侧长上影阳线收盘价高于发力阳线收盘价，强势特征成立，技术含义表示多头成功攻破空头防线，由此技术因素引发市场向上。
长上影阳线收盘价占领启动发力阳线收盘价，做多。

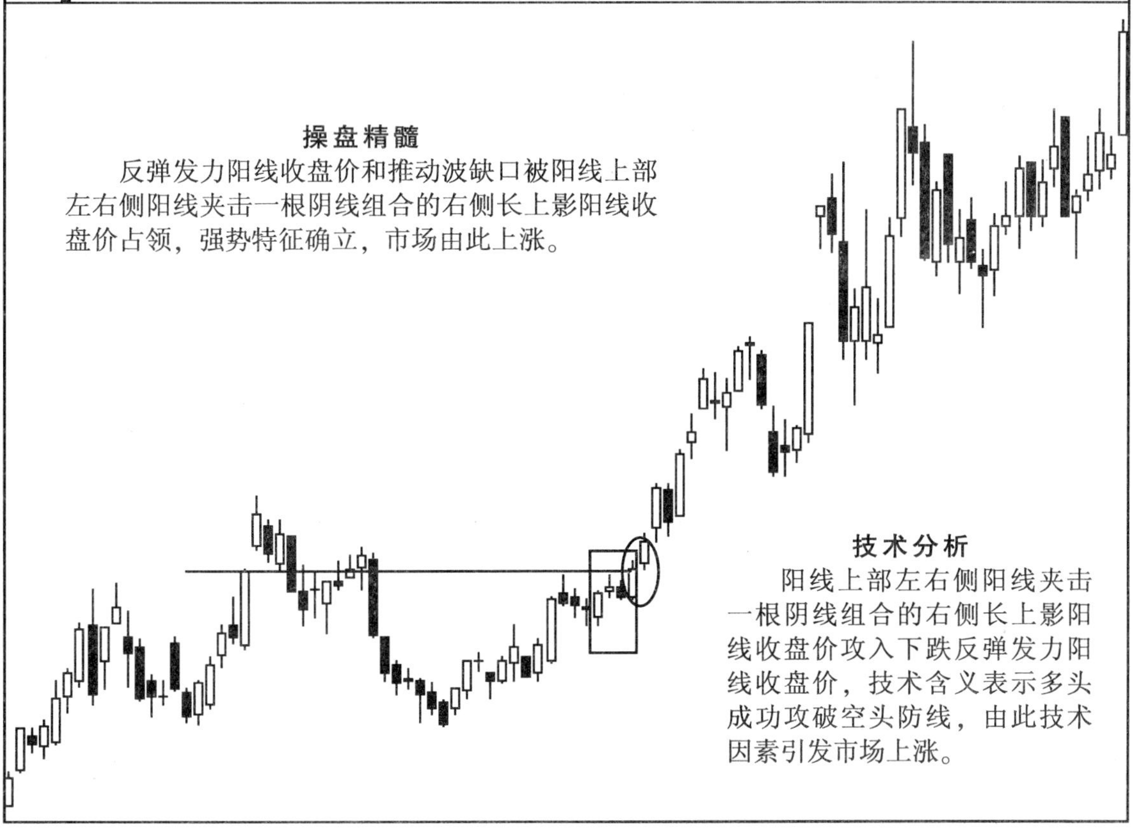
操盘精髓
反弹发力阳线收盘价和推动波缺口被阳线上部左右侧阳线夹击一根阴线组合的右侧长上影阳线收盘价占领，强势特征确立，市场由此上涨。
技术分析
阳线上部左右侧阳线夹击一根阴线组合的右侧长上影阳线收盘价攻入下跌反弹发力阳线收盘价，技术含义表示多头成功攻破空头防线，由此技术因素引发市场上涨。

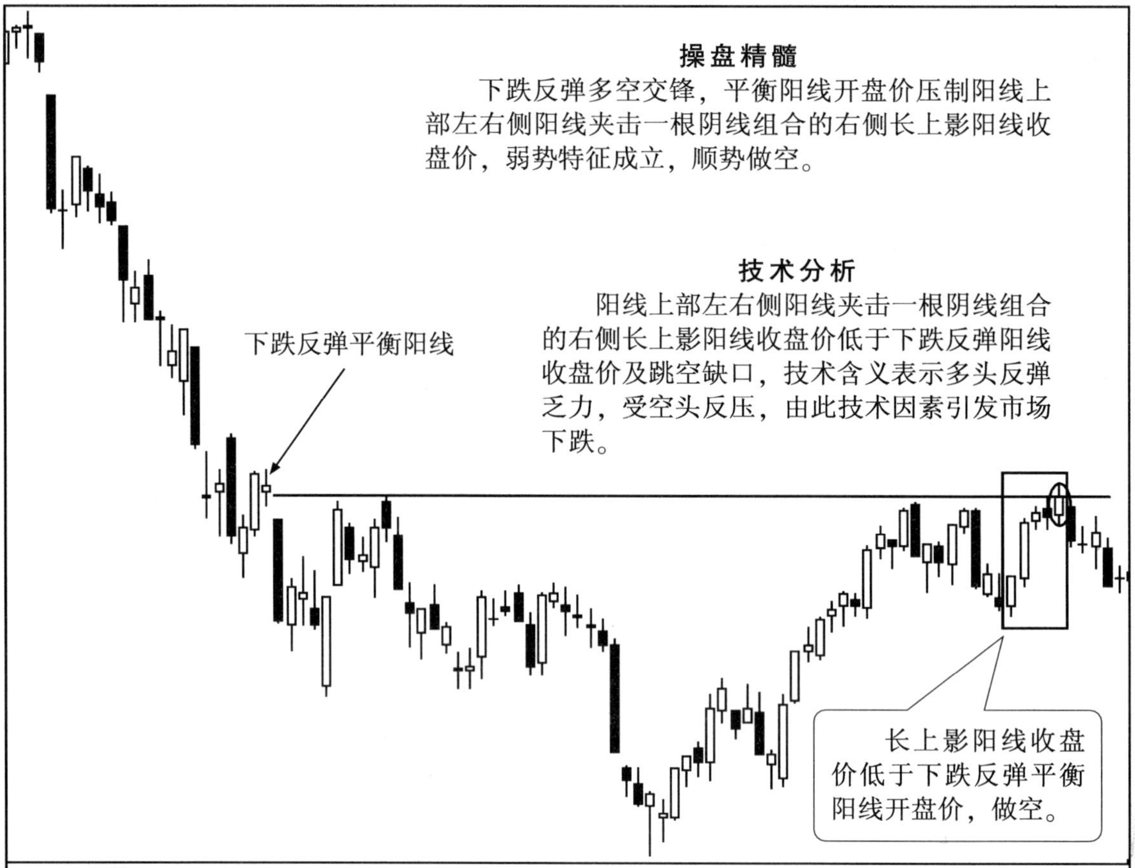

操盘精髓

下跌反弹多空交锋，平衡阳线开盘价压制阳线上部左右侧阳线夹击一根阴线组合的右侧长上影阳线收盘价，弱势特征成立，顺势做空。

技术分析

阳线上部左右侧阳线夹击一根阴线组合的右侧长上影阳线收盘价低于下跌反弹阳线收盘价及跳空缺口，技术含义表示多头反弹乏力，受空头反压，由此技术因素引发市场下跌。

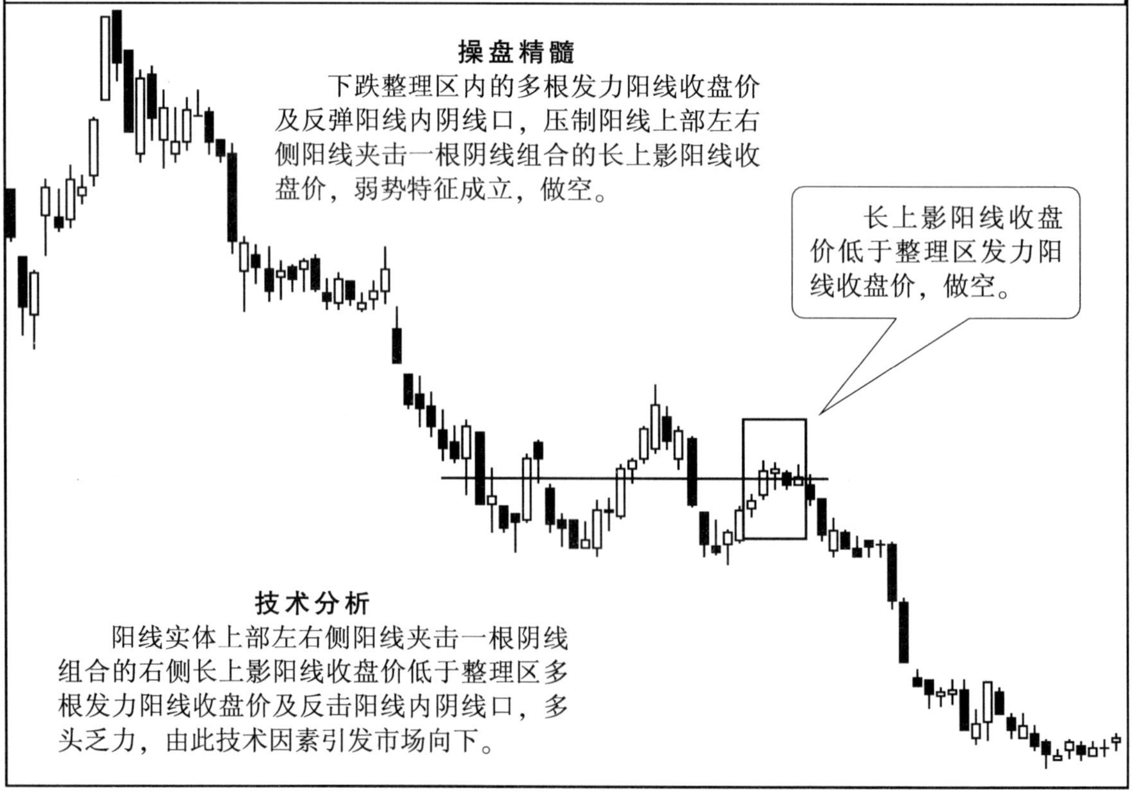

操盘精髓

下跌整理区内的多根发力阳线收盘价及反弹阳线内阴线口，压制阳线上部左右侧阳线夹击一根阴线组合的长上影阳线收盘价，弱势特征成立，做空。

技术分析

阳线实体上部左右侧阳线夹击一根阴线组合的右侧长上影阳线收盘价低于整理区多根发力阳线收盘价及反击阳线内阴线口，多头乏力，由此技术因素引发市场向下。

操盘精髓

下跌平衡阴线开盘价被阳线上部左右侧阳线夹击一根阴线组合的右侧长上影阳线收盘价占领，强势特征成立，顺势买入。

技术分析

反击阳线上部左右侧阳线夹击一根阴线组合的右侧长上影阳线收盘价高于多根K线高点和下跌平衡阴线开盘价，技术含义表示多头成功攻破空头防线，由此技术因素引发市场向上。

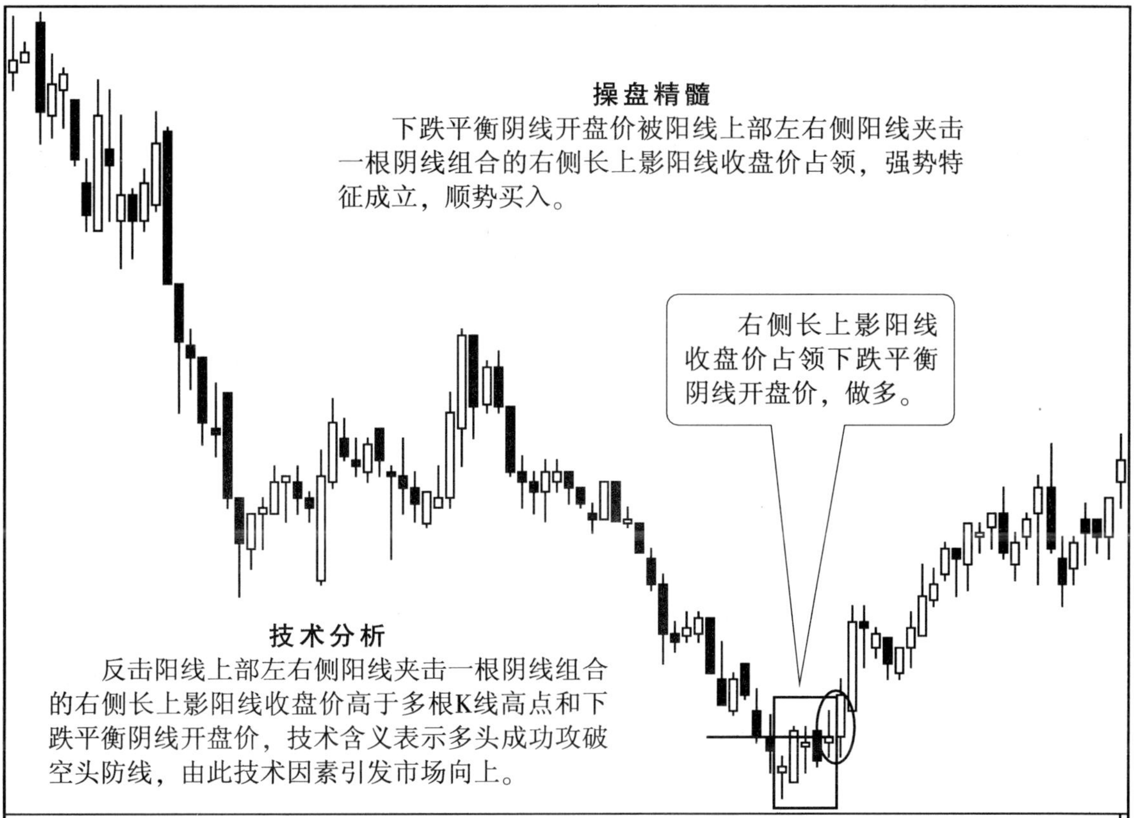

操盘精髓

上升攻击阳线收盘价和整理区阳线开盘价被阳线上部左右侧阳线夹击一根阴线组合的右侧长上影阳线收盘价占领，强势特征成立，顺势买入。

技术分析

反弹波阳线上部左右侧阳线夹击一根阴线组合的右侧长上影阳线收盘价占领前高点多根阳线收盘价和开盘价，技术含义表示多头上攻动力强，由此技术因素引发市场向上。

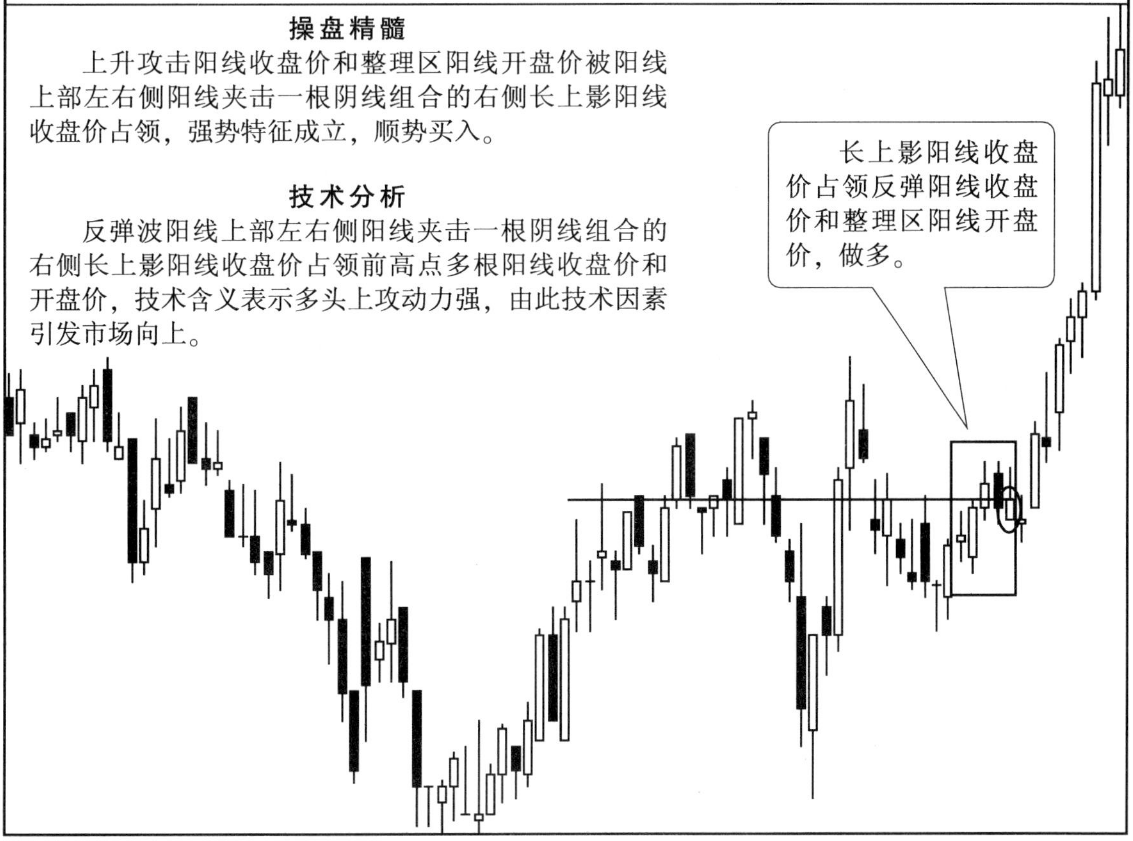

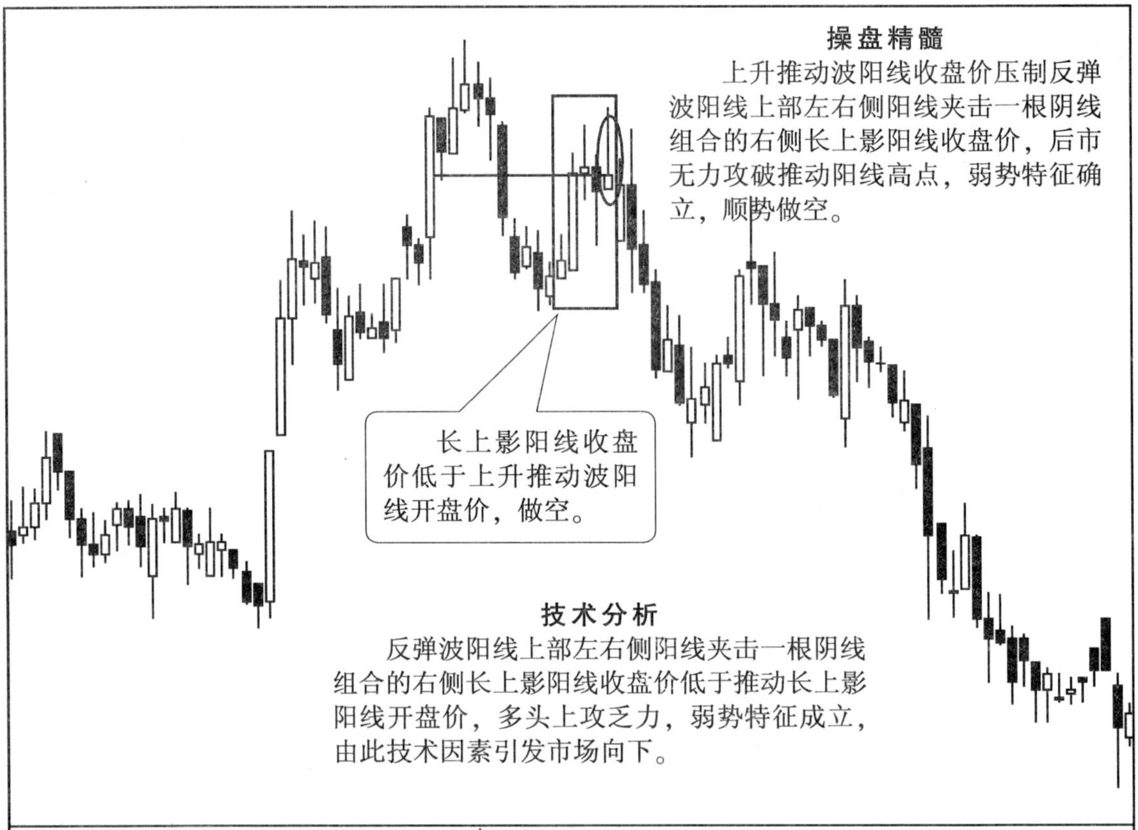

操盘精髓

上升推动波阳线收盘价压制反弹波阳线上部左右侧阳线夹击一根阴线组合的右侧长上影阳线收盘价，后市无力攻破推动阳线高点，弱势特征确立，顺势做空。

技术分析

反弹波阳线上部左右侧阳线夹击一根阴线组合的右侧长上影阳线收盘价低于推动长上影阳线开盘价，多头上攻乏力，弱势特征成立，由此技术因素引发市场向下。

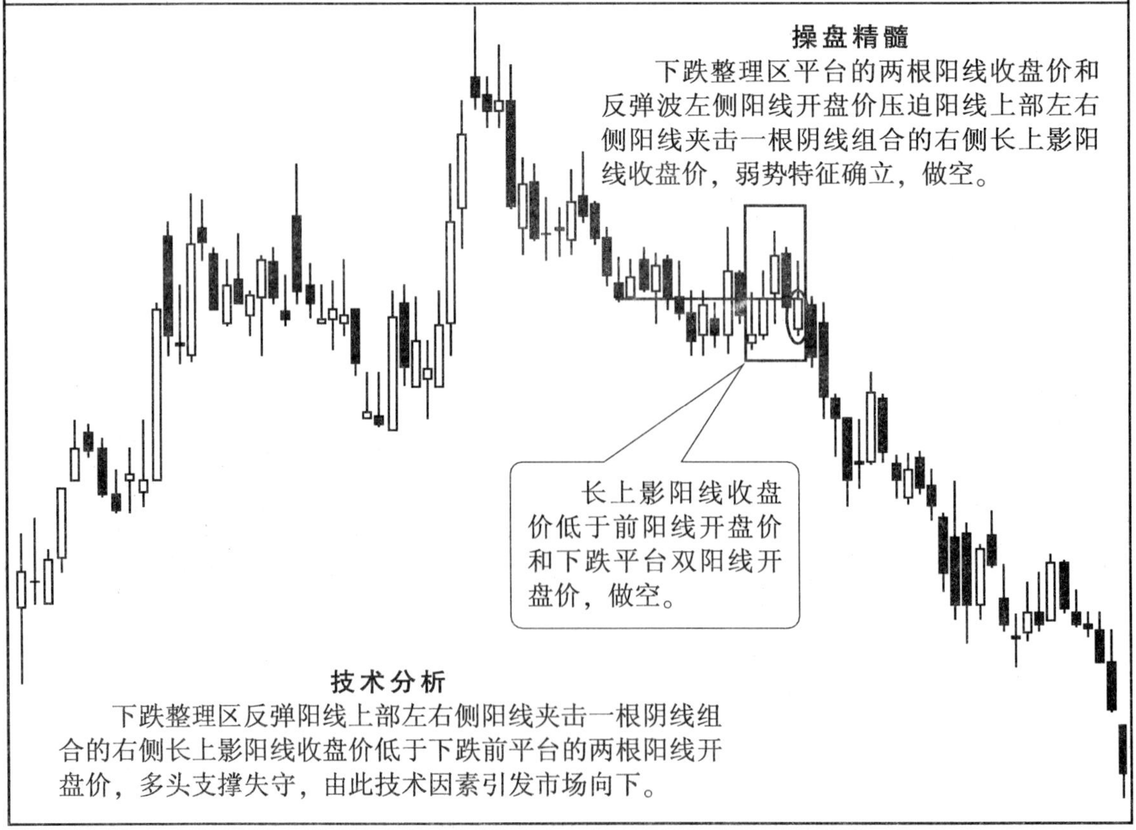

操盘精髓

下跌整理区平台的两根阳线收盘价和反弹波左侧阳线开盘价压迫阳线上部左右侧阳线夹击一根阴线组合的右侧长上影阳线收盘价，弱势特征确立，做空。

技术分析

下跌整理区反弹阳线上部左右侧阳线夹击一根阴线组合的右侧长上影阳线收盘价低于下跌前平台的两根阳线开盘价，多头支撑失守，由此技术因素引发市场向下。

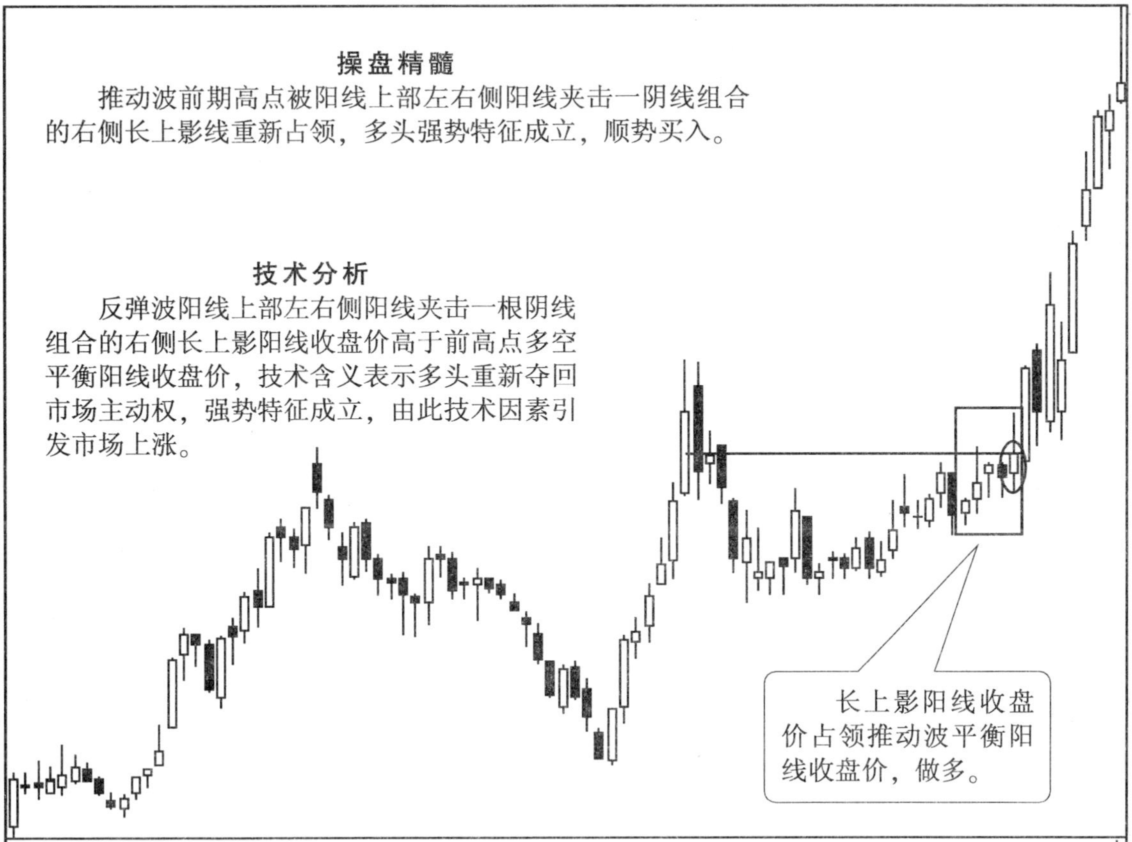

操盘精髓

推动波前期高点被阳线上部左右侧阳线夹击一阴线组合的右侧长上影线重新占领，多头强势特征成立，顺势买入。

技术分析

反弹波阳线上部左右侧阳线夹击一根阴线组合的右侧长上影阳线收盘价高于前高点多空平衡阳线收盘价，技术含义表示多头重新夺回市场主动权，强势特征成立，由此技术因素引发市场上涨。

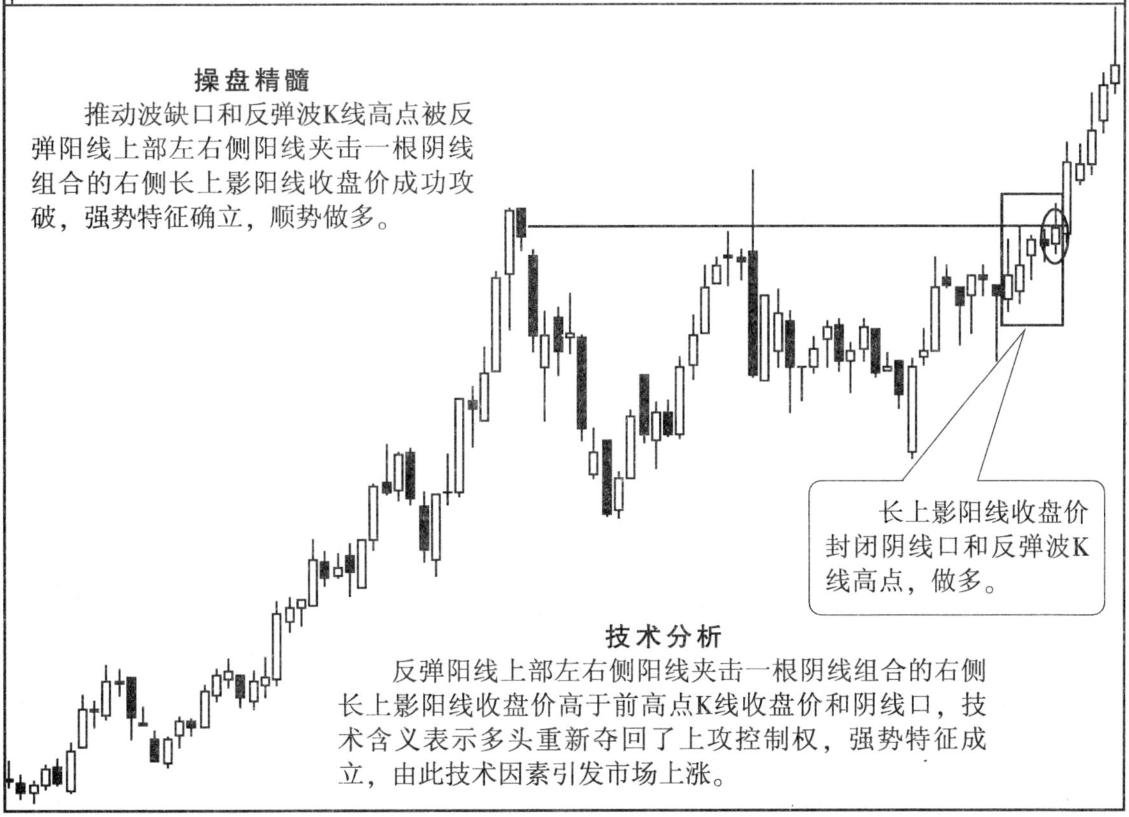

操盘精髓

推动波缺口和反弹波K线高点被反弹阳线上部左右侧阳线夹击一根阴线组合的右侧长上影阳线收盘价成功攻破，强势特征确立，顺势做多。

技术分析

反弹阳线上部左右侧阳线夹击一根阴线组合的右侧长上影阳线收盘价高于前高点K线收盘价和阴线口，技术含义表示多头重新夺回了上攻控制权，强势特征成立，由此技术因素引发市场上涨。

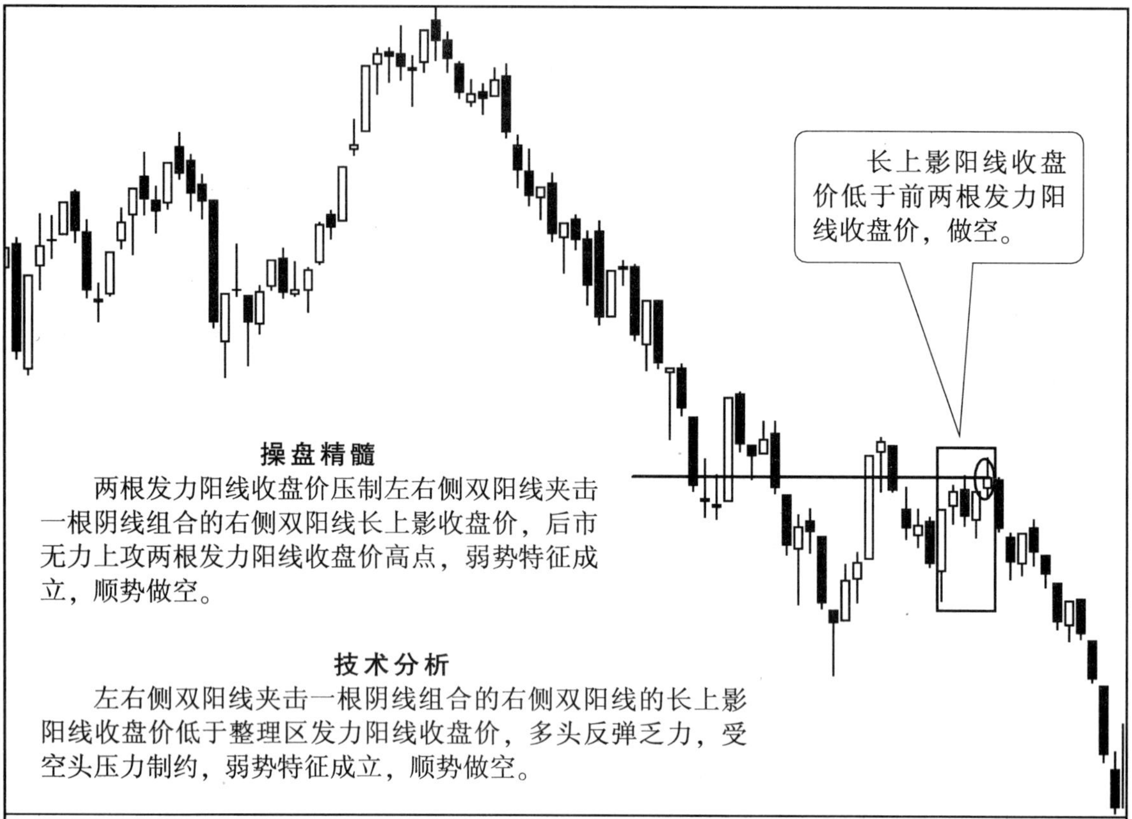

操盘精髓

两根发力阳线收盘价压制左右侧双阳线夹击一根阴线组合的右侧双阳线长上影收盘价，后市无力上攻两根发力阳线收盘价高点，弱势特征成立，顺势做空。

技术分析

左右侧双阳线夹击一根阴线组合的右侧双阳线的长上影阳线收盘价低于整理区发力阳线收盘价，多头反弹乏力，受空头压力制约，弱势特征成立，顺势做空。

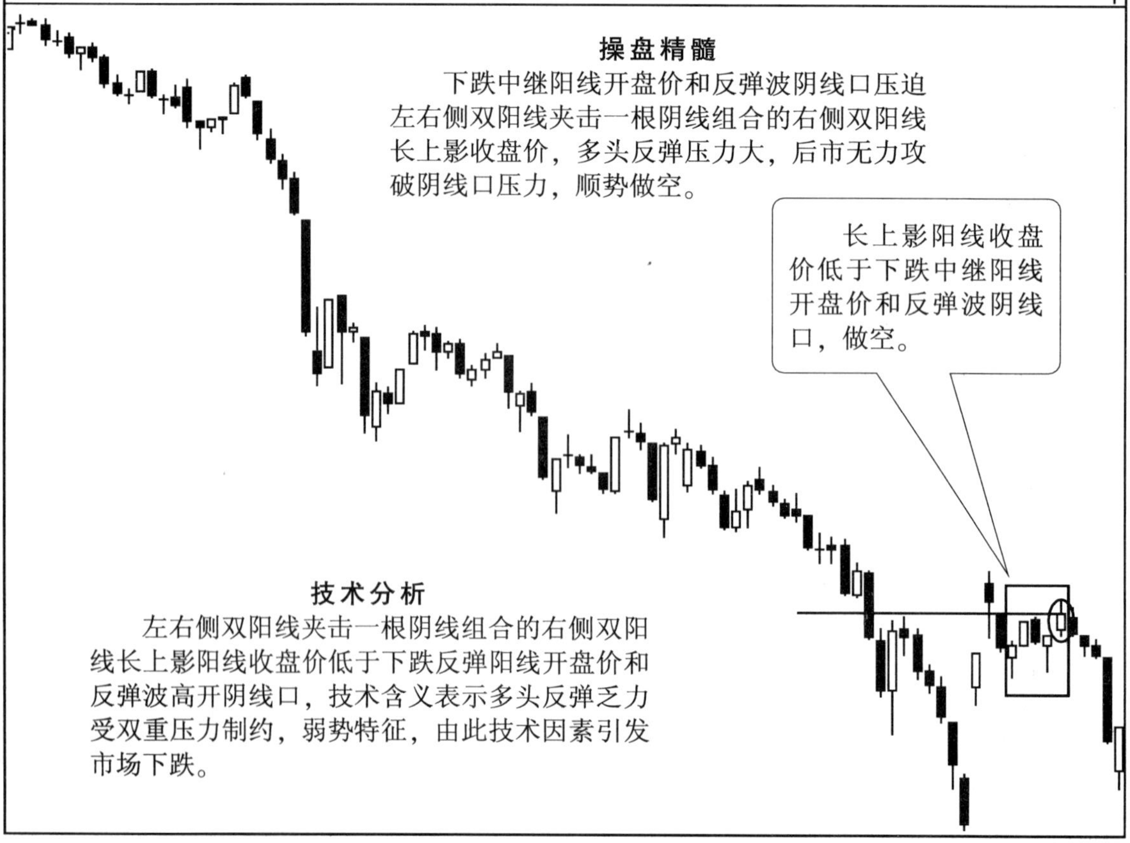

操盘精髓

下跌中继阳线开盘价和反弹波阴线口压迫左右侧双阳线夹击一根阴线组合的右侧双阳线长上影收盘价，多头反弹压力大，后市无力攻破阴线口压力，顺势做空。

技术分析

左右侧双阳线夹击一根阴线组合的右侧双阳线长上影阳线收盘价低于下跌反弹阳线开盘价和反弹波高开阴线口，技术含义表示多头反弹乏力受双重压力制约，弱势特征，由此技术因素引发市场下跌。

操盘精髓

下跌阴线口和不创新低的多根K线高点被左右侧双阳线夹击一根阴线组合的右侧双阳线长上影阳线收盘价占领，强势特征确立，顺势做多。

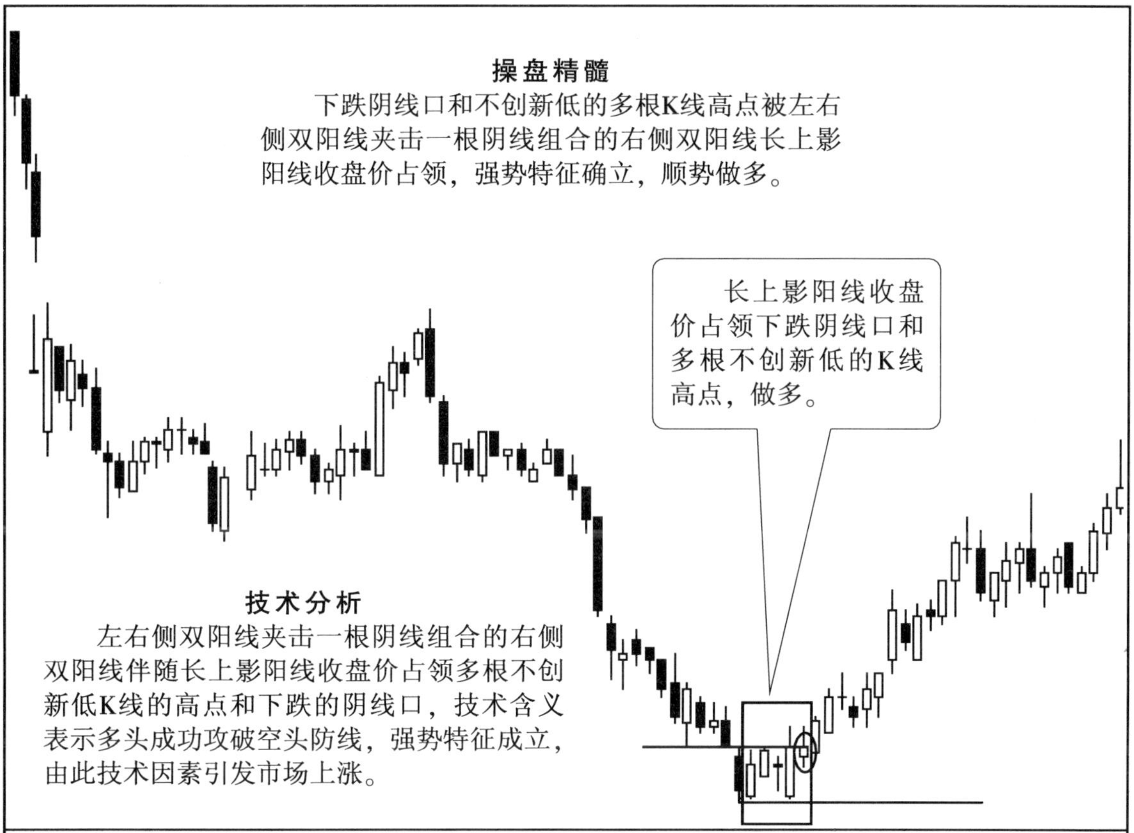

技术分析

左右侧双阳线夹击一根阴线组合的右侧双阳线伴随长上影阳线收盘价占领多根不创新低K线的高点和下跌的阴线口，技术含义表示多头成功攻破空头防线，强势特征成立，由此技术因素引发市场上涨。

操盘精髓

下跌整理区发力阳线开盘价被左右侧双阳线夹击一根阴线组合的右侧长上影阳线收盘价占领，后市攻破发力阳线收盘价，强势特征成立，顺势做多。

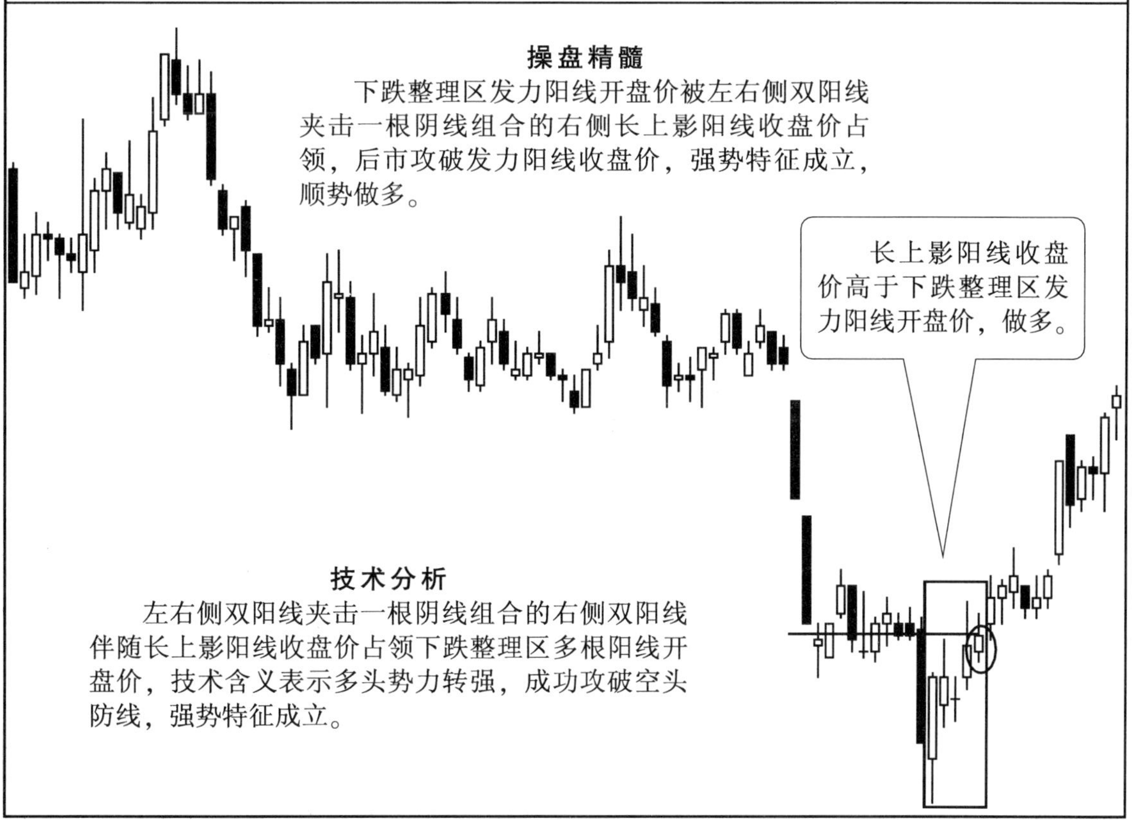

技术分析

左右侧双阳线夹击一根阴线组合的右侧双阳线伴随长上影阳线收盘价占领下跌整理区多根阳线开盘价，技术含义表示多头势力转强，成功攻破空头防线，强势特征成立。

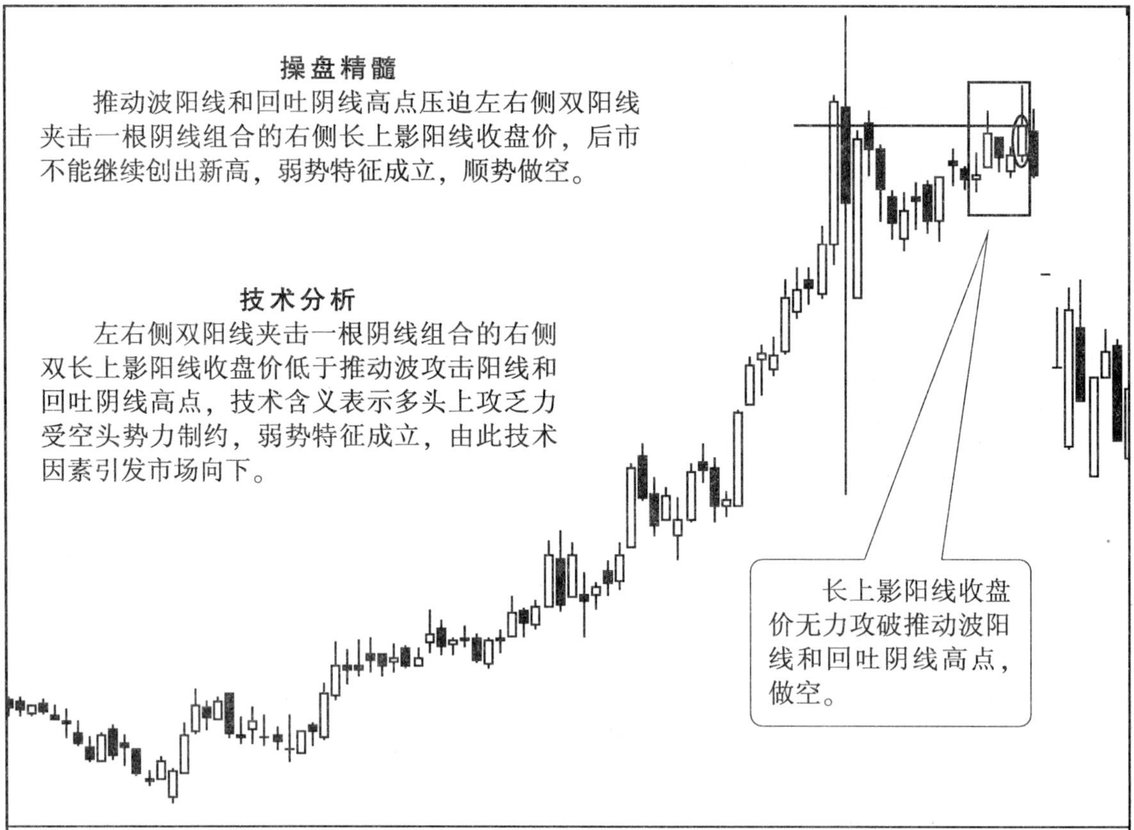

操盘精髓

推动波阳线和回吐阴线高点压迫左右侧双阳线夹击一根阴线组合的右侧长上影阳线收盘价，后市不能继续创出新高，弱势特征成立，顺势做空。

技术分析

左右侧双阳线夹击一根阴线组合的右侧双长上影阳线收盘价低于推动波攻击阳线和回吐阴线高点，技术含义表示多头上攻乏力受空头势力制约，弱势特征成立，由此技术因素引发市场向下。

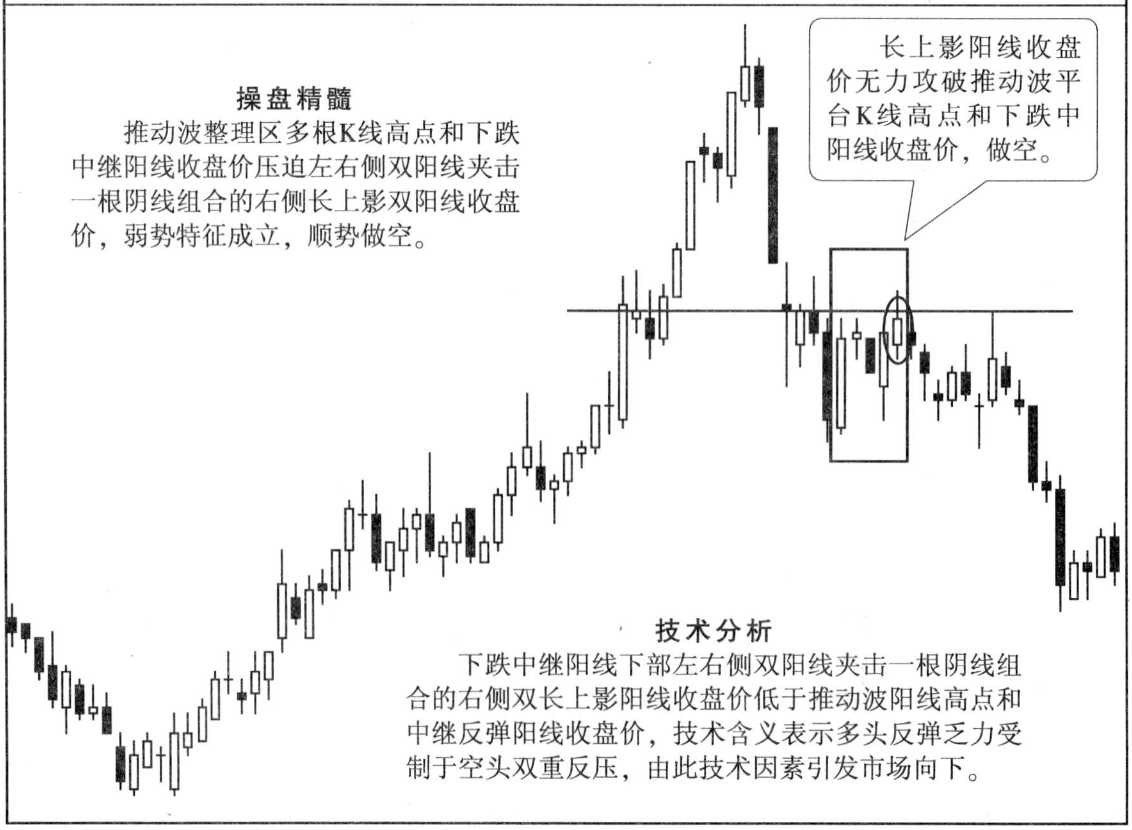

操盘精髓

推动波整理区多根K线高点和下跌中继阳线收盘价压迫左右侧双阳线夹击一根阴线组合的右侧长上影双阳线收盘价，弱势特征成立，顺势做空。

技术分析

下跌中继阳线下部左右侧双阳线夹击一根阴线组合的右侧双长上影阳线收盘价低于推动波阳线高点和中继反弹阳线收盘价，技术含义表示多头反弹乏力受制于空头双重反压，由此技术因素引发市场向下。

操盘精髓

推动波阳线和启动波高点阳线收盘价被左右侧双阳线夹击一根阴线组合的右侧双长上影阳线收盘价占领，强势特征成立，做多。

技术分析

左右侧双阳线夹击一根阴线组合的右侧双长上影阳线收盘价高于推动波发力阳线和启动高点收盘价上方，技术含义表示多头重新夺回上攻主动权，强势特征成立，由此技术因素引发市场向上。

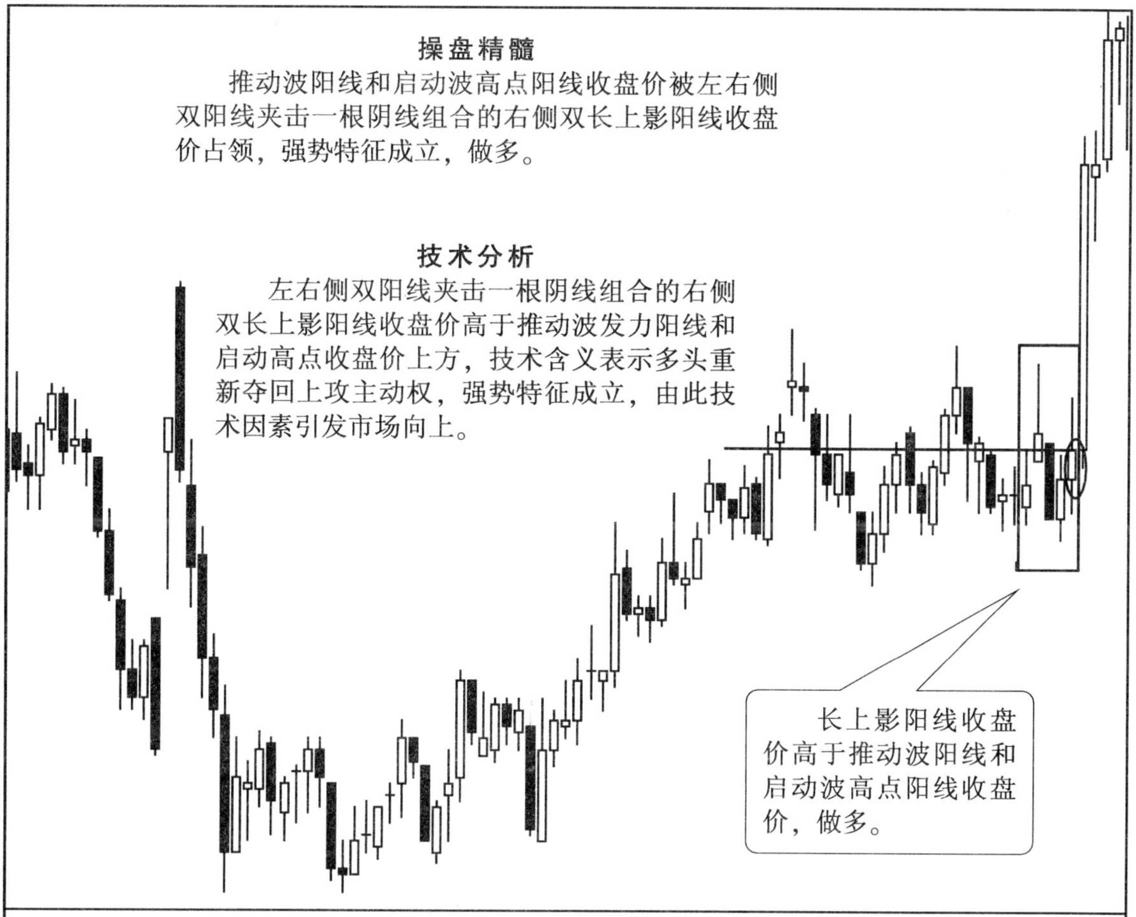

操盘精髓

整理区的多根启动阳线收盘价被左右侧双阳线夹击一根阴线组合的右侧长上影双阳线收盘价成功攻破，强势特征成立，做多。

技术分析

左右侧双阳线夹击一根阴线组合的右侧长上影阳线收盘价高于整理区多根启动阳线收盘价，技术含义表示多头成功攻破整理区空头防线，强势特征成立，顺势做多。

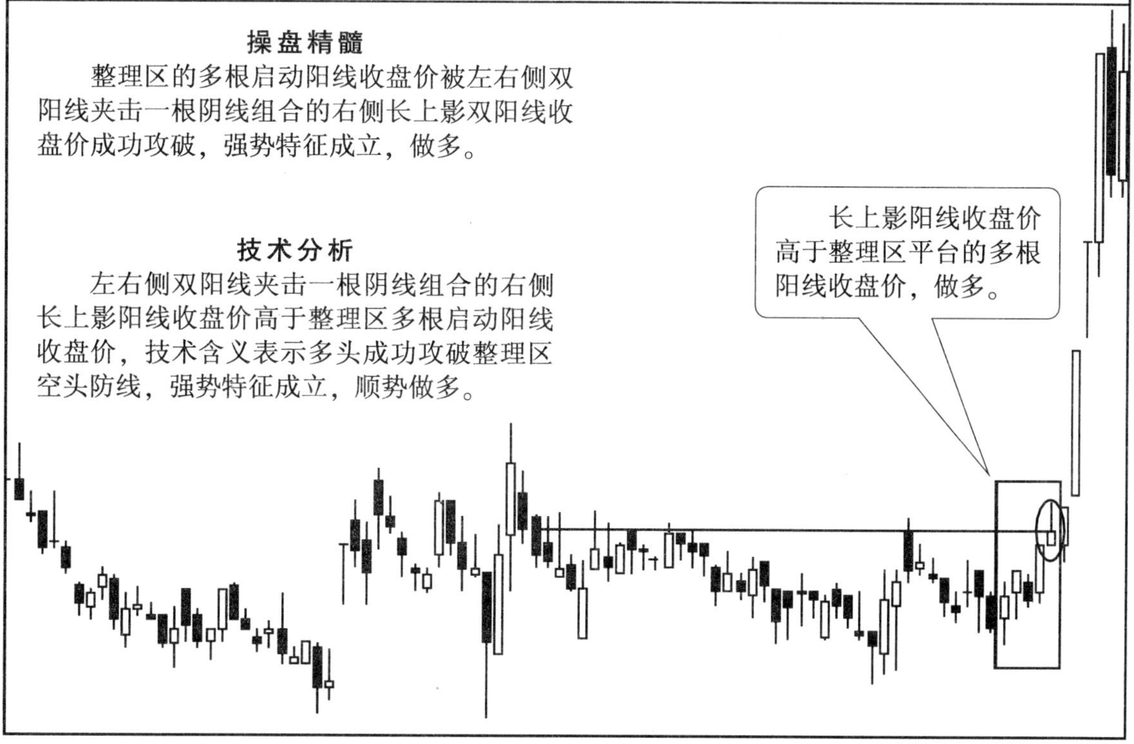

第六章
长上影阴线

长上影阴线含义：上影明显长于下影和实体的阴线，冲高回落显示高档卖盘沉重，它的出现有两层含义，主力出货所为和场内浮筹出逃所致，前者引发市场下跌，后者市场继续上涨。单凭长上影阴线并不能决定市场的涨跌方向，而导致涨跌方向的依旧是长上影阴线所处位置。

本章围绕长上影阴线所处不同位置详谈引发市场涨跌方向的决定因素，读者重点关注书中同形趋势中双页对比写作的同形长上影阴线向两个方向发展的不同之处，从中认识强势特征和弱势特征的区别。理解了是什么因素导致市场螺旋涨跌的内在规律，也就体会到了本书的真实价值。

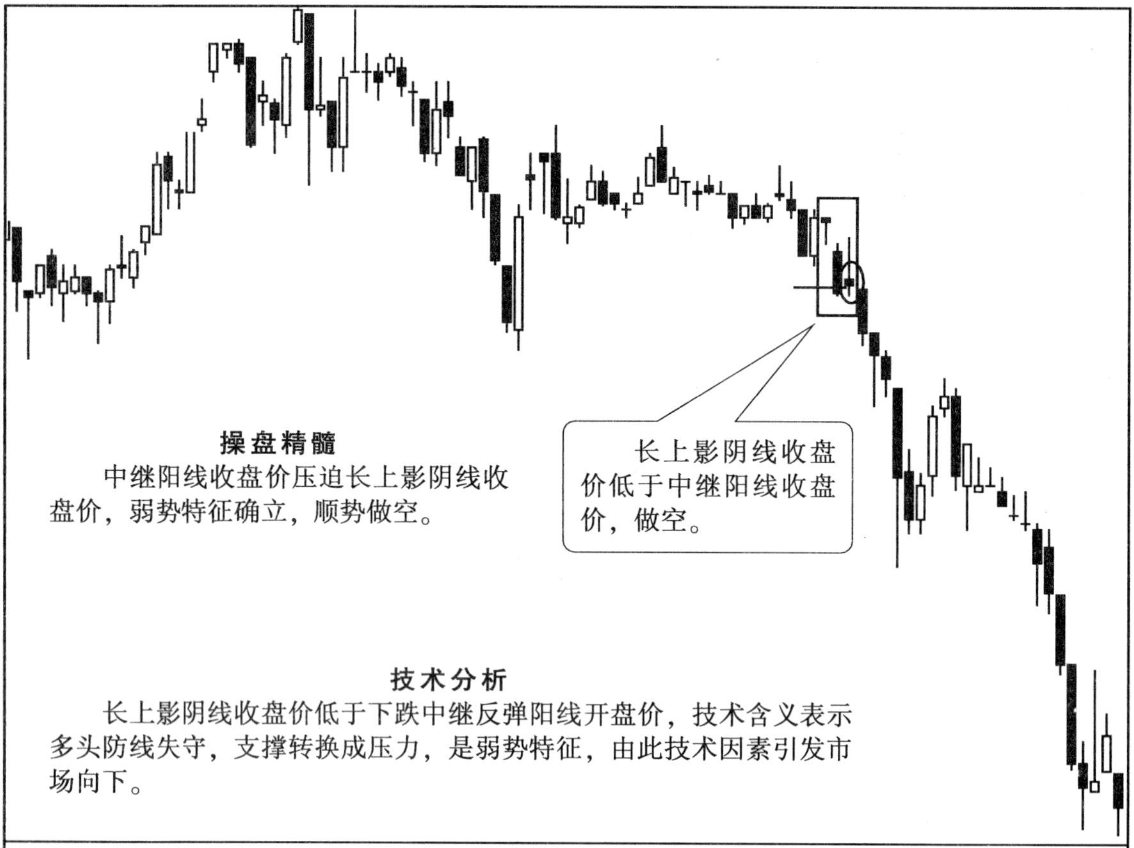

操盘精髓

中继阳线收盘价压迫长上影阴线收盘价，弱势特征确立，顺势做空。

技术分析

长上影阴线收盘价低于下跌中继反弹阳线开盘价，技术含义表示多头防线失守，支撑转换成压力，是弱势特征，由此技术因素引发市场向下。

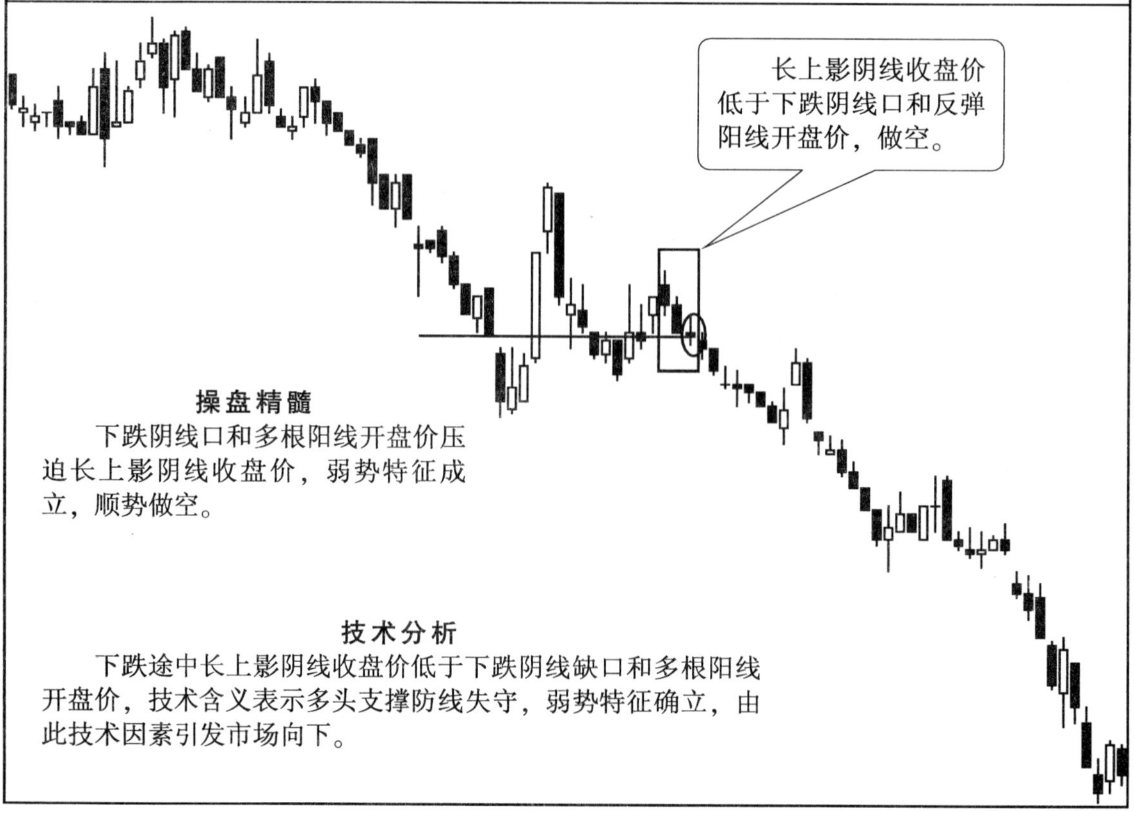

操盘精髓

下跌阴线口和多根阳线开盘价压迫长上影阴线收盘价，弱势特征成立，顺势做空。

技术分析

下跌途中长上影阴线收盘价低于下跌阴线缺口和多根阳线开盘价，技术含义表示多头支撑防线失守，弱势特征确立，由此技术因素引发市场向下。

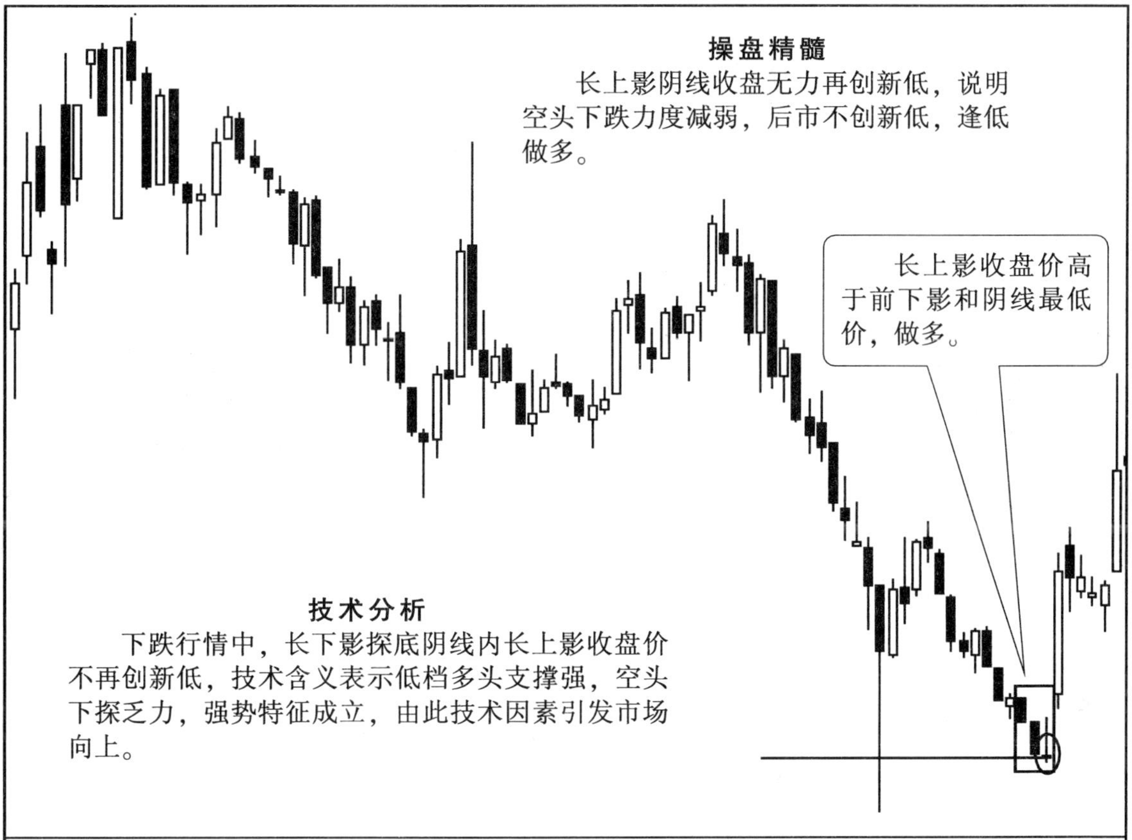

操盘精髓

长上影阴线收盘无力再创新低，说明空头下跌力度减弱，后市不创新低，逢低做多。

技术分析

下跌行情中，长下影探底阴线内长上影收盘价不再创新低，技术含义表示低档多头支撑强，空头下探乏力，强势特征成立，由此技术因素引发市场向上。

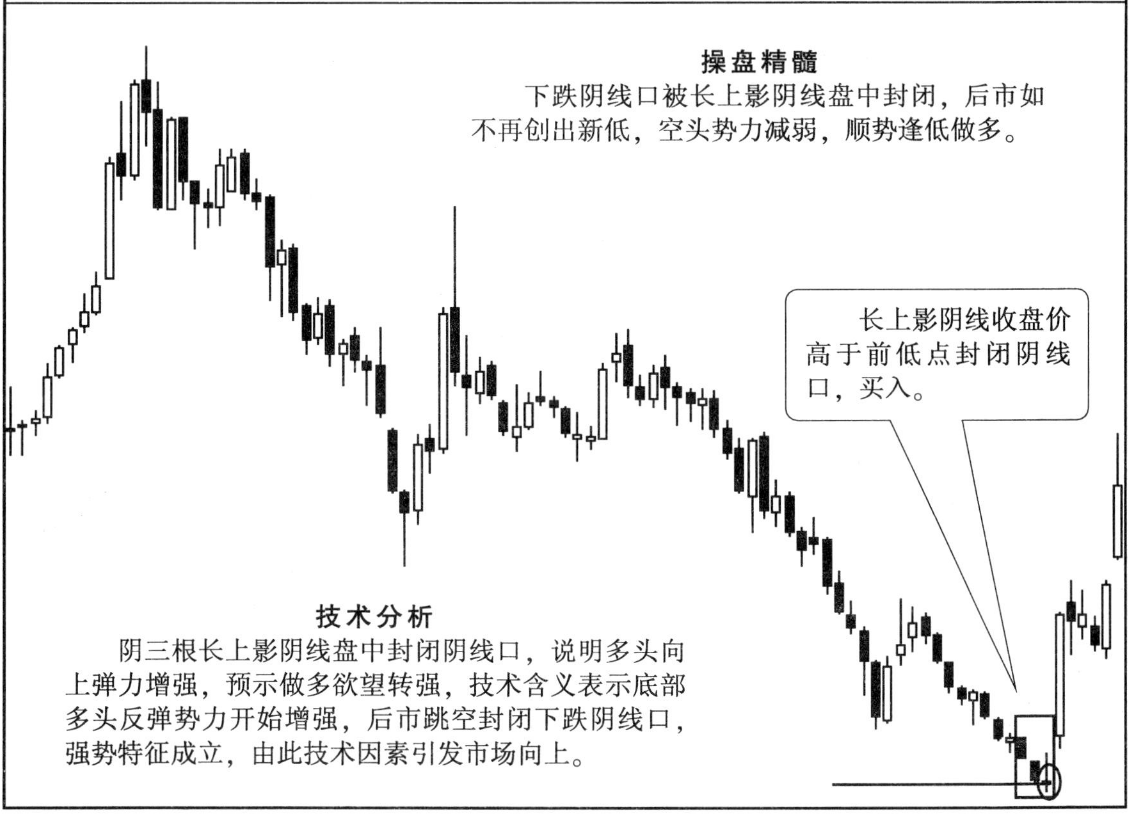

操盘精髓

下跌阴线口被长上影阴线盘中封闭，后市如不再创出新低，空头势力减弱，顺势逢低做多。

技术分析

阴三根长上影阴线盘中封闭阴线口，说明多头向上弹力增强，预示做多欲望转强，技术含义表示底部多头反弹势力开始增强，后市跳空封闭下跌阴线口，强势特征成立，由此技术因素引发市场向上。

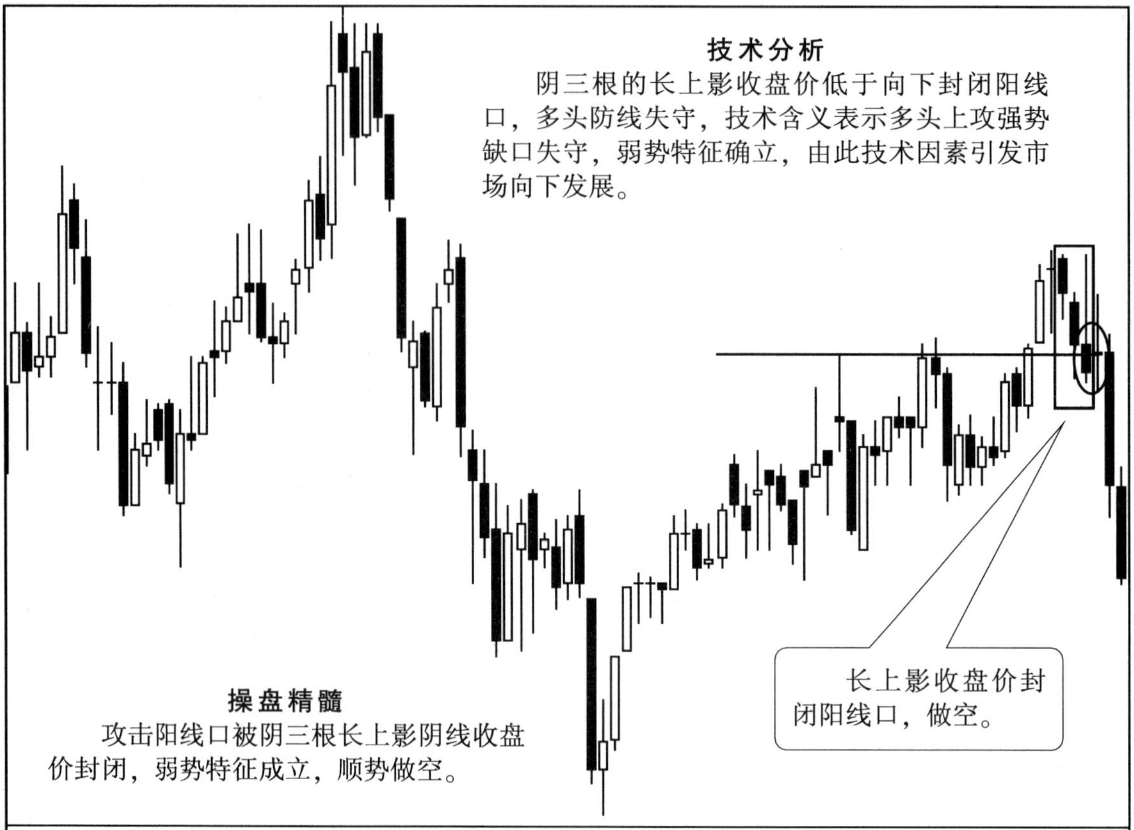
技术分析
阴三根的长上影收盘价低于向下封闭阳线口，多头防线失守，技术含义表示多头上攻强势缺口失守，弱势特征确立，由此技术因素引发市场向下发展。
长上影收盘价封闭阳线口，做空。
操盘精髓
攻击阳线口被阴三根长上影阴线收盘价封闭，弱势特征成立，顺势做空。

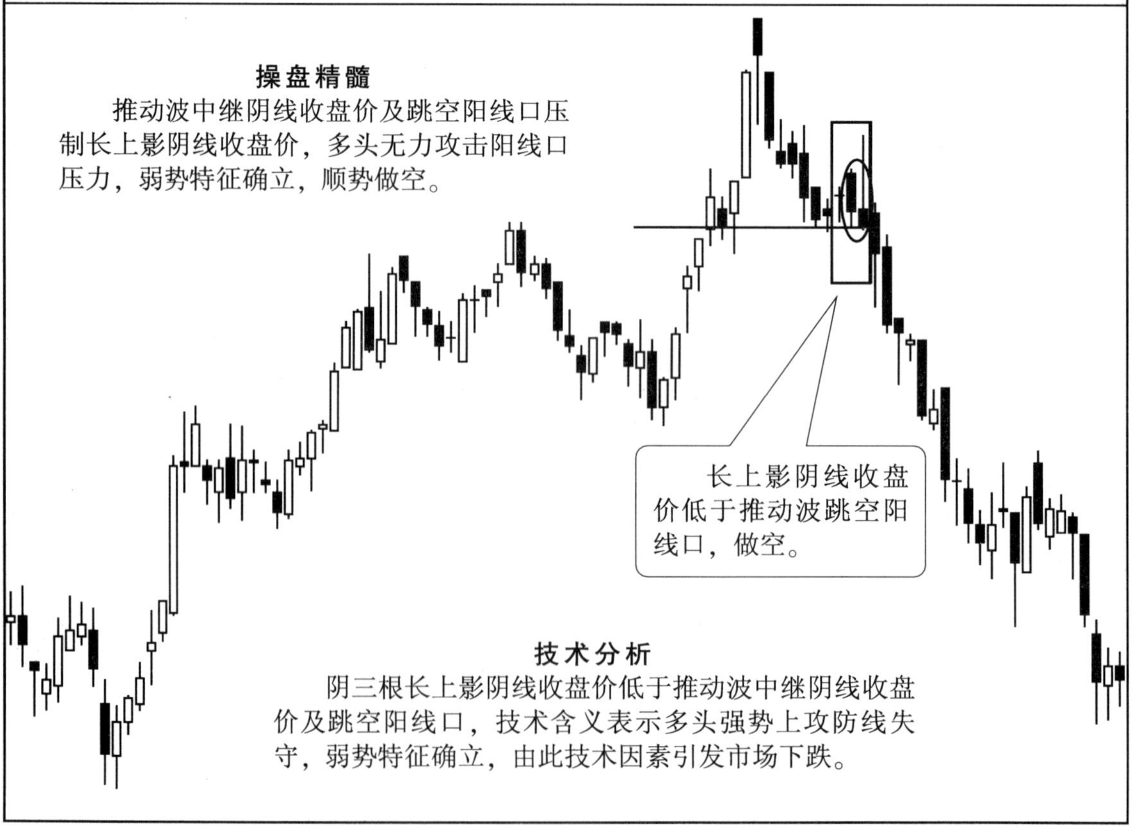
操盘精髓
推动波中继阴线收盘价及跳空阳线口压制长上影阴线收盘价，多头无力攻击阳线口压力，弱势特征确立，顺势做空。
长上影阴线收盘价低于推动波跳空阳线口，做空。
技术分析
阴三根长上影阴线收盘价低于推动波中继阴线收盘价及跳空阳线口，技术含义表示多头强势上攻防线失守，弱势特征确立，由此技术因素引发市场下跌。

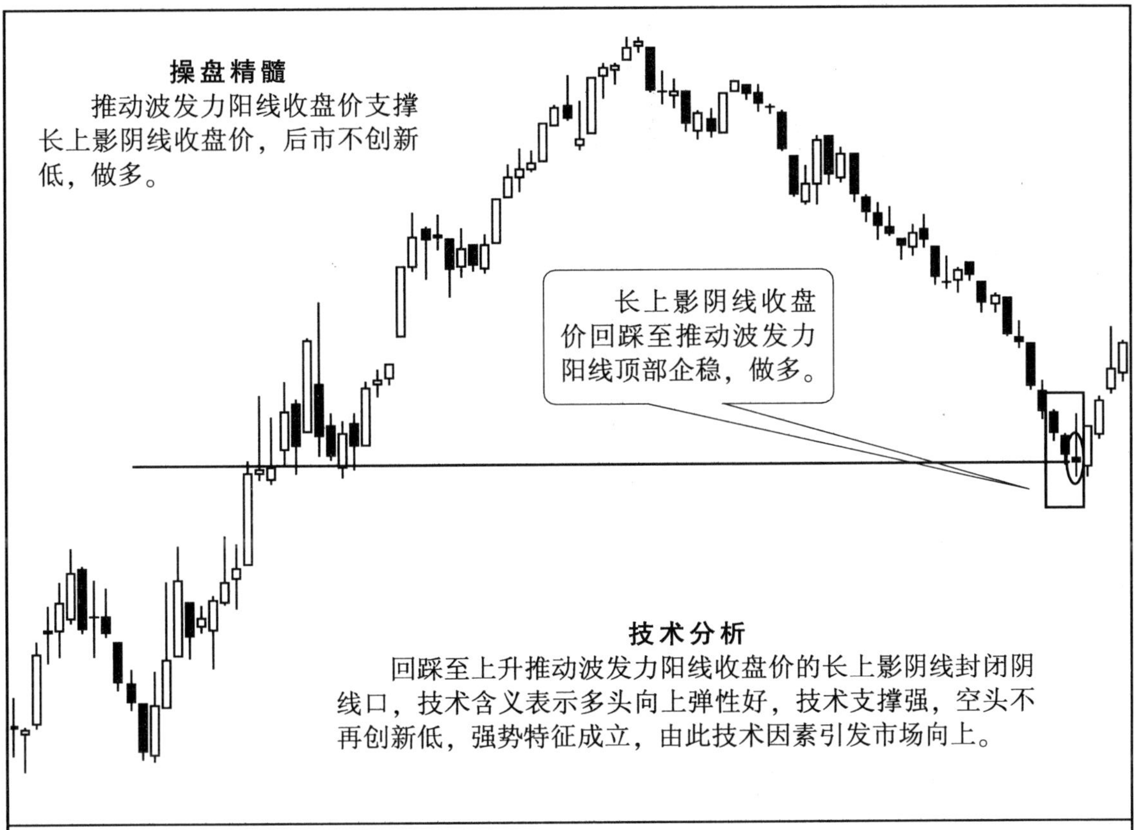

操盘精髓

推动波发力阳线收盘价支撑长上影阴线收盘价，后市不创新低，做多。

技术分析

回踩至上升推动波发力阳线收盘价的长上影阴线封闭阴线口，技术含义表示多头向上弹性好，技术支撑强，空头不再创新低，强势特征成立，由此技术因素引发市场向上。

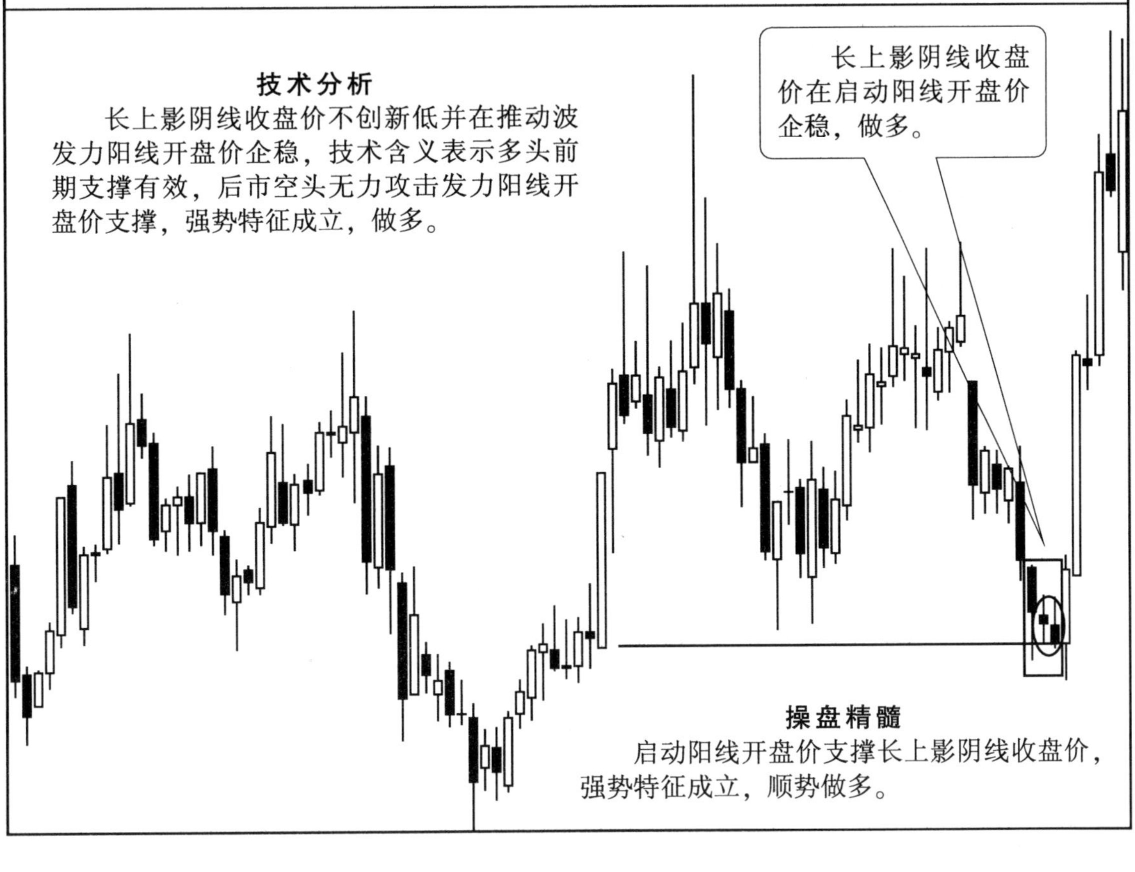

技术分析

长上影阴线收盘价不创新低并在推动波发力阳线开盘价企稳，技术含义表示多头前期支撑有效，后市空头无力攻击发力阳线开盘价支撑，强势特征成立，做多。

操盘精髓

启动阳线开盘价支撑长上影阴线收盘价，强势特征成立，顺势做多。

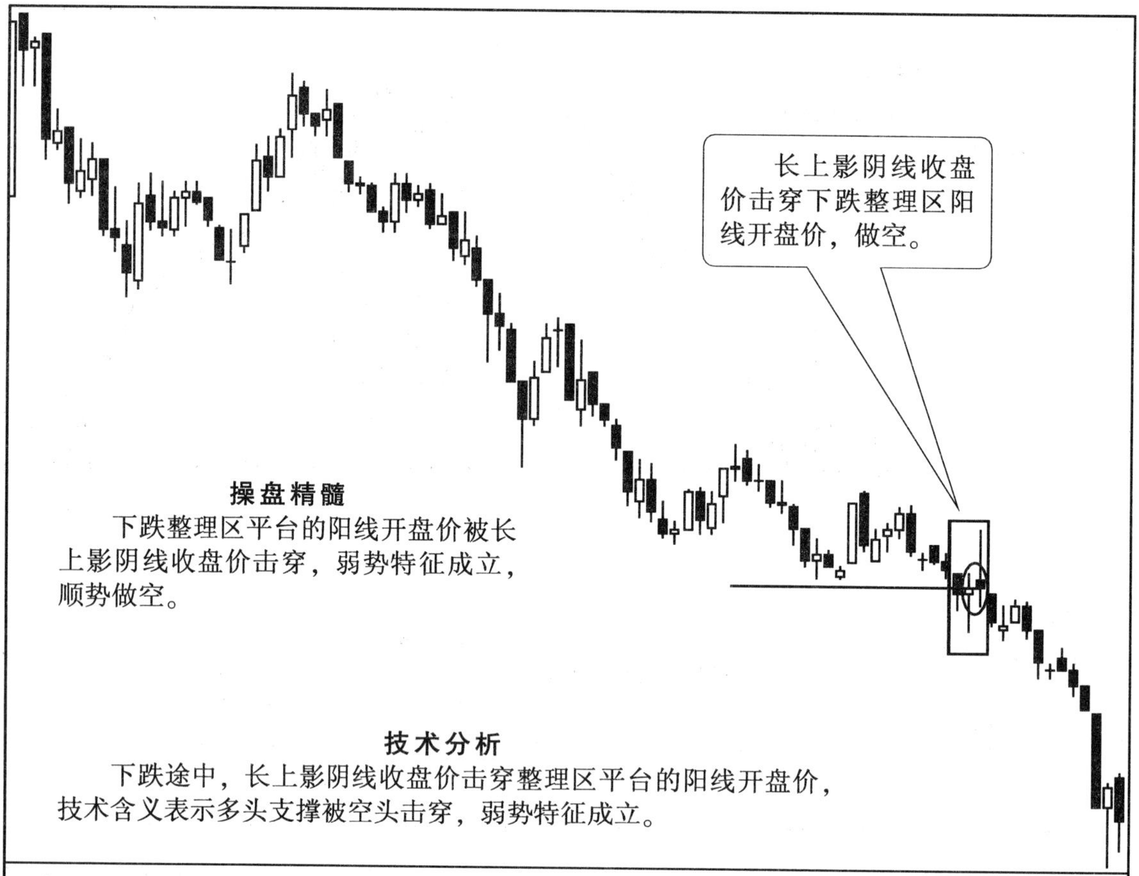
长上影阴线收盘价击穿下跌整理区阳线开盘价，做空。
操盘精髓
下跌整理区平台的阳线开盘价被长上影阴线收盘价击穿，弱势特征成立，顺势做空。
技术分析
下跌途中，长上影阴线收盘价击穿整理区平台的阳线开盘价，技术含义表示多头支撑被空头击穿，弱势特征成立。

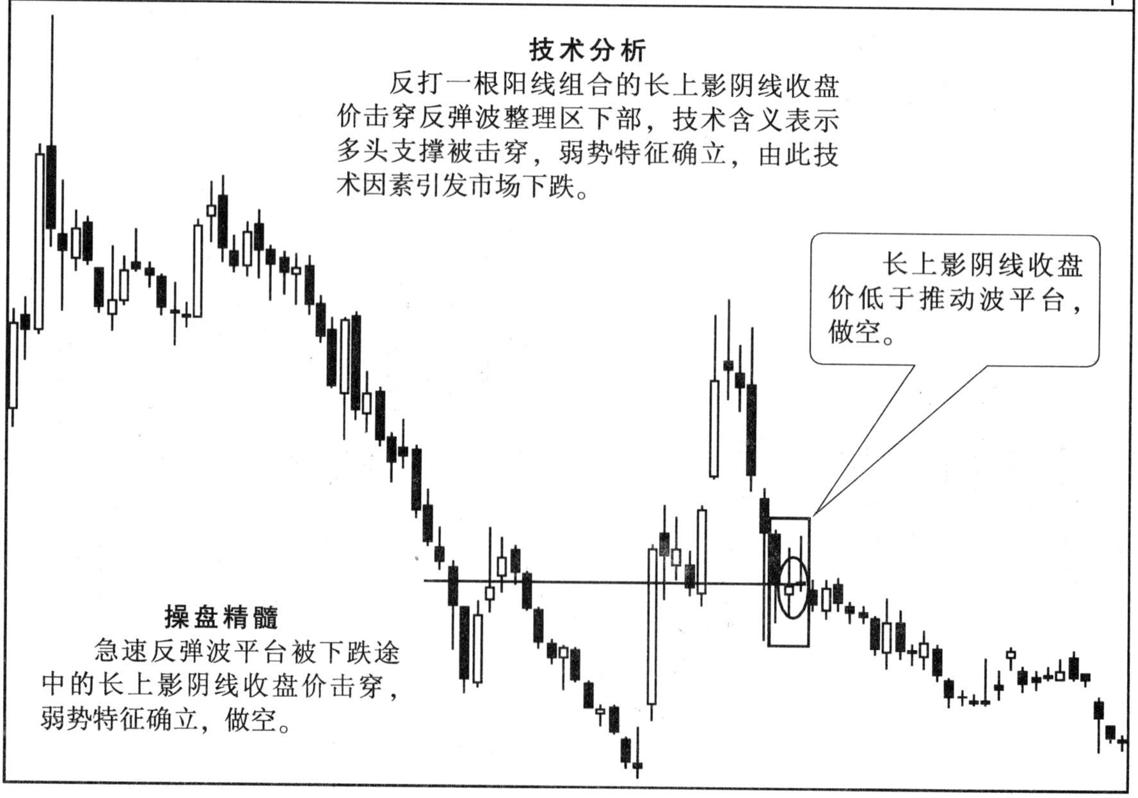
技术分析
反打一根阳线组合的长上影阴线收盘价击穿反弹波整理区下部，技术含义表示多头支撑被击穿，弱势特征确立，由此技术因素引发市场下跌。
长上影阴线收盘价低于推动波平台，做空。
操盘精髓
急速反弹波平台被下跌途中的长上影阴线收盘价击穿，弱势特征确立，做空。

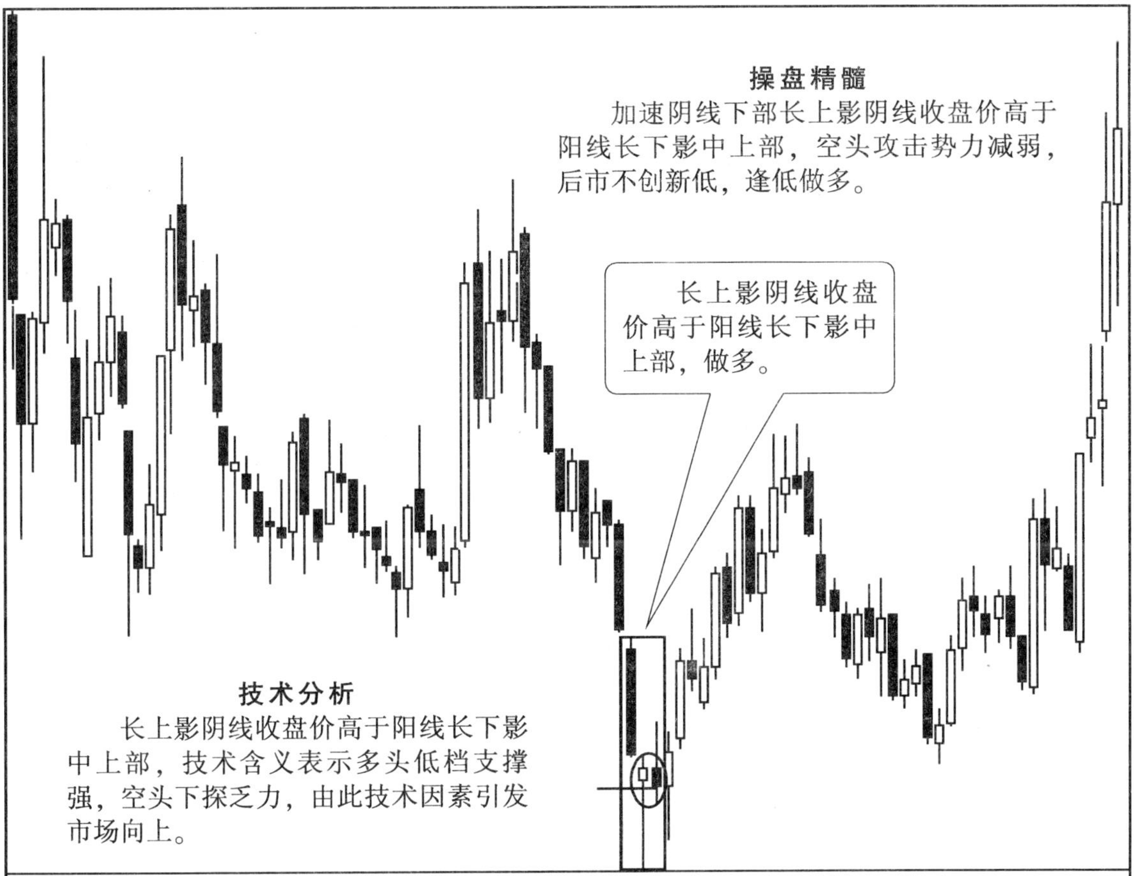

操盘精髓

加速阴线下部长上影阴线收盘价高于阳线长下影中上部，空头攻击势力减弱，后市不创新低，逢低做多。

技术分析

长上影阴线收盘价高于阳线长下影中上部，技术含义表示多头低档支撑强，空头下探乏力，由此技术因素引发市场向上。

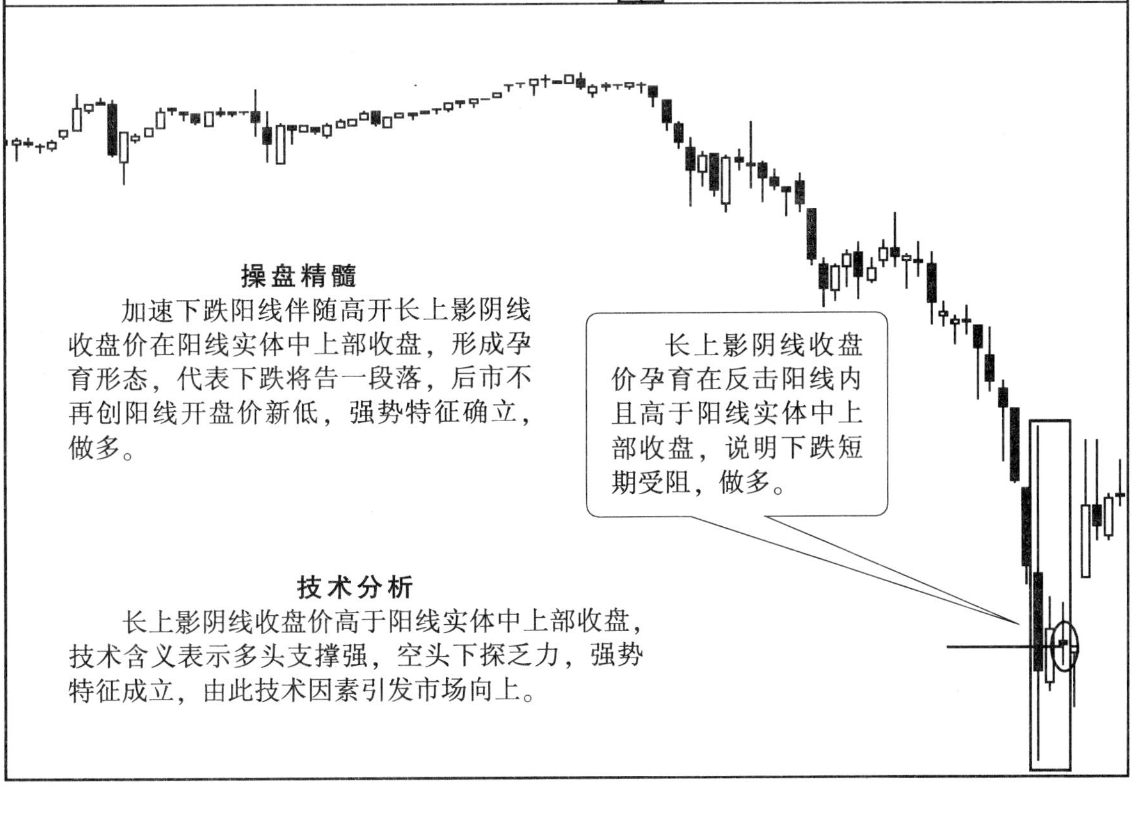

操盘精髓

加速下跌阳线伴随高开长上影阴线收盘价在阳线实体中上部收盘，形成孕育形态，代表下跌将告一段落，后市不再创阳线开盘价新低，强势特征确立，做多。

技术分析

长上影阴线收盘价高于阳线实体中上部收盘，技术含义表示多头支撑强，空头下探乏力，强势特征成立，由此技术因素引发市场向上。

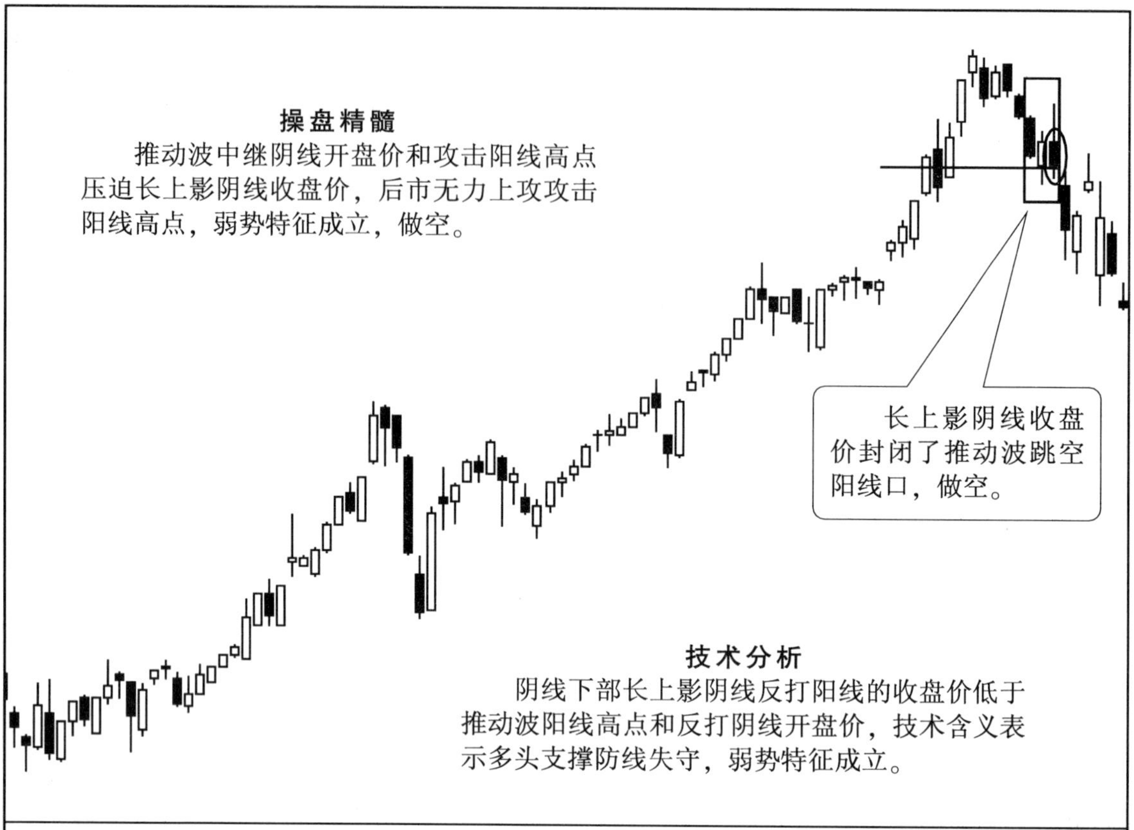
操盘精髓
推动波中继阴线开盘价和攻击阳线高点压迫长上影阴线收盘价，后市无力上攻攻击阳线高点，弱势特征成立，做空。
长上影阴线收盘价封闭了推动波跳空阳线口，做空。
技术分析
阴线下部长上影阴线反打阳线的收盘价低于推动波阳线高点和反打阴线开盘价，技术含义表示多头支撑防线失守，弱势特征成立。

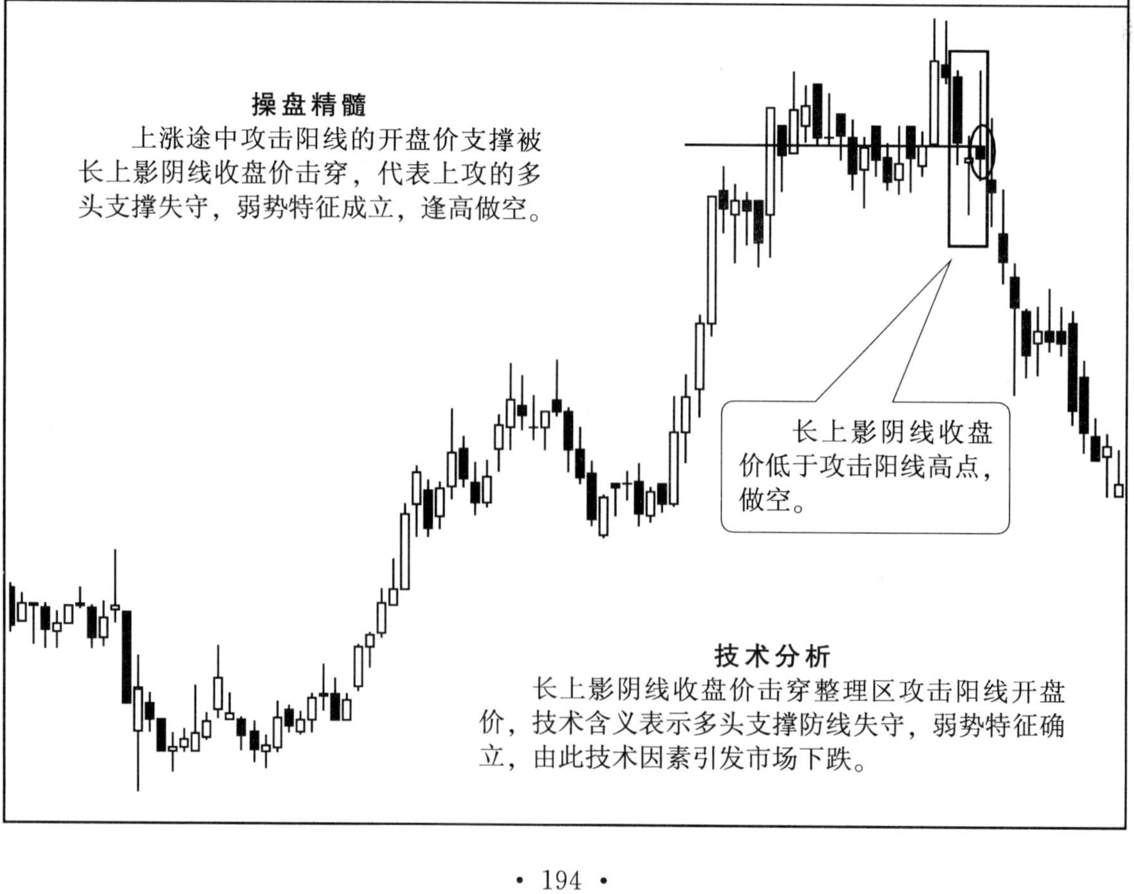
操盘精髓
上涨途中攻击阳线的开盘价支撑被长上影阴线收盘价击穿，代表上攻的多头支撑失守，弱势特征成立，逢高做空。
长上影阴线收盘价低于攻击阳线高点，做空。
技术分析
长上影阴线收盘价击穿整理区攻击阳线开盘价，技术含义表示多头支撑防线失守，弱势特征确立，由此技术因素引发市场下跌。

操盘精髓

上涨途中中期整理区突破回踩后，突破阳线内整理区，长上影阴线收盘价在突破阳线中上部企稳，强势特征成立，顺势做多。

技术分析

空头回吐期双阴线夹击一根阳线的右侧长上影阴线收盘价高于启动波高点和突破阳线开盘价，技术含义表示多头支撑强，空头下探乏力，强势特征成立。

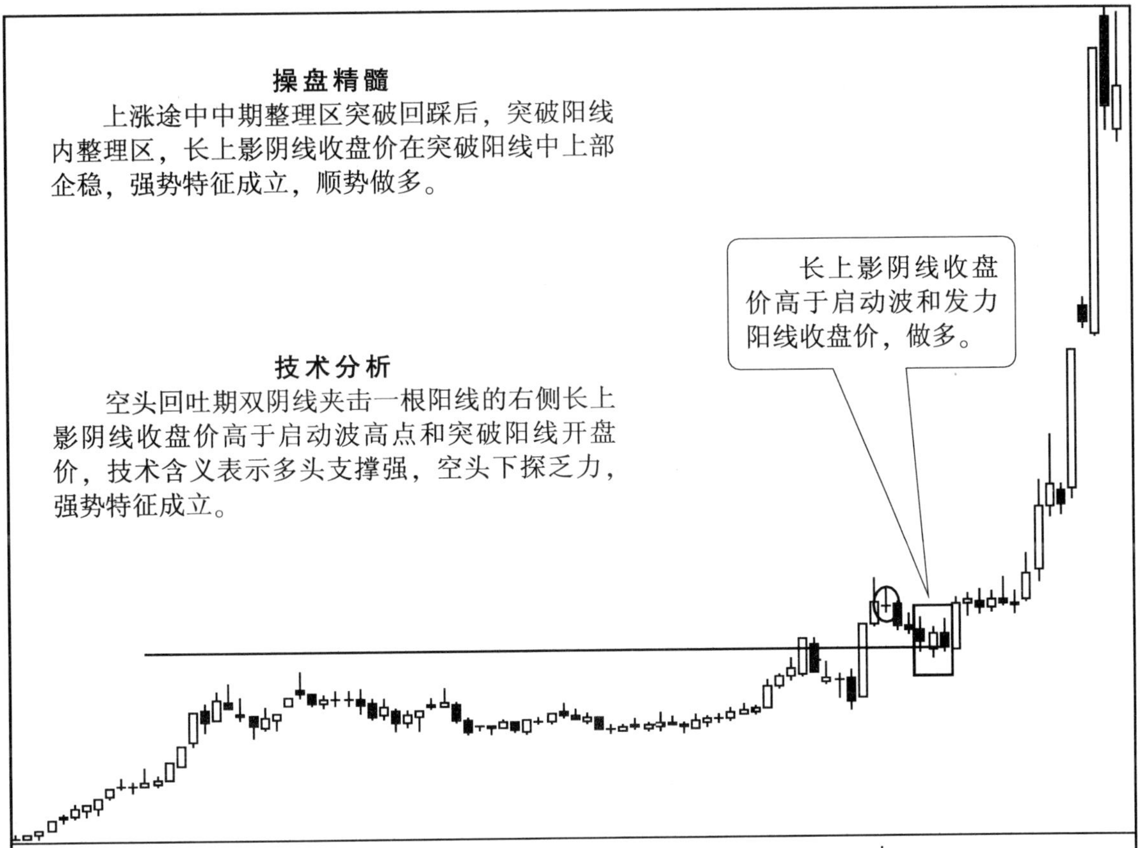

操盘精髓

整理区两根长下影发力阳线开盘价支撑左右侧阴线夹击一根阳线组合的右侧长上影阴线收盘价，后市空头不破发力阳线开盘价支撑，强势特征成立，顺势做空。

技术分析

左右侧双阴线夹击一根阳线组合的右侧长上影阴线收盘价站稳整理区两根长下影发力阳线开盘价，技术含义表示多头支撑强，空头下探乏力，由此技术因素引发市场向上发展。

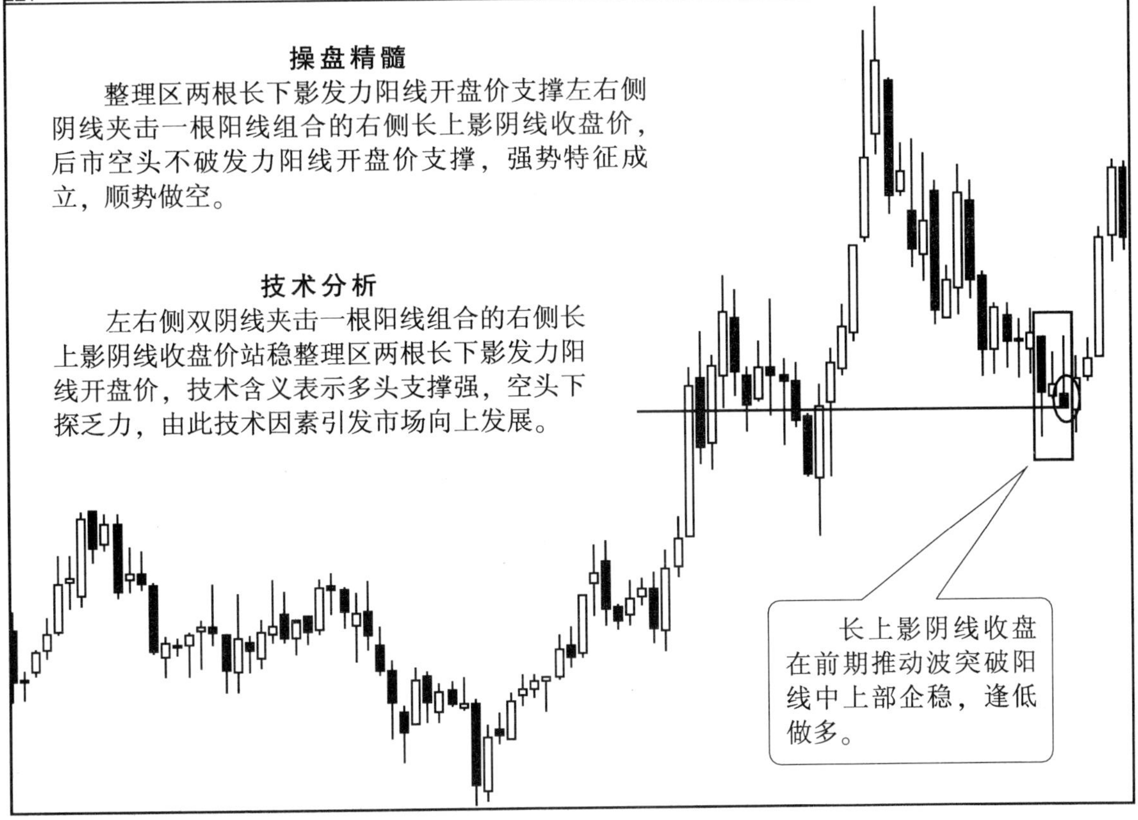

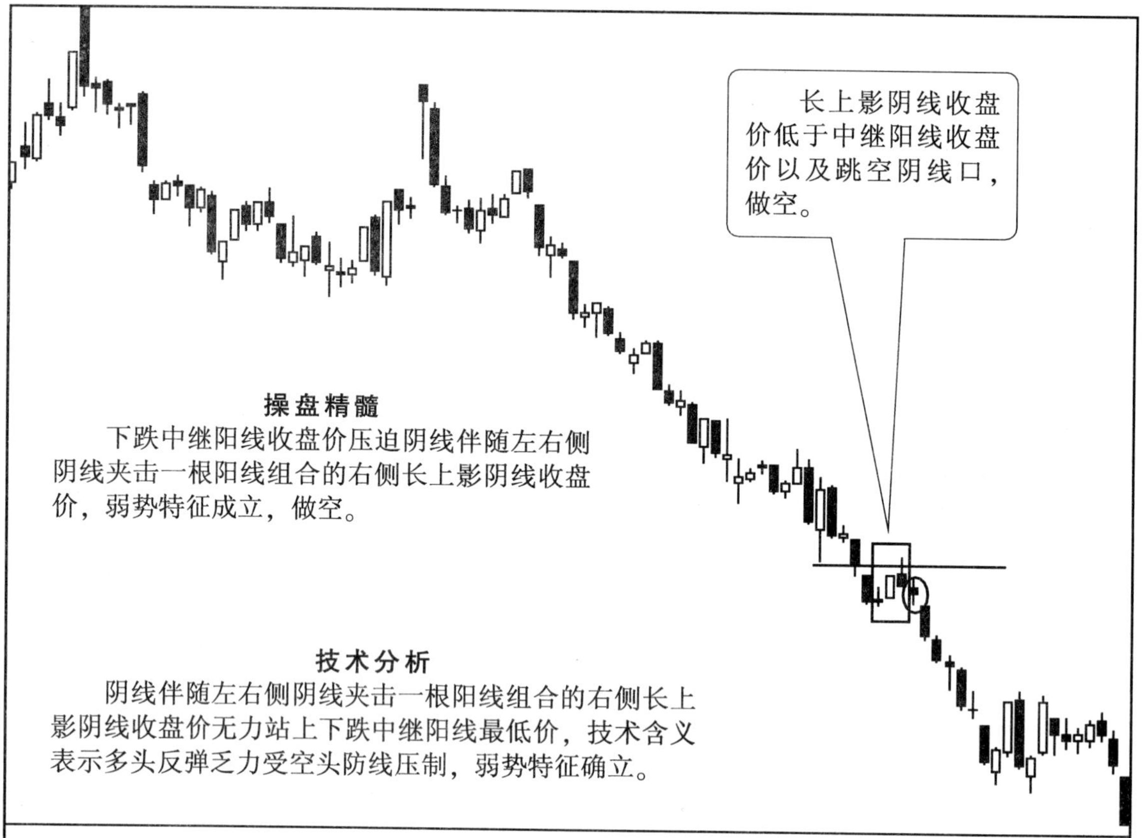

操盘精髓

下跌中继阳线收盘价压迫阴线伴随左右侧阴线夹击一根阳线组合的右侧长上影阴线收盘价，弱势特征成立，做空。

技术分析

阴线伴随左右侧阴线夹击一根阳线组合的右侧长上影阴线收盘价无力站上下跌中继阳线最低价，技术含义表示多头反弹乏力受空头防线压制，弱势特征确立。

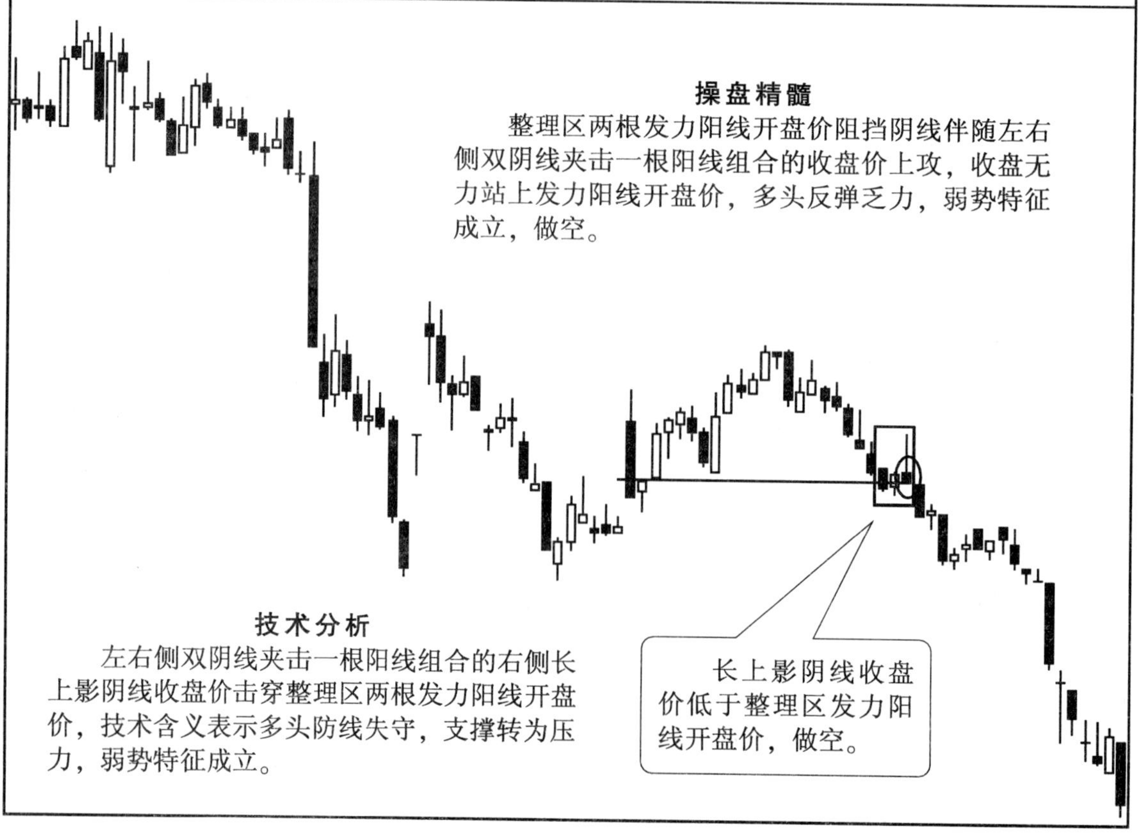

操盘精髓

整理区两根发力阳线开盘价阻挡阴线伴随左右侧双阴线夹击一根阳线组合的收盘价上攻，收盘无力站上发力阳线开盘价，多头反弹乏力，弱势特征成立，做空。

技术分析

左右侧双阴线夹击一根阳线组合的右侧长上影阴线收盘价击穿整理区两根发力阳线开盘价，技术含义表示多头防线失守，支撑转为压力，弱势特征成立。

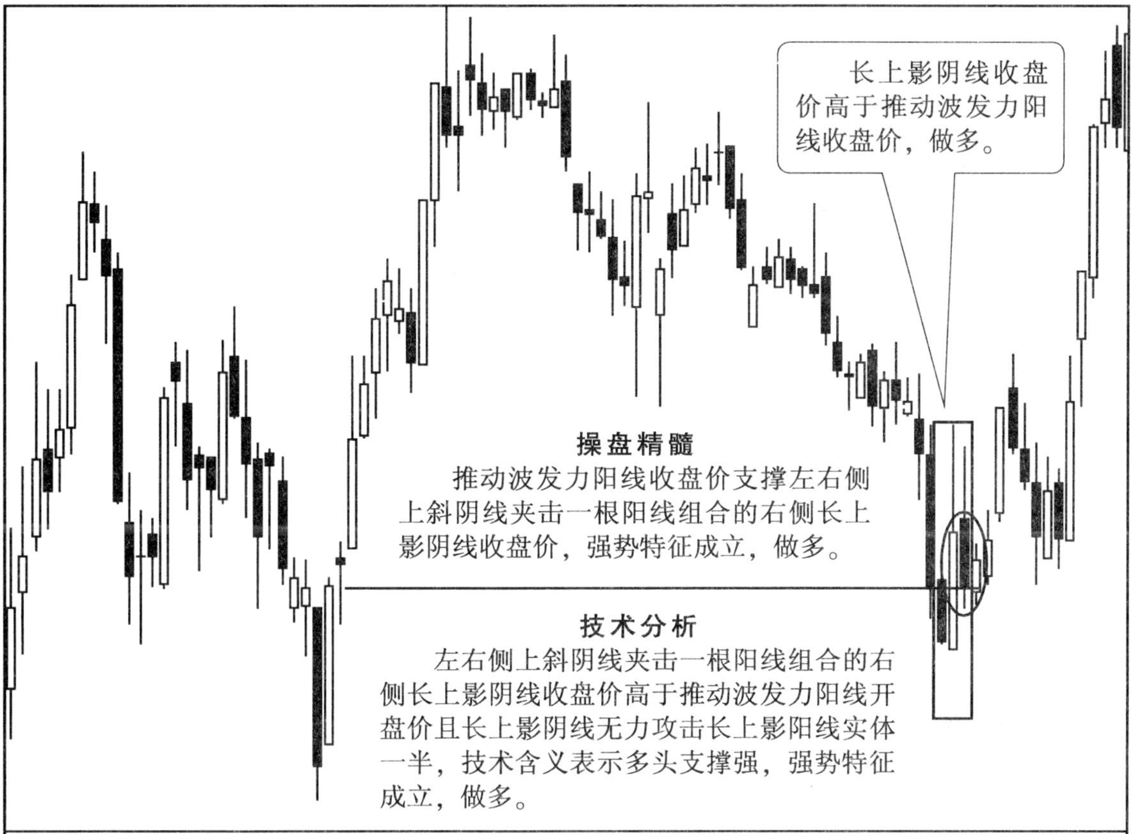
长上影阴线收盘价高于推动波发力阳线收盘价，做多。
操盘精髓
推动波发力阳线收盘价支撑左右侧上斜阴线夹击一根阳线组合的右侧长上影阴线收盘价，强势特征成立，做多。
技术分析
左右侧上斜阴线夹击一根阳线组合的右侧长上影阴线收盘价高于推动波发力阳线开盘价且长上影阴线无力攻击长上影阳线实体一半，技术含义表示多头支撑强，强势特征成立，做多。

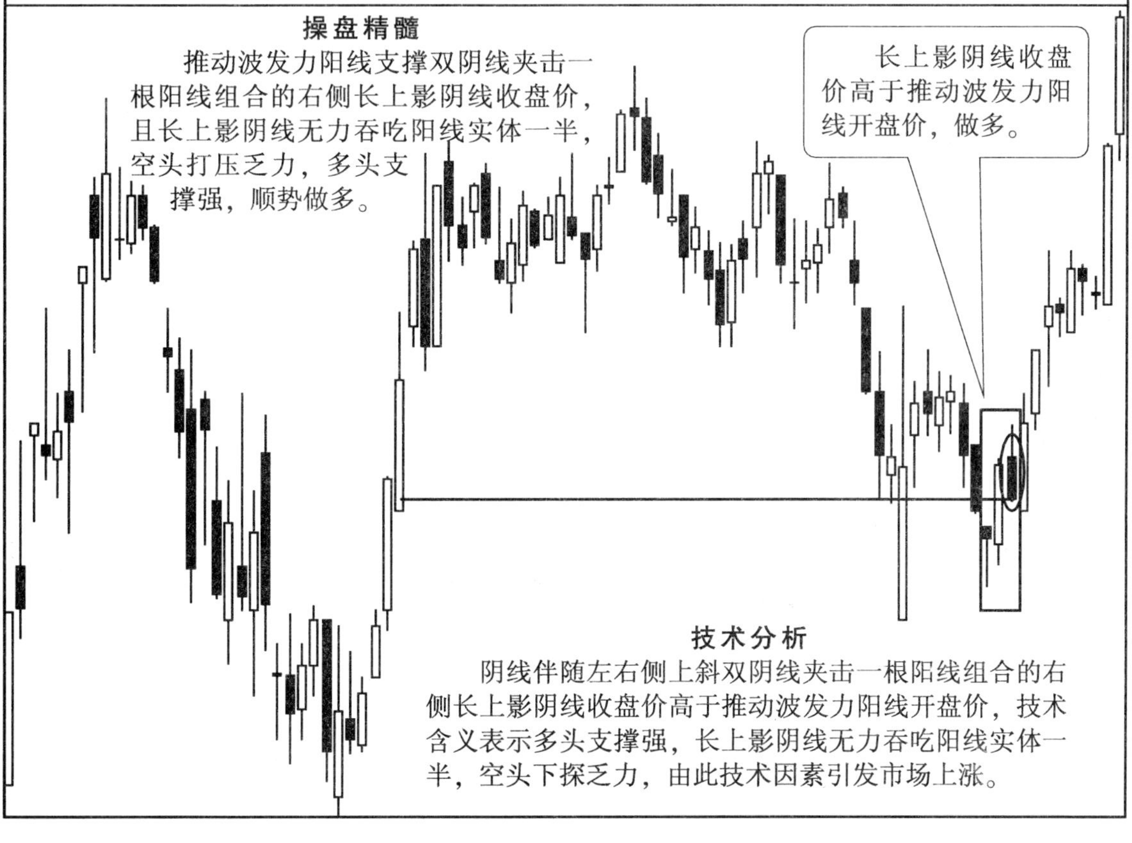
操盘精髓
推动波发力阳线支撑双阴线夹击一根阳线组合的右侧长上影阴线收盘价，且长上影阴线无力吞吃阳线实体一半，空头打压乏力，多头支撑强，顺势做多。
长上影阴线收盘价高于推动波发力阳线开盘价，做多。
技术分析
阴线伴随左右侧上斜双阴线夹击一根阳线组合的右侧长上影阴线收盘价高于推动波发力阳线开盘价，技术含义表示多头支撑强，长上影阴线无力吞吃阳线实体一半，空头下探乏力，由此技术因素引发市场上涨。

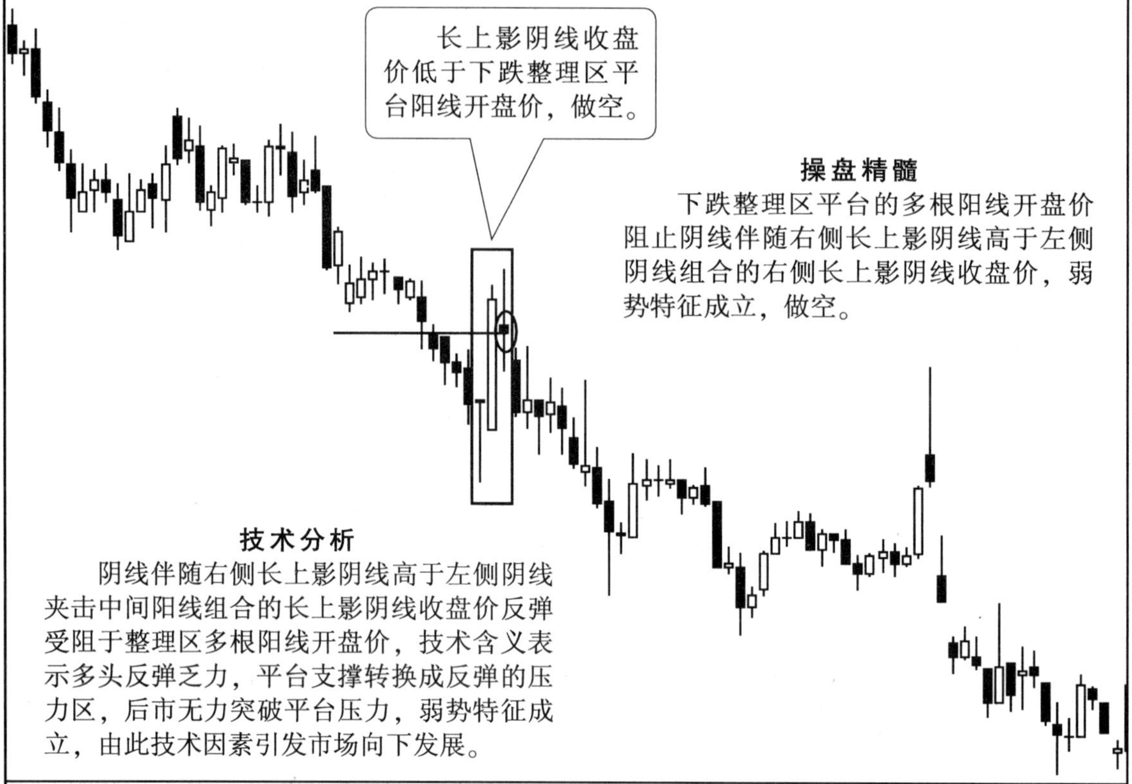

操盘精髓

下跌整理区平台的多根阳线开盘价阻止阴线伴随右侧长上影阴线高于左侧阴线组合的右侧长上影阴线收盘价，弱势特征成立，做空。

技术分析

阴线伴随右侧长上影阴线高于左侧阴线夹击中间阳线组合的长上影阴线收盘价反弹受阻于整理区多根阳线开盘价，技术含义表示多头反弹乏力，平台支撑转换成反弹的压力区，后市无力突破平台压力，弱势特征成立，由此技术因素引发市场向下发展。

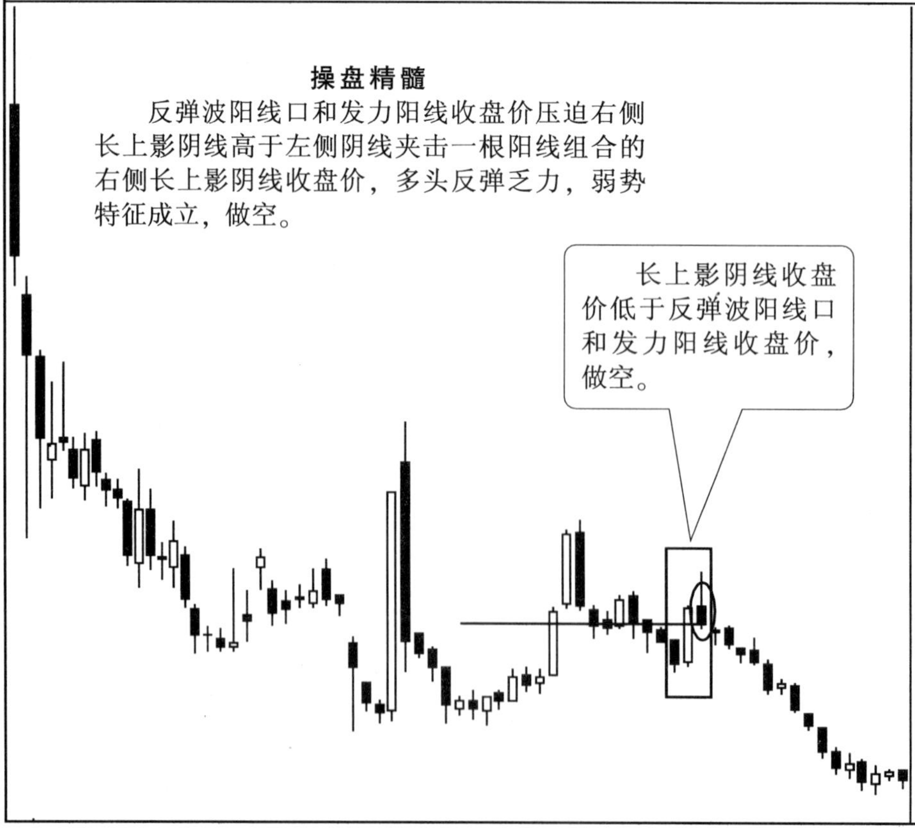

操盘精髓

反弹波阳线口和发力阳线收盘价压迫右侧长上影阴线高于左侧阴线夹击一根阳线组合的右侧长上影阴线收盘价，多头反弹乏力，弱势特征成立，做空。

技术分析

阴线伴随右侧高于左侧阴线夹击阳线组合的右侧长上影阴线收盘价无力站上反弹波发力阳线口和发力阳线收盘价，技术含义表示多头上攻乏力受空头势力压制，由此技术因素引发市场向下发展。

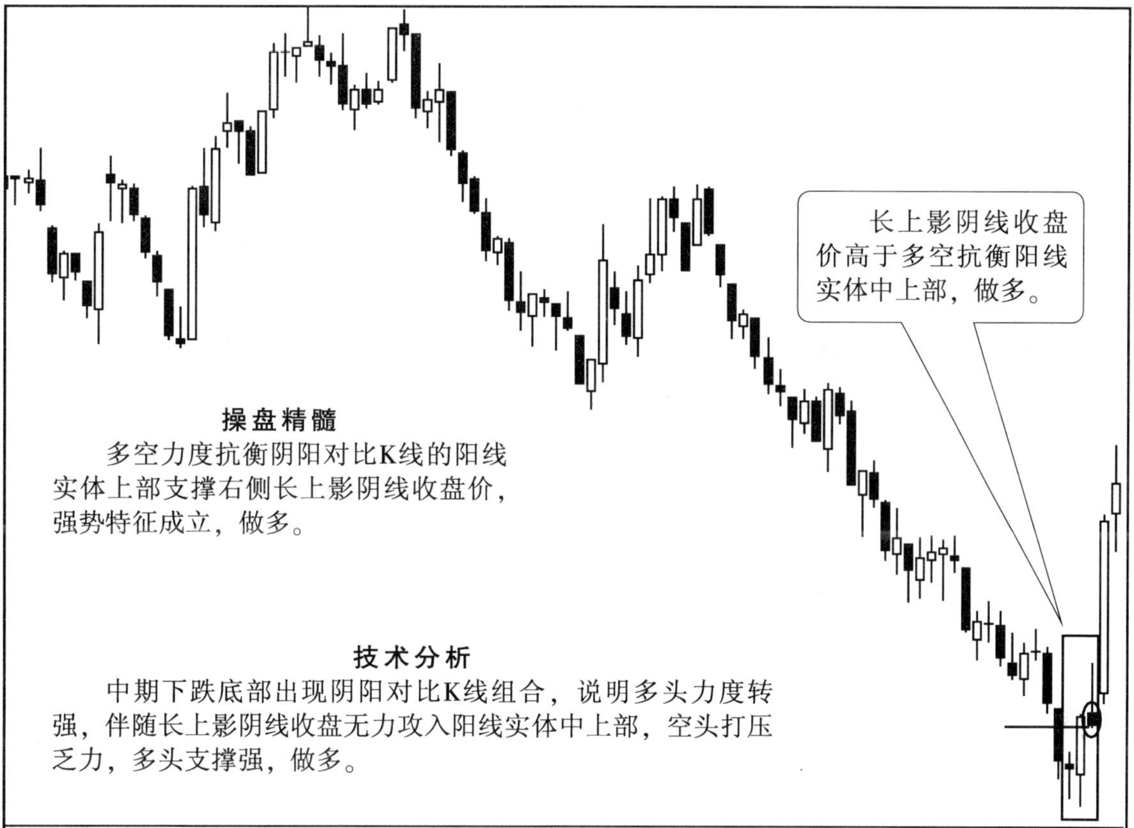

操盘精髓

多空力度抗衡阴阳对比K线的阳线实体上部支撑右侧长上影阴线收盘价，强势特征成立，做多。

技术分析

中期下跌底部出现阴阳对比K线组合，说明多头力度转强，伴随长上影阴线收盘无力攻入阳线实体中上部，空头打压乏力，多头支撑强，做多。

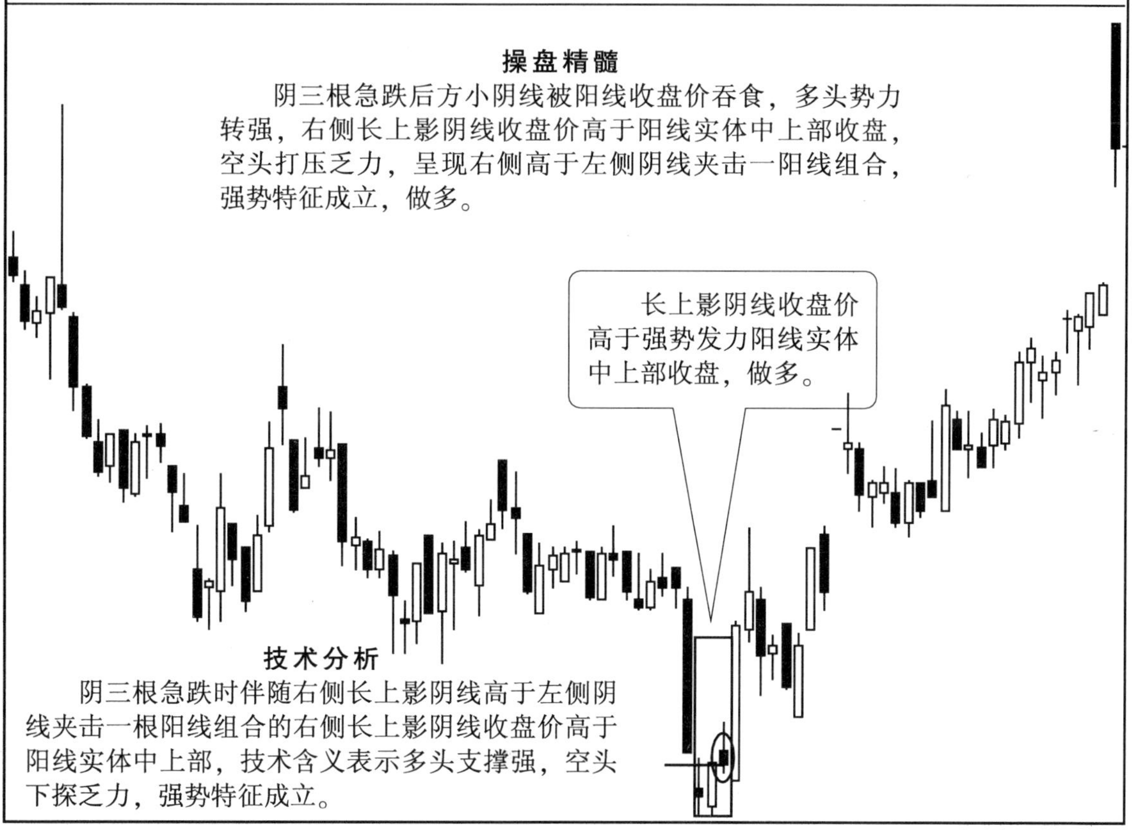

操盘精髓

阴三根急跌后方小阴线被阳线收盘价吞食，多头势力转强，右侧长上影阴线收盘价高于阳线实体中上部收盘，空头打压乏力，呈现右侧高于左侧阴线夹击一阳线组合，强势特征成立，做多。

技术分析

阴三根急跌时伴随右侧长上影阴线高于左侧阴线夹击一根阳线组合的右侧长上影阴线收盘价高于阳线实体中上部，技术含义表示多头支撑强，空头下探乏力，强势特征成立。

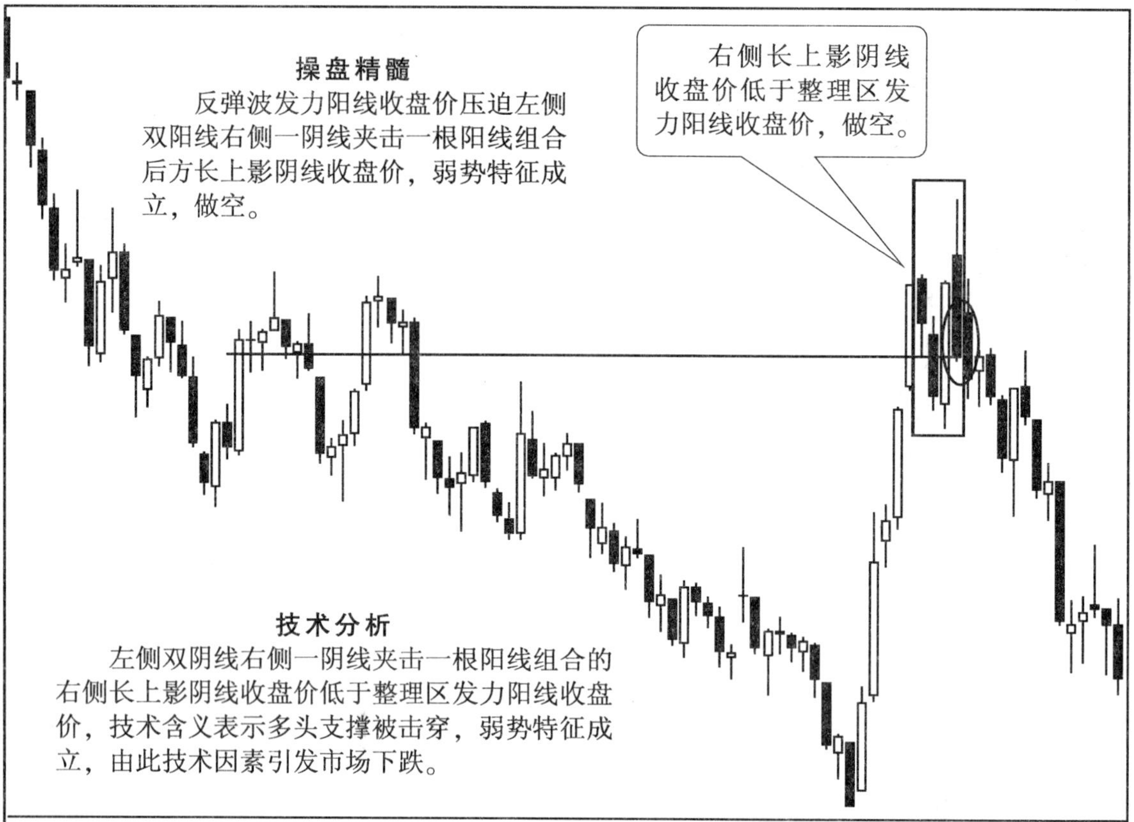

操盘精髓

反弹波发力阳线收盘价压迫左侧双阳线右侧一阴线夹击一根阳线组合后方长上影阴线收盘价，弱势特征成立，做空。

技术分析

左侧双阴线右侧一阴线夹击一根阳线组合的右侧长上影阴线收盘价低于整理区发力阳线收盘价，技术含义表示多头支撑被击穿，弱势特征成立，由此技术因素引发市场下跌。

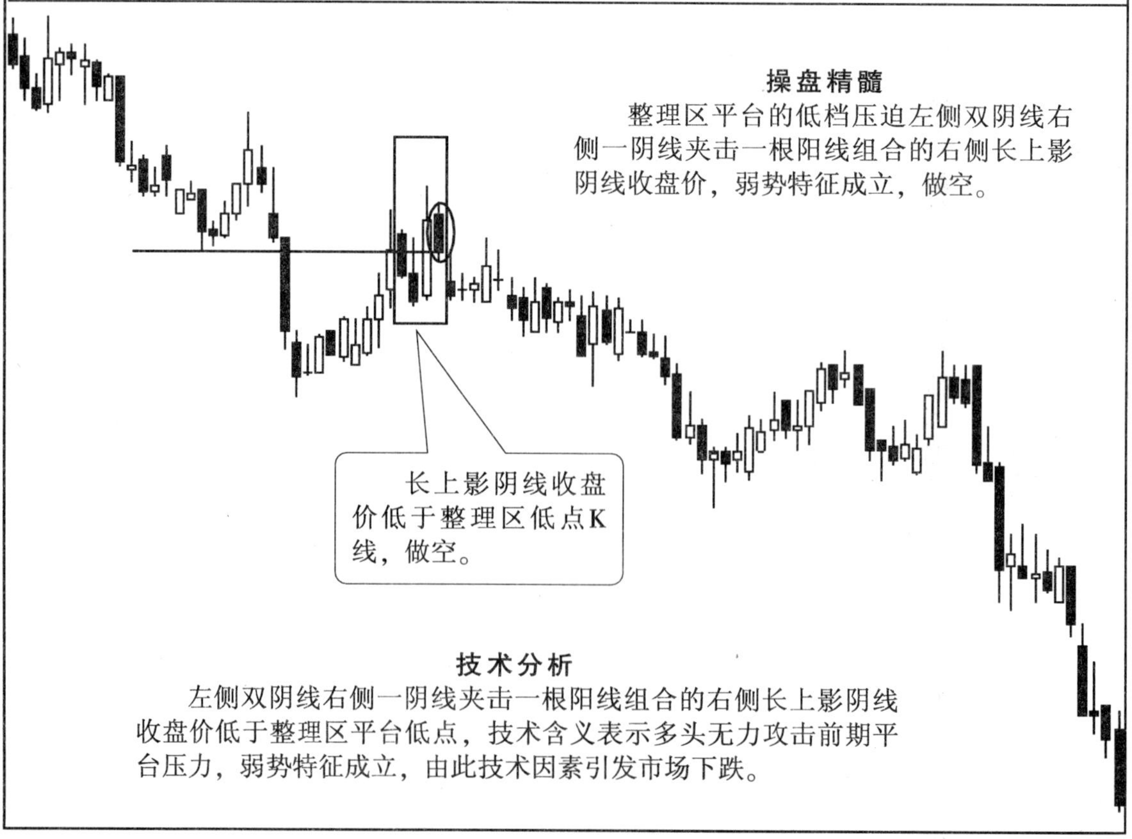

操盘精髓

整理区平台的低档压迫左侧双阴线右侧一阴线夹击一根阳线组合的右侧长上影阴线收盘价，弱势特征成立，做空。

技术分析

左侧双阴线右侧一阴线夹击一根阳线组合的右侧长上影阴线收盘价低于整理区平台低点，技术含义表示多头无力攻击前期平台压力，弱势特征成立，由此技术因素引发市场下跌。

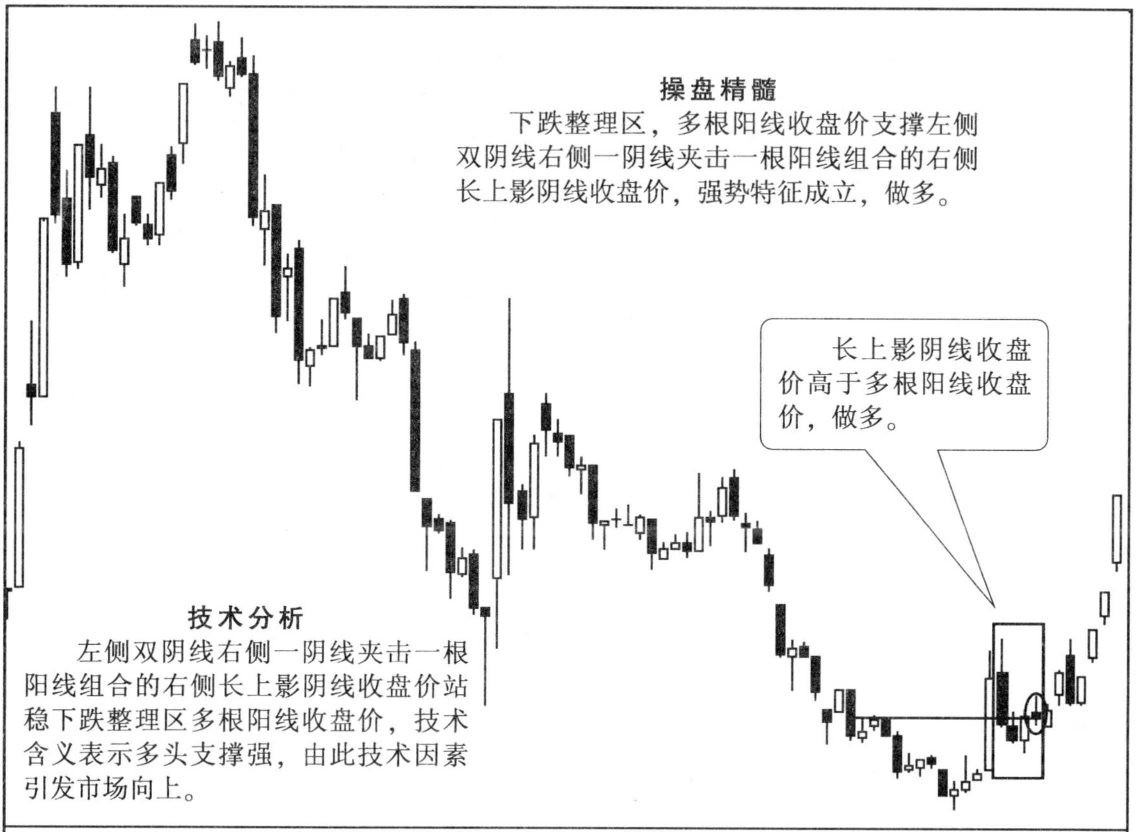

操盘精髓

下跌整理区，多根阳线收盘价支撑左侧双阴线右侧一阴线夹击一根阳线组合的右侧长上影阴线收盘价，强势特征成立，做多。

技术分析

左侧双阴线右侧一阴线夹击一根阳线组合的右侧长上影阴线收盘价站稳下跌整理区多根阳线收盘价，技术含义表示多头支撑强，由此技术因素引发市场向上。

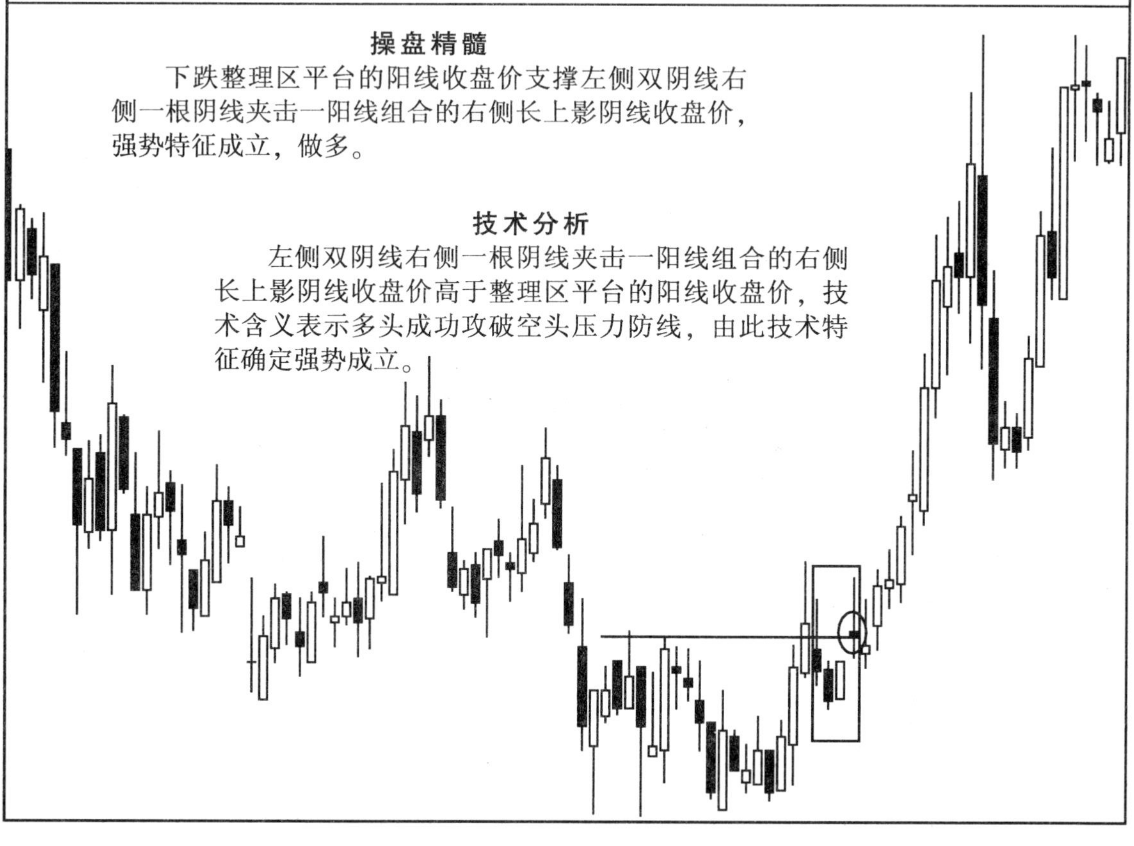

操盘精髓

下跌整理区平台的阳线收盘价支撑左侧双阴线右侧一根阴线夹击一阳线组合的右侧长上影阴线收盘价，强势特征成立，做多。

技术分析

左侧双阴线右侧一根阴线夹击一阳线组合的右侧长上影阴线收盘价高于整理区平台的阳线收盘价，技术含义表示多头成功攻破空头压力防线，由此技术特征确定强势成立。

操盘精髓

反弹波启动阳线最低价压迫左侧双阴线右侧一阴线夹击一根阳线组合的右侧长上影阴线收盘价，弱势特征成立，做空。

技术分析

左侧双阴线右侧一阴线夹击一根阳线组合的右侧长上影阴线收盘价低于整理区反弹波阳线最低价，技术含义表示多头反弹受前期压力制约，无力攻击前压力位，弱势特征确立。

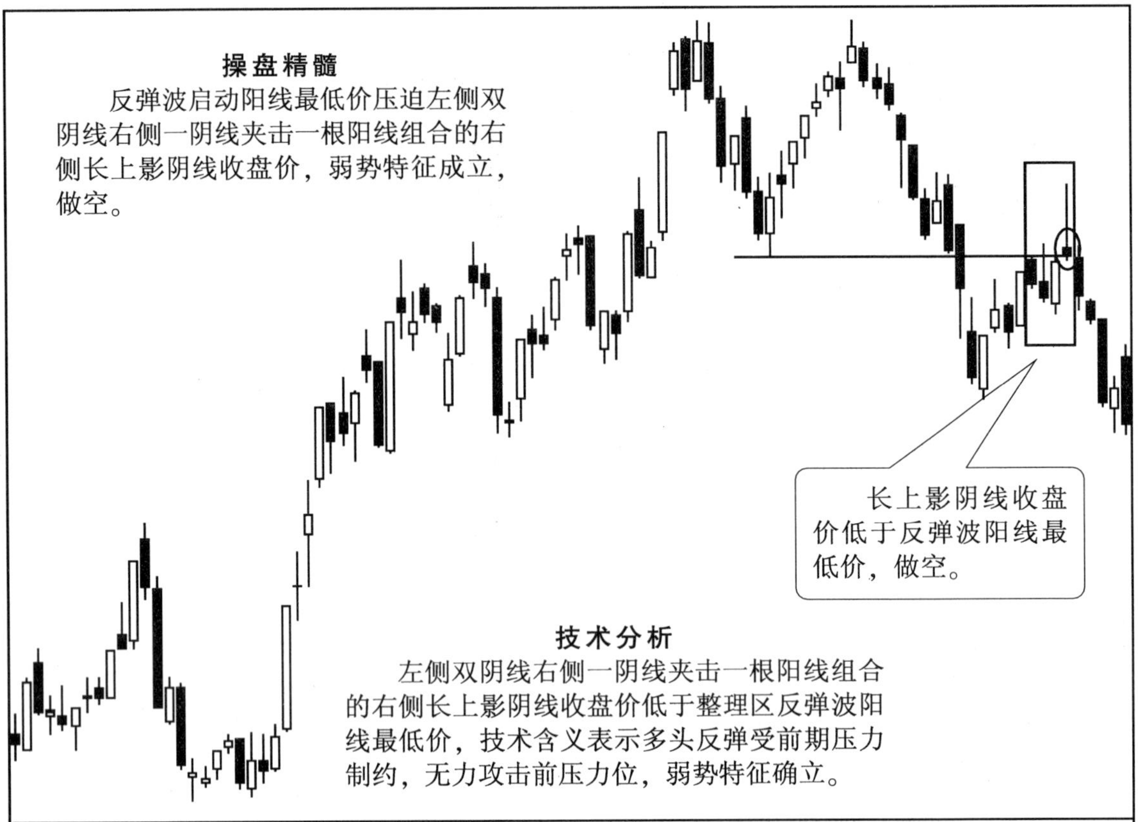

操盘精髓

长上影中部压迫左侧双阴线右侧一阴线夹击一根阳线组合的右侧长上影阴线收盘价，后市突破长上影高点，弱势特征成立，做空。

技术分析

左侧双阴线右侧一阴线夹击一根阳线组合的右侧长上影阴线收盘价低于前长上影阳线上影中上部，技术含义表示多头乏力，空头防线压制多头势力，弱势特征成立，做空。

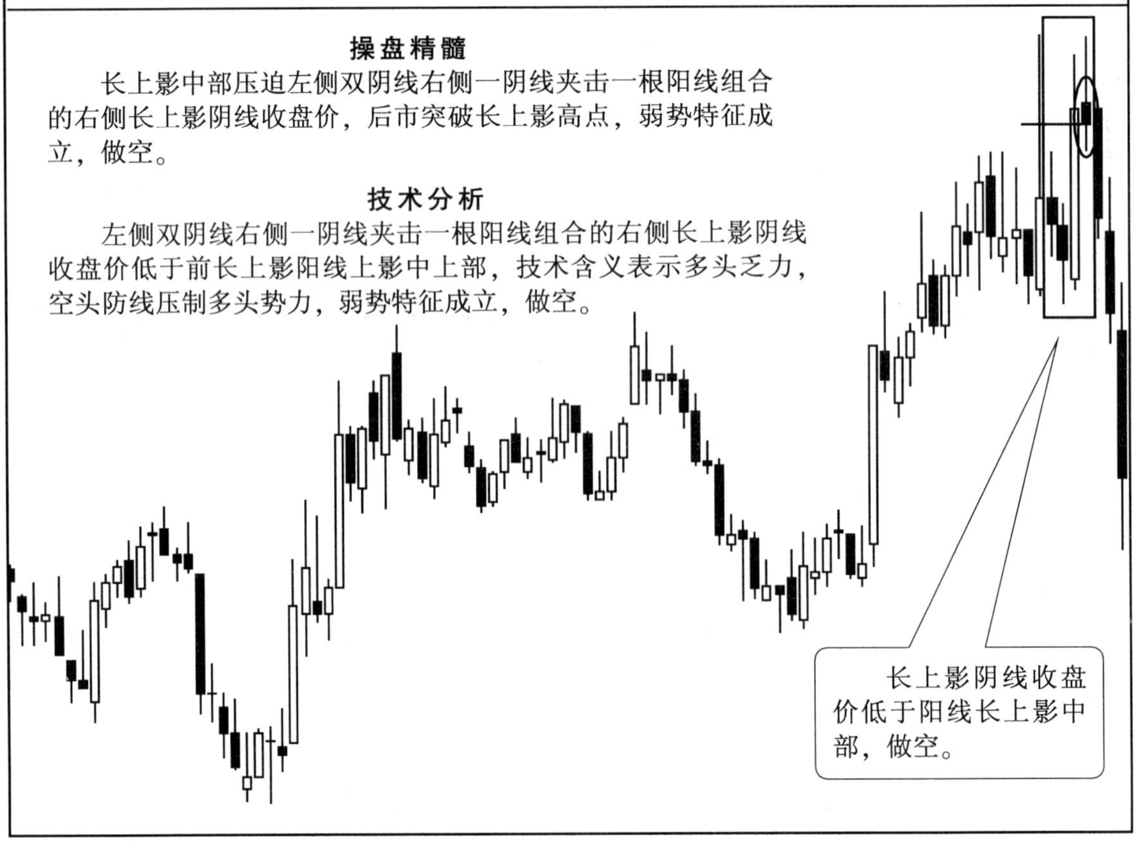

操盘精髓

推动波平台阳线和下探中继阳线收盘价支撑左侧双阴线右侧一阴线组合的右侧长上影阴线收盘价，强势特征成立，做多。

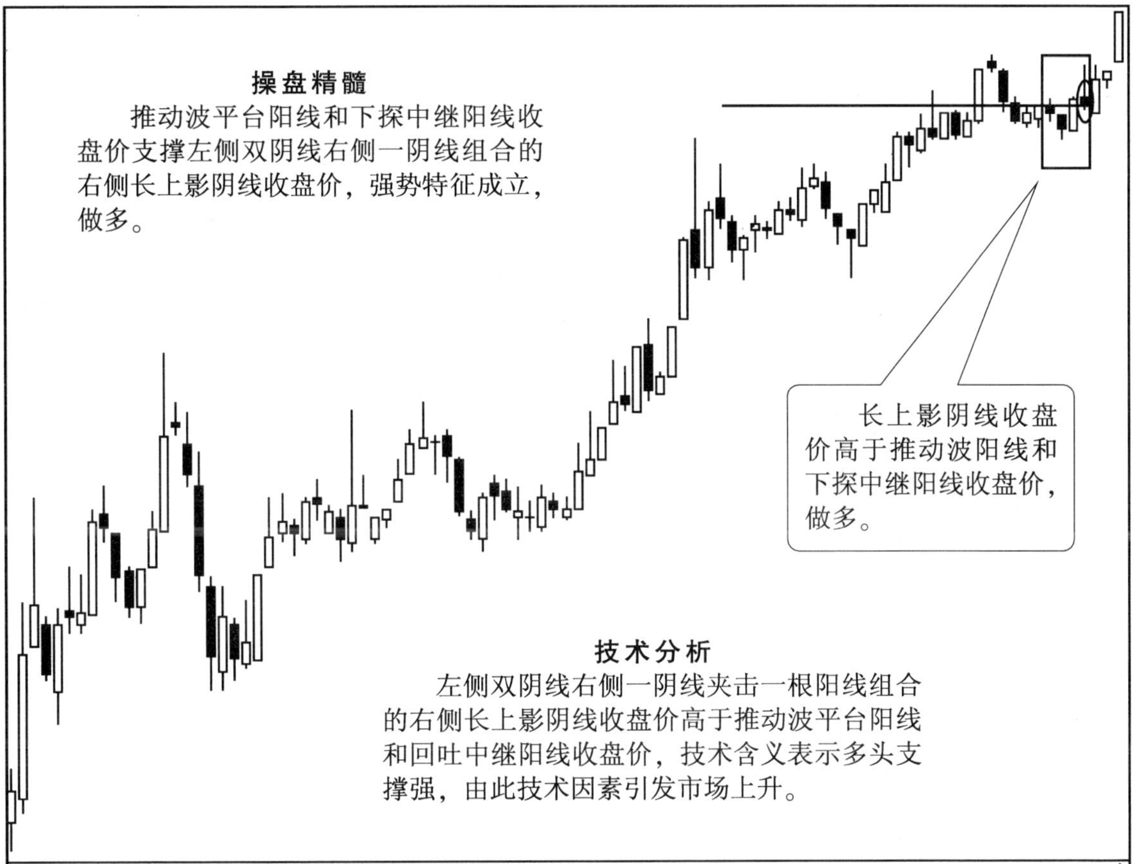

技术分析

左侧双阴线右侧一阴线夹击一根阳线组合的右侧长上影阴线收盘价高于推动波平台阳线和回吐中继阳线收盘价，技术含义表示多头支撑强，由此技术因素引发市场上升。

操盘精髓

中继阳线和推动波平台阳线支撑左侧双阴线右侧一阴线夹击一根阳线组合的右侧长上影阴线收盘价，强势特征确立，做多。

技术分析

左侧双阴线右侧一阴线夹击一根阳线组合的右侧长上影阴线收盘价高于前高点发力阳线收盘价，强势特征成立，技术含义表示多头上攻动力强，由此技术因素引发市场上涨。

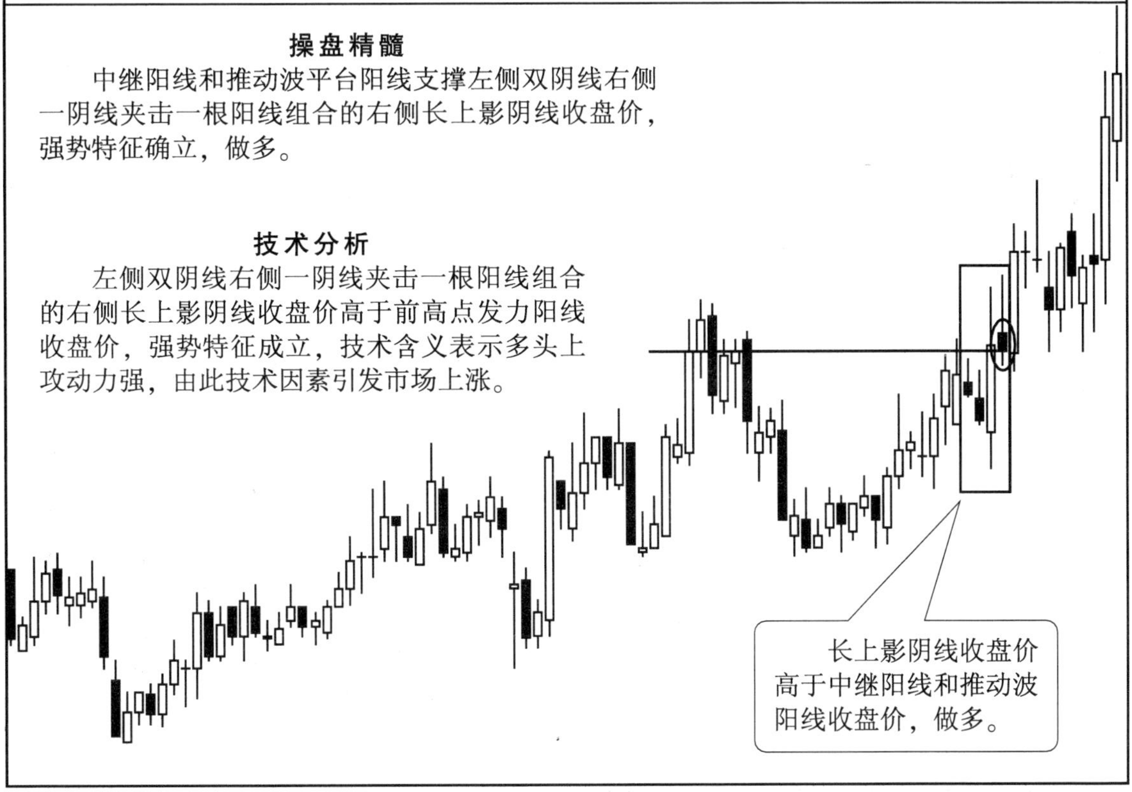

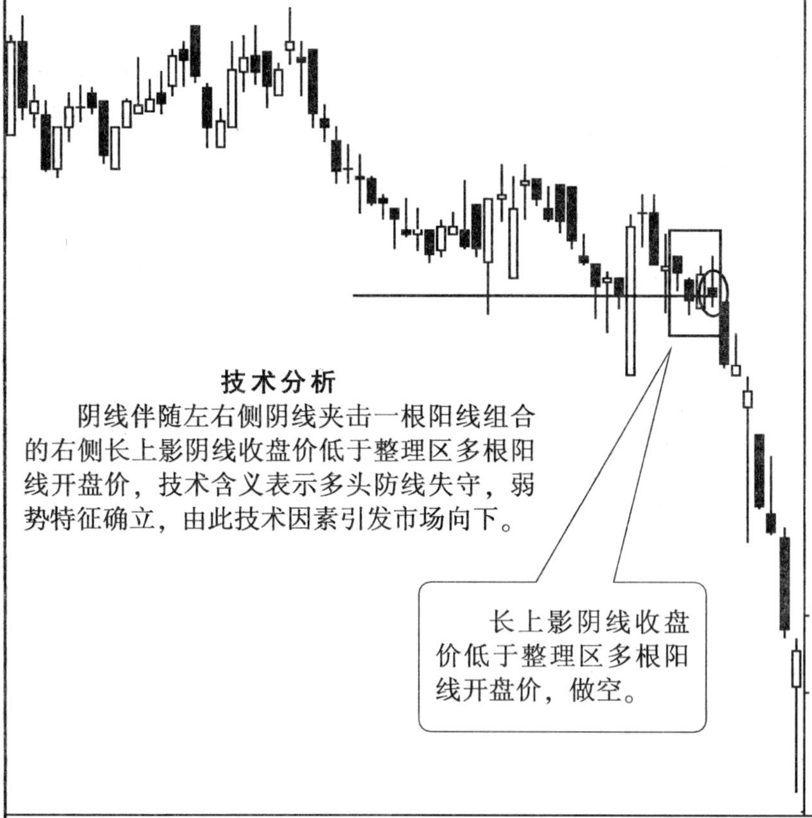

技术分析

阴线伴随左右侧阴线夹击一根阳线组合的右侧长上影阴线收盘价低于整理区多根阳线开盘价，技术含义表示多头防线失守，弱势特征确立，由此技术因素引发市场向下。

操盘精髓

整理区多根阳线开盘价压制阴线伴随左右侧阴线夹击一根阳组合的右侧长上影阴线收盘价，弱势特征确立，顺势做空。

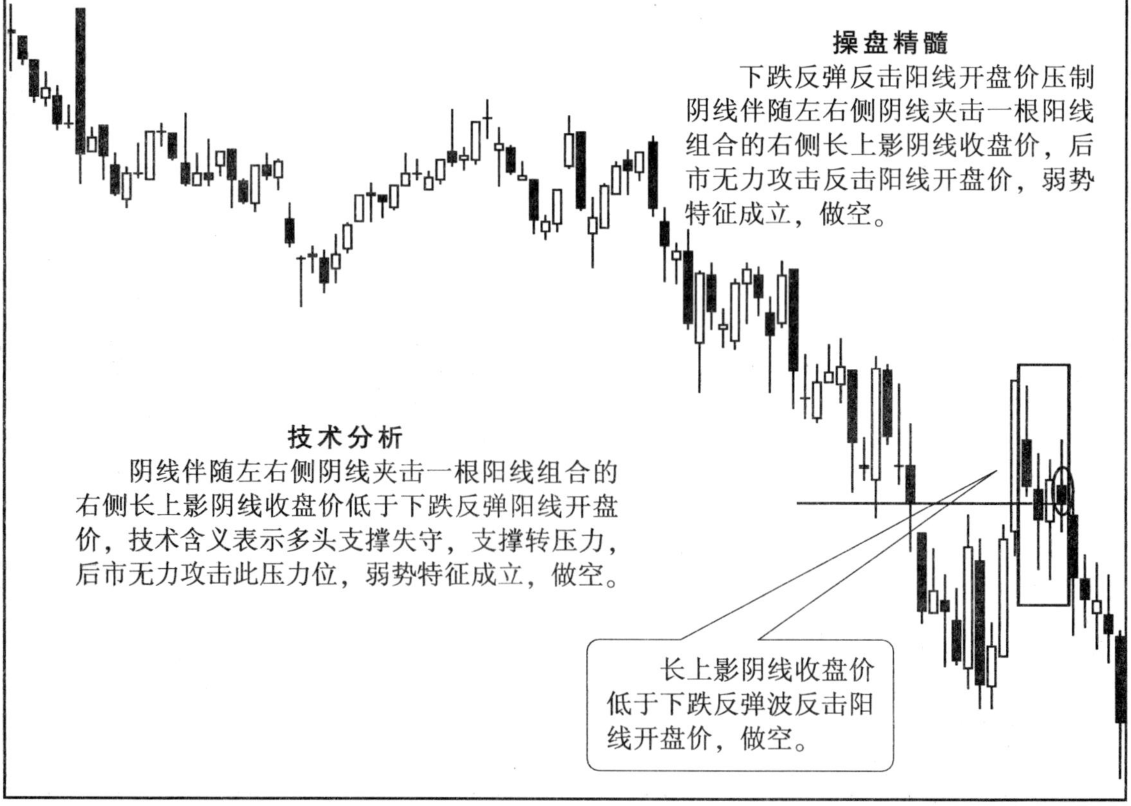

操盘精髓

下跌反弹反击阳线开盘价压制阴线伴随左右侧阴线夹击一根阳线组合的右侧长上影阴线收盘价，后市无力攻击反击阳线开盘价，弱势特征成立，做空。

技术分析

阴线伴随左右侧阴线夹击一根阳线组合的右侧长上影阴线收盘价低于下跌反弹阳线开盘价，技术含义表示多头支撑失守，支撑转压力，后市无力攻击此压力位，弱势特征成立，做空。

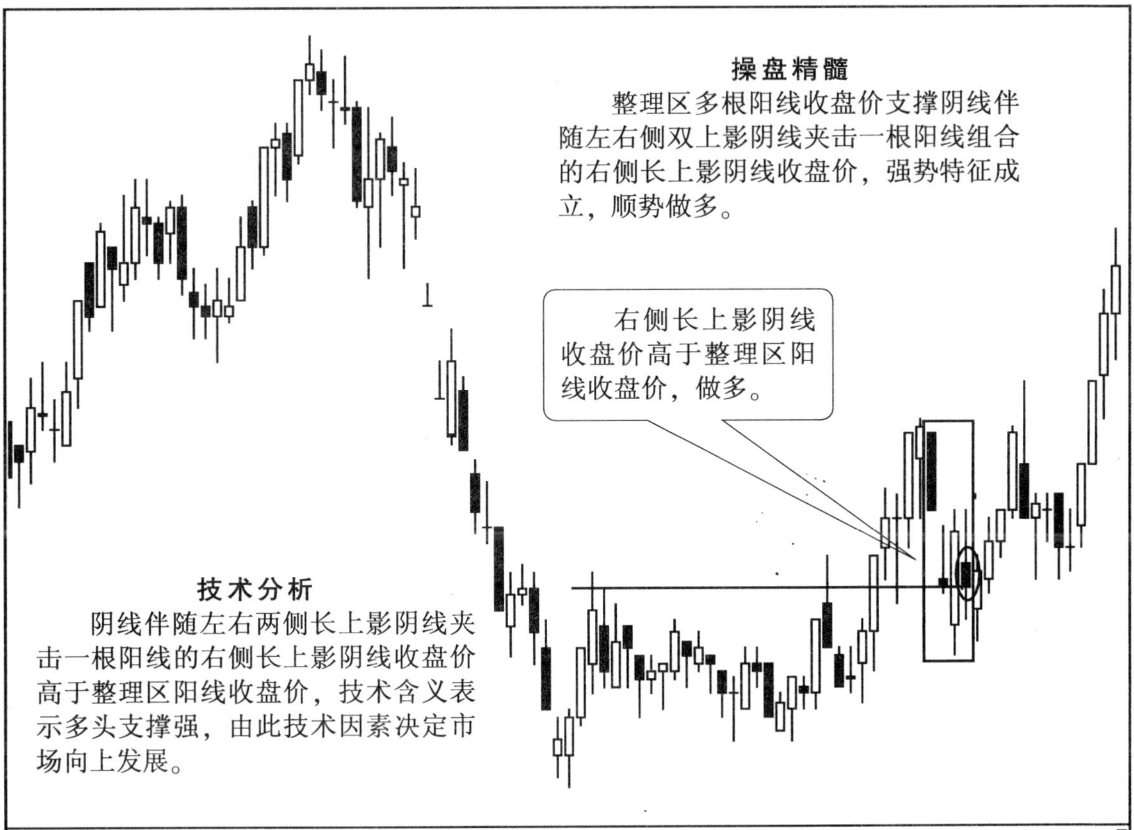

操盘精髓

整理区多根阳线收盘价支撑阴线伴随左右侧双上影阴线夹击一根阳线组合的右侧长上影阴线收盘价，强势特征成立，顺势做多。

技术分析

阴线伴随左右两侧长上影阴线夹击一根阳线的右侧长上影阴线收盘价高于整理区阳线收盘价，技术含义表示多头支撑强，由此技术因素决定市场向上发展。

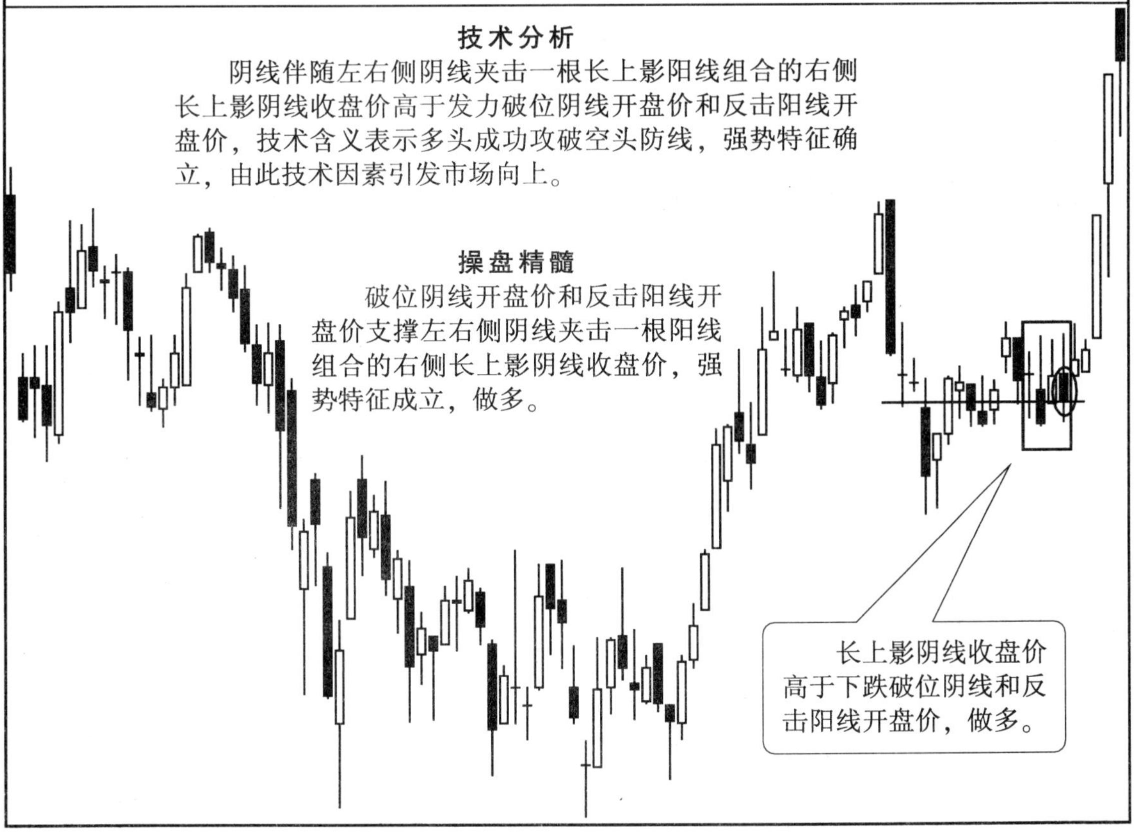

技术分析

阴线伴随左右侧阴线夹击一根长上影阳线组合的右侧长上影阴线收盘价高于发力破位阴线开盘价和反击阳线开盘价，技术含义表示多头成功攻破空头防线，强势特征确立，由此技术因素引发市场向上。

操盘精髓

破位阴线开盘价和反击阳线开盘价支撑左右侧阴线夹击一根阳线组合的右侧长上影阴线收盘价，强势特征成立，做多。

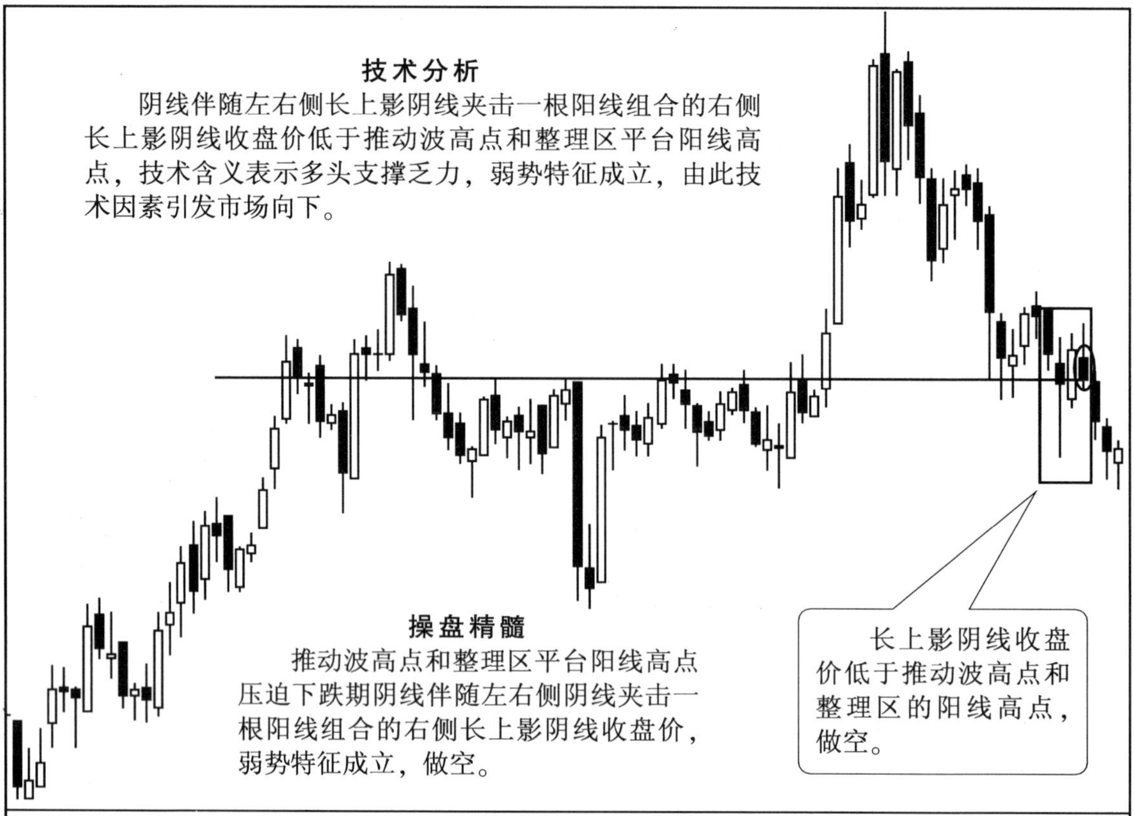
技术分析
阴线伴随左右侧长上影阴线夹击一根阳线组合的右侧长上影阴线收盘价低于推动波高点和整理区平台阳线高点，技术含义表示多头支撑乏力，弱势特征成立，由此技术因素引发市场向下。
操盘精髓
推动波高点和整理区平台阳线高点压迫下跌期阴线伴随左右侧阴线夹击一根阳线组合的右侧长上影阴线收盘价，弱势特征成立，做空。
长上影阴线收盘价低于推动波高点和整理区的阳线高点，做空。

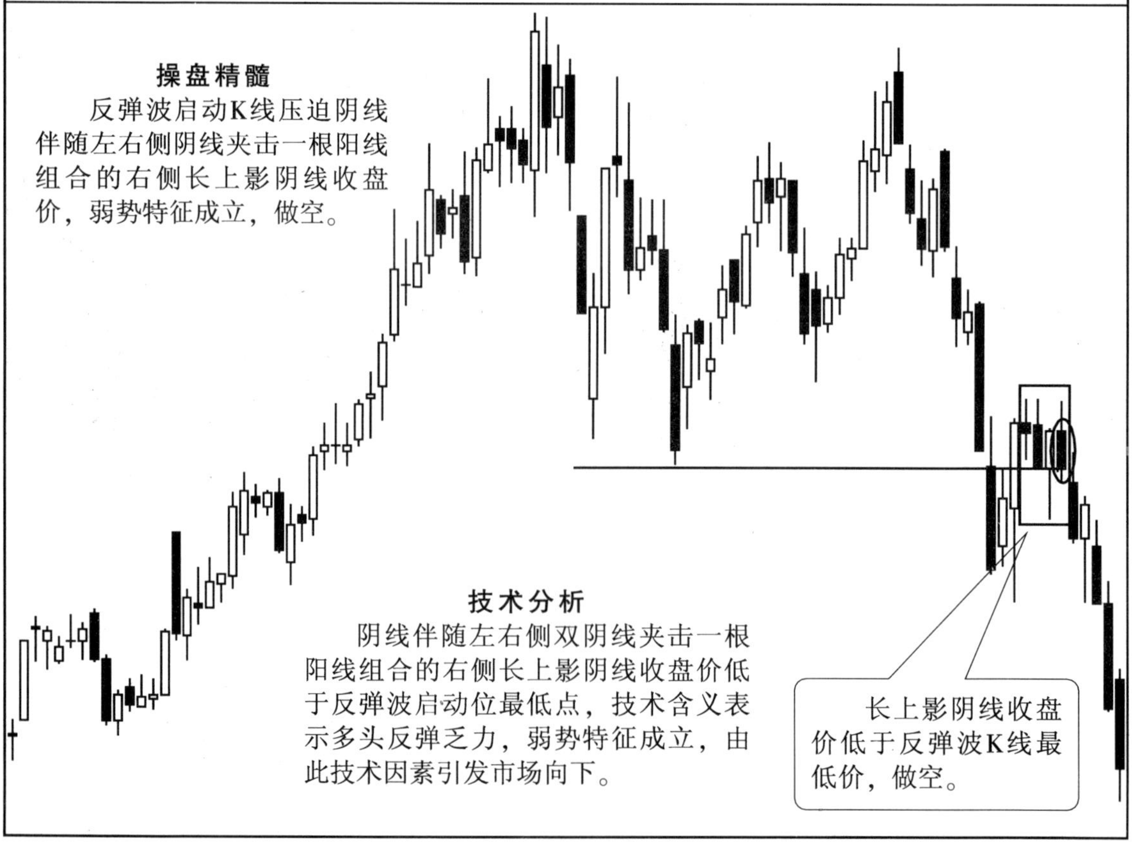
操盘精髓
反弹波启动K线压迫阴线伴随左右侧阴线夹击一根阳线组合的右侧长上影阴线收盘价，弱势特征成立，做空。
技术分析
阴线伴随左右侧双阴线夹击一根阳线组合的右侧长上影阴线收盘价低于反弹波启动位最低点，技术含义表示多头反弹乏力，弱势特征成立，由此技术因素引发市场向下。
长上影阴线收盘价低于反弹波K线最低价，做空。

操盘精髓

攻击阳线和平台整理区的阳线收盘价支撑左右侧双阴线夹击一根阳线组合的右侧长上影阴线收盘价，强势特征成立，做多。

技术分析

阴线伴随左右阴线夹击一根阳线组合的右侧长上影阴线收盘价高于整理区和攻击波阳线收盘价，技术含义表示多头支撑强，空头打压乏力，强势特征成立。

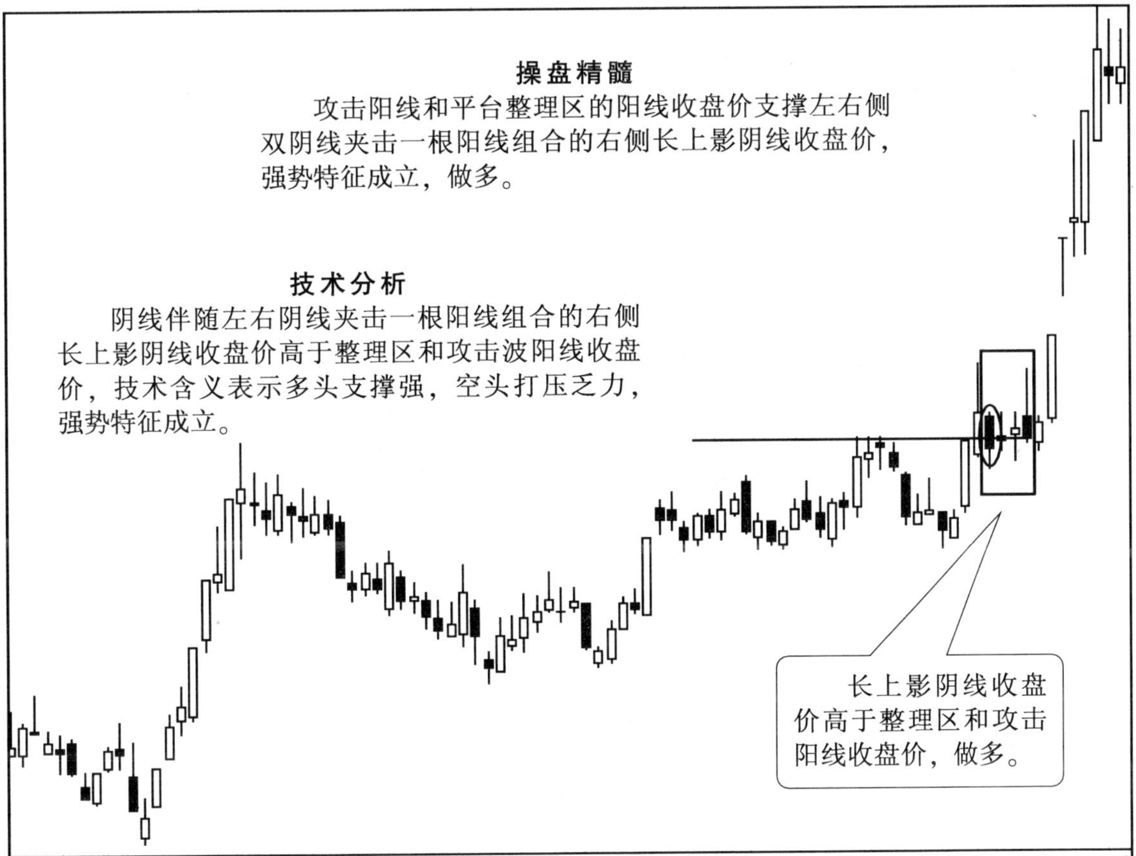

操盘精髓

整理区多根阳线收盘价支撑左右侧阴线夹击一根阳线组合的右侧长上影阴线收盘价，强势特征成立，做多。

技术分析

阴线伴随左右侧阴线夹击一根阳线组合的右侧长上影阴线收盘价高于整理区多根阳线高点，技术含义表示多头支撑强。

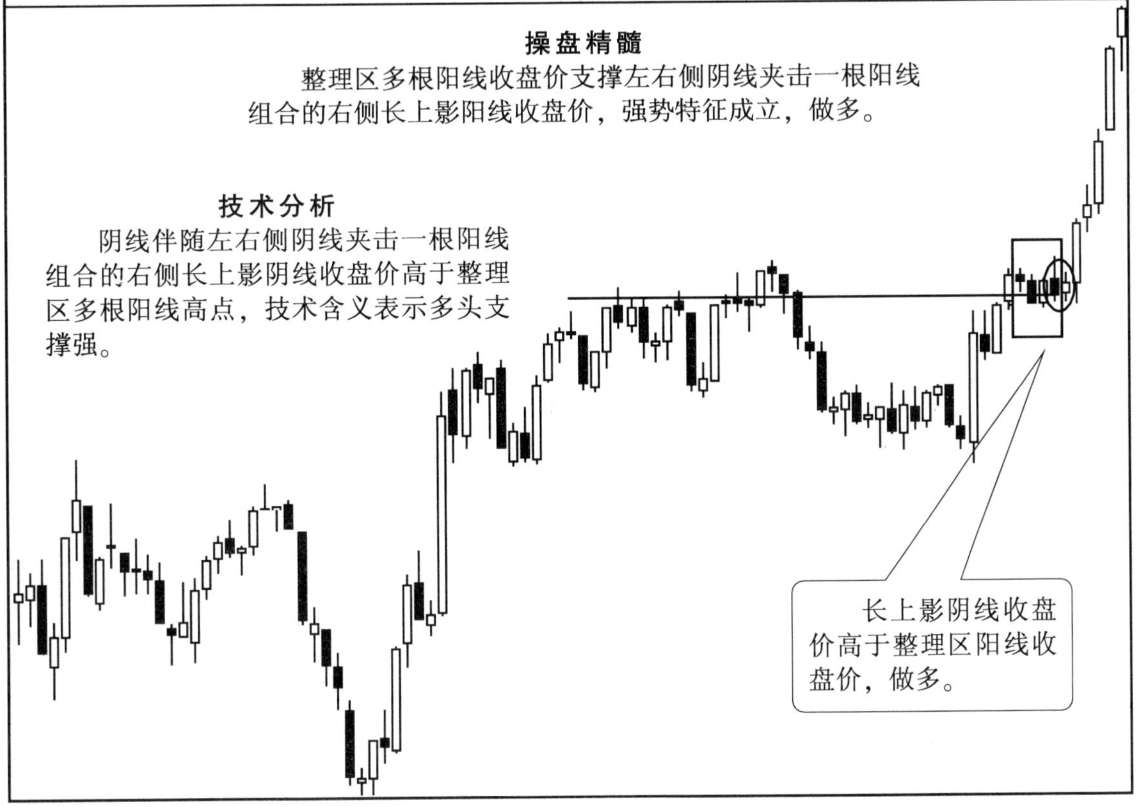

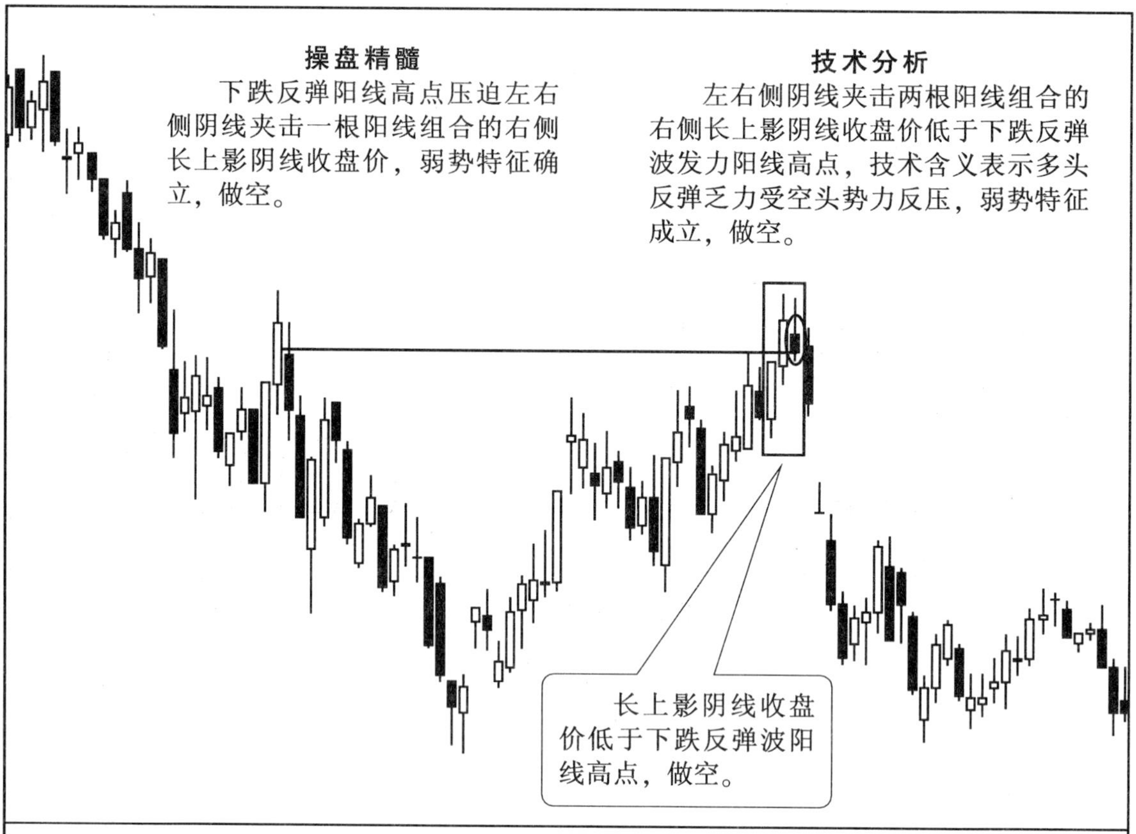

操盘精髓

下跌反弹阳线高点压迫左右侧阴线夹击一根阳线组合的右侧长上影阴线收盘价，弱势特征确立，做空。

技术分析

左右侧阴线夹击两根阳线组合的右侧长上影阴线收盘价低于下跌反弹波发力阳线高点，技术含义表示多头反弹乏力受空头势力反压，弱势特征成立，做空。

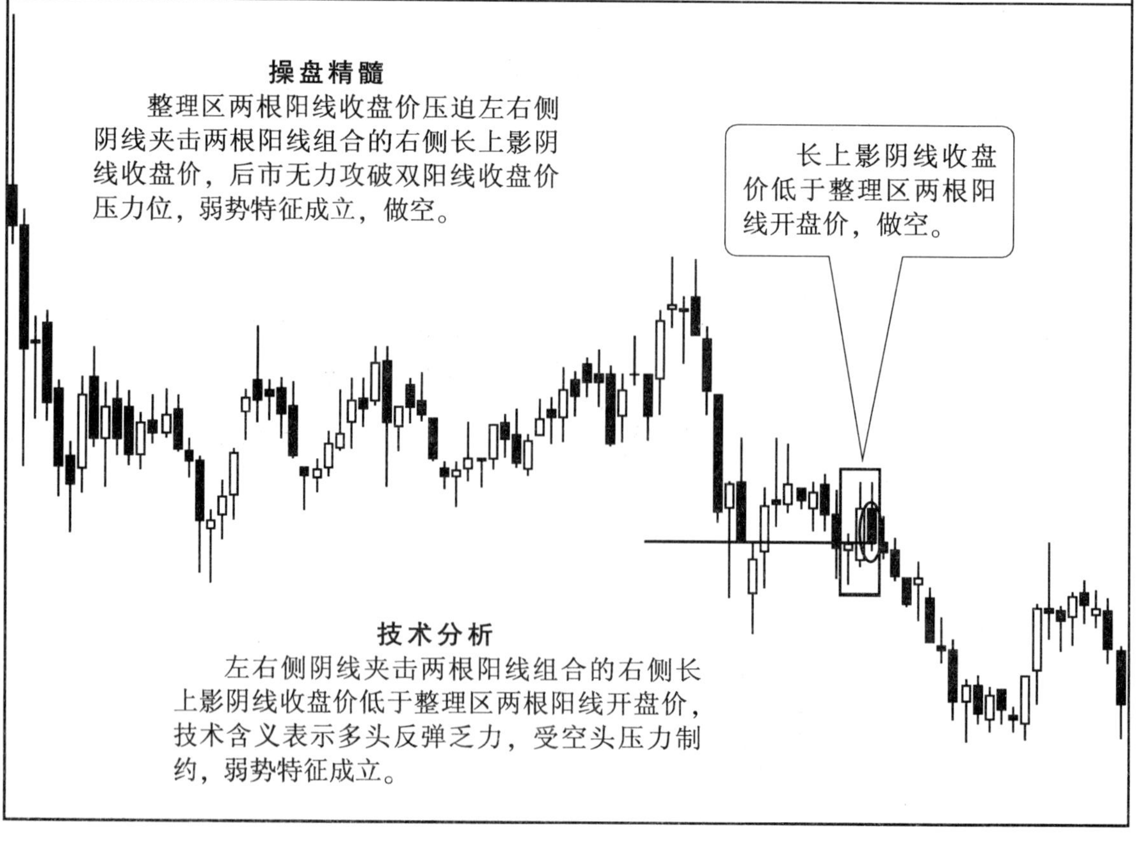

操盘精髓

整理区两根阳线收盘价压迫左右侧阴线夹击两根阳线组合的右侧长上影阴线收盘价，后市无力攻破双阳线收盘价压力位，弱势特征成立，做空。

技术分析

左右侧阴线夹击两根阳线组合的右侧长上影阴线收盘价低于整理区两根阳线开盘价，技术含义表示多头反弹乏力，受空头压力制约，弱势特征成立。

操盘精髓

下跌平台整理区两根发力阳线开盘价支撑左右侧阴线夹击一根阳线组合的右侧长上影阴线收盘价，强势特征成立，做多。

技术分析

左右侧阴线夹击两根阳线组合的右侧长上影阴线收盘价高于整理区平台两根发力阳线开盘价，多头成功攻破了空头防线，强势特征成立，做多。

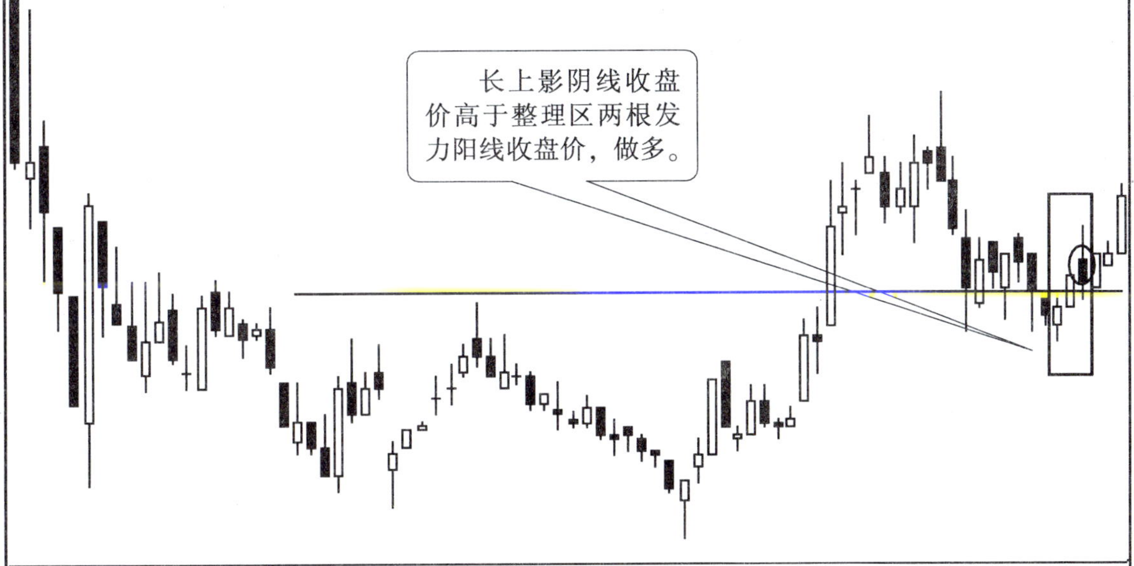

操盘精髓

双底形态启动阳线开盘价支撑左右侧阴线夹击两根阳线组合的右侧长上影阴线收盘价，强势特征成立，做多。

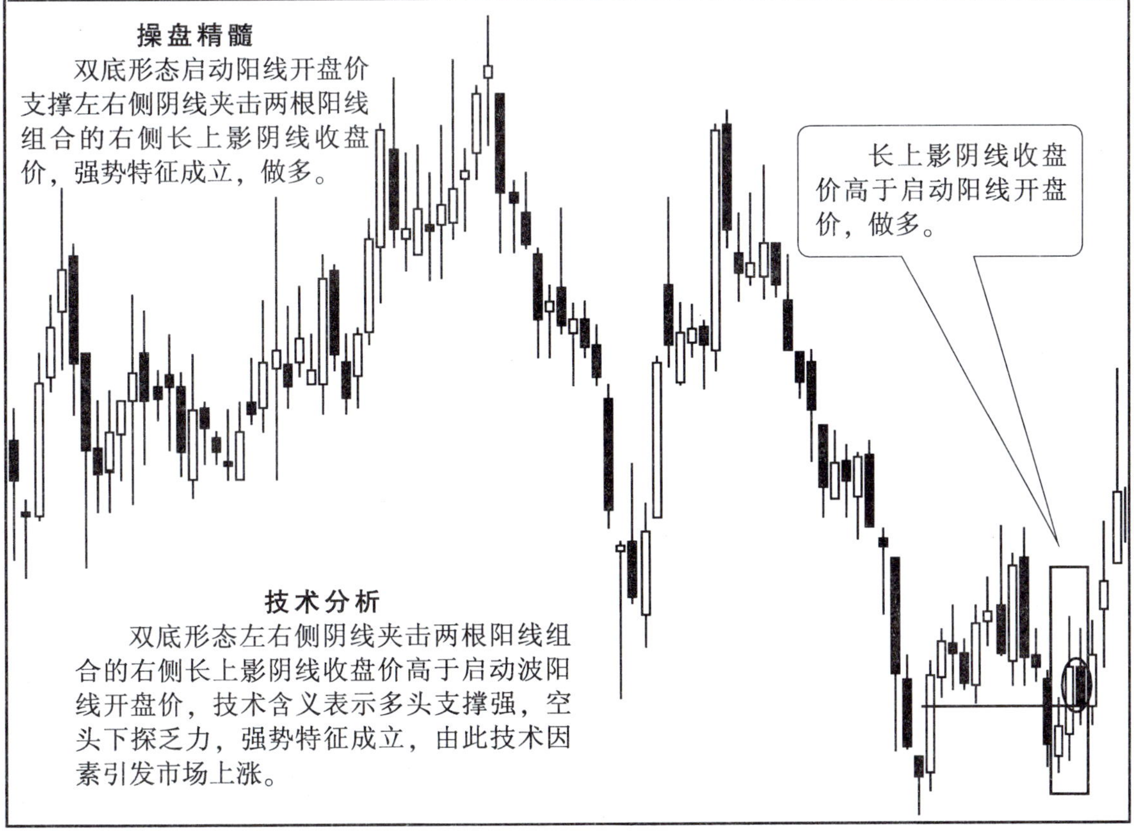

技术分析

双底形态左右侧阴线夹击两根阳线组合的右侧长上影阴线收盘价高于启动波阳线开盘价，技术含义表示多头支撑强，空头下探乏力，强势特征成立，由此技术因素引发市场上涨。

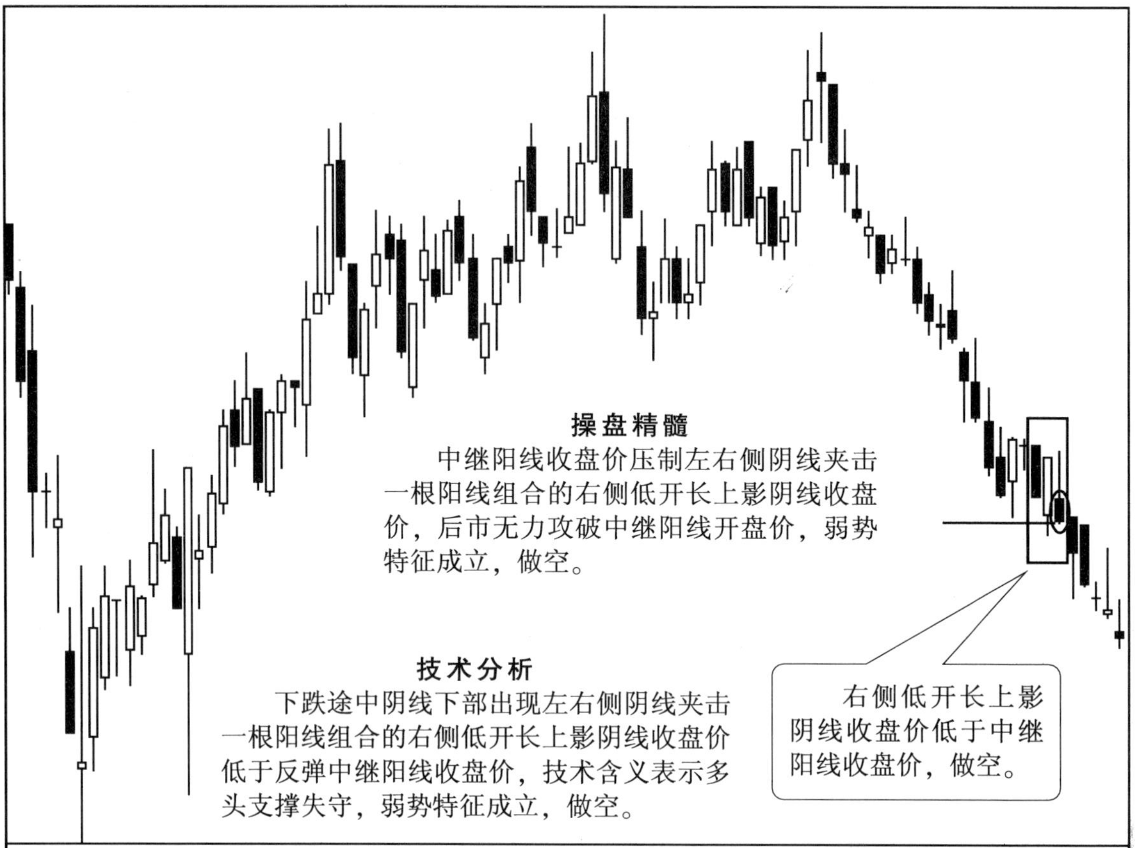
操盘精髓
中继阳线收盘价压制左右侧阴线夹击一根阳线组合的右侧低开长上影阴线收盘价，后市无力攻破中继阳线开盘价，弱势特征成立，做空。
技术分析
下跌途中阴线下部出现左右侧阴线夹击一根阳线组合的右侧低开长上影阴线收盘价低于反弹中继阳线收盘价，技术含义表示多头支撑失守，弱势特征成立，做空。
右侧低开长上影阴线收盘价低于中继阳线收盘价，做空。

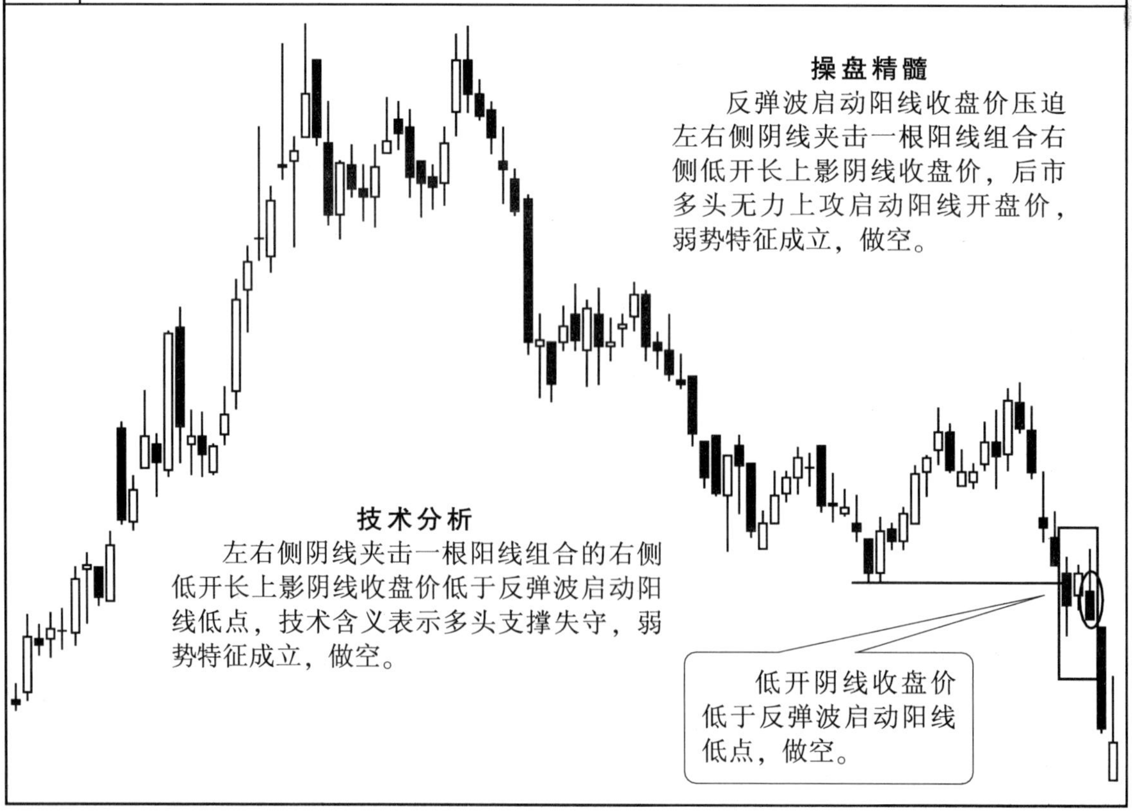
操盘精髓
反弹波启动阳线收盘价压迫左右侧阴线夹击一根阳线组合右侧低开长上影阴线收盘价，后市多头无力上攻启动阳线开盘价，弱势特征成立，做空。
技术分析
左右侧阴线夹击一根阳线组合的右侧低开长上影阴线收盘价低于反弹波启动阳线低点，技术含义表示多头支撑失守，弱势特征成立，做空。
低开阴线收盘价低于反弹波启动阳线低点，做空。

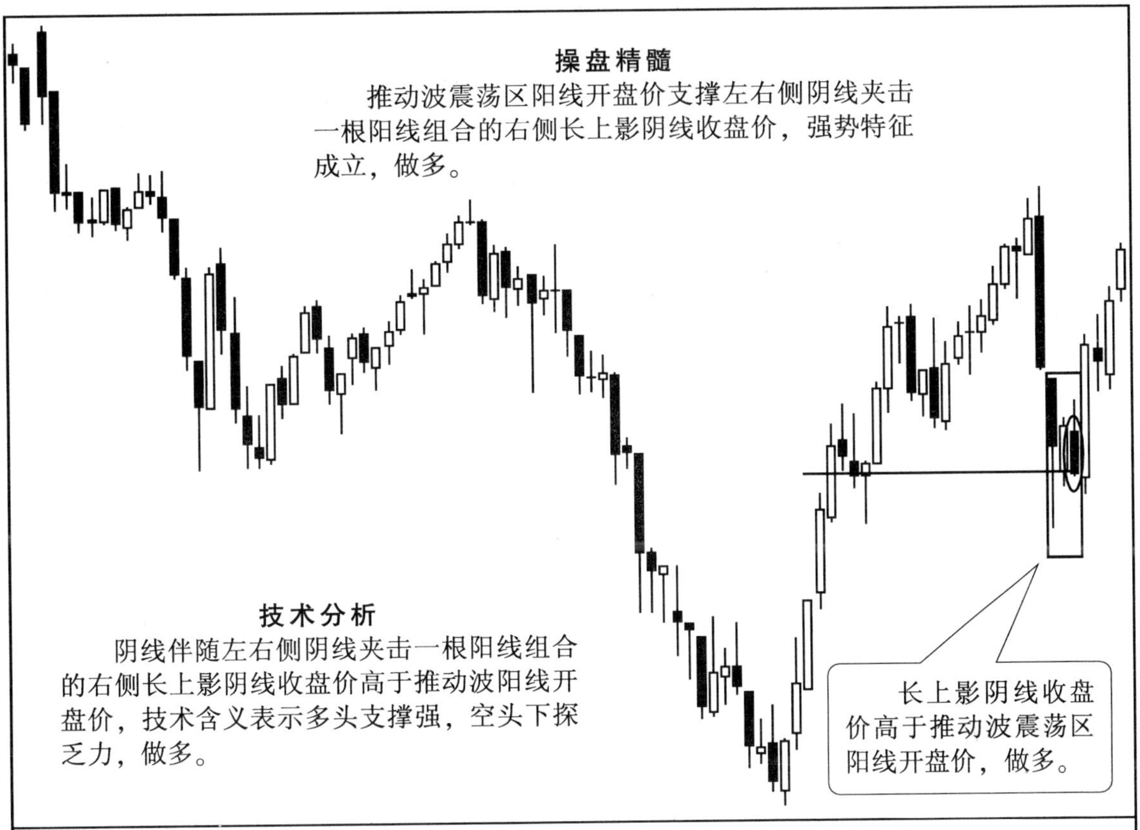
操盘精髓
推动波震荡区阳线开盘价支撑左右侧阴线夹击一根阳线组合的右侧长上影阴线收盘价，强势特征成立，做多。
技术分析
阴线伴随左右侧阴线夹击一根阳线组合的右侧长上影阴线收盘价高于推动波阳线开盘价，技术含义表示多头支撑强，空头下探乏力，做多。
长上影阴线收盘价高于推动波震荡区阳线开盘价，做多。

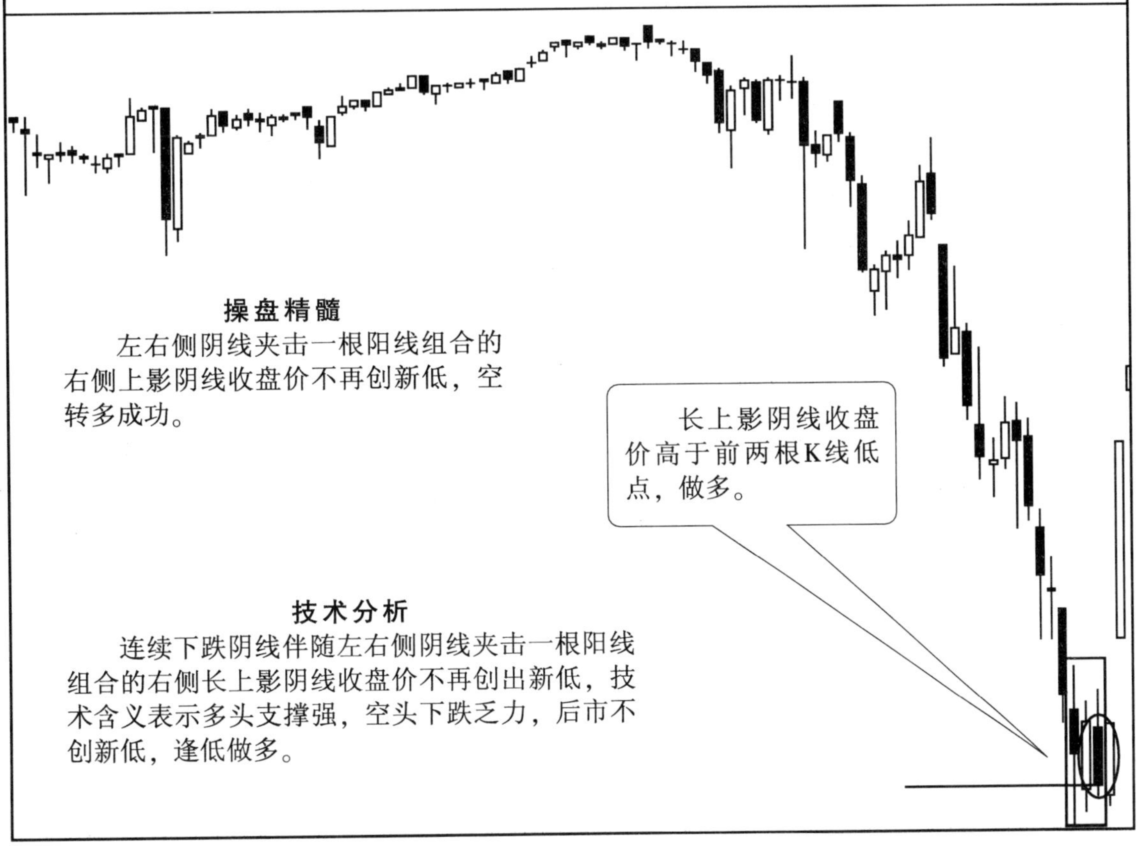
操盘精髓
左右侧阴线夹击一根阳线组合的右侧上影阴线收盘价不再创新低，空转多成功。
长上影阴线收盘价高于前两根K线低点，做多。
技术分析
连续下跌阴线伴随左右侧阴线夹击一根阳线组合的右侧长上影阴线收盘价不再创出新低，技术含义表示多头支撑强，空头下跌乏力，后市不创新低，逢低做多。

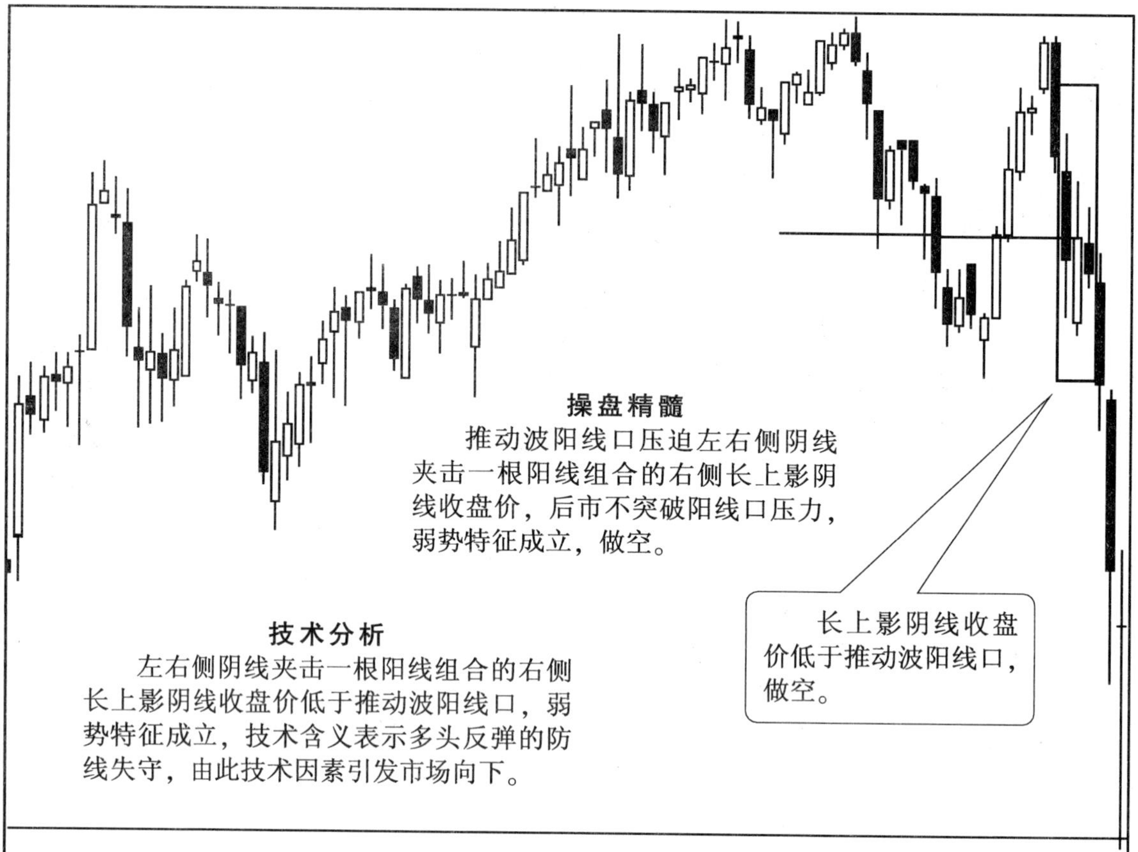
操盘精髓
推动波阳线口压迫左右侧阴线夹击一根阳线组合的右侧长上影阴线收盘价，后市不突破阳线口压力，弱势特征成立，做空。
技术分析
左右侧阴线夹击一根阳线组合的右侧长上影阴线收盘价低于推动波阳线口，弱势特征成立，技术含义表示多头反弹的防线失守，由此技术因素引发市场向下。
长上影阴线收盘价低于推动波阳线口，做空。

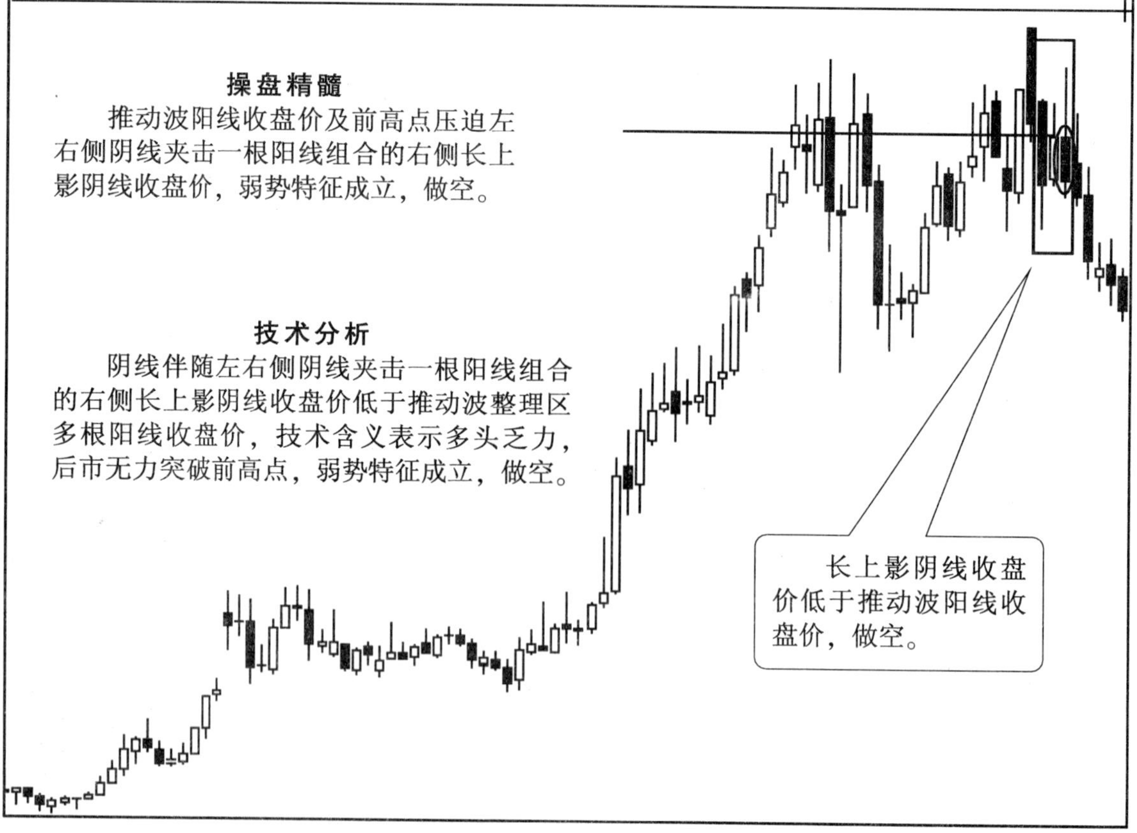
操盘精髓
推动波阳线收盘价及前高点压迫左右侧阴线夹击一根阳线组合的右侧长上影阴线收盘价，弱势特征成立，做空。
技术分析
阴线伴随左右侧阴线夹击一根阳线组合的右侧长上影阴线收盘价低于推动波整理区多根阳线收盘价，技术含义表示多头乏力，后市无力突破前高点，弱势特征成立，做空。
长上影阴线收盘价低于推动波阳线收盘价，做空。

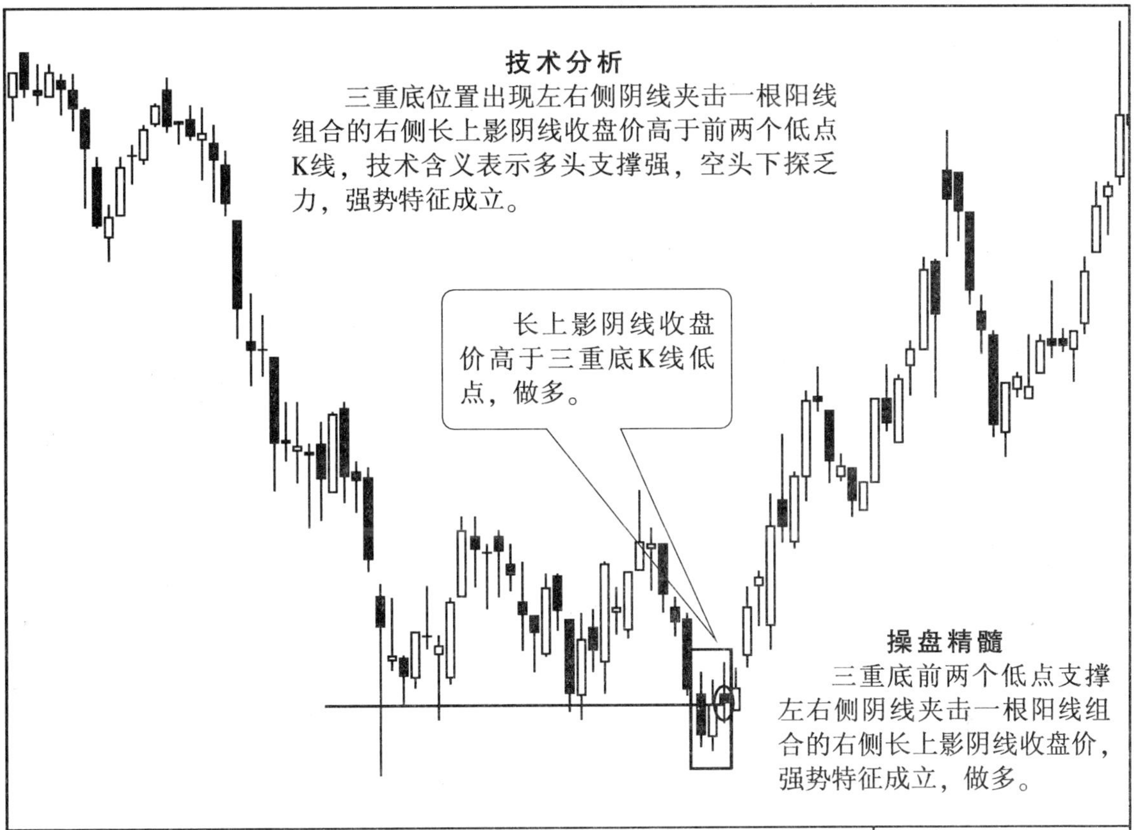

技术分析

三重底位置出现左右侧阴线夹击一根阳线组合的右侧长上影阴线收盘价高于前两个低点K线，技术含义表示多头支撑强，空头下探乏力，强势特征成立。

操盘精髓

三重底前两个低点支撑左右侧阴线夹击一根阳线组合的右侧长上影阴线收盘价，强势特征成立，做多。

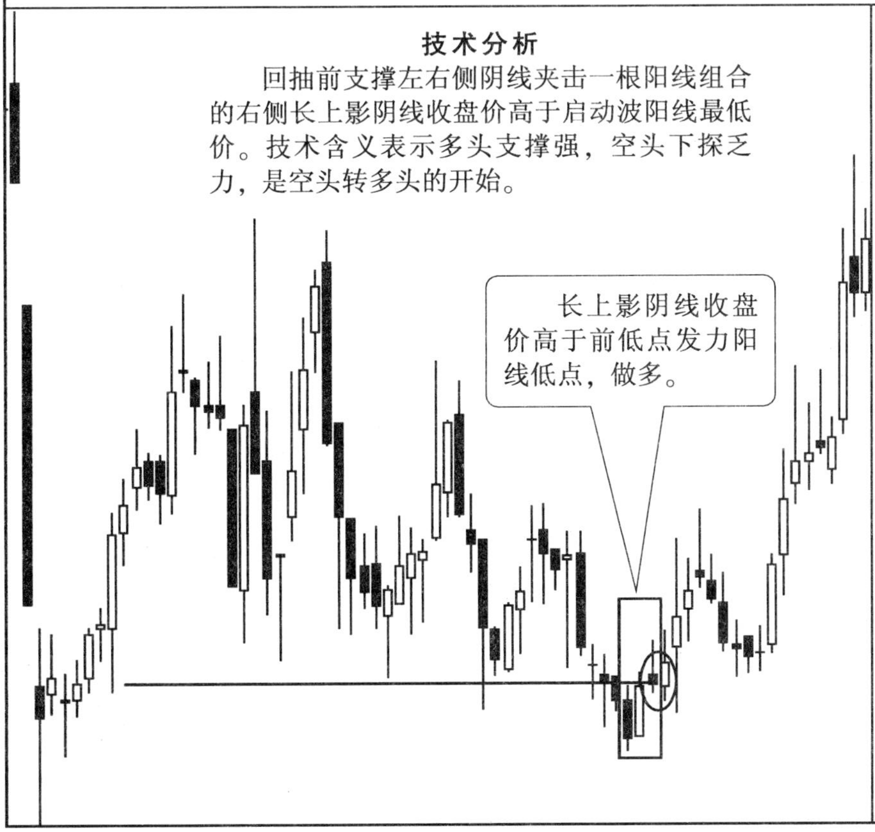

技术分析

回抽前支撑左右侧阴线夹击一根阳线组合的右侧长上影阴线收盘价高于启动波阳线最低价。技术含义表示多头支撑强，空头下探乏力，是空头转多头的开始。

操盘精髓

前低点支撑左右侧阴线夹击一根阳线组合的右侧长上影阴线收盘价，且长上影阴线收盘于阳线实体上部，强势特征成立，做多。

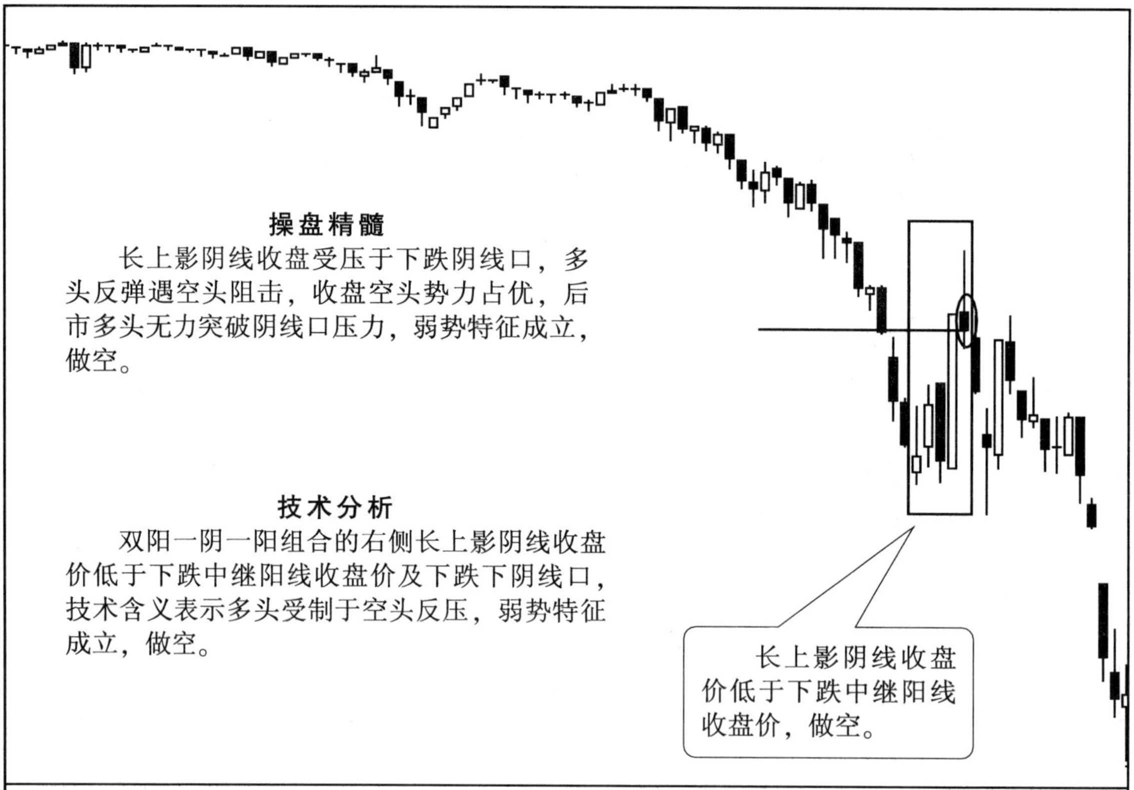

操盘精髓

长上影阴线收盘受压于下跌阴线口，多头反弹遇空头阻击，收盘空头势力占优，后市多头无力突破阴线口压力，弱势特征成立，做空。

技术分析

双阳一阴一阳组合的右侧长上影阴线收盘价低于下跌中继阳线收盘价及下跌下阴线口，技术含义表示多头受制于空头反压，弱势特征成立，做空。

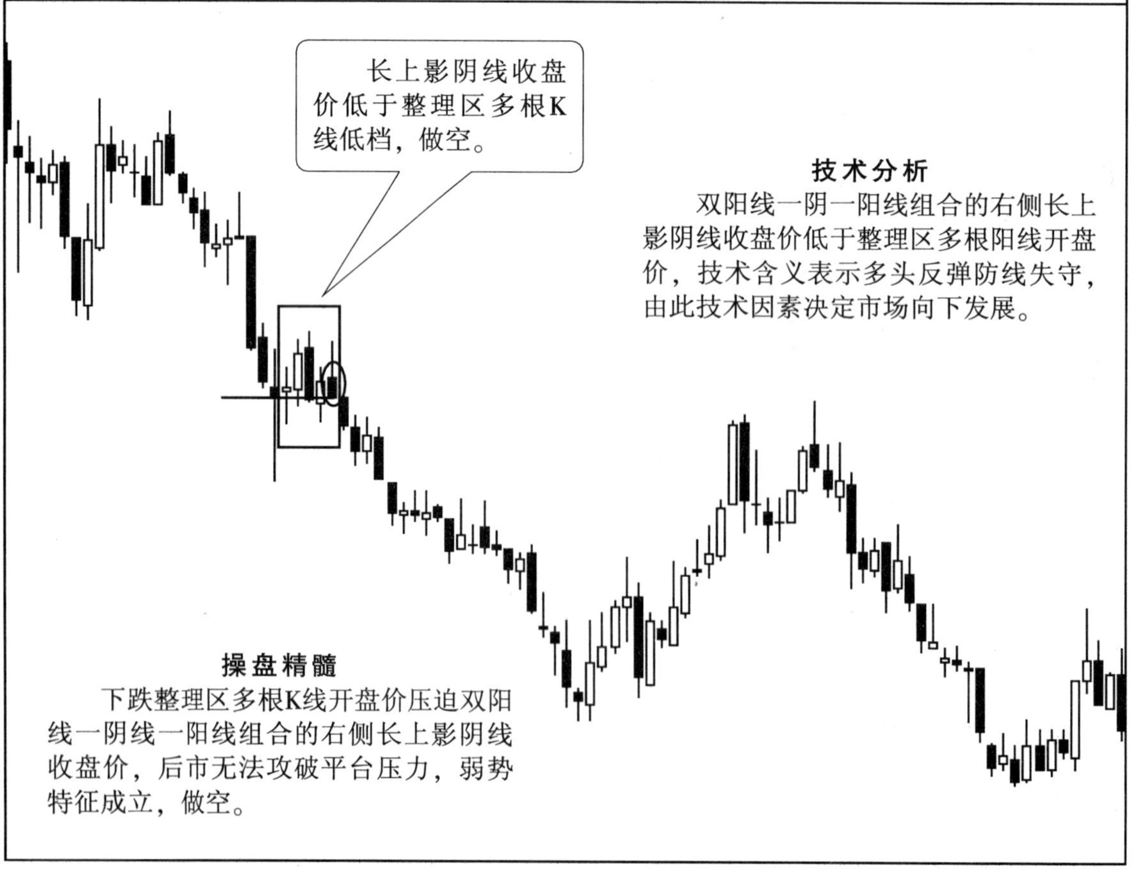

技术分析

双阳线一阴一阳线组合的右侧长上影阴线收盘价低于整理区多根阳线开盘价，技术含义表示多头反弹防线失守，由此技术因素决定市场向下发展。

操盘精髓

下跌整理区多根K线开盘价压迫双阳线一阴线一阳线组合的右侧长上影阴线收盘价，后市无法攻破平台压力，弱势特征成立，做空。

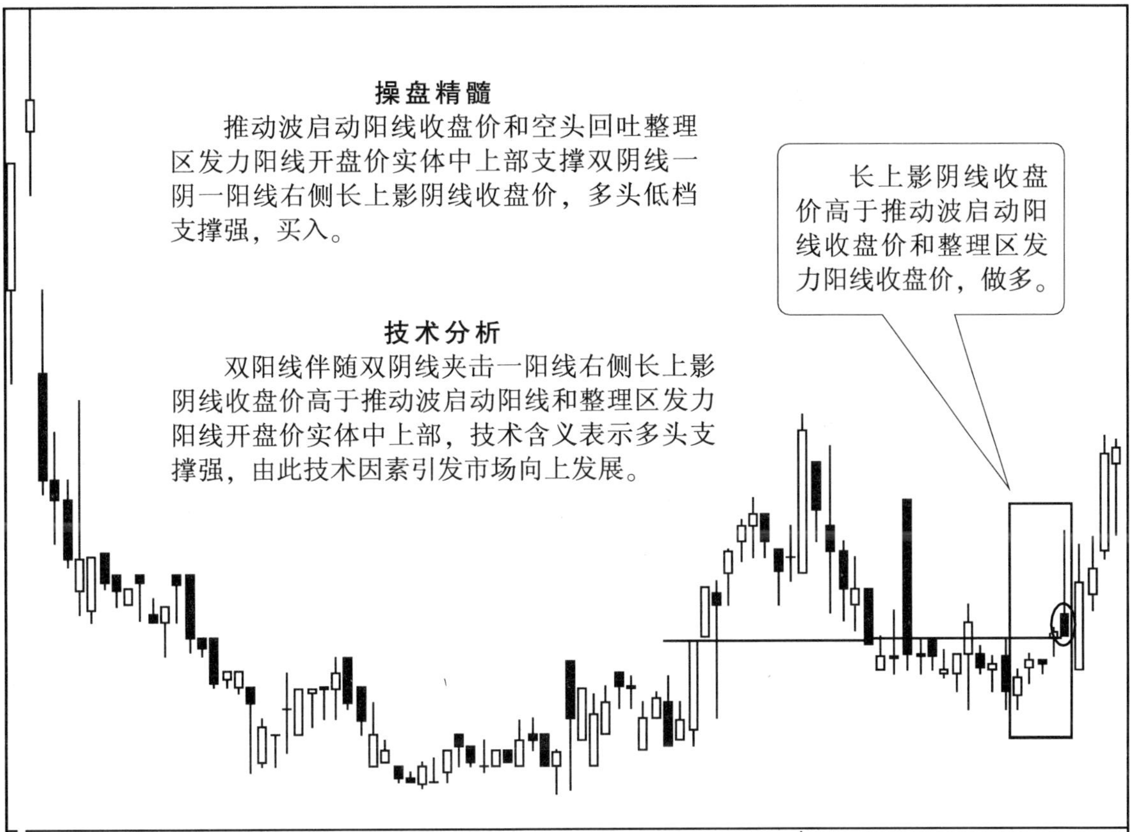

操盘精髓

推动波启动阳线收盘价和空头回吐整理区发力阳线开盘价实体中上部支撑双阴线一阴一阳线右侧长上影阴线收盘价，多头低档支撑强，买入。

技术分析

双阳线伴随双阴线夹击一阳线右侧长上影阴线收盘价高于推动波启动阳线和整理区发力阳线开盘价实体中上部，技术含义表示多头支撑强，由此技术因素引发市场向上发展。

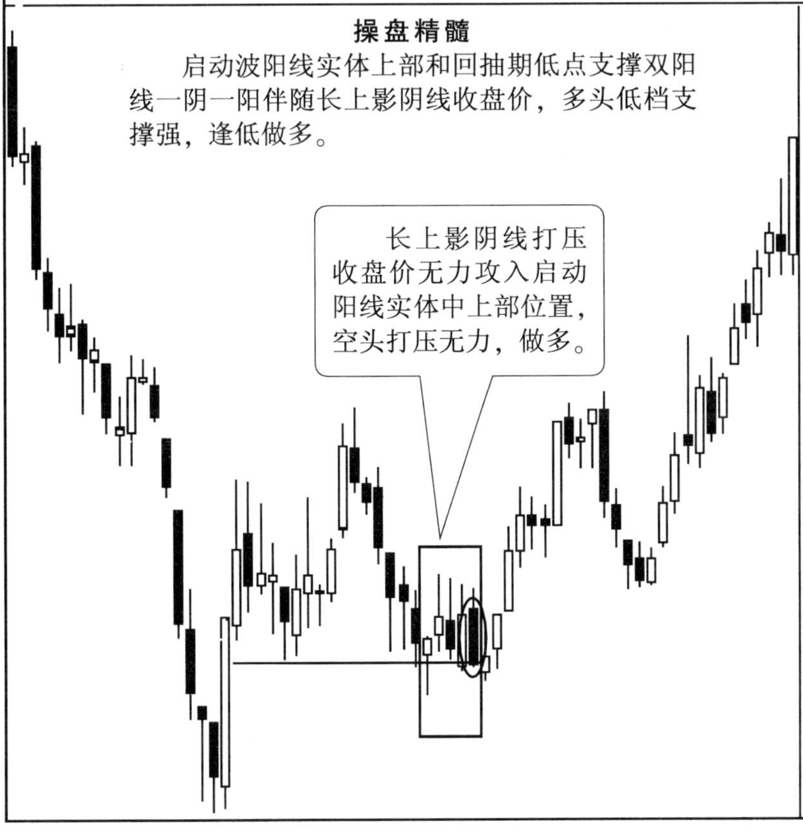

操盘精髓

启动波阳线实体上部和回抽期低点支撑双阳线一阴一阳伴随长上影阴线收盘价，多头低档支撑强，逢低做多。

技术分析

双阳线伴随双阴线夹击一阳线的右侧长上影阴线收盘价高于前几根K线开盘价和启动波发力阳线实体中上部，技术含义表示多头支撑强，空头下探乏力，由此技术因素引发市场向上突破。

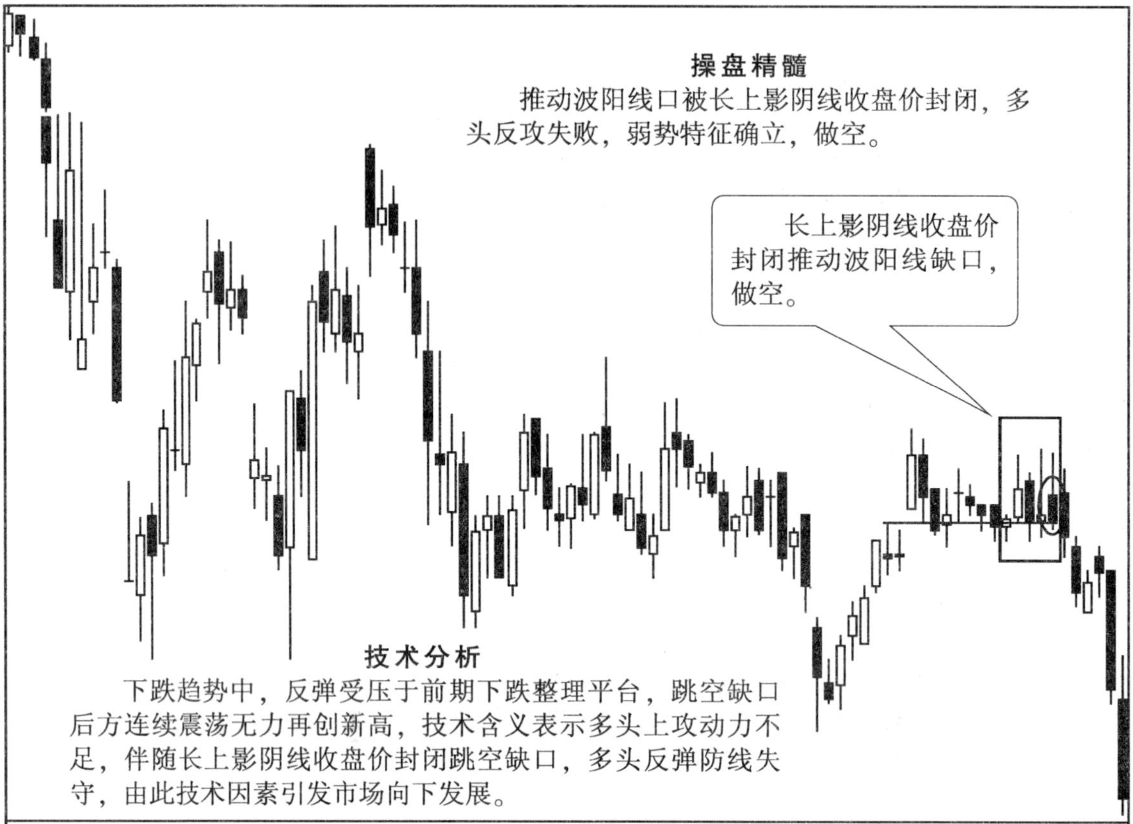

操盘精髓

推动波阳线口被长上影阴线收盘价封闭，多头反攻失败，弱势特征确立，做空。

技术分析

下跌趋势中，反弹受压于前期下跌整理平台，跳空缺口后方连续震荡无力再创新高，技术含义表示多头上攻动力不足，伴随长上影阴线收盘价封闭跳空缺口，多头反弹防线失守，由此技术因素引发市场向下发展。

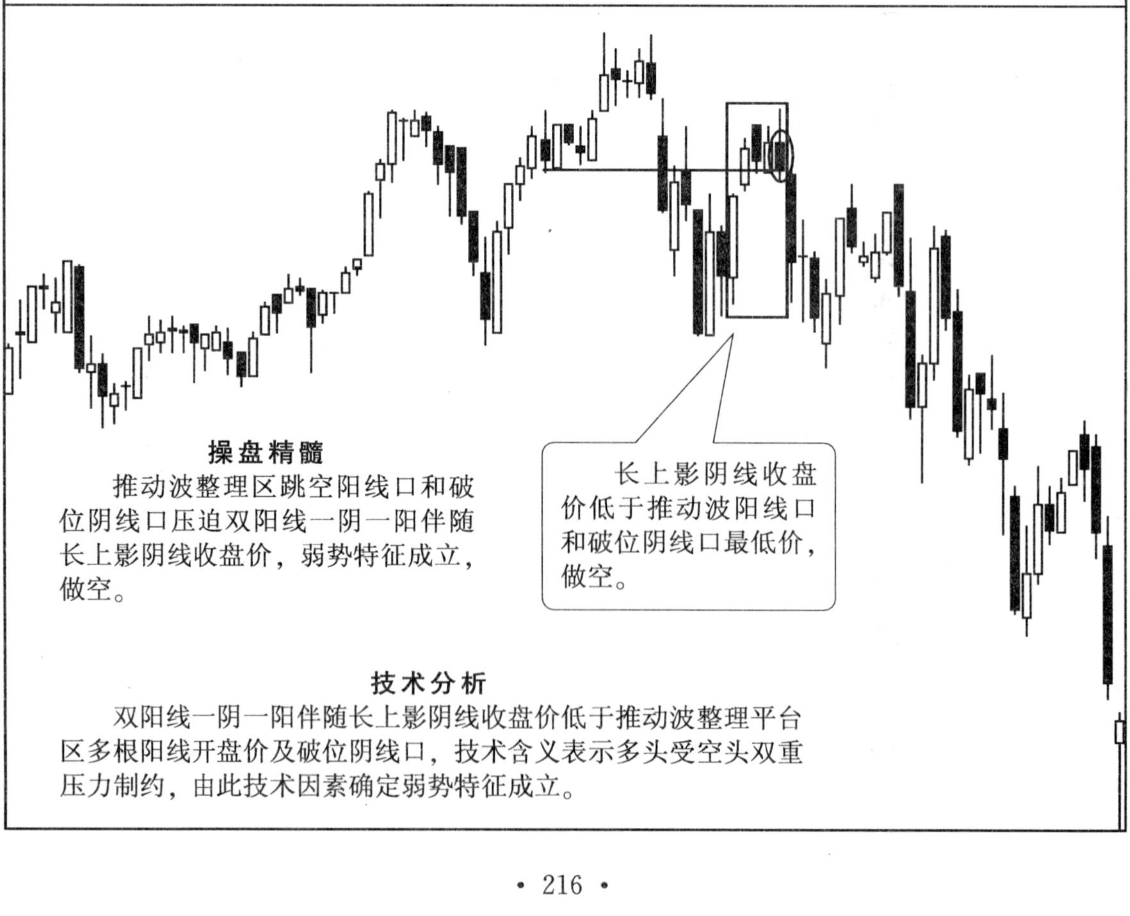

操盘精髓

推动波整理区跳空阳线口和破位阴线口压迫双阳线一阴一阳伴随长上影阴线收盘价，弱势特征成立，做空。

技术分析

双阳线一阴一阳伴随长上影阴线收盘价低于推动波整理平台区多根阳线开盘价及破位阴线口，技术含义表示多头受空头双重压力制约，由此技术因素确定弱势特征成立。

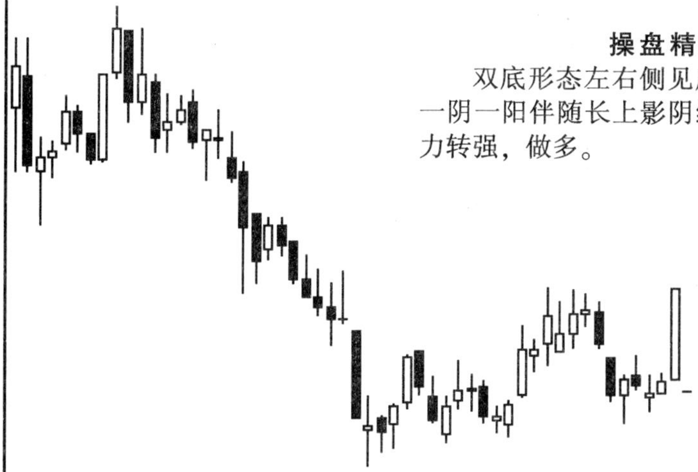

操盘精髓

双底形态左右侧见底阳线支撑双阳线一阴一阳伴随长上影阴线收盘价，多头势力转强，做多。

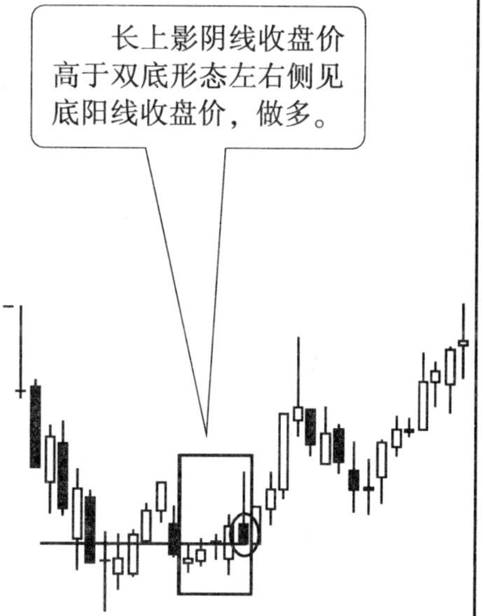

技术分析

中期下跌途中，连续三根阳线收盘实体越来越小，说明空头势力减弱，伴随长上影阴线收盘无力攻入阳线实体一半，技术含义表示多头低档支撑，空头打压乏力，由此技术因素引发市场向上发展。

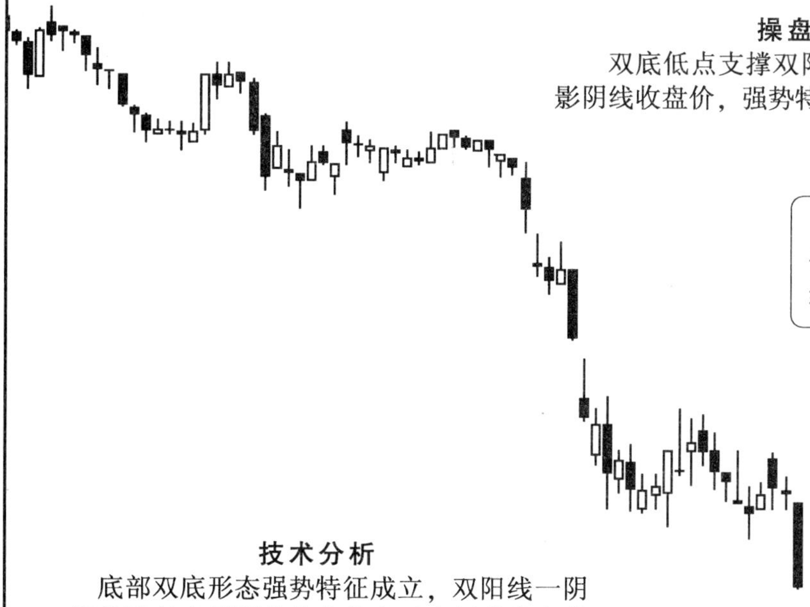

操盘精髓

双底低点支撑双阳线一阴一阳伴随长上影阴线收盘价，强势特征成立，买入。

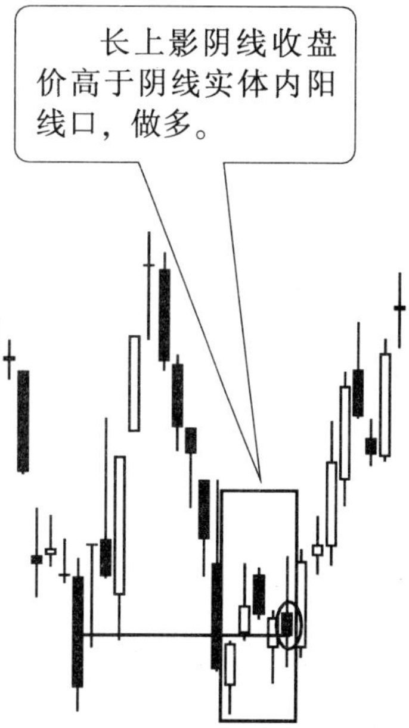

技术分析

底部双底形态强势特征成立，双阳线一阴一阳伴随长上影阴线收盘价高于左侧阴线实体中部和右侧见底阳线收盘价线口，技术含义表示多头支撑强，空头下探乏力，强势特征成立，由此技术因素引发市场上涨。

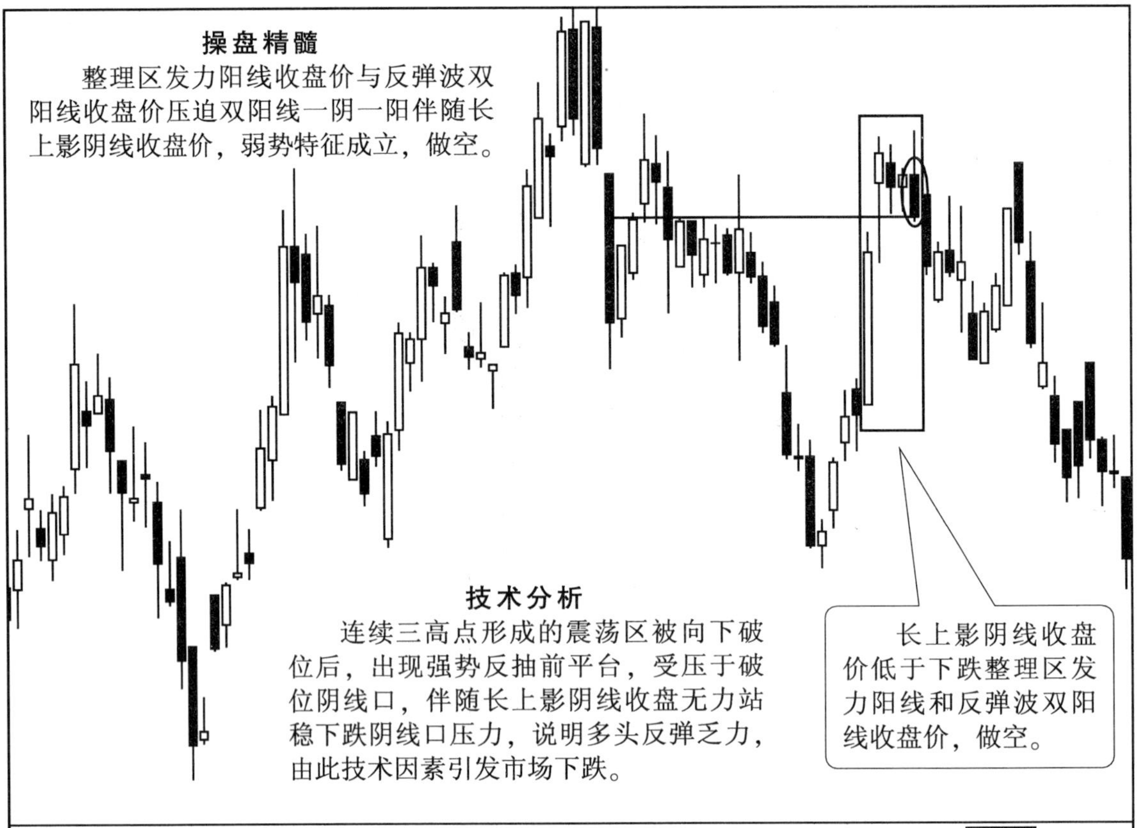

操盘精髓

整理区发力阳线收盘价与反弹波双阳线收盘价压迫双阳线一阴一阳伴随长上影阴线收盘价，弱势特征成立，做空。

技术分析

连续三高点形成的震荡区被向下破位后，出现强势反抽前平台，受压于破位阴线口，伴随长上影阴线收盘无力站稳下跌阴线口压力，说明多头反弹乏力，由此技术因素引发市场下跌。

长上影阴线收盘价低于下跌整理区发力阳线和反弹波双阳线收盘价，做空。

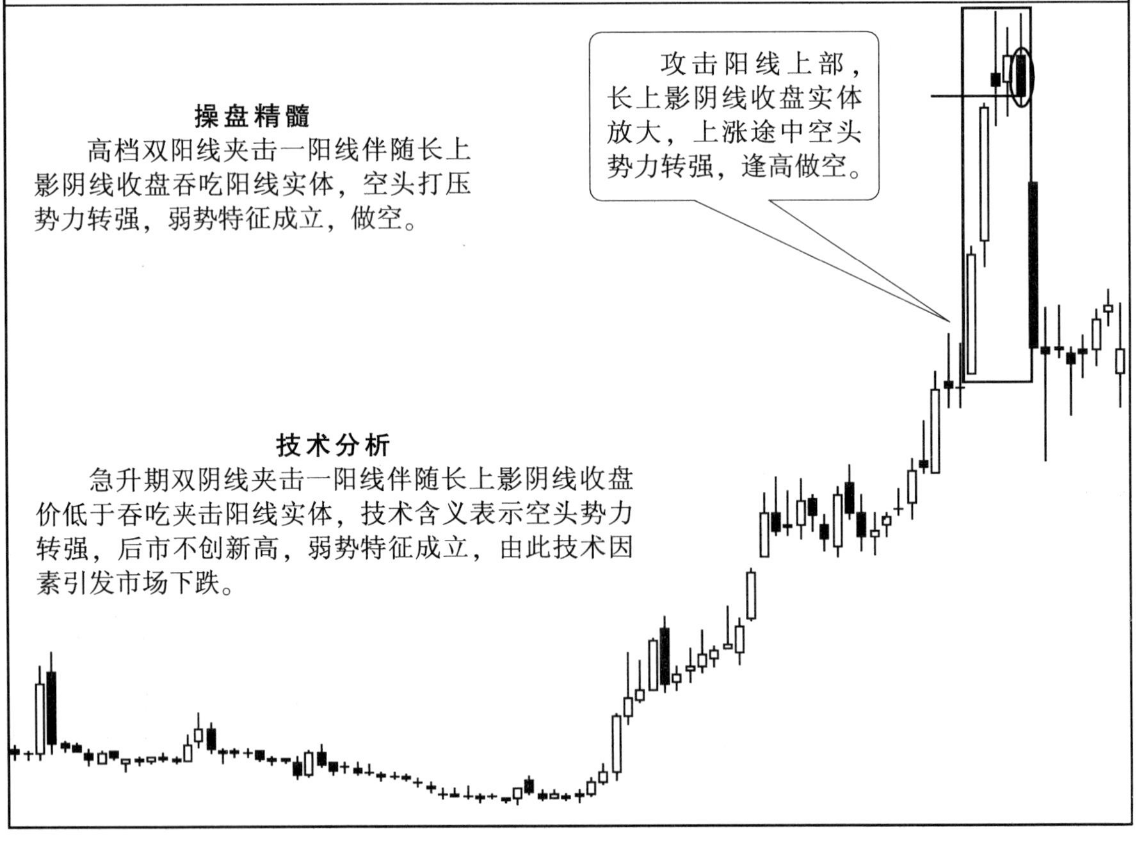

攻击阳线上部，长上影阴线收盘实体放大，上涨途中空头势力转强，逢高做空。

操盘精髓

高档双阳线夹击一阳线伴随长上影阴线收盘吞吃阳线实体，空头打压势力转强，弱势特征成立，做空。

技术分析

急升期双阴线夹击一阳线伴随长上影阴线收盘价低于吞吃夹击阳线实体，技术含义表示空头势力转强，后市不创新高，弱势特征成立，由此技术因素引发市场下跌。

操盘精髓

整理震荡区两根发力阳线支撑双阴线夹击一阳线的右侧长上影阴线收盘价，强势特征确立，做多。

技术分析

阳线上方双阴线夹击一阳线右侧长上影阴线收盘价高于发力阳线收盘价，技术含义表示多头成功攻破空头防线，强势特征确立，由此技术因素引发市场向上。

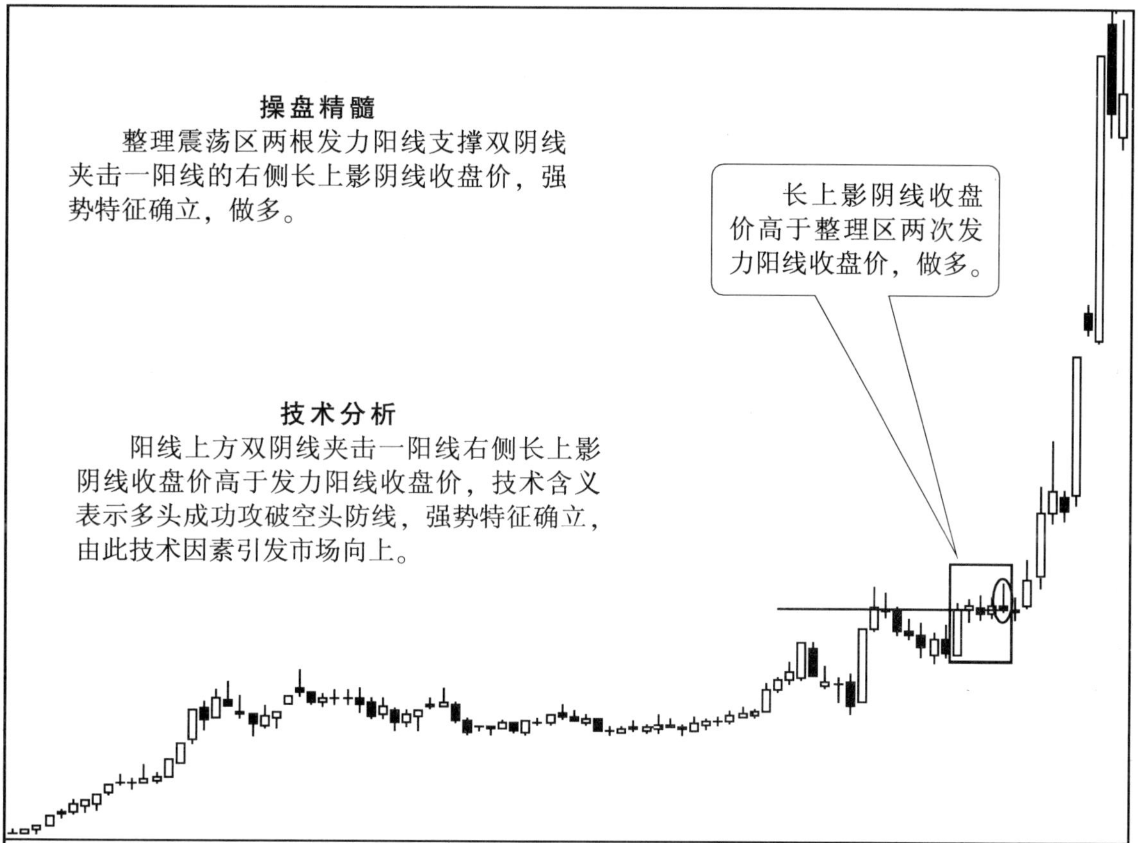

操盘精髓

推动波整理区平衡阳线收盘价和攻击波发力阳线收盘价支撑双阳线一阴一阳伴随长上影阴线收盘价，强势特征成立，做多。

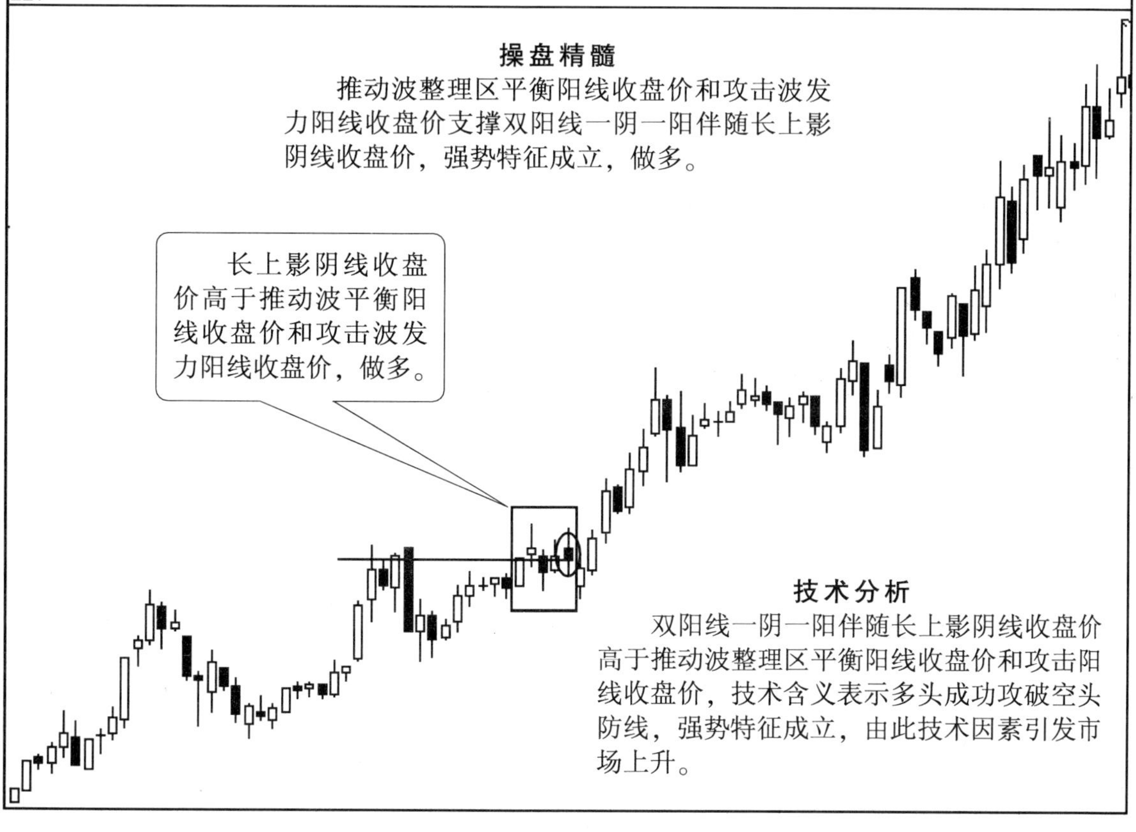

技术分析

双阳线一阴一阳伴随长上影阴线收盘价高于推动波整理区平衡阳线收盘价和攻击阳线收盘价，技术含义表示多头成功攻破空头防线，强势特征成立，由此技术因素引发市场上升。

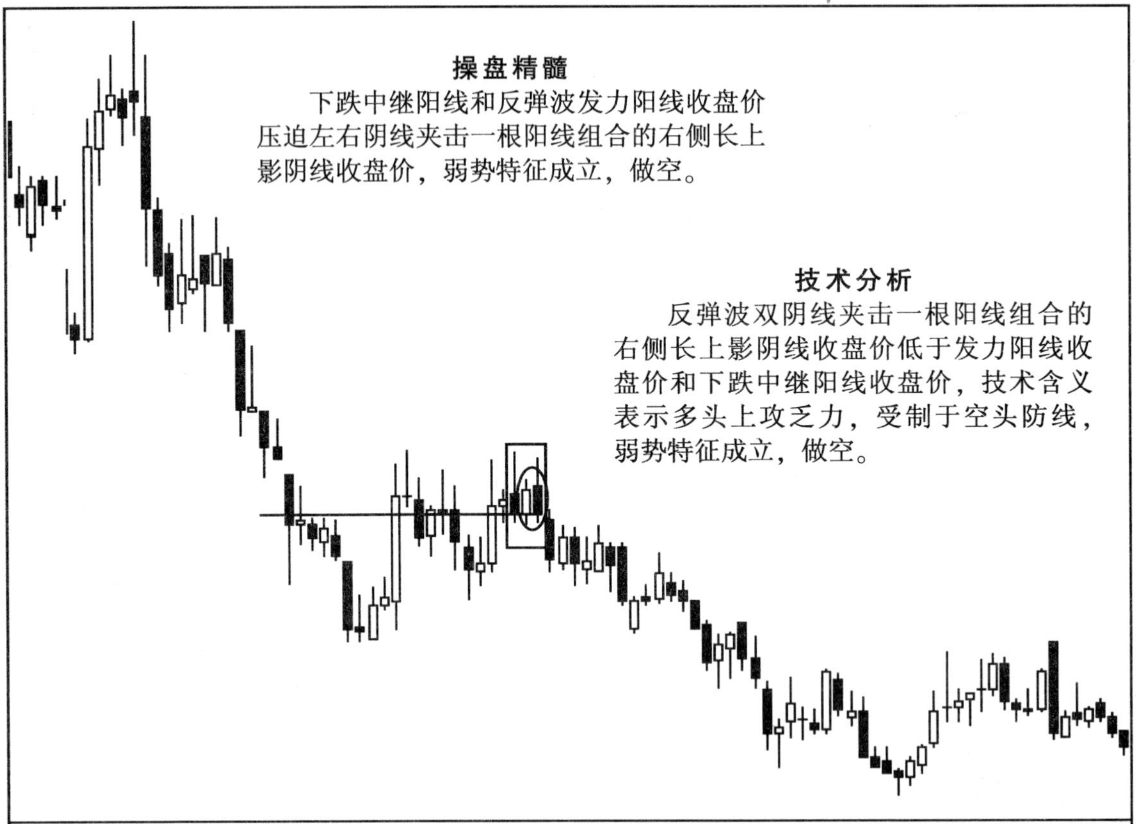
操盘精髓
下跌中继阳线和反弹波发力阳线收盘价压迫左右阴线夹击一根阳线组合的右侧长上影阴线收盘价，弱势特征成立，做空。
技术分析
反弹波双阴线夹击一根阳线组合的右侧长上影阴线收盘价低于发力阳线收盘价和下跌中继阳线收盘价，技术含义表示多头上攻乏力，受制于空头防线，弱势特征成立，做空。

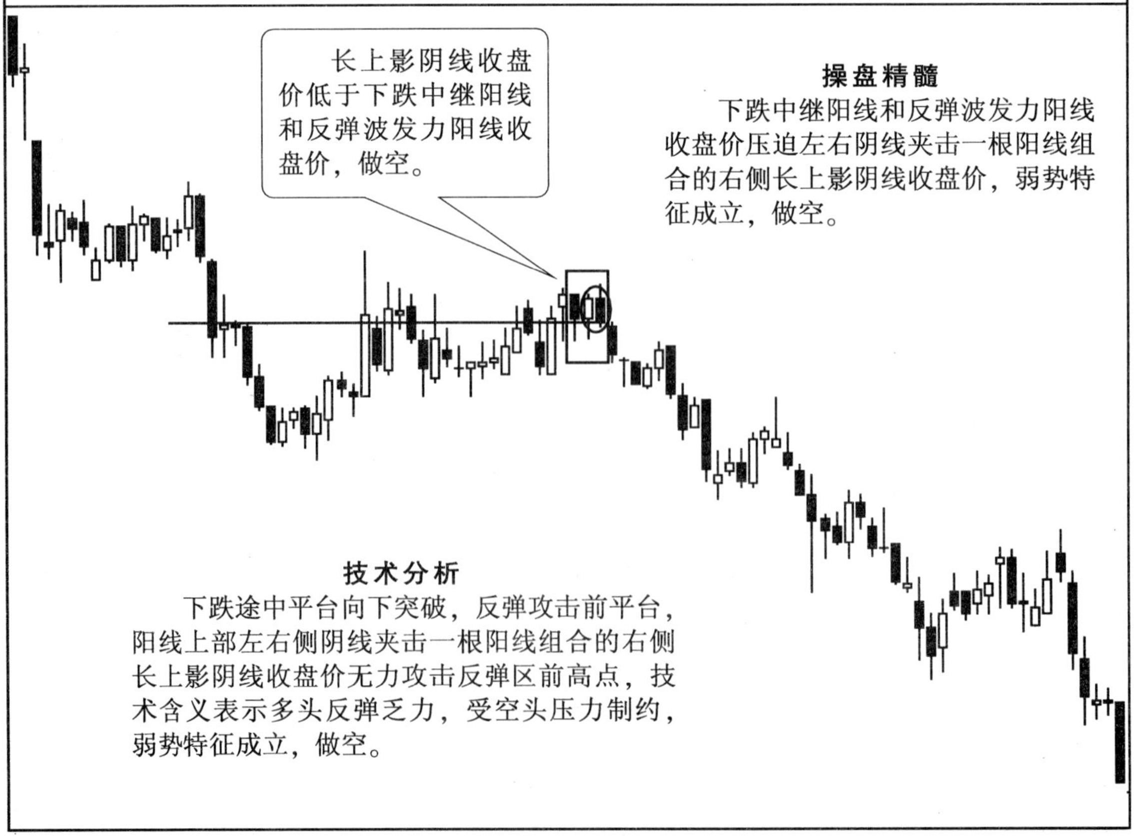
长上影阴线收盘价低于下跌中继阳线和反弹波发力阳线收盘价，做空。
操盘精髓
下跌中继阳线和反弹波发力阳线收盘价压迫左右阴线夹击一根阳线组合的右侧长上影阴线收盘价，弱势特征成立，做空。
技术分析
下跌途中平台向下突破，反弹攻击前平台，阳线上部左右侧阴线夹击一根阳线组合的右侧长上影阴线收盘价无力攻击反弹区前高点，技术含义表示多头反弹乏力，受空头压力制约，弱势特征成立，做空。

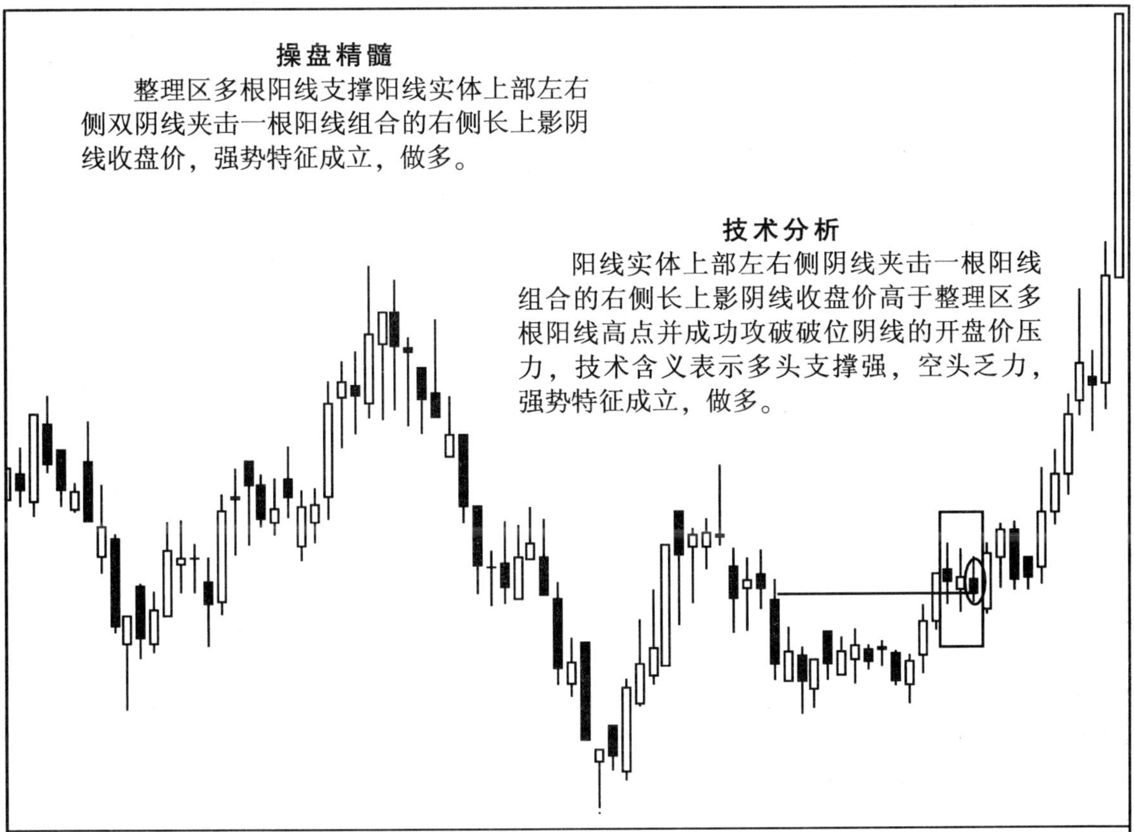
操盘精髓
整理区多根阳线支撑阳线实体上部左右侧双阴线夹击一根阳线组合的右侧长上影阴线收盘价，强势特征成立，做多。
技术分析
阳线实体上部左右侧阴线夹击一根阳线组合的右侧长上影阴线收盘价高于整理区多根阳线高点并成功攻破破位阴线的开盘价压力，技术含义表示多头支撑强，空头乏力，强势特征成立，做多。

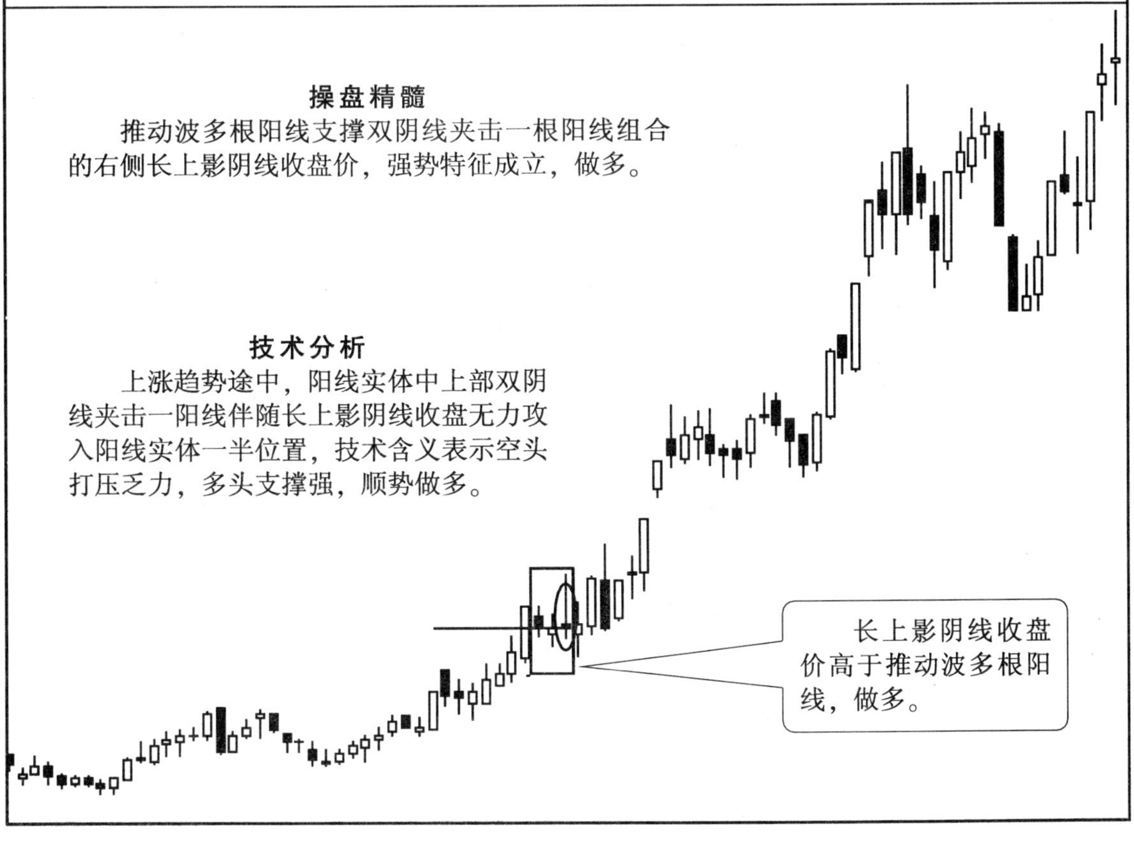
操盘精髓
推动波多根阳线支撑双阴线夹击一根阳线组合的右侧长上影阴线收盘价，强势特征成立，做多。
技术分析
上涨趋势途中，阳线实体中上部双阴线夹击一阳线伴随长上影阴线收盘无力攻入阳线实体一半位置，技术含义表示空头打压乏力，多头支撑强，顺势做多。
长上影阴线收盘价高于推动波多根阳线，做多。

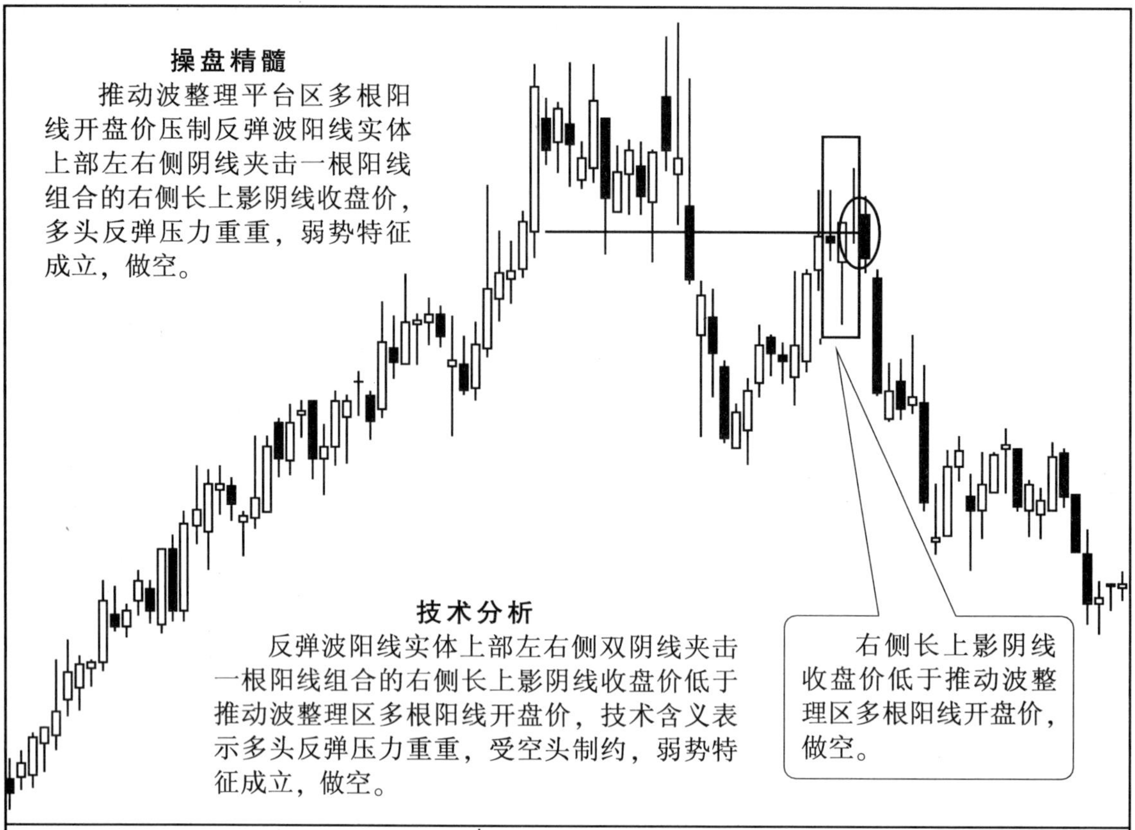

操盘精髓

推动波整理平台区多根阳线开盘价压制反弹波阳线实体上部左右侧阴线夹击一根阳线组合的右侧长上影阴线收盘价，多头反弹压力重重，弱势特征成立，做空。

技术分析

反弹波阳线实体上部左右侧双阴线夹击一根阳线组合的右侧长上影阴线收盘价低于推动波整理区多根阳线开盘价，技术含义表示多头反弹压力重重，受空头制约，弱势特征成立，做空。

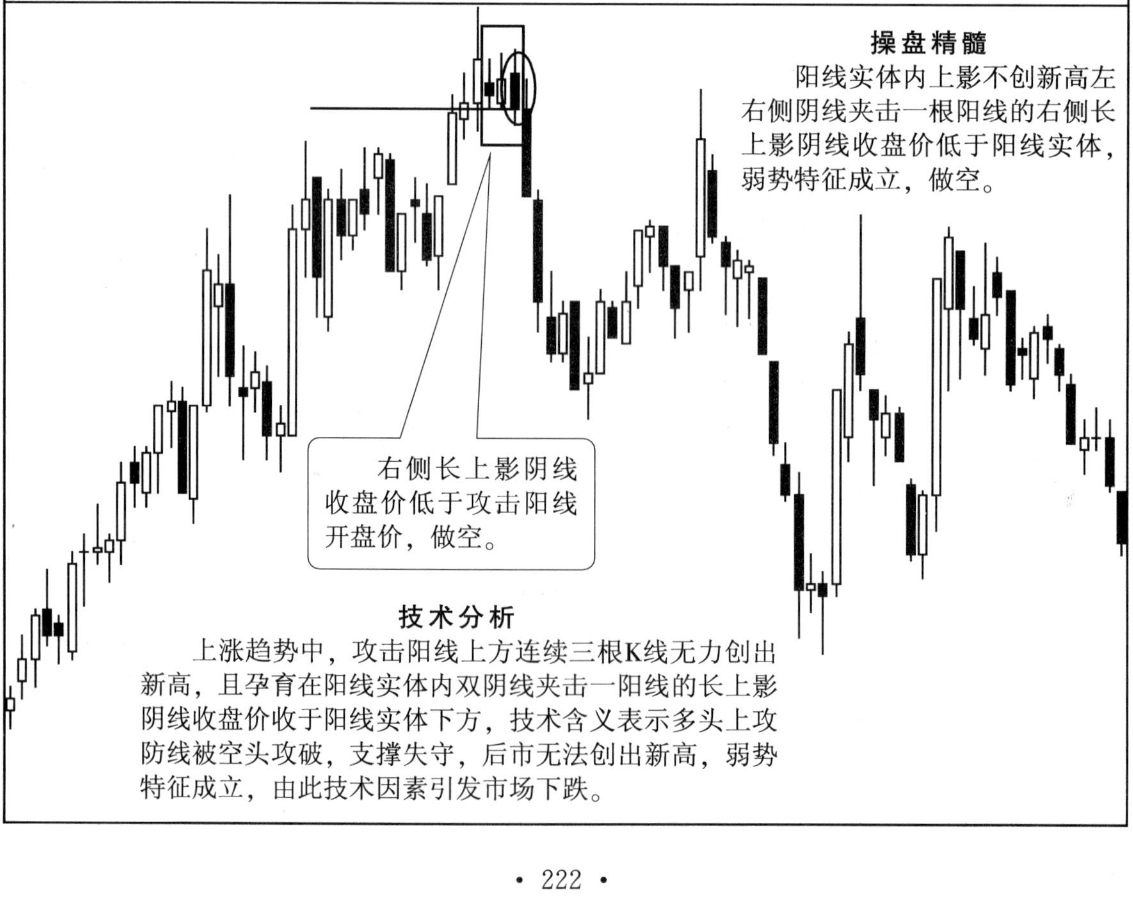

操盘精髓

阳线实体内上影不创新高左右侧阴线夹击一根阳线的右侧长上影阴线收盘价低于阳线实体，弱势特征成立，做空。

技术分析

上涨趋势中，攻击阳线上方连续三根K线无力创出新高，且孕育在阳线实体内双阴线夹击一阳线的长上影阴线收盘价收于阳线实体下方，技术含义表示多头上攻防线被空头攻破，支撑失守，后市无法创出新高，弱势特征成立，由此技术因素引发市场下跌。

操盘精髓

下跌整理区多根阳线收盘价支撑阳线伴随左右侧阴线夹击一根阳线组合的右侧长上影阴线收盘价，强势特征成立，做多。

技术分析

攻击前下跌途中形成的平台整理区，攻击阳线上方长上影阴线收盘无力攻入阳线实体中上部，技术含义表示空头打压乏力，多头支撑强，顺势做多。

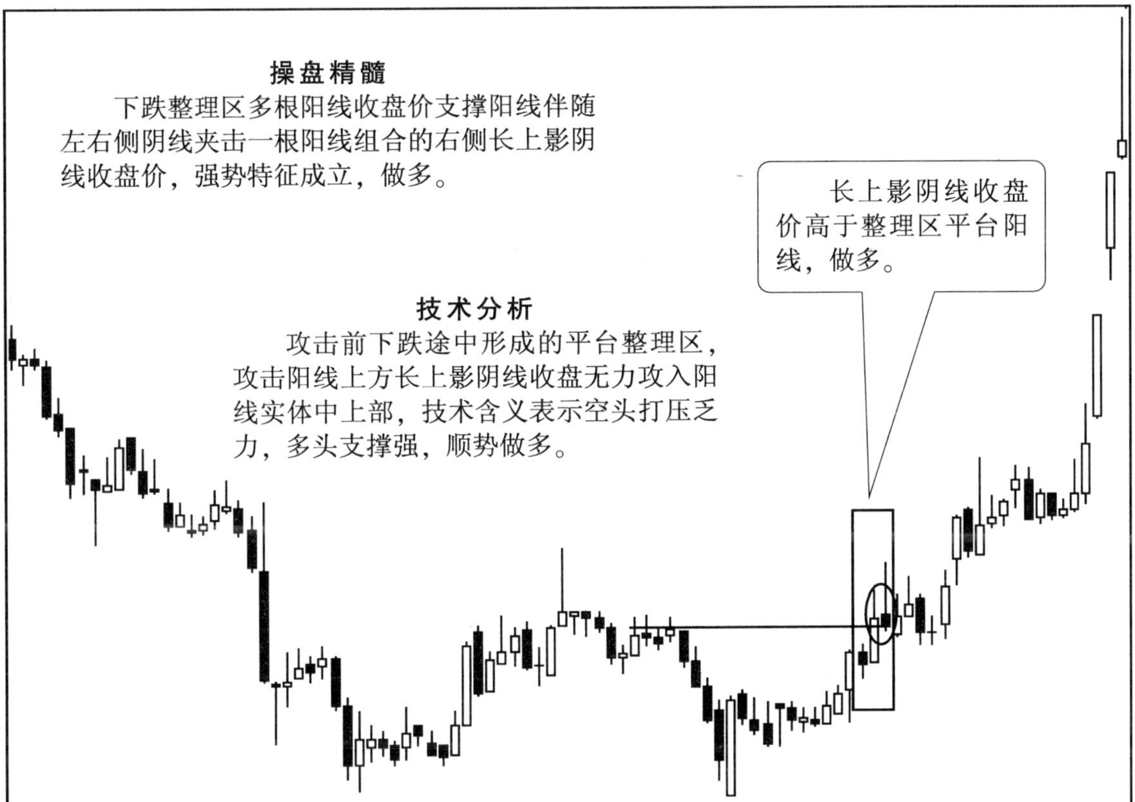

操盘精髓

上涨途中跳空缺口上方整理并且在跳空缺口上方企稳，强势特征，攻击前高点阳线上方修正，底部逐渐上移，伴随长上影阴线跳空收盘且不封闭缺口，多头上攻主动性强，强势特征成立，做多。

技术分析

阳线实体上部左右侧阴线夹击一根阳线组合的右侧长上影阴线收盘价高于前阴线口及攻击阳线上方，技术含义表示多头支撑强，由此确立强势特征成立，做多。

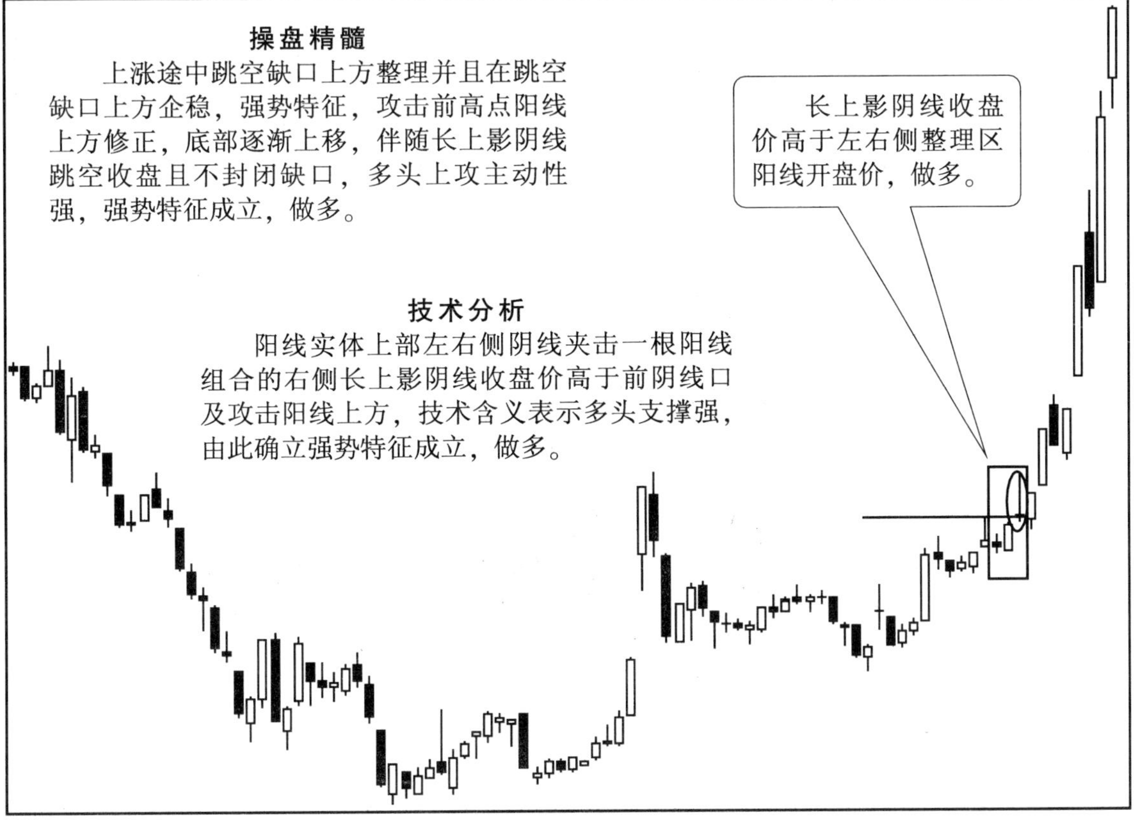

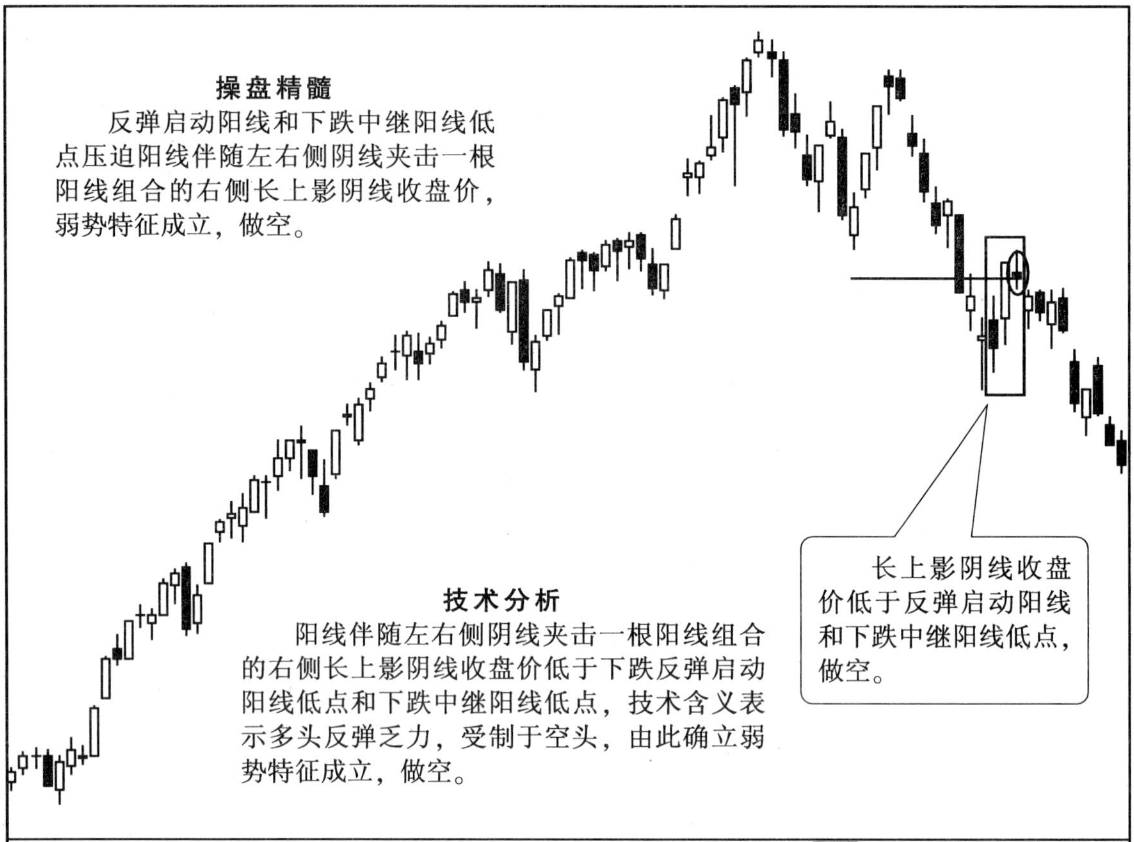
操盘精髓
反弹启动阳线和下跌中继阳线低点压迫阳线伴随左右侧阴线夹击一根阳线组合的右侧长上影阴线收盘价，弱势特征成立，做空。
技术分析
阳线伴随左右侧阴线夹击一根阳线组合的右侧长上影阴线收盘价低于下跌反弹启动阳线低点和下跌中继阳线低点，技术含义表示多头反弹乏力，受制于空头，由此确立弱势特征成立，做空。
长上影阴线收盘价低于反弹启动阳线和下跌中继阳线低点，做空。

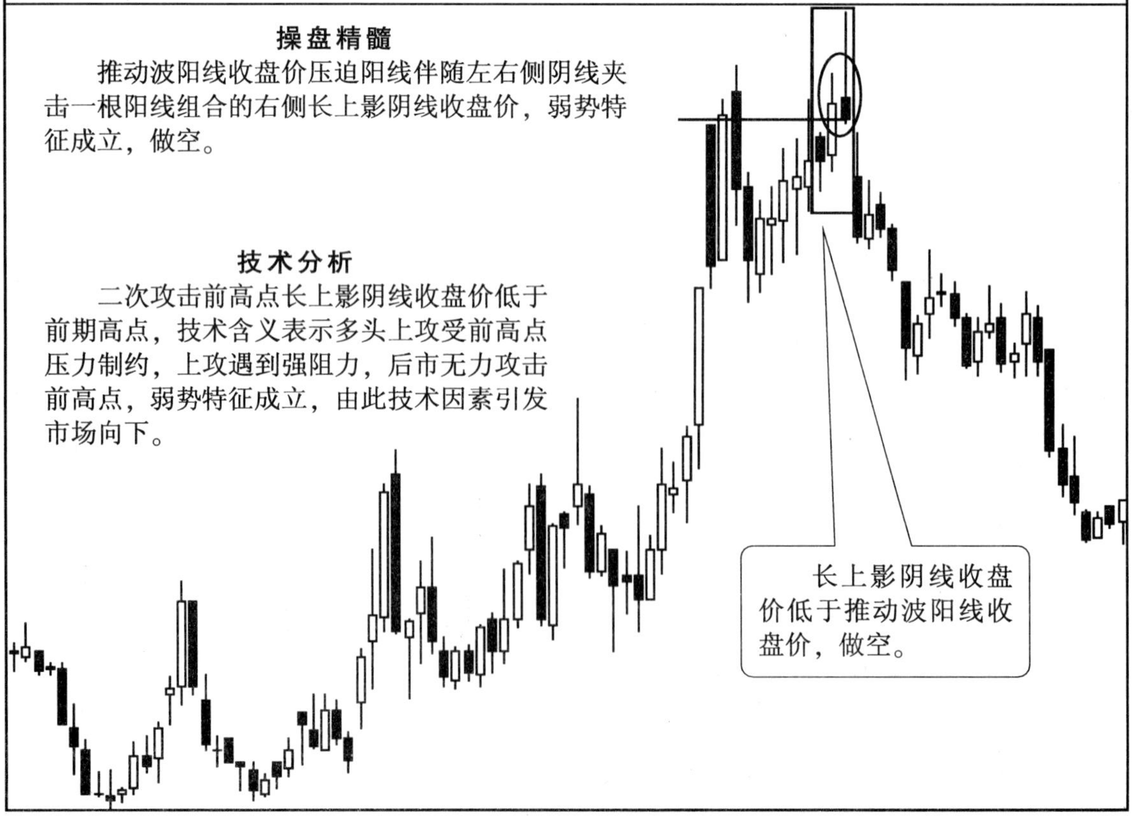
操盘精髓
推动波阳线收盘价压迫阳线伴随左右侧阴线夹击一根阳线组合的右侧长上影阴线收盘价，弱势特征成立，做空。
技术分析
二次攻击前高点长上影阴线收盘价低于前期高点，技术含义表示多头上攻受前高点压力制约，上攻遇到强阻力，后市无力攻击前高点，弱势特征成立，由此技术因素引发市场向下。
长上影阴线收盘价低于推动波阳线收盘价，做空。

操盘精髓

上涨趋势过程中，突破缺口上方，连续三根站稳缺口，强势特征，伴随长上影阴线收盘无力攻入阳线实体上1/3，空头乏力，多头支撑强，做多。

技术分析

阳线伴随左右侧阴线夹击一根阳线组合的右侧长上影阴线收盘价高于前三根K线高点且在跳空缺口上方企稳，技术含义表示空头乏力，强势特征成立，由此技术因素引发市场向上。

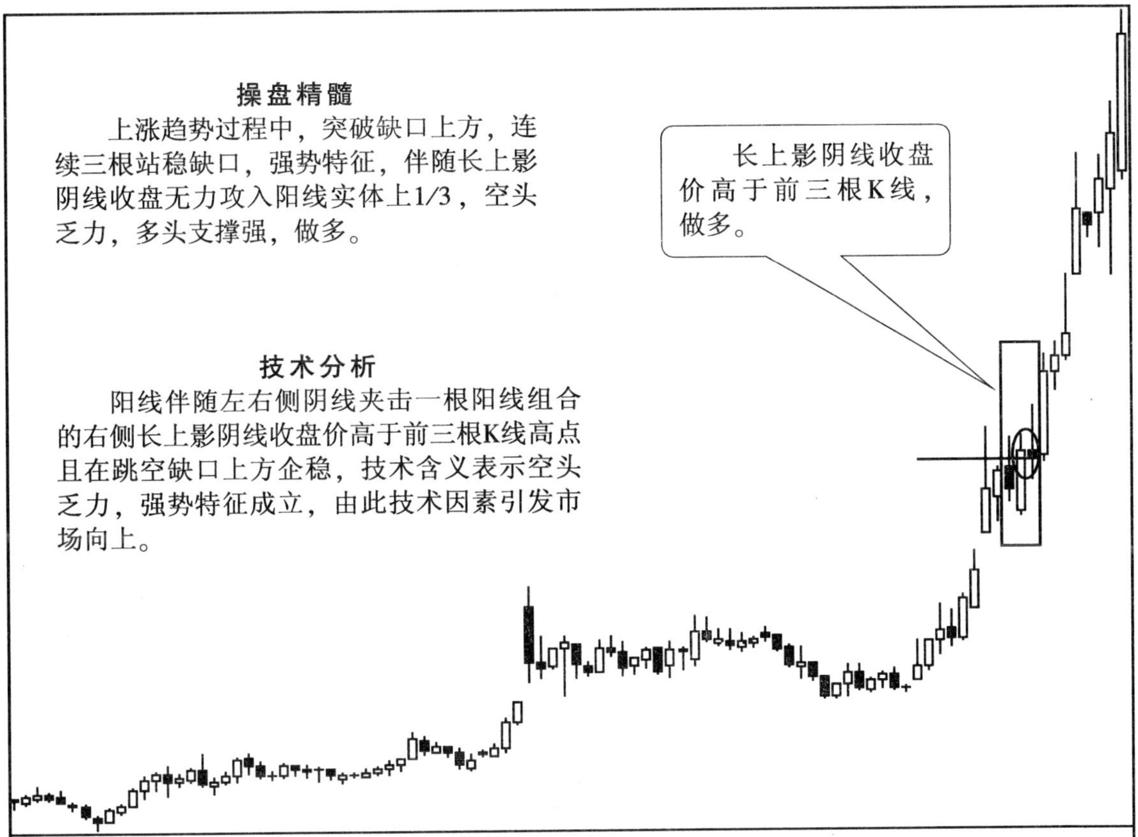

操盘精髓

中继阳线收盘价支撑阳线伴随左右侧阴线夹击一根阳线组合的长上影阴线收盘价，强势特征成立，做多。

技术分析

双阴线夹击一根阳线组合的右侧长上影阴线收盘价高于下跌中继阳线开盘价，强势特征成立，做多。

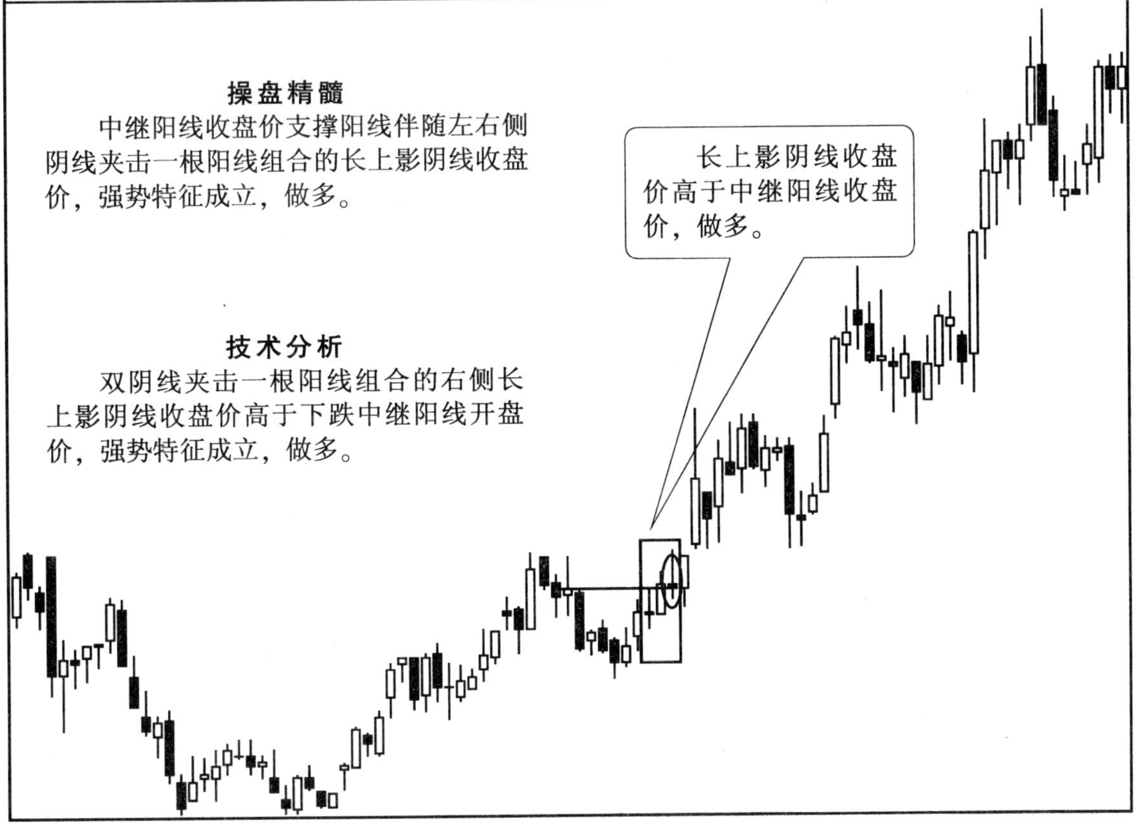

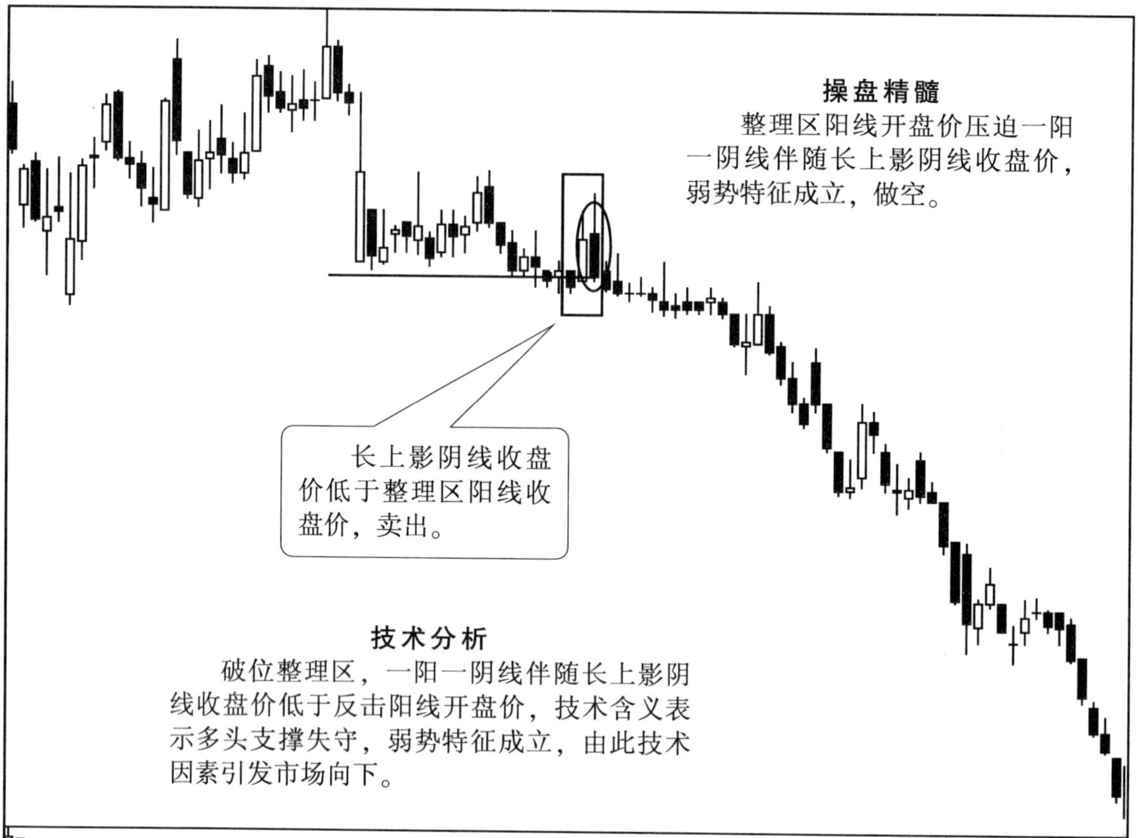
操盘精髓
整理区阳线开盘价压迫一阳一阴线伴随长上影阴线收盘价，弱势特征成立，做空。
长上影阴线收盘价低于整理区阳线收盘价，卖出。
技术分析
破位整理区，一阳一阴线伴随长上影阴线收盘价低于反击阳线开盘价，技术含义表示多头支撑失守，弱势特征成立，由此技术因素引发市场向下。

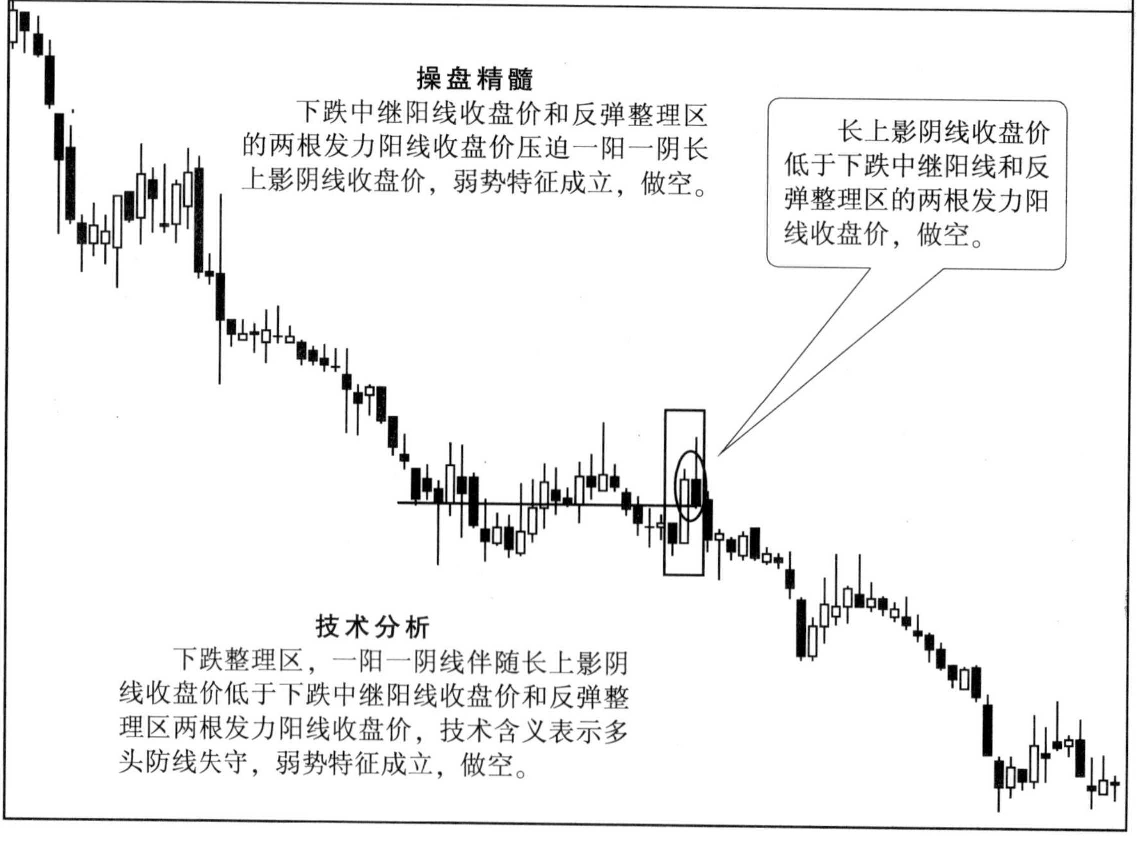
操盘精髓
下跌中继阳线收盘价和反弹整理区的两根发力阳线收盘价压迫一阳一阴长上影线收盘价，弱势特征成立，做空。
长上影阴线收盘价低于下跌中继阳线和反弹整理区的两根发力阳线收盘价，做空。
技术分析
下跌整理区，一阳一阴线伴随长上影阴线收盘价低于下跌中继阳线收盘价和反弹整理区两根发力阳线收盘价，技术含义表示多头防线失守，弱势特征成立，做空。

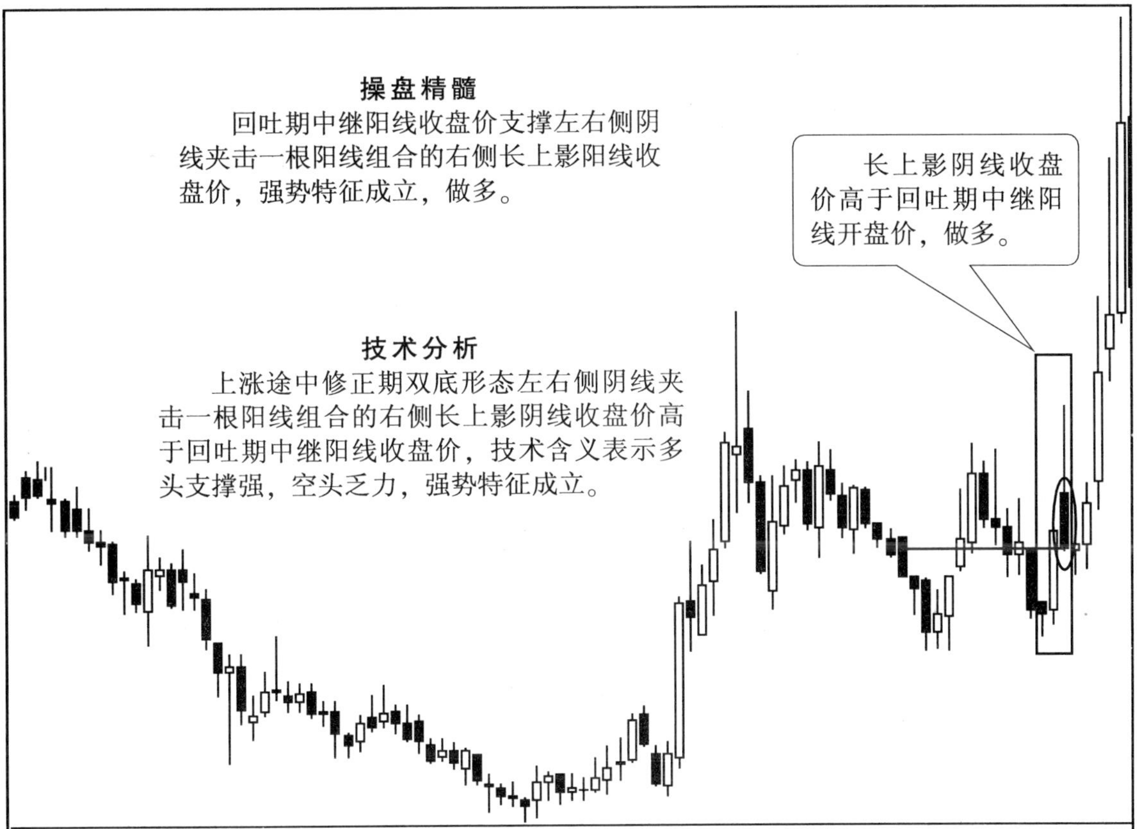

操盘精髓

回吐期中继阳线收盘价支撑左右侧阴线夹击一根阳线组合的右侧长上影阳线收盘价，强势特征成立，做多。

技术分析

上涨途中修正期双底形态左右侧阴线夹击一根阳线组合的右侧长上影阴线收盘价高于回吐期中继阳线收盘价，技术含义表示多头支撑强，空头乏力，强势特征成立。

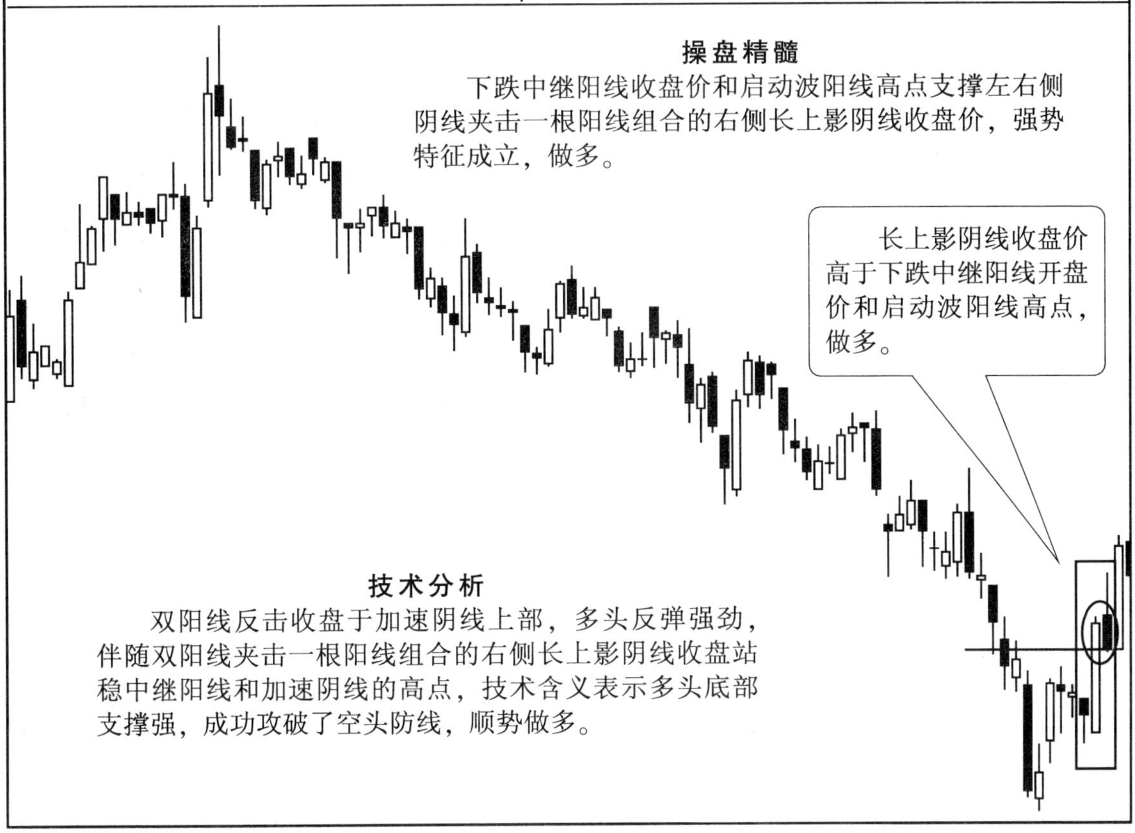

操盘精髓

下跌中继阳线收盘价和启动波阳线高点支撑左右侧阴线夹击一根阳线组合的右侧长上影阴线收盘价，强势特征成立，做多。

技术分析

双阳线反击收盘于加速阴线上部，多头反弹强劲，伴随双阳线夹击一根阳线组合的右侧长上影阴线收盘站稳中继阳线和加速阴线的高点，技术含义表示多头底部支撑强，成功攻破了空头防线，顺势做多。

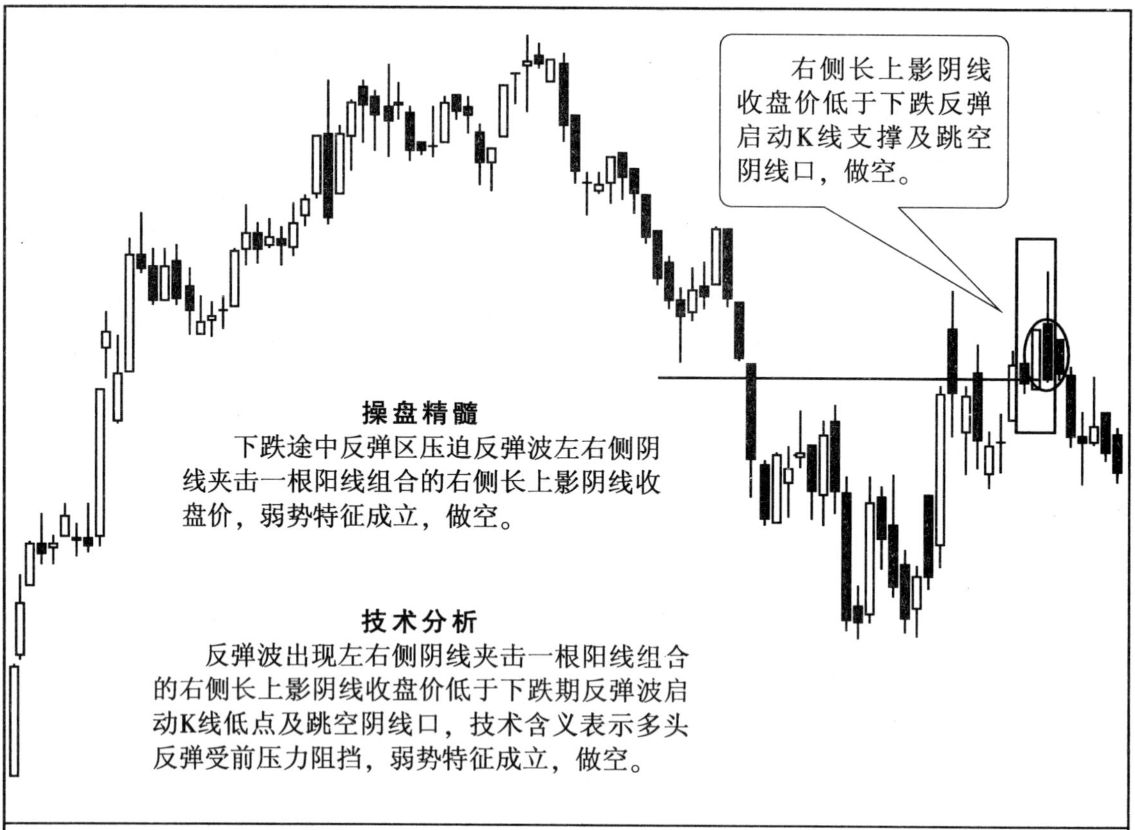

操盘精髓

下跌途中反弹区压迫反弹波左右侧阴线夹击一根阳线组合的右侧长上影阴线收盘价，弱势特征成立，做空。

技术分析

反弹波出现左右侧阴线夹击一根阳线组合的右侧长上影阴线收盘价低于下跌期反弹波启动K线低点及跳空阴线口，技术含义表示多头反弹受前压力阻挡，弱势特征成立，做空。

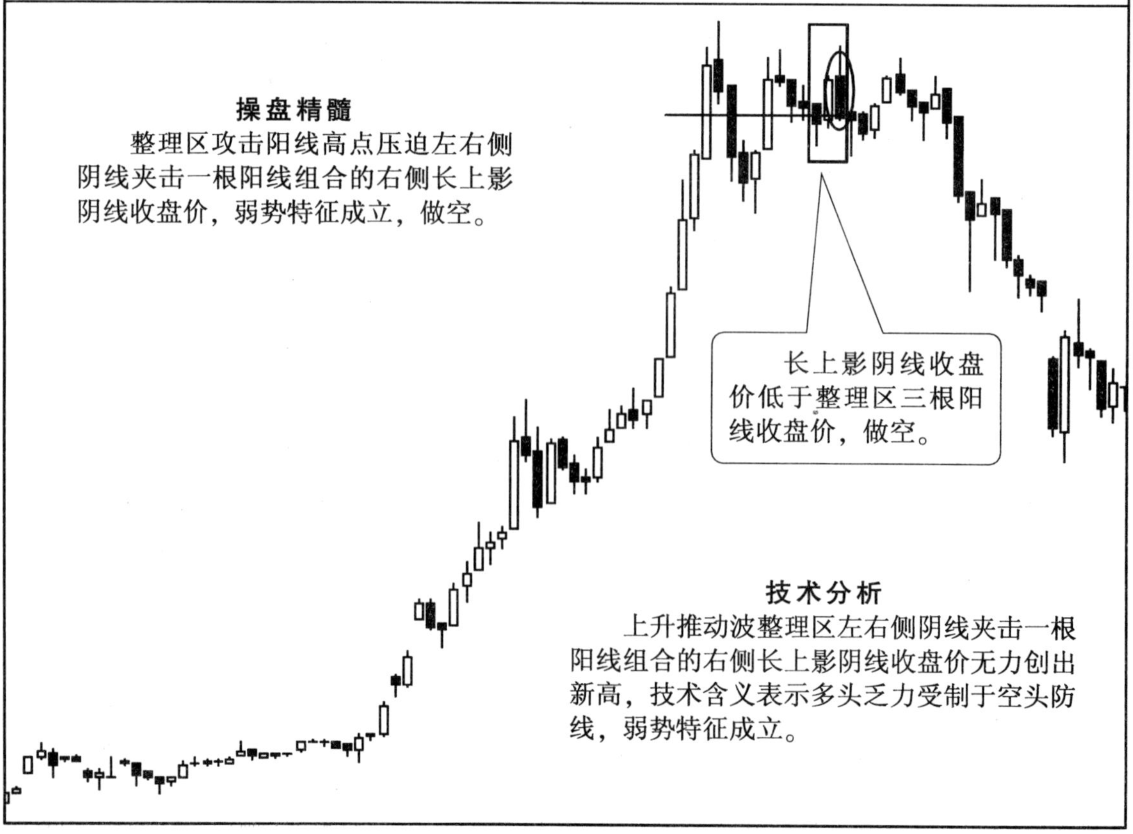

操盘精髓

整理区攻击阳线高点压迫左右侧阴线夹击一根阳线组合的右侧长上影阴线收盘价，弱势特征成立，做空。

技术分析

上升推动波整理区左右侧阴线夹击一根阳线组合的右侧长上影阴线收盘价无力创出新高，技术含义表示多头乏力受制于空头防线，弱势特征成立。

操盘精髓

所有K线高点及向上突破缺口支撑左右侧阴线夹击一根阳线组合的右侧长上影阴线收盘价，强势特征成立，做多。

技术分析

推动波途中左右侧阴线夹击一根阳线组合的右侧长上影阴线收盘价高于所有阳线高点，技术含义表示多头支撑强，做多。

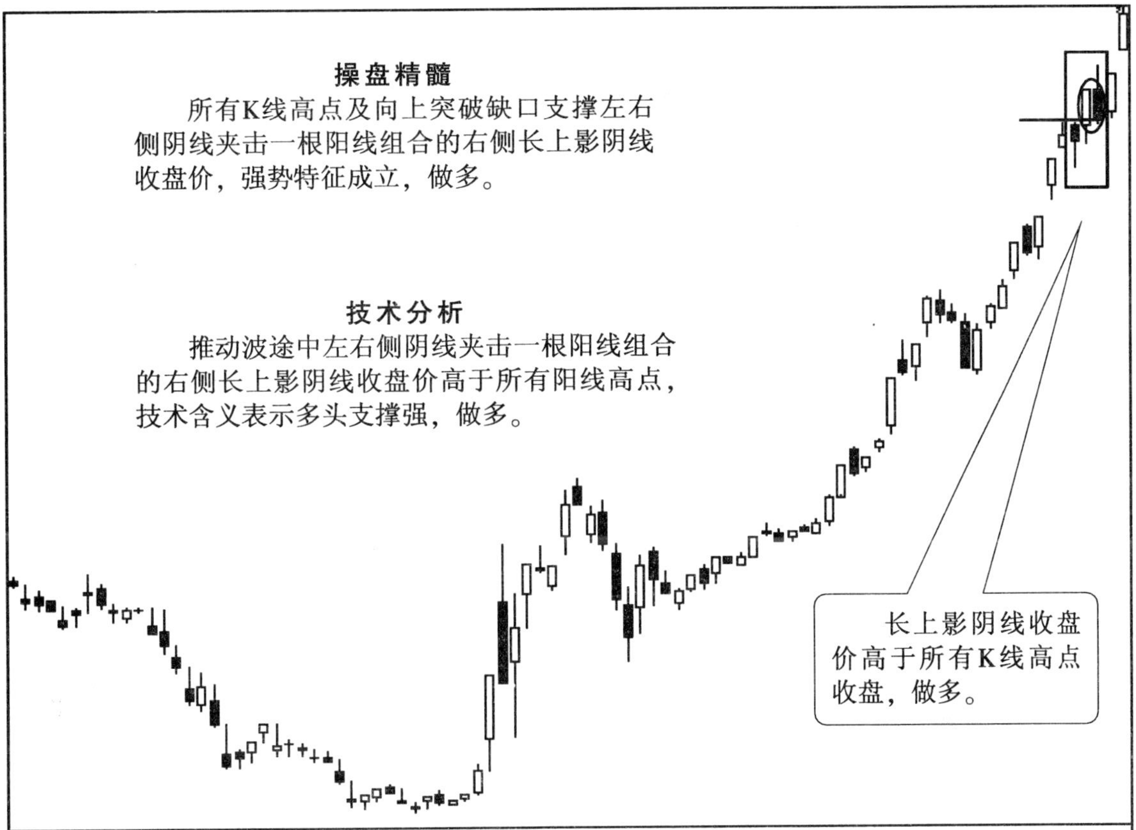

操盘精髓

发力阳线收盘价和多根阳线开盘价支撑左右侧阴线夹击一根阳线组合的右侧长上影阴线收盘价，强势特征成立，做多。

技术分析

上升途中左右侧阴线夹击一根阳线组合的右侧长上影阴线收盘价高于发力阳线收盘价和多根K线开盘价，技术含义表示多头支撑强，空头下探乏力，强势特征成立，做多。

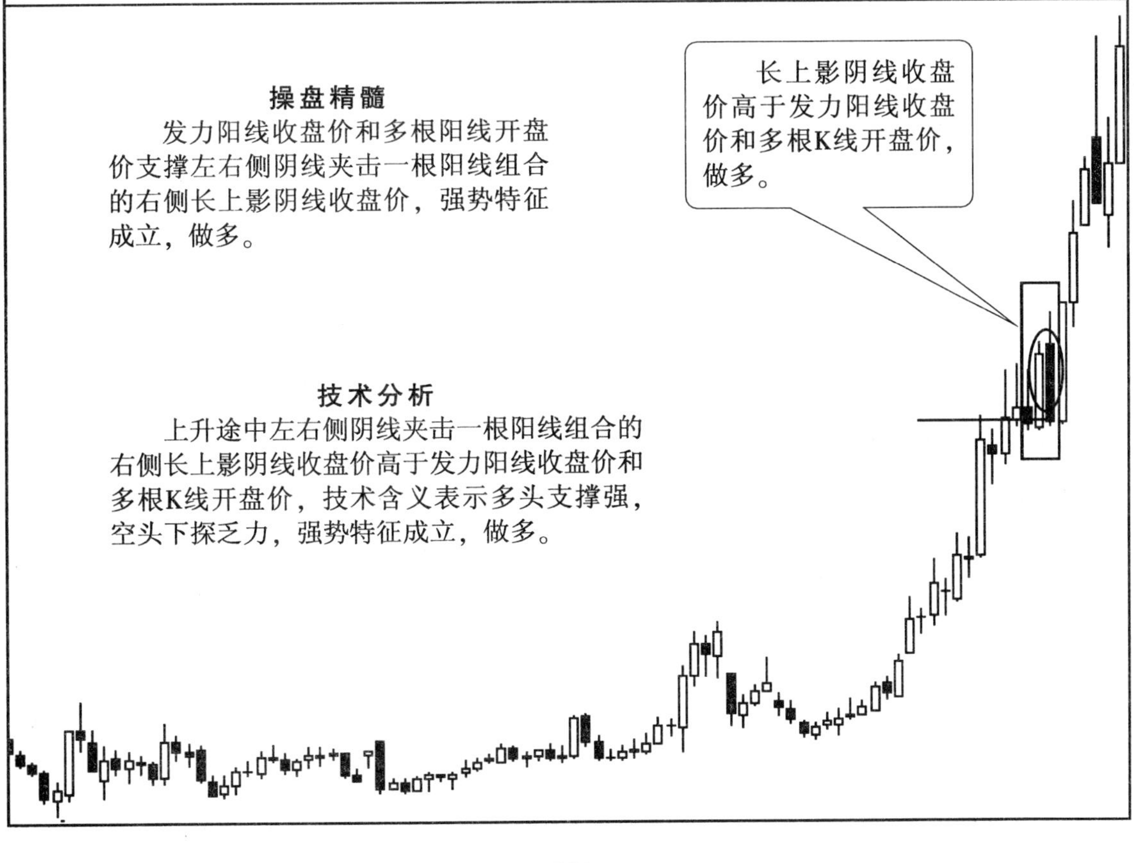

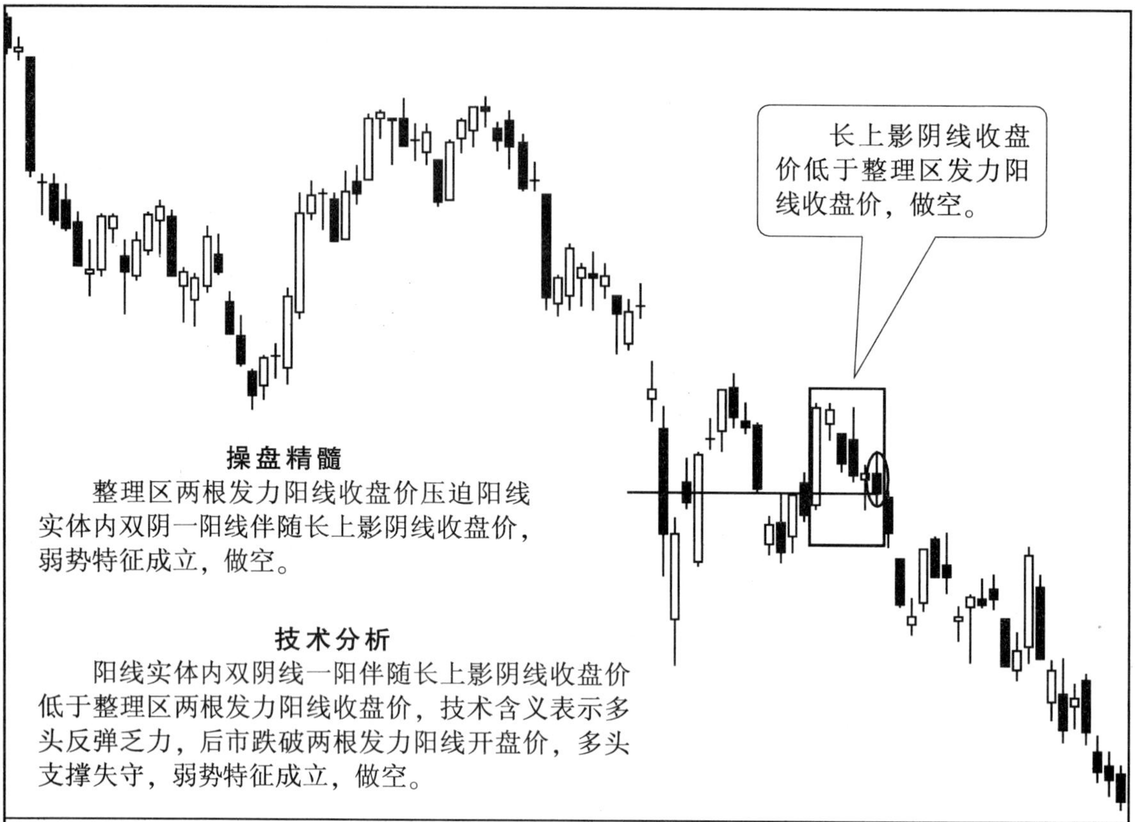

操盘精髓

整理区两根发力阳线收盘价压迫阳线实体内双阴一阳线伴随长上影阴线收盘价，弱势特征成立，做空。

技术分析

阳线实体内双阴线一阳伴随长上影阴线收盘价低于整理区两根发力阳线收盘价，技术含义表示多头反弹乏力，后市跌破两根发力阳线开盘价，多头支撑失守，弱势特征成立，做空。

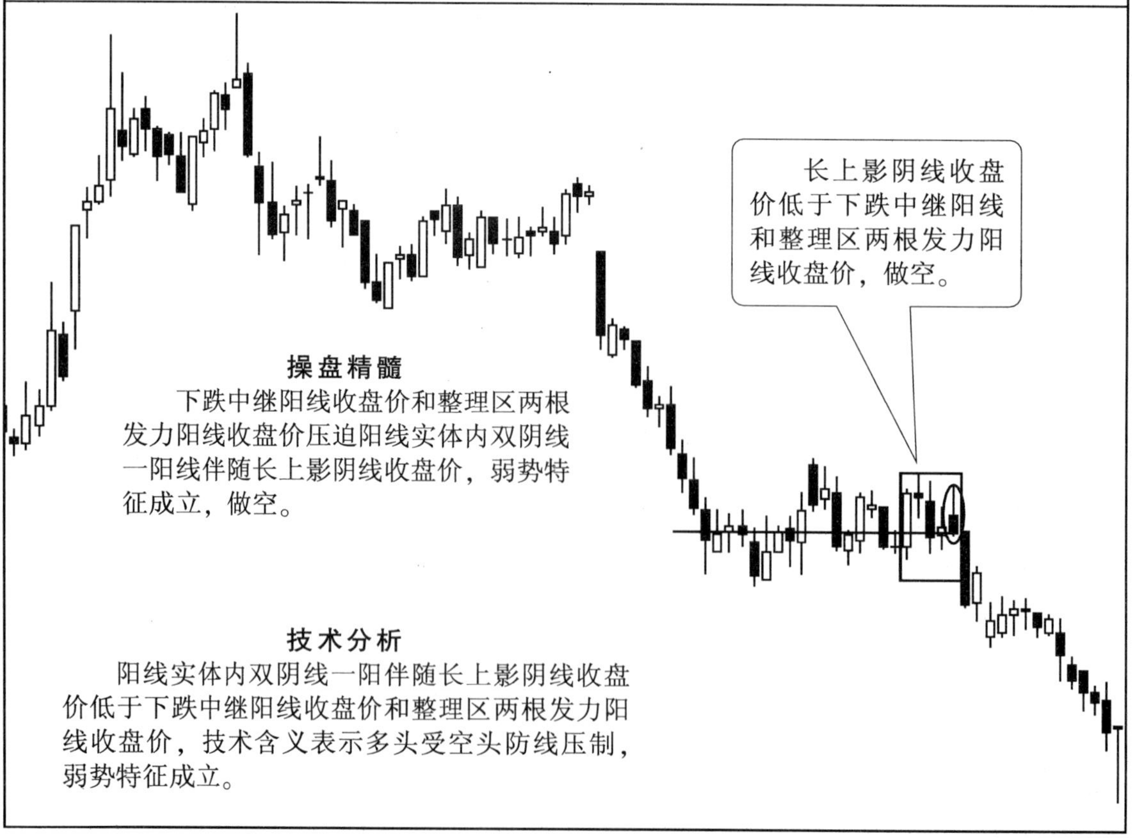

操盘精髓

下跌中继阳线收盘价和整理区两根发力阳线收盘价压迫阳线实体内双阴线一阳线伴随长上影阴线收盘价，弱势特征成立，做空。

技术分析

阳线实体内双阴线一阳伴随长上影阴线收盘价低于下跌中继阳线收盘价和整理区两根发力阳线收盘价，技术含义表示多头受空头防线压制，弱势特征成立。

操盘精髓

前低点支撑阳线实体内双阴线一阳线伴随长上影阴线收盘价，强势特征成立，做多。

技术分析

阳线实体内双阴线一阳线伴随长上影阴线收盘价高于前支撑启动阳线和整理区两根发力阳线开盘价，技术含义表示多头支撑有效，后市不创新低并突破前支撑启动阳线高点，强势特征成立。

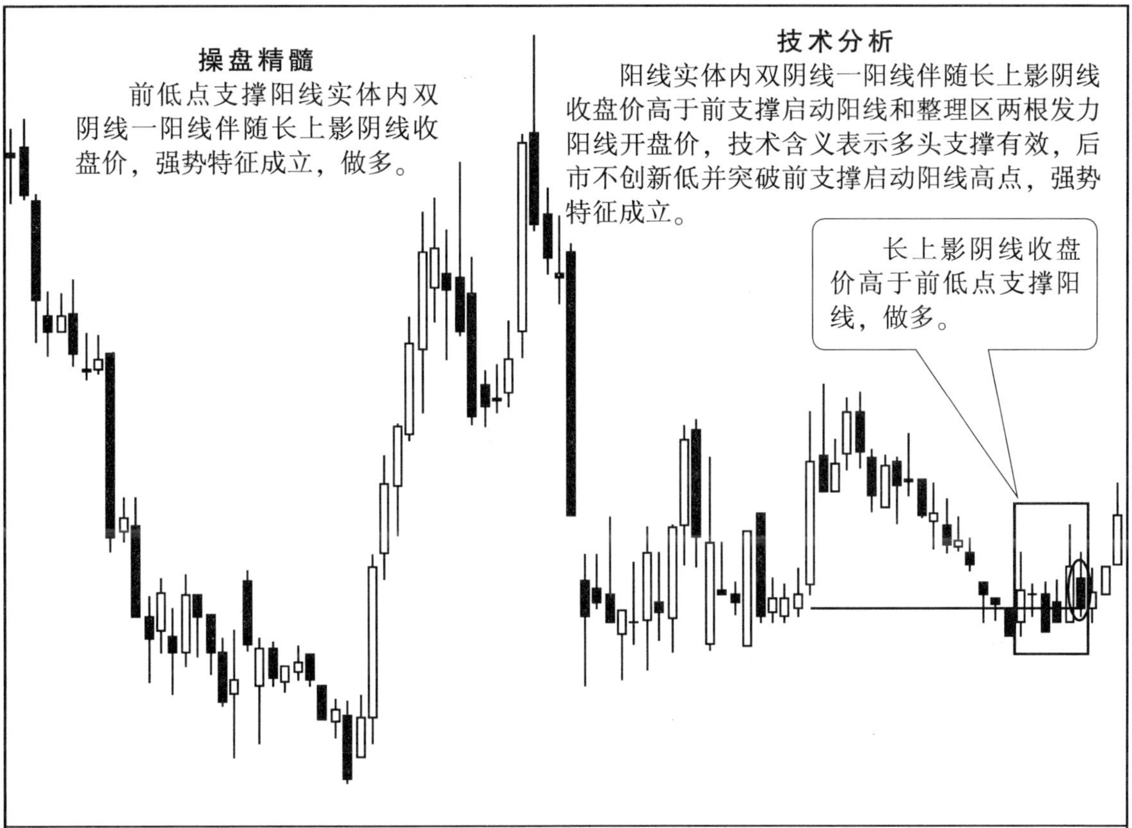

操盘精髓

下跌反弹启动阳线和见底阳线支撑阳线实体内整理的长上影阴线收盘价，强势特征成立，做多。

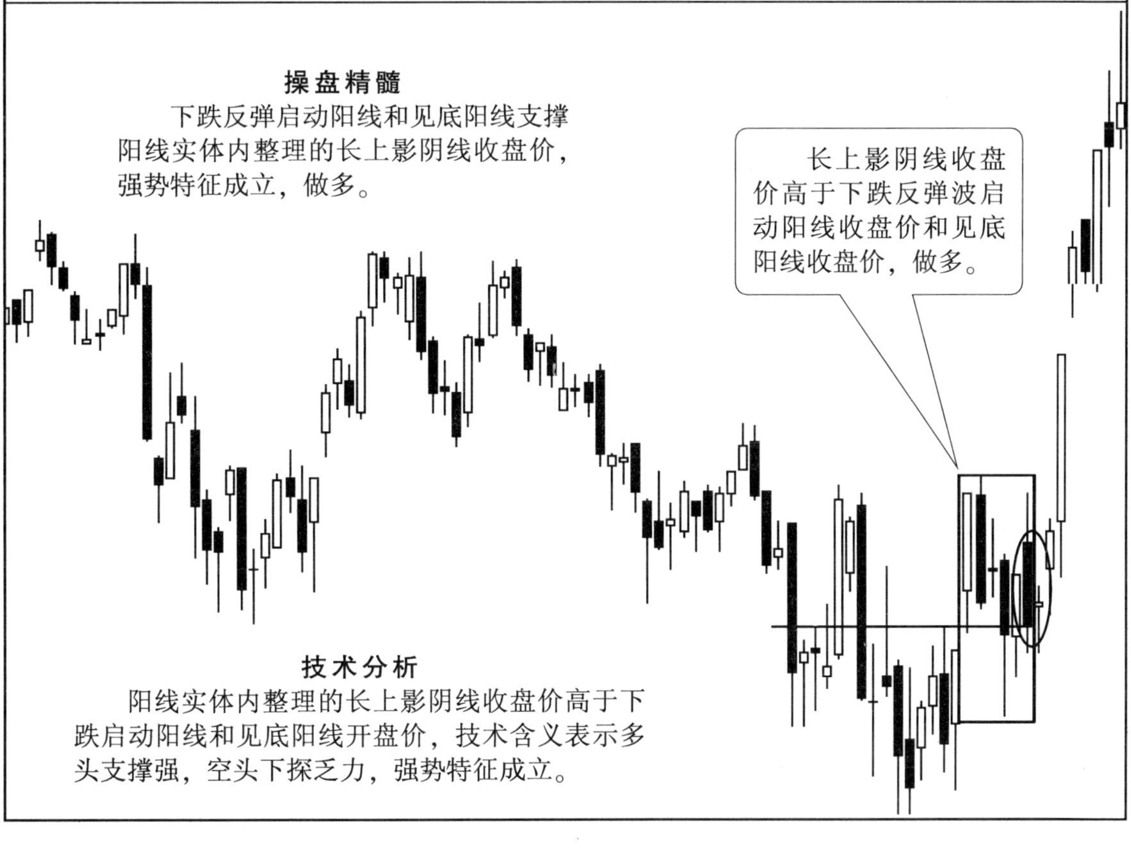

技术分析

阳线实体内整理的长上影阴线收盘价高于下跌启动阳线和见底阳线开盘价，技术含义表示多头支撑强，空头下探乏力，强势特征成立。

操盘精髓

下跌中继阳线开盘价和反弹阳线收盘价压迫阳线实体内整理的长上影阴线收盘价，弱势特征成立，做空。

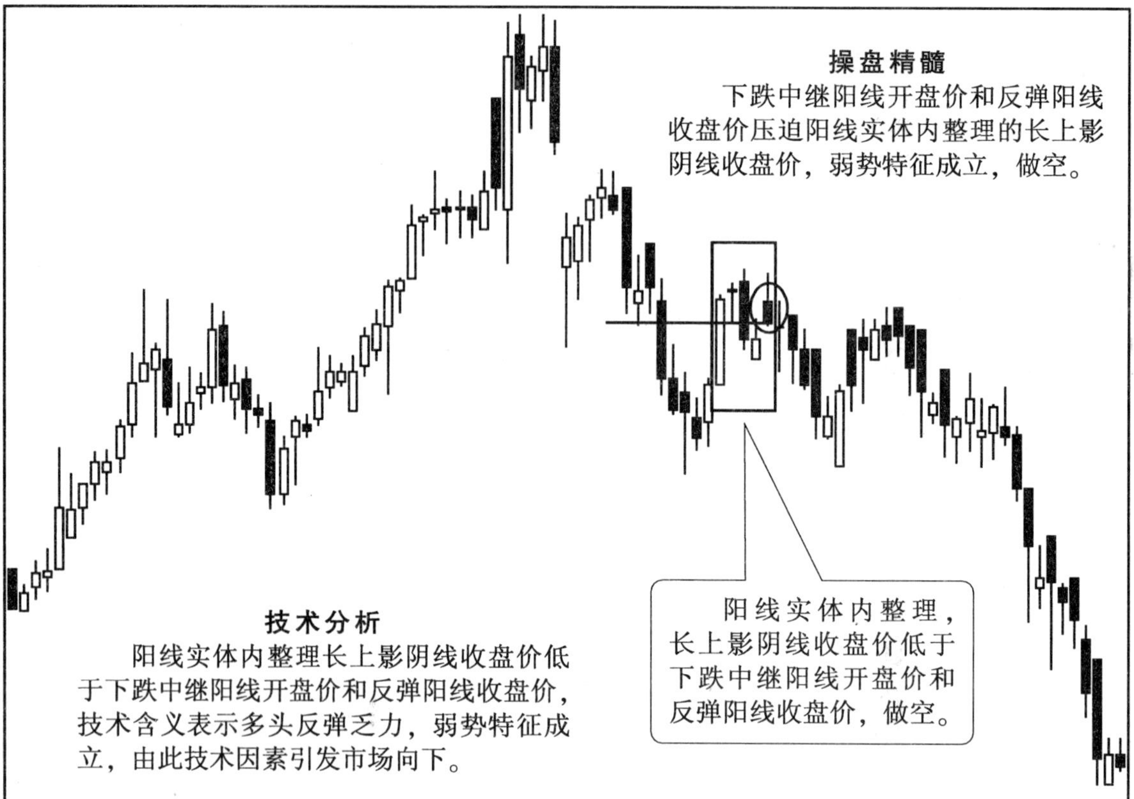

技术分析

阳线实体内整理长上影阴线收盘价低于下跌中继阳线开盘价和反弹阳线收盘价，技术含义表示多头反弹乏力，弱势特征成立，由此技术因素引发市场向下。

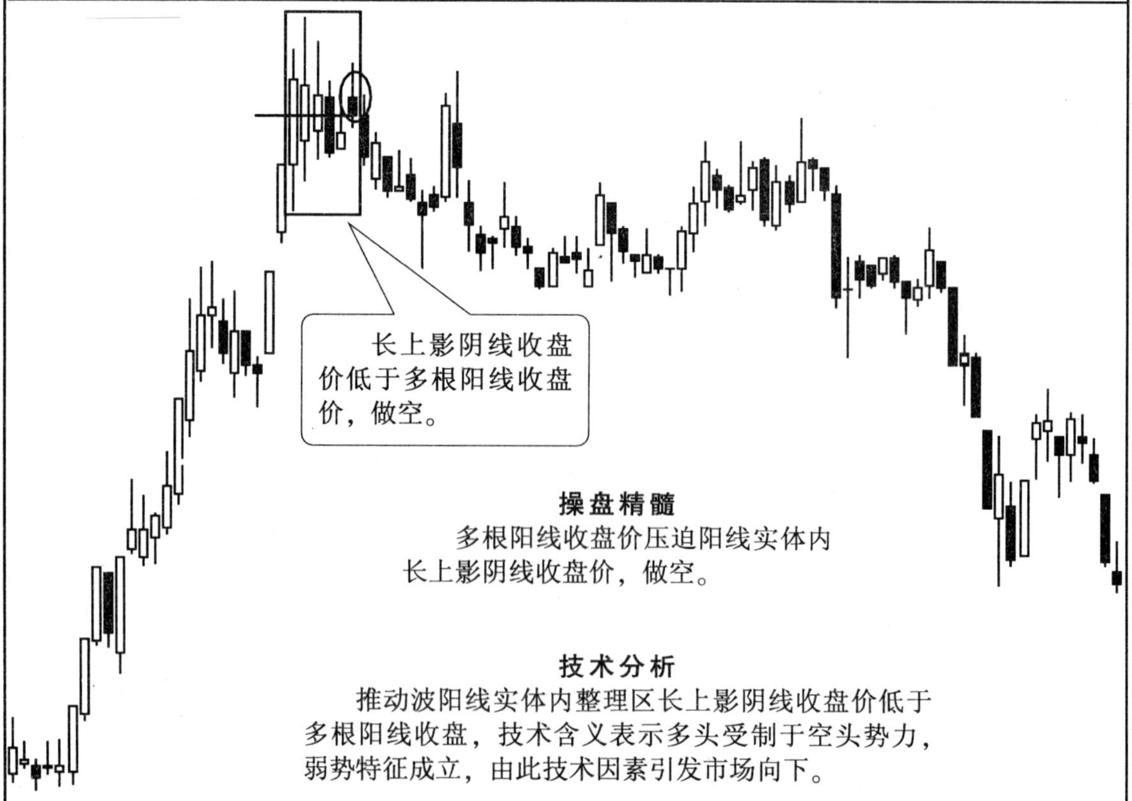

操盘精髓

多根阳线收盘价压迫阳线实体内长上影阴线收盘价，做空。

技术分析

推动波阳线实体内整理区长上影阴线收盘价低于多根阳线收盘，技术含义表示多头受制于空头势力，弱势特征成立，由此技术因素引发市场向下。

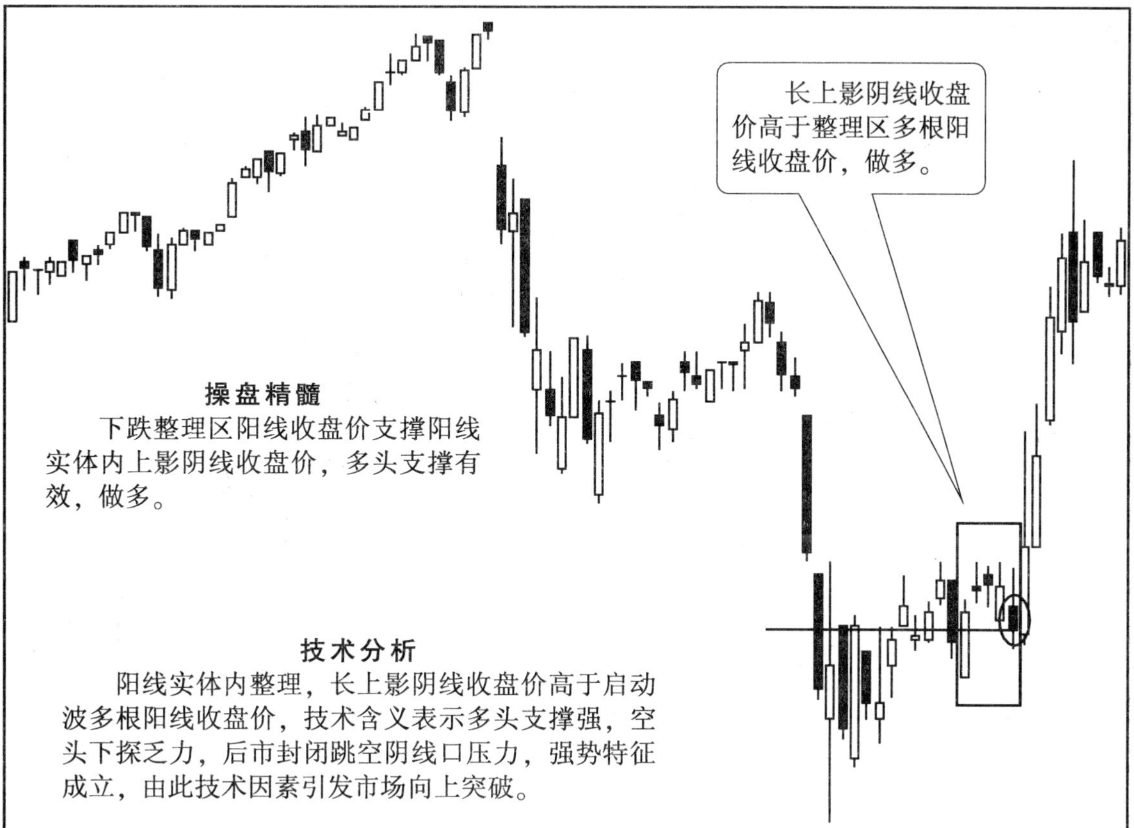

操盘精髓

下跌整理区阳线收盘价支撑阳线实体内上影阴线收盘价，多头支撑有效，做多。

技术分析

阳线实体内整理，长上影阴线收盘价高于启动波多根阳线收盘价，技术含义表示多头支撑强，空头下探乏力，后市封闭跳空阴线口压力，强势特征成立，由此技术因素引发市场向上突破。

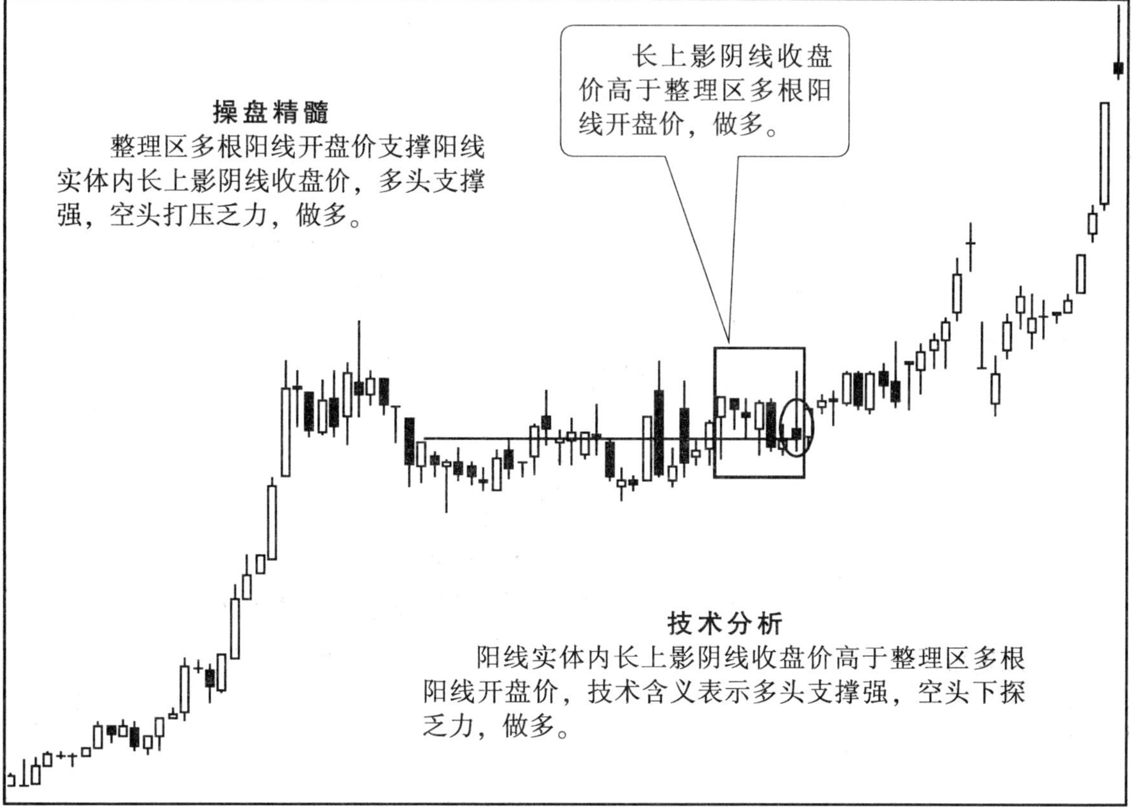

操盘精髓

整理区多根阳线开盘价支撑阳线实体内长上影阴线收盘价，多头支撑强，空头打压乏力，做多。

技术分析

阳线实体内长上影阴线收盘价高于整理区多根阳线开盘价，技术含义表示多头支撑强，空头下探乏力，做多。

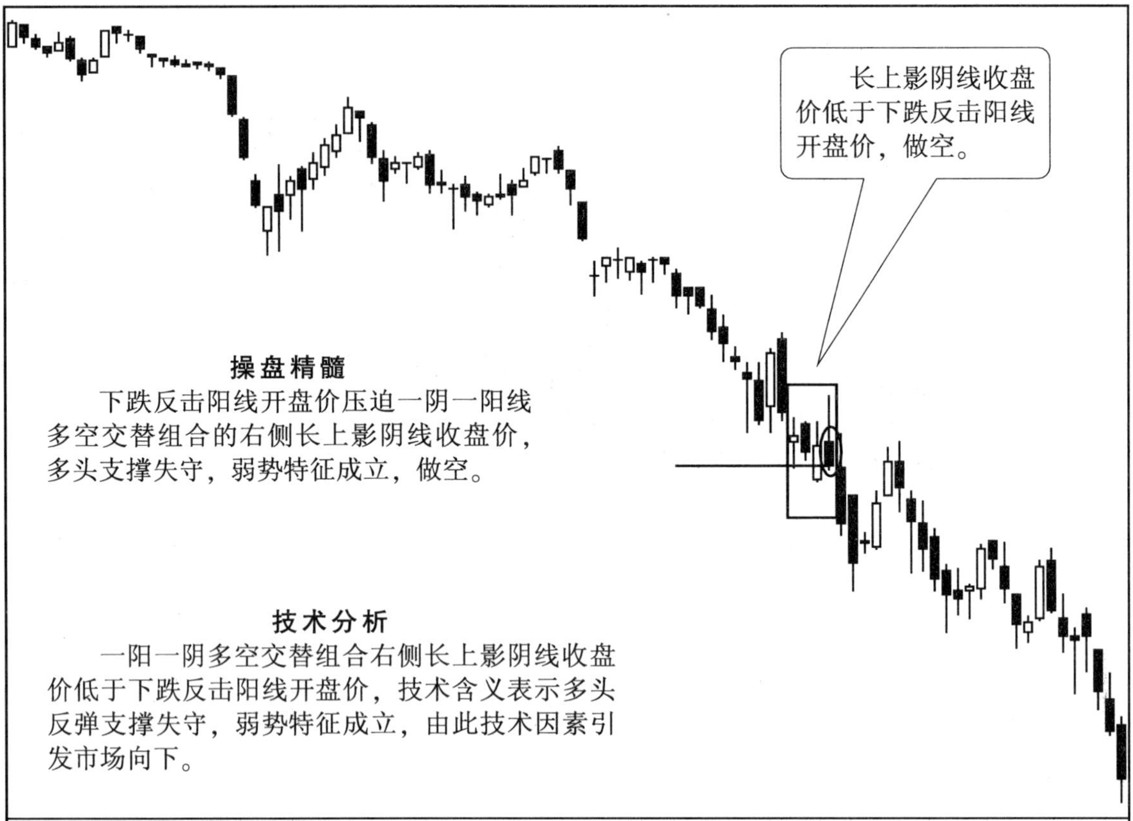

操盘精髓

下跌反击阳线开盘价压迫一阴一阳线多空交替组合的右侧长上影阴线收盘价，多头支撑失守，弱势特征成立，做空。

技术分析

一阳一阴多空交替组合右侧长上影阴线收盘价低于下跌反击阳线开盘价，技术含义表示多头反弹支撑失守，弱势特征成立，由此技术因素引发市场向下。

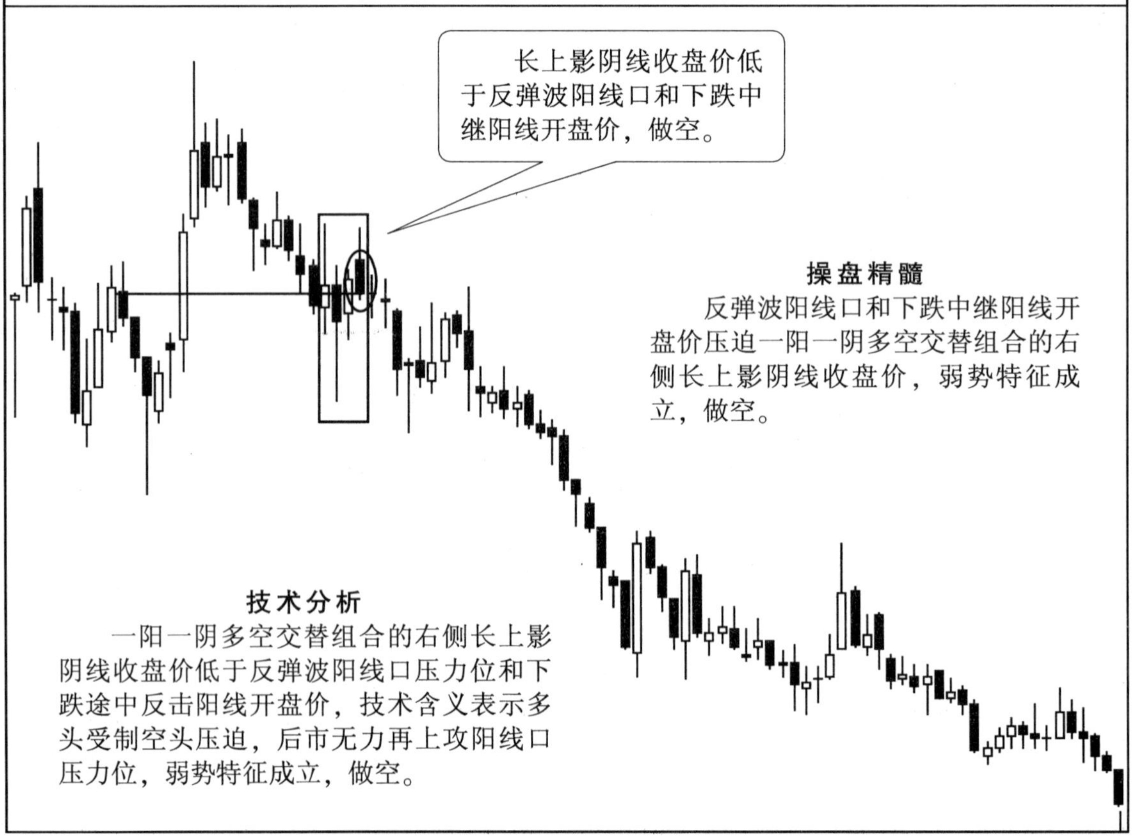

操盘精髓

反弹波阳线口和下跌中继阳线开盘价压迫一阳一阴多空交替组合的右侧长上影阴线收盘价，弱势特征成立，做空。

技术分析

一阳一阴多空交替组合的右侧长上影阴线收盘价低于反弹波阳线口压力位和下跌途中反击阳线开盘价，技术含义表示多头受制空头压迫，后市无力再上攻阳线口压力位，弱势特征成立，做空。

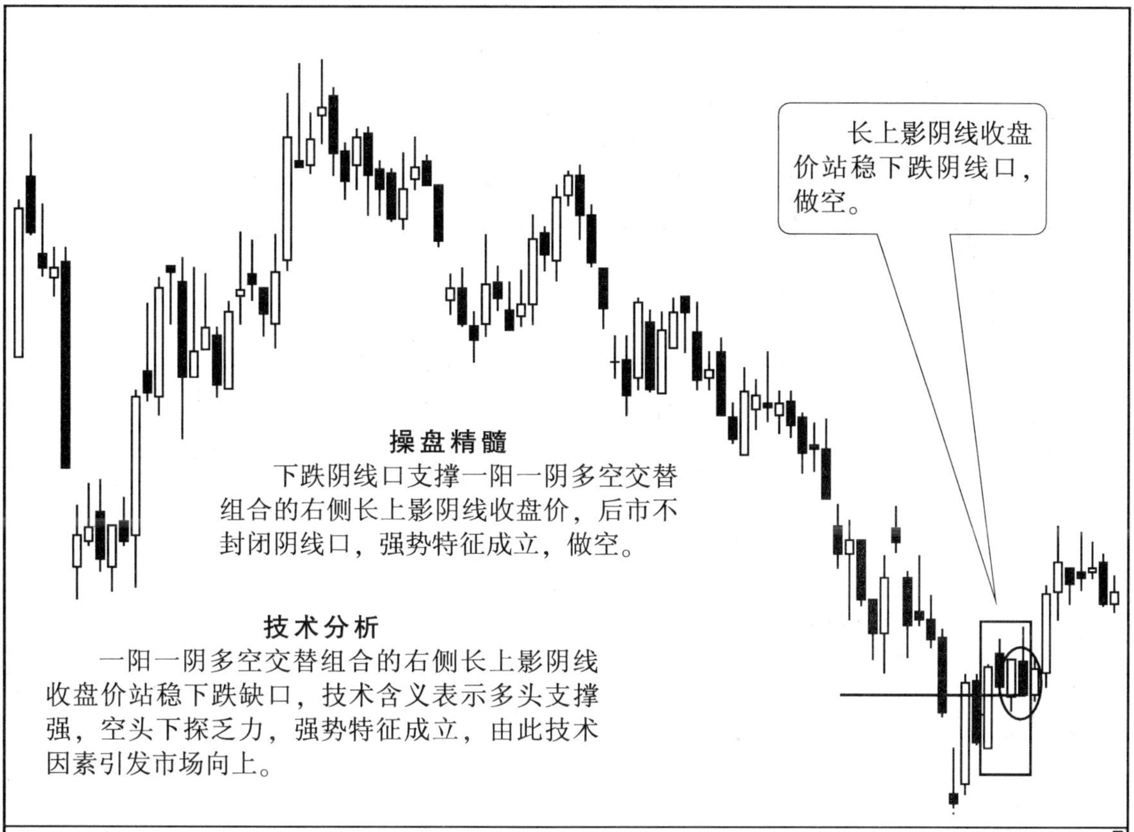
长上影阴线收盘价站稳下跌阴线口，做空。
操盘精髓
下跌阴线口支撑一阳一阴多空交替组合的右侧长上影阴线收盘价，后市不封闭阴线口，强势特征成立，做空。
技术分析
一阳一阴多空交替组合的右侧长上影阴线收盘价站稳下跌缺口，技术含义表示多头支撑强，空头下探乏力，强势特征成立，由此技术因素引发市场向上。

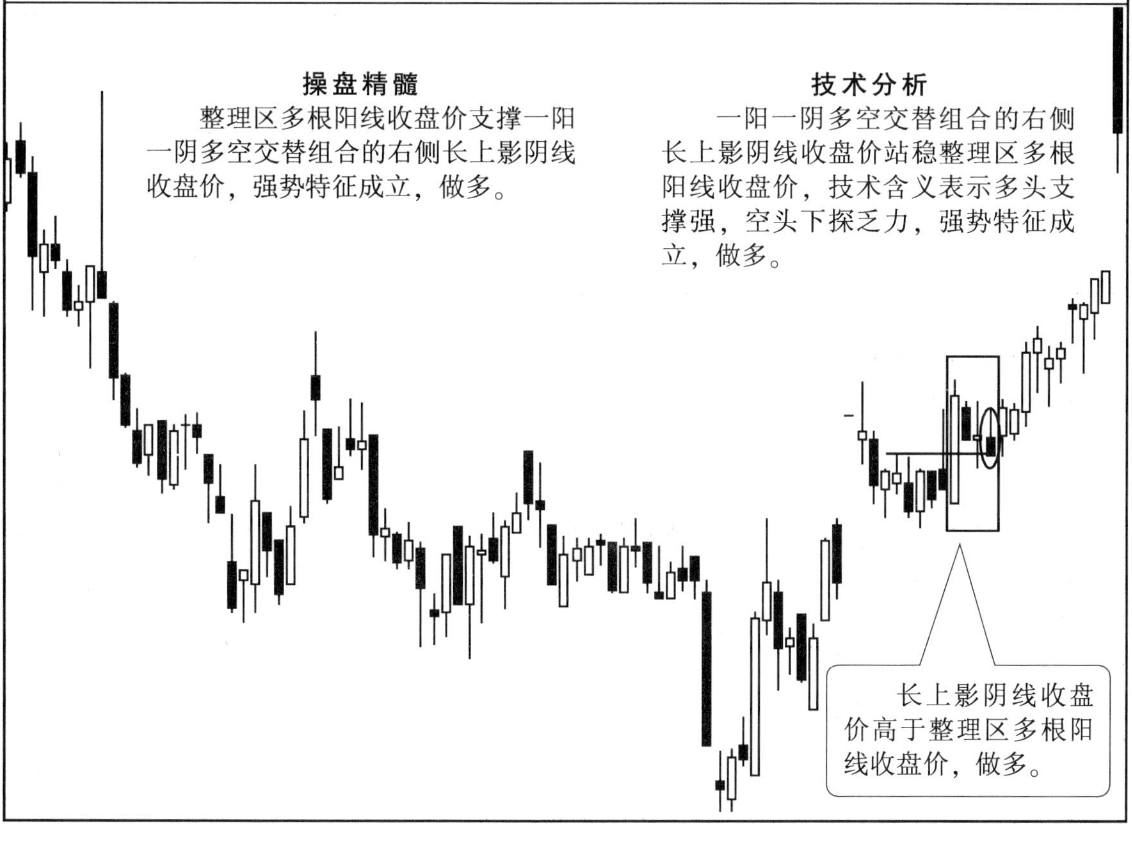
操盘精髓
整理区多根阳线收盘价支撑一阳一阴多空交替组合的右侧长上影阴线收盘价，强势特征成立，做多。
技术分析
一阳一阴多空交替组合的右侧长上影阴线收盘价站稳整理区多根阳线收盘价，技术含义表示多头支撑强，空头下探乏力，强势特征成立，做多。
长上影阴线收盘价高于整理区多根阳线收盘价，做多。

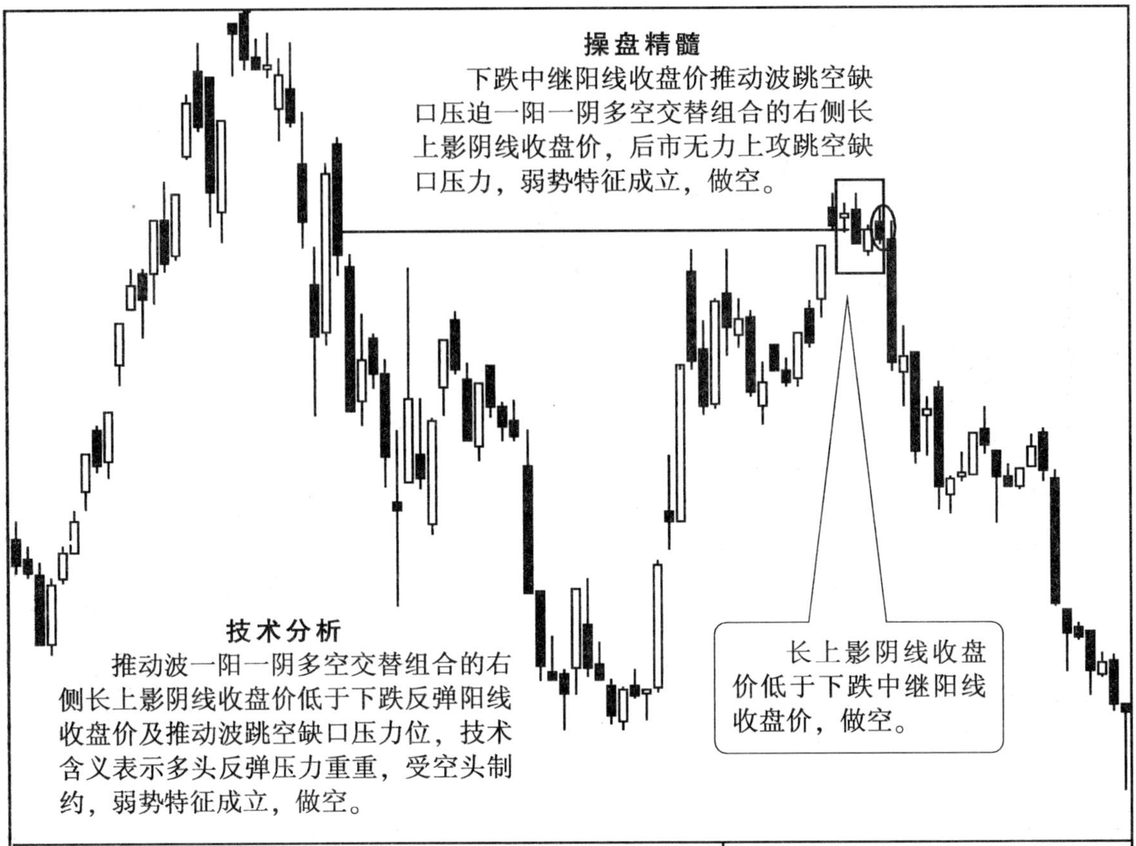
操盘精髓
下跌中继阳线收盘价推动波跳空缺口压迫一阳一阴多空交替组合的右侧长上影阴线收盘价，后市无力上攻跳空缺口压力，弱势特征成立，做空。
技术分析
推动波一阳一阴多空交替组合的右侧长上影阴线收盘价低于下跌反弹阳线收盘价及推动波跳空缺口压力位，技术含义表示多头反弹压力重重，受空头制约，弱势特征成立，做空。
长上影阴线收盘价低于下跌中继阳线收盘价，做空。

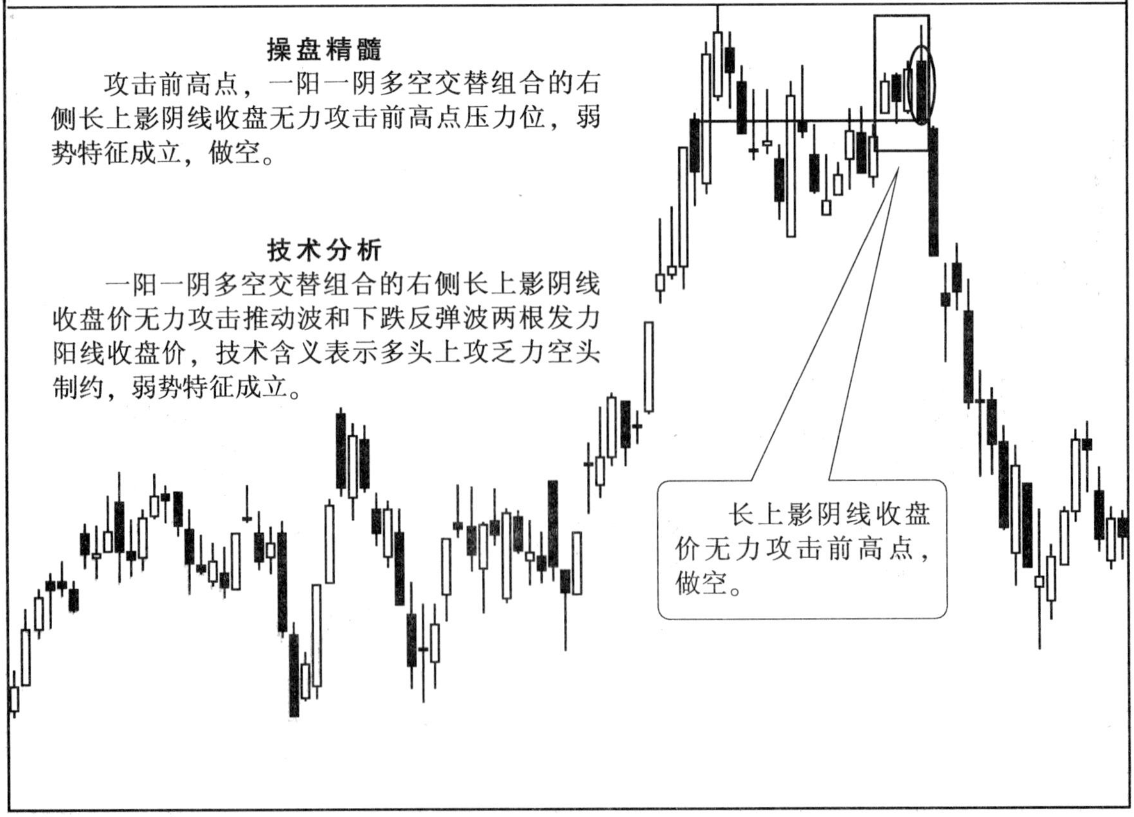
操盘精髓
攻击前高点，一阳一阴多空交替组合的右侧长上影阴线收盘无力攻击前高点压力位，弱势特征成立，做空。
技术分析
一阳一阴多空交替组合的右侧长上影阴线收盘价无力攻击推动波和下跌反弹波两根发力阳线收盘价，技术含义表示多头上攻乏力空头制约，弱势特征成立。
长上影阴线收盘价无力攻击前高点，做空。

技术分析

前启动波阳线开盘价支撑一阳一阴多空交替组合的右侧长上影阴线收盘价，技术含义表示多头支撑强，空头下探乏力，由此技术因素引发市场向上突破。

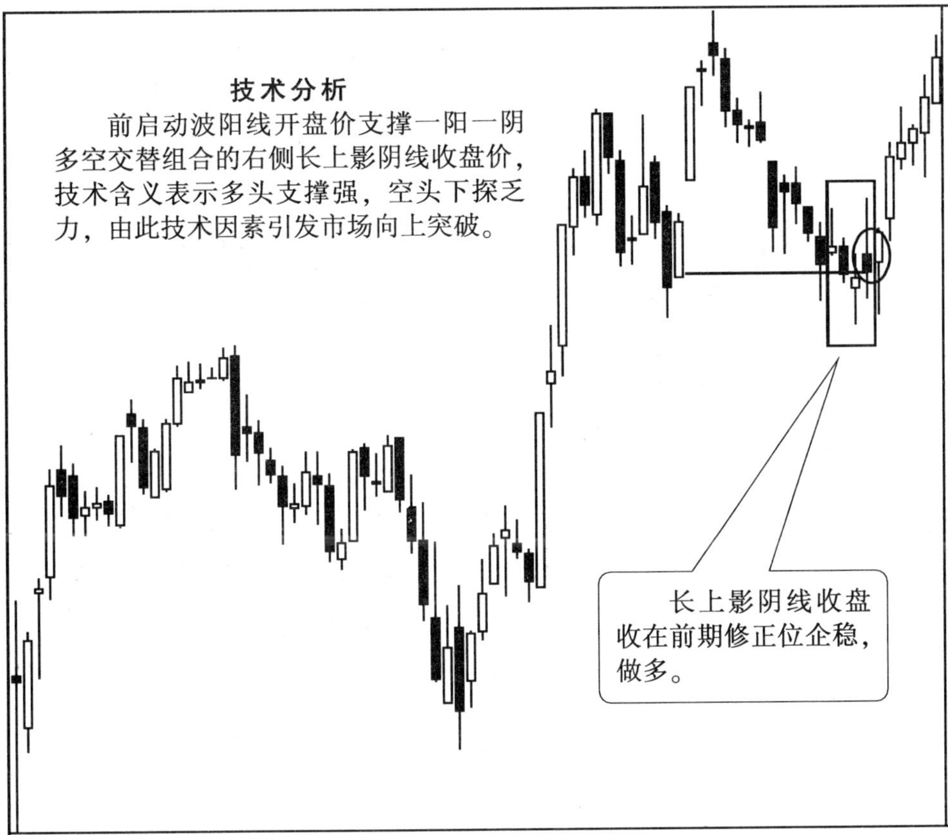

操盘精髓

回踩推动波整理区，一阳一阴多空交替组合的右侧长上影阴线收盘价在推动波整理区企稳，买入。

操盘精髓

推动波高点阶梯上移整理，一阳一阴多空交替组合的右侧长上影阴线收盘价站稳前整理区阳线收盘价及跳空缺口，强势特征成立，做多。

技术分析

推动波整理区高点及跳空缺口共同支撑一阳一阴多空交替组合的右侧长上影阴线收盘价，技术含义表示多头支撑强，空头下探乏力，强势特征成立，做多。

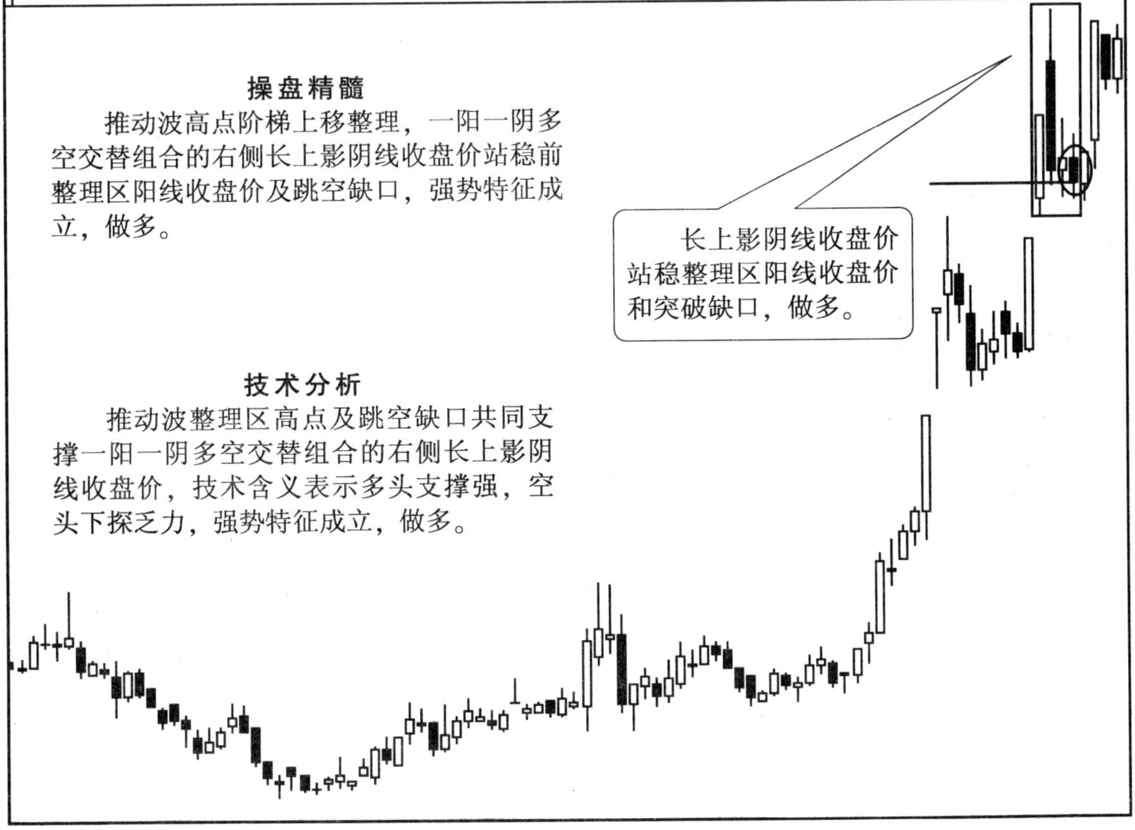

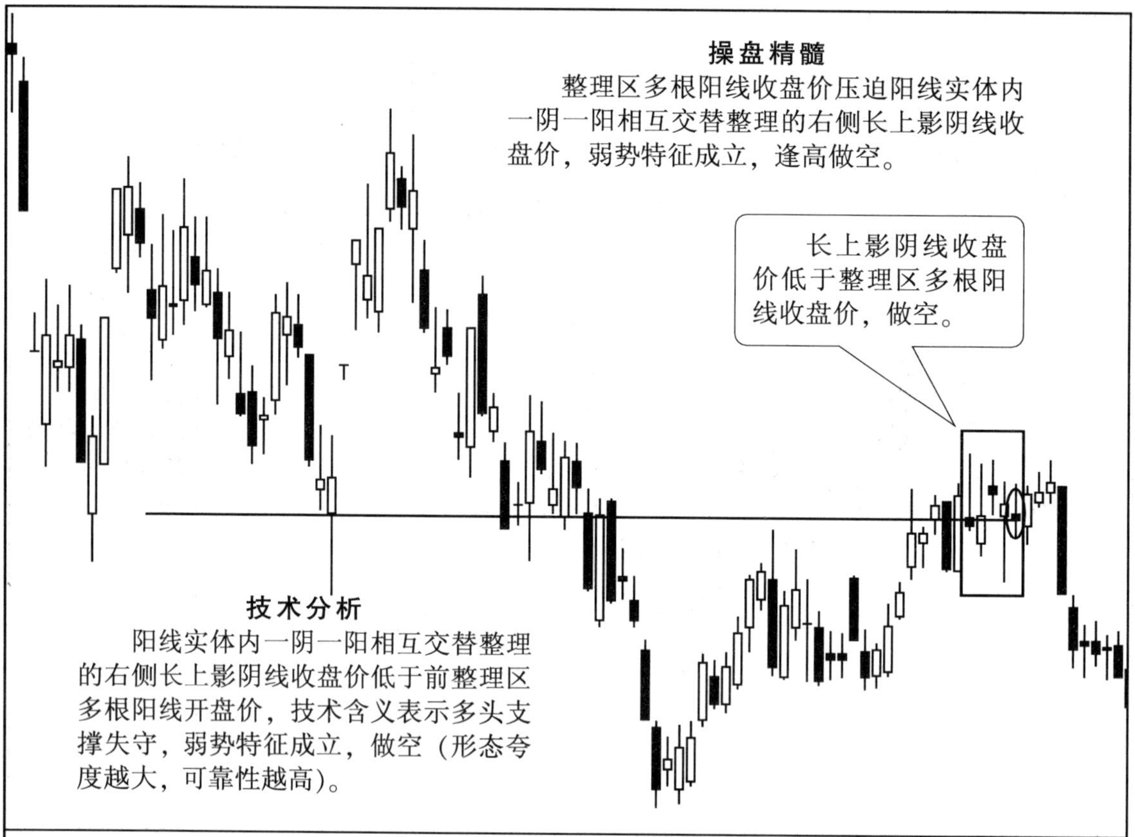

操盘精髓

整理区多根阳线收盘价压迫阳线实体内一阴一阳相互交替整理的右侧长上影阴线收盘价，弱势特征成立，逢高做空。

技术分析

阳线实体内一阴一阳相互交替整理的右侧长上影阴线收盘价低于前整理区多根阳线开盘价，技术含义表示多头支撑失守，弱势特征成立，做空（形态夸度越大，可靠性越高）。

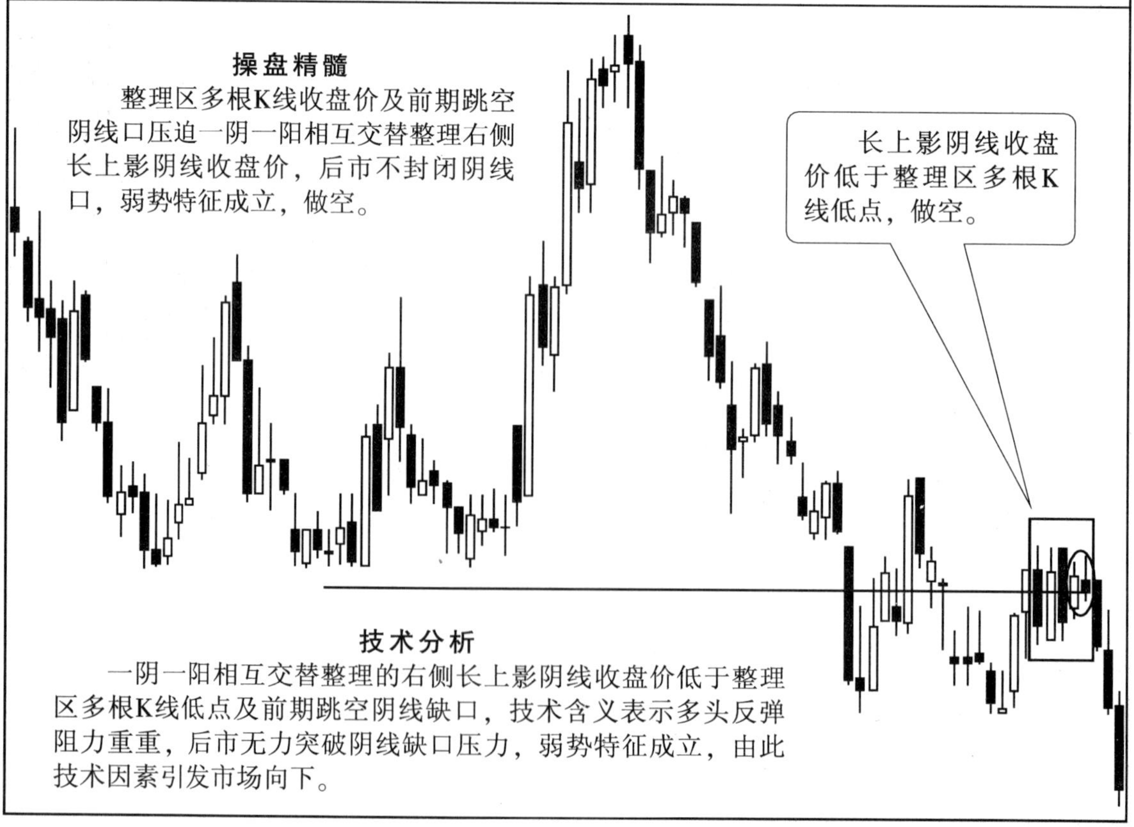

操盘精髓

整理区多根K线收盘价及前期跳空阴线口压迫一阴一阳相互交替整理右侧长上影阴线收盘价，后市不封闭阴线口，弱势特征成立，做空。

技术分析

一阴一阳相互交替整理的右侧长上影阴线收盘价低于整理区多根K线低点及前期跳空阴线缺口，技术含义表示多头反弹阻力重重，后市无力突破阴线缺口压力，弱势特征成立，由此技术因素引发市场向下。

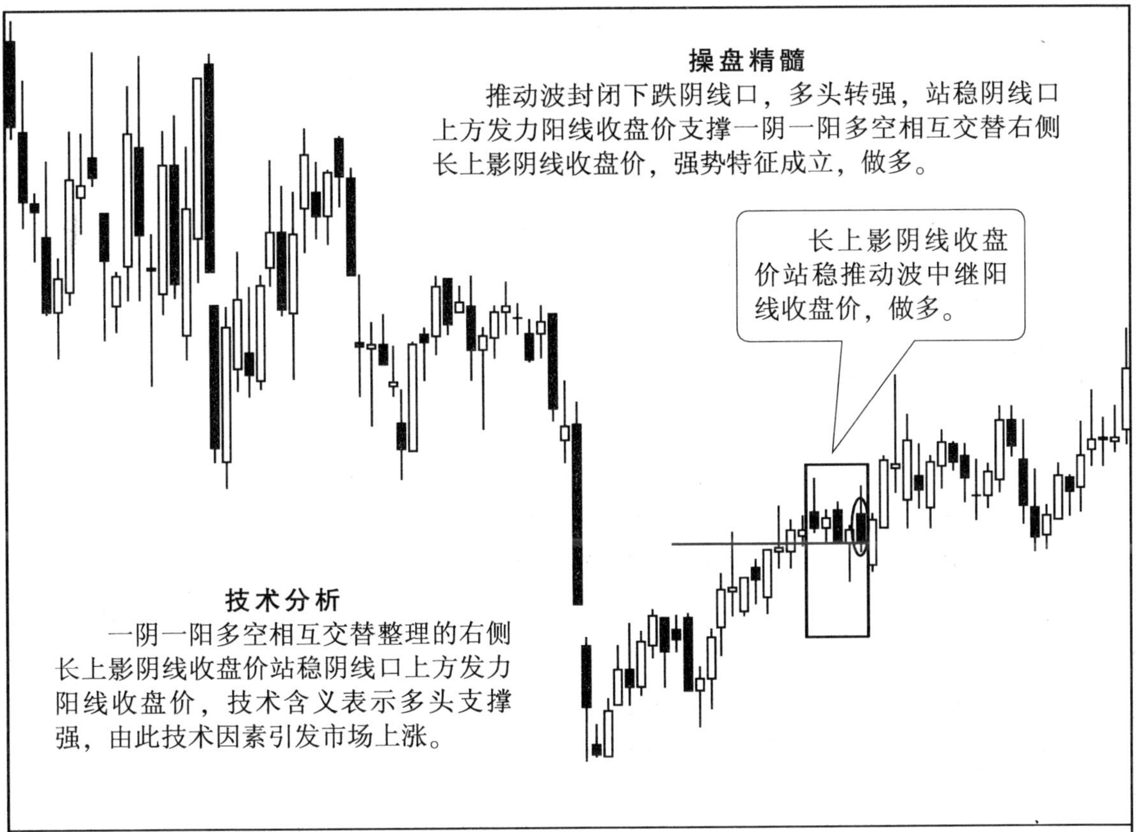

操盘精髓

推动波封闭下跌阴线口，多头转强，站稳阴线口上方发力阳线收盘价支撑一阴一阳多空相互交替右侧长上影阴线收盘价，强势特征成立，做多。

技术分析

一阴一阳多空相互交替整理的右侧长上影阴线收盘价站稳阴线口上方发力阳线收盘价，技术含义表示多头支撑强，由此技术因素引发市场上涨。

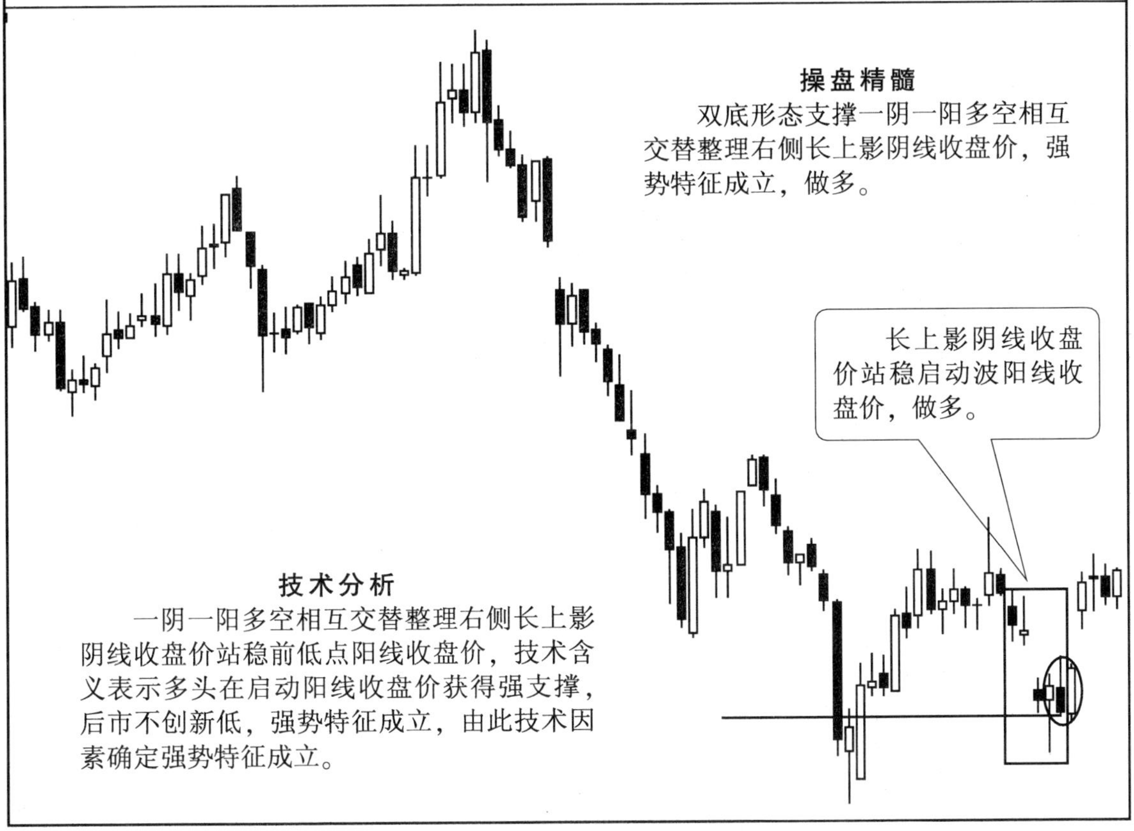

操盘精髓

双底形态支撑一阴一阳多空相互交替整理右侧长上影阴线收盘价，强势特征成立，做多。

技术分析

一阴一阳多空相互交替整理右侧长上影阴线收盘价站稳前低点阳线收盘价，技术含义表示多头在启动阳线收盘价获得强支撑，后市不创新低，强势特征成立，由此技术因素确定强势特征成立。

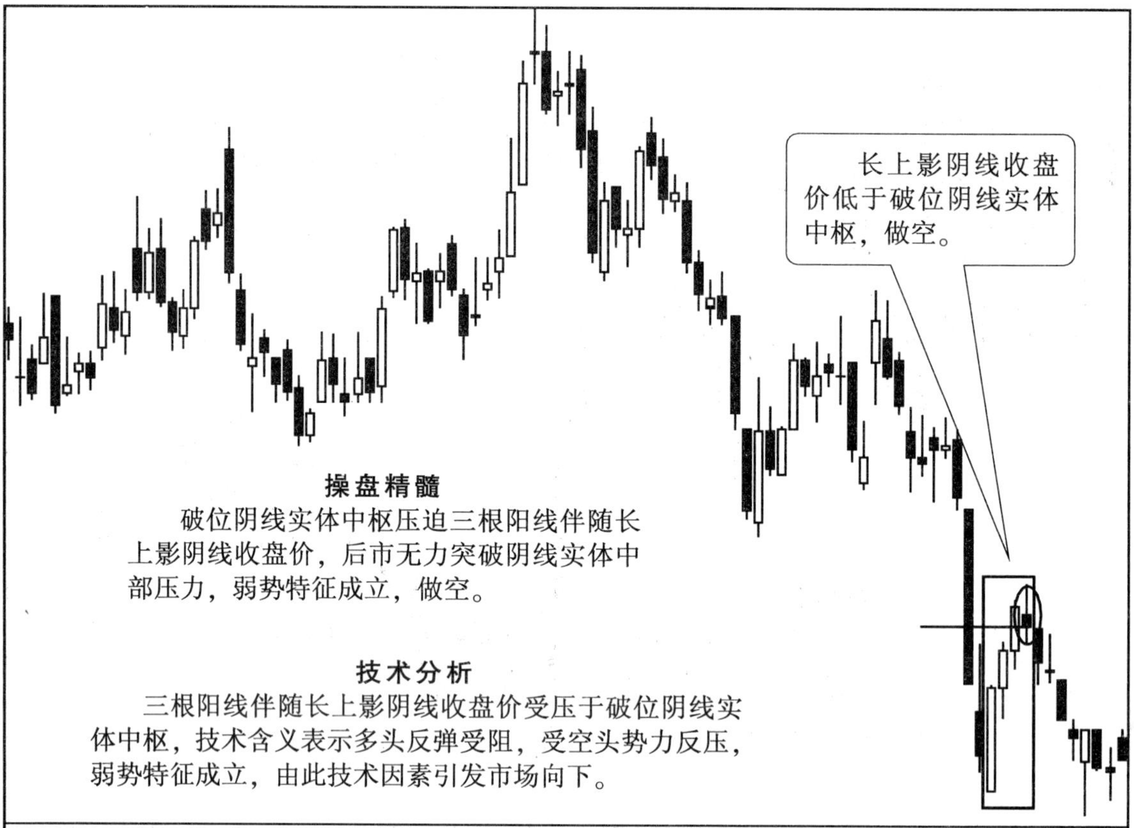

操盘精髓

破位阴线实体中枢压迫三根阳线伴随长上影阴线收盘价，后市无力突破阴线实体中部压力，弱势特征成立，做空。

技术分析

三根阳线伴随长上影阴线收盘价受压于破位阴线实体中枢，技术含义表示多头反弹受阻，受空头势力反压，弱势特征成立，由此技术因素引发市场向下。

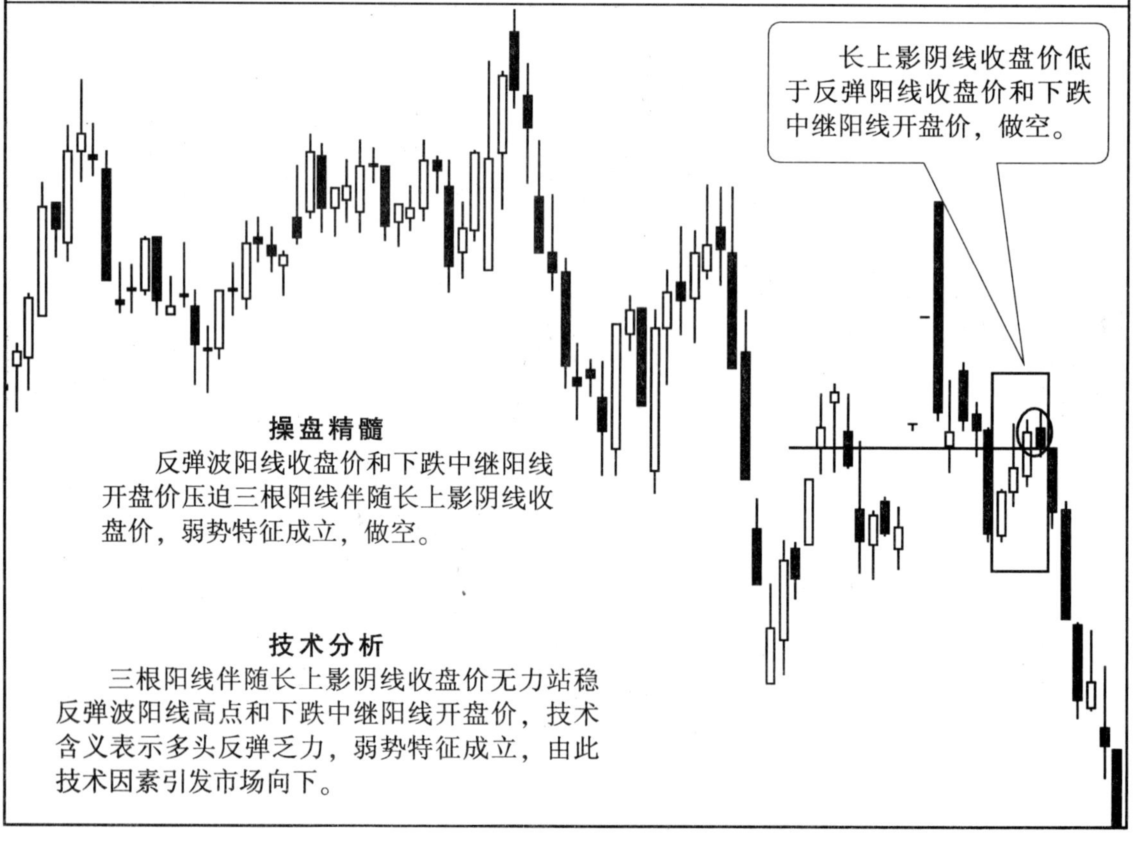

操盘精髓

反弹波阳线收盘价和下跌中继阳线开盘价压迫三根阳线伴随长上影阴线收盘价，弱势特征成立，做空。

技术分析

三根阳线伴随长上影阴线收盘价无力站稳反弹波阳线高点和下跌中继阳线开盘价，技术含义表示多头反弹乏力，弱势特征成立，由此技术因素引发市场向下。

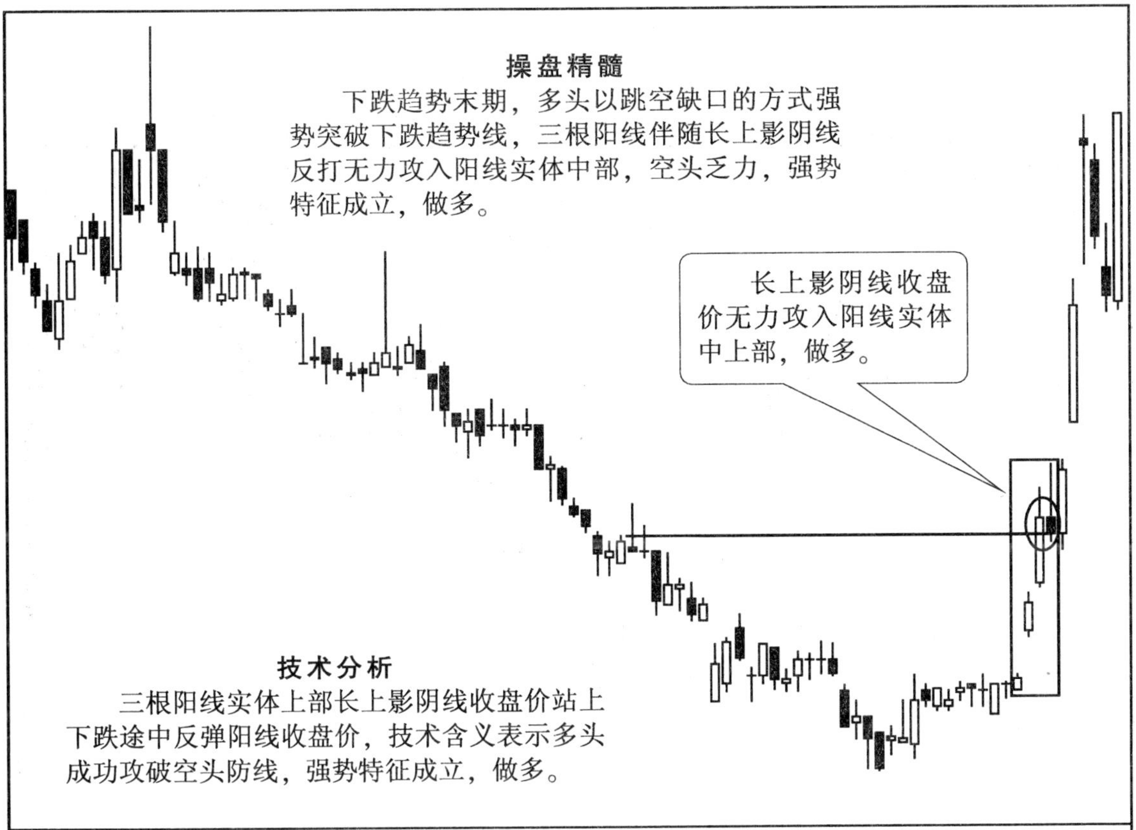

操盘精髓

下跌趋势末期，多头以跳空缺口的方式强势突破下跌趋势线，三根阳线伴随长上影阴线反打无力攻入阳线实体中部，空头乏力，强势特征成立，做多。

技术分析

三根阳线实体上部长上影阴线收盘价站上下跌途中反弹阳线收盘价，技术含义表示多头成功攻破空头防线，强势特征成立，做多。

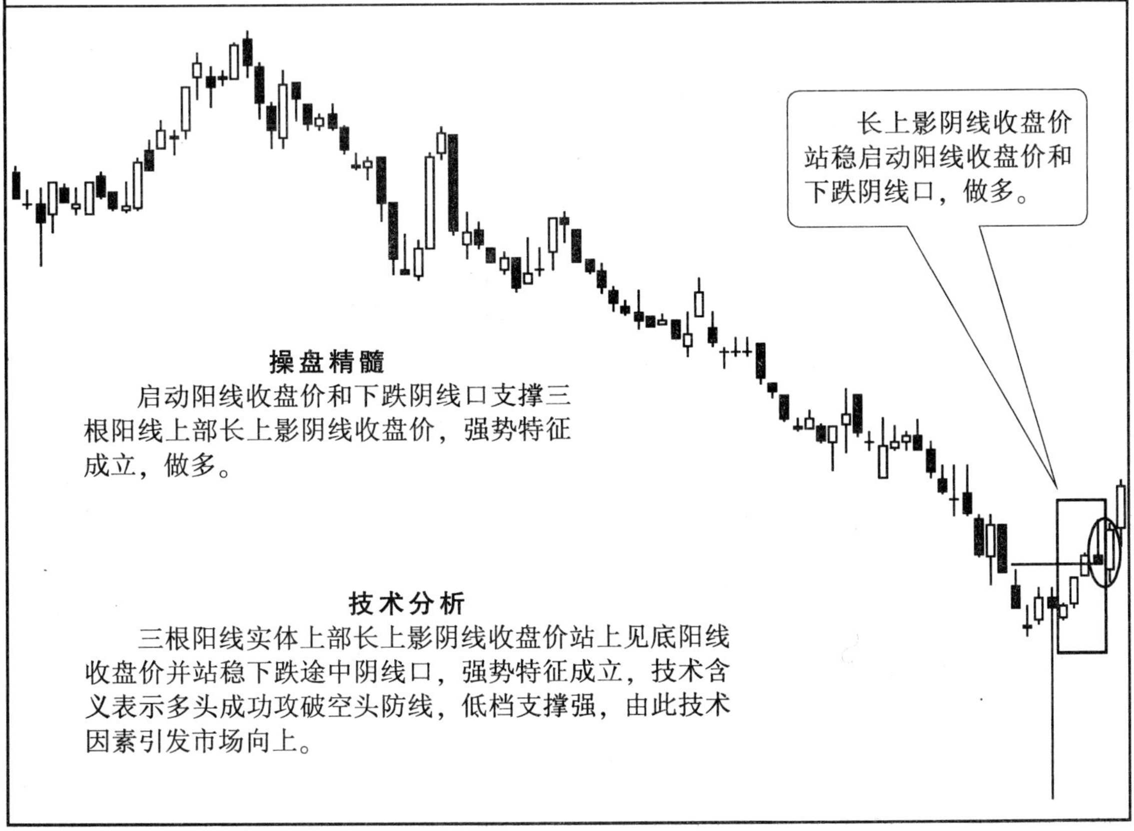

操盘精髓

启动阳线收盘价和下跌阴线口支撑三根阳线上部长上影阴线收盘价，强势特征成立，做多。

技术分析

三根阳线实体上部长上影阴线收盘价站上见底阳线收盘价并站稳下跌途中阴线口，强势特征成立，技术含义表示多头成功攻破空头防线，低档支撑强，由此技术因素引发市场向上。

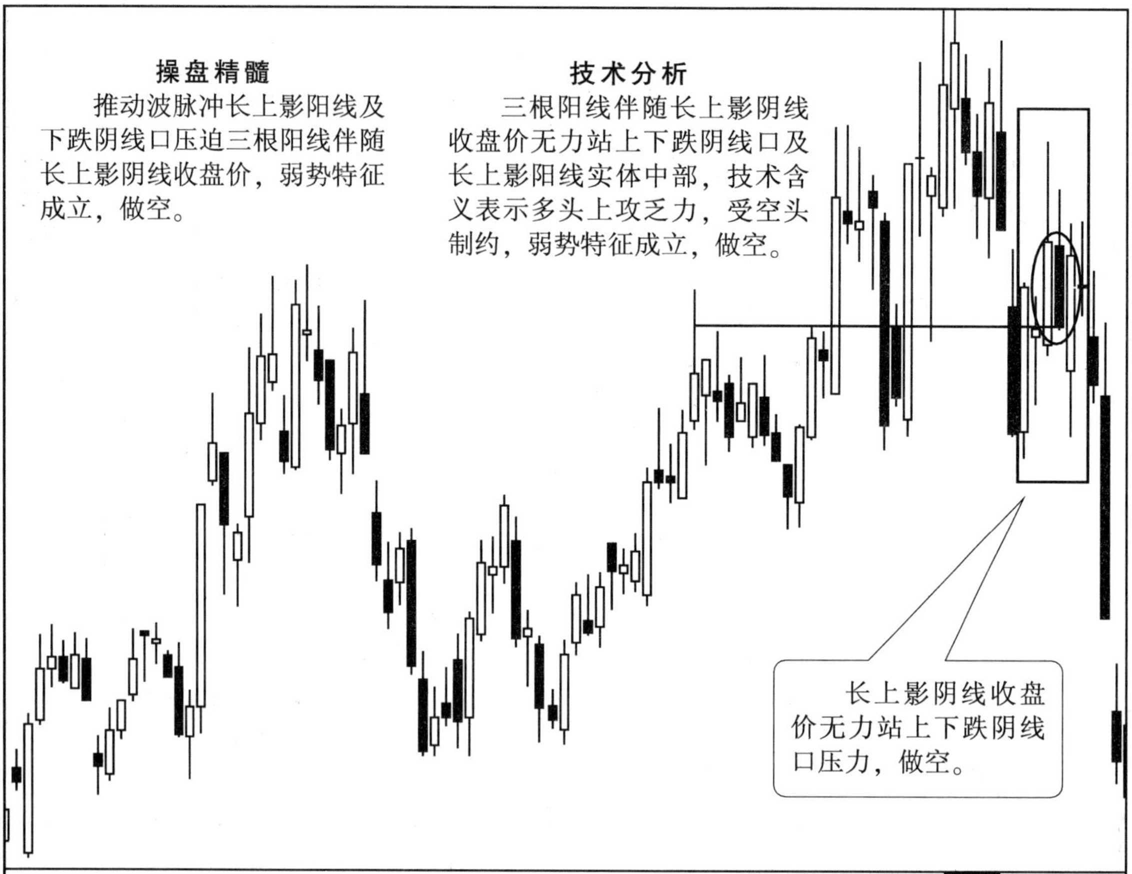
操盘精髓
推动波脉冲长上影阳线及下跌阴线口压迫三根阳线伴随长上影阴线收盘价，弱势特征成立，做空。
技术分析
三根阳线伴随长上影阴线收盘价无力站上下跌阴线口及长上影阳线实体中部，技术含义表示多头上攻乏力，受空头制约，弱势特征成立，做空。
长上影阴线收盘价无力站上下跌阴线口压力，做空。

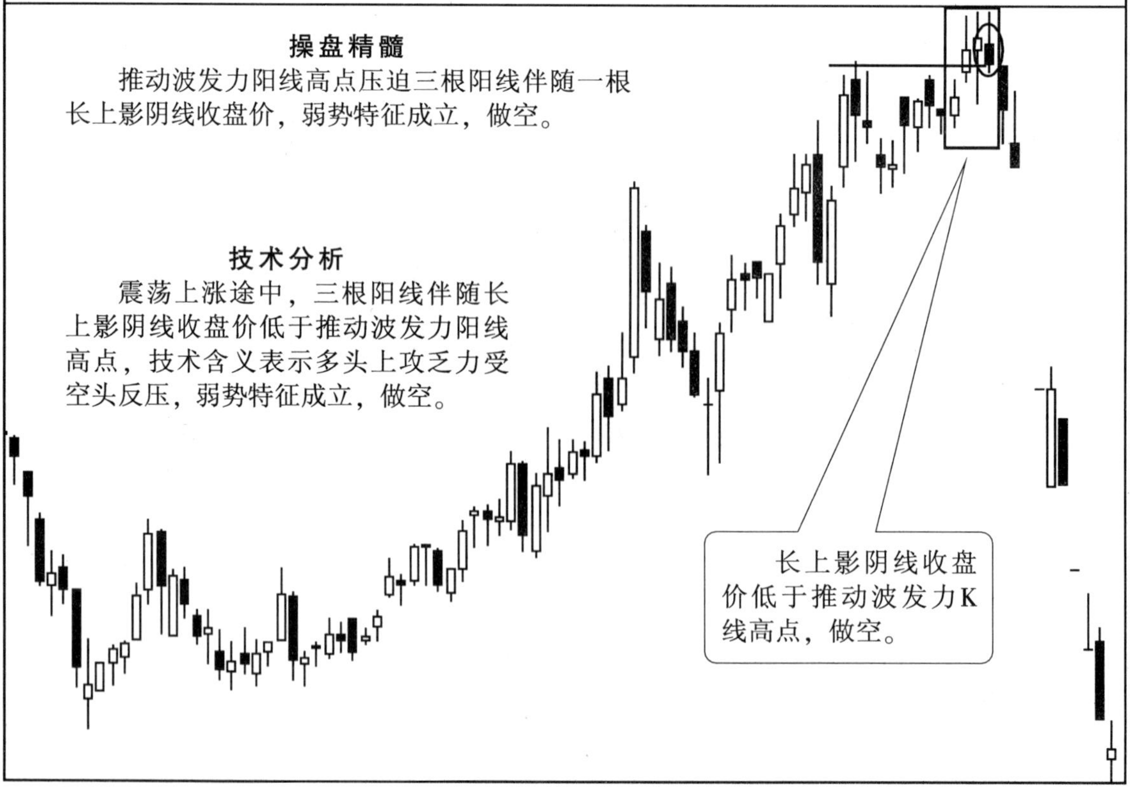
操盘精髓
推动波发力阳线高点压迫三根阳线伴随一根长上影阴线收盘价，弱势特征成立，做空。
技术分析
震荡上涨途中，三根阳线伴随长上影阴线收盘价低于推动波发力阳线高点，技术含义表示多头上攻乏力受空头反压，弱势特征成立，做空。
长上影阴线收盘价低于推动波发力K线高点，做空。

操盘精髓

上升推动波整理区两根发力阳线收盘价被三根阳线伴随长上影阴线收盘价攻破，强势特征成立，做多。

技术分析

三根阳线伴随长上影阴线收盘价站稳整理区两根发力阳线高点，技术含义表示多头成功攻破空头防线，后市不破两根发力阳线的收盘价支撑，强势特征成立，由此技术因素引发市场向上。

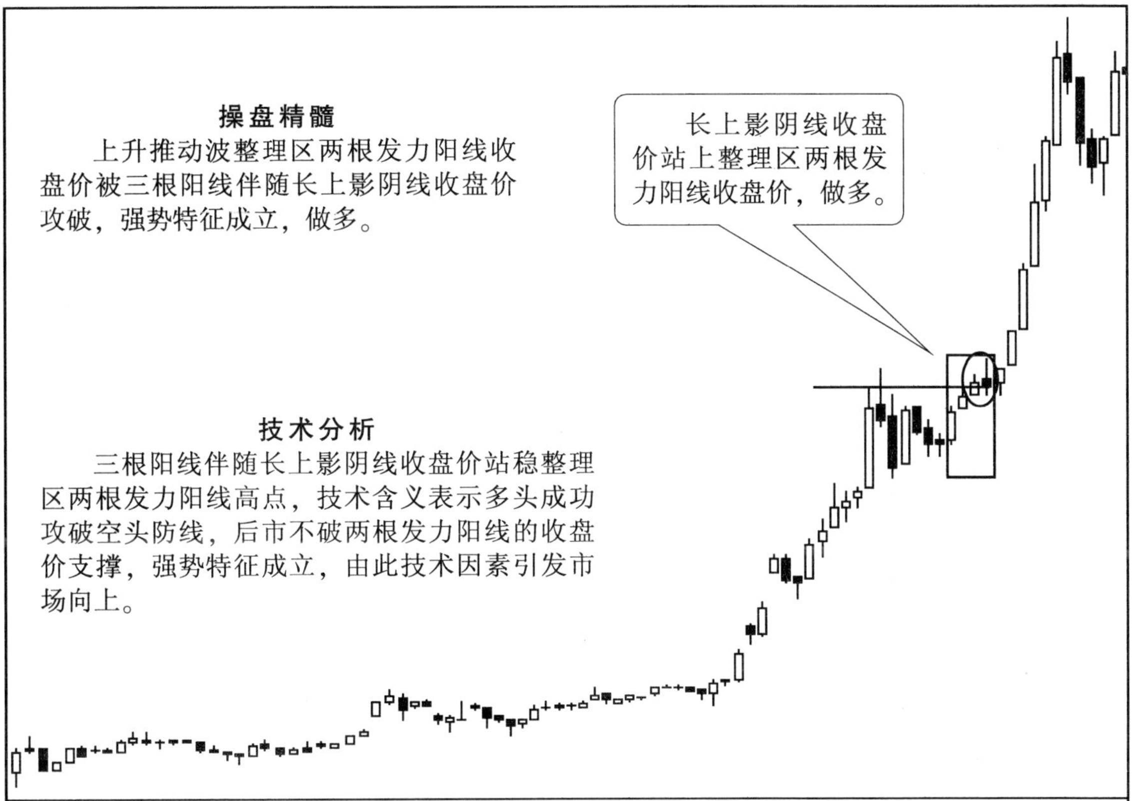

操盘精髓

推动波突破前期平台整理区，三根阳线伴随长上影阴线收盘价回踩平台整理区并站稳平台整理之上，强势特征成立，做多。

技术分析

三根阳线伴随长上影阴线收盘价站稳推动波发力阳线收盘价，技术含义表示多头成功攻破空头防线，强势特征成立，由此技术因素引发市场向上发展。

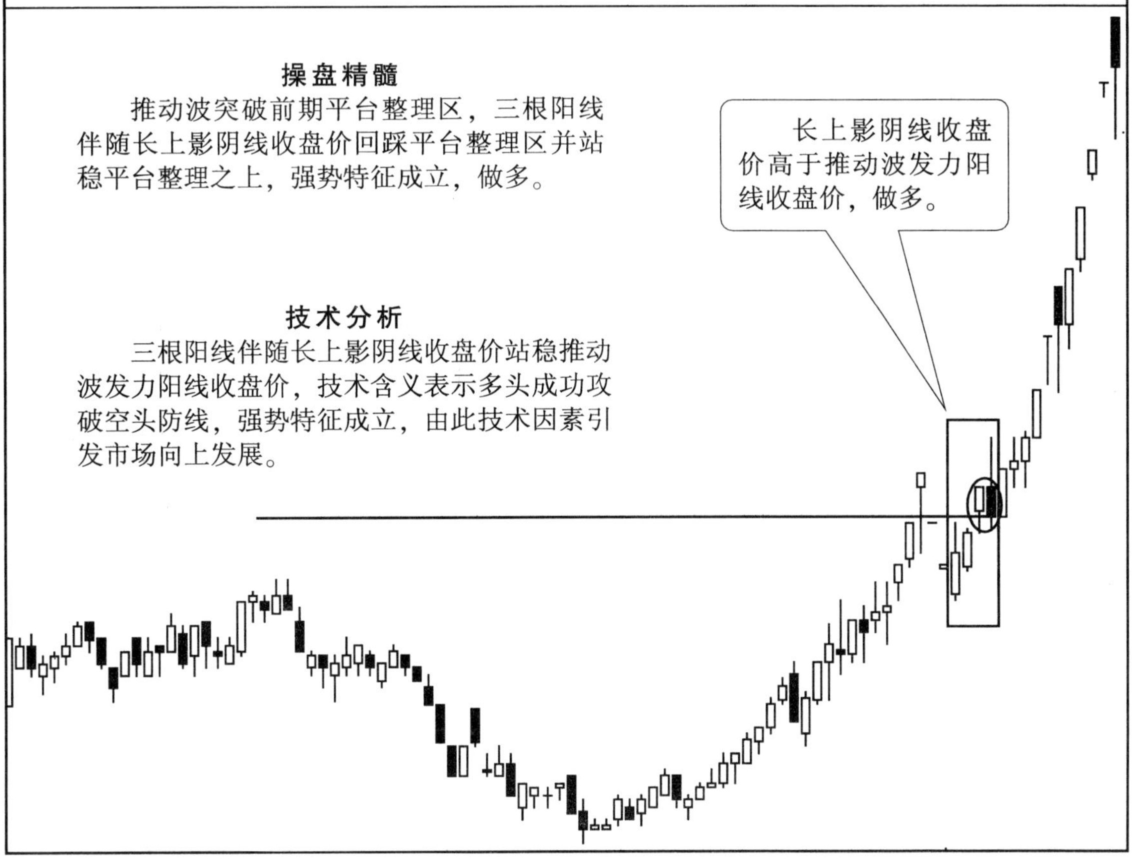

第七章 长下影阳线

长下影阳线含义：低点多头反击和抵抗呈现先跌后涨收盘引发长下影阳线，是多头承接现象，不代表出现长下影阳线行情就此会上升，引发同形趋势中同形K线运行方向的因素同样是K线本身所处的位置。应用K线学重点是知道单一K线所形成位置的多空力度，搞清所处强弱区域再判断涨跌方向，不能单凭一根K线就下结论。

本章围绕长下影阳线所处不同位置讲解引发市场向不同方向运行的规律，读者可从趋势涨跌双页比较中认识同形K线决定两个方向的强弱区别，领略K线所处的位置，是决定其走势的关键。

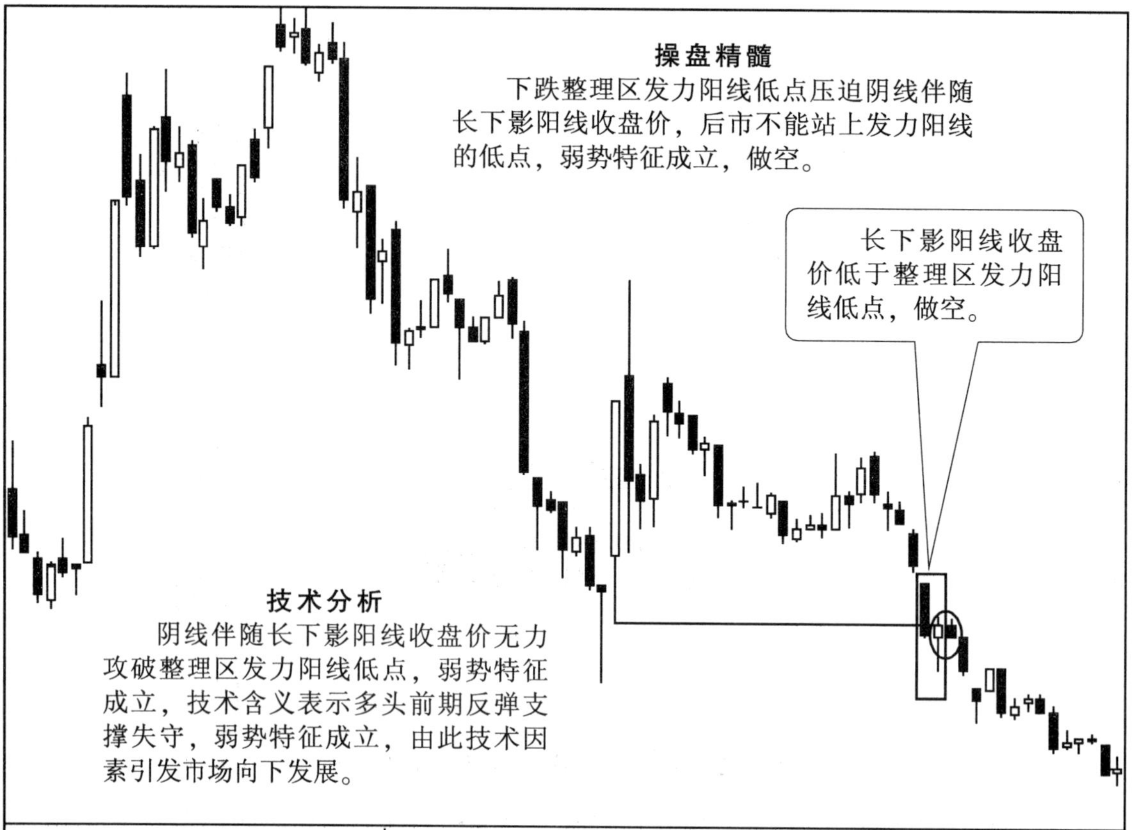
操盘精髓
下跌整理区发力阳线低点压迫阴线伴随长下影阳线收盘价，后市不能站上发力阳线的低点，弱势特征成立，做空。
长下影阳线收盘价低于整理区发力阳线低点，做空。
技术分析
阴线伴随长下影阳线收盘价无力攻破整理区发力阳线低点，弱势特征成立，技术含义表示多头前期反弹支撑失守，弱势特征成立，由此技术因素引发市场向下发展。

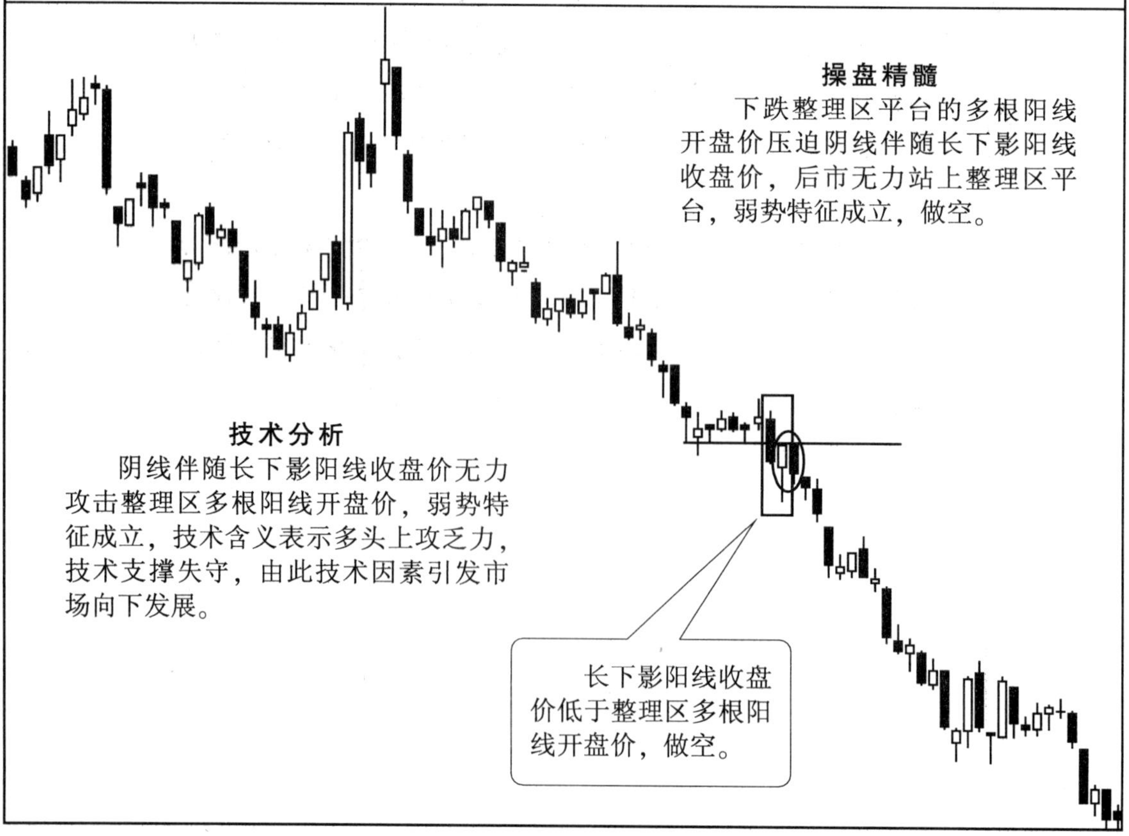
操盘精髓
下跌整理区平台的多根阳线开盘价压迫阴线伴随长下影阳线收盘价，后市无力站上整理区平台，弱势特征成立，做空。
技术分析
阴线伴随长下影阳线收盘价无力攻击整理区多根阳线开盘价，弱势特征成立，技术含义表示多头上攻乏力，技术支撑失守，由此技术因素引发市场向下发展。
长下影阳线收盘价低于整理区多根阳线开盘价，做空。

操盘精髓

双底形态的前阳线开盘价及推动波跳空阳线口支撑阴线伴随长下影阳线收盘价，强势特征成立，做多。

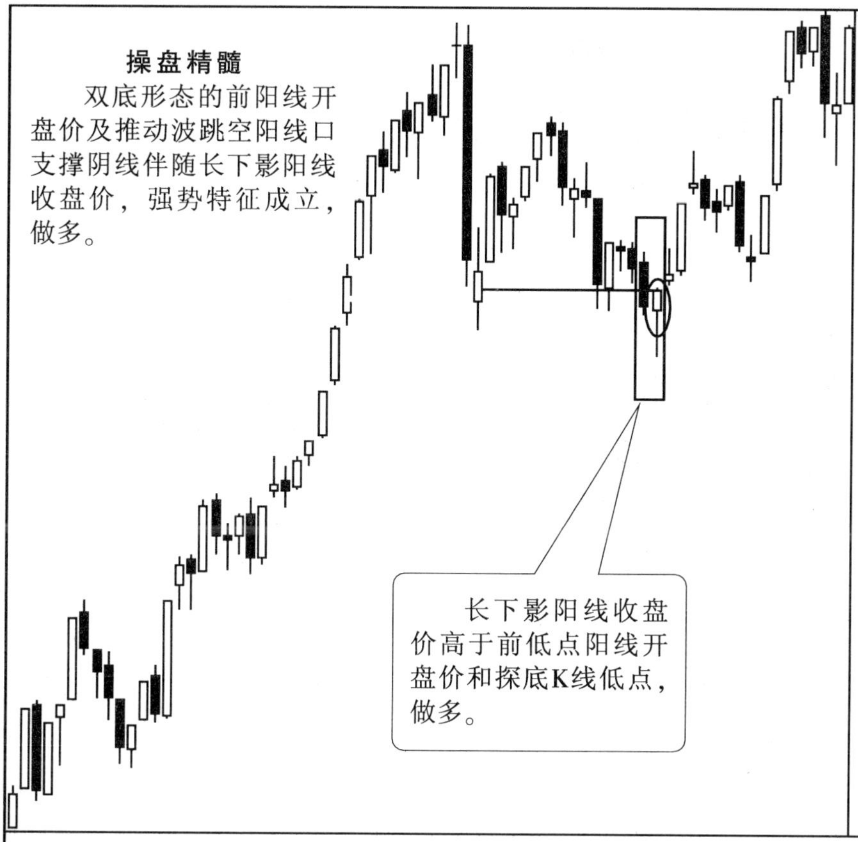

技术分析

阴线伴随长下影阳线收盘价高于双底形态前阳线开盘价及推动波跳空阳线缺口，强势特征成立，技术含义表示多头支撑强，由此技术因素引发布场向上发展。

操盘精髓

推动波阳线口及发力阳线收盘价被阴线伴随长下影阳线收盘价占领，强势特征成立，做多。

技术分析

阴线伴随长下影阳线收盘价高于推动波三根阳线开盘价及阳线口，强势特征成立，技术含义表示多头在前期支撑位企稳，由此技术因素引发市场向上突破。

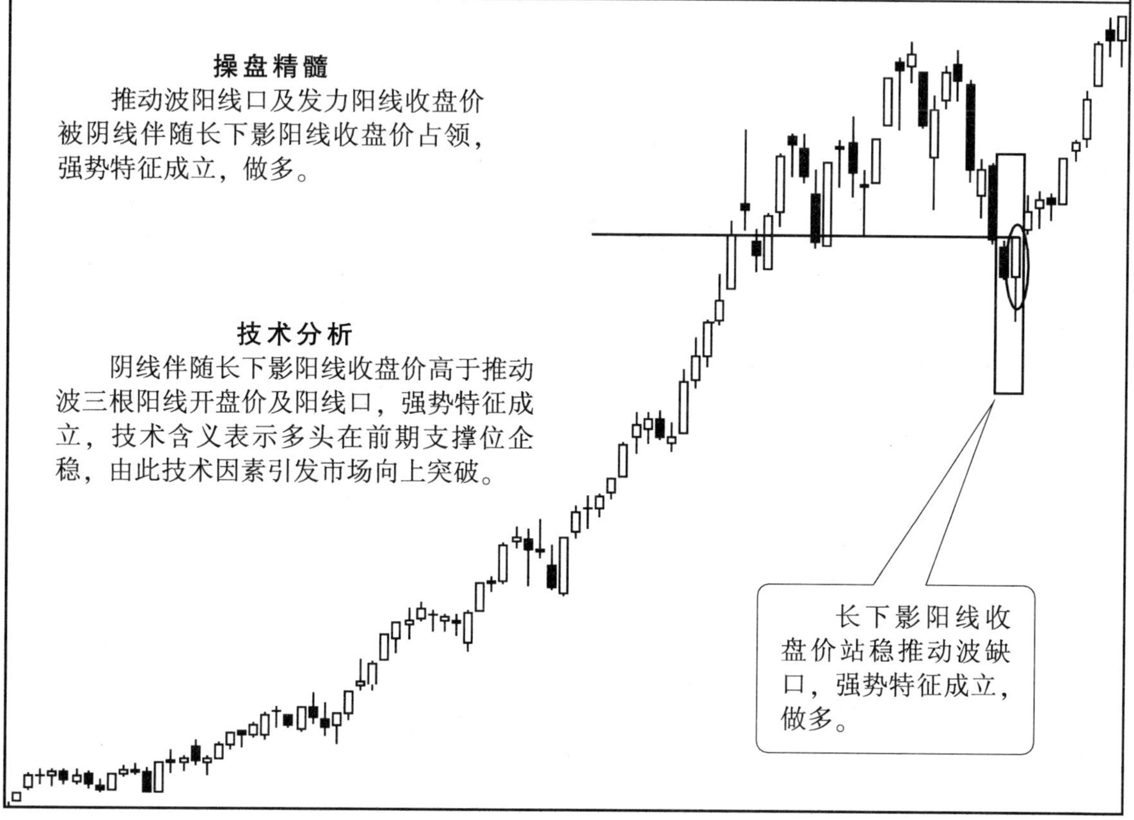

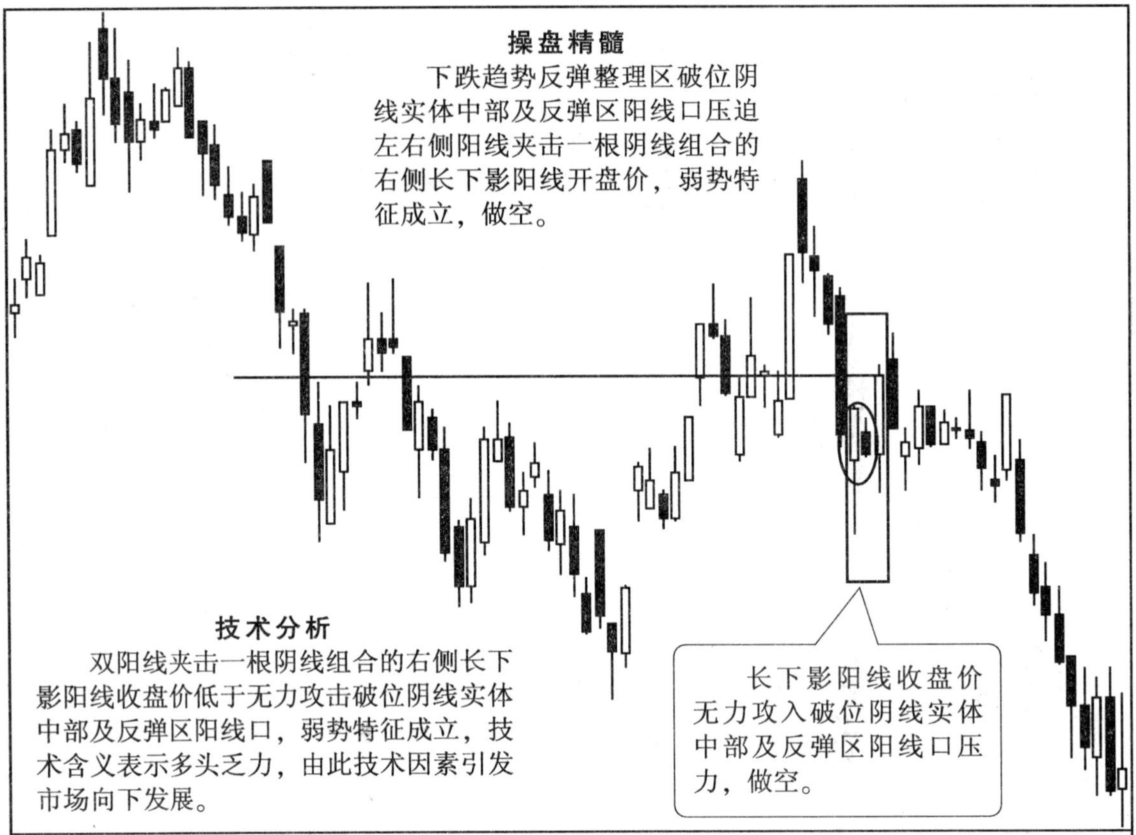

操盘精髓

下跌趋势反弹整理区破位阴线实体中部及反弹区阳线口压迫左右侧阳线夹击一根阴线组合的右侧长下影阳线开盘价，弱势特征成立，做空。

技术分析

双阳线夹击一根阴线组合的右侧长下影阳线收盘价低于无力攻击破位阴线实体中部及反弹区阳线口，弱势特征成立，技术含义表示多头乏力，由此技术因素引发市场向下发展。

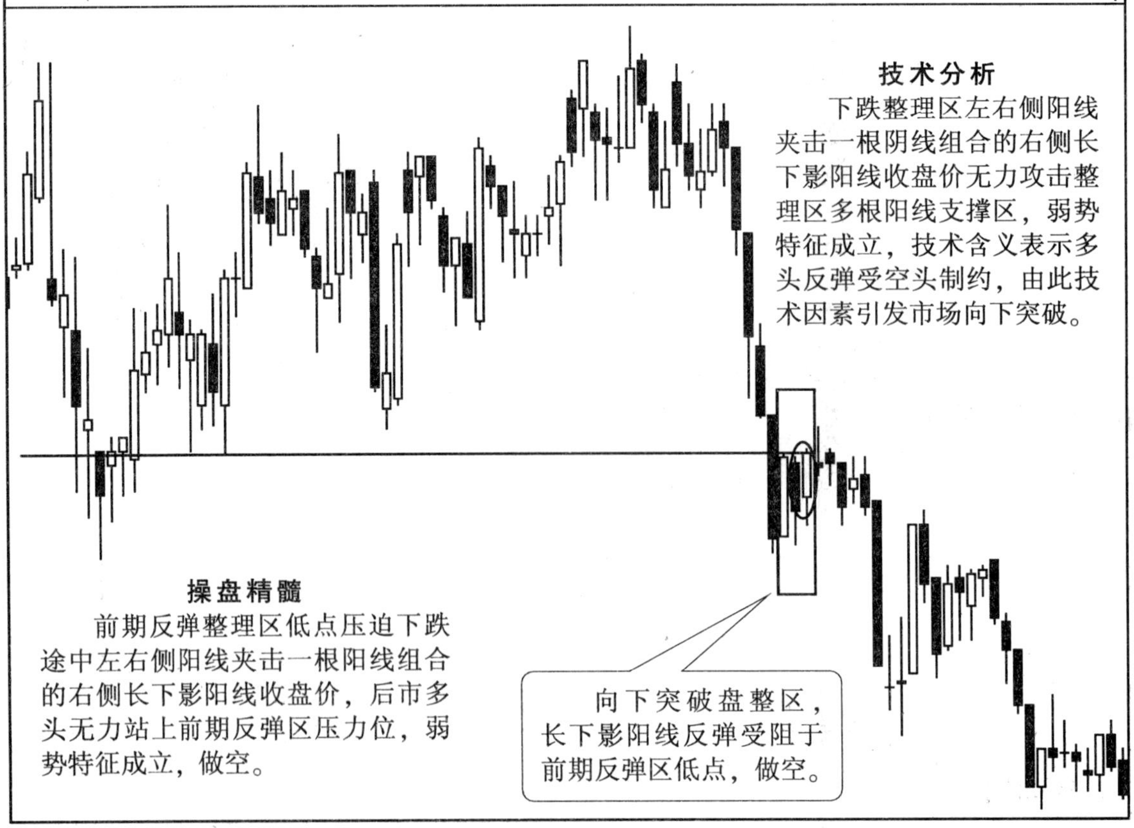

技术分析

下跌整理区左右侧阳线夹击一根阴线组合的右侧长下影阳线收盘价无力攻击整理区多根阳线支撑区，弱势特征成立，技术含义表示多头反弹受空头制约，由此技术因素引发市场向下突破。

操盘精髓

前期反弹整理区低点压迫下跌途中左右侧阳线夹击一根阳线组合的右侧长下影阳线收盘价，后市多头无力站上前期反弹区压力位，弱势特征成立，做空。

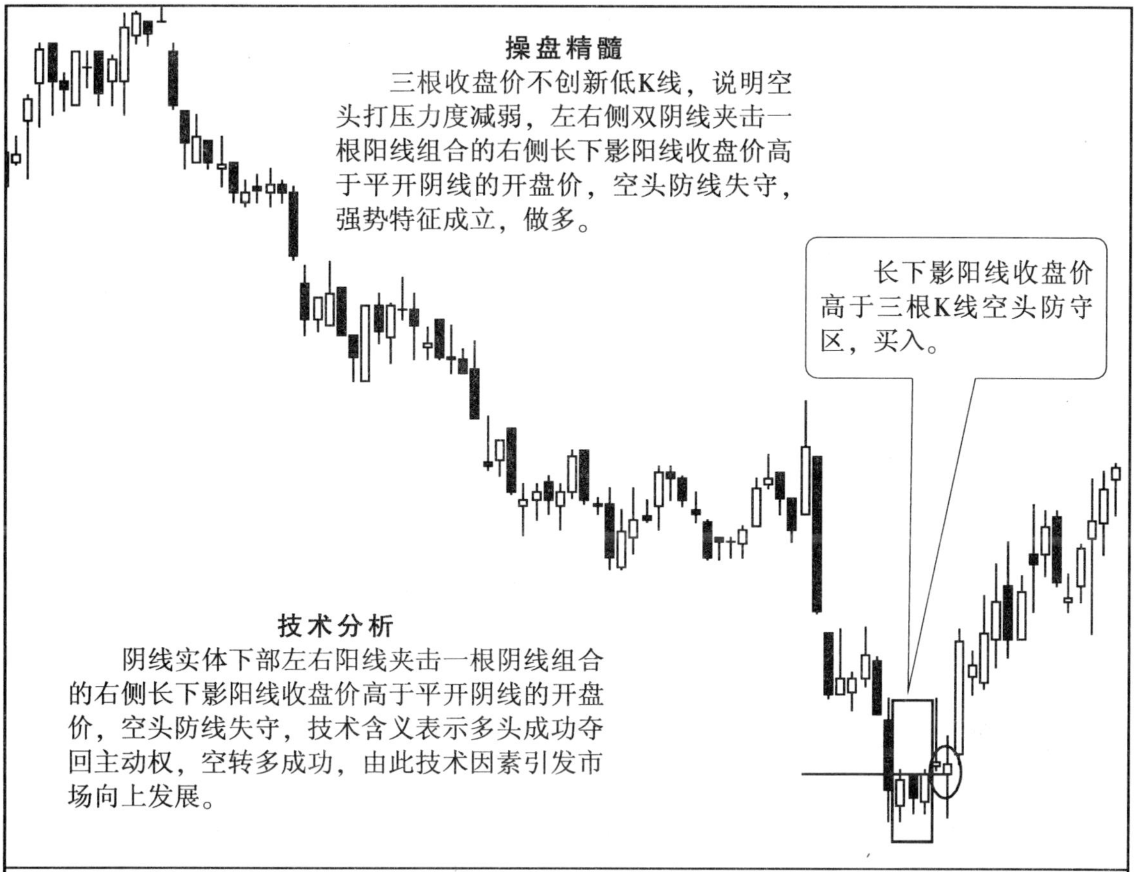

操盘精髓

三根收盘价不创新低K线，说明空头打压力度减弱，左右侧双阴线夹击一根阳线组合的右侧长下影阳线收盘价高于平开阴线的开盘价，空头防线失守，强势特征成立，做多。

技术分析

阴线实体下部左右阳线夹击一根阴线组合的右侧长下影阳线收盘价高于平开阴线的开盘价，空头防线失守，技术含义表示多头成功夺回主动权，空转多成功，由此技术因素引发市场向上发展。

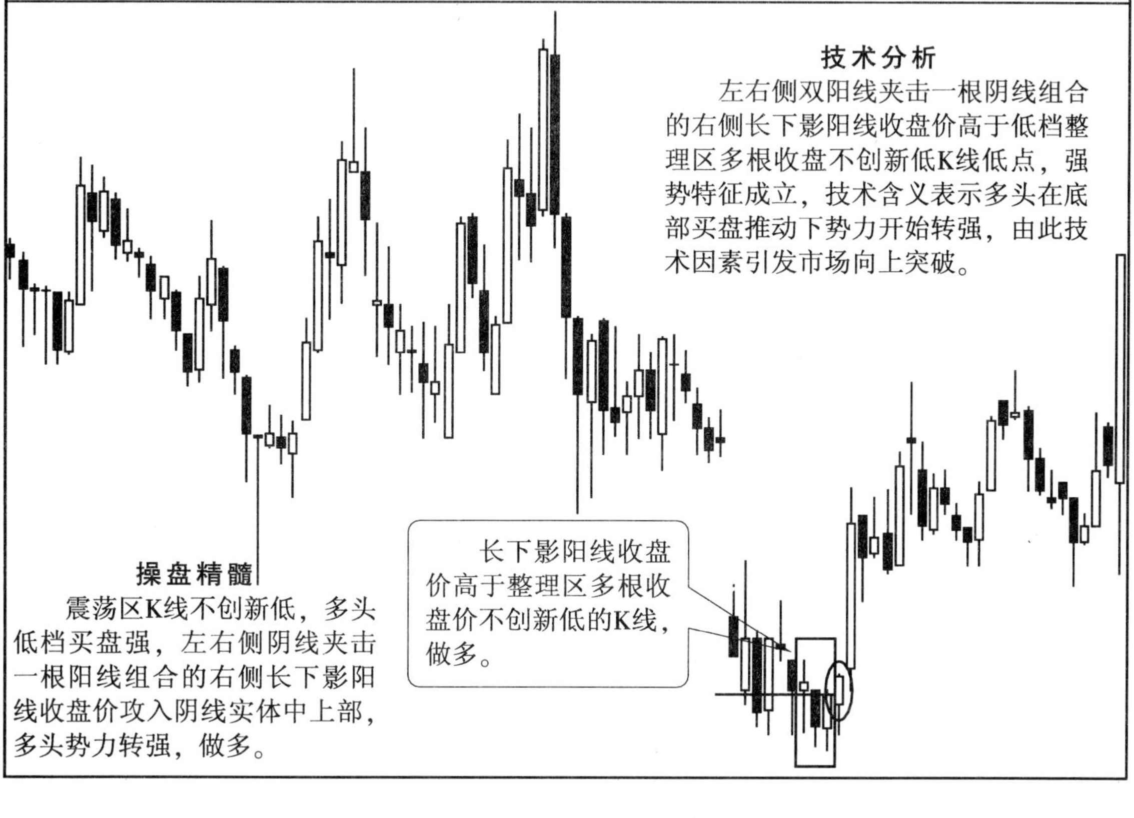

技术分析

左右侧双阳线夹击一根阴线组合的右侧长下影阳线收盘价高于低档整理区多根收盘不创新低K线低点，强势特征成立，技术含义表示多头在底部买盘推动下势力开始转强，由此技术因素引发市场向上突破。

操盘精髓

震荡区K线不创新低，多头低档买盘强，左右侧阴线夹击一根阳线组合的右侧长下影阳线收盘价攻入阴线实体中上部，多头势力转强，做多。

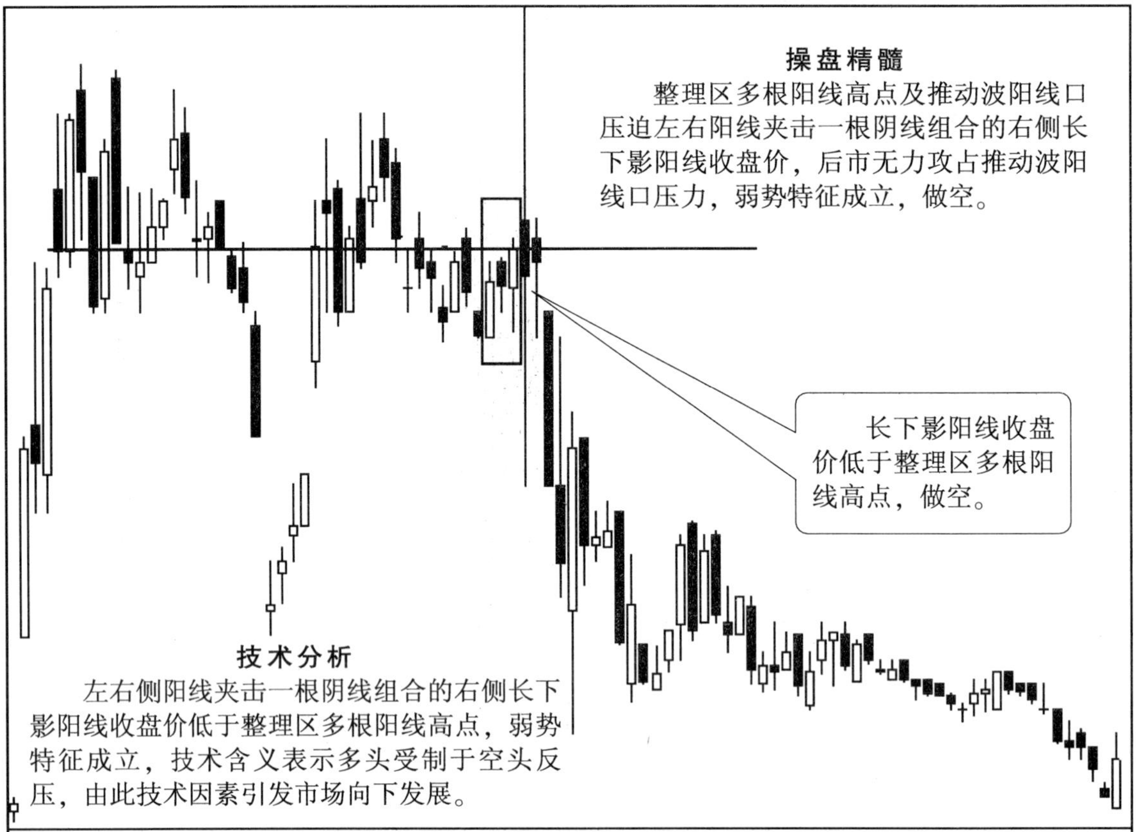
操盘精髓
整理区多根阳线高点及推动波阳线口压迫左右阳线夹击一根阴线组合的右侧长下影阳线收盘价，后市无力攻占推动波阳线口压力，弱势特征成立，做空。
长下影阳线收盘价低于整理区多根阳线高点，做空。
技术分析
左右侧阳线夹击一根阴线组合的右侧长下影阳线收盘价低于整理区多根阳线高点，弱势特征成立，技术含义表示多头受制于空头反压，由此技术因素引发市场向下发展。

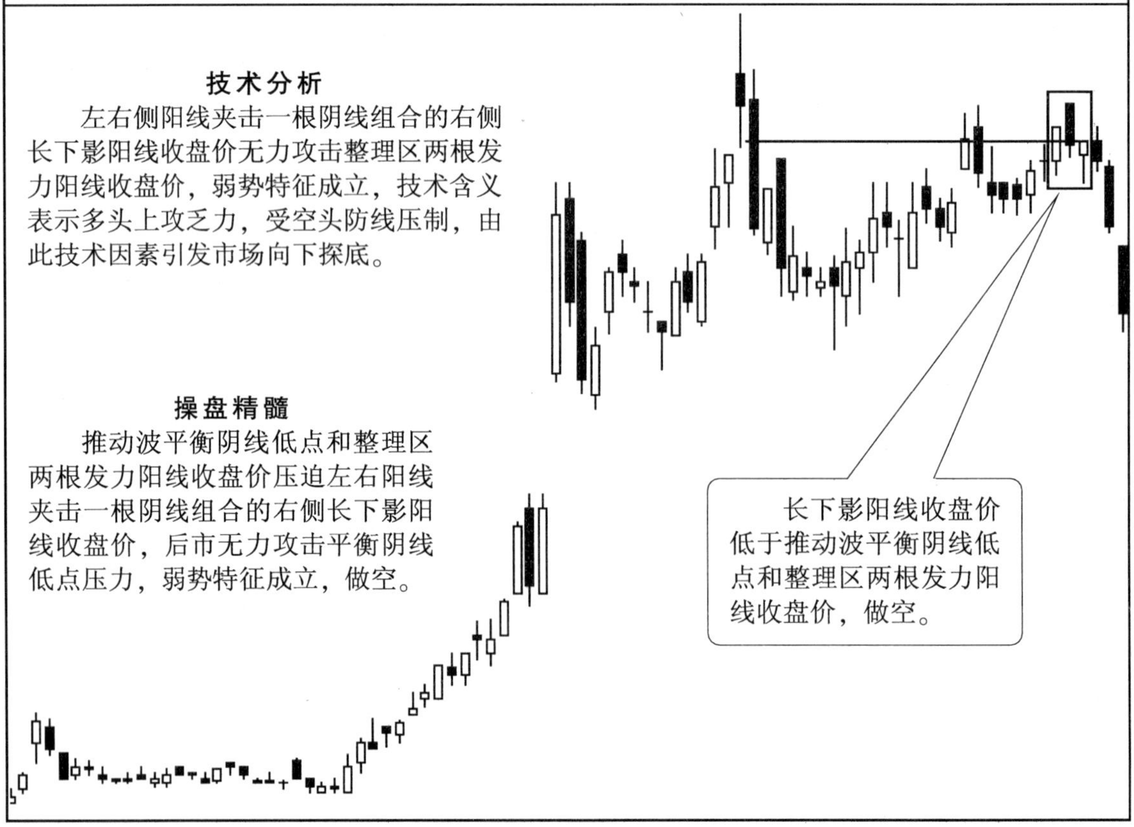
技术分析
左右侧阳线夹击一根阴线组合的右侧长下影阳线收盘价无力攻击整理区两根发力阳线收盘价，弱势特征成立，技术含义表示多头上攻乏力，受空头防线压制，由此技术因素引发市场向下探底。
操盘精髓
推动波平衡阴线低点和整理区两根发力阳线收盘价压迫左右阳线夹击一根阴线组合的右侧长下影阳线收盘价，后市无力攻击平衡阴线低点压力，弱势特征成立，做空。
长下影阳线收盘价低于推动波平衡阴线低点和整理区两根发力阳线收盘价，做空。

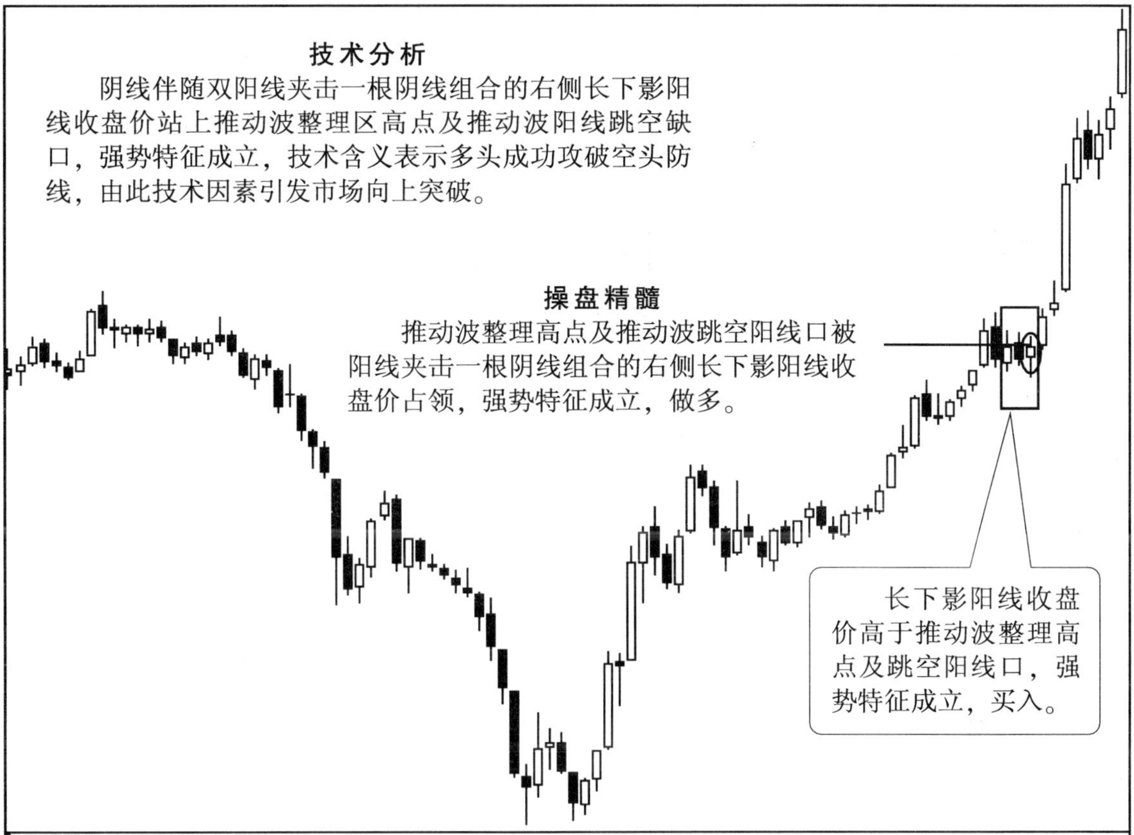
技术分析
阴线伴随双阳线夹击一根阴线组合的右侧长下影阳线收盘价站上推动波整理区高点及推动波阳线跳空缺口，强势特征成立，技术含义表示多头成功攻破空头防线，由此技术因素引发市场向上突破。
操盘精髓
推动波整理高点及推动波跳空阳线口被阳线夹击一根阴线组合的右侧长下影阳线收盘价占领，强势特征成立，做多。
长下影阳线收盘价高于推动波整理高点及跳空阳线口，强势特征成立，买入。

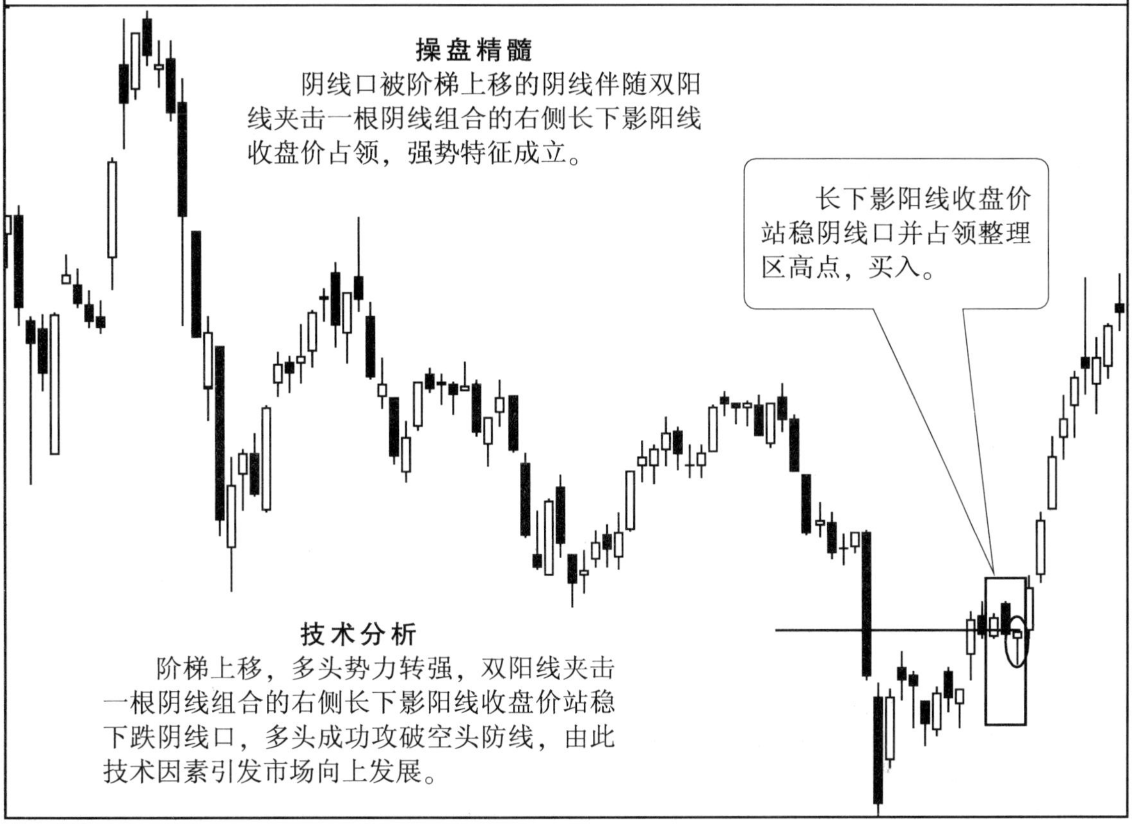
操盘精髓
阴线口被阶梯上移的阴线伴随双阳线夹击一根阴线组合的右侧长下影阳线收盘价占领，强势特征成立。
长下影阳线收盘价站稳阴线口并占领整理区高点，买入。
技术分析
阶梯上移，多头势力转强，双阳线夹击一根阴线组合的右侧长下影阳线收盘价站稳下跌阴线口，多头成功攻破空头防线，由此技术因素引发市场向上发展。

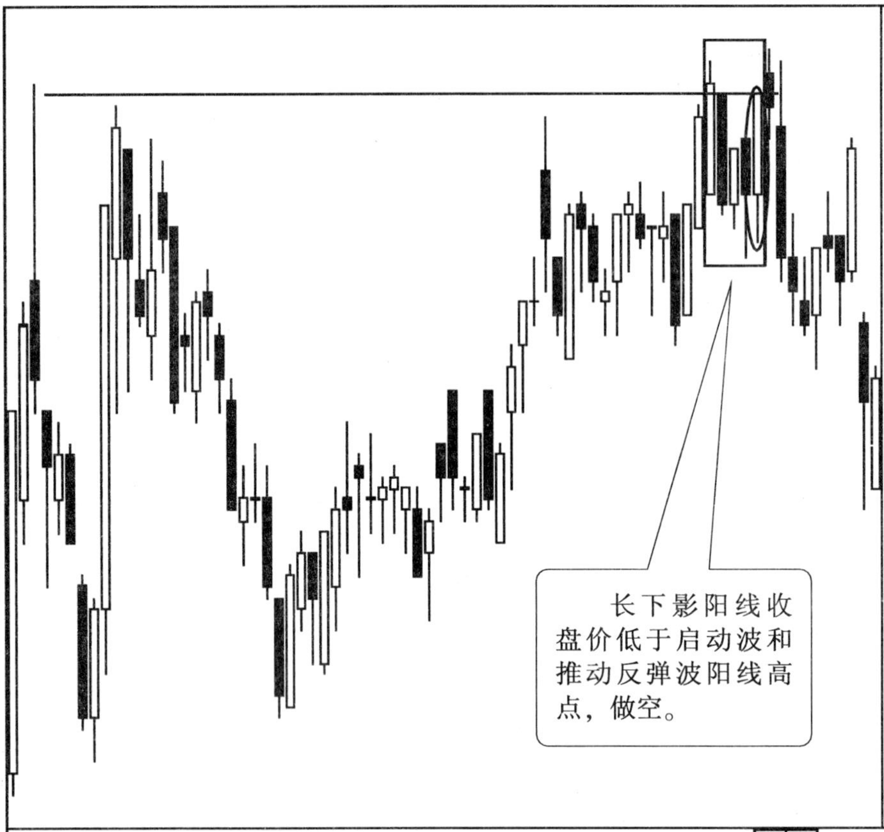

技术分析

一阴一阳多空交锋右侧长下影阳线收盘价低于前波峰高点和推动波阳线高点，弱势特征成立，技术含义表示多头上攻乏力受制于空头势力，由此技术因素引发市场向下向展。

操盘精髓

启动波峰顶和推动反弹波高点压迫一阴一阳组合的右侧长下影阳线收盘价，弱势特征成立，做空。

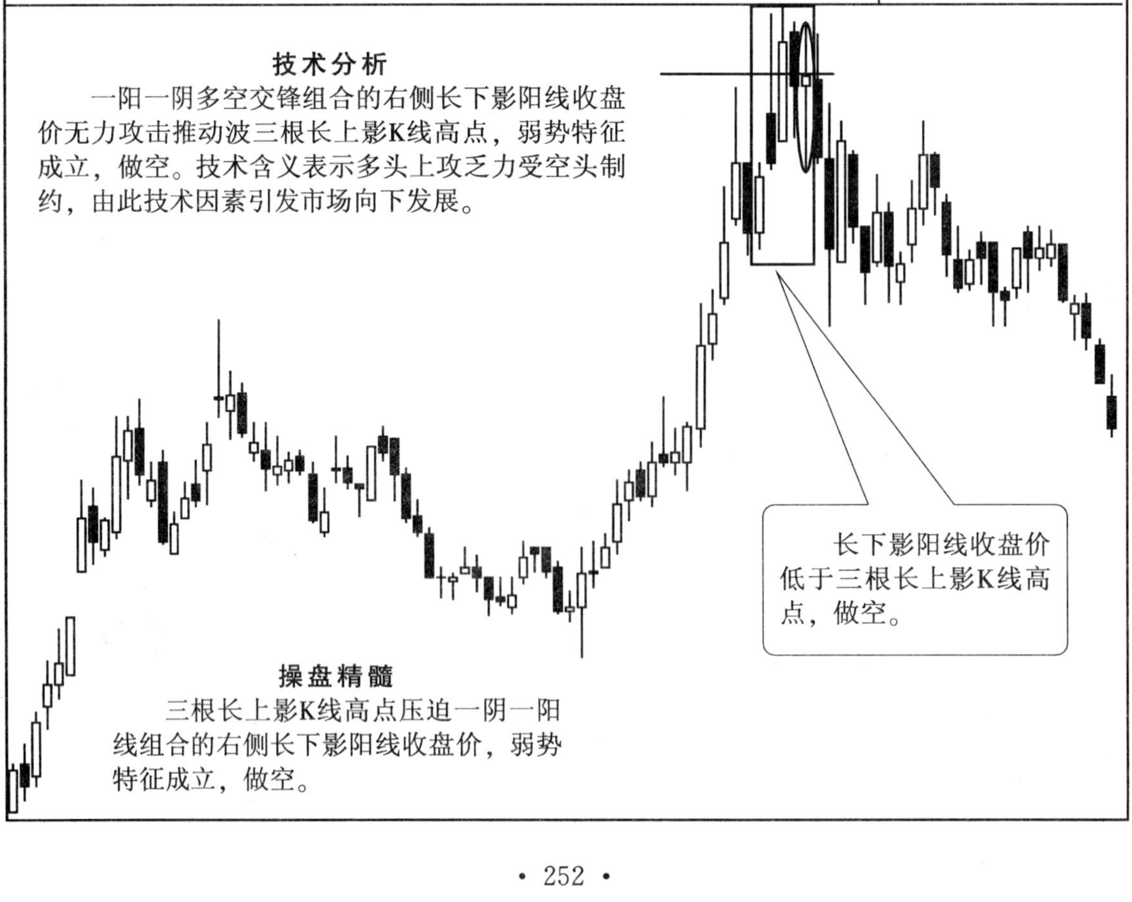

技术分析

一阳一阴多空交锋组合的右侧长下影阳线收盘价无力攻击推动波三根长上影K线高点，弱势特征成立，做空。技术含义表示多头上攻乏力受空头制约，由此技术因素引发市场向下发展。

操盘精髓

三根长上影K线高点压迫一阴一阳线组合的右侧长下影阳线收盘价，弱势特征成立，做空。

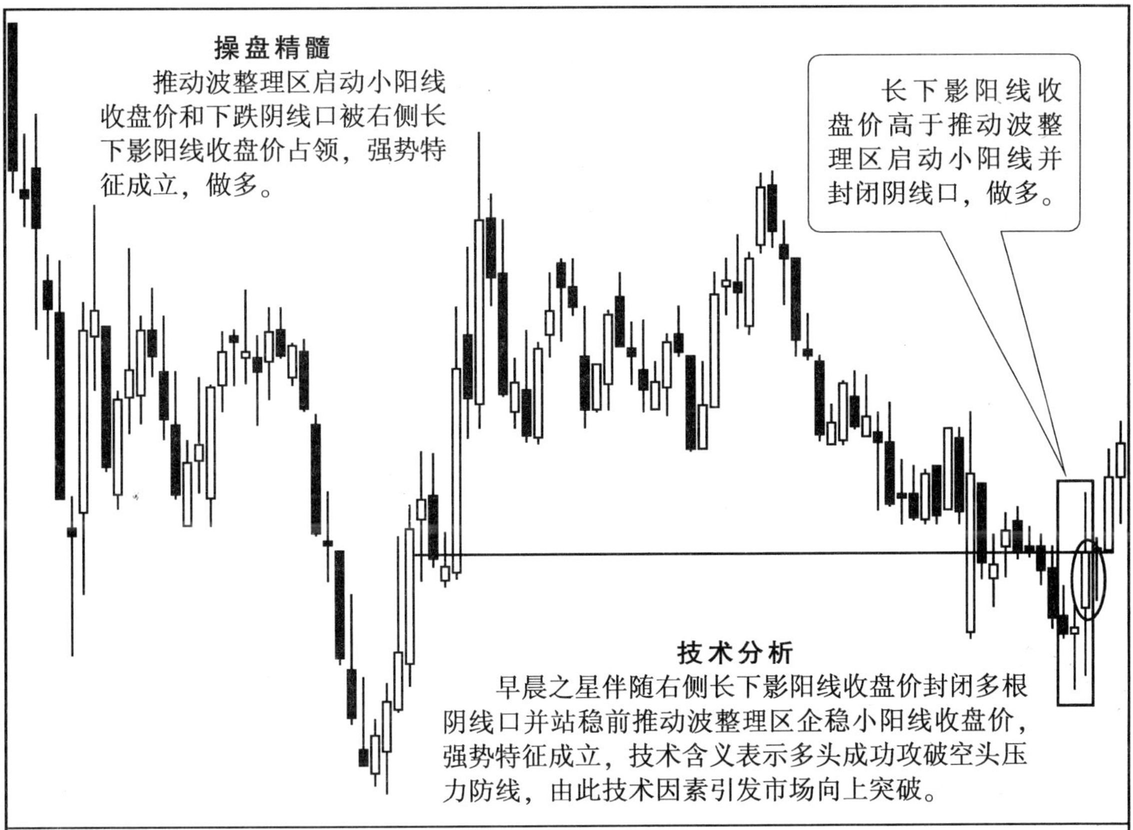
操盘精髓
推动波整理区启动小阳线收盘价和下跌阴线口被右侧长下影阳线收盘价占领，强势特征成立，做多。
长下影阳线收盘价高于推动波整理区启动小阳线并封闭阴线口，做多。
技术分析
早晨之星伴随右侧长下影阳线收盘价封闭多根阴线口并站稳前推动波整理区企稳小阳线收盘价，强势特征成立，技术含义表示多头成功攻破空头压力防线，由此技术因素引发市场向上突破。

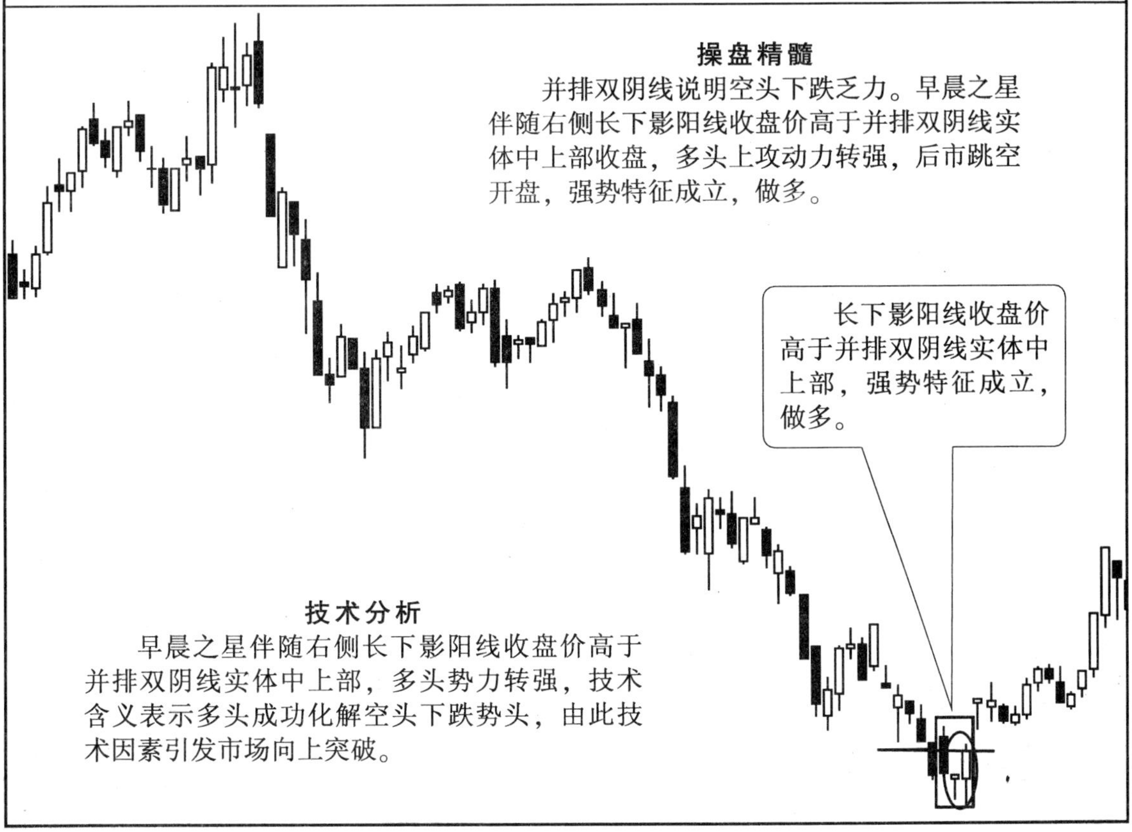
操盘精髓
并排双阴线说明空头下跌乏力。早晨之星伴随右侧长下影阳线收盘价高于并排双阴线实体中上部收盘，多头上攻动力转强，后市跳空开盘，强势特征成立，做多。
长下影阳线收盘价高于并排双阴线实体中上部，强势特征成立，做多。
技术分析
早晨之星伴随右侧长下影阳线收盘价高于并排双阴线实体中上部，多头势力转强，技术含义表示多头成功化解空头下跌势头，由此技术因素引发市场向上突破。

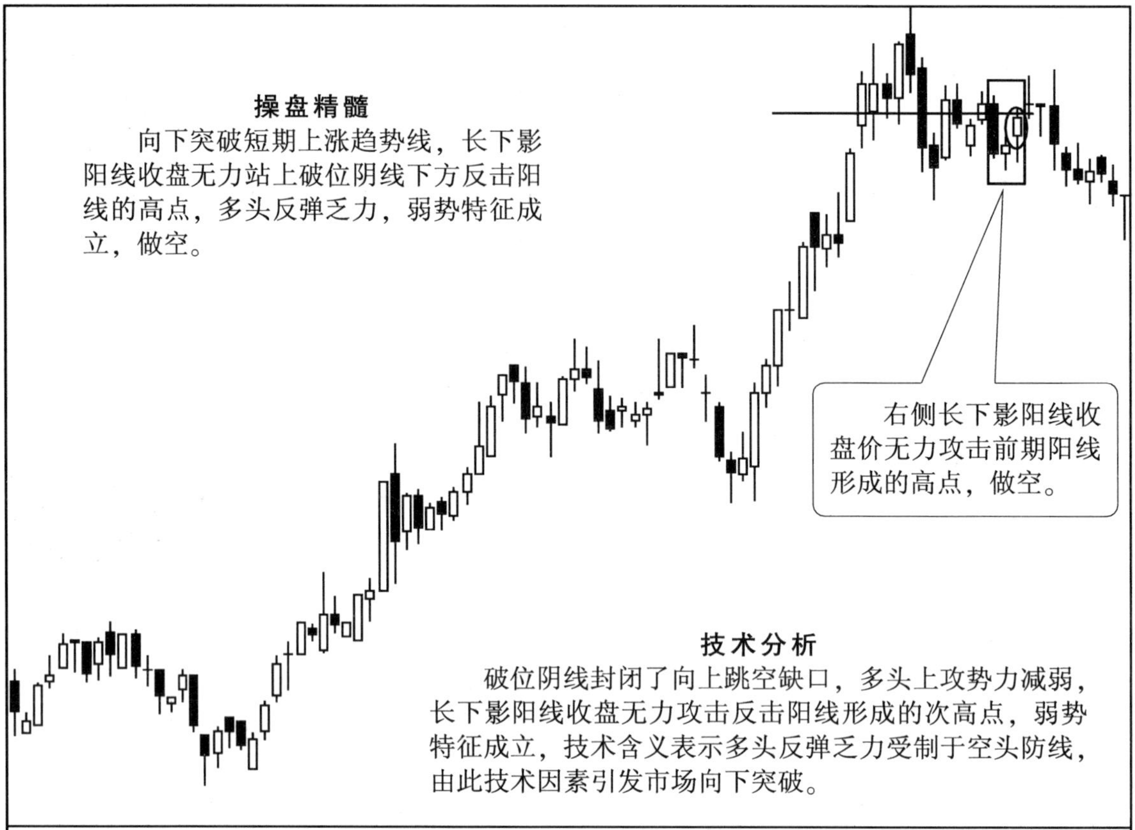
操盘精髓
向下突破短期上涨趋势线，长下影阳线收盘无力站上破位阴线下方反击阳线的高点，多头反弹乏力，弱势特征成立，做空。
右侧长下影阳线收盘价无力攻击前期阳线形成的高点，做空。
技术分析
破位阴线封闭了向上跳空缺口，多头上攻势力减弱，长下影阳线收盘无力攻击反击阳线形成的次高点，弱势特征成立，技术含义表示多头反弹乏力受制于空头防线，由此技术因素引发市场向下突破。

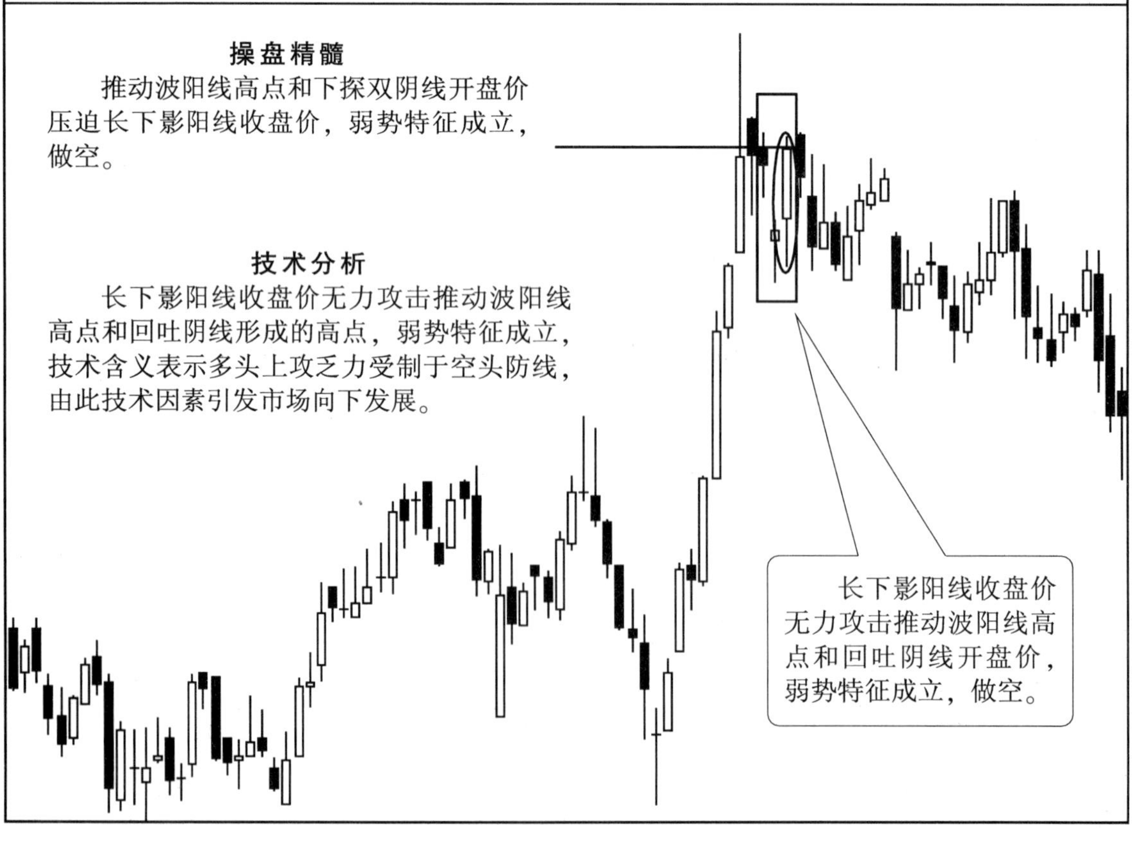
操盘精髓
推动波阳线高点和下探双阴线开盘价压迫长下影阳线收盘价，弱势特征成立，做空。
技术分析
长下影阳线收盘价无力攻击推动波阳线高点和回吐阴线形成的高点，弱势特征成立，技术含义表示多头上攻乏力受制于空头防线，由此技术因素引发市场向下发展。
长下影阳线收盘价无力攻击推动波阳线高点和回吐阴线开盘价，弱势特征成立，做空。

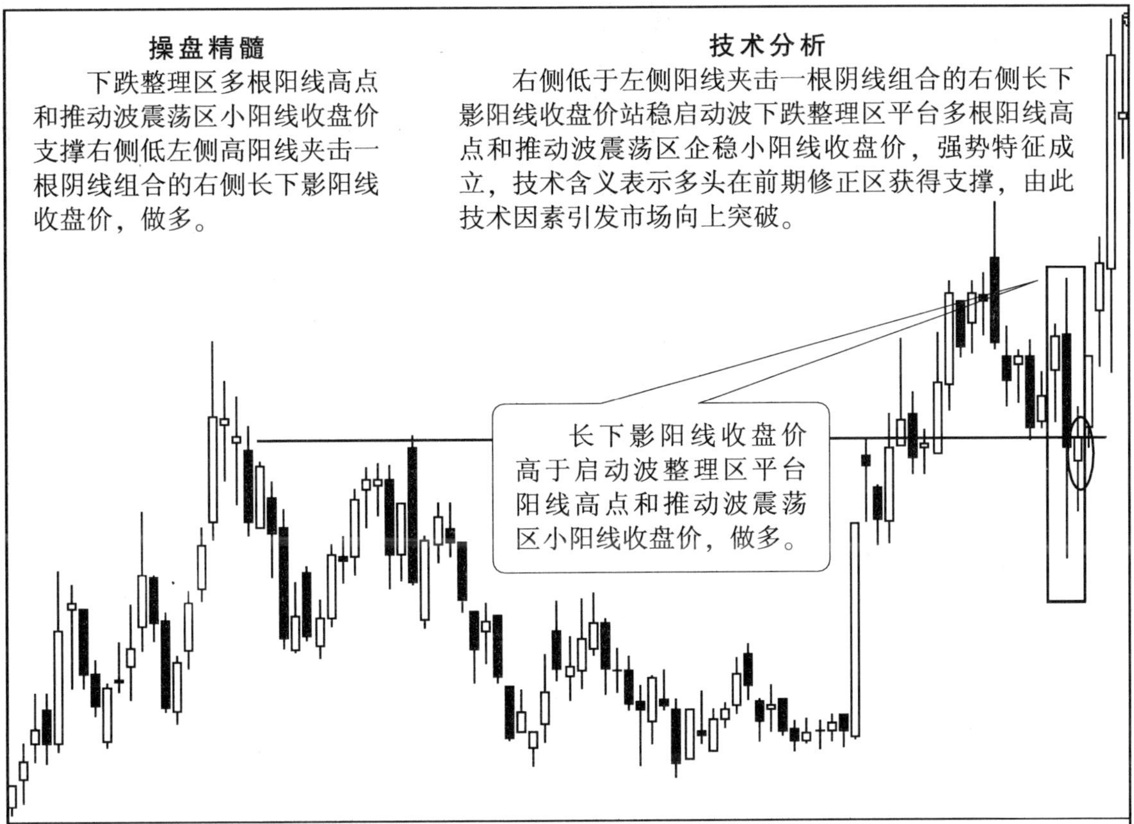
操盘精髓
下跌整理区多根阳线高点和推动波震荡区小阳线收盘价支撑右侧低左侧高阳线夹击一根阴线组合的右侧长下影阳线收盘价，做多。
技术分析
右侧低于左侧阳线夹击一根阴线组合的右侧长下影阳线收盘价站稳启动波下跌整理区平台多根阳线高点和推动波震荡区企稳小阳线收盘价，强势特征成立，技术含义表示多头在前期修正区获得支撑，由此技术因素引发市场向上突破。
长下影阳线收盘价高于启动波整理区平台阳线高点和推动波震荡区小阳线收盘价，做多。

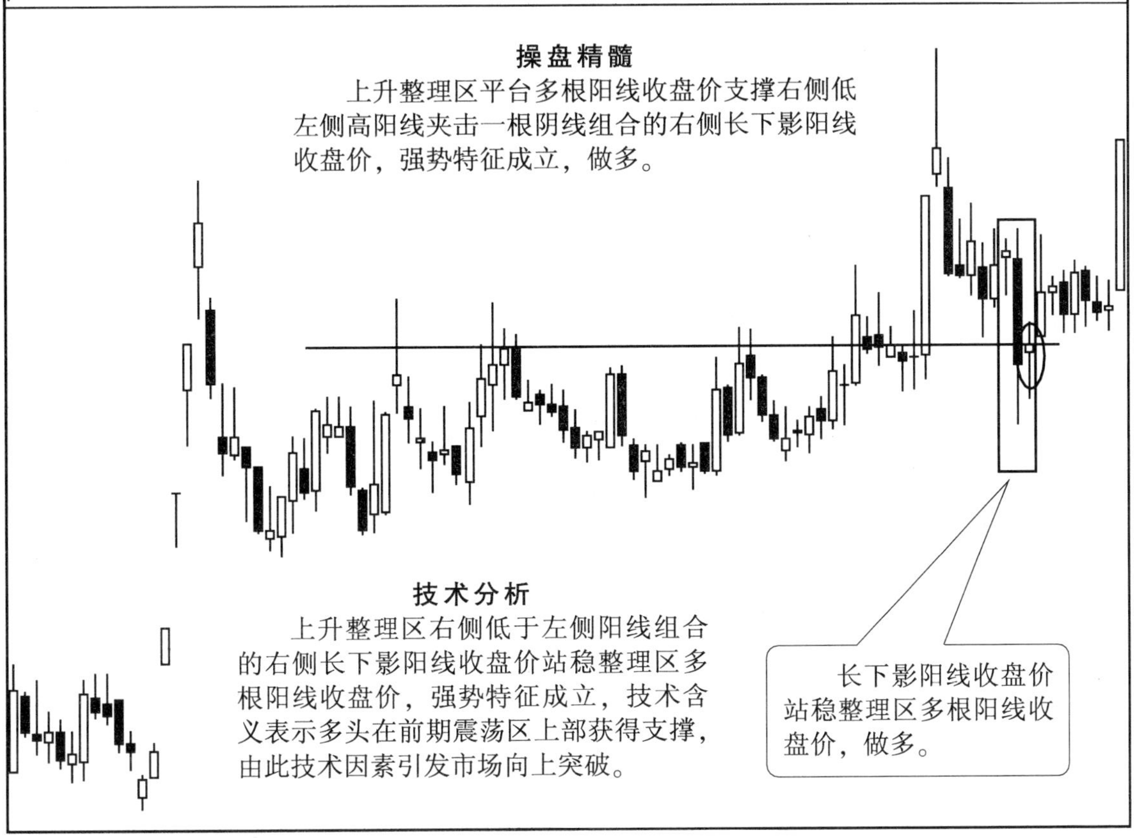
操盘精髓
上升整理区平台多根阳线收盘价支撑右侧低左侧高阳线夹击一根阴线组合的右侧长下影阳线收盘价，强势特征成立，做多。
技术分析
上升整理区右侧低于左侧阳线组合的右侧长下影阳线收盘价站稳整理区多根阳线收盘价，强势特征成立，技术含义表示多头在前期震荡区上部获得支撑，由此技术因素引发市场向上突破。
长下影阳线收盘价站稳整理区多根阳线收盘价，做多。

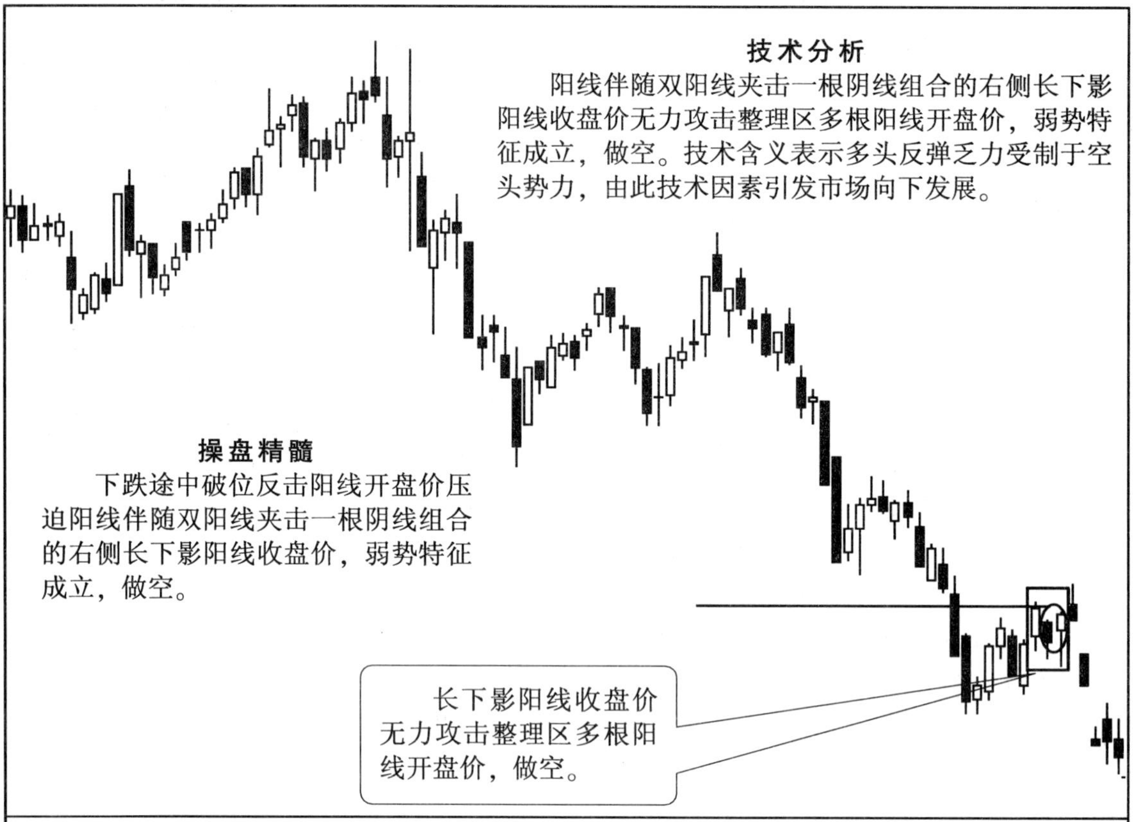
技术分析
阳线伴随双阳线夹击一根阴线组合的右侧长下影阳线收盘价无力攻击整理区多根阳线开盘价，弱势特征成立，做空。技术含义表示多头反弹乏力受制于空头势力，由此技术因素引发市场向下发展。
操盘精髓
下跌途中破位反击阳线开盘价压迫阳线伴随双阳线夹击一根阴线组合的右侧长下影阳线收盘价，弱势特征成立，做空。
长下影阳线收盘价无力攻击整理区多根阳线开盘价，做空。

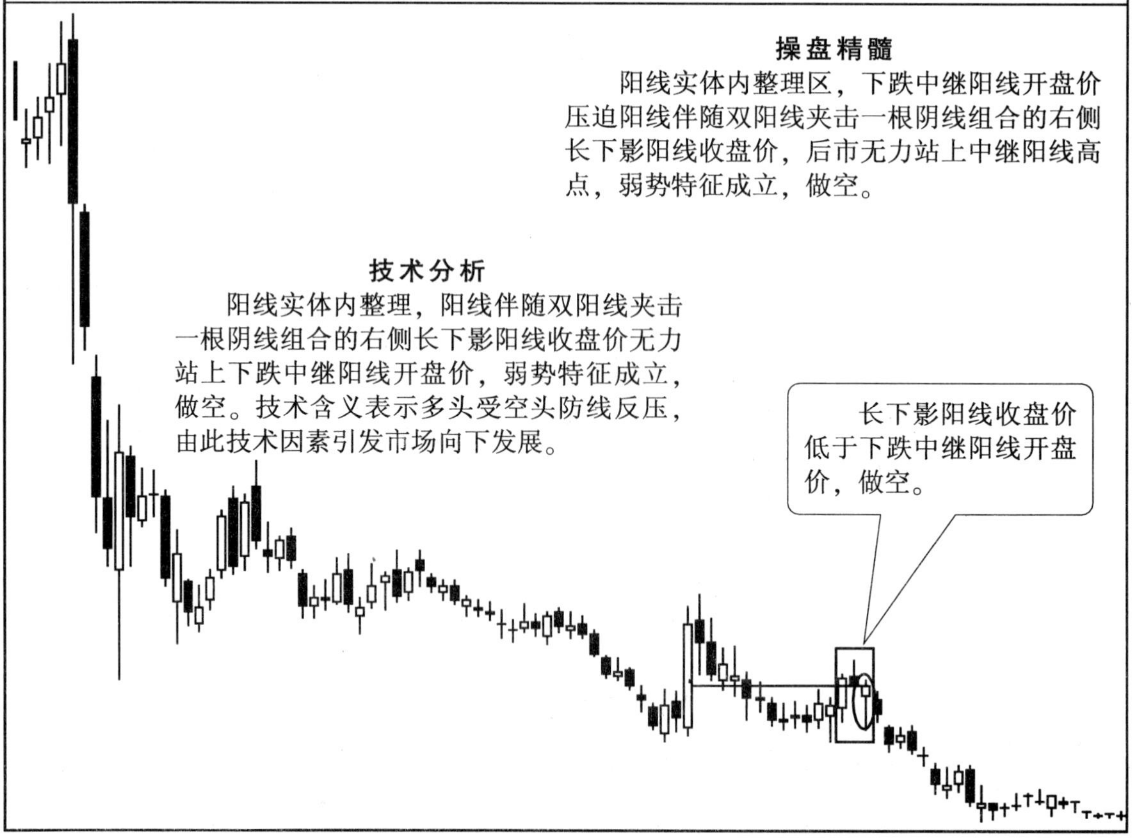
操盘精髓
阳线实体内整理区，下跌中继阳线开盘价压迫阳线伴随双阳线夹击一根阴线组合的右侧长下影阳线收盘价，后市无力站上中继阳线高点，弱势特征成立，做空。
技术分析
阳线实体内整理，阳线伴随双阳线夹击一根阴线组合的右侧长下影阳线收盘价无力站上下跌中继阳线开盘价，弱势特征成立，做空。技术含义表示多头受空头防线反压，由此技术因素引发市场向下发展。
长下影阳线收盘价低于下跌中继阳线开盘价，做空。

操盘精髓

下跌途中阴线口被阳线伴随双阳线夹击一根阴线组合的右侧长下影阳线收盘价攻破，强势特征成立，做多。

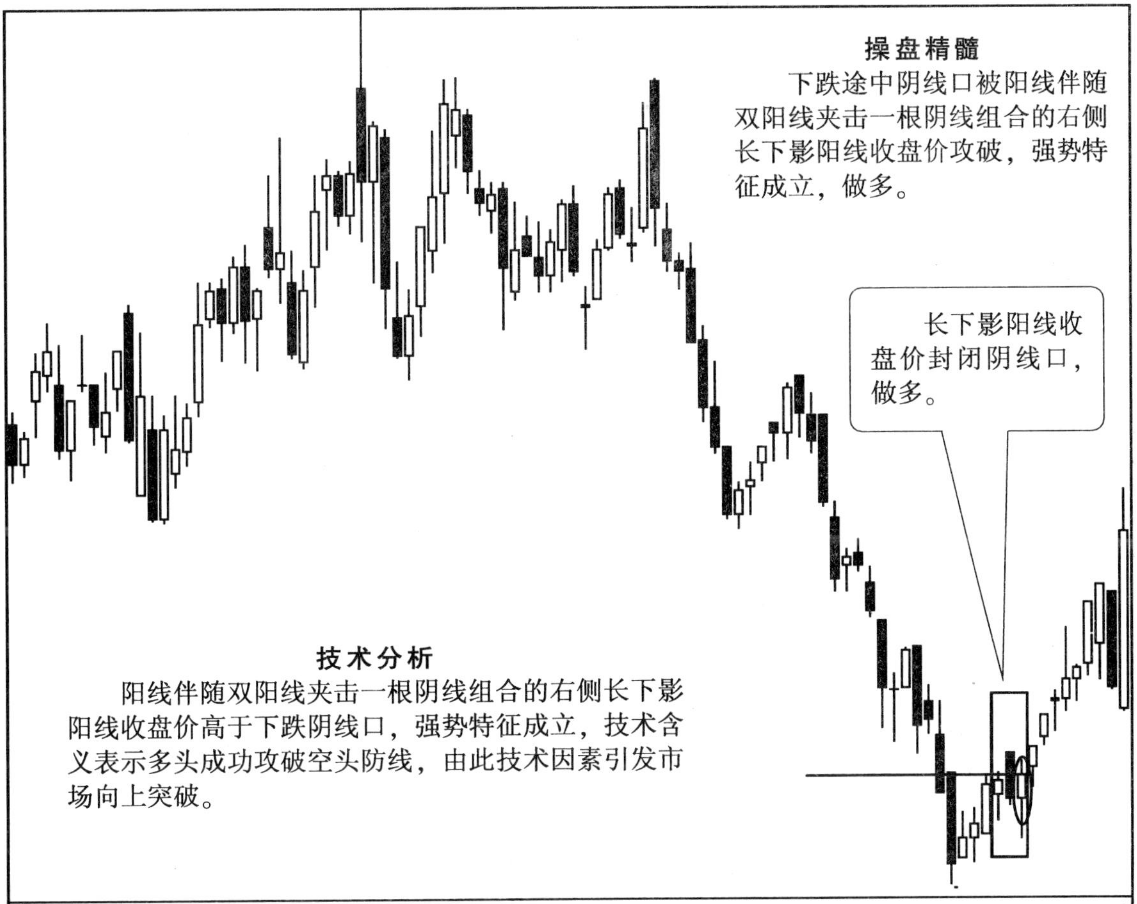

技术分析

阳线伴随双阳线夹击一根阴线组合的右侧长下影阳线收盘价高于下跌阴线口，强势特征成立，技术含义表示多头成功攻破空头防线，由此技术因素引发市场向上突破。

操盘精髓

下跌中继阳线收盘价被阳线伴随双阳线夹击一根阴线组合的右侧长下影阳线收盘价成功攻破，强势特征成立，做多。

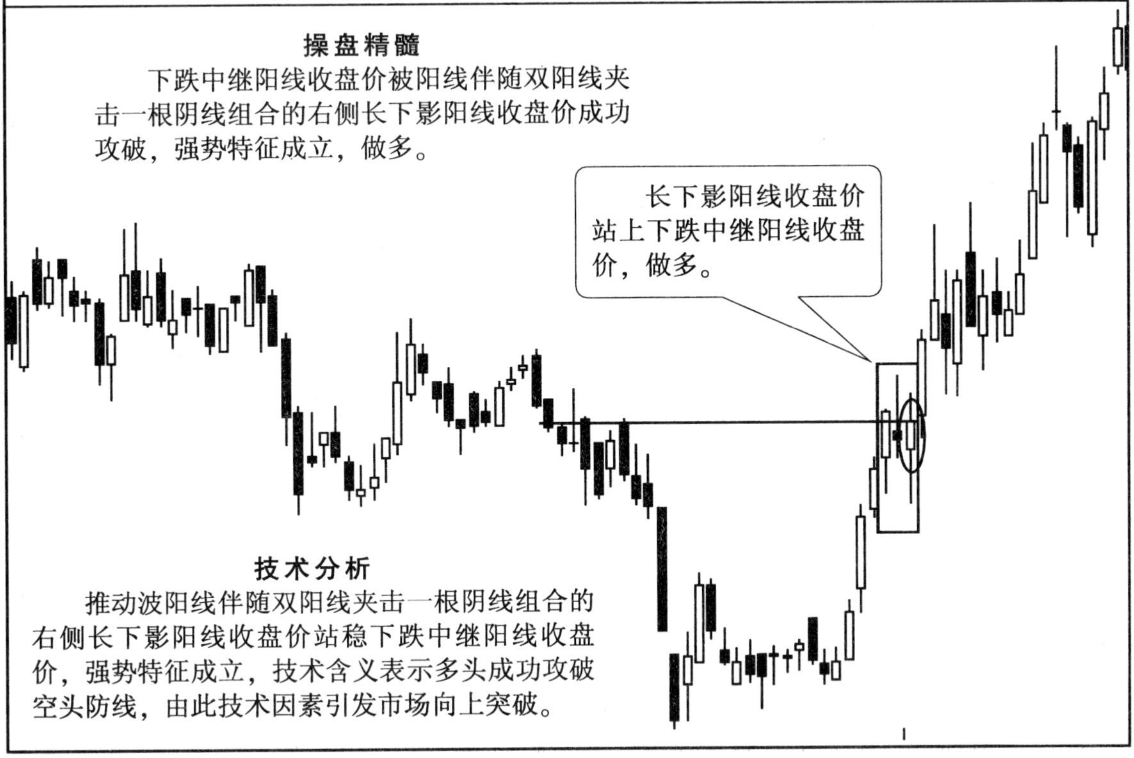

技术分析

推动波阳线伴随双阳线夹击一根阴线组合的右侧长下影阳线收盘价站稳下跌中继阳线收盘价，强势特征成立，技术含义表示多头成功攻破空头防线，由此技术因素引发市场向上突破。

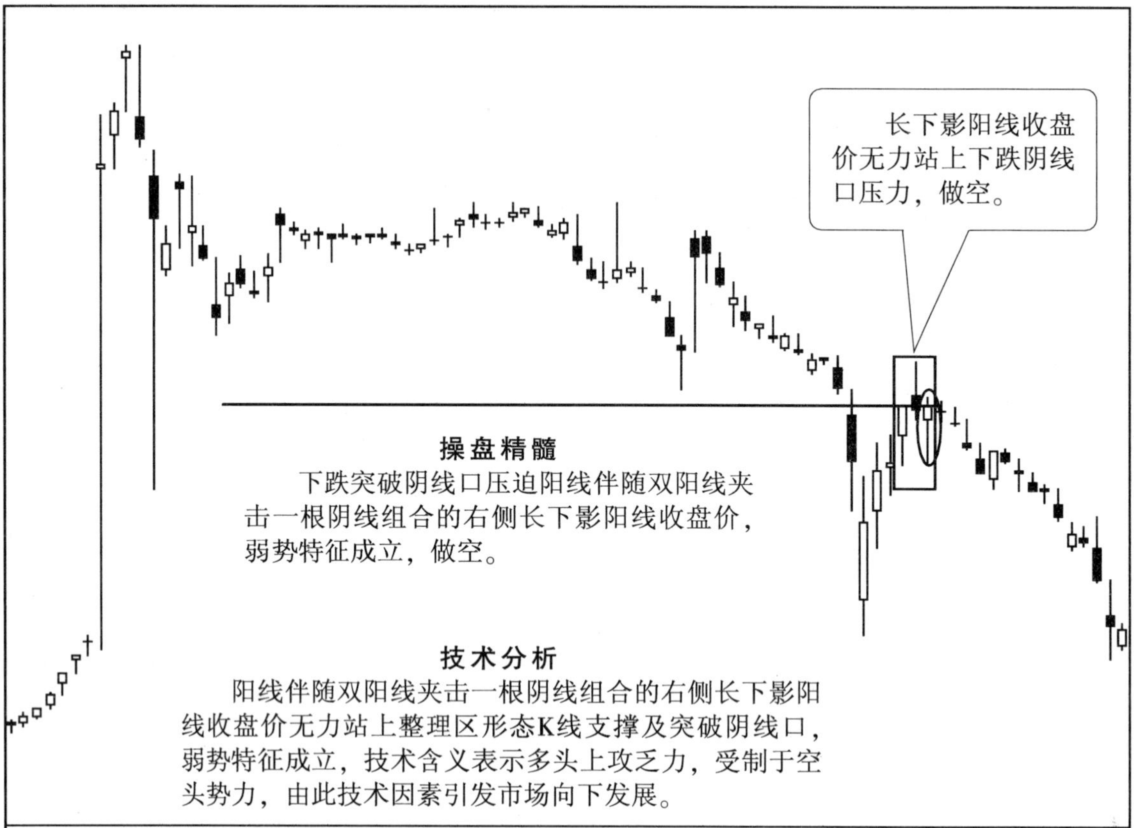

操盘精髓

下跌突破阴线口压迫阳线伴随双阳线夹击一根阴线组合的右侧长下影阳线收盘价，弱势特征成立，做空。

技术分析

阳线伴随双阳线夹击一根阴线组合的右侧长下影阳线收盘价无力站上整理区形态K线支撑及突破阴线口，弱势特征成立，技术含义表示多头上攻乏力，受制于空头势力，由此技术因素引发市场向下发展。

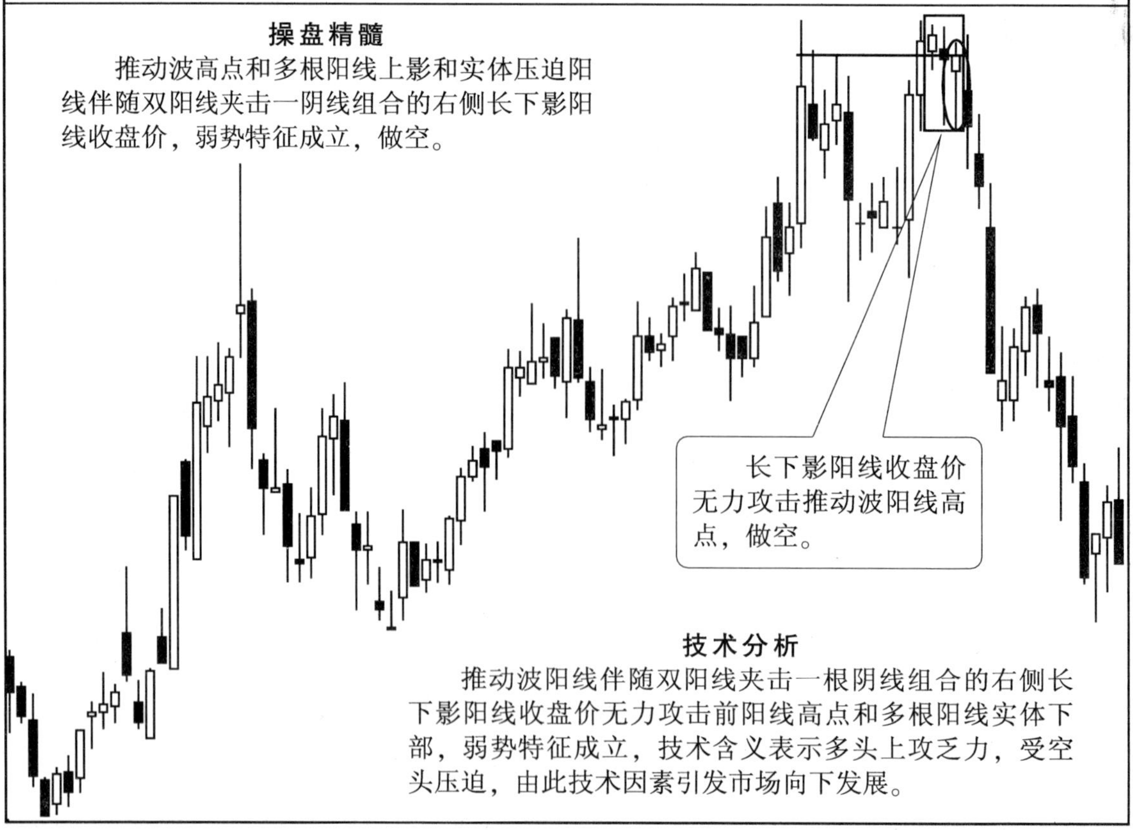

操盘精髓

推动波高点和多根阳线上影和实体压迫阳线伴随双阳线夹击一阴线组合的右侧长下影阳线收盘价，弱势特征成立，做空。

技术分析

推动波阳线伴随双阳线夹击一根阴线组合的右侧长下影阳线收盘价无力攻击前阳线高点和多根阳线实体下部，弱势特征成立，技术含义表示多头上攻乏力，受空头压迫，由此技术因素引发市场向下发展。

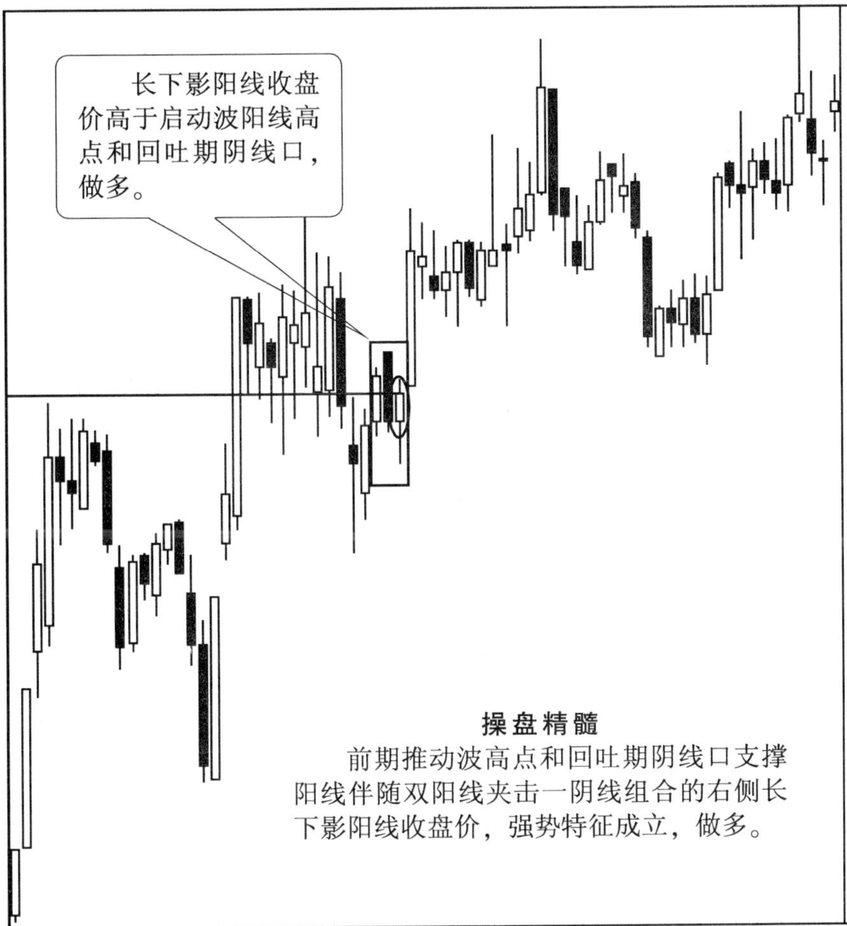

技术分析

阳线伴随双阳线夹击一根阴线组合的右侧长下影阳线收盘价站稳推动波整理平台阳线高点和回吐期阴线口，强势特征成立，技术含义表示多头成功攻破空头防线，由此技术因素引发市场向上发展。

操盘精髓

前期推动波高点和回吐期阴线口支撑阳线伴随双阳线夹击一阴线组合的右侧长下影阳线收盘价，强势特征成立，做多。

操盘精髓

启动波阳线收盘价支撑阳线伴随双阳线夹击一根阴线组合的右侧长下影阳线收盘价，强势特征成立，做多。

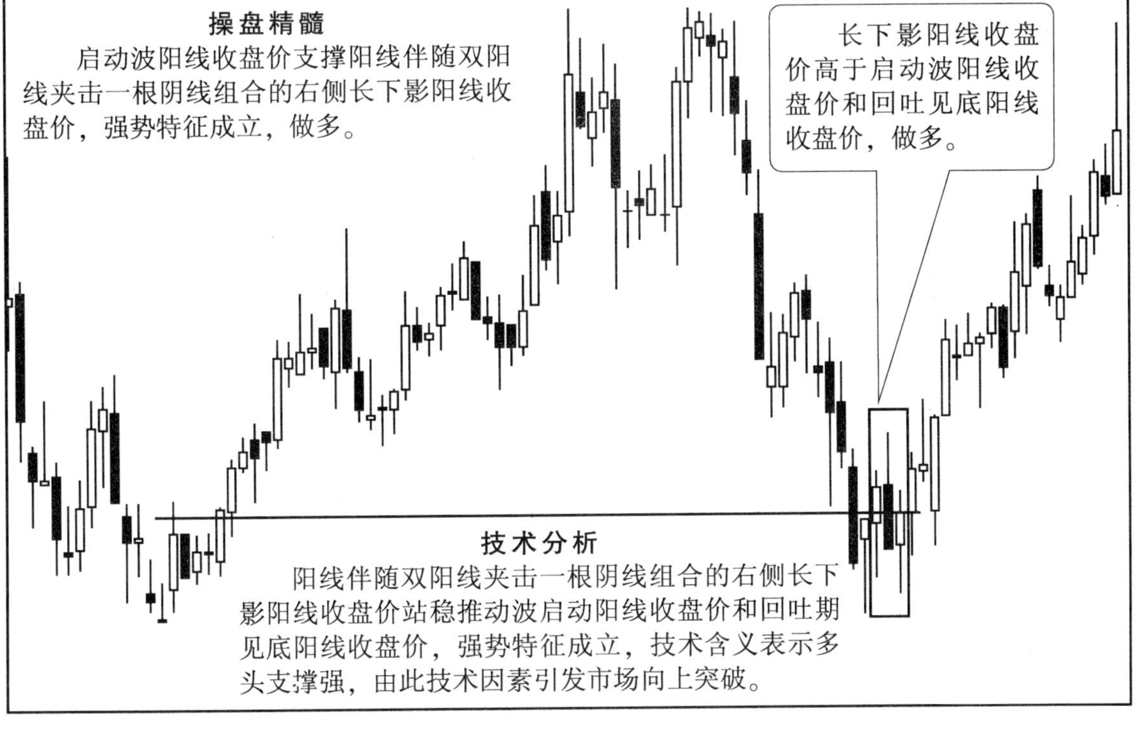

技术分析

阳线伴随双阳线夹击一根阴线组合的右侧长下影阳线收盘价站稳推动波启动阳线收盘价和回吐期见底阳线收盘价，强势特征成立，技术含义表示多头支撑强，由此技术因素引发市场向上突破。

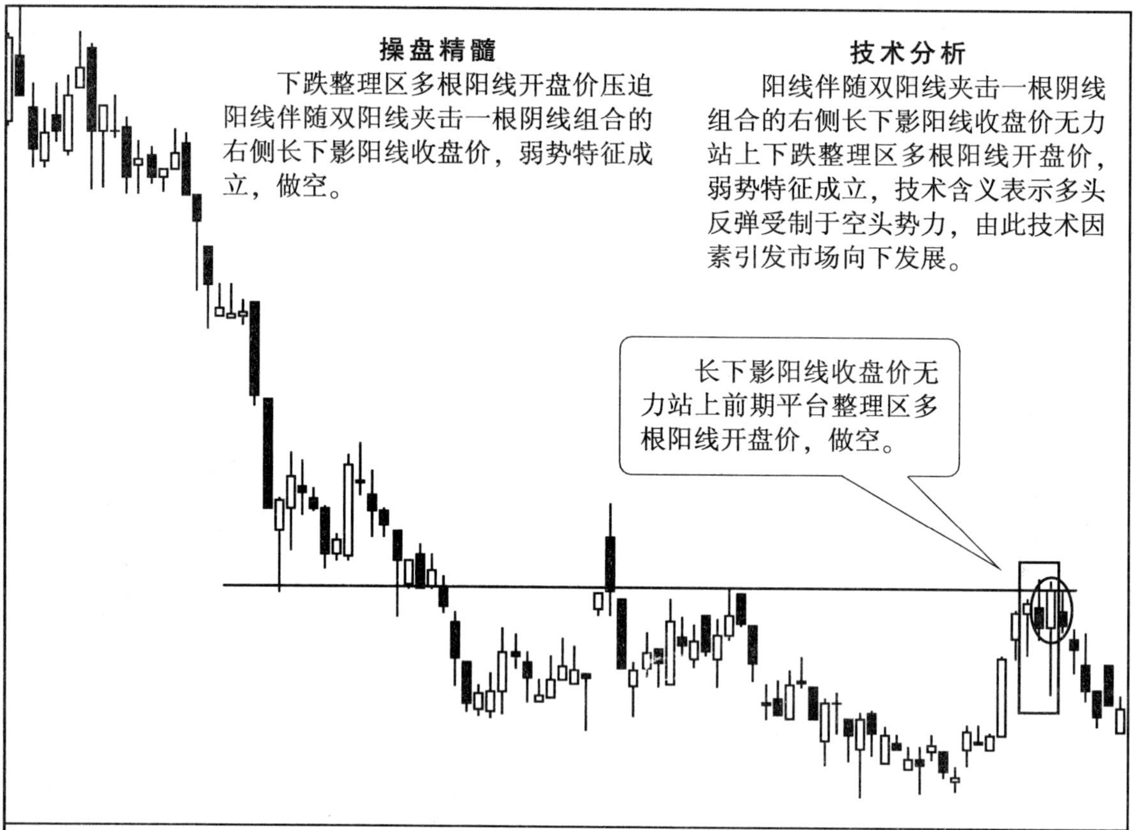

操盘精髓

下跌整理区多根阳线开盘价压迫阳线伴随双阳线夹击一根阴线组合的右侧长下影阳线收盘价，弱势特征成立，做空。

技术分析

阳线伴随双阳线夹击一根阴线组合的右侧长下影阳线收盘价无力站上下跌整理区多根阳线开盘价，弱势特征成立，技术含义表示多头反弹受制于空头势力，由此技术因素引发市场向下发展。

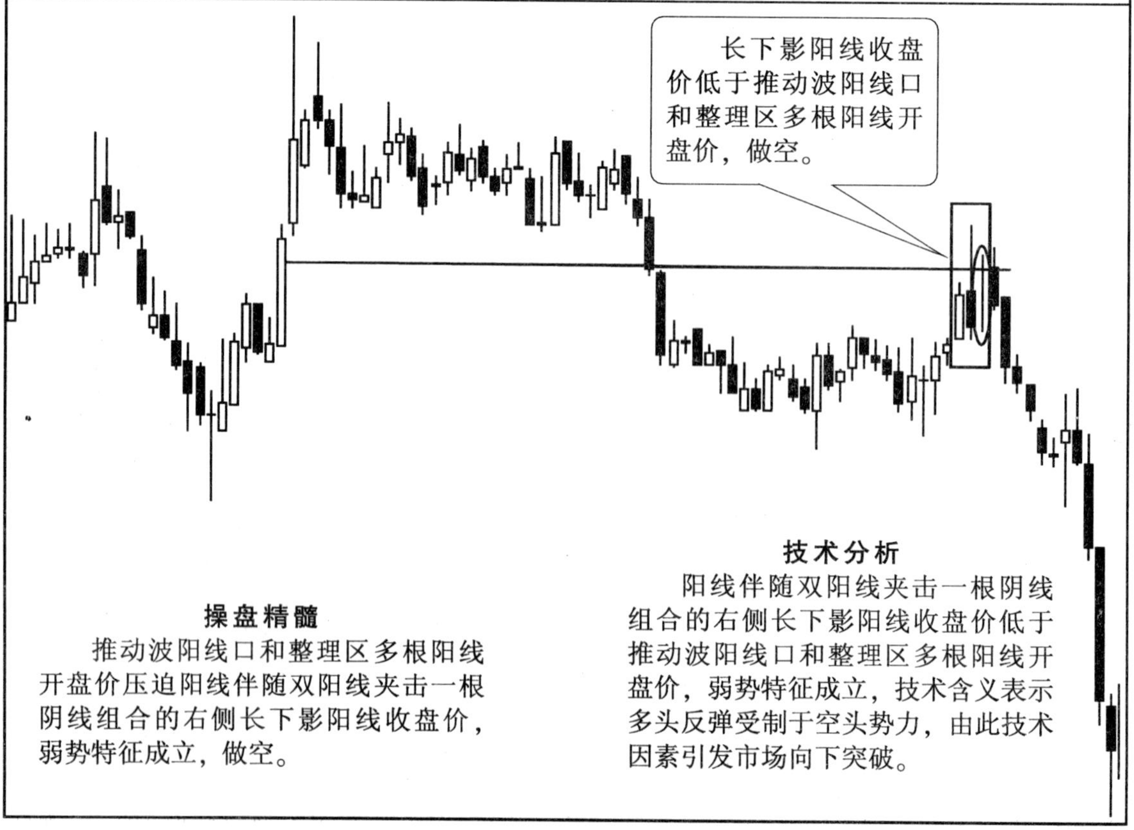

操盘精髓

推动波阳线口和整理区多根阳线开盘价压迫阳线伴随双阳线夹击一根阴线组合的右侧长下影阳线收盘价，弱势特征成立，做空。

技术分析

阳线伴随双阳线夹击一根阴线组合的右侧长下影阳线收盘价低于推动波阳线口和整理区多根阳线开盘价，弱势特征成立，技术含义表示多头反弹受制于空头势力，由此技术因素引发市场向下突破。

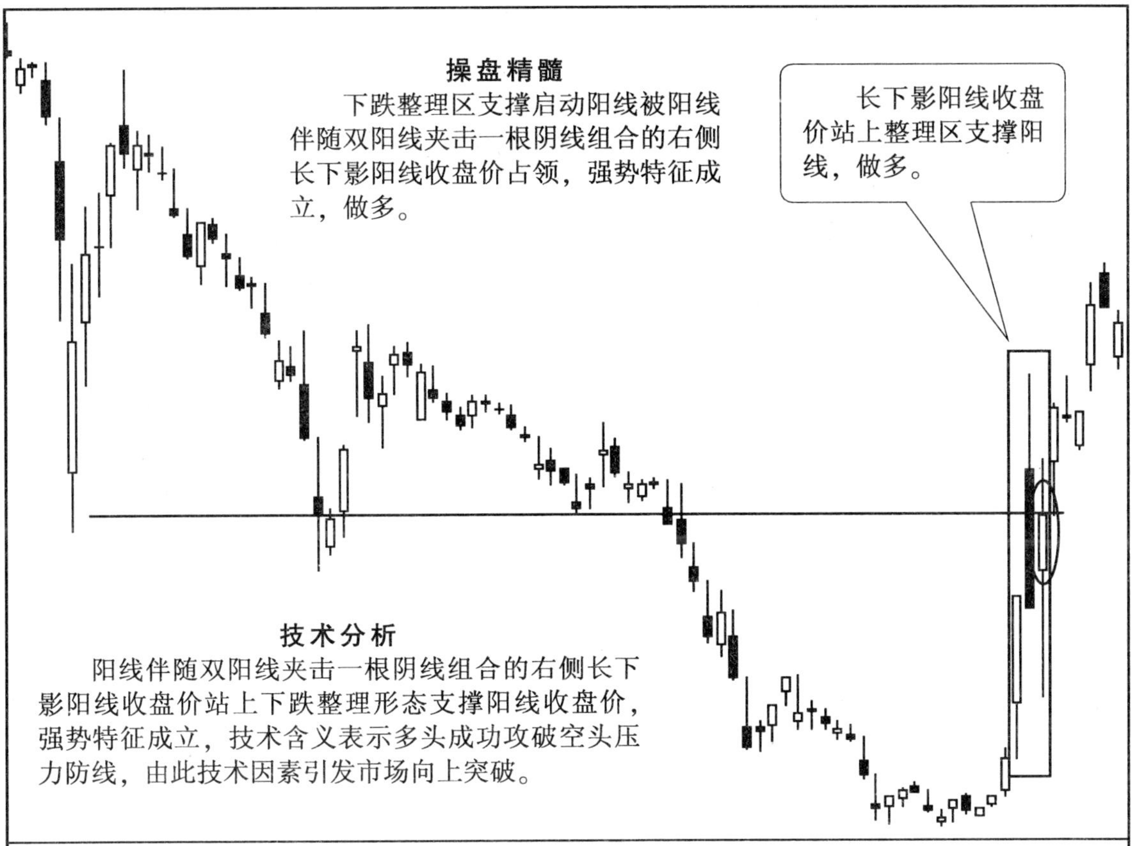
操盘精髓
下跌整理区支撑启动阳线被阳线伴随双阳线夹击一根阴线组合的右侧长下影阳线收盘价占领，强势特征成立，做多。
长下影阳线收盘价站上整理区支撑阳线，做多。
技术分析
阳线伴随双阳线夹击一根阴线组合的右侧长下影阳线收盘价站上下跌整理形态支撑阳线收盘价，强势特征成立，技术含义表示多头成功攻破空头压力防线，由此技术因素引发市场向上突破。

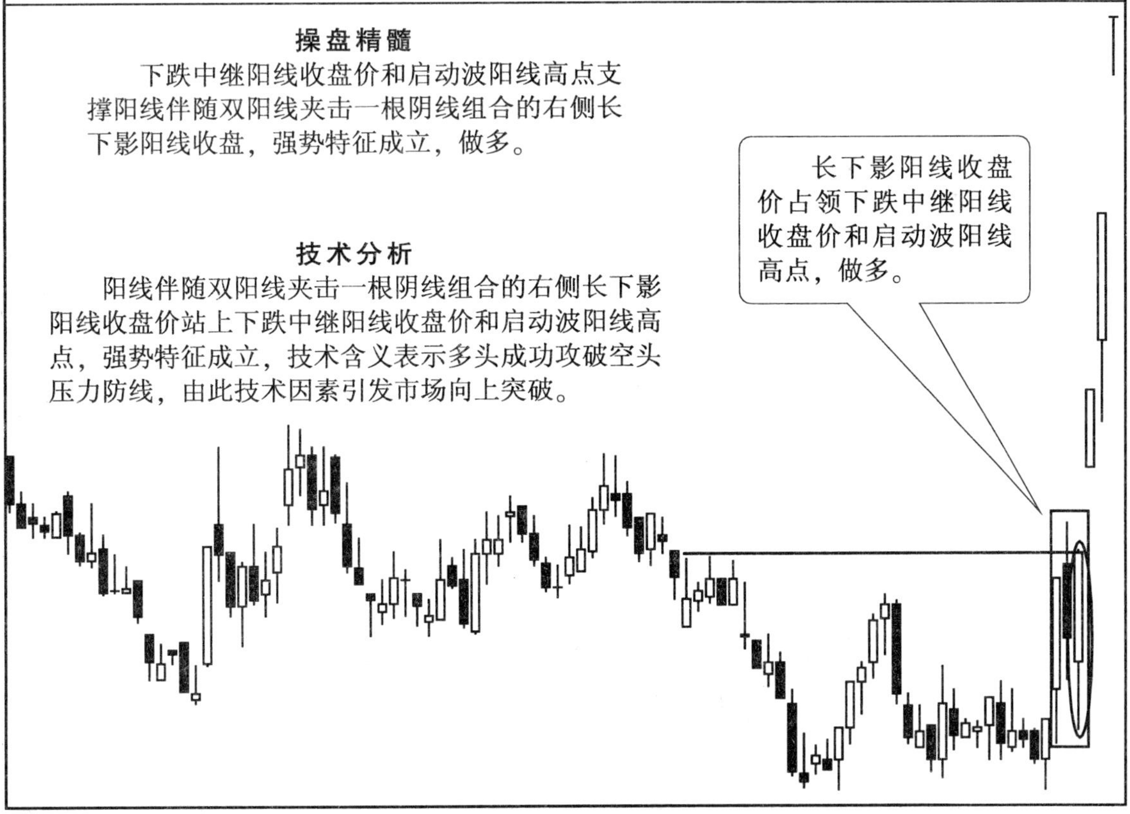
操盘精髓
下跌中继阳线收盘价和启动波阳线高点支撑阳线伴随双阳线夹击一根阴线组合的右侧长下影阳线收盘，强势特征成立，做多。
长下影阳线收盘价占领下跌中继阳线收盘价和启动波阳线高点，做多。
技术分析
阳线伴随双阳线夹击一根阴线组合的右侧长下影阳线收盘价站上下跌中继阳线收盘价和启动波阳线高点，强势特征成立，技术含义表示多头成功攻破空头压力防线，由此技术因素引发市场向上突破。

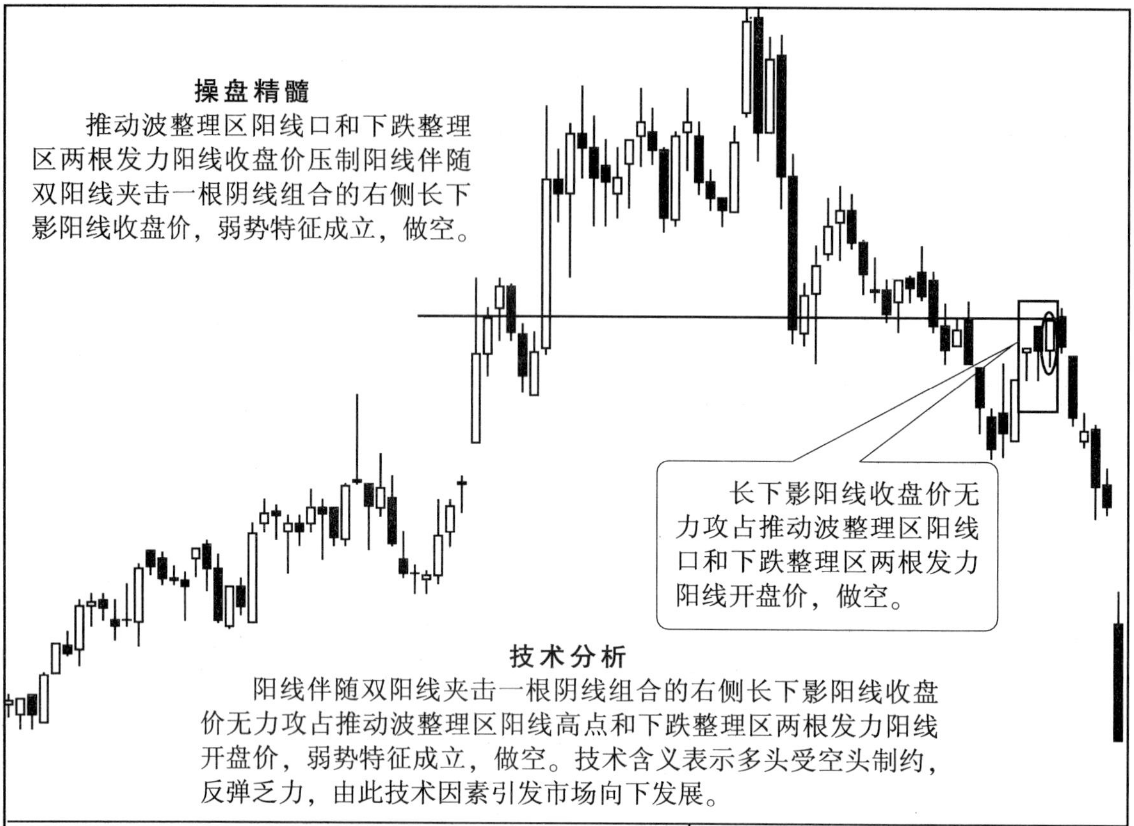
操盘精髓
推动波整理区阳线口和下跌整理区两根发力阳线收盘价压制阳线伴随双阳线夹击一根阴线组合的右侧长下影阳线收盘价，弱势特征成立，做空。
长下影阳线收盘价无力攻占推动波整理区阳线口和下跌整理区两根发力阳线开盘价，做空。
技术分析
阳线伴随双阳线夹击一根阴线组合的右侧长下影阳线收盘价无力攻占推动波整理区阳线高点和下跌整理区两根发力阳线开盘价，弱势特征成立，做空。技术含义表示多头受空头制约，反弹乏力，由此技术因素引发市场向下发展。

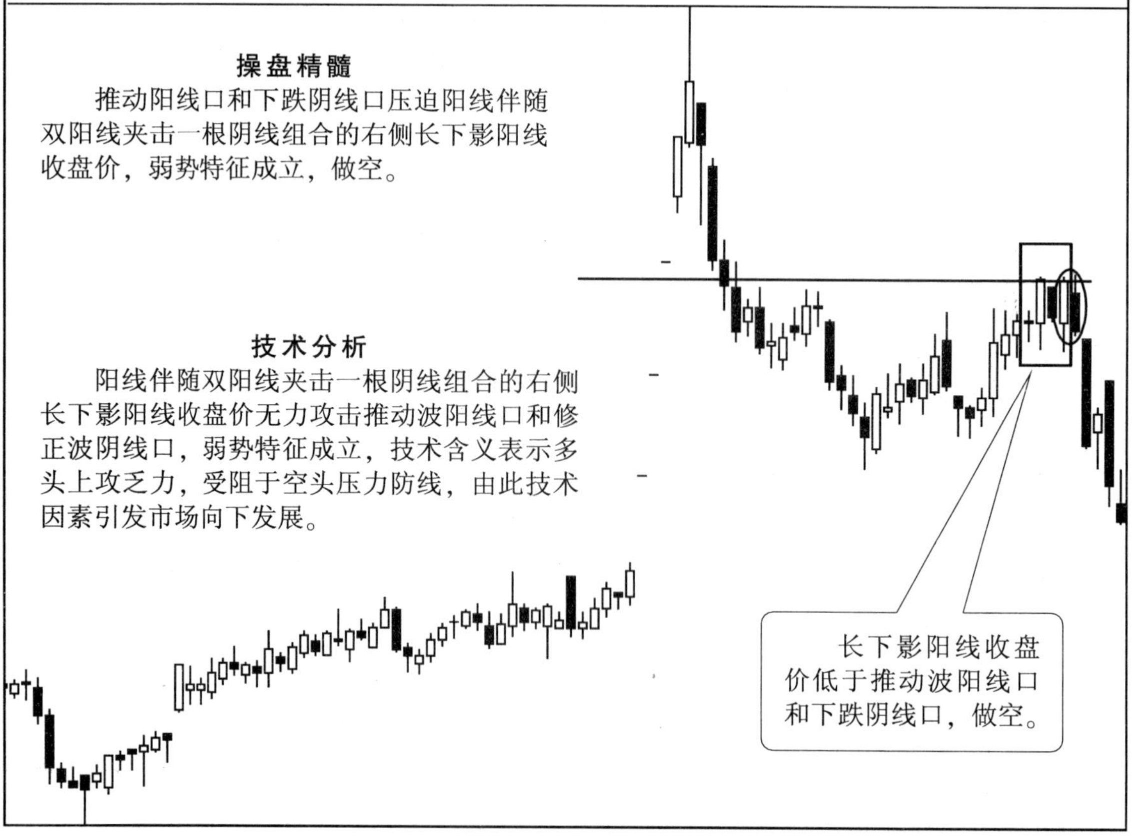
操盘精髓
推动阳线口和下跌阴线口压迫阳线伴随双阳线夹击一根阴线组合的右侧长下影阳线收盘价，弱势特征成立，做空。
技术分析
阳线伴随双阳线夹击一根阴线组合的右侧长下影阳线收盘价无力攻击推动波阳线口和修正波阴线口，弱势特征成立，技术含义表示多头上攻乏力，受阻于空头压力防线，由此技术因素引发市场向下发展。
长下影阳线收盘价低于推动波阳线口和下跌阴线口，做空。

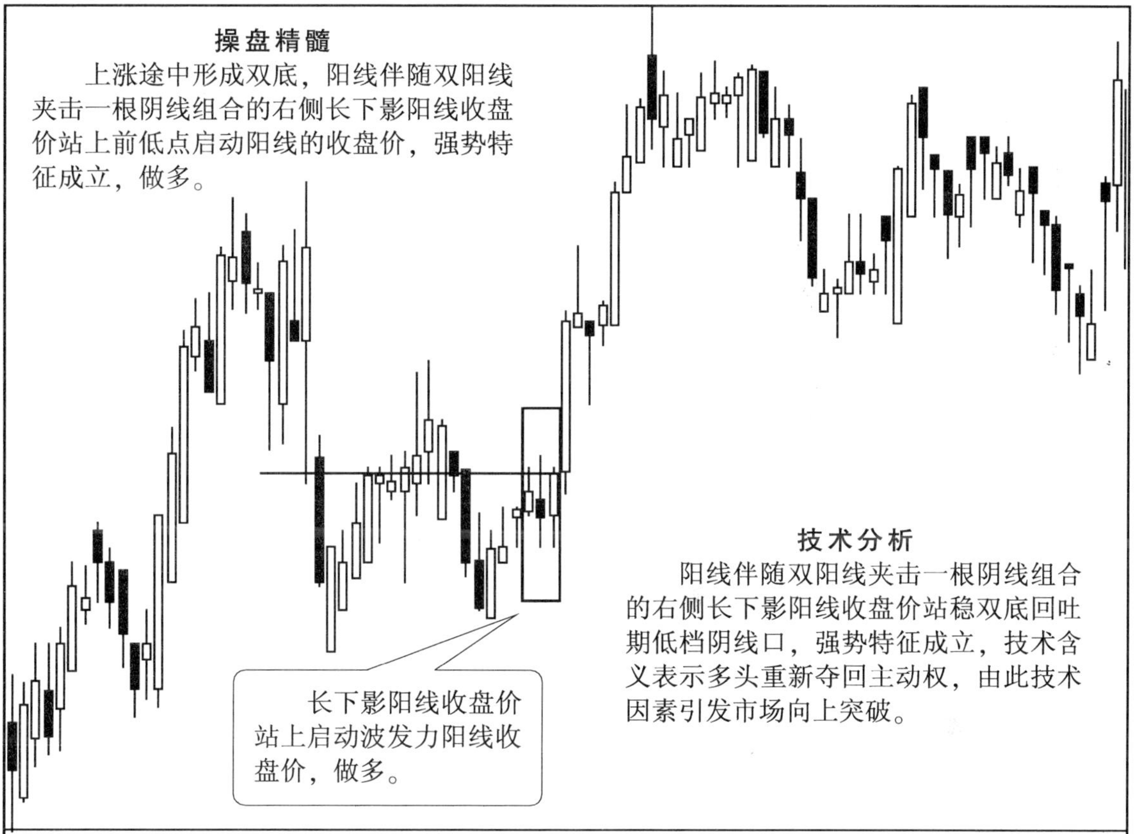
操盘精髓
上涨途中形成双底，阳线伴随双阳线夹击一根阴线组合的右侧长下影阳线收盘价站上前低点启动阳线的收盘价，强势特征成立，做多。
长下影阳线收盘价站上启动波发力阳线收盘价，做多。
技术分析
阳线伴随双阳线夹击一根阴线组合的右侧长下影阳线收盘价站稳双底回吐期低档阴线口，强势特征成立，技术含义表示多头重新夺回主动权，由此技术因素引发市场向上突破。

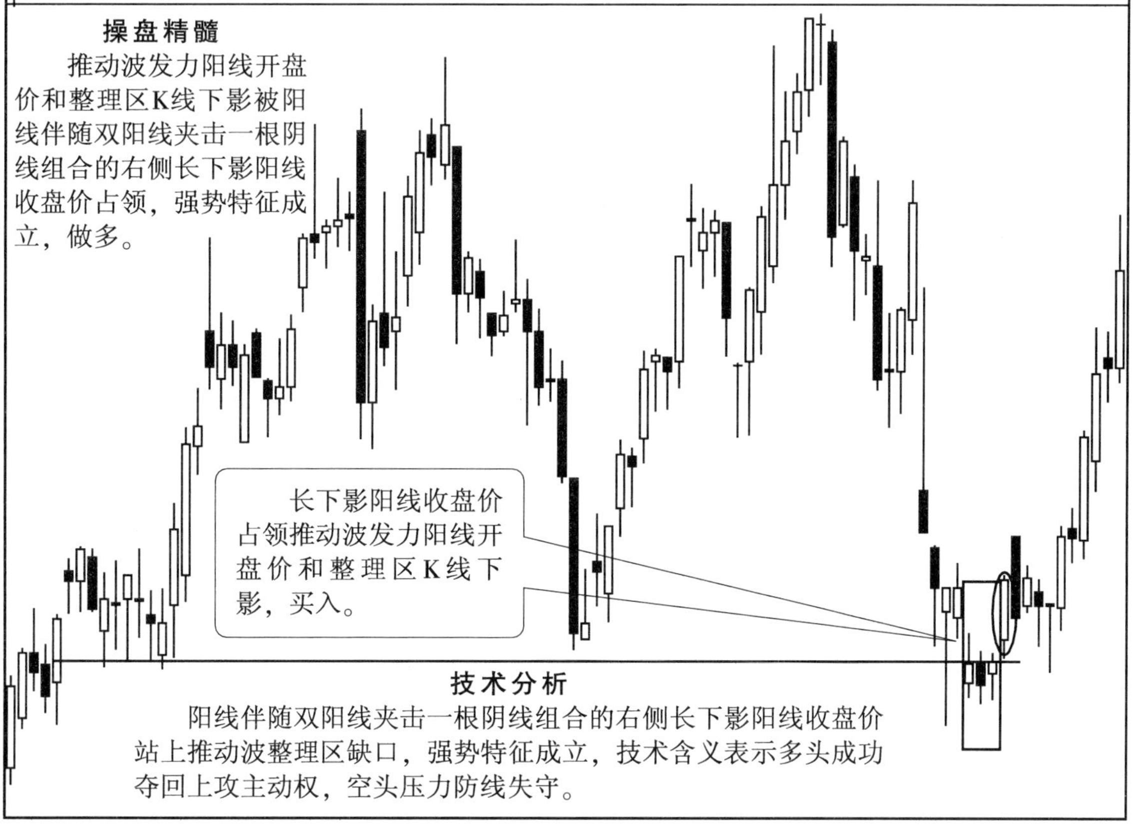
操盘精髓
推动波发力阳线开盘价和整理区K线下影被阳线伴随双阳线夹击一根阴线组合的右侧长下影阳线收盘价占领，强势特征成立，做多。
长下影阳线收盘价占领推动波发力阳线开盘价和整理区K线下影，买入。
技术分析
阳线伴随双阳线夹击一根阴线组合的右侧长下影阳线收盘价站上推动波整理区缺口，强势特征成立，技术含义表示多头成功夺回上攻主动权，空头压力防线失守。

第八章 长下影阴线

长下影阴线含义：下影线较长的阴K线，收盘价低于开盘价，下影线是盘中先下跌后上冲所致，显示低档有资金承接引发长下影，收盘价低于开盘价多头无力拉回失地，说明买方力度依旧处于弱势，但决定市场运行方向的不是这根K线，而同样是其所处位置是决定涨跌的关键。

长下影阴线有时是低档抵抗形成的，有时是见底资金介入企稳引发的，但不代表有下影后市就上涨或下跌，具体是什么形式的长下影阴线，是什么因素引发，本章依然是按照同形趋势双页对比展示长下影阴线决定市场两个方向的本质区别，简洁的文字描述，则让读者更易懂、更明确，直指其内在规律的核心。

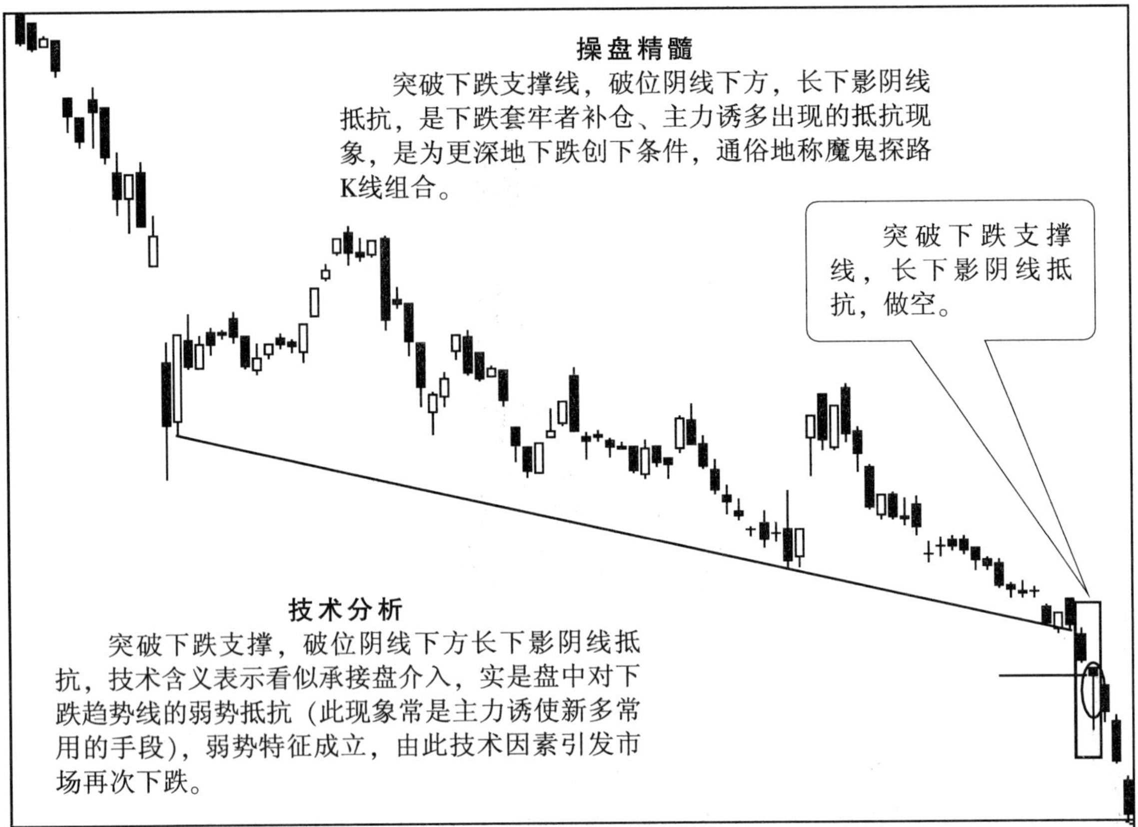

操盘精髓

突破下跌支撑线，破位阴线下方，长下影阴线抵抗，是下跌套牢者补仓、主力诱多出现的抵抗现象，是为更深地下跌创下条件，通俗地称魔鬼探路K线组合。

技术分析

突破下跌支撑，破位阴线下方长下影阴线抵抗，技术含义表示看似承接盘介入，实是盘中对下跌趋势线的弱势抵抗（此现象常是主力诱使新多常用的手段），弱势特征成立，由此技术因素引发市场再次下跌。

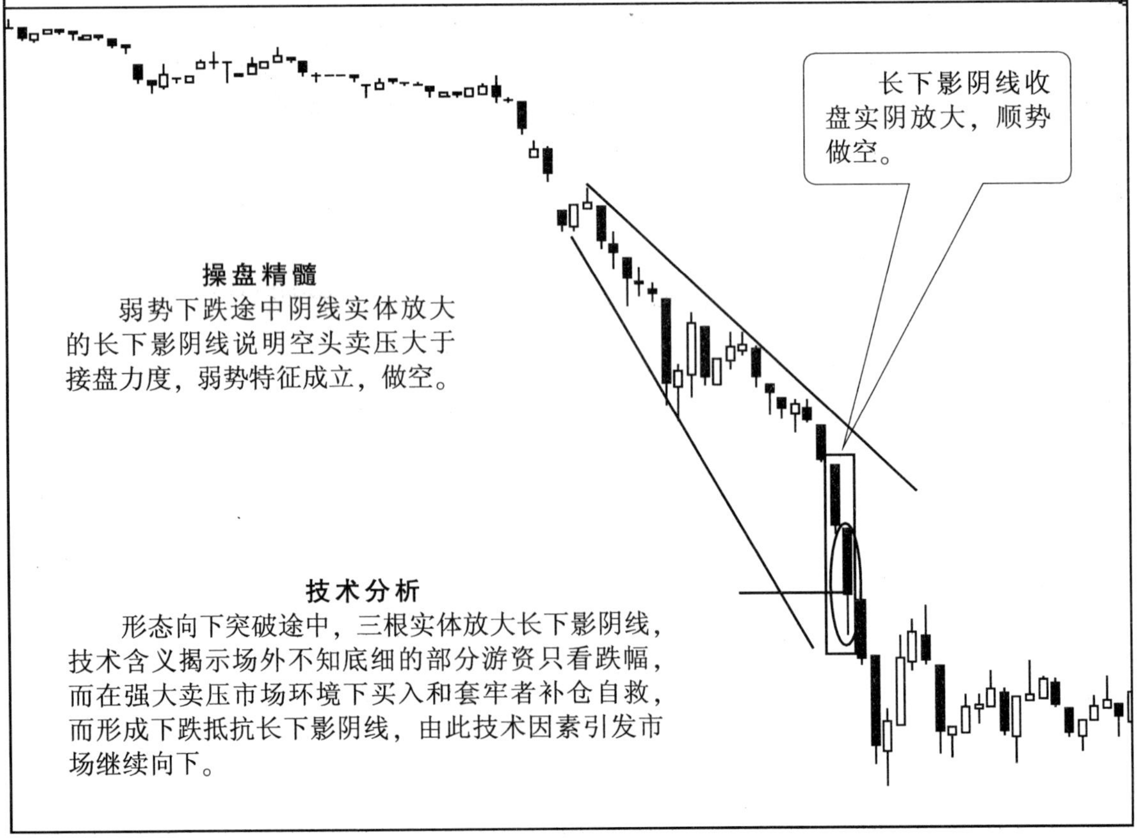

操盘精髓

弱势下跌途中阴线实体放大的长下影阴线说明空头卖压大于接盘力度，弱势特征成立，做空。

技术分析

形态向下突破途中，三根实体放大长下影阴线，技术含义揭示场外不知底细的部分游资只看跌幅，而在强大卖压市场环境下买入和套牢者补仓自救，而形成下跌抵抗长下影阴线，由此技术因素引发市场继续向下。

操盘精髓

围绕趋势三次下跌的低点留下长下影，是主力逢低买入留下的印迹，阴三根收盘价抬高的长下影，是弱势转强的技术特征，逢低做多。

技术分析

趋势线三重底点位置出现阴三根长下影，多头主力借技术支撑位三次低档下探承接，是空转多见底信号，顺势买入。

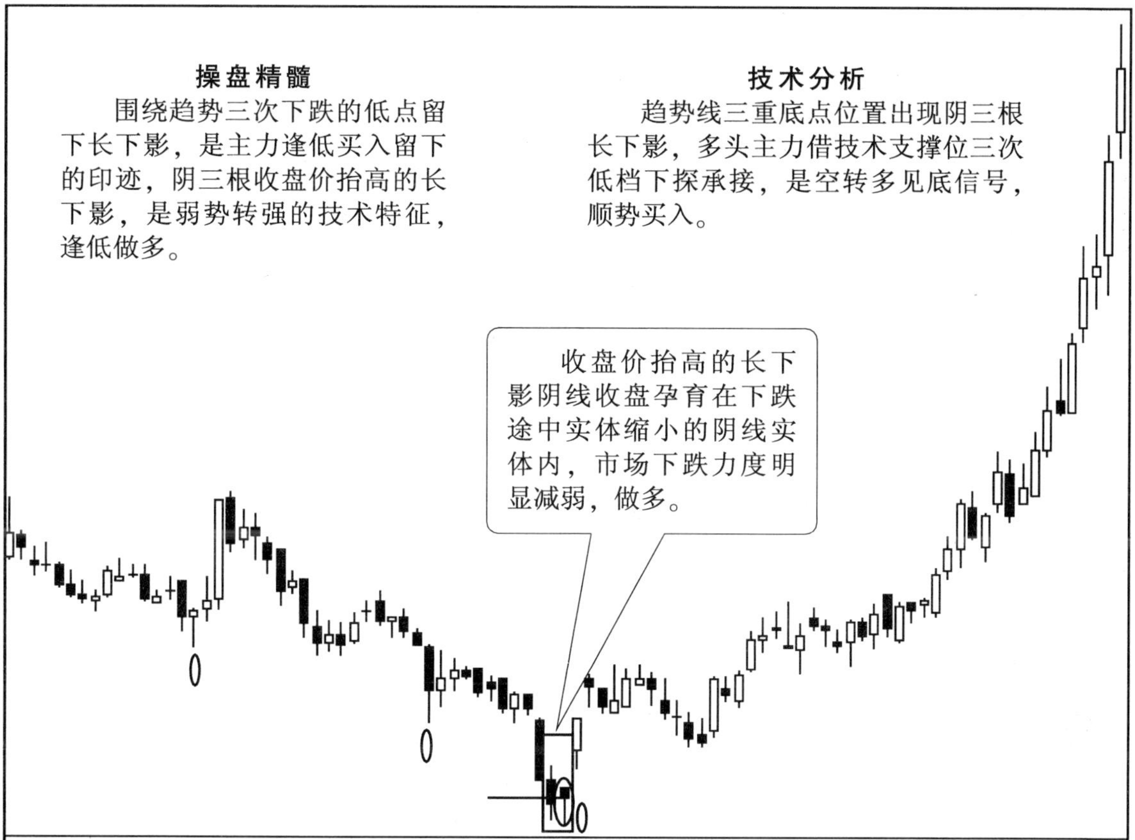

操盘精髓

趋势三碰三次企稳是标准空转强的技术特征，下跌至支撑位附近，长下影阴线收盘不破支撑，支撑有效，逢低买入。

技术分析

三个低点在一条趋势线上，支撑线附近出现阴线伴随高开长下影阴线收盘不破下跌趋势支撑线，说明低档下跌乏力且承接盘强，是弱势转强的技术特征，由此技术因素引发市场向上，顺势做多。

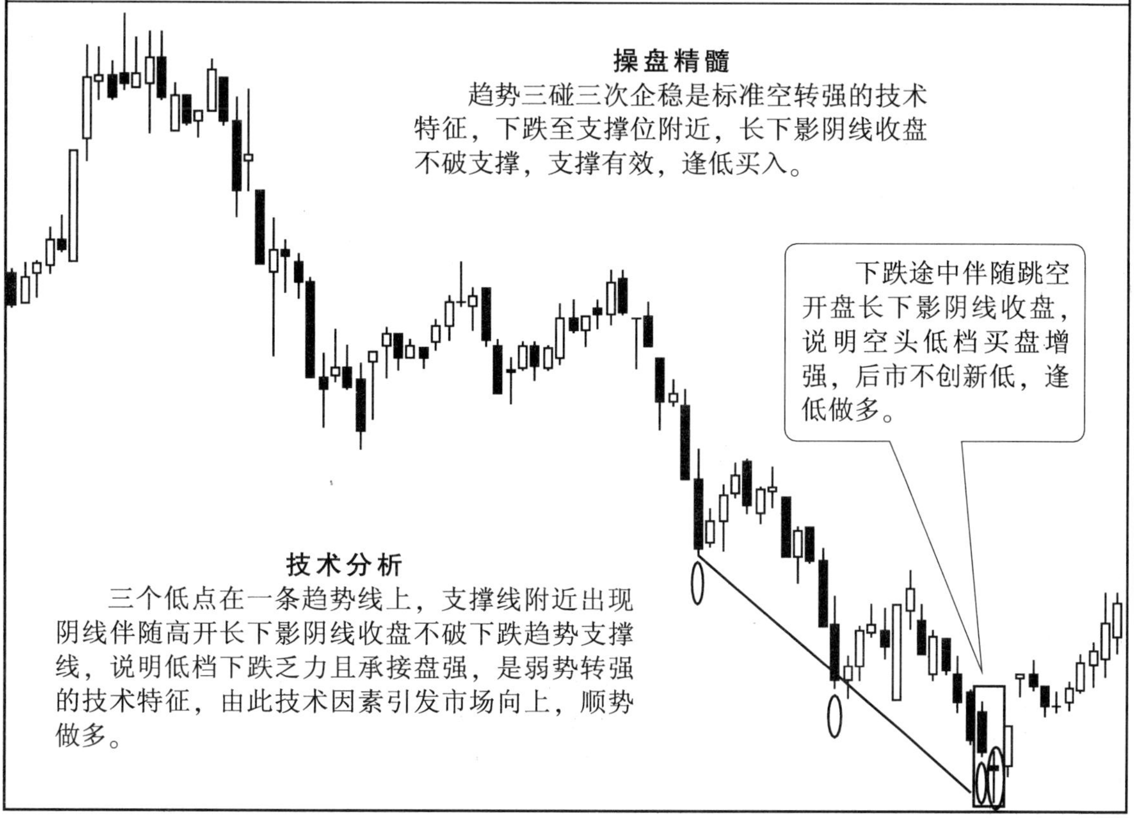

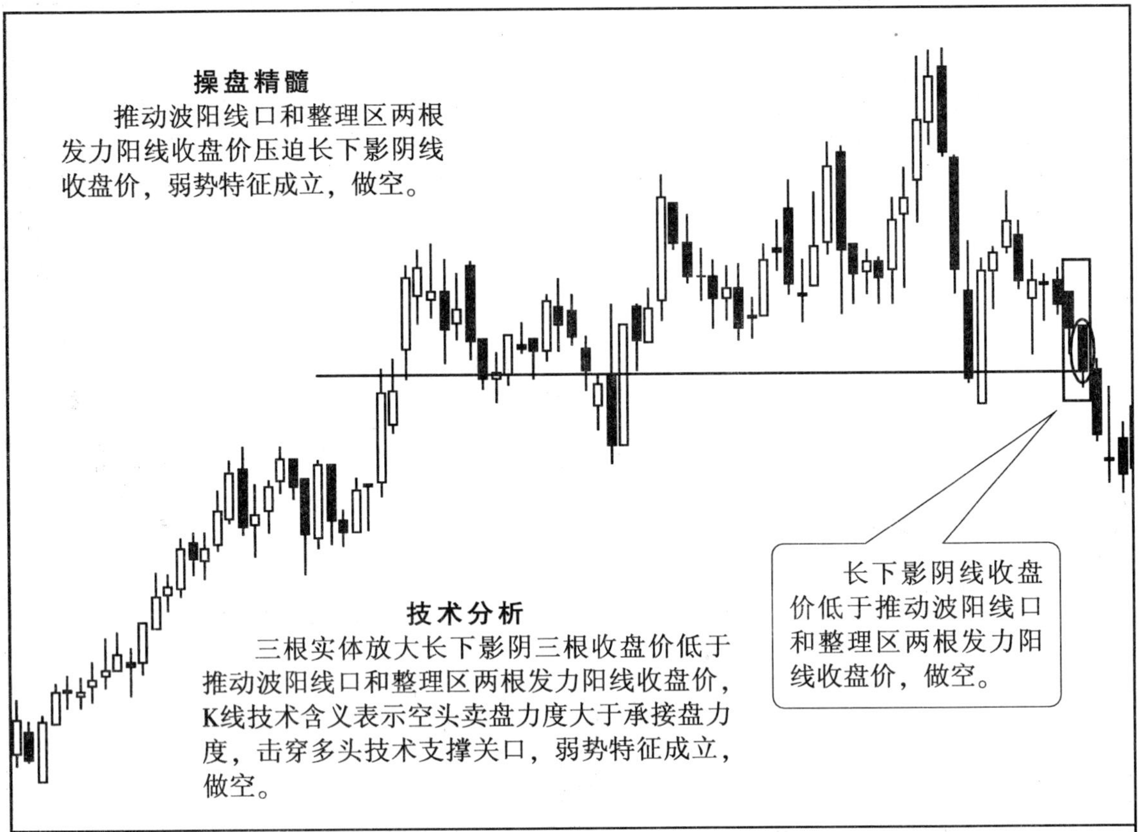

操盘精髓

推动波阳线口和整理区两根发力阳线收盘价压迫长下影阴线收盘价，弱势特征成立，做空。

技术分析

三根实体放大长下影阴三根收盘价低于推动波阳线口和整理区两根发力阳线收盘价，K线技术含义表示空头卖盘力度大于承接盘力度，击穿多头技术支撑关口，弱势特征成立，做空。

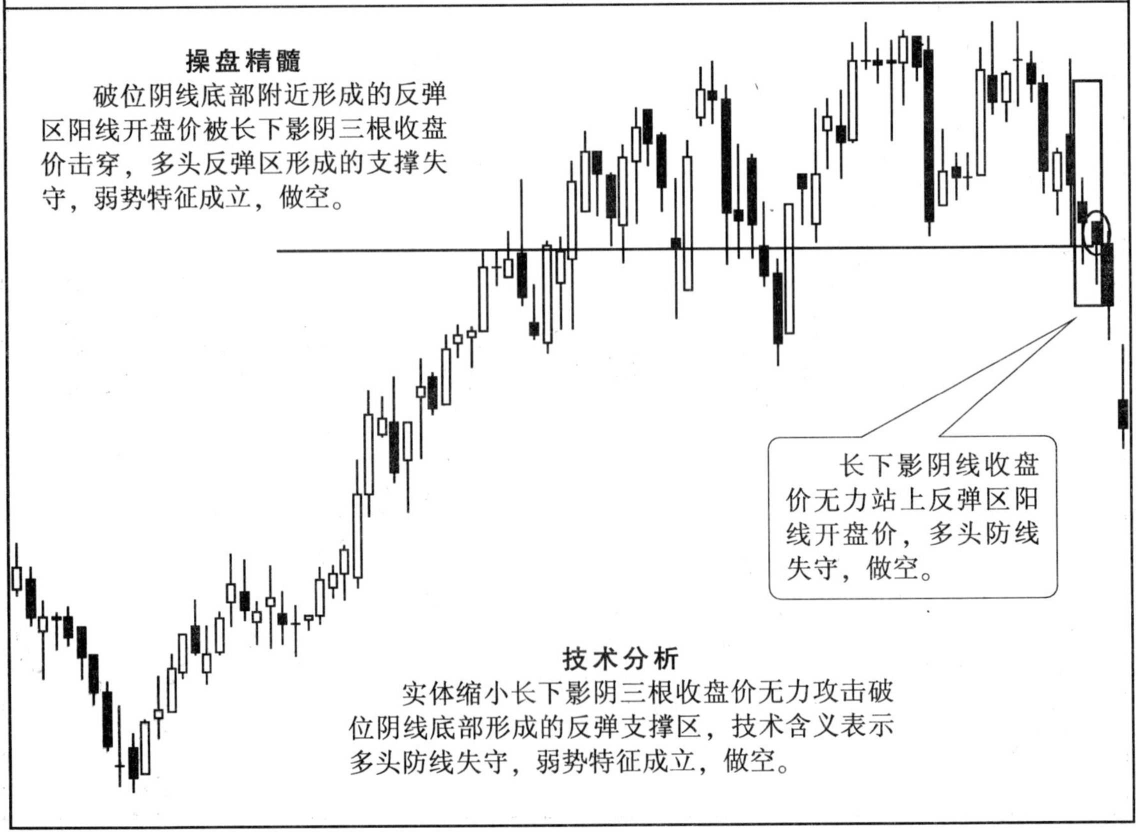

操盘精髓

破位阴线底部附近形成的反弹区阳线开盘价被长下影阴三根收盘价击穿，多头反弹区形成的支撑失守，弱势特征成立，做空。

技术分析

实体缩小长下影阴三根收盘价无力攻击破位阴线底部形成的反弹支撑区，技术含义表示多头防线失守，弱势特征成立，做空。

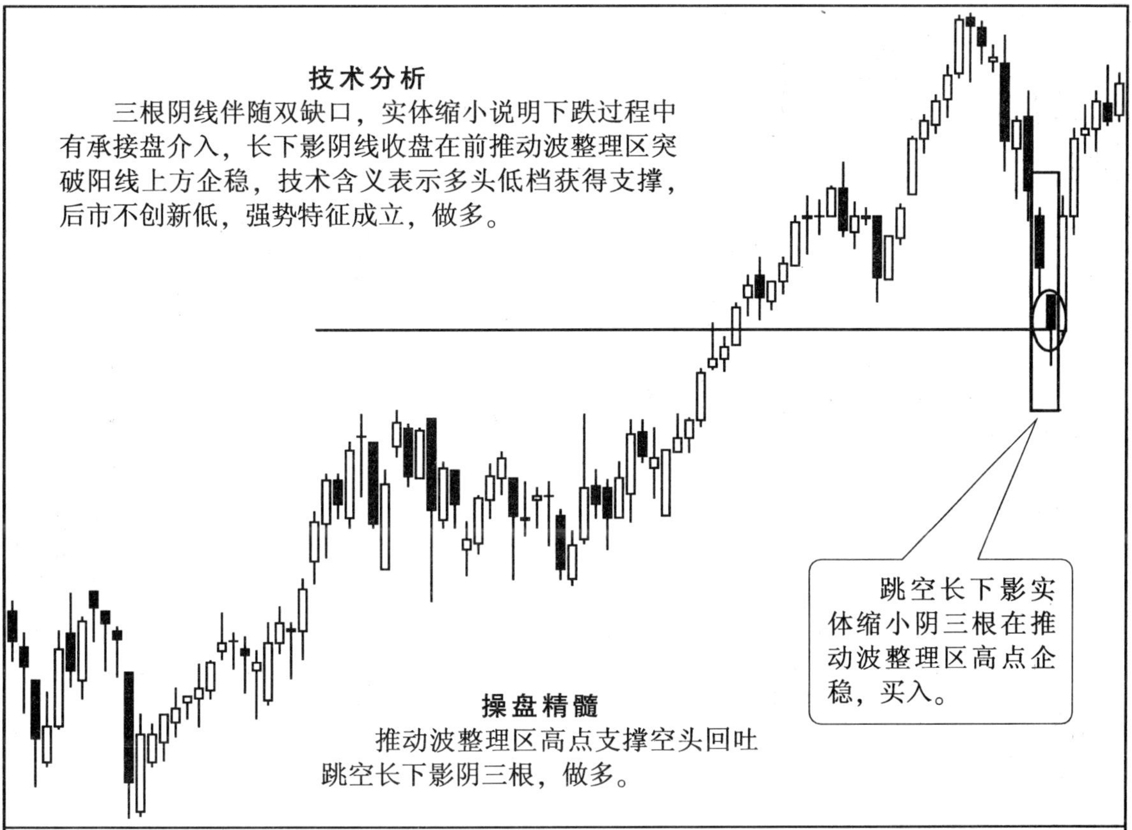

技术分析

三根阴线伴随双缺口，实体缩小说明下跌过程中有承接盘介入，长下影阴线收盘在前推动波整理区突破阳线上方企稳，技术含义表示多头低档获得支撑，后市不创新低，强势特征成立，做多。

操盘精髓

推动波整理区高点支撑空头回吐跳空长下影阴三根，做多。

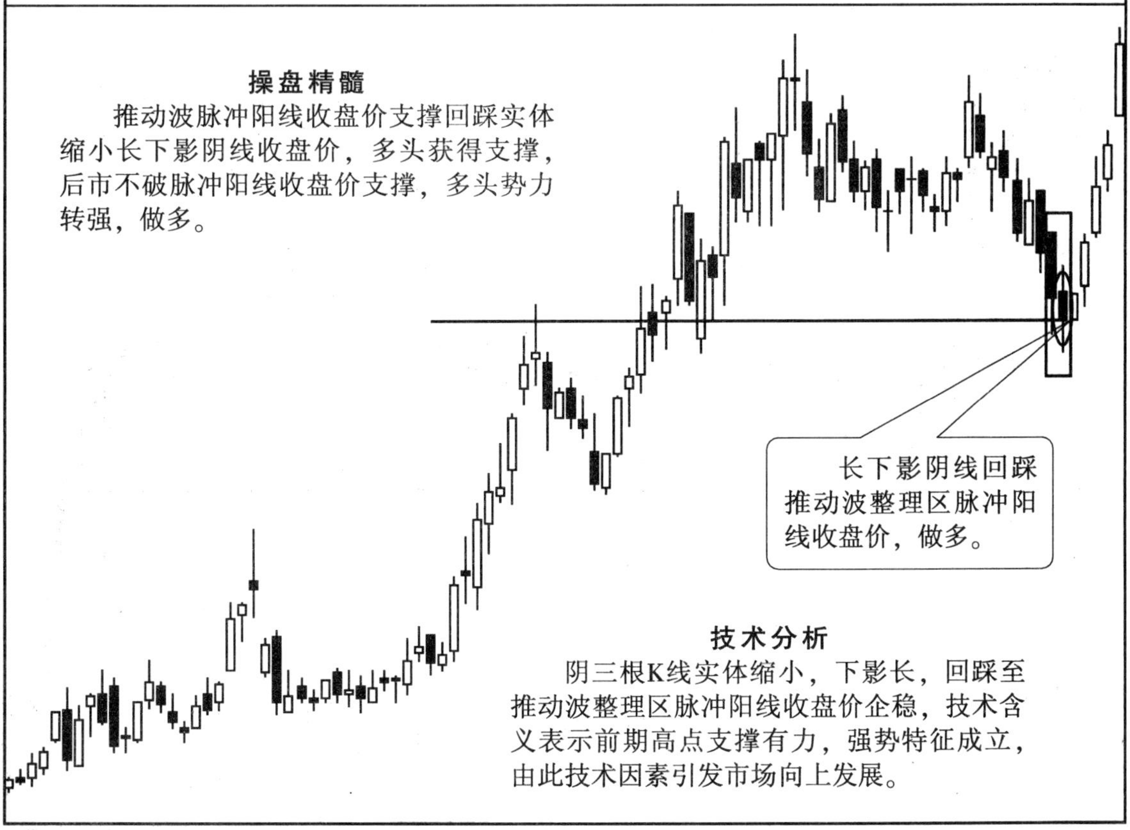

操盘精髓

推动波脉冲阳线收盘价支撑回踩实体缩小长下影阴线收盘价，多头获得支撑，后市不破脉冲阳线收盘价支撑，多头势力转强，做多。

技术分析

阴三根K线实体缩小，下影长，回踩至推动波整理区脉冲阳线收盘价企稳，技术含义表示前期高点支撑有力，强势特征成立，由此技术因素引发市场向上发展。

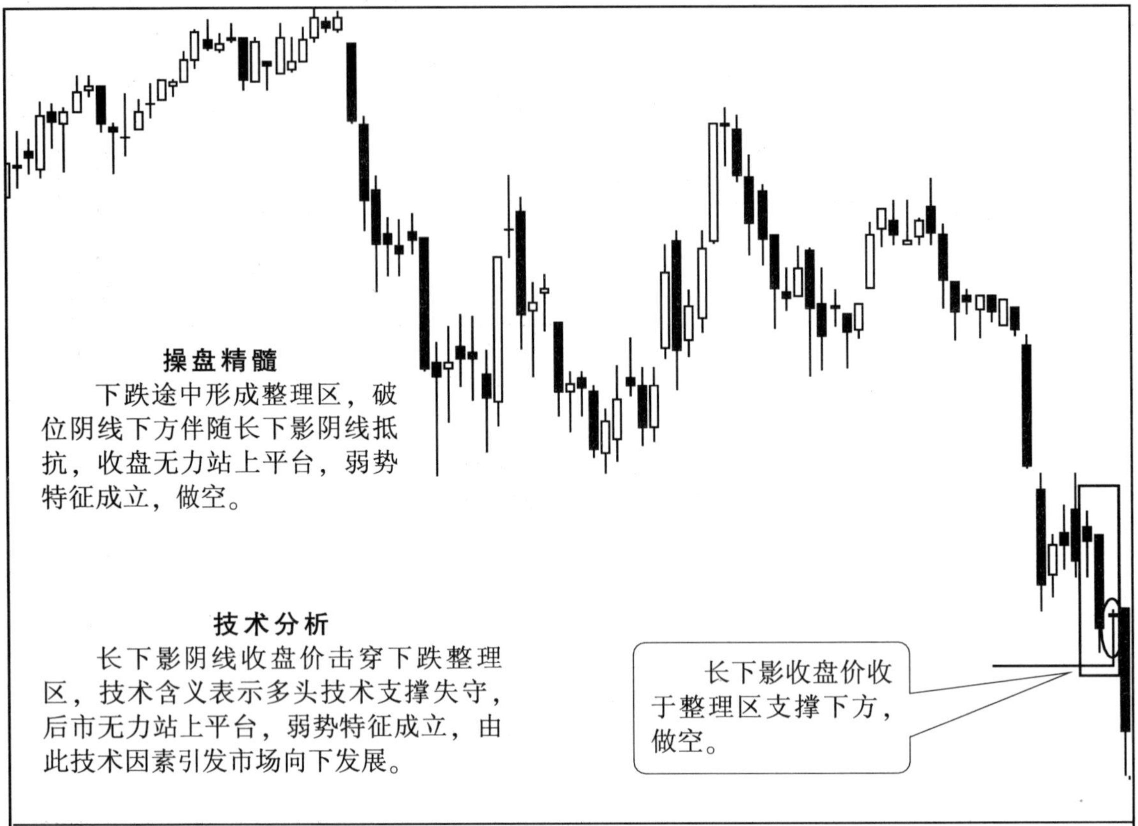

操盘精髓

下跌途中形成整理区，破位阴线下方伴随长下影阴线抵抗，收盘无力站上平台，弱势特征成立，做空。

技术分析

长下影阴线收盘价击穿下跌整理区，技术含义表示多头技术支撑失守，后市无力站上平台，弱势特征成立，由此技术因素引发市场向下发展。

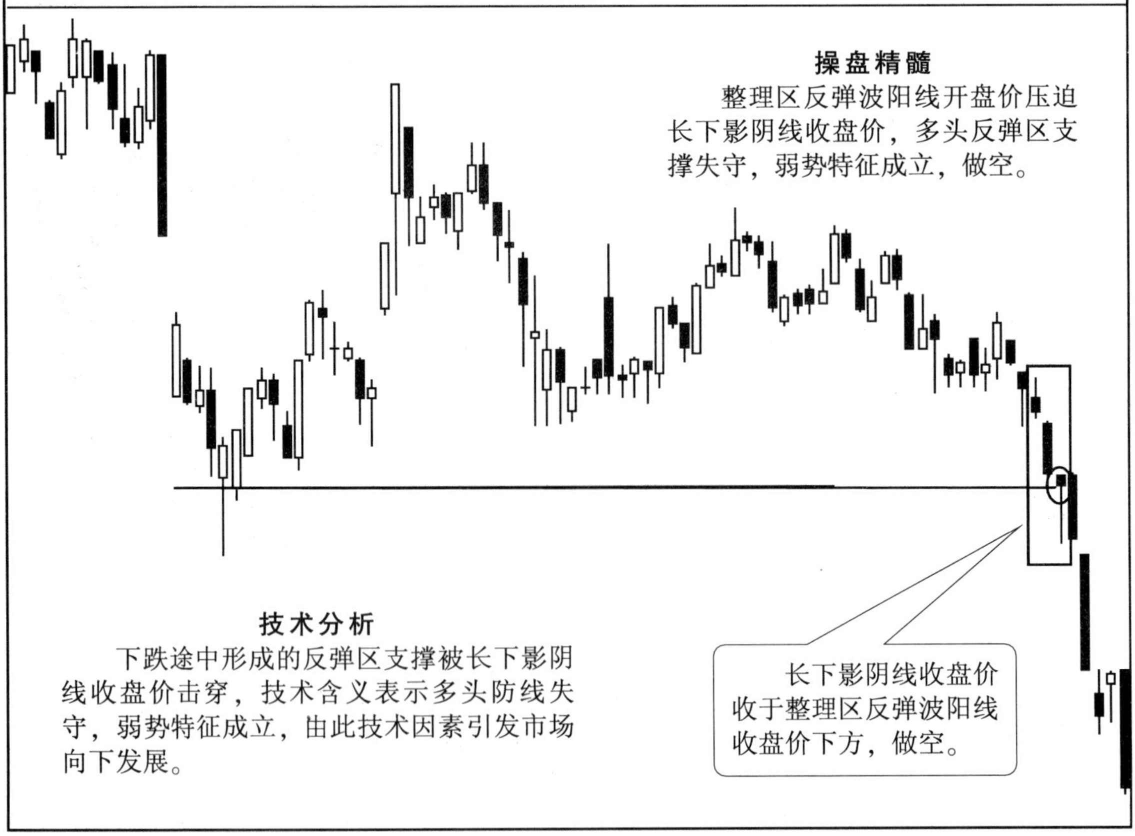

操盘精髓

整理区反弹波阳线开盘价压迫长下影阴线收盘价，多头反弹区支撑失守，弱势特征成立，做空。

技术分析

下跌途中形成的反弹区支撑被长下影阴线收盘价击穿，技术含义表示多头防线失守，弱势特征成立，由此技术因素引发市场向下发展。

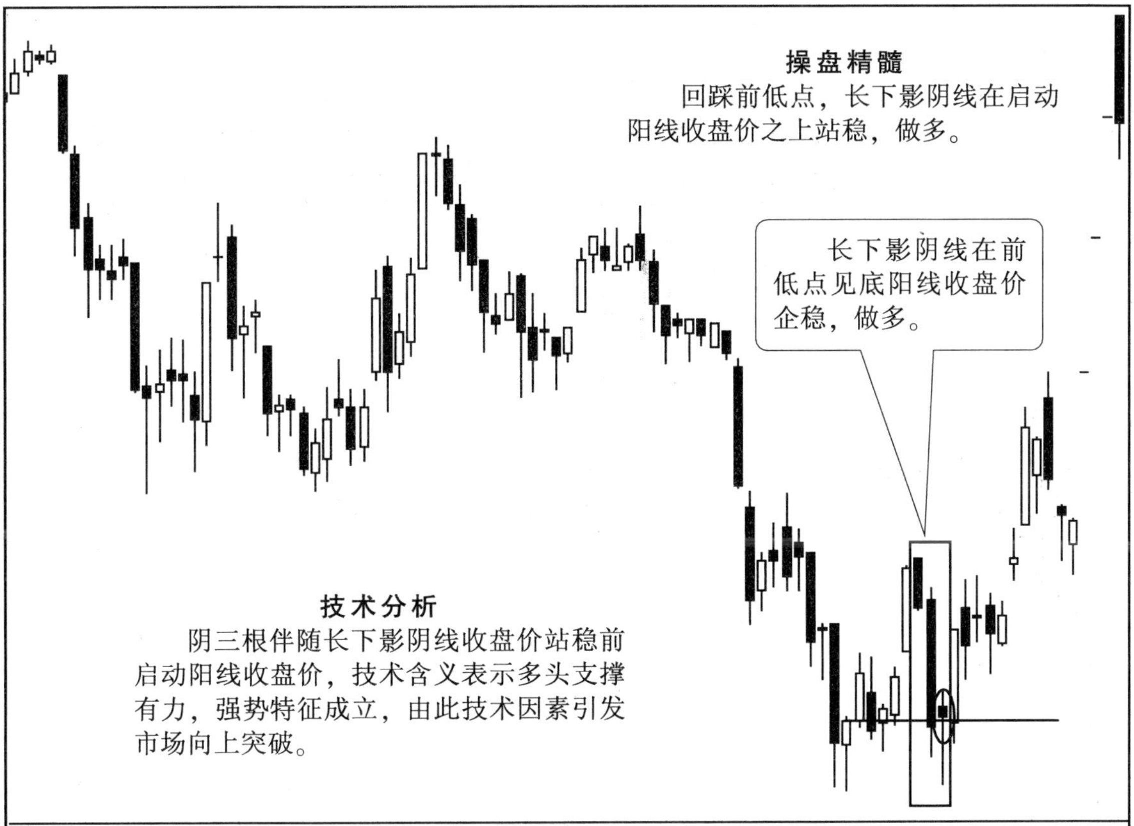
操盘精髓
回踩前低点，长下影阴线在启动阳线收盘价之上站稳，做多。
长下影阴线在前低点见底阳线收盘价企稳，做多。
技术分析
阴三根伴随长下影阴线收盘价站稳前启动阳线收盘价，技术含义表示多头支撑有力，强势特征成立，由此技术因素引发市场向上突破。

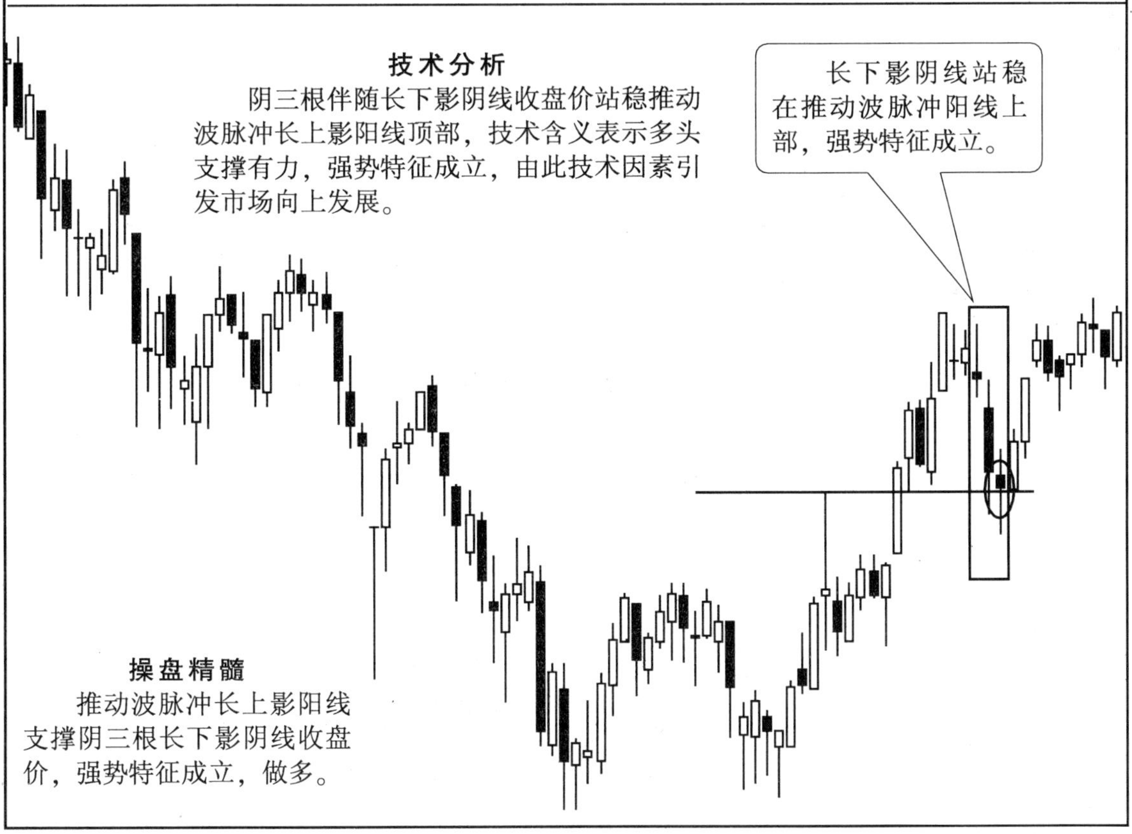
技术分析
阴三根伴随长下影阴线收盘价站稳推动波脉冲长上影阳线顶部，技术含义表示多头支撑有力，强势特征成立，由此技术因素引发市场向上发展。
长下影阴线站稳在推动波脉冲阳线上部，强势特征成立。
操盘精髓
推动波脉冲长上影阳线支撑阴三根长下影阴线收盘价，强势特征成立，做多。

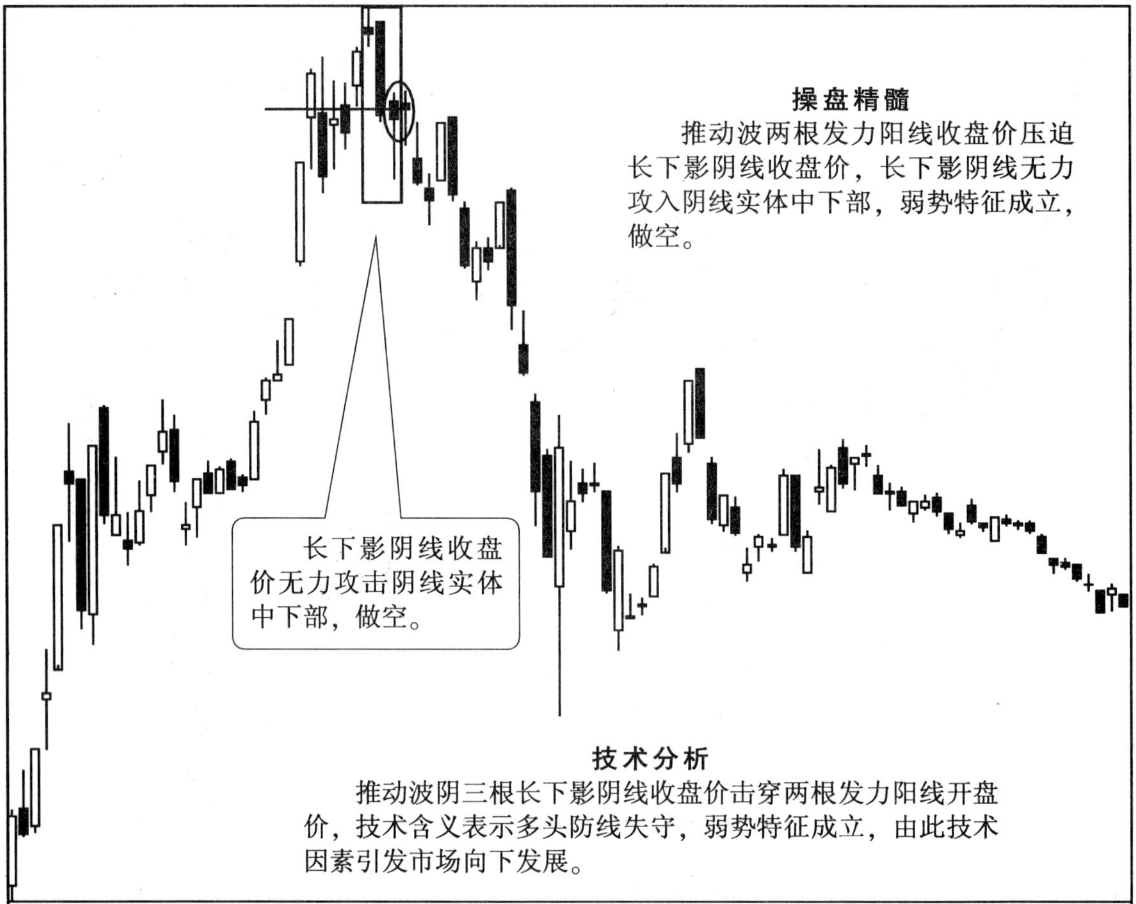
操盘精髓
推动波两根发力阳线收盘价压迫长下影阴线收盘价，长下影阴线无力攻入阴线实体中下部，弱势特征成立，做空。
长下影阴线收盘价无力攻击阴线实体中下部，做空。
技术分析
推动波阴三根长下影阴线收盘价击穿两根发力阳线开盘价，技术含义表示多头防线失守，弱势特征成立，由此技术因素引发市场向下发展。

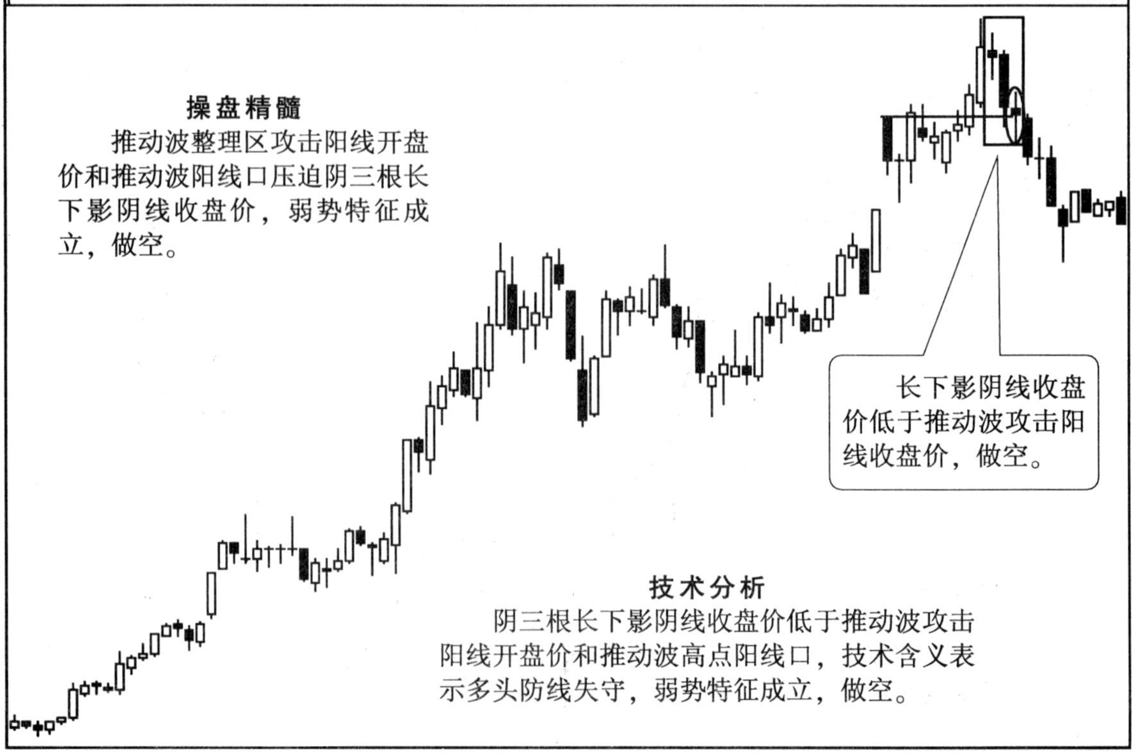
操盘精髓
推动波整理区攻击阳线开盘价和推动波阳线口压迫阴三根长下影阴线收盘价，弱势特征成立，做空。
长下影阴线收盘价低于推动波攻击阳线收盘价，做空。
技术分析
阴三根长下影阴线收盘价低于推动波攻击阳线开盘价和推动波高点阳线口，技术含义表示多头防线失守，弱势特征成立，做空。

操盘精髓

攻击阳线实体上部支撑整理区阴三根长下影阴线收盘价，后市不创长下影阴线新低，强势特征成立，做多。

技术分析

推动波整理区阴三根长下影阴线收盘价站稳攻击阳线实体中上部收盘，技术含义表示空头下探乏力，低档买盘强，强势特征成立，由此技术因素引发市场向上发展。

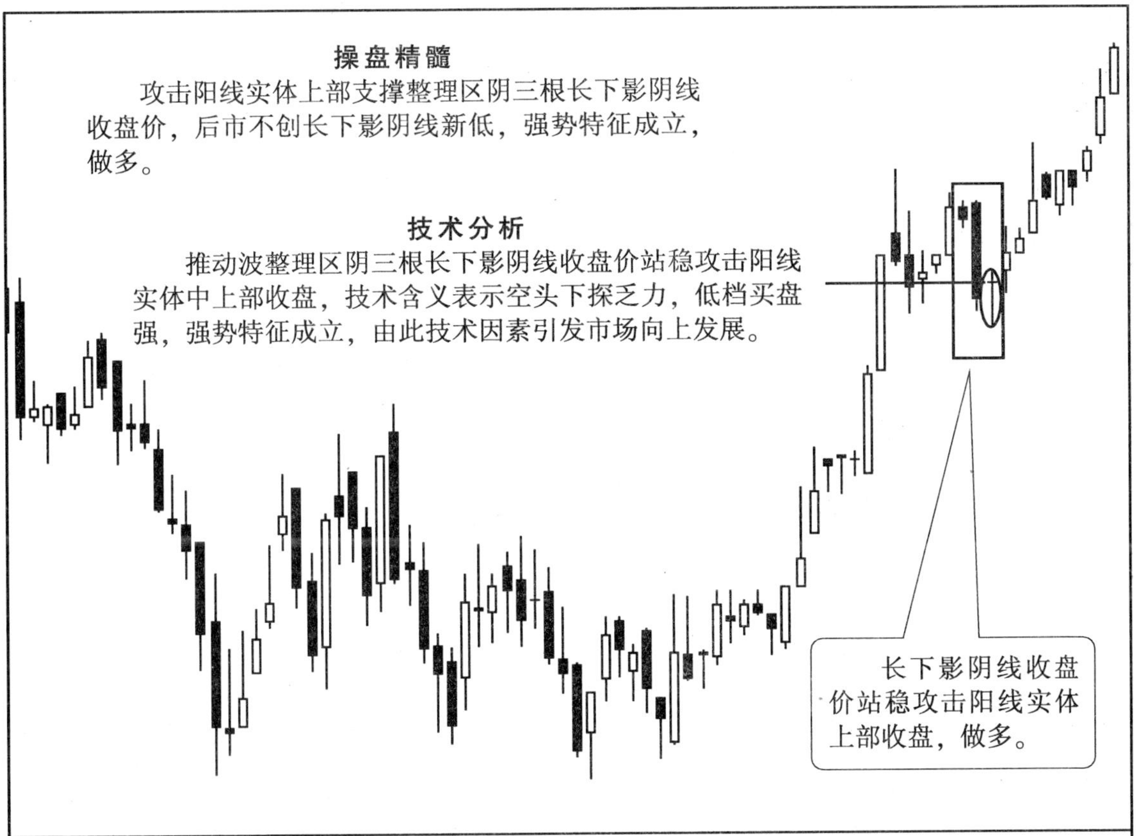

操盘精髓

整理区低点启动阳线收盘价支撑阴三根长下影收盘价，强势特征成立，做多。

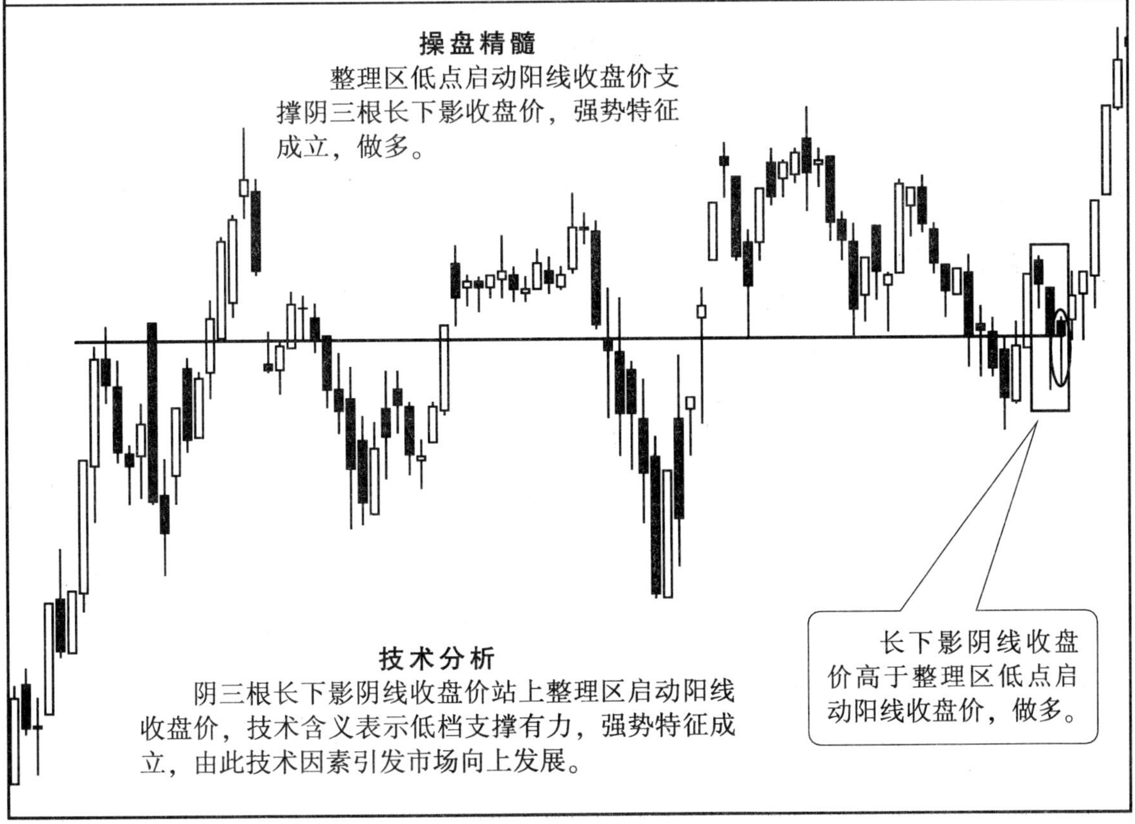

技术分析

阴三根长下影阴线收盘价站上整理区启动阳线收盘价，技术含义表示低档支撑有力，强势特征成立，由此技术因素引发市场向上发展。

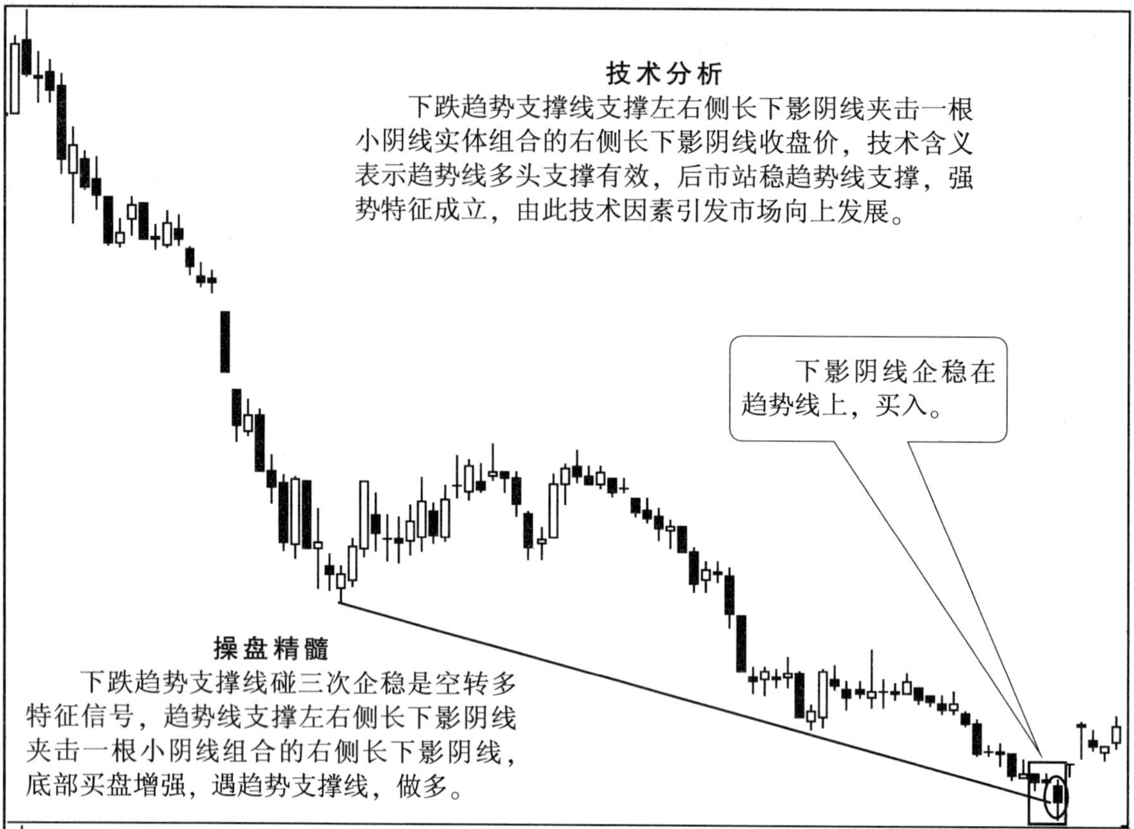

技术分析

下跌趋势支撑线支撑左右侧长下影阴线夹击一根小阴线实体组合的右侧长下影阴线收盘价，技术含义表示趋势线多头支撑有效，后市站稳趋势线支撑，强势特征成立，由此技术因素引发市场向上发展。

操盘精髓

下跌趋势支撑线碰三次企稳是空转多特征信号，趋势线支撑左右侧长下影阴线夹击一根小阴线组合的右侧长下影阴线，底部买盘增强，遇趋势支撑线，做多。

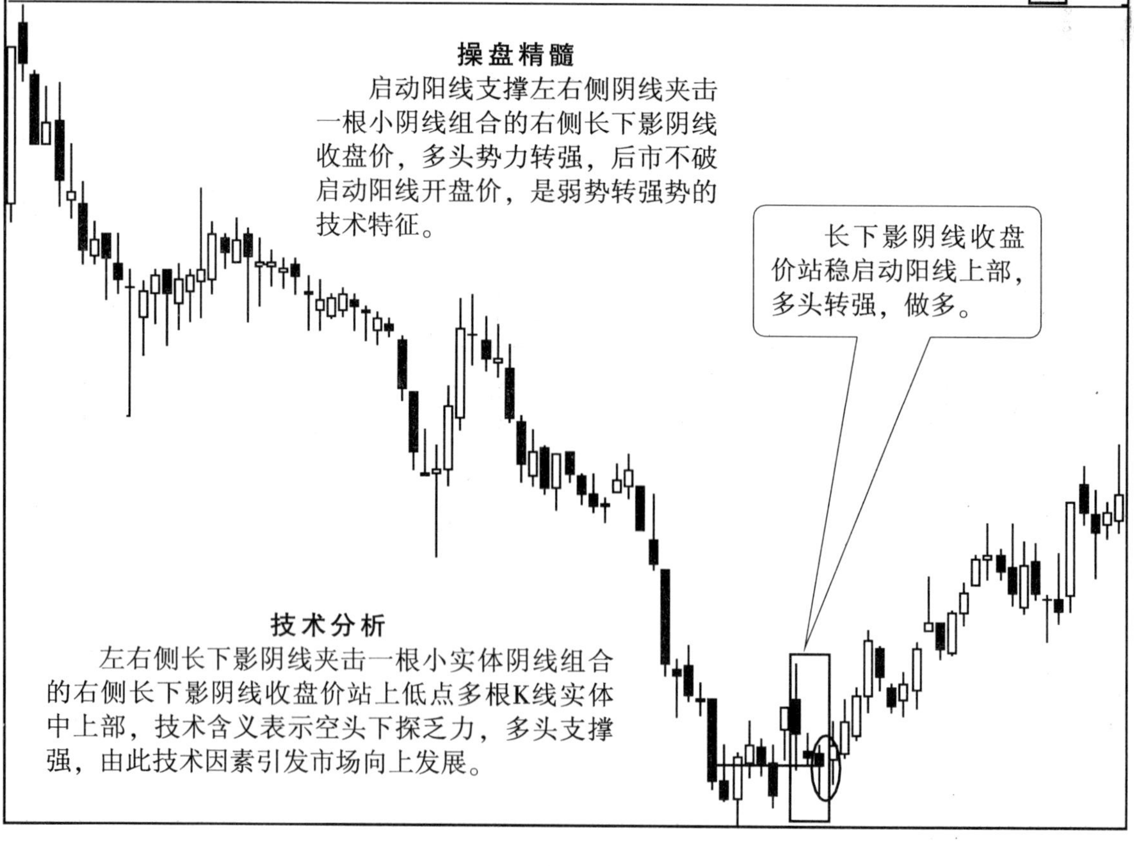

操盘精髓

启动阳线支撑左右侧阴线夹击一根小阴线组合的右侧长下影阴线收盘价，多头势力转强，后市不破启动阳线开盘价，是弱势转强势的技术特征。

技术分析

左右侧长下影阴线夹击一根小实体阴线组合的右侧长下影阴线收盘价站上低点多根K线实体中上部，技术含义表示空头下探乏力，多头支撑强，由此技术因素引发市场向上发展。

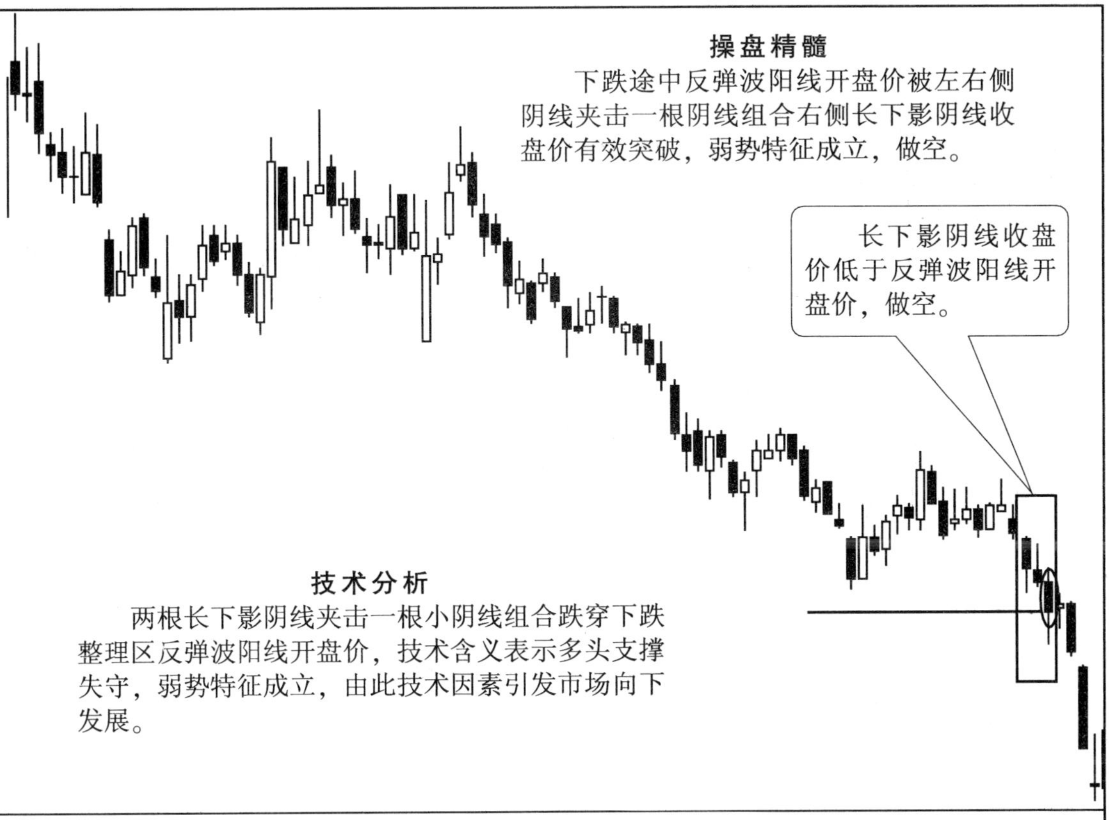

操盘精髓

下跌途中反弹波阳线开盘价被左右侧阴线夹击一根阴线组合右侧长下影阴线收盘价有效突破，弱势特征成立，做空。

技术分析

两根长下影阴线夹击一根小阴线组合跌穿下跌整理区反弹波阳线开盘价，技术含义表示多头支撑失守，弱势特征成立，由此技术因素引发市场向下发展。

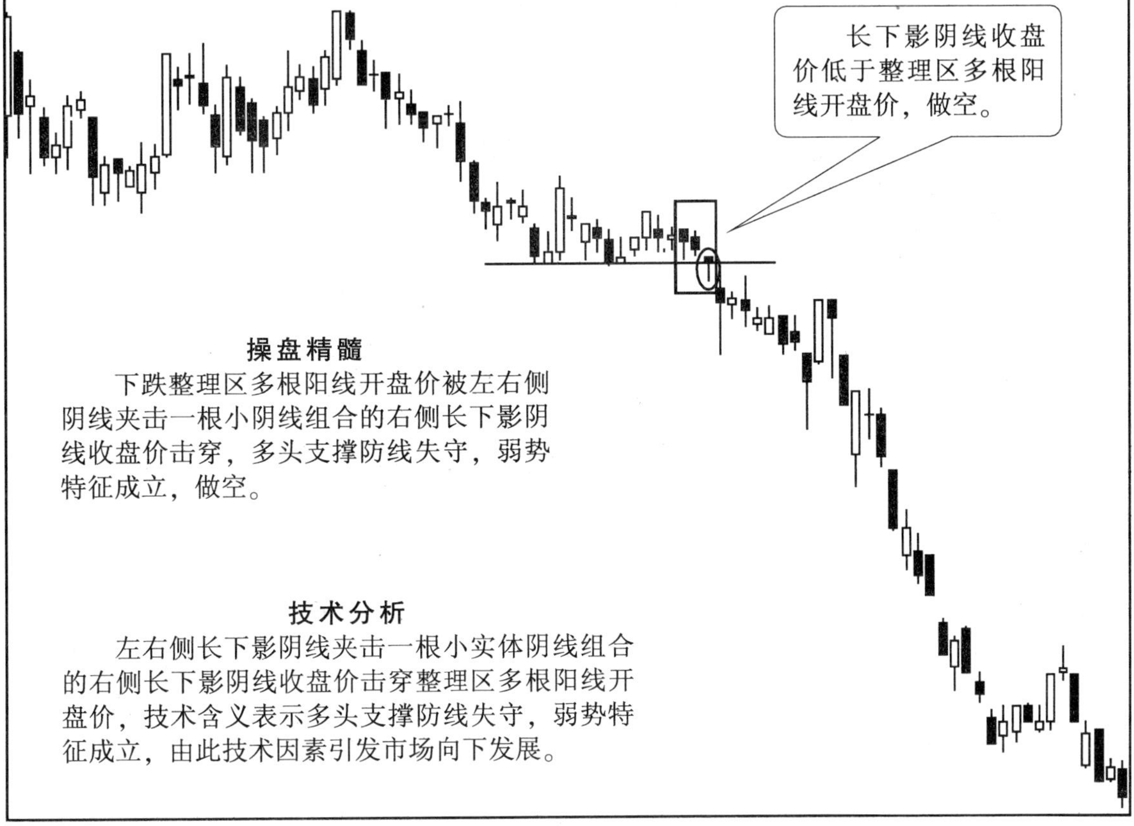

操盘精髓

下跌整理区多根阳线开盘价被左右侧阴线夹击一根小阴线组合的右侧长下影阴线收盘价击穿，多头支撑防线失守，弱势特征成立，做空。

技术分析

左右侧长下影阴线夹击一根小实体阴线组合的右侧长下影阴线收盘价击穿整理区多根阳线开盘价，技术含义表示多头支撑防线失守，弱势特征成立，由此技术因素引发市场向下发展。

操盘精髓

推动波趋势线和上升发力阳线支撑左右侧长下影阴线夹击一根小实体阴线组合的右侧长下影阴线收盘价，多头支撑强，做多。

技术分析

两根长下影阴线夹击一根小实体阴线组合的右侧长下影阴线收盘价站稳推动波发力阳线和前期启动波高点，强势特征成立，做多。

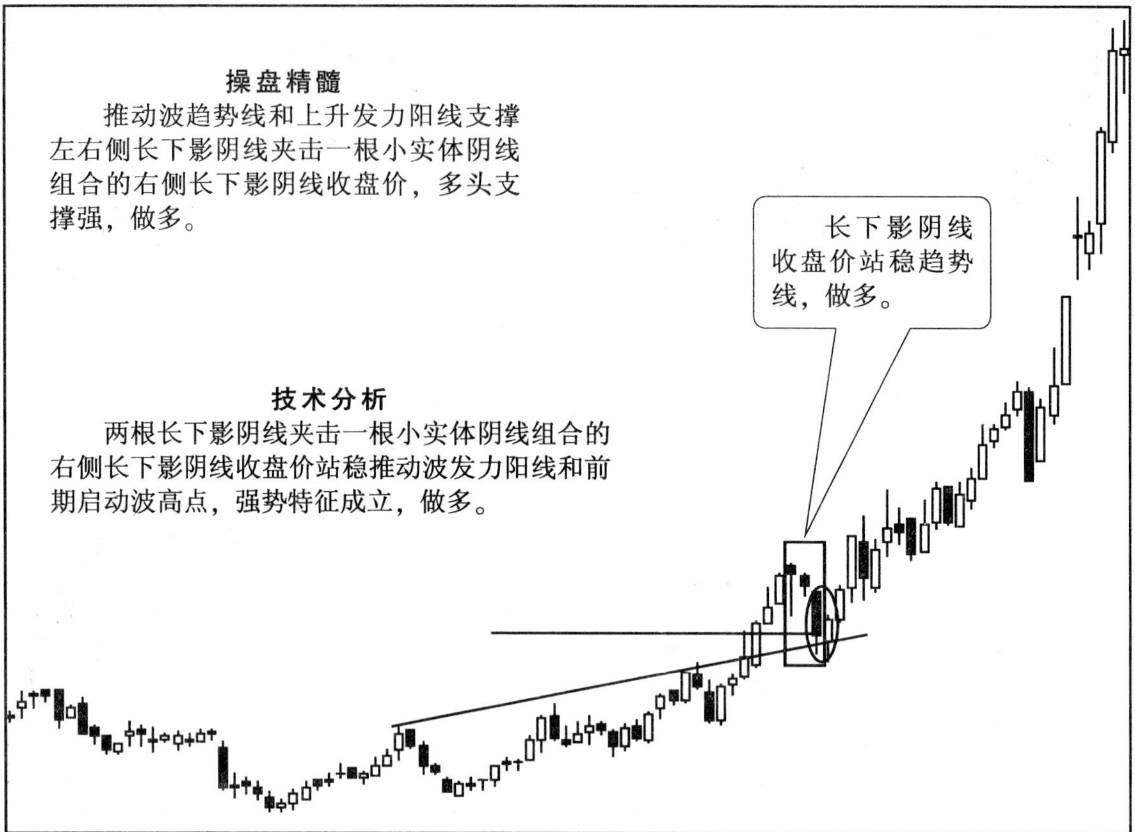

操盘精髓

整理区多根阳线收盘价支撑左右侧长下影阴线夹击一根小实体阴线组合的右侧长下影阴线收盘价，后市站稳整理区平台，强势特征成立，做多。

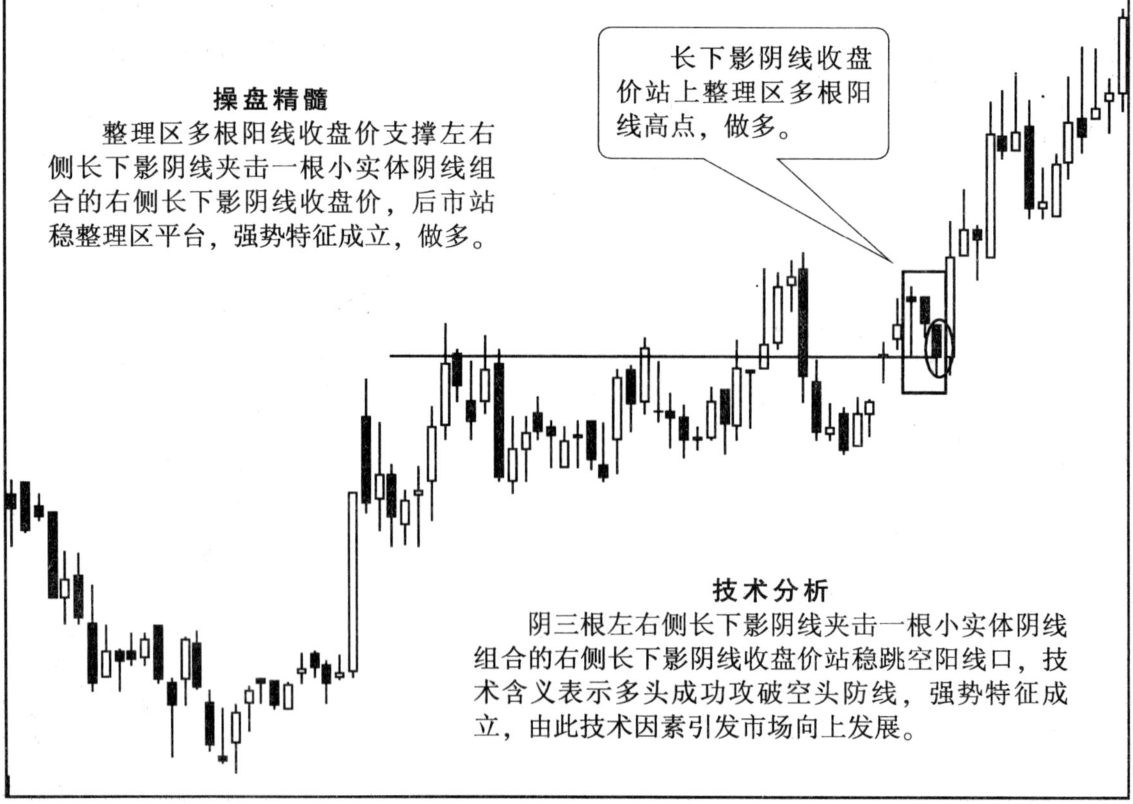

技术分析

阴三根左右侧长下影阴线夹击一根小实体阴线组合的右侧长下影阴线收盘价站稳跳空阳线口，技术含义表示多头成功攻破空头防线，强势特征成立，由此技术因素引发市场向上发展。

操盘精髓

左右侧长下影阴线夹击一根小阴线组合的右侧长下影阴线收盘价封闭跳空阳线口，多头上攻动力减弱，弱势特征成立，做空。

技术分析

长下影阴线收盘价低于推动波脉冲阳线高点并封闭了推动波阳线口，技术含义表示多头上攻的支撑防线失守，弱势特征成立，由此技术因素引发市场向下突破。

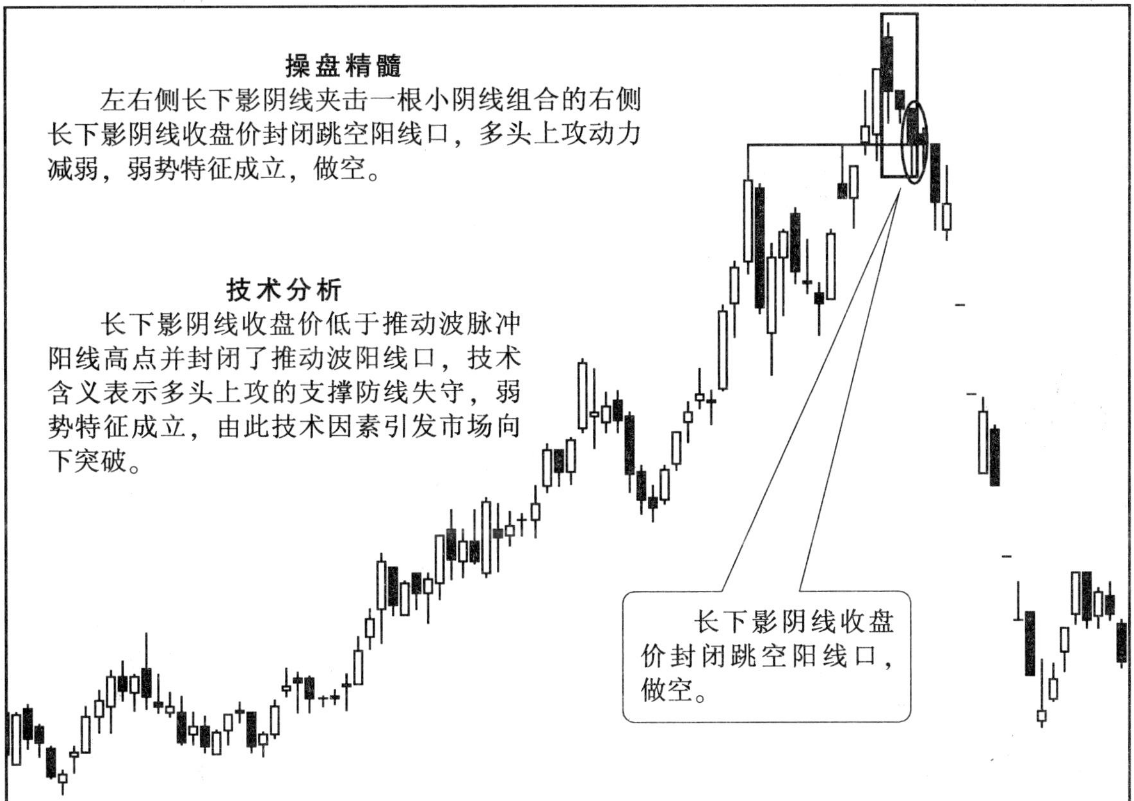

操盘精髓

推动波整理区发力阳线收盘价及攻击阳线开盘价压迫阴三根长下影阴线收盘价，做空。

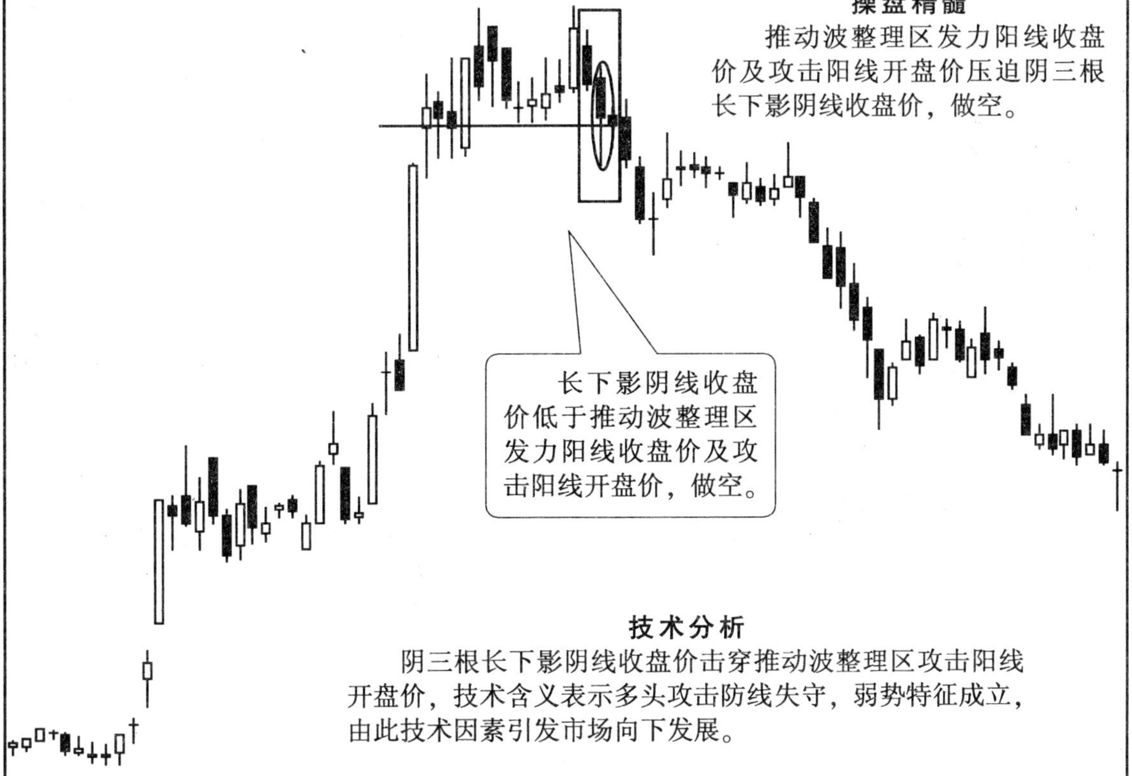

技术分析

阴三根长下影阴线收盘价击穿推动波整理区攻击阳线开盘价，技术含义表示多头攻击防线失守，弱势特征成立，由此技术因素引发市场向下发展。

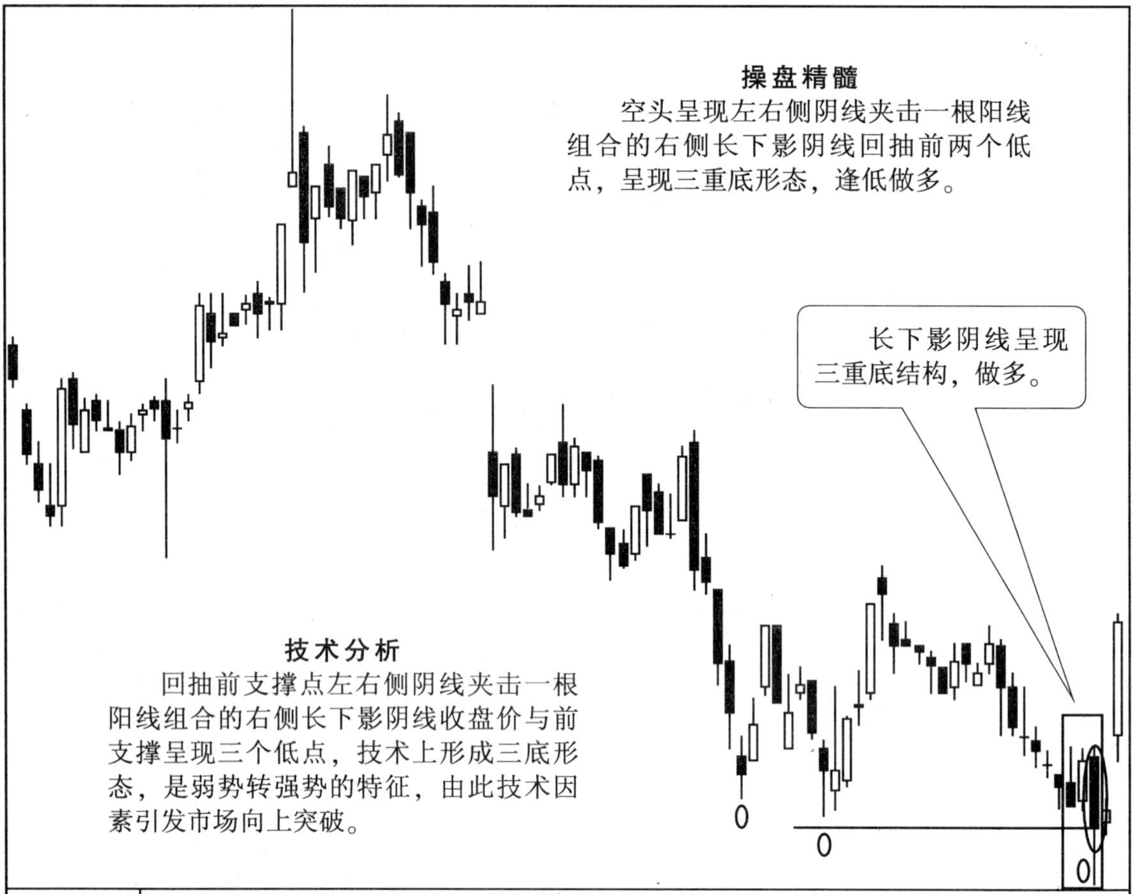
操盘精髓
空头呈现左右侧阴线夹击一根阳线组合的右侧长下影阴线回抽前两个低点，呈现三重底形态，逢低做多。
长下影阴线呈现三重底结构，做多。
技术分析
回抽前支撑点左右侧阴线夹击一根阳线组合的右侧长下影阴线收盘价与前支撑呈现三个低点，技术上形成三底形态，是弱势转强势的特征，由此技术因素引发市场向上突破。
0
0
0

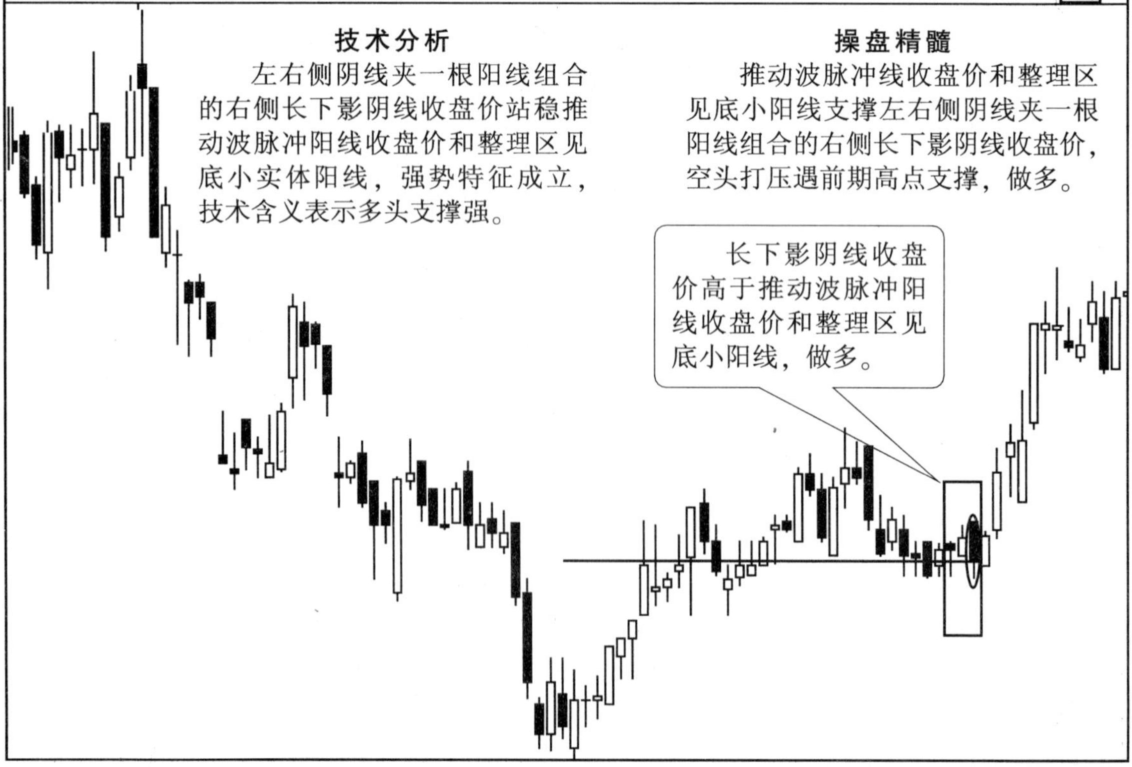
技术分析
左右侧阴线夹一根阳线组合的右侧长下影阴线收盘价站稳推动波脉冲阳线收盘价和整理区见底小实体阳线，强势特征成立，技术含义表示多头支撑强。
操盘精髓
推动波脉冲线收盘价和整理区见底小阳线支撑左右侧阴线夹一根阳线组合的右侧长下影阴线收盘价，空头打压遇前期高点支撑，做多。
长下影阴线收盘价高于推动波脉冲阳线收盘价和整理区见底小阳线，做多。

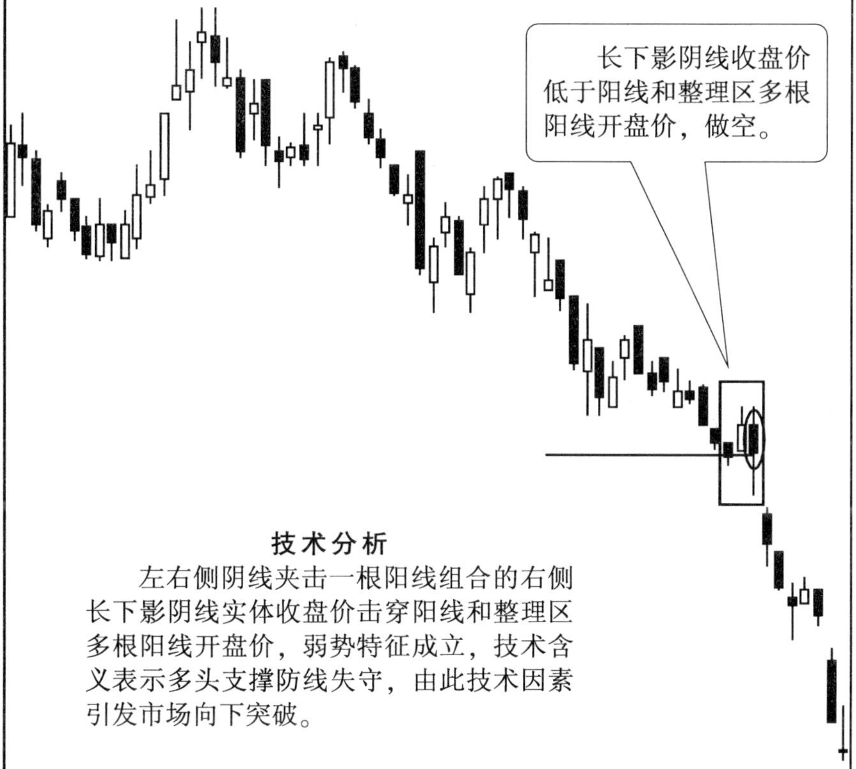

技术分析

左右侧阴线夹击一根阳线组合的右侧长下影阴线实体收盘价击穿阳线和整理区多根阳线开盘价，弱势特征成立，技术含义表示多头支撑防线失守，由此技术因素引发市场向下突破。

操盘精髓

下跌整理区多根阳线开盘价压迫左右侧阴线夹击一根阳线组合的右侧长下影阴线收盘价，后市无力攻击整理区压力，弱势特征成立，做空。

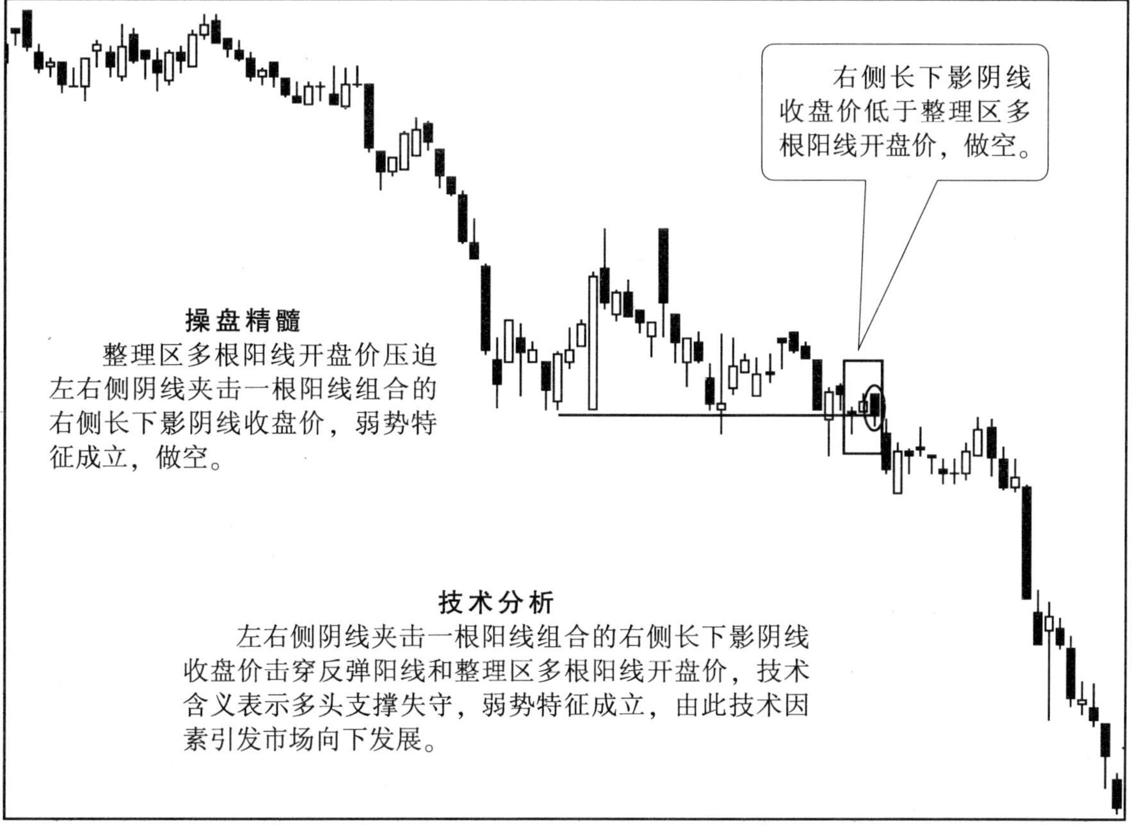

操盘精髓

整理区多根阳线开盘价压迫左右侧阴线夹击一根阳线组合的右侧长下影阴线收盘价，弱势特征成立，做空。

技术分析

左右侧阴线夹击一根阳线组合的右侧长下影阴线收盘价击穿反弹阳线和整理区多根阳线开盘价，技术含义表示多头支撑失守，弱势特征成立，由此技术因素引发市场向下发展。

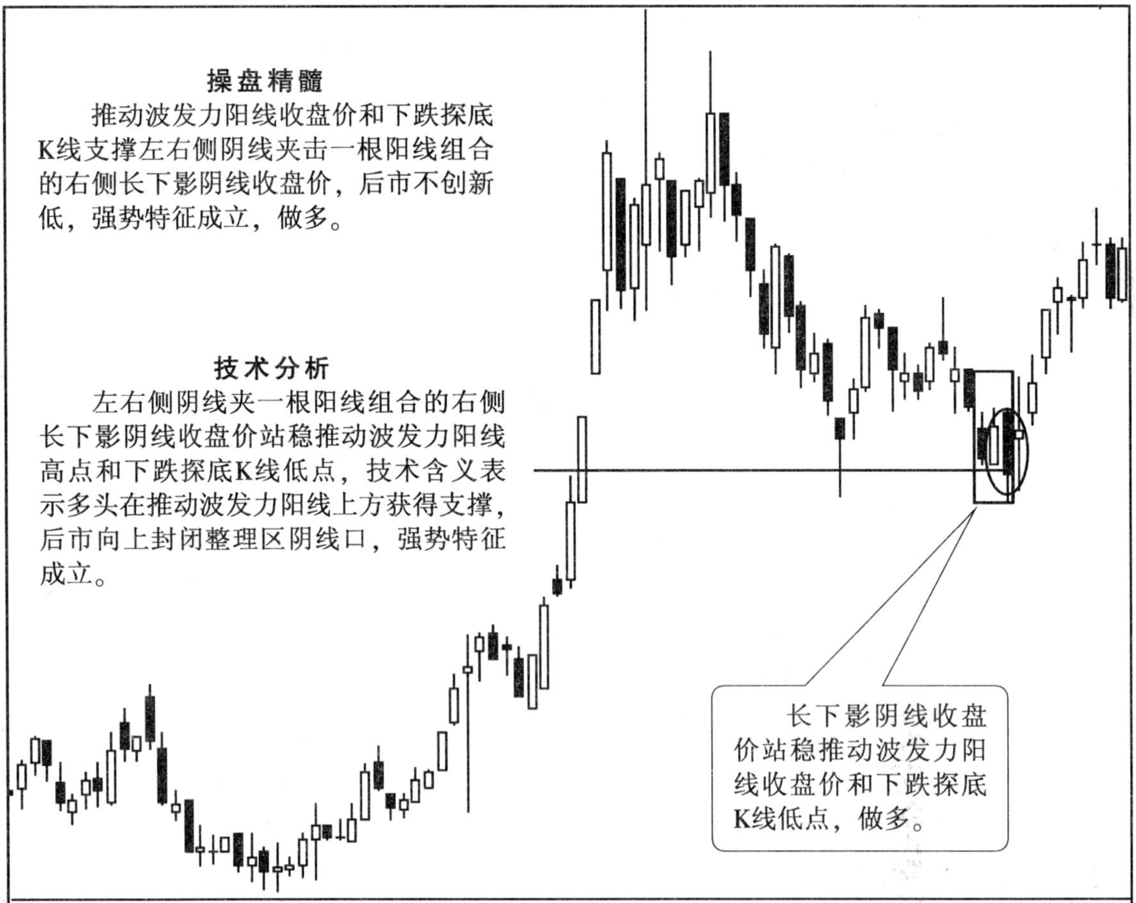
操盘精髓
推动波发力阳线收盘价和下跌探底K线支撑左右侧阴线夹击一根阳线组合的右侧长下影阴线收盘价，后市不创新低，强势特征成立，做多。
技术分析
左右侧阴线夹一根阳线组合的右侧长下影阴线收盘价站稳推动波发力阳线高点和下跌探底K线低点，技术含义表示多头在推动波发力阳线上方获得支撑，后市向上封闭整理区阴线口，强势特征成立。
长下影阴线收盘价站稳推动波发力阳线收盘价和下跌探底K线低点，做多。

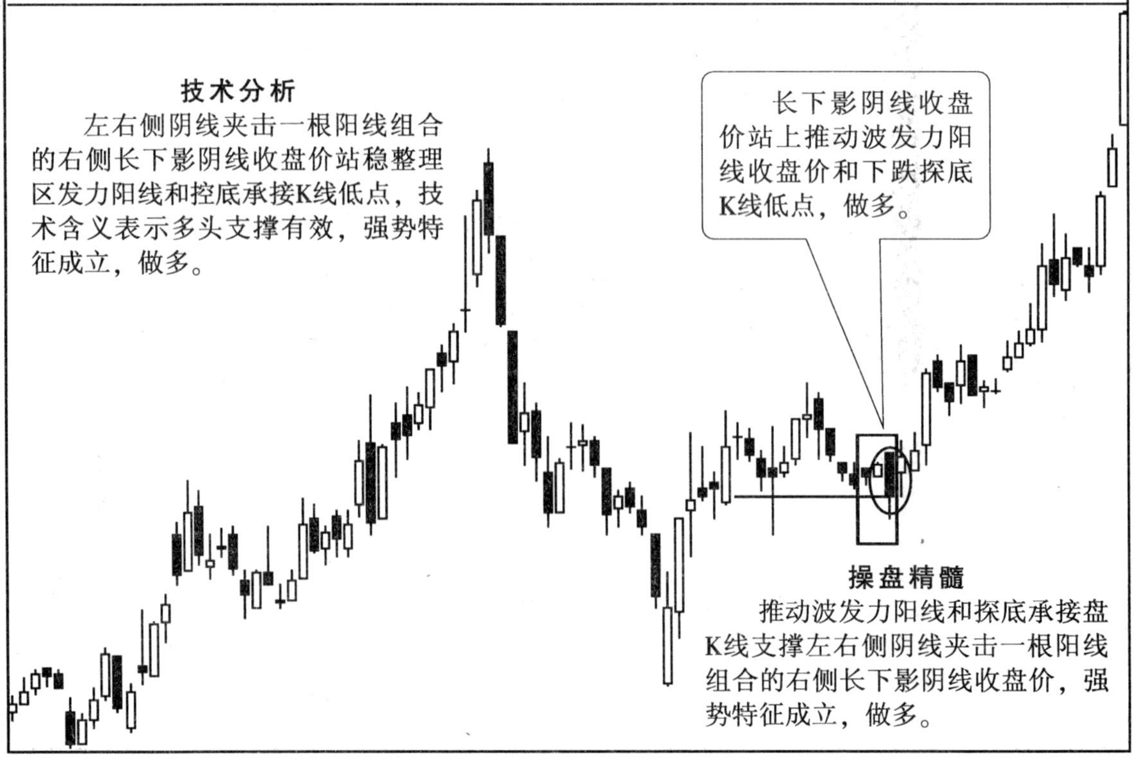
技术分析
左右侧阴线夹击一根阳线组合的右侧长下影阴线收盘价站稳整理区发力阳线和控底承接K线低点，技术含义表示多头支撑有效，强势特征成立，做多。
长下影阴线收盘价站上推动波发力阳线收盘价和下跌探底K线低点，做多。
操盘精髓
推动波发力阳线和探底承接盘K线支撑左右侧阴线夹击一根阳线组合的右侧长下影阴线收盘价，强势特征成立，做多。

操盘精髓

推动波阳线口和反弹波两根阳线收盘价压迫左右侧阴线夹出一根阳线组合的右侧长下影阴线收盘价，做空。

技术分析

左右侧阴线夹击一根阳线组合的右侧长下影阴线收盘价击穿推动波攻击阳线口和反弹波两根抵抗阳线开盘价，技术含义表示多头防线失守，弱势特征成立，由此技术因素引发市场向下发展。

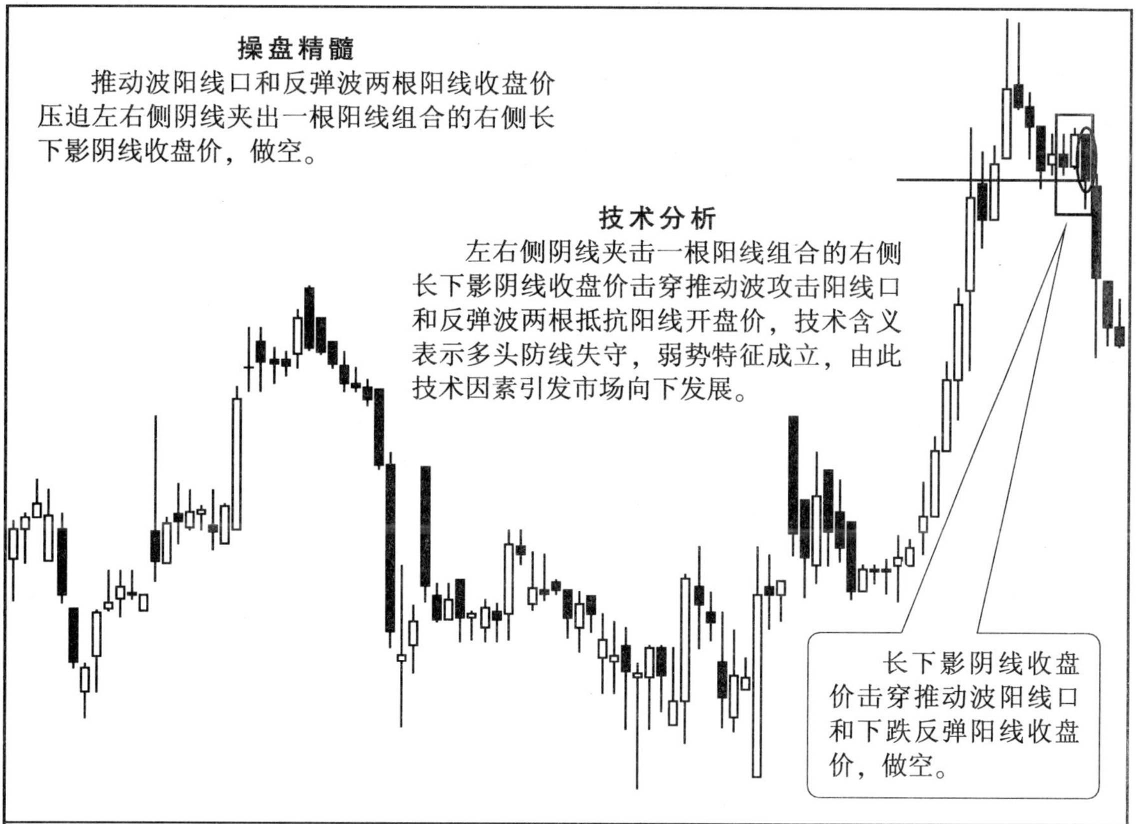

操盘精髓

推动波整理区低点和下跌整理区支撑压迫左右侧阴线夹击一根阳线组合的右侧长下影阴线，弱势特征成立，做空。

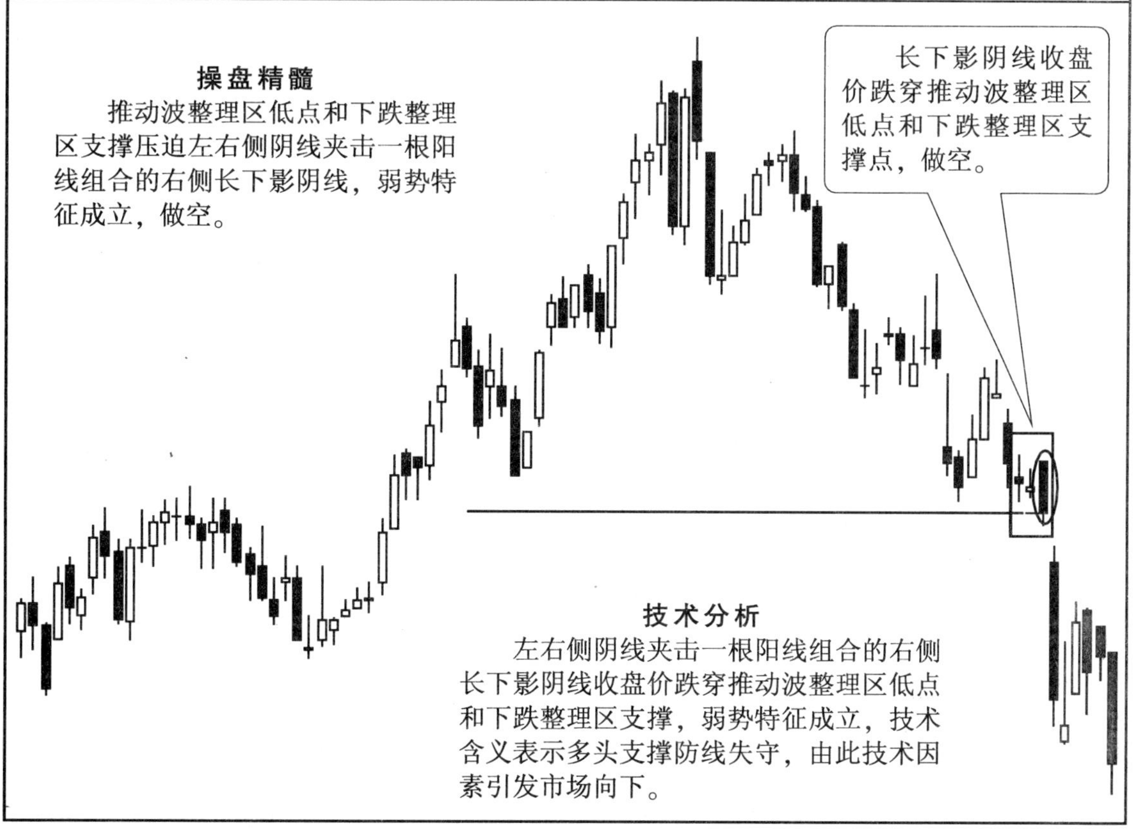

技术分析

左右侧阴线夹击一根阳线组合的右侧长下影阴线收盘价跌穿推动波整理区低点和下跌整理区支撑，弱势特征成立，技术含义表示多头支撑防线失守，由此技术因素引发市场向下。

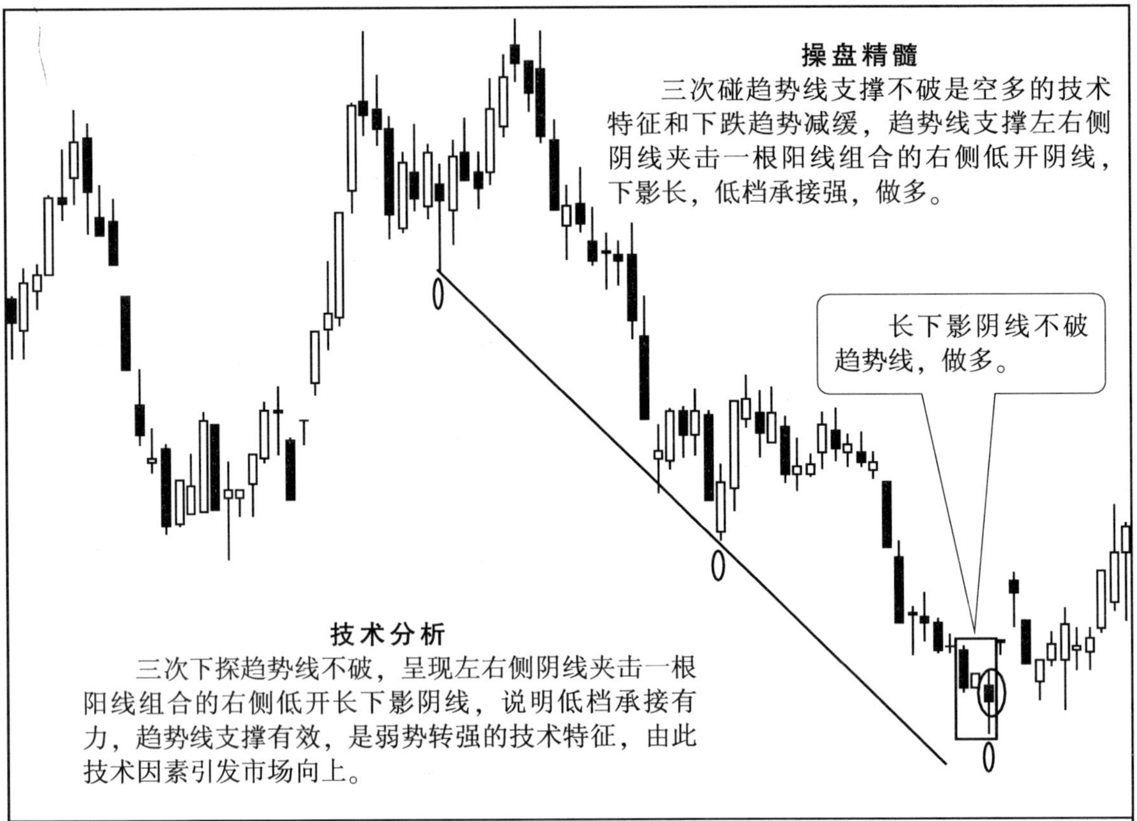

操盘精髓

三次碰趋势线支撑不破是空多的技术特征和下跌趋势减缓，趋势线支撑左右侧阴线夹击一根阳线组合的右侧低开阴线，下影长，低档承接强，做多。

技术分析

三次下探趋势线不破，呈现左右侧阴线夹击一根阳线组合的右侧低开长下影阴线，说明低档承接有力，趋势线支撑有效，是弱势转强的技术特征，由此技术因素引发市场向上。

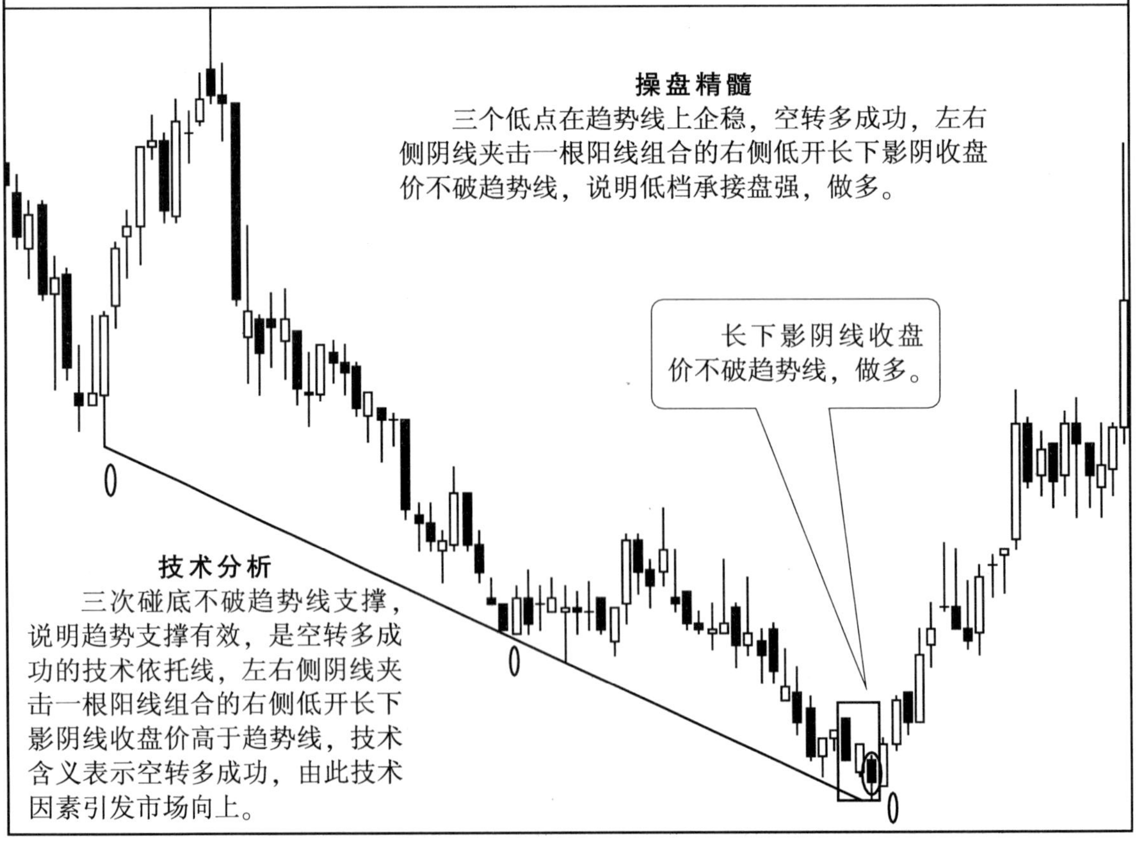

操盘精髓

三个低点在趋势线上企稳，空转多成功，左右侧阴线夹击一根阳线组合的右侧低开长下影阴收盘价不破趋势线，说明低档承接盘强，做多。

技术分析

三次碰底不破趋势线支撑，说明趋势支撑有效，是空转多成功的技术依托线，左右侧阴线夹击一根阳线组合的右侧低开长下影阴线收盘价高于趋势线，技术含义表示空转多成功，由此技术因素引发市场向上。

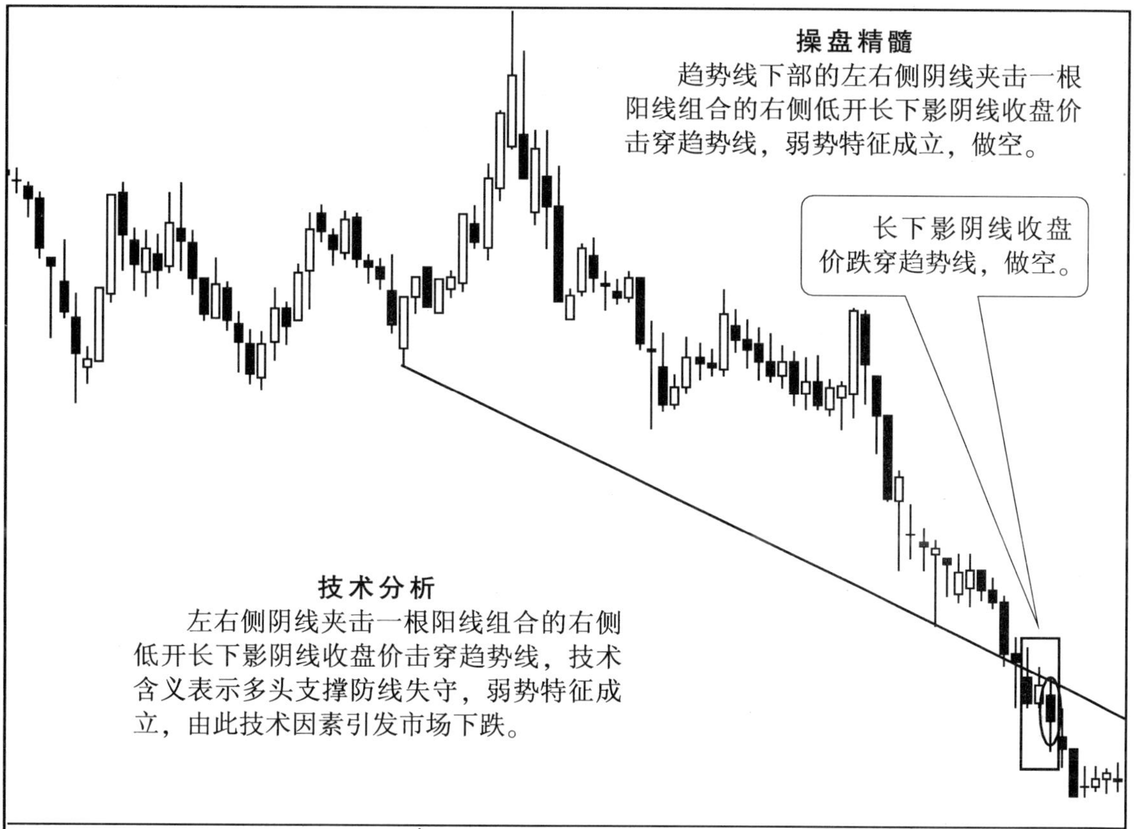

操盘精髓

趋势线下部的左右侧阴线夹击一根阳线组合的右侧低开长下影阴线收盘价击穿趋势线，弱势特征成立，做空。

技术分析

左右侧阴线夹击一根阳线组合的右侧低开长下影阴线收盘价击穿趋势线，技术含义表示多头支撑防线失守，弱势特征成立，由此技术因素引发市场下跌。

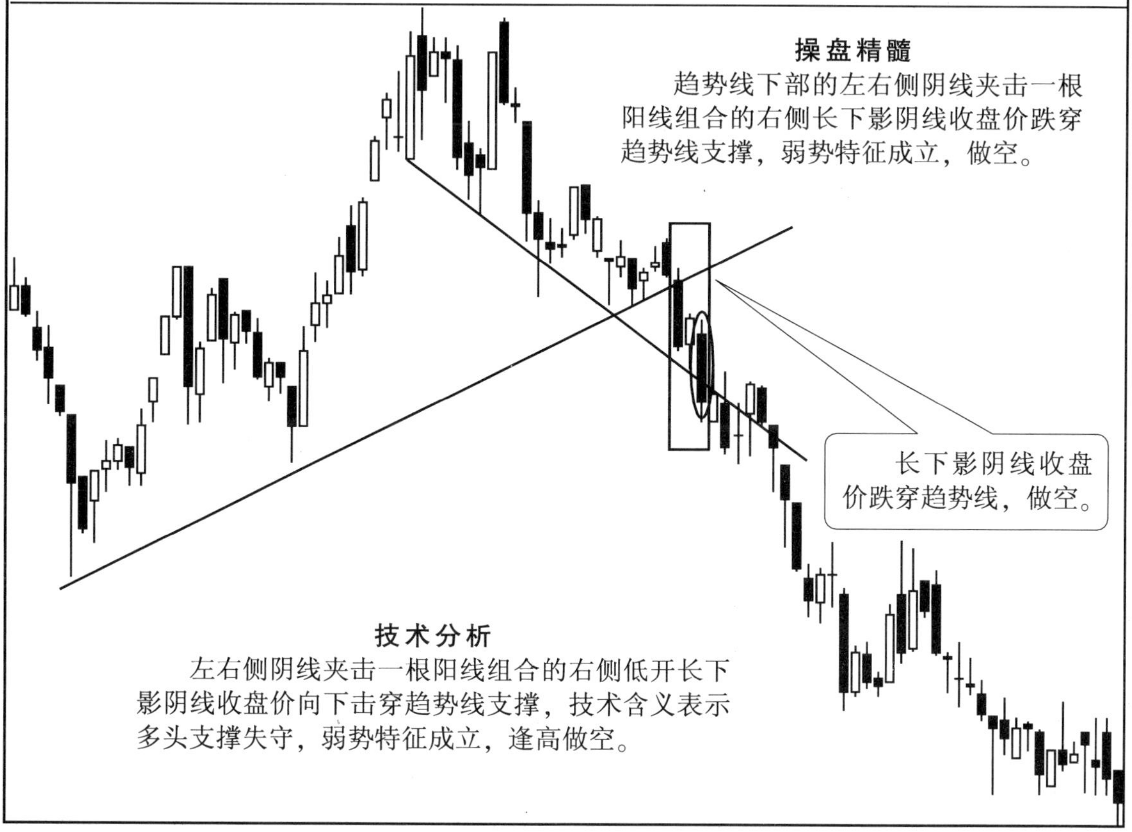

操盘精髓

趋势线下部的左右侧阴线夹击一根阳线组合的右侧长下影阴线收盘价跌穿趋势线支撑，弱势特征成立，做空。

技术分析

左右侧阴线夹击一根阳线组合的右侧低开长下影阴线收盘价向下击穿趋势线支撑，技术含义表示多头支撑失守，弱势特征成立，逢高做空。

操盘精髓

下跌反弹阳线收盘价和反弹波整理区多根阳线收盘价支撑左右侧阴线夹击一根阳线收盘价，强势特征成立，做多。

技术分析

左右侧阴线夹击一根阳线组合的右侧高开长下影阴线收盘价站上下跌反弹整理区平台高点，强势特征成立，技术含义表示多头支撑强，空头下探乏力，强势特征成立，做多。

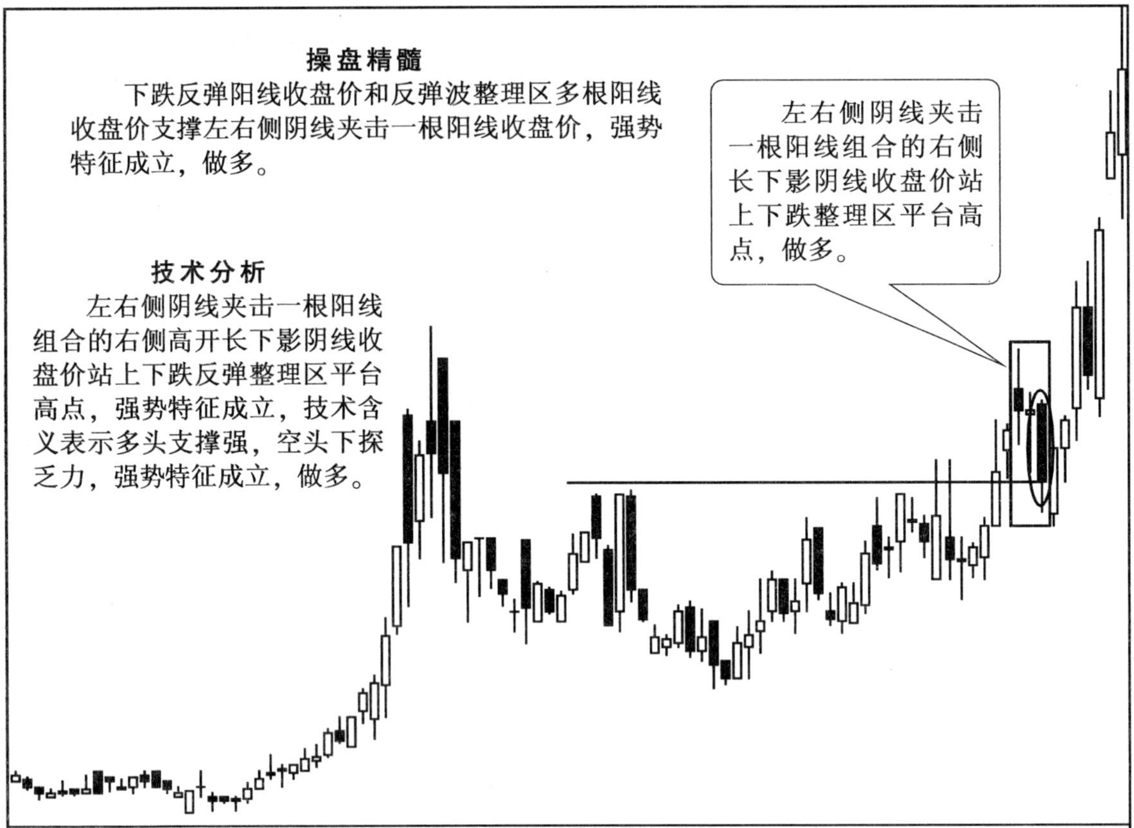

操盘精髓

推动波阶梯抬高，发力阳线收盘价支撑左右侧阴线夹击一根阳线组合的右侧低开长下影阴线，强势特征成立，做多。

技术分析

推动波发力阳线上部支撑左右侧阴线夹击一根阳线组合的右侧低开长下影阴线收盘价，技术含义表示多头支撑强，后市向上封闭推动波阳线口，强势特征成立，由此技术因素引发市场向上发展。

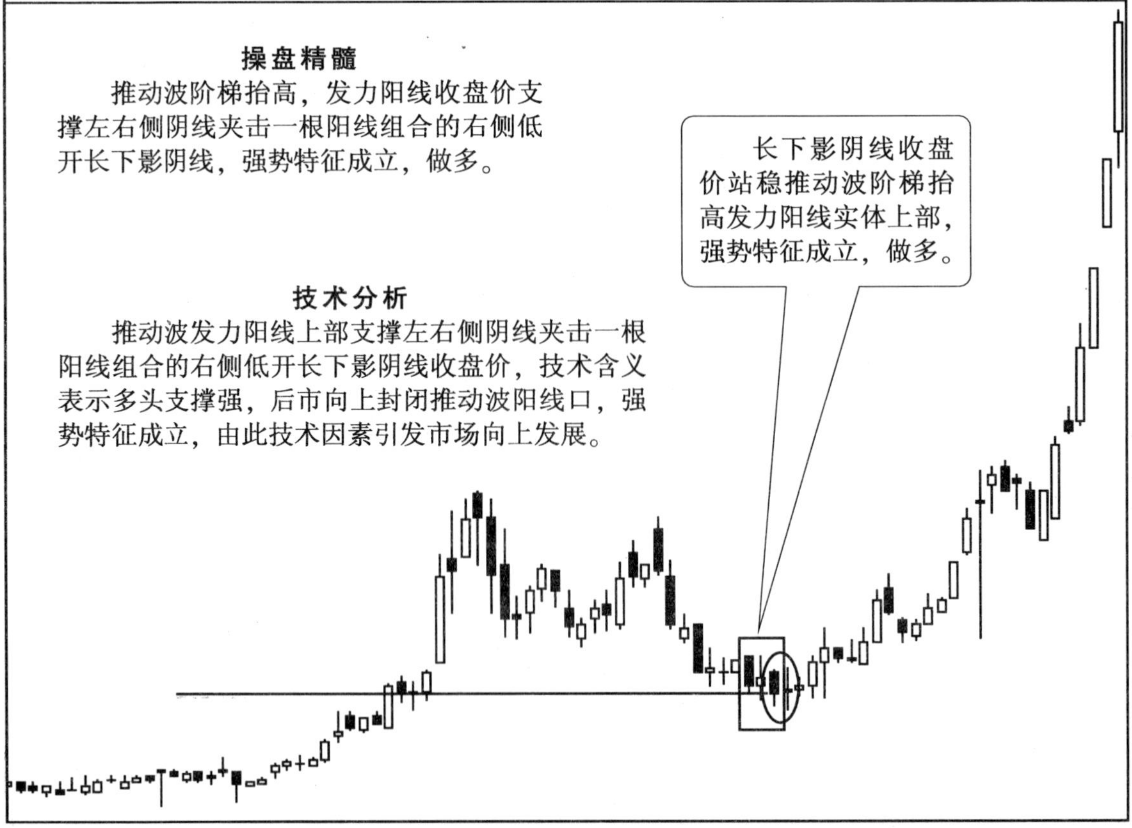

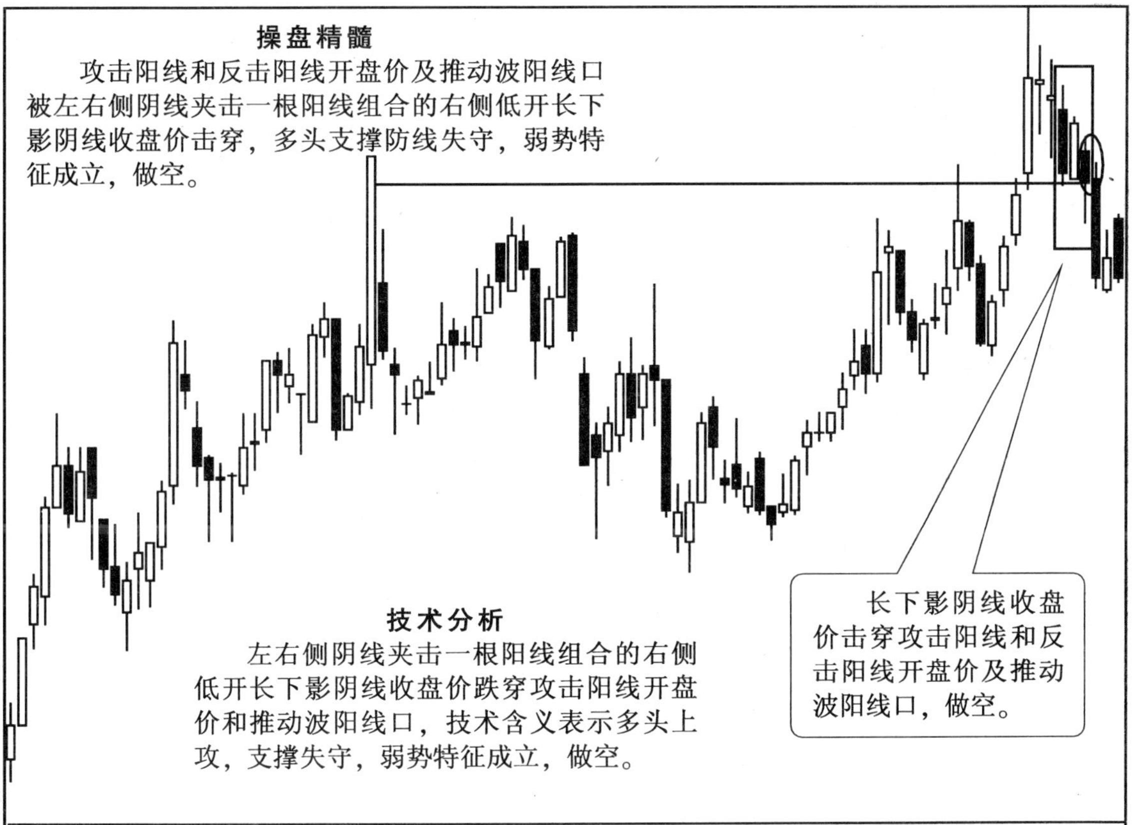
操盘精髓
攻击阳线和反击阳线开盘价及推动波阳线口被左右侧阴线夹击一根阳线组合的右侧低开长下影阴线收盘价击穿，多头支撑防线失守，弱势特征成立，做空。
长下影阴线收盘价击穿攻击阳线和反击阳线开盘价及推动波阳线口，做空。
技术分析
左右侧阴线夹击一根阳线组合的右侧低开长下影阴线收盘价跌穿攻击阳线开盘价和推动波阳线口，技术含义表示多头上攻，支撑失守，弱势特征成立，做空。

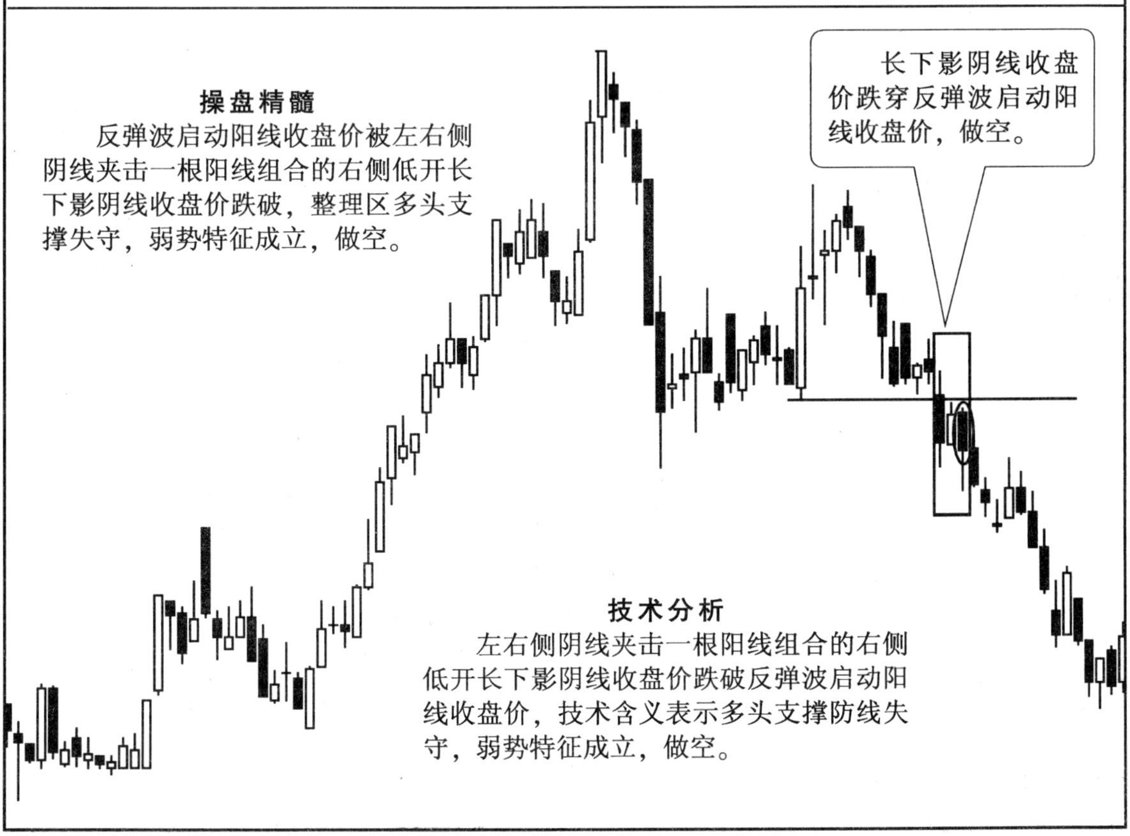
操盘精髓
反弹波启动阳线收盘价被左右侧阴线夹击一根阳线组合的右侧低开长下影阴线收盘价跌破，整理区多头支撑失守，弱势特征成立，做空。
长下影阴线收盘价跌穿反弹波启动阳线收盘价，做空。
技术分析
左右侧阴线夹击一根阳线组合的右侧低开长下影阴线收盘价跌破反弹波启动阳线收盘价，技术含义表示多头支撑防线失守，弱势特征成立，做空。

操盘精髓

双底两侧发力阳线收盘价，支撑左右侧阴线夹击一根阳线组合的右侧低开长下影阴线收盘价，后市不再创新低，强势特征成立，做多。

技术分析

左右侧阴线夹击一根阳线组合的低开右侧长下影阴线收盘价站稳前支撑发力阳线和启动阳线收盘价，技术含义表示多头支撑有力，强势特征成立，做多。

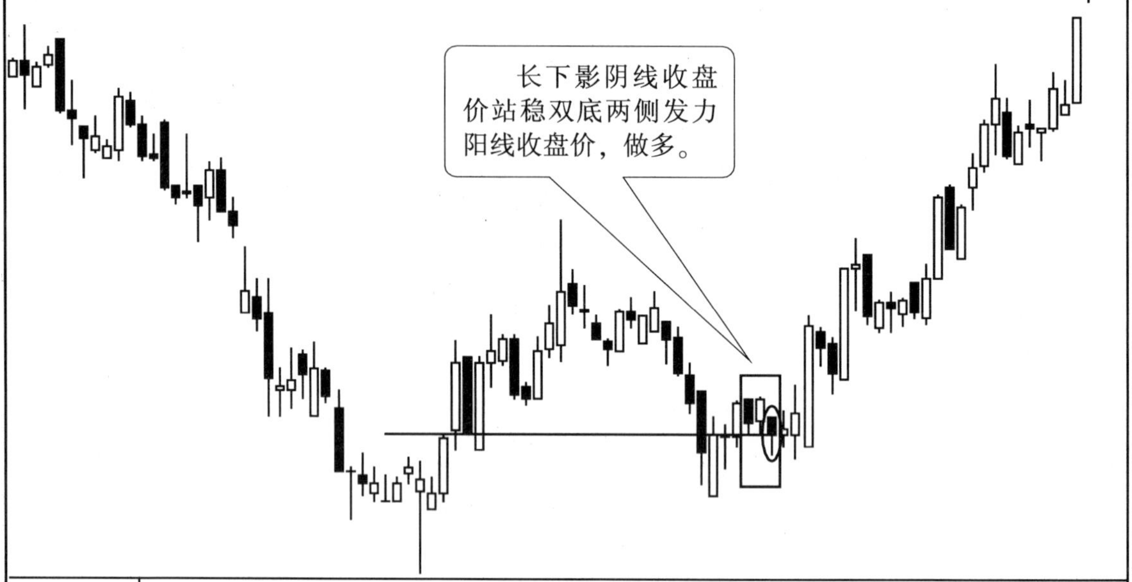

操盘精髓

推动波脉冲阳线收盘价及推动波高点支撑左右侧阴线夹击一根阳线组合的右侧低开长下影阴线收盘价，强势特征成立，做多。

技术分析

左右侧阴线夹击一根阳线组合的右侧低开长下影阴线收盘价站上下跌反弹企稳阳线和推动波脉冲阳线收盘价，技术含义表示多头支撑有力，强势特征成立，做多。

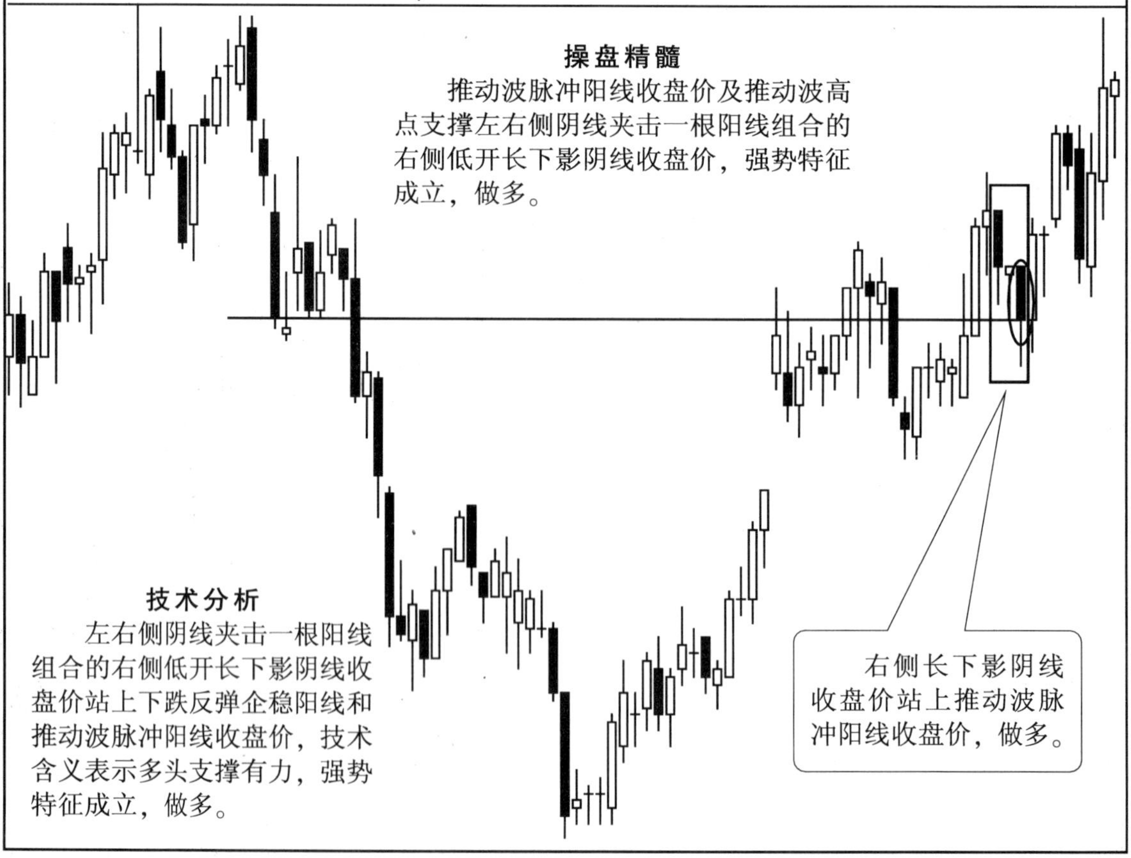

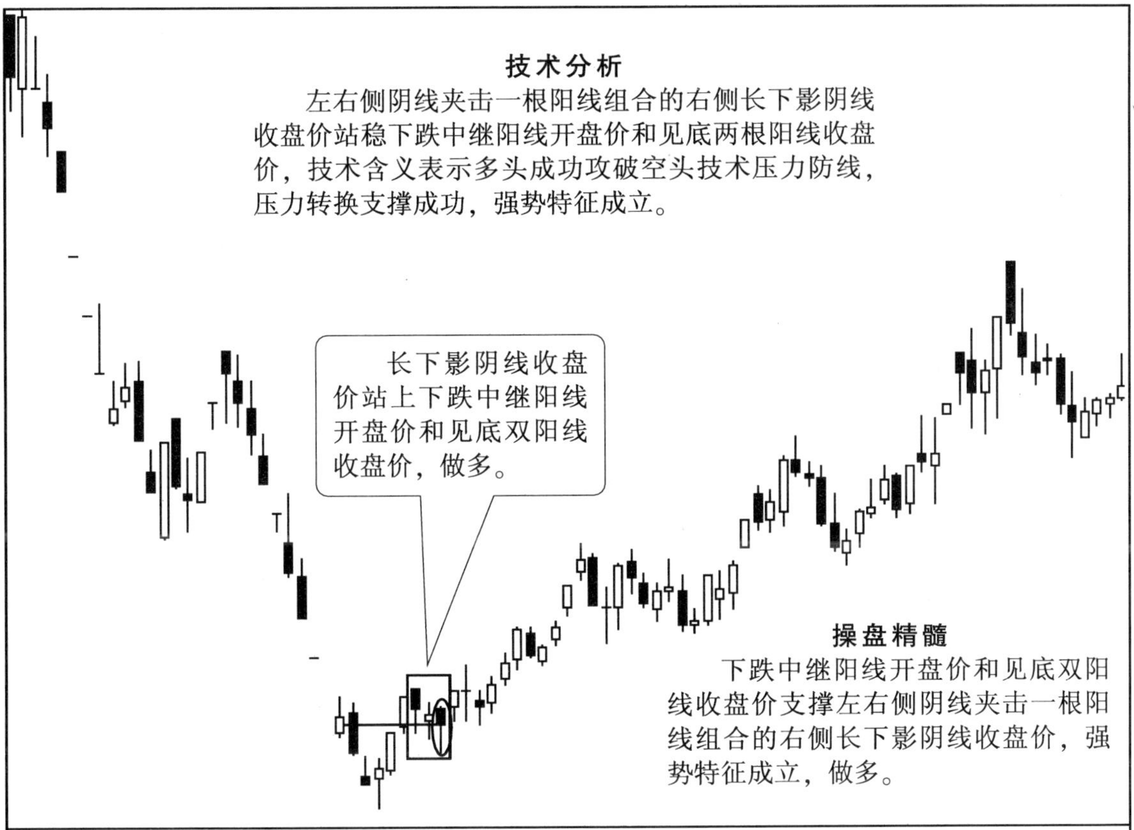
技术分析
左右侧阴线夹击一根阳线组合的右侧长下影阴线收盘价站稳下跌中继阳线开盘价和见底两根阳线收盘价，技术含义表示多头成功攻破空头技术压力防线，压力转换支撑成功，强势特征成立。
长下影阴线收盘价站上下跌中继阳线开盘价和见底双阳线收盘价，做多。
操盘精髓
下跌中继阳线开盘价和见底双阳线收盘价支撑左右侧阴线夹击一根阳线组合的右侧长下影阴线收盘价，强势特征成立，做多。

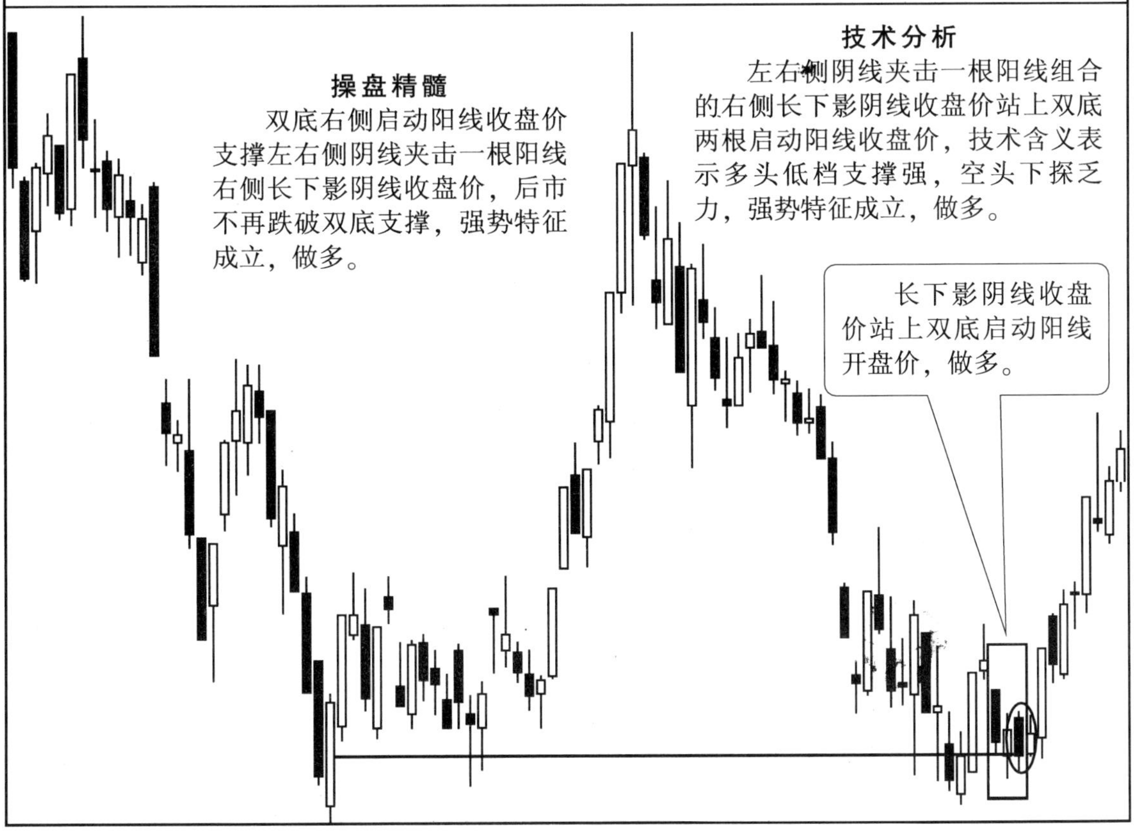
操盘精髓
双底右侧启动阳线收盘价支撑左右侧阴线夹击一根阳线右侧长下影阴线收盘价，后市不再跌破双底支撑，强势特征成立，做多。
技术分析
左右侧阴线夹击一根阳线组合的右侧长下影阴线收盘价站上双底两根启动阳线收盘价，技术含义表示多头低档支撑强，空头下探乏力，强势特征成立，做多。
长下影阴线收盘价站上双底启动阳线开盘价，做多。

操盘精髓

推动波缺口上方攻击阳线收盘价和下跌途中反击阳线口被左右侧阴线夹击一根阳线组合的右侧长下影阴线收盘价跌穿，多头支撑失守，弱势特征成立，做空。

技术分析

左右侧阴线夹击一根阳线组合的右侧长下影阴线收盘价跌破推动波缺口上方攻击阳线开盘价和下跌反弹阳线口，技术含义表示多头支撑失守，弱势特征成立，做空。

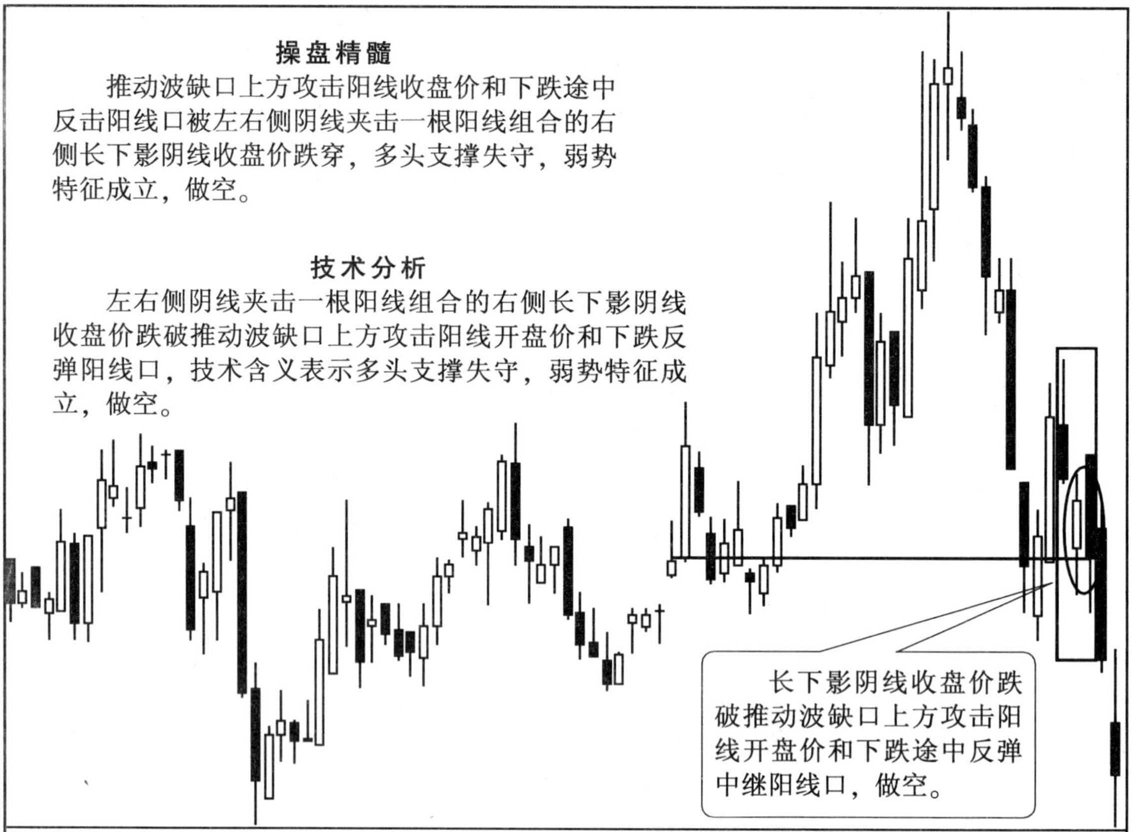

操盘精髓

下跌整理区的低点和下跌中继阳线开盘价被左右侧阴线夹击一根阳线组合的右侧长下影阴线收盘价有效击穿，弱势特征成立，做空。

技术分析

左右侧阴线夹击一根阳线组合的右侧长下影阴线收盘价击穿前期反弹整理区支撑，技术含义表示多头支撑失守，弱势特征成立，做空。

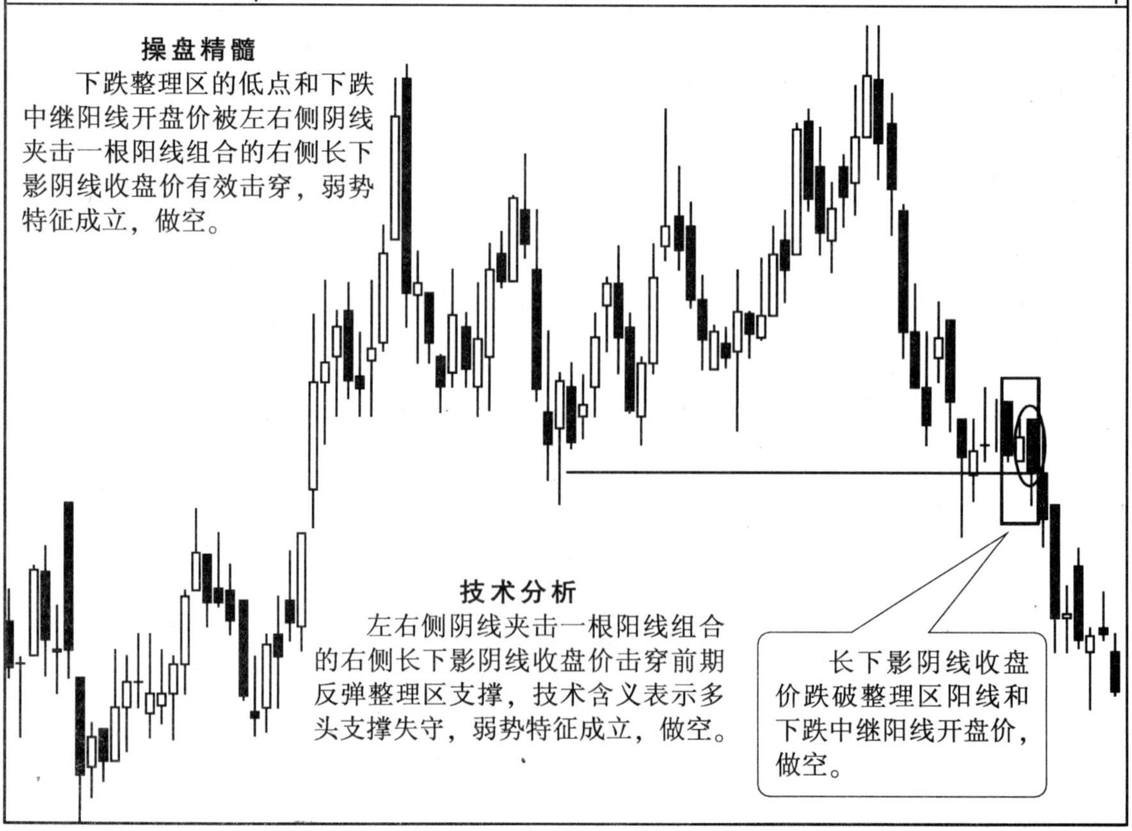

操盘精髓

推动波整理区多根阳线收盘价支撑左右侧阴线夹击一根阳线组合的右侧长下影阴线收盘价，多头支撑强，向上突破双阴线夹击一阳线组合的高点，强势特征成立，做多。

技术分析

左右侧阴线夹击一根阳线组合的右侧长下影阴线收盘价站上整理区多根阳线收盘价，技术含义表示多头支撑强，空头打压力度弱，强势特征成立，做多。

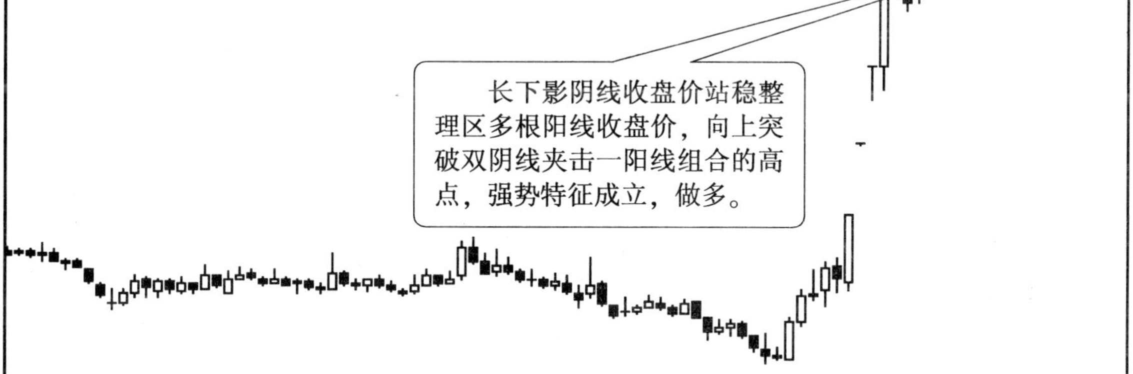

操盘精髓

推动波途中出现左右侧阴线夹击一根阳线组合的右侧长下影阴线无力攻入攻击阳线实体，空头打压乏力，强势特征成立，做多。

技术分析

推动波上涨途中伴随连续跳空缺口，强势特征，攻击阳线上方双阴线夹击一根阳线组合整理无力攻入攻击阳线实体，空头打压乏力，多头支撑强，做多。

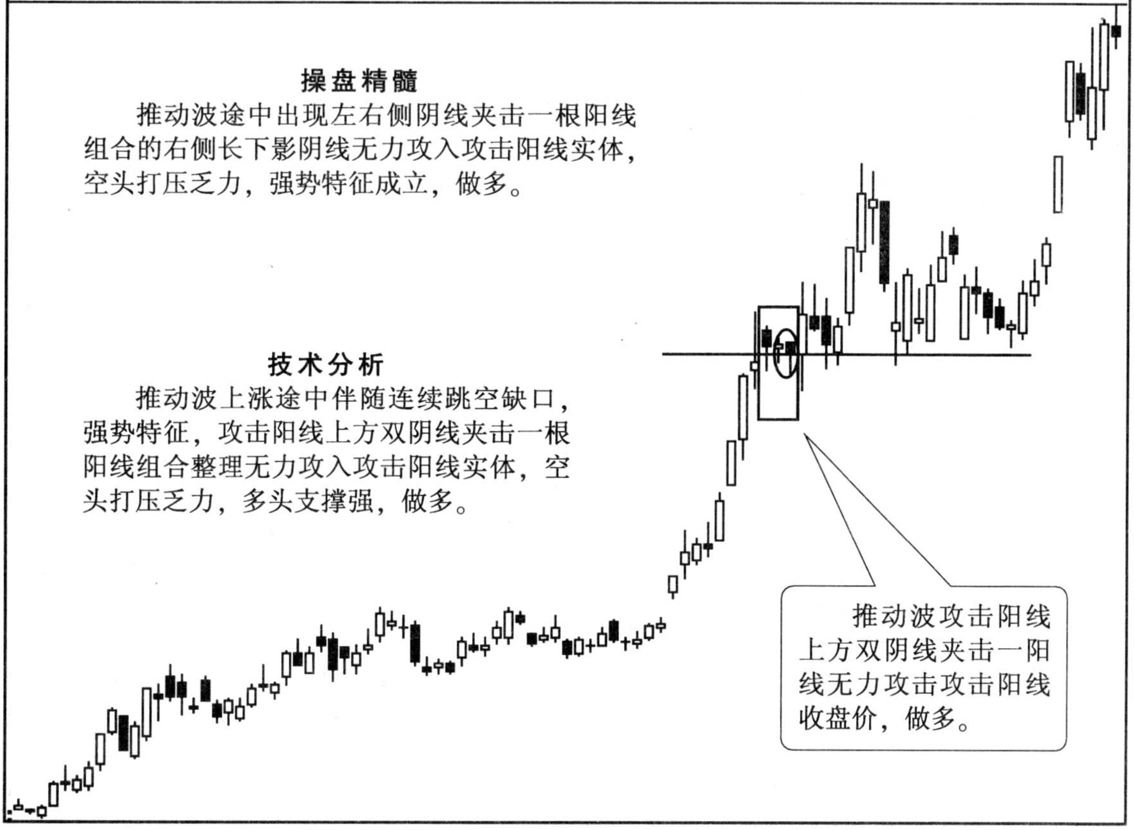

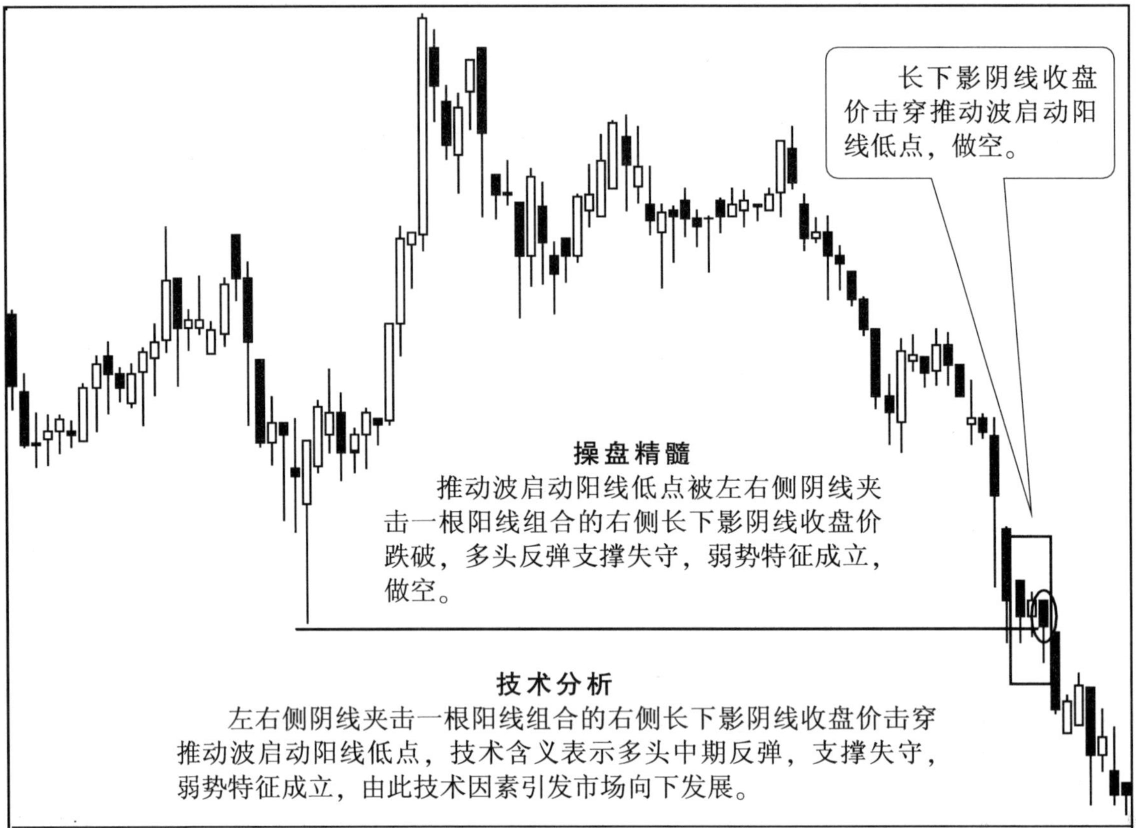
长下影阴线收盘价击穿推动波启动阳线低点，做空。
操盘精髓
推动波启动阳线低点被左右侧阴线夹击一根阳线组合的右侧长下影阴线收盘价跌破，多头反弹支撑失守，弱势特征成立，做空。
技术分析
左右侧阴线夹击一根阳线组合的右侧长下影阴线收盘价击穿推动波启动阳线低点，技术含义表示多头中期反弹，支撑失守，弱势特征成立，由此技术因素引发市场向下发展。

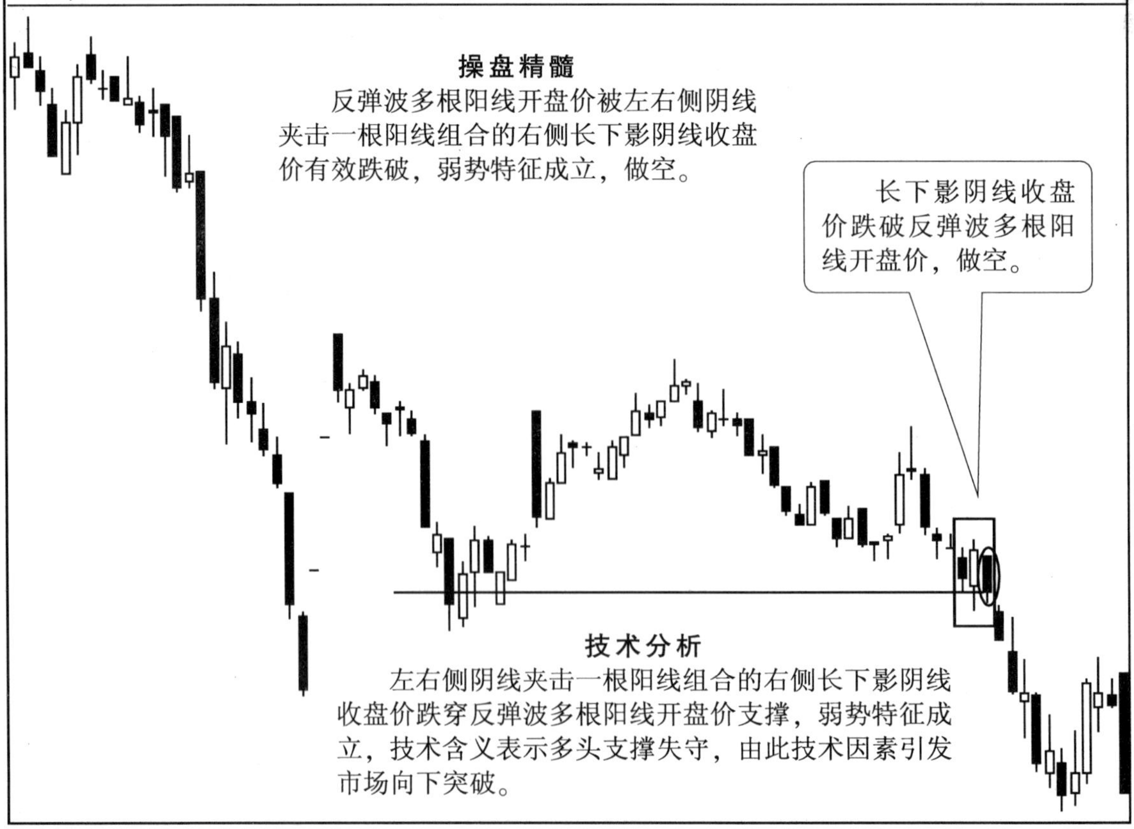
操盘精髓
反弹波多根阳线开盘价被左右侧阴线夹击一根阳线组合的右侧长下影阴线收盘价有效跌破，弱势特征成立，做空。
长下影阴线收盘价跌破反弹波多根阳线开盘价，做空。
技术分析
左右侧阴线夹击一根阳线组合的右侧长下影阴线收盘价跌穿反弹波多根阳线开盘价支撑，弱势特征成立，技术含义表示多头支撑失守，由此技术因素引发市场向下突破。

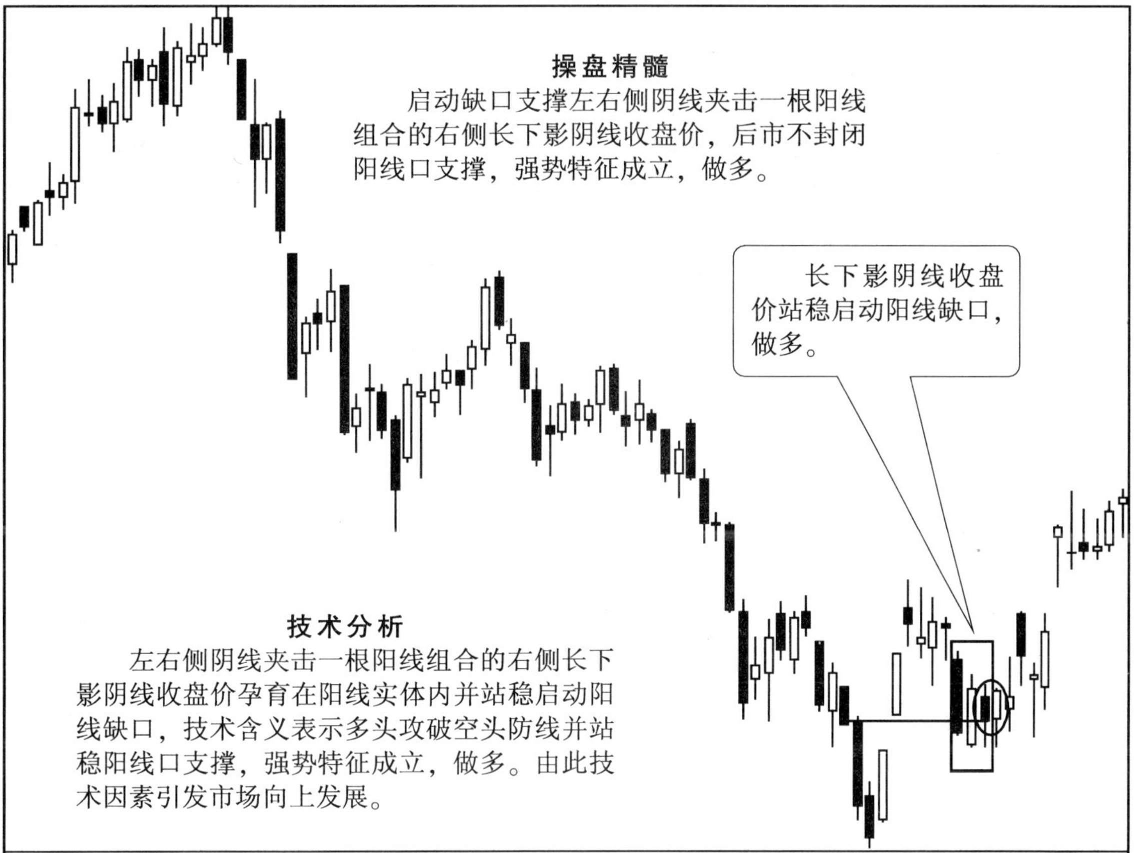

操盘精髓

启动缺口支撑左右侧阴线夹击一根阳线组合的右侧长下影阴线收盘价，后市不封闭阳线口支撑，强势特征成立，做多。

技术分析

左右侧阴线夹击一根阳线组合的右侧长下影阴线收盘价孕育在阳线实体内并站稳启动阳线缺口，技术含义表示多头攻破空头防线并站稳阳线口支撑，强势特征成立，做多。由此技术因素引发市场向上发展。

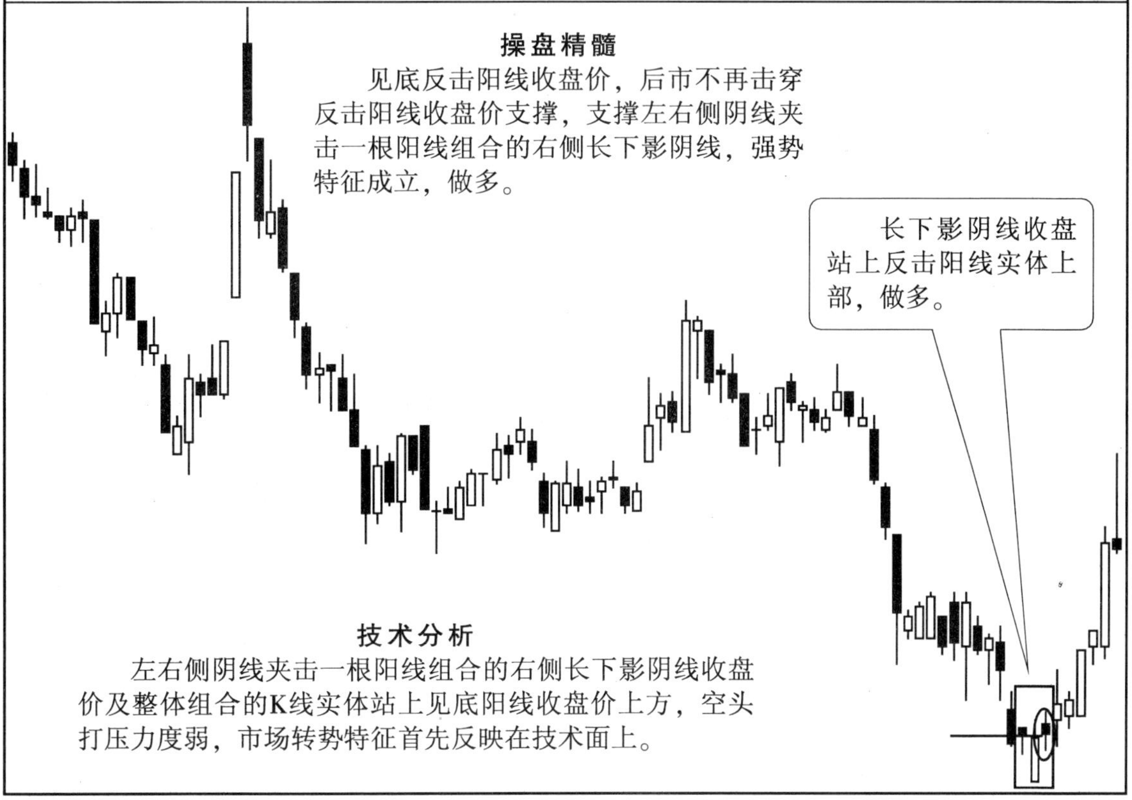

操盘精髓

见底反击阳线收盘价，后市不再击穿反击阳线收盘价支撑，支撑左右侧阴线夹击一根阳线组合的右侧长下影阴线，强势特征成立，做多。

技术分析

左右侧阴线夹击一根阳线组合的右侧长下影阴线收盘价及整体组合的K线实体站上见底阳线收盘价上方，空头打压力度弱，市场转势特征首先反映在技术面上。

操盘精髓

反击失败阳线和反弹阳线收盘价被左右侧阴线夹击一根阳线组合的右侧长下影阴线收盘价跌破，后市无力攻击反击阳线的开盘价，弱势特征成立，做空。

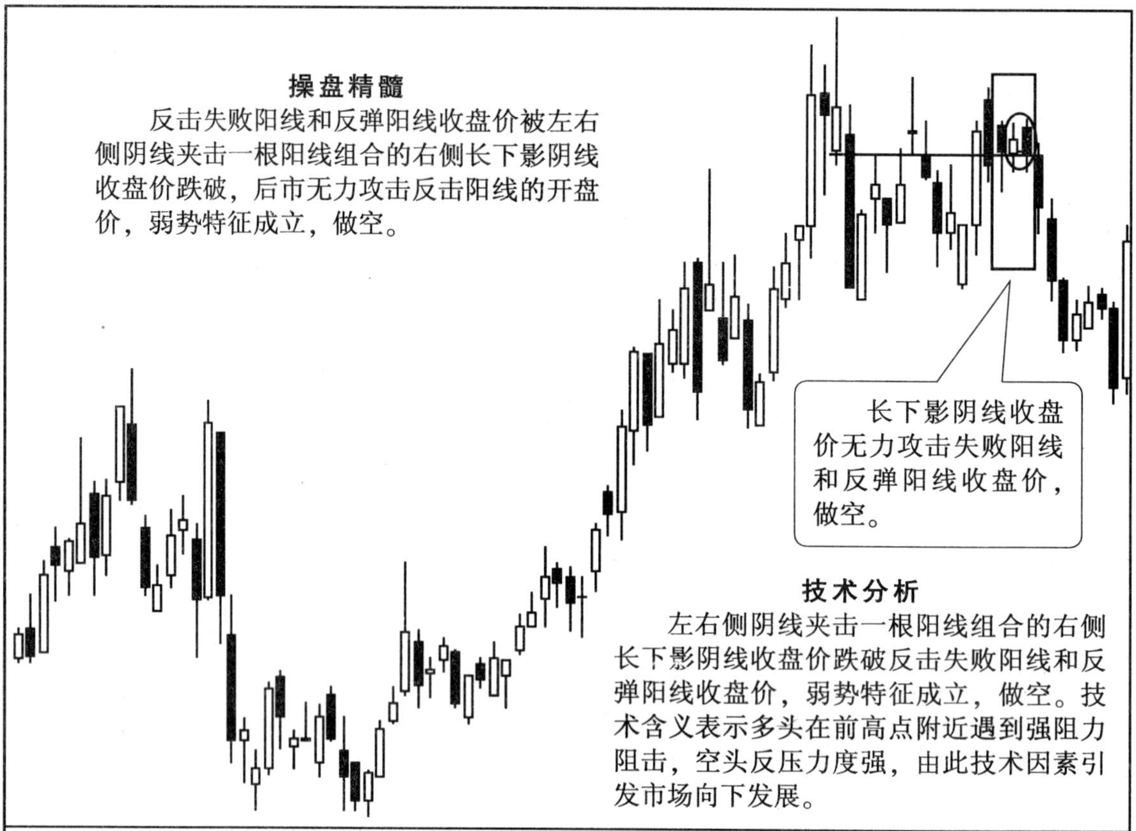

技术分析

左右侧阴线夹击一根阳线组合的右侧长下影阴线收盘价跌破反击失败阳线和反弹阳线收盘价，弱势特征成立，做空。技术含义表示多头在前高点附近遇到强阻力阻击，空头反压力度强，由此技术因素引发市场向下发展。

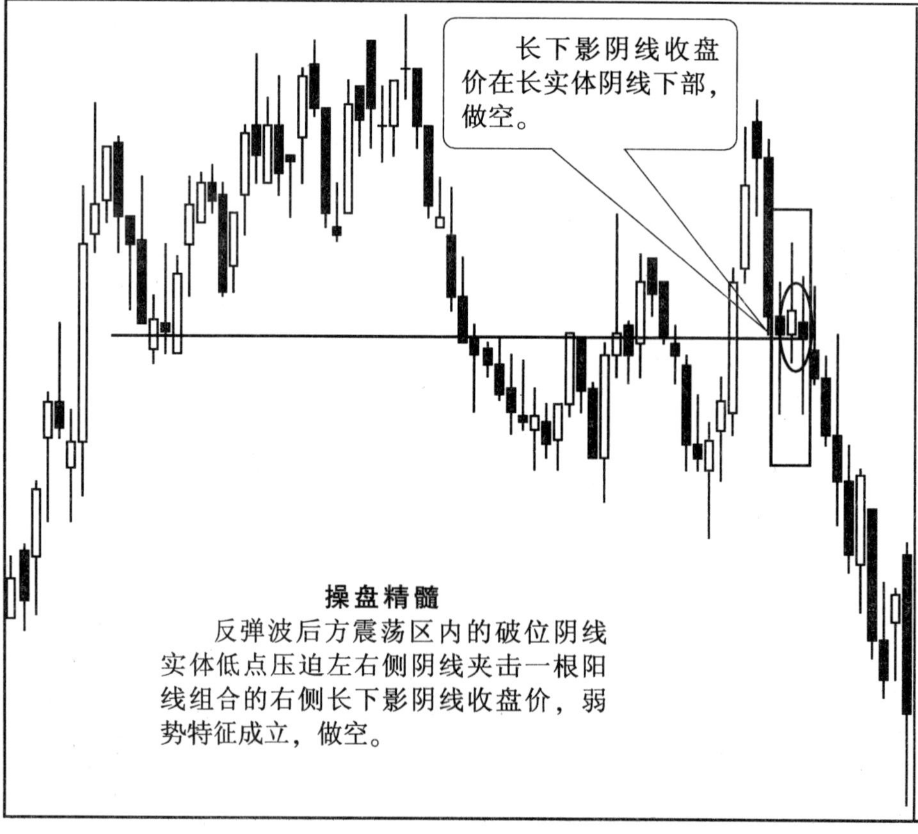

操盘精髓

反弹波后方震荡区内的破位阴线实体低点压迫左右侧阴线夹击一根阳线组合的右侧长下影阴线收盘价，弱势特征成立，做空。

技术分析

左右侧阴线夹击一根阳线组合的右侧长下影阴线收盘价无力攻击震荡区多根阳线开盘价，而且在长实体阴线下部盘整，弱势特征明确，由此技术因素引发市场向下发展。

操盘精髓

下探中继阳线收盘价和见底阳线收盘价支撑左右侧阴线夹击一根阳线组合的右侧长下影阴线收盘价，多头低档支撑强，强势特征成立，做多。

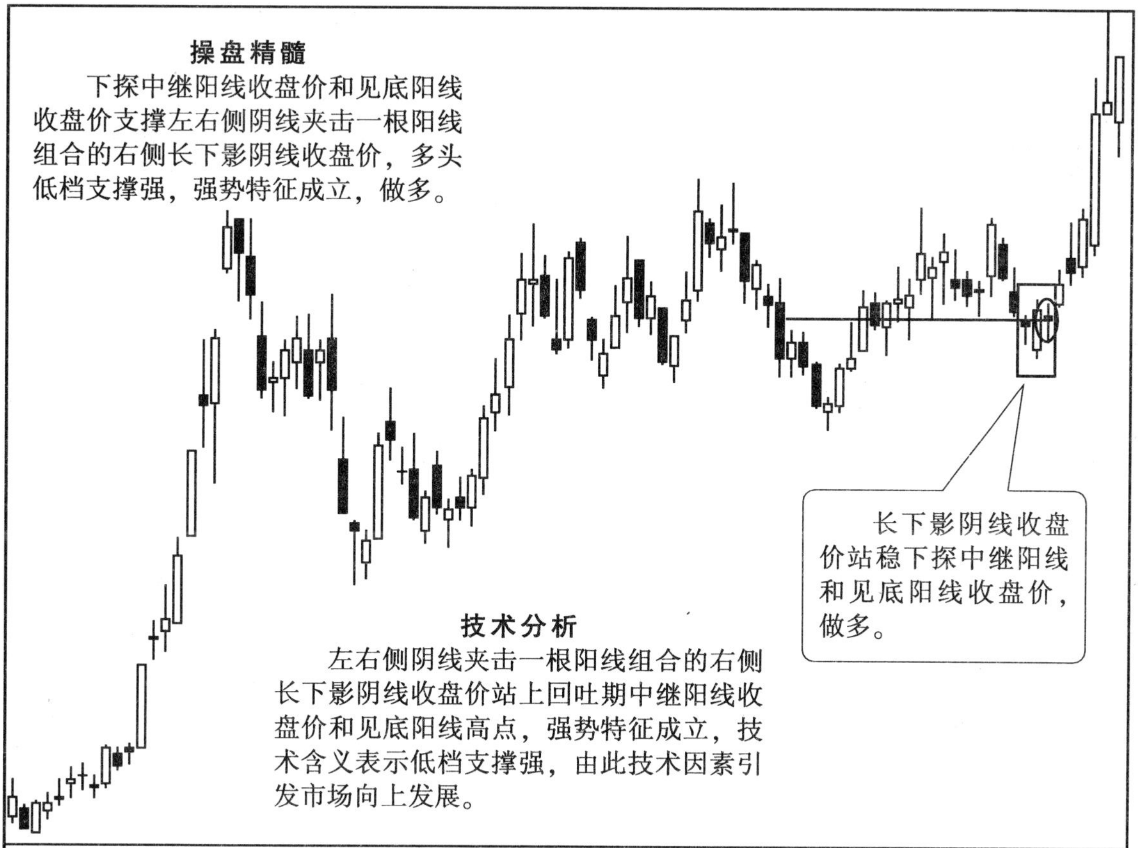

技术分析

左右侧阴线夹击一根阳线组合的右侧长下影阴线收盘价站上回吐期中继阳线收盘价和见底阳线高点，强势特征成立，技术含义表示低档支撑强，由此技术因素引发市场向上发展。

操盘精髓

推动波整理区突破阳线开盘价支撑左右侧阴线夹击一根阳线组合的右侧长下影阴线收盘价，后市不破突破阳线开盘价支撑，强势特征成立，做多。

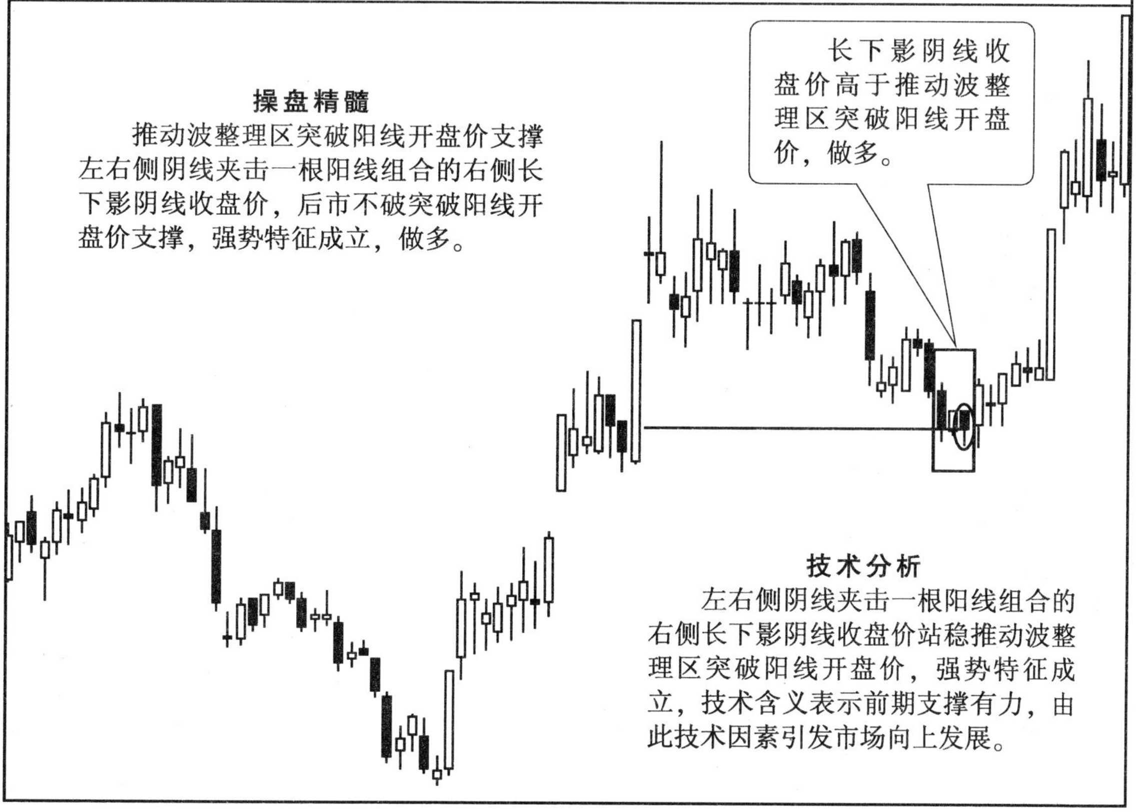

技术分析

左右侧阴线夹击一根阳线组合的右侧长下影阴线收盘价站稳推动波整理区突破阳线开盘价，强势特征成立，技术含义表示前期支撑有力，由此技术因素引发市场向上发展。

操盘精髓

整理区反弹阳线开盘价压迫左右侧阴线夹击一根阳线组合的右侧长下影阴线，弱势特征成立，做空。

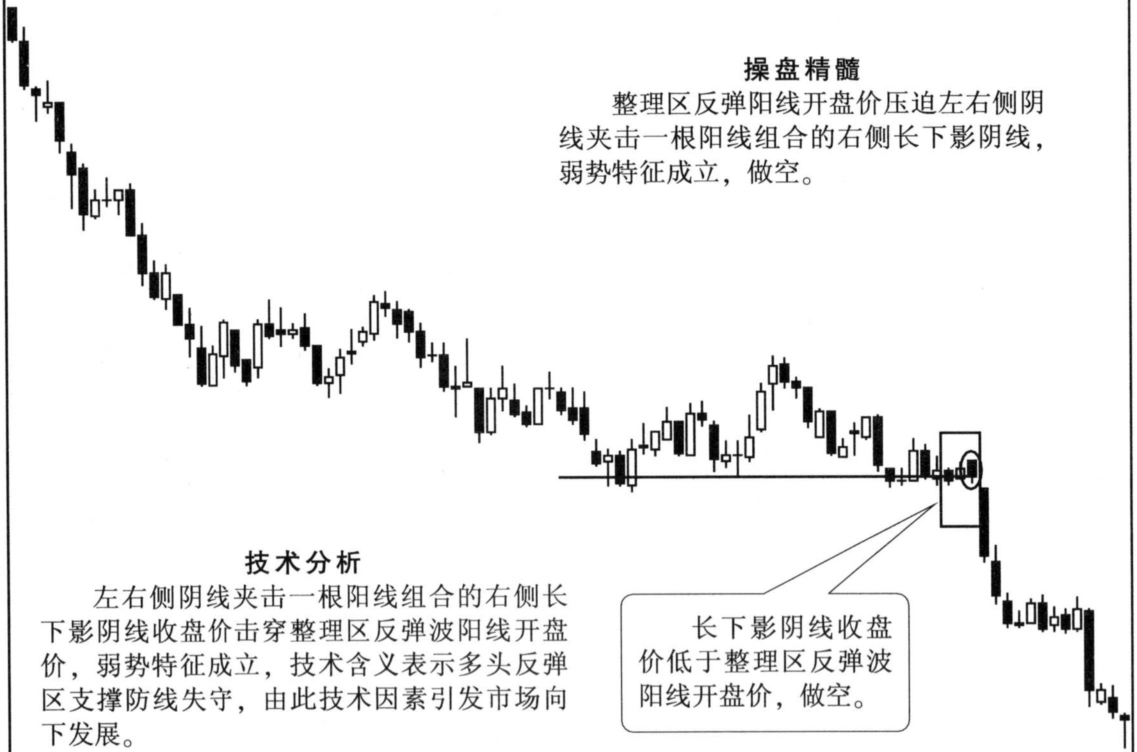

技术分析

左右侧阴线夹击一根阳线组合的右侧长下影阴线收盘价击穿整理区反弹波阳线开盘价，弱势特征成立，技术含义表示多头反弹区支撑防线失守，由此技术因素引发市场向下发展。

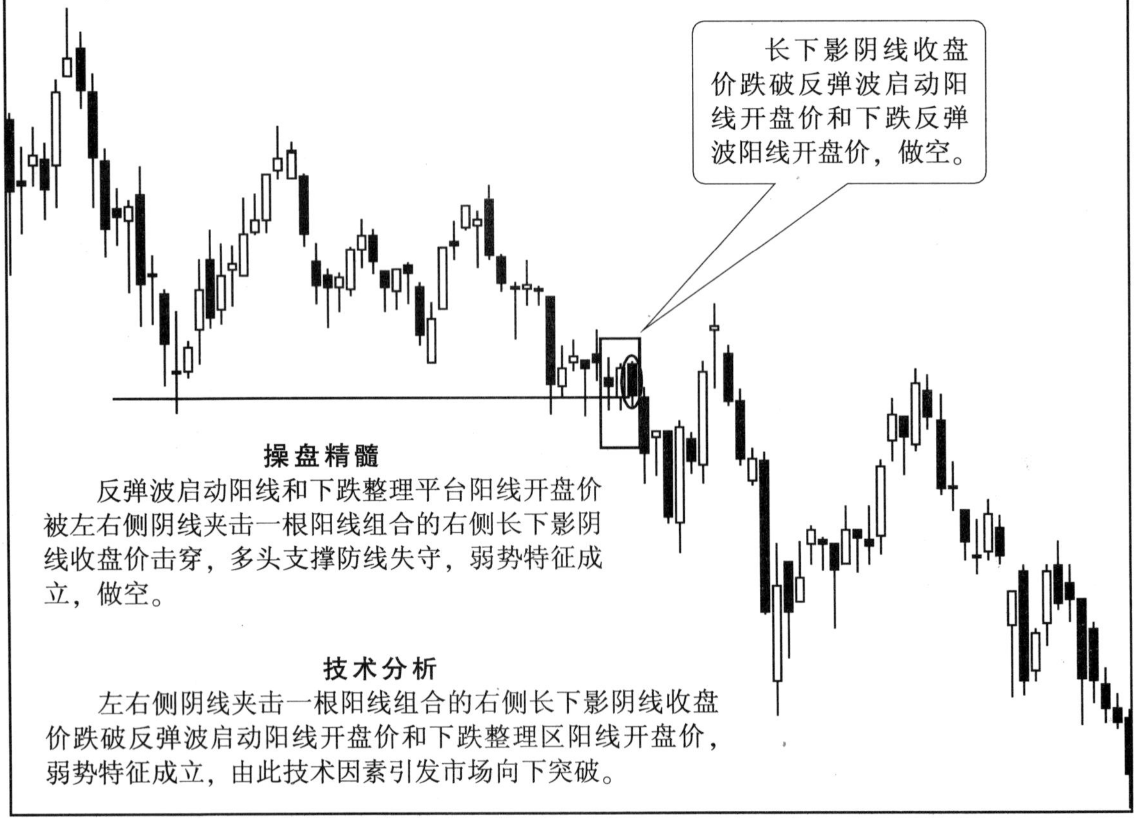

操盘精髓

反弹波启动阳线和下跌整理平台阳线开盘价被左右侧阴线夹击一根阳线组合的右侧长下影阴线收盘价击穿，多头支撑防线失守，弱势特征成立，做空。

技术分析

左右侧阴线夹击一根阳线组合的右侧长下影阴线收盘价跌破反弹波启动阳线开盘价和下跌整理区阳线开盘价，弱势特征成立，由此技术因素引发市场向下突破。

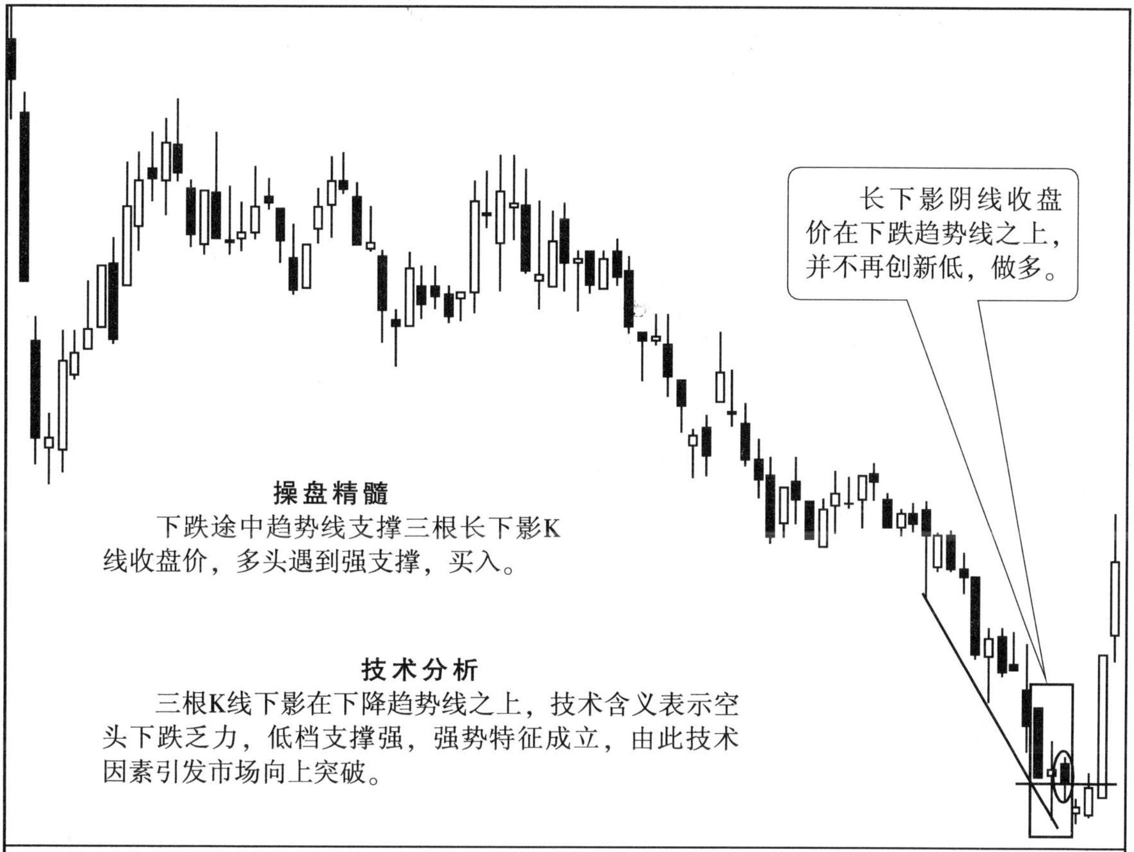

操盘精髓

下跌途中趋势线支撑三根长下影K线收盘价，多头遇到强支撑，买入。

技术分析

三根K线下影在下降趋势线之上，技术含义表示空头下跌乏力，低档支撑强，强势特征成立，由此技术因素引发市场向上突破。

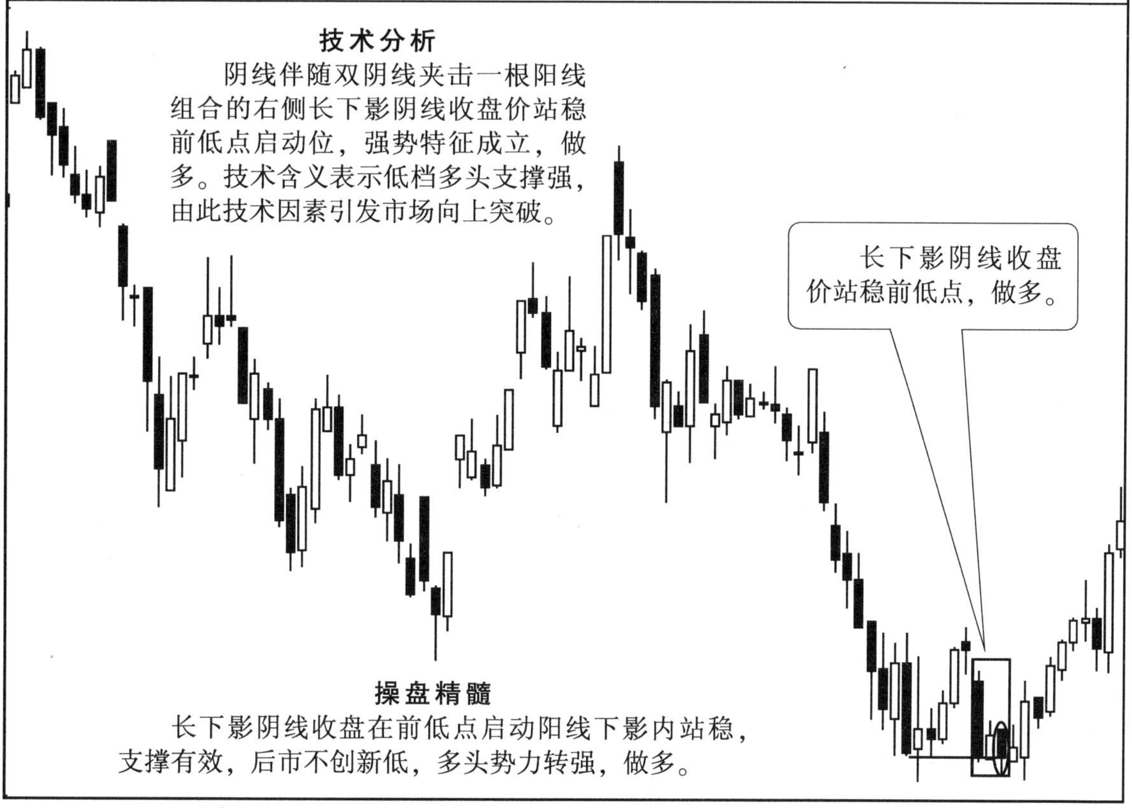

技术分析

阴线伴随双阴线夹击一根阳线组合的右侧长下影阴线收盘价站稳前低点启动位，强势特征成立，做多。技术含义表示低档多头支撑强，由此技术因素引发市场向上突破。

操盘精髓

长下影阴线收盘在前低点启动阳线下影内站稳，支撑有效，后市不创新低，多头势力转强，做多。

操盘精髓

反弹波阳线开盘价被左右侧阴线夹击一根阳线组合的右侧长下影阴线收盘价击穿，多头反弹支撑失守，弱势特征成立，做空。

技术分析

左右侧阴线夹击一根阳线组合的右侧长下影阴线收盘价击穿整理区反弹波阳线开盘价，弱势特征成立，技术含义表示多头反弹支撑失守，由此技术因素引发市场向下发展。

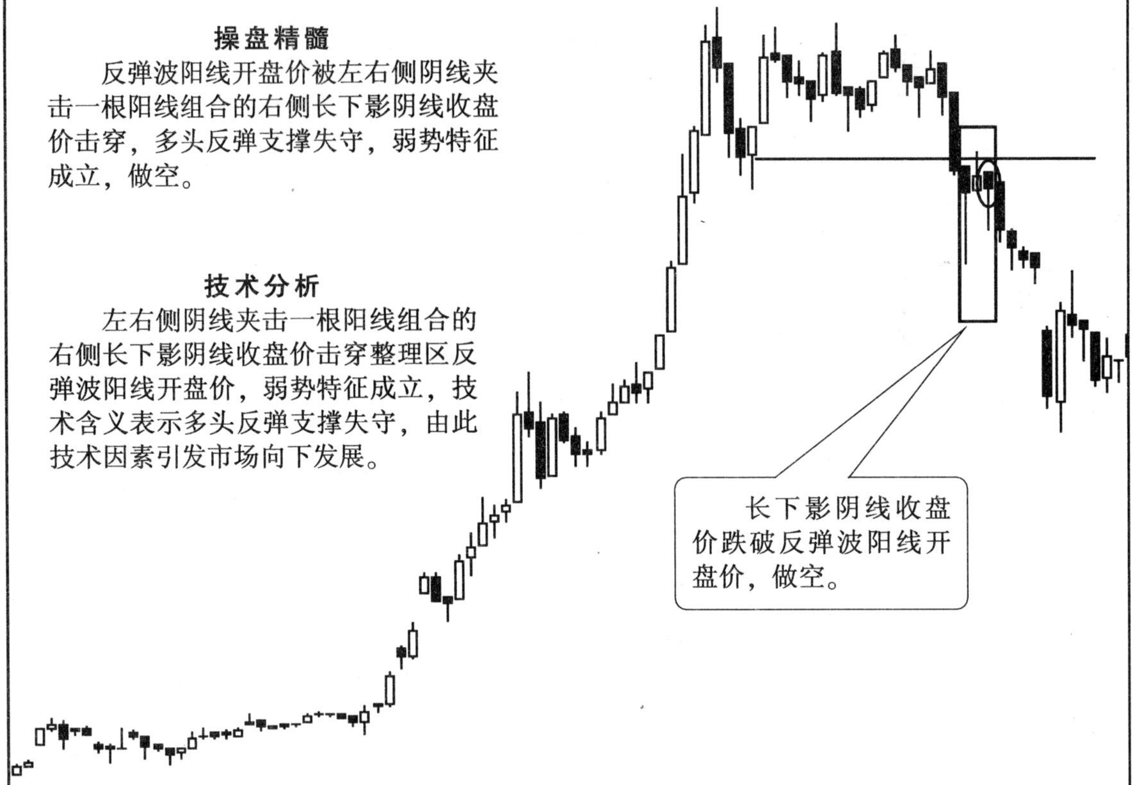

操盘精髓

反弹波阳线开盘价被左右侧阴线夹击一根阳线组合的右侧长下影阴线收盘价有效击穿，弱势特征成立，做空。

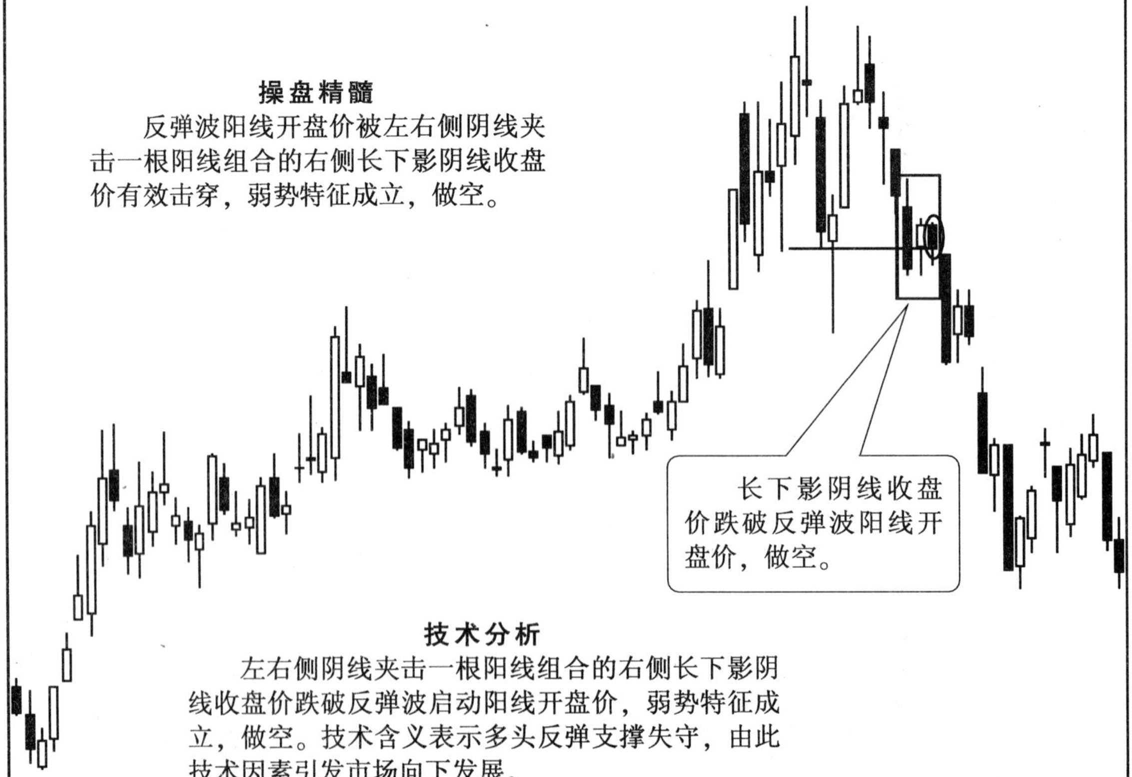

技术分析

左右侧阴线夹击一根阳线组合的右侧长下影阴线收盘价跌破反弹波启动阳线开盘价，弱势特征成立，做空。技术含义表示多头反弹支撑失守，由此技术因素引发市场向下发展。

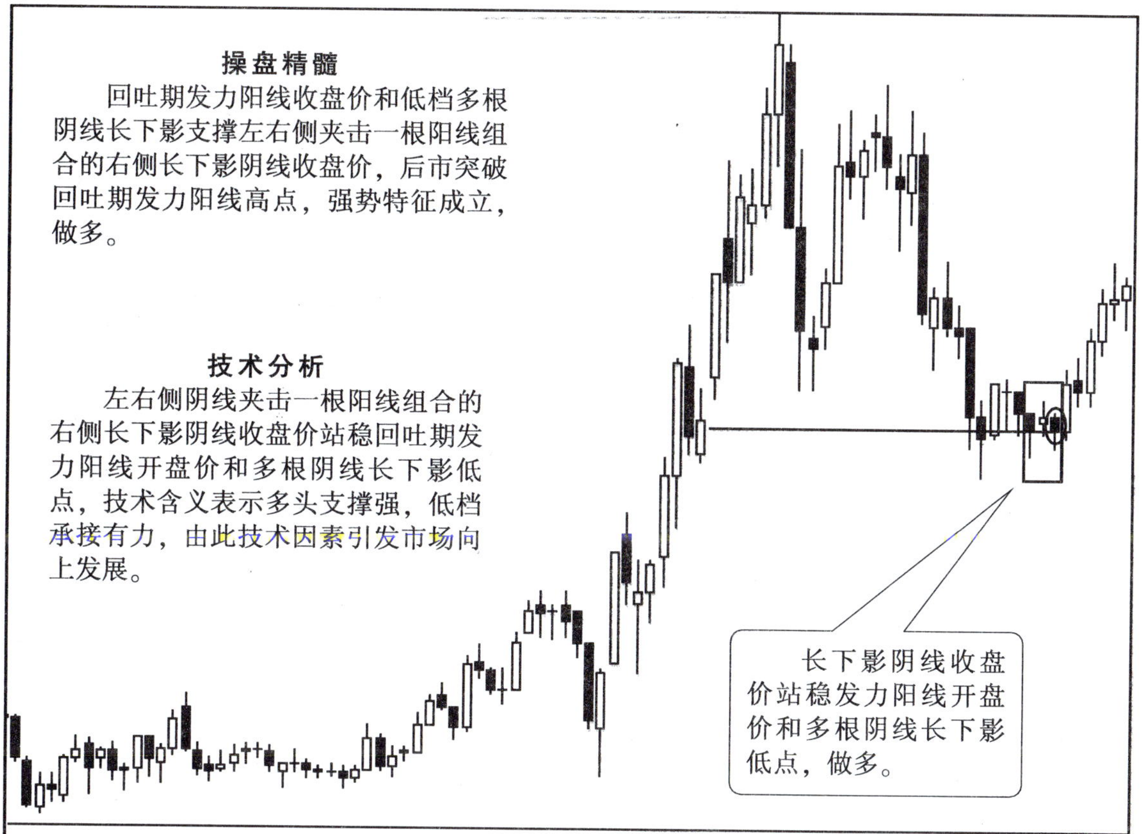
操盘精髓
回吐期发力阳线收盘价和低档多根阴线长下影支撑左右侧夹击一根阳线组合的右侧长下影阴线收盘价，后市突破回吐期发力阳线高点，强势特征成立，做多。
技术分析
左右侧阴线夹击一根阳线组合的右侧长下影阴线收盘价站稳回吐期发力阳线开盘价和多根阴线长下影低点，技术含义表示多头支撑强，低档承接有力，由此技术因素引发市场向上发展。
长下影阴线收盘价站稳发力阳线开盘价和多根阴线长下影低点，做多。

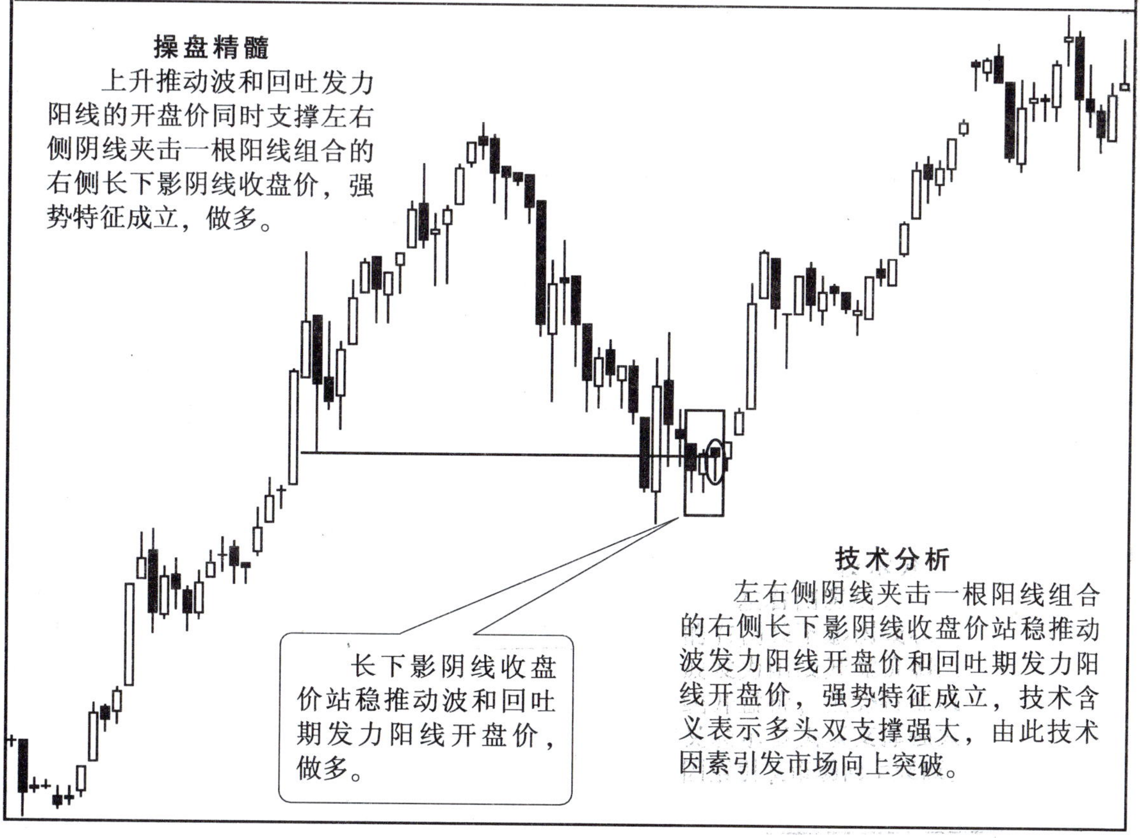
操盘精髓
上升推动波和回吐发力阳线的开盘价同时支撑左右侧阴线夹击一根阳线组合的右侧长下影阴线收盘价，强势特征成立，做多。
长下影阴线收盘价站稳推动波和回吐期发力阳线开盘价，做多。
技术分析
左右侧阴线夹击一根阳线组合的右侧长下影阴线收盘价站稳推动波发力阳线开盘价和回吐期发力阳线开盘价，强势特征成立，技术含义表示多头双支撑强大，由此技术因素引发市场向上突破。

技术分析

推动波整理区启动位置和下跌中继阳线开盘价被左右侧阴线夹击一根阳线组合的右侧长下影阴线收盘价击穿，弱势特征成立，技术含义表示多头力度受空头防线压制，做空。

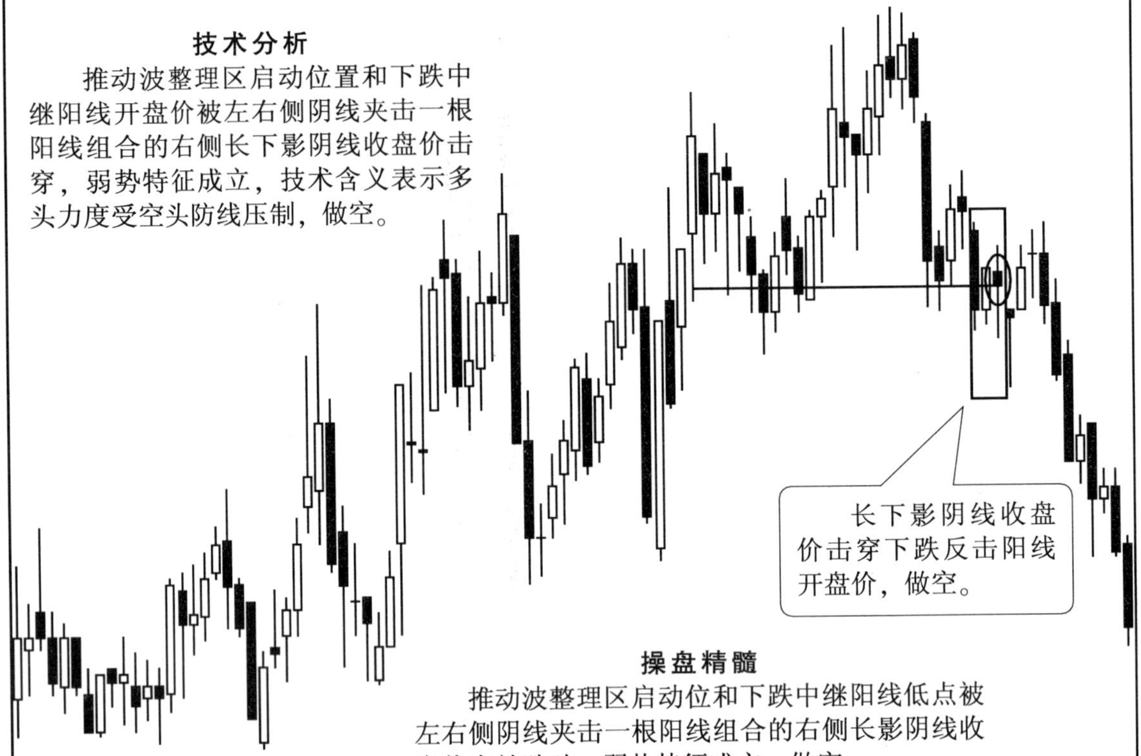

操盘精髓

推动波整理区启动位和下跌中继阳线低点被左右侧阴线夹击一根阳线组合的右侧长影阴线收盘价有效跌破，弱势特征成立，做空。

技术分析

左右侧阴线夹击一根阳线组合跌穿下跌盘整区，阴线实体下部长下影阴线实体大于抵抗小阳线实体，弱势特征成立，做空。技术含义表示空头力度大于多头力度，由此技术因素引发市场再次向下发展。

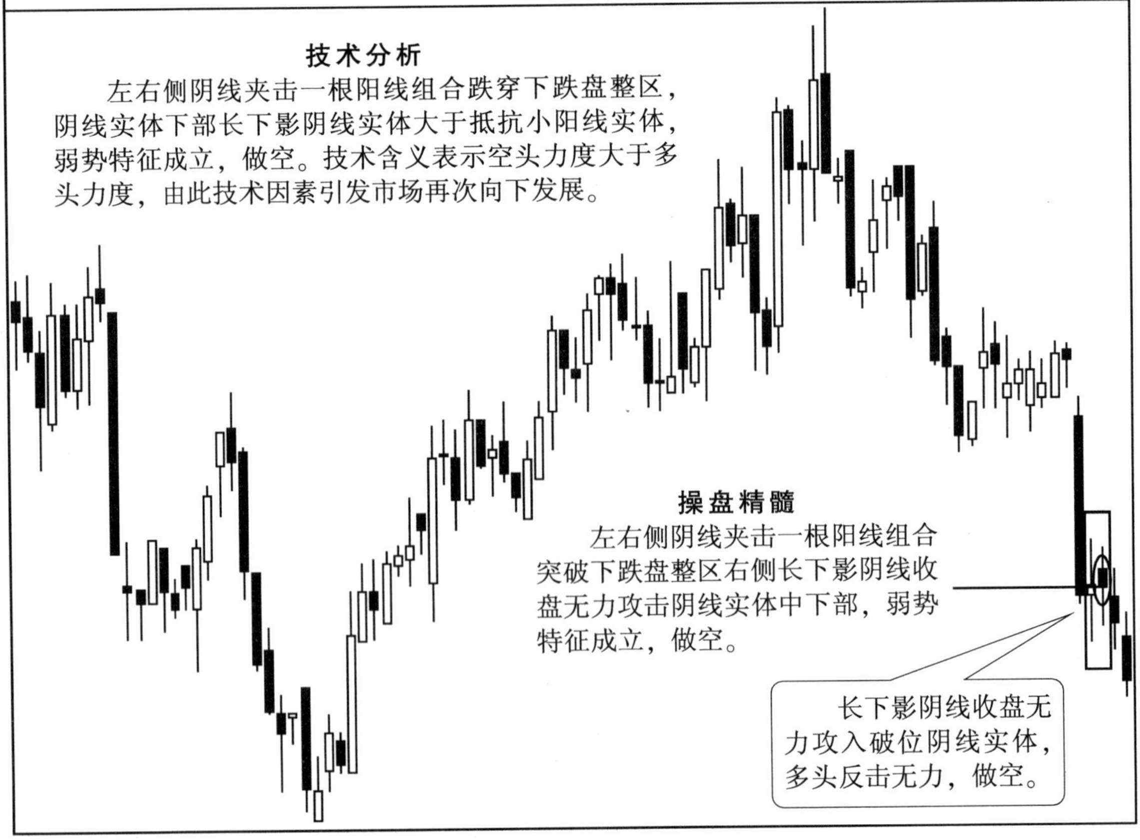

操盘精髓

左右侧阴线夹击一根阳线组合突破下跌盘整区右侧长下影阴线收盘无力攻击阴线实体中下部，弱势特征成立，做空。

操盘精髓

启动波的多头承接盘位置支撑左右侧阴线夹击一根阳线组合的右侧长下影阴线收盘价，强势特征成立，做多。

技术分析

调整至推动波启动位置，K线下影长是多头承接技术特征，左右侧阴线夹击一阳线组合站稳推动波三阳线高点，多头支撑有效，技术含义表示多头在前期推动波位置展开反击，由此技术因素引发市场向上发展。

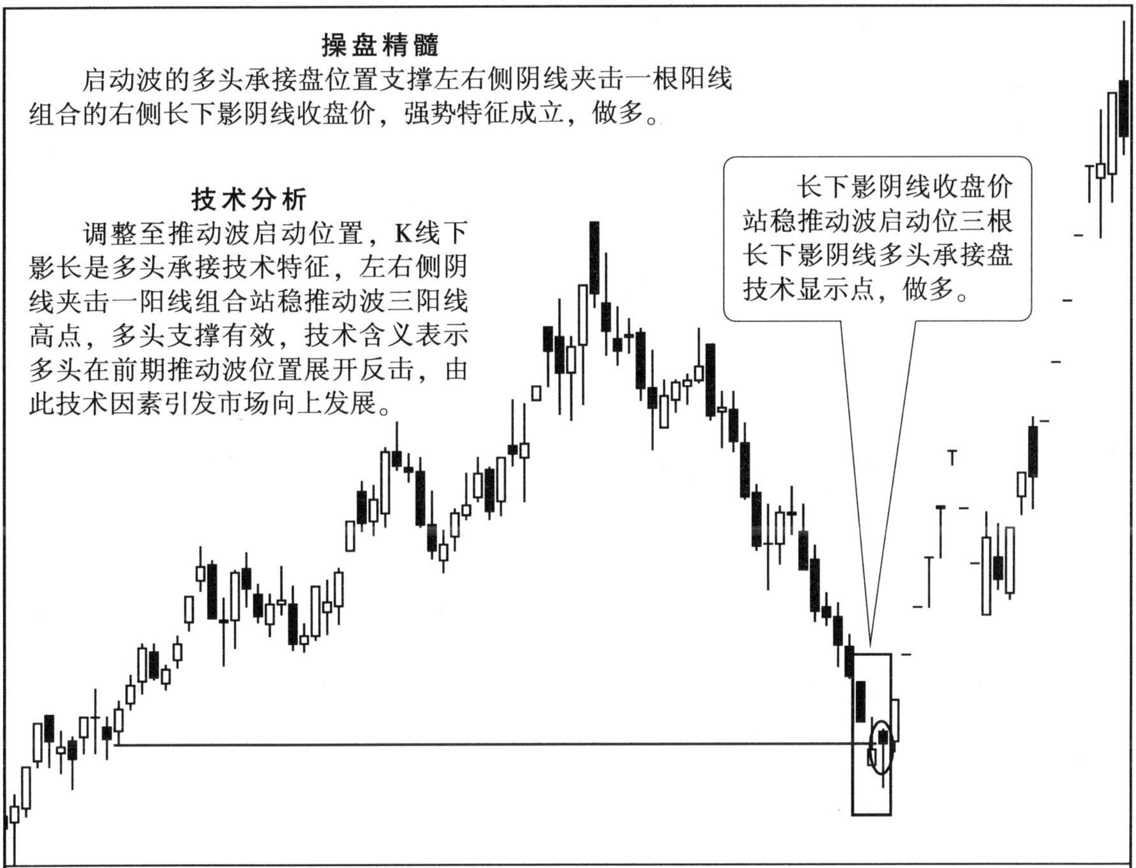

操盘精髓

前期平台高点和推动波跳空缺口支撑左右侧阴线夹击一根阳线组合的右侧长下影阴线收盘价，强势特征成立，做多。

技术分析

左右侧阴线夹击一根阳线组合的右侧长下影阴线收盘价站稳前平台高点和推动波跳空缺口支撑，强势特征成立，技术含义表示高档多头支撑强，由此技术因素引发市场向上发展。

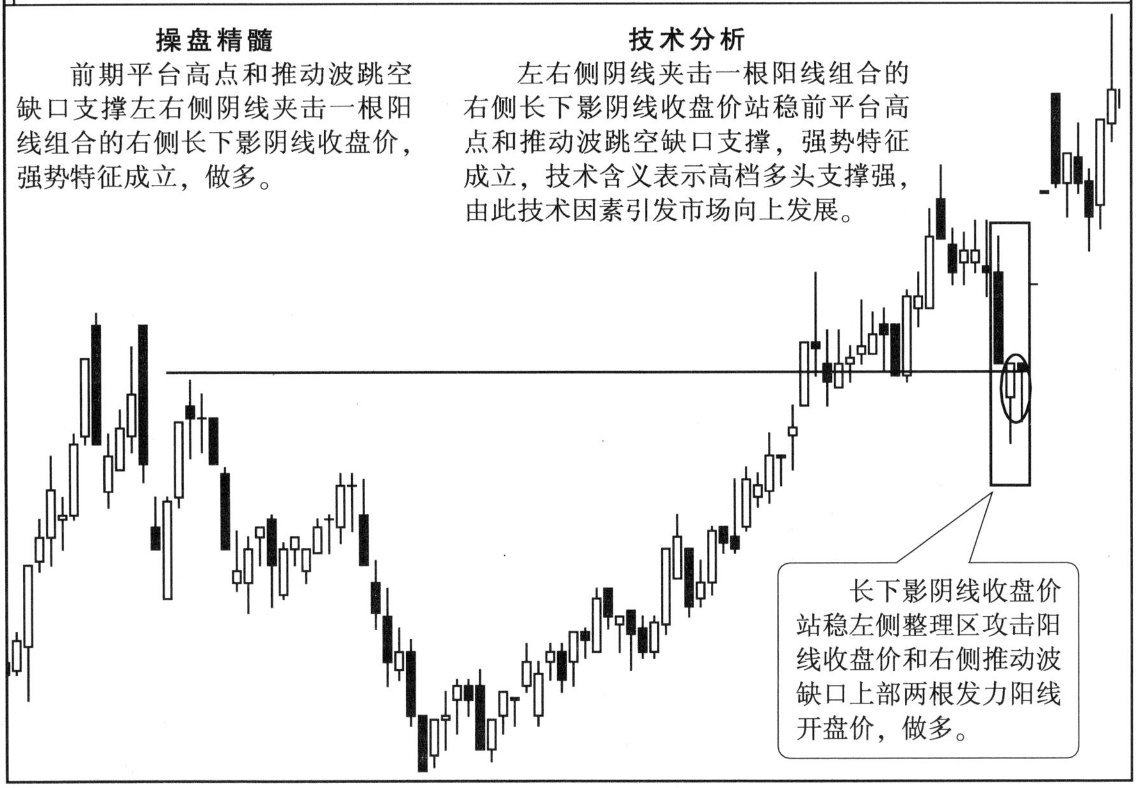

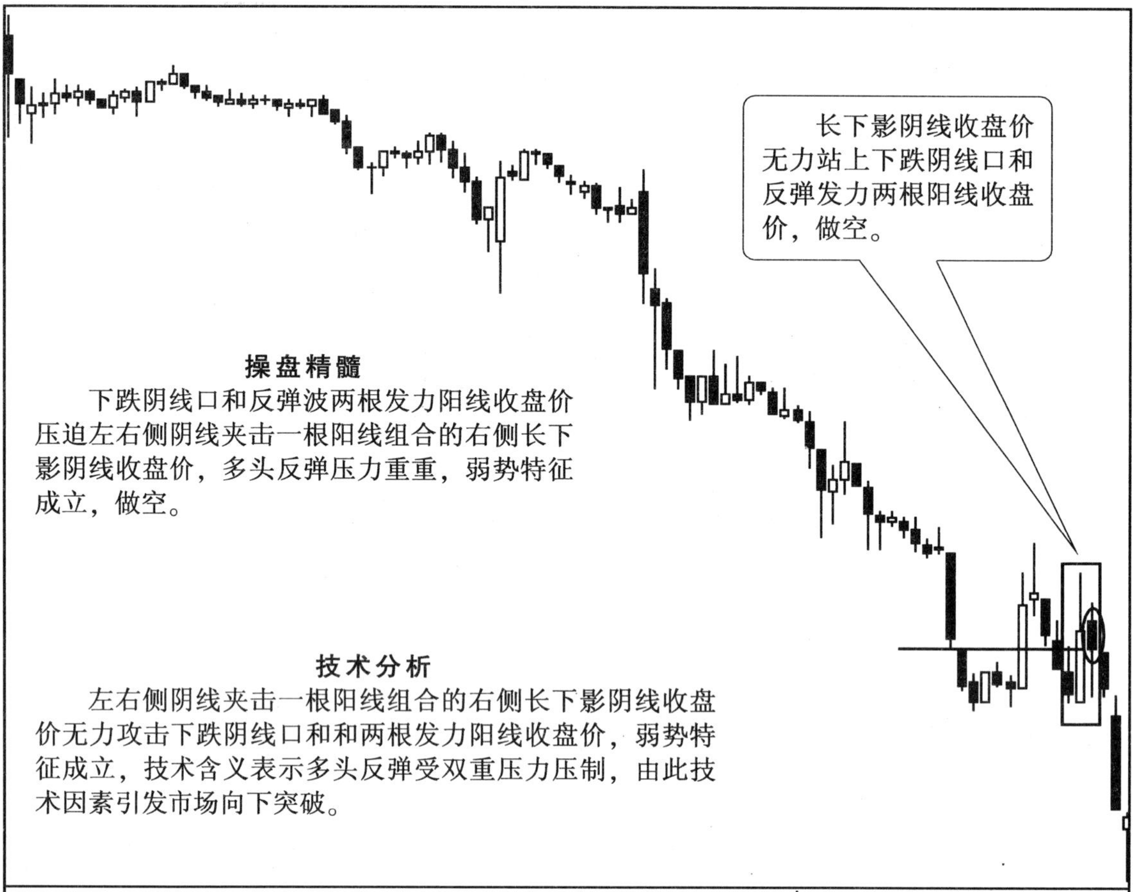

操盘精髓

下跌阴线口和反弹波两根发力阳线收盘价压迫左右侧阴线夹击一根阳线组合的右侧长下影阴线收盘价，多头反弹压力重重，弱势特征成立，做空。

技术分析

左右侧阴线夹击一根阳线组合的右侧长下影阴线收盘价无力攻击下跌阴线口和和两根发力阳线收盘价，弱势特征成立，技术含义表示多头反弹受双重压力压制，由此技术因素引发市场向下突破。

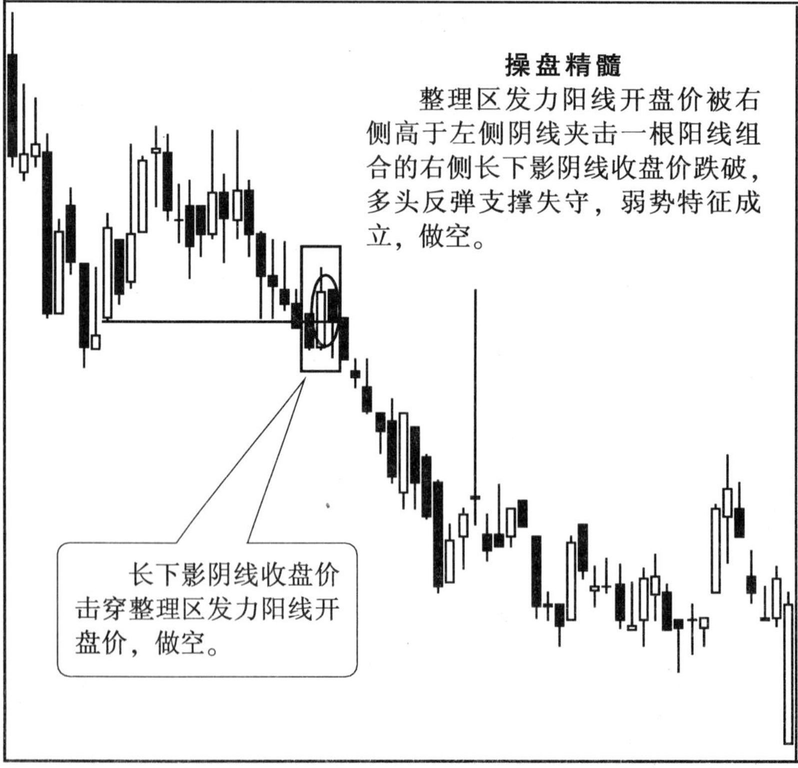

操盘精髓

整理区发力阳线开盘价被右侧高于左侧阴线夹击一根阳线组合的右侧长下影阴线收盘价跌破，多头反弹支撑失守，弱势特征成立，做空。

技术分析

右侧高于左侧阴线夹击一根阳线组合的右侧长下影阴线收盘价跌破整理区发力阳线开盘价，弱势特征成立，技术含义表示多头支撑防线失守，由此技术因素引发市场向下发展。

操盘精髓

遇趋势线不破，强势特征成立。左右侧阴线夹击一根阳线组合的右侧长下影阴线收盘价高于站稳趋势线，强势特征成立，做多。

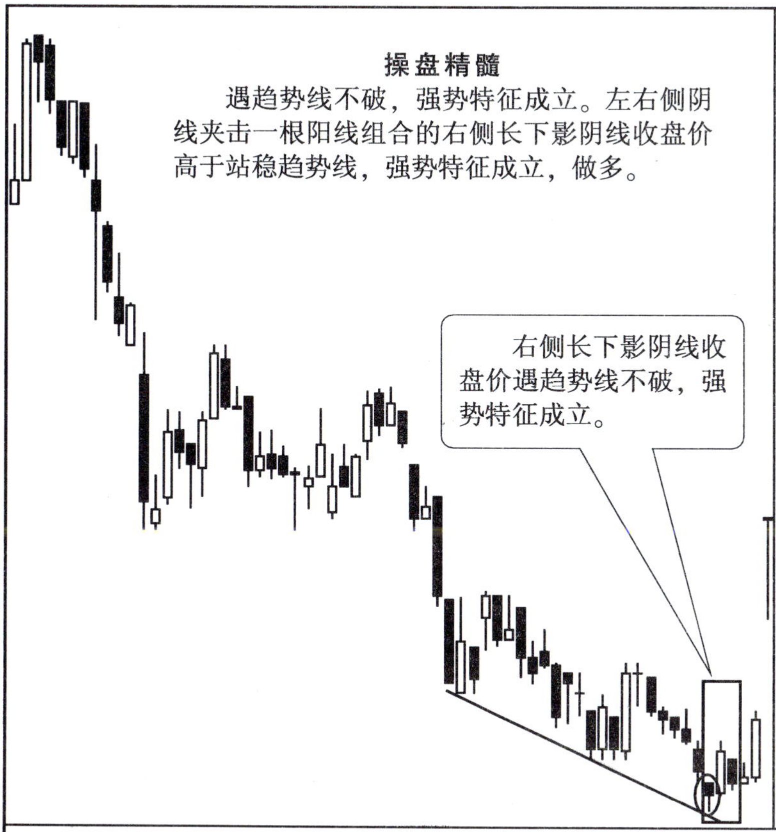

技术分析

右侧高于左侧的双阴线夹击一根阳线组合的右侧长下影阴线收盘价站稳趋势线，强势特征成立，技术含义表示趋势线支撑有效，下斜三底成立，由此技术因素引发市场向上发展。

操盘精髓

下跌整理区反弹阳线和见底阳线收盘价支撑左右侧阴线夹击一根阳线组合的右侧长下影阴线收盘价，强势特征成立，做多。

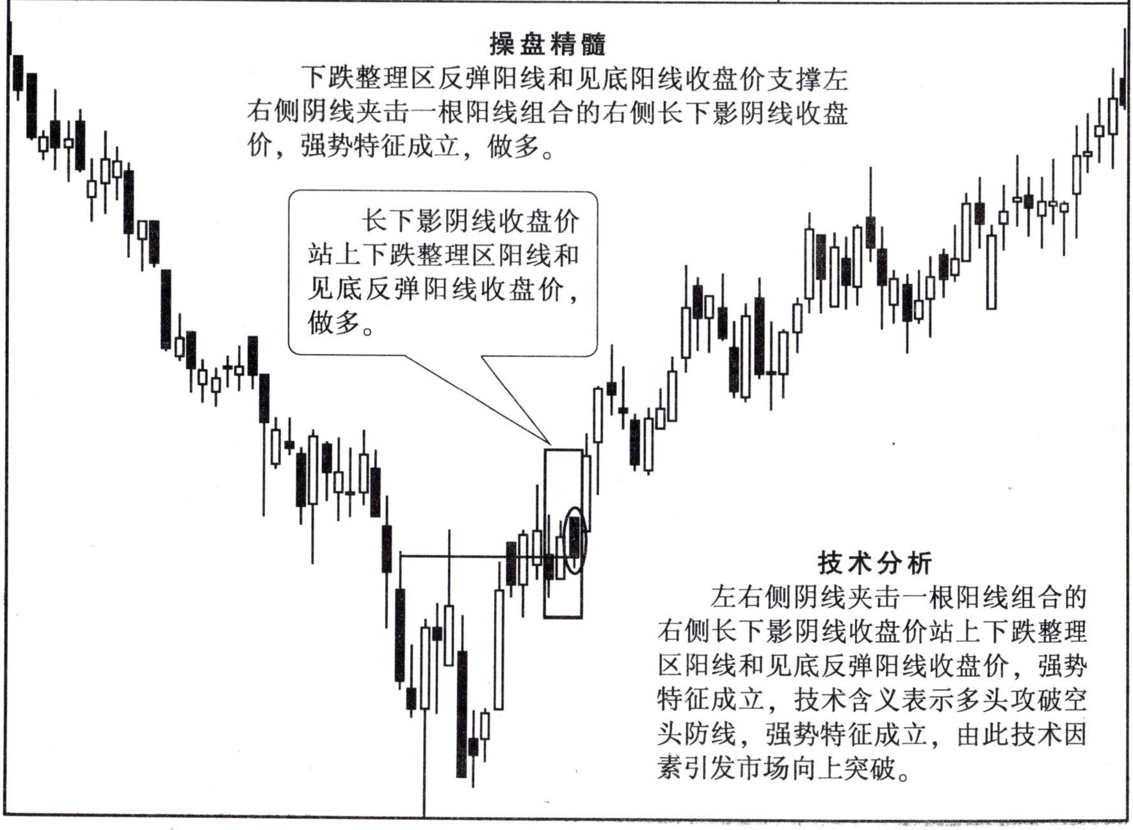

技术分析

左右侧阴线夹击一根阳线组合的右侧长下影阴线收盘价站上下跌整理区阳线和见底反弹阳线收盘价，强势特征成立，技术含义表示多头攻破空头防线，强势特征成立，由此技术因素引发市场向上突破。

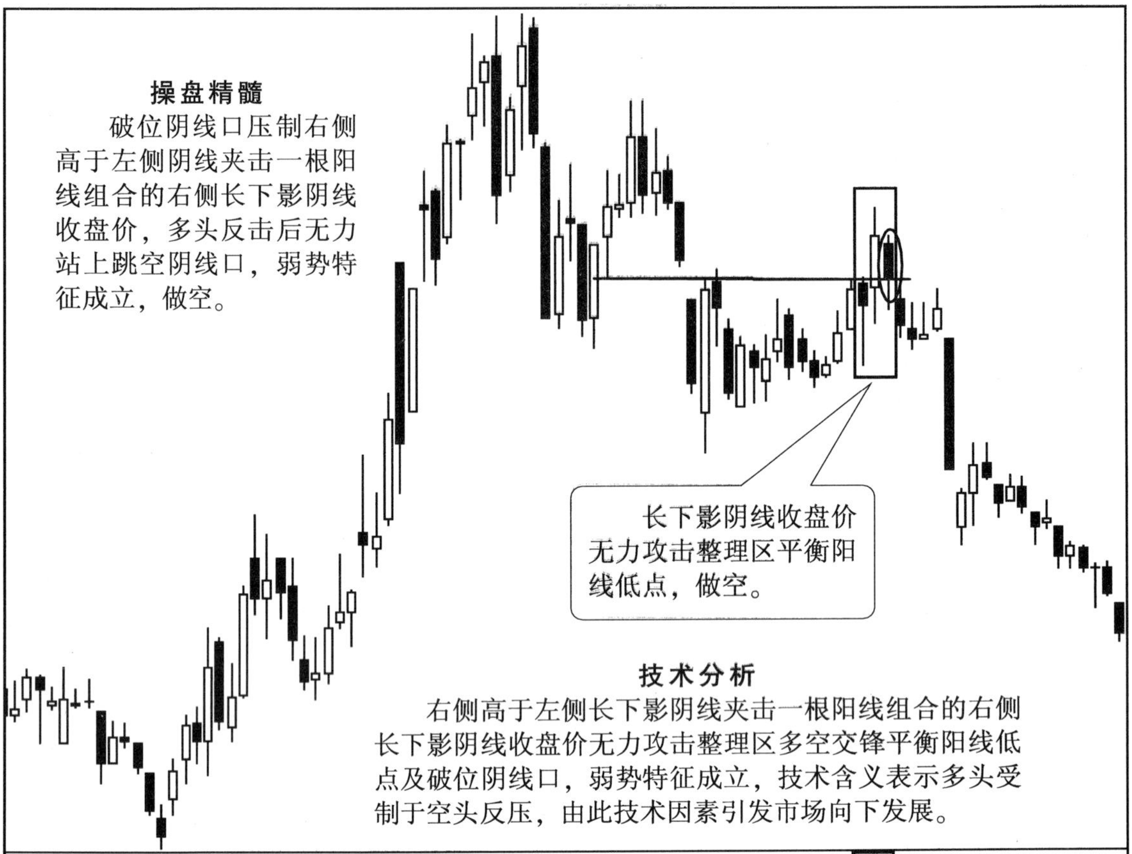

操盘精髓

破位阴线口压制右侧高于左侧阴线夹击一根阳线组合的右侧长下影阴线收盘价，多头反击后无力站上跳空阴线口，弱势特征成立，做空。

技术分析

右侧高于左侧长下影阴线夹击一根阳线组合的右侧长下影阴线收盘价无力攻击整理区多空交锋平衡阳线低点及破位阴线口，弱势特征成立，技术含义表示多头受制于空头反压，由此技术因素引发市场向下发展。

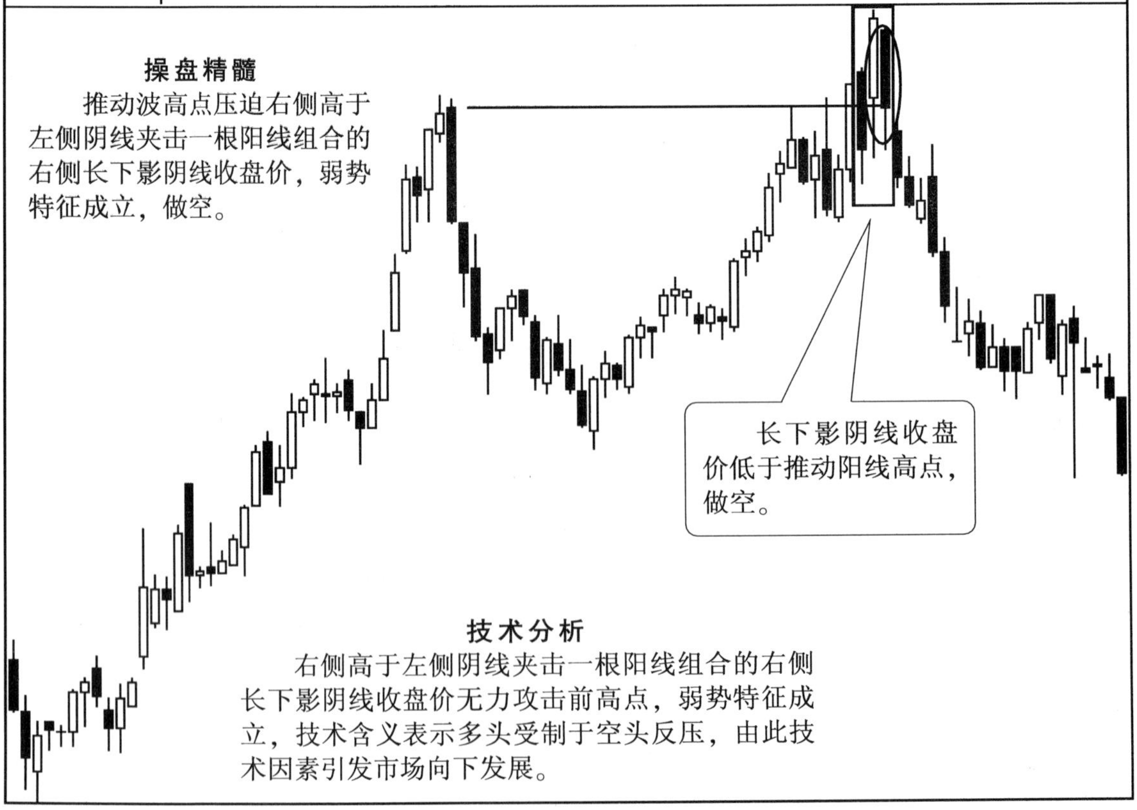

操盘精髓

推动波高点压迫右侧高于左侧阴线夹击一根阳线组合的右侧长下影阴线收盘价，弱势特征成立，做空。

技术分析

右侧高于左侧阴线夹击一根阳线组合的右侧长下影阴线收盘价无力攻击前高点，弱势特征成立，技术含义表示多头受制于空头反压，由此技术因素引发市场向下发展。

操盘精髓

双底中上部支撑右侧阴线高于左侧阴线夹击一根阳线组合的右侧长下影阴线收盘价，强势特征成立，做多。

技术分析

右侧阴线高于左侧阴线夹击一根阳线组合的右侧长下影阴线收盘价高于双底中上部收盘，多头势力大于空头，双底中上部收盘是强势特征，由此技术因素引发市场向上发展。

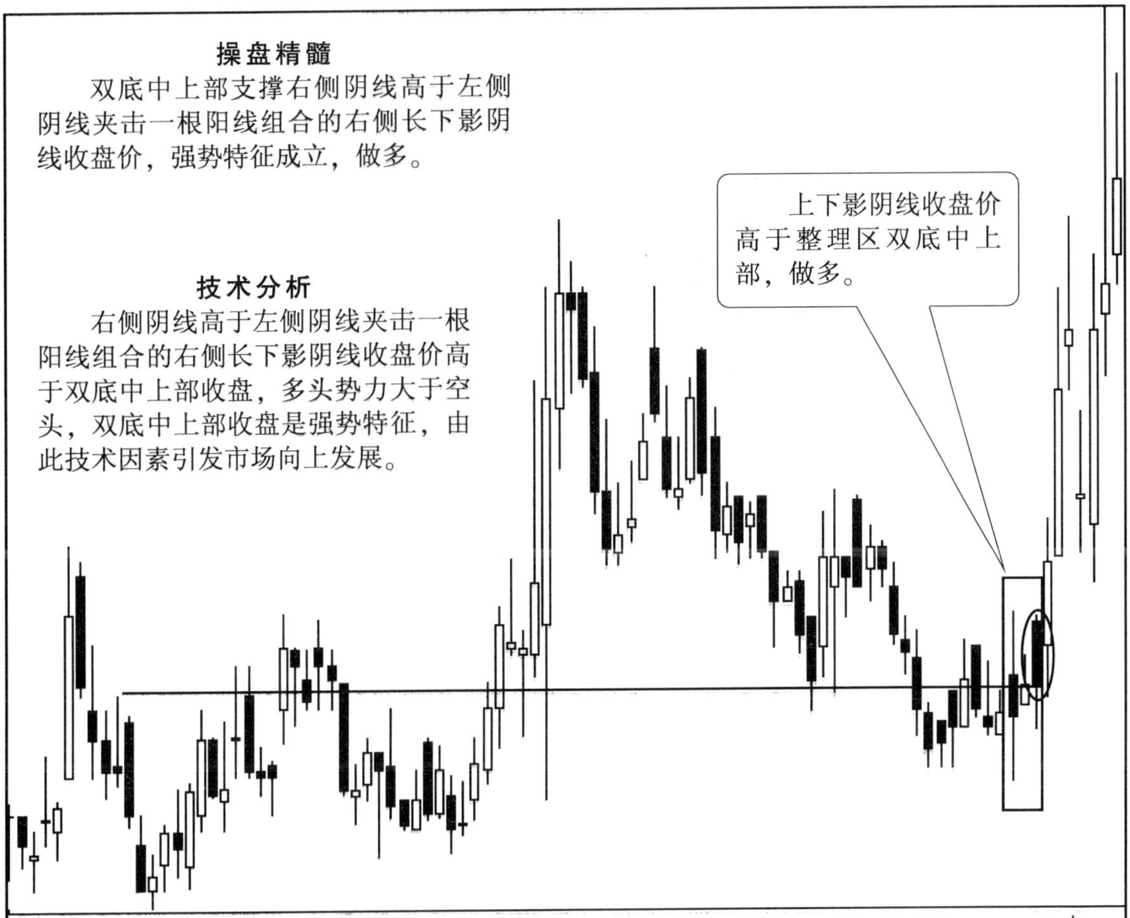

操盘精髓

下跌阴线口和推动波发力阳线收盘价被右侧高于左侧阴线夹击一根阳线组合的右侧长下影阴线收盘价突破并站稳，强势特征成立，做多。

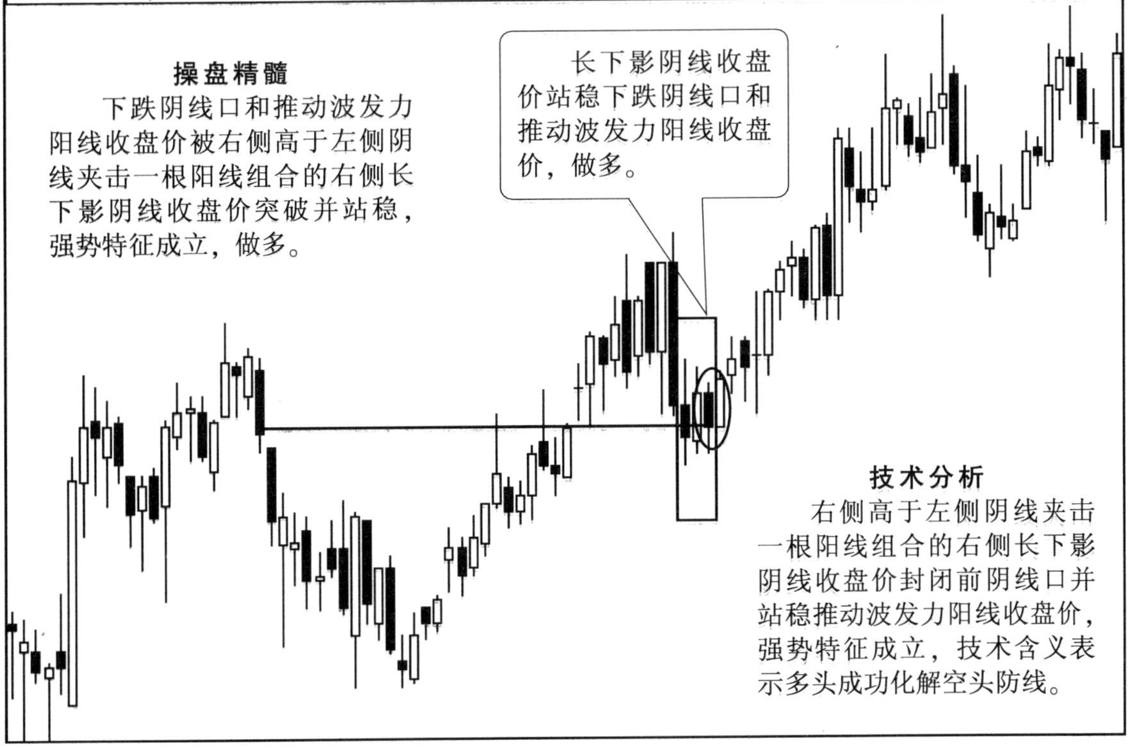

技术分析

右侧高于左侧阴线夹击一根阳线组合的右侧长下影阴线收盘价封闭前阴线口并站稳推动波发力阳线收盘价，强势特征成立，技术含义表示多头成功化解空头防线。

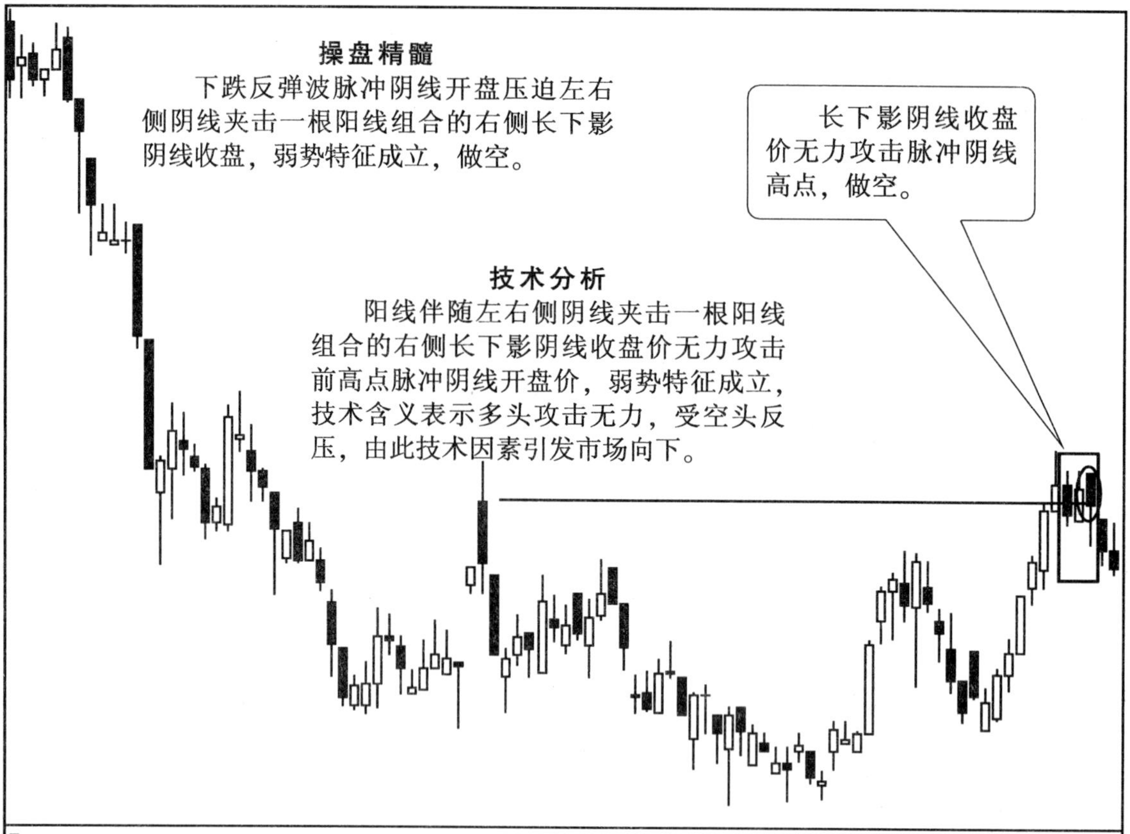
操盘精髓
下跌反弹波脉冲阴线开盘压迫左右侧阴线夹击一根阳线组合的右侧长下影阴线收盘，弱势特征成立，做空。
长下影阴线收盘价无力攻击脉冲阴线高点，做空。
技术分析
阳线伴随左右侧阴线夹击一根阳线组合的右侧长下影阴线收盘价无力攻击前高点脉冲阴线开盘价，弱势特征成立，技术含义表示多头攻击无力，受空头反压，由此技术因素引发市场向下。

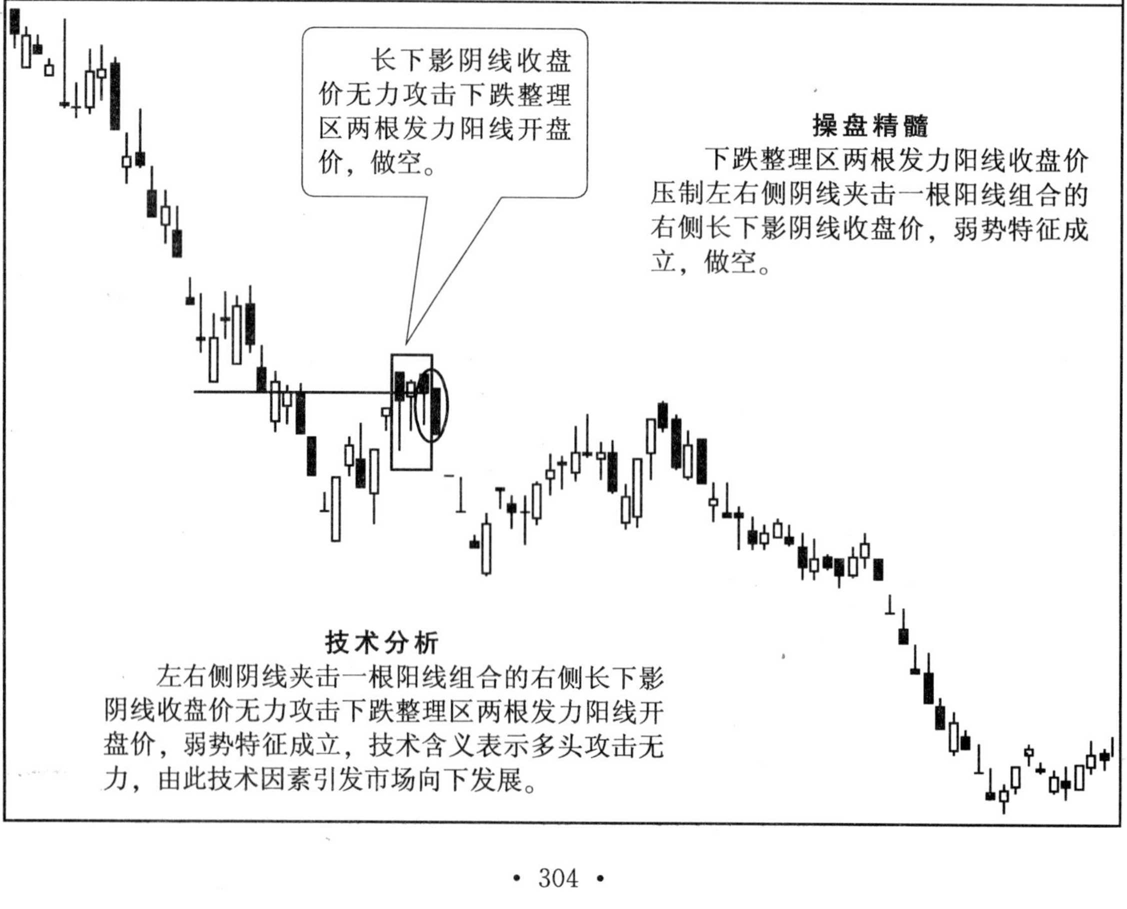
长下影阴线收盘价无力攻击下跌整理区两根发力阳线开盘价，做空。
操盘精髓
下跌整理区两根发力阳线收盘价压制左右侧阴线夹击一根阳线组合的右侧长下影阴线收盘价，弱势特征成立，做空。
技术分析
左右侧阴线夹击一根阳线组合的右侧长下影阴线收盘价无力攻击下跌整理区两根发力阳线开盘价，弱势特征成立，技术含义表示多头攻击无力，由此技术因素引发市场向下发展。

操盘精髓

推动波发力阳线口支撑左右侧阴线夹击一根阳线组合的右侧长下影阴线收盘价，强势特征成立，做多。

技术分析

阳线伴随左右侧阴线夹击一根阳线组合的右侧长下影阴线收盘价站稳发力阳线口，强势特征成立，技术含义表示多头支撑强，由此技术因素引发市场向上发展。

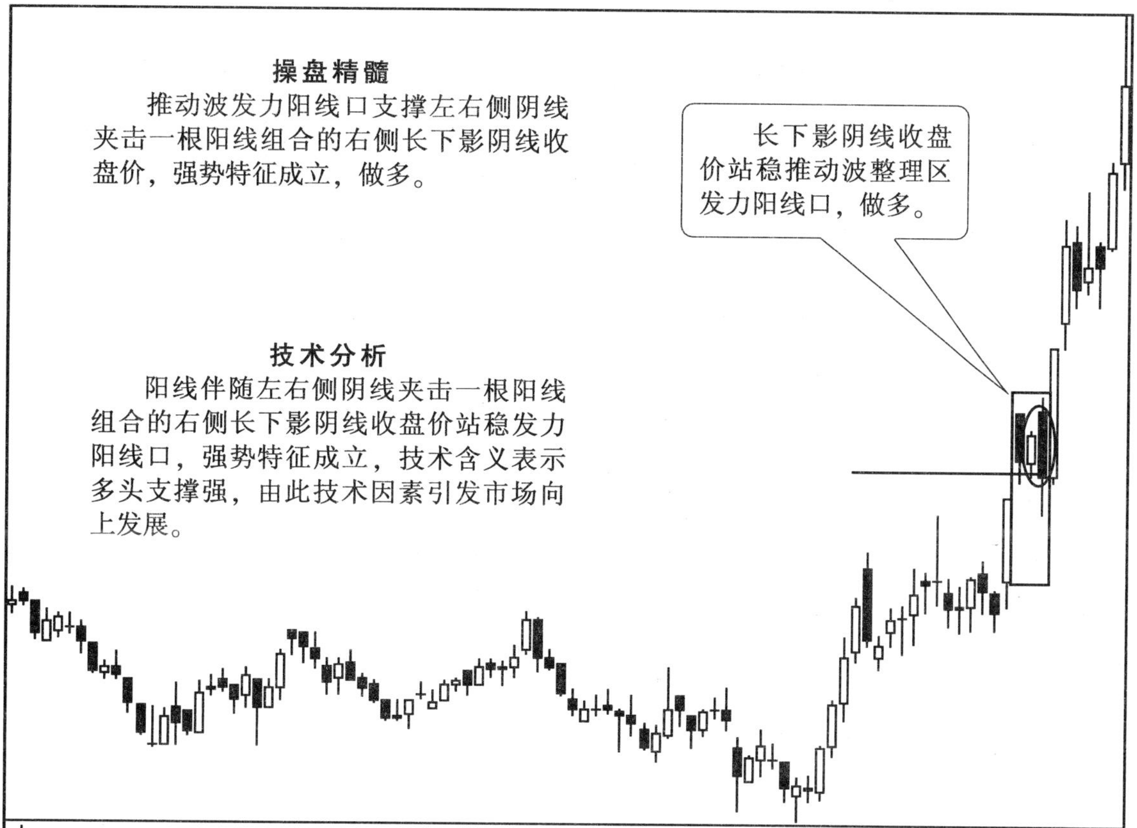

操盘精髓

双底形态左右侧小实体阳线收盘价支撑左右侧阴线夹击一根阳线组合的右侧长下影阴线收盘价，强势特征成立，做多。

技术分析

阳线伴随左右侧阴线夹击一根阳线组合的右侧长下影阴线收盘价站稳双底小实体企稳阳线，强势特征成立，技术含义表示多头低档支撑强，由此技术因素引发市场向下发展。

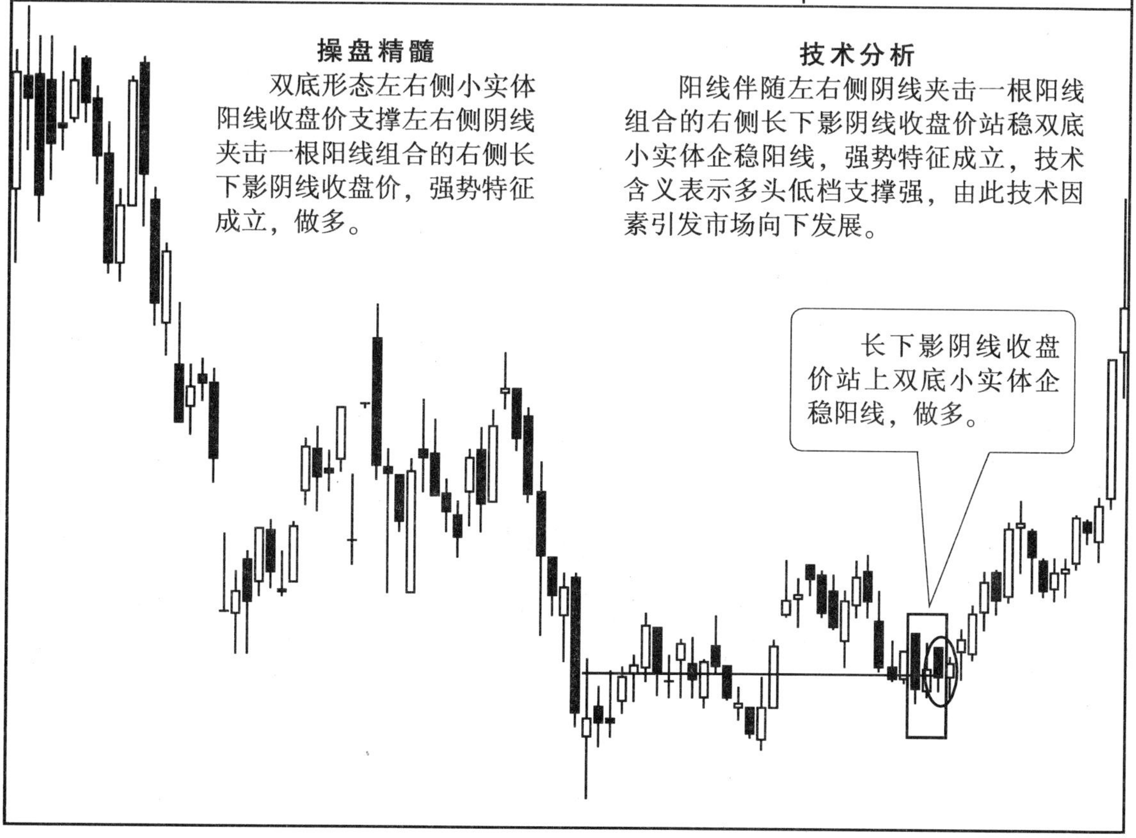

操盘精髓

推动波阳线高点和整理区多根K线上影压迫左右侧阴线夹击一根阳线组合的右侧长下影阴线收盘价，弱势特征成立，做空。

技术分析

阳线伴随左右侧阴线夹击一根阳线组合的右侧长下影阴线收盘价低于推动波攻击阳线上影和整理区多根K线高点，弱势特征成立，技术含义表示多头攻击力度弱，受制于空头反压，由此技术因素引发市场向下发展。

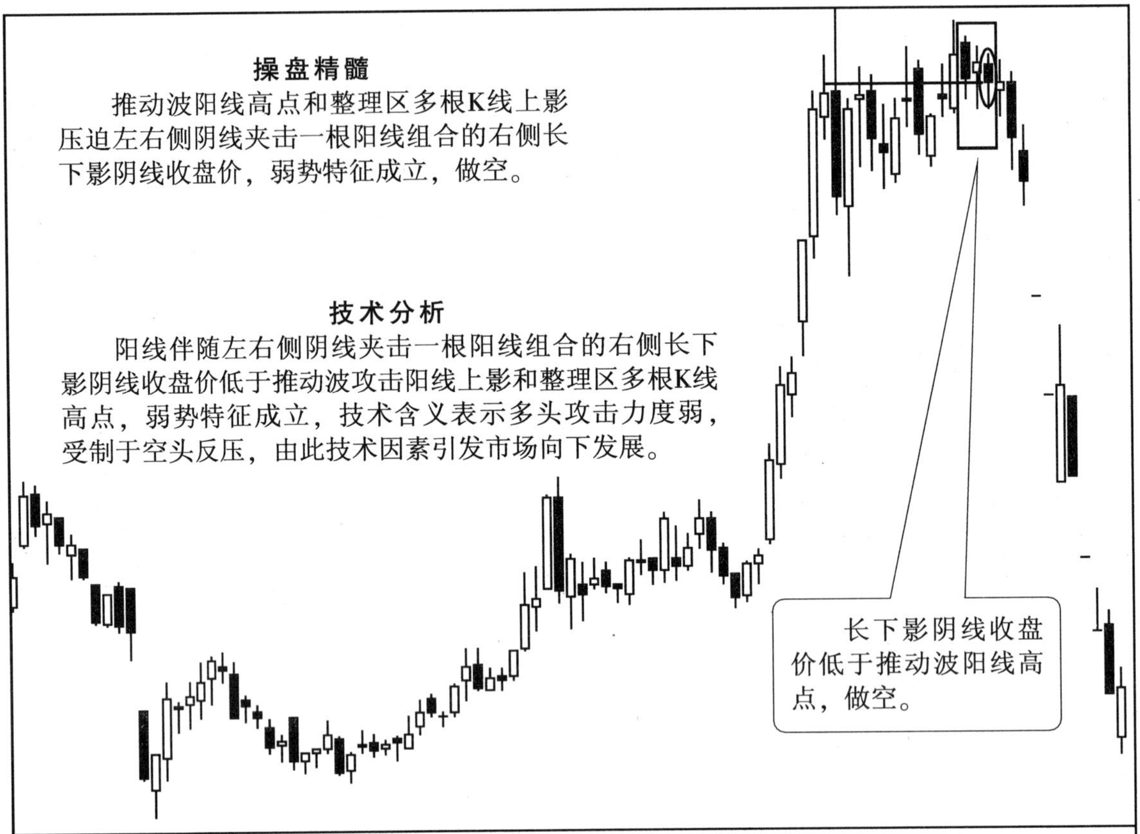

操盘精髓

推动波阳线口和整理区两根发力阳线开盘价被左右侧阴线夹击一根阳线组合和右侧长下影阴线收盘价有效跌破，弱势特征成立，做空。

技术分析

左右侧阴线夹击一根阳线组合的右侧长下影阴线收盘价跌穿推动波阳线口和整理区两根发力小阳线开盘价，弱势特征成立，技术含义表示多头上攻防线失守，由此技术因素引发市场向下发展。

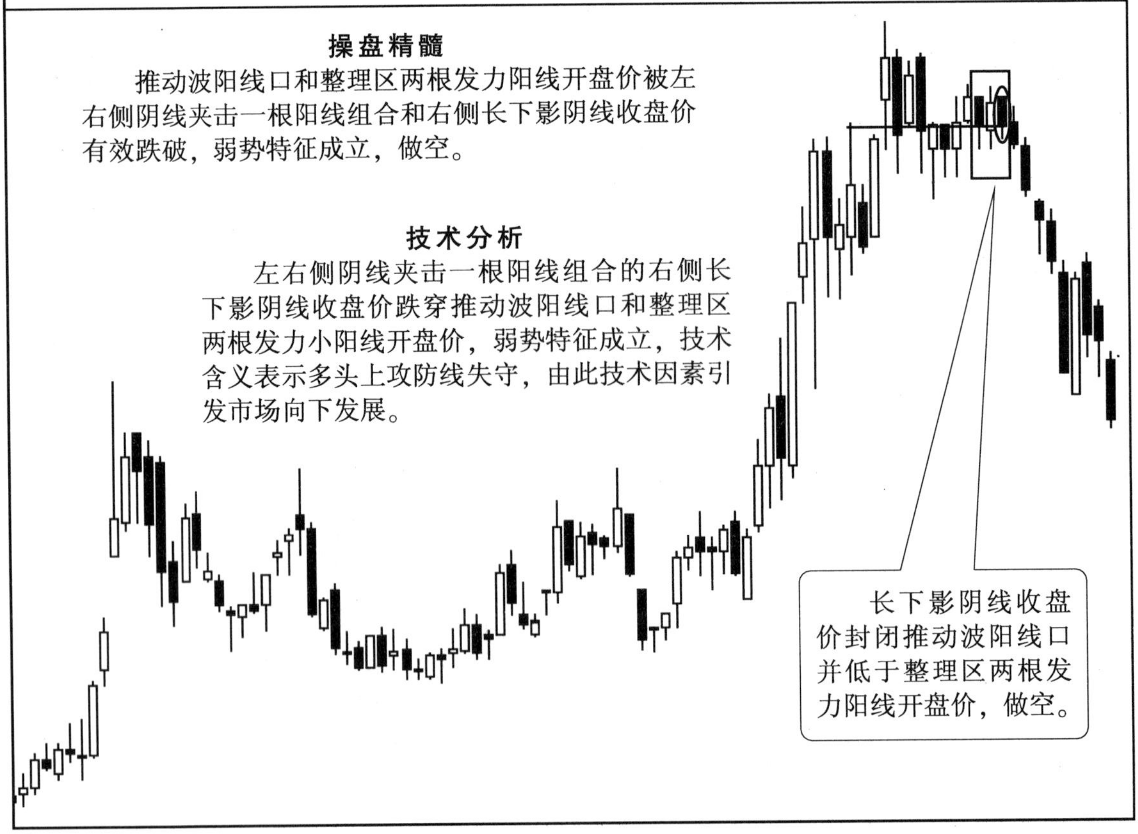

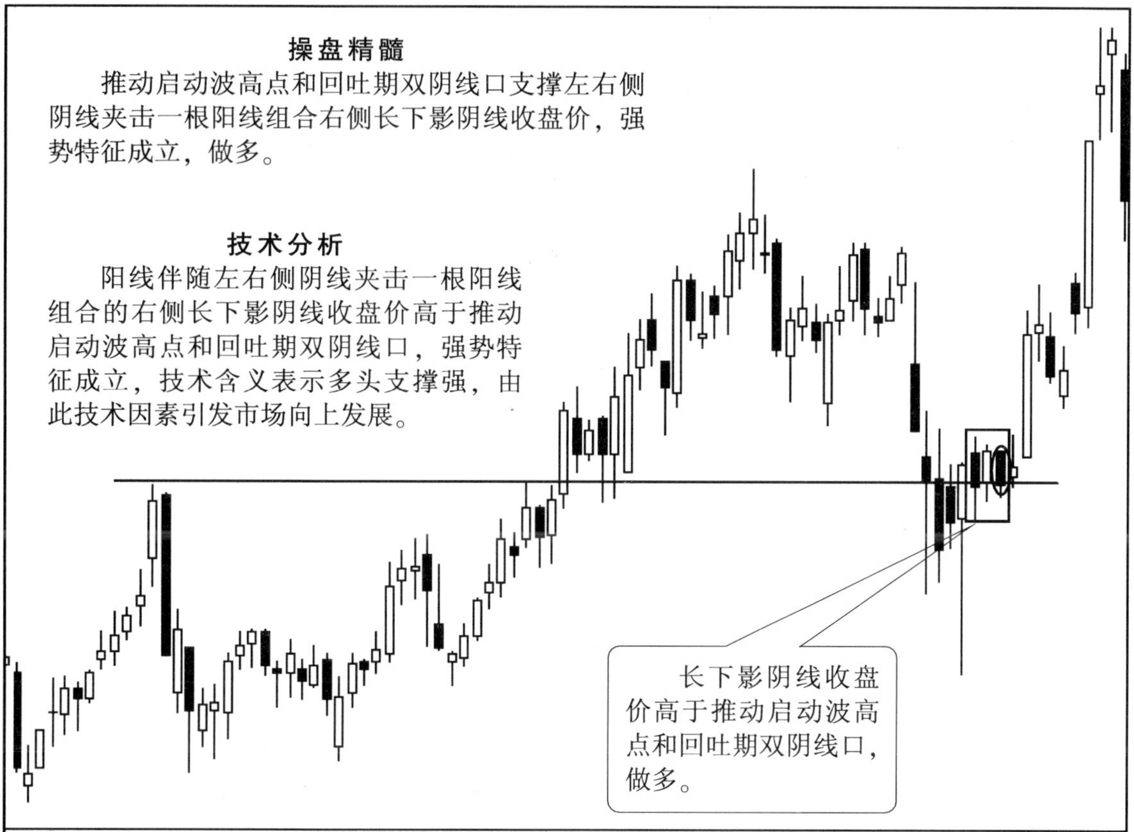

操盘精髓

推动启动波高点和回吐期双阴线口支撑左右侧阴线夹击一根阳线组合右侧长下影阴线收盘价，强势特征成立，做多。

技术分析

阳线伴随左右侧阴线夹击一根阳线组合的右侧长下影阴线收盘价高于推动启动波高点和回吐期双阴线口，强势特征成立，技术含义表示多头支撑强，由此技术因素引发市场向上发展。

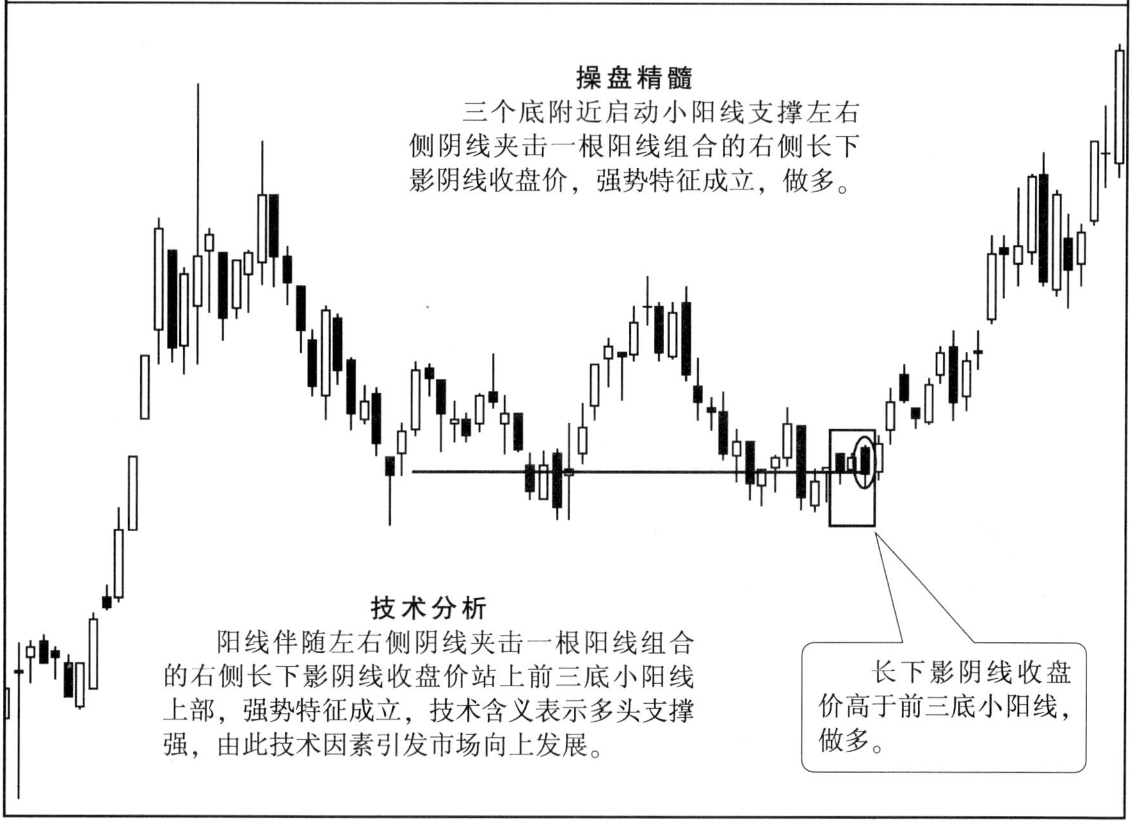

操盘精髓

三个底附近启动小阳线支撑左右侧阴线夹击一根阳线组合的右侧长下影阴线收盘价，强势特征成立，做多。

技术分析

阳线伴随左右侧阴线夹击一根阳线组合的右侧长下影阴线收盘价站上前三底小阳线上部，强势特征成立，技术含义表示多头支撑强，由此技术因素引发市场向上发展。

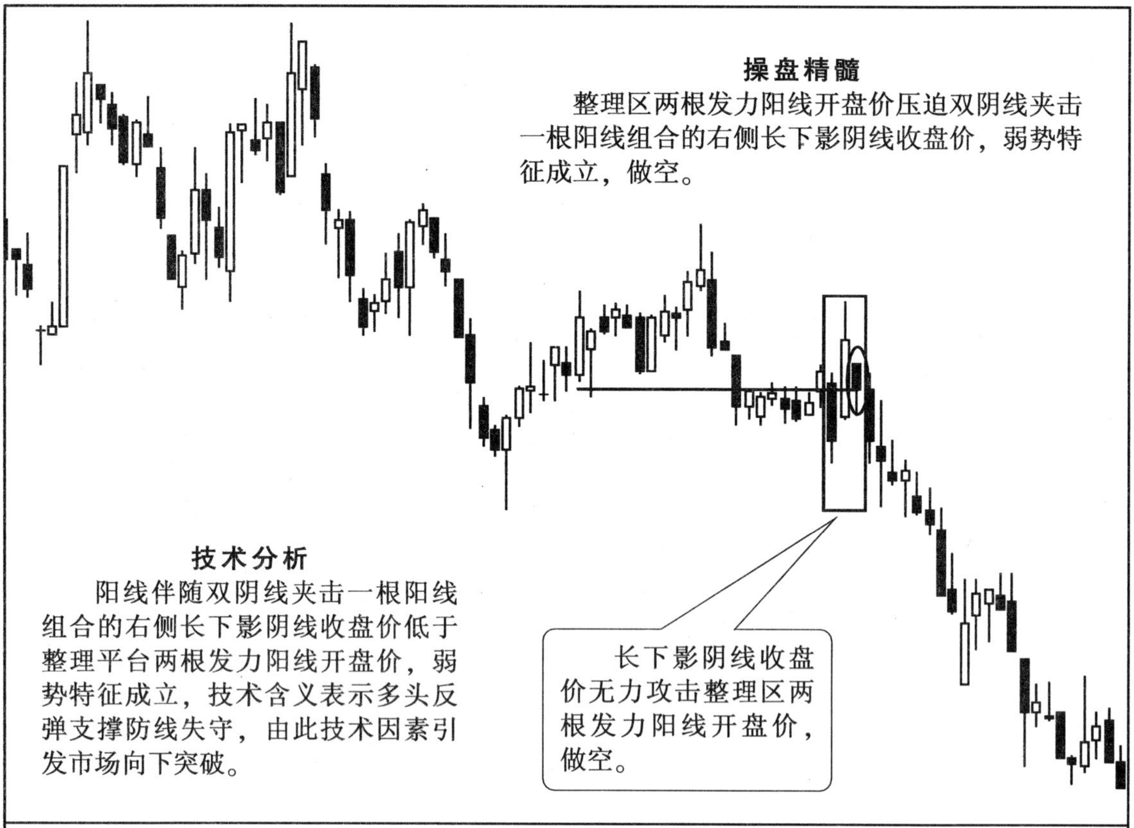
操盘精髓
整理区两根发力阳线开盘价压迫双阴线夹击一根阳线组合的右侧长下影阴线收盘价，弱势特征成立，做空。
技术分析
阳线伴随双阴线夹击一根阳线组合的右侧长下影阴线收盘价低于整理平台两根发力阳线开盘价，弱势特征成立，技术含义表示多头反弹支撑防线失守，由此技术因素引发市场向下突破。
长下影阴线收盘价无力攻击整理区两根发力阳线开盘价，做空。

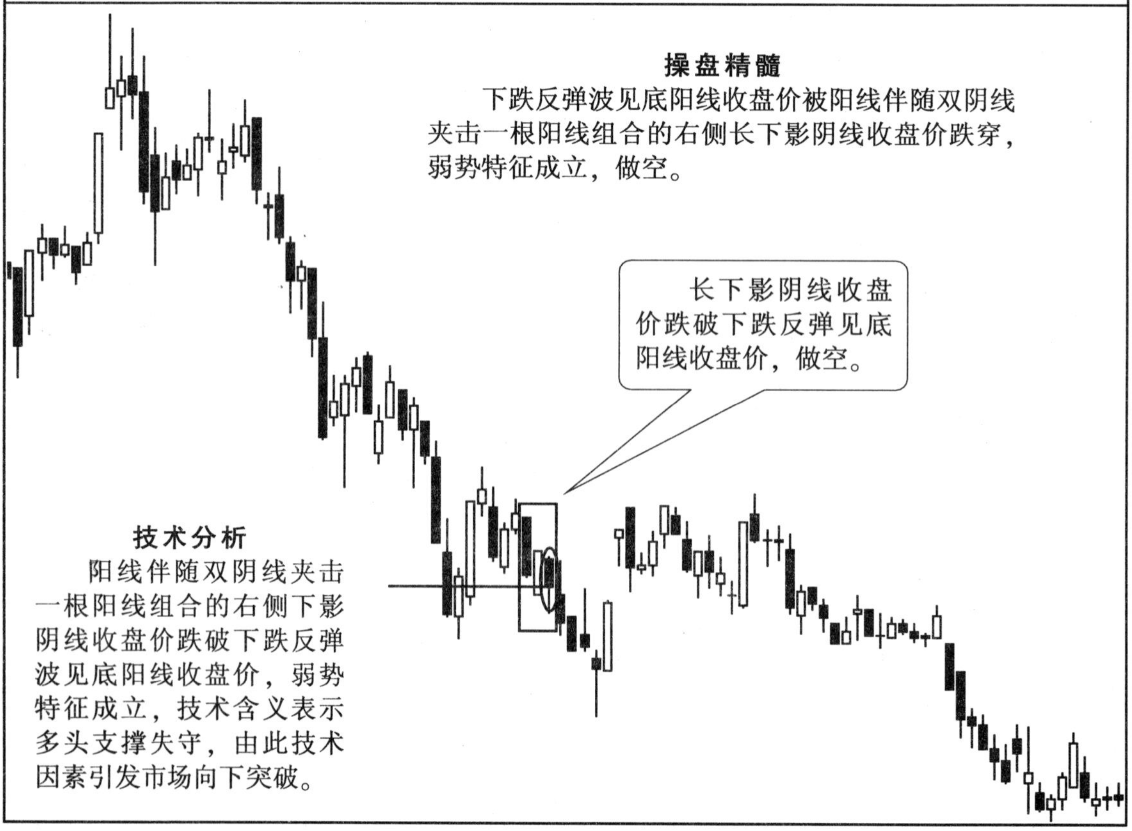
操盘精髓
下跌反弹波见底阳线收盘价被阳线伴随双阴线夹击一根阳线组合的右侧长下影阴线收盘价跌穿，弱势特征成立，做空。
长下影阴线收盘价跌破下跌反弹见底阳线收盘价，做空。
技术分析
阳线伴随双阴线夹击一根阳线组合的右侧下影阴线收盘价跌破下跌反弹波见底阳线收盘价，弱势特征成立，技术含义表示多头支撑失守，由此技术因素引发市场向下突破。

操盘精髓

破位阴线伴随不创新低阳线收盘价支撑左右侧阴线夹击一根阳线组合的右侧长下影阴线收盘价，强势特征成立，做多。

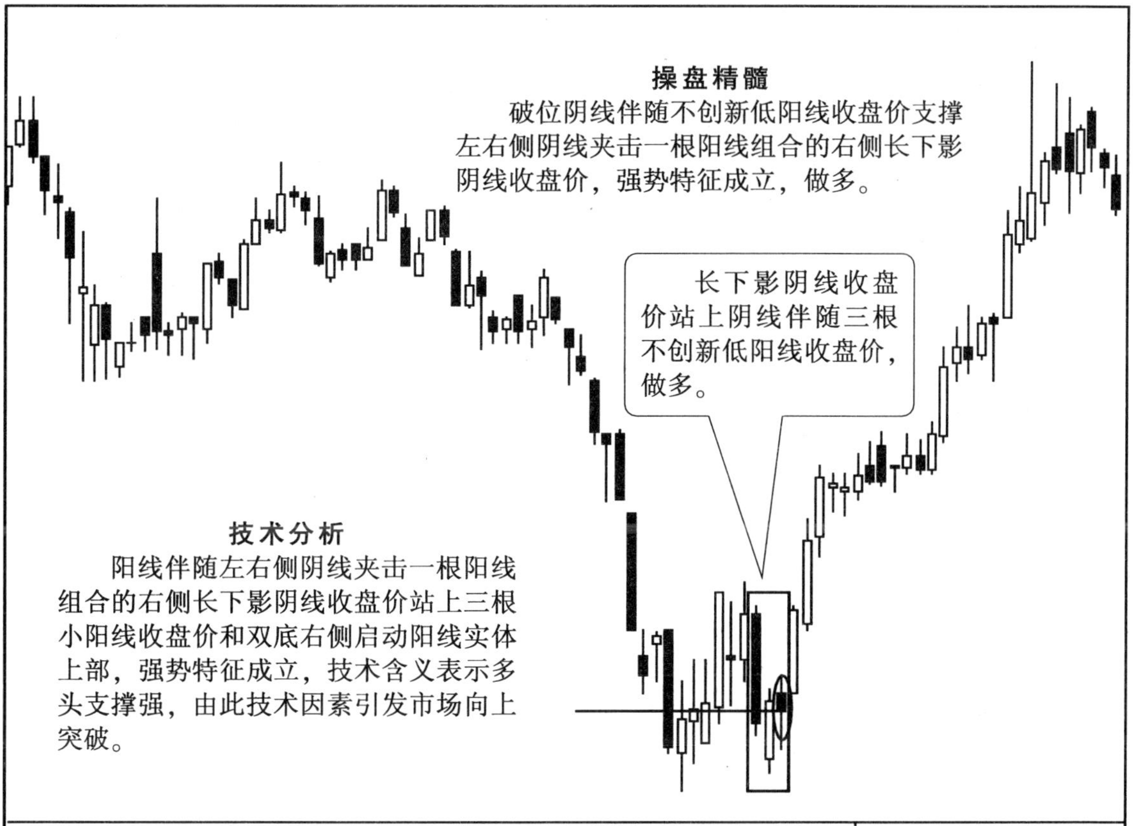

技术分析

阳线伴随左右侧阴线夹击一根阳线组合的右侧长下影阴线收盘价站上三根小阳线收盘价和双底右侧启动阳线实体上部，强势特征成立，技术含义表示多头支撑强，由此技术因素引发市场向上突破。

操盘精髓

几根震荡K线支撑左右侧阴线夹击一根阳线组合的右侧长下影阴线收盘价，强势特征成立，做多。

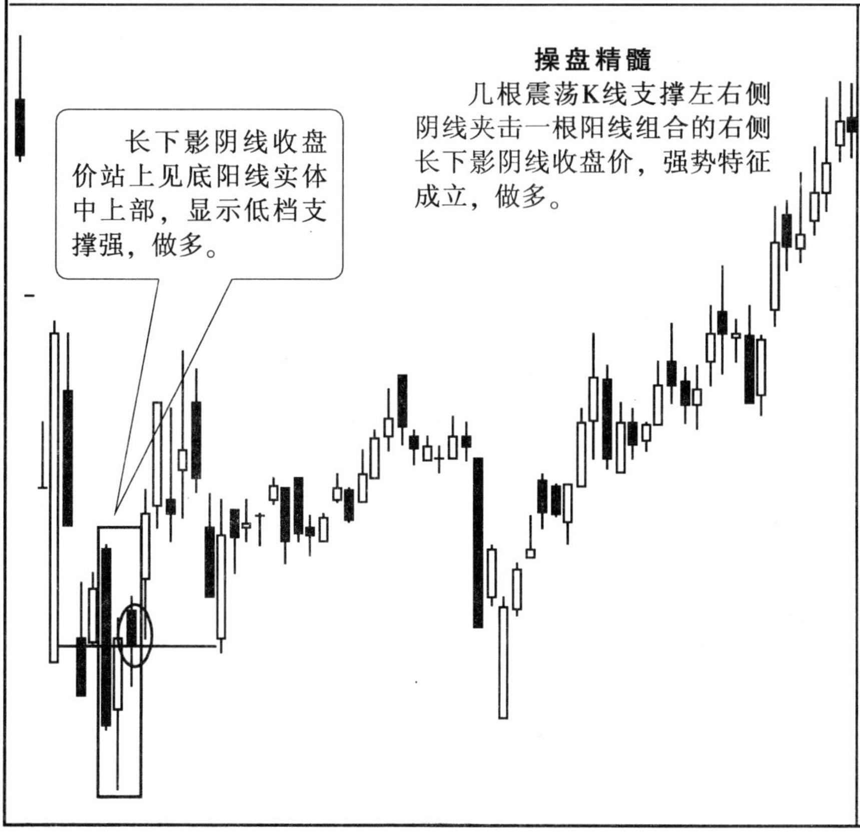

技术分析

左右侧阴线夹击一根阳线组合的右侧长下影阴线收盘价站上见底阳线实体中上部，强势特征成立，技术含义表示多头支撑强，空头下探乏力，由此技术因素引发市场向上突破。

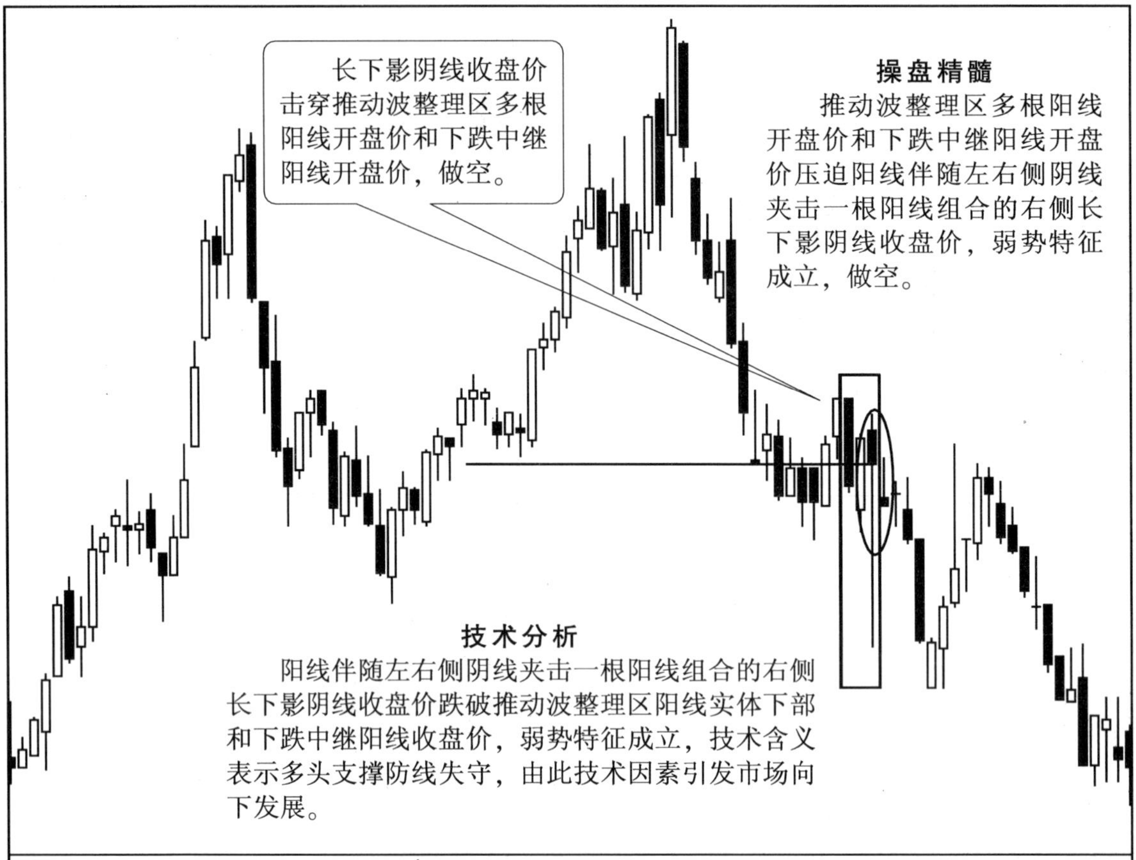
长下影阴线收盘价击穿推动波整理区多根阳线开盘价和下跌中继阳线开盘价，做空。
操盘精髓
推动波整理区多根阳线开盘价和下跌中继阳线开盘价压迫阳线伴随左右侧阴线夹击一根阳线组合的右侧长下影阴线收盘价，弱势特征成立，做空。
技术分析
阳线伴随左右侧阴线夹击一根阳线组合的右侧长下影阴线收盘价跌破推动波整理区阳线实体下部和下跌中继阳线收盘价，弱势特征成立，技术含义表示多头支撑防线失守，由此技术因素引发市场向下发展。

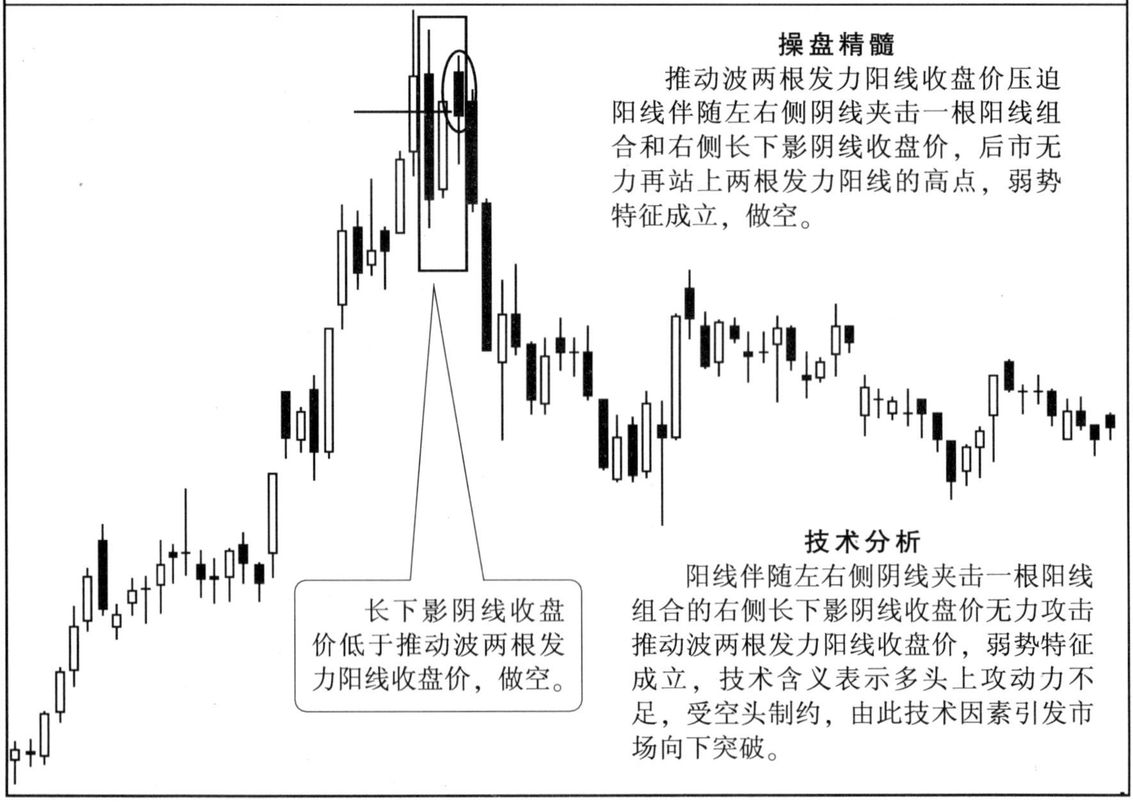
操盘精髓
推动波两根发力阳线收盘价压迫阳线伴随左右侧阴线夹击一根阳线组合和右侧长下影阴线收盘价，后市无力再站上两根发力阳线的高点，弱势特征成立，做空。
长下影阴线收盘价低于推动波两根发力阳线收盘价，做空。
技术分析
阳线伴随左右侧阴线夹击一根阳线组合的右侧长下影阴线收盘价无力攻击推动波两根发力阳线收盘价，弱势特征成立，技术含义表示多头上攻动力不足，受空头制约，由此技术因素引发市场向下突破。

操盘精髓

三底颈线位支撑推动波左右侧阴线夹击一根阳线组合的右侧长下影阴线收盘价，强势特征成立，做多。

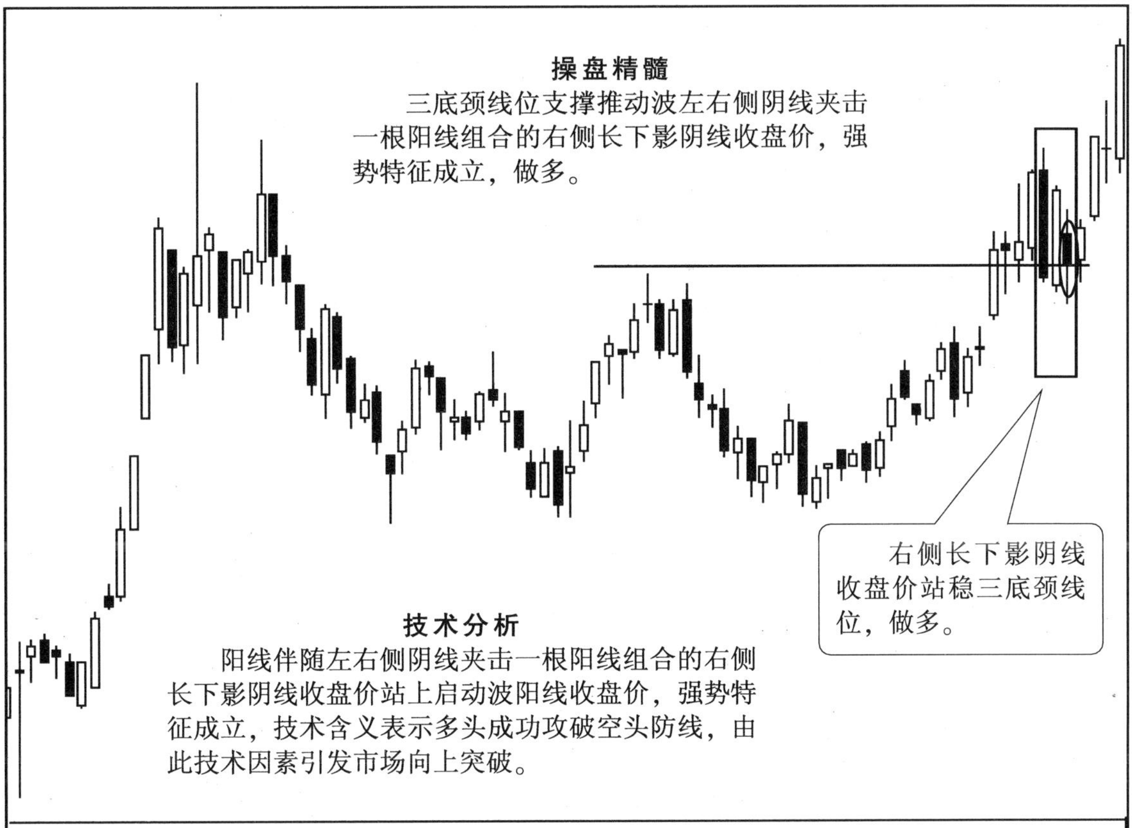

技术分析

阳线伴随左右侧阴线夹击一根阳线组合的右侧长下影阴线收盘价站上启动波阳线收盘价，强势特征成立，技术含义表示多头成功攻破空头防线，由此技术因素引发市场向上突破。

操盘精髓

推动波前期高点支撑左右侧阴线夹击一根阳线组合的右侧长下影阴线收盘价，强势特征成立，做多。

技术分析

左右侧阴线夹击一根阳线组合的右侧长下影阴线收盘价站上推动波回吐阳线高点及推动波前高点，强势特征成立，技术含义表示多头成功攻破空头压制，由此技术因素引发市场向上突破。

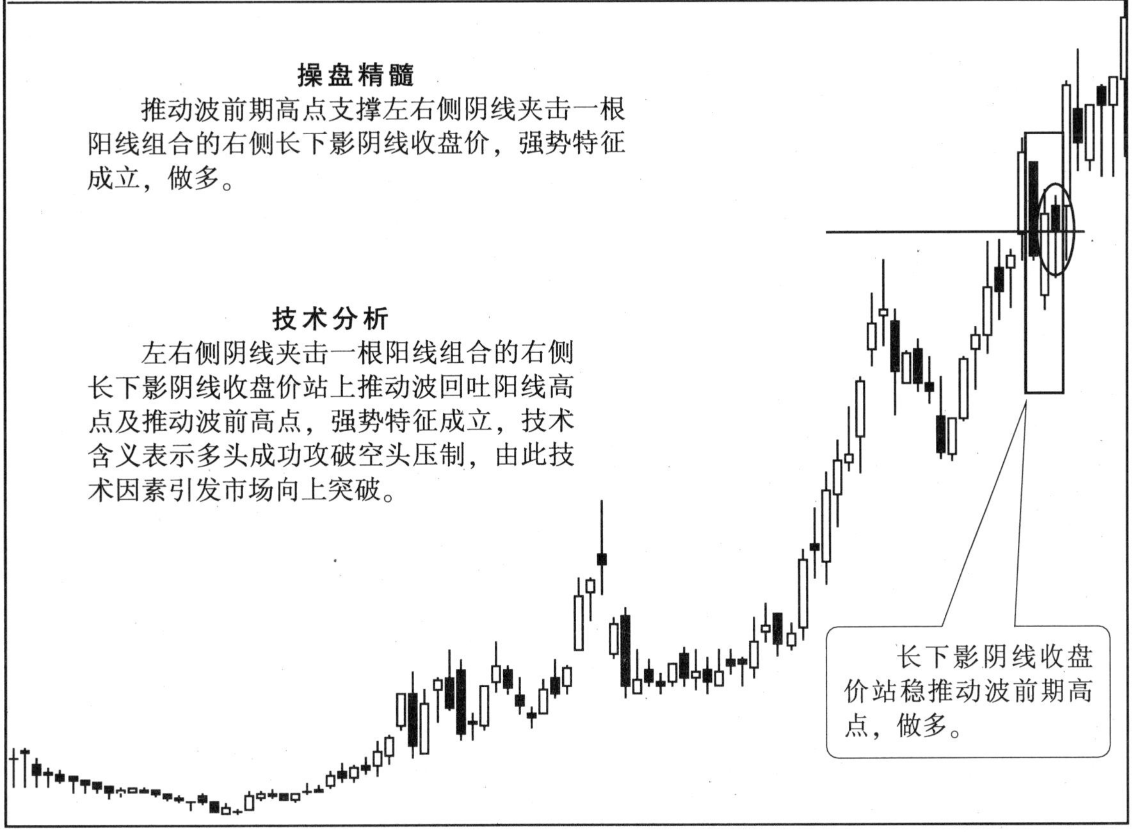

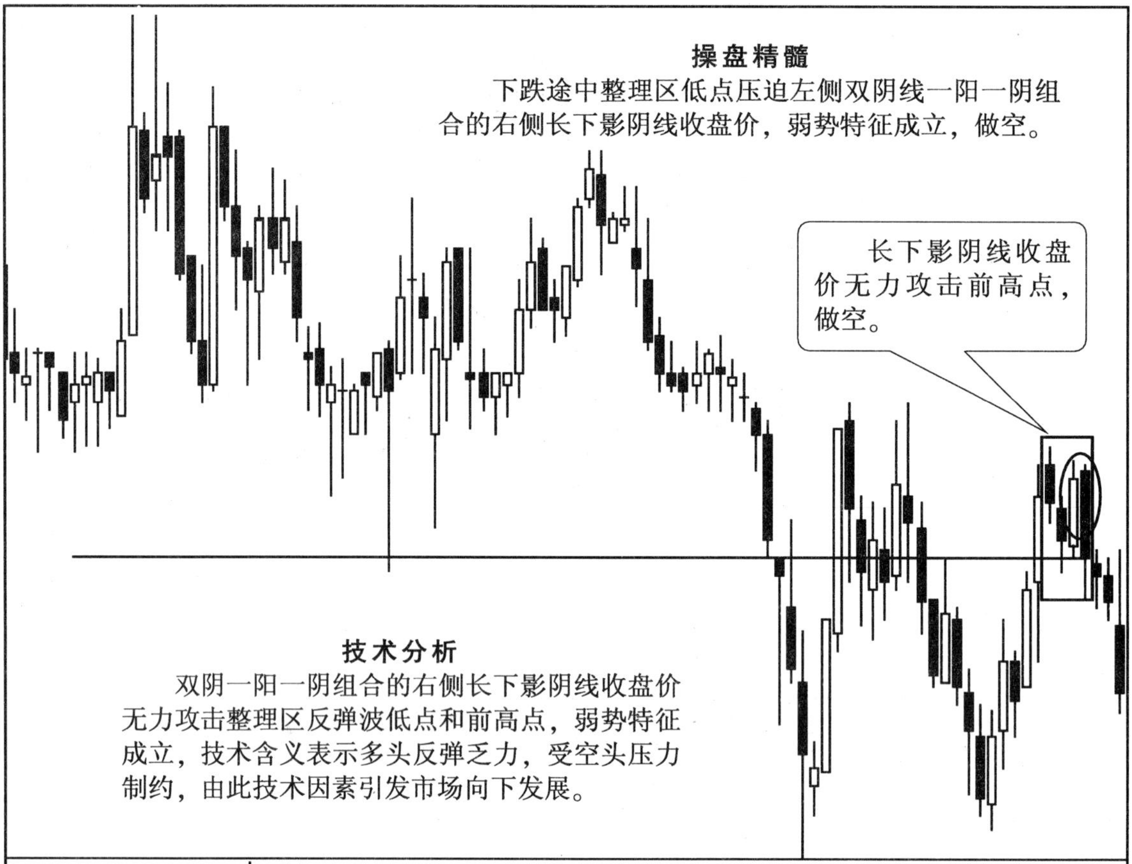
操盘精髓
下跌途中整理区低点压迫左侧双阴线一阳一阴组合的右侧长下影阴线收盘价，弱势特征成立，做空。
长下影阴线收盘价无力攻击前高点，做空。
技术分析
双阴一阳一阴组合的右侧长下影阴线收盘价无力攻击整理区反弹波低点和前高点，弱势特征成立，技术含义表示多头反弹乏力，受空头压力制约，由此技术因素引发市场向下发展。

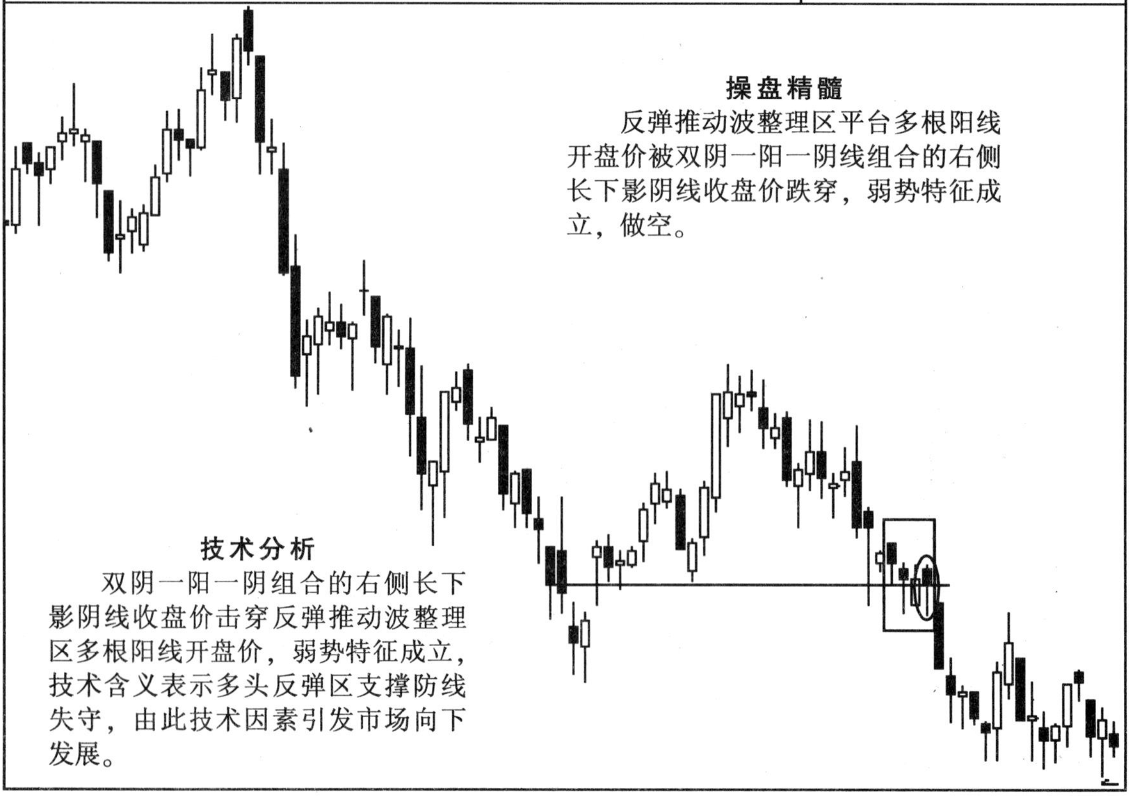
操盘精髓
反弹推动波整理区平台多根阳线开盘价被双阴一阳一阴线组合的右侧长下影阴线收盘价跌穿，弱势特征成立，做空。
技术分析
双阴一阳一阴组合的右侧长下影线收盘价击穿反弹推动波整理区多根阳线开盘价，弱势特征成立，技术含义表示多头反弹区支撑防线失守，由此技术因素引发市场向下发展。

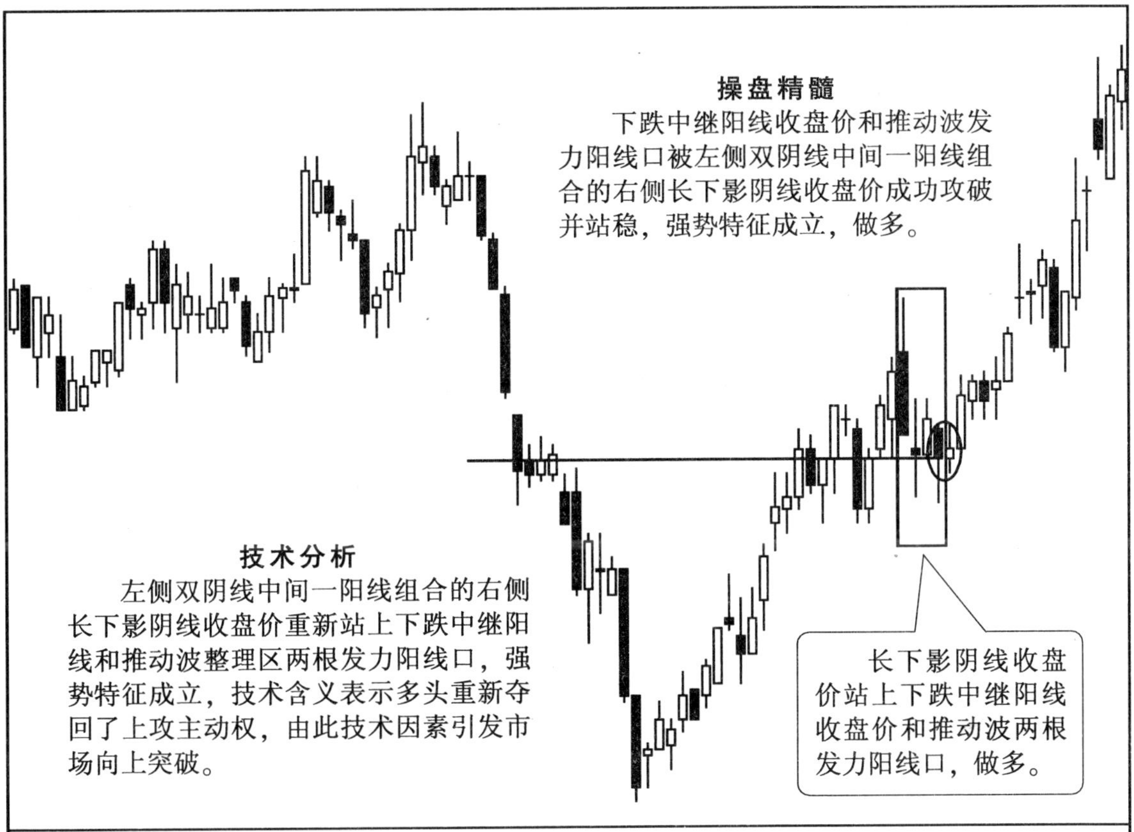

操盘精髓

下跌中继阳线收盘价和推动波发力阳线口被左侧双阴线中间一阳线组合的右侧长下影阴线收盘价成功攻破并站稳，强势特征成立，做多。

技术分析

左侧双阴线中间一阳线组合的右侧长下影阴线收盘价重新站上下跌中继阳线和推动波整理区两根发力阳线口，强势特征成立，技术含义表示多头重新夺回了上攻主动权，由此技术因素引发市场向上突破。

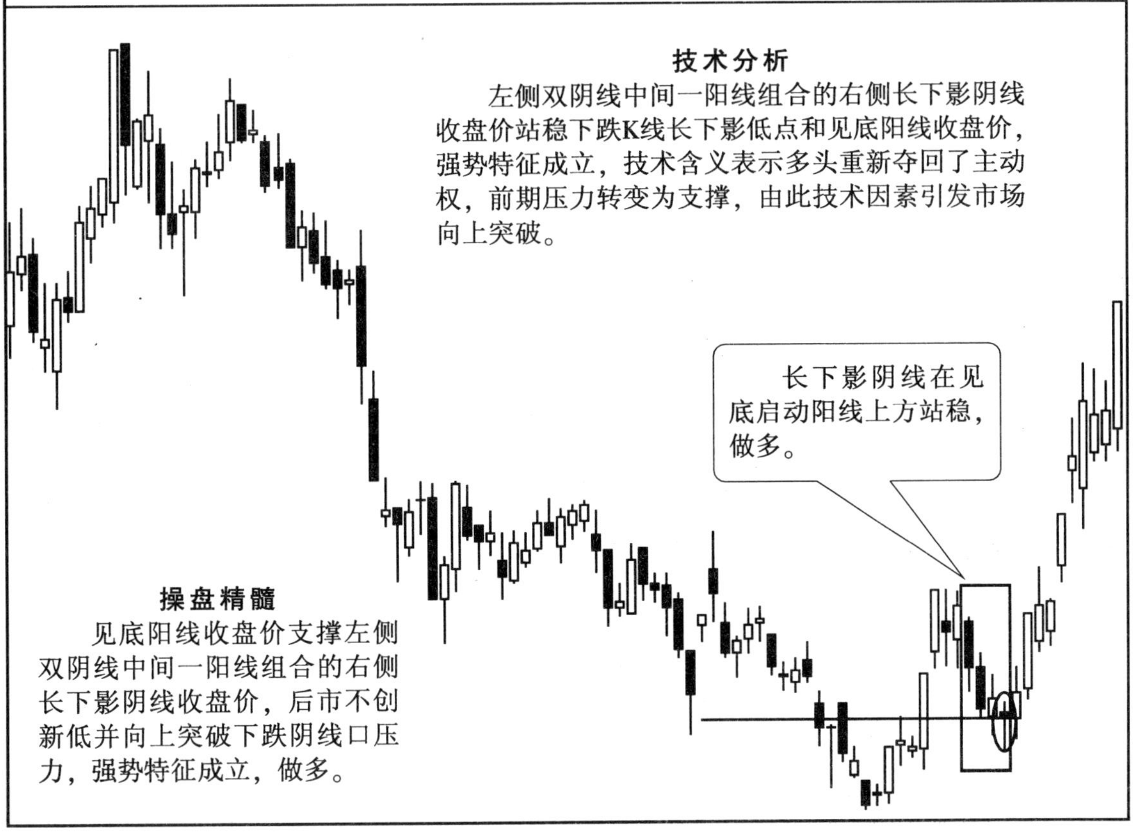

技术分析

左侧双阴线中间一阳线组合的右侧长下影阴线收盘价站稳下跌K线长下影低点和见底阳线收盘价，强势特征成立，技术含义表示多头重新夺回了主动权，前期压力转变为支撑，由此技术因素引发市场向上突破。

操盘精髓

见底阳线收盘价支撑左侧双阴线中间一阳线组合的右侧长下影阴线收盘价，后市不创新低并向上突破下跌阴线口压力，强势特征成立，做多。

操盘精髓

推动波攻击阳线和反击阳线开盘价被双阴一阳一阴组合的右侧长下影阴线收盘价击穿，弱势特征成立，做空。

技术分析

双阴一阳一阴线组合的右侧长下影阴线收盘价跌破了推动波攻击阳线反击阳线开盘价，弱势特征成立，技术含义表示多头支撑防线失守，由此技术因素引发市场向下突破。

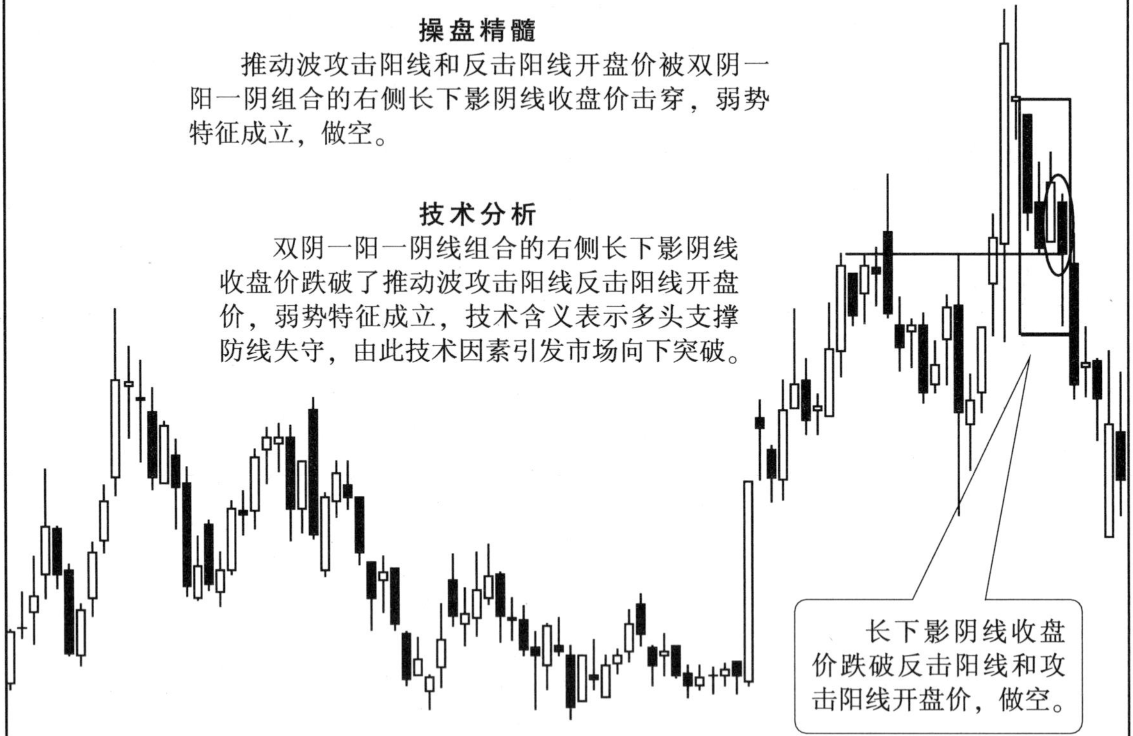

技术分析

双阴一阳一阴线组合的右侧长下影阴线收盘价跌破推动波阳线口和反击失败阳线开盘价，弱势特征成立，技术含义表示多头支撑失守，由此技术因素引发市场向下突破。

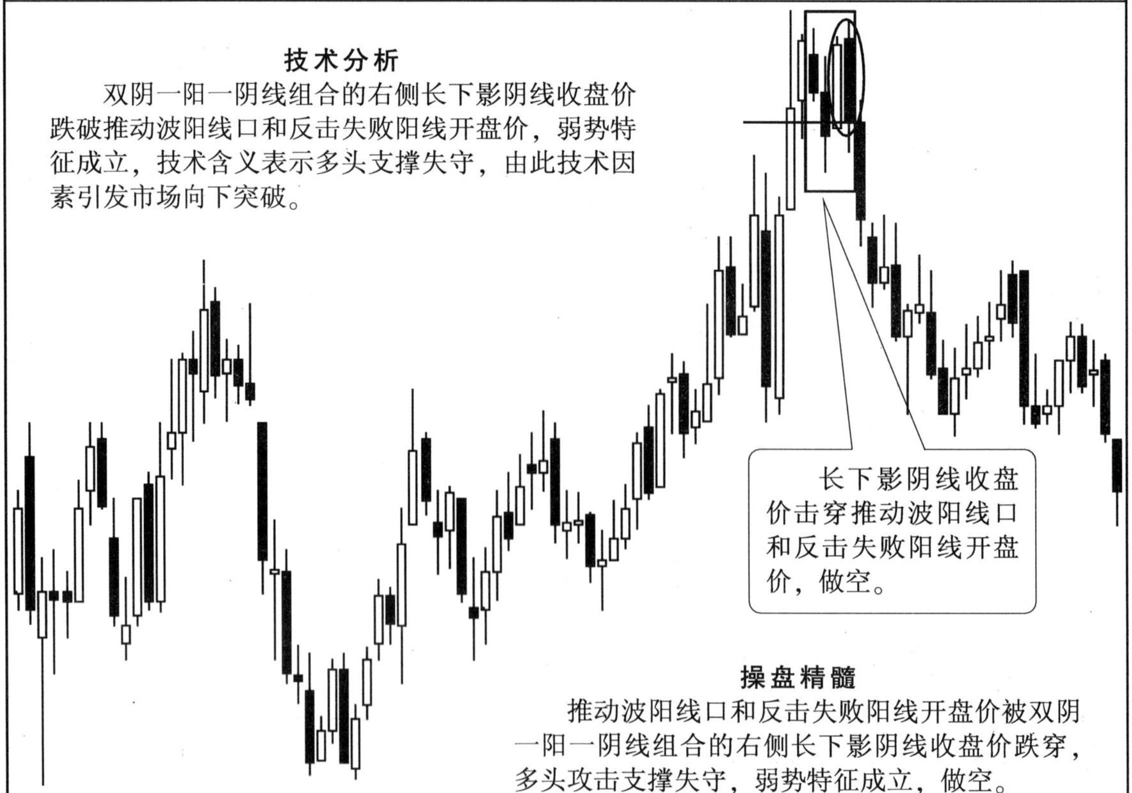

操盘精髓

推动波阳线口和反击失败阳线开盘价被双阴一阳一阴线组合的右侧长下影阴线收盘价跌穿，多头攻击支撑失守，弱势特征成立，做空。

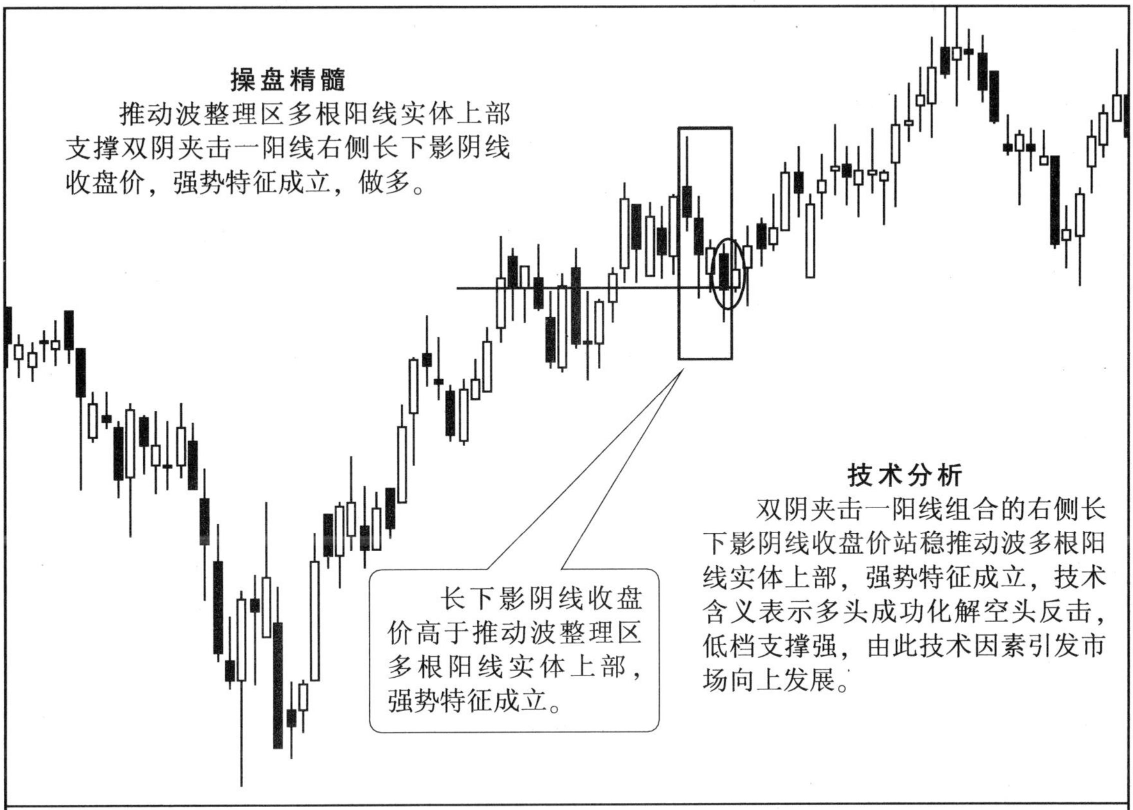

操盘精髓

推动波整理区多根阳线实体上部支撑双阴夹击一阳线右侧长下影阴线收盘价，强势特征成立，做多。

技术分析

双阴夹击一阳线组合的右侧长下影阴线收盘价站稳推动波多根阳线实体上部，强势特征成立，技术含义表示多头成功化解空头反击，低档支撑强，由此技术因素引发市场向上发展。

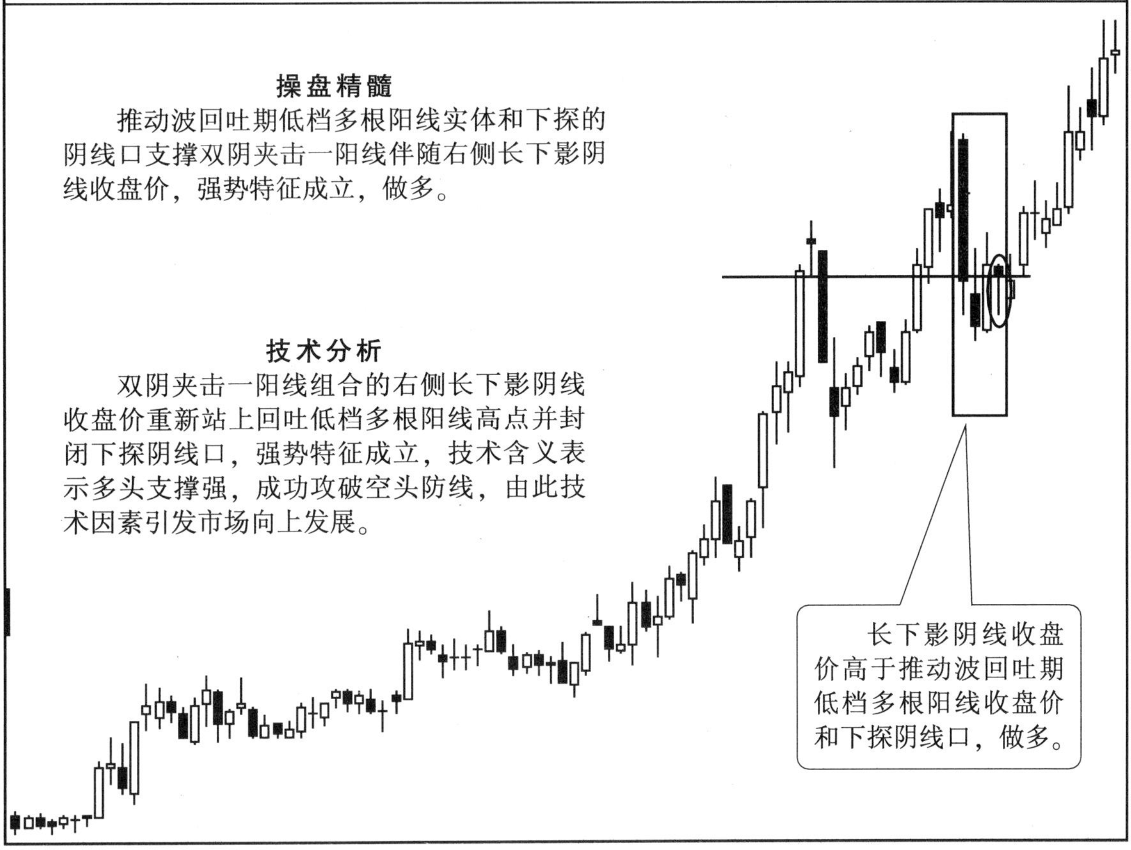

操盘精髓

推动波回吐期低档多根阳线实体和下探的阴线口支撑双阴夹击一阳线伴随右侧长下影阴线收盘价，强势特征成立，做多。

技术分析

双阴夹击一阳线组合的右侧长下影阴线收盘价重新站上回吐低档多根阳线高点并封闭下探阴线口，强势特征成立，技术含义表示多头支撑强，成功攻破空头防线，由此技术因素引发市场向上发展。

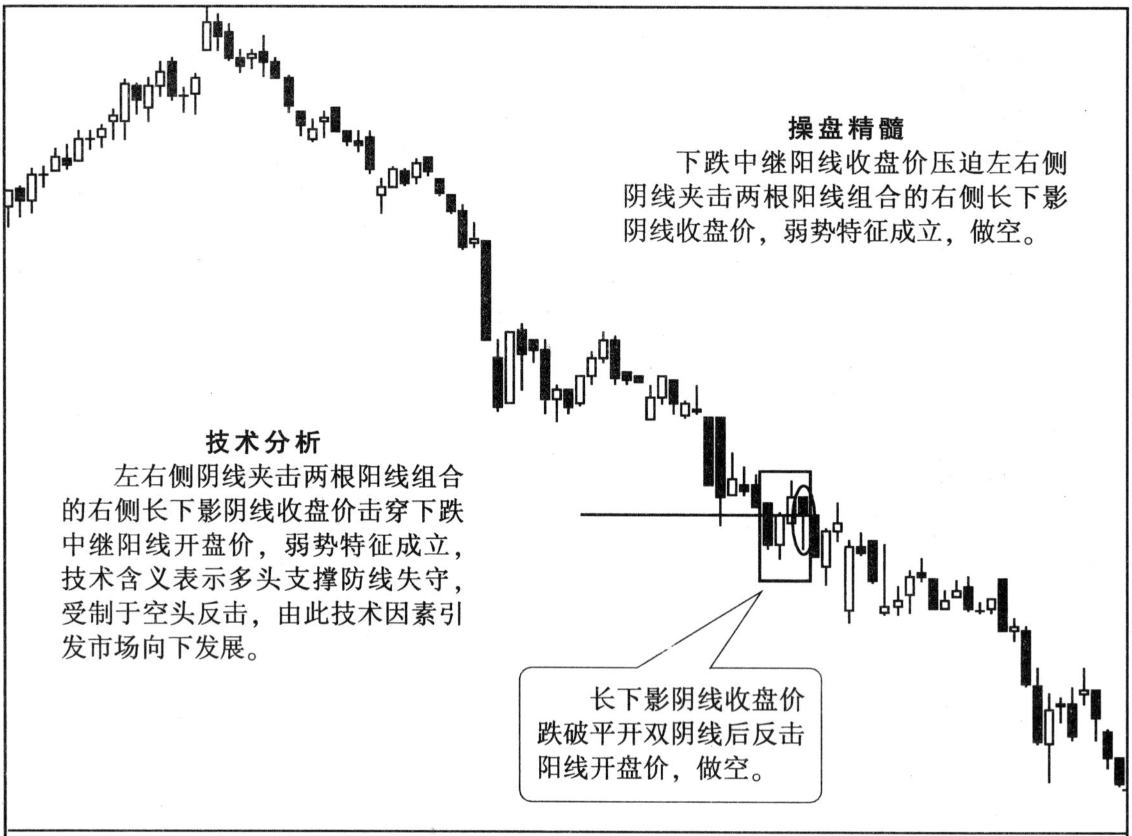
操盘精髓
下跌中继阳线收盘价压迫左右侧阴线夹击两根阳线组合的右侧长下影阴线收盘价，弱势特征成立，做空。
技术分析
左右侧阴线夹击两根阳线组合的右侧长下影阴线收盘价击穿下跌中继阳线开盘价，弱势特征成立，技术含义表示多头支撑防线失守，受制于空头反击，由此技术因素引发市场向下发展。
长下影阴线收盘价跌破平开双阴线后反击阳线开盘价，做空。

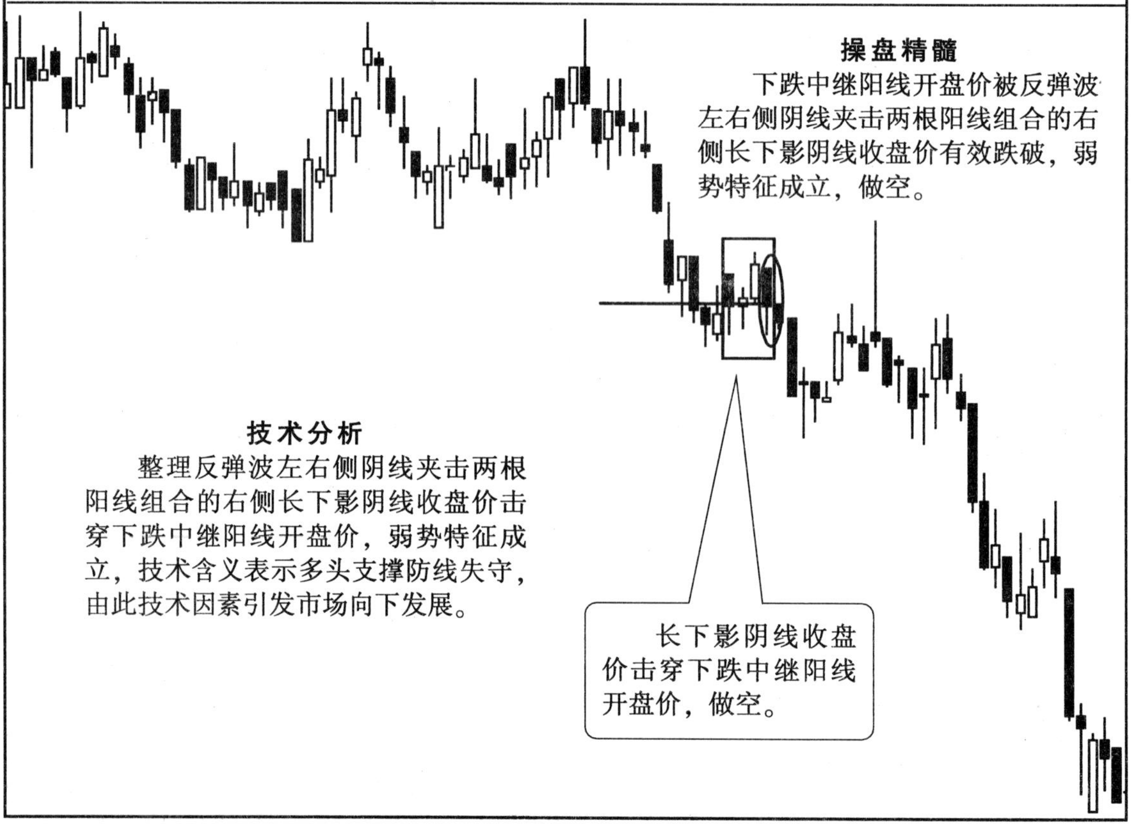
操盘精髓
下跌中继阳线开盘价被反弹波左右侧阴线夹击两根阳线组合的右侧长下影阴线收盘价有效跌破，弱势特征成立，做空。
技术分析
整理反弹波左右侧阴线夹击两根阳线组合的右侧长下影阴线收盘价击穿下跌中继阳线开盘价，弱势特征成立，技术含义表示多头支撑防线失守，由此技术因素引发市场向下发展。
长下影阴线收盘价击穿下跌中继阳线开盘价，做空。

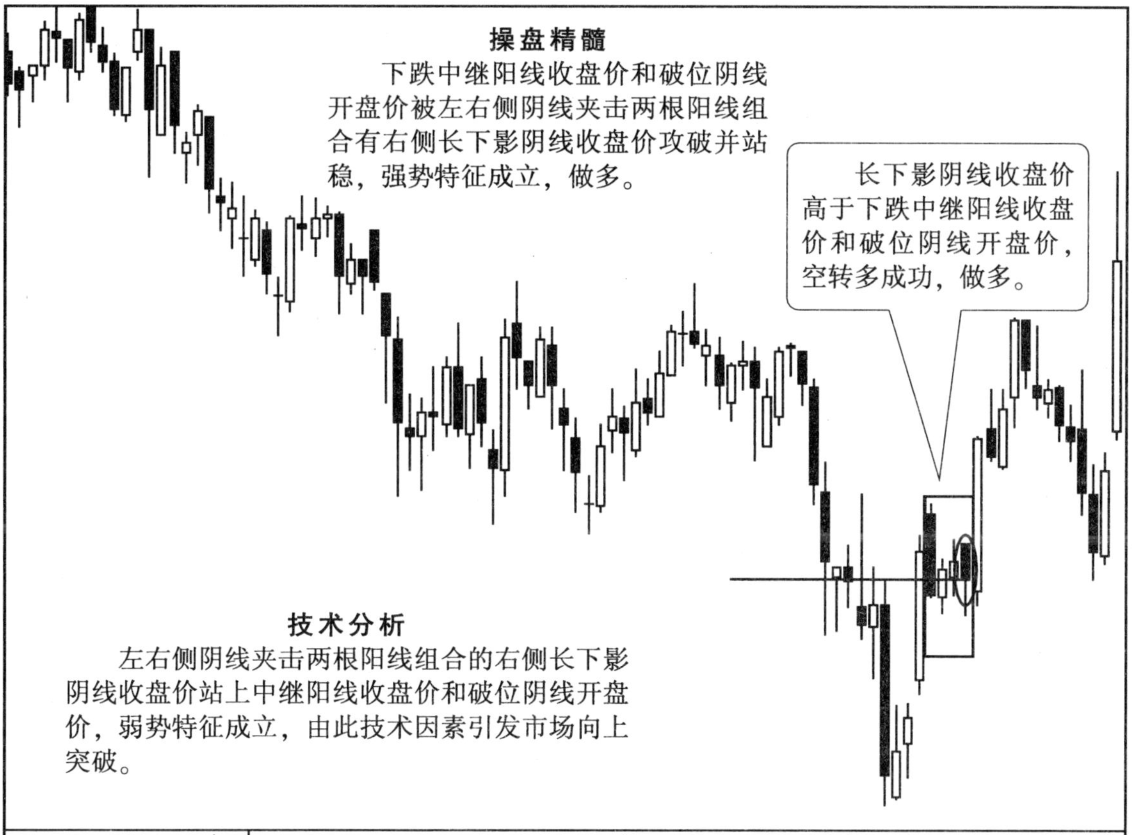

操盘精髓

下跌中继阳线收盘价和破位阴线开盘价被左右侧阴线夹击两根阳线组合有右侧长下影阴线收盘价攻破并站稳，强势特征成立，做多。

长下影阴线收盘价高于下跌中继阳线收盘价和破位阴线开盘价，空转多成功，做多。

技术分析

左右侧阴线夹击两根阳线组合的右侧长下影阴线收盘价站上中继阳线收盘价和破位阴线开盘价，弱势特征成立，由此技术因素引发市场向上突破。

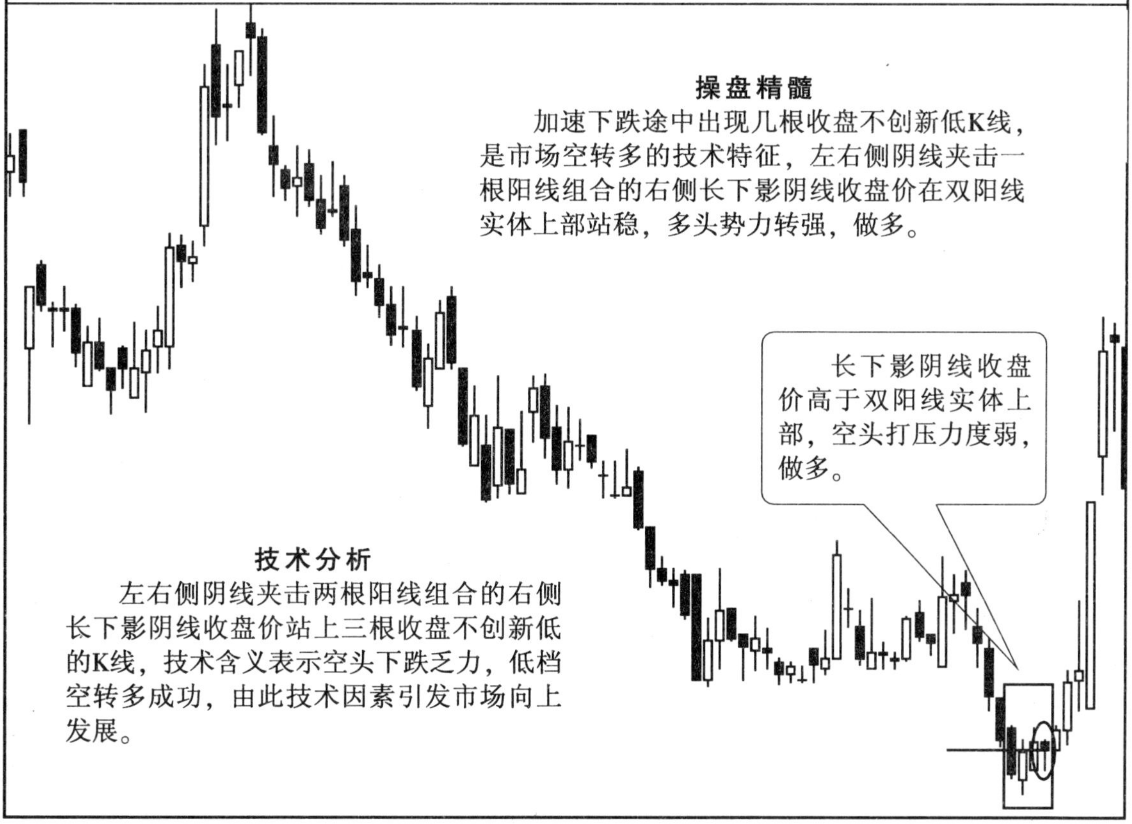

操盘精髓

加速下跌途中出现几根收盘不创新低K线，是市场空转多的技术特征，左右侧阴线夹击一根阳线组合的右侧长下影阴线收盘价在双阳线实体上部站稳，多头势力转强，做多。

长下影阴线收盘价高于双阳线实体上部，空头打压力度弱，做多。

技术分析

左右侧阴线夹击两根阳线组合的右侧长下影阴线收盘价站上三根收盘不创新低的K线，技术含义表示空头下跌乏力，低档空转多成功，由此技术因素引发市场向上发展。

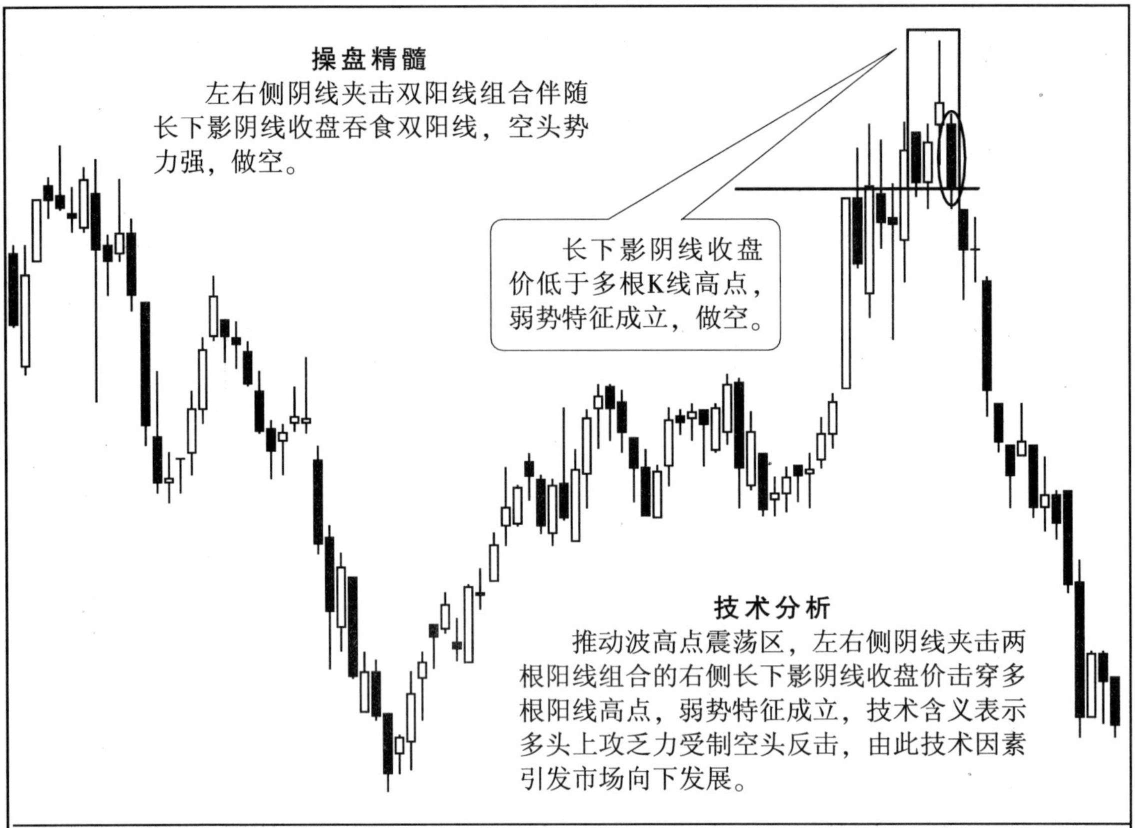
操盘精髓
左右侧阴线夹击双阳线组合伴随长下影阴线收盘吞食双阳线，空头势力强，做空。
长下影阴线收盘价低于多根K线高点，弱势特征成立，做空。
技术分析
推动波高点震荡区，左右侧阴线夹击两根阳线组合的右侧长下影阴线收盘价击穿多根阳线高点，弱势特征成立，技术含义表示多头上攻乏力受制空头反击，由此技术因素引发市场向下发展。

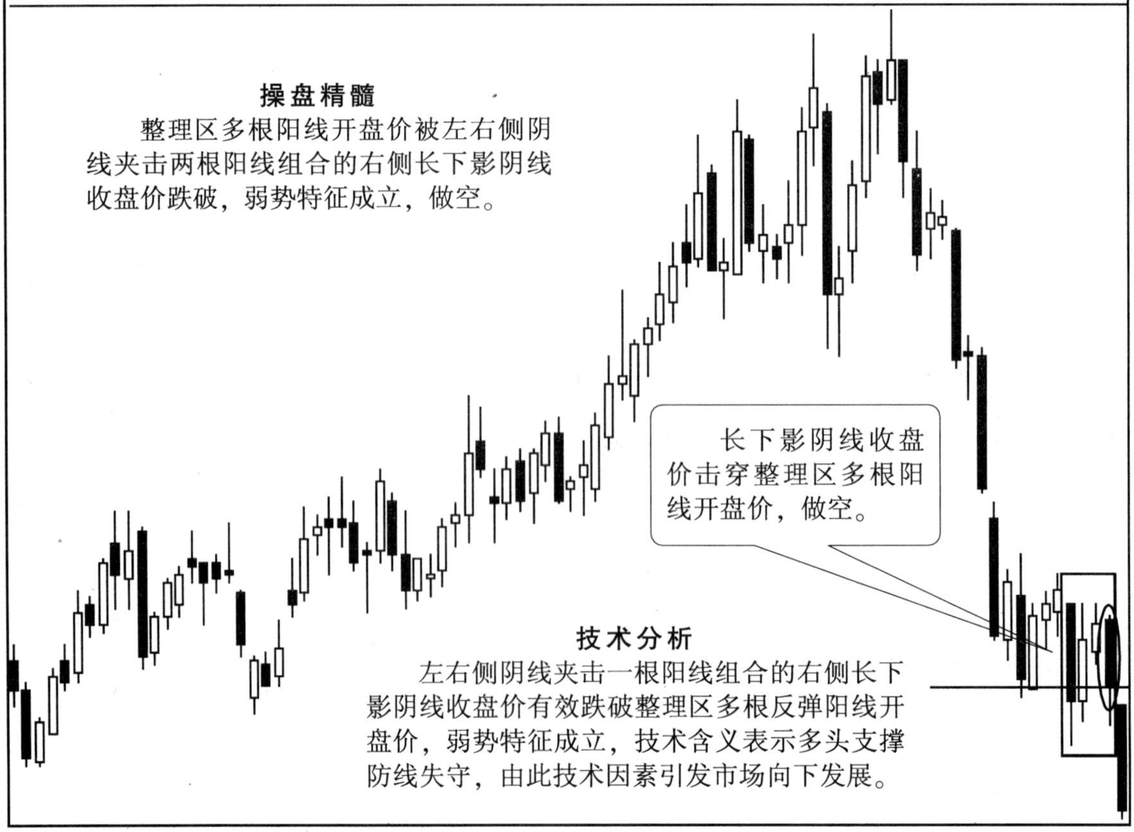
操盘精髓
整理区多根阳线开盘价被左右侧阴线夹击两根阳线组合的右侧长下影阴线收盘价跌破，弱势特征成立，做空。
长下影阴线收盘价击穿整理区多根阳线开盘价，做空。
技术分析
左右侧阴线夹击一根阳线组合的右侧长下影阴线收盘价有效跌破整理区多根反弹阳线开盘价，弱势特征成立，技术含义表示多头支撑防线失守，由此技术因素引发市场向下发展。

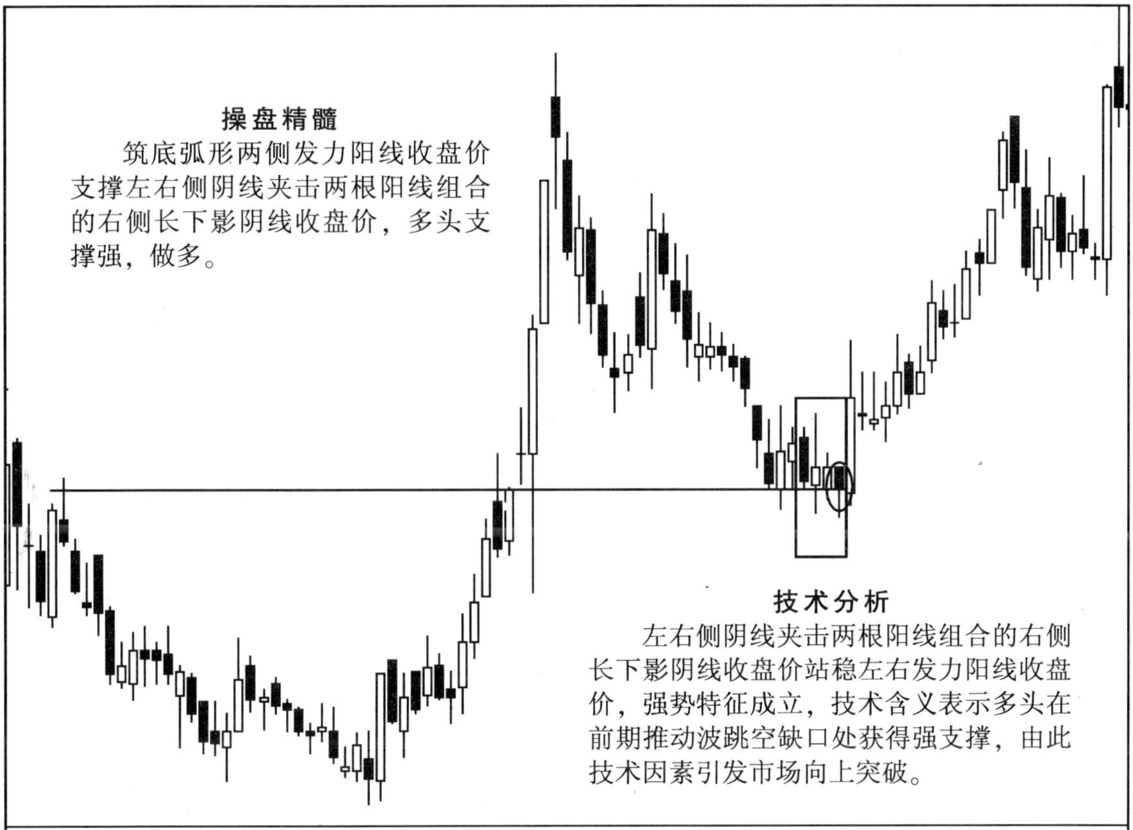
操盘精髓
筑底弧形两侧发力阳线收盘价支撑左右侧阴线夹击两根阳线组合的右侧长下影阴线收盘价，多头支撑强，做多。
技术分析
左右侧阴线夹击两根阳线组合的右侧长下影阴线收盘价站稳左右发力阳线收盘价，强势特征成立，技术含义表示多头在前期推动波跳空缺口处获得强支撑，由此技术因素引发市场向上突破。

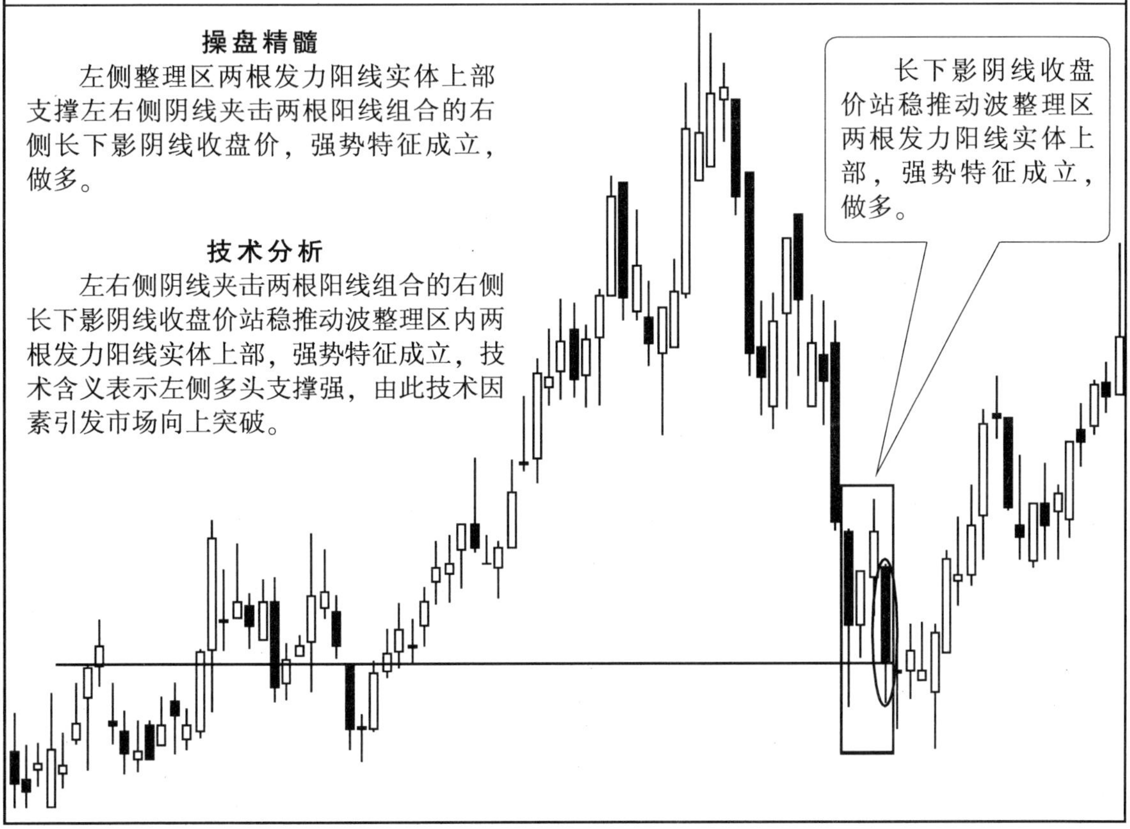
操盘精髓
左侧整理区两根发力阳线实体上部支撑左右侧阴线夹击两根阳线组合的右侧长下影阴线收盘价，强势特征成立，做多。
技术分析
左右侧阴线夹击两根阳线组合的右侧长下影阴线收盘价站稳推动波整理区内两根发力阳线实体上部，强势特征成立，技术含义表示左侧多头支撑强，由此技术因素引发市场向上突破。
长下影阴线收盘价站稳推动波整理区两根发力阳线实体上部，强势特征成立，做多。